FERNANDO
HENRIQUE
CARDOSO

DIÁRIOS DA PRESIDÊNCIA
2001-2002

Escadaria do Palácio do Itamaraty. Foto de Cristiano Mascaro.

FERNANDO HENRIQUE CARDOSO

DIÁRIOS DA PRESIDÊNCIA 2001-2002

Escadaria do Palácio do Itamaraty. Foto de Cristiano Mascaro.

FERNANDO HENRIQUE CARDOSO

DIÁRIOS DA PRESIDÊNCIA

VOLUME 4

2001-2002

COMPANHIA DAS LETRAS

Grafia atualizada segundo o Acordo Ortográfico da Língua Portuguesa de 1990, que entrou em vigor no Brasil em 2009.

CAPA E PROJETO GRÁFICO
Victor Burton

FOTO DE CAPA E PÁGINA 2
Cristiano Mascaro

FOTO DE LOMBADA
Zuleika de Souza/ Acervo Pres. F. H. Cardoso

NOTAS E CHECAGEM
Érico Melo

PREPARAÇÃO
Ciça Caropreso

ÍNDICE REMISSIVO
Luciano Marchiori

REVISÃO
Jane Pessoa
Huendel Viana

Dados Internacionais de Catalogação na Publicação (CIP)
(Câmara Brasileira do Livro, SP, Brasil)

Cardoso, Fernando Henrique
Diários da presidência, 2001-2002 / Fernando Henrique Cardoso. — 1ª ed. — São Paulo : Companhia das Letras, 2019.

Bibliografia
ISBN 978-85-359-3263-8

1. Brasil — Políticas e governo — 1999-2000, 2. Brasil — Presidentes — Biografia 3. Cardoso, Fernando Henrique, 1931 — I. Título.

19-27896 CDD-923.181

Índice para catálogo sistemático:
1. Brasil : Presidentes : Biografia 923.181
Cibele Maria Dias – Bibliotecária – CRB-8/9427

[2019]

EDITORA SCHWARCZ S.A.
Rua Bandeira Paulista, 702, cj. 32
04532-002 — São Paulo — SP
Telefone: (11) 3707-3500
www.companhiadasletras.com.br
www.blogdacompanhia.com.br
facebook.com/companhiadasletras
instagram.com/companhiadasletras
twitter.com/cialetras

SUMÁRIO

NOTA DE ESCLARECIMENTO

À página 628 do volume 1 de seus *Diários da Presidência*, Fernando Henrique Cardoso fez referência indevida ao nome do advogado Marcos Malan, o que deu ensejo ao recebimento de correspondência por ele enviada em 8 de dezembro de 2015 e de interpelação judicial ajuizada na Cidade de São Paulo em 26 de fevereiro de 2016.

Assim sendo, o autor, a despeito de já ter se desculpado pelo inconveniente causado em correspondência de 19 de maio de 2016, enviada diretamente a Marcos Malan, visando a restabelecer a verdade dos fatos e a dar cumprimento à obrigação assumida na mencionada correspondência, esclarece que, diferentemente da narrativa contida na referida passagem:

a) em 17 de junho de 1996, já conhecia Marcos Malan, tendo, inclusive, sido responsável pelo convite e por sua nomeação para a diretoria da Susep (Superintendência de Seguros Privados), em 3 de agosto de 1993, conforme *Diário Oficial da União*;
b) Marcos Malan jamais foi superintendente da Susep;
c) não tem conhecimento de qualquer ato ou prova de que Marcos Malan tenha exercido ou tentado exercer qualquer "espécie de pressão" em favor de quem quer que seja junto a qualquer integrante da Susep;
d) os rumores relacionados a tal suposta "espécie de pressão", suscitados no relato apresentado à página 628 do volume 1 desta obra, em realidade jamais se confirmaram.

APRESENTAÇÃO

Dever cumprido: é a sensação que tenho ao terminar o último volume dos *Diários da Presidência*. Gravei compulsivamente sobre meu dia a dia e sobre os temas que me pareceram relevantes enquanto exerci a Presidência, de janeiro de 1995 ao final de dezembro de 2002. Se não gravei todos os dias, falei praticamente sobre todos eles. Por quê, me pergunto. Há vários motivos e me referi ao primeiro no volume inicial: o incentivo de Celina Vargas ao dar-me a fotocópia de uma página dos diários (na época inéditos) de seu avô, Getúlio Vargas, junto com um caderno e um lápis, para eu fazer o mesmo que ele fizera. Logo substituí o caderno e o lápis por um gravador banal e antigo, mas que melhor serviço me prestaria na agitação que é governar nos dias de hoje.

Mas não foi só esse o motivo que me fez persistir. É que comecei a carreira acadêmica, aos 21 anos, como professor assistente de história econômica na Faculdade de Ciências Econômicas e Administrativas da USP. A professora catedrática, Alice Canabrava, me fez ler nos Arquivos do Estado (que funcionava onde hoje há uma parte da Pinacoteca e anteriormente fora sede do mal-afamado Dops, Departamento de Ordem Política e Social) grande parte das Atas da Câmara Municipal de São Paulo, para pesquisar como se dava o abastecimento da cidade nos séculos XVII e XVIII. Tive que fazer um curso sobre a caligrafia da época e nunca me esqueci do que me disse a professora Alice: você pode até vir a ser um ensaísta, mas não um pesquisador. Quase por teima, passei a vida fazendo pesquisas... Guardo profundo respeito pela documentação, além de dever a Alice Canabrava a obsessão pelos dados como base da história.

Mais ainda, vendo em retrospectiva, acho que a disciplina militar, que herdei de meu pai e de outros antepassados, me faz ter um sentimento de obrigação pelas tarefas que me atribuem ou por aquelas que eu mesmo me atribuo: uma vez começado um trabalho, é preciso terminá-lo. Daí a satisfação, o sentimento de dever cumprido. Levei anos para transformar as gravações em algo legível. Tarefa que devo também a Danielle Ardaillon, pela pachorra que teve para entender o que eu gravara, nem sempre com pronúncia clara, e transcrever tudo. Revi página por página; retornei inúmeras vezes às gravações para me certificar se o texto correspondia ao que eu gravara. Vez por outra atenuei as frases, mas nunca alterei o sentido, mesmo porque as gravações estão depositadas na Fundação Fernando Henrique Cardoso.

Feito isso, coube a Miguel Darcy de Oliveira, meu assessor e diplomata de carreira, ver se algum arroubo inconveniente, desproporcional aos fatos narrados, poderia ser cortado. E também aos editores, excelentes, da Companhia das Letras coube fazer as revisões finais e as diagramações necessárias a um melhor entendimento das sequências expostas no livro. A todos meu profundo reconhecimento.

Mas que dever é esse que sinto haver cumprido?

Como escrevi em outro lugar, minha geração passou, de dezembro de 1968 em diante — período de maior autoritarismo —, da paixão dominante pelo desenvolvimento econômico para uma nova paixão: a democracia. Nunca abandonamos, contudo, a primeira paixão. Foram motivações intelectuais ao redor desses temas que me levaram à vida política. Aprendi algo com ela e nela cheguei ao ponto mais alto, a Presidência. Não deixei, entretanto, de ser um intelectual na política. Os adversários eleitorais sempre se aproveitaram disso para me caracterizar como elitista ou como alguém apenas preocupado com os mercados, com a economia.

É indiscutível que o Plano Real (que, mais do que simplesmente haver terminado com a hiperinflação, acabou com o desdém pelo gasto público e levou-nos a crer na importância da estabilidade) foi quem me catapultou à Presidência. O Plano Real não se limitou, porém, ao que conquistou logo no início, com a URV e a flexibilização do orçamento, que deu margem ao governo para cortar gastos e usar os recursos para dispêndios que considerasse mais necessários. Implicou também uma persistente ação que se espraiou pelo tempo, como descrevo nos volumes anteriores destes *Diários*. Minha preocupação com o (difícil) equilíbrio das contas públicas e com as políticas monetárias vem da época em que fui ministro da Fazenda de Itamar Franco. Desde então, não me largou mais. Compartilho o mérito do Plano Real com Itamar Franco e, sobretudo, com a excepcional equipe econômica que o elaborou e ajudou a pô-lo em prática.

A paixão por institucionalizar a democracia fez parte fundamental de minhas preocupações e de minha ação no governo. Dediquei-me a transformar as antigas práticas enraizadas em nossas instituições e mantidas por nossa cultura política tradicional: corporativismo, clientelismo, personalismo. Levei os anos da Presidência tentando introduzir reformas e fazer com que o Congresso as apoiasse. Ao mesmo tempo, falei incessantemente ao país, ao povo: nunca deixei de crer na importância da didática para a democracia. Foi a fusão de minha formação como professor com a condição de líder e chefe de Estado.

A vida me ensinou que muitas vezes não é possível bater de frente contra interesses arraigados: é preciso contorná-los e, mesmo, ceder a alguns deles, para poder avançar. Isso também leva ao respeito à diversidade de interesses e visões, como é próprio da democracia. Recebia políticos, empresários e líderes sindicais ou religiosos que me procuravam (às vezes eu mesmo os procurava), e guardei na lembrança o que ouvi de um antigo professor de matemática da Politécnica da USP: ninguém é malandro o tempo todo; mais graves são os sem inteligência, que nada entendem e pensam saber tudo. Ouvia sem pré-julgamento mesmo os que eram considerados malandros ou os que não rezavam pela minha cartilha. Isso foi interpretado inúmeras vezes como se eu estivesse aderindo a eles e aceitasse o que desejavam. Não; eu apenas ouvia, ponderava e buscava ver se em algum ponto poderíamos nos unir para fazer o país avançar.

Esta é a dura verdade da política tal como ela é: sua tessitura se faz com uma mescla de interesses (variáveis) e desejos (ou ideais) diversos. Os autoritários assumem que sua verdade é o Bem. Os demais estão em erro, são percebidos como a encarnação do Mal. Os democratas têm dúvidas, embora acreditem em seus ideais. Não procuram impor o que creem nem afastar da vida pública os que deles discordam. Preferem convencê-los a vencê-los pela autoridade. Convencer significa vencer juntos: há que dar ao adversário a chance de imaginar que ele também ganha algo com a vitória dos que mandam. É esse o penoso trabalho da liderança democrática: ganhar pelo voto, pela adesão. O que implica não recusar, de partida, o outro. Para isso, contudo, é preciso crer, e sempre acreditei nos valores mencionados: desenvolvimento econômico e democracia.

A política se constitui também de pequenas (e grandes) intrigas. A versão conta quase tanto quanto os fatos, já disseram. Mas em um país de desigualdades sociais e regionais, se o líder não percebe que boa parte das demandas dos políticos advém mais do que sempre chamei de "atraso" do que de ideologias de direita ou de esquerda, ele é incapaz de fazer aprovar o que crê ser bom para o país. As alianças, mais que eletivas, são necessárias. Não se fazem entre iguais, pois seria redundante, mas entre diversos. E se partes do "atraso" não forem incluídas na base do governo, ou se o líder for intolerante a ponto de se julgar um representante do Bem — e que quem não o seguir e pensar da mesma maneira pertence ao Mal —, o custo para o país é a paralisação da agenda transformadora. Neste, como nos demais volumes dos *Diários*, há exemplos abundantes de minha convicção. Sempre procurei alargar a democracia, lutar para que o Brasil crescesse economicamente, fosse internacionalmente livre em suas posições, e respeitado.

Acrescento outra dimensão. Os adversários eleitorais, os "inimigos", sempre bateram na tecla de que meu governo e eu éramos neoliberais. Hoje está na moda ser liberal, mas em minha época de governante era xingamento. Queria dizer que o merecedor do epíteto entregava o país ao estrangeiro e que não cuidava do povo. Privatizar seria vender por quase nada o patrimônio nacional e popular...

A fusão entre homem de universidade e político me fazia ler muito, tentando entender o que ocorria no país e no mundo. Estávamos no início da globalização. O interesse nacional teria que se colocar diante das novas circunstâncias econômicas e financeiras do mundo. Sofremos várias crises financeiras vindas de fora. Isso sem termos, em algumas ocasiões, acabado de pôr em ordem as estacas domésticas da economia, principalmente as finanças públicas. Nessas condições, dada a má fortuna, a *virtù* se torna mais desafiadora e necessária. Este último volume se refere a tempos bicudos: 2001, crise financeira; 2002, eleições, que perdemos. A partir do momento em que as pesquisas de opinião mostraram a possibilidade da vitória do PT, os mercados passaram a temer pelo que pudesse acontecer, considerando o que o partido até então dizia.

Ressalto, por isso mesmo, a importância que teve organizar a transição de meu governo para o seguinte (fosse do partido no poder ou de seu adversário) de modo a reforçar o que sempre desejei: manter as regras do jogo; institucionalizar a democracia — tarefa para cuja realização Pedro Parente foi importante. Essa atitude implica aceitar, sendo o caso, derrotas. Obviamente, os que a mim se opunham, e até alguns que participavam do mesmo campo político, maldaram essa paixão pelo possível, para usar os termos de Albert Hirschman, dizendo que eu teria apoiado o adversário, que, afinal, venceu. Não é verdade, os registros deste livro corroboram o que digo. Eu visava à manutenção do crescimento econômico e da democracia.

É de ressaltar que, neste como nos outros volumes dos *Diários*, se vê que tampouco é certo que meu governo só se interessasse pelos mercados. Fiz pesquisas sociológicas desde os anos cinquenta do século passado sobre a posição dos negros em nossa sociedade. Sabia não só por leituras, mas por vivência, que a desigualdade é uma mancha que vem de longe e que permanece como uma chaga. Favelas e pobreza eram e continuam a ser de meu conhecimento direto como pesquisador e, mais recentemente, como alguém preocupado com as políticas sobre drogas. Quando jovem também fiz pesquisas sobre a formação da classe operária. Mais tarde lidei com o tema da marginalidade não só no Brasil, mas na América Latina. Como poderia, no governo, desconhecer a realidade da pobreza e da desigualdade?

No governo me concentrei em corrigir as causas estruturais de ambas, desigualdade e pobreza. Daí a atenção à educação, e abordei seus mais variados aspectos: generalizamos o ensino fundamental, ampliamos o ensino técnico, a que demos ênfase, sem esquecer a importância fundamental de se criarem polos de excelência na pesquisa científica (papel no qual se destacou o embaixador Ronaldo Sardenberg). Sempre apoiei o ministro Paulo Renato e sua equipe. Ele permaneceu à frente da pasta da Educação durante oito anos.

O mesmo se diga da área da saúde. No início, sob a batuta de Adib Jatene, criamos a CPMF para financiá-la (reconheça-se que os recursos obtidos acabaram por ser também usados para outros propósitos). Apoiei as Normas Operacionais Básicas de Saúde (Nobs), aprovadas na gestão de César Albuquerque. Por fim, José Serra (sempre com o apoio de Barjas Negri, que também fora secretário executivo do ministro anterior) consolidou o SUS e capitaneou vários programas exitosos. Chegou a ameaçar a quebra de patentes para assegurar melhores condições das pessoas que vivem com HIV; pôs em marcha uma importante política de redução do uso do tabaco, sem falar no programa Médicos de Família e de inúmeras iniciativas que continuaram nos governos sucessivos e que abrangeram as pessoas mais necessitadas.

Ao lado disso, provavelmente até hoje nenhum governo assegurou mais terra aos agricultores dela necessitados para trabalharem — missão na qual contei sempre com o poio de Raul Jungmann, ministro por longos anos da pasta da Reforma Agrária. Sempre em diálogos difíceis com as lideranças camponesas, e sem nunca deixar de fazer que a ordem prevalecesse. Cheguei mesmo a excluir da reforma agrária terras ocupadas por movimentos sociais, por mais que eu entendesse o papel relevante que eles têm nessa e em outras questões.

Mas não fizemos apenas programas visando transformações das causas estruturais da pobreza e da desigualdade. O programa Comunidade Solidária, inspirado por minha mulher, Ruth Cardoso, e que contou com sua ação, transformou a política assistencialista predominante em uma proposta que visava ensinar a pescar e não apenas a presentear com peixe.

Ao lado disso, e com o mesmo espírito, criamos os programas de bolsas tanto na área da saúde quanto na da educação. Nesta, o Bolsa Escola mostrava bem seu objetivo: proporcionar ajuda aos que dela necessitavam, mas condicioná-la a que os filhos estivessem na escola. Da mesma maneira as bolsas no âmbito da saúde tinham o propósito de valorizar a mulher e sua saúde. Aliás, em ambos os casos as bolsas eram concedidas à mulher, que em muitas circunstâncias são chefe da família. Dessa forma assegurava-se que os recursos fossem mais bem usados para os fins propostos. Foi da junção de várias bolsas que se formou o programa Bolsa Família, tão alardeado pelos governos seguintes.

Medidos pelo coeficiente de Gini, os dados mostram que em meu governo a desigualdade começou a diminuir, a despeito das imensas dificuldades pelas quais a economia brasileira passou. Sem mencionar que também conseguimos, apesar das circunstâncias, elevar o valor real do salário mínimo. Nunca me esqueci de que o crescimento da economia é fundamental para que possa haver bem-estar do povo (a começar pela oferta de empregos). Mantive Pedro Malan por oito anos no comando do ministério da Fazenda. Deve-se a ele e sua equipe, bem como aos ministros do Planejamento e à direção do Banco Central, termos conseguido navegar em águas turbulentas e não haver perdido o rumo da economia, o que é indispensável.

Uma palavra final sobre o papel do Brasil no cenário externo. O Mercosul, que se iniciara em governos anteriores, teve forte apoio durante meu período. Os *Diários* mostram o empenho pessoal que tive em vários momentos para ajudar a Argentina a sair de suas dificuldades financeiras e mesmo o governo de Chávez, em seu início, a ser mais bem compreendido pela comunidade internacional. Do Paraguai, nem se fale. E no caso do conflito entre Equador e Peru, a ação do Brasil foi decisiva. A influência do Brasil na América Latina cresceu e mantive (bem como vários de meus ministros) um diálogo permanente e mesmo amistoso com os dirigentes da região, cabendo destacar que organizamos a primeira reunião de presidentes da América do Sul. Prosseguimos, ao mesmo tempo, com nosso bom relacionamento com México, América Central e Cuba.

Nada disso nos levou a um isolamento dos Estados Unidos, da Europa, da África ou da Ásia: as inúmeras viagens que fiz, o tom das conversas que mantive com líderes desses países e, especialmente com a Progressive Governance, de Clinton, Blair, D'Alema, Schröder e tantos outros, bem como as relações pessoais que estabeleci com alguns desses e com outros líderes (como Jospin e Chirac, na França, ou Mário Soares e Jorge Sampaio, em Portugal, ou ainda Felipe González, Aznar e o próprio rei, na Espanha) e especialmente com os latino-americanos, entre os quais Ricardo Lagos, Julio María Sanguinetti e Ernesto Zedillo, ajudaram-me a praticar uma espécie de política presidencial — seguida por Lula — e a consolidar o que é importante: a participação do Brasil nos fóruns internacionais e a obtenção de respeito para nosso país.

Agi com liberdade, sem subordinar nossos interesses a uma visão ideológica. Assim como me relacionei bem com Clinton, com quem me relaciono de forma amistosa até hoje, tratei adequadamente George W. Bush, fui hóspede de Putin no Kremlin e mantive excelentes relações com Jiang Zemin, a quem visitei em Pequim. Dei preeminência a nossos interesses na África, especialmente em Angola e Moçambique, e em nossa região. Mas também fui à China, visitei vários países do Oriente (em especial o Japão), participei das comemorações da Independência da Índia, da celebração da vitória dos aliados (no V Day) em Londres. Tanto recebi como visitei líderes de Israel, a exemplo de Shimon Peres, e nunca desdenhei da importância dos países árabes (o rei da Arábia Saudita visitou o Brasil). Mantive excelentes relações com os líderes da África do Sul (não só Mandela, Mbeki também), de Moçambique (com Chissano) e da Argélia.

Em outros termos: procurei imprimir à política externa a prevalência de nossos interesses, mantendo boas relações com todos, sem sublinhar diferenças ideológicas ou preferências pessoais. Nisso fui ajudado por Felipe Lampreia e por Celso Lafer, bem como por vários de seus colaboradores.

Ao terminar meu segundo mandato, fui convidado por Kofi Annan a presidir um Painel sobre as Relações entre a ONU e a Sociedade Civil, que aceitei. Mais tarde passei a fazer parte do grupo organizado por Mandela (os Elders), no qual ainda me encontro, e do grupo de Michel Rocard, sobre ética e política, em Paris. Ao deixar a Presidência, criei uma fundação para discutir temas da democracia, sem jamais esquecer as questões econômicas. Temas que discutimos não só a respeito do Brasil, mas do que ocorre nas diversas regiões do mundo.

Tomei uma decisão: não mais competições eleitorais. Mantenho vínculos históricos com o partido que me elegeu, mas não participo de sua vida diária. Mais do que ter uma ação partidária preferi tentar exercer uma influência pública, discutindo, escrevendo e fazendo palestras, dentro do possível sem viés partidário.

Voltei à vida acadêmica nos Estados Unidos, na Universidade Brown (onde lecionei, intermitentemente, por cinco anos) e participo de inúmeros fóruns e reuniões internacionais, como o Clube de Madri, que reúne ex-presidentes democráticos, o Foro Ibero-Americano, o Círculo de Montevidéu e os encontros organizados pelo Berggruen Institute, de Los Angeles; sou membro da Inter-American Foundation, de Washington, bem como participei da direção de algumas fundações (continuo a ter vínculos com a Fundação Champalimaud, de Portugal, e pertenci ao *board* da Rockefeller Foundation e do Instituto de Estudos Avançados, de Princeton, do qual fui *fellow* em duas ocasiões).

Em suma, aprendi que é melhor viver intensamente cada momento, que não adianta querer reviver o que já passou, mesmo porque, em geral, quando se consegue não se obtém os resultados anteriores. Aprendi também que sem política as democracias não vivem, mas as pessoas podem dispensá-la sem prejudicar o seu bem viver. Desde que tenham imaginação e energia para continuar fazendo o que gostam e o que serve à cultura, ao país e ao povo.

Por certo errei muitas vezes e nem sempre consegui o que desejava: faz parte do jogo de poder. Posso, contudo, dizer sem receio, como estes *Diários* comprovam, que dediquei o máximo que pude a agir conforme meus valores e a fazer reformas. Há mecanismos arraigados na cultura e na vida institucional que muitas vezes dificultam que se logre o desejado. De uma coisa estou certo: embora tenha feito variadas alianças, tanto partidárias como na sociedade (que são parte do jogo de poder, e são feitas com o conhecimento de todos quando há democracia, ou mais escondido, quando vige o autoritarismo), jamais fui cúmplice de corrupção nem baseei o sistema político em alianças espúrias entre o governo e os partidos para extorquir recursos de empresas públicas ou privadas e obter a vitória eleitoral ou a manutenção do poder. As alegadas compras de votos para a emenda da reeleição são vazias: as amplas maiorias obtidas na Câmara e no Senado, assim como o apoio da opinião pública àquela emenda, mostram a desnecessidade de ações desse tipo. Houve, isto sim, adesão do país a uma decisão congressual que dá aos governos um mínimo de condição, uma vez que o povo vote, a continuarem suas políticas públicas. Não escrevo isso para justificar, mas para reafirmar: nada desculpa a pior das corrupções, a da própria democracia.

Governar, em nosso sistema presidencialista, no qual o presidente dispõe de enorme soma de poderes, é penoso. A sociedade crê que o presidente tudo pode. As circunstâncias políticas, econômicas e sociais limitam esse poder. Mais ainda, as decisões implicam certo isolamento. Não me esqueço do que ouvi um dia do grande líder de nossa redemocratização, Ulysses Guimarães: "Uma decisão desse tipo eu tomo sozinho". Tratava-se de aceitar como candidato da oposição no Colégio Eleitoral um general de quatro estrelas, que eu defendia junto com Severo Gomes. Embora nem sempre se consiga obter o que se deseja sem transitar pela vontade e pela aceitação de muitos, é certo que diversas vezes o presidente —

sempre cercado por muitas pessoas — assume sozinho as decisões mais graves. E isso é pesado.

Não me queixo, contudo. Governei com afinco. Custou-me, como custa a todos, o envelhecimento na função. Mas governei com prazer: a esperança contínua de que dias melhores virão e a alegria, quando se logra, de haver ajudado o povo e o país (apesar dos recuos a que muitas vezes somos obrigados) permitem o sentimento de satisfação a quem exerce o poder lutando pela manutenção das liberdades, pelo crescimento e pelo bem-estar do povo. Governei sob pressão, como todos fazem, mas com alegria e prazer. Nem sempre, é verdade. Porém, terminados os mandatos, a satisfação do dever cumprido, a despeito dos erros cometidos, e o poder dormir sem sobressaltos mais do que compensam as agruras pelas quais inevitavelmente passa quem exerce o poder.

Fernando Henrique Cardoso
Setembro de 2019

LISTA DE SIGLAS

Abad Associação Brasileira de Atacadistas e Distribuidores
ABCZ Associação Brasileira dos Criadores de Zebu
Abag Associação Brasileira de Agribusiness
Abert Associação Brasileira de Emissoras de Rádio e Televisão
Abia Associação Brasileira das Indústrias da Alimentação
Abimaq Associação Brasileira da Indústria de Máquinas e Equipamentos
Abin Agência Brasileira de Inteligência
ABP Associação Brasileira de Propaganda
Abrace Associação Brasileira de Grandes Consumidores Industriais de Energia
Abras Associação Brasileira de Supermercados
ADA Agência de Desenvolvimento da Amazônia
Adene Agência de Desenvolvimento do Nordeste
ADTP Agência de Desenvolvimento Tietê-Paraná
AES Applied Energy Services
AGU Advocacia-Geral da União
AI Ato Institucional
AL América Latina
Aladi Associação Latino-Americana de Integração
Alca Área de Livre Comércio das Américas
Alcoa Aluminum Company of America
ANA Agência Nacional de Águas
Anatel Agência Nacional de Telecomunicações
Ancine Agência Nacional do Cinema
Aneel Agência Nacional de Energia Elétrica
Anfavea Associação Nacional dos Fabricantes de Veículos Automotores
ANP Agência Nacional do Petróleo, Gás Natural e Biocombustíveis
ANS Agência Nacional de Saúde Suplementar
Antaq Agência Nacional de Transportes Aquaviários
ANTT Agência Nacional de Transportes Terrestres
Anvisa Agência Nacional de Vigilância Sanitária
AP Ação Popular
APCD Associação Paulista de Cirurgiões-Dentistas
Apex Agência de Promoção de Exportações
Aramco Saudi Arabian Oil Company
ARO Antecipação de Receita Orçamentária
Badesp Banco de Desenvolvimento do Estado de São Paulo

BAE British Aerospace
Banespa Banco do Estado de São Paulo S.A.
Banpará Banco do Estado do Pará S.A.
Basa Banco da Amazônia S.A.
BB Banco do Brasil S.A.
BBC British Broadcasting Corporation
BBV Banco Bilbao Vizcaya S.A.
BC Banco Central
BID Banco Interamericano de Desenvolvimento
Bird Banco Internacional para Reconstrução e Desenvolvimento
BIS Bank for International Settlements
BNDES Banco Nacional de Desenvolvimento Econômico e Social
Bovespa Bolsa de Valores de São Paulo
BR Petrobras Distribuidora
Cade Conselho Administrativo de Defesa Econômica
CAF Corporación Andina de Fomento
Caic Companhia Agrícola de Imigração e Colonização do Governo do Estado de São Paulo
Camex Câmara de Comércio Exterior
Capes Coordenação de Aperfeiçoamento de Pessoal de Nível Superior
Capoib Conselho de Articulação dos Povos e Organizações Indígenas no Brasil
Care Cooperative for American Remittances to Europe
Caricom Comunidade do Caribe
CBF Confederação Brasileira de Futebol
CBMM Companhia Brasileira de Metalurgia e Mineração
CBN Central Brasileira de Notícias
CC5 Carta Circular nº 5
CCD Centro Cristiano Democratico
CCR Convênio de Pagamentos e Créditos Recíprocos
CEBDS Conselho Empresarial Brasileiro para o Desenvolvimento Sustentável
Cebrap Centro Brasileiro de Análise e Planejamento
Cedaw Convention on the Elimination of all Forms of Discrimination Against Women
Celg Centrais Elétricas de Goiás S.A.
Cemig Companhia Energética de Minas Gerais S.A.
CEO Chief Executive Officer
Cepal Comissão Econômica da ONU para a América Latina e o Caribe
Cepisa Companhia Energética do Piauí S.A.
Ceplac Comissão Executiva do Plano da Lavoura Cacaueira
Cesit Centro de Estudos Sindicais e Economia do Trabalho da Unicamp
Cesit Centro de Sociologia Industrial e do Trabalho da USP

Cesp Companhia Energética de São Paulo S.A.
Chesf Companhia Hidro Elétrica do São Francisco
CIA Central Intelligence Agency
Cide Contribuição de Intervenção no Domínio Econômico
Cindacta Centro Integrado de Defesa Aérea e Controle de Tráfego Aéreo
Ciop Centro Integrado de Operações Policiais
CIOSL Confederação Internacional de Organizações Sindicais Livres
CIP Congregação Israelita Paulista
CLT Consolidação das Leis do Trabalho
CNBB Conferência Nacional dos Bispos do Brasil
CNEN Comissão Nacional de Energia Nuclear
CNI Confederação Nacional da Indústria
CNIS Cadastro Nacional de Informações Sociais
CNN Cable News Network
CNPq Conselho Nacional de Desenvolvimento Científico e Tecnológico
CNT Confederação Nacional do Transporte
Coaf Conselho de Controle de Atividades Financeiras do Ministério da Fazenda
Codesp Companhia Docas do Estado de São Paulo
Cofins Contribuição para o Financiamento da Seguridade Social
Conade Conselho Nacional dos Direitos da Pessoa com Deficiência
Contag Confederação Nacional dos Trabalhadores na Agricultura
Copene Companhia Petroquímica do Nordeste S.A.
Copom Comitê de Política Monetária do Banco Central
Cosipa Companhia Siderúrgica Paulista
CPI Comissão Parlamentar de Inquérito
CPLP Comunidade dos Países de Língua Portuguesa
CPMF Contribuição Provisória sobre Movimentações Financeiras
CSLL Contribuição Social sobre o Lucro Líquido
CSN Companhia Siderúrgica Nacional S.A.
CUT Central Única dos Trabalhadores
Cuny City University of New York
DAS Direção e Assessoramento Superior
Dataprev Empresa de Tecnologia e Informações da Previdência Social
DI Depósito Interbancário
Dieese Departamento Intersindical de Estatística e Estudos Socioeconômicos
DNER Departamento Nacional de Estradas de Rodagem
DNIT Departamento Nacional de Infraestrutura de Transportes
DNOCS Departamento Nacional de Obras Contra as Secas
EDP Electricidade de Portugal S.A.
Eletrobrás Centrais Elétricas Brasileiras S.A.
Eletronorte Centrais Elétricas do Norte do Brasil S.A.

Eletronuclear Eletrobrás Termonuclear S.A.
Eletropaulo Eletropaulo Metropolitana Eletricidade de São Paulo S.A.
Eletrosul Empresa Transmissora de Energia Elétrica do Sul do Brasil S.A.
Emater Empresa de Assistência Técnica e Extensão Rural
Embraer Empresa Brasileira de Aeronáutica S.A.
Embrapa Empresa Brasileira de Pesquisa Agropecuária
Embratel Empresa Brasileira de Telecomunicações S.A.
Embratur Empresa Brasileira de Turismo
Emplasa Empresa Paulista de Planejamento Metropolitano S.A.
Enaex Encontro Nacional de Comércio Exterior
Enceja Exame Nacional para Certificação de Competências de Jovens e Adultos
Endesa Empresa Nacional de Electricidad S.A.
ESG Escola Superior de Guerra
Faap Fundação Armando Álvares Penteado
FAO Organização das Nações Unidas para Alimentação e Agricultura
Fapesp Fundação de Amparo à Pesquisa do Estado de São Paulo
Farc Forças Armadas Revolucionárias da Colômbia
FAT Fundo de Amparo ao Trabalhador
FBI Federal Bureau of Investigation
FED Federal Reserve
Fenaj Federação Nacional dos Jornalistas
Fenaseg Federação Nacional das Empresas de Seguros Privados e de Capitalização e Previdência Complementar Aberta
FGTS Fundo de Garantia por Tempo de Serviço
FGV Fundação Getulio Vargas
Fiemg Federação das Indústrias do Estado de Minas Gerais
Fiesp Federação das Indústrias do Estado de São Paulo
Finam Fundo de Investimentos da Amazônia
Finep Financiadora de Estudos e Projetos
Firjan Federação das Indústrias do Estado do Rio de Janeiro
Flacso Facultad Latinoamericana de Ciencias Sociales
FMI Fundo Monetário Internacional
FNT Fundo Nacional de Transportes
Fonplata Fondo Financiero para el Desarrollo de la Cuenca del Plata
Fride Fundação para as Relações Internacionais e Diálogo Exterior
Funasa Fundação Nacional de Saúde
Fundef Fundo de Manutenção e Desenvolvimento do Ensino Fundamental e de Valorização do Magistério
G15 Grupo dos Quinze
G20 Grupo dos Vinte
G7 Grupo dos Sete

G77 Grupo dos 77
G8 Grupo dos Oito
Gerasul Centrais Geradoras do Sul do Brasil S.A.
Gestapo Geheime Staatspolizei
Globopar Globo Comunicações e Participações S.A.
GSI Gabinete de Segurança Institucional
Ibama Instituto Brasileiro do Meio Ambiente e dos Recursos Naturais Renováveis
Ibeac Instituto Brasileiro de Estudos e Apoio Comunitário
Ibope Instituto Brasileiro de Opinião Pública e Estatística
ICMS Imposto sobre Circulação de Mercadorias e Serviços
IDA International Development Association Fund
Idec Instituto Brasileiro de Defesa do Consumidor
Idesp Instituto de Estudos Econômicos, Sociais e Políticos de São Paulo
IDH Índice de Desenvolvimento Humano
IDSM Instituto de Desenvolvimento Sustentável Mamirauá
Iedi Instituto de Estudos para o Desenvolvimento Industrial
iFHC Instituto Fernando Henrique Cardoso
Inae Instituto Nacional de Altos Estudos
InCor Instituto do Coração da Universidade de São Paulo
Incra Instituto Nacional de Colonização e Reforma Agrária
Infraero Empresa Brasileira de Infraestrutura Aeroportuária
Inmetro Instituto Nacional de Metrologia, Qualidade e Tecnologia
Inpa Instituto Nacional de Pesquisas da Amazônia
Inpe Instituto Nacional de Pesquisas Espaciais
INSS Instituto Nacional do Seguro Social
IOF Imposto sobre Operações Financeiras
IPCA Índice de Preços ao Consumidor Amplo
Ipea Instituto de Pesquisa Econômica Aplicada
IR Imposto de Renda
IRPJ Imposto sobre a Renda das Pessoas Jurídicas
IS Internacional Socialista
ISS Imposto sobre Serviços de Qualquer Natureza
ITA Instituto Tecnológico da Aeronáutica
IUCN International Union for Conservation of Nature
Iuperj Instituto Universitário de Pesquisas do Rio de Janeiro
IVA Impuesto al Valor Agregado
LDO Lei de Diretrizes Orçamentárias
MAB Movimento dos Atingidos por Barragens
MAE Mercado Atacadista de Energia
Masp Museu de Arte de São Paulo
MDB Movimento Democrático Brasileiro

Mercosul Mercado Comum do Sul
Metasa Metais Seridó S.A.
MIR Movimiento de Izquierda Revolucionaria
MIT Massachusets Institute of Technology
MNR Movimiento Nacionalista Revolucionario
MOMA Museum of Modern Art
MP Medida Provisória
MPLA Movimento Popular de Libertação de Angola
MST Movimento dos Trabalhadores Rurais Sem Terra
Nafta North America Free Trade Agreement
Nato Organização do Tratado do Atlântico Norte
OAB Ordem dos Advogados do Brasil
Oban Operação Bandeirante
OEA Organização dos Estados Americanos
OIT Organização Internacional do Trabalho
OLP Organização para a Libertação da Palestina
OMC Organização Mundial do Comércio
ONG Organização Não Governamental
ONS Operador Nacional do Sistema Elétrico
ONU Organização das Nações Unidas
Opaq Organização para a Proibição de Armas Químicas
Otan Organização do Tratado do Atlântico Norte
PAN Partido Acción Nacional
PCB Partido Comunista Brasileiro
PCC Plano de Classificação de Cargos
PCdoB Partido Comunista do Brasil
PCI Partido Comunista Italiano
PDT Partido Democrático Trabalhista
PDVSA Petróleos de Venezuela S.A.
PEC Proposta de Emenda Constitucional
Peti Programa de Erradicação do Trabalho Infantil
Petrobras Petróleo Brasileiro S.A.
Petroquisa Petrobras Química S.A.
Petros Fundação Petrobras de Seguridade Social
PFL Partido da Frente Liberal
PGR Procuradoria-Geral da República
PIB Produto Interno Bruto
PIS Programa Integração Social
PJ Pessoa Jurídica
PL Partido Liberal
PL Projeto de Lei

PM Polícia Militar
PMDB Partido do Movimento Democrático Brasileiro
PNAD Pesquisa Nacional por Amostra de Domicílios
PNDH Programa Nacional de Direitos Humanos
PNUD Programa das Nações Unidas para o Desenvolvimento
PPA Plano Plurianual de Investimentos
PPB Partido Progressista Brasileiro
PPS Partido Popular Socialista
Previ Caixa de Previdência dos Funcionários do Banco do Brasil
PRI Partido Revolucionario Institucional
Prisa Promotora de Informaciones S.A.
Procon Programa de Proteção e Defesa do Consumidor
Prodasen Secretaria de Tecnologia da Informação do Senado
Prodescon Programa de Desenvolvimento Sustentável do Centro-Oeste Mineiro
Prodetur Programa de Desenvolvimento do Turismo
Proer Programa de Estímulo à Reestruturação e ao Fortalecimento do Sistema Financeiro Nacional
Proex Programa de Financiamento às Exportações
Pronaf Programa Nacional de Agricultura Familiar
Protec Sociedade Brasileira Pró-Inovação Tecnológica
PSB Partido Socialista Brasileiro
PSDB Partido da Social Democracia Brasileira
PSOE Partido Socialista Obrero Español
PSTU Partido Socialista dos Trabalhadores Unificado
PT Partido dos Trabalhadores
PTB Partido Trabalhista Brasileiro
PV Partido Verde
Refis Programa Especial de Regularização Tributária das Microempresas e Empresas de Pequeno Porte Optantes pelo Simples Nacional
S.A. Sociedade Anônima
Saab Svenska Aeroplan AB
SBPC Sociedade Brasileira para o Progresso da Ciência
SADC Southern Africa Development Community
SBT Sistema Brasileiro de Televisão
SDE Secretaria de Direito Econômico do Ministério da Justiça
SDR Special Drawing Rights
Sebrae Serviço Brasileiro de Apoio às Micro e Pequenas Empresas
Secom Secretaria de Comunicação Social da Presidência
Selic Sistema Especial de Liquidação e Custódia
Senad Secretaria Nacional Antidrogas
Senai Serviço Nacional de Aprendizagem Industrial

Serpro Serviço Federal de Processamento de Dados
Sesc Serviço Social do Comércio
Simples Sistema Integrado de Pagamento de Impostos e Contribuições das Microempresas e Empresas de Pequeno Porte
SIN Servicio de Inteligencia Nacional
Sindipeças Sindicato Nacional da Indústria de Componentes para Veículos Automotores
Sindmóveis Sindicato das Indústrias do Mobiliário de Bento Gonçalves
Sipam Sistema de Proteção da Amazônia
Sivam Sistema de Vigilância da Amazônia
SNI Serviço Nacional de Informações
Sofofa Sociedad de Fomento Fabril
Sort Tratado entre os Estados Unidos da América e a Federação Russa sobre Reduções de Armamento Estratégico
SPD Sozialdemokratische Partei Deutschlands (Partido Social-Democrata Alemão)
STF Supremo Tribunal Federal
STJ Superior Tribunal de Justiça
Sudam Superintendência do Desenvolvimento da Amazônia
Sudene Superintendência do Desenvolvimento do Nordeste
SUS Sistema Único de Saúde
TAM Táxi Aéreo Marília S.A.
TCU Tribunal de Contas da União
TDA Título da Dívida Agrária
Tiar Tratado Interamericano de Assistência Recíproca
TIM Telecom Italia Mobile
TPA Autoridade para Promoção Comercial
TPI Tribunal Penal Internacional
TRF Tribunal Regional Federal
Trips Agreement on Trade-Related Aspects of Intellectual Property Rights
TRT Tribunal Regional do Trabalho
TSE Tribunal Superior Eleitoral
TST Tribunal Superior do Trabalho
UCR Unión Cívica Radical
UDN União Democrática Nacional
UFF Universidade Federal Fluminense
UFMA Universidade Federal do Maranhão
UFMG Universidade Federal de Minas Gerais
UFRJ Universidade Federal do Rio de Janeiro
UnB Universidade de Brasília
Unctad United Nations Conference on Trade and Development
Unesco Organização das Nações Unidas para a Educação, a Ciência e a Cultura

Unicamp Universidade Estadual de Campinas
Univasf Universidade Federal do Vale do São Francisco
UOL Universo Online
URSS União das Repúblicas Socialistas Soviéticas
URV Unidade Real de Valor
Usiminas Usinas Siderúrgicas de Minas Gerais S.A.
USP Universidade de São Paulo
USTR United States Trade Representative
Varig Viação Aérea Rio-Grandense S.A.
WWF World Wildlife Fund
YPF Yacimientos Petrolíferos Fiscales S.A.

2001

Estes *Diários* contam com notas de edição que têm por objetivo situar o leitor acerca de acontecimentos não totalmente explicitados na narrativa, bem como apresentar informações biográficas necessárias para a compreensão do contexto. Alguns poucos personagens não puderam ser identificados.

2 A 12 DE JANEIRO DE 2001

Sucessão das Mesas do Congresso.
Procuradores criticam medida provisória.
Conversa com João Roberto Marinho

Hoje é dia 2 de janeiro. Voltamos da fazenda* ontem, assistimos a um filme fantástico do Cirque du Soleil, a apresentação desse grupo canadense em Amsterdam,** no sistema novo de televisão colorida*** que há no palácio.

Hoje de manhã, recebi o Pimenta [João Pimenta da Veiga Filho],**** que veio com a proposta do [Jorge] Bornhausen,***** diz ele que com apoio do Michel Temer,****** contando que os dois partidos passariam a mim a responsabilidade da escolha das pessoas que seriam presidentes do Senado e da Câmara.******* Isso vai dar confusão no PSDB na mesa do Congresso. O Pimenta acha boa ideia. Marquei então para amanhã uma reunião com o Pimenta, o Jorge Bornhausen e também com o Michel Temer, o Marco Maciel******** e o Aloysio [Nunes Ferreira]*********, para discutir-se mais em profundidade essa questão.

Trabalhei bastante. Chamei Pedro Parente,********** para começar a reorganizar o trabalho administrativo, falei com Martus [Tavares]*********** pelo telefone, marquei encontro com eles todos, para botar em ação meu plano de dobrar os esforços de trabalho durante este ano.

Por telefone falei com o Felipe González,************ que muito amavelmente me desejou boas-festas. Manifestou preocupação com o que possa acontecer na Argentina.************* Os argentinos têm muita ligação com o Banco Santander, que comprou o Banespa, e o banco tem muita confiança no Brasil, mas anda preocupa-

* Fazenda Córrego da Ponte, em Buritis (MG), propriedade da família do presidente, onde passou o réveillon de 2001.

** *Quidam* (1999), adaptação para as telas do espetáculo homônimo, dirigida por David Mallet.

*** Sistema de home theater com DVD, então uma novidade.

**** Ministro das Comunicações e articulador político do governo.

***** Senador (PFL-SC) e presidente nacional do partido.

****** Deputado federal (PMDB-SP) e presidente da Câmara.

******* As eleições das Mesas do Congresso estavam marcadas para 14 de fevereiro.

******** Vice-presidente da República (PFL).

********* Ministro da Secretaria-Geral da Presidência.

********** Ministro-chefe da Casa Civil da Presidência.

*********** Ministro do Planejamento.

************ Ex-presidente do governo espanhol (1982-96) e deputado socialista.

************* Desde o ano anterior, o vizinho platino enfrentava uma grave crise política e econômica, decorrente da instabilidade da base de apoio parlamentar do presidente Fernando de la Rúa e da recessão prolongada.

do com a Argentina. Eu disse ao Felipe que minha preocupação é mais política do que econômica, ele concorda.

Recebi também uma carta muito amável do [António] Guterres,* de fim de ano. O resto são as notícias normais, as intrigas de sempre, insinuações por causa do nome da Petrobras, nós voltamos atrás, não vai ser mais Petrobrax,** e querem fazer muita fofoca ao redor disso, mas sem maior profundidade.

Os procuradores da República estão fazendo agitação, reclamando por causa de uma medida provisória que permite aos juízes até multarem os procuradores se eles acusarem alguém sem base.*** Para eles é possível acusar sem base e não acontecer nada; se houver base, um indício pelo menos, vá lá, mas não tendo... Os procuradores dizem que multá-los seria cerceamento da liberdade. Liberdade para quê? Para caluniar? Não obstante, a imprensa sempre apoia esse tipo de reivindicação. Um rapaz, jornalista de boa cotação, chamado Vinicius Torres [Freire], que me entrevistou aqui uma vez, publicou ontem um artigo na *Folha* lamentável.**** Não entende o bê-á-bá da democracia. Aconselhei que lesse o livro de um mexicano a respeito desse tema,***** porque é um livro muito interessante, que mostra que, quando a falta de autoridade e de respeito à lei se generaliza, como ocorre com essa descrença que foi gerada no México e também no Brasil, isso afeta a democracia. Ela requer também respeito à lei, à autoridade. Não deve ser disseminado esse sentimento de culpa permanente, que impede o exercício da lei.

Fora isso, li também um livro de José Louzeiro, creio que se chama assim, *O anjo da fidelidade*.****** É sobre o Gregório Fortunato,******* o livro é interessante, mostra um ângulo da tentativa de assassinato do Carlos Lacerda que eu não conhecia. O Gregório Fortunato, coitado, foi o boi de piranha, acabou sendo assassinado. O livro mostra também os aspectos terríveis da família Vargas, porque o Benjamim

* Primeiro-ministro de Portugal.

** O presidente da Petrobras, Henri Philippe Reichstul, anunciara no final de 2000 a mudança do nome e da marca da empresa para facilitar sua inserção internacional. Mas o governo voltou atrás diante da repercussão negativa.

*** A MP 2088-35, baixada em 28 de dezembro de 2000, alterou a lei nº 8429, de 2 de julho de 1992, para permitir que procuradores que propusessem ação de improbidade administrativa "manifestamente improcedente" fossem punidos com multa de até R$ 151 mil (cerca de R$ 500 mil em 2019) pelo juiz ou tribunal do caso, a pedido do réu. No final de janeiro, o presidente baixou nova MP para anular os artigos relativos à punição de procuradores.

**** "Governo improcedente", na página de Opinião do jornal paulistano, com críticas à MP 2088-35.

***** *México: La ceniza y la semilla*, de Hector Aguilar Camín (Cidade do México: Cal y Arena, 2000). Em 2002, o livro foi publicado no Brasil pela BEĨ com o título *México: A cinza e a semente* e prefácio de Fernando Henrique.

****** *O anjo da fidelidade: A história sincera de Gregório Fortunato*. Rio de Janeiro: Francisco Alves, 2000.

******* Chefe da guarda pessoal do presidente Getúlio Vargas desde 1938, foi condenado em 1956 por encomendar o assassinato do jornalista Carlos Lacerda, opositor do varguismo, em agosto de 1954. Foi assassinado na prisão em 1962.

Vargas* era realmente uma pessoa de baixíssima compostura, metido em contrabando. O Viriato Vargas** também não era lá flor que se cheirasse e, eu tinha esquecido, o Lutero [Vargas]*** se casou com uma alemã que era espiã nazista,**** enfim, uma série de coisas. Imagino o quanto o Getúlio tenha sofrido no exercício do poder no meio dessa parentela toda.

HOJE É DIA 4 DE JANEIRO DE 2001. Na verdade ontem, dia 3, quarta-feira, foi um dia bastante agitado. À parte a rotina, que não adianta estar registrando, recebi à tarde, a pedido do Pimenta, o Bornhausen, o Marco Maciel, o Michel Temer e o Aloysio. O Aloysio e o Marco Maciel já conversaram com Temer sobre a seguinte proposta: todos os partidos abrem mão da condução no Congresso do processo da eleição das mesas e passam a responsabilidade para mim. Eu já havia conversado com Pimenta na véspera e hoje conversei com Aloysio, que me aconselhou cautela, conduta que tive. Eu disse: "Se houver uma delegação formal dos partidos, pode ser que as cartas se embaralhem de novo; vamos então tentar a solução por esse caminho, mas eu vou ficar na retranca". Bem, a imprensa sabia, estava aqui. Hoje de manhã vi pela imprensa que está se tentando zerar tudo. Já alguém deu com a língua nos dentes. Eu direi, através do porta-voz,***** hoje, que continuo na mesma, a questão é dos partidos, se não se movem eu não me movo. Isso foi à tarde.

No jantar vieram Pedro Malan,****** Pedro Parente, Aloysio e Armínio Fraga.******* O dia foi de grandes comemorações: o FED cortou a taxa de juros,******** a Standard & Poor's classificou melhor o Brasil,********* o dólar despencou,********** os juros caíram,*********** as bolsas subiram,************ enfim um panorama bonito. Isso mostra a volatilidade não da economia, mas da percepção sobre a economia. É o que hoje acontece com essa multimídia, a informação fragmentada: um dia o ânimo está para

* Irmão de Getúlio Vargas.

** Irmão de Getúlio Vargas.

*** Filho de Getúlio Vargas.

**** Ingeborg ten Haeff.

***** Georges Lamazière.

****** Ministro da Fazenda.

******* Presidente do Banco Central.

******** O banco central norte-americano baixou a taxa básica de juros de 6,5% para 6% ao ano, gerando otimismo nos mercados emergentes.

********* A agência de classificação de risco elevou a nota da dívida brasileira de longo prazo de B+ para BB–, três níveis abaixo do "grau de investimento".

********** A moeda norte-americana recuou 0,6% e fechou em R$ 1,93.

*********** Os contratos de juros futuros fecharam com taxa de 15,9%, contra 16,2% no dia anterior. A taxa básica (Selic) era de 15,75% e baixaria 0,5 p.p. na semana seguinte.

************ A Bolsa de São Paulo acompanhou os mercados mundiais e saltou 7,61%, a maior alta em quase dois anos. O índice Nasdaq da Bolsa de Nova York teve alta histórica de 14,2%.

cima, no outro está para baixo, é difícil para as pessoas que não têm noção da mecânica da acumulação do capital entenderem o que acontece. Ontem foi dia de euforia.

Mas não foi isso o que discutimos; claro, a euforia ajuda, mas não resolve. Armínio é macaco velho, sabe que pode haver uma precipitação de euforia. O que nós discutimos mesmo foi o programa, o que fazer nos próximos dois anos. Eu tinha tido essa conversa com o Pedro Parente de manhã, e com Martus, que eu havia recebido longamente para discutir o orçamento. Tenho clareza, até já escrevi, sobre o que quero fazer, mas é bom que todos participem da elaboração desse programa. Não se trata de programa novo, mas da execução do programa. Não há muita discordância, entramos em todos os pontos delicados, inclusive o da relação entre o ministro da Fazenda e o ministro de Desenvolvimento, Indústria e Comércio Exterior,* a questão do Banco do Brasil, que está com a condução muito enrijecida e precisa de uma mudança, e em outras questões que também não são fáceis, como a reforma tributária;** vamos começar a ter uma discussão mais franca entre os ministros mais próximos. Enfim, começa um clima mais positivo, preciso formalizar isso para explicar ao país que esses dois anos serão de muito trabalho e de continuidade de mudanças e reformas estruturais da economia. Enfim, não se trata de um *lame duck**** no poder, mas de alguém que está concluindo uma etapa importante de transformações do Brasil. Essa é a proposta que vamos tentar levar com galhardia até o final.

Em tempo: anteontem, quando o Felipe González me telefonou para me desejar boas-festas, ele me disse que eu deveria falar com uma pessoa que ele conhece bem, o presidente do conselho do Banco Santander.**** Esse homem me telefonou ontem e marquei um encontro; ele está muito entusiasmado com o Brasil e muito preocupado com a Argentina. A Argentina continua a ser meu objeto de preocupação. Eu disse ao Felipe, com franqueza, que me parece se tratar de um problema de condução política; não é só a questão econômica. Ele concorda. Só que os argentinos não têm solução a curto prazo. Como a condução política é importante neste mundo tão escorregadio em que vivemos!

Eu disse que havia lido um livro de um Giusti do Rio Grande do Sul***** sobre condução partidária, muito confuso, muito teórico, de boa-fé, mas escrito por quem não conhece a realidade concreta da vida política. Entretanto, alguns comentários que ele faz são interessantes. Primeiro, ele é muito favorável ao voto

* Alcides Tápias.

** Com a tramitação atrasada por impasses entre governo, Congresso e empresários, o texto da PEC 175/95 permanecia em análise numa comissão especial e acabou não sendo colocado em votação no plenário da Câmara. Foi arquivado em 2003.

*** "Pato manco", em inglês, expressão que designa governantes desprestigiados em fim de mandato.

**** Francisco Luzón.

***** José Antônio Giusti Tavares. *Sistemas eleitorais nas democracias contemporâneas: Teoria, instituições, estratégia*. Rio de Janeiro: Relume Dumará, 1994.

proporcional e diz o que todos nós sabemos: que a mancha do voto proporcional no Brasil é a desproporção entre o número de eleitores e as representações nos vários estados. Todo mundo sabe que isso é quase impossível de se modificar. Depois ele diz que o parlamentarismo é o melhor regime. Certo. Mas como fazer para obtê-lo? Segundo, ele mostra a tendência à fragilização do apoio político em função desse regime que abriga ao mesmo tempo o voto proporcional, mantém a federação e é multipartidário. É verdade. E diz que é preciso fazer mudanças tópicas na legislação eleitoral. Concordo com ele. Na realidade, ele comenta umas questões do Sérgio Machado,* e comenta de maneira curiosa, porque ele não é contra. Até pensei que fosse; não, não é. Mas chama a atenção para as coligações e propõe uma saída diferente: talvez fosse possível permitir coligações em eleições proporcionais, desde que houvesse proporcionalidade dentro da coligação. Ou seja, se o partido aliado menor não faz o coeficiente mínimo para eleger um deputado, ele não elege aquele deputado mesmo que tenha mais votos que os votos recebidos por alguns deputados do partido mais forte. Uma questão a examinar. Interessante, todos falam da fragilidade da base congressual, não sei o quê. Um texto que o Pedro Malan me entregou ontem fala da fragilidade política do governo, do sistema. Não é verdade, o Congresso aprovou tudo o que quisemos, tudo, sem exceção. Foi difícil, como em todo Congresso, mas houve uma votação maciça a favor de nossos projetos, portanto não há crise de governabilidade por causa da fragmentação partidária. O que há é outra coisa: não existe partido. Os deputados votam, e votam guiados geralmente por uma linha divisória: governo ou oposição. Existe certa coerência desse ponto de vista. Dificilmente outro governo da República teve tanto apoio quanto eu tenho tido. Não se trata disso, falar da fragilidade da base é um equívoco, repito o que disse outro dia. Existe, sim, uma disputa nas cúpulas da base do governo; a base continua votando direitinho, como sempre votou.

HOJE É SÁBADO, DIA 6 DE JANEIRO, vamos retomar. Primeiro, uma correção. Na reunião havida aqui na quarta-feira, dia 3, com os líderes partidários, a ideia que seria de Marco Maciel, de renúncia [dos presidentes da Câmara e do Senado], que me entregariam a condução do processo, acho que é mais do Jorge Bornhausen. A repercussão dessa reunião foi a pior possível. O Aécio [Neves]** disse que não renuncia, o Jader [Barbalho]*** está nervoso, e por quê? Porque falaram todos; todos, não. Saiu no jornal que eu iria assumir a condução do processo, que haveria renúncia de todo mundo, nada disso foi efetivamente combinado, mas saiu. Até pensei

* Senador (PSDB-CE) e líder do PSDB no Senado.

** Deputado federal (PSDB-MG), líder do partido na Câmara e candidato à presidência da Casa.

*** Senador (PMDB-PA), presidente nacional do partido e candidato à presidência do Senado.

que houvesse ocorrido algum vazamento do PFL,* entretanto, falando por telefone com Pimenta ontem, ele acha que o mais provável é que o Michel Temer tenha comentado com o Moreira [Wellington Moreira Franco]** e que o Moreira Franco tenha vazado. Não sei. São presunções, mas o fato é que a mais alta liderança política do Brasil vem ao presidente da República e no dia seguinte está tudo estampado nos jornais, e não para facilitar o trabalho combinado, mas dificultando, quase impedindo o trabalho que ficou acertado.

À parte essa choradeira, anteontem, quinta-feira, dia 4, recebi longamente Rubens Barbosa.*** Ele veio com boas ideias, deixou uns documentos sobre a Alca,**** sobre o que fazer com a política exterior do Brasil. Eu gosto do Rubens, ele é um bom embaixador. Não o nomeio ministro das Relações Exteriores porque não há clima no Itamaraty. O Itamaraty é complicado, Rubens não tem apoios, iria ser uma luta permanente. Mas o Rubens é bom, é trabalhador. Almocei, nessa mesma quinta-feira, com o Sérgio Amaral.***** Queria alertar o Sérgio de que seria difícil conduzi-lo ao ministério por causa do meu relacionamento com o Celso Lafer****** e das expectativas itamaratianas.

Entretanto, na conversa achei que o melhor seria colocar o Sérgio Amaral. Vamos ver como vou fazer isso. [Luiz Felipe] Lampreia******* virá aqui no dia 10, semana que vem, aí vou ter que resolver.

Fora essas questões, recebi de manhã o Raul Jungmann******** e fizemos uma apresentação dos avanços da reforma agrária.********* São impressionantes, vi pela televisão, foi detalhado, o Raul é um bravo. Ele fez um trabalho extraordinário na reforma agrária, isso um dia vai ser reconhecido.

À tarde, recebi o Humberto Mota,********** que veio falar sobre a situação do Rio e pediu apoio para a Rede Vida de televisão, ele até gostaria de trabalhar na Rede Vida. Fez um bom panorama sobre a situação do Rio de Janeiro também. Nessa mesma quinta-feira, tive um jantar com Vilmar [Faria].*********** Passamos em revista as coisas, nada de especial.

* Partido da Frente Liberal, fundado em 1985 e extinto em 2007 para a criação do Democratas (DEM).

** Assessor especial da Presidência.

*** Embaixador do Brasil nos EUA.

**** Área de Livre Comércio das Américas, cuja criação fora acertada pelos países do continente na I Cúpula das Américas, em 1994. A Alca entraria em vigor em 2005, mas os EUA desejavam antecipar sua implantação para 2003.

***** Embaixador do Brasil no Reino Unido e ex-porta-voz da Presidência (1995-99).

****** Embaixador e ex-ministro do Desenvolvimento, Indústria e Comércio (1999).

******* Ministro das Relações Exteriores.

******** Ministro do Desenvolvimento Agrário.

********* O governo anunciou que 482 mil famílias foram assentadas entre 1995 e 2000, mais que o dobro do total das três décadas anteriores. As áreas desapropriadas somavam 18 milhões de hectares, com R$ 11,3 bilhões investidos por Brasília.

********** Presidente do grupo Sendas e da Associação Comercial do Rio de Janeiro.

*********** Assessor especial da Presidência para a área social.

Ontem, dia 5, foi uma sexta-feira absolutamente calma. Claro, os procuradores continuam exacerbando na reação, estão pedindo meu impeachment porque fiz uma medida provisória.* Não tem base, não tem pé nem cabeça, o Brasil está realmente de pernas para o ar em matéria de compreensão do que seja democracia e quais sejam os limites da ação de cada um. É como se os procuradores não fossem submetidos a regra alguma, quer dizer, eles têm o direito de difamar, têm direito a isso e aquilo. Ninguém está limitando nem cerceando a investigação, nem mesmo, obviamente, a acusação. Estou dizendo o seguinte: investiguem mais e acusem com base, senão o Ministério Público se desmoraliza, vira uma trincheira meramente política ou então de exibicionismo pessoal. Essa é a realidade, mas isso não aparece assim, porque a mídia também tem interesse nessa espécie de promiscuidade com eles para fazer fatos, fazer barulho. O diabo é que o governo acaba aparecendo como se fosse contra a investigação da corrupção e não é nada disso. Somos contra caluniar sistematicamente o governo.

Fora isso, as bolsas em Nova York caíram ontem,** então está se vivendo um clima difícil na economia americana, e razão tinha Armínio Fraga de botar as barbas de molho para ver melhor.

Isso foi ontem, sexta-feira, um dia calmo. Almocei com Tasso [Jereissati],*** três horas de conversa, em geral bem-humoradas, e falamos juntos por telefone com o Geraldo Alckmin,**** porque o Tasso conhece um médico na reitoria da Universidade Federal do Ceará que tem desenvolvido uma droga capaz de evitar metástases de câncer. O [Mário] Covas***** já está no estágio da doença em que vale tudo para curá-la. Falamos com Geraldo Alckmin para dizer que é preciso tentar mais alternativas clínicas e ver se o Mário tem alguma saída. Além disso, conversamos bastante sobre a liderança da Câmara. Chegamos a um nome razoável, que é a Yeda Crusius.****** Aí telefonei para o Arthur Virgílio,******* o Arthur também sugeriu a Yeda. À tarde, recebi o Márcio Fortes******** e tive boa impressão do que estão fazendo no PSDB. O Márcio é um homem correto, animado, e também acha que deve ser a Yeda, ou seja, alguém que tenha posição política e não apenas conheça o manejo fisiológico da bancada. Pareceu-me uma coisa boa que eles estejam pensando assim. O Tasso, o Arthur Virgílio, todo o partido, concordam; há essa preocupação. Tasso, evidentemente, é candidato [a presidente]. Não me falou isso, mas obviamente está eufórico, está

* Trata-se da MP 2088-35/2000.

** O índice Dow Jones caiu 2,3% e o Nasdaq 6,2%, diante de dados desanimadores sobre desemprego e inflação na economia norte-americana, que entrou em recessão em março de 2001.

*** Governador do Ceará (PSDB).

**** Vice-governador de São Paulo (PSDB).

***** Governador de São Paulo (PSDB). Covas sofria de câncer na região pélvica desde 1998.

****** Deputada federal (PSDB-RS).

******* Deputado federal (PSDB-AM), líder do governo no Congresso.

******** Deputado federal (PSDB-RJ), secretário-geral do partido.

mais satisfeito com a vida. E acha que o Ciro Gomes* não pode ter apoio do PMDB, senão se desmoraliza. Do PTB, sim, ele concorda comigo que temos que evitar que o PTB apoie o Ciro, mas achei o Tasso muito animado. Queixou-se do [José] Serra,** disse que recebeu uma saraivada de críticas porque o Covas o lançou. Eles atribuem ao Serra muita coisa, não sei, acho que é demais. Embora o Serra tenha capacidade de atuar na imprensa, não é tanto assim.

À noite, com o Pedro Malan, passamos em revista a reunião que tivemos com Pedro Parente. O Pedro Malan me parece mais disposto a ficar no governo. Quando ele estava saindo, eu disse: "Pedro, estou entendendo que você vai ficar até o fim!". E ele: "Ah! se a minha saúde permitir, ou até quando permitir...". Ou seja, vai ficar! Passamos em revista tudo: a reforma tributária, ponto por ponto, aquelas coisas todas, porque o Pedro também é do gênero Serra, é do gênero bovino: eles ficam ruminando, não vão no impulso. Isso é bom, o Ulysses Guimarães*** sempre dizia isto: os políticos são ruminantes.

Hoje é sábado, passei a manhã aqui arrumando papéis como de hábito, lendo algumas coisas, e agora estou esperando para almoçar com o Zé Gregori [José Gregori],**** o Pedro Paulo Poppovic,***** o [Luiz Felipe] Seixas Corrêa,****** o Jorio Dauster******* e também o Marcito Alves [Márcio Moreira Alves]******** e a mulher.********* Ruth está em São Paulo, amanhã irá pegar as crianças no Rio de Janeiro. E para não ficar o dia inteiro sem ver ninguém, de papo para o ar, achei uma boa ideia chamar essa turma para comer um leitão que prepararam aqui no palácio.

Uma nota ao pé de página: vi no Ancelmo Gois, no *Jornal do Brasil* de hoje, uma referência a que Eduardo Jorge********** foi para os Estados Unidos, para Nova York, de primeira classe. Até aí tudo bem, mas tinha também um passaporte vermelho.*********** Essas pequenas coisas é que fazem o mal; como dizem, o diabo está nos detalhes. Primeiro, por que ir de primeira classe? Não sei se é verdade. Ruth andou com meus netos em classe econômica. Quando íamos à Europa, pagávamos a classe econômica ou, quando podíamos, a executiva, nunca na primeira; às vezes, por gentileza, fazem um upgrade. Essas pequenas coisas realmente complicam a vida das pessoas, e à toa.

* Ex-governador do Ceará e presidenciável pelo PPS.
** Ministro da Saúde.
*** Ex-presidente da Assembleia Constituinte (1987-88) e pemedebista histórico.
**** Ministro da Justiça.
***** Secretário de Educação à Distância do Ministério da Educação.
****** Secretário-geral do Itamaraty.
******* Presidente da Vale.
******** Ex-deputado federal (1967-68), colunista de *O Globo*.
********* Marie Breux Moreira Alves.
********** Ex-secretário-geral da Presidência (1995-98) e coordenador da campanha à reeleição de Fernando Henrique.
*********** Isto é, diplomático.

Continuação do sábado 6 de janeiro. Dia de Reis. Tive um almoço longo aqui, como disse, com vários amigos. Foi muito agradável e depois fiquei conversando com [Nelson] Jobim* e com a mulher do Jobim,** que hoje é quem dirige o Coaf, o conselho que controla a lavagem de dinheiro. Foi uma conversa boa, porque vi que avançamos muito nessa questão; acho que ela está fazendo um bom trabalho, vai colocar em risco a posição de certos líderes políticos, pelo que deduzo da conversa que tivemos. Não quero entrar em detalhes, porque ainda estão sendo verificados, mas parece que estamos aperfeiçoando bastante os controles dessas matérias.

Queria dizer coisas que não são habituais nestes registros. Aproveito o fato de estar sozinho, vai chegar meu primo Carlos Joaquim Ignácio [Cardoso]. Ruth está em São Paulo, estou ouvindo um pouco de música, o Bola de Nieve, um cantor e pianista cubano de quem gosto muito. Olhando a sala onde vivo a maior parte do tempo quando estou aqui no Palácio da Alvorada, no segundo andar. Pensei que talvez no futuro eu tenha saudades deste local. Estou cercado de quadros de que gosto. Alguns são meus, outros são do palácio. Temos nas paredes um [Alfredo] Volpi antigo muito interessante, em vermelho, que pertence ao Banco Central; ao lado dele, do Museu Nacional de Belas Artes, um Eliseu Visconti extraordinário, chama-se *Revoada de pombos*, muito bonito; depois um pequeno quadro de um holandês que nos foi dado pela Vera Pedrosa;*** depois temos dois quadros, um grande, outro menor, do [Arthur Luiz] Piza, são gravuras, o grande foi dado pelo Piza a nós e o outro foi presente do Celso Lafer, são bonitos; tem um de um português**** que o Mário [Soares]***** me deu há muitos anos, de que eu gosto demais, chama-se... não sei nem dizer o nome exato, é uma homenagem a alguém, Cesário Verde, um nome esquisito que estou tentando ler mas não consigo, está há muitos anos comigo; há uns de [Aldo] Bonadei de que gosto bastante, são dois Bonadei, aliás: um chamado *Morro de Ubatuba*, que é do Banco Central, e outro muito mais bonito, de melhor qualidade, uma natureza-morta, também do Banco Central; em seguida, vem uma cabeça negra que nos foi dada por quem fora embaixador na África, que hoje é embaixador do Brasil no Vaticano;****** depois um extraordinário Portinari, um Portinari parecido com o que Severo Gomes******* tinha e que eu creio está agora na casa do Roberto Marinho, chama-se *Figura em paisagem*, é do Banco Central, é uma paisagem quase surrealista do Portinari, não dá para ver a data em que foi feito,******** mas é muito bonito; em seguida, temos um quadro da

* Ex-ministro da Justiça (1995-97) e ministro do Supremo Tribunal Federal.

** Adrienne Senna.

*** Embaixadora do Brasil no Equador.

**** Mário Cesariny.

***** Ex-presidente de Portugal (1986-96).

****** Marco César Naslausky.

******* Empresário, ex-deputado constituinte e ex-senador por São Paulo.

******** O óleo sobre tela e madeira data de 1938.

Isabel Pons; e na outra parede, descrevi já duas, na outra parede temos um do [Daniel] Senise que é meu, é muito bom; e dois Bonadei, que ele mesmo me deu, são gravuras coloridas muito bonitas também; fora isso, há uma cabeça africana muito bonita; e um cavalo chinês. Ficou um ambiente que com o tempo parece ser quase como a casa da gente.

É estranha essa relação entre palácio e titular. No começo tudo era muito frio, distante, desagradável, e pouco a pouco foi tomando o jeito mais da Ruth — no caso não o meu —, ficou tudo muito bonito. É o que está acontecendo. Eu descrevi rapidamente a parte de cima do Alvorada. Nós ficamos na sala lá em cima, onde há uma mesa grande, bonita, é nela que eu trabalho, e uma mesa redonda, onde tomamos café de manhã. Na realidade escrevo na mesa de jantar, nunca na escrivaninha. Toda a parte de cima do Alvorada está muito agradável. E embaixo, depois que a Ruth e o Fred [Frederico Araújo]* revolveram muito as coisas, com a ajuda da Regina Meyer, da Vera Pedrosa e do Emanoel Araújo,** o palácio ficou realmente com jeito de palácio. Está bonito!

HOJE É QUARTA-FEIRA, DIA 10 DE JANEIRO. Na segunda-feira, rotina de gravação de rádio*** etc. De manhã, tive um longo despacho com o [José Paulo] Silveira**** e com Martus sobre as prioridades no ano 2001. Depois, à tarde, tive uma reunião com o Pedro Malan e o Martus para discutirmos a aprovação do Plano Nacional de Educação,***** essas coisas do Brasil, aprovaram o Plano, que é um livro! Tornaram lei coisas subjetivas! E, no meio disso, compromissos fiscais enormes que não foram discutidos. Só que essa parte vai ter que ser vetada, mas o plano é bom.

Depois recebi o Fernando Gasparian****** com Varujan Burmaian,******* um armênio importante de São Paulo que no fundo quer que se abra uma embaixada na Armênia, e talvez queira ser embaixador. E até pode! Não conheço a Armênia, terei que me informar.

Depois tivemos uma longa reunião com Pedro Malan, Tápias, Seixas Corrêa e Pedro Parente, para discutir a questão encrencada dos créditos ao Equador. É complicado, porque o Equador tem uma dívida grande com o Brasil — e não é só o Equador. Somos

* Embaixador, chefe do Cerimonial da Presidência.

** Diretor da Pinacoteca do Estado de São Paulo.

*** Fernando Henrique gravava semanalmente o programa *Palavra do Presidente*, transmitido pela Radiobrás.

**** Coordenador nacional do programa Avança Brasil, gerido pelo Ministério do Planejamento, com metas de desenvolvimento econômico e social para o período 2000-07 incluídas em 358 projetos e gastos previstos de us$ 165 bilhões.

***** Lei nº 10 172, de 9 de janeiro de 2001, com uma série de metas para o setor no período 2001-11. O presidente vetou nove itens do texto por razões orçamentárias.

****** Ex-deputado constituinte e proprietário da editora Paz e Terra.

******* Fundador e presidente do grupo Sofisa.

credores de mais ou menos 5% do PIB do Equador, e eles querem aumentar essa dívida. As empresas brasileiras estão vendendo como se tivessem garantias do governo brasileiro. Chegamos a um termo de compromisso, mas é um assunto espinhoso. Encontrei-me com Zé Aníbal [José Aníbal],* que veio para me dizer que é candidato ao governo de São Paulo, e que se o Geraldinho [Alckmin] assumir, e se ele por acaso tiver que se afastar, ele então deixa a Secretaria de Ciência e Tecnologia e vem para Brasília. Está à disposição porque acha que o partido tem que fazer e acontecer.

Nesta segunda-feira à noite jantei com Paulo Renato [Souza],** que continua aflito, porque o desempenho do ministério é reconhecido como bom, e o conhecimento que a população tem dele como ministro é baixo. Ele está numa disputa latente com o Serra e eu o sinto muito apreensivo. Não vejo francamente que o Paulo tenha um caminho eleitoral seguro para nenhum lado, porque ele gostaria de ser candidato a presidente, difícil, a governador também é difícil, a senador pode ser, mas não é tão fácil... ele tem que se concentrar. Paulo é excelente pessoa, excelente ministro. Ele não tem a mesma capacidade que tem Serra de morder o osso e ficar em cima. E em cima de um osso desagradável, que é a busca de popularidade. O Serra não busca popularidade demagogicamente; ele busca assumindo brigas favoráveis ao povo contribuinte. É isso que o Paulo Renato poderia fazer, mas na Educação fica difícil.

Ontem terça-feira 9, o dia começou com uma gravação que fiz para o *Bom Dia Brasil*, acho que boa, embora estivesse muito cansado porque dormi mal à noite. Respondi às perguntas dos procuradores e a várias outras questões espinhosas que me colocaram, e a repercussão foi positiva. Os jornais de hoje, quarta-feira, estão repletos de notícias sobre isso. Nós recuamos sobre a multa aos procuradores, para acalmar um pouco a grita. Mas eles querem mais; na verdade querem ser impunes mesmo e isso não é possível.

Recebi o João Roberto Marinho,*** que veio me convidar por antecipação para quando eu deixar a Presidência, se desejar, escrever no Sistema Globo. O João Roberto sempre muito amigo, muito discreto também, conversei com ele sobre a sucessão presidencial, é bom manter essa conversa. E almocei com ministros da área social: o Serra, o Paulo Renato, o Vilmar, o Pedro Parente mais o Martus, para discutirmos o Projeto Alvorada,**** queremos dar mais visibilidade a ele. Conversamos também sobre o Paulo Renato e o Serra assumirem o comando na perspectiva de dar mais visibilidade aos recursos imensos postos à disposição deles na área.

* Secretário de Desenvolvimento, Ciência e Tecnologia do Estado de São Paulo.

** Ministro da Educação.

*** Vice-presidente das Organizações Globo.

**** O Programa de Desenvolvimento Integrado Socioeconômico — que em setembro de 2000 mudou de nome para Projeto Alvorada, agregando outras iniciativas — previa a aplicação de R$ 13 bilhões em projetos sociais para municípios de catorze estados (Nordeste mais Acre, Pará, Rondônia, Roraima e Tocantins) com baixo desenvolvimento humano.

À tarde, estive numa cerimônia de indicação de Zilda Arns* para o prêmio Nobel da paz pela Pastoral da Criança. Recebi rapidamente o deputado Vittorio Medioli, de Minas Gerais,** que me disse que eles ganharam em Betim, onde o prefeito era do PT. Me disse que o PT tinha 2 mil pessoas empregadas na prefeitura para nada, funcionários do partido, como fazem no Brasil afora, inclusive oitenta cubanos. Não sei se é verdade, mas eles disseram com toda ênfase.

Depois recebi o Francisco Luzón, do Banco Santander, a quem o Felipe González tinha pedido anteriormente que eu recebesse. Ele tem uma preocupação: pela Constituição, as prefeituras e entidades oficiais não podem deixar dinheiro nos bancos não oficiais, ou seja, todos os recursos do Banespa, todos os depósitos, vão embora. Parece uma malandragem nossa: termos vendido o banco sem avisar. Não sabíamos, mas está na Constituição! Se bem que a Constituição diz que depende da lei. Portanto podia ter sido corrigido, e pode ser corrigido. Mas em São Paulo fazem uma forte campanha contra, e o Santander pagou 7 bilhões de reais, uma loucura de dinheiro, e mesmo assim estão perseguindo o Santander porque ele não é do Estado.

O Luzón tem muito entusiasmo pelo Brasil, o que hoje já é habitual.

Ainda recebi o [Francisco] Dornelles,*** que veio me brifar sobre a situação política do Rio de Janeiro. Nesse meio-tempo, as preocupações continuam sendo a respeito da sucessão nas mesas da Câmara. Eu tinha recebido de manhã o Marco Maciel junto com o Bornhausen, que estão meio desiludidos, porque a tentativa de acordo não deu certo, e está ficando difícil a situação de Inocêncio [de Oliveira]**** lá na Câmara.

Falei também com Antônio Carlos [Magalhães]***** e acertei que faremos a convocação do Congresso no dia 29 de janeiro.****** Ele estava mais manso, pois alguém foi dizer a ele que eu estava magoado, deve ter sido o Tasso. Antônio Carlos está na fase gato angorá, anda realmente calmo, quer carinho, vem acarinhando, como se diz, *pourvu que ça dure*..., mas não acredito que dure.

Não houve nenhum avanço efetivo nas negociações, mas o pessoal do PMDB gostou do que eu disse no *Bom Dia Brasil*,******* e gostou mais ainda da decisão de convocar a Convenção [do PSDB] só no dia 29; eles entenderam como um gesto de abertura para o PMDB. Foi um gesto normal, não foi de submissão ao PFL e ao An-

* Presidente da Pastoral da Criança.

** Pelo PSDB.

*** Ministro do Trabalho.

**** Deputado federal (PFL-PE), líder do partido na Câmara e candidato à presidência da Casa.

***** Senador (PFL-BA) e presidente do Senado.

****** O Congresso funcionou extraordinariamente durante duas semanas para votar 75 medidas provisórias de interesse do governo.

******* Sobre a eleição das mesas do Congresso, o presidente afirmara no programa matutino que não entraria em questões "que não sejam de interesse nacional, embora sejam de interesse partidário e possam afetar mais adiante. [...] Depois da eleição haverá quem ganha e quem perde. Aí a gente vê o que faz".

tônio Carlos, porque não cabia. Isso continua enrolado e estou me afastando cada vez mais da briga, porque estou convencido de que não vai ter solução; vai ter briga mesmo. Além disso, eles têm medo, porque Antônio Carlos verifica o voto secreto, então quem no PFL votaria eventualmente no Jader tem pavor de ser descoberto pelo Antônio Carlos. Pode ser um pega pra capar, e não há muito que eu possa fazer nem temer, porque eles, do PFL, não vão se afastar do governo, para não perder tal ou qual posição. Pelo contrário, vão ficar mais dependentes do governo.

Depois disso, de significativo foi a conversa com o João Roberto Marinho. Expliquei a ele que estou cuidando de evitar que o Ciro tenha base partidária para aumentar tempo de televisão e obter mais penetração no país, como já fiz na outra ocasião, quando eu mesmo fui candidato. E o Lula vai ser candidato do PT. Nós não temos como limitá-lo nem devemos. O Ciro, sim. Podemos limitar o acesso. Só tenho medo do PMDB e do PTB, mas disso vou cuidar. Eu disse ao João: é mais fácil engolir o Jader na presidência do Senado do que o Ciro na Presidência da República. E, por outro lado, também é verdade que o PTB não é controlado pelo prefeito do Rio, o Cesar Maia, que é do Ciro; é controlado pelo [José Carlos] Martinez,* pelo Fleury [Luiz Antônio Fleury Filho]** e pelo Roberto Jefferson.*** O João disse: "Nesse caso tenho pena do senhor". Eu disse que me dou bem, que não dou intimidade a ninguém, trato todos bem, e tenho que entender o jogo do Brasil: convivo com todos para a continuidade de um programa. Não estou preocupado com pessoas nem com o falso moralismo, como diz o [Carlos] Velloso.**** Moralismo é moral sem sentido de ética; a ética tem relação com os fins últimos, ele está dizendo que as pessoas são motivadas por questões menores. Eu tenho preocupação com o destino do Brasil, porque o fim último é esse. Se nem sequer existir a possibilidade de continuidade no governo, fica difícil. Eu disse ao João: o resto vai depender da mídia, acho que a mídia, no momento adequado, vai estar mais ou menos alinhada se tivermos uma candidatura que seja expressão de um programa. Disse a ele que quero continuar as reformas.

Hoje é quarta-feira, vou receber uma Comissão de Voluntariado da ONU e depois terei um churrasco na Embrapa,***** porque o Brasil ficou livre da aftosa, livre da peste suína clássica, enfim, uma porção de coisas positivas. Vou receber o presidente da Universidade de Notre Dame****** e o [José Israel] Vargas.******* Nada de muito especial.

* Deputado federal pelo Paraná, presidente nacional do partido e dono da rede CNT de televisão.

** Deputado federal por São Paulo e ex-governador do Estado (1991-95).

*** Deputado federal pelo Rio de Janeiro, líder do PTB na Câmara.

**** Presidente do STF.

***** Cerimônia de lançamento de programas de defesa agropecuária do Ministério da Agricultura, Pecuária e do Abastecimento, na sede da Embrapa, em Brasília.

****** Edward Malloy.

******* Ex-ministro de Ciência e Tecnologia (1995-99) e vice-presidente do Conselho Nacional de Ciência e Tecnologia.

HOJE É SEXTA-FEIRA, DIA 12 DE JANEIRO, o presidente da Universidade de Notre Dame, padre Malloy, muito entusiasmado com o Brasil e com o meu governo.

O Lampreia apresentou sua carta de demissão. Conversamos com calma, ele estava certo de que eu ainda não tinha escolhido o candidato, eu disse: "Felipe, analisei e acho que o nome que tem mais apoio do Itamaraty é o Celso Lafer". Ele ficou surpreso, porque imaginava que eu fosse falar do Sérgio Amaral, ele sabe que eu também gosto do Sérgio, mas ponderei as resistências que seriam oferecidas e o tempo que ele iria tomar para tomar pé. Me pareceu que não haveria espaço suficiente em meu governo para o ministério dar conta das coisas. Sérgio Amaral poderia fazer um bom trabalho se tivesse sido nomeado no começo do segundo mandato. Eu disse isso ao Felipe, pedi que mantivesse reserva, e assim foi feito.

Ontem, quinta-feira, despachei com o Tápias e com o Fernando Bezerra.* O Antônio Carlos tinha me telefonado sobre uma lista de sonegadores, de ladrões na Sudam, como ele qualificou. Eu disse que temos uma lista oriunda da Receita, aliás a Receita não concordava com a inclusão deles no Finam. Antônio Carlos, ontem, disse que o governo sabia quem são os malandros, e que os ministros do PMDB estavam encobrindo. É falso. Por coincidência, o Fernando Bezerra tinha estado comigo na manhã de ontem e trouxe uma nota explicando o que foi feito, dizendo que havia tal e tal empresa. Eu disse: "Fernando, ponha isso no jornal". Por sorte ele colocou. Então os jornais de hoje dão o barulho de Antônio Carlos, mas já sem muita ressonância, porque está lá a nota do ministro explicando o que está acontecendo.**

Fora isso, houve a sanção da Lei de Informática,*** que foi importante. Aproveitei para falar de política industrial, acabar com esse tabu de que não há política industrial. Há, sim; o que não há é a mesma política de antigamente, porque o mundo mudou. Foi o que eu disse. Cobrei dos empresários a avaliação dos resultados dos incentivos que eles vão receber. Foi uma sessão boa.

Vetei o artigo que proibia que São Paulo recebesse incentivo, me referi à Amazônia com simpatia, o que não vai adiantar nada, porque os amazonenses querem ter o monopólio da informática em Manaus e não apenas o que já estava acordado para a Zona Franca, e acordado comigo também.

* Ministro da Integração Nacional.

** O ministro negou a existência da lista de fraudadores e divulgou que sua pasta, responsável pela Sudam, encontrara irregularidades graves em nove de 35 empresas submetidas a uma auditoria prévia, comunicadas ao Ministério Público Federal, que ajuizou diversas ações.

*** Lei nº 10176, de 11 de janeiro de 2001, sobre a regulação do setor e a concessão de incentivos fiscais a empresas de desenvolvimento ou produção de bens e serviços de informática instaladas no Brasil.

Depois do almoço, houve a entrega do Prêmio Direitos Humanos,* uma coisa tradicional, não fiz discurso, porque estava cansado e o Zé Gregori já tinha dito tudo que era possível dizer sobre a matéria, e também o secretário de Direitos Humanos.**

Depois recebi o Neudo Campos,*** que veio me perguntar se eu queria ser senador por Roraima. Agora é Roraima, Tocantins, Goiás, todos querem que eu seja senador. Eu disse que isso implicaria renunciar ao mandato, uma coisa difícil, fui amável para não decepcioná-lo, mas ele viu que não vou renunciar. Discutimos uma série de questões de Roraima, ele disse que está comigo, que se sente incomodado no PPB, mas que ir para lá é mais conveniente para mim do que ir para o PFL, dada a confusão toda. E no PSDB não pode entrar por causa das disputas locais.

Tive um jantar no palácio com o Robert Civita, que agora se chama Roberto Civita,**** e com o Andrea Matarazzo.***** Um jantar habitual, Roberto vem aqui de vez em quando, somos amigos há pelo menos quarenta anos, desde que o Pedro Paulo [Poppovic] trabalhava na Abril. Ele disse que quer ajudar bastante a difundir as coisas, não as do governo, mas do Brasil. Disse também que um amigo dele perguntou: o Fernando Henrique vai embora, e o que houve de mudança estrutural? Eu desfilei as mudanças todas e ele ficou surpreso. Disse que não se tratava de que eles não informassem, e sim de que nós não sabemos divulgar, de que está faltando comunicação. "São vocês que têm que fazer", disse ele. Mas o Roberto é simpático.

Eu repeti o que disse ao João Roberto Marinho: "Roberto, a questão é a seguinte: estou fazendo reformas profundas, mas há setores políticos da base que são uma podridão. Esse é o problema do Brasil. Não é a maioria, mas os mais espertos dominam parte importante da maioria, e eles são partes do jogo brasileiro".

Ou bem atendo a essa realidade — não no sentido de conceder a ela, mas tomando em consideração que ela existe —, ou nada ocorre. Ele disse: "É isso mesmo, essa frase é magnífica, reformar tendo em conta, entretanto, essa podridão, que é um perigo". Eu disse: "Essa é a questão, não entro em conivência, mas tomo em consideração que eles existem". Ele achou uma explicação luminosa. Curioso.

Vou receber agora, nesta sexta-feira, o Paulo Fona, um rapaz que foi do PMDB e é repórter do *Jornal do Brasil*. Vou também assinar uma mensagem que veio do Ministério da Justiça sobre juizados especiais.****** Depois recebo o em-

* Concedido anualmente pelo Ministério da Justiça a personalidades e instituições de destaque no setor.

** Gilberto Saboia.

*** Governador de Roraima (PPB).

**** Presidente do grupo Abril e *publisher* da *Veja*.

***** Secretário de Comunicação de Governo da Presidência da República, com status de ministro.

****** Referência à exposição de motivos que originou a lei nº 10 259, de 12 de julho de 2001, que instituiu juizados especiais cíveis e criminais na Justiça Federal.

baixador do México* e sigo para a fazenda, porque a Ruth e os netos estão lá, a Luciana [Cardoso]** também. Passo lá amanhã e volto para me preparar para ir ao exterior.***

Ontem, telefonei para Celso Lafer, perguntei se ele tinha interesse no Itamaraty. Evidentemente, ele tem interesse. Pedi que viesse aqui, amanhã, sábado, à noite, para nós conversarmos, pedi que guarde reserva, porque quero discutir alguns pontos antes de uma decisão. Assim é que eu levo as coisas. Não faço alarde, não faço tudo que quero, mas escolho. Celso tem todas as qualidades, apesar de que o Sérgio Amaral surpreenderia mais, por não haver sido antes ministro do Exterior.****

Esqueci-me de me referir à polêmica principal desses dias, a questão dos procuradores, que vai e vem. Suspendi — eu disse que suspenderia — a multa, o teto de 151 mil, mas eles querem outra coisa, querem que nem tudo seja considerado improbidade administrativa, de uma forma ou de outra. Acho que não é mesmo, mas eles consideram tudo improbidade administrativa, enfim. Vejo grandes confusões nas negociações, mas o debate, de qualquer maneira, dá um tranco nessa gente. Vejo também que eles resolveram reabrir a questão da compra de votos da reeleição. Eles pensam que com isso me atingem, eu nunca soube de nada, nem remotamente, de qualquer movimento nessa direção. Se alguém comprou, foi longíssimo de mim e do palácio. A emenda da reeleição ganhou com maioria expressiva.***** Não estava dependendo de dois ou três votos. É falar nisso só para "imaginar criar dificuldades" e julgar sempre que o governo é improbo.

* Jorge Eduardo Navarrete, substituído em maio de 2001 por Cecilia Soto.

** Filha do presidente.

*** Entre 15 e 24 de janeiro de 2001, Fernando Henrique viajou em visitas de Estado e de trabalho a Coreia do Sul, Indonésia e Timor-Leste, com escalas no Canadá e na África do Sul.

**** Lafer chefiou o Itamaraty em 1992, no governo Collor.

***** Na Câmara, a PEC 1/1995 foi aprovada por 336 a 17 no primeiro turno e por 368 a 112 no segundo. No Senado, recebeu 63 votos contra 6 na primeira votação e 62 contra 14 na segunda. A PEC se converteu na emenda constitucional nº 16, promulgada em 4 de junho de 1997.

14 A 29 DE JANEIRO DE 2001

Viagem a Coreia do Sul, Timor-Leste e Indonésia. Ainda a sucessão no Congresso. Programa de ação para o final do mandato

Hoje é domingo, 14 de janeiro. Ontem, Celso Lafer jantou aqui com a Mary [Lafer], sua mulher, e acertamos detalhes sobre a nomeação dele, porque eu gostaria que fosse anunciada depois da minha viagem. Serra me telefonou aflito de Genebra para eu falar com [Vicente] Fox* por causa da batalha que o Serra está travando, boa, para corrigir o relatório da OMC.** Não consegui falar com Fox. Serra me perguntou se eu já tinha convidado o Celso, como eu ainda não tinha visto o Celso. Era para acalmar o Itamaraty, senão o Itamaraty fica nervoso.

Falei (por telefone) com Mário Covas. Ele é impressionante. Sabendo, como eu soube — pois a filha dele*** pediu que o médico me informasse —, que ele está com câncer e com metástases também na meninge, o que é gravíssimo, acho que ele está muito forte de espírito.

Acabei de falar com Marco Maciel, por causa da preocupação do Antônio Carlos. Ele falou com Tasso, que me transmitiu sua preocupação com o fato de que Tasso e eu vamos viajar, e assim fica difícil encaminhar alguma solução [para a eleição da mesa do Senado]. Mas eu volto logo, Tasso também. A coisa é outra. Eu disse que estaria em contato com [José] Sarney,**** e o Sarney até hoje não se jogou a favor do Antônio Carlos, que quer precisamente que eu cobre isso do Sarney. Não posso. Se for necessário obter maioria absoluta, aí, sim, pode ser que o Jader não tenha maioria absoluta. Conversei com Marco Maciel, ele não está preocupado com isso. O Marco anda muito irritado com Antônio Carlos, e também o Roberto Brant***** está irritado, porque o PFL está se arrebentando. O Marco anda preocupado é com outra coisa, com a posição do PFL. A eleição do Sarney no Senado não resolve nada para o PFL. Então, o embrulho é grande para o PFL.

* Presidente do México.

** Com apoio de cinquenta países em desenvolvimento envolvidos nas negociações da Rodada do Milênio, o Brasil e a Índia haviam proposto a quebra da patente de remédios-chave para suas políticas públicas de saúde, de modo a possibilitar a fabricação local sem pagamento de licença à indústria farmacêutica. Essa modificação do acordo Trips (Direitos de Propriedade Intelectuais Relacionados ao Comércio, na sigla em inglês) enfrentava oposição dos EUA e de outros países-sede das empresas afetadas. Em novembro de 2001, a proposta indo-brasileira foi aprovada pela OMC.

*** Renata Covas Lopes.

**** Senador (PMDB-AP) e candidato à presidência do Senado.

***** Deputado federal (PFL-MG).

HOJE É DIA 20 DE JANEIRO, SÁBADO, e estou em Bali, na Indonésia. Foi um longo périplo. Saímos de São Paulo no dia 15, segunda-feira, e viajamos para o Canadá. Longa viagem, de uma estirada só, e, como sempre, jogo de pôquer durante o voo, com os embaixadores que sabem jogar. O Leôncio Martins [Rodrigues]* desistiu, porque o nosso pôquer é muito pouco sério, brincalhão, mudamos de regra a toda hora. Chegamos tranquilos a Vancouver na terça-feira, 16, viagem muito agradável. Vou perder um pouco a noção dos dias, porque registro de viagem é complicado.

Visitamos um museu extraordinário,** muito bem-feito, muito bonito, dedicado aos povos que habitavam a região de Vancouver, uma área totalmente indígena que foi ocupada pelos ingleses. Um professor nos explicou tudo isso. Depois, recebi rapidamente o ministro do Exterior do Canadá.*** Eu já havia falado por telefone, no dia em que cheguei, com Jean Chrétien, que é o primeiro-ministro. Tocamos de leve no assunto mais importante, a questão da Bombardier e da Embraer;**** ele disse que o ministro das Relações Exteriores iria conversar com o Seixas Corrêa sobre o assunto e também disse que já foi anunciado que o Canadá vai apoiar o Brasil para ser membro do Conselho de Segurança em 2003 em uma vaga não permanente. Um gesto de simpatia, mas que não resolve a situação. O ministro do Exterior falou com Seixas longamente, o Seixas colocou com energia as questões do Brasil, eu também dei indicações à imprensa, e depois só falei com o ministro sobre temas gerais. No automóvel, não entrei em detalhes, porque não cabe a mim falar com o ministro do Exterior. Falo com o primeiro-ministro.

Dali fomos para a Coreia do Sul,***** chegamos depois de uma longa viagem, mas um pouco menos longa, foram onze horas, a outra, do Brasil ao Canadá, durou mais de treze horas. Na Coreia, formalidades, o ministro do Exterior****** nos esperando. Fomos dormir com uma decalagem de horário enorme. No outro dia, o trabalho já começou pela manhã, como é habitual nessas viagens. Fizemos todo um périplo para receber formalmente as boas-vindas do presidente,******* na cerimônia de chegada. Depois reunião com o presidente e o ministro do Exterior e de Ciências e Tecnologia.******** Mais tarde, uma reunião longa com vários outros ministros, basicamente sobreo acesso do Brasil ao mercado coreano e a questão que eles reivindicam: a Kia Motors, que não cumpriu as formalidades necessárias,

* Professor de ciência política da Unicamp.

** Museu de Antropologia da Universidade da Colúmbia Britânica.

*** John Manley.

**** As duas empresas, líderes mundiais no mercado de aeronaves regionais e executivas, litigavam no âmbito da OMC por acusações mútuas de recebimento indevido de subsídios governamentais e desrespeito a regras do comércio internacional.

***** Primeira visita oficial de um presidente brasileiro ao país.

****** Lee Jeong-bin.

******* Kim Dae-jung.

******** Seo Jung-wook. Na ocasião, Brasil e Coreia do Sul firmaram um acordo de intercâmbio de tecnologia nuclear para fins pacíficos.

perdeu a oportunidade de entrar no Brasil e ela quer que estendamos o prazo para que possa ser atendida, o que é muito difícil. Embora eu tenha dito isso ao presidente e o Seixas Corrêa também, no dia seguinte, nos jornais, está estampado outra coisa, dizendo que havíamos concordado em reabrir prazos. Forçaram muito a barra nessa direção.

Minha impressão do presidente é positiva. Depois dessa longa reunião com ele, tivemos um almoço com empresários, eu fiz um discurso, habitual. À tarde fui visitar o Parlamento, o que também faz parte das visitas de Estado. À noite houve um banquete com o presidente e muita gente.

Conversei bastante com o presidente, chama-se Kim Dae-jung, um homem realmente qualificado. Ganhou o prêmio Nobel da paz* e tem ideias claras sobre o mundo, com muita coincidência com as coisas que penso — particularmente com relação aos Estados Unidos, mas também quanto a importantes problemas da humanidade. Ele acha, basicamente, que a grande questão, como eu também acho, é a religiosa, choques entre muçulmanos e o resto do mundo, por um lado, e a pobreza na África por outro. O ponto central: como se vai entrar na sociedade do conhecimento. Nesse sentido, a Coreia dá uma lição em todos nós, eles estão fazendo um trabalho imenso de qualificação de pessoas, o presidente tem consciência disso. Ele fala com desenvoltura sobre os temas científicos, sobre a necessidade de avançar. É um homem de setenta e tantos anos com muita clareza sobre tudo isso e também sobre os valores universais, a democracia, essas questões todas. Enfim, é não só um homem do mundo como um homem que conhece os problemas do mundo. Conversamos sobre muitos países, sobre muitos líderes, as apreciações dele sempre positivas, realmente um homem que me impressionou.

No dia seguinte, fomos a Panmunjom, onde houve o acordo do armistício.** Visitei as fortificações e fiz declarações de que o Brasil terá um relacionamento diplomático com a Coreia do Norte. Claro que o presidente Kim estava muito contente com isso, porque ele está agindo da mesma forma. Em Panmunjom, um general americano e um coronel nos fizeram uma exposição. O coronel parecia saído de uma história de cinema, perfeito, um homem decidido, simpático, agradável. O general já me pareceu um pouco mais orientado por uma visão ultraguerreira, disse que os norte-coreanos estão preparadíssimos, têm armas químicas, que eles não diminuíram o desenvolvimento técnico e militar, embora haja certo arrefecimento na linha política. Enfim, tentou mostrar que os 34 mil americanos que estão naquela posição são indispensáveis, e o outro [o coronel sul-coreano] mostrando que estão muito preparados, prontos para responder a qualquer provocação norte-coreana.

* Em 2000.

** Em 27 de julho de 1953, o acordo que pôs fim à Guerra da Coreia foi assinado no vilarejo fronteiriço de Panmunjom (hoje desaparecido). Entretanto, formalmente as duas Coreias continuam em estado de guerra.

Depois fui até a linha divisória e entrei formalmente na Coreia do Norte. São poucos metros, numa casa com um pedacinho na Coreia do Sul e outro na Coreia do Norte.* Impressionou-me muito ver a linha divisória entre as duas Coreias quase em cima de Seul e tudo fortificado, o que mostra que o medo dos sul-coreanos na época da Guerra Fria era mais do que compreensível. Eu não conheço a Coreia do Norte, não sei avaliar o que eles fazem realmente. A visão da Coreia do Sul sobre a do Norte é de que se trata de um regime ultraestalinista, extremamente perigoso, de um personalismo absoluto. Agora, o choque que tive foi ver o que restou da Guerra Fria e ainda está presente. Me fez lembrar o que vivíamos havia vinte ou trinta anos. A Guerra da Coreia foi de 1950 a 1953, depois disso, com a ameaça da bomba nos anos 1960, os *shelters*, os abrigos antiaéreos nos Estados Unidos, as sirenes que tocavam. Tenho lembranças da Segunda Guerra Mundial, de treinamento de bombardeio nas praias, o Rio de Janeiro com blecaute, nós nos divertíamos quando crianças com isso, defesa antiaérea e sacos de areia na rua, mas tudo isso, hoje em dia, é vago para os brasileiros. Para mim não é, para a minha geração não pode ser. Como meu pai** era militar, e às vezes eu ia com ele de manhã cedo ao cais do porto do Rio para ver a partida de navios mercantes brasileiros para o Norte e o Nordeste, a coisa da guerra ficou muito forte em mim. Nós, crianças, usávamos como brincadeira máscaras contra gás na casa do meu tio Felicíssimo [do Espírito Santo Cardoso], que era, como meu pai, general. E eu recordei isso na Coreia, eles têm máscaras contra gás até hoje.

Vi também o progresso imenso da Coreia do Sul, visitei um instituto de pesquisa científica impressionante em Seul,*** que contrasta com as marcas ainda muito vivas do que foi a luta contra o comunismo. Na verdade, a Guerra Fria foi perdida pelo mundo não capitalista. Ainda brinquei com [Arnaldo] Madeira,**** que estava conosco. Eu disse: "Madeira, e nós, muitas vezes, torcendo para Pyongyang... Que loucura, né?". Madeira nunca foi desse lado ortodoxo, era mais da linha comunista branda. Hoje ele pensa criticamente tudo isso; naquela época, não, era o medo do imperialismo americano que empolgava nossos corações e mentes. O mundo mudou muito, como está visível lá, e a Coreia avançou muito, basicamente porque foi capaz de se modernizar na parte científica, tecnológica. Mas ainda há problemas, o presidente sabe disso, existem debilidades no sistema financeiro, é um país com economia ainda bastante fechada, mas de qualquer maneira deu um salto extraordinário.

Nossos embaixadores [na Coreia], o Sérgio Serra e a Tânia [Serra], foram meus vizinhos na 104 Sul em Brasília, moravam no apartamento abaixo do meu, conhe-

* Trata-se do Museu da Paz, instalado pelo governo norte-coreano no barracão construído em 1953 especialmente para a assinatura do armistício.

** Leônidas Cardoso.

*** Instituto Coreano de Ciência e Tecnologia.

**** Deputado federal (PSDB-SP) e líder do governo na Câmara.

ço-os bem, gente simpática, com quem tivemos um jantar em Seul. O Brasilio [Sallum Jr.]* esteve na viagem, gostou bastante e voltou, ou deve estar voltando, para o Brasil. O [Ronaldo] Sardenberg** fez avanços grandes na cooperação científica com os coreanos.

Foi até agora uma viagem boa, e hoje viemos de avião para Bali, cruzamos o mar do Japão, o mar da China, as Filipinas e entramos na Indonésia. Estamos em Bali, foram quase sete horas de viagem. Revendo tudo isso, digo: meu Deus, ainda há outro pedacinho conflituoso do mundo: Formosa! Não pudemos passar sobre ela, tivemos que desviar o voo porque o Brasil não tem relações com Taiwan.

Mas chegamos a Bali, o governador*** me esperando, o embaixador daqui,**** essa coisa toda, estamos instalados num hotel agradável.***** Vamos amanhã ver o Sérgio Vieira de Mello,****** que é da ONU, encarregado de Timor. Vou me encontrar com ele para um almoço, vou visitar um templo******* e, na segunda-feira de manhã, vou a Timor.

Falei com Ricardo Lagos******** pelo telefone da Coreia, porque ele está preocupado com a reunião que o [Vicente] Fox quer fazer em Santo Domingo, em 8 ou 9 de abril, antes da reunião com os Estados Unidos, de Québec.********* Não sei se vale a pena fazer essa reunião, estou considerando se irei ou não; disse a ele, Ricardo, que confirmaria se fosse.

HOJE É DOMINGO, DIA 21 DE JANEIRO, eu acredito, porque aqui varia um dia para trás ou para a frente e eu me confundo um tanto. Continuo em Bali.

De manhã fui à praia bem cedinho para não ser chateado, o mar estava quente, a Ruth achou ruim porque, entrando no mar, o solo é cheio de pedrinhas, mas lá dentro é bastante agradável. A praia não se compara com as nossas praias, mas o local onde estamos é muito aprazível, um conjunto de hotéis com coisas lindas,

* Professor de sociologia da USP.

** Ministro de Ciência e Tecnologia.

*** Dewa Made Beratha.

**** Jadiel Ferreira.

***** Grand Hyatt Bali.

****** Chefe da missão da ONU no Timor-Leste e executivo-chefe da Administração Transicional da ex-colônia portuguesa até a posse do governo eleito, em abril de 2002. Em setembro de 1999, a comunidade internacional enviara forças de paz ao Timor, ocupado pela Indonésia desde 1975, para interromper o massacre da população local por milícias pró-Jacarta, iniciado com a vitória do independentismo num plebiscito organizado pela ONU. Tropas brasileiras participaram dos trabalhos de manutenção da paz.

******* O presidente e a primeira-dama visitaram o Pura Taman Ayun, complexo de jardins e templos hinduístas em Mengwi, no sul da ilha de Bali.

******** Presidente do Chile.

********* III Cúpula das Américas, realizada entre 20 e 22 de abril de 2001 no Canadá. O presidente mexicano pretendia reunir os países latino-americanos na capital dominicana para um encontro preparatório.

muito verde, estradas bem cuidadas, hotel cômodo, dizem que não é dos mais luxuosos daqui, imagino como seria o de mais luxo.

Fui visitar um templo hinduísta, bonito, mas nada de especial. Depois, recebi o Sérgio Vieira de Mello,* um rapaz simpático, decidido, que tem o apoio dos timorenses. Veio também o Horta [José Ramos-Horta]** e outro que é o líder da Frente, que organizou a guerrilha,*** Maria, não me lembro exatamente o nome.**** Ambos me deram excelente impressão e ficaram felizes de ouvir o que estamos dispostos a fazer por eles no Brasil. Foi boa a reunião. Em seguida almoçamos todos juntos.

Agora estou esperando um telefonema do dr. David Uip, médico do Covas, porque a notícia que chegou é que Covas piorou muito. Hoje pensei nele, tenho pensado nesses dias todos. Pobre Covas, um homem tão cheio de vitalidade e com vontade de viver, e está se vendo que acabou. Eu não gostaria de estar longe, preciso estar lá, por mim, não pelas aparências, e para fazer uma homenagem pessoal a ele. Entretanto, daqui até lá são 24 horas. Pelo que tenho visto nos jornais e pelo que já sabia pelos médicos, é uma situação definitiva e muito aflitiva para todos nós.

HOJE É DIA 23 DE JANEIRO, estou em Jacarta. Como eu disse, em Bali recebi um telefonema do David Uip, que me deu um prognóstico sombrio, mas não desesperador. No dia seguinte, ouvi nas informações, e ontem soube, que o Mário voltou para o Palácio dos Bandeirantes, mas passou o governo para Geraldinho Alckmin. Foi a melhor coisa que fez, porque o Geraldo leva isso bem, e ele [Mário] não está em condições de fazer bravata. A expectativa é de que possa prolongar a vida, e isso é bom.

No domingo passado, em Bali, nós fomos à noite a um restaurante, vi uma daquelas danças típicas de lá, e voltamos para dormir.

No dia seguinte, ontem, fomos cedo para Díli, no Timor.

Em Díli o impacto foi muito forte. Primeiro, porque a pobreza é bastante grande; segundo, porque a liderança confia no futuro do país e tem a disposição efetiva de trabalhar. O Sérgio Vieira de Mello, que toma conta da Administração [Transicional] da ONU em Timor-Leste, tem mostrado uma capacidade muito grande de ação, de articulação, de presença, e vejo que ele tem autoridade sobre os líderes timorenses não apenas graças a uma imposição externa, mas porque é alguém que compartilha solidariamente os objetivos do povo do Timor. Lá no Timor fizemos um reconhecimento total. Primeiro falei com Sérgio e a assessoria dele, depois fiz a

* O diplomata brasileiro foi assassinado num atentado a bomba em Bagdá, em 2003, quando liderava a missão da ONU no Iraque.

** Embaixador do governo timorense e líder político da resistência anti-Jacarta, prêmio Nobel da paz de 1996, dividido com o também timorense Carlos Ximenes Belo, bispo de Díli.

*** Frente Revolucionária de Timor-Leste Independente (Fretilin).

**** José Maria de Vasconcelos, conhecido como Taur Matan Ruak.

mesma coisa isoladamente com Xanana Gusmão* e depois com o Conselho Nacional da Resistência Timorense, onde estão os principais líderes do Timor. Tivemos um almoço num navio-hotel fundeado lá, tudo com muito discurso, e isso depois de vermos, antes desse almoço, um cemitério,** onde encontrei um padre, o bispo d. Carlos Belo, e para depositar flores num lugar do cemitério em homenagem aos mortos assassinados pelas milícias. Aliás, o cemitério é uma desolação, eles, os timorenses, não têm nem flores, é uma folha de papel, uma coisa muito pobre mesmo, uma população subnutrida, aquilo entre asiáticos e latino-americanos, esquálidos, mas simpáticos.

Depois do almoço fui à Assembleia, onde funciona o Conselho Nacional; a antiga administração da Indonésia é hoje o Conselho Nacional da Resistência Timorense, presidido por Gusmão. Fui saudado pela direção do Conselho, depois por ele, Gusmão, fiz um discurso, está tudo publicado, não preciso estar repetindo o que disse, e ainda recebi uma gentileza do bispo Belo. O que mais me impressionou foi a relação que o Brasil, através do Comunidade Solidária,*** do Senai e de outros órgãos, está realizando para criar condições de alfabetização, treinamento e capacitação dos timorenses. É muita gente, muita desordem também, mas uma coisa realmente comovedora ver os esforços que estão sendo feitos para criar condições mínimas para esse pessoal poder avançar.

Mais tarde fui visitar as tropas brasileiras, discursos e muitas solenidades. Falei por telefone com o Jorge Sampaio,**** Jorge muito entusiasmado, eu também.

Agora Xanana. Ele é um líder extraordinário, conversamos (já tinha me dito em Moçambique,***** agora repetiu no carro, quando estávamos sozinhos): ele não vai ser candidato à presidência. E sabe por quê. Primeiro porque está há 24 anos à frente do movimento, o povo cansado dele e ele cansado do exercício da função. Segundo, ele sabe que vai haver muita briga, muito faciosismo nas instituições que eles estão criando, estão fazendo uma Assembleia Constituinte e tudo mais. Ele quer assegurar a posição de líder moral do movimento e tem razão, eu disse isso. O Horta já tinha me dito, em Bali, que achava que o Xanana devia ser o novo presidente. Mas o Xanana acha que o Horta é quem deve ser; ele, Xanana, não quer, e tem razão de se retirar, porque vai haver uma briga muito grande.******

* José Alexandre Gusmão, conhecido como Kay Rala Xanana, presidente do Conselho Nacional da Resistência Timorense, que dividia a administração do país com a ONU.

** Cemitério de Santa Cruz, em Díli, onde cerca de 250 manifestantes pró-independência foram executados por militares indonésios em 1991.

*** Programa de combate à pobreza criado em 1995 e presidido pela primeira-dama, Ruth Cardoso.

**** Presidente de Portugal.

***** Os dois líderes se encontraram na III Conferência de Chefes de Estado e de Governo da Comunidade dos Países de Língua Portuguesa, entre 16 e 18 de julho de 2000, em Maputo.

****** Xanana Gusmão se candidatou à presidência timorense em 2002 e venceu as eleições pela Fretilin.

Vejamos o que o Timor tem: além dos problemas sociais e econômicos, eles têm petróleo, eventualmente, dependendo dos acordos com a Austrália. Conversei com o assessor das Nações Unidas nessa área,* que é filho do economista [John Kenneth] Galbraith e é um rapaz inteligente. Ele me disse que a condição para ter petróleo é negociar com a Austrália. Não é uma grande jazida, mas pode render 100 milhões de dólares ao ano, em um país com um orçamento de 45 milhões. Essa é a base onde eles podem ancorar a economia no futuro. Fora isso há economia de subsistência, um pouco de café e pouca coisa mais. Aqui eles estão vivendo da presença das Nações Unidas, seja com um impacto nas casas, nos automóveis etc., porém tudo isso com muita parcimônia e pobreza mesmo. Além dos problemas que o Timor tem, há a questão de definir a língua da identidade nacional; eles querem o português, mas a língua que falam lá é o tétum e o bahasa indonésio. Fora isso, há também problemas políticos sobre como organizar, o que organizar. Vão fazer uma Constituinte, até sugeri que façam um seminário para convidar pessoas que entendam de Constituinte, como o Eduardo Graeff,** o Eduardo Jorge e outros, que não são políticos e que podem dar conselhos para não fazerem bobagens na Constituição, como nós fizemos. Alguns erros graves que cometemos, de rigidez muito grande, podem ser evitados.

Isso, grosso modo, foi o que aconteceu. Foi um impacto muito forte em toda a delegação, e em mim também, ver o que é a luta de um povo que busca, por meio de valores, a solidariedade interna e depois internacional, a despeito das condições negativas. Vê-se também a tragédia do colonialismo: os portugueses, e depois os holandeses, arrebentaram as etnias locais e agora essas populações vivem na contingência de fazer o quase impossível: criar uma nação onde ela não existe. Isso sem, praticamente, condições materiais, sem sequer haver identidade linguística, pois no Timor se falam 35 línguas diferentes. O colonialismo foi realmente uma tragédia e agora o capitalismo global não é capaz de ajudar as vítimas dessa tragédia senão com *parches*, como se diz em espanhol: remendos, migalhas. Isso é o mais triste de ver.

De lá vim para Jacarta, aonde cheguei ontem. Fui recebido pelo presidente, o [Abdurrahman] Wahid, e a mulher dele.*** O presidente foi muito gentil, tinha estado conosco no Brasil, foram ao aeroporto, conversei um pouco com ele, acho que se livrou do impeachment que quiseram aprovar, alegando uso não claro de recursos públicos que não podiam ser utilizados.**** Ele acha que as coisas estão melhorando, eu tive uma boa impressão de Jacarta, mas confesso que chovia muito, vi só por alto.

* Peter Galbraith, diretor de Assuntos Políticos, Constitucionais e Eleitorais da Administração Transicional do Timor-Leste e negociador do tratado de exploração de petróleo firmado com a Austrália em 2002.

** Assessor especial da Presidência.

*** Sinta Nuriyah.

**** Wahid foi removido da presidência indonésia por impeachment em julho de 2001.

Hoje acordei de manhã num hotel extraordinário daqui, que tem o nome de um grande templo.* Vê-se que é uma cidade bem implantada, esse tipo de cidade que a globalização criou. Tudo é mais ou menos igual em toda parte, mas aqui parece que tem mais verde. Daqui a pouco vou me encontrar com o presidente Wahid.

HOJE, 25 DE JANEIRO, QUINTA-FEIRA, já estou no Brasil, chegamos ontem à noite.

Efetivamente, anteontem encontrei-me com o presidente Wahid, e foi muito divertido. De concreto, só a proposta que fizemos de uma triangulação Indonésia-Brasil-Díli, quer dizer, Timor-Leste, como combinado com dirigentes de Timor-Leste. Wahid achou boa a ideia. Fora isso, eles querem comprar aviões nossos,** querem aumentar o intercâmbio na parte tecnológica e na parte de agricultura e boas intenções, sobretudo no turismo.

Tivemos um almoço, normal, demos entrevista coletiva para a imprensa, correu tudo com muito bom humor, depois fiz uma conferência para os empresários.*** Havia umas 250 pessoas, indonésios e brasileiros, e fomos para a África do Sul. Viagem longa, repetiu-se tudo, dormimos na África do Sul. O [Nelson] Mandela,**** com quem eu queria falar, não estava também. Tinha ido à terra da Graça Machel,***** estava em Moçambique. Voltamos para o Brasil. Viagem longuíssima, chegamos ontem aqui extremamente cansados.

Muita gente no aeroporto, as confusões habituais, hoje passei o dia aqui um pouco de molho porque estou meio resfriado.

De importante: conversa com Marco Maciel, conversa com Pimenta, conversa com Aloysio, telefonema do Serra, a situação parece mais ou menos a mesma, ou seja, ninguém sabe como sair do rolo do Senado e da Câmara. Na verdade, acho que teremos Aécio na presidência da Câmara e Jader no Senado. É tarde para Antônio Carlos fazer manobras com Sarney, e Sarney deu uma nota de habilidade incrível, mesmo assim não vai conseguir emplacar, só se Antônio fizer uma grande confusão no plenário, como ele pode fazer, porque ele vai controlar o processo eleitoral no dia da eleição, aí, quem sabe, no impacto, surja outra candidatura. Vejo que o Inocêncio, vi na televisão, está desesperado, disse ao Aloysio estar decepcionado comigo. Comigo não! Tenha essa decepção com Antônio Carlos, que organizou esse melê todo.

* Hotel Borobudur.

** Em 2010, a Indonésia finalizou as negociações e comprou dezesseis caças Super Tucano EMB-314 da Embraer. A aeronave ainda estava em desenvolvimento em 2001.

*** Intitulada "Oportunidades de comércio e investimento no Brasil".

**** Ex-presidente da África do Sul (1994-99).

***** Mulher de Nelson Mandela.

Fora isso, a única coisa a registrar é que eu li na revista *República* uma entrevista do Mendonça [Luiz Carlos Mendonça de Barros]* falando de um futuro candidato que não seria nem Serra nem o Tasso, porque seria uma candidatura que vai nascer do partido e não do governo. E fez várias críticas ao governo, pareceria que num dado momento eu optei por deixar solto, perdido, o lado social da social-democracia do partido. Ele insinua que isso ocorreu depois da morte do Serjão [Sérgio Motta].** Ora, se o Serjão estivesse vivo, estaria aqui me ajudando, e muito. Serjão era contra a privatização das teles, mas foi sendo convencido pouco a pouco e fez um trabalho brilhante depois. Mas Serjão tinha caráter e era leal; esses meninos não aguentaram a pressão. Foram embora. Fiquei sem equipe para fazer a mudança na política de câmbio e juros que tínhamos planejado. Fiz a mudança sozinho,*** aguentei nas costas sozinho, com muitos erros, com o Chico Lopes [Francisco Lopes]**** que eles indicaram, porque disseram que era bom, e agora se dão ao desplante de dizer que optei por abandonar não sei o quê... Optei, não: fui abandonado por eles. Que eu saiba não abandonei social-democracia nenhuma. Agora vêm com esse prurido de fazer uma programação que é exatamente o que estamos fazendo na área social e na econômica. Vivendo e aprendendo.

HOJE É 26 DE JANEIRO, SEXTA-FEIRA, aniversário da Bia [Beatriz Cardoso].***** Pela manhã falamos com ela, estava em Trancoso, na Bahia, na casa da Bia Aydar, feliz da vida, e disse que o Paulo [Henrique Cardoso]****** também estava muito feliz por lá.

Estou acamado porque em estado gripal, a viagem me deixou muito cansado. É raro me acontecer, mas aconteceu, fiquei bem gripado, assim mesmo trabalhei.

Recebi Pedro Malan, Martus, discutimos a questão complicada sobre a necessidade de uma medida provisória para permitir que os bancos estaduais privatizados possam receber dinheiro público. É preciso uma regra para isso, senão depois vão dizer que foi para proteger alguém. Não foi, o pessoal que comprou o Banespa, o Santander, pagou 7 bilhões, não pode ficar de repente com a caixa vazia. Seria um golpe que o governo teria dado, e não foi.

Falei com Heráclito Fortes,******* que vem jantar aqui domingo; quero mostrar ao PFL que as coisas não vão andar porque Antônio Carlos não deixa, e não porque eu não queira manter o equilíbrio nas alianças.

* Ex-ministro das Comunicações (1998) e ex-presidente do BNDES (1995-98).

** Ex-ministro das Comunicações (1995-98). Motta atuava como principal articulador político do governo.

*** Alusão à brusca desvalorização do real no início de 1999.

**** Ex-presidente do Banco Central (1999).

***** Filha do presidente.

****** Filho do presidente.

******* Deputado federal (PFL-PI).

Fora isso falei com Celso Lafer, por telefone, para preparar o discurso dele na segunda-feira.

Telefonei para o presidente do Equador,* para dar apoio na questão das Galápagos, porque houve um derramamento de óleo,** e eles não têm experiência nisso; podemos ajudar. Fiquei meio de molho, lendo o livro do [Mario] Vargas Llosa *La fiesta del chivo*,*** que comecei a ler na viagem; é extraordinário, realmente ele é um grande escritor, nem consigo parar de ler o livro. Não há nada mais a registrar.

Há, sim! Primeiro anotar que de manhã recebi o [Eliseu] Padilha,**** que veio transmitir as posições do PMDB, e há também a greve dos caminhoneiros que estamos tentando evitar.***** A articulação entre ele e o Zé Gregori funcionou bem. Parece que o PMDB está calmo, estão seguros de que vão ganhar, o Michel Temer me telefonou para anunciar que iria declarar hoje que o partido majoritário na Câmara é o PSDB, pois era o partido majoritário em 15 de dezembro,****** o que assegura ainda mais força para o PSDB. Ou seja, o PFL está ficando realmente numa posição muitíssimo difícil, à margem de tudo. Há também rumores pela televisão sobre o encontro no Rio Grande do Sul, o Fórum Social,******* é patético. As ideias são as mais primitivas, é uma coisa entristecedora ver como, em vez de ir para a frente, a crítica social de esquerda continua engatinhando. Parece que voltamos aos piores momentos da teoria da dependência. Até mesmo um dos líderes do Fórum trabalhava com Theotônio dos Santos [Júnior],******** o [Orlando] Caputo,********* que tem ideias muito toscas; outro é um desses trotskistas argentinos,********** outro um francês,*********** que estão à espera da grande crise geral capitalista, que trará no ho-

* Gustavo Noboa.

** Em 13 de janeiro, um petroleiro equatoriano naufragara na costa do arquipélago e causara o derramamento de 600 mil litros de combustível.

*** Primeira edição brasileira: *A festa do bode*. São Paulo: Mandarim, 2000.

**** Ministro dos Transportes.

***** Uma paralisação nacional da categoria se iniciou em 29 de janeiro, com o bloqueio de algumas rodovias. Os caminhoneiros reivindicavam uniformização do valor do frete, menos pedágios e melhores condições de trabalho.

****** Final do ano legislativo de 2000. Naquela data, o PSDB possuía 103 cadeiras na Câmara. O PFL tinha 101 deputados. O PT, maior partido de oposição, ocupava sessenta cadeiras. O PSDB e o PTB formavam um bloco com 127 deputados, superando o PMDB, que em bloco com dois partidos nanicos somava 102 parlamentares.

******* I Fórum Social Mundial, realizado em Porto Alegre entre 25 e 30 de janeiro de 2001 como contraponto ao Fórum Econômico Mundial, em Davos.

******** Sociólogo e economista, professor da Universidade Federal Fluminense (UFF) e um dos formuladores da teoria da dependência.

********* Economista chileno, diretor do Centro de Estudios sobre Transnacionalización, Economía e Sociedad, em Santiago.

********** Jorge Beinstein, economista argentino, professor da Universidade de Buenos Aires.

*********** José Bové, ativista antiglobalização que se notabilizara em 1999 por liderar a destruição de uma unidade do McDonald's em construção no interior da França.

rizonte o alvorecer da humanidade; alguns outros são contra os transgênicos, outros contra o McDonald's. São contra, contra, contra... São expressivos e inúteis, é patético.

HOJE, DOMINGO 28 DE JANEIRO, é a primeira vez depois da viagem que me sinto melhor, com mais ânimo, porque o fuso horário deixou todos nós caídos e dormindo muito mal. Hoje até consegui repousar depois do almoço.

Recebi de manhã o Pedro Parente. Conversa longa a respeito do programa de ação dos próximos dois anos; reclamações de falta de um discurso mais homogêneo por parte do governo — ele tem razão. Os nossos próprios da área social, para se "bancar", dizem que falta ação social e que só pensamos no fiscalismo, quando não é verdade. A imprensa se aproveita disso e a oposição também. Mas a razão principal da vinda dele foi outra. Discussão da Camex. Pedro está preocupado com um clima negativo, porque parece que o Roberto Giannetti [da Fonseca]* passa notícias para os jornais sobre quem ganhou, quem perdeu com a Camex. Não precisa de nada disso, ninguém ganha, ninguém perde; com essa discussão quem perde é o governo. A Camex, nós vamos ter que refazer, já assinei um decreto novo,** mas ainda não estou convencido do modelo, porque acho que o Pedro Parente tem que entrar na Camex, e não apenas o Celso Lafer, o Pedro Malan e o Tápias. Mas, enfim, são só detalhes. Também o Pedro está preocupado com o interesse do Roberto Giannetti na questão do Equador,*** e porque o Banco Central não aceita mais CCR,**** enfim, questões mais tópicas e prosaicas.

No final da tarde, recebi o Celso Lafer, conversa longa e boa. Conversei detalhadamente, mais uma vez, sobre como vejo nossa política externa e disse que, por tudo que estou vendo aí e pelo que sei, a Alca vai ser um projeto forte do governo [George W.] Bush.***** Provavelmente quando acontecer a reunião do Québec, o Bush já terá enviado ao Congresso o *fast track*.****** Como os democratas já haviam enviado um antes,******* eles vão ter dificuldade de votar contra. Então haverá uma pressão muito grande nessa direção. Para resumir, é o seguinte: ou o Brasil entra de comum acordo com os Estados Unidos, como se fossem os dois líderes do processo da Comunidade das Américas, ou o Brasil vai a reboque, ou fica isolado. Essas são

* Secretário executivo da Camex.

** O governo acertava o texto do decreto nº 3981, de 24 de outubro de 2001.

*** Isto é, a dívida do país andino com o Brasil.

**** Convênio de Pagamentos e Créditos Recíprocos, criado em 1982 no âmbito da Aladi para estimular o comércio entre os países-membros da organização.

***** Presidente dos EUA, empossado em 20 de janeiro de 2001.

****** Autorização concedida pelo Congresso norte-americano ao presidente para o fechamento de acordos comerciais abrangentes com outros países sem emendas legislativas adicionais.

******* O governo Clinton empregara o dispositivo nas negociações do Nafta com o México e o Canadá, em 1997.

as três alternativas, os americanos sabem disso e estão jogando fortemente com esse propósito. Eles preferem o Brasil na vanguarda junto com eles. Mas não vão parar se o Brasil não topar. E nós temos que ter posição nessa matéria. Aconselhei ao Celso formar um grupo de trabalho no Itamaraty para cuidar só da Alca. Até sugeri o nome do [Marcos] Caramuru,* que recentemente foi nomeado embaixador e trabalha com Malan, ele é competente. Disse também que preciso de um grupo de empresários, lembramos alguns nomes mais ou menos óbvios: o Gerdau [Jorge Gerdau Johannpeter],** o Paulo Cunha*** e talvez a Kati Almeida Braga**** para começar. Vou falar também do [Gilberto] Dupas,***** que é mais intelectual, mas tem se metido muito nessa matéria, para organizar a posição dos empresários e depois termos um debate com o governo — primeiro o governo, naturalmente —, para ver o que vamos fazer com a questão da Alca, porque ela vem aí, e não adianta ficar botando a cabeça debaixo da areia.

Ponto dois, que é óbvio: o Mercosul. Ponto três: a necessária reforma da carreira diplomática. Botar para fora os mais velhos, inclusive os mais amigos meus, que já serviram bastante e agora devem ser afastados, e botar gente nova em posição de responsabilidade e de representação no exterior. Também disse ao Celso que o Brasil não pode continuar acanhado na defesa dos temas atuais. Democracia: nós sofremos certo desgaste com a questão do Peru;****** embora as intenções fossem as melhores, já registrei aqui, houve desgaste. E acho que não podemos sofrer desgaste na questão das drogas; não temos aqui um problema grave nessa matéria, mas não acertamos esse assunto nunca. As Forças Armadas se opõem muito a qualquer vinculação mais profunda com os americanos, entretanto elas não entram na luta contra as drogas com força. Do outro lado, o governo brasileiro, o governo federal, não dispõe de um instrumento efetivo de combate às drogas a não ser o que o general [Alberto] Cardoso******* criou [a Senad] e o que Adrienne [Senna] fez, ou seja, o Coaf. Esse conselho fiscaliza a lavagem de dinheiro e o general Cardoso trata da prevenção. Mas o fundamental que é a ação das polícias estaduais é um desastre. Se não pusermos ordem nas polícias, não haverá combate a crime nenhum, porque elas próprias reproduzem o crime, e as polícias têm um lobby enorme no Congresso Nacional, que impede qualquer mudança no sentido da fusão da Polícia Militar com a Polícia Civil. É muito difícil. Tenho sido muito restritivo nessa matéria, porque acho que o governo federal não tem os elementos efetivos para um combate

* Secretário de Assuntos Internacionais do Ministério da Fazenda.

** Presidente do grupo Gerdau.

*** Presidente do grupo Ultra.

**** Presidente do grupo Icatu.

***** Professor de economia da USP.

****** Referência à crise política que culminou com a renúncia e fuga do presidente Alberto Fujimori em novembro de 2000, acusado de fraude eleitoral e corrupção.

******* Ministro-chefe do Gabinete de Segurança Institucional (GSI) da Presidência.

em larga escala à criminalidade. Mas a droga, pelo menos na questão da lavagem de dinheiro, sim. E temos que ter uma posição mais clara em relação à Colômbia etc. E em relação à defesa da democracia, o que implica na questão da Venezuela. Toda a gente sabe que me dou bem com Hugo Chávez* e bem com Fidel Castro.** Portanto, posso jogar um certo papel nessa matéria.

A visão americana é de ir adiante na Comunidade das Américas e criar uma coisa paralela à Europa, ter inclusive um presidente da Comissão das Américas, como existe o [Romano] Prodi*** hoje, e é claro que, se o Brasil estiver à frente, será um brasileiro. É possível que seja um brasileiro. Mas não são assuntos fáceis, até porque o país não tem uma visão mais clara sobre os nossos interesses nessa matéria [Alca]. Esse é o maior desafio que temos nos próximos dois anos. Foi o que eu disse ao Celso com detalhes. Celso perguntou sobre política interna, e aí também entrei em certos detalhes que não registrei aqui ainda. No Senado a jogada é complicada. E por quê? Aparentemente, o Jader está bem, vai ganhar, porque Antônio Carlos se perdeu atacando demais o Jader e marcando muito a candidatura Sarney como candidatura dele, Antônio Carlos, dificultou tudo. Antônio Carlos ainda pensa que tem um lance a dar, e por quê? Porque o PMDB manobrou e fez com que a oposição lançasse candidato próprio.**** Ao lançar um candidato próprio, o que acontece? A oposição tira o acesso do Sarney à oposição, e o Sarney precisaria de votos da oposição também. Isso provavelmente foi uma manobra do Renan [Calheiros]***** com a Heloísa Helena.****** Eu vejo que a posição do Roberto Freire******* é um pouco diferente, é ainda de conversar com o PMDB e buscar uma terceira solução. Apesar de que a candidatura da oposição tenha sido lançada com esse propósito, o Antônio Carlos pode reverter o jogo, pode tentar apoiar o candidato da oposição com votos do PFL, e pode dar certo. Conversarei sobre isso com o Jorge Bornhausen. Isso me preocupa, é muito lábil a situação. Essa tem sido uma complicação muito grande.

Assim, mostrei ao Celso as dificuldades e disse que não posso falar disso em público, não posso me expor à toa, e só na última hora vai se ver como será o desenlace. Claro que o pior desenlace é a eleição do Jefferson Peres,******** não só por ser da oposição, mas porque ele é de difícil manejo, é uma pessoa áspera, embora correto, eu até gosto dele. Mas a oposição faria um carnaval e Antônio Carlos também. Então, nesse caso, é melhor o Jader. Não estou fazendo nada pela eleição do Jader, nem poderia, mas também não posso fazer nada contra, porque Antônio

* Presidente da Venezuela.

** Presidente de Cuba.

*** Presidente da Comissão Europeia e ex-premiê italiano (1996-98).

**** Waldir Pires, deputado federal (PT-BA).

***** Senador (PMDB-AL) e líder do partido no Senado.

****** Senadora (PT-AL) e líder da oposição no Senado.

******* Senador (PPS-PE) e presidente nacional do partido.

******** Senador (PDT-AM) e candidato à presidência do Senado.

Carlos não permitiu um clima mais favorável. Ao não fazer nada, já o Jader considera uma ajuda. Portanto, ele não vai me dar maior trabalho do que o Antônio Carlos está dando nesses dois anos em que foi presidente do Senado. Isso foi o que expliquei ao Celso Lafer.

Fora isso, fiquei lendo. Malan me deixou muitos papéis, estou lendo, e continuo fascinado com o livro do Vargas Llosa *La fiesta del chivo*, que é extraordinário.

HOJE É SEGUNDA-FEIRA, 29 DE JANEIRO, são sete e meia da manhã. Acordei cedo, aliás tenho dormido bastante mal depois que voltei de viagem, isso quase nunca me acontece, ocorreu agora não só pelo fuso horário, mas porque peguei um resfriado, e também pelas preocupações, que são grandes, sobretudo com as questões políticas e as questões nacionais.

Ontem, domingo, recebi poucas pessoas, foi um dia bastante aproveitável. De manhã, apenas nadei, ou melhor, nem nadei, fiz exercícios, porque não quis entrar na água. Estamos só eu e Ruth no palácio e continuei trabalhando nas minhas coisas e papéis, bastante cansado. Até dormi depois do almoço, mas às cinco horas tinha marcado um encontro com Sarney, que veio. Foi uma excelente conversa. O Sarney realmente tem domínio do jogo político, além de ser uma pessoa com visão do mundo. Ele tem um relacionamento muito amistoso comigo. Pode ser que eu me engane, mas o senti aliviado por não ser mais candidato à presidência do Senado. Ele disse que, desde cinco meses atrás, quando saiu no *Globo* a notícia de que ele não seria candidato, ele tem repetido o que disse a mim na viagem ao México.* Antônio Carlos dissera a ele que naquela viagem eu teria concluído que o Sarney era o mais esperto de todos nós e estava louco para ser candidato, que teria pedido meu apoio e que eu não o havia incentivado. Não é verdade. Ouvi do meu jeito, eu sempre ouço muito e tendo a concordar com o argumento que me trazem. Concordo com o modo da argumentação, não que as razões sejam as minhas nem as únicas.

Conversamos com tranquilidade. O Sarney considera resolvida a questão do Senado. Ele teve uma conversa com o Jader e disse a ele que não seria candidato, a não ser que fosse por consenso. Ele tinha sido procurado pelo [José Eduardo] Dutra, que é do PT,** e por outro líder da oposição, e aos dois disse a mesma coisa: que só seria candidato por consenso. Tenho a impressão, portanto, que ele não se lança candidato. Considera favas contadas a eleição do Jader e também que o Antônio Carlos não vai ficar quieto. Eu então disse a ele sobre aquele raciocínio que já registrei aqui, do Jefferson Peres. Ele não acredita muito que as pessoas do PFL embarquem

* Sarney participou da comitiva presidencial na viagem de Fernando Henrique à capital mexicana para a posse de Vicente Fox, em dezembro de 2000.

** Senador por Sergipe.

nessa posição. Isso é verdade. Acho difícil o Bornhausen permitir que o PFL vá dar toda essa força à oposição. O Jorge não só tem restrições ao Antônio Carlos como tem compromissos com certa visão do processo político brasileiro. Mas nunca se sabe. Falei isso e no fim ele veio com uma ideia bastante maquiavélica: eu chamar o Jorge e o Marco Maciel e dizer a eles: se vocês conseguirem que o PFL retire o veto ao Jader e arranjarem uma solução para o Senado, eu, Fernando Henrique, ajudo a retirar o Aécio da jogada. Respondi: "Só que eles não vão conseguir isso [uma solução] e, se conseguirem, não tenho condição de mexer com o Aécio, que vai ficar zangado. Sarney replicou: "E depois o que vão fazer os do PSDB?". "É verdade que eles não têm o que fazer", eu disse, "logo há uma possibilidade. Mas não vai funcionar."

Achei o Sarney acreditando que vai dar Jader, na Câmara; é possível que dê o Aécio e que o Inocêncio fique muito zangado. Ele acha que meu problema é, por um lado, evitar que haja uma ruptura do PFL e, por outro, que o PMDB sirva de base para a candidatura do Itamar Franco.* Ele tem razão. Nunca se sabe o desdobramento da política e nunca se sabe até que ponto o Jader vai controlar o PMDB com o pessoal dele. Por outro lado, fiquei sabendo depois, pelo Heráclito Fortes, que veio jantar aqui, que o Zé Aparecido [José Aparecido de Oliveira]** estava ajudando o Sarney na questão do Senado. Portanto o Zé Aparecido deve ter passado ao Sarney algumas informações sobre os planos do Itamar. Sarney me disse que devo ter cuidado com Itamar, que ele é muito esperto e pode fazer uma jogada dessas. É verdade. Tenho que vigiar todos os partidos, tanto por causa do Itamar quanto por causa do Ciro.

Diga-se de passagem que ontem o [Anthony] Garotinho*** se lançou candidato pelo partido socialista [PSB], com uma entrevista oportunista, desabusada, falsa, dizendo que o problema do governo Fernando Henrique é a política econômica, que serve aos banqueiros. Disse que ele passaria os juros imediatamente para 5%! Ou é irresponsável, ou idiota, ou um falsário. E dizendo que organizou o Rio de Janeiro... Organizou nada! A dívida do Rio veio parar no governo federal. Os royalties do petróleo não foram para ele, pode fazer o que quiser no Rio de Janeiro, e tudo é política federal. Como Olívio Dutra,**** que canta vitória dizendo que a indústria gaúcha está crescendo mais alto do que a indústria do Brasil, esquecendo que a indústria que lá existe hoje é por causa das políticas federais e do [Antônio] Britto.***** Enfim. Vê-se que há muitos aventureiros no caminho.

À noite, jantei com o Heráclito Fortes e com Pimenta. O Heráclito, que é muito sensível e inteligente, está totalmente ligado ao PFL e ao Antônio Carlos. O Antônio Carlos, ontem à noite, mandou o livro dele****** sobre o Jader. No final da noite eu o

* Governador de Minas Gerais (sem partido, eleito pelo PMDB) e ex-presidente da República (1992-95).

** Assessor especial de Cerimonial e Assuntos Internacionais do governo mineiro.

*** Governador do Rio de Janeiro.

**** Governador do Rio Grande do Sul (PT).

***** Ex-governador do Rio Grande do Sul (1995-99).

****** *Jader, o Brasil não merece.*

mostrei para o pessoal. Li antes de dormir. É um livro que apenas reproduz os inquéritos do DNER* e da questão da Sudam.** Ele mesmo diz que o próprio governo está investigando, mas faz de conta que não está. Na verdade, não incrimina diretamente o Jader nem o esquema político do Jader, mas quer criar um fato. Manda um recado a mim: cuidado! porque você está elegendo um ladrão. E até na dedicatória: "Com um afetuoso abraço", e diz: "Espero que o senhor não vá ter remorsos", como se eu tivesse responsabilidade pela eleição do Jader no Senado, se eventualmente ela ocorrer, como se não fosse ele o principal desastrado nesse processo. Enfim... Qual é o fundamento da argumentação do Heráclito? Primeiro, ele acha que quem ganha na Câmara é Inocêncio. Segundo, acha que o que vai acontecer no Senado é uma tragédia, porque Antônio Carlos vai reagir. Ele levantou por conta própria a hipótese que registrei na conversa com Celso, ou seja, que o Antônio Carlos apoiará o Jefferson Peres. O Pimenta reagiu contra isso e eu disse que concordo que pode acontecer. Disse o Heráclito que o Antônio Carlos está completamente fora de si, que vai continuar me incomodando e que já mandou fazer um gabinete para ele ao lado do gabinete do presidente do Senado. Nem sei se é possível fazer isso, mas mandou fazer. Quer dizer, para desafiar o Jader, se o Jader ganhar, ou qualquer um que seja o senador eleito, para mostrar que ele vai querer mandar no Senado a pedra e a pau. Heráclito também acha que vai haver uma ruptura muito grande com tudo que está acontecendo e que os cacos vão sobrar para o governo. Surpreendente foi a avaliação de que ganha o Inocêncio. Eu não acho de todo inviável, porque o Aécio é bastante novato nesse processo político. Tudo começou com a infantilidade de três ou quatro do PSDB, inclusive o Aécio, o Sérgio Machado, o Márcio Fortes e o Teotônio [Vilela Filho],*** que resolveram mostrar que o núcleo do poder do PSDB criaria uma situação política independente do Palácio do Planalto, no fundo para fazer pressão sobre o governo. E se meteram nisso, estão ganhando manchetes nos jornais, foi o que disse o Heráclito. É verdade, estão ganhando a eleição nas manchetes. Mas e no voto? Quais são as forças reais? A preocupação que o Heráclito demonstrou foi com [Francisco] Dornelles, porque o Dornelles tem controle relativo sobre o PPB. E se o Dornelles retirar a candidatura do Severino [Cavalcanti],**** aí, disse o Heráclito, o Inocêncio não ganha. Eu não entendi bem por quê, até imaginei que a turma do PPB votasse com o PFL e não com Aécio, mas no

* Departamento Nacional de Estradas de Rodagem, órgão federal extinto em 2001 para a criação do Departamento Nacional de Infraestrutura de Transportes (DNIT). Em 1999, apareceram denúncias de corrupção envolvendo a direção do DNER, subordinado ao Ministério dos Transportes (pasta dominada pelo PMDB), e a emissão de falsos precatórios de indenizações e desapropriações em obras viárias.

** Em 2000, dezenas de políticos e empresários foram acusados pelo Ministério Público de desviar mais de R$ 1 bilhão em empréstimos e incentivos fiscais da Sudam, inclusive o senador pemedebista Jader Barbalho e o ex-superintendente José Artur Tourinho.

*** Senador (PSDB-AL) e presidente nacional do partido.

**** Deputado federal (PPB-PE) e candidato à presidência da Câmara.

fundo é para me dizer: você tem um ministro que está apoiando fortemente o Aécio, portanto o governo está ajudando Aécio contra o Inocêncio, que está magoado e atribui ao [Andrea] Matarazzo uma notinha dizendo que ele, Inocêncio, foi convidado para ministro do Desenvolvimento Urbano, o que é mentira, eu não faria isso. Gosto do Inocêncio, e não faria a grosseria de tirá-lo da briga, de dizer em público: vou tirar o Inocêncio da jogada oferecendo um ministério, comprando-o. Não tem sentido. Mas o Heráclito acha que vai haver uma confusão muito grande e que ainda há tempo para alguma ação do governo. Eu disse que qualquer ação não seria nessa semana que está entrando, só na outra, na antevéspera da eleição. Disse também que preciso de mais informações, para saber concretamente como as coisas estão evoluindo. No fundo, a ideia de Heráclito é a de que vou ter que perder ou o Antônio Carlos ou o Jader; ele acha que é melhor perder o Jader do que o Antônio Carlos. Eu acho que qualquer dos dois que eu perca vai me dar trabalho, e não perdendo também! Quer dizer: eu não minimizo a capacidade de acomodação que possa haver depois dessa eleição nem as dificuldades que possam acontecer depois. Entretanto, dependo muito menos do Congresso para terminar o governo do que dependi dele no início. Preciso deixar mais claro para a opinião pública que o Congresso está fazendo uma série de manobras arriscadas, não tem cabimento eleger o Jader. O Jader tem uma biografia que não se coaduna com a presidência do Senado, e também não teria cabimento eleger Antônio Carlos, cuja biografia, embora ele tenha mais audácia política, também não é nenhuma maravilha... Se quiser ver a diferença, o Antônio Carlos apoiou o regime militar e Jader não; isso não basta para qualificar alguém, mas também desqualifica. Enfim, há falta de lideranças, o meio político está não só apodrecido como muito aquém do país e muito aquém do governo, do que estamos fazendo pelo país. Tenho que contar com o que existe aí, a verdade é essa. É botar a mão na lama para fazer adobe para construir uma casa. É complicado.

2 A 16 DE FEVEREIRO DE 2001

Descanso em Ibiúna e Buritis. Lançamento do Bolsa Escola. Aécio Neves e Jader Barbalho vencem no Congresso

Hoje é dia 2 de fevereiro, sexta-feira, estou acabando de chegar a Ibiúna.*

Primeiro um pouco sobre Ibiúna, que continua agradável, a temperatura está deliciosa. O calor no Rio estava em 38 graus, em São Paulo 32 graus, aqui deve estar 27. Para Brasil é ótimo. Ibiúna continua bonita, agradável, verde, do mesmo jeito que sempre foi. Aqui nós temos o Joaquim, que é nosso caseiro há trinta anos, a Marisa está conosco há uns quinze anos, isso já dá certa tranquilidade. Também lá na fazenda [em Buritis] o Wander está há mais ou menos uns quinze anos, e Teresinha, nossa cozinheira [de SP], há uns vinte anos. O Gilberto, que veio hoje aqui, é o nosso motorista particular, deve estar conosco por aí; no mínimo. Então é um sistema organizado, que ajuda muito o funcionamento das coisas. E aqui a casa é simples, ela foi um pouco modificada, um pouco melhorada na última reforma que a Bia fez com o arquiteto Carlos Lemos, meu amigo, mas continua sendo bastante simples e agradável. Agora mesmo estou gravando no jardim, perto da casa do Barão, o Ottaviano de Fiore,** vendo a piscina igualzinha de sempre, onde tantas vezes passamos fins de semana. Dessa vez viemos de helicóptero, vim de São Paulo, onde visitei Mário Covas. Dito isso, vamos aos fatos.

Os fatos não foram muito diferentes do que anotei na última vez em que pude registrar. Ou seja, no dia 1º, confusão generalizada no Congresso. Confusão porque o Aecinho resolveu falar contra a privatização para agradar o PT, o Inocêncio disse que rompeu as reservas, queimou as caravelas, que não tem volta, que se arrepende de ter servido o governo durante seis anos e que agora está feliz, porque vota com o povo. O "povo" é o PT. Só rindo... Tudo isso por mera disputa entre os dois para obter a presidência da Câmara. Grande confusão, derrotaram o governo numa das medidas provisórias*** e com isso acabaram prejudicando os funcionários, porque alteraram a data de pagamento e alteraram também quanto se paga de imposto de renda, porque vão acumular dois salários no mesmo mês. Evidentemente foi um dia muito tenso. O Edmar Bacha**** jantou no Alvorada comigo, e antes recebi o

* Município do interior paulista onde Fernando Henrique tem um sítio.

** Secretário nacional do Livro e Leitura do Ministério da Cultura.

*** PFL e PT se aliaram para derrotar o governo na votação da MP 2079-77/2000, que estabelecia a data de pagamento dos salários de servidores federais no quinto dia útil do mês subsequente. O placar da votação foi de 223 a 216. Os pefelistas deram 76 votos contra o Planalto, que estimou prejuízo de até R$ 4 bilhões com a rejeição da MP e anunciou cortes orçamentários para cobrir o rombo.

**** Diretor do Banco BBA, presidente da Associação Nacional dos Bancos de Investimento e ex-assessor especial do Ministério da Fazenda durante a implantação do Plano Real.

Jader, que estava ainda muito crispado e temeroso com a decisão do PFL de apoiar a oposição e que o governo fosse ficar de olhos fechados. Sei lá. Não disse nada de muito claro, mas é uma decisão que não pode acontecer.

Antes [de receber o Jader] estive reunido com nossos líderes todos, fizemos o balanço da situação. Eu disse que quero deixar claro quem no Congresso está indo para a oposição e tem cargos; esses cargos, naturalmente, vão ter que ser repensados. Disse tudo isso com certa irritação, mas sem perder a calma.

Acho que o Aloysio se desincumbiu muito bem. No dia seguinte, vi nos jornais, ele deu o recado.

Anteontem, fui ao Rio de Janeiro para a inauguração da fábrica da Peugeot Citroën* e aproveitei para dar uma lição no Garotinho, que ficou falando que ele era o autor de tudo, quando na verdade essas mudanças vêm desde o Marcelo Alencar** com o Ronaldo Cezar Coelho*** e o Márcio Fortes. Ele falou das finanças equilibradas, eu disse que só dos royalties da Petrobras eles receberam no ano passado 1 bilhão, enquanto em 1994 eram 20 milhões, e mostrei tudo que fiz pelo Rio de Janeiro. Garotinho foi muito moleque quando declarou que, se fosse presidente, baixaria a taxa de juros para 5% e que o governo só serve aos banqueiros. Uma irresponsabilidade dele. Se alguém fizesse isso, seria crise em seguida, porque não haveria como financiar a explosão de consumo, com juros a 5% [e a inflação mais alta]. Não teríamos nem como importar, o que seria forçado pela demanda muito grande. Enfim, é demagogia e também ignorância. Depois fui para o Glória, e respondi a pelo menos vinte telefonemas, todos aflitos. Primeiro foi o Marco Maciel, com quem eu havia falado na véspera, ou seja, dia 31. Chamou-me à meia-noite e meia, estava muito aflito, dizendo que no dia seguinte, que foi nesse dia 1º, não haveria a mesma manifestação irracional do PFL, pois ele tinha segurado os ímpetos. Seguraram; não houve número, não sei o quê.

E todos me telefonaram, [José] Sarney Filho**** para me dizer que falou com Inocêncio, não concordando com ele, enfim o PFL não é de entrar na briga dessa maneira, de peito aberto, sem pensar nas consequências; eles sabem as consequências. O Marco, não [me ligou] por isso. Ele é de uma correção grande, ficou assustado, naturalmente quer proteger o PFL, mas sabe também que Inocêncio foi além de qualquer limite. O Aécio, por sua vez, se colocou contra a privatização de Furnas, ele é contra para satisfazer o interesse mineiro. O Aloysio também deu um puxão de orelha no Aécio dizendo que nós privatizaríamos de qualquer modo. Os mercados aproveitaram para realizar lucro, o dólar subiu, a bolsa caiu,***** enfim, até achei bom, porque assusta o setor político. Não pode haver essa loucura toda.

* Inaugurada em Porto Real, no sul fluminense, com investimentos US$ 600 milhões, compartilhados entre o grupo PSA Peugeot Citroën e o governo estadual.

** Ex-governador tucano do Rio de Janeiro (1995-99).

*** Deputado federal (PSDB-RJ).

**** Ministro do Meio Ambiente.

***** A moeda norte-americana atingiu R$ 1,99, maior cotação desde outubro de 1999. A Bolsa paulista caiu 3,6%.

À noite jantei na casa de Eduardo Eugênio [Gouvêa Vieira]* com vários amigos: [Fernando] Pedreira, Monique [Pedreira],** estavam lá o André Lara [Resende]*** com a nova mulher,**** o Miguel Darcy [de Oliveira]***** e a mulher,****** a Kati [Almeida Braga], um clima muito agradável e nada de mais extraordinário. Isso foi, portanto, no dia 1º.

Hoje, dia 2, é aniversário das minhas netas Joana e Helena.*******

De manhã, recebi o Duda [David Zylbersztajn],******** para conversar sobre uma porção de problemas que ele vê na Petrobras; quanto ao Rio de Janeiro, falou sobre o PSDB e sugeriu o Malan para governador do Rio. Não achei má ideia, mas Malan dificilmente topa.

Depois recebi o Rafael de Almeida Magalhães********* e o Eliezer Batista********** para discutir os programas, sobretudo uma estrada, acho que é a 109,*********** para interconectar o Porto de Sepetiba com a zona produtiva do Rio de Janeiro.

Fui almoçar com as minhas netas todas, para festejar os quinze anos da Joana e da Helena. Convidei a Ana Lúcia, a Manoela e a Luísa************ mais a Bia e os filhos, e fomos a Ruth e eu. Muito agradável, foi no Porcão. Depois tomamos o avião e fomos visitar o Mário Covas. Eu o achei melhor dessa vez do que da anterior, ele tem uma coragem imensa, fala do câncer com muita tranquilidade. Não conversamos nada de mais transcendental, acho que falamos durante uma hora, amistosamente, achei-o com mais ânimo, dava impressão de não estar com tanto sofrimento como pareceu da vez anterior. Me deu até alegria imaginar que talvez ele possa sobreviver mais tempo.

E depois viemos para Ibiúna, onde vamos passar este fim de semana.

* Presidente da Federação das Indústrias do Estado do Rio de Janeiro (Firjan).

** Mulher de Fernando Pedreira.

*** Ex-presidente do BNDES (1998) e ex-assessor especial da Presidência, um dos formuladores do Plano Real.

**** Claudia Jaguaribe.

***** Coordenador dos programas de voluntariado do Comunidade Solidária.

****** Rosiska Darcy de Oliveira, presidente do Centro de Liderança da Mulher.

******* Filhas gêmeas de Paulo Henrique Cardoso e Ana Lúcia Magalhães Pinto.

******** Diretor-geral da Agência Nacional do Petróleo, Gás Natural e Biocombustíveis (ANP), genro do presidente, casado com Beatriz Cardoso.

********* Secretário executivo do Conselho Coordenador das Ações Federais no Rio de Janeiro.

********** Ex-presidente da Vale do Rio Doce (governos João Goulart e Figueiredo) e membro do Conselho Coordenador das Ações Federais no Rio de Janeiro.

*********** A RJ-099, atualmente denominada rodovia Prefeito Abeilard Goulart de Souza, liga Sepetiba à BR-465, em Seropédica.

************ Filhas do casamento de Ana Lúcia com Eduardo Mascarenhas.

Nesse meio-tempo, recebi um telefonema do Bush, até quis gravar, mas não consegui. Bush me convidou para ir aos Estados Unidos, certamente para discutir a Alca. Ele muito amável, falando da importância do Brasil, da minha liderança etc. Já comuniquei ao Itamaraty e vamos ver se engato com a viagem a fazer para a Europa, para a OIT. Ir a Londres e passar depois por Washington.*

HOJE É TERÇA-FEIRA, DIA 6 DE FEVEREIRO.

Passamos o fim de semana, dias 3 e 4, em Ibiúna. À noite fomos jantar na casa do Luiz Meyer junto com a Ruth e lá encontrei o João Rodarte,** a mulher dele*** e o Jorge da Cunha Lima.**** Grande discussão sobre o Fórum Econômico de Davos e o [Fórum Social] do Rio Grande do Sul, esse tipo de questão. No dia 4, convidamos o Boris [Fausto] e a Cinira [Fausto] à nossa casa, conversa geral, gosto muito do Boris, juntaram-se o [José Arthur] Giannotti e a Lourdes Sola,***** também conversas gerais, agradáveis. Vim para Brasília no domingo, dia 4.

Na noite do domingo, recebi o Jorge Bornhausen e o Marco Maciel, aflitos com as eleições das mesas. Na verdade a posição do PFL é muito difícil. O Jorge começou a especular sobre um terceiro nome no Senado, do PSDB, eu disse que é difícil. Ele estava pensando no Lúcio Alcântara.****** Eu disse: "Bom, o que sobra disponível é alguém do PTB, o que também é difícil, talvez o Arlindo Porto".******* Me perguntaram como eu me dava com ele, falei que me dava bem, que ele tinha saído do governo ressentido, não mostrei grande entusiasmo. Eles explicaram a questão do Inocêncio, eu disse que conheço o Inocêncio, que não tinha ficado magoado com as declarações desastradas que ele deu. Aliás, naquele dia mesmo deu outra entrevista aos jornais, dizendo que não poria mais os pés no Palácio do Planalto, que se pusesse seria mau-caráter. Ou seja, Inocêncio, se ligou às teses do PT na ânsia de ganhar votos e, com isso, está perdendo a chance de vitória que efetivamente parecia ter na Câmara. Reiterei ao Jorge e ao Marco Maciel a conversa com Sarney em que ele disse que não seria candidato. Comentei isso com a Roseana [Sarney],******** que falou a mesma coisa. Eu disse: "Então agora o candidato é o Jader. Não vou apoiar a oposição e espero que o PFL não o faça: apoiar o Jefferson [Peres]". Porque

* Fernando Henrique se encontrou com Bush em Washington no final de março de 2001 e viajou à França e à Inglaterra em outubro, em visitas sem relação com a OIT. O presidente se refere à LXXXIX Sessão da OIT, entre 5 e 21 de junho, em Genebra, à qual não compareceu.

** Empresário e jornalista, ex-assessor de Fernando Henrique na década de 1980.

*** Silvia Rodarte.

**** Diretor-presidente da Fundação Padre Anchieta.

***** Professora de sociologia da USP e ex-membro do Conselho de Reforma do Estado.

****** Senador (PSDB-CE) e presidente do Instituto Teotônio Vilela, *think tank* do partido.

******* Senador por Minas Gerais e ex-ministro da Agricultura (1996-98).

******** Governadora do Maranhão (PFL).

daria uma dor de cabeça imensa no futuro. O Jorge é muito firme nisso, o Antônio Carlos quer apoiar o Jefferson. O Jorge combinou de se manter em contato comigo.

No dia seguinte, segunda-feira, ontem, portanto, ele esteve em contato comigo. À tarde, antes de receber o pessoal da Agência Nacional de Águas, o [Jerson] Kelman* e os companheiros dele, recebi o Jorge, que me disse que tinha tido várias conversas e, mesmo sem deixar esperança no PFL numa solução de última hora, reafirmou o que me havia dito na véspera. Isto é, eles vão tomar uma decisão na bancada só no dia 13, na véspera da votação, e que Inocêncio queria escrever um artigo apoiando o Jefferson. Eu disse que tudo bem, desde que a bancada do Senado delibere livremente. Ou seja, eles querem contemporizar com o Inocêncio, sabem que é difícil ganhar do Jader no Senado, mas querem ir levando. E têm medo, naturalmente, que o Antônio Carlos use qualquer pretexto para fazer um carnaval maior.

Depois disso, tive a reunião da coordenação de nosso grupo do palácio: o [Arnaldo] Madeira, o Aloysio, o Vilmar, o Andrea, o Moreira e também o Pedro Parente. Repassamos tudo sem novidades, e a posição de todos é que as cartas já estão jogadas.

No mesmo dia 5, ontem, a Regina Meyer** jantou aqui. Eu tinha piorado muito da gripe, chamei o médico, ele quer que eu fique de repouso e não viaje esta semana. Eu tinha um jantar na casa do [Max] Feffer,*** vamos ter que suspender. Enfim, vão aproveitar para me deixar aqui de molho.

Nesse meio-tempo, uma coisa desagradável: o Canadá está retaliando o Brasil por causa da vaca louca.**** É verdade que o Brasil não mandou as informações em tempo oportuno, mas a reação do Canadá, seguida pelos Estados Unidos e México, foi muito forte, e isso provocou uma onda de irritação nossa. O Celso Lafer fez uma nota dura ontem, e hoje houve uma declaração do Pratini [Marcus Vinicius Pratini de Moraes]***** muito dura também, e está certo que seja assim, porque é muito grave. Não dá para a gente aceitar tanta arrogância diante dos céus.

Hoje, terça-feira, passei a manhã meio de molho, a conselho dos médicos. Recebi o [José Roberto] Arruda,****** que veio me dizer que tinha estado com Jader e que o Jader estava atrás de mim porque quer dar sinais mais positivos do governo. Na verdade, entre a candidatura dele e a do Jefferson o governo fica com a dele. Aliás,

* Presidente da Agência Nacional de Águas (ANA).

** Mulher de Luiz Meyer.

*** Presidente da Companhia Suzano de Papel e Celulose e da Suzano Petroquímica.

**** O Canadá suspendeu as importações de carne bovina brasileira sob a alegação de que o país negligenciava o risco de contaminação pela encefalopatia espongiforme bovina, ou mal da vaca louca. Os outros países do Nafta acompanharam a decisão canadense. As importações foram retomadas semanas depois.

***** Ministro da Agricultura.

****** Senador (PSDB-DF) e líder do governo no Senado.

a *Folha* diz que estou apoiando o Jader. Não é certo, não ficamos com candidato algum, não movi uma palha por ninguém e até imaginei que o PMDB tivesse uma reação mais forte contra o Jader, diante das acusações do Antônio Carlos. Estando unido o PMDB e não tendo sido capaz o PFL de atrair forças suficientes para apoiar uma candidatura atrativa, acaba dando Jader. E do meu ponto de vista, não sei. O Jader tem todo esse comprometimento de que fala a imprensa, chama atenção, mas ele fará menos dano ao governo e a mim do que Antônio Carlos, que também chama atenção e, quando quer, pinta e borda e faz composição com quem quer que seja só para manter algum objetivo tático momentâneo.

Depois disso, jantar com Vilmar Faria para discutir a área social do governo, disputa entre Paulo Renato e Serra sobre quem faz a Bolsa Alimentação,* enfim... Paulo Renato também está exagerando na suscetibilidade, acho que a área social está com mais dinheiro do que tem capacidade para gastar. Eu digo isso, a imprensa goza, mas é verdade. Não temos a organização e a capacidade de atingir o objetivo, isso não se resolve por decreto nem é problema de verba. Estamos trabalhando, melhorando, mas ainda longe de ter eficiência.

Estou à espera, primeiro, de uma reunião com o pessoal da área econômica por causa do decreto de regulamentação financeira para organizar os gastos deste ano, prejudicados pela restrição do Congresso, que derrubou a MP [2079-77/2000], o que dá um prejuízo fiscal de 4 bilhões ao ano. Em seguida, vou receber o Jorge Castañeda [Gutman].** Vou recebê-lo aqui em cima mesmo, porque estou realmente meio chumbado.

HOJE É SÁBADO, DIA 10 DE FEVEREIRO, estou na fazenda Córrego da Ponte. Vim para cá porque minha gripe piorou. Vou repassar os principais temas. Recebi Jorge Castañeda na terça-feira. Castañeda é vibrante, cheio de ideias, é jovem, vem da esquerda, está fazendo a realpolitik. Conversamos muito, expliquei a posição do Brasil no que diz respeito à Alca, e vejo que o México tem uma preocupação de formar com Brasil, Chile e Argentina um grupo de quatro. O México quer entrar na discussão americana e sul-americana. É uma jogada tática que não me preocupa, eles têm o direito de fazer isso, mas não é nosso interesse maior. Eu disse: "O problema do Brasil com a Alca é que o Brasil é um país como eram os Estados Unidos do começo do século XX, fim do século XIX: nós queremos ficar em paz". Lá fora pensam que queremos ter hegemonias e tudo mais. Nada! Os brasileiros não se dão conta do peso que têm no exterior. O que eles [os brasileiros] gostam

* O governo preparava a edição do decreto nº 3934, de 20 de setembro de 2001, que regulamentou o Programa Nacional de Renda Mínima Vinculado à Saúde, ou Programa Bolsa Alimentação, destinado a "gestantes, nutrizes e crianças de seis meses a seis anos e onze meses, em risco nutricional", pertencentes a famílias de baixa renda. O programa foi vinculado ao Ministério da Saúde.

** Ministro de Relações Exteriores do México.

mesmo é de ficar aqui dentro; o comércio, o empresário, o político, o sindicalista não estão preocupados com o resto do mundo. É uma falha, nós sabemos. O Brasil já tem muito mais peso no mundo, precisava mostrar uma ação mais efetiva, mas temos essa visão — não gosto da palavra — provinciana. Então, para nós, a Alca é um problema, pois precisamos convencer o pessoal da importância dela, porque ninguém quer a Alca. Como ninguém queria o Mercosul, e agora, na primeira oportunidade, querem cair fora do Mercosul, querem ficar aqui neste mundinho fechado, o que é impossível! A tendência autárquica é a média geral brasileira. Agora vem o Canadá e faz esse carnaval com a vaca louca. Será uma dor de cabeça, porque todo mundo vai se solidarizar, o que dificultará mais as coisas tipo Alca. Castañeda entendeu e até gosta disso, porque, do ponto de vista mexicano, quanto mais o Brasil for provinciano, melhor, não é? Eu não penso assim, e acho que já temos uma elite. Isso foi o que aconteceu. Depois recebi o Fernando Bezerra para discutir as mudanças que ele quer fazer na Sudam, e nada mais. Fiquei em casa, não fui ao jantar do Jobim porque não estava passando muito bem.

No dia seguinte, dia 7, quarta-feira, houve uma reunião da Câmara de Política Econômica: estamos preparando o programa de governo para os próximos dois anos. Vejamos, Tápias por um lado e, do outro lado, Armínio. Armínio é muito mais liberal e o Tápias temeroso de que haja um excessivo liberalismo que atrapalhe a indústria na questão da velocidade da queda de tarifas etc. Todos eles contra o Luís Carlos Santos na presidência de Furnas,* porque acham que com ele na presidência de Furnas é impossível privatizar. Não sei até que ponto isso é real ou é preconceito, de qualquer maneira é um dado da realidade.

Depois tive uma reunião com Andrea Matarazzo e com o Paulinho de Tarso [Paulo de Tarso da Cunha Santos],** que está fazendo algo para a orientação estratégica do PSDB. O Vilmar, eu e a Ruth almoçamos para discutir questões desse tipo.

À tarde recebi o cardeal d. Serafim [Fernandes de Araújo],*** que veio com o Pimenta me convidar para ir à Fundação Dom Cabral em Minas. Aproveitei para transmitir ao Pimenta minhas conversas últimas, para ele saber como estão as coisas. O Pimenta é sempre mais propenso a achar que ainda há uma solução no Senado. Ele tem muita resistência ao Jader e também muita ligação com o Bornhausen, com quem ele faz um bom *pendant* e prefere uma solução nova.

Depois recebi o pessoal da indústria moveleira do Rio Grande do Sul, de Bento Gonçalves,**** foram me convidar para um festival,***** e também recebi o presidente

* O ex-deputado federal e ex-ministro extraordinário de Assuntos Parlamentares (1996-98) presidia a estatal energética desde maio de 1999.

** Publicitário, assessor da Secretaria de Comunicação de Governo da Presidência.

*** Arcebispo de Belo Horizonte.

**** O presidente se reuniu com representantes do Sindmóveis (Sindicato das Indústrias do Mobiliário de Bento Gonçalves).

***** VIII Movelsul Brasil, de 11 a 15 de março de 2001. O presidente não compareceu à feira.

da Federação das Indústrias do Estado do Rio Grande do Sul, que queria me mostrar dados sobre o crescimento da indústria do Rio Grande do Sul. Ele se chama Paulo Barros, e o [Germano] Rigotto* os acompanhou. O Xico Graziano [Francisco Graziano]** veio me falar sobre a liderança na Câmara, porque constava que eu teria vetado o Jutahy [Magalhães Júnior]*** por ele ter apoiado o Lula em 1994.**** Eu disse: "Olha, Xico, não vetei ninguém. Minha preocupação com Jutahy não é de ter apoiado o Lula, é de ver se ele tem disposição para defender a bancada e a posição do PSDB num momento em que o PSDB precisa ter posição política". Por isso eu preferia uma pessoa como a Yeda Crusius, que tem mais loquacidade, formação, além de ser mulher, o que daria ao partido uma força muito grande. Mas a Câmara está entre o Jutahy e o Márcio [Fortes] e, entre os dois, então é Jutahy. Eu disse ao Xico: "Se não damos uma virada nisso, não se ganha eleição".

À noite, jantamos com Sardenberg, com Fabio Feldmann,***** com Zequinha Sarney [José Sarney Filho] e com a dra. Thelma [Krug].****** Os técnicos lá da agência espacial******* são os que mais sabem do assunto de mudança de clima, entre eles, destacadamente, o Gilvan Oliveira,******** todos extremamente competentes. Foi uma boa discussão sobre as queimadas na Amazônia, sobre o que fazer, mudança de clima e coisas do estilo.

Na quinta-feira de manhã, dia 8, recebi o Pratini, que veio lançando fogo pelas ventas por causa da questão da vaca louca. Sobre as repercussões da declaração muito dura que ele tinha dado, perguntado sobre se não atrapalhavam a Alca, disse que o Brasil não ia à Alca. As discussões continuam exaltadas nos jornais, e aproveitei, porque depois das conversas com Pratini ele me convenceu que efetivamente não tinha havido erro maior da parte brasileira.********* Chamei a Globo e dei uma entrevista dura sobre a Alca. A Alca criou um movimento forte aqui no Brasil porque os caras de dentro foram cínicos. Na verdade não havia base para fazer o que fizeram, estou realmente convencido de que eles aproveitaram o momento por causa da Embraer, para dar um golpe duro na venda de carne do Brasil no mundo; não é só o Canadá. Mas nossa reação foi forte, de tal maneira que ontem já se viu nos jornais da noite notícias dos canadenses recuando e jornais

* Deputado federal (PMDB-RS), presidente da comissão especial da reforma tributária.

** Deputado federal (PSDB-SP), ex-chefe de gabinete da Presidência e ex-presidente do Incra (1995).

*** Deputado federal (PSDB-BA).

**** O PSDB baiano apoiou a candidatura petista por se opor no âmbito estadual a Antônio Carlos Magalhães e ao PFL, então aliado do PSDB nacional.

***** Secretário executivo do Fórum Brasileiro de Mudanças Climáticas e ex-secretário estadual do Meio Ambiente de São Paulo (1995-98).

****** Coordenadora-geral de Observação da Terra do Inpe (Instituto Nacional de Pesquisas Espaciais).

******* Isto é, o Inpe.

******** Gerente de Operações Meteorológicas do Inpe.

********* Especialistas independentes estimavam que Brasil e Canadá possuíam o mesmo risco epidemiológico para a doença da vaca louca.

canadenses também mostrando que não havia base científica para tomar a decisão que tomaram. Enfim, parece que essa batalha não vai se travar em desfavor do Brasil. Tivemos um almoço no Alvorada com Ancelmo Gois e com Marcos Corrêa [Marcos Sá Corrêa],* nada de especial. É fantástico, o *Financial Times* publicou uma boa matéria sobre saúde, sobre o programa de aids no Brasil, e agora os jornalistas acreditam. Eu disse: "Temos vários programas — Fundef, Pronaf, Luz no Campo —, coisas extraordinárias, estamos mudando a face do Brasil na área social e vocês não veem!". Fiz minha análise habitual de que a política virou fofoca, de que não há mais analistas, nem como o pai [Villas-Bôas Corrêa] do Marcos Corrêa, que era bom analista na Câmara. O velho Prudente de Morais [Neto], o Barbosa Lima Sobrinho foram grandes comentaristas que analisavam o processo político e não a fofoca política. Aqui também há um processo político, um processo social, mas só o processo econômico é analisado.

Depois recebi o Jacob A. Frenkel, presidente da Merrill Lynch mundial, que foi o homem responsável pela estabilização em Israel.** Ele está entusiasmado com o Brasil, falou, falou, falou sem parar a favor do Brasil. Veio com o Marcílio Marques Moreira,*** que é o representante da Merrill Lynch aqui. O Marcílio trouxe uma fotografia do avô dele**** com o meu avô,***** foi uma atitude simpática; reproduz uma nota do meu pai ao pai dele****** encaminhando a fotografia. Disse ele que é a terceira geração de amizade. Aproveitei para brincar com Jacob Frenkel: "Olha aqui a democracia no Brasil. Há cem anos nossas famílias já estavam aí, num pedaço que manda no país". Ele riu um pouco e disse que também nos Estados Unidos não é muito diferente.

Depois fiquei o dia inteiro por conta de receber o Antônio Carlos e o Michel Temer. Mandei um bilhetinho aos dois, agradecendo o trabalho deles no encerramento do Congresso, e Antônio Carlos se aproveitou para me telefonar e agradecer, e dizer que queria falar comigo. Aí mandei avisar ao Temer, senão os jornais iriam interpretar diferentemente. Veio Antônio Carlos, que me disse que acha que o Jorge Bornhausen — estava nos jornais que ele é candidato [à presidência do Senado] pelo PFL — não pode ser candidato porque perde. Ele não quer o Jorge Bornhausen. Gostaria mesmo de alguém de fora. Ele disse: "O senhor não deixou que o Lúcio Alcântara fosse". Repliquei: "Eu? Não! Apenas falei pelo telefone com Tasso, que me informou que o Lúcio não poderia ser, porque isso seria considerado uma traição ao PSDB na Câmara, porque o PMDB está aliado na Câmara ao PSDB, e o Tasso tem razão". Foi o que eu disse ao Antônio Carlos. "Pois é, então tenho uma surpresa: eu

* Os jornalistas escreviam para o portal No., antecessor do NoMínimo, extinto em 2007.

** Frenkel presidiu o Banco de Israel entre 1991 e 2000.

*** Ex-ministro da Economia (governo Collor).

**** Manuel Moreira da Silva.

***** Joaquim Inácio Cardoso.

****** Mário Moreira da Silva.

acho que o [José] Fogaça* topa". Eu disse: "Se o Fogaça topar, muda a circunstância, porque ele era da ala minoritária do PMDB e os outros são da parte majoritária. Significaria uma dissidência. Nesse caso, só se o PFL, parte das oposições e alguns do PSDB votassem". Antônio Carlos pediu que eu falasse com Sarney sobre o assunto, porque o Jorge queria falar com Sarney.

Efetivamente ontem, sexta-feira, antes de ir para a fazenda, telefonei para o Sarney. Ele olhou isso muito de longe, disse que Antônio Carlos falou com ele sobre Fogaça. Sarney me disse que não acredita, ele próprio não será, enfim... mas Sarney pode estar também escondendo o jogo comigo. Ou seja: turbulência. Por isso o PMDB estava tão aflito, durante a semana vários deles me procuraram sugerindo que o governo precisava se manifestar, dizer que só tem um candidato, porque o outro é da oposição. Na verdade estavam querendo impedir outra candidatura dentro do campo das forças governistas. Eles têm razão de agir assim, mas não posso me precipitar. E não vejo essa preocupação tão grande. Por telefone falei com o [José Wilson] Siqueira Campos no Tocantins.** Ele queria uma audiência comigo, eu não dei, porque todos iriam dizer que eu estava influenciando o Tocantins.*** Na conversa, percebi o seguinte: ele quer tudo menos Antônio Carlos. Quer votar no Jader, queria só me sondar. Eu disse que Arruda falaria com ele, mas senti que ele vai votar no Jader, ao contrário do que as pessoas pensam. Então são quatro votos, porque ele tem influência sobre o PTB também e sobre o filho dele, que é do PSDB,**** e mais um do PFL.***** Acho difícil a esta altura que o Jader perca. Mas ainda é possível, até porque a imprensa está muito contra. Não convém colocar na presidência do Senado uma figura controvertida, não é aconselhável. Mas eu não posso ir além dos limites nessa questão, porque o PMDB poderá abrir espaço, se o Jader perder, para a volta de [Antônio] Paes de Andrade****** e outro desse tipo, [Pedro] Simon,******* e lá vem ele outra vez com Itamar de candidato, se é que não vem com Ciro. É essa a questão, muito objetivamente falando.

Vim só com a Ruth para a fazenda, estou lendo sem parar e descansando bastante, mas ainda tossindo muito. Ontem vi pela televisão o encaminhamento da questão da Embraer e da vaca louca. Como já registrei, acho que os canadenses perceberam que "meteram a pata", que foram longe demais. Li aqui belas entrevistas do [Bill] Clinton,******** reli uma nota que os assessores dele passaram de infor-

* Senador (PMDB-RS).
** Governador (PFL).
*** Isto é, a bancada tocantinense.
**** José Wilson Siqueira Campos Júnior.
***** Eduardo Siqueira Campos, senador (PFL).
****** Ex-presidente da Câmara dos Deputados (1989-90).
******* Senador (PMDB-RS).
******** Ex-presidente dos EUA (1993-2001).

mações para os assessores do Tony Blair* sobre a ação de comunicação de governo, muito boa. Tudo que não fazemos aqui por causa do choque de personalidades e das dificuldades normais da Presidência e do relacionamento com a sociedade e com a burocracia. Mas a direção, nos Estados Unidos, está definida, é certa: falar com os eleitores e esquecer a mídia. Aqui os assessores preferem falar com a mídia e esquecer os eleitores. Mas, enfim, o comando está dado, a direção correta, de agora em diante não quero muita politicalha. Aliás, não tenho feito, tanto assim que me esquivei o tempo todo dessa grande confusão no Congresso. Vou ser chamado de irresponsável, de deixar nas mãos de pessoas que não são competentes, mas na verdade se eu me meter é muito pior, porque eles se elegem do mesmo jeito e saio chamuscado.

Estou lendo um livro muito interessante que ganhei sobre a Espanha, porque ele analisa o fim dos partidos na política espanhola. O livro se chama: *El negocio de la libertad*, de Jesús Cacho.** Vê-se que a política espanhola não é muito diferente da política pelo mundo afora, cheia de podridão e amargura.

Além disso, li todos os papers que pude. Um interessante, que Fernando Gasparian me passou, de um jovem economista que chama a atenção para algumas falácias dos efeitos do capital externo direto, porque não necessariamente é investimento direto no sentido de aumentar a formação de capital bruto. É verdade que o capital investido está aumentando no Brasil, e isso mostra duas coisas: a poupança interna também está levando ao aumento do investimento, mas não só a ele, também tem aumentado o capital estrangeiro com grande capacidade de renovação tecnológica e nós precisamos dele para fechar nossas contas externas. Este é o nosso calcanhar de aquiles: como fechar as contas? Esse rapaz aconselha o óbvio: que precisamos de um novo tipo de política de substituição de importações, com subsídios específicos e limitados e cadentes no tempo. É o que queremos fazer. Estamos tentando; a dificuldade é como fazê-lo. De qualquer maneira, é um paper interessante.

Li vários outros textos, sobretudo um que o Rubens Barbosa me mandou sobre a posição do Bush, a política brasileira, a Alca etc. Está claro que o Brasil se encontra numa encruzilhada. Nós temos que definir o que fazer: seguimos Rio Branco ou não? Rio Branco significa: boas relações com os Estados Unidos. Mas boas relações com os Estados Unidos não pode ser uma relação passiva. Temos que ser propositivos. Acho que é importante propor alguma coisa mais inovadora. Quem sabe voltar à conversa do "4 mais 1", quer dizer, Mercosul + Estados Unidos? Uma relação de preferência entre o Mercosul e os americanos. Isola-se ou absorve o Chile? A Alca é uma questão tão grande quanto difícil.

Agora vou ver se gravo a música dos pássaros cantando [eles cantam!]. O fim de tarde aqui em Buritis, no Córrego da Ponte, é assim, há um cantar extraordinário,

* Premiê britânico.

** Madri: Foca, 1999.

são sete horas da noite e nas mangueiras que tem aqui na frente da casa há uma cantoria imensa. Agora não temos mais periquito, periquito come manga, as mangas acabaram. Quando tem periquito, a barulheira é muito grande, mas não é tão bonito. Agora só há os pássaros cantando, é admirável.

HOJE É TERÇA-FEIRA, DIA 13. Ontem, as coisas continuaram bastante tensas, e domingo, quando voltei da fazenda, me reuni com o Aloysio, o Madeira, o Pimenta, o Arruda e o Arthur Virgílio, para fazermos o balanço da situação. O Pimenta contava ainda com a possibilidade de o Fogaça ser candidato com apoio do PFL, havia conversas, conversa com Sarney, com Fogaça. Os outros mais céticos, eu também, porque conheço Fogaça há trinta anos e nunca o vi com essas disposições de gestos muito heroicos; em segundo lugar, porque teria de abandonar o partido dele, e ele é muito ligado ao PMDB, acho que não faria isso neste momento. Mas nunca se sabe.

Fui a Águas Lindas para lançar o programa Bolsa Escola,* aquela agitação habitual, o governador Marconi Perillo,** todo mundo lá, inclusive antigos inimigos e atuais inimigos da política goiana, mas unidos ao redor do governo federal, porque temos um programa importante, o Bolsa Escola. Arruda acha que a situação no Senado não mudou nada, disse que talvez houvesse um pouco de torcida, porque Pimenta está preocupado, porque ele não gosta do Jader e porque em Minas, com a ascensão do Aécio, a situação do Pimenta fica complicada. Não é que ele vá jogar contra, mas sempre fica com certa predisposição a ver fatores mais negativos que positivos. Além da indignação que o Pimenta tem com o grupo que manda no PMDB.

No fim do dia, além das muitas reuniões que tive, recebi o Moreira Franco, que veio com Padilha. Por que eu não telefonava para o Fogaça para propor que seja presidente da Comissão de Assuntos Econômicos, tese com a qual Jader já está de acordo? A tese é excelente, Fogaça seria ótimo presidente da Comissão de Assuntos Econômicos e mudaria o sentido da Comissão, que é bastante complicada na aprovação de projetos. Agora, eu não posso fazer isso, Fogaça levaria um susto, eu não falo com ele a toda hora, não tem sentido. Não vou também me meter a afastar Fogaça de uma decisão que é dele. A minha neutralidade nessa questão é real. Da Câmara, do Senado, a minha torcida é que se Fogaça fosse candidato seria um bom presidente. Claro que com isso se desorganizaria a candidatura do Aécio com um sistema de aliança, o que está mais ou menos organizado.

* Programa Nacional de Renda Mínima Vinculada à Educação, criado pela MP 2140-1, de 14 de março de 2001, convertida na lei nº 10 219, de 11 de abril do mesmo ano. Na visita a Goiás, o presidente inaugurou simbolicamente o ano letivo de 2001.

** Governador de Goiás (PSDB).

Hoje de manhã tive reunião com a Secom, com Matarazzo e com o pessoal das agências que vai fazer a comunicação do governo sobre os programas sociais. De manhã me telefonou o Aécio, aflito, disse que o Artur da Távola* ia ser candidato, o que tem que ser indicação do partido. Perguntou se eu podia fazer alguma coisa, eu disse que quem tem ligação mais próxima com Artur é o Serra; falei isso para mostrar que eu não teria condição de me meter nessa briga. Mais tarde conversei com Aloysio, que também estava na reunião da Secom, e ele me disse que tem informação, acho que Moreira deu a ele, de que o Artur não vai ser candidato. São nervosismos de última hora.

Vou registrar aqui dois telefonemas importantes: um do Pimenta, muito contente com a venda da Banda D das telecomunicações, a qual deu um ágio por volta de 20%, quando já havia muito desânimo sobre a Banda B.** Ele estava feliz com isso, mas preocupado com uma conversa franca que teve com Jorge. O candidato do PFL será o Arlindo Porto, do PTB. É preocupante por quê? Por um lado, porque o Eduardo Jorge telefonou para Pimenta para dizer: olha, Aécio na Câmara e Arlindo Porto no Senado, a leitura é de vitória do Itamar, que apoia os dois; fica ruim para nós aqui. Pimenta sentiu o golpe. O Jorge foi franco com ele. Isso me foi reiterado depois, porque o segundo telefonema importante foi o do Tasso. O Jorge disse que agora só apoiará o governo se o governo tirar o Padilha e o Dornelles, ou seja, os que são mais ativos na derrota do PFL. Quer dizer, o governo pagaria as contas da derrota dos partidos, como se os ministros do PFL*** não estivessem também ativos defendendo o Inocêncio, como o Pratini, por exemplo. Todos estão defendendo os seus e cobrando do governo! Com uma diferença: o Jorge é um homem sério. Quando ele diz isso é porque sabe o quanto está doendo nele essa crise do PFL. Eu ouvi e disse ao Jorge: "A única coisa que o PFL tem que entender é que esse pessoal está pagando a conta do Antônio Carlos, que desorganizou todo o sistema de partidos". Tasso tinha a mesma preocupação que eu em relação ao Jorge. O Jorge queria que o Tasso cedesse o [voto do] Lúcio, mas o Tasso não pode ceder, porque prejudicaria o Aécio. Perguntei ao Tasso por que ele não apoia alguém do PFL. Pela mesma razão! Se lançar alguém do PFL, vai prejudicar o Inocêncio, então estamos numa armadilha. *Catch twenty two.***** Por que tudo isso? Pela ambição do Aécio, que foi respaldado pelo PMDB graças ao açodamento do Antônio Carlos. Essa é a questão. Há fratura real na base de sustentação do governo. Agora vão me cobrar demissões, recomposições e não sei o quê.

* Paulo Alberto Monteiro de Barros, senador tucano pelo Rio de Janeiro.

** Em leilão realizado na Bolsa do Rio, foram vendidas, por R$ 2,64 bilhões, três autorizações para operação de telefonia celular na faixa de frequências 1805-1820 MHZ. A TIM adquiriu duas licenças e a Telemar uma.

*** Rodolfo Tourinho, Minas e Energia, e Waldeck Ornelas, Previdência e Assistência Social. Ambos haviam sido indicados por ACM.

**** "Situação paradoxal", expressão cunhada pelo romance *Catch-22* (1961), de Joseph Heller.

O Tasso está percebendo a situação e vai ter que ficar próximo do Jorge, mas não tanto, para não assustar o Aécio. E Pimenta está com o coração mais próximo do Aécio. Esse é o quadro. Até redigi uma nota me antecipando a isso, dizendo que, seja quem for eleito, precisamos fazer uma reforma eleitoral e partidária — espero contar com a base do governo para apoiar as reformas — e que mudanças eventuais no ministério são fruto de assunto meu de política administrativa, e não para compensar o que acontece no Congresso. Vou discutir com os meus assessores políticos, mas estou inclinado a soltar essa nota ainda hoje.

HOJE É SEXTA-FEIRA, DIA 16 DE FEVEREIRO. Na quarta-feira, houve a eleição, os resultados são conhecidos. Vitória estrondosa do Aécio, 287 votos,* e de Jader no Senado, com maioria de 41 votos.** Traição generalizada, sabe Deus de quem com quem. O resultado era esperado, mas me surpreendeu. Pensei que fosse ser muito mais apertado, tipo roleta-russa, não foi.

Passei o dia despachando normalmente. Almocei com o presidente de Moçambique,*** depois recebi o Jorge Gama, ministro do Exterior de Portugal, e conversamos sobre assuntos de interesse dos nossos países. Foi bom para mostrar que eu não estava metido diretamente na confusão do Congresso. Isso foi, portanto, o que aconteceu na quarta-feira, de muita intranquilidade. Me despedi do Márcio Barbosa,**** que foi trabalhar como segundo na Unesco, e nada mais de especial. À noite tive um jantar e falei com muita gente no telefone, para ter informações.

Ontem, quinta-feira, já foi um dia mais calmo. De significativo, o encontro que tive de manhã com Clóvis Carvalho***** e Beto Mendonça,****** que almoçaram no Alvorada.

Devo dizer que, na véspera, dia 14, de manhã tive uma reunião muito boa com a Câmara de Política Econômica, na qual levamos adiante o programa relativo aos anos finais de governo. Reunião de umas quinze pessoas, e dá gosto ver pessoas jovens, competentes, trabalhando com entusiasmo num tema muito delicado, alto nível.

Eu estava dizendo que ontem tive um almoço com Clóvis e Beto Mendonça. O Mendonça veio insistir na questão da exportação e na necessidade de uma agenda da "Nova Economia": certificação de produtos agrícolas, vaca louca, e assim por

* Aécio Neves obteve 283 votos; Inocêncio de Oliveira, 117; Aloizio Mercadante (PT-SP), 81; Valdemar Costa Neto (PL-SP), 21; e Nelson Marquezelli (PTB-SP), 3.

** Jader Barbalho obteve 41 votos (maioria absoluta); Arlindo Porto, 28; Jefferson Peres, 12.

*** Joaquim Chissano.

**** Ex-diretor do Inpe.

***** Ex-ministro do Desenvolvimento, Indústria e Comércio (1999) e ex-ministro-chefe da Casa Civil (1995-99).

****** Ex-secretário executivo da Câmara de Comércio Exterior (Camex) e irmão de Luiz Carlos Mendonça de Barros.

diante; e o Clóvis reiterou as preocupações com o Banco do Brasil, que acho que está malparado. O Paolo Zaghen* agora sente que está comandando o Banco e todo mundo se queixa dele. Fazer o quê? Além desse encontro, o dia parecia transcorrer mais ou menos calmo, quando eu soube, no fim da noite, que o Antônio Carlos teria dado uma entrevista. Antes de saber da entrevista, recebi Ricardo Kotscho, que é da revista *Época*, para me mostrar uma frase inaceitável que Antônio Carlos teria dito. Subi a serra! Queria ser fiscal do governo, não sei o quê. E à noite eu soube que a entrevista iria sair, uma entrevista bombástica. Passei o dia preocupado com a questão do Tasso. Tasso se sente magoado, isolado, porque o Sérgio Machado se reelegeu líder [do governo no Senado] e porque o Lúcio Alcântara queria ser o primeiro vice, e o Sérgio Machado negociou com os outros partidos que daria, e deu, a vice-liderança para o PFL. Disse que ia dar a segunda secretaria para o Lúcio, que ficou indignado, o Tasso também. Conversei com Pimenta e com os outros que estavam em contato com Tasso. Tasso suspendeu uma vinda aqui ontem, hoje, aliás, de comum acordo comigo. Achei que seria imprudente mesmo, pelo clima que havia aqui. Mas o Pimenta acha, e ele tem razão no que acha, que o Tasso está acreditando numa conspiração contra ele. Uma conspiração quer dizer o seguinte: no fundo a candidatura Serra e eu por trás. Quais as consequências? Aí se soma a eleição do Jutahy na Câmara,** que eu pedi ao Aécio que não fizesse, ele não fez, pedi por telefone, pedi ao Teo [Teotônio Vilela Filho] que atuasse mais energicamente, pedi que não nomeasse o Sérgio Machado para a liderança. Entretanto, as coisas na Câmara têm uma dinâmica, e não adianta pedir, já estão comprometidos, há interesses recíprocos etc., e o Tasso como um político que está no Ceará não sabe como é o jogo aqui, fica achando possível resolver as coisas com mais facilidade do que realmente temos.

Foi um dia bem agitado, estive em contato com todos os líderes, telefonei para Jorge Bornhausen, que havia estado comigo depois da eleição, ou ontem, quinta-feira, e disse ao Jorge quais eram minhas preocupações sobre o Antônio Carlos. Jorge querendo, com jeito, tirar o Padilha com acusações de que se meteu demais na campanha [no Congresso] e que sempre o acusam de que usou recursos; mas não se sabe a quem os deu nem de onde tirou... E isso paira no ar, o Jorge é um homem direito, é meu amigo. Eu disse ao Jorge: "Olha, me dê um tempo para eu ver o que fazer com o governo". O Jorge já tinha dado esse tempo e convocou a reunião do diretório do PFL para o dia 8 de março.*** Eu disse: "Cuidado, porque o Antônio Carlos é capaz de atropelar". Dito e feito.

Os jornais de hoje estampam várias entrevistas de Antônio Carlos, inaceitáveis, dizendo que FHC e Jader se equivalem, alguma coisa assim, diz ter pacificado

* Presidente do Banco do Brasil.

** O deputado baiano foi eleito à liderança do PSDB na Casa, substituindo Aécio Neves.

*** A Executiva pefelista foi convocada para decidir sobre o rompimento do partido com o governo.

o governo, acusa corrupções inexistentes, ou melhor: há corrupção, mas o governo tem atuado nos casos de corrupção. Naturalmente, diz que ele nunca fez uso de recursos públicos como o Jader, que não ficou rico à custa de funções públicas. Inaceitável, mas não posso agir por impulso. Então engoli em seco, chamei os líderes e o Aécio, estabelecemos uma estratégia pela qual os líderes vão falar na Câmara. O Aloysio está preparando uma resposta, vamos ver como fica, tem que haver uma resposta dura, mas vou me guardar. Por quê? Porque se eu tirar os ministros dele agora, ele vai dizer: "Está vendo, é isso mesmo". Só que para mim Antônio Carlos há muito tempo já acabou e agora ele me serviu um prato cheio para acabar com a participação do grupo dele no governo de uma maneira que eu sei fazer. E não vai ser somente aos poucos, não. Ele vai receber a resposta à altura, só que vou escolher o momento.

Recebi hoje o ministro do Exterior de Angola,* que veio com Celso Lafer por causa das negociações do petróleo.** Recebi o Paulo Paiva,*** nosso vice-presidente do BID, conversamos um pouco sobre política brasileira e mineira. Ontem jantei com o Vilmar para repassar nosso programa de governo.

* João Bernardo de Miranda.

** O governo negociava com Luanda uma associação entre a Petrobras e a estatal angolana de petróleo para a prospecção de campos offshore.

*** Ex-ministro do Trabalho (1995-98) e do Planejamento (1998-99).

17 DE FEVEREIRO A 2 DE MARÇO DE 2001

Ataques de ACM e problemas no PFL. Demissão de Ornelas e Tourinho. Começa o escândalo do painel eletrônico

Hoje é sábado, 17 de fevereiro. São quase onze horas da manhã, estou esperando o Marco Maciel.

Ontem, além do que já registrei aqui, recebi no fim do dia a visita do Guilherme Palmeira,* o Guilherme foi sempre muito solidário. Preocupado com o PFL. Ele acha uma insensatez mexer em ministros do PMDB. Quem perdeu foi o PFL, não tem o direito de dirigir a cabeça do vencedor. Eu disse a ele que Jorge não foi taxativo comigo, foi delicado, e eu não tinha dito a ninguém. Não obstante já estava nos jornais. Isso, naturalmente impede que eu faça modificações, porque seria uma imposição, e uma imposição, digamos, de quem não tem a legitimidade da vitória. O Guilherme ficou de ver o que faz; ele acha que nós erramos: eu, Jorge e Marco, devíamos ter liquidado Antônio Carlos antes. Provavelmente ele, Jorge e Marco não sentiram firmeza da minha parte na decisão de liquidar o Antônio Carlos. Talvez. Eu não senti na deles também, acho que nunca enfrentaram o Antônio Carlos. Mas nunca é tarde para remediar. Vamos tentar.

Recebi à noite o Raul Jungmann, pessoa pela qual tenho muita admiração, pelo trabalho esplêndido que faz há cinco anos: a reforma agrária. Ele fez uma análise geral, me deu o quadro de Pernambuco, em que o Jarbas [Vasconcelos]** está cada vez mais forte, o PFL cada vez mais débil. Para tomar posição, ele queria saber o que fazer. Acho que ele deve entrar no PSDB, porque seria uma maneira de fortalecer o PSDB agora, para nos preparar para a eleição de 2002. Ele concorda comigo.

Ontem à noite o Antônio Carlos se extremou outra vez na televisão. Eu fico com coceira na língua, porque bastava dizer: olha, para falar de moralidade tem que ter as mãos limpas. Antônio Carlos, tem que botar luva muito grossa para esconder as marcas de alguém que sustentou o regime militar, e agora quer posar de vestal. Hoje no *Jornal do Brasil* tem um artigo do [Alberto] Dines bastante bom, no qual ele diz que Jader e Antônio Carlos se equivalem. Isso, de alguma maneira, também foi dito pelo Clóvis Rossi, mas o sentimento geral da imprensa é dar muito mais espaço ao Antônio Carlos nessa empreitada pseudomoralizadora do que ele merecia, tanto por seu passado como por seu presente. Esse [Rubens] Gallerani,***

* Ministro do Tribunal de Contas da União e ex-senador por Alagoas (PFL).

** Governador de Pernambuco (PMDB).

*** Ex-chefe do escritório de representação do governo baiano em Brasília.

de quem ele era conviva permanente, que fez malandragem no Senado,* há pouco este mesmo entregou o [Carlos] Laranjeiras, que é sócio da OAS, quanta pressão fez para que oferecêssemos dinheiro [empréstimos] ao [Celso] Pitta** na época em que fez a ligação com Maluf. Eu sei porque Luís Eduardo [Magalhães]*** me dizia que o Maluf recebia dinheiro; e de quem poderia ser se não da OAS? E naquele momento eles fizeram uma aliança para Antônio Carlos se eleger senador. Antônio Carlos trouxe o Gilberto Miranda**** para dentro do partido, evitou que houvesse qualquer coisa com Gilberto Miranda para que ele pudesse ser eleitor dele, Antônio Carlos. Quer dizer: o passado o condena, o presente também e o futuro também. Seria muito fácil, se eu quisesse entrar numa briga desse tipo. Só que preciso ver o Brasil, como apresentar os programas, como criar maioria, como manter a governabilidade, essa é a realidade. Essa é a dureza de ser não um politiqueiro qualquer nem uma pessoa que quer fazer bravata, mas alguém que tem compromisso histórico com seu povo, com seu país. Isso não vai ser nem percebido, nem pode, no dia a dia, mas é o que me limita e ao mesmo tempo dá sentido à minha ação. Limita a minha língua para não responder à altura ao Antônio Carlos.

HOJE É QUARTA-FEIRA, DIA 21 DE FEVEREIRO. Primeiro, um esclarecimento. Quando mencionei que Antônio Carlos forçava que déssemos dinheiro ao Pitta, estou me referindo ao empréstimo que ele queria que fosse dado ao Pitta pelo Banco do Brasil.***** Não era dinheiro de outra maneira. Para evitar equívocos no futuro.

Domingo passado, dia 18, recebi o Marco Maciel e disse, com toda a franqueza, o que me correspondia dizer: "Olha, você tem um problema, e não sou eu, é Antônio Carlos". Eu cansei, cansei de tudo isso, não há mais limite a dar para ele, ultrapassou o limite, e temos que ver o que fazer. Como o PFL tem insinuado a necessidade de mudar gente do PMDB, eu disse: "Não posso tirar pessoas daqui sob a acusação de que roubaram. Preciso de provas ou pelo menos de indícios, ou fatos concretos. Você sabe, Marco, que eu não gosto desse tipo de procedimento, e você e eu podemos falar com tranquilidade sobre quem roubou, porque não temos nada, nada, no nosso passado, que nos condene. Mas os que estão falando aí não são as-

* Gallerani foi acusado de traficar influência para intermediar contratos com a Secretaria de Tecnologia da Informação do Senado (Prodasen)

** Ex-prefeito de São Paulo (PTN), eleito pelo PPB.

*** Ex-deputado federal (PFL-BA), morto em 1998.

**** Empresário, ex-senador pefelista pelo Amazonas.

***** Em dezembro de 1997, o Banco do Brasil emprestou R$ 324 milhões à prefeitura de São Paulo. O BB concedeu o empréstimo na modalidade ARO (Antecipação de Receita Orçamentária), aceitando como garantia a receita futura de ICMS do município. A operação foi criticada por se sobrepor à dívida de R$ 5 bilhões da municipalidade paulistana com o banco.

sim, não. Então não podemos seguir com essa história". O Marco, do jeito dele, acusou o golpe, a questão do Antônio Carlos, mas delicadamente insistiu que o PFL está numa posição difícil, especialmente o grupo dele com o Bornhausen, porque os colegas de partido querem mais espaço. No fundo é disso que se trata, como o próprio Jorge me havia antecipado.

Tive um novo encontro com o Jorge no outro dia, segunda-feira, e acho que eles gostariam do seguinte: um ministério, talvez de Ciência e Tecnologia para o Zé Jorge [José Jorge],* e quem sabe botar o Fogaça como ministro da Justiça. Enfim, eles não vêm a mim de maneira inaceitável, mesmo porque o Jorge é amigo meu. Contei ao Marco Maciel que eu tinha telefonado ao Hugo Napoleão** dizendo que, como líder no Senado, ele se ocupasse do Antônio Carlos. No fim da noite de domingo, Hugo devolveu o telefonema, contando que tinha falado com Antônio Carlos e que ele dissera que eu até iria ficar contente com o discurso que ele faria. Eu soube depois pela Rose de Freitas*** que houve uma discussão lá entre o pessoal de Antônio Carlos, e que disseram: "O presidente não vai deixar de se mexer, você vai acabar perdendo a posição no governo, e como é que nós ficamos?". Enfim os fatos da realidade política baiana e dos interesses e objetivos de Antônio Carlos devem ter pesado nesse eventual recuo.

Na segunda-feira, além do que já mencionei, fui para Sinop, no Mato Grosso, onde temos um programa importantíssimo de acesso à internet para toda a população escolar do segundo grau, incluindo o profissionalizante, ensino médio.**** Vi lá o programa, na franja da fronteira amazônica, e de lá mesmo falei pelo computador. Imagina, ouvir a voz de um estudante do Rio Grande do Sul! E ao meu lado uma mocinha escreveu em português para um colega dela nos Estados Unidos, que já recebeu traduzido para o inglês, respondeu, e ela recebeu aqui em português. É extraordinário! Lá no meio do Mato Grosso, em Sinop. Fiz um discurso no qual falei um pouco do que dissera aos que foram almoçar comigo na véspera. Ou seja, que quando eu calo não é que eu consinta; é porque tenho dever histórico, responsabilidade histórica. Havia em Sinop muita animação. Os jornais noticiaram que havia um pequeno grupo lutando contra o que imaginam ser "a privatização que ninguém quer" (nem eu queria!), da Universidade Federal de Mato Grosso. Mas foi um clima muito bom, muito positivo, como não há faz muito tempo. Houve muito mais do que aquele pequeno protesto.

Também na segunda-feira, aconteceu um encontro com o Tasso Jereissati, com o Arruda, com Arthur Virgílio, que veio depois do jantar, e com Pimenta. No encontro, Tasso veio nervoso, nos exaltamos, mas depois estava até calmo. Colocamos as

* Senador (PFL-PE).

** Senador (PFL-PI).

*** Deputada federal (PSDB-ES).

**** Cerimônia de lançamento do programa Telecomunidade, com a meta de conectar 12 mil escolas públicas federais, estaduais e municipais do ensino médio à internet até 2004.

coisas nos trilhos de novo. O Tasso se ressente, embora não diga explicitamente, da presença do Serra por todos os lados, e tudo eles atribuem ao Serra. Eu disse: "Tasso, você acha que estou conivente ou que estou armando algo contra você? O Serra na verdade não queria Aécio na presidência da Câmara, como eu também não. Eu não queria, mas ele se impôs, e se impôs corretamente, porque o Antônio Carlos deu margem e o PMDB o apoiou. Mas não é uma trama contra você. O Jutahy, que quer ser líder da Câmara, é possível evitar. Você se joga?". Respondeu o Tasso: "A essa altura, eu não posso, não posso telefonar aos companheiros para vetar outro. Além disso aquele para quem eu telefonar vai ficar marcado como alguém que impediu um companheiro de partido que tem apoio da bancada".

Política não se faz apertando botões e dando telefonemas arbitrários. Tasso viu que eu não tinha nada a fazer; ele queria mesmo era que no Senado houvesse a compensação ao Lúcio Alcântara. Aí ele tem razão. Foi feita a compensação no dia seguinte, ou seja, o Lúcio foi escolhido para presidente da Comissão de Assuntos Econômicos. Para o governo seria melhor o Geraldo Melo,* porque o Lúcio, embora seja um homem excelente, tem feito um belo trabalho no Instituto Teotônio Vilela, ele tem ideias próprias, é teimoso e às vezes sai como oposição com suas ideias. Mas é um homem direito, e de qualquer maneira acho que "Paris vale uma missa".** Minha posição deve ter acalmado mais o Tasso.

Na terça-feira, ontem, de manhã fui lançar o Projeto Alvorada.*** No discurso, já mencionei de antemão que luta anticorrupção para mim não é uma luta momentânea, é a vida inteira. Tenho horror a corrupção. Depois disso falei bastante sobre o Projeto Alvorada, da luta contra a pobreza, que estamos abraçando sem fazer carnaval, sem fazer retórica.

Ainda ontem recebi o [Domingo] Alzugaray**** com o Matarazzo.

Hoje de manhã tive despacho com Celso Lafer e o Pratini, porque eles descobriram que há aftosa na Argentina, mais um problema para nós. Vai parecer que estamos empurrando com a barriga.

Com o Pedro Malan, o Pedro Parente e o Fernando Bezerra, discutimos a mudança da Sudam e da Sudene, para dar uma resposta estrutural à corrupção endêmica que há por lá. E vamos fazê-lo.

Queria registrar que na terça-feira à noite, ontem, recebi um diretor do Banco do Brasil. Eu mal o conhecia, mas queria ouvir alguém para saber o que está acontecendo. Há uma animosidade grande entre toda a diretoria com um senhor chamado Vicente [Diniz, diretor financeiro],***** que é homem de confiança do Paolo

* Senador (PSDB-RN).

** Frase atribuída ao rei Henrique IV da França sobre sua conversão ao catolicismo, em 1593.

*** Encontro com prefeitos de municípios inscritos no programa, lançado em 2000 com outra denominação.

**** Presidente do grupo Três e *publisher* da revista *IstoÉ*.

***** Diretor de Finanças e Mercado de Capitais.

Zaghen. Hoje falei com o Pedro Malan e disse que mandasse Amaury Bier* ouvir alguém da diretoria para saber a razão do atrito. Temperamentos que se chocam. Insisti muito no sentido de que era mais do que isso. Não há desacordo quanto à orientação nem existe a questão de eventuais negócios suspeitos. Não me disseram nada nessa direção.

Os jornais mostram que num discurso de denúncias Antônio Carlos repetiu coisas que mais ou menos já havia dito antes, coisas antigas, talvez até verdadeiras, mas que não têm nada a ver com este governo. Inclusive sobre o Jader. O PMDB reagiu e denunciou outras tantas coisas sobre Antônio Carlos, e esse clima é péssimo.

Hoje de manhã chamei o Padilha aqui, que acha também que é péssimo e nós vamos ter que dar uma mexida nisso, coisa que farei do meu jeito e no tempo oportuno, ou seja, depois do Carnaval. Porque não dá para deixar o governo como casa da mãe Joana. Só que não quero estar mudando de ministros só porque Antônio Carlos disse isso ou aquilo, de um diz uma grosseria, de outro diz que é ladrão, ou outro ainda porque Antônio Carlos fez um desaforo, isso não é base para mudar ministério. Eu vou ter que apresentar um programa e em função dele cobrar lealdade dos partidos e depois mudar o ministério como eu achar mais adequado.

HOJE É QUINTA-FEIRA, DIA 22 DE FEVEREIRO, são oito e meia da manhã. Quero registrar algumas coisas graves, delicadas. O Jader Barbalho esteve conversando comigo e disse que havia informações sobre o fato de o Antônio Carlos querer fazer delações aos procuradores e que ele, Jader, estava em busca de comprovação, porque aparentemente havia quem tivesse registrado.

Como já disse, anteontem veio aqui o Domingo Alzugaray com o Andrea Matarazzo. Veio para nada. Ia jantar com o Jader e passou aqui, como às vezes passam todos os editores. Ficou uns quarenta minutos. A tese central dele é de que estava na hora de ver qual é o candidato viável, a aliança viável, porque o Brasil vai bem e precisa apoiar quem tiver condições de levar adiante as transformações que estou fazendo. Tive a convicção de que Domingo Alzugaray não sabia nada efetivo sobre a questão de Antônio Carlos e procuradores. Não tocou no assunto; se tocou, não me recordo bem, foi dentro do que nós todos estávamos comentando, porque já estava nos jornais. Pois bem, ontem eu soube que a *IstoÉ* ia sair com uma capa dizendo que Antônio Carlos me apunhalara pelas costas, algo assim, Andrea me contou. Quando vim deitar, não vi nada notável na TV, mas hoje acordei cedo, quase sete e meia, e vi que havia uma chamada de Ana Tavares** para mim às onze e quarenta da noite de ontem. Então liguei para Ana, que confirmou que a *IstoÉ* andou atrás dela e já tem uma gravação. Quer dizer, confirmam-se os rumores de

* Secretário executivo do Ministério da Fazenda.

** Secretária de Imprensa da Presidência.

ontem sobre o que Antônio Carlos disse aos procuradores.* Foi lá para dizer que, se quiserem pegar o Eduardo Jorge, bastaria quebrar o sigilo telefônico dele.** Por quê? Porque na ocasião em que chamaram o Eduardo Jorge para ir ao Congresso*** o Antônio Carlos me perguntou se o Eduardo Jorge não poderia mostrar os sigilos dele. Falei com Eduardo, que disse: "Podem ver tudo, não tem problema. Só será chato quebrar o sigilo dos telefones porque na época da campanha, na segunda campanha, vão ver com quanta gente andei conversando pelo telefone". Ele não queria comprometer pessoas que pudessem eventualmente ter sido buscadas para apoiar-me ou para apoiar a campanha, financeira ou politicamente. Vai ter muita gente envolvida, porque ele telefonou para muita gente. Havia preocupação, cuidado político. Transmiti isso ao Antônio Carlos. E não é que Antônio Carlos, ao que consta, foi aos procuradores dizer que, se eles quiserem pegar mesmo as coisas, é quebrando o sigilo telefônico? Ele pensa que efetivamente existe bandalheira. Ele pensa, não; quer fazer crer que existe bandalheira. Isso tudo vai aparecer hoje no fim da tarde, quando sair a *IstoÉ*. Eu não sei se a revista vai confirmar que tem uma gravação, porque é gravíssimo alguém gravar. Se alguém gravou, quem gravou? Foram lá, pelo que dizem, Antônio Carlos, Fernando César [Mesquita]**** e três procuradores.***** Um dos cinco? E passou para a *IstoÉ*? É da maior gravidade. Ana me informou também que o jornal *Valor* teria dito que recebeu do Banco Central, coisa que acho impossível, a confirmação dos cheques que foram parar nas contas do Jader. Isso também é da maior gravidade, ou seja: a coisa está apodrecendo e vou ter que antecipar o plano que já registrei de apresentar aos partidos o documento contendo meu programa de governo até o fim do mandato, perguntar se eles estão de acordo e dizer que vou mexer no ministério ao meu bel... não prazer, mas critério. Aí quem quiser estar comigo que esteja e quem não quiser que não esteja. Só que eu queria fazer isso no dia 5 de março. Tenho medo que não dê tempo de postergar tanto, porque tudo vai esquentar muito até lá.

* O senador baiano se reuniu em 19 de fevereiro com procuradores do MPF do Distrito Federal. O depoimento de ACM foi gravado. Na matéria "Abaixo da cintura", publicada na *IstoÉ* de 28 de fevereiro, os jornalistas Andrei Meireles e Mino Pedrosa definiram as declarações de ACM ao Ministério Público como "uma punhalada no presidente Fernando Henrique Cardoso, a quem culpa por sua humilhante derrota na guerra pelo comando do Congresso". Na mesma ocasião, ACM jactou-se de conhecer o voto secreto de cada senador na sessão que cassou Luiz Estevão, em junho de 2000, acusado de envolvimento no esquema de superfaturamento da construção da sede do TRT paulista. Começava o "escândalo do painel eletrônico do Senado".

** "Os dados que vocês receberam do Eduardo Jorge estão incompletos. O que pega Eduardo Jorge são os sigilos bancários de 94 e 98. Se pegar o Eduardo Jorge, chega ao presidente", garantiu ACM ao MPF.

*** Em agosto de 2000, o ex-secretário-geral da Presidência prestou depoimento à CPI do Judiciário no Senado acerca de seu suposto envolvimento no esquema do TRT paulista.

**** Assessor de imprensa de ACM.

***** Luiz Francisco de Souza, Guilherme Schelb e Eliana Torelly.

HOJE É SEXTA-FEIRA, DIA 23 DE FEVEREIRO*, são oito horas da noite.

Palavras proféticas estão gravadas anteriormente à gravação de hoje, porque ontem o Pimenta da Veiga veio aqui e conversei... Deixa eu ver até que ponto fui ontem, para ver se registrei.

Ainda bem que fui olhar o que eu tinha gravado. Na verdade registrei apenas o que iria sair na revista *IstoÉ*, a matéria com aquela gravidade.

Ontem, quinta-feira, saiu a revista *IstoÉ*, mas muito antes de a revista sair, já na internet, na fofoca, não se falava de outra coisa, foi um dia de muita tensão, de muita discussão. Tive despachos normais, recebi empresários espanhóis, recebi ministros, mas o dia ficou concentrado na política. No fim do dia, fiz um balanço com muita gente: estavam presentes Dornelles, o líder Arruda e o Arthur Virgílio, a reunião foi depois de eu ter telefonado para Arruda, pedindo que, antes de eu tomar qualquer posição, ele cobrasse de Antônio Carlos se aquilo era verdade. Antônio Carlos imediatamente desmentiu e depois ficou mal, porque as fitas existem. De qualquer maneira foi muita tensão, e no balanço que fizemos a opinião generalizada era de que eu deveria esperar até passar o Carnaval para fazer qualquer coisa. Sobretudo Dornelles insistiu muito nisso.

À noite, antes de ir para o Alvorada, aí sim encontrei o Pimenta, como eu estava dizendo, e relatei tudo isso. Pimenta já tinha conversado com Jorge Bornhausen a respeito da situação, disse que eles estavam aflitos, não sei o quê, também Pimenta achando que eu devia esperar, que não haveria problema em deixar as decisões para a quarta-feira. Pedi ao Pimenta que alertasse o Jorge de que, ao se mexer no ministério, isso serviria também para o PFL. Sugeri nomes, eu disse: [Eliseu] Resende** para o Ministério de Minas e Energia e o Zé Jorge para a Previdência Social. Não me fixei nos nomes, apenas citei, para mostrar a ele que eu estava atento para uma recomposição.

Depois jantei com o Paulo Renato, ele aflitíssimo com a sua candidatura e vendo no Serra um articulador tremendo, dizendo que tudo tem dedo do Serra. Eu disse: "Acho que você está exagerando a força do Serra; se é isso o que você quer, tudo bem! Mas acho que está muito cedo para a campanha, e você, Paulo Renato, não tem que se meter com a política, meter-se a fazer candidatura. Vá fazer conferências sobre educação, você é um grande ministro da Educação, concentre-se em São Paulo, porque em qualquer circunstância quem tem São Paulo tem tudo!". Às vezes o sinto mordido pela candidatura presidencial, noto isso com toda a clareza. Apesar de que sou bastante cético quanto a essa decisão.

Vim dormir, estou sozinho, Ruth já estava em São Paulo, indo para o Rio. Liguei a televisão e vi Antônio Carlos falar com a Delis Ortiz*** pelo telefone. Depois de algu-

* Véspera de Carnaval.

** Deputado federal (PFL-MG) e ex-ministro da Fazenda (1993).

*** Repórter da Rede Globo.

mas imagens dele, fui ficando enojado, sinceramente enojado. E fiquei pensando: meu Deus, esse homem está a fazer desatinos, a jogar lama em todo mundo, e os ministros dele, que são [Waldeck] Ornelas* e [Rodolfo] Tourinho,** mais o Tourinho do que Ornelas, na verdade, nenhuma palavra! Não me telefonaram, não falaram nada, assim não dá! Porque parece que são ministros de Antônio Carlos e não meus! Eu não conseguia dormir, então levantei à uma e vinte da manhã e escrevi a nota que saiu publicada nos jornais de hoje.***

De manhã cedo, hoje, revi a nota e mandei para Ana. Fui nadar, voltei para o despacho, porque eu tinha que receber uma porção de gente de manhã [no Alvorada]: Roberto Freire e o Artur da Távola, que vieram não só para se solidarizar, gostaram muito da nota que dei, mas também para dizer que eu devia reabrir a questão do parlamentarismo. Matéria sobre a qual vou pensar mesmo, quem sabe seja oportuno, não para o próximo mandato, mas para 2006 e depois. Continuei recebendo normalmente as pessoas. O Pedro Parente veio ao Alvorada, a Ana chegou, mostrei ao Pedro Parente o que tinha mandado passar para a máquina. Ela disse que não tinha que mexer uma linha, eu mexi muito pouquinho mesmo, só clareei uma ou outra questão, na parte final fiz uma referência ao desenvolvimento do Brasil, o texto saiu como eu tinha escrito de madrugada.

Pedi ao ministro Dos Santos para dizer ao Padilha que resolvi fazer uma intervenção no DNER.**** Eu já tinha conversado sobre isso com o Padilha, mas vi que o Jader resistia, então resolvi fazer a intervenção, até para poupar Padilha no PMDB, por ele ter sido correto comigo. Mandei fazer a intervenção. Fiz uma referência à Sudam, e saiu a notícia pelo mundo afora.

Nesse meio-tempo, continuei nos despachos normais. Recebi o Marco Maciel ao meio-dia, o Marco está preocupado com o Inocêncio, quer que eu arranje uma liderança de governo. Não é fácil. "Veja, Marco", eu disse, "os líderes são bons, os meus do PSDB; se eu for aproveitar algum deles no governo, ou eventualmente na posição de presidente do partido, aí abre-se uma vaga." Enfim, no PFL estão querendo acertar a posição do Inocêncio de Oliveira. O PFL joga organizadamente, insistem ponto por ponto, sempre com educação.

Fui almoçar com meu primo Carlos Joaquim Ignácio, para ele me contar as fofocas da questão das telefônicas. Ele trabalha para uma empresa que trabalha para um desses grupos. Depois do almoço fiquei vendo as notícias.

* Ministro da Previdência.

** Ministro de Minas e Energia.

*** "Os ministros hoje exonerados [Ornelas e Tourinho] serão substituídos, interinamente, até que os partidos que formam a base aliada recebam e se comprometam com a realização do programa de ação governamental para essa nova fase do governo, que lhes será enviado na primeira semana útil de março." A nota saiu nos jornais de sábado, 24 de fevereiro.

**** O governo afastou cinco diretores, nomeou um interventor e fixou um prazo de 45 dias para a extinção da autarquia.

Antônio Carlos fez declarações bombásticas dizendo que eu sou covarde, que acoberto corrupção, enfim coisas de desorientado mesmo. Ele está num mato sem cachorro, e todos os partidos já tinham me apoiado ontem, não vi a mídia, mas certamente vai ser favorável, ou melhor, neutra. Soube que o Boris Casoy* fez uma boa apresentação, o *Jornal Nacional* não foi de todo ruim, é sempre um pouco ambíguo. E, de qualquer forma, os políticos todos gostaram. Falei com o Jorge Bornhausen, que também está feliz, me telefonou o [Edison] Lobão,** o Guilherme Palmeira também, todos os governadores do PSDB,*** falei com Tasso, que quer aproveitar para mudar alguns ministros. Cada qual tem seu alvo, naturalmente.

E por aí foi. Então foi um dia pesado.

Recebi o embaixador americano, que está se despedindo, Anthony Stephen Harrington,**** e passei o resto do dia telefonando, despachando. Parece que essa coisa está resolvida, foi de surpresa, porque eu me enojei com Antônio Carlos.

HOJE É QUARTA-FEIRA, DEVE SER DIA 28 DE FEVEREIRO. Digo que deve ser porque sábado passado vim para a fazenda em Buritis. Os jornais foram mais anti-Antônio Carlos, li o noticiário no sábado de manhã, quando vim para cá.

Sexta-feira à noite, a Bia foi à Brasília com as crianças e de manhã viemos todos para a fazenda encontrar o Nê [Jovelino Mineiro] e a Carmo [Maria do Carmo Sodré],***** que aqui estavam, pois o Nê tinha que tomar várias providências na fazenda. E passei esses dias aqui, tranquilo. Tranquilo, não, por causa de Mário Covas. Mário piorou muito, fiquei aflito, sem saber se ia para São Paulo ou não. Falei com a Renata [Covas Lopes], falei com os médicos, falei com Geraldo Alckmin ontem — foi terça-feira de Carnaval —, Geraldo achou melhor eu não ir, esperar um pouco, porque daria a impressão (a mim me parece também) de que Mário estaria morrendo. De fato está, pelo que me disseram os médicos.

Agora, nesta Quarta-Feira de Cinzas, estou esperando o helicóptero para ir a Brasília e lá tomar a decisão de ir ou não para São Paulo. Mas é quase certo que eu tenha que ir hoje.

Nesses dias aqui, fiquei lendo um livro muito interessante de Enrique Serna. Chama-se *El seductor de la patria*,****** se refere a Antonio López de Santa Anna, que é um dos controvertidos próceres do México.******* O romance é muito bem-feito, ba-

* Apresentador do telejornalismo da Rede Record.

** Senador (PMDB-MA) e primeiro vice-presidente do Senado.

*** Tasso Jereissati (CE), José Ignácio Ferreira (ES), Marconi Perillo (GO), Dante de Oliveira (MT), Almir Gabriel (PA), Albano Franco (SE) e Geraldo Alckmin (SP, em exercício).

**** Substituído por Donna Hrinak em julho de 2001.

***** Mulher de Jovelino Mineiro.

****** Cidade do México: Planeta DeAgostini, 1999.

******* Presidente do México nas décadas de 1830-40.

seado em pesquisa histórica. Curioso, acabei de ler o livro do Vargas Llosa sobre a República Dominicana* e agora esse sobre o México. Se aprende mais com essas novelas de fundo histórico, bem-feitas e bem pesquisadas, do que talvez até lendo mesmo História, porque no romance se vê o clima todo, as questões pessoais, a alma de cada personagem. É um livro interessante [o de Enrique Serna], não tem talvez o mesmo brilho do livro de Vargas Llosa, mas tem também muita consistência. Gostei de ler.

Fora isso, refiz todo o documento que Eduardo [Graeff] tinha me entregue, para mandar aos partidos. É longo, repetitivo, mas denso. Corrigi bastante, escrevi umas páginas. Agora vou me encontrar, não sei se em São Paulo ou em Brasília, com Vilmar, e não sei se vai dar tempo de marcar reuniões com os partidos. No Brasil, a gente quer ser chefe de Estado, quer dar ordens, fazer as instituições funcionarem, mas os temperamentos cruzam tudo, vide o Antônio Carlos.

Ele continua, pelo que me dizem, enfurecido, soltando cobras e lagartos, dando entrevistas incessantes, isso vai perturbar o curso que eu queria dar às coisas, que os partidos se manifestem se estão de acordo com o programa de governo ou não. Quero ver se até segunda-feira isso será feito, mas talvez eu tenha que nomear mais depressa os novos ministros,** porque senão vai começar a discussão na imprensa: quem vai ser ministro? Quem não vai? Reforma ministerial! Isso vai tomar o espaço que devia ser dedicado à apuração da tal gravação com a qual Antônio Carlos teria se comprometido gravemente, porque vai confirmar que ele violou o sigilo do voto enquanto era presidente do Senado.

Acho que é só. O resto aqui foi simplesmente agradável.

HOJE É SEXTA-FEIRA, DIA 2 DE MARÇO. Deixem-me anotar umas coisas que ficaram faltando aqui. Voltei da fazenda, como estava programado, na quarta-feira, por volta da hora do almoço.

Em primeiro lugar, algumas notícias de jornal. O famoso procurador — famoso pela sua imbecilidade — Luiz Francisco [de Souza] declarou que pisou na fita da gravação em que Antônio Carlos faz suas acusações. Disse que teve um chilique e espatifou a fita com os pés porque os outros procuradores se desentenderam com ele, perguntaram por que ele tinha feito a gravação sem que eles soubessem, não sei o quê. Disse que sobrou uma fita que estava na sala ao lado, de uma gravação inaudível, que essa é que se devia mandar ao procurador, pois Antônio Carlos tinha mandado uma carta ao procurador, um ofício, exigindo que fosse conservada a prova de eventuais crimes. É obviamente uma farsa, pois com isso some a voz do Antônio Carlos, ou de quem seja, dizendo que mexeu nos computadores do Con-

* *La fiesta del chivo* reconstitui o assassinato do ditador dominicano Rafael Trujillo, em 1961.

** José Jorge (Minas e Energia) e Roberto Brant (Previdência), empossados em 13 de março.

gresso para quebrar o sigilo [do painel do Senado]. E complica mais as coisas. Assim se reafirma tudo da revista *IstoÉ*, mas não se tem a prova material. Abre-se um novo capítulo.

Fui a São Paulo na quarta-feira, mas decidi não ver Mário Covas. Achei melhor, porque Mário estava passando muito mal. Falei com a Lila [Covas]* e Zuzinha [Mário Covas Neto],** que estavam até mais animados. Sobretudo a Lila, porque Mário tinha tido uma reação, parecia melhor. Falei emocionado para a imprensa, porque são muitos anos de ligação com Mário. Dormi em São Paulo e voltei ontem para Brasília, vim com Aloysio, Andrea Matarazzo, Zé Gregori e com o Madeira, conversando sobre o que fazer, o que não fazer, sobre a situação política e suas consequências.

Ontem foi um dia muito duro, voltei para casa às nove horas, jantei com Serra e ficamos conversando até meia-noite.

O que aconteceu? Antônio Carlos continua vociferando, e a insinuação que fez, de que me pegaria pelo sigilo telefônico de Eduardo Jorge, interessa à imprensa naturalmente. É uma infâmia, não há nada de concreto. O que há é que, como já registrei aqui, o Antônio Carlos me procurou para dizer que seria bom que Eduardo Jorge [pedisse que se] quebrasse o sigilo dele. Eu disse que ia falar com ele, falei, e Eduardo respondeu que podiam quebrar à vontade, mas que o telefone era mais complicado, porque durante a campanha tinha falado com todo mundo, e podia aborrecer muita gente à toa. Contei isso ao Antônio Carlos e é o que ele está usando nessa apelação ao procurador. Imagina que possam me pegar, como se eu tivesse feito alguma coisa equivocada. E a imprensa, como urubus, o que quer? Carniça; está em cima disso. Escrevi uma notinha e passei para o Madeira, para que ele lesse na Câmara. O PT também entrou nessa tese. Um deputado federal, chamado Milton Temer,*** disse que eu tenho que ser punido por crime de responsabilidade porque — imagina só! — eu teria tardado a admissão [do erro], para facilitar a eleição de Jader. Olha a cabeça dele! E acontece que o PT, em vez de pedir a cassação de Antônio Carlos, pelo que ele disse, resolveu se juntar a Antônio Carlos para desmoralizar o governo. Porque o problema é a coalizão do governo que o PT quer demonizar e, no caso, limpa o Antônio Carlos. Antônio Carlos agora passa a ser companheiro de viagem do Zé Dirceu [José Dirceu].****

Está bem, estamos ótimos! Diga-se de passagem que o livro de Enrique Serna que estou lendo mostra realmente de maneira crua e nua como a política era e é! Ou seja: valem todos os meios. E agora usam Antônio Carlos para fazer de conta que o governo é uma podridão. Fizeram isso com Getúlio, e naquela época pegou.

* Mulher de Mário Covas.

** Filho de Mário Covas.

*** PT-RJ.

**** Deputado federal (PT-SP) e presidente nacional do PT.

Getúlio não tinha responsabilidade nenhuma, mas é verdade que Gregório [Fortunato] matou,* que o Carlos Lacerda não tinha cargo público e, que eu saiba, até aquela altura não era corrupto. Antônio Carlos sempre se aproveitou do governo, e todo mundo sabe disso, tanto quanto qualquer outro. E vão dizer: como é que o governo faz aliança com um corrupto? É esse o problema da política. Para fazer alguma coisa, pensar no país, para melhorar a vida do povo, é preciso, sem entrar em combinação com a corrupção, saber que eles têm que votar. Porque eles dominam o Congresso. Não que a maioria do Congresso seja assim, mas Antônio Carlos tem muita força junto aos deputados do PFL e, para fazer as reformas, eu preciso deles, obviamente. Então é essa a tragédia toda da política e, ao mesmo tempo, se a gente não tem uma visão falsamente moralizante, sabe que é importante a melhoria da vida do povo. É preciso mudar o país, não há alternativa. E o PT também sabe, naturalmente, só que joga do lado destrutivo e não do lado construtivo.

Então, escrevi uma nota, mandei o Madeira ler e passar para a imprensa, defendendo Eduardo Jorge, porque se eu não defendo Eduardo Jorge dá a impressão de que havia mesmo podridão no governo, e o Eduardo Jorge não fez nada errado, corrupção alguma. Nada. Expliquei todos os detalhes na nota e tudo bem.

O dia foi muito tenso com tudo isso e reuniões: o que se fazer e o que não, e assim passou o tempo. Simultaneamente, estou preparando esse documento que preciso apresentar na semana que vem. Covas piorou, estamos em suspenso, porque não se sabe o que vai acontecer com ele.

Falei com Armínio para saber da situação econômica. Ele não considera nada tão difícil, tão dramático. Ontem também recebi o Jader, que me disse: "Pegue a Comissão de Fiscalização e Controle e chame os procuradores, eles têm que explicar o que fizeram, como fizeram, o que é isso? Não se pode dar trégua a quem articula contra o governo o tempo todo, e sem base". Enfim, esse foi o cotidiano pesado de ontem.

Hoje levantei cedo, são sete e meia da manhã, daqui a pouco irei à fazenda com a Ruth, mas antes vou me encontrar com Aécio e devo telefonar para o Malan, porque ontem não tive tempo de falar com ele.

Amanhã imagino que os que estão redigindo o texto sobre a nova fase do governo irão à fazenda. Aí vou falar com Malan, Armínio, Pedro Parente, Vilmar, Eduardo Graeff e também Aloysio, e vamos discutir tudo isso com mais calma. Se é que podemos ter calma, porque sabe Deus o que vai acontecer com Covas.

* No atentado contra Carlos Lacerda, em agosto de 1954, pistoleiros a mando de Fortunato feriram o jornalista e mataram seu segurança, um major da Aeronáutica.

11 A 18 DE MARÇO DE 2001

Morte de Mário Covas. Acusações a Jader Barbalho. Sudam e Sudene. Crise na Argentina

Hoje é domingo 11 de março, talvez eu nunca tenha ficado tanto tempo sem registrar, o que mostra como foram agitados e duros esses dias, desde a sexta-feira 2 até agora.

Naquela sexta, tive uma longa conversa com Aécio, e foi boa. Veio em primeiro lugar para agradecer meu comportamento na questão da sucessão da Câmara, na qual não me meti. Ele disse que eu fiz o que prometi fazer, ele achou um comportamento correto, disse que outros enganaram, não sei o quê. Segundo, discutimos pontos da agenda. Veio me dizer que vai ser um aliado total, que tem uma relação de irmandade comigo, e tem mesmo. Disse que precisa contentar, pelo menos verbalmente, aqueles que o elegeram e que ele fez muitas alianças. Eu sei das dificuldades que vamos enfrentar. Mas eu disse a Aécio que quanto às medidas provisórias* eu não podia concordar, ele sabe disso, tem que haver uma negociação, e combinamos uma porção de ações práticas. Perguntou da situação geral, da questão do PMDB, ele está preocupado, todos estamos. E também das acusações infundadas e incessantes do Antônio Carlos.

Depois fui para a fazenda. Lá, na sexta-feira, continuei lendo o livro admirável do Enrique Serna, *El seductor de la patria*, sobre Antonio López de Santa Anna, um herói maldito do México. Li praticamente o livro todo e trabalhei nos textos que, no sábado, foram revistos. Passamos o dia inteirinho do sábado lendo o documento [as novas diretrizes de governo], que acabou sendo apresentado na quinta-feira, dia 8. Vilmar e o Graeff, que foram os que mais escreveram, junto com o Pedro Parente, Pedro Malan, o Armínio, eu, Aloysio e a Ruth, passamos o dia nisso. Depois foram embora, só o Malan e o Vilmar ficaram, e à noite comecei a ter notícias da entrevista [da *IstoÉ*]. O Andrea me telefonou, a revista está cheia de infâmias, Antônio Carlos deu outra entrevista também cheia de infâmias à revista *Época*. Escrevi uma nota rebatendo-a. No dia seguinte, o Aloysio acabou lendo a nota.**

* Durante a campanha, Aécio prometera à oposição aprovar restrições à edição de medidas provisórias pelo Executivo.

** No texto, organizado em catorze itens, o Planalto rebateu as acusações de leniência com a corrupção no DNER; reiterou a falsidade do "dossiê Cayman" (conjunto de documentos com supostos extratos de contas milionárias de membros do PSDB), aludido por ACM; negou a existência de irregularidades na concessão do empréstimo do Banco do Brasil à prefeitura de São Paulo em 1997; e desqualificou suspeitas contra os ministros Eliseu Padilha, Andrea Matarazzo e Francisco Dornelles.

A segunda-feira, dia 5, foi um dia tenso. Na verdade, todos os dias foram tensos por causa do Covas, notícias, telefonemas para o hospital,* vai, não vai... Enfim. Na segunda-feira à noite, tivemos um encontro com os líderes mais importantes do PSDB, os líderes do governo, os dois líderes, um na Câmara, outro no Senado, mais o Serra, o Aloysio, o Tasso e o Almir Gabriel.** Jantaram aqui e tivemos uma longa discussão sobre postura. O PSDB mais agressivo, mais ativo. Na segunda-feira eu já tinha escrito a nota, mas não li para eles. À noite, a refiz, ficou mais minuciosa. Passamos o dia conversando sobre essas questões todas. O Aloysio ficou de dar a nota, de fato a assinou e ela foi publicada. Não preciso repetir, porque está tudo documentado. E o Mário morreu na terça-feira, dia 6.

Infelizmente tivemos que ir ao velório do Mário. Foi penoso para mim, eu tinha uma relação bastante forte com Mário. Curioso, porque aparentemente não era assim, e da parte dele também. A Lila estava muito sedada, devia ter tomado um remédio e me emocionei bastante ao ver o Mário morto. Assistimos a uma missa de corpo presente. Fui para casa com a Ruth, descansamos um pouco, dormimos e, no dia seguinte, fomos a Santos, para o sepultamento. Fomos de helicóptero, fiz um discurso curto à beira do túmulo, estava emocionado e parece que teve um impacto grande, foi retransmitido, era afetivo, verdadeiro, expressava um sentimento real meu com respeito ao Covas.

Voltei para Brasília depois do enterro, e não houve paz! Tive que correr ao Palácio do Planalto para tomar uma porção de providências, ver como as coisas andavam, fizemos uma reunião para discutir o encaminhamento das questões todas... Na segunda-feira tive reunião com governadores, depois outra reunião só com os líderes do partido.

Em seguida houve uma reunião com os líderes do PMDB. O PMDB, nas conversas à boca pequena, quer a direção da Eletrobrás, e o PTB também quer. Eu disse para o Aécio que ele falasse com o Duda, meu genro, para dar nomes. Falei com o David por telefone e dei vários nomes. Quase embarcamos em um nome de Pernambuco, mas mandei o Raul Jungmann checar com o Jarbas, e o Jarbas não subscreveu o nome indicado, tem uns problemas. Falei (não sei precisar quando) com o Marco Maciel e com o Jorge Bornhausen. O Jorge pleiteia a diretoria da Eletrosul — Gerasul,*** parece que se chama a subsidiária da Eletrobrás —, e acho que temos que fortalecer o Jorge. Muita discussão, estive várias vezes com os dois. Os nomes que eles desejam [para o ministério] são o Zé Jorge e o [Roberto] Brant. Eu tinha certas reservas quanto ao Brant, porque ele se aproximou demais do Antônio Carlos, falou bastante mal de mim, mas essas coisas eu relevo. Do Zé Jorge tenho boa impressão. E, para minha surpresa, eles querem o Zé Jorge nas Minas

* O governador paulista estava internado no Instituto do Coração da USP.

** Governador tucano do Pará.

*** Centrais Geradoras do Sul do Brasil S.A., subsidiária desmembrada da Eletrosul e privatizada em 1998.

e Energia e o Brant na Previdência. Também achei melhor, assim me sinto mais confortável. O Zé Jorge é engenheiro, tem experiência, foi secretário três vezes,* é senador, eu o conheço há vários anos, é muito benquisto. O Brant não é que seja sem experiência, ele foi secretário da Fazenda de Minas,** mas acho que, com as ligações dele com Antônio Carlos, é melhor que fique na Previdência do que no [Ministério] de Minas e Energia. Isso dito, mais tarde eu os chamei aqui para convidá-los a ser ministros.

Na quinta-feira de manhã, dia 8, dei, uma entrevista à imprensa e fiz a apresentação de nosso programa.*** Fui muito duro, não vou repetir, está tudo gravado pelas televisões, e meu discurso deve ter sido impresso. Foi de improviso, mas pensado. Me inspirei no Covas e no Dia das Mulheres [Dia Internacional da Mulher]; nas mulheres, pela igualdade de gênero, no Covas pelo amor à democracia e contra a corrupção. No fundo foi [o discurso] contra os atropelos da lei e contra esse linchamento moral em que se transformaram as CPIs. Eu não podia concordar com formação de CPI**** no vazio. Imediatamente os líderes partidários se reuniram e leram uma nota que saiu sexta-feira, anteontem, dia 9, dizendo que não aceitariam mais chantagem em CPI.

No mesmo dia, recebi o presidente do Grupo Prisa, Jesús de Polanco, o mesmo que é objeto de muitas críticas. Ele é dono de *El País*, muito influente, corresponde ao Roberto Marinho de lá. À noite falei de novo com o Jorge. Foi quando resolvi nomear os dois ministros, e disse que os chamaria no outro dia, sexta-feira.

A repercussão do nosso programa foi boa, minhas palavras saíram muito fortes em relação ao Antônio Carlos,***** e foi bom também. Alguns vão criticar, mas de qualquer maneira achei positivo.

Chamei os novos ministros, na sexta-feira à noite, para conversar com cada um deles sobre os problemas, sobretudo na área de energia elétrica, onde há muitas dificuldades.******

* Ocupou as secretarias estaduais de Educação e Cultura (1975-79), Habitação (1979-82, gestão de Marco Maciel) e Educação, Cultura e Esportes (1991-95) de Pernambuco.

** Na gestão Hélio Garcia (1991-95).

*** Intitulado "Agenda do governo: Biênio 2001-2002", o documento previa investimentos de R$ 23 bilhões em projetos prioritários de infraestrutura e R$ 11,6 bilhões no combate à pobreza, além da expansão do Bolsa Escola e dos programas de geração de emprego. Entre as medidas políticas, o governo declarava concordar com a imposição de limites à edição de medidas provisórias.

**** Com apoio de aliados nominais do governo, a oposição colhia assinaturas para abrir uma CPI relativa às denúncias de ACM ao Ministério Público. Fernando Henrique qualificou o movimento de "deslealdade".

***** Entre outras alusões, o presidente afirmou que "os que se arvoram de moralistas são, na verdade, ditadores disfarçados", na transcrição da *Folha de S.Paulo*. Fernando Henrique também empregou as expressões "bufão", "democratas de ocasião" e "espírito autoritário" para se referir indiretamente ao senador baiano.

****** Os reservatórios hidrelétricos do país atingiam níveis historicamente baixos com uma forte estiagem nas principais bacias produtoras.

Também chamei o secretário executivo do Ministério da Previdência, o [José] Cechin, junto com o Pedro Parente, para que ele expusesse os problemas diretamente ao novo ministro. São de todo tipo. O rumo está certo, mas há dificuldades: o INSS não funciona, mandei demitir o presidente do INSS,* ele é ligado ao Antônio Carlos. Também segundo ele me disse, a corrupção no Rio de Janeiro é violentíssima e todos os esforços feitos não conseguiram debelar as práticas, mas a estratégia da Previdência está bem.

Tive uma cerimônia de condecoração do Elie Wiesel, que é prêmio Nobel da paz, isso na sexta... Acho que foi na quinta-feira, estou confuso, os jornais dirão. Foi uma coisa importante que não teve repercussão. Dei entrevista a um jornal de Portugal, porque Guterres vinha aqui. Mas ele me telefonou cancelando a visita porque houve um acidente grave em Portugal, uma ponte que desabou.** Enfim, estou sumariando muitas coisas.

O PFL está calmo quanto ao fortalecimento de Marco Maciel e de Bornhausen através das minhas nomeações. O Inocêncio veio aqui a pedido do Marco Maciel, telefonei a ele no dia do enterro do Mário, ele estava lá em São Paulo. Chamei-o, ele veio no mesmo dia dos ministros, portanto na sexta-feira, e a conversa foi boa. Disse que o entredito não foi bem o que ele falou, que a intenção era outra. Eu disse ao Inocêncio: "Não preciso de explicações, eu gosto de você, você lutou bastante e, se quiser ser líder do PFL, eu acho bom". Ele me sondou muito sobre quem seriam os ministros, no sentido de saber se seria algum deputado. Eu disse que seria justo que fosse algum deputado ou algum senador, e fui explorando com ele a aceitação dos nomes. Ele não citou o Roberto Brant, mas quando o citei, gostou. Fiz isso com duas ou três pessoas mais: com Aloysio, com Madeira, e todos acharam esses dois nomes bons. Mais tarde, já nomeados, o Serra me telefonou, também achou bom, o Paulo Renato também, enfim caiu bem a nomeação.

Nesse setor não houve problema. Há problemas, como já disse, na nomeação da Eletrobrás. Aí é interessante. Recebi vários recados, não sei até que ponto verdadeiros. Mas acho que são, porque sábado, ontem, mandei chamar o Zé Jorge, para explicar a ele o seguinte: há um diretor do PTB na Eletrobrás.*** O PTB queria a presidência, então falei com esse diretor para sentir se ele pode ser mais prestigiado ou não, temos que ver melhor. Disse ao Zé Jorge que me parecia que o Antônio Carlos estava mandando recados no sentido de que se o Firmino [Sampaio]**** ficasse, ele seria mais calmo e que só o voto dele seria contra, não da Bahia toda. O Zé Jorge confirmou que Antônio Carlos disse isso a ele. Isso eu soube indiretamente: A Rose de Freitas me contou por telefone e o Pedro Parente recebeu uma informa-

* Crésio Rolim.

** Em 4 de março de 2001, o desabamento de uma ponte sobre o rio Douro (norte de Portugal) matou 59 pessoas.

*** Roberto Salmeron, diretor de Administração da estatal.

**** Presidente da Eletrobrás.

ção assim. O [Euclides] Scalco* também me telefonou, apoiando a manutenção do Firmino, porque acha que ele é bom na Eletrobrás. Não é uma opinião unânime. Eu até gosto do Firmino, mas o fato é que, politicamente, fica muito difícil sustentá-lo, porque o Antônio Carlos vai cantar de galo, como já cantou com o Roberto Brant. Entendi que ele precisava do Brant para também consolidar uma maioria nova no PFL. Tenho uma boa relação com Brant, ele é inteligente, nunca leva essas coisas na mesquinharia. Mas o Antônio Carlos certamente vai dizer que estou com medo, essas coisas que ele costuma dizer, e a imprensa vai na onda porque quer ir e vai espalhar o poderio renascente do Antônio Carlos.

Comentei com o Zé Jorge: "Acho que o Bornhausen tem razão, temos que limpar a área. Não é por mim, você pode colocar o Firmino em algum lugar, ele falou da Eletronuclear, tudo bem. Mas não pode deixar o prazo correr, porque o Antônio Carlos vai imaginar que estou com medo dele e porque Firmino não está indo bem, segundo vários depoimentos". Zé Jorge concordou e disse que as pessoas que ele sondou disseram a mesma coisa. Eu nem sabia que ele não é economista. Também não é engenheiro, parece que é contador. Enfim, não é pessoa para aquela posição.

Nesse meio-tempo, houve mais trocas de desaforos, eu não vou mais entrar em questão de desaforos. Ciro Gomes, esse sublegenda do Antônio Carlos, como disse o Arthur Virgílio, fez referência falsa a mim, dizendo que não denuncio corrupção. Mentira. Ele veio em janeiro, sei lá quando, falar comigo, em 1999, depois que foi derrotado. Eu o recebi a pedido do Tasso, veio para dizer que ele se excedeu na campanha sobre algumas coisas [acusando-me] de corrupção, sem nenhuma acusação concreta, mas considerava que estava errado. O charabiá de sempre. Eu podia dizer o mesmo sobre o [Waldeck] Ornelas, porque no Rio houve corrupção na Previdência, como eles mesmos disseram, e existe à larga. Entretanto, sei que não foi Ornelas, não vou fazer essa injustiça com ele. Mas é o que fazem, por canalhice, os politiquinhos de meia-pataca. Ciro é pior ainda do que o Antônio Carlos. Antônio Carlos ainda tem uma história e é um caudilho. O Ciro é nada, é um oportunista que vive da imprensa.

O Tasso tem ideias muito sumárias. Mesmo na reunião da segunda-feira, a ideia fixa dele era romper com o PMDB e não com Antônio Carlos. Ontem falei com o Tasso por telefone e vi que o sentimento dele continua forte. Mas penso que Antônio Carlos, evidentemente, quebrou o sigilo. "Ah, mas o sigilo o povo não entende, a ladroeira o povo entende...". É verdade também, mas o que o Tasso quer é que o Antônio Carlos se fortaleça um pouco e que a relação dele comigo melhore. Perguntou se haveria espaço para um armistício. É a mesma coisa que o Antônio Carlos está dizendo para outras pessoas. Eu disse que iria falar primeiro com o PFL e que iríamos pensar, porque não quis ver o Tasso já desanimado com essa questão.

* Diretor-geral da Itaipu Binacional.

Mas vejo o Tasso indo por um caminho complicado, e depois pode até apoiar o Ciro. Não, não creio que o faça; o Tasso é um homem correto.

Imprensa de fim de semana: eu li agora, correndo, a *Veja* e a *Época*: só coisas adversas. Coisas velhas. De novo Ricardo Sérgio [de Oliveira],* a história de sempre, só que ficou mais claro que no governo daquela época o Mendonça [Luiz Carlos Mendonça de Barros] e o André [Lara Resende] lutavam para impedir que um grupo empresarial [Telemar],** nacional é verdade, mas que não tinha tantos fundos quanto os necessários, comprasse a empresa [Tele Norte Leste]*** só com dinheiro dos fundos de pensão. Era a razão pela qual até hoje o governo tem uma participação grande no BNDES lá [na Telemar],**** porque eles não tinham capital e nós não queríamos entregar de mão beijada a empresa para um grupo que estava se aventurando. Era essa a luta. Eu nunca soube, na ocasião, que alguém tivesse recebido comissões, e não vejo muito a razão para isso

Diga-se, de passagem, que alguém veio me dizer que Eduardo Jorge era ligado ao Ricardo Sérgio e que ele tinha tido na época uma participação na montagem do grupo que ganhou a Telemar, tanto assim que Eduardo Jorge depois iria comprar uma seguradora... Tenha paciência! Eduardo não tinha esse acesso! Ele nem era mais do governo, mas insistem... Quer dizer, realmente a podridão é muito grande nesses meios da política. Muito, muito grande! E a gente fica sem saber para que lado apelar, quem é quem. Embora sejam fatos que me movam, não boatos.

O sábado, ontem, transcorreu calmo, fiquei lendo essas revistas. No fim do dia, Celso Lafer e o Zé Gregori vieram jantar com as mulheres.***** Iríamos ver um filme, que eu e a Ruth acabamos vendo agora, domingo de manhã. Chama-se *Dancer in the Dark*,****** de um dinamarquês, eu creio, um filme bom, mas extremamente deprimente.

Agora vou ao Rio de Janeiro fazer a abertura do Global Business Policy Council do Brasil.******* Vou, janto lá e volto. Ruth ficará em São Paulo e depois vai para os Estados Unidos. Enfim, se vê que foi uma semana ruim, pesarosa pela morte do Mário, dura pelas canalhices do Antônio Carlos. Diga-se, de passagem, que foi feita a degravação da fita da *IstoÉ*, e a degravação não é exatamente o que disse a revista. Na

* ACM requentara a acusação de que o ex-diretor da Área Internacional do BB recebera propina do consórcio Telemar (formado pela Andrade Gutierrez e pelo grupo La Fonte com quatro sócios minoritários) para emitir cartas de crédito sem garantias adequadas para o leilão de privatização do Sistema Telebrás em 1998.

** A Telemar adotou a marca Oi em 2007.

*** Empresa resultante da divisão das companhias estaduais do Sistema Telebrás, correspondente à telefonia fixa do Rio de Janeiro e dos estados do Norte e Nordeste.

**** O banco estatal possuía 25% das ações da Telemar.

***** Mary Lafer e Maria Helena Gregori.

****** *Dançando no escuro* (2000), longa de Lars von Trier.

******* Reunião anual da ONG homônima, ligada à consultoria A. T. Kearney e formada por executivos e líderes de vinte países. O evento aconteceu no Palácio da Cidade, em Botafogo, sede da prefeitura carioca.

verdade diz o que se sabe, o que todo mundo sabe: Antônio Carlos realmente, de uma maneira ou de outra, obteve os resultados da votação. Agora toda a imprensa finge que não é tão grave assim, porque a fita não prova. Não prova porque não querem provar. Pior ainda, porque ele diz claramente que quebrou o sigilo de Luiz Estevão.* Enfim, é uma coisa dura de ver o Senado da República, onde os dois principais líderes, um de um partido e outro de outro, a rigor poderiam ser cassados.

O relatório do Banco Central** — que eu li ontem no jornal *O Estado de S. Paulo* — foi publicado em 1996 na íntegra e, pasmo, não aconteceu nada, o Banco Central não se defendeu, ninguém se manifestou sobre o assunto. O Armínio, que estava nos Estados Unidos, falou comigo, deu uma declaração dizendo que se o autor, portanto o Jader, requisitasse, ele daria o relatório. Então, por que o Banco não dá para Eduardo Jorge um atestado de que ele não tem nada a ver [não aparece] na pesquisa [do BC] sobre os cheques do Lalau [Nicolau dos Santos Neto]?*** Armínio disse, corretamente, que poderia dar ao Jader; por isso o Jader pediu uma CPI como ele quer: CPI geral! Ele e Antônio Carlos querem ver o circo pegar fogo. O Jader por desespero, o Antônio Carlos por astúcia. Cada qual joga lenha no fogo e todo mundo vai dizer que eu estou encobrindo sujeira! Não! A sujeira tem que ser apurada. E no caso já foi apurada pelo Conselho de Ética.**** A gravação da *IstoÉ* é inequívoca, e o relatório do Banco Central também está publicado! Eu não sei realmente se será possível manter alguma qualidade política com os chefes de partido no estado em que estão.

Para ter um pouco menos de pessimismo, recebi também o presidente da Telefónica da Espanha, chama-se César Alierta, entusiasmado com o crescimento do Brasil, com o desenvolvimento, e nesse aspecto reina a euforia. O Marcos Azambuja***** telefonou para a Ruth e acaba de dizer que na Europa se tem o Brasil em altíssima conta e que não dá para entender o porquê desse clima de pessimismo. É verdade. Além da entrevista que dei aos portugueses no dia 9, dei outro dia uma também para o *New York Times*, para preparar minha viagem aos Estados Unidos.

HOJE É TERÇA-FEIRA, DIA 13 DE MARÇO. Domingo fui ao Rio de Janeiro com a Ruth visitar a Bia e as crianças; o Paulo Henrique estava lá também. Fiz uma conferência no Palácio da Cidade para investidores estrangeiros, defendi

* Ex-senador (PMDB-DF).

** O documento do BC reforçava a suspeita de que Jader Barbalho teria participado de desvios milionários do Banco do Estado do Pará (Banpará) durante seu primeiro mandato no governo estadual (1983-87).

*** Juiz do TRT paulista condenado por chefiar o esquema de superfaturamento na construção da sede do tribunal, preso desde dezembro de 2000.

**** Uma comissão do Conselho de Ética do Senado começou a ouvir depoimentos sobre a violação do painel da Casa em 13 de março. Uma semana antes, a *Folha de S.Paulo* revelara a participação de funcionários do serviço de informática do Senado na quebra do sigilo da votação.

***** Embaixador do Brasil na França.

fortemente nossa posição contra o protecionismo e voltei. Ruth ficou em São Paulo porque ia para os Estados Unidos.

Segunda-feira, ontem, já o dia foi mais agitado. De manhã recebi o Fernando Bezerra com o Pedro Parente. Eles vieram me trazer os resultados da auditoria que fizeram nos projetos da Sudam: um escândalo!* Tínhamos pedido essa auditoria em 5 de dezembro. Levou algum tempo, mas ficou pronta. Fernando é um homem sério, mostrou o que realmente estava acontecendo, um descalabro. Me convenci, junto com Pedro Parente, de que não temos mais solução, de que é preciso fazer uma intervenção e afastar todos os diretores. Eu disse a eles que, ademais, eu tinha tido uma informação, recebida do Ministério da Fazenda, de que o Ministério Público havia obtido autorização judiciária para grampear os telefones da Sudam e das pessoas que estão envolvidas por lá. Eu disse: "Ou vocês fazem uma intervenção nossa, uma intervenção já, ou isso vai acontecer por outras vias, com todas as consequências". Ele concordou imediatamente. O Pedro Parente telefonou para o advogado-geral da União, Gilmar Mendes, para que ele indicasse alguém para assumir a Sudam. Há muito tempo o Fernando Bezerra deseja mudar a Sudam e a Sudene, criando agências de fomento para substituírem as estruturas antigas — como a Sudene, de quarenta anos, e a Sudam, de cerca de trinta anos. Ela tem mais de trinta anos, é do tempo do Juscelino.** Eu disse que isso ia dar dor de cabeça, e dito e feito. Na hora do almoço telefonou alguém para o Fernando Bezerra dizendo que Jader estava muito irritado com o assunto. Eu comentei com ele que Jader iria me telefonar e que eu não responderia. E também disse ao Fernando Bezerra que iria ver isso. Telefonei para o Padilha e contei do que se tratava: "Olha, Padilha, eu quis falar com você há dois dias, quando você estava em Santa Catarina, para alertá-lo, antes mesmo de saber do relatório do Fernando Bezerra, que viria chumbo grosso, e não há o que fazer". Padilha me telefonou perguntando se, em vez de chamar de "interventor",*** ele não podia ser designado como "superintendente interino". Eu respondi: "Pode, desde que faça a mesma coisa que um interventor". Assim foi feito.

Isso custou, naturalmente, porque, no fim da noite o Jader deu declarações muito negativas. Inclusive dizendo que todo mundo iria entrar no mesmo balaio, quer dizer: ele vai pegar fogo, então que todos peguem, Antônio Carlos, o governo e tudo mais. Ouvi essa história e à noite mandei chamar o Padilha aqui, na segunda-feira, ontem. Mas antes, à tarde, estive com o Pimenta, assinando os contratos da Banda D, da telefonia. Despachei com Geraldo Quintão,**** falei com ele sobre o caso do aeroporto de Salvador, parece que há um escândalo, de gente de Antônio Car-

* A auditoria na Sudam detectou desvios de R$ 108,6 milhões em 29 dos 95 projetos analisados.

** A Sudene foi criada em 1959 (governo Juscelino) e a Sudam em 1966 (governo Castelo Branco).

*** O interventor José Diogo Cyrillo, procurador-chefe da Advocacia-Geral da União para a Região Sul, substituiu Hugo de Almeida no comando da Sudam. O governo anunciou que a superintendência seria extinta ainda em 2001, juntamente com a Sudene, onde também foram detectados rombos milionários.

**** Ministro da Defesa.

los.* Estamos mexendo em tudo porque não tem mais jeito. Com tanta sensação que há de podridão, temos que levantar a tampa para ver.

À noite recebi o Padilha depois de ter jantado com Serra, Andrea e outras pessoas, discutindo a situação. Fui com Serra falar com Padilha. Eu disse ao Padilha: "A situação é essa, o Jader faz declarações desastradas, o governo não tem nada a ver com essa questão do Jader". Padilha disse: "Pois é, o PMDB também não, nem ele pode exigir do governo nada". Não pode mesmo. O peixe podre, foi ele quem pôs em cima da mesa, agora tem que tirar, porque não vamos interferir. Nisso não há nenhuma traição política, é outra coisa. Agora, se ele tem contas a ajustar, ele é que deve ajustar. O Padilha disse que concordava e que já tinha falado com Moreira, que também concordou com esse ponto de vista.

No dia seguinte, hoje, terça-feira, depois de eu ter nadado um pouco, ou melhor, de ter feito alguns exercícios, porque chovia, fui receber o Joaci Góes,** um velho inimigo de Antônio Carlos. Ele é meu amigo de muitos anos, está lutando na Bahia contra Antônio Carlos e veio dizer que não podemos ceder, coisa que eu já sabia. Mas vale a pena ouvir a percepção dos baianos sobre Antônio Carlos.

Depois fui ao Palácio do Planalto e recebi o Geraldo Melo, que eu tinha mandado chamar porque Fernando Bezerra quer ser candidato a governador [do Rio Grande do Norte] e não sabe se pode ficar no PSDB ou no PTB, e Geraldo Melo é candidato pelo PSDB. Percebi na conversa com Geraldo que ele não vai resolver isso já e tem medo de ir mal na candidatura para governador e depois não se reeleger nem senador. Isso vai dar complicação, porque o Fernando Bezerra vai ter que sair do PMDB, vai querer manter o ministério, o PSDB não vai querer, mais confusão pela frente.

Depois disso, fui fazer a transmissão de cargo do ministro da Previdência e do ministro de Minas e Energia. Meu discurso foi enérgico, na direção das coisas a fazer: trabalho, trabalho e trabalho! Para ver se escapamos da tragédia desse mal-estar provocado por essas crises de Antônio Carlos e Jader, agora incorporado pela mídia! A *Folha* pegou o que tinha sido publicado no *Globo* de domingo, que era um desmascaramento do dossiê Cayman,*** e voltou ao assunto. E agora inventam, Fernando Rodrigues e outros mais, que existe uma conta em nome do Sérgio [Motta]. Ora, a falsificação é a mesma. Não tem nada que eu saiba do Sérgio lá. É pura falsificação e voltaram a ela. Tem fotografia minha, do Serra, do Mário Covas, do Serjão, como se fôssemos todos nós malandros. O Covas morreu ontem como

* O Tribunal de Contas da União estimou superfaturamento de R$ 30 milhões nas obras de ampliação do aeroporto da capital baiana, a cargo da empreiteira OAS.

** Diretor do jornal *Tribuna da Bahia* e sócio da TV Aratu.

*** Conjunto de documentos forjados publicado no final de 1998, que supostamente comprovava a existência de contas milionárias da cúpula do PSDB nas Ilhas Cayman. Segundo a investigação do dossiê pela Polícia Federal, dois brasileiros residentes nos EUA venderam os documentos falsos ao irmão do ex-presidente Collor, o empresário Leopoldo Collor, que os revendeu a Paulo Maluf. O senador Gilberto Miranda teria intermediado a transação.

herói, agora já o põem de novo como sócio numa conta de safados. É inacreditável. O que a mídia tem feito nessa matéria é inacreditável, sobretudo a *Folha*.

Vim para um almoço no Alvorada com o Jarbas Vasconcelos, depois da posse dos ministros. Jarbas é muito bom, conversei muito com ele. Ele acha, eu também, que precisamos esperar um mês para ver se o Jader se aguenta. Se não se aguentar, temos que ver o que faço com o PMDB. Se se aguentar, o lado que ele chama de PMDB do bem terá que se organizar para não ficarmos negociando só com o Jader. O Jarbas é um sujeito realmente de visão e firme.

Depois recebi o João Roberto Marinho, conversei um pouco com ele sobre a situação. Ele sabe como são as coisas do Antônio Carlos e estava, parece, preocupado com que não fizéssemos a degola dos representantes do Antônio Carlos na Eletrobrás e no INSS. Expliquei que vamos fazer, que está tudo decidido. É questão de tempo, vai ser feito.

Voltei ao Palácio da Alvorada, recebi o Paulo Renato, discuti a questão das universidades. Paulo muito abatido, vendo fantasmas por todos os lados na ação do Serra contra ele, estou preocupado com o Paulo. Ele está fora de si, me parece. Vão almoçar aqui, juntamente com Tasso, o Serra e outros dirigentes do partido, para acertarmos os ponteiros.

Recebi o Marco Maciel e o Jarbas, para discutir questões de Pernambuco e, depois, dei uma longa entrevista à agência Tass, da Rússia. Foi simpática a entrevista.

Mais tarde o Arthur Virgílio veio com dois deputados baianos* que são do PSDB, mas tinham feito acordo com Antônio Carlos num momento em que nós também tínhamos feito acordo, lá atrás, e agora o pessoal do Jutahy quer expulsá-los do partido. Não é justo. Agora estamos na pequena política, uma coisa muito desagradável.

Depois vim para casa encontrar o Pimenta, para ver se ele finalmente vai ser presidente do partido ou continua ministro. Se ele desejar permanecer ministro, acho que será a melhor solução, mas neste momento não tenho por que forçar o Pimenta. Além disso, ele sugeriu uma solução que seria boa, se fosse possível: ele sairia do governo e iria presidir o PSDB; também sairia o Padilha, que iria presidir o PMDB. Só que não tenho controle sobre o PMDB. A solução seria boa para todos, mas e o Padilha? Ele não tem como fazer isso. Conversamos muito, acertamos todos os ponteiros e ficamos na dúvida entre o Arthur Virgílio e o Arruda para a liderança. A disputa será entre nós mesmos, ou seja, entre o Arthur Virgílio e o Arruda. Acho que o Madeira deve ter a liderança no Congresso, entretanto o Heráclito Fortes declarou que quer ser líder [do governo] na Câmara, e o Madeira é o líder. Ele disse que o Madeira queria ser ministro, sei lá o quê. Mandei desmentir pelo porta-voz. Assim é o clima: cada um tentando avançar no espaço do outro, mesmo os melhores. Pobre Brasil! Pobre povo!

* João Almeida e Saulo Pedrosa.

HOJE É SEXTA-FEIRA, 16 DE MARÇO, oito e meia da manhã.

Na quarta-feira, dia 14, tomei café da manhã no Alvorada com o Rubens Barbosa e o Celso Lafer, para discutir a posição na Alca. O Rubens disse que temos que ter uma posição mais afirmativa, eu lembrei que podemos ter, já que os americanos tendem a proteger sua indústria siderúrgica. Se eles querem fazer a Alca, que protejam os outros também, e a nossa indústria, contra os russos e os japoneses, e podem insistir na cláusula de meio ambiente, no desenvolvimento limpo, afirmando que a cláusula de Kyoto* é condição sine qua non. Enfim, uma boa discussão.

Depois recebi o ministro Fernando Bezerra no Palácio do Planalto, que veio conversar sobre questões dele. Contou também o que foi feito na Sudam, mas sobretudo disse que quer sair do PMDB para ser candidato [a governador do Rio Grande do Norte] e entrar no PSDB. E o Geraldo Melo não gostaria que fosse assim, porque também quer ser candidato a govenador. Voltei a falar com Fernando e ontem, quinta-feira, dia 15, o Garibaldi Alves** veio falar comigo. Ele quer fazer um acordo com Geraldo Melo para isolar o [José] Agripino Maia*** e deixar Fernando Bezerra, se ele quiser, se aliar ao Maia, mas em outro partido, talvez no PTB. Enfim, complicações.

Na quarta-feira, recebi ainda o Sarney filho e o Sardenberg, despachos normais, e almocei no Palácio da Alvorada, para a discussão que já mencionei sobre quem vai ser presidente do PSDB. Depois veio a bancada do PSDB na Câmara, unânime para me apoiar. Discurso para cá, discurso para lá.

Falei com Almir Gabriel, que sempre despacha corretamente.

Compareci a uma homenagem ao Mário Covas, feita pelo Sebrae, e recebi uma Comissão de seis governos de municípios brasileiros com reivindicações. As reivindicações são palatáveis e a homenagem ao Mário foi boa. Fui à missa em intenção ao Mário Covas na catedral, com a Lila, tudo muito emocionante.

À noite, aí sim, me encontrei aqui correndo com o James Carville.**** Ele veio dos Estados Unidos e ficou espantado de ver como tenho prestígio nos Estados Unidos e aqui no Brasil é esse deus nos acuda. Isso na quarta-feira.

Ontem, 15 de março, foi um dia pesado, porque comecei cedo com a reunião da Câmara de Desenvolvimento,***** para discutirmos os avanços no Programa Sociedade da Informação.****** Depois, Eliezer Batista e Rafael de Almeida Magalhães

* Protocolo de Kyoto (1997).

** Senador (PMDB-RN).

*** Senador (PFL-RN).

**** Ex-assessor de comunicação de Bill Clinton.

***** Formada pelo presidente da República, os ministros do Desenvolvimento, Fazenda, Integração Nacional e Planejamento e os presidentes do Banco Central e do BNDES.

****** Criado pelo decreto nº 3294, de 15 de dezembro de 1999, "com o objetivo de viabilizar a nova geração da internet e suas aplicações em benefício da sociedade brasileira", a cargo do Ministério de Ciência e Tecnologia.

vieram com a proposta de reduzir a alíquota de importação de componentes para computadores. O Tápias reage a isso, pergunta como fica a nossa indústria instalada no Brasil e acha que aumentaria muito o gap da balança comercial. Armínio entusiasmado com a ideia, porque sempre gosta de baixar tarifas para permitir maior abertura e mais desenvolvimento. Eu suspendi a discussão, porque sei da dificuldade da Lei de Informática, da Zona Franca de Manaus, coisas assim.

Em seguida, nos reunimos na biblioteca com Pedro Parente, Pedro Malan, Amaury Bier e Armínio Fraga, para discutir a crise do Banco do Brasil. A diretoria está dividida. O tal Vicente [Diniz], homem da confiança do Paolo Zaghen, e os outros não gostam disso. O Banco está tentando fazer um ajuste com o Banco Central. Difícil. Malan preferia que essa crise fosse postergada por mais dois meses, mas pelo que ouvi do Amaury Bier, que é presidente do Conselho [do BB], não há essa possibilidade. E mais: já está nos jornais. "Veja, Malan", eu disse, "sou eu quem vai pagar preço alto por deixarmos primeiro sangrar para depois decapitar. Vamos decapitar logo. O ideal seria nomear o Tápias, mas Tápias é ministro, não pode. Então pode ser o Eduardo Guimarães,* vamos convidá-lo para fazer a mudança no Banco do Brasil antes que seja tarde."

Depois dessa longa conversa, vim sozinho com Armínio aqui para cima. Armínio preocupado com a situação do câmbio muito alto,** o Banco Central teve que fazer uma intervenção de 300 milhões, mas quase não segura nada, não cedeu propriamente, segurou um pouco. E a situação da Argentina é delicada. O [Ricardo] López Murphy*** vai entrar duro e, como ele é ortodoxo, vai tentar na prática baixar o valor real do salário, reduzir o gasto público, o que vai diminuir o crescimento econômico. Tudo para ter um superávit fiscal. Enfim, vamos ter problemas. Nos Estados Unidos, a bolha financeira é muito grande, tudo isso preocupa e há a crise política interna. Vi o Armínio aflito. Eu fiquei mais ainda.

A outra questão diz respeito à confusão do Jader. O Armínio diz que não pode entregar ao Jader o relatório por causa do sigilo, mas vai mandar a documentação ao Pará,**** como Jader pediu. O Jader queria que ele desse a resposta hoje, sexta-feira, mas é difícil, porque ele ainda não tem todos os dados para mandar ao Pará.

Almocei e fui ver o Arthur Virgílio, para preparar uma resposta às indignidades que estão ocorrendo na Câmara sobre corrupção no governo, pois é tudo falso,

* Ex-Secretário do Tesouro Nacional (1996-99) e ex-presidente do Banespa. Assumiu a presidência do BB em 30 de março.

** Em 16 de março de 2001, a cotação do dólar comercial alcançou R$ 2,14, mas fechou em R$ 2,13, alta diária de 1,47% e de 5% em relação ao início de março. O câmbio era pressionado pela instabilidade na Argentina e pelos sinais de recessão nos EUA, que prenunciavam uma queda acentuada dos juros norte-americanos.

*** Ministro da Economia argentino, empossado dez dias antes.

**** Isto é, ao Ministério Público do Pará.

não sei se vão fazer, como eu disse, um novo Plano Cohen* com essa coisa de Cayman; não existe nada. Agora eles inventaram que o Sérgio, sim, tem conta. Não tem nada. Inventaram uma empresa registrada por outrem, se é que existe... Aqui no Brasil o falsário vale mais do que a palavra do presidente da República, de um Mário Covas e de todos os demais.

Depois disso recebi o Garibaldi Alves e o Eliseu Resende, que veio, coitado, se queixar. Eliseu está preocupado com o PFL, que o tinha cortado porque eu queria que ele fosse ministro. Ele veio com um dossiê para mostrar que as acusações contra ele são falsas.** Enfim, a infâmia de sempre. Ele é um homem extremamente construtivo, um dos melhores deputados que temos, entende bastante das coisas.

Recebi o pessoal da Contag em seguida, com Raul Jungmann, que estava com o João Felício, presidente da CUT. Tive uma reunião simpática com a Contag, o da CUT me perguntou sobre o FGTS*** e imediatamente repassou para a imprensa, sem precisão, o que eu tinha dito.

O Madeira esteve comigo para falar que Heráclito Fortes teria dito que eu iria substituir o Madeira. Nunca combinei isso com o PFL! Madeira está abalado... Ele é um grande cara, muito construtivo. Assim foi o dia. À noite, telefonei para Miro Teixeira**** e despejei. Como o Miro tinha me pedido uma carta de recomendação para o filho, para a Universidade Stanford, eu disse: "Fiz a carta, e vocês, o que estão fazendo? Abusando, tratando a mim como se eu fosse um safado, usando os argumentos, como dizia [Leonel] Brizola:***** o PT, que era a UDN****** de macacão, tirou o macacão, fica só a UDN da infâmia, da intriga. Ainda bem que vocês não têm as Forças Armadas, senão dariam um golpe, o Getúlio morreu assim. É isso que vocês querem? Que se mate o Eduardo Jorge? Eduardo apresentou tudo que era possível e imaginável e continuam pedindo uma CPI para fazer um escândalo que não existe, o escândalo dos papéis [dossiê Cayman]. Só faltou o 'escândalo' do Sivam,*******

* Forjado pelo Estado-Maior do Exército e atribuído aos comunistas, o suposto plano golpista serviu de pretexto para a decretação do Estado Novo pelo presidente Getúlio Vargas em novembro de 1937.

** Resende renunciou ao Ministério da Fazenda em maio de 1993, suspeito de favorecimento à construtora Odebrecht. Foi sucedido por Fernando Henrique.

*** Em agosto de 2000, o STF condenara a Caixa Econômica Federal a revisar os valores do FGTS depositados desde os anos 1980 para compensar as perdas com planos econômicos dos governos Sarney e Collor. O governo negociava com as centrais sindicais o mecanismo de reposição das perdas, que somavam R$ 40 bilhões e atingiam 54 milhões de trabalhadores.

**** Deputado federal (PDT-RJ), líder do partido na Câmara.

***** Ex-governador do Rio de Janeiro e do Rio Grande do Sul.

****** Partido político criado em 1945 e extinto em 1965. Integrado por Carlos Lacerda, Eduardo Gomes, Juraci Magalhães e Milton Campos, entre outros líderes conservadores, fez oposição aos governos Vargas, Juscelino e João Goulart. A UDN teve papel central na crise política de 1953-54 (segundo governo Vargas) e na conspiração que resultou no golpe civil-militar de 1964.

******* Caso de grampos e acusações de tráfico de influência em torno da licitação do Sistema de Vigilância da Amazônia, no final de 1995, que derrubou dois assessores próximos do presidente,

que era um embuste. Quer dizer, nós vivemos na época da falsa corrupção, com denúncia barulhenta, e o país com a sensação de um mar de lama". Fui duro porque estava irritado, porque ouvi o [José] Genoino* fazer uma frase de efeito. Meu Deus, mesmo o Genoino, que, quando disseram que ele tinha confessado sob tortura,** eu fui o primeiro a defender a dignidade dele. Agora joga todos nós na vala comum da corrupção. Meu Deus, é demais. Descontei no Miro, que é amigo. Agora vou a Sergipe e Pernambuco.

HOJE É DOMINGO, DIA 18 DE MARÇO.

Fui na sexta-feira passada, portanto no dia 16, para Sergipe e Pernambuco. Foi muito bom. Fui lançar o Projeto Alvorada,*** depois a imprensa toda disse que fui para prestigiar a candidatura do Serra.**** Nada a ver. Acabei de lançar dois programas com Paulo Renato aqui perto, em Águas Lindas, em Goiás, com o mesmo estilo de lançamento, e ninguém disse que era para lançar o Paulo Renato candidato. Enfim, distorcem sempre os fatos e extraem sentidos que, segundo eles, estão implícitos em todos os atos e transformam o sentido sobreposto na motivação de quem está agindo. Mas, à parte isso, em Sergipe foi muito bom. Dei uma bronca dura no deputado [Ivan] Paixão, do PPS, que andou falando uma porção de coisas, cobranças genéricas, sobre o que precisa ser feito para Sergipe, uma falação. Dei-lhe uma cortada forte. Albano [Franco]***** fez um discurso muito adequado, até Serra comentou e é verdade: "Albano é enrolado para conversar, mas bom para discursar". Correu tudo bastante bem. Eles estão vendo que o avanço é grande. Aracaju: a cidade está se movendo muito bem, Albano fez um relato sobre o que acontece no Sergipe, na educação, na saúde, na situação da telefonia e tudo mais.

Em seguida fui a Recife, para uma reunião politicamente densa. Tudo foi reproduzido bem pela imprensa, não vi nas televisões. Espero que tenham gravado o discurso do Jarbas Vasconcelos de apoio ao governo e a mim, que foi emocionante. Jarbas é um homem de poucas palavras e sentiu ser necessário naquele momento defender um governante honesto e progressista. Depois o Marco Maciel fez um bom discurso, e também o Serra, apresentando seus programas com muita firme-

---

Xico Graziano (então presidente do Incra) e Júlio César Gomes dos Santos (chefe do Cerimonial da Presidência).

* Deputado federal (PT-SP).

** Genoino militou na guerrilha do Araguaia nos anos 1970, quando foi preso e torturado pela ditadura.

*** O presidente visitou Aracaju e Recife, onde assinou os primeiros convênios do programa social com 231 municípios dos dois estados, beneficiados com obras de saneamento básico estimadas em R$ 190 milhões.

**** O ministro da Saúde integrou a comitiva presidencial e discursou nas cerimônias de assinatura dos convênios vinculados à sua pasta.

***** Governador tucano de Sergipe.

za. Eu fiz não só a louvação de todos os citados e a do Raul Jungmann, porque merecem efetivamente, mas louvei sobretudo o Marco, porque nunca tinha falado em público o quanto eu devo a ele. Agradeci imediatamente ao que o Jarbas disse, fiz um apanhado do nosso compromisso com as transformações sociais que estamos realizando, os avanços na área social.

Voltamos para cá e, à noite, quando cheguei, a situação estava delicada por causa da Argentina. É uma situação realmente difícil. Malan me telefonou pedindo que eu prestasse atenção, porque o Murphy apresentou o programa dele na sexta-feira passada, dia 16, portanto era preciso que a gente olhasse com atenção o que acontecia na Argentina.* Telefonei para o [Fernando] de la Rúa** por sugestão do Malan. De la Rúa me deu a mesma sensação das vezes em que falei com ele em momentos críticos: ou ele disfarça muito o sentimento, ou não percebe a gravidade da situação. Perdeu vários ministros, o plano apresentado é muito duro. Na prática a Argentina vai ter que baixar o valor real do salário e cortar gastos públicos ou então aumentar a produtividade — ou fazer tudo ao mesmo tempo. Tudo é muito difícil e, sem base política, é quase impossível. Vejo a situação com muita, muita preocupação.

No sábado, ontem, voltei a falar com Malan, porque telefonei para Ricardo Lagos, conversei com ele sobre a situação da Argentina. Ricardo falou duas vezes com De la Rúa, insistiu que queria falar, devolveu o telefonema depois a mim e disse que teve a mesma sensação que eu havia tido na conversa com De la Rúa. A tal ponto que amanhã De la Rúa vai a Santiago, ao lançamento de um programa do BID. Eu disse: "Olha, eu não vou a essa reunião, mas numa hora dessas [de dificuldades como vivia a Argentina] o presidente não pode largar o país". De la Rúa já fez isso em outras circunstâncias, parece que não percebe o significado, o simbolismo da Presidência e da atuação firme dele neste momento. Em todo caso, o Ricardo Lagos vai conversar com ele amanhã, e com Enrique Iglesias,*** e mais tarde me dará uma palavra. Paulo Renato está no Chile, já me havia telefonado para dizer a sensação dele sobre a situação da Argentina, e tudo coincide com o que estou relatando aqui.

Ruth chegou dos Estados Unidos ontem e ficamos aqui vendo papéis.

Recebi o Pedro Parente para acertar a questão do FGTS. Resolvemos nessa semana o que parecia uma catástrofe que iria arrasar o Tesouro brasileiro. Graças à nossa pressão, combinamos que haja cooperação dos sindicatos e dos patrões, nós também vamos aportar algum recurso, e assim se resolve a questão com um custo muito baixo para o Tesouro, diante da expectativa que se tinha de quarenta e poucos bilhões de reais. Vamos ver se vai funcionar assim.****

* Constituído por medidas impopulares como aumento de impostos, cortes no orçamento e redução de salários, era o segundo pacote econômico lançado pelo governo De la Rúa, empossado em 2000, para tentar diminuir o déficit público e tirar o país da recessão.

** Presidente da Argentina.

*** Presidente do BID.

**** O governo entrou com R$ 6 bilhões. Os empresários arcaram com aumento de 8% para 9% na

Falei por telefone com o Paulinho [Paulo Pereira da Silva],* já havia falado com o presidente da CUT na reunião da Contag, as coisas vão avançando razoavelmente nesse setor.

Pedro Parente foi embora, e deixamos marcado para quinta-feira dessa semana a criação da Corregedoria-Geral da União** com estatuto de ministro. Já convidei o Scalco para assumir esse papel, que é fazer com que as investigações andem mais depressa e que esses assuntos saiam do meu gabinete e passem para o do corregedor-geral da União, porque o gabinete do presidente da República não é gabinete de polícia, não pode ser. Assim vou tentar desviar — não no sentido de não apurar — o foco para as questões objetivas. Não houve obstáculos maiores nessa matéria, não vi nada diferente da maledicência que há em todos casos, mesmo no caso Jader.

Antônio Carlos continua mandando recados para ver se o Firmino [Sampaio] fica lá [na Eletrobrás], mas mandei outro recado, via Andrea Matarazzo e Fernando Barros, que é homem da Propeg.*** Ele sabe que o PFL quer manter o Firmino. Ele [ACM] diz que não vai entrar em guerra aberta. Eu não acredito um pingo nisso. Aproveitei o sábado, escrevi um testemunho sobre o Luís Eduardo [Magalhães] para um livro em homenagem a ele.**** Mandei para Ana passar a limpo, certamente ela vai reclamar de vários trechos, porque podem parecer de provocação ao Antônio Carlos, mas não são. São expressão da verdade. Eu disse a ela: "Se não quiserem publicar, não publicam, mas não vão dizer que não quis prestar homenagem ao filho de ACM, porque eu quero".

Na noite de ontem, sábado, vi um filme belíssimo do [Martin] Scorsese, é sobre a vida do Dalai Lama, muito bonito.***** Temos aqui esse novo sistema de TV, não sei como se chama direito, mas é muito bom.

Hoje, domingo, passamos o dia trabalhando, vendo papéis. As revistas vieram, recozinhando os temas de sempre, nada de novo, mas continuam buscando o escândalo.

---

contribuição sobre a folha de pagamento durante cinco anos, e de 40% para 50% na multa rescisória durante doze anos. As centrais sindicais (exceto a CUT) aceitaram desconto de 15% no crédito de trabalhadores com direito a receber mais de R$ 1 mil. A correção dos depósitos foi escalonada até 2006.

* Presidente da Força Sindical.

** Criada como órgão da Presidência da República pela MP 2143-31, em 2 de abril de 2001, a Corregedoria-Geral da União foi convertida na Controladoria-Geral da União em 2003.

*** Presidente da agência publicitária baiana.

**** Fernando Henrique escreveu o prefácio de *O reformador: Perfil do deputado Luís Eduardo Magalhães*, de Geraldo Mayrink e Augusto Nunes (Rio de Janeiro: Globo, 2001).

***** *Kundun* (1997).

26 DE MARÇO A 1º DE ABRIL DE 2001

CPI da Corrupção. Reunião com os comandantes militares. Aumento dos juros. Recrudescem as acusações contra Jader

Hoje é dia 26 de março, segunda-feira. Isso mostra quanto tempo fiquei sem registrar nada. O último registro que temos data de 18 de março, um domingo. A semana passada foi densa, difícil.

Começando pelo que é mais pontual. Na segunda-feira 19 de março, tive um jantar com Andrea Matarazzo, o Pimenta, o Aécio, o Scalco, o Duda, e também o Arnaldo Silva, que é [sub]secretário de Energia Elétrica de São Paulo, para discutirmos a privatização. O Aécio trouxe alguns argumentos, dados pelo pessoal de Furnas a ele, de que não se deveria separar a transmissão da geração de energia e que era inconveniente falar em privatização neste momento. Notei que também Scalco tem certa preocupação. Os demais são entusiastas. É realmente preciso separar a rede de transmissão da geração. Mas atrapalharemos o desenvolvimento do modelo energético se não fizermos algo mais duro. Eu disse que faria outra reunião, que, aliás, fiz na sexta-feira passada, para discutir o modelo energético. Foi no dia 23.

Do ponto de vista político, continuou uma tensão muito grande pela semana afora na Câmara e, sobretudo, no Senado, sobre quem assinou o pedido da CPI [da Corrupção].

Na terça-feira de manhã, fui à solenidade de início das homenagens a Juscelino Kubitschek* e fiz um discurso no Memorial JK, rememorando e aludindo ao que Juscelino significou para a entrada de capital estrangeiro, de como ele foi mal compreendido na época; falei sobre o avanço para o Oeste, as dificuldades que sofreu etc. Os jornais deram muitas notícias e, inevitavelmente fizeram comparações entre o governo Juscelino e o meu, como se eu estivesse me comparando ao governo de Juscelino. De fato, subliminarmente, eu dizia: hoje Juscelino é herói, mas não devemos esquecer que na época ele foi vilipendiado.

De tarde, recebi a Lourdes Flores, que é candidata à presidência do Peru.** Uma senhora decidida, simpática, que me pareceu mais organizada mentalmente do que o [Alejandro] Toledo,*** mas dificilmente vai ganhar.

Recebi também o Francisco Murteira Nabo, presidente do grupo Portugal Telecom, muito eufórico com os avanços da telefonia no Brasil.

* Solenidade de instalação da Comissão Organizadora das Comemorações do I Centenário do Nascimento do Presidente Juscelino Kubitschek de Oliveira.

** Pela coalizão Unidad Nacional.

*** Candidato derrotado por Fujimori nas eleições de 2000, notoriamente fraudadas, Toledo se lançou pelo partido País Posible e venceu o pleito de maio de 2001.

E, mais tarde, o Alberto Goldman,* com quem tive uma longa conversa. O Goldman é um velho quadro, um homem que eu sempre apreciei, está muito preocupado com a presidência do partido, ele não se candidata necessariamente, mas tem o ponto de vista que também tenho: de que é preciso fazer alguma coisa de mais consistência, senão o partido não vai adiante. E o Goldman muito crítico da paralisação das privatizações na área de transportes, muito crítico do ministro dos Transportes e também da pulverização das ações de Furnas, pois é mais favorável a haver um grupo de controle.

Fora isso, *O Globo* fez um bom artigo sobre a questão da CPI, o [Francisco] Weffort** escreveu outro bom artigo, enfim houve certa reação mais positiva. Até agora, em quase tudo publicado [sobre a recusa da CPI] ficou a impressão de que eu quero botar a sujeira do governo sob o tapete, o que não é verdade. O governo não tem que esconder nada; o que não quer é a baderna: transformar o Congresso em palanque eleitoral.

Jantei com toda a bancada do PSDB na noite de terça-feira 20 de março. Todos menos o Teotônio, que estava viajando à Europa. Foi um bom jantar. Inclusive com senadores mais arredios, como o Álvaro [Dias], do Paraná, que sempre foi um crítico do governo, e outros mais que não queriam muita proximidade, embora não fossem arredios. Foi bom, porque houve clareza quanto a se ter posição, quanto a que o governo não vai ceder etc. O clima estava bom, presentes o Arruda e o Sérgio Machado, líderes. Nesses dias voltarei ao tema, Arruda muito inquieto com a marcha dos acontecimentos.

No dia 21 de março, quarta-feira, tive a cerimônia de apresentação de credenciais no Palácio da Alvorada. À tarde houve uma cerimônia*** na qual estava o Betinho [Herbert de Souza],**** fiz discurso e tive um encontro com o Dornelles e dirigentes sindicais das centrais patronais e dos trabalhadores para discutir o FGTS. Importante mesmo. Dorneles foi hábil, notava-se que o Carlos Eduardo [Moreira Ferreira], pela CNI,***** e o representante da Fiesp****** não estava satisfeito com o aumento do percentual da contribuição social para fechar o buraco do FGTS, causado pela decisão do tribunal [STF]. Cedi numa porção de pontos, combinado com Dornelles, e disse que iria anunciar ao país que era um acordo e queria que todos soubessem que era um acordo mesmo. E fiz isso, anunciei ao país. Claro que sei que alguns setores do empresariado não estão votando, e também a CUT, na última

* Deputado federal (PSDB-SP) e vice-presidente nacional do partido.

** Ministro da Cultura.

*** Sanção da lei nº 10205, de 21 de março de 2001, que regulamenta a coleta, o processamento, a estocagem, a distribuição e a aplicação do sangue, seus componentes e derivados.

**** Sociólogo e ativista, presidente da ONG Ação da Cidadania.

***** Deputado federal (PFL-SP) e presidente da CNI.

****** Horácio Lafer Piva, presidente.

hora, caiu fora, porque gosta de se mostrar um pouco à margem de tudo. Não estava fácil encaminhar a questão, mas ela foi bem encaminhada

Recebi também o sr. David Jefferies, que é o presidente da National Grid [do Reino Unido], que veio com o Pimenta e com o presidente da Intelig no Brasil,* para gabar o muito feito por nós em matéria de telecomunicações.**

Quinta-feira, dia 22 de março, recebi diversos ministros: o [Geraldo] Quintão, os comandantes da Marinha, do Exército e da Aeronáutica.*** Pedi que viessem porque eu queria falar com eles sobre a situação, tal como a entendo. Por causa da crise da Argentina no fim de semana passada. No dia 18, estavam reunidos no Chile o Fernando de la Rúa e os outros presidentes, o [Jorge] Batlle**** e o Lagos. O Lagos falou comigo, aliás, falou todos esses dias, e De la Rúa tinha dito que ia manter o López Murphy. No dia seguinte, segunda-feira passada, derrubou o López Murphy e botou o [Domingo] Cavallo.***** Isso provocou certo temor sobre o que vai acontecer. Cavallo, que é um ortodoxo, é mais criativo e também um homem de pulso, disse imediatamente que iria mudar algumas questões. Iria aumentar tarifas para a importação de bens de consumo e baixaria a zero as alíquotas de importação de bens de capital. E veio ao Brasil conversar com o nosso pessoal. Ele chegou na quinta-feira, dia 22.

Expliquei aos ministros militares que a Argentina, na situação em que estava, com as ideias do Cavallo e com a falta de firmeza do Fernando de la Rúa, seria um aliado débil para enfrentar a questão da Alca. O Chile já tinha partido para uma discussão bilateral com os Estados Unidos, eu queria preveni-los de que as nossas cartas estão escasseando para enfrentar a pressão americana sobre a Alca e dizer que quero que eles se posicionem também. A Alca é mal compreendida no Brasil, é malvista, o positivo é o Mercosul. Eu recebi um informe do general [Alberto] Cardoso com várias considerações, e é nítido que as elites das Forças Armadas também vão nessa direção: Mercosul, sim. Alca, não! Na verdade, Alca, Mercosul, União Europeia e os acordos comerciais com a União Europeia, tudo é a mesma coisa e teremos de reduzir tarifas [de importação]. Portanto, a questão não é estar contra ou a favor da Alca, mas perguntar: os americanos vão mesmo reduzir tarifas? Eles vão mesmo se submeter ao antidumping, às nossas regras? Como vamos nos haver com a questão do meio ambiente? O Brasil tem uma boa posição sobre meio ambiente e também na questão trabalhista, e podemos até dar a volta por cima. Mas a Alca continua a ser um bicho-papão, e isso não muda da noite para o dia.

* Operadora de telefonia comprada pela TIM em 2010.

** Fernando Terni.

*** Almirante Sérgio Chagas Teles, brigadeiro Carlos de Almeida Baptista e general Gleuber Vieira, respectivamente.

**** Presidente do Uruguai.

***** Ex-ministro da Economia da Argentina (1991-96).

Fiz uma longa exposição aos ministros militares sobre a situação, peguei um por um os casos chamados de corrupção para mostrar o que é óbvio, ou seja: ou são questões antigas, por exemplo a da OAS com câmbio* ou do Jader Barbalho e o Banpará,** ou são questões sem propósito, como as com o Eduardo Jorge ou o dossiê Cayman. Eduardo Jorge apresentou toda a documentação e nela não há nada contra ele; e o dossiê Cayman é uma infâmia, e já vou explicar por quê. Ou então são matérias que já estão sendo vigiadas por nós: DNER, Sudam e tudo mais. Portanto, o que há realmente é uma zoeira política provocada pelo Antônio Carlos para destruir o Jader, e a oposição entrou — está no direito dela — para fazer mais baderna. Disse-lhes que eu não ia ceder [às pressões para se criar uma CPI] por essa razão, e não porque tivesse temor de investigação. Pelo contrário. Foi uma boa e longa reunião com os ministros militares.

Depois encontrei o Mario Sergio Conti,*** com a Ana, Ele veio para conversar sobre a situação política e sobre o *Jornal do Brasil*. Eu disse que na prática o [José Antônio] Nascimento Brito perdeu o controle, que é o Nelson Tanure quem controla. Eu perguntei a ele: o que o Tanure quer? Ganhar dinheiro a curto prazo ou vender mais tarde o *Jornal do Brasil* aos americanos? É vender aos americanos; por enquanto ele tem um contrato de cinco anos para botar o jornal em pé e acredita que depois desses cinco anos haverá a possibilidade da entrada de capital estrangeiro.

À tarde, tive uma excelente reunião do Conselho Nacional de Ciência e Tecnologia, que vai indo muito bem, Sardenberg pegou o pião na unha. As pessoas presentes eram cientistas importantes, todos elogiando as ações do governo, estão por dentro. Fiz várias intervenções, conheço razoavelmente a matéria. Mais tarde, recebi os presidentes da Associação Nacional dos Procuradores da República**** e da Associação Nacional dos Membros do Ministério Público,***** trabalho do Arthur Virgílio, que tem sido excepcional. Tem se desdobrado, tem brigado, já vou falar sobre ele também, mas foi bom, porque abrimos um diálogo. O governo não quer cercear o Ministério Público; o que não quer é que ele se partidarize ou que vire um instrumento da imprensa, e alguns procuradores estão fazendo isso. "Estamos dispostos a discutir com vocês", eu disse, "pois é a melhor maneira de avançar nesta matéria."

Vim jantar no Alvorada com o Tasso e com o príncipe, não sei bem como se chama...****** É um príncipe árabe que vem a ser neto do rei Saud,******* o pai dele********

* O Banco Central e o Ministério da Fazenda eram acusados de leniência com supostos crimes tributários, fraudes cambiais e sonegação da empreiteira baiana.

** Banco do Estado do Pará, epicentro dos supostos desfalques de Jader Barbalho.

*** Diretor de redação do *Jornal do Brasil*.

**** Carlos Frederico Santos.

***** Marfan Martins Vieira.

****** Bandar bin Sultan Al Saud.

******* Abdulaziz bin Saud, primeiro monarca (1932-53) e fundador da dinastia saudita.

******** Príncipe Sultan bin Abdulaziz.

é irmão do rei atual* e do regente Abdul**, não tenho certeza, e é casado com uma senhora*** que é neta do rei Faisal.**** Ele é embaixador da Arábia Saudita em Washington, veio porque está negociando com Tasso um eventual financiamento para uma refinaria no Ceará, que é a paixão do Tasso. E também para falar comigo sobre a possibilidade de um acordo entre Brasil, África do Sul, China e Arábia, para forçar o diálogo entre os países mais desenvolvidos do chamado "Sul", do Terceiro Mundo que não é Terceiro, com o G7. Esse príncipe Bandar tem uma longa experiência internacional, diz-se que é homem da confiança da dinastia saudita.

Foi até tarde esse jantar, o David estava aqui e a certa altura chamei-o, porque ele é presidente da ANP, era bom que eles se conhecessem. No dia seguinte eu faria uma reunião sobre energia no Palácio da Alvorada, e assim foi.

Antes dessa reunião, recebi o Aloysio, o Renan Calheiros e o Sérgio Machado pela questão do Banpará, pois o Jader perdeu completamente o equilíbrio por causa desse assunto. Já volto a ele.

Tive uma boa reunião sobre energia. O operador da Comissão Nacional de Energia, ou algo, assim é o Mário Santos,***** o [José Mário] Abdo é o diretor-geral da Aneel. O David veio, assim como o novo secretário nacional de Energia, o Afonso [Henriques Moreira Santos], o Pedro Parente e o Tápias. Passamos em revista o modelo energético. Eu tive mais clareza e ele me pareceu menos inconsistente do que eu imaginava. Há coisas a fazer, é indiscutível que temos que separar a geração da transmissão. Furnas luta muito contra isso. Todo mundo pensa que estamos discutindo a derrubada do Luís Carlos Santos. Não é nada disso. É para ver se realmente o modelo para em pé e eu poder ter confiança nele. Há muitos problemas, mas vi que há certo pensamento, e notei que essa gente está mais articulada.

Depois fui para o Rio de Janeiro com a Ruth, porque a Júlia****** resolveu fazer um acampamento na Gávea Pequena******* com dezenove colegas. No Rio, recebi também Emílio Odebrecht,******** para me dizer que estava disposto a entrar no leilão da compra da Copene,********* porque o grupo de São Paulo [Ultra], o Paulo Cunha, desistiu, a Dow também. Eu disse que ele procurasse logo o pessoal do BNDES e te-

* Fahd bin Abdulaziz Al Saud, afastado desde um derrame sofrido em 1995.

** Príncipe Abdul Aziz bin Fahd, chefe do gabinete de ministros da Arábia Saudita.

*** Haifa Al Faisal.

**** Faisal bin Abdulaziz Al Saud, que reinou entre 1964 e 1975.

***** Presidente do Operador Nacional do Sistema Elétrico (ONS).

****** Neta do presidente, filha de Beatriz Cardoso.

******* Residência oficial da prefeitura carioca, cedida à Presidência da República.

******** Presidente do grupo Odebrecht.

********* Controlada pelos grupos Mariani, Odebrecht, Conepar, Suzano e Sumitomo, com participação do BNDES, a Copene acabou não sendo leiloada em 27 de março por falta de interessados. Era a segunda tentativa de reestruturar a composição acionária da empresa, cujo primeiro leilão fracassara em dezembro de 2000. Em julho de 2001, a Odebrecht arrematou a Copene, atualmente denominada Braskem.

lefonei para o [Francisco] Gros,* para dizer que visse o que que significava isso, o que dava para fazer e o que não dava. O BNDES tem implicância com o modelo que o Emílio gostaria de ter, que é armar uma única e grande empresa petroquímica brasileira. O BNDES prefere competição dentro do Brasil. Não sei o que vai acontecer.

Falei com Tápias no sábado mesmo, ele me disse que é difícil que o BNDES financie de repente o grupo Odebrecht, com [o grupo] Mariani, pois estariam juntos, o que eu entendo, porque tem-se que fazer uma análise. Entretanto, tenho a impressão de que é preciso dar algum sinal, senão não vão fazer leilão algum.

No sábado fiquei de manhã com as crianças, tomamos banho de piscina. Enrique Iglesias foi até lá, almoçou conosco, discutimos muito a situação da Argentina, ele está pessimista. Mostrou-se preocupado que o Bush, que comanda os Estados Unidos, não tenha uma posição clara, aliás nem no plano mundial. E a Europa não reage. Enfim, uma visão pessimista do Iglesias, que em geral é um otimista.

À noite, depois de descansar um pouco, ler papéis e tal, fui comemorar o aniversário das outras netas, as gêmeas, filhas do Paulo, a Joana e a Helena, na casa da Ana Lúcia. Foi muito agradável, fiquei pouco tempo, era festa de criança, vi Eduardo Magalhães Pinto,** que lá estava; não vi o Marcos [Magalhães Pinto],*** acho que chegou depois que eu saí, mas era a primeira vez que eu ia à casa da Ana depois de tantos anos que ela se separou do Paulo.**** Ela tem duas outras filhas que não são do Paulo, mas do ex-marido dela, um psicanalista famoso, o Eduardo Mascarenhas. As meninas são muito amigas nossas, foram muito carinhosas. Enfim, na vida familiar foi tudo muito bem.

Domingo, ontem, passei o dia no Rio de Janeiro. De manhã almocei com a Bia, o Duda e a Ruth. O Mário Soares estava na cidade, foi lá, ficou quase duas horas conversando, está bem, falou sobre o mundo, está muito desiludido com a Europa, com o [Gerhard] Schröder,***** disse que a Alemanha não faz nada, que o [Tony] Blair é muito ligado aos americanos e não pensa em termos de Europa sem os americanos. Os portugueses sempre têm ponta com a Espanha, ele gosta do Felipe [González], mas diz que o Felipe González está muito solto, e que em Portugal as coisas também não vão bem, segundo ele, porque o Guterres não tem energia suficiente, não decide, não quer desagradar ninguém. A situação econômica vai bem, mas a política não, embora o Guterres seja um homem muito inteligente. Claro que isso tudo tem que ser visto com um grão de sal, porque o Mário está um tanto afastado da política e, se estivesse lá, veria as coisas de maneira diferente, não sei. Perguntou sobre o meu futuro. Está preocupado por ver que setores antes ligados a mim já não o são. Ele tinha estado na Universidade Candido Mendes, com Hélio Jaguaribe

* Presidente do BNDES.

** Irmão de Ana Lúcia, ex-sócio do Banco Nacional, liquidado extrajudicialmente em 1995.

*** Irmão de Ana Lúcia, ex-controlador do Banco Nacional.

**** A separação aconteceu em 1997.

***** Chanceler (primeiro-ministro) da Alemanha.

— este sim, continua ligado, mas alguns intelectuais do Rio de Janeiro não entenderam nem nunca quiseram entender o que estou fazendo no Brasil. Não entendem que tive que me ligar a setores com os quais eles falam de narizes fechados. Entretanto, eles não estão aqui [no governo], não veem a realidade das coisas.

Aliás, diga-se de passagem, na volta do Rio, ontem no fim da tarde, li um ensaio admirável do [José] Ortega y Gasset: "Mirabeau ou O político";* um artigo muito interessante que todo mundo devia ler, porque, mesmo sem endossar tudo, temos que entender um pouco melhor o que é a política ou o político, para compreender como as coisas devem ser levadas, de maneira a que não sejam avaliadas por essa ética pé de chinelo que está querendo prevalecer no Brasil.

Voltei para Brasília e fiquei até tarde da noite com Andrea Matarazzo, preparando um texto que gravei hoje sobre o novo salário mínimo** e sobre o FGTS, para dar amanhã uma mensagem mais objetiva ao país do que a confusão que aí está.***

Mas essa semana foi eletrizada por outra questão: o efeito da Argentina sobre os mercados. Bolsa nervosa,**** o dólar disparou.***** Ainda na quarta-feira o Copom se reuniu e resolveram aumentar 0,5 ponto percentual a taxa básica de juros,****** a Selic, contra minha opinião. Eu já a havia manifestado discretamente para o Armínio, e bastante abertamente depois da decisão. Malan também não gostou da decisão, não era momento para dar um sinal que pode desanimar o país. E 0,5 ponto percentual não adianta nada. Mas o Armínio tem sido tão bom que eu acho que foi um erro de apreciação que dá para entender. Armínio fala comigo o dia inteiro, ainda hoje falamos, ele me passa as informações, estamos muito afinados. Acho que eles estavam com medo, porque havia muita incerteza.

Hoje a tensão do mercado diminuiu, a coisa melhorou,******* mas ainda assim a Argentina preocupa e pode ter efeitos negativos para o nosso plano de desenvolvimento deste ano, porque a ideia era crescermos de 4% a 5% este ano. Não sei se a crise argentina vai realmente afetar nossa economia, tenho dúvidas. A indústria está avançando, a economia real não anda oscilando no mesmo grau em que oscila a economia virtual e financeira.

A outra coisa é que a insistência nessa CPI está provocando um clima muito ruim, porque a oposição aproveita o tempo todo no Congresso para dar a sensação

* In: *História como sistema: Mirabeau ou O político*. Brasília: Editora UnB, 1982.

** O mínimo subiu de R$ 151 para R$ 180, equivalentes a R$ 546,50 em maio de 2019, com correção pelo IPCA.

*** O presidente falou à nação em cadeia de rádio e TV.

**** Na quinta-feira 22 de março, a Bolsa de São Paulo fechou em baixa de 5,32%. No pregão seguinte, houve alta de 2,6%.

***** Na segunda-feira, 19 de março, o dólar comercial valia R$ 2,12; na sexta 23 a cotação era de R$ 2,16.

****** A taxa básica subiu de 15,25% para 15,75%, primeira alta desde março de 1999.

******* O dólar caiu 1,8%, fechando a R$ 2,13. Os juros futuros caíram dois pontos percentuais. A Bolsa de São Paulo subiu 1,9%.

de que o governo está escondendo corrupção. Arthur Virgílio ficou bravo, fez um discurso violento que desgostou algumas pessoas, elas disseram que não foi na hora certa, estavam retomando a votação, e alguns acharam que o Arthur voltou ao tema e que o governo não deve voltar a um tema desses. Mas ele sentiu necessidade de vomitar contra a demagogia desenfreada que existe em setores da oposição e, o que é pior, no setor carlista.

Nesse meio-tempo, houve a demissão do presidente da Eletrobrás* e depois disso, como já registrei, Antônio Carlos mandou recados de que, se o Firmino fosse mantido, o voto dele seria contrário, mas os da Bahia não, e a sugestão foi rechaçada. Inocêncio me contou essa história, vários me contaram, e foi rechaçada pelo Jorge Bornhausen e por mim também. Acho que não tem sentido não derrubar o presidente da Eletrobrás. Não creio que o Antônio Carlos esteja tão agarrado, como dizem, "na caixa". Não sei, não vou insinuar porque não tenho nenhuma informação nessa direção.

O fato é que isso acirrou mais as posições e Antônio Carlos teve um piripaque,** foi para o hospital nesse fim de semana. Hoje me disseram que ele já saiu do hospital, mas está com a saúde abalada, ele é um homem teimoso. Tem divulgado boatos. Por exemplo: no fim de semana — estávamos desde sexta-feira no Rio — Ana me telefonou para dizer que o Augusto Nunes*** tinha a transcrição de uma fita onde estaria gravada uma conversa minha com Mendonça em que eu falaria das contas do Serjão não sei onde. É tudo mentira! Primeiro, não existe essa de ligação com Mendonça, ele não tem essa liberdade comigo. Segundo, diziam que na gravação se falava em "dr. Motta", coisa que jamais passou pela nossa cabeça, sempre chamei Sérgio de Serjão, não há nada. Eu disse ao Augusto: isso é uma infâmia, você não pode nem citar, porque cadê a fita? Não tem fita! O grampo do BNDES ainda existia, esse não.

Passaram as mesmas informações para a *Folha*. Falei com [Octavio Frias de Oliveira] Frias, já tinha falado com ele nesta semana por outras razões: eles tinham voltado ao dossiê Cayman porque um bandido chamado Oscar de Barros, que está preso,**** deu uma entrevista à *Folha* insinuando que existia uma conta do Sérgio [no exterior]. A conta seria de uma empresa do Sérgio, não uma conta dele, o Frias disse que iria tomar providências. Depois houve essa outra história, telefonei de novo para o Frias, que me disse que foi um erro, que a Polícia Federal foi em cima desse sujeito e não deu credibilidade a ele. Agora bem, se a polícia não vai em cima é porque o governo está com medo; se vai, é porque vai dar credibilidade a um falsário.

* Firmino Sampaio foi sucedido por Cláudio Ávila, ex-presidente da Eletrosul, indicado por Jorge Bornhausen.

** O senador baiano foi internado com broncopneumonia, congestão pulmonar e infecção respiratória.

*** Diretor de redação de *Época*.

**** Barros e José Maria Ferraz, donos da Overland Advisory Services, empresa sediada em Miami, haviam sido presos pelo FBI por lavagem de dinheiro e confessaram ter vendido os documentos do dossiê a políticos brasileiros.

De vez em quando insinuam que mandamos suspender as investigações [sobre o papelório do chamado dossiê Cayman]. Nós não mandamos parar; as investigações pararam porque eu denunciei o Maluf e os outros que distribuíram os papéis. Eu nem sabia que um juiz tinha mandado parar.* Parar por quê? O juiz não vai parar indevidamente. O Zé Gregori me disse que parece que eles [na Polícia Federal] chegaram a um resultado positivo. Os delegados que foram a Miami descobriram o cheque de quem teria pago o dossiê Cayman, e seria um cheque do Leopoldo Collor, irmão do Collor [Fernando Collor de Mello].** Não me espanta, porque na época dizia-se que teria sido ele.

O fato é que voltaram à cena com essa imundice, e não existe a gravação com o Mendonça, não existe mesmo, é uma mentira absoluta. Porém, tanto criticando o invento, como a *Folha*, quanto não criticando demais, como o Fernando de Barros [e Silva],*** dá-se veracidade à coisa, pois os indicados foram os distribuidores de papéis vindos das mãos de Egberto Batista**** e do Gilberto Miranda. Essa podridão está no ar, a infâmia como parte da política é coisa antiga e, como costumo dizer, sem efeito, porque não dá para me derrubar nessa base, pois não há nada, nada, é zero! Já virei céus e terras, seca e meca, para ver se Sérgio Motta tinha alguma conta em Cayman. Ninguém foi capaz de mostrar qualquer rastro, todos dizem que ele nunca teve conta, a partir da Wilma [Motta]***** e de todos os amigos dele, e eu também nunca ouvi falar disso. Entretanto, os maldosos reiteram, reiteram, e uma parte da população acaba acreditando. E pior: no exterior sai nos jornais o nome do presidente da República do Brasil envolvido numa conta de dinheiro ilegal. Uma coisa absurda, é vergonhoso. E a *Folha* tinha sustentado essa tese sub-repticiamente. Mas eu conheço a *Folha*, conheço o Frias, ele me diz: "Meu querido, você sabe que eu te adoro, e não de agora, de muito tempo, tenho grande admiração por você, eu estou velho, tenho 88 anos, não vou puxar o saco de ninguém". E eu digo: "Frias, eu sei disso, mas parem com essa história".

Vê-se como é complicado o jogo nessa questão toda.

Nesse meio-tempo, estive com João Roberto Marinho, educado como sempre. Ele está totalmente de acordo com o que estou registrando aqui, acha tudo isso uma loucura, mas os próprios donos da mídia têm dificuldade em segurar a fúria denuncista que se apossa de nossa chamada política. Os repórteres ficam excitados, os políticos excitados, é dossiê pra cá, dossiê pra lá.

* O juiz Osmar Tognolo, do TRF de Brasília, suspendera em 1999 os processos contra Paulo Maluf e o pastor Caio Fábio (outro suspeito de divulgar o dossiê) por conflito de competências entre a Justiça Federal e a Distrital. Os acusados haviam sido denunciados à Justiça Federal de Brasília pelo presidente em fevereiro do mesmo ano.

** Ex-presidente da República (1990-92).

*** Colunista e repórter da *Folha de S.Paulo*.

**** Ex-secretário de Desenvolvimento Regional no governo Collor, irmão de Gilberto Miranda.

***** Viúva de Sérgio Motta.

No meio disso tudo, a coisa mais séria foi a perda de equilíbrio do Jader. Ele se sente acossado, porque Antônio Carlos está fazendo dele o alvo principal. Não sei se principal é o Jader ou sou eu. Ele usou o Jader, mas está tentando destruir o governo e passar a imagem, que veio do Ciro e que o Antônio Carlos difundiu. É uma infâmia, e Antônio Carlos faz isso com maestria. Solapa as bases da minha autoridade com maestria. Inclusive a imagem que fica é que eu cedo ao Antônio Carlos. Isso está começando a acabar, porque fui obrigado a demitir dois ministros e tirar o poder dele, para colocá-lo no lugar devido.

O Jader ficou muito aflito com a questão do Banpará, que é um processo de 1984; ele pediu ao Banco Central cópia do processo e recebeu. Depois resolveu assinar a favor de uma CPI sobre corrupção, porque não aguentava mais a pressão de que estaria escondendo sua própria corrupção [e por isso não assinaria a CPI] no caso banco Banpará. Foi uma luta para que o Banco Central desse uma resposta ao Jader. Diga-se de passagem que não deu nenhuma ao Eduardo Jorge, que está pedindo há um tempo enorme um habeas data ao BC. Entendi que não há nada contra Eduardo Jorge, mas o Banco Central não escreve isso. O Armínio resolveu fazer uma revisão do que havia no Banco Central sobre o Jader. Foi uma decisão arriscada [quebra eventual de sigilo], mas importante para mostrar que o Banco Central não protege ninguém. E reconstituíram todo o processo. A pedido do Jader, mandaram o processo ao procurador do Pará.* Explicaram que o Banco Central não pode tornar público o relatório, porque envolve o sigilo de várias pessoas, mas deram a ele o resumo da nova investigação, reconstituindo o processo. No resumo, umas contas do Jader ficam embrulhadas. Na verdade, não se comprova nada, é uma coisa vaga e, ao que parece, de valor não tão grande quanto se imaginava, porque os cheques eram ao portador, os títulos** também, tudo muito difícil de comprovar. Acho até que o Jader vai se sair melhor do que se imaginava se ele tornar público o que recebeu do Banco Central. Mas Jader teve uma primeira reação muito negativa, disse que o BC quebrou o sigilo dele, enfim, fez um escarcéu. Depois voltou à razão, dizendo que, mesmo que viesse a público o que o Banco Central mandou ao Pará, não seria tão grave, pois não é conclusivo. Portanto, não se pode dizer que ele utilizou dinheiro público para sua conta pessoal, mas também não se pode dizer que não houve uma embrulhada, porque nada fica muito claro.

Volto ao que já disse: se o Senado quiser abrir um processo na Comissão de Ética contra o Antônio Carlos, por causa do sigilo do voto, também poderia fazer contra o Jader, por mil razões, mas será um julgamento político-moral. O governo não tem como fazê-lo; trata-se de um julgamento que só os eleitores ou os pares do

* Geraldo Rocha, procurador-geral de Justiça do Pará.

** Títulos da Dívida Agrária (TDA) haviam sido emitidos de maneira irregular pelo governo federal em 1988, para beneficiar uma fazenda inexistente, supostamente ligada a Barbalho, na ocasião ministro da Reforma Agrária.

Senado podem fazer. Eis a grande confusão. O fato é que foi um deus nos acuda do pessoal do PMDB, falei com todos eles, não vou repetir aqui porque é desagradável, é sempre a mesma história, todo mundo aflito e com desconfianças de que o governo vai apunhalar o Jader. Ora, não vai apunhalar ninguém; o governo quer é sair dessa zoeira na qual foi metido pelo Antônio Carlos. É o Jader quem, a esta altura, deve estar arrependido de ter sido candidato à presidência do Senado, porque não é fácil, com o passado dele, receber a toda hora as pauladas que vão vir.

E o pior é que o Jader, quando olha na cara de alguém, acha que esse alguém o está acusando, e é verdade, está. A mídia, sobretudo, tem uma indisposição generalizada com ele. É mais tolerante com o Antônio Carlos porque o Antônio Carlos é o rei da mídia, ele sabe criar fatos, factoides, faz de tudo um espetáculo meio bufão, mas que tem efeito, como um trombone que não é um trombone, mas um trompete. Como eu disse, ele é um trombone isolado, mas sabe reverter situações: se você diz "Aquele roubou", ele passa para outro tema, fala do Jader, e por aí vai, mudando o disco, criando fatos novos.

O Jader não é articulado com a mídia, não é articulado com a sociedade nacional, não tem a presença de espírito [do ACM], então vai sofrer muito com o assédio contra ele na presidência do Senado. É preciso ver se vai conseguir resistir a esse assédio, que vai ser muito grande.

Já devo ter feito menção à minha visita a Pernambuco e às conversas que tive com Jarbas. Jarbas acha que é preciso ver se Jader aguenta trinta dias. Se aguentar, o Brasil é o Brasil e ele supera tudo isso. Não obstante, eu disse aos dirigentes do PMDB que ou eles melhoram a cara do partido e fazem aliança com outras pessoas, tipo Jarbas Vasconcelos, Luís Henrique [da Silveira],* Fogaça, [Antônio] Britto, ou o que vai acontecer é o que o Miro [Teixeira] tem dito: são os arapongas ajudando Brizola e Itamar a destruir um por um os líderes atuais do PMDB, para que o PMDB caia no colo do Itamar.** O Jader veio me dizer que ele teria que assinar a CPI, quando eu já tinha feito uma carta dando minhas razões, que eram claríssimas, de por que não cabe a CPI. Aliás, o Michel Temer me telefonou há pouco dizendo que fez uma nota para o PMDB publicar — muito boa, por sinal —, contendo alguns argumentos centrais de por que que não cabe uma CPI, e muito menos ao presidente do Senado assiná-la, pois será ele quem vai julgar se a CPI cabe ou não, de acordo com as regras; e ela não cabe, porque seu objeto é indeterminado.

Eu disse ao Jader tudo que acabei de registrar, ou seja, que é preciso mudar a cara do PMDB. Tenho ligações com esse PMDB da melhor catadura. Para evitar uma confusão, eu disse a eles: ou vocês brigam já na composição do diretório do PMDB e se dispõem a expulsar Newton Cardoso,*** Itamar, ou quem seja, ou vamos ter a re-

* Prefeito de Joinville (PMDB).

** O governador de Minas Gerais reingressara no PMDB, com o qual rompera em 1999.

*** Vice-governador de Minas Gerais (PMDB).

petição, daqui a um ano, de uma convenção traumática, em que o Itamar vai querer lançar seu candidato, apoiado por boa parte do PMDB, e vocês vão ficar a ver navios.

Esse é o quadro. O quadro do PFL é mais calmo, realmente o Antônio Carlos está isolado. E no PSDB também o quadro melhorou muito, porque o Tasso jantou comigo e também com o Serra e o Paulo Renato, e eles entenderam que não é hora de muita briga. No dia 31 haverá uma reunião no Pará, o Almir Gabriel tem conversado comigo, para unificarmos o partido e ver se temos um bom [candidato a] presidente; só depois vamos ver quem é o candidato. Serra cresceu muito.* A pesquisa que vi na *Folha* ontem foi ruim, porque a *Folha* faz perguntas sobre a CPI da Corrupção.** Se perguntar sobre a pena de morte, o povo dirá que quer! Se for para ser contra a corrupção, o povo também é. Se a CPI vai acabar com a corrupção, não explicam do que se trata, o povo é a favor! São pesquisas viciadas, embora, na avaliação do governo, as mais positivas continuam melhorando.*** Ontem, domingo, também recebi do Clésio Andrade,**** no Rio de Janeiro, informações de que, na pesquisa dele, o governo dá um salto grande: a aprovação vai de 28% a 33% de positivo, o negativo alcança apenas pouco mais de 20%,***** o resto é regular. E hoje recebi do pessoal da CNI, do Ney Figueiredo,****** as pesquisas que eles fazem com o Ibope, com um resultado muito bom: não só melhora a avaliação do governo, como o Antônio Carlos fica muito ruim com essa briga, e nada de apoio generalizado à CPI.******* Quando fazem perguntas mais inteligentes, a coisa é diferente.

Enviarei esses dados ao Madeira porque no Congresso haverá a versão de que o povo quer a CPI e o governo não, esse lero-lero. Ele encobre os problemas reais do Brasil, problemas preocupantes: a escassez de energia pela falta de chuva e não pela falta de investimento, os problemas da Argentina, a instabilidade que é grande no mundo todo, uma visível queda da economia mundial, a queda das bolsas que

* Segundo o Datafolha, o pré-candidato tucano tinha 10% das intenções de voto, contra 6% no levantamento anterior (dezembro de 2000). Lula (PT) liderava todos os cenários com 24% a 28%. Ciro Gomes (PPS) alcançava 17% e 20%. Itamar Franco (PMDB) obtinha entre 10% e 12%.

** Dos entrevistados 84% eram favoráveis à instalação da CPI; 71% acreditavam na existência de corrupção no governo federal; e 56% avaliaram que Fernando Henrique não combatia a corrupção como deveria.

*** O Datafolha mediu 30% de desaprovação ao governo federal (ruim/ péssimo), contra 35% na pesquisa anterior. A aprovação era de 26%, subida de dois pontos em relação a dezembro de 2000.

**** Presidente da Confederação Nacional do Transporte (CNT).

***** O Instituto Sensus mediu 33,3% de aprovação e 26,6% de desaprovação. No levantamento de fevereiro, as taxas eram de 26,2% e 29,5%, respectivamente.

****** Publicitário, consultor da CNI para marketing e pesquisas de opinião.

******* Divulgada em 29 de março, a pesquisa Ibope/CNI aferiu avaliações positivas de 26% para o governo federal (ótimo/ bom) e negativas de 31% (ruim/ péssimo). O desempenho pessoal de Fernando Henrique era aprovado por 42%, contra 48% de desaprovação. Para 48%, ACM saíra dos embates no Congresso mais enfraquecido que o presidente (27% achavam o contrário). Para 61%, havia muita corrupção no governo.

vem vindo de longe, estão caindo, cai uma, cai outra, é só saber um pouco o que ocorreu nas crises anteriores para ver que estamos entrando numa fase de crise, ou pelo menos de uma recessão que pode ser prolongada.

HOJE É QUARTA-FEIRA, DIA 28 DE MARÇO, são onze e meia da noite.

Da segunda-feira para cá, o que houve de mais positivo foi que a crise da CPI parece que amainou. Assinaram a favor muitos do PMDB, alguns não quiseram retirar a assinatura mesmo com pedido meu, como Zé Alencar [José Alencar]* e o Fogaça, ambos por questões locais, mas o fato é que, se houve um momento de preocupação, ele se dissipou, porque o PMDB tomou uma decisão hoje dizendo que a bancada, na sua imensa maioria, com apenas quatro contra, se recusou a votar a favor [assinar o requerimento] da tal CPI. Além disso, o Senado votou uma lei importante de Previdência Complementar** e a Câmara aprovou a Lei das SAs.*** E as pesquisas, como eu disse, deram um certo ânimo. Agora, lendo melhor a pesquisa do Ibope, vê-se que na avaliação do governo há alguns problemas, inclusive na questão da corrupção, que é muito badalada. Vou amanhã aos Estados Unidos falar com Bush,**** mas na segunda-feira que vem, quando eu já estiver de volta, devo fazer uma apresentação mais forte contra a exploração de que existe corrupção no governo, proporei uma auditoria, algo assim.

Amainou a tensão na área econômica também, o dólar começou a cair,***** parece que a Argentina se firmou um pouco mais, enfim as coisas desanuviaram, embora hoje as bolsas do mundo todo tenham sido derrubadas.******

Voltando ao registro, na segunda-feira 26 recebi o Roger W. Sant, presidente da AES Corporation, uma grande empresa de energia nos Estados Unidos que ficou associada à Cemig e deu confusão com Itamar.******* O americano disse que já inves-

* Senador por Minas Gerais.

** Com placares elásticos, o Senado aprovou o texto principal e emendas do projeto de lei complementar 63/1999, origem da lei complementar nº 109, de 29 de maio de 2001, que regula o mercado de previdência privada.

*** A Câmara aprovou em turno único — por 374 a 30 — o projeto de lei 3115/1997, que originou a lei nº 10 303, de 31 de outubro de 2001, modificando diversos artigos da Lei das Sociedades por Ações (lei nº 6404, de 15 de dezembro de 1976).

**** O presidente norte-americano convidou Fernando Henrique para uma visita de trabalho.

***** Em 28 de março de 2001, a cotação do dólar comercial fechou em R$ 2,11.

****** A Bolsa de Nova York caiu 1,7%; os principais pregões europeus tiveram baixas entre 1,5% e 2%. As quedas foram atribuídas a dados que ratificaram a recessão da economia norte-americana.

******* Em 1997, 33% das ações com direito a voto e 14% do capital não votante da estatal mineira foram vendidos por R$ 1,3 bilhão ao consórcio formado pelas norte-americanas Southern Eletric e AES e pelo Banco Opportunity, além de fundos de pensão. Em 1999, logo depois de assumir o governo mineiro, Itamar entrou na Justiça para anular o acordo acionário da privatização, que deu o controle da empresa aos sócios minoritários.

tiram 6 bilhões de dólares no Brasil e andam com certa preocupação, porque as coisas não estão ainda muito claras quanto ao que fazer para suscitar mais investimentos. Enfim, um pouco de choradeira e um pouco de verdade.

Ainda na segunda-feira, enviei uma mensagem* sobre o salário mínimo e sobre a questão do FGTS. A mensagem foi divulgada ontem e, pelo que senti, teve boa repercussão. Foi uma coisa pequena, mas objetiva. Fora isso, tivemos os balanços de coordenação política, coisa de rotina.

Na terça-feira, dia 27, nada de muito especial. Recebi no Planalto, à tarde, para minha surpresa, o Chico Anysio, e não entendi bem o que ele foi fazer lá. À noite tive um jantar no Alvorada com um grupo de empresários fortes: o [Joseph] Safra,** o Jorge Gerdau, o [Lázaro] Brandão,*** enfim alguns grandes empresários. Discutimos a situação do Brasil e o que eles podem fazer, porque o clima no Congresso está inquieto. Mostrei um panorama do que estamos realizando e de por que me preocupa a posição do Brasil na Alca. Quero uma participação mais ativa da sociedade na definição do que vamos fazer com a Alca.

Hoje, quarta-feira, comecei recebendo o Jader. Aflito porque alguém do Banco Central lhe enviou um documento dizendo que ele teria sido inocentado em 1992, ele quis uma certidão disso e já havia pedido ao Armínio Fraga. Eu sei que havia alguma coisa, uma avaliação, mas não sei se era definitiva. De qualquer maneira ele tem o direito a essa certidão, me certifiquei de que vai receber.

Como eu disse, os dias estão menos nervosos. Passei o dia hoje no telefone, acalmando os líderes e algumas pessoas. Antônio Carlos, com seu jogo permanente, através de Arruda, pediu "um gesto". Aloysio e o Pedro Parente acharam por bem que o Pedro telefonasse ao governador da Bahia,**** o que fez na segunda-feira, creio. Na terça, o governador me telefonou e mais tarde respondi a chamada. Ele acredita que a Bahia recebe um mau tratamento por ele ser do PFL. Respondi que trato bem a oposição e que posso recebê-lo quando voltar dos Estados Unidos. Grandes preocupações: o Arthur Virgílio, o Madeira e também o Arruda acham que eu preciso antecipar o encontro [com Borges], eu não antecipei nada, acho que é um pouco jogo do Antônio Carlos.

Enfim, a pressão está esmorecendo. [José Carlos] Aleluia***** estava com Jorge Bornhausen, falou comigo por telefone, o Jorge esteve comigo também e soube que Paulo Souto****** não queria assinar a nota,******* mas assinou quando o Antônio

* Pronunciamento de rádio e TV em cadeia nacional.

** Presidente do Banco Safra.

*** Presidente do Bradesco.

**** César Borges (PFL).

***** Deputado federal (PFL-BA).

****** Senador (PFL-BA).

******* Isto é, o requerimento para a criação da CPI. O senador Waldeck Ornelas, ex-ministro da Previdência, também assinara.

Carlos pressionou. São coisas que me fazem sair da minha linha principal de preocupação, que passa a ser a Alca, realmente mais importante para o Brasil. E também preciso manter nossa economia flutuando. Na verdade a taxa de desemprego caiu para 5,7%,* eu creio, o que já é algo bem mais razoável.

Hoje ainda recebi o Lúcio Alcântara, que quer continuar na direção da fundação do PSDB [Instituto Teotônio Vilela]. Ele é muito bom, dirige muito bem a fundação. Na saída do Lúcio, falei com o Tasso, que também segue a linha de ver se é possível algo com Antônio Carlos. Está muito preocupado — demais para o meu gosto — em atuar para amenizar a relação com Antônio Carlos. Não vale a pena perder tempo com isso.

Nesta noite recebi o Luís Carlos Santos junto com o ministro José Jorge e com Aloysio. Isso porque havíamos tido uma reunião sobre Furnas e na manhã de terça-feira tomamos certas decisões: vamos fazer uma cisão de Furnas e também a pulverização da venda de ações.** Há uma reação muito forte, sobretudo do Gros, achando que o Luís Carlos não pode continuar na presidência de Furnas, porque seria dar um sinal negativo para o mercado, coisa desse tipo, com algo de preconceito.

Jantaram aqui, Luís Carlos deu um show. Como ele é muito hábil, disse coisas sobre as quais precisamos ponderar. Vou amanhã para os Estados Unidos, como eu disse; pedi que Aloysio levasse o Luís Carlos Santos para falar com Pedro Parente, porque quero deixar para a volta a decisão sobre a cisão de Furnas, e pedi que o Pedro avalie se Luís Carlos tem capacidade para dirigir uma grande empresa.

Já fiz as malas, estou deitado me preparando para a viagem aos Estados Unidos.

HOJE É DIA 1º DE ABRIL, DOMINGO. Dez e meia da noite, acabei de chegar dos Estados Unidos, cheguei ao Alvorada lá pelas nove. Vamos a uma reconstituição livre.

Na quinta-feira passada, dia 29, fui aos Estados Unidos. Chegamos à tarde. Dei logo uma entrevista à imprensa. A questão da data de começo da Alca estava uma confusão, os chilenos propuseram 2003, os americanos queriam no máximo em 2004 e nós 2005. A diplomacia dos dois lados muito aflita com essa história.

Bush tinha dito que iria me olhar olho no olho, então brinquei na entrevista, eu disse: "Vou tirar os óculos para olhá-lo". A data não é um problema, é a subs-

* Menor taxa para o mês desde 1997.

** A privatização de Furnas não alienaria o controle acionário do governo federal, segundo o modelo em estudo pelo Planalto, que manteria o poder de veto (*golden share*) mesmo vendendo 50% das ações da empresa, estimados em R$ 4,5 bilhões. A data do leilão da empresa, que seria dividida em subsidiárias de geração e distribuição, ainda não havia sido fixada. Entre os opositores da privatização de Furnas, estavam o presidente da Câmara, Aécio Neves, e o governador de Minas Gerais, Itamar Franco. Em agosto de 2001, o governo admitiu que a empresa não seria vendida antes do final do mandato de Fernando Henrique.

tância do acordo: se o acordo é bom, faz-se depressa; se é ruim, não se faz. Enfim, fui saindo por aí. Falei muito sobre os objetivos da conversa, que era um primeiro encontro, que o Brasil tem interesse na questão da democracia, nos problemas de segurança e que queremos ter uma presença mais ativa no mundo todo.

Nessa mesma quinta-feira, jantamos na embaixada com Bolívar Lamounier.* Foi um jantar agradável, mas vi que os diplomatas que estavam lá, o Celso Lafer, que viajou comigo, o Rubens Barbosa, o [José Alfredo] Graça Lima,** o Eduardo Santos,*** enfim, todos, estavam preocupados com a pressão dos americanos sobre a antecipação da data.

No dia seguinte de manhã, na sexta-feira, que deve ter sido dia 30, houve também muito nervosismo. Eles foram ver o [Robert] Zoellick, que é o encarregado do comércio internacional dos Estados Unidos,**** e parece que não conseguiram que o homem dissesse nada. O Celso Lafer explicou detalhadamente que para o Brasil não seria possível aceitar a data proposta, porque temos eleições e que a ideia da Alca não é popular, e que ainda precisamos ver o que fazer ou não fazer. Porém, os americanos não cederam. Nossos diplomatas disseram que o Brasil também não iria ceder e que, portanto, era melhor que o Bush não conversasse sobre esse assunto comigo.

Almoçamos na embaixada e depois do almoço fui para a Casa Branca. Com Bush foi muito mais simples do que estávamos imaginando. Entrando no Salão Oval, eu disse que queria falar sozinho com ele. Sozinho quer dizer com o presidente, com o anotador dele mais o meu, o Eduardo Santos, com a Condoleezza Rice.*****

A conversa entre nós foi simples, direta, contei a brincadeira de tirar os óculos, de olhar na cara, ele riu, conversei, expliquei que para nós era muito mais importante atuar no âmbito do Mercosul. Eu já havia dito ao Celso e ao Rubens que a boa saída para nós seria voltarmos ao sistema de quatro mais um: um acordo Mercosul e Nafta****** ou Mercosul e Estados Unidos. O Brasil com o escudo do Mercosul. O Rubens não gostou muito da ideia, mas depois aceitou, e o Celso topou. Telefonei ao Malan, que achou a ideia boa. Li um paper do embaixador [Marcos] Caramuru mostrando as vantagens da Alca, porque aqui no Brasil está se vendo a Alca como o demônio e o Mercosul e a União Europeia como muito bons. São, entretanto, a mesma coisa. É um acordo comercial, depende do que se consiga. Contudo, no Brasil se supõe que vamos perder com qualquer acordo comercial, porque os americanos são mais fortes, e são mesmo. Então, eu disse

* Cientista político, diretor-presidente do Instituto de Estudos Econômicos, Sociais e Políticos de São Paulo (Idesp).

** Embaixador, negociador-chefe do Brasil para a Alca.

*** Diplomata, assessor internacional da Presidência.

**** United States Trade Representative (USTR).

***** Conselheira de Segurança Nacional dos EUA.

****** Sigla em inglês de Acordo de Livre-Comércio da América do Norte, integrado por EUA, Canadá e México.

ao Bush que seria melhor um acordo mais amplo, e dei essa ideia. A Condoleezza não deixou que ele apoiasse de imediato a ideia, "Vamos pensar e tal". Eu disse que precisávamos revalorizar o Mercosul. Falamos muito sobre a Argentina. Eu disse ao Bush o seguinte: "Vocês têm um problema, são demasiado grandes; ou compartilham conosco, ou vão ter um *backfire*, vão levar fogo amigo em seguida, porque a pressão está forte demais". Aí ele disse: "Ah! Você podia ir ao G7!". Eu falei: "Quem sabe? Mas não é isso, já estamos no G20. É preciso que haja uma remodelação do poder no mundo, senão vocês serão os únicos dominadores e tudo o que se poderia conseguir compartilhando vai aparecer como imposição". Ele é uma pessoa que pode até parecer arrogante à primeira vista, mas não é; ele não reagiu negativamente a nenhuma dessas ideias.

Depois passamos em revista a situação dos países da América Latina, isso já na segunda parte da reunião. Na primeira parte, estávamos sozinhos e, na segunda, com Lafer, o Rubens, o [Colin] Powell, que é o ministro do Exterior* do Bush, mais o chefe do staff dele,** posição que corresponde ao nosso ministro da Casa Civil. Entre as duas reuniões, veio a imprensa, e foi quando demos as declarações. Imediatamente ele falou como presidente americano, fez uma declaração simpática ao Brasil e a meu respeito. Também brinquei, tirei os óculos porque um repórter pediu, todo mundo riu, ele também, e a imprensa foi embora.

Na segunda parte do encontro, passamos em revista a situação. Qual a maior preocupação dele? Por incrível que pareça é a Venezuela com Chávez. Ele tem medo do Chávez na reunião de Québec. Chávez tem muita capacidade retórica mesmo e pode deixar os interlocutores em situação difícil no Québec. Bush está apavorado com isso. Eu disse: "Vou encontrar o Chávez no dia 3, e converso com ele; nos damos bem". Fiz a defesa do Chávez de novo: "Eu sei que ele tem impulsos que às vezes não são racionais, mas está querendo o bem do povo, e até agora não quebrou a regra democrática". Sempre defendo o Chávez e tento impedir que ele seja visto como um novo fantasma cubano. Diga-se de passagem que Cuba não foi mencionada nessa reunião, apesar do alerta que Luciano Martins*** tinha me dado de que eles [norte-americanos] poderiam querer qualquer coisa [contra Cuba], sobretudo na questão do Conselho de Direitos Humanos [da ONU], acho que em Viena.**** Mas não me falaram do assunto, ainda bem. Depois conversamos sobre a Colômbia, eu disse o que penso mais uma vez, e falamos sobre a Argentina, minha preocupação maior. Bush me pareceu não estar disposto a fazer o bem. Ou seja: eles não vão dar recursos para salvar a Argentina de dificuldades que eventualmente apareçam no mercado internacional. Eu disse a ele da importância da Argentina, que eu confiava

* Secretário de Estado.

** Andrew Card.

*** Embaixador do Brasil em Cuba.

**** Isto é, Genebra.

no Cavallo e que o Fernando de la Rúa tem senso de responsabilidade, embora seja frágil como liderança. Os dois juntos — De la Rúa e Cavallo — talvez funcionassem. Enfim, fiz uma defesa acendrada da Argentina.

Assim foi a reunião, que durou cinquenta minutos no conjunto. Nos jardins da Casa Branca, repeti tudo, e a imprensa se convenceu de que o Brasil ganhou, quer dizer, não cedemos na questão da data, 2003-04, embora isso não tenha sido mencionado senão por mim a ele, Bush, para dizer por que precisamos avançar cautelosamente, por que temos de cuidar dos interesses do Brasil. Os jornais do dia seguinte deram uma versão positiva do encontro.

No sábado de manhã, recebi o pessoal do Fundo Monetário Internacional, [Horst] Köhler,* o representante do grupo encarregado da América do Sul, de quem não sei o nome, acho que é argentino,** e o Stanley Fischer.*** Conversa boa. Stanley, antes de entrar, fez declarações favoráveis sobre o Brasil, só entusiasmo. E eu agradeci, porque eles foram corretos conosco, acho que o acordo com o Fundo**** está sendo tratado da melhor maneira possível, sem tensões. Eles ajudaram, e eu disse isso a eles. Preocupação: naturalmente Turquia,***** Argentina e a atitude americana. O Köhler me pediu que eu influenciasse no plano político o Bush, porque eles acham que essa atitude de retaliação dos Estados Unidos, de deixar cair [a Argentina] arrasa, porque impede o FMI de apoiar os países que precisam deles na crise. Isso pode constituir um problema. Köhler é pessimista com relação ao mundo: o Japão não reage, os próprios Estados Unidos estão com a economia meio combalida e a América Latina depende do Brasil. Foi uma excelente conversa com Köhler e com Stanley Fischer.

Partimos para a casa do Valter Pecly,****** onde almocei com várias pessoas, entre as quais o [César] Gaviria, secretário-geral da OEA e que foi presidente da Colômbia. Falamos da Colômbia, ele tem uma visão pessimista sobre o que possa acontecer lá, não é entusiasta do presidente******* nem da política atualmente em curso.

Voltei à embaixada e passei o sábado recebendo gente incessantemente. Primeiro, o [Alexandre] Kafka, antigo representante do Brasil no FMI, pois quando chegamos [à embaixada] ele já estava lá. É um homem de 82 anos que teve uma influência imensa, foi diretor do Fundo por 32 anos como representante do Brasil e é um homem sábio.******** Eu queria muito ouvi-lo. Ele está de acordo com o que

* Diretor-gerente do FMI.

** Eduardo Aninat, chileno, diretor-gerente adjunto do FMI.

*** Diretor-gerente adjunto do FMI.

**** No final de 1998, o Brasil firmou um acordo de US$ 41 bilhões com o FMI, o Banco Mundial, o BID e os EUA. O acordo foi revisto e ratificado depois da desvalorização do real, em 1999.

***** A Turquia sofria uma crise cambial e bancária desde novembro de 2000, tendo recebido um empréstimo emergencial de US$ 11 bilhões do FMI.

****** Embaixador do Brasil na OEA, sediada em Washington.

******* Andrés Pastrana.

******** Kafka era primo do escritor Franz Kafka.

vem acontecendo no Brasil depois da mudança de câmbio e muito contente com o que fizemos; acha que o Brasil voltou a ter credibilidade. Tem uma visão mais favorável da economia americana. Ele não vê nada de mais grave, acha que há uma recessão, mas que passa. Com relação à Argentina, não gosta muito do estilo Cavallo. Aliás, o pessoal do Fundo também não, porque as propostas do Cavallo são heterodoxas. Notadamente ele quer fazer a desvalorização às nossas custas, aumentando as tarifas dos produtos de consumo importados e baixando as alíquotas dos bens de capital. Mas isso não resolve, porque o problema da Argentina continua a ser o câmbio fixo e a falta de produtividade. A economia argentina não reage, não volta a crescer. Essa foi a conversa com o Kafka.

Depois dele recebi o [Anthony] Harrington, embaixador dos Estados Unidos no Brasil que saiu recentemente, um homem que ajuda sempre e tem opiniões sensatas. Nesse meio-tempo, eu tinha falado com Clinton, ele me telefonou para suspender o encontro que eu teria com o presidente do Partido Democrata.* Havia muita onda de que ele era lobista do partido do Clinton, por isso um representante do Partido Republicano também queria falar comigo, mas não pôde. Então cancelamos o encontro. Uma boa conversa, ele preocupado com a questão da mudança climática. Contei que na conversa com o Bush a economia esteve em primeiro lugar, que ele acha que ela precisa de energia, mesmo que seja suja, senão os Estados Unidos não crescem e o mundo se paralisa. Bush não quer nem saber de mudança climática. Clinton entende que também em relação à Rússia, com a expulsão dos agentes russos,** os Estados Unidos estão voltando ao clima da Guerra Fria: "Alertei todo mundo que isso era a direita, não me ouviram no ano passado; nem mesmo o [Al] Gore*** ganhou, embora tenha ganho popularmente,**** agora vai ser muito difícil". Clinton me disse que talvez venha ao Brasil; eu o convidei para vir a Brasília passar um dia conosco, ele topou.

Reportei essa conversa ao Harrington, e quando terminei com ele subi para falar com Alain J. P. Belda. Velho conhecido meu, eu o convidei uma vez para ser ministro do Desenvolvimento,***** mas ele não pôde aceitar. Hoje é o principal CEO da Alcoa no mundo, tem 140 mil empregados subordinados. Foi colega do Paul O'Neill, o ministro da Fazenda dos Estados Unidos, secretário do Tesouro, e foi presidente do conselho de administração da Alcoa. O'Neill foi executivo da Alcoa e levou o Belda para lá. Conhecem-se bem.

* Terry McAuliffe.

** Depois da descoberta de que um agente do FBI atuava como espião para a Rússia, em fevereiro de 2001, os EUA determinaram a expulsão de cinquenta diplomatas russos acusados de espionagem. Em seguida, a Rússia expulsou 51 norte-americanos do corpo diplomático em Moscou.

*** Ex-vice-presidente dos EUA, derrotado por Bush nas eleições de novembro de 2000.

**** O candidato democrata obteve quase 500 mil votos populares a mais do que Bush, embora tenha sido derrotado no Colégio Eleitoral por 271 a 266.

***** Nascido no Marrocos colonial de mãe brasileira e pai espanhol, Belda viveu muitos anos no Brasil e se naturalizou em 1982, sendo, portanto, apto a exercer o cargo de ministro de Estado.

O Belda me deu informações preciosas. Primeiro, acha que O'Neill não vai entrar nessa onda de não ajudar a Argentina, porque ele sabe que vai ter que ajudar; ele acha que essa posição negativa se deve muito mais ao estilo de política do [Colin] Powell, que é o primeiro a dizer não para depois fazer concessões. Diga-se, de passagem, que tive uma impressão quase apagada do Powell; ele esteve aqui no Brasil antes. Quando estávamos conversando com Bush, tanto Powell como os demais ministros presentes foram muito discretos, ninguém falava, só o Bush. O Powell é simpático, também é simpática a Condoleezza Rice, mas os dois não se manifestaram. A Condoleezza falou no momento em que eu estava "sozinho" com Bush.

Voltando ao tema, o Belda tem uma visão pessimista do que está acontecendo. Diz ele que há dois semestres a economia americana está em recessão, que o FED errou quando subiu os juros lá atrás, porque já estava começando uma recessão, que aquilo foi um balde de água fria e que a Alcoa fisicamente baixou 11% da produção nos últimos doze meses. Deu vários dados impressionantes. Ele acha que devemos nos preparar para uma recessão que não será na forma de um V, quer dizer: os mercados caem e logo sobem, mas na forma de U, e ele não sabe sequer se chegou-se ao fundo do U. É realmente preocupante. Belda forneceu muitos elementos, mostrando que conhece bem o sistema americano, deu muitas informações sobre quem no governo poderia ajudar o Brasil. Ele está interessado em acelerar a Alca. Acho que o grande empresariado do Brasil vai querer também, porque são eles que têm condições de acesso. A dificuldade é ver qual é a contrapartida, se a Alca não vai arrasar boa parte dos produtores brasileiros e desequilibrar a balança comercial.* Não é uma decisão simples de ser tomada e eu não vou entrar numa aventura, ainda mais agora que tenho pouco mais de um ano e meio de mandato. Não seria justo impor uma camisa de força ao meu sucessor, seja ele quem venha a ser. Temos que aprofundar a questão da Alca e ver se vale mesmo a pena e, se não valer, cortar.

Depois do Belda, recebi o Iglesias, que aliás ficou para o jantar, para o qual o Belda voltou com a mulher dele.** Iglesias também tem uma visão bastante preocupada com a situação da Argentina e não agregou muito mais a tudo que já havia falado comigo, ou seja: o horizonte está toldado. Essa é a principal conclusão do ponto de vista econômico: eu vi nessa viagem aos Estados Unidos um horizonte toldado. Vou falar com Pedro Malan com franqueza, como falo sempre, mas com mais clareza sobre essa matéria. Isso foi, portanto, o que aconteceu no sábado, ontem.

Hoje de manhã tomamos o avião e voltamos. Na volta o general [Benedito] Leonel*** conversou um pouco comigo e com o Celso Lafer, mas nada de especial.

* De janeiro a março de 2001, a balança comercial brasileira acumulou déficit de US$ 726 milhões. Em 2000, o saldo comercial fora negativo em US$ 697 milhões.

** Haydée Belda.

*** Conselheiro militar da delegação brasileira nas Nações Unidas.

Cheguei e retomei a rotina, me encontrei com Pedro Parente hoje à noite mesmo, porque amanhã vamos falar sobre a punibilidade ou não dessa infâmia de que está havendo corrupção no governo. Coisa que o Antônio Carlos espalhou, a oposição pegou e a opinião pública vai acabar aceitando se eu não puser um termo a ela. Então resolvi nomear uma auditora-geral, corregedora-geral, uma senhora que é procuradora da República* e que passará em revista os vários casos, fictícios ou não, de corrupção. Os que não são fictícios nós estamos apurando, antes do que a CPI iria cogitar. A CPI é mera exploração política, e nós não estamos querendo botar nada debaixo do tapete.

Nos Estados Unidos li um artigo na *Folha*, do Fernando Rodrigues, dizendo que a papelada do dossiê Cayman, das contas bancárias, é falsa e que o banco não sei qual da Suíça declarou enfaticamente a eles que aquela conta nunca existiu.** O curioso é que essa "conta" quem tem são eles, é a *Folha*, eu nunca vi, eles falam nela, falam nela, falam há dois ou três anos, por que antes de falar eles não foram verificar? Agora, três anos depois, dizem que é falsa? Estão dizendo que é falsa porque, provavelmente, sabem que a Polícia Federal está a ponto de desmontar toda a trama e não querem ser pegos no contrapé. Esses jornais transmitem ao país uma impressão, uma sensação falsa de que tudo é podre. Aliás, na entrevista coletiva em Washington, um rapaz do *Estadão**** me perguntou sobre a manchete da *Folha* dizendo que nós tínhamos liberado dinheiro para não aprovar a CPI. Respondi: "Eu não comento maledicência". É mentira, simplesmente; nós soltamos as verbas do bimestre porque é normal para saldar os restos a pagar do ano passado; soltaríamos de qualquer maneira, com CPI ou sem CPI.**** Mas isso envenena a opinião pública. A mídia do Brasil faz questão de mostrar que tudo é podre, quando, na verdade, eles é que propagam fantasias.

Diga-se, de passagem, que no dia 31 de março — aliás, dia da chamada Revolução —, quando almocei na casa do Valter [Pecly], antes de ir para lá, de manhã, dei uma longa entrevista ao *Washington Post*, e o rapaz e a moça***** eram bons. Há jornalistas competentes, como esses que mencionei, que realmente sabem do que se trata quando perguntam, estão informados. Infelizmente, boa parte dos que perguntam não sabe nada. Eles só fazem provocação barata.

* Anadyr Rodrigues, procuradora da República e advogada da União aposentada.

** Na matéria "Extrato de US$ 352,9 mi é falso, diz banco na Suíça", que teve chamada na capa da edição de 1º de abril, o jornal paulistano reproduziu imagens dos extratos da suposta conta tucana no banco Schroders para atestar sua falsidade.

*** Paulo Sotero.

**** O jornal publicara, em 29 de março, reportagem de capa que estimou em R$ 1,25 bilhão a verba para "abafar" a CPI através de emendas parlamentares.

***** Paul Blustein e Dana Milibank.

4 A 15 DE ABRIL DE 2001

Criação da Corregedoria-Geral da União.
Visitas de Hugo Chávez, Lionel Jospin e Jiang Zemin.
Agrava-se a situação energética

Hoje é quarta-feira, 4 de abril. No dia 2, segunda-feira, fiz o que disse que faria, uma apresentação às três horas da tarde sobre a questão da CPI da Corrupção,* está tudo gravado, não preciso dar detalhes. Foi forte, quase não provoquei, mas dei uma boa alfinetada no Antônio Carlos** e também na *Folha* pelo que está registrado sobre o dossiê Cayman.*** A repercussão na imprensa foi positiva, por tudo o que pude sentir no dia e no dia seguinte.

Recebi o ministro do Exterior do Paraguai,**** visitas mais ou menos formais e tive uma reunião de coordenação, de avaliação do que está acontecendo. Aparentemente, conseguimos superar a dificuldade maior, que era evitar a CPI da baderna. Eu disse com todas as letras, na minha apresentação, por que eu era contra. Que não era contra a CPI, mas que aquela proposta específica seria um palanque de oposição, misturando alhos com bugalhos, e que nós tínhamos um fato material para mostrar como o governo está dando, consciente, consistente e persistentemente, combate à corrupção,***** a nomeação da dra. Anadyr para ser corregedora-geral.

Feito isso, no dia seguinte, ontem, já começaram os rumores de que ela teria cometido uma irregularidade. Hoje está nos jornais. A "irregularidade" foi uma coisa banal, e nem é dela, é do marido,****** que teria registrado uma compra num valor menor do que efetivamente tinha pagado. Isso no Brasil é prática corrente, era cor-

* O presidente discursou na cerimônia de criação da Corregedoria-Geral da União.

** Em sua fala, o presidente abordou diversos escândalos de corrupção então na pauta da imprensa e citou as providências do governo para punir os responsáveis. Fernando Henrique incluiu na lista os casos da OAS e da Pasta Rosa (caixa dois eleitoral), em alusão velada ao suposto envolvimento de ACM.

*** "Dossiê Cayman. Deste, me dá gosto de falar hoje. Porque eu li, ontem, um artigo de um dos principais divulgadores do dossiê Cayman, dizendo que ele é uma farsa. Lamento, só, que o jornal tivesse levado dois anos e oito meses para dizer o que eu sabia: que é uma farsa. O banco que disse que tem — nunca vi tais contas — que se referiu a essas contas, declara, em alto e bom som, que elas são falsas. [...] De qualquer maneira, não se deve nem se perder mais tempo com alguma coisa cuja falsidade é patente. E que os que distribuíram esse dossiê foram objeto de uma ação que eu estou movendo aqui, no Brasil, porque não tive, nunca, acesso a esses papéis. De tão imundos que são, não chegaram às minhas mãos, porque acho que não tiveram coragem de me mostrar tal podridão." (Biblioteca da Presidência.)

**** José Antonio Moreno.

***** "Como é público, o governo se opôs à formação de uma CPI no Congresso Nacional, porque essa CPI misturava alhos com bugalhos, uma espécie de coquetel de questões duvidosas com algumas fantasiosas, outras reais. E todas, todas, já sob investigação. E, portanto, tinha uma conotação nitidamente — não diria nem política — pré-eleitoral." (Biblioteca da Presidência.)

****** Ary Rodrigues.

rente sobretudo em época de inflação. Ele se defendeu dizendo que não foi assim. É que o comprador, quando soube que o imóvel tinha um processo qualquer — não entendi bem, não sei o que é, parece que a posse não era segura —, pediu que o preço baixasse, o comprador declarou isso no tribunal. Há sempre uma pedrinha para atrapalhar, sempre andam buscando ver pelo em ovo. Acho que nem freira consegue, hoje em dia, passar por essa mania de escrutínio.

Ontem, dia 3 de abril, terça-feira, o dia foi mais calmo. As coisas vão melhorando. Falei com o presidente da Namíbia* por telefone, muito simpaticamente, ele quer mandar uma missão para cuidar das compras de aparelhamento para Marinha da Namíbia.**

Hoje, de importante mesmo, foi uma reunião com Hugo Chávez.*** Ao Hugo contei praticamente tudo o que aconteceu nos Estados Unidos. Disse a ele: "Olha, é para você maneirar mesmo, porque se chegar lá [na III Cúpula das Américas] bem-comportado e educado, eles vão ficar surpresos, porque estão pensando que você vai ter uma ação mais barulhenta e estão com medo. Você vai tirar o doce da boca do Bush, vai ganhar com isso. Eles pensam que eu te controlo, eu sei que não te controlo!". Ele riu muito. Eu gosto, reitero, eu gosto do Chávez. Ele se propôs a entrar no Mercosul, o que acho bom, falei que o Brasil apoiaria. Enfim, tivemos uma boa conversa a sós no almoço no Itamaraty. O resto foi um debate interno no Itamaraty.

Depois disso, à tarde, Pauderney Avelino**** veio falar comigo e disse que Amazonino [Mendes]***** quer voltar a ter um bom relacionamento conosco. Ele entrou com uma ação no Supremo, é uma ação perigosa porque pode colocar em jogo a Lei da Informática, o que asseguraria privilégios só para Manaus, e ele quer negociar. Tenho que verificar em que ponto está o assunto.

Recebi em seguida o presidente do Supremo, o [Carlos] Velloso, que veio com o presidente do Supremo de Portugal,****** o José Manuel Cardoso da Costa. Uma visita de cortesia. Perguntei ao Velloso sobre a ação do Amazonino, Velloso não sabia se o Gilmar Mendes já deu a opinião, porque, se já deu, o Amazonino não pode mais retirar a ação. Vou verificar isso.

Depois estive com o Armando Monteiro [Neto],******* que me disse que vai haver uma homenagem a mim dos empresários de Pernambuco pelo muito que estamos fazendo pelo Estado, o que, aliás, é verdade. Fiquei contente, isso vai ser bom, por causa do Marco Maciel.

* Sam Nujoma.

** A Namíbia e o Brasil negociavam a doação de navios antigos da Marinha para a formação da força naval do país africano. A primeira doação foi efetivada em 2004, com a transferência de uma corveta.

*** O presidente venezuelano veio ao Brasil em visita de trabalho.

**** Deputado federal (PFL-AM), vice-líder do partido na Câmara.

***** Governador do Amazonas (PFL-AM).

****** Tribunal Constitucional.

******* Deputado federal (PMDB-PE).

Ontem, terça-feira, fui jantar fora com o Duda (que dormiu aqui), o Zé Gregori, o Andrea Matarazzo e o Vilmar Faria. O Andrea está muito preocupado, porque o Antônio Carlos está dizendo que ele foi o caixa do PSDB e que ele está metido nos papéis de Cayman. Não sei se Antônio Carlos está mesmo fazendo isso. A *Veja* está em cima do Andrea por causa da casa que ele tem no Morumbi. A casa não é dele, foi um presente da sogra para a mulher dele.* A baixaria no Brasil é contínua, uma coisa insuportável de acusações de todo mundo a todo mundo, disse o Andrea. Eu também acho, é de desesperar. E eu tenho que fazer o país crescer e caminhar nos trilhos, ser democrático e lidar com essa cultura da podridão.

Na véspera, dia 2, portanto na segunda-feira, estive à noite com Serra e Aloysio. O Serra estava com uma preocupação que mal pôde esconder e discutir: sobre o Pimenta na presidência do partido. Está com medo que eu deixe o Pimenta ser presidente do partido e ministro. Na verdade ele prefere que o Pimenta não seja presidente do partido. Vieram conversar porque tivemos a informação de que os procuradores vão dar em cima da Sudam e prender gente como o diabo,** o que eu acho bom. Se roubaram, têm que pagar mesmo, e acho até um bom sinal os procuradores haverem tido a confiança de nos informar isso, porque antes estavam desconfiados de que o governo não queria levar adiante os processos. Agora começam a ver que não se trata disso; o que não quero é arrebentar o Brasil. Mas não há problema nenhum com relação a processos.

Hoje, quarta-feira, de manhã houve troca [apresentação] de credenciais de vários embaixadores, sobretudo do Iraque,*** da Síria**** e também da Coreia do Sul.*****

O Aécio tomou o café da manhã comigo para discutir a presidência do partido. Ele tende para o nome da Yeda Crusius. Não sei é se ela vai ter condições, eu disse a ele, de ser tomada como uma interlocutora dura pelos partidos e pela imprensa, mas é um bom nome. Convidei o Aécio para ficar assistindo à cerimônia de apresentação de credenciais.

Falei com Celso Lafer sobre a Alca, o encontro de Buenos Aires.****** Malan me telefonou, está no Canadá, preocupado porque havia rumores de que os uruguaios iriam fazer acordo direto com os americanos. Esses rumores não se confirmaram, mas há a tendência, obviamente. E também conversamos com Aécio sobre Furnas. A reação à privatização de Furnas é muito grande, não é só o Aécio. Agora acabou de

* Sonia Matarazzo.

** O Ministério Público pediu a prisão preventiva de 48 pessoas pelos desvios na autarquia. A Justiça Federal autorizou 27 prisões, entre funcionários da Sudam, empresários e empregados das empresas envolvidas, detidos em meados de abril.

*** Ahmad Alazawi.

**** Chahin Farah.

***** Kim Myeong-bae.

****** VI Reunião dos Ministros de Comércio do Hemisfério, com representantes dos 34 países que participavam das negociações da Alca, realizada em 7 de abril.

me telefonar o governador de Goiás, também ponderando que, com isso, haveria uma cartada para Itamar. Está na hora de o pessoal se encolher um tanto, ficam com medo dessas coisas e defendendo a não privatização.

Estive com o Zé Aníbal, que também se posiciona como candidato a presidente do partido. É um bom candidato, gosto do Zé Aníbal, sempre gostei. Não contei do negócio da Yeda, mas disse que ele tinha que conversar com Aécio: "Aécio tem força na bancada e quer ter no partido um eleitor importante do presidente [da Câmara], o que é justo, ele acabou de ganhar a eleição sozinho e tem demonstrado mais qualidades do que as pessoas costumam reconhecer. Então converse com ele".

Logo depois despachei com Pedro Parente e agora estou esperando o almoço com as lideranças da Câmara e com o Marco Maciel, para discutir a agenda, sobretudo a reforma política.*

HOJE É QUINTA-FEIRA, DIA 5 DE ABRIL. Ontem, depois do almoço com as lideranças, almoço tranquilo, muita brincadeira, e no dia seguinte, hoje, já saiu no jornal que Malan seria inscrito no PSDB para ser candidato. O Roberto Jefferson disse que ele tinha muita cotação em Petrópolis, outras pessoas falaram bem dele, quem sabe até no Rio, e já saiu como candidatura Malan! Não faz mal. É mais um nome para ser embaralhado, e as pessoas não vão ficar fixadas na ideia de que estou apoiando A ou B apenas.

Fiquei sabendo das votações, de tirar a urgência na votação de um projeto que diminuiria a arrecadação do imposto de renda, aumentando os limites de isenção.** Os deputados não têm noção do que significa isso, são 4 bilhões de reais que não se tem de onde tirar. Foi feito. Foi conseguido no fim do dia, apesar de muita tensão na área do Ministério da Fazenda, que acreditou que o mundo viesse abaixo por causa dessa votação na Câmara. Não veio abaixo.

À noite jantei com Matarazzo e com os assessores dele, para discutir as programações de comunicação social. Falei com o Tales Alvarenga, da *Veja*, a respeito dos rumores que deixaram Andrea muito aflito, de que a *Veja* iria em cima dele por suposição que ele tivesse sido caixa de campanha, coisa que nunca foi. Estão amolando até os funcionários das empresas dele, os empregados de uma casa que era do avô,*** perguntando se a casa foi comprada pelo pai de não sei quem, e começa a imaginação solta dessa imprensa amarga que temos hoje, de caçadores de escân-

* Uma comissão especial do Congresso analisava projetos de lei com propostas de reforma política que previam cláusula de barreira, fidelidade partidária, financiamento público de campanhas, voto em lista e o fim das coligações nas eleições proporcionais.

** O governo conseguiu derrotar o pedido de urgência urgentíssima para a discussão em plenário de um projeto da oposição que previa o reajuste da tabela do imposto de renda em 28%, em tramitação na Comissão de Tributação e Finanças. A proposta foi derrotada por 271 a 133.

*** Angelo Andrea Matarazzo.

dalos, existam ou não escândalos. Recebi o Fernando Bezerra preocupado com a posição dele no Rio Grande do Norte, quer ser candidato ao governo pelo PTB, e claro que quanto mais tarde melhor, senão vai perder o ministério que é do PMDB. Insisti sobre quem são os assessores dele no ministério, na Sudam, porque tivemos informações de que os procuradores vão pedir a prisão de alguns, provavelmente com razão, com evidências claras de articulação de rede de corrupção. Fernando não tem nada a ver com isso, eu queria saber quem eram as pessoas, mas ele não foi capaz de informar com precisão, porque também não dei a ele as indicações precisas. Essas coisas não podem vazar, para não prejudicar as investigações em marcha. A informação que obtivemos é que os procuradores vão fazer uma razia e prender várias pessoas. Há alusões a políticos e a não sei quem mais de Tocantins, mas não há nada de mais comprovado ou de mais espetaculoso quanto aos políticos.

Hoje de manhã recebi o [Lionel] Jospin,* ele veio visitar o Brasil.** Expus o que aconteceu nas minhas conversas nos Estados Unidos, o [Hubert] Védrine*** também foi aos Estados Unidos, conferimos nossas opiniões. Avancei a ideia de que há um neoisolacionismo hemisférico. Isso não quer dizer que os Estados Unidos deixem de ter ação no resto do mundo, mas a ação vai ser com *big stick*. O Védrine disse que teve essa sensação de *big stick*, mas não tanto de isolacionismo. Eu disse que não são contraditórias. Isolam no sentido de que as Américas somos uma maravilha e o resto do mundo, pau! A Europa que se cuide, que cuide das suas mazelas: a Turquia, o Leste Europeu, e tudo mais, o Japão e a China também; a China é vista como um perigo futuro. Acho que é mais ou menos isso que está se desenhando no horizonte sombrio de um governo que é de direita nos Estados Unidos e num mundo que está entrando num processo recessivo. A conversa com Jospin foi muito boa, com os outros, no almoço, também, assim como os discursos. Houve uma manifestação da CUT sobre sei lá o quê,**** com algum barulho, mas não chegou a perturbar nosso almoço no Itamaraty.

Depois voltei ao Planalto e entrei na rotina de receber parlamentares com a conversa de sempre: é preciso carinho nesse, carinho naquele, e carinho quer dizer: eles não falam o que estão querendo, mas na verdade têm pretensões a uma participação mais efetiva na máquina do Estado e querem ser atendidos pelos ministros para, inclusive, resolver os problemas de suas bases. Reclamações que são contínuas.

Conversei longamente com Ramez Tebet,***** que é presidente do Conselho de Ética do Senado. Ele está convencido de que há problemas realmente com o Antô-

* Primeiro-ministro da França.

** Visita oficial de três dias, que incluiu Brasília, Rio de Janeiro e São Paulo.

*** Ministro de Relações Exteriores da França.

**** Cerca de 10 mil pessoas protestaram na Esplanada dos Ministérios a favor da instalação da CPI da Corrupção. Um painel com os nomes dos parlamentares que não haviam assinado o requerimento da comissão foi instalado no local. Convocado por sindicatos e partidos de oposição, o protesto teve a participação de Lula.

***** Senador (PMDB-MS).

nio Carlos,* mas tem dificuldade de encaminhar essa questão. É muito difícil provar alguma coisa do que é óbvio. Antônio Carlos teve acesso à informação sobre a votação. No fim do dia, apareceu Arruda, muito afobado, dizendo que havia alegações da turma — de Fernando César Mesquita, na verdade — que passaram para várias fontes, inclusive para a *IstoÉ*, de que ele, Arruda, era conivente com a descoberta dos votos. Eu soube disso — mas não disse a ele — pelo Bornhausen, que ouviu de [João Carlos] Di Genio,** muito amigo do Antônio Carlos, que a descoberta dos votos foi feita com ajuda do Arruda. Até me preocupei. Mas quando conversei com Arruda hoje senti firmeza nele, que não era isso. Ele cobrou do Antônio Carlos, cobrou de todo mundo, e a *IstoÉ* vai publicar que há boatos nesse sentido. Até pedi que o Jader e que o Andrea, que têm influência na *IstoÉ*, não deixem publicar boatos à toa. São capazes de publicar para fazer o Arruda brigar mais com Antônio Carlos.

Essa é a nossa política... O Jader parece disposto a retirar a assinatura do tal memorando [requerimento] pedindo a CPI. Ele mesmo me disse isso. Eu acho bom. No caso do Banpará, o promotor [procurador-geral] do Pará disse que não há ação a ser tomada porque está tudo prescrito. Eu já sabia disso, todo mundo sabia, mas como fizeram tanta onda sobre o Banpará dava a impressão de que o mundo viria abaixo.

À noite jantei com Frias. Frias pai. Por mais que explicasse a ele que esses negócios de Cayman eram fantasiosos, que Fernando Rodrigues difunda a notícia, ele insiste que deve haver alguma empresa em Cayman ou, sei lá onde, nas Ilhas Virgens, e que essa empresa foi feita com certeza pelo Sérgio Motta com restos de campanha. Eu disse: "Frias, da nossa campanha de 1994, realmente sobrou dinheiro, 3 milhões ou 4 milhões de reais que foram para o PSDB e, em 1998, faltou dinheiro".

Ele disse: "Ah! isso eu sei".

"Pois é! se você sabe que faltou, se houvesse dinheiro sobrando seria fácil pegar."

Mas é fantasioso, não existe isso nem o Sérgio tem empresa lá. Já virei céus e terra e nunca encontrei elementos que me dissessem que o Sérgio tinha uma empresa lá — e ele até podia ter tido, porque em 1994, em janeiro, não era do governo. Mas não adianta, nunca teve. Acredito que Frias acha mesmo que é assim. Ele me disse o seguinte: "Ninguém duvida de que você não tem nada a ver com isso, você tem horror a dinheiro, certamente, mas a política não se faz sem dinheiro". Eu disse: "É verdade, só que não tem nada a ver com Cayman, não tem nada a ver com essa conta, isso não é verdade!". No fundo está convencido, ou quer se convencer, de que há uma base de realidade para a acusação: onde tem fumaça tem fogo. E ninguém vai tirar isso da cabeça dele, até porque, em parte, é coisa do jornal. No final disse que se magoou comigo porque, quando fiz um desabafo contra a *Folha*, disse

* Uma perícia comprovara que era autêntica a gravação do depoimento de ACM aos procuradores, com sua confissão sobre a violação do painel eletrônico. O ex-presidente do Senado negara a autenticidade da fita.

** Dono do grupo Objetivo.

que ela não tinha a hombridade de voltar atrás. É uma falta de escrúpulo, durante quase 32 meses, fazer de conta que os papéis eram verdadeiros! Não houve hombridade nenhuma! É inacreditável. Fora isso, eu sou o maior do mundo, ele me admira muito e é sincero, me parece. Enfim, como todos os seres humanos, o personagem é contraditório. Gosto dele, porque é muito inteligente, mas não tenho ilusão de que o que eu disse tenha efeito sobre o que a *Folha* vai fazer. A *Folha* vai continuar sendo o que ela é: um jornal que não mede as consequências dos escândalos que gosta de provocar e de produzir, como no caso de Cayman. Além disso, é um jornal vivo, que tem bastante interesse para o leitor nesta confusão que é o Brasil.

Serra ficou de vir aqui, mas não apareceu. Me telefonou agora, são dez e meia da noite, eu disse que o Frias tinha ido embora, ele também não estava com disposição de vir até aqui, eu estou deitado, de pijama, vou ler um pouco e depois dormir, porque estou muito cansado.

HOJE É DIA 6 DE ABRIL, SEXTA-FEIRA, são nove e meia da manhã. Li nos jornais que ontem o Jospin foi visitar a catedral [de Brasília], foi vaiado, o pessoal da CUT não sabe quem ele é, achou que era uma autoridade brasileira. Foi bom para eles [os socialistas franceses] verem o grau de primitivismo da nossa chamada esquerda, que de esquerda não tem nada. Esse é o sentimento que prevalece, às vezes até justo, de rebeldia, de irritação. E o Lula, meu Deus do céu, que papelão! Distribuindo pizzas num palanque. Não vou dizer mais do que isto, mas ele é um clown. Foi um líder e hoje é uma réplica de si mesmo, e de quinta categoria. É patético.

Ontem consegui falar com o Fox, presidente do México, sobre a Alca, e a posição dele é coincidente com a nossa. O importante é que seja um bom acordo, a data é o de menos. Acabei de falar com Celso Lafer, que está em Buenos Aires, para lhe transmitir isso. Eduardo Santos me disse que o [Jorge] Castañeda estaria dando a Celso uma versão de que o México estaria propenso a aceitar a data de 2003. Ele vai dar trabalho, porque é um profeta desarmado. O livro dele tem esse título.* Tentei falar com o Ricardo Lagos para explicar a posição do México, mas ele estava com o presidente da China.**

O Frias está preocupado com a economia mundial, eu também. Estamos diante de uma desaceleração da economia americana. Neste ano, vamos elevar no Brasil a taxa de crescimento para 4% porque a agricultura está dando resultado, é um bom salto, e a indústria tomou um impulso.*** Agora, o que fazer no ano que vem?

* *Utopia Unarmed: The Latin American Left After the Cold War*. Nova York: Vintage, 1994 (edição brasileira: *Utopia desarmada: Intrigas, dilemas e promessas da esquerda latino-americana*. São Paulo: Companhia das Letras, 1994).

** Jiang Zemin.

*** O governo previa crescimento de 7% no PIB industrial em 2001. O crescimento projetado do setor agropecuário era de 8%.

Vai ser mais complicado. Não sei se os nossos economistas terão a flexibilidade necessária para entender que um pouquinho de inflação é melhor do que aumento de desemprego. E olha que eu sou "controlista". Não sou dos gastadores nem irresponsável. Mas não há necessidade de fazer com que a taxa de inflação chegue, a qualquer custo, a 4%. Se for quatro e alguma coisa, não atrapalha ninguém. O ano passado foi 5%* e não houve nada de tão grave. De modo que o importante agora é manter a expectativa de crescimento na economia, esperando que lá fora passe a tormenta.

HOJE É SÁBADO, 7 DE ABRIL. Ontem recebi o Winston Fritsch** para conversar de economia, em termos gerais. Recebi o Zé Abrão [José Abrão],*** que me fez uma detalhada exposição de como andam as questões do Ministério da Reforma Agrária [Desenvolvimento Agrário], inclusive como o MST, que vai se enfraquecendo com a ação eficaz do governo, assentando gente e cortando subvenções ilegítimas ao MST.

Depois, recebi longamente o Zé Jorge, para discutir assuntos energéticos, e tinha recebido antes o Luiz Gonzaga Perazzo, que me trouxe também um relatório sobre a questão energética.

Jantei com Zé Gregori, passamos em revista tópicos da pasta dele, inclusive o famoso dossiê Cayman. Disse ele que a Polícia Federal está em Nassau e que já obteve que o Serra e o Mário Covas não têm nada a ver com nada. Mas acho que eles estão ainda sem saber o que fazer com essa empresa registrada em nome do Sérgio, embora não seja do Sérgio, e sim uma chantagem. Eu disse a Zé Gregori que visse se podemos obter uma declaração oficial sobre alguma movimentação bancária, porque, se não houver movimentação bancária dessa empresa, ou se a movimentação bancária for falsa, mesmo que exista uma empresa registrada lá [por outrem], mas sem movimentação bancária, morre o assunto. O Zé achou boa a ideia. Fora isso, nada de novo. Zé insiste que eu preciso manter no ar várias candidaturas presidenciais.

Hoje de manhã eu vou para o Rio de Janeiro encontrar-me com o Jospin. Jospin deu muito boas declarações em São Paulo e eu soube também uma coisa que me aborreceu: que a Marta Suplicy**** teria dito em Paris a um líder do Partido Socialista que essa coisa do dossiê Cayman era verdadeira. Se a Marta fez isso, ela mentiu. Ela nos conhece há tantos anos, sabe que seríamos incapazes de entrar numa arapuca suja dessas. Não sei se ela disse.

* O IPCA de 2000 registrou alta de 5,97%. A inflação acumulada até março de 2001 era de 1,4%.

** Economista, presidente do Dresdner Bank no Brasil. Fritsch participou da formulação do Plano Real como secretário de Política Econômica do Ministério da Fazenda (1993-94).

*** Secretário executivo do Ministério da Reforma Agrária.

**** Prefeita de São Paulo (PT).

HOJE É DOMINGO, 8 DE ABRIL. Ontem fui ao Rio, Ruth voltou da Guatemala e me encontrei com ela. Paulo Henrique estava voltando de São Paulo e as meninas também. Acompanhado do Aloysio e do Vilmar, almocei com o Jospin e o [Charles] Josselin, ministro dele,* e um outro chamado [Roger-Gérard] Schwartzenberg, que é ministro de Ciência e Tecnologia** e escreveu um trabalho de ciência política.*** Me deu até um livro. Almoço melhor, impossível.**** Jospin está muito afinado com o que estamos fazendo aqui, temos a mesma linha, as diferenças são do meio cultural e político. Nós nos movemos em um meio muito mais tosco do que o meio cultural e político francês, e naturalmente a diferença da riqueza dos países é grande.

Passamos em revista, amigavelmente, a política brasileira, expliquei melhor a questão dos partidos, como o governo aqui está baseado — digo sempre, brincando — na AP***** e no PCB, pois dessas organizações saíram os quadros do governo; outra coisa é o Congresso: PMDB, PFL e tal. Mas no presidencialismo o governo permite que o presidente imprima o rumo, e no meu caso dei apenas a periferia do governo ao jogo tradicional de partidos. Ele entendeu que isso só pode existir num regime presidencialista e não num regime parlamentarista, consequentemente a dificuldade de traduzir o que acontece na França e no Brasil é muito grande. Aqui fazemos um governo cuja política é semelhante à socialista da França, porém com uma base quase "de direita". Mas é porque não há consistência nos nossos partidos. Voltei à minha tese de que aqui não existe direita, que direita existe no Chile, na França, e vimos agora que também nos Estados Unidos. No Brasil é essa confusão, essa coisa malemolente que penetra em todos os partidos. O que eles querem são alguns benefícios, damos o mínimo possível. A imprensa grita, grita, mas quando se faz um balanço se vê que damos o mínimo possível para manter a maioria que eu preciso para poder mudar o país. É o que eu quero: é necessário mudar e fazer com que o setor político [os partidos] deixe o governo governar, senão é CPI a toda hora sob os mais vários pretextos, e isso acaba inviabilizando o governo. Foi essa a nossa longa conversa. Também repeti minhas teses sobre a Argentina e sobre a Venezuela, nossas visões coincidem em quase tudo. Sobre a Argentina eles sabem menos. O Jospin conhece um pouco a Venezuela, me pareceu. Depois voltei para Brasília.

Coisas a notar: Chávez me telefonou hoje duas vezes, aflito porque estava reunido com o pessoal do Grupo dos Três, com o Fox e o [Andrés] Pastrana,****** e os dois forçam para que ele aceite a resolução de Buenos Aires de que se iniciem as

* Secretário de Cooperação Internacional.

** Ministre de la Recherche.

*** *L'État spectacle: Essai sur et contre le star system en politique*. Paris: Flammarion, 1977.

**** O almoço aconteceu no hotel Copacabana Palace.

***** Organização da esquerda católica criada em 1962, com grande penetração no meio estudantil. Combateu o regime militar na clandestinidade. Entre seus membros estiveram Sérgio Motta, José Serra e Aloysio Nunes Ferreira.

****** Presidente da Colômbia.

discussões da Alca, com sua implementação em janeiro de 2005. Já foi um passo adiante. Mas ele quer opor resistência, deixei que opusesse, assim temos mais margem de manobra para a negociação em Québec com os americanos. O Chávez tem sido muito correto comigo, ele não vai além de certo limite, força o limite quando é do interesse dele e de todos nós forçar, para que possamos fazer uma negociação melhor com os Estados Unidos. Insisto sempre, ele sabe que nossa posição não é contra a Alca, mas é para termos uma Alca mais vantajosa para todos nós. Essa é uma política delicada. Acho difícil que no fim do meu mandato eu ainda possa introduzir uma mudança dessa envergadura. Aqui alguns dizem: "Você pode ser o Jean Monnet* da política sul-americana", o homem que fez a unidade da Europa. Mas o nosso é outro mundo, não dá para a gente fazer essas aproximações tão facilmente, nem para fazer com que as pessoas entendam o jogo complexo da política internacional e mesmo do interesse econômico; tenho que defender os nossos, aqui do Brasil. Daqui a pouco o Pedro Malan vem conversar comigo, virão também outras pessoas para jantar e ver um filme.

Ah, esqueci-me de dizer que neste fim de semana as revistas voltaram a essa verdadeira mania de fitas e grampos. O pobre general Cardoso aparece de novo. São coisas velhas, porque gente ligada ao antigo SNI** que está na Abin pode ter ajudado a fazer os grampos no BNDES. Só que eles não dizem a quem deram esses grampos! Os interesses comerciais ficam totalmente cobertos e o governo fica podre, embora não estejam acusando o governo diretamente. Mas é essa podridão. Depois li, também na *IstoÉ*, a questão do Arruda. O Arruda está sendo acusado pelo Antônio Carlos, e também pelo [José Eduardo] Dutra,*** de ter sido o primeiro que mostrou as tais listas de votação. Arruda já havia falado comigo, aparentemente cobrou do Antônio Carlos, e na segunda-feira vai exigir que ele desminta. Pode ser mais uma manobra do Antônio Carlos. É verdade que o Jorge Bornhausen me disse que o Di Genio havia dito isso a ele, mas a informação vem da mesma fonte: Antônio Carlos. Senti o Arruda com firmeza em rechaçar essa versão malévola.

E na outra revista, qual é mesmo... é a *Veja*, também se mexe com Arruda, como a *Época* faz com Cardoso. A *Veja* vem com a questão da Sudam.**** Mais uma vez o trabalho da Polícia Federal, dos procuradores, nós sabíamos, até demitimos muita gente lá, mas isso vem para os jornais como vazamento. É quase inviável o Estado

* Ex-presidente da Comunidade Europeia do Carvão e do Aço (1952-55), precursora da Comunidade Econômica e da União Europeia.

** Órgão de espionagem interna criado em 1964 pela ditadura militar e extinto em 1990 no governo Collor.

*** Líder da oposição no Senado.

**** A revista paulista publicou matéria de capa na edição de 11 de abril com transcrições de grampos da "máfia da Sudam", autorizados pela Justiça. Os grampos revelaram fraudes de R$ 360 milhões e sugeriram envolvimento de Jader Barbalho e do secretário executivo do Ministério da Integração Nacional, além de empresários e funcionários da Sudam.

brasileiro — não sei se o Estado americano não será também assim —, porque tudo vaza, vaza. A sociedade moderna não é transparente; é translúcida. Se fosse transparente seria melhor, mas é translúcida, então vaza enviesado, dá a impressão de que... O que está na *Veja* pode dar a impressão de que houve conivência, e no caso do Fernando Bezerra põem a fotografia dele. O secretário executivo dele,* de quem nem sei o nome direito, dizem que é um homem bom, é amigo dele, está pedindo para ir embora a toda hora, mas lá eles o apresentam como quem teve contatos com a máfia da Sudam! Pode até ter tido, porque ministro, secretário executivo ou presidente da República são obrigados a falar com muito canalha. E daí? Fazer o quê? Vai receber o contágio de canalhice pela conversa? É infernal!

HOJE É DIA 12 DE ABRIL,** acabei de chegar à fazenda Córrego da Ponte em Buritis. Vamos recapitular a semana, porque foi uma semana positiva, mas muito agitada.

Na segunda-feira, dia 9, recebi de manhã o representante do presidente da Namíbia, que veio porque querem construir navios para a Marinha deles no Brasil, navios pequenos. Querem também que nós ajudemos o país a fazer um levantamento do limite territorial do mar da Namíbia, um levantamento geodésico.

No fim da tarde, recebi o pessoal da Anfavea com os novos presidentes;*** vários deles vieram cantar loas a tudo que o governo fez para a indústria automobilística, hoje eles são capazes de produzir 3 milhões de veículos no Brasil. Estão produzindo cerca de 2 milhões, mesmo assim é um feito grande, estão felizes, parece que exportam 400 mil veículos. Enfim, a nova indústria automobilística instalou-se aqui no meu governo. Vieram me dizer que é uma indústria de padrão global, o que antes não era.

Almocei sozinho, porque a Ruth almoçou no Comunidade [Solidária]; depois do almoço me encontrei com a Danielle Ardaillon**** e com um senhor que está cuidando da edição dos meus livros primeiro na Romênia, agora na China; chama-se George Legmann. Foi interessante a conversa. Discuti um pouco com Danielle a questão dos meus arquivos, o que vamos fazer com meus livros, documentos, essa coisa toda.

Depois tive reunião de avaliação, como se faz toda segunda-feira, com o pessoal da casa***** e, mais tarde, uma reunião já mais complicada com o Luís Carlos Santos, o Pedro Malan, o Tápias, o Zé Jorge, o Pedro Parente e o Gros. É a turma que o Luís Carlos dos Santos trouxe, além de Eleazar de Carvalho, filho do maestro, que

* Benivaldo Azevedo.

** Véspera de Sexta-Feira Santa.

*** Célio Batalha, presidente, e Ricardo Luís de Carvalho, vice.

**** Antropóloga, assessora de Fernando Henrique para a organização de seus documentos pessoais na Presidência.

***** Isto é, os ministros palacianos e os líderes do Congresso.

é diretor do BNDES* e me pareceu uma pessoa competente. A discussão foi sobre o que fazer com Furnas. Isso é um pesadelo. Claro que o pessoal de Furnas não quer a cisão da empresa, quer, portanto, contrariar o modelo energético que estamos implementando no Brasil. O que posso dizer é que as razões são as mais variadas. Acho até que eles têm alguns argumentos, mas a questão da cisão divide o pessoal: a geradora, que vai ser privatizada, e a transmissão, que não vai, porque seria estatal. Essa é a briga dentro da corporação.

Claro que existe também o apego dos diretores a seus cargos; havendo a privatização, mesmo que ela seja através da pulverização das ações, haverá mudanças de diretoria. Alguns diretores estão lá há muito tempo e se consideram profissionais, alguns são engenheiros, o Luís Carlos Santos já foi diretor de empresa em São Paulo.** Porém o que eles — os do governo que querem privatizar — chamam de profissionais são gente do mercado, que inspire confiança no mercado [financeiro], para que possa haver a venda das ações. Enfim, uma briga feia. Os argumentos são conhecidos, mas um lado não convence o outro. Já a pulverização das ações é aceita por todos. A questão da cisão é o ponto de discórdia fundamental. O Luís Carlos, que é muito inteligente, no final disse: "Vejam, a diferença entre nós é mínima, é só a questão da cisão, porque a pulverização o governo acabou aceitando e a ideia foi nossa, 'nossa', de Furnas!". É verdade. Foi a pressão da opinião pública, e "opinião pública" quer dizer: políticos mineiros que a todo custo querem evitar a venda de Furnas e querem contorná-la com a ideia que lhes parece mais adequada.

Terça-feira, dia 10 de abril, foi um dia mais rico de acontecimentos. Primeiro porque fui a Formosa lançar, com Zé Gregori e o general Cardoso, o Plano Nacional de Segurança Pública,*** apoio que demos à região do entorno [de Brasília], tanto ao governador de Goiás quanto ao governador de Brasília,**** o que não é fácil, porque um é do PSDB e outro do PMDB e vivem se estranhando. Mas estavam juntos lá. Foi uma bela festa, umas 7 mil, 8 mil pessoas no estádio, muita alegria. Errei no discurso o nome do prefeito, chama-se Tião Caroço [Sebastião Guimarães]***** e chamei-o de Tião Pescoço. Até deu notoriedade a ele, foi parar no *Jornal Nacional*.

Voltei para falar com Bush, porque tinha recebido a informação de que ele queria conversar comigo. De fato, depois do almoço me ligou o Bush. Disse que a questão da China estava complicada,****** porque os chineses queriam que ele pe-

* Diretor-superintendente da BNDES Participações (BNDESPar).

** Foi diretor administrativo da Companhia Agrícola de Imigração e Colonização do Governo do Estado de São Paulo (Caic) e assessor da diretoria do Banco de Desenvolvimento do Estado de São Paulo (Badesp) nas décadas de 1960-70.

*** Cerimônia de entrega de 509 viaturas policiais adquiridas com verbas do Plano Nacional de Segurança Pública, lançado em junho de 2000.

**** Joaquim Roriz.

***** Pelo PPB.

****** Em 1º de abril, um avião espião da Marinha norte-americana colidiu com um caça chinês sobre o

disse desculpas. Ele já havia dito "*I'm sorry*", não podia ir mais longe do que isso e pedia, como eu iria encontrar o presidente da China,* que eu intercedesse, porque, disse, o que aconteceu no mar da China foi um acidente, não foi nada proposital, embora, obviamente, o avião americano estivesse fazendo espionagem, acrescento eu. Respondi que sim, que falaria com o presidente [Jiang] Zemin, que conheço, e antecipei que achava que havia um problema de cultura, porque a noção de tempo é diferente no Oriente, na China especialmente.

Depois recebi o Sardenberg, que veio me apresentar um balanço das coisas na área dele e também preparar os discursos que farei no ano que vem sobre ciência e tecnologia. Recebi o presidente da Saint Gobain,** recebi também uma pessoa ligada a Voith Siemens, chama-se Edgard Horny, que veio me trazer uma fotografia muito impressionante da turbina do gerador que estamos preparando para a Usina de Três Gargantas,*** fabricada aqui no Brasil. A turbina é imensa, dentro dela cabem todos os funcionários da Voith Siemens. Disse-me que a maior unidade de produção de geradores da Voith está aqui no Brasil e que a tecnologia mais complicada e mais sofisticada também. O Brasil surpreende sempre.

Fabio Feldmann veio falar sobre a questão que o apaixona, como a todos nós, que é o meio ambiente. Muito preocupado, porque o governo não avança nessa área, ele acha que o Sardenberg não leva muito ao pé da letra, pediu meu apoio para ajudá-lo; essas conversas se renovam a cada instante. No encontro da Voith, veio o Sérgio Parada, diretor executivo da Bardella, que se associou à Voith, e na associação tem influência minha porque, pressionei bastante os alemães para que houvesse participação de capitais brasileiros.

Jantei com o pessoal mais ligado a mim, o Vilmar, o Andrea Matarazzo, um jantar agradável de balanço, juntos também o Juarez [Brandão Lopes]**** e o Leôncio Martins Rodrigues, que tinha ido à Brasília para uma reunião, e o convidei para jantar. A Ruth estava em Pernambuco.

Ontem, quarta-feira, já foi um dia de outra natureza. De manhã não saí do Palácio da Alvorada, mas a partir das oito e meia já estava trabalhando duro, dando entrevista ao vivo para a rádio de Recife.***** Depois dei outra, ao vivo também, para a rádio de Curitiba.****** Em Recife, tem um jornalista chamado [Geraldo]

---

mar da China. O piloto chinês morreu e o turboélice dos EUA foi apreendido por Beijing, que deteve os 24 tripulantes até a apresentação de um pedido formal de desculpas, em 11 de abril, no qual Bush se declarou "*very sorry*" duas vezes.

* O mandatário chinês fazia um tour pela América Latina e chegou ao Brasil em 11 de abril.

** Jean-Claude Breffort, presidente da Saint-Gobain no Brasil.

*** Hidrelétrica chinesa no rio Yang-tse, a maior do mundo em capacidade instalada, inaugurada em 2003.

**** Coordenador-geral do Núcleo de Estudos Agrários e Desenvolvimento Rural, assessoria do Ministério do Trabalho e Emprego.

***** Rádio Jornal.

****** Rádio CBN-Curitiba.

Freire que é um muito bom comunicador, falamos um longo tempo, foi interessante.

Sancionei a Lei da Renda Mínima* com o Paulo Renato. Assistiram à sanção, além do Floriano [Pesaro], que é o diretor do projeto das bolsas,** o [Nelson] Marchezan,*** um dos pais dessa matéria, e o Osvaldo Coelho,**** que também ajudou muito. Conversamos um pouco sobre a política gaúcha, e Paulo Renato pareceu mais calmo.

Recebi Odelmo Leão,***** de quem eu gosto, que sempre me ajuda muito, é líder do PPB, é uma pessoa de coragem. Pediu-me que eu falasse bastante sobre uma estrada entre Uberaba e Uberlândia,****** na região dele, é justa a reivindicação.

Depois disso, às onze horas da manhã, tive uma longa reunião no Alvorada com Malan, Martus Tavares e Pedro Parente, as principais pessoas da área econômica, e seus ajudantes imediatos, Amaury Bier e Silvano [Gianni].******* Discussão sobre o que fazer com os cortes orçamentários, com a liberação de verbas. A cada bimestre ou trimestre temos esse encontro. Reunião como sempre difícil, porque as demandas são muito maiores do que as possibilidades, mas, graças à habilidade do Pedro Parente, a coisa saiu razoavelmente bem e acho que mantivemos o equilíbrio fiscal, atendendo, porém, a algumas demandas importantes.

À tarde, tivemos um cerimonial de promoção dos novos oficiais generais. É tradicional. Mas dessa vez o Fred Araújo decidiu que a Ruth tinha que ir também. Fiz um discurso. Tinham me apresentado um discurso muito formal, muito burocrático, eu fiz outro sobre o Brasil no mundo, expliquei a questão da Alca, do Mercosul etc.

Terminado isso, fiquei despachando com o pessoal da casa, esperando a visita do presidente Jiang Zemin. Chegou, honras etc., e fomos para a minha sala, só ele e uma intérprete. Às vezes eu falava em inglês, às vezes ele falava em chinês, e eu e a moça traduzíamos a palavra para o português, uma misturada, mas com muita facilidade de comunicação. Levei a questão dos americanos, eles já tinham tomado a decisão de liberar os prisioneiros, mas Zemin me disse o seguinte: "Esse moço é muito moço — o presidente Bush —, eu conheci os pais dele, conheci o [Henry] Kissinger.******** A China tem 5 mil anos, os Estados Unidos são um país mais jovem".

* Lei nº 10 219, de 11 de abril de 2001, que instituiu o Programa Nacional de Renda Mínima Vinculada à Educação, o Bolsa Escola.

** Secretário nacional do Bolsa Escola.

*** Deputado federal (PSDB-RS), autor do projeto que resultou na lei nº 9533, de 10 de dezembro de 1997, base legal dos programas federais de renda mínima vinculados a ações socioeducativas.

**** Deputado federal (PFL-PE).

***** Deputado federal (PPB-MG).

****** A BR-050 estava em obras de duplicação no Triângulo Mineiro.

******* Subchefe da Casa Civil.

******** Ex-assessor de segurança nacional e ex-secretário de Estado dos EUA durante os governos Nixon e Ford.

Ele insistia que Bush era, digamos, imaturo para o cargo. E deu o seguinte exemplo: que o Clinton, que também era moço — ele fez o reparo —, telefonou para ele seis vezes quando bombardearam por engano a embaixada chinesa na Iugoslávia.* Ele só atendeu Clinton na sexta vez. Qual a lição ele queria tirar disso? Que os americanos precisam entender que o mundo não é mais hegemônico, embora mantenha elementos disso. O mundo não pode ser polarizado, tem que ser multipolar, a China existe, o Brasil existe, outros países existem. Em outros termos, me disse: esse acidente não acabou, porque o avião ainda está lá preso por eles.** O que ele quis me dizer é que, para resolver uma questão dessa natureza, eles esperam que haja muita paciência dos americanos e certa humildade. Essa foi a lição grosso modo. Pedi que, se ele fosse atuar nessa questão, mencionasse que eu havia conversado com ele; seria bom, porque mostraria aos Estados Unidos que o Brasil está no jogo, o que ajuda nosso prestígio na cena internacional.

Dito isso, fomos para a sala de reuniões, rotina, ele sempre muito simpático. Depois, seguimos para o jantar no Itamaraty com a turma dele. Muito agradável também, Zemin é uma pessoa de espírito. A senhora dele*** tem muita dificuldade, não fala nenhuma língua estrangeira. Ele foi tão simpático que no final quis conhecer o Alvorada. Disse: "Vou tomar um chá, vamos lá com chá ou sem chá! Eu quero ver!". E lá foi ele! À meia-noite fomos para o Alvorada com toda a comitiva, num gesto de extrema simpatia, mostrando um relacionamento pessoal muito, muito agradável mesmo. Além de que a China e o Brasil têm coincidências imensas. Claro que os chineses negociam com muita dureza, compram aviões da Embraer, mas querem que a empresa ponha uma fábrica na China; nós queremos o acesso para os nossos produtos lá, mas eles querem não sei o quê. Enfim, são comerciantes duros, mas no plano mundial obviamente a China é um fator de poder. Se ilude quem imagina que, com a maior força da China, as coisas vão ficar mais fáceis... Forte é forte. O problema em política é que você tem que ser forte. O Brasil ainda não é suficientemente forte para falar grosso. Tanto faz quem seja, Bush, Zemin, Jospin, Schröder... na hora de a onça beber água é sempre difícil. O Brasil está se fortalecendo cada vez mais, o caminho é mesmo o fortalecimento, mas, infelizmente, na política as coisas nem sempre são fáceis aqui, porque as pessoas entendem pouco desse jogo todo.

Hoje, quinta-feira, nadei de manhã e recebi o pessoal para fazer um programa de televisão para o PSDB. Falei de novo com o Bush, para dar conta da minha conversa com Zemin sobre os aviadores. Não menti, porém não disse que Zemin

* Em 7 de maio de 1999, a sede da representação chinesa em Belgrado foi parcialmente destruída por cinco bombas lançadas de um bombardeio B-2 norte-americano integrante da coalização ocidental que interveio na Iugoslávia durante a crise da independência do Kosovo. Três jornalistas chineses morreram.

** A aeronave norte-americana envolvida no incidente, modelo EP-3 Aries II, ficou retida na China até julho de 2001, quando foi devolvida aos EUA depois de desmontada e analisada.

*** Wang Yeping.

o acha despreparado e moço, mas disse o resto, que ele considere que precisa ter paciência. Dei o exemplo do Clinton. Enfim, não foi uma conversa de amenidades, ele foi muito agradável comigo, também não tinha por que não ser.

Depois tive um longo almoço de trabalho, de novo sobre Furnas. Aí eram só o Pedro Malan, o Pedro Parente, o Zé Jorge, o Tápias, que também estivera na outra reunião, e o Gros mais o Madeira. Resolvemos o seguinte: vamos manter o modelo, ou seja, haverá cisão. Vamos deixar de falar na data da privatização, porque na visão de todos que ali estavam é preciso tirar a diretoria atual. Esse é realmente o espinho. Tirar a diretoria atual significa entrar em choque com interesses políticos do Congresso. Mas, à vista de que não tem outro jeito, vou ver como fazemos isso. Para mim é difícil, gosto do Luís Carlos, ele sempre me ajudou e também acho que há um preconceito nessa matéria. Mas todos os ministros acham isso, então fica uma decisão muito difícil.

Zé Jorge foi à televisão e falou bem, falou mais da falta de energia,* do que vamos fazer na questão do gás,** disse que vamos manter a pulverização na venda de Furnas, com *golden share* etc., e que haverá a cisão. Como amanhã é Sexta-Feira Santa, a repercussão será menor,*** mas haverá alguma. Isso foi hoje, quinta-feira.

Ainda conversei mais um pouco com Madeira sobre a direção do partido, o PSDB, contei que tinha falado com o Geraldo Alckmin, que acha o Zé Aníbal a melhor solução. Disse o Madeira: "Provavelmente porque assim o Zé Aníbal sai da Secretaria [de Desenvolvimento, Ciência e Tecnologia] de São Paulo". É bem possível. Também me disse isso o Zé Alencar, o Almir Gabriel, o Perillo. Enfim, o Zé Aníbal até se fortaleceu. Transmiti ao Aécio, que tem falado comigo por telefone sobre essas questões. Acho que Aécio precisa ser incorporado nos que têm peso nas decisões. Ele ganhou a eleição e é presidente da Câmara. Não sei, Aécio preferia a Yeda, vou conversar de novo com ele na terça-feira que vem; antes de viajar para o Canadá, resolvo essa questão. É mais provável que o Zé Aníbal seja o escolhido. Serra não vai gostar muito, mas também não vai estrilar, porque sabe que se estrilar é pior. Acho que o Serra precisa ser mais cooperativo, mesmo com aqueles que têm um pé um pouco atrás com ele, pois seria uma maneira do pé ir para a frente.

Estou na fazenda, com os oficiais da Aeronáutica que me trouxeram no helicóptero mais os seguranças. Fui ver as acomodações deles. Andamos um pouco por aqui. Quero acrescentar algo ao que já disse.

* O ministro esclareceu o Plano de Racionalização de Energia, lançado pelo governo dias antes, com 25 medidas para diminuir em 10% o consumo energético das regiões Sul, Sudeste e Centro-Oeste, que enfrentavam uma seca rigorosa e baixas históricas no nível dos reservatórios hidrelétricos. Jorge também anunciou corte de 15% nos gastos com eletricidade em prédios públicos. O ministro alertou para a possibilidade de um racionamento se as medidas preventivas não surtissem o efeito desejado.

** O governo projetava construir ao menos quinze usinas termelétricas a gás para compensar a perda de potência geradora do parque hidrelétrico nacional.

*** José Jorge falou ao país no domingo de Páscoa.

Primeiro, a questão de Antônio Carlos esmaeceu muito. Na verdade ele continua tentando dar uma picada aqui e ali, mais coisas da Sudam para pegar o Jader, não sei o quê, mas esmaeceu muito o ímpeto de Antônio Carlos. Por outro lado, houve fofocas, disseram que eu tinha dado ordem de demitir todo mundo, ora, não dei. Pedi ao Pedro Parente que avisasse o governador da Bahia que o rumor não era verdadeiro, embora alguns possam cair: um por corrupção, outro vai pedir demissão, e assim vai. Mas nada que tenha o sentido político de perseguição aos carlistas. Não é o meu estilo, embora objetivamente eles perderão força crescentemente se o Antônio Carlos continuar, como tudo indica, nessa direção.

De resto, creio que a situação geral da Câmara melhorou. Isso não quer dizer que esteja uma maravilha, mas saímos do sufoco de CPI pra cá, CPI pra lá, sem nenhum cabimento. Amanhã devo encontrar o Celso Lafer, que vem à fazenda juntamente com o Seixas [Corrêa] e com o Eduardo Santos, para discutirmos a posição do Brasil na Alca. Falei com Ricardo Lagos, com De la Rúa sobre a questão da Alca, falei com Fox, com o Chávez várias vezes, porque estamos acertando uma posição comum. Conseguimos superar a imposição de 2003, data na qual os chilenos, a pedido provavelmente dos americanos, estavam insistindo. Mas deixaram de insistir, e está acertado 2005. Mas a questão principal é saber o que se ganha e o que se perde, e nossa opinião pública é contrária à Alca. Nossos empresários ainda não têm uma posição clara, e os setores de esquerda são ideologicamente contrários, porque são contra os Estados Unidos, contra o capitalismo. Como os Estados Unidos representam esse capitalismo, eles ficam contra. Evidentemente, quando chegarem ao governo, se chegarem, vão ver o que, não havendo alternativa, se deve fazer: melhorar as condições de vida do povo, a despeito do capitalismo, que, realmente, não é um sistema feito para favorecer os mais pobres; é para acumular capital. Portanto, precisa-se de ação do Estado para contrabalançar a acumulação de capital. É o óbvio ululante, mas os patetas da objetividade não veem nem o óbvio.

Quero fazer um adendo ao que aconteceu na sexta-feira 6 de abril, porque acho que não registrei. Recebi três governadores: o [Joaquim] Roriz, que veio discutir a questão do Arruda, PSDB, PMDB, para a sucessão dele e a intervenção que o Arruda estava evocando no PSDB e que vai prejudicar Abadia [Maria de Lourdes Abadia];* Roriz propõe um acordo.** Depois recebi o Ronaldo Lessa,*** que veio com dois senadores, o Teo e o Renan, pedir apoio a Alagoas na continuidade aos programas para as enchentes etc. etc. E o mais importante politicamente é que recebi César Borges, finalmente dei audiência a ele. César Borges veio dizer que estava preocupado com eventuais perseguições. Eu disse: "Olha, governador, eu trato bem a todos, o Olívio

* Deputada federal (PSDB-DF) e pré-candidata ao governo do Distrito Federal. Abadia, presidente do PSDB-DF, disputava a candidatura tucana com o senador José Roberto Arruda, que solicitara à Executiva nacional uma intervenção no diretório brasiliense.

** Abadia disputou as eleições distritais de 2002 como vice-governadora na chapa de Joaquim Roriz.

*** Governador de Alagoas (PSB).

Dutra vem aqui, quando vou lá me trata bem, administrativamente temos relações corretas com a oposição, por que não teríamos com o senhor?".

"Ah, porque vai ter a inauguração do aeroporto lá na Bahia* e inauguração da fábrica da Ford..."**

"Olha, governador, eu vou a Minas inaugurar fábrica [da Fiat], Itamar é quem não vai me receber.*** Por que eu não iria a Bahia? Não se preocupe com isso!"

Ele insinuou que eu devia fazer mais um gesto para Antônio Carlos. Eu disse: "Acabei de autorizar a publicação de uma nota que escrevi sobre Luís Eduardo,**** escrevi depois de me desavir com Antônio Carlos. Não fiz como um gesto, fiz porque eu gostava do Luís Eduardo, mas o Antônio Carlos podia ter entendido a nota como um gesto. Eu vou lhe dizer, governador, quem tem que fazer um gesto é ele". Contei a história do Fernando César Mesquita, que estaria distribuindo aquele maldito falso telefonema meu com Mendonça: "Não existe nem a fita, o que existe é uma degravação imaginária. Isso partiu do gabinete do Antônio Carlos, do Fernando Mesquita". Então a conversa foi boa nesse sentido, porque não estou rompendo com a Bahia, estou botando freio no Antônio Carlos.

Na mesma sexta-feira, tive um almoço com Pedro Parente, Pedro Malan e o Eduardo Guimarães, que é o novo presidente do Banco do Brasil. Conversamos bastante sobre a nova diretoria, que ele estava dando por assentada, mas eu disse: "Olha, por enquanto não, porque quem decide isso sou eu". Dei uma alfinetadazinha, para ele não ficar muito cheio de ar. Conheço Eduardo Guimarães, ele foi secretário do Tesouro e, embora tenha tirado a barba e ficado difícil reconhecê-lo, ele tem experiência de contato conosco. Contei o que havia no Banco do Brasil, sobre aquela brigalhada, também me referi ao passado, à questão da Previ, ao Jair Bilachi***** e ao outro de lá, disse que a brigalhada havia ficado ruim, porque impediu que a diretoria do Banco do Brasil fizesse uma análise objetiva para saber quem tem culpa e quem não tem. Enfim, disse o que achava que deveria dizer para o novo presidente do Banco do Brasil. Ele sabe que tem independência para fazer a coisa andar bem, que não haverá interferência política, mas precisa estar atento para que as coisas andem bem, e o Pedro Malan, o Bier e o Banco Central também.

* As obras de reforma e ampliação do aeroporto da capital baiana foram paralisadas pelo TCU em abril de 2001, depois da detecção de superfaturamento e desvio de verbas. O terminal foi entregue em setembro de 2002.

** Primeira montadora de veículos do Nordeste, construída em Camaçari (região metropolitana de Salvador) com investimento de US$ 1,2 bilhão. A fábrica foi inaugurada em outubro de 2001. Na ocasião, o presidente foi representado pelo vice Marco Maciel.

*** Em novembro de 2000, Fernando Henrique inaugurou uma fábrica de veículos pesados da Iveco (subsidiária da montadora italiana) em Sete Lagoas. Itamar Franco não compareceu à cerimônia.

**** Referência ao prefácio de *O reformador: Perfil do deputado Luís Eduardo Magalhães*.

***** Ex-presidente da Previ, fundo de pensão dos funcionários do Banco de Brasil. Bilachi foi exonerado no final de 1998, acusado de improbidade nos casos da privatização da Telebrás e da falência da construtora Encol.

HOJE É DOMINGO DE PÁSCOA, DIA 15 DE ABRIL. Estou na fazenda desde quinta-feira à noite, como já registrei. Passamos dias admiráveis, muita tranquilidade, a fazenda está bem, o café começou a nascer, mudas foram plantadas, o gado está bem. Na sexta-feira 13, recebi o Celso Lafer com o secretário-geral Seixas e com o Eduardo Santos. Discutimos estratégias para a reunião da Alca em Québec e coisas do Itamaraty. Basicamente há a ideia de tornar compulsória a aposentadoria aos 65 anos. Estou de acordo, entende-se bem o porquê da medida: para abrir caminho para os mais jovens. Há no Itamaraty muito mais embaixadores do que necessitamos. Nomeei embaixadores sem que houvesse vagas efetivas nas embaixadas; então os mais velhos passam para o quadro especial. Isso é grave, porque estão se criando vagas indiretamente, e a Constituição não permite. Ninguém tinha atentado para esse ponto. Foi o Seixas quem me disse. Fora isso, a estratégia para Québec é mais ou menos clara. Revi o discurso que o Eduardo Santos propôs, o reescrevi minuciosamente, acho que vai ser um discurso importante em Québec. Fora isso, apenas recebi a comunicação de que Hugo Chávez estava atrás de mim. Mas não consegui falar com ele. O Zé Gregori me telefonou hoje para dizer que a operação da Polícia Federal com a Justiça e com os procuradores iria ser feita na semana em que a *Veja* publicou sobre o "escândalo" da Sudam, o que prejudicou a operação. Contudo, ela vai ser realizada no dia 21 de manhã. Vão prender 21 pessoas, entre as quais o ex-secretário executivo do Ministério da Integração Nacional, nomeado pelo Bezerra há pouco tempo e que ele garante não ter nada a ver com nada; é amigo dele e estava lá havia apenas quatro meses. Achei um pouco esquisito incluí-lo na lista dos que vão ser detidos. Mas, enfim, é assim que o nosso governo está agindo.

Outra preocupação, Arthur Virgílio me telefonou um pouco perturbado, estava numa festa com amigos e muito contra o Jader, disse que o governo não pode se enlamear junto com Jader; estou de acordo, não pode mesmo, nem deve, mas Arthur também quer fazer uma CPI do FAT, assim, diz ele, a esquerda fica paralisada. Achei um argumento um tanto especioso. Arthur Virgílio, que tem sido tão correto na defesa do governo, às vezes fica uma oitava acima. Nesse momento estava uma oitava acima.

Fofocas menores: Andrea me telefonou dizendo que o Serra ficou irritadíssimo porque leu em Washington, onde estava, que uma Diana Fernandes* teria dito que eu havia ficado aborrecido porque ele fez muitas cadeias de televisão. Como se eu soubesse o número de cadeias, ou redes de televisão, que ele fez... Tudo isso é ridículo. Me disse o Andrea: "O Serra não vai chegar nunca à Presidência, preocupando-se com detalhes dessa natureza". Eu perguntei: "Por que ele não telefonou para mim? Não faça nada, se o Serra quiser, que reclame para mim!". Claro que ele não reclamou! Os seres humanos são curiosos. O Serra, um homem

* Repórter de *O Globo*.

tão inteligente, tão competente no seu trabalho, de repente escorrega com uma pequenez dessa natureza.

No mundo nada de muito especial, os capítulos de sempre, de Israel e Jerusalém;* o papa** muito mal, nessa Semana Santa quase não foi oficiar; d. Eugênio Sales,*** pessoa de quem gosto e respeito, vai se aposentar, tenho que telefonar para ele. Acho que nada mais de extraordinário ocorreu, nem jornais eu li.

Aqui está uma paz incrível, estou lendo o livro *Primeiro entre iguais*,**** sobre três ambiciosos políticos ingleses da década de 1970 que querem ser primeiro-ministro. Livro muito curioso, foi o Zé Jorge quem me deu. Extremamente interessante a política britânica, os meandros dela talvez não sejam tão diferentes dos meandros da nossa, mas lá tudo é mais formal e, também, quem sabe haja mais traições entre os casais. Escrevi um prefácio para a edição chinesa do *Dependência e desenvolvimento*...***** Imagina só, um livro que escrevi aos 35 anos, e os chineses dizem que vão editar 400 mil exemplares! Também refiz um pedacinho do prefácio do livro *O candomblé da Bahia*, do Roger Bastide,****** que vai ser publicado pela Companhia das Letras. Eles queriam que eu desse alguns detalhes pessoais sobre o Bastide, como era ele, o que fiz com prazer, embora de memória. Não tenho dados a meu dispor, não sei se o que eu disse é rigorosamente certo quanto a datas e coisas do estilo.

* Trinta pessoas haviam morrido desde o início do ano em atentados a bomba, ataques a tiros e outros confrontos em Israel, Gaza e Cisjordânia.

** João Paulo II sofria do mal de Parkinson. Durante a celebração da Semana Santa de 2001, demonstrou fragilidade e dificuldades de locomoção.

*** Cardeal-arcebispo do Rio de Janeiro. Foi sucedido por d. Eusébio Scheid.

**** Romance de Jeffrey Archer originalmente publicado em 1984 (primeira edição brasileira: Rio de Janeiro: Rio Gráfica, 1984).

***** Fernando Henrique Cardoso e Enzo Faletto. *Dependência e desenvolvimento na América Latina*. Rio de Janeiro: Zahar, 1970.

****** Sociólogo e antropólogo francês, lecionou na Universidade de São Paulo de 1938 a 1984. Fernando Henrique foi seu aluno.

Escândalo do painel do Senado. ACM e Arruda em xeque. A CPI da Corrupção alcança as assinaturas necessárias

Hoje é quarta-feira, 18 de abril, quase meia-noite. Depois de termos voltado da fazenda no domingo e passado o dia aqui tranquilamente, vendo televisão e fazendo coisas do gênero, na segunda-feira de manhã tive um encontro com meu primo Carlos Joaquim Ignácio, que me trouxe algumas informações sobre a concessão das telefônicas. Mais cedo eu tinha nadado com o pessoal do Sarah,* essa coisa toda. Depois do almoço, me encontrei com o João Roberto Marinho, que veio conversar sobre a criação de uma agência para defender o conteúdo nacional para empresas de telecomunicações. Chamei o Pedro Parente para a conversa.

A segunda-feira transcorreu relativamente calma, recebi o Sandro Mabel,** de Goiás, que veio me dizer que a situação do PMDB estava difícil. Maguito [Vilela]*** é candidato à sucessão do Jader [na presidência do PMDB], e eles, os de Goiás, estão ficando sem muita base para continuar com o Jader, porque o Jader não quer passar a direção para o Maguito, o que, aliás, não convém. O Sandro reclamou do fechamento da direção do PMDB nas mãos de um grupo bem pequeno, menor do que o anterior; estão sentindo que o Jader não está querendo passar a presidência para ninguém.**** Não sei. Talvez seja possível. Notei que vieram me mandar um SOS.

À noite me encontrei com o Paulo de Tarso [Santos], do PSDB, mais o Vilmar e o Andrea. Foi boa a conversa, discutimos a respeito de uma pesquisa que talvez não tenha nada de novo, mas organiza o pensamento sobre o governo e o PSDB. Depois vi o programa que eles fizeram, achei até bom, criamos certos ícones para a futura campanha, em termos de Bolsa Escola, dos genéricos,***** esse tipo de questão.

Já a terça-feira, dia 17 de abril, ontem, foi um dia bem mais agitado. De manhã não parecia que iria ser.

Eu tinha recebido, na segunda-feira no fim do dia, quase já à noitinha, o senador Arruda, muito aflito. Veio sozinho, queria falar comigo, tinha estado na reunião

* O presidente tratava dores na coluna com exercícios de natação e fisioterapia acompanhados por profissionais da Rede Sarah de Hospitais de Reabilitação, em Brasília.

** Empresário e ex-deputado federal pelo PMDB.

*** Senador (PMDB-GO), ex-governador de Goiás (1995-98) e vice-presidente nacional do partido.

**** Além da presidência do Senado, Barbalho era pressionado a renunciar à presidência do PMDB devido às acusações de corrupção no Banpará e na Sudam.

***** A lei nº 9787, de 10 de fevereiro de 1999, instituiu os medicamentos genéricos como alternativas às marcas patenteadas de princípios ativos em domínio público.

de coordenação antes. Nessa reunião, as apreciações sobre o Jader mostravam que ele estava em uma situação delicada, a ponto de ele dizer que iria fazer um discurso, como fez na segunda-feira, para se defender. Parece que o discurso não foi mau, só ouvi o comecinho, porque depois recebi o João Roberto [Marinho]. Mas achei o Jader afirmativo, forte, embora não tivesse atacado ninguém nem respondido às críticas. De qualquer maneira, ele não foi a nocaute. Notei que o Moreira estava até mais preocupado do que eu com a questão do PMDB, me perguntando se não seria o caso de prepararmos uma alternativa, deixando o Jader um pouco à margem. Pode ser que o interpretei mal, mas achei isso.

E o Arruda, no encontro comigo, estava muito afobado, porque ele tinha sabido que a diretora do Prodasen, Regina que não sei do quê, teria feito uma declaração na Comissão de Ética dizendo que ele, Arruda, é que tinha pedido para ela dar a lista dos votantes da cassação de Luiz Estevão.* E que, segundo essa Regina, me disse o Arruda, um assessor do dele chamado Domingos [Lamoglia], acho que é Domingos, foi quem recebeu das mãos dela, Regina, o papel, e que ele não sabe quem o entregou a Antônio Carlos, que teria telefonado a ela para agradecer a lista. Arruda me jurou de pés juntos que não tinha nada com isso, que é mentira, que nem ele nem o Domingos tinham nada a ver com a história, que ele iria desmentir e que ficaria a palavra dela contra a dele. Achei estranho, mas, como ele estava muito convencido, me ocorreu que fosse inocente. Disse-me que Antônio Carlos, com quem ele falou, também disse que era um despautério. Fiquei com a pulga atrás da orelha, mas achei que deveria deixar o assunto em suspenso. Não falei com ninguém, comentei por cima com a Ruth, perguntei ao Lucena [José Lucena Dantas]** como era essa Regina, Lucena disse que era uma técnica ingênua, ligada ao PSDB. Bom, passou.

Então ontem, terça-feira, tudo isto apareceu: o depoimento da Regina foi tornado público pelo Jader, parece que há três ou quatro pessoas envolvidas e a Unicamp deu um parecer técnico dizendo que efetivamente o painel, ou melhor, o software que controla o painel, foi modificado no dia da votação sobre Luiz Estevão.*** Então a situação é gravíssima. Pega o Arruda e pega o Antônio Carlos. Arruda nega de pés juntos. Muito bem. Ainda que Arruda tenha sido o transmissor do papel, Antônio Carlos, que não disse nada, tem um telefonema dele a ela, dizem que

* A ex-diretora do Prodasen, Regina Célia Peres Borges, confessou em depoimento ter violado o sigilo do painel de votação do Senado por ordem de ACM e do líder do governo, José Roberto Arruda, durante a sessão de cassação.

** Secretário particular do presidente.

*** Segundo a investigação da Comissão de Ética, Arruda telefonou a Regina Borges, em nome de ACM, na véspera da sessão de cassação de Luiz Estevão, em junho de 2000, e encomendou uma lista com os votos secretos dos senadores. A diretora do Prodasen incumbiu o técnico Heitor Ledur de alterar o software do painel eletrônico para possibilitar a impressão da lista. Ledur e o marido de Regina, Ivar Borges, também funcionário do Senado, foram os executores da violação do painel. Horas depois da cassação, em 28 de junho, ACM telefonou a Regina para agradecer pela lista de votos, entregue mais cedo a Domingos Lamoglia, assessor de Arruda.

há a hora marcada em que foi dado o telefonema. Tudo é comprometedor, caso de cassação de mandato, possivelmente dos dois. Problema grave, Arruda é líder do governo! Não faltarão um ou dois maldosos para dizer que foi o governo quem fez isso. O governo não tinha interesse nenhum em nada disso, mas enfim... Sempre é perigoso. Foi um dia extremamente agitado.

E, se não faltasse mais nada, o Casildo Maldaner* assinou o pedido de formação da tal CPI [da Corrupção]** em função disso tudo. Casildo ficou desesperado porque estava sozinho em Santa Catarina, disse que ninguém o amparava. Eu até tinha pedido ao Zé Jorge que não fizesse uma indicação para a Eletrosul sem falar com Casildo, porque alguém, acho que o Renan, tinha me alertado para isso. Quando ele diz que ninguém o amparava, quer dizer que não tem cargo no governo federal. É patético. Esse foi o pano de fundo de hoje, muito difícil. A situação no Congresso, no Senado especialmente, muito apodrecida.

Nesse meio-tempo, houve vinte e tantas prisões do pessoal da Sudam, que nós sabíamos que ocorreriam. Não são tubarões, mas são peixes graúdos talvez, e vão acabar resultando em prisão de tubarões também. Não acho isso ruim, estamos aproveitando para forçar a mudança da estrutura da Sudam, que só dessa forma mudaria. Assim como houve a crise dos "anões",*** que permitiu fazer até o Plano Real, porque enfraqueceu a Comissão de Orçamento, o fato de a Sudam ficar mais fraca vai permitir uma mudança favorável ao país e à Região Norte, para acabar com essa roubalheira que existe por lá há quarenta anos.

À parte isso, rotina. Recebi o Leslie Bethell, que foi professor do Centro de Estudos Brasileiros da Universidade de Oxford, recebi o Esperidião Amin**** e o Jorge, para fazerem pedidos para Santa Catarina, depois participei da reunião da bancada de Santa Catarina sobre a mesma questão e recebi também o Ronaldo Cezar Coelho, que quer ajuda para o metrô no Rio de Janeiro. Bom, tudo que eu disse a eles, assim como na reunião de segunda-feira, já está nos jornais.***** Chamei o Padilha, fiz uma análise da situação, ele está mais tranquilo do que eu quanto ao PMDB, acha que os "éticos"****** vão se unir a eles, tomara! E que o controle do PMDB está firme. Não sei.

* Senador (PMDB-SC).

** Computadas as assinaturas de Maldaner e Amir Lando (PMDB-RO), a oposição conseguiu o número de senadores para criar a CPI, mas na Câmara ainda faltava a adesão de 33 deputados.

*** O escândalo dos "anões do Orçamento", em 1993, revelou o esquema de um grupo de parlamentares que cobrava propinas para incluir obras públicas nas emendas orçamentárias. A CPI do caso pediu a cassação de dezessete deputados e um senador, dos quais oito foram absolvidos.

**** Governador de Santa Catarina (PPB).

***** "Isso não é bom", teria dito o presidente ao saber que o número de assinaturas de senadores para a criação da CPI fora alcançado, na versão da *Folha de S.Paulo*.

****** Grupo de pemedebistas que declaravam insatisfação com os rumos do partido, integrado pelo senador Pedro Simon, o governador Jarbas Vasconcelos, o ex-governador Antônio Britto e o prefeito de Joinville, Luís Henrique da Silveira, entre outros.

Depois almocei com o Serra para passar em revista todas as questões. Serra não quer o Zé Aníbal na presidência do partido, eu disse a ele que achava que ele pode indicar quem ele quiser, embora não o faça. Porém os magoados serão muitos e quem pagará a conta não serei só eu, mas ele também. "Não, ninguém acha isso!", ele disse. Eu falei: "Como não acha? Todo mundo sabe que você não quer o Zé Aníbal!". O mal do Serra é essa permanente intransigência. Eu disse: "Se houver um movimento de gente que queira o [Alberto] Goldman, tudo bem. Mas assim, sem mais, como é que tiro do meu bolso e ponho um nome lá? Não posso!". Não sei se convenci o Serra. Falei com ele também do que eu tinha sabido pelo Andrea na segunda-feira: que há um bando de malandros querendo que o [Luiz Fernando] Emediato* publique de novo um livro sobre o famoso dossiê Cayman; deve ser alguém ligado ao Collor, Serra se assustou. Falei com Zé Gregori para saber das investigações da Polícia Federal em Miami. Como sempre elas não são conclusivas, embora sejam base, digamos, fornidas de elementos para provar que tudo aquilo é uma chantagem. Mas tudo fica sempre um tanto no ar. Ora, se é tudo falso...

Recebi o sr. Josef Ackermann, membro do Conselho Diretor do Deutsche Bank e futuro presidente do Deutsche Bank, que veio elogiar o que estamos fazendo aqui no Brasil de forma geral. Recebi um bando de gente, inclusive o governador do Acre, Jorge Viana,** que propôs que haja uma senatoria ocupada pelo PSDB e outra pelo PT na eleição do ano que vem.*** Ele é candidato a governador do Acre, pensou que eu quisesse ser senador pelo Acre. Falou brincando, mas, se eu eventualmente topasse, ele gostaria. Com a confusão total do PT, é claro que não topo; não quero ser senador nem coisa nenhuma. Sugeri a dra. Flora [Coelho]. Ela é diretora do Banco da Amazônia, uma boa mulher, ótima. É do PSDB.

Depois de tudo isso, de receber Benito Gama**** e de tudo mais que se possa imaginar, fui à comemoração dos cinquenta anos do CNPq no Teatro Nacional. Muitos discursos, discursos demais. Não é justo que um presidente tenha que ouvir, no fim do dia, seis discursos, que não eram bons, de uma hora... E ainda fui à casa do Sarney, onde tomei um vinho Opus One e comi um pouco de queijo, com ele e dona Marly [Sarney].***** Dona Marly ficou só uma parte do tempo na sala. Sarney um pouco abatido, melhor da operação de próstata,****** mas muito irritado com os médicos, porque a operação foi pior do que imaginava. Conversamos sobre a situação do Maranhão. A Roseana estava reclamando de um tal de [Roberto] Rocha,******* ou

* *Publisher* da Geração Editorial.

** Pelo PT.

*** Nas eleições ao Senado em 2002, cada estado escolheu dois representantes.

**** Deputado federal (PMDB-BA), eleito pelo PFL.

***** Mulher de José Sarney.

****** O senador retirara a próstata no início de março.

******* Deputado federal (PSDB-MA).

alguma coisa assim, que é presidente do PSDB e que só faz atacá-la.* Roseana acusou o Serra de ser o patrocinador disso, depois falei com o Serra, que disse que mal conhece o cara. Fomos revisando a situação do Senado. Sarney ligou para o [Edison] Lobão, que confirmou os pontos que mencionei do depoimento dessa senhora sobre quem o Arruda tinha me dito [Regina Borges] e tudo como ele tinha dito. Também falei com o Lobão pelo telefone, ele muito assustado. Sarney acha, como eu, que a situação do Antônio Carlos é insustentável.

Hoje, dia 18, foi um dia muito difícil aqui, de muita tensão. De manhã recebi a Câmara de Política Econômica para discutirmos a redução da tarifa de bens de informática e medidas para a atração de empresas de componentes de informática. Isso levou muito tempo.

Falei com Armínio Fraga, para saber o que está acontecendo tanto na Copene quanto no Copom. Notei que o Armínio resistia à pressão que o Malan tinha feito, e eu também, sobre o cuidado com os juros. Ele acha que vai ter que mexer um pouco nos juros, na linha do que o mercado está esperando.** Acho tudo isso um tanto inútil, mas, enfim, eles acreditam que esses sinais controlam a inflação, e não sei lá o quê. Armínio é sério, eu confio nele.

Depois fui com o Pedro Parente e com Aloysio receber o Arruda, a quem tinha mandado chamar. Ele estava muito tenso e eu lhe disse: "Olha, você precisa se defender". Ele falou que tem toda uma documentação para provar que no dia 27 de não sei quando do ano passado, não me lembro mais, quando foi cassado o Luiz Estevão, ou na véspera, ela, Regina, a moça do Senado, não podia ter estado com ele, porque ele estava em outro lugar. Enfim, armou a sua defesa, diz que é inocente, que tem a dignidade dele a defender. Eu disse: "Você tem que fazer isso mesmo, vá ao Senado e faça seu discurso. Agora, acho que você devia, ao mesmo tempo, se licenciar, se afastar do cargo [da liderança], porque isso daria maior liberdade para você atuar e tal... E também para o governo atuar, porque enfim, você é líder do governo. E até mesmo sair do Conselho de Ética. Como você vai ficar no Conselho de Ética?". Me preocupo com a posição dele no Conselho de Ética, mas ele tem medo [de se afastar], porque é o Antero [Paes de Barros]*** quem vai para o lugar dele. Eu disse: "Estou partindo da presunção de sua inocência. Se você é inocente, Antero não pode votar contra você, não tem sentido". Contei que eu tinha dado uma entrevista para o *Jornal Hoje*, da Globo, que ia sair no sábado — mas que na verdade saiu hoje mesmo —, dizendo que eu achava que, se ele tivesse culpa, como era líder, teria de se afastar. Ele não gostou, claro, reclamou com outras pessoas, mas o que eu vou dizer? Se ele tem culpa, não fica na liderança; se não tem culpa, tudo bem. Assim foi. Saí convencido de que ele diria isso.

* Roseana Sarney era pré-candidata à Presidência da República.

** Na reunião do dia seguinte, o Copom elevou a Selic em 0,5 p.p., para 16,25%.

*** Senador (PSDB-MT) desafeto de ACM e favorável à cassação.

Fiquei aqui até tarde com Aloysio e com Pedro Parente, trabalhamos numa porção de outras coisas, fui almoçar eram mais de duas horas.

Às três da tarde, me toca o Arruda: "Presidente, eu queria reconsiderar. Estive com Jader [eu tinha falado com Jader na frente do Aloysio e do Pedro Parente, para dizer que o Arruda ia procurá-lo] e ele falou muito sobre a loucura, a insensatez de eu me afastar, disse que assim vamos queimar todos, vamos ser torrados em praça pública, que haverá caras-pintadas* no Anhangabaú". Desenhou um quadro dantesco. Eu disse: "Mas a insensatez não é minha, estou tentando botar ordem nessa coisa há muito tempo; vocês é que têm que pôr essa ordem".

Arruda contou que almoçou com Jader, que Jader estava uma maravilha, que resolveram uma porção de coisas e que Jader ia me fazer um pedido. Aí me telefona o Jader e diz o seguinte: "Acho um erro o Arruda ser afastado agora, porque não podemos ceder nada, senão...". Eu respondi: "Olha, Jader, eu estou dizendo isso porque acho que é a melhor maneira de proceder, mas vocês é que estão no Senado. Se acham que há uma maneira melhor, tudo bem!". Arruda passou de novo e eu disse: "Arruda, eu continuo achando o que eu disse a você, mas não vou criar dificuldade política para o presidente do Senado ou para você num momento dessa delicadeza, não vou botar fogo no circo". Muito bem. Resultado: o Jader convenceu o Arruda, ou vice-versa, não sei, que seria melhor Arruda não se afastar, fazer só o discurso, sem se afastar. E assim foi. Ainda não ouvi o discurso, deixei para ouvi-lo à noite na televisão, mas todo mundo diz que é razoável. Entretanto, Arruda não se afastou da liderança.

Passei lá [no Planalto] o resto do dia, recebendo gente, um grupo de deputados americanos, recebi o pessoal da Fiat... essa rotina da Presidência. No fim do dia, recebi o Renan e o Geddel [Vieira Lima],** juntamente com o Pedro Parente e o Aloysio, e insisti no meu ponto de vista. Aí entendi um pouco; creio que tanto o Geddel quanto o Renan não estavam muito contentes, porque dá a sensação de que o Jader teve algum entendimento com Antônio Carlos, provavelmente via Lobão, entendimento no sentido de baixar a fogueira, baixar o fogo. Na verdade, o que eles deviam fazer para se salvar era isso mesmo. O sensato para eles é isso, só não contem comigo. Eu me recusei sempre, porque não tenho nada a ver com isso e não vou pagar o preço. Aliás, acho que eles fizeram besteiras demais, não dá para enfiar esse besteirol todo debaixo do tapete.

Voltei tarde para casa, fiquei com a Ruth, recebendo telefonemas e arrumando minhas coisas, porque amanhã cedo vou para o Canadá, para a reunião da Alca.***

Serra me telefonou para dizer que tinha falado com Arruda e o convencido a mudar de opinião e que o Arruda queria falar comigo para dizer que iria se afastar.

* Em 1992, milhares de manifestantes favoráveis ao impeachment de Fernando Collor de Mello saíram às ruas com o rosto pintado.

** Deputado federal (PMDB-BA), líder do partido na Câmara.

*** O presidente viajou a Québec no dia 19 e retornou a Brasília em 23 de abril.

Acabei de falar com ele, que de fato me disse que fará isso para ajudar o governo, que o governo não pode ficar mal... Eu disse: "Não, Arruda, não é por aí, por aí fica mal! Eu estou partindo da sua inocência, e para você, perante a opinião pública, que é o que conta — não só perante o Senado ou o governo, mas perante a opinião pública —, para você fica melhor dizer: olha sou inocente, eu quero ficar à vontade, não quero me submeter a essas investigações como membro do governo. É para você ganhar pontos perante a opinião pública [que você se afasta], convencê-la de sua inocência. Eu continuo pensando assim".

Ele disse: "É, o Serra falou comigo, Pimenta também, o Aloysio, todos acham a mesma coisa".

"Então, se todos acham a mesma coisa, e são pessoas que não querem te arrebentar, é porque é sensato, eu também acho a mesma coisa."

"Ah, mas tem o Jader..."

"Explique ao Jader que a posição dele é diferente da sua, você é delegado meu, é líder do governo, ele é eleito. No nosso caso, você se afasta, não estou te demitindo, mas te excluindo. Se afaste! Há um tempo para fazer, e não muito longo. Você precisa mostrar que não tem nada a ver com isso. Uma vez provado que você não tem culpa, você volta com mais força para a liderança."

Enfim, quanta confusão!

HOJE É 20 DE ABRIL, estou em Québec, são quase oito horas da manhã, no Brasil quase dez. Viajamos ontem o dia inteiro... não bem inteiro, antes ainda fui à cerimônia da distribuição das medalhas do Mérito Militar no Quartel-General de Brasília. Cheguei ao aeroporto às onze e meia, quinze para o meio-dia, ao meio-dia tomamos o avião e chegamos a Québec ao redor de meia-noite.

No avião, durante a viagem, conversei com vários deputados presentes, tive um desabafo em cima de dois deles, que tinham assinado a CPI da chamada "corrupção", o [Germano] Rigotto, que foi meu líder,* e o [Ronaldo] Caiado.** Eu disse tudo que pensava a respeito do que aconteceu no Brasil, da insensatez do Congresso e da necessidade de botar ordem na casa, de que perdemos chances históricas de o país se afirmar por causa da pequena política eleitoral e das mágoas pessoais e regionais. Até o deputado [Marcos] Cintra,*** o do imposto único: "Ah, mas presidente, por que o senhor não fala com essa energia, com essa indignação, na televisão?". Eu respondi: "Porque se eu falar na televisão com essa energia e essa indignação, eu ganho o povo, mas o Congresso acaba e eu sou democrata. Custa ser democrata em um país no qual os parlamentares não estão exercendo com consciência seus

* Líder do governo no Congresso (1995-96).

** Deputado federal (PFL-GO).

*** PFL-SP.

papéis de representantes". Mas, à parte isso, o almoço foi agradável. Só esse momento foi mais duro.

Antes de vir para cá, recebi o telefonema do Arruda, que acabou convencido por várias pessoas, e inclusive por mim, a se afastar da liderança do governo. Me disse no carro, por telefone, quando íamos para o Quartel-General. Era o melhor que tinha a fazer.*

Na chegada aqui, na hora do jantar, boa conversa com todos os deputados, inclusive com Aloizio Mercadante,** que não veio no avião comigo (naturalmente porque não quer se contaminar com o governismo), mas que aceitou bem um bom jantar com os demais e com o presidente, o que é normal. O que não é normal são esses arroubos de falso purismo incivilizado. A conversa foi sobre o que aconteceu no Brasil. Tragédia! Essa moça Regina foi ao Senado e parece que deu detalhes de conversas dela com Arruda, dela com Antônio Carlos, uma desmoralização absoluta. A essa altura, espero que o Arruda não tenha a menor ilusão, já é ex-líder, eu mesmo disse na televisão: se for culpado, é ex-líder. É uma vergonha, é uma coisa triste ver o que está acontecendo nas instituições representativas do Brasil. A sensação dos que estão aqui, [Hugo] Napoleão e também o [Pedro Piva],*** que são senadores, é que não dá mais, que tem que correr sangue, e tem mesmo. Antônio Carlos precisa ser cassado, Arruda precisa ser cassado e o Jader, se houver alguma coisa que o ligue efetivamente à corrupção. Todo mundo tem a sensação de que ele está ligado, mas não apareceu nenhuma evidência. Se aparecer, tem que ser cassado também. Não podemos continuar nessa impunidade, todo mundo fingindo que é no Executivo que há podridão. Não é no governo, é na representação partidária eleita pelo povo. Pobre povo, não sabe quem elege... Na verdade, o governo tem que ficar pondo muralhas no seu relacionamento com os partidos. Aí é acusado de tecnocrata, de indiferente, de insensível. Mas tem que pôr essas muralhas para evitar que a onda de pressão corruptora avassale tudo. Detalhe: os "liberais",**** um bando, veja o [Luiz Antônio] Medeiros,***** ele soube subir na liderança sindical e hoje é deputado, juntamente com aquele deputado, o Valdemar Costa Neto,****** e esses bispos com o bispo Rodrigues******* à frente — eles estão sempre "se virando". Quando visitaram o Aloysio, disseram que queriam apenas uma nomeação. A mim não disseram qual nomeação nem coisa nenhuma, Nem falaram nada disso diretamente comigo. Quando estiveram com

* Arruda foi substituído interinamente por Romero Jucá (PMDB-RR) na liderança do governo no Senado.

** Deputado federal (PT-SP), vice-líder do partido na Câmara.

*** Senador (PSDB-SP).

**** Isto é, políticos do Partido Liberal (PL), extinto em 2006. A agremiação era dominada pela Igreja Universal do Reino de Deus.

***** Deputado federal (PL-SP, eleito pelo PFL), ex-presidente da Força Sindical.

****** Deputado federal (PL-SP), presidente nacional do partido.

******* Deputado federal (PL-RJ, eleito pelo PFL).

o Aloysio, ele ficou escandalizado. Disse-me que eles queriam a direção da Petrobras, ou seja: ficar próximos de uma boca boa. Como eles dizem, queriam ser "acarinhados" pelo presidente. E queriam mais: que só o Medeiros, disse Valdemar, soubesse da nomeação. Aí eles recolhem o recurso e distribuem na bancada. Depois outros, tipo Ciro Gomes, vão dizer que o presidente está comprando votos. O sistema é podre... Disse ontem que eu comprei votos... Só se foi da turma dele! Na verdade não comprei voto de ninguém. Essa infâmia vem daquela coisa lá do Orleir [Cameli], do Acre,* porque eles rotineiramente, compram e recompram votos. Não é o Congresso todo, não; partes do Congresso é que são podres. E agora vem essa coisa do Partido Liberal.** Então esse é o sistema político, e nós temos que modernizar o Brasil, melhorar as condições de vida, colocar a economia em ordem, contando com essa massa de despreparados, senão de malandros. E são eles que aparecem e que fazem pressão, não é o conjunto. Quando o governo fica sob pressão (daí a insensatez de gente como o Rigotto, que está assinando CPI, porque a CPI é uma maneira de dar mais força a essa canalha). E depois vem a oposição, quer dizer, o PT, o PCdoB, feliz porque os deputados chamados liberais vão assinar a CPI da Corrupção.

Fora isso, estive ontem com o primeiro-ministro do Canadá, Jean Chrétien, velho amigo meu, conversamos quase uma hora sobre o Canadá e sobre o Brasil; um gesto canadense para compensar a *metida de pata*,*** como dizem os espanhóis, na questão da "vaca louca".

Daqui a pouco vou tomar café da manhã com o De la Rúa. Diga-se de passagem que ontem à noite, do aeroporto para cá, falei por telefone com o nosso embaixador na Argentina, o Bambino [Sebastião Rego Barros]. Ele estava desconcertado, porque o Cavallo ficou exasperado, exaltado, com as minhas declarações ao jornal *Valor*. Eu simplesmente disse que iria falar com o De la Rúa para saber se a Argentina estava ou não com o Mercosul, porque o Cavallo diz uma coisa e o governo outra.**** Cavallo achou isso uma ofensa a ele, não sei o quê, que eu o estava desautorizando, que ele tinha grande admiração por mim, mas que eu não o recebi. Ele deve estar meio perturbado. Eu também tenho admiração pelo Cavallo. Pedi que o Bambino dissesse para um repórter argentino me telefonar. Um do *La Nación* me telefonou e fui bastante suave ao mencionar Cavallo, sem me referir diretamente ao incidente. Fiz isso porque, primeiro, gosto do Cavallo; segundo, porque não que-

* Ex-governador, acusado de envolvimento na compra de votos da emenda da reeleição, em 1997.

** Os deputados do partido ameaçavam assinar o requerimento de criação da CPI da Corrupção se seus pleitos não fossem atendidos. Em 24 de abril, dez parlamentares do PL assinaram.

*** Expressão equivalente a "meter os pés pelas mãos".

**** A entrevista a Carlos Eduardo Lins da Silva saiu na edição de 19 de abril do jornal econômico, com o título "FHC vai questionar De la Rúa sobre opiniões de Cavallo": "Tenho um café da manhã com ele [De la Rúa] na sexta-feira em Québec e eu vou perguntar a ele qual é a opinião que prevalece na Argentina, se é a dele ou a do ministro".

ro me meter na política argentina; e, terceiro, porque temos que fazer com que a Argentina fique dentro dos marcos gerais do Mercosul.

HOJE É SEGUNDA-FEIRA, DIA 23 DE ABRIL, estou de volta a Brasília.

Retomando o que aconteceu em Québec. No dia em que comecei a relatar minha conversa telefônica com o Sebastião Rego Barros, cheguei ao hotel e, pouco depois, falei por telefone com o jornalista do *La Nación*, dando declarações para apaziguar o Cavallo. Não quero confusões desnecessárias com a Argentina.

Em seguida, fomos jantar com os parlamentares que estavam comigo. Aí, grande excitação, sobretudo do [Pedro] Piva, por causa do depoimento que o Arruda tinha dado (devo ter registrado aqui). Eu, ao sair do Quartel-General do Exército, indo para a Base Aérea, conversava com Marco [Maciel] de maneira ponderada, mostrando que havia a possibilidade de que tudo não passasse de fogo de palha. Nós estávamos convencidos de que o Arruda dissera, como devia ter feito, a verdade sobre a Regina. Acontece que ela foi ao Senado e fez um relatório detalhadíssimo, com ares de verossimilhança, senão de verdade, mostrando que foi procurada pelo Arruda e que o Antônio Carlos telefonou para ela, para agradecer a tal lista. Uma coisa assim muito dura. Foi o que me disseram na noite de quinta-feira em Québec.

Fui dormir e, no dia seguinte, portanto sexta-feira, acho que dia 20, tomei café da manhã com o De la Rúa, que mostrou uma posição positiva quanto ao Mercosul. Expus nossas preocupações, falamos sobre Cavallo, contei meu episódio com Cavallo e [Carlos] Menem:* quando presidente eleito, fui visitá-los na Argentina, e o Cavallo queria desfazer o Mercosul, queria que houvesse unicamente uma relação Brasil-Argentina. Fiz elogios ao Cavallo e me pareceu que eu era o único entusiasmado com ele. Nem De la Rúa, menos ainda [Adalberto Rodríguez] Giavarini,** demonstraram tanto entusiasmo, tampouco os demais presentes. Propusemos ao De la Rúa um plano para avançar o Mercosul a duas velocidades: com mais velocidade no que dizia respeito à relação Brasil-Argentina e menos velocidade para Uruguai e Paraguai. Sugerimos algumas medidas concretas para aprofundar o Mercosul: ou vai ou racha. O De la Rúa parece que gostou. Demos entrevistas à imprensa, eu e ele, elogios mútuos. Acho que nessa questão Mercosul fechamos com tranquilidade.***

Eu já tinha recebido de manhã um aviso de Sebastião [Rego Barros], dizendo que o Cavallo telefonara para ele de novo, muito feliz com minhas declarações. Acalmamos a questão com a Argentina, o que foi bem positivo. Depois fui para

* Ex-presidente da Argentina (1989-99).

** Chanceler argentino.

*** "Para o Brasil, o Mercosul é uma prioridade absoluta, uma conquista que veio para ficar e que não deixará de existir pela participação em esquemas de integração de maior abrangência geográfica", garantiu o presidente na entrevista coletiva, na versão da *Folha de S.Paulo*.

o meu apartamento, num hotel* diferente do hotel do De la Rúa,** para receber o Hugo Chávez. Hugo sempre simpático, brincalhão, eu também, gosto dele, ele estava implicando com a data proposta, acho que com razão, porque nos comprometemos a fazer esforços para adiar, se possível, mas não para termos a vigência do acordo [da Alca] depois de dezembro de 2005. Acontece que a vigência depende dos Congressos, e no caso da Venezuela há um plebiscito. Ainda assim, é muito difícil mexer nessa questão. Tentei uma solução, mas vi que o [Bernardo] Pericás*** não gostou muito, porque custou bastante a ele e aos outros negociadores brasileiros chegar ao que chegamos. Os americanos cederam praticamente em tudo: inclusive sobre meio ambiente e nas questões trabalhistas.**** Em seguida, recebi o Ricardo Lagos, que me contou as outras negociações deles com os americanos, que não vão lá bem das pernas. Ricardo sempre muito bom, muito amistoso. Passamos em revista as coisas, e nada de mais extraordinário. Almocei ali mesmo no hotel com nosso pessoal e, depois do almoço, dei entrevista para o jornal mais importante do Canadá.***** Também gravei para a televisão canadense,****** gravei em francês, em inglês, fizeram uma pergunta provocativa sobre a relação do Brasil com o Canadá, sobre a vaca louca, sobre a questão da Embraer, mas eu sei me sair dessas situações.

Posto isso, fui para a inauguração da Cúpula das Américas. Um pouco tumultuada, porque havia muitos protestos,******* o gás lacrimogêneo chegava até nós, a polícia jogou jatos de água fria nos manifestantes, que até qualifiquei de fascistas, porque eram de uma violência muito grande. Fizeram quebra-quebra na cidade, não têm uma proposta, são contra, contra, contra. A sociedade civil já tinha feito sua proposta, esta tem o que dizer, mas, no caso dos manifestantes, eles pareciam grupos mais parafascistas do que de esquerda.

Fiz um discurso forte, foi extremamente aplaudido, o Chávez saiu do lugar onde estava e foi me cumprimentar, estávamos juntos eu, o [Gustavo] Noboa******** e o Bush, que me felicitou também. Fiz um pouco de demagogia, falei nas quatro línguas do continente,********* foi um discurso no qual botei o preto no branco: que tipo de Alca nós queríamos? Eu mesmo redigi parte do discurso, as mais duras,

* Fernando Henrique e comitiva hospedaram-se no Hilton Québec.

** Sheraton Québec.

*** Embaixador, secretário-geral adjunto do Itamaraty e negociador brasileiro na Cúpula das Américas.

**** Na declaração final da cúpula, os países signatários prometeram promover a sustentabilidade ambiental do desenvolvimento econômico, sem cláusulas vinculantes, e respeitar as convenções internacionais sobre relações trabalhistas.

***** *Toronto Star*.

****** Canadian Broadcasting Company, estatal.

******* O centro histórico da cidade, onde se concentravam os locais de reunião da cúpula, foi cercado com uma barricada pela polícia, para conter as dezenas de milhares de manifestantes contrários à Alca e à globalização. Houve quase quinhentas prisões e cerca de cem feridos, dos quais metade eram policiais.

******** Presidente do Equador.

********* Português, espanhol, inglês e francês.

escrevi à mão.* Eduardo Santos fez um bom texto depois que tínhamos conversado sobre como seria, eu gostei. Isso teve um efeito enorme. Deputados, senadores, e mesmo o Aloizio Mercadante, me disseram estar comovidos com a capacidade de afirmação que o Brasil tem hoje.

De volta, jantei no hotel onde estavam o De la Rúa e o Ricardo Lagos, juntamente com o [Vicente] Fox e o nosso ministro de Relações Exteriores. Boa conversa. Todos muito entusiasmados com minha afirmação na Alca. O De la Rúa sempre firme na questão do Mercosul, o Lagos é o mais competente de todos os ali presentes. Achei o Fox um pouco mais fora do esquadro do que das outras vezes em que estive com ele. Um pouco menos, digamos assim, confiante do que tem que fazer, menos firme como atitude geral, mas sempre muito amável. As conversas foram boas porque foram criando um clima de entendimento entre nossos quatro países, e realmente o clima existe. O México tem experiência de negociador com o Nafta, o que serve para aproveitarmos nas negociações complexas que teremos que fazer para avançar na Alca, se é que vamos conseguir. O resultado da nossa discussão foi muito positivo.

No dia seguinte, sábado 21, de manhã começamos a sessão efetiva da Cúpula. E, aí sim, houve o discurso do Bush. Discurso bom, ele até retomou alguns temas do que eu tinha falado, que devíamos incorporar Cuba. Recuou na questão do meio ambiente e das relações trabalhistas, ou melhor, colocou-as na mesma perspectiva que eu colocara, ou seja, são questões com as quais temos um compromisso seríssimo, mas que não podem servir de pretexto para se ampliar a barreira comercial. Colocou bem. Ele, Bush, foi uma pessoa discreta, na sessão se comportou bem. Do que eu vi, gostei mesmo foi do que disse o Lagos no final, já no domingo, quando falou sobre conectividade. Também gostei do discurso do Lagos na abertura, sobre o pacto social, foi bem.

Depois disso, no sábado ainda, fomos a um almoço com os presidentes. Coube a mim, depois do almoço, levantar a questão da globalização. Não sabíamos que a sessão estava sendo retransmitida, até foi bom, embora fosse uma reunião íntima dos presidentes. Expus com mais clareza as coisas que estavam ocorrendo. Disse que o que está acontecendo é que os países mais vulneráveis, mais pobres, desconfiam da Alca porque não veem que vantagem vão levar com ela. Que a globalização, basicamente, ajudou o México e o Brasil, que os outros não têm tanta clareza assim. Então, falei, tem-se que dar sinais concretos de que a Alca vai ser boa

* "A Alca será bem-vinda se sua criação for um passo para dar acesso aos mercados mais dinâmicos; se efetivamente for o caminho para regras compartilhadas sobre antidumping; se reduzir as barreiras não tarifárias; se evitar a distorção protecionista das boas regras sanitárias; se, ao proteger a propriedade intelectual, promover, ao mesmo tempo, a capacidade tecnológica de nossos povos. E, ademais, se for além da Rodada Uruguai e corrigir as assimetrias então cristalizadas, sobretudo na área agrícola. Não sendo assim, seria irrelevante ou, na pior das hipóteses, indesejável." (Biblioteca da Presidência.) A palavra "indesejável" ganhou as manchetes sobre o discurso.

para todos. O presidente do México propôs um fundo de solidariedade, alguma coisa por aí. Acho que se o presidente Bush estiver disposto a liderar nesse sentido, podemos ajudar. O Batlle disse: "Não só você, nós todos". Claro, picuinha de país pequeno com país grande... Eu vi vários países predispostos a agir, principalmente os caribenhos, eles são bons, sobretudo a Jamaica e Santa Lúcia, ambos fizeram boas proposições. Mas também os presidentes de Barbados,* de Antígua e Barbuda** fizeram boas exposições. São pessoas que têm aquele espírito mais britânico; o problema deles é de pobreza e de medo de ficarem marginalizados, e têm birra da presença das multinacionais em tudo. Acho que foi um bom aprendizado para o Bush, que me pareceu uma pessoa simples, aberta, sem nenhuma pompa pessoal, sem guarda-costas em volta, fácil de conversar. Ele é agradável e seu lado conservador não apareceu na reunião.

Depois desse encontro, que foi longo, houve um almoço e em seguida voltamos. Descansei um pouco e dei uma entrevista coletiva à imprensa brasileira. Não falei nada além de Alca, me perguntaram sobre o que aconteceu no Senado e respondi que era assunto que cabia ao Senado resolver. Tenho sido muito cuidadoso em não colocar mais lenha na fogueira. Depois até digo o porquê disso.

Na véspera, no sábado 21, depois dessa apresentação sobre a Alca, o presidente da Colômbia havia me informado que eles tinham prendido o Fernandinho Beira-Mar [Luiz Fernando Costa].*** Eles consideram o Fernandinho o Pablo Escobar do Brasil. Um exagero. Avisei o general Cardoso e no domingo fui acordado às seis da manhã por ele, aflito, porque até aquela hora os colombianos não sabiam se iam ou não entregar o Fernandinho.

Houve uma recepção no sábado, um jantar, depois ficamos lá conversando, sentei ao lado da Luisa [Durán], mulher do Ricardo Lagos, e do Chrétien. Estavam do outro lado o Bush e o representante de Belize, um senhor agradável, acho que tem um nome árabe,**** e o Ricardo Lagos. Passamos boa parte do tempo conversando entre nós, soltamente, sobre várias questões, e vimos um show muito bem-feito dos canadenses.

Ontem, domingo, fomos à sessão final da Alca, mas não tínhamos mais nada que discutir, estava tudo mais ou menos feito. Nessa sessão, cada presidente fala um pouquinho sobre sua visão, sobre o seu país, e os representantes das organi-

* Owen Arthur, primeiro-ministro, presidente da Comunidade do Caribe (Caricom).

** Lester Bird, primeiro-ministro.

*** O traficante do Comando Vermelho era considerado o maior do Brasil. Condenado a mais de trinta anos de prisão, Beira-Mar estava foragido desde 1996, quando fugiu da cadeia. Foi capturado pelo Exército colombiano numa região de selva perto da fronteira com o Brasil. A operação teve cooperação da agência norte-americana de repressão a narcóticos (DEA). Em 25 de abril, Beira-Mar foi extraditado para o Brasil. Ficou preso na sede da Polícia Federal em Brasília até abril de 2002, quando o STJ determinou sua transferência para a penitenciária Bangu I, no Rio.

**** Said Musa, primeiro-ministro.

zações internacionais também. Como sempre, o Iglesias foi brilhante, e gosto do [James] Wolfensohn,* ele fez uma exposição muito rápida, mas boa, sobre o Banco Mundial, a questão da interconectividade, do acesso, portanto, sobre os instrumentos de internet e tudo mais. Assim que terminou a sessão, peguei o avião e vim embora, correndo, com os deputados. Eram oito deputados** e dois senadores,*** todos eufóricos com a presença do Brasil na Alca. Eles viram de perto como são as coisas. Aproveitei e falei de como a percepção nossa do Brasil está equivocada, que não percebemos nosso peso, o peso que o Brasil já tem, e que eu pessoalmente também tenho, nas questões internacionais. Na política local, ainda imaginam que recebemos ordens do FMI, ordens do Bush. Não percebem como o mundo é outro e que precisamos ter mais noção da nossa força, e não manter essa mentalidade colonial, como prevalece na visão de nossa mídia e nos meios políticos. Dá-se sempre a impressão de que o Brasil tem que se agachar, e não é assim. Pode ser que não se fique totalmente ereto, mas agachado não se está, não. Agachado, nunca. Estamos tentando ficar o mais ereto possível nas coisas internacionais.

E, nesse meio-tempo, notícias do Brasil, o país muito confuso. Atribuíram a mim declarações sobre o Arruda que não dei. Falei sobre Antônio Carlos mais que sobre Arruda e me amarram com Antônio Carlos, com as idas e vindas contínuas dele, apesar dos gestos que sempre tive com o Luís Eduardo [Magalhães]. Ele é realmente um homem que só vê o seu interesse, muda, é hábil. Agora mesmo o vi nos jornais dizendo que se Arruda me "mostrou a lista, e deve ter mostrado...". Imagina se Arruda me mostrou listas, que nada! Nunca soube de lista! Quem falou dessa questão foi Antônio Carlos, falou para todo mundo, mas sem dizer que tinha a lista; dizia que sabia que a Heloísa Helena tinha votado contra a cassação de Luiz Estevão, nunca falou em lista nenhuma. Nunca falou, que bobo ele não é. Escorregou lá com os procuradores, mas Arruda jamais falou disso para mim, de nenhuma maneira, nem direta nem indiretamente. Mas, é claro, no Brasil tudo tem que "pegar o presidente". Sempre xeque ao rei. Tenta-se todo tempo pôr o rei em xeque.

Cheguei tarde da noite aqui, na madrugada de hoje. Eu iria ter uma reunião ontem, suspendi, marquei para agora de manhã e tive um encontro com Pimenta e o Aloysio. Pimenta tinha estado com Arruda esses dias todos, Arruda muito irritado comigo, por causa das declarações que foram atribuídas a mim. E não é só por isso, não; é que alguém tem que pagar o pato. Eu é que tinha que estar mais irritado com ele, porque ele mentiu. Mentiu várias vezes recentemente, a mim, ao Aloysio, ao Parente, ao Pimenta. A todo mundo disse que era inocente, e não era. Fui ao Canadá certo de que ele tinha desmontado a versão da dra. Regina, volto e vejo que

* Presidente do Banco Mundial.

** Aloizio Mercadante (PT-SP), Antônio Kandir (PSDB-SP), Germano Rigotto (PMDB-RS), Júlio Redecker (PPB-RS), Luis Carlos Heinze (PPB-RS), Ronaldo Caiado (PFL-GO) e Waldemir Moka (PMDB-MS).

*** Hugo Napoleão (PFL-PI) e Pedro Piva (PSDB-SP).

não. Ela é quem teve mais minúcias para explicar. Acho que Arruda só tem uma coisa a fazer: assumir o erro. E o erro é pouco, porque eles não alteraram o resultado [da votação]. Fizeram uma coisa infantil: saber quem votou em quem. A quem interessaria isso: basicamente ao Antônio Carlos. Para fazer pressão na sucessão do Senado. A mim não interessaria minimamente. Hoje não sei nem o nome de todos os senadores e, quando sei o nome de algum, não junto o nome com a pessoa, de tantos suplentes que lá estão. Estou pouco me lixando sobre A, B ou C. Como temos uma maioria enorme no Senado, nunca me preocupei com essas coisas, e muito menos aceitaria algo ilegítimo, uma ilegalidade dessa natureza. Vão tentar, mas estou pouco ligando, porque realmente passa a quilômetros de mim essa podridão que lá está. E Arruda é da tese — que também é, provavelmente, a do Jader — de que é preciso afundar todo mundo. Levar todo mundo para o chão ou deixar pegar fogo no circo. Quem não fez nada não acho que pegue, desde que mantenhamos uma atitude firme, digna.

Arruda foi um bom líder o tempo todo, não tenho nada pessoal contra ele, mas tem que se defender do que fez. Fez porque quis, não porque eu mandei. Não tenho nada com isso. Se ele não conseguir se defender, a opinião pública vai ser implacável, eu já tinha dito isso a ele. Não adianta ganhar no Conselho de Ética, não adianta ganhar na maioria do Senado; tem que olhar para o povo, para a opinião pública. É melhor fazer o que fez a Regina, vai lá e rasga a fantasia em público. Dizer que errou e por que errou, tentar o perdão, ou então está perdido. É isso. Falei com o Renan por telefone, ele não conseguiu falar com Jader, disse que Jader está desesperado. Renan está com a cabeça fria. O governo se aproxima da CPI,* o Senado está aprovando tudo, e não há nada para esconder. Primeiro começam com a Sudam. Fizeram com Eduardo Jorge, foi feita a CPI [do Judiciário].** Não temos nada, nada a esconder. É só jogo político e canalhice da oposição, que quer ver o governo desgraçado, por razões eleitorais.

HOJE É 25 DE ABRIL, são três horas da tarde. Ontem também foi um dia difícil, apesar de que na minha agenda não há quase nada. Recebi o Chitãozinho sobre rodeios, dei entrevistas, recebi um ministro do TST, o embaixador da Espanha e a mulher dele,*** estão indo embora,**** recebi o César Alba... Parece nada, mas o pano de fundo é de muita tensão. Por quê?

* Faltavam 25 assinaturas na Câmara.

** Instalada no Senado em março de 1999 por requerimento do presidente da Casa, Antônio Carlos Magalhães, para investigar denúncias envolvendo magistrados e servidores do Judiciário, entre as quais a do escândalo do TRT paulista.

*** Nalene Alba.

**** Alba foi substituído por Josep Coderch.

O Congresso está surpreendente, vota sem cessar, aprovando projetos normalmente. O Senado? Paralisado. Mais depoimentos. Ontem à noite vi ao lado da Ruth, na televisão, o marido da Regina.* Foi impressionante, deu detalhes, contou como fez, o que fez, completamente livre. Quando as pessoas vão para o ilícito, guardam detalhes e contam tudo com a maior naturalidade, e isso para todo o país.

Fora isso, várias tensões e reuniões: o Serra foi ao Planalto falar comigo, o Aloysio também, o Serra preocupado, achando que devemos nos preparar para o que vier da CPI, ver como enfrentá-la. Estou calmo com a CPI pelas razões que já disse aqui. No Senado, o que está havendo é uma tentativa de novo acordo entre o Antônio Carlos e Jader. O Arruda foi legado às feras, o PSDB votou (79 dos oitenta deputados presentes) pela sua desfiliação e cassação. O Arruda se antecipou a uma decisão do Senado e se desfiliou do partido. Acho que foi uma decisão oportunista do PSDB, apoiado pela imprensa, naturalmente, Arruda neste momento é cachorro morto, para que chutar? Eu fiz o oposto. Fiz uma declaração, ela é sincera, que foi interpretada de duas maneiras: primeiro, que eu queria evitar um mal maior para ele ou, segundo os mais safados, que eu queria impedir qualquer revelação que ele pudesse fazer. Mentira. Foi simplesmente generosidade minha. Para que chutar, bater, massacrar quem está batido? Mas a regra política é outra, e o PSDB, oportunisticamente, se fez de herói patético. Isso, claro, agrava a situação de Arruda. O Jorge Bornhausen esteve comigo, ele acha que devo designar como líder o Fogaça. Ocorre que o Fogaça falou com Wellington [Moreira Franco], e não pode retirar a assinatura, porque fica mal. E quem assinou a CPI não pode ser líder do governo, porque fica mal também. É um pensamento que, portanto, não tem sequência. O PSDB quer mesmo é ter o líder na Câmara para votar lá, no equilíbrio deles, é o que eles querem. O melhor seria colocar o Geraldo Melo como líder no Senado. Vou resolver isso com certa rapidez, porque já estão atacando o vice em exercício, que é o [Romero] Jucá,** dizendo que o momento é "termidoriano".*** Só que o Robespierre é a mídia, ela quer matar todo mundo, não sei se vai se matar depois. É uma situação patética. Antônio Carlos e Jader têm que se abraçar para salvarem-se. Começou com o Maluf, um quer exterminar o outro e agora os dois imaginam que juntos se salvarão. É patético. E o Arruda, coitado, entrou aí como Pilatos no credo. Entrou porque quis, entrou mal, e ele é frio, me enganou. Como eu disse, mentiu, não precisava. Recebi há pouco o Arthur Virgílio e Tasso.

* Ivar Borges.

** Senador (PMDB-RR).

*** Termidor era o 11º mês do calendário revolucionário francês, instituído em 1793. Começava em 19-20 de julho e terminava em 17-18 de agosto. O presidente alude aos eventos de 9 termidor do ano II (27 de julho de 1794), quando Maximilen Robespierre e Louis Antoine de Saint-Just, líderes jacobinos do Comitê de Salvação Pública, foram destituídos e presos pela Convenção Nacional, além de vinte de seus colaboradores. Sem direito a julgamento, todos morreram na guilhotina no dia seguinte.

Hoje de manhã, quarta-feira, recebi o Inocêncio, ele quer que haja logo a cassação de todos, acha que não há outra solução. Ele veio ao Palácio da Alvorada.

Recebi também o Wellington, que veio contar que tinha estado com o pessoal ligado ao Antônio Carlos, entre eles Fernando Barros, e que o Antônio Carlos quer que eu não me intrometa. Acho que o que ele quer mesmo é evitar que o senador do Mato Grosso* vote pela cassação dele. Eu disse para o Wellington: "Não, isso não dá, não há comprometimento possível nessa matéria. Quem vai comandar esse show é a mídia. Antônio Carlos, que é o rei da mídia, vai dançar agora a música que ela vai tocar. Acho que seria um erro eu fazer pressão para tirar esse ou aquele. Jamais. Para salvar Antônio Carlos? Tenha paciência! Posso não fazer pressão para afundá-lo. Agora, para salvá-lo já é me pedir demais". O Sérgio Machado com certeza vai se empenhar para evitar que haja um agravamento das coisas no Senado, porque ele tem interesse em que o PMDB se mantenha aliado no Ceará. Enfim, cada um tem sua lógica regional.

É um quadro muito triste este que estamos vivendo no campo político. E o que é verdadeiro: estamos acabando com os focos de corrupção, a ver, na Sudam e na Sudene, e é isso que conta para a história, para o Brasil melhorar. Mas não é o que se vê no dia a dia. O dia a dia dá a impressão de haver um mar de lama e que o governo está no meio dele. O coração do governo está isento, não tem nada, e mesmo os ministros, porque o ministro que eles vão atacar, o Padilha, não há nada contra ele. E os outros, o que fizeram? Nada. Então não estamos numa situação em que o governo esteja sangrando, não! É a maré que vem dos partidos, ela bate contra o muro da democracia estatal e deixa a marca de lama. E a imprensa pega essas marcas e diz: "Está vendo? É o governo". Não é! A lama foi jogada pela maré dos partidos e, às vezes, com a conivência da própria imprensa, com esse jogo de fazer de conta que tudo está muito mal, e sai com uma manchete... Enfim.

De qualquer maneira, é desolador. Trabalhar tanto pelo Brasil, levantar este país e ver essa coisa política encalhada de forma patética! É este o quadro que estou vendo agora, um quadro pessimista.

Acabou de me telefonar a Rose de Freitas dizendo que só faltam três assinaturas para convocar a CPI. Vão repetir a farsa da CPI! O que vou fazer? O Tasso esteve aqui conversando, junto com o Arthur, Arthur esteve lá com o ex-líder, quer dizer, o Arruda. Arruda ameaçando, inventando que tem umas histórias de cheque de Eduardo Jorge não sei onde, Luiz Estevão... Mentira! Que eu apresentei alguém da Andrade Gutierrez para que ele fizesse não sei o quê... Mentira! Ele estava empenhadíssimo em aprovar uma lei que, em tese, poderia beneficiar as empreiteiras, só que, eu lembro, nunca beneficiou, nunca usou, porque foi uma lei que eles aprovaram "autorizativa", e a Fazenda nunca autorizou nada. Então tudo é infâmia. A outra infâmia é dizer que um japonês levou um dinheiro do Mendonça na época

* Antero Paes de Barros.

da privatização. Conto da carochinha, tudo mentira. Mas veja a audácia do Arruda, a canalhice do cara que era meu líder até anteontem! Agora pensa que me ameaça! Pensa que eu tenho medo de uma bobagem dessa.

Mas, enfim, o clima é realmente de Roma na maior traição possível.* Vou voltar para o Palácio da Alvorada e vamos ver. Veja o cansaço com o qual estou. Nem é cansaço, é desilusão.

Ainda é dia 25, quase meia-noite. O dia foi parecido com todos os outros. Na verdade, isto aqui está ficando cada vez mais parecido: o Congresso votando, votaram ontem leis relativas à previdência privada, importantes.** Houve a derrota de uma emenda de Jorge Bornhausen por quatro votos, mas a emenda era dura demais, proibia os funcionários, membros da diretoria das empresas dos fundos de pensão, de terem controle,*** enfim, acabou sendo rejeitada por quatro votos; todo o resto passou. Curiosamente.

No Senado, como agiu Antônio Carlos? Entrevistas anunciando o que vai fazer, sinais de paz para todos os lados, ele é hábil. Entrevistas bem-feitas, e com esses jornalistas que hoje estão a serviço dele. Por exemplo, o [Jorge Bastos] Moreno e a Tereza Cruvinel,**** por incrível que pareça, na posição da copa e cozinha do Antônio Carlos. Quase dez entrevistas dele nos jornais. Dora Kramer,***** não, ela é mais crítica. Mas foi isso.

Tentativas de pacificação: Moreira esteve com aquele Fernando Barros, acho que é homem da Propeg, uma empresa de publicidade que não sei se é do Antônio Carlos, mas é de gente muito ligada a ele. Dizem que querem um entendimento entre o Jader e o Antônio Carlos. Mas na verdade a preocupação deles é com o Conselho de Ética, e no Conselho é com o Antero [Paes de Barros], como já registrei aqui. Eu disse: "Olha, Moreira, com o Antero ninguém vai mexer, não vou entrar nisso. Em segundo lugar, não podemos entrar em nenhum acordo, até porque quem está comandando é a mídia". Se eles [Jader e ACM] fizerem o acordo, o país talvez se pacifique, quem sabe? Você pensou se vale esse preço? Tenho muita dúvida.

Ontem à noite, recebi para jantar o Armínio Fraga, falamos muito sobre a Argentina, situação dificílima lá, sobre as consequências da crise da Argentina em

* Em 25 de abril, a oposição anunciou ter atingido as 171 assinaturas na Câmara.

** O Senado rejeitou destaques propostos pela oposição sobre o projeto de lei complementar 63/1999.

*** A emenda do senador catarinense ao PLC 63/1999 impedia que fundos de pensão de empresas públicas tivessem participação direta ou indireta em empresas superior a 5% do capital votante. No caso de aquisições de empresas, o limite subia para 20% do capital; se a aquisição estivesse incluída num programa de privatização, o patamar aumentaria para 25% durante até dez anos.

**** Colunistas de *O Globo*.

***** Colunista do *Jornal do Brasil*.

nós, já estamos habituados a esses tremores de terra. Não são bons. Não será o primeiro, será o quarto ou quinto que eu enfrento nesse curto período de governo.*

Depois recebi o Pedro Parente, porque o governador da Bahia e o prefeito de Salvador, César Borges e [Antônio] Imbassahy,** estiveram com o Pedro Parente e com o Aloysio. Qual foi a conversa? "Então, o senador Antônio Carlos já deu sinais, inclusive um específico, só para o presidente, ele se arrependeu de falar com os procuradores..." Imagina! Se fosse só isso que ele tivesse feito! Disseram: "Não é justo, porque o senador será cassado. Uma punição, sim; uma cassação, não"... Parece que nem o Aloysio nem o Pedro Parente se comprometeram muito além de dizer: "O governo não vai botar o pé no acelerador, o presidente não vai nem ouvir essa conversa, não vai recebê-los, e essa conversa é melhor não haver. Se houver, se o senador conseguir, dependendo do desempenho dele, tudo bem, o governo não vai fazer pressão". Eu disse ao Pedro: "Tudo bem, mas não vamos esquecer que quem comanda esse espetáculo não somos nós, hoje há uma sanha de cassação do Antônio Carlos. Ele fez por merecer". Pedro me respondeu: "É, mas o Imbassahy e o outro também [se esforçaram para pacificar]; acho que eles foram longe demais, ele está arrependido...".

O Pedro perguntou se eu achava que ele ia mudar e eu disse: "Não vai mudar, ninguém muda". Ele está com medo. Enfim, fico na minha posição, acho que haverá esforços para pular fora, mas duvido que os esforços peguem. A sociedade não quer isso. Já disse que não vou me meter nesse mato.

Tive outra conversa, também hoje à noite, com o Renan e o Geddel. Estavam muito desesperados, porque o governo não solta as emendas dos parlamentares, enfim, reclamaram de o governo ter um viés "tecnocrático", que é o que tem levado o país para melhor. Mas, claro, dificulta a política, e não creio que eles entendam isso em termos de coisas escusas, não, trata-se de emendas naturais, parlamentares, não sei o quê. Vejo que há uma tremenda gana de ambos de cassar Antônio Carlos e uma preocupação bem menor se será preciso cassar o Jader. Estão ligando menos para a cassação do Jader. Eu disse a eles, com clareza, o seguinte: "Primeiro, o Jader não vai na mesma leva do Antônio Carlos e do Arruda, porque não há nada de objetivo contra ele. Se aparecer um cheque ou coisa assim, aí, claro. Agora, indo o Jader ou não, o Jader é hoje um fardo para mim, para vocês, para o partido e o Senado. Vocês precisam ver o que fazer". Isso quer dizer: arranjar outro presidente para o PMDB. O problema é que o Maguito é o vice, e o Maguito é pró-Itamar. Então eles vão ter que contemporizar um tanto com essa acomodação "presidente do Senado/presidente do PMDB".

Vê-se que o quadro é complicado: o PMDB tem problemas internos, e tudo isso já é o processo da sucessão.

* Desde 1995, a economia brasileira fora abalada por crises externas no México, na Rússia e no Sudeste Asiático.

** Do PFL.

HOJE É DOMINGO, 29 DE ABRIL, estou em Ibiúna. Ontem vim para cá depois de amanhecer em Santos. Na sexta-feira, saí de Brasília, tomei um avião, cheguei ao Rio de Janeiro, desci de helicóptero no navio-aeródromo *São Paulo*, o antigo *Foch* que virou *São Paulo*.*

Deixei Brasília na sexta-feira. O Arruda estava fazendo um depoimento, mais um no Senado, não tenho mais paciência de olhar. É a mesma coisa, a mesma tentativa de encobrir certos fatos, como se isso pudesse salvá-lo ou salvá-los. Há certa cumplicidade nos depoimentos de Arruda para não desmentir o Antônio Carlos na versão que o Antônio Carlos tentou impingir, de que ele não tem conhecimento de nada, enfim, da violação do painel, porque queria evitar um escândalo maior, no caso a anulação da cassação do Luiz Estevão. Tudo isso é frágil. Não sei nada sobre isso, mas a minha hipótese é a seguinte: que houve um ingrediente da política local de Brasília; nada explica a rapidez com a qual a dona Regina, ou a dra. Regina, como dizem agora, topou atender seja uma ordem, seja uma insinuação, embora insinuação teria sido mais difícil ela topar, quebrar as regras do Senado, cometer um crime envolvendo várias pessoas, inclusive seu marido, se não houvesse um componente psicológico, psicopolítico, uma motivação anti-Luiz Estevão. Uma tentativa, talvez, de ver se, caso alguém não tivesse votado pela cassação, se Luiz Estevão escapasse da cassação, quem seriam os culpados. Algo deve ter havido para levar a dra. Regina a anuir tão rapidamente com a prática de um crime. Tanto mais que ela tem bom nome, todo mundo fala bem dela, não há nada que a desabone. Por que fazer isso, meu Deus do céu? Por que se meter nessa, Arruda? O Arruda eu entendo mais facilmente por que tenha se metido. Primeiro, pelo temperamento. Ele tem algo de leviano, para dizer assim, na análise, é rápido, inteligente, salta muito de uma situação a outra. Poderia estar motivado, quem sabe, pela mesma razão que aleguei possível no caso da Regina. Ou por outra: prestar serviço ao Antônio Carlos, porque o Antônio Carlos, de posse desses elementos, teria a capacidade de pressionar na votação subsequente, importante, que seria a da sucessão no Senado. Pode ser. É pouco para explicar, de qualquer maneira. Em todo caso, estou levantando a hipótese de que o Antônio Carlos mais tenha se beneficiado do que sido o iniciador desse processo. Duvido, entretanto, que o Arruda tivesse peito de pedir para Regina fazer uma coisa tão errada sem ter tido algum grau de assentimento do Antônio Carlos. Não sei que grau. Ele pode ter mencionado ao Antônio Carlos e o Antônio Carlos não ter reagido contra; e também pode ser mais do que isso, Arruda pode ter realmente combinado alguma coisa, sabe Deus!

E Antônio Carlos? Já Antônio Carlos é da alma dele. Ele está destruindo tudo. Destruiu o PFL, tentou destruir o Jorge dentro do PFL, tentou me destruir como

* Em setembro de 2000, o Brasil adquiriu o porta-aviões, construído pela França na década de 1950, para substituir o *Minas Gerais*. O presidente embarcou no *São Paulo* no Rio e viajou até Santos para participar da cerimônia de início das operações do navio.

presidente da República, fazendo insinuações permanentes, ao me elogiar me apunhalando. Ele tem um ego extraordinário e faz o *pendant* com a mídia, porque a mídia precisa de gente histriônica e de fanfarronice antiga, arcaica. Assim, dão projeção a tudo que ele faz. E ele carrega o sentimento da impunidade. É um homem muito inteligente, intuitivo, que não tem valores reais de democracia, tem valores de afirmação de ego, e embarca nessas coisas, na veia da impunidade. Acho que isso pode ter levado Antônio Carlos a cometer esse erro. Mas seu erro maior foi o da gabolice, da vaidade: disse a todo mundo que tinha a informação sobre a Heloísa Helena — disse ao [José] Eduardo Dutra, ao Arruda, a vários senadores que estão calados, a todo mundo. Claro que quase ninguém levou ao pé da letra, ninguém sabia exatamente como ele havia obtido a informação, que ele tinha uma lista, de que houve violação. Isso só apareceu mesmo na felonia que ele foi fazer com os procuradores, contra mim e contra todo mundo. Aí, sim, ele se traiu. Juntamente com esse outro ser menor, o Fernando César Mesquita, fez uma coisa inominável e, ao fazê-lo, os dois deixaram o rastro da sua própria sujeira humana, do lado mais obscuro de suas almas. No caso da alma de Antônio Carlos, esse lado obscuro passou a ser louvado, e até relevado, diga-se de passagem, por quase todo mundo. Com que prazer a mídia repercutia as alfinetadas que ele me dava! Com que prazer meus próprios aliados viam Antônio Carlos tentando me botar para o lado! Então, Antônio Carlos foi insensato até à loucura.

O fato é que esse conjunto levou ao desastre que aí está. Não adianta ficar vendo mais depoimentos. Haverá agora uma espécie de confrontação [acareação] entre ele, a Regina e o Arruda. Vai ser penoso. Hoje li uma entrevista do [Pedro] Simon no *Jornal do Brasil*. Simon é outro que gosta de histrionismo; calou quando houve coisas com relação ao Jader e agora sempre insinua que houve compra de votos, que o governo é corrupto. Para ele, Proer,* compra de votos [da emenda da reeleição] e Eduardo Jorge são as culpas do governo. Eduardo Jorge: nada! Não fez nada e nada se provou. O Proer salvou o sistema financeiro. Compra de votos, se houve, repito, foi coisa regional, e aí volto ao tema que me interessa: o poder no Brasil, na hora que se aproxima uma eleição, mostra a sua cara regionalizada.

Por que ocorre o que está acontecendo agora, após a CPI? Brigas locais. No caso desse desastre do Senado, da violação do painel, também é briga local. É ódio ao Luiz Estevão, como havia ódio ao Eduardo Jorge, ao Arruda, e assim vai, é briga local, e de todos eles no que se refere ao Roriz! A briga local em Goiás é a briga dos senadores que estão na CPI.** A briga local no Rio Grande do Sul leva os gaúchos a

* Programa de Estímulo à Reestruturação e ao Fortalecimento do Sistema Financeiro Nacional, instituído pelo governo federal no final de 1995 para o saneamento de bancos privados insolventes. Com gastos de R$ 16 bilhões da época (R$ 68 bilhões em 2019), o Proer resgatou os bancos Nacional, Econômico, Mercantil, Bamerindus, Banorte, Pontual e Crefisul, posteriormente vendidos a outras instituições.

** Iris Rezende, Maguito Vilela e Mauro Miranda, todos do PMDB, condicionavam a não adesão à CPI a uma intervenção no PSDB goiano (partido do governador Marconi Perillo), destinada a impedir a insta-

assinarem a CPI, e no caso eles querem pegar o Padilha. E por aí vai. A briga local lá no Espírito Santo, eu estava vendo agora no jornal, é Paulo Hartung* e José Ignácio [Ferreira].**

A briga é local, porque o poder político brasileiro, o sistema partidário, não é um sistema partidário verdadeiro. É um sistema de organização de interesses fundamentalmente regionais. Não cruzam a linha universal da classe, da nação, dos interesses de valores como a democracia, pois isso não é regional, não faz parte da briga. Quando a eleição se aproxima, todo mundo quer salvar a pele. E onde? No município. No estado.

Então, como estamos nos aproximando da eleição, os interesses locais começam a tornar mais difícil a aliança presidencial. Ela só se torna possível quando há um candidato forte que hegemonize, como foi no meu caso. Mas não dispomos desse candidato forte. Precisaríamos de uma engenharia política, e essa engenharia política vai ser difícil por causa dos interesses fragmentados dos vários partidos com maioria no plano local. É claro que mais adiante, sobretudo dependendo do desfecho dessa crise do Senado e do enfraquecimento desses grandes chefes regionais, isso pode até facilitar um novo arranjo que leve a outra coligação. Seria outra coligação, não essa. Esse é o jogo que está aí.

Por fim, é preciso entender que estamos assistindo também aos estertores do arcaico. O arcaico é Antônio Carlos, é o Jader, o arcaico, até certo ponto, é o Sarney. Sarney é mais esperto, se afastou, e a Roseana já se renovou bastante. Esse arcaico está estourando e, junto com ele, as estruturas nas quais ele está fundado: Sudam, Sudene, DNER, DNOCS, tudo isso está sobrando no aparelho estatal brasileiro. Nós modernizamos a reforma agrária, modernizamos a educação, a saúde, a telefonia, o sistema financeiro inteirinho. Aí foi tudo controlado por forças que não pertencem, o quanto possível, nem ao clientelismo político nem ao corporativismo. Onde não foi assim, no que sobrou, é onde explodem os escândalos. Temos que aproveitar agora para fazer o que não consegui: mudar a Sudam, mudar a Sudene, e só vai ser possível porque está tudo em crise, senão não se conseguiria. Me recordo que no tempo de Itamar, quando havia a CPI do Orçamento, dos "anões", os economistas diziam: "Não podemos fazer nada porque o governo é fraco", e eu dizia: "Ao contrário, só dá para fazer alguma coisa porque o setor político está fraco". Então foi possível que uma força hegemônica não ligada ao setor partidário impusesse uma nova regra. Foi o que eu fiz. Aqui de novo. Apesar de ser presidente da República, eu só vou conseguir avançar e modernizar agora, porque está tudo podre. O Fernando Bezerra tentou mexer na Sudam e na Sudene desde que foi posto lá como ministro

---

lação de CPIs estaduais com potencial daninho a suas pretensões eleitorais em 2002. Vilela assinara o requerimento.

* Senador (PPS) e líder do partido no Senado.

** Governador (PSDB).

da Integração Nacional e não obteve sucesso! Agora vai conseguir. Naturalmente com a minha exigência de que as coisas mudem, vai conseguir.

Isso é o que está acontecendo no Brasil, estamos assistindo ao desvair do setor arcaico. Pouca gente vê isso. Primeiro, porque não tem interesse, prefere ver "o mar de lama no qual o presidente da República está salpicado...", dá mais ibope. Outros, como agora o Wilson Figueiredo,* não sei por quê, diz no *Jornal do Brasil* que, como o presidencialismo está em crise, precisamos fazer o parlamentarismo. Não, quem está em crise não é o presidencialismo! Está em crise, realmente, a velha estrutura de poder do Brasil, e a nova estrutura vai ter que contar com a mídia, com a opinião pública. A mídia é assim mesmo: ela desembesta, ela é o Robespierre de nossa sub-revolução nem popular nem francesa. É uma transformação de costumes o que está havendo aqui, a mídia é Robespierre! Agora querem acabar com o voto secreto [no Congresso], que é uma condição da democracia, uma conquista democrática. Por quê? Como violaram no Senado o voto secreto, estão querendo acabar com o voto secreto! E o PT, que é fundamentalista, entra no fundamentalismo de procuradores, da mídia e tudo mais. Será vítima deles. O mais patético é que hoje Antônio Carlos e Jader — Antônio Carlos que foi o iniciador desta queima de fogos... do circo, e quem sabe até tenha tido um papel bom nesse sentido, porque queimou o circo — voltam em chamas, e o Jader em desespero, como se fosse o único capaz de apagar o incêndio, é o bombeiro do Antônio Carlos. De que forma? Não se tocando mais no assunto. Só que não dá. É preciso tocar. Vão ter que ser queimados. Eu não sei, já disse muitas vezes, sobre o Jader não apareceu nada de muito objetivo para um impeachment. Moralmente está liquidado, politicamente está liquidado, é difícil um presidente de Senado nestas condições. Ainda bem que o Aécio entendeu e a Câmara está um pouco mais ativa.

Tenho dúvidas sobre a questão da CPI. Já estava há algum tempo com essa dúvida. O receio de soltar tudo, porque aí o bom senso desaparece e ficam todos alucinados. Não sei que base de apoio eu teria para evitar um descarrilamento. Ou deixar fazê-la [a CPI]. Acho que agora se se faz essa CPI chamada "da Corrupção", o próprio Congresso se embrulha, porque o que tem para ser apurado já está sendo apurado. O resto não existe, é fantasia, mas alguns dos que me cercam têm muito medo de deixar tudo correr solto, têm medo que haja um estouro da boiada. Eu tenho menos, desde que não exista uma piora da situação econômica, porque aí fica tudo mais difícil de controlar.

Nos últimos dias melhorou a situação da Argentina, o dólar caiu de novo,** falei por telefone ontem, daqui de Ibiúna mesmo, com Malan e Armínio. Eles estão preocupados com a política e com a economia, porém mais confiantes.

* Colunista e vice-presidente do conselho editorial do *JB*.

** A cotação do dólar fechou a sexta-feira 27 de abril em R$ 2,20, depois de roçar os R$ 2,30 ao longo da semana. O mercado continuava aflito com as notícias da Argentina, onde o pacote econômico de Domingo Cavallo enfrentava resistência no Congresso.

Agora vou retomar o factual.

Peguei o navio, vim com os almirantes, e com o Quintão, como já disse, que me acompanhou: o almirante [Sérgio] Chagas Teles, comandante da Marinha, o almirante [Airton] Longo, que foi o responsável pela compra desse navio, o almirante [Carlos Augusto] Saraiva, do gabinete do almirante Chagas Teles, o comandante do navio, que se chama Antônio Alberto Marinho Nigro, e com o comandante de Operações Navais,* que conheço há algum tempo e que me parece centrado. Estou esquecendo do nome dele agora, mas é Peixoto, eu já o conhecia da base de Aratu. Vim para o navio e jantei com eles. Expus as minhas ideias, essas que eu disse aqui, não dessa maneira talvez, mas expus. Expus também a minha visão do mundo, do Brasil no mundo, o que aconteceu em Québec, a necessidade de termos uma noção do nosso peso no mundo, porque o interesse nacional hoje não pode ser limitado ao que se passa dentro das fronteiras, que não dá para sermos uma autarquia, mas existe o interesse nacional, que tem que ter uma presença inteligente no plano global. O almirante Peixoto, pelo menos, me pareceu muito convicto disso também, e o Longo é um homem inteligente; o Chagas Teles tem sido cumpridor de todos os avanços da Marinha.

Isso foi à noite, foi agradável, gosto de viajar a bordo, e essa gente, também alguns rapazes mais moços, gente sadia, me parece.

Encontrei o Geraldinho Alckmin lá em Santos, depois tomei o helicóptero, vim para Brasília e trouxe o Zé Aníbal, que tem casa perto de mim em Ibiúna.

Ontem mesmo conversei com o Zé Aníbal, chamei-o aqui por causa da presidência do partido. Discutimos tudo, deu a entender que, em São Paulo, o Geraldo Alckmin será o candidato, ele [Aníbal] não vai mais se meter a ser. Ele sabe também que o mais forte para a presidência hoje é o Serra, vê com preocupação certa ingenuidade do Paulo Renato, gosta do Tasso, como eu também. Falei bastante com Zé Aníbal, disse a ele que quarta-feira terei um almoço com Teo e com o Aécio e que nesse almoço devo resolver definitivamente o nome dele para presidente do partido. Ele já esteve tomando café da manhã com Aécio, já esteve com Serra, enfim, seguiu o que eu tinha dito a ele para seguir e me parece que vai mesmo ser o presidente do partido. Nessas condições ele é mais resistente do que outros, é capaz de brigar, tem uma noção geral da política, foi militante de esquerda, tem melhor formação política. A Esther Hamburger** estava aqui em Ibiúna, passamos uma noite muito agradável conversando, a Ruth, a Bia e as crianças.

Hoje também Juarez [Brandão Lopes] esteve aqui, tomei banho de piscina, Gabriel Bolaffi*** apareceu, a mulher do Chico de Oliveira [Francisco de Oliveira]**** e

* Almirante Luiz Fernando Peixoto.

** Antropóloga, professora da USP.

*** Sociólogo, professor da USP.

**** Professor de sociologia da USP (aposentado), então filiado ao PT.

um filho do Chico também. Custei a reconhecê-la, eu a conheci pouco, ela trabalhou no Cebrap, o Chico deve estar na casa do Gaby [Gabriel Bolaffi], que é meu vizinho, mas não apareceu, e fez bem de não aparecer, porque seria demasiado mau-caráter. Já achei um pouco de insensatez a mulher dele vir tomar banho aqui na piscina de casa, como se o Chico não vivesse a me ofender. Mas relevo todas essas coisas, e agora estou esperando chegar o Zé Gregori para conversarmos um pouco. Quero que ele apure de uma vez esse maldito dossiê Cayman e ponha um ponto-final a essa canalhice, porque a Polícia Federal está lenta. Ela é lenta em tudo. Amanhã cedo vou para Brasília.

Esqueci de registrar o que aconteceu na quinta-feira dia 26. Foi interessante, o Eduardo Azeredo* esteve comigo de manhã, além do Gerson Peres.** Eduardo Azeredo, em uma longa conversa, mostrou-se preocupado com Minas. Acha que o governo federal deixou Itamar solto em Minas. Itamar sempre nos atacando, desmoralizando, e sem resposta. Pensei cá comigo: quem deve dar resposta é ele, não eu, são eles que estão em Minas. Mas, enfim, aqui tudo se pede ao presidente. E Eduardo veio com boa disposição. Acho até mesmo com a possibilidade de vir a ser candidato à Presidência ou ao governo de Minas. Bom. O Gerson Peres no normal dele, com reivindicações, é um homem inteligente também.

À tarde tive a cerimônia de decretação da regulamentação dos fundos de pesquisa.*** Discurso pra cá, pra lá. Entrevistas, mais tarde, com a rádio de Sergipe. Estive longamente com o Paulo Godoy,**** que está lutando para ver se consegue participar de uma licitação; já ganhou uma para estender linhas de transmissão.***** Mas na verdade a conversa comigo foi sobre o problema energético de modo geral e não especificamente para a questão de linha de transmissão, nada de muito extraordinário. E tive o prazer de rever César Albuquerque,****** agora prefeito de Barra do Ribeiro. Veio com outro prefeito de Canoas,******* ambos trazidos pelo [Nelson] Marchezan, que é um homem muito ativo. Depois vim para casa e nada mais.

Na sexta-feira de manhã não registrei, mas tive uma reunião muito interessante com o presidente******** e o diretor********* da Contag e dos grupos estaduais da

* Ex-governador de Minas Gerais pelo PSDB (1995-99).

** Deputado federal (PPB-PA).

*** Assinatura do decreto nº 3807, de 26 de abril de 2001, referente à lei nº 10197, de 14 de fevereiro de 2001. O decreto criou o Fundo de Infraestrutura (CT-Infra) e regulamenta o financiamento a projetos de implantação e recuperação de infraestrutura de pesquisa nas instituições públicas.

**** Presidente da Associação Paulista dos Empresários de Obras Públicas e da Alusa Companhia Técnica de Engenharia Elétrica.

***** Em consórcio com a Schahin, a Alusa construía duas linhas de transmissão no Maranhão e no Pará, leiloadas em fevereiro de 2001.

****** Ex-ministro da Saúde (1996-98), eleito pelo PSDB.

******* Marcos Antônio Ronchetti (PSDB).

******** Manuel José dos Santos.

********* Alberto Broch, secretário de Política Agrícola.

Contag, juntamente com o Raul Jungmann e a diretoria do Ministério do Desenvolvimento Agrário. Foi interessante porque eles reconheceram que assentamos 400 mil famílias. Reclamaram que a burocracia não deixa entregar mais rapidamente os recursos do Pronaf e, claro, de uma porção de coisas, mas reconheceram a parceria que temos com eles. Aproveitei para fazer um discurso e mostrar qual era a dialética. Reclamaram da medida provisória que impede a reforma agrária em zonas ocupadas [por militantes e membros dos movimentos].* Eu disse: "Vou abrir o jogo: amanhã os jornais vão dar a manchete: 'Presidente manda invadir terra'. Não é isso. Mas eu, como sociólogo, já em 1961 escrevi um artigo defendendo a reforma agrária;** como senador, tenho um programa de reforma agrária;*** entendo que sem movimento social não há reforma agrária, acho até que de vez em quando tem que invadir terra mesmo, para pressionar; mas há um limite. Aqui há uma dialética, quando sobretudo o MST começou a ocupar prédio público, a invadir fazenda produtiva, a criar desordem. Eu sou o presidente da República, isso não vai ser possível, não dá! É preciso colocar um padrão em nosso diálogo, aqui prevalece a democracia, e democracia não quer dizer que vou atender o que vocês querem, e sei também que vocês não vão fazer o que eu quero: implica um diálogo e uma negociação. Agora, nessa negociação tem pressão de parte a parte, mas na direção de acertar. Estou fazendo a reforma agrária no Brasil, tenho orgulho disso. Ninguém fez. Eu fiz. Agora, precisamos institucionalizar o Pronaf, que é um programa que criei no meu governo, em 1996, com o apoio de vocês, mas criei eu. E vamos ter que fazer uma lei que garanta isso. No futuro vocês vão se arrepender ou então ter saudades do bom momento que estamos vivendo e que está sendo visto como um momento de grandes dificuldades por vocês, mas que, na realidade, é de grande avanço. O governo está jogando muito dinheiro na saúde e na educação que beneficia os mais pobres, por isso mesmo não ecoa tanto, mas estamos fazendo isso, e vocês sabem, estamos beneficiando a população rural".

Depois tiraram fotografias comigo, abraços, sorrisos. Tudo muito bem. Claro que no jornal vão dizer outra coisa, mas com a Contag o clima é esse, que se deve também ao Raul, que tem sido um grande ministro.

* Para desestimular ocupações de terras, a MP 2109-50, baixada em 27 de março de 2001 e reeditada várias vezes, impedia a desapropriação de imóveis rurais invadidos até dois anos depois da desocupação. Esse prazo era dobrado em caso de reincidência.

** "As tensões sociais no campo e a reforma agrária", *Revista Brasileira de Estudos Políticos*, Belo Horizonte, n. 12, pp. 7-26, out. 1961.

*** O senador Fernando Henrique Cardoso tratou do tema em *A democracia necessária* (Campinas: Papirus, 1985).

DIA 30, SEGUNDA-FEIRA, estou de volta a Brasília.

Me encontrei ontem à noite com o Zé Gregori, voltei a insistir na importância de acabar com essa chantagem do dossiê Cayman. Passamos em revista vários pontos, disse ele que os procuradores continuam perseguindo o Eduardo Jorge, agora querem que a Polícia Federal abra um inquérito, sendo que eles não encontraram nenhum indício de nada, é só para continuar a onda. O Zé estava ponderado, ficará em Brasília até quarta-feira.

Falei com o Goldman por telefone, ele também quer ser presidente do partido, marquei com ele às onze e meia da quarta-feira, portanto depois de amanhã. Respondi a uma enorme quantidade de telefonemas, acabei de falar com a Roseana, que me disse que Antônio Carlos está eufórico, que a Bahia está manifestando um grande apoio e solidariedade a ele.* Então quer dizer que Antônio Carlos vai continuar lutando pelo seu mandato.

Adendo: são onze e meia da noite, o dia transcorreu calmo, fui a uma solenidade para dar uma medalha aos líderes sindicais e a empresários que ajudaram na questão do FGTS.** Fiz um discurso, falei sobre estarmos vencendo o desemprego.

À noite, agora, recebi o Sarney para jantar, depois de ter tido uma longa reunião com o Martus, o Amaury Bier, o Pedro Parente e o Fernando Bezerra, para discutir como vamos finalizar a transformação da Sudene e da Sudam.

Com Sarney, conversa agradável como sempre, anotei o seguinte: parece que ele tem uma lista que mostra que Antônio Carlos já possui a metade do Conselho de Ética, ou seja, o acordão está começando a funcionar. Isso quer dizer que votarão a favor de uma penalização que não seja a cassação. Vejo que Sarney está desse lado. Eu disse a ele: "Cuidado, porque Antônio Carlos, se voltar sem uma trombada, vai ser quem segurou o homem. Isso tudo vai depender da opinião pública, da mídia". Isso vai ser o decisivo. Mas Antônio Carlos também não abriu o jogo dele. Antônio Carlos tem dados, ele sabe quem vota em quem, e até acho que esses dados não são disparatados. Também o Jorge Bornhausen tinha dados sobre como ocorreria a votação no caso do Jader [eleição à presidência do Senado] e perdeu. Então, não sei o que vai acontecer. Diante disso, o Sarney achou que devo logo colocar o nosso candidato [à Presidência] — no caso seria o Serra — e costurar acordos regionais. Ele tem alguma razão nisso.

* Um grupo de apoiadores realizou um ato de desagravo a ACM na residência oficial do governo baiano. O cacique pefelista recebeu elogios de baianos ilustres como dona Canô, Gal Costa e Zélia Gattai.

** O presidente distribuiu medalhas da Ordem do Mérito do Trabalho a sindicalistas e empresários como Paulo Pereira da Silva, Carlos Eduardo Moreira Ferreira e Clésio Andrade.

6 A 15 DE MAIO DE 2001

Extinção da Sudam e da Sudene.
Mobilização da base aliada contra a CPI.
Demissão de Fernando Bezerra

Hoje é domingo, dia 6 de maio, são cinco horas da tarde. O fato de eu não ter marcado nada nesta semana quase inteira mostra duas coisas: primeiro, andei viajando bastante, a semana foi agitada, e, segundo, não foi tão premente assim registrar, como se o quadro tivesse mudado substancialmente. Em todo caso, vamos rememorar.

Na terça-feira, 1º de maio, fui à fazenda Córrego da Ponte, levei a minha irmã Gilda [Cardoso de Oliveira] e o Roberto [Cardoso de Oliveira],* meu cunhado. Fomos almoçar com a Luciana e o Getúlio [Vaz]** lá. Voltei para cá e, no fim do dia, jogamos pôquer com meus amigos do Itamaraty até não muito tarde. Ou seja, foi um dia de descanso.

Na quarta-feira, dia 2 de maio, eu tinha que fazer uma coisa importante: tomar as medidas para extinguir a Sudam e a Sudene. Aliás, eu tinha discutido isso na véspera com o Pedro Parente, que também veio para o pôquer.

Antes de ir à cerimônia,*** recebi o Alberto Goldman, que veio colocar a candidatura dele a presidente do PSDB. Ele disse que eu vou ter que me arriscar a tomar uma decisão, senão a coisa não vai funcionar. Goldman é uma pessoa de quem eu gosto, é inteligente, é o melhor candidato, não tem facilidade de passar no PSDB porque é recém vindo do PMDB e porque tem um estilo demasiado paulista. Mas é o melhor candidato do ponto de vista de competência, de visão das coisas, de noção de partido, mas sondei já com muita gente e não vi passagem para o Goldman; é uma pena. Claro que na visão do Serra eu posso impor. Posso, mas depois nada funciona.

Em seguida fui falar com Fernando Bezerra, que, aliás, tinha me telefonado incessantemente por causa do ato da Sudam e da Sudene. Está aflito com a quantidade de recursos de que vamos dispor, porque é importante para a região aumentar a quantidade. A conversa de sempre, mas o Fernando está tomando uma decisão que para ele não é fácil, porque mexe com os interesses de todo o Nordeste.

Fiz uma declaração incisiva, que depois foi [divulgada] pelo *Estado de S. Paulo*, o qual, aliás, fez um editorial muito positivo a respeito do que eu falei na cerimô-

* Professor de antropologia da UnB.

** Marido de Luciana Cardoso.

*** Assinatura da MP 2145/2001, que extinguiu a Sudam e a Sudene e as substituiu pelas Agências de Desenvolvimento da Amazônia e do Nordeste e os respectivos fundos de desenvolvimento.

nia.* Eu disse que ninguém ia me dar lição de combate à corrupção, que eu não tinha distribuído nenhuma televisão nem rádio. (Vi ontem que o Sarney se aborreceu com isso, mas eu estava pensando no Antônio Carlos e não nele.)** E disse que tínhamos moralizado o grosso da administração pública, que sobravam restos de um passado como furúnculos pululando corrupção pra lá e pra cá, mas que o governo já tinha querido acabar com a Sudam e a Sudene desde a posse do ministro Fernando Bezerra, que não conseguimos acabar com o DNOCS e que agora a situação política permitia prosseguir. Me referi ao Celso Furtado, que foi o idealizador da Sudene, dizendo que o espírito da instituição, quando ele a criou, não era fortalecer novas oligarquias financeiras, mas melhorar o conjunto da região, e o conjunto está melhorando. Hoje o Nordeste está integrado ao Brasil, o papel planificador da Sudene desapareceu e temos que lhe dar um papel mais controlador, para avaliar a qualidade dos projetos, e que o órgão que doa o dinheiro não pode ser o mesmo que fiscaliza. Então teríamos que mudar isso.

Na quarta-feira recebi juntamente com o Dornelles um senhor chamado Bill Jordan, que é secretário-geral da Confederação Internacional de Organizações Sindicais Livres,*** a CIOSL. É um lorde inglês que trabalha em Bruxelas, mas as ideias dele são superneoliberais. Entretanto, essa federação está apoiada pela Força Sindical, que reuniu no Dia do Trabalho 1 milhão de pessoas em São Paulo, graças ao sorteio de um automóvel.**** Claro que o Paulinho foi lá pedir que quem fosse a favor da CPI levantasse o braço, essas coisas. O Dornelles esteve lá e disse que não foi uma coisa totalmente contra o governo. O da CUT, sim.

Mais tarde recebi o Juraci Magalhães, que é o prefeito de Fortaleza.***** Ele veio agradecer os apoios que já recebeu e pedir mais. Também se dispôs a ajudar na questão do Tasso, ele acha que o Tasso precisa fazer as pazes com Sérgio Machado e que o Lúcio Alcântara não ganha. Pessoa curiosa esse Juraci Magalhães; tenho simpatia por ele.

Na quinta-feira, dia 3 de maio, fui a Uberaba lançar a Exposição do Zebu.****** Houve uma grande manifestação favorável, com meia dúzia de gatos pingados do PSTU contra, apitando, mas a maioria favorável. Povo, aliás, aberto. Lá todos agradeceram pelo que fizemos para a pecuária nacional. Fiz um discurso, brinquei com o ministro Pratini, dizendo que ele era ministro do bem, porque só dava boas notícias e tal. De Uberaba fui inaugurar uma ponte entre São Paulo e Minas,******* o

* O editorial "Aluindo as estruturas da corrupção" saiu na edição de 4 de maio do diário paulistano.

** ACM foi ministro das Comunicações no governo Sarney.

*** International Confederation of Free Trade Unions.

**** A central sindical realizou diversos sorteios para atrair trabalhadores à comemoração, incluindo carros, motos e eletrodomésticos.

***** Pelo PMDB.

****** Expozebu 2001 (LXVII Exposição Internacional de Gado Zebu).

******* Ponte Governador Franco Montoro sobre o rio Grande (BR-050), com 420 metros de extensão.

Itamar prestou o favor de não aparecer, aliás mandou um representante de quarta categoria, nem o citei. Falei bem de Minas, prometi fazer a estrada BR-050, que é importante, uma duplicação que vai ligar Uberaba com Uberlândia. Isso caiu bem, e dali fui para São Paulo.

Mais tarde, nessa quinta-feira, recebi o Rui Mesquita.* Eu não falava com ele fazia algum tempo, o Rui foi tomar um uísque em minha casa, conversamos de muitas coisas. Ele, naturalmente, está na linha de cassação generalizada [no Senado], mas preocupado com o futuro. Não tem entusiasmo pelo Serra, mas acaba achando que quem não tem cão caça com gato. Ele sabe que Serra é um homem sério e tem competência, mas não tem simpatia pelo Serra. Eu não fechei a questão dizendo que é esse ou aquele, apenas citei os que aí estão: o Malan, de quem ele gosta, mas que não passa pelo povo; o Tasso é nordestino, não é fácil para ele. Mas Rui está conosco. Levei-o até a porta, e a imprensa estava no portão de saída do prédio. Eu disse, brincando, quando eles se aproximaram: "Vou-me embora porque não falo com esse pessoal".

O Rui deu uma entrevista coletiva dizendo que tinha conversado comigo e que eu pensava como ele: que a única pessoa que disse a verdade na acareação que houve entre o Arruda, o Antônio Carlos e a Regina, foi a Regina. É verdade, eu tinha concordado com ele nessa tese e até achei bom que ele o dissesse; é o que eu penso mesmo. E Antônio Carlos e o Arruda mentindo muito sobre os fatos havidos, uma infantilidade, foram pegos com a boca na botija. Eu não tive nem paciência de ouvir os depoimentos deles, porque repetem, repetem, repetem. Quem se saiu melhor, a meu ver, foi o Jefferson Peres e a Marina Silva,** eles foram objetivos nas perguntas. O resto fez demagogia, buscando se salientar, e nada de mais importante foi dito. [Roberto] Saturnino*** perguntou direito também, me pareceu.

Depois disso, ainda recebi à noite o Andrea e o Paulo de Tarso, para discutir problemas de publicidade do governo para a campanha no futuro. Veio o Serra também.

Fui dormir tarde e, na sexta-feira de manhã, ainda em São Paulo, abri uma conferência na qual, pela primeira vez, se reuniam os ministros de Agricultura e de Saúde de todo o hemisfério, feita pela Organização Pan-Americana da Saúde.**** Fiz um discurso muitíssimo aplaudido, me referi às questões das patentes [de medicamentos] e falei do nosso posicionamento sobre a aftosa.***** De lá tomei o avião

---

Iniciada em 1996, a obra custou R$ 11 milhões.

* Diretor de *O Estado de S. Paulo*.

** Senadora (PT-AC).

*** Senador (PSB-RJ), relator dos processos de cassação de ACM e Arruda.

**** O presidente discursou no encerramento da XII Reunião Interamericana em Nível Ministerial sobre Saúde e Agricultura, no hotel Renaissance.

***** O encontro ministerial foi antecedido pela VIII Reunião do Comitê Hemisférico para Erradicação da Febre Aftosa.

e fui para Ribeirão Preto com Geraldo Alckmin, que, aliás, na véspera, tinha estado conosco, com muitos deputados. Em Ribeirão Preto, fui ver uma exposição de máquinas,* muito impressionante, movimenta quase 1 bilhão de reais em vendas de material, muita coisa desenvolvida pela Embrapa para o pequeno produtor. Fiz um discurso, recebi um prêmio, uma homenagem da Expo... Não me lembro como se chama a exposição, mas, enfim, recebi esse prêmio. Uma coisa interessante, porque o setor agrícola geralmente é um setor muito nervoso, e o fato é que há uma satisfação grande nele. Agrishow 2001 chama-se esse prêmio.

De lá voltei para Brasília e ainda recebi o Fernão Bracher,** o [Edmar] Bacha e um senhor, Albrecht Schmidt, chairman de um banco, o HypoVereinsbank. É o segundo banco da Alemanha, eu não sabia. Ele me conhecia e a conversa com eles, com o filho do Fernão, Candido [Bracher], e outros mais se iniciou com elogios ao Brasil e uma ponta de preocupação sobre o futuro, ou seja: quem vai ser o presidente? Falei o que pude, mas sem entrar em detalhes, até porque não os tenho.

Isso foi na sexta-feira. Depois me encontrei com o Roriz para discutir a política do PMDB que muito me preocupa: evitar que o Itamar tome conta do partido. Se isso ocorrer, ele vai conseguir um espaço grande e aí passa a ser mais perigoso. O Roriz se dispôs a ajudar e perguntou qual seria meu futuro, que pretensões políticas eu tenho. Eu disse que nenhuma. E ele: "Porque, se o senhor quiser, o senhor sabe que sua candidatura ao Senado aqui em Brasília será uma boa". Claro, o Roriz foi cassado, coitado,*** "seria uma boa e fácil". Eu disse: "Olha, Roriz, agradeço seu gesto, também tive ofertas em Goiás, Roraima... e pensei que se fosse ser senador eu seria por São Paulo. Mas eu não quero nada. Não quero realmente me meter mais em eleições".

Ao fim do meu mandato, eu terei contado dez anos em que fui, em parte, responsável pela orientação econômica do Brasil. Estou incluindo o período do Itamar também. Já basta de orientação econômica e de tudo mais. Pelo conjunto do Brasil, oito anos, fora o tempo que passei no Senado. Chega um momento em que há o que eu chamo de fadiga de material. Tanto a população se cansa da gente, como a gente se cansa do exercício do cargo público. É preciso saber a hora de cair fora. Eu farei setenta anos no mês que vem, então sairei do governo com 71 anos. Meu Deus, não quero mais saber disso, não!

No fim da noite da sexta-feira, jantamos com o Vilmar Faria, que veio conversar sobre problemas pessoais conosco. Foi uma conversa boa, com a Ruth presente, o Vilmar é uma pessoa que admiro muito. Ele é dedicado, tem noção de qual po-

* VIII Feira Internacional de Tecnologia Agrícola em Ação — Agrishow 2001.

** Presidente do banco BBA.

*** Em 1990, a candidatura de Roriz ao governo do Distrito Federal foi impugnada pelo Tribunal Regional Eleitoral, pois ele acabara de deixar o cargo de governador do DF, que exercera entre 1988 e 1990 por indicação do presidente da República. A legislação da época proibia a reeleição. Recorrendo ao TSE, Roriz pôde disputar e vencer o pleito.

sição deve assumir, não vive angustiado por querer tomar posições de ministro, essas coisas todas.

Já no sábado, que foi ontem, um dia bastante tranquilo. Recebi à tarde o Paulo Souto, que veio acompanhado do Heráclito Fortes. Heráclito tinha estado aqui antes, esqueci de registrar, veio na sexta-feira à tarde, quando voltei de Ribeirão Preto. O que ele quer, o Heráclito? Retirar as assinaturas do PFL dos que são favoráveis à CPI. É claro que está querendo outra coisa também: acalmar a possibilidade da cassação do Antônio Carlos. Eu já disse a todo mundo que nessa eu não entro, porque é difícil e não faço ponte com ninguém. Eu disse ao Paulo Souto que entendia a posição dele, ele é muito pressionado pela CPI, mas que não entendia a posição do outro senador [Waldeck Ornelas], afinal foi meu ministro da Previdência, não devia ter assinado, mas assinou. Paulo Souto ponderou que, se ele retirar a assinatura, pode haver um efeito negativo. Eu concordo, muita gente vai dizer: "Está vendo, estão fazendo um acordão e vamos assinar todos nós". E também, disse ele, pode haver um efeito negativo até sobre a cassação do Antônio Carlos. Não sei julgar, é possível. O Paulo Souto tem tino, e ficamos com o dito pelo não dito.

Heráclito deve ter se sentido um pouco desenxabido, porque também o Moreira Franco está vendo se retira a assinatura de membros do Senado, para facilitar as coisas. Reafirmei ao Paulo Souto que não vou me meter, ou seja, não falei que o Antônio Carlos sabia aproveitar o melhor momento para sair de cena. Cá entre nós, não vou fazer nada porque acho que não é preciso. Me parece que ele já está saindo de cena e que outros vão expulsá-lo independentemente de mim. Acho que o PSDB não pode participar de nenhuma negociação que vise salvar a pele de quem quer que seja a troco de acordos. E o Rui [Mesquita] acabou me fazendo o favor de dizer que eu achava que a Regina era a única a não mentir, e acho mesmo. Foi bom.

Recebi antes o Jorge Bornhausen, que já sabia que o Paulo Souto viria aqui. Jorge é mais experiente, acha muito difícil tentar qualquer coisa. Disse que escreverá uma carta a cada um dos senadores do PFL que assinaram pela CPI;* ele tem uma posição clara contra a CPI. Acredita que vai conseguir a renúncia do Antônio Carlos. Acho que o Arruda podia sair da liderança primeiro, mas ele acredita que o caminho é a renúncia, senão todos serão cassados. Tudo bem. É lá problema deles. Eu repeti ao Jorge o meu ponto de vista: não quero botar fogo no circo, mas também não quero jogar água para apagar a fogueira, porque a fogueira não está no meu quintal. Se eu jogar água, vão dizer que estou com medo de que [o fogo] chegue ao meu quintal. Embora a opinião pública vá confundir tudo, eu sei. Mas do ponto de vista da História não será assim. Essa briga é assunto deles.

* Entre os senadores do partido, haviam assinado o requerimento Antônio Carlos Magalhães, Paulo Souto e Waldeck Ornelas. A imprensa noticiou que Bornhausen também escreveu aos deputados pefelistas favoráveis à CPI: da Bahia, Ariston Andrade, Luiz Moreira, Paulo Magalhães e Ursicino Queirós; do Ceará, Moroni Torgan; de Goiás, Ronaldo Caiado; e do Paraná, Afonso Camargo.

Depois disso vieram vários ministros mais o general Cardoso, o Gregori, as mulheres,* a nova ministra, Anadyr, e fomos ver um filme chamado *Traffic*,** que demorou muito tempo. Jantamos, conversamos um pouco, repassamos as mesmas ideias gerais, não foi mais uma conversa política.

Hoje, domingo, veio o Pimenta, eu o tinha chamado. Até almoçou aqui, mais tarde chegou o Jovelino [Mineiro], que almoçou também. Conversei muito com Pimenta, ele tem várias aflições. Eu disse: "Olha, Pimenta, a presidência do partido vai mesmo para o Zé Aníbal. Melhor teria sido você, mas não tenho nada contra o Zé Aníbal. A experiência dele não é a mesma que a sua, nem tenho com ele a liberdade que tenho com você. Haverá a sucessão, campanha eleitoral, tudo será mais difícil com o Zé Aníbal do que seria com você, mas não há outro caminho". Pimenta acha o Zé Aníbal inviável e que ele vai dar mais dor de cabeça do que imaginamos. Se eu quisesse forçar a situação, poderia fazer um plebiscito no partido para controlar a situação. Pimenta mostra preocupação com todo o quadro que aí está, sobretudo com Minas Gerais, com o avanço do Itamar. Itamar se lançou, fez a direção da Cemig, para colocar como controladora para a Chesf, o que vai empolgar os mineiros. Enfim, fatores dessa natureza, emocionais. O Itamar está desesperado, porque [para ele] é só poder, é só política, está pouco se lixando para o país e os efeitos negativos que isso possa ter sobre a economia. Ele nem sabe [quais seriam], aliás. Enfim, foi uma conversa longuíssima com Pimenta, e boa, ele apreensivo com o futuro.

Pimenta não gosta da candidatura Serra, obviamente não gosta, e teme que o Tasso fique na mão, se for Serra o candidato. Eu disse: "Tudo bem, mas se o Tasso não se lança, não se adensa, como é que eu faço?".

Ele perguntou: "E o Paulo Renato?".

"O Paulo Renato está aí, tentando desesperadamente adensar a candidatura e não adensa. O Malan, as elites brasileiras gostariam do Malan, que até é mais parecido comigo do que os outros, mas como se faz agora? Temos pouco tempo, para o pessoal se preparar."

A visão do Pimenta é de muita preocupação com o PMDB. Contei tudo sobre o Roriz, quero que os governadores se movimentem.

Falei com o Tasso por telefone, soube que a mãe dele*** teve um problema, nada grave, ele me disse. O Tasso está na mesma posição cautelosa, porque vão fazer muita pressão sobre o Lúcio Alcântara. Duvido que o Lúcio Alcântara tenha outra opção a não ser acompanhar o voto do relator [do Conselho de Ética].**** Eu disse ao Tasso: "Não vou me meter; agora, Lúcio é senador e candidato, vai saber que o voto

* Sônia Guerra e Maria Helena Gregori.

** Longa de 2000 dirigido por Steven Soderbergh.

*** Maria de Lourdes Ribeiro Jereissati.

**** Roberto Saturnino (PDT-RJ).

dele será escutado pela opinião pública. Acho que o Lúcio muito dificilmente vai ceder". Tasso disse que Antônio Carlos telefona para ele todo dia, com muita insistência, e ontem com muito desespero. A situação é essa.

Acabei de falar com o presidente Batlle, do Uruguai. Conversa boa, ele é uma pessoa de talento, um homem divertido. Acha que a dívida argentina está resolvida, porque soube pelo [David] Mulford,* com quem tem certa amizade, que os bancos já tinham se preparado para tudo isso e acham que está bem. O problema causa muita irritação, porque os argentinos esconderam a febre aftosa que existe lá há um ano.

HOJE É SEGUNDA-FEIRA, DIA 7 DE MAIO. Ontem à noite jantei só com a Ruth, fomos ver um filme que até não é bonito, com uma linguagem antiga, mas bom, de Manuel de Oliveira,** um português.

Hoje foi um dia pesado porque recebi de manhã o Renan Calheiros e o Sérgio Machado, muito entusiasmados com a história de evitar a CPI. Renan claramente belicoso com Antônio Carlos na linha da cassação, o que é um pouco contraditório com a intenção de acabar com a CPI. Interessante. Recebi o grupo de trabalho que veio discutir a criação de uma agência de audiovisual, cinema e televisão,*** e tive os despachos habituais de segunda-feira.

Depois do almoço, recebi o Michel Temer, tivemos uma conversa boa, o Michel quer ser candidato para controlar o PMDB de São Paulo; está lutando no diretório, será candidato à presidência do PMDB nacional se ganhar o diretório de São Paulo. Eu já tinha falado também com o Renan de minha preocupação com o PMDB e da influência que eu possa ter sobre os governadores do PMDB**** para que eles se juntem numa linha de fortalecimento do setor não itamarista. Certamente vão precisar de um candidato que seja aceitável, e acho possível que o Michel seja aceito por eles e também pela chamada linha radical do PMDB. Senão, quem sabe o Luís Henrique poderia ser o candidato. Enfim, problemas que não são meus, são deles, mas tenho que olhar de perto.

Depois disso, gravação de rádio, porta-voz. Recebi o Zé Inácio [José Ignácio Ferreira], governador do Espírito Santo, para discutir as questões de lá. Recebi o pessoal de energia, o Duda, que estava aqui, o [diretor-geral] da Aneel mais o Zé Jorge, o Aloysio e o Pedro Parente. Em vez de criar multa, vamos criar incentivos

* Chairman internacional do banco Credit Suisse First Boston.

** *Vou para casa*, longa de 2001.

*** O governo preparava a criação da Agência Nacional do Cinema (Ancine), efetivada em 6 de setembro de 2001 pela MP 2228-1.

**** Joaquim Roriz (DF), Itamar Franco (MG), José Maranhão (PB), Jarbas Vasconcelos (PE), Mão Santa (PI) e Garibaldi Alves (RN).

para quem conseguir poupar energia e anunciar isso ao país.* Eu mesmo falei para dar uma notícia boa, já que, além do corte de energia, ainda multa... E multa é duro, é dose.

Soube hoje de manhã mesmo que os irmãos do Paraná** também assinaram a CPI. Vi na telinha*** que o Iris Rezende**** disse que a melhor maneira de o governo sair desse assunto é fazer a CPI. Como fazer a CPI? Claro, é um rolo para o governo fazer a CPI, mas a CPI são favas contadas. O Aloysio ainda resiste, estava cansado hoje. Enquanto eu conversava com Aloysio ou Pedro Parente, não lembro, veio uma notícia do Renan por telefone, e notei certo desespero. O Jader está pressionando para evitar a CPI, no fundo ele diz: não, eu tenho um acordo com o PFL, o que implicaria, segundo eu entendi — ele não me disse —, ele estar mais disposto a fazer aquilo que eu acho que não se deve. Quer dizer, o Renan não vota pela cassação de Antônio Carlos e, em compensação, acaba a CPI. Para mim e para a opinião pública, é um desastre. Na verdade não tenho nenhuma preocupação, nem do governo nem pessoal, com a CPI, e Antônio Carlos acho que precisa ser cassado. E Arruda também. Pela gravidade em si, que é grande, e pela repercussão político-moral do ato.

Hoje nos jornais todos saiu em primeira página que eu estava irritado com o Fernando Bezerra, que eu teria dito a não sei que assessor que o Fernando me traiu.***** Eu não disse nada, não falei com ninguém. Aliás, devo ter registrado que nem foi um assunto que me preocupou nesse fim de semana. Li na *Veja* a denúncia contra ele, ele quis me esclarecer, sou uma pessoa de boa-fé e acredito que o Fernando também o seja. Então estava esperando que ele viesse me explicar as coisas. Fiquei chateado, muito magoado com essa história, ele próprio pode imaginar que fui eu ou que foi o palácio. Não foi, não tinha ninguém no palácio; isto foi o dr. Moreira Franco e foi o dr. Padilha, pelo que Ana apurou. Quer dizer: é o PMDB querendo queimar o Fernando Bezerra, porque estão com

* O governo anunciou que a partir de 1º de junho os consumidores industriais, comerciais e residenciais das regiões Sudeste, Centro-Oeste e Nordeste deveriam reduzir o consumo de energia elétrica para evitar o pagamento de sobretaxa e, no limite, o corte do fornecimento. A redução deveria ser de 18% a 25%, no caso de empresas, e de 20% para clientes domésticos, calculada sobre a média de consumo dos mesmos meses no ano anterior. Consumidores que economizassem mais que 20% receberiam bônus. Àquela altura, o nível global dos reservatórios hidrelétricos estava em 30%, considerado insuficiente para garantir o abastecimento do país durante o período de seca. O nível operacional mínimo das usinas era de 20%. Com o anúncio do Programa Emergencial de Redução do Consumo de Energia Elétrica, em 15 de maio, o governo antecipou o início da vigência da sobretaxação.

** Senadores Álvaro e Osmar Dias, ambos do PSDB.

*** Isto é, no noticiário da internet.

**** Senador (PMDB-GO) e ex-ministro da Justiça (1997-98).

***** O ministro da Integração Nacional foi acusado pela revista *Veja* de receber financiamento de R$ 6,7 milhões da Sudene para uma empresa metalúrgica de sua propriedade, nos anos 1990, e não realizar o projeto contratado. Citando "assessores" do presidente, os jornais publicaram que Fernando Henrique já decidira demitir Bezerra.

raiva primeiro por causa da Sudam e, segundo, porque Fernando Bezerra vai sair do PMDB do Rio Grande do Norte. É uma dureza. Essa é a política brasileira, e eles são meus aliados...

Agora estou esperando que chegue aqui o general Gleuber, com quem vou jantar. Avisei o ministro da Defesa que eu o havia convidado para jantar e conversarmos sobre o tempo e o vento.

HOJE É DIA 8 DE MAIO, são onze horas da manhã. Ontem, efetivamente, jantei com o general Gleuber. A preocupação dele é com o despreparo do Exército, dada a escassez de recursos, e que precisaríamos ter um pouco mais de atenção com os meios das Forças Armadas. Eles estão tendo dificuldade de mobilização das pessoas, fisicamente; faltam jipes, carros para fechar a fronteira [argentina], dada a questão da aftosa, imagina se tivéssemos guerra! Ele tem razão. Vou chamar o Malan para conversar, vamos ter que liberar mais recursos, para não prejudicar a destreza das Forças Armadas. Politicamente, o general Gleuber tem uma visão muito clara; ele acha que a oposição embaralha o governo e que ainda são pequenas as chances de ela ganhar. Se a oposição ganhar, ele acredita que possam se acirrar as lutas tipo MST e tudo mais. O general tem uma visão muito objetiva das coisas, mas, fundamentalmente, ele é leal ao governo. Está de acordo com o que estamos fazendo no Brasil e acha mesmo que devemos cuidar da sucessão. Discutimos os nomes, ele sabe que são poucos, não reagiu a nenhum, nem positiva nem negativamente, mas vê-se que compreende a situação. Falar de política com ele não adianta; ele não é político. Gosto dele, foi uma boa conversa. Depois disso conversei um pouco com o Duda sobre mudar a economia de luz de multa para incentivo.

Hoje de manhã eu e a Ruth recebemos o Conselho Nacional dos Direitos da Mulher. Nos jornais teve preeminência a questão da energia, mas a *Folha* diz que eu fiz isso* com medo de perda de popularidade. Eu fiz isso por causa da eficiência do programa, e a eficiência é também para a sociedade. É fantástico! Nossos jornalistas analisam intenções e motivações em lugar de descreverem objetivamente as coisas. É mais do que sabido. Outra questão que me preocupa é o Bezerra; ele vem aqui ao meio-dia. Embora o Aloysio e o Pedro Parente saibam que ele tem como responder às críticas (hoje houve novas críticas), é injusto e é insuportável politicamente Como ele não tem a mesma visão política, talvez até fique contrafeito e nos obrigue a tomar posição desagradável. Ele não é desonesto, ele diz: "Eu não quero sair como

* O governo alterou de 18% para 15% o limite inferior da faixa de redução compulsória no consumo de energia pelos estabelecimentos industriais e comerciais. A redução podia alcançar 25%, dependendo da potência e do volume da energia consumida. Na média, o governo esperava uma economia de 20% no gasto energético do país.

desonesto", mas infelizmente acaba, com isso, dando essa sensação. Se ficar no governo, não vai parar a onda contra ele. É um beco sem saída. Vejo um esgarçamento enorme da situação política.

Falei com Sérgio Machado há pouco. Ele acha que essa questão da CPI são favas contadas. Diz que o PFL se reuniu e ficou contra a CPI. Fica dando a impressão de que estamos querendo acobertar a safadeza, quando não é isso. É simplesmente para não paralisar o governo. Haja energia para esses aliados que eu tenho, e para o próprio partido, que vive me traindo.

HOJE É DIA 9 DE MAIO, QUARTA-FEIRA, são sete e meia da manhã. Acordei bastante cedo, dormi mal, também pudera. O dia de ontem foi dificílimo, duríssimo. Como eu disse aqui, ia receber o Fernando Bezerra e o recebi ao meio-dia, mais ou menos, junto com o Aloysio e o Parente. Conversei com ele. Estava muito tenso, trouxe uma batelada de documentos para mostrar que com a empresa dele, a Metasa, ele tinha aportado os recursos devidos e que não houve nada irregular, que houve um desastre econômico por causa do dumping feito pela China com um material, um mineral [tungstênio], que eles produziam que era bom para a liga de ferro, de aço e foi um fracasso econômico, mas ele aportou etc. etc. Perguntei sobre a outra questão, a das obras feitas na praia,* aí ele foi convincente, não tem nada, foi a prefeita [de Natal]** — que aliás é do PSB — que pediu recursos para todas as praias do Nordeste, por acaso um prédio familiar dele estava construído nessa praia. Há outro problema, o de que a CNI pagaria a casa e funcionários para ele.*** A casa tem um contrato de 2 mil reais por mês, hoje de manhã já li na Tereza Cruvinel que isso é irrisório. Não é irrisório, ele paga 2 mil reais, não é tão pouco assim. O problema é que ele tem também funcionários da CNI que trabalham com ele e são pagos pelo governo, um adicional. Enfim, uma coisa não clara. Eu disse: "Olha, Fernando...". Ele não queria ser demitido nem se demitir, perguntou: "O senhor confia em mim?". Eu disse: "Confio, não vou botar um carimbo de desonesto em você, absolutamente. Você entrega esse material todo à dra. Anadyr", coisa que ele disse que faria, "e leva essa questão da CNI para a Comissão de Ética [Pública da Presidência]. Você vai ter que explicar". Ele ia dar uma entrevista às três da tarde, eu disse: "Olha, você vai explicar não para uma plateia de boa-fé; vai explicar para uma plateia de jornalistas, eles vão te pegar, tome cuidado".

* Bezerra foi acusado de liberar R$ 4,2 milhões para a empreiteira de um correligionário executar melhoramentos na praia de Areia Preta, em Natal, onde a construtora Ecocil construía prédios de apartamentos. Entre os sócios da Ecocil estava o próprio Bezerra.

** Wilma de Faria.

*** Bezerra era presidente licenciado da CNI.

O Pedro Parente e o Aloysio vieram, eu os chamei no final da conversa. O Parente foi mais duro, sobretudo sobre a CNI, por causa do Código de Ética.* Eu disse: "Ele vai levar essa questão também para o Piquet [João Geraldo Piquet Carneiro],** para submetê-la ao Código de Ética". Até achei mais frágil a acusação de o Fernando usar alguns apoios da CNI, após o trabalho dele, que existiu, nada de equivocado, ou melhor, de escondido.

Almocei com o Pedro Parente, com Madeira, o Aloysio e o Arthur Virgílio, para discutirmos um pouco a situação, que é difícil; eu sempre tentando encaminhar a questão para pensarmos, quem sabe, se não seria melhor apoiar a CPI de uma vez. Mas eles são resistentes a essa ideia — menos o Pedro Parente —, acham que a CPI é uma arma só contra o governo. Parece que ainda há recursos para lutar sobretudo na Câmara. Isso feito, lá fui eu para o Palácio do Planalto, subi no elevador e o Fred me disse:

"O Fernando Bezerra renunciou."

"Não, ele acabou de estar comigo, não tem nada disso."

"Mas eu vi na televisão."

"Não é possível, vamos ver!"

Liguei a televisão, e lá estava ele renunciando. Disse que cinco minutos antes de chegar para a entrevista coletiva resolveu renunciar.*** Mais ainda: que vai assinar a CPI contra corrupção para mostrar que ele não tem nada a esconder! Já sobre a CPI da Sudene**** — essas denúncias saíram da CPI da Sudene —, não precisa de outra, ele diz. Enfim, é o desespero. Terminado isso, ele me telefonou: "Ah, presidente, o senhor me desculpe, este foi meu único erro, não ter lhe avisado antes, resolvi fazer assim, posso levar uma carta de demissão". Eu disse: "Ora, Fernando, pode, não tem pressa nenhuma, quando você quiser". Claro que ele vai estar ressentido. Vejo hoje nos jornais que saiu do Palácio convencido de que não o defenderíamos. Não! Não é que não vamos defendê-lo, mas para defendê-lo ele tem que mostrar como as coisas são. Acabou isto de que o presidente vai defender a qualquer custo toda acusação a um auxiliar seu. O presidente não mantém condições morais, se fizer isso. Ele não demite, não joga pedra, mas o acusado precisa demonstrar que é correto não só para o presidente, mas para a sociedade, porque o país de hoje é assim. Os políticos têm que se dar conta disso. Entendo quando me cobram o diabo, inclusive coisas pelas quais não sou responsável, mas o mundo moderno é assim, é transparente. O fato é que lá se foi o Fernando Bezerra.

* Código de Conduta da Alta Administração Federal, aprovado em agosto de 2000.

** Presidente da Comissão de Ética Pública.

*** Bezerra reassumiu seu mandato de senador depois de renunciar ao ministério.

**** Instalada em março de 2000, a CPI investigou fraudes na Sudene e no Finor (Fundo de Investimentos do Nordeste). O relatório final constatou fraudes de até R$ 2,2 bilhões, cerca de meio bilhão a mais que os desvios na Sudam conhecidos até então.

Tinha estado comigo logo depois do almoço o Geddel, muito triste, pensando que eu tinha dispensado o Fernando Bezerra. Depois ele me telefonou, eufórico: caiu o Fernando Bezerra! Eu tinha dito ao Bezerra: "Você não tem mais apoio político, o PMDB te largou! Neste momento não estou preocupado com isso, eu posso segurar você sem o PMDB. O PMDB está em frangalhos também!". Enfim, vê-se o esgarçamento da classe política. Grande.

Não li a entrevista do Chico de Oliveira,* o Chico é um ressentido, não quero mais me aborrecer com ele, mas, pelo que disse a Tereza Cruvinel, que li hoje de manhã, o Chico fez uma análise correta. O próprio desenvolvimento da política econômica, a globalização, e tudo mais, liquidam essa base oligárquica. É verdade, e essa é uma contradição das boas. É bem o que eu quero, que se arrebente a base oligárquica. Não há problema para mim nesse aspecto. É a renovação do Brasil, e o Fernando Bezerra também faz parte disso, embora ele seja, a meu ver, dos melhores que se tem lá no Nordeste, na CNI, e tudo mais. Acho-o correto. Claro que agora o PMDB está açodado para ver quem vai ocupar o lugar do Fernando Bezerra, é só no que eles pensam, mas é até razoável.

Isso posto, recebi d. [Raymundo] Damasceno** mais o arcebispo de Campinas,*** porque em julho vai haver o Congresso Eucarístico lá e me convidaram para participar.**** Aproveitei para falar com d. Damasceno, que é o secretário da CNBB, e atacar a atitude dos fundamentalistas de exigência de CPIs a torto e a direito. Ele concorda — na minha frente concorda. Com as igrejas são outras coisas.

Terminada essa rotina pesada e difícil de muitas reuniões, ainda recebi uma senhora, presidente da Habitat das Nações Unidas.***** Jorge Bornhausen veio falar comigo e me deu conta do seguinte: está em marcha um processo no PFL e no PMDB para os dois retirarem as assinaturas da CPI e, em compensação, eles seriam brandos no julgamento do Antônio Carlos e do Arruda. A exigência desse acordo com a CPI é dos membros do Conselho de Ética ligados ao PFL. Não é um acordão, eles sabem disso. O PSDB não entra nisso, nem eu. Acho que não vai dar certo também; aliás, quero que não dê certo. É preciso passar mais a limpo essas coisas. Jorge quer que Antônio Carlos renuncie, eu entendo o trabalho muito construtivo do Jorge, inclusive ele acha que se tem que evitar a CPI. Mas isso tudo vai acabar dando confusão.

* "Novo poder econômico gera crise política", entrevista a Fernando de Barros e Silva na *Folha* de 7 de maio. O intelectual petista avaliou que a modernização política e econômica do país durante o governo Fernando Henrique era a causa primordial das lutas internas em sua base de apoio por ter gerado uma nova burguesia ainda carente de representação política.

** Secretário-geral da CNBB e arcebispo de Aparecida (SP).

*** D. Gilberto Pereira Lopes.

**** XIV Congresso Eucarístico Nacional, de 19 a 22 de julho de 2001. O presidente não compareceu ao evento.

***** Anna Tibaijuka, diretora executiva do Programa das Nações Unidas para os Assentamentos Humanos (ONU-Habitat).

Voltei para o Alvorada e recebi o Sarney, que me disse: "Você já tem um trunfo na mão, não nomeie já para esse ministério [da Integração Nacional]!". Conversei com ele sobre a sucessão do PMDB, sobre a situação geral, uma boa conversa. Ficou de voltar assim que seja necessário. Recebi o Lampreia, para ele contar o que está fazendo.

À noite jantei com o Serra, a Gilda Portugal Gouvêia,* Ruth e o Andrea. Serra, Andrea e eu repassamos todas as coisas. Eu disse que achava que se perdêssemos a questão da CPI, das assinaturas, essa batalha, como questão de justiça, é inglória, eu preferia logo fazer a tal CPI, botar gente séria e fazer, porque não vai dar em nada. Aliás, li no jornal *O Globo* de hoje exatamente isso, que essa CPI — eles usam a expressão "CPI palanque", CPI não sei o que lá — não vai dar em nada, vai desmoralizar o Congresso, o que não é bom também. Sobre a Copene: Odebrecht e Mariani de um lado e Paulo Cunha de outro. O Armínio Fraga está encaminhando as coisas com muito equilíbrio. Ontem me telefonou Paulo Cunha. Depois de várias vezes, eu respondi. Ele sabe, porque Andrea disse para ele, que não gostei da carta que ele me mandou. Era uma carta demasiada altiva para ser enviada a um presidente, ele quer que eu fale com eles a respeito da Copene, que eu fale com Tápias e com o Gros. Ele não tem que dizer a mim com quem devo falar.

Ele quer se encontrar com Armínio, não está conseguindo. Eu disse: "Vou falar com Malan, para você falar com ele". Quero mostrar equilíbrio nisso, não estar nem num lado nem no outro. E até mandei que o porta-voz dissesse isso, porque é uma briga entre dois grupos nacionais, e é um golpe de cá, um golpe de lá, não vou entrar nos detalhes.

HOJE É 15 DE MAIO, TERÇA-FEIRA. No dia 13, domingo, seria o aniversário da minha mãe.** Se ela estivesse viva, teria por volta de cem anos, quase isso. Foi também Dia das Mães. Não tenho aqui os dados para rememorar com firmeza, eles estão em São Paulo, mas de quarta-feira para cá o que houve de mais significativo foi que na quarta-feira, dia 9, resolvi chamar todos os ministros. Chamei na parte da manhã os ministros que detêm mandatos e no final da tarde alguns que não detêm mandato. O objetivo foi dizer que não dá mais para aguentar essa onda toda da oposição, de que vai fazer CPI, de que tem duzentas assinaturas, e nós acoelhados como se não tivéssemos argumentos políticos para reagir. Porque a reação tem que ser política. O Dornelles tomou a posição, que achei correta, de voltar para a Câmara.*** O Pedro Parente, de manhã cedo nessa quarta-feira, já tinha me telefonado para dizer que achava que todos deviam renunciar. Mais tarde me telefonou o

* Diretora do programa Universidade Solidária.

** Nayde Silva Cardoso.

*** O ministro do Trabalho era deputado federal licenciado (PPB-RJ).

Aloysio, fazendo ponderações de que talvez não fosse o caso. De qualquer maneira, convoquei os ministros para que viessem conversar sobre a situação. E fui duro na conversa, estou pronto para a briga. Vieram os que têm mandato,* a briga é política, ou botamos um ponto-final nessa onda toda, ou não dá para governar, essa CPI é contra a governabilidade, vira tudo contra nós, assim não é possível. Jogamos muito firme nessa direção. E eles passaram o dia lá, trabalhando. No começo da noite, chamei os ministros, como já disse aqui, que não têm mandato, para dizer a mesma coisa, estava o Ovídio, o Zé Gregori, enfim, alguns deles. E repeti a ladainha. O dia foi tenso em função dessa CPI e da demissão de Fernando Bezerra, o que fazer, como fazer etc.

À noite chegou a Regina Meyer para jantar conosco, e com a Lenir [Lampreia]** e o Lampreia. Foi até bom, porque aliviou um pouco o cansaço desse dia de muita tensão política.

No outro dia de manhã, quinta-feira, fui até Corumbá para encontrar o Zeca do PT*** e ir de helicóptero inaugurar uma ponte sobre o rio Paraguai,**** em Mato Grosso do Sul, facilitando a ligação entre Miranda e Corumbá e, portanto, também entre Brasil e Bolívia. O embaixador do Chile***** estava lá, porque, disse ele, que dali só estávamos a mil quilômetros de Antofagasta. Houve grandes discursos em Corumbá. Como sempre o Zeca do PT muito simpático. Me parece verdadeiro ao se referir ao trabalho que estamos fazendo de cooperação com o Mato Grosso. Na ida para lá, os deputados e senadores que foram comigo me alertaram do perigo, de que ele usava sempre isso contra mim. Eu não acredito. Que não usa a favor dos deputados e senadores tenho certeza, mas quanto a mim não creio. Em todo caso, tomei o cuidado de fazer muitas referências aos deputados e aos senadores dos partidos aliados que são contra ele lá. E o governador, o Zeca do PT, fez até um agradecimento, dizendo que estava arrependido de não ter dado, enfim, os créditos necessários aos parlamentares.

Isso posto, de Corumbá voltei para cá. Eu queria ver o que tinha acontecido depois da reunião da quarta-feira, dia 9, em que exigi que os ministros, como registrei aqui, tomassem uma posição mais política. Bom, cheguei e levei um susto. Na reunião da quarta-feira à noite, definimos uma estratégia, já tínhamos muitas assinaturas retiradas, então, como a oposição exigia que se votasse logo, o Jader foi esperto e colocou em votação a leitura da lista e recusou uma questão de ordem do Goldman pela inconstitucionalidade. Recusou, não; mandou para a Comissão

* Além de Dornelles, eram deputados licenciados: Eliseu Padilha, Carlos Melles (Esporte e Turismo), Roberto Brant, Pimenta da Veiga, Aloysio Nunes Ferreira e Sarney Filho. Senadores: José Jorge e José Serra.

** Mulher de Luiz Felipe Lampreia.

*** Governador do Mato Grosso do Sul.

**** Com 1,9 km de extensão, a ponte (atualmente denominada Poeta Manoel de Barros) começou a ser construída em 1996 ao custo de R$ 100 milhões. Integra a BR-262.

***** Carlos Eduardo Mena.

de Justiça a questão de ordem do Goldman, e na verdade a oposição percebeu que tinha perdido.

Bom, na quinta-feira ficamos até a meia-noite um pouco em suspenso, na dependência da verificação das assinaturas dos que entravam e dos que retiravam. E o resultado foi esse mesmo, cerca de vinte parlamentares retiraram a assinatura.* Um deles, Ursicino Queirós,** tinha me procurado na quarta-feira para dizer que ele, apesar de ligado ao senador Antônio Carlos, ia retirar a assinatura, porque achava aquilo tudo muito equivocado. Não me pediu nada.

Nessa mesma quarta-feira, eu tinha recebido o Luís Roberto Ponte*** e o Márcio Braga**** junto com um grupo de pessoas ligadas à construção civil, e o Márcio me disse que as coisas iam caminhar bem. E o Sarneyzinho tinha feito um discurso muito forte na televisão dizendo que era preciso reagir. O fato é que foi uma vitória política. Claro que a oposição esperneou e passou a dizer que a vitória tinha sido por causa da retirada de assinatura por coação, por causa de emendas... o que é mentira. Não houve nenhuma coação financeira. Quer dizer, retiraram por pressão política. Isso dos dois lados se faz, mas não houve jogo baixo nenhum.

Na sexta-feira, dia 11, fui a São Paulo para a inauguração de um monumento em homenagem ao [Franco] Montoro,***** mas não pude comparecer, compareceu a Ruth, porque o PCdoB ia fazer arruaça e eu não queria empanar a festa com besteirol do PCdoB. Mas fui inaugurar as novas instalações da Natura em Cajamar,****** que é uma empresa moderna, emprega, na distribuição do seu material, 260 mil pessoas, uma coisa extraordinária. E fiz um discurso, respondi a essas insinuações de que havíamos comprado votos, não sei o quê. E falei sobre a ética na política, e tal, fui bastante aplaudido.*******

Fiquei em São Paulo na sexta-feira, assim como no fim de semana todo. Na sexta jantamos na casa da Lourdes Sola com o Maílson da Nóbrega,******** o Giannotti,

* Entre os vinte deputados que retiraram suas assinaturas do requerimento de criação da CPI, contavam-se cinco do PFL, quatro do PMDB e quatro do PL.

** Deputado federal (PFL-BA).

*** Ex-deputado federal (PMDB) e presidente da Câmara Brasileira da Indústria da Construção.

**** Ex-deputado constituinte (PMDB).

***** Ex-governador paulista (1983-87) e ex-deputado federal (PSDB-SP, 1995-99), um dos fundadores do partido. O monumento a Montoro foi instalado no pátio externo da Assembleia Legislativa paulista.

****** Espaço Natura, centro integrado de pesquisa, desenvolvimento, produção e distribuição de cosméticos, com investimentos de R$ 205 milhões.

******* "Não vou fugir a nenhum outro desafio. Nem os elétricos, nem o daqueles que transformam, retoricamente, a ética numa palavra política. Ética, para mim, é uma forma de conduta e foi de toda a minha vida. Vai continuar sendo, e não vai se desfazer no palanque eleitoral, formado por irresponsáveis que utilizam qualquer dificuldade para enganar o povo, e fazer de conta que estão apurando o que já foi apurado, ou que há muito mais a apurar e há gente encobrindo o que se deva apurar." (Biblioteca da Presidência.)

******** Sócio da consultoria Tendências e ex-ministro da Fazenda (governo Sarney).

o Pérsio Arida* e a Elena Landau.** Foi muito agradável, conversamos sobre temas gerais, é gente muito simpática, foi um bom contato.

No sábado, dia 12, recebi o Clóvis Carvalho de manhã, até porque eu queria saber sobre a participação dele nessa empresa Brasil Telecom, sobre essa confusão entre os italianos e o Daniel Dantas.*** O Clóvis foi muito ponderado, me explicou que estava buscando uma posição de equilíbrio lá.**** Recebi à tarde uma porção de gente. O Serra esteve por lá, o Aloysio também, conversamos muito sobre o partido. O Serra já conformado com a nomeação do novo presidente, que vai ser o José Aníbal, mas querendo fazer algumas modificações nos ministérios e preocupado com a situação geral. E também com o fato gravíssimo que é o tal apagão, porque fomos surpreendidos. Eu fui surpreendido, pois todos os problemas que tive com o setor elétrico — e tive muitos — eu acompanhei de perto. O que eu notava? Que o ministro Tourinho achava que não havia o menor risco de apagão nem de coisa nenhuma, que estávamos trabalhando bem. O ONS***** também soltando relatórios mais otimistas, pelo menos até dezembro do ano passado. A reunião que fiz aqui no Alvorada — até deve estar registrada aqui — com o José Jorge, que já era o novo ministro, portanto em março, foi uma reunião de preocupação, não de pânico. O primeiro relatório do ONS que eu vi — e revi agora — que fala de alguma coisa mais assustadora foi do dia 12 de março, declarando que as chuvas tinham parado subitamente, que o nível da reserva era muito baixo. Mas daí a essa tragédia que foi pintada vai um salto.

Até agora estou sem saber exatamente em que ponto estamos. No fim de semana troquei opiniões com o Pedro Parente e com o Duda, que sabe muito do assunto. O Pedro também sabe. Eu tinha designado o Pedro para ser o coordenador geral desse programa de mobilização.****** O Duda acredita que não sejam necessários apagões, que basta uma racionalização, algumas metas das quais a população pode participar e mais ainda as empresas. Enfim, é uma grande confusão, e os jornais e as revistas semanais vêm impiedosos. O governo é o culpado, o governo é o culpado. Na verdade aumentamos muito a capacidade geradora do Brasil, retomamos o ritmo que tinha sido interrompido no governo Collor e Itamar, e antes tam-

* Membro do conselho de administração do Itaú e ex-presidente do Banco Central (1995).

** Consultora econômica, ex-diretora de privatização do BNDES (1994-96).

*** O Opportunity e a Telecom Italia se engalfinhavam numa disputa judicial acerca da composição da diretoria da Brasil Telecom (antiga Tele Centro Sul, privatizada no leilão da Telebrás em 1998), que contava com a participação de fundos de pensão de empresas estatais.

**** Carvalho integrava a direção do Previ, fundo de pensão do BB associado ao Opportunity na Brasil Telecom.

***** O Operador Nacional do Sistema Elétrico, criado em 1998, é uma entidade de direito privado que coordena e controla a geração e a transmissão de energia elétrica no país.

****** Parente foi nomeado coordenador do Programa Emergencial de Redução do Consumo de Energia Elétrica e presidente da Câmara de Gestão da Crise de Energia Elétrica, órgão interministerial criado pela MP 2147, de 15 de maio de 2001.

bém, na década de 1980. Não há problema de falta de geradores; o que há é problema de água e atraso no programa termelétrico, por causa da briga entre a Petrobras e as empresas que vão construir as usinas termelétricas. Elas brigam por causa do preço do gás, que é cotado em dólar, porque vem da Bolívia, embora uma parte considerável venha também da Bacia de Campos no Brasil, e a Petrobras ganha como se o gás fosse explorado em dólar.

Enfim, são problemas a serem resolvidos, e é um braço de ferro também no que diz respeito às tarifas. E a Aneel é considerada uma empresa que não fez toda a regulamentação necessária. A visão do Wilson Quintella,* que foi ajudado muito na ADTP, é outra. Ele tem mandado relatórios mais otimistas sobre tudo isso, e eu não sei realmente onde está a verdade, é muito difícil. Mas estamos trabalhando para ver se é possível superar mais esse problema, mais grave que os outros. Só há uma diferença: esse é um problema real, e não como as insinuações e acusações incessantes de CPI da oposição, que fica a querer ver chifre em cavalo.

No sábado eu e a Ruth jantamos em casa com a Maria do Carmo Campelo de Sousa, juntamente com Roberto Schwarz e a mulher,** com a Lucia Campello, irmã da Carmute e o Leôncio Martins Rodrigues. Também foi muito agradável, conversas de velhos amigos.

No domingo, dia 13, ainda lá em São Paulo, recebi de manhã o [Roberto] Gusmão,*** muito simpático, foi levar um vinho, que tomamos eu, ele e a Ruth, porque era Dia das Mães. Conversamos sobre o tempo e o vento. O Gusmão tem mostrado solidariedade e amizade. Depois dei um beliscão nele e disse: "Gusmão, Roberto, fala para o Pedreira que não precisa ser tão acanhado. Sempre que ele faz uma declaração sobre o governo, mesmo quando é favorável, ele não deixa de botar uma pitada negativa. Comigo, mesmo para elogiar, tem que haver paulada. Quando não vem só paulada...". Falo brincando, mas é bom que ele diga isso ao Pedreira.

Depois, ainda recebi no fim do dia o Geddel, que foi lá para discutir a sucessão do Ministério da Integração e, também, a situação do PMDB. Sinto o Geddel mais leal, ou seja, ele não quer saber de Itamar como candidato. E também não quer que eu prestigie muito o grupo Jader-Renan, porque acha que ele, Geddel, precisa de apoio na Câmara. Ele não me disse isso com tantas palavras, mas a interpretação, um pouco da história, é essa. Falei também com José Aníbal, repassamos a situação do partido, foi um pouco a mesma conversa que eu tinha tido com o Serra e com o Aloysio na véspera, estado por estado, o que o PSDB deve fazer.

Depois disso, à noite fui jantar com muita gente, o Sarney, o Olavo Setúbal,**** entre outros mais. Ficamos em uma mesa conversando, o Márcio Moreira Alves

* Diretor executivo da Agência de Desenvolvimento Tietê-Paraná.

** Grecia Schwarcz.

*** Membro do conselho de administração da Ambev e ex-ministro da Indústria e Comércio (governo Sarney).

**** Presidente do grupo Itaú e ex-prefeito biônico de São Paulo (1975-79).

também estava por lá. Tentou de todo modo se aproximar da minha mesa e eu fiz de tudo para ele não chegar, porque não quero cumprimentá-lo mais. Ele vem aqui, almoça, nos conhece e fica fazendo as piores insinuações a meu respeito na coluna dele. O Marcito é assim, embora seja um bom jornalista. É um dos poucos que analisam e escrevem sobre as situações, mas se tomou de uma paixão anti-Malan e contra a equipe econômica.

Com o Olavo a conversa foi aquela de sempre, ele tem horror do que está sendo proposto pelo Cavallo, que é colocar a receita como caução da dívida, caução dessa troca de bônus da dívida, anda desesperado com isso. Ele está com 78 anos, mas está firme. O Setúbal sempre muito amistoso, Daisy [Setúbal] também, é um casal de quem eu gosto bastante.

Bom, de lá, ontem, dia 14, vim para Brasília e retomamos o ritmo. Cheguei na hora do almoço e almocei com o Marco Aurélio [Mello], que é o novo presidente do Supremo Tribunal Federal. Ele é muito simpático, sempre teve boas relações pessoais comigo, embora vote sistematicamente, ou quase sistematicamente, contra o governo. Ele está por baixo, porque os ministros do Supremo limitaram sua ação administrativa. Na verdade o que ele quis fazer foi controlar o abuso de recontratar os aposentados.

À tarde fui ao Palácio do Planalto e lá organizei essa comissão de emergência para lidar com a crise energética. Tivemos uma longa reunião, boa. Falei rapidamente para a imprensa, e o resto foram despachos de rotina. À noite vimos um filme chamado *A partilha*, feito pelo Daniel Filho, e estavam aqui as duas principais atrizes do filme, uma é a Glória Pires, a outra é a Lília Cabral. Muito simpáticas e boas atrizes. Foi uma noite agradável.

Hoje de manhã abri no Itamaraty uma comemoração pelo primeiro ano da Lei de Responsabilidade Fiscal, feita pelo Instituto Ethos, aquele do Oded Grajew, que é meio petista, e feita também pelo Conselho Federal de Contabilidade.* Foi bem. Aproveitei para explicar a importância dessa lei e que não dá para continuar fazendo de conta que tem bandalheira em tudo, quando não tem, porque isso desmoraliza as coisas. Hoje o orçamento é executado com muita propriedade, não precisava ser deturpado como vem sendo em termos nos jornais, que dizem que estamos soltando emendas parlamentares a esmo.

Depois recebi o Renan e o Geddel para discutir, de novo, o mesmo assunto que eu já havia falado com o Geddel. Agora vim para casa, almocei com os colaboradores da Ruth, estou descansando um pouco e vou voltar para o meu batente.

* Seminário "A Lei de Responsabilidade Fiscal e a mudança cultural no país".

16 A 26 DE MAIO DE 2001

Crise de energia. Caso Marka. Pedido de impeachment. Renúncia de Arruda

Hoje é 16 de maio, quarta-feira, são oito horas da manhã. Quero só anotar o que aconteceu ainda ontem. É que à noite o Pedro Malan veio aqui para me dizer que ele acha que a Argentina vai capotar. A situação está piorando muito e isso reflete no Brasil. Somada à crise da energia, a situação vai ficando mais sombria. Me perguntou o que eu achava de ele conversar com o Köhler e com o Stanley Fischer sobre o assunto, para preparar uma eventual prorrogação do acordo com o Fundo. Isso era tudo o que não queríamos, nem ele nem eu. Tudo estava preparado para ficarmos independentes do Fundo agora em setembro deste ano, mas ele disse que temos que ter responsabilidade. O pior de tudo é a economia entrar em um espiral como a da Argentina; não vamos temer palavras como "FMI", vamos enfrentar situações. Era a sensação dele também.

Bem, fora isso, ontem muita agitação porque, de novo, CPI do Senado. Jader falou comigo, todo mundo falou comigo para ver como é que se faz, para ver se barra isso. Fernando Bezerra pediu demissão e se dispõe a não assinar a CPI, dependendo da minha carta de resposta à demissão dele sobre a sua honestidade. Como se ele precisasse de um atestado. Não precisa, eu já disse aqui um milhão de vezes, mas, enfim, também ele merece esse atestado. Eu não vi que o Fernando tivesse feito nada errado. Outros dirão que sim.

Ontem de manhã fui ao Itamaraty, como já registrei, fiz um discurso forte sobre a Lei de Responsabilidade Fiscal e respondi mais uma vez às infâmias de que teríamos comprado os votos que saíram da CPI na Câmara. Parece que o Itamar deu uma entrevista muito ruim ao Elio Gaspari. Eu não li, não leio Elio Gaspari. Ele é inteligente, gosta de ir contra a maré. E pensa que é um grande jornalista; aliás, os colegas dele também pensam que ele é. Acho que, além do Marcito de que já falei, são os melhores. Na verdade, estou criticando o Elio e o Marcito porque são os que sabem escrever, têm talento, mas falta compromisso, falta uma visão do mundo, uma devoção a uma certa visão consistente das coisas.

Fora isso, estamos avançando na redefinição da questão energética. É indiscutível que o Tourinho é o grande responsável por ela. Fiquei sabendo que ele proibiu que se fale em racionamento no ministério. Não será o único responsável, aí eles vão acusar, todo o país vai me acusar. Mas na verdade eles se enganaram e me enganaram no que diz respeito ao risco tão grande de um colapso. Mas vamos evitar o apagão. Parece que o Duda — falei com ele ontem à noite — e o Pedro Parente estão realmente preparados para evitar o apagão. Vamos ver se vai dar certo. Temos que ter coragem e enfrentar até o fim esse momento, essa situação delicada. Também conseguimos que a venda da Cesp fosse adiada, aliás, que o leilão da Cesp fosse adiado, e com isso terei mais tempo. E o Geraldo Alckmin também, para preparar os franceses e os portugueses para entrarem nessa questão.

Acho que era só isso... Ah, discuti, também ontem à noite, com o Pimenta, o Brant, o [Aécio] Neves e o Aloysio, a situação de Minas. Estão dispostos até mesmo a puxar, se ainda for possível, o José Alencar para o governo, além de puxar o [Walfrido] Mares Guia.* Aí Minas ficaria com uma base mais forte para enfrentar o itamarismo lá em Minas. O Raul Jungmann me disse que o PDT está em conversas avançadas com o Ciro e com o Brizola. Imagine só a conversa entre ele e Brizola, só contraditórios. Jungmann é um tipo correto e moderno, Brizola é um velho caudilho que perdeu o rumo e o Ciro nunca teve rumo, é um descabeçado. Essa é a situação até agora.

Em tempo: na quinta-feira passada, dia 10, de manhã eu tive também uma reunião muito importante sobre a reforma tributária. Voltamos aos velhos argumentos, o Everardo insiste em mandar a reforma do ICMS, que vai ser uma reforma difícil, e reluta na questão — e tem alguma razão — da reforma sobre a cascata no imposto do Cofins, porque disse que é o único imposto que as empresas realmente pagam, o de renda eles não pagam. E acha que é inviável a esta altura cortar a CPMF, mas que é possível facilitar muito a dedução dos impostos de importação. Vamos ver o que acontece.

HOJE É SÁBADO, DIA 19 DE MAIO, são dez e meia da manhã. Na quarta-feira, que foi o último registro que eu fiz aqui, o dia foi quase burocrático de manhã. Recebi o Xico Graziano, que veio me trazer o projeto de reforma agrária dele, e também veio falar sobre a falta de contato do baixo clero, como ele chama, comigo, com os dirigentes do governo, que é preciso ter canais mais fluidos etc. Depois o Arnaldo Madeira me trouxe aqui o Ariston Andrade, que é um [deputado] do PFL da Bahia. É um dos que retiraram a assinatura. É um médico, me pareceu um homem correto, disse que me conheceu em Canudos e que ele foi o primeiro a procurar o Madeira e dizer: "Olha, eu estou retirando, e não é por influência do senador, eu tenho muita admiração pelo presidente", não sei o quê, e aqui me disse a mesma coisa, não mudou de ponto de vista e não teve nenhuma transação envolvida no assunto como a imprensa disse.

Depois recebi o Marcondes Gadelha,** que é meu antigo companheiro do PMDB, autêntico, hoje está no PFL. Ele tem um irmão, Paulo Gadelha, que é candidato ao Tribunal Regional Federal lá em Pernambuco, e naturalmente o governador tem outro candidato. Fica PMDB versus PFL. Talvez o setor mais politizado da vida es-

* Deputado federal (PTB-MG).

** Deputado federal (PFL-PB).

tatal brasileira hoje seja a Justiça, e talvez por isso a Justiça esteja tendo tantas dificuldades em se adaptar à nova ordem. Eu recebo pedidos incessantes, eu, os ministros, todo mundo recebe pressão de governadores, senadores, das bancadas, porque querem indicar esse ou aquele ministro. Isso não acontece no Itamaraty, nem de longe nas Forças Armadas, muito menos nos órgãos de economia do Estado, os bancos do Estado, mas na Justiça é um descalabro. Bem, o Gadelha não foi nada insistente, apenas ponderou e — eu nem sabia — me disse que esse irmão dele é cunhado do Marco Maciel. O Marco é tão discreto que jamais tocou nesse assunto comigo.

No final da manhã da quarta-feira, ainda recebi de novo o Sérgio Machado e o Renan, que estavam muito aflitos com a CPI, dessa vez no Senado. Essa mania de CPI, e fica lá o PT e mais esses, a briga interna do PMDB dá consistência à CPI porque sete, oito senadores do PMDB têm mais raiva do Jader do que da oposição, querem destruir o Jader e pensam que a CPI é o caminho. E o Fernando Bezerra, que depois de ter dito o que disse, de ter feito todo um discurso de que não assinaria, parece que no dia seguinte, isto é, na quinta-feira, teria assinado e depois mandou dizer que ia retirar. Enfim, essas confusões de falta de firmeza política.

Além disso, almocei com a Mariângela Hamu, que é do jornal *Estado de S. Paulo*, para conversar basicamente sobre energia elétrica. A Mariângela é uma jornalista de qualidade, pessoa séria, e disse que o Rui [Mesquita] ficou meio surpreso porque ele saiu lá de casa convencido de que eu seria favorável à CPI, mas que acabamos com a CPI. O que eu disse ao Rui é que a CPI não me pega, como ele sabe que não, e que talvez fosse até melhor ter deixado ir adiante — eu já registrei isso aqui várias vezes. Mas quando vim para Brasília vi que não, que a coisa estava pegando fogo e que aquilo ia se juntar a Antônio Carlos, Jader, PT, e todo mundo contra o governo. É uma CPI antigoverno, então impedimos a CPI, mas, reitero, não houve uso nenhum de verbas de emendas parlamentares. Eu volto ao assunto daqui a pouco.

À tarde recebi o Weffort, com o Jacques Marcovitch e o diretor do Museu de Arte Contemporânea da USP,* que vieram pedir apoio para um museu que eles querem fazer lá.** A conversa foi longa, nada de extraordinário. Depois recebi o João Elísio Ferraz de Campos, presidente da Fenaseg. O João Elísio é um velho amigo do [José] Richa,*** do Jorge Bornhausen, é uma pessoa agradável. Quer que eu vá lá à Fenaseg no Rio de Janeiro. Eu me comprometi a ir.

Depois, quando vim à noite para casa, recebi Eduardo Jorge. Ele estava extremamente tenso, extremamente mesmo. Nunca o vi tão tenso assim. No fundo, achando que o responsável pelo que está acontecendo com ele agora sou eu, por-

* José Teixeira Coelho.

** Alusão à transferência do MAC-USP para o antigo prédio do Detran-SP, no parque do Ibirapuera, realizada em 2011.

*** Ex-governador do Paraná e ex-senador, um dos fundadores do PSDB.

que não demito ministro para obrigar que ministros tomem atitudes mais firmes em defesa dele. E não tem razão, porque eu, por exemplo, telefonei ao José Gregori, porque os procuradores de São Paulo pediram, depois que o juiz* recebeu do Banco Central as informações de que o Eduardo nada tinha a ver com o TRT — os procuradores oficiam a Polícia Federal para abrir o inquérito, eles têm esse poder. Eu disse ao José Gregori: "Se eles têm esse poder, você tem o poder do Executivo para dizer que, não havendo objeto, não encontrando nada, fecha-se o inquérito, porque ele é mera perseguição". Nesse ponto Eduardo tem razão, ele até me disse algo que eu não imaginei que ele pensasse: que eu não queria que ele voltasse ao governo no segundo mandato. Não é isso. Eu disse a ele que não queria que ele ficasse na sombra, e razão eu tinha, caiu tudo em cima dele à toa. Ofereci ao Eduardo a presidência do Conselho de Administração da Petrobras, uma vice-presidência do BID, ser ministro da Administração, mas ele não quis nada, porque queria fazer a consultoria para ganhar dinheiro. Agora, naturalmente, o culpado é o presidente. Ele não diz isso com essas letras todas, mas é o sentimento que está por trás. Mas fiquei muito solidário, porque ele está sendo vítima — ele, a família... — de uma perseguição cruel, e não se prova nada, ele não fez nada que pudesse ser considerado um erro, mas fica um ar de suspeita. E aí é péssimo, está tudo muito mal. Infelizmente faz parte do momento de massacre geral. Hoje vi o Antônio Carlos no jornal dizendo que ele [ACM] é o caso de maior linchamento moral da história política do Brasil. Não sei se é o maior, mas é grande. Mas quem semeia vento colhe tempestade. Ele foi dos que mais agiram nessa direção e agora está colhendo tempestade.

A quinta-feira, dia 17, foi um dia duríssimo, amanheci discutindo com os governadores sobre a erradicação da febre aftosa,** com os governadores do Mato Grosso do Sul — Paraná não veio porque não pôde —, Santa Catarina, Tocantins e também Rio Grande do Sul. O problema é o Rio Grande, porque o Rio Grande politizou a questão da aftosa, eles são contra sacrificar boi. Não dizem assim, mas são. Querem que o governo pague, querem que o Exército mate, enfim, transformaram em uma luta ideológica. Eu tenho simpatia pelo Olívio Dutra, ele é um caipirão de província lá da fronteira, simplório, fala com certa pompa teatral, mas não tinha nenhuma razão. É uma atitude irracional. Fui gentil com ele, porque é um homem agradável. Dizem que o secretário da Agricultura*** dele é muito radical, do MST. Estava aqui no palácio, mas não participou da reunião. Ficou tão evidente que eles tinham que fazer a erradicação que acho que o Olívio vai acabar fazendo.

Logo depois recebi aqui o conselho do Prêmio de Qualidade do Governo Federal. Aí vieram o Gerdau, o Antonio Maciel — que hoje é presidente da Ford — e

* Casem Mazloum, da 1ª Vara Criminal Federal de São Paulo.

** Focos da doença bovina haviam ressurgido em 2000 no Rio Grande do Sul, obrigando o governo a ampliar a vigilância vacinal nos estados do Centro-Sul.

*** José Hermeto Hoffmann.

vários outros personagens. Querem que o governo dê mais atenção a isso, não sei o quê. Depois do almoço fui para o Planalto conduzir a solenidade do Prêmio de Qualidade, fiz um discurso dando razão a eles, de que era necessário efetivamente haver de nossa parte uma atitude mais ativa, de apoiar esse tipo de programa, que é uma coisa extraordinária. Não é possível que não se consiga fazer, no governo federal, com que os órgãos disputem a qualidade total.

Depois, no almoço, tive reunião com Malan, Bier, Fraga e o Fábio Barbosa, que é o secretário do Tesouro. Foi um belo almoço, para discutir a continuação do saneamento do Banco do Brasil, da Caixa Econômica, do Basa e do Banco do Nordeste, estão todos apodrecidos. Se o Brasil soubesse o quanto custa esses bancos, não haveria tanta gente querendo defendê-los. Mas, enfim, o que nos cabe, já que não vamos privatizá-los, é colocá-los em bom estado. E, para isso, lá vai o Tesouro assumir dívidas e ter regras mais claras para que esses bancos possam funcionar como bancos normais. É uma vergonha, um verdadeiro bueiro de recursos públicos disfarçado de capa de proteção à política regional ou de proteção à política de habitação, ou de proteção à agricultura. Então vamos mudar isso: quer proteger? Põe no orçamento. O resto, quem tomar dinheiro emprestado paga, porque, se não é assim, o Tesouro é quem paga. E são os ricos que tomam esse dinheiro emprestado, ou a classe média, no caso da habitação. Essa é outra batalha. Mas é o que falta para colarmos nosso programa de saneamento.

Fora isso, recebi o governador José Bianco, de Rondônia. É um homem sério, foi meu colega no Senado, é do PFL. Ele veio com vários deputados, desesperados. O Amir Lando,* que posa como pessoa de bem, estava aqui, mas tem problemas de terras com o Incra. E o governo federal, em vez de dar uma força maior ao Bianco, aos problemas dele, fica com esse burocratismo dos vários ministérios do Planejamento, estão atrapalhando o desempenho do Bianco, é preciso ajudar o Bianco do ponto de vista técnico, para que ele avance, e dar os recursos quando for certo.

Eu ia ter um encontro aqui com o Paulo Renato, mas acabei não tendo. Tive, sim, um encontro com o Jader, com o ministro Velloso, o Aécio, o Aloysio, sobre a questão terrível do teto do funcionalismo público. O ministro Velloso quer resolver a questão do teto, eu também gostaria, e o Jader e o Aécio ficaram de verificar qual é a base para avançar essa matéria lá no Congresso. Depois conversamos sobre o tempo e o vento, sobre a questão da energia, expliquei a eles o pouco que fui aprendendo sobre o tema energia. Foi bom para reiterar. Mesmo eu, que estava pensando que algumas medidas poderiam ter resolvido a questão do apagão, vi que não poderiam. A [falta de] chuva foi crucial. Eu soube, por exemplo, que nós temos 75 mil megawatts de potência e usamos no máximo 56 mil, que na hora do pico, hoje, ainda temos meia Itaipu sobrando. Portanto não falta máquina para rodar energia; falta é água. Pode-se dizer: Bom, mas por que não fizeram mais ter-

* Senador (PMDB-RO).

melétricas? É verdade, isso poderia ter sido feito, mas elas não foram feitas por causa da briga da Petrobras, da questão do preço do gás, da variação cambial. Não são assuntos simples, e isso também não resolveria. Deveríamos ter feito, mas não resolveria. Linhas de transmissão, nós estamos fazendo a terceira de Itaipu, fizemos a ligação Norte-Nordeste, enfim, fizemos a ligação da Argentina com o Brasil. Podia ter sido feito mais também, só que, quando se vai fazer uma licitação, a empresa que pede, recorre, tem uma liminar para a licitação. Quando se vai pedir autorização para cruzar uma linha de transmissão, ou mesmo de uma termelétrica, vêm os procuradores do meio ambiente e levantam alguma questão, seguram a decisão, portanto, sem fugir da responsabilidade, não é tão simples quanto aqueles que escrevem apressadamente nos jornais creem. Mas o fato é que discutimos isso bastante lá com os personagens já citados, até achei curioso que o clima era mais ou menos tranquilo, não houve as tensões que eu pensei que fosse haver, porque a presença do Jader sempre pode dar algum susto em certas pessoas, como no ministro Carlos Velloso.

À noite, cheguei aqui em casa muito cansado. Recebi o texto que eu devia preparar para uma fala que faria na televisão na sexta-feira, ontem, e não gostei. Já tínhamos discutido com Andrea detalhes desse texto. Me dispus a refazê-lo, quando chegou o Serra, e não fez por menos: queria falar comigo. A Ruth já tinha vindo me admoestar que estava tudo errado na comunicação do governo, porque nós não conseguimos passar para a opinião pública que não fizemos acordo nenhum com deputados, que era uma vergonha, que as listas que temos mostram como a distribuição de verbas foi correta, que toda a oposição recebia, mas que não passamos isso para o povo... então ela acha que eu preciso de mais energia nessa matéria. Enfim, essas coisas.

Depois foi o Serra. O Serra veio me dizer que, na verdade, essa coisa de eu ter falado do apagão é uma tragédia, que eu fui pego de surpresa foi muito ruim. Eu disse: "Serra, cada vez que há um problema no Brasil pegam uma palavra minha. Foi 'vagabundos'* no caso da Previdência, agora é 'surpreso'** na crise de energia, porque é preciso encontrar um bode expiatório, e tem que ser o presidente. São os nossos que dizem isso, quem propagou essa história da surpresa. Veio do meu gabinete, das pessoas mais próximas, e daí foi para a imprensa, e a imprensa diz que está errado, não sei o quê, e vai para as costas do presidente. O povo não está nem aí

* Em maio de 1998, durante um discurso no BNDES, o presidente defendera a aprovação da reforma da Previdência para beneficiar os mais necessitados: "O valor médio dos benefícios concedidos pela Previdência Social cresceu muito. Esses benefícios precisam ser mantidos. E, para isso, se precisa da reforma da Previdência, para que, realmente, aqueles que se locupletam da Previdência não se locupletem mais, não se aposentem com menos de cinquenta anos, não sejam vagabundos num país de pobres e miseráveis". (Biblioteca da Presidência.)

** Os jornais registraram que o presidente teria dito "fui pego de surpresa" durante uma reunião ministerial sobre a crise elétrica em 14 de maio.

se eu fui pego de surpresa ou não fui pego, eu tenho é que resolver os problemas". Aí o Serra voltou aos temas dele, por que eu nunca fui rigoroso com o Malan, com o fracasso da política monetária anterior. Eu disse: "Serra, eu sei o que eu fiz, e tanto sei que está aí o Brasil bem de novo". Outra vez o Serra e sua birra com o Malan... Agora ele quer que eu tenha um culpado para a questão do apagão e da política energética. Eu disse: "Serra, não é meu estilo, eu não fiz isso com o Fernando Bezerra, acho errado. Então o certo é fazer como fez o Itamar, o Jânio [Quadros]? Meu Deus do céu, eu passei a vida lutando contra isso, eu sou do jeito que eu sou, e sou presidente duas vezes do jeito que eu sou. E não sou favorável a entregar cabeças às feras simplesmente para acalmar, acho que é preciso ter uma atitude diferente, uma atitude muito mais de magistrado, com equilíbrio, de democracia, de respeitar cada um, de considerar as pessoas. Eu não vou mudar. Se você for presidente um dia, você vai ver, e aí vai poder fazer como quiser". Me irritei bastante.

No dia seguinte, sexta-feira, ontem, dia 18, levantei cedo e reescrevi o texto que eu ia falar. E falei* basicamente o texto que escrevi. Depois fui para a reunião do Conselho Nacional de Política Energética, que foi boa. Pedro Parente é um homem brilhante, botou todo mundo para trabalhar, muita gente o ajudou, o Mário Santos,** o Duda, várias pessoas, o José Jorge é cooperativo, a bem da verdade foi o Pedro Parente que levou isso adiante. E ele deu um show lá na reunião do Conselho Nacional de Política Energética. Eu repeti tudo que eu tinha que dizer, inclusive de agradecimento ao que eles fizeram.

Depois fui gravar a tal mensagem, o que levou um tempo enorme. Almocei aqui com o meu primo Carlos Joaquim Ignácio e com a Ruth, e depois fomos, eu fui, ao encontro dos dirigentes estaduais do PSDB aqui no Palácio da Alvorada, discurseira pra lá e pra cá. Recebi o Paulo Renato para me mostrar o Bolsa Escola e uma pesquisa que ele fez depois que passou a frequentar as escolas beneficiadas. Ele passou de quatro para nove pontos na pesquisa, mas o Serra passou para dezessete em abril, encostou no Itamar, o que é uma coisa realmente grande. Bom, se for assim, o Serra vai ser o candidato e pode até ganhar a eleição, vamos ver.

Recebi o Eduardo Graeff para despachos, o Eduardo preparou o texto... não o texto, mas as pontes para o meu discurso de hoje na convenção.*** Depois ficamos esperando o Paulo Henrique, a Vanvan [Evangelina Seiler],**** as filhas dela***** e as meninas Helena e Joana. Jantamos, dormi e agora estou aqui no sábado fazendo esta gravação. Daqui a pouco, piscina. Vou falar com o Tasso e já combinei que o

* O presidente falou em cadeia nacional de rádio e TV para explicar a situação energética do país e as medidas de contenção da crise.

** Diretor-presidente do ONS.

*** Convenção nacional do PSDB, que elegeu a nova direção da legenda e atribuiu a Fernando Henrique o título de presidente de honra do partido.

**** Mulher de Paulo Henrique Cardoso.

***** Amanda e Roberta Seiler.

Pedro Malan vai receber o Geraldo Alckmin para discutir reforma tributária. Depois vou lá para a convenção do PSDB.

HOJE É SEGUNDA-FEIRA, DIA 21 DE MAIO, são onze horas da manhã. Como disse, fui sábado à convenção do PSDB e, em vez de ler o texto que tinha sido preparado — e estava bom — pelo Eduardo Graeff com as minhas ideias, fiz um discurso inflamado, porque vi o tom da convenção e também porque me irritei profundamente com uma reportagem irresponsável da revista *Veja*, que voltou ao tema do Cacciola, Chico Lopes, Banco Marka e não sei mais o quê.* E que disse que o governo abafou um escândalo, disse coisas absurdas, que no dia 13 de janeiro [de 1999], já sabedores de que o Chico estava sendo chantageado pelo Cacciola, houve um pacto de silêncio no governo. Ora, dia 13 foi o dia em que o Chico começou a operar, e mal; se soubéssemos que ele tinha um problema dessa natureza não o teríamos designado para presidente do Banco Central. Ele caiu no dia 29 ou 30 porque operou mal a coisa da corrida bancária, não teve nada a ver com o deslize que ele eventualmente pudesse ter cometido, que eu não sabia. Aliás, até hoje não sei. A acusação é da Polícia Federal, mas conversamos com o José Gregori depois da convenção, eu, o Serra, Aloysio e o Goldman, e o José Gregori foi ver, a Polícia Federal tem 29 volumes de investigação e não encontrou nada. Bom, é uma irresponsabilidade. E mais: é inconsequente, dizem que esse esquema de circulação de informações foi obtido porque o Cacciola teria conseguido, através de um chantagista chamado Telmo [Telmílson de Resende], que era da Abin, que grava e faz escutas telefônicas, mandar fazer uma varredura nos telefones celulares que o sócio do Chico Lopes, um tal de [Luiz Augusto] Bragança, usaria para repassar essas informações. Acontece que não se pode fazer varredura em telefones celulares, isso é uma contradição, fazem varredura é em telefone fixo. Portanto é uma mentira. E hoje estava lá o Cacciola no *Estado de S. Paulo*, com uma carta mal escrita, porque ele é italiano, coitado, não sabe e não tem por que saber bem português, respondendo, negando veementemente que tenha feito qualquer coisa nesse sentido, que não existe fita gravada nenhuma e dizendo que o rapaz, o Policarpo [Junior], da *Veja*, não botou na íntegra as respostas que ele deu. Enfim, uma lambança imensa. Mas reagi fortemente a essa lambança, porque qualquer lambança recolhe logo a aura de ser verdadeira desde que seja contra o governo ou incrimine alguém que

* Em janeiro de 1999, o Banco Central realizou uma operação cambial que beneficiou o banco de Salvatore Cacciola e causou prejuízos estimados em R$ 1,5 bilhão. Com a manchete de capa "A história secreta de um golpe bilionário", a edição de 23 de maio da revista publicou que o ex-presidente do BC, Francisco Lopes, operava um suposto esquema de informações privilegiadas na instituição e que fora chantageado por Cacciola através de gravações de grampos telefônicos. Lopes foi condenado em 2005, mas recorreu em liberdade e não cumpriu pena. Cacciola fugiu do país em 2000, depois de passar 37 dias preso. Foi capturado na Europa em 2007 e extraditado. Cumpriu três anos de prisão.

esteja na administração pública. É uma vergonha o que está acontecendo no Brasil, um denuncismo barato a serviço daqueles que querem vir para o poder de qualquer forma, mesmo a custo da infâmia. E falei, de outra maneira mas forte, na convenção do PSDB.

Depois voltei para cá, e de manhã, na hora que eu estava nadando, o Tasso chegou para conversarmos. O Tasso tem as preocupações lá dele sobre colocar refinarias de petróleo no Ceará, e reiterou essa preocupação. Ele está sempre pensando quando é que eu vou me livrar dos partidos aliados aqui no Congresso. Bem, quando eu estiver para cair do governo. O Tasso não conhece a realidade da política de Brasília. Isso foi no sábado.

Ontem, domingo, dia 20, fomos passar o dia na fazenda. Eu, Ruth, o Paulo, as filhas dele — a Helena e a Joana —, a Vanvan e as filhas — a Roberta e a Amanda. Foi muito agradável. Tomei banho de rio, andei a cavalo e cheguei aqui quebrado, mas com uma quebradeira agradável. E à noite vimos um filme.

Agora de manhã procurei o Civita, que estava viajando, para dizer que a *Veja* passou dos limites, do ponto de vista da responsabilidade, que ela não poderia ter acolhido uma reportagem chula como essa. Falei com o Pedro Malan, que está indignado também. Recebi a informação de que a Portugal Telecom vai comprar a Telesp Celular,* e com isso vai entrar um bom dinheiro no Brasil. É uma boa notícia. E a história do apagão está indo razoável, quer dizer, a população está poupando, a imprensa naturalmente criando dificuldades, o Judiciário também, como é do estilo, mas acho que a população entendeu e está respondendo bem. Tenho a convicção de que, na verdade, não há catástrofe alguma do ponto de vista econômico. A menos que haja uma estiagem forte mais um ano. Aí complica muito.

HOJE É TERÇA-FEIRA, 22 DE MAIO, são quase três da tarde. Ontem não houve nada de especial no decorrer do dia, fizemos reuniões, mas de coordenação, para avaliar dois temas. Um foi sobre a *Veja* e o suposto escândalo, de novo, do Banco Marka; e o outro foi sobre a CPI.

Um avanço sobre a matéria da *Veja*: falei com o Roberto Civita, que me telefonou de Nova York. Eu disse: "Olha, Roberto, a coisa está complicada, porque vocês ficam dando a impressão de que o governo abafou um escândalo, quando não houve escândalo nenhum. O repórter diz lá que no dia 13 a cúpula do governo estava de posse de uma informação de que o Chico Lopes estava sendo chantageado pelo Cacciola... Só se eu fosse um idiota, porque eu nomeei o Chico Lopes no dia 13 e ele caiu no dia 30, e caiu por causa do que todo o Brasil sabe, que foi aquele desastre funcional. Nada que tivesse a ver com a moral dele. Eu nunca soube de nada". E eu

* Em 2003, a Portugal Telecom completou uma joint venture com a espanhola Telefónica, que resultou na criação da Vivo.

ainda disse ao Roberto: "E tem mais, o Malan. A frase que vocês puseram lá para validar a afirmação de que havia um segredo. Quando o Malan disse que havia uma questão que ele só contaria dez anos depois da morte dele, isso se referia ao porquê da mudança cambial, da taxa cambial. Não tinha nada a ver com alguma ilegalidade do Chico Lopes, e vocês usaram isso para confirmar o que a *Veja* regional botou lá. Por outro lado, eu vi que lá se diz que o Cacciola conseguiu desmontar o esquema do Augusto Bragança, porque induziu esse Bragança a utilizar os serviços de uma empresa, na qual trabalharia um tal de Telmo, o mesmo do grampo do BNDES, para fazer uma varredura nos telefones dele. E aí ele pegou a transferência de informações do Chico Lopes para o Bragança, e do Bragança não sei para quem. Ocorre que não existe varredura de telefone celular. Não tem como fazer varredura em telefone celular; você tem como captar o telefone, mas não como fazer varredura. Como é que esse amigo do Chico Lopes iria entregar os números do seu celular? Para quê? Tá errado. Bom, além disso, o Cacciola já desmentiu, o Telmo já desmentiu, o Chico Lopes já desmentiu, todo mundo desmentiu tudo". Aí o Roberto me disse uma coisa assim: "Ponto pra você!". Eu falei: "Ué, ponto pra mim e se a revista não tiver mais material ela afunda com essa matéria". E o Roberto me disse: "Vou ajoelhado falar com você quando eu voltar dos Estados Unidos". Mas ele sabia da matéria, porque disse: "Você foi poupado". Eu respondi: "Poupado do que eu não fiz?". Enfim... Bom, esse foi o fato *Veja*. No fim da tarde de ontem, comentei sobre isso com o Jorge Bornhausen e com o Pimenta, que vieram aqui com o Nizan [Guanaes].* Nizan disposto a ajudar, como sempre, e o Pimenta e o Bornhausen vieram discutir questões políticas gerais. Jantei com o Andrea Matarazzo e dois colaboradores dele. Dormi cedo.

Hoje de manhã, quando acordei, revi a carta que eu tinha começado a escrever a d. Paulo [Evaristo Arns],** e que nem sei se vou mandar, sobre os tais juristas que pediram o meu impeachment,*** que são amigos dele e que foram meus — meus amigos nunca foram, apenas conhecidos. Bem, devo guardar a carta nos meus arquivos e não mandar para o d. Paulo. Para mostrar a indignidade do golpismo incessante que a oposição está praticando.

Depois eu vi *O Globo*, e vi uma coluna da Tereza Cruvinel dando de barato que era certo o que tinha saído na *Veja*. Então telefonei para ela, coisa que nunca faço. Eu conheço a Tereza há tantos e tantos anos... Aí repeti todos os meus argumentos,

* Assessor publicitário da Presidência, responsável pelo marketing das campanhas de Fernando Henrique em 1994 e 1998.

** Cardeal-arcebispo emérito de São Paulo.

*** Em 22 de maio, os juristas Celso Bandeira de Mello, Dalmo Dallari, Fábio Konder Comparato, Goffredo da Silva Telles e Paulo Bonavides protocolaram um pedido de impeachment contra Fernando Henrique com o argumento de que o presidente teria cometido crime de responsabilidade ao oferecer supostas "vantagens patrimoniais" aos deputados que retiraram suas assinaturas do requerimento da CPI da Corrupção. O pedido foi arquivado três dias depois pelo presidente da Câmara.

e ela ficou sem argumentos. Eu falei: "E como você dá isso como sendo certo? Vocês não veem que estão minando a democracia? Vocês estão dando ouvidos às vozes dos porões, ao Cacciola, ao falsário lá de Miami. Gente que agora vai denegrir a mim, ao Serra, ao Mário Covas, ao Chico Lopes, ao Malan. Não dá. Quer dizer, é uma invenção. A irresponsabilidade verbal corrói a democracia no Brasil tanto quanto a impunidade". Ela queria divulgar uma nota, mas eu disse: "Você não pode dar uma nota, porque a conversa que estou tendo com você é um absoluto off. Você tem que me pedir uma entrevista, e nela eu digo tudo isso de novo".

Dito isso, fui ao Palácio do Planalto, ainda de manhã, para receber primeiro o Marco Maciel, que quer que se mantenha o Brindeiro como procurador-geral da República. Depois recebi os ministros de Defesa dos países de língua portuguesa e, mais adiante, abri uma reunião do Pedro Parente e dos outros ministros com uns trinta deputados interessados na área de energia. Mas só abri a reunião e fui embora, porque eu tinha um almoço com o Johnny [João Carlos] Saad* e o Andrea Matarazzo. O Johnny veio falar sobre a Bandeirantes, mas não pediu nada que fosse impossível, ao contrário, só queria saber se o governo vai ou não apoiar as televisões que estão passando por dificuldades. Muito educado. Enfim, só isso. Agora estou aqui descansando um pouco e vou voltar para lá.

HOJE É SEXTA-FEIRA, DIA 25, são dez e meia da manhã. Na tarde da terça-feira 22, nada especialmente relevante a constatar, salvo que recebi lá no Planalto a comunidade ucraniana e me comprometi que, indo a Moscou, passarei por Kiev. Depois recebi um senhor da Nextel Telecomunicações, levado pelo Pimenta. Essa Nextel, segundo eles, está com grande êxito no Brasil, vai investir não sei quantos bilhões, e eles estão pouco se lixando para a chamada crise energética, porque estão vendo o Brasil no médio e longo prazo. Não me recordo que tenha havido alguma coisa mais especial nessa terça-feira. À noite estive com Andrea Matarazzo e um pessoal que trabalha com ele. Preocupados todos com a renúncia do Arruda que provavelmente seria no dia seguinte, quarta-feira. Estava uma discussão, renuncia, não renuncia, essa coisa toda. Na quarta-feira, aliás, era o Conselho de Ética.

Na quarta-feira, dia 23, de manhã aquela xaropada de receber embaixadores. O de Belize** é um italiano nascido em Turim e casado com uma brasileira amiga do premiê Berlusconi, da Itália, enfim, uma confusão. Depois recebi o novo embaixador da Espanha,*** um rapaz muito simpático, bem-falante, e o da Argélia.**** Foi uma manhã que passou rápida. Falei com Celso Lafer sobre as confusões imensas

* Presidente da Rede Bandeirantes.

** Nunzio Alfredo D'Angieri.

*** José Cordech.

**** Lahcène Moussaoui.

do Mercosul, da Argentina, que precisa de um inimigo externo, o Mercosul virando uma peneira. Isso preocupa enormemente. Depois recebi o Sérgio Andrade,* que veio me fazer propostas sobre mecanismos para melhorar a crise energética. Naturalmente um deles diz respeito a que cada geradora, cada distribuidora, cada companhia telefônica deveriam ter uma geradora própria. Se tivessem isso, seriam dispensadas do cumprimento de metas da Anatel, sempre uma vantagem para elas também. Encaminhei ao Pedro Parente.

Depois disso fiquei por aqui, fiz meu expediente normal. À tarde recebi o [José Manuel] De la Sota, governador de Córdoba, ele foi embaixador no Brasil, eu o conheço há muitos anos. Uma conversa patética, porque realmente o De la Sota descreveu o quadro de uma Argentina que se decompõe. Quase um país despedaçado, as forças políticas estão de tal maneira estilhaçadas que é uma parte do justicialismo que sustenta o De la Rúa, que o Chacho Álvarez** rompeu, rompeu no partido, a aliança do De la Rúa acabou, o partido radical*** não segura a peteca, a situação está muito difícil. E ele vê o Mercosul muito mal, e Córdoba depende do Mercosul. Então fez uma proposta a mim e ao Celso Lafer de abrirmos uma exceção para os produtos que causam problema, que, segundo ele, são 4% da pauta de exportação e importação.

Nesse meio-tempo, votavam lá no Senado a questão do Conselho de Ética. Votaram esmagadoramente pela abertura do processo,**** aliás, todos sob decoro parlamentar. E votaram a favor da expressão de que tinha que ter cassação, a imensa maioria do Conselho de Ética. O Jader já tinha me dito, e acho que registrei aqui, que por mais que ele quisesse não conseguiria que os senadores do PMDB votassem a favor da cassação. Um deles, Ney Suassuna,***** esteve com o Aloysio e tocou no assunto, e o Aloysio, que é de temperamento cordato e é amigo do Antônio Carlos, não fez pressão, deixou correr solto, para que ele pudesse até mesmo facilitar o trabalho do Jader. E isso sem que eu soubesse, sem que houvesse nenhum compromisso. Mera percepção de situações. Ainda assim, o Ney Suassuna votou pela cassação. Por quê? Porque todos vão votar pela cassação, pois a pressão da opinião pública é enorme.

Na tarde da quarta-feira, ainda recebi o Fortes — Heráclito Fortes — e o Arthur Virgílio, que tem estado sempre comigo e me mandado cartas grandes com as posições dele. Um homem corajoso. E a Rose de Freitas. A tese era de que era muito ruim o Antônio Carlos ser cassado, e não sei o quê. Eu disse: "Eu não tenho nenhum

* Sócio da construtora Andrade Gutierrez e presidente do conselho de administração da Telemar.

** Ex-vice-presidente da Argentina, renunciou em outubro de 2000.

*** Unión Cívica Radical, partido do presidente De la Rúa.

**** O placar da votação foi de 13 a 2 a favor do relatório do senador Roberto Saturnino (PSB-RJ), que pediu a abertura de processo de cassação contra ACM e Arruda pela violação do painel eletrônico do Senado.

***** Senador (PMDB-PB).

amor a cassações, isso é realmente um jogo muito desagradável". Aliás, gostei das palavras de um senador de quem eu nunca tinha ouvido falar, Lauro Campos, ex--PT,* aqui do Distrito Federal, que quer a minha cassação também, e que disse que o pai dele** escreveu um livro sobre o totem — se eu não sabia nem da existência dele, quanto mais a do pai e desse livro. Mas dizendo uma coisa verdadeira, que estávamos num festival totêmico, matando os pais, e que ele não gosta desse festim totêmico, por isso tinha uma posição recatada. Então eu disse a eles: "Essa descrição é verdadeira, nós estamos em um festim totêmico, e nessas horas está todo mundo embriagado da paixão por matar o pai. Vão liquidar todo mundo e os mais que levantem a cabeça". Ontem eu reafirmei ao Heráclito — ele esteve conversando comigo ontem também —, e reafirmei porque ele é amigo do Antônio Carlos, que eu não queria ter influência nenhuma, nem posso, nessa questão do Antônio Carlos, mas que os amigos dele deviam aconselhá-lo a renunciar. Porque se ele for à luta de trincheiras, se tentar ganhar na mesa do Senado, homem a homem, depois de evitar a cassação, vai ser um sofrimento, vai ser uma espécie de linha Maginot,*** os alemães entrando — os alemães, aliás, ladearam a Maginot —, como em uma batalha de sangue, carnificina, uma matança imensa. E não tem jeito, ninguém vai impedir que a marcha da insensatez continue.

Esse é o meu pensamento, por isso desabafei com a Tereza Cruvinel, que, aliás, botou tudo lá, que o Arthur Virgílio passou pelo telefone para mim, ela teve a possibilidade de botar tudo no jornal. Bem, então foi uma reação grande, mas é verdade, eu sinto assim, que estão realmente indo além dos limites, é um clima perigoso. Na verdade, a oposição o que deseja é a minha cabeça, mas como não encontra caminhos para chegar até ela as cabeças que aparecem vão sendo cortadas. Esse foi o quadro na quarta-feira. Ah, ainda recebi o Philippe [Henri Philippe Reichstul],**** que conversou comigo sobre a crise de energia, sobre preocupações que eu tenho para evitar que haja abusos que possam ser depois corruptivos na Petrobras — claro que não do Philippe. E também sobre preocupações a respeito do leilão da Copene, que ele me informou como estava. Acho que a Petrobras prefere o Paulo Cunha, mas as regras gerais parecem indicar mais o grupo Odebrecht. O Philippe, cujo coração eu não sei adivinhar, entendeu, eu acho, que já demos duas vezes chance ao Paulo Cunha e que agora é preciso deixar correr solto, e quem ganhar ganhou.

Sarney Filho também veio me ver na quarta-feira, junto com o senador João Alberto,***** e no fim do dia recebi aqui no Alvorada o Eduardo Jorge, que então já es-

* Então filiado ao PDT.

** Carlos da Silva Campos, deputado federal nos anos 1940.

*** Complexo de fortificações construído pelo Exército francês na fronteira com a Alemanha depois da Primeira Guerra Mundial. Em 1940, as forças nazistas contornaram facilmente a linha Maginot e conquistaram Paris em poucas semanas de luta.

**** Presidente da Petrobras.

***** PMDB-MA.

tava mais composto. Ele tem apanhado muito nesses dias, nesses anos todos, mas estava mais composto porque foi bem recebido na convenção do PSDB, e também deve estar feliz com a cabeça do Arruda.

Ontem, quinta-feira 24, o dia começou com a renúncia do Arruda. Muitas ameaças dele de que ia falar isso, de que ia falar aquilo, mas ele não tem o que falar. As ameaças que ele faz são coisas sem pé nem cabeça, acusações gratuitas que, claro, no clima de caça às bruxas em que estamos sempre põem mais lenha na fogueira. Mas ele não fez nada disso. Eu até telefonei para ele para lhe mandar um abraço de solidariedade. Isso foi de manhã, quando eu estava recebendo o Arnaldo Madeira aqui no Alvorada. Eu o recebi junto com o José Moreira da Silva, que é o presidente da Associação Comercial de Santos, que veio com os companheiros dele, para conversar sobre essas questões de, enfim, apoiar a regionalização do porto de Santos, a remodelação da cidade de Santos.

Depois disso fiquei conversando longamente com o Serra e com o Madeira sobre a situação política. O Serra veio cobrando mais velocidade nas minhas decisões e na mudança do ministério. Eu contei o que fiz para compor o PMDB. "Como é que você quer que eu nomeie o líder agora, se eu ainda não sei qual vai ser o desenlace do caso Arruda-Antônio Carlos, para o governo se meter lá no Senado? Segundo: como é que eu posso nomear um ministro, se o PMDB não está composto, se o ministro tem que ser a expressão dessa nova composição que realmente sustente não só o governo, mas uma candidatura futura? Na política tem que se dar tempo ao tempo, não é assim, não. Essas medidas drásticas e enérgicas que vocês gostam de tomar quebram a cara mais adiante." Serra, como sempre, não tem visão estratégica, tem visão tática, e fica me amolando, achando que eu estou hesitando ou postergando porque não gosto de mexer nas coisas. Não é isso, é que eu tenho uma visão mais ampla do processo, sei mais do que está acontecendo porque tenho mais informações do que eles, mas depois ele me apoiou também. O Serra queria mesmo é que eu nomeasse o Sérgio Machado líder do governo. Eu disse: "Está bem, eu nomeio o Sérgio Machado líder do governo, o Tasso entende isso como um sinal de que eu apoiei a sua candidatura,* e aí o Tasso rompe. Como é que nós levamos o partido para uma campanha? Além do mais, o Sérgio Machado sai e vai para o PMDB daqui a quatro meses. Como é que eu faço?". O PSDB começa a me cobrar que eu não tenho um líder. Não é possível, são ideias à primeira vista fascinantes, mas logo em seguida você vê que não se sustentam.

Almoçamos só eu e a Ruth e depois do almoço recebi o Martus Tavares e o [José Paulo] Silveira para discutir o orçamento e, enfim, o planejamento geral do Brasil, o Avança Brasil e a sala de situação onde eu tenho o controle de tudo que está acontecendo nesse programa. Em seguida recebi os representantes da Assembleia de Deus, eram uns quarenta; o Fabio Feldmann, que veio discutir a questão relativa ao

* Machado era pré-candidato ao governo cearense.

Fórum Brasileiro de Mudanças Climáticas, está bem preparado o Fórum; e depois ainda tive o Aécio, que veio me trazer o despacho que ele vai dar hoje mandando arquivar a representação dos quatro ex-juristas de São Paulo que pediram a minha cassação porque eu teria usado verba do orçamento para influenciar a retirada de assinaturas dos deputados. Essa gente é absolutamente cretina. Não conhece a administração pública, são de má-fé porque não vão verificar o que aconteceu. Imagine, o orçamento é liberado globalmente para todo mundo, entrou oposição recebeu também. Eu não sabia quem iria retirar assinatura, como é que eu poderia ter mandado? Não obstante, ilustres juristas brasileiros, porque eles são formados pela paixão que cega e que no fundo é uma ponta de inveja por eu ser presidente, querem me destituir. Essa é uma vida que só rindo mesmo.

Bom, depois disso recebi o Pedro Parente para discutir a questão energética, o Aloysio, o Sérgio Machado, que voltou a conversar comigo, enfim, um desfiar de problemas. Depois vim aqui para um encontro dos ministros e secretários de Estado da CPLP, agradável e tal, em seguida conversei com Celso Lafer sobre a tragédia que temos que enfrentar, porque em fim de julho haverá reunião em Assunção sobre o Mercosul. O Mercosul fazendo água, e ele é parte fundamental da nossa política externa. Na conversa com Celso, eu disse: "Vamos lá reafirmar os princípios do Mercosul com força. Fazer um discurso, digamos, histórico. São dez anos. Quem quiser que venha, quem não quiser que não nos cobre no futuro o naufrágio do Mercosul. Se naufragar, terão sido nossos companheiros e quem ganha somos nós. Quem ganha, não; quem perde menos somos nós. Porque tem sempre a hipótese de um acordo bilateral com os Estados Unidos, e eles precisam entender bem isso". Assim foi a conversa com Celso Lafer.

Fiquei com o Pedro Parente e o Andrea para discutir as formas de comunicação do programa de energia. O apoio da população ao programa tem sido extraordinário. Esse foi o maior abacaxi de toda a minha gestão, porque tem lados de descoordenação, de incompetência, e recuperar isso não vai ser fácil. Nesse momento temos que agradecer aos céus se chover e à população se poupar.

Ainda recebi, às dez da noite, Jader e Paulo Renato. O líder Geddel me telefonou dizendo que não vinha, que eles estão simplesmente querendo evitar a CPI porque o Jader está com medo e que o próprio PMDB é que tem que fazer isso e não eu. E tinha razão o Geddel. Também não veio o Sérgio Machado, que foi para os Estados Unidos. A conversa com o Jader e o Geddel foi reiterativa, e o Jader muito aflito, dizendo que temos que matar já até quarta-feira a CPI. A mim convém matar a CPI por outras razões, não porque eu tenha medo do que possa acontecer a mim, mas porque eu tenho medo do que possa acontecer à confusão geral do Brasil. O Jader tem medo do que possa acontecer a ele, mas eu reiterei minha posição no que diz respeito à recomposição do ministério. Eu quero saber se o PMDB se compromete a anular a candidatura Itamar Franco. Neste ano, até setembro. Ano que vem, não, porque se for para deixar para o ano que vem eles vão ficar no governo e no ano que vem caem fora. Eu quero saber se até setembro eles fazem isso. Já deixei claro que se não fizerem, adeus, viola. Nós mudamos o governo e vamos eliminar os que forem do PMDB, a menos que publicamente se coloquem do nosso lado os que quiserem ficar.

Estamos eu, a Ruth e a Luciana lendo jornais. Eduardo Suplicy inventou, num artigo assinado, que o Arruda teria dito a três senadores que me mostraram a lista de cassação [de Luiz Estevão] — aliás, a lista de votação do Senado. E que um do povo, como disse Shakespeare em *Júlio César*, que um do meio do povo se aproximou dele dizendo-se amigo de um assessor meu e que esse assessor meu garantia que tinha visto a lista. Nome do assessor, nenhum. Esse Suplicy é mau-caráter e cara de pau, e a imprensa ainda começou a fazer onda para saber se eu tinha visto a lista. Ora, ainda bem que o Arruda negou, no dia do discurso, que tivesse participado da lista; logo não poderia ter me mostrado. Bom, isso posto, agora vou receber Rafael de Almeida Magalhães e Eliezer Batista.

HOJE É SÁBADO, DIA 26 DE MAIO. Como eu disse ontem, recebi o Rafael e o Eliezer, que vieram me trazer sugestões para acelerar a oferta de energia. Eles acham que é preciso aumentar uns 8 mil megawatts no período de doze meses, quem sabe até em oito meses, por aí. Bom, é razoável, e necessário. Vou falar com o José Jorge, que é o encarregado desse assunto. Eles não confiam na capacidade do José Jorge de tocar, mas não se trata de tocar, e sim de definir a linha, porque quem toca são as empresas, não somos nós. Mas foi uma boa conversa.

Em seguida recebi o Raul Jungmann para discutir a provável seca do Nordeste, porque o Raul foi designado presidente de uma câmara que vai lidar com a questão emergencial da seca no Nordeste.* Ele já tomou todas as providências com o governador** e me disse que está entusiasmado com a mudança qualitativa no modo como vamos enfrentar essa seca, graças aos programas sociais do Projeto Alvorada.*** Este é o Brasil que está mudando e que, infelizmente, é ofuscado pelo apagão. É terrível, é crítico.

Raul almoçou aqui e, depois do almoço, fui ao Palácio do Planalto, onde fiz uma declaração às televisões. Antes revi os artigos da medida provisória que assinei outro dia, levado pela Câmara de Energia Elétrica.**** Havia muitas restrições ao Código [de Defesa] do Consumidor e muita crítica à sociedade. Há uma tendência precipitada, e às vezes autoritária, do Gilmar [Mendes], que influenciou a decisão

* Câmara Setorial de Convívio e Exclusão Social, apelidada de "Ministério da Seca".

** Jarbas Vasconcelos (PE).

*** Conjunto de programas sociais desenvolvidos pelo governo federal nas regiões com piores índices de desenvolvimento humano, lançado em setembro de 2000.

**** Câmara de Gestão da Crise de Energia Elétrica, criada pela MP 2147, de 15 de maio de 2001. Era presidida pelo ministro-chefe da Casa Civil, Pedro Parente.

do Pedro Parente e dos demais. Acho que eles foram longe demais em restrições de direitos, então achei melhor voltar atrás. Fui à televisão e agradeci à população, que está fazendo um esforço extraordinário para poupar energia.

Depois dei uma longa entrevista ao *Jornal do Brasil*, que deve sair amanhã.* Só depois que realmente aparecer verei o que eu disse, porque, como os repórteres não tomam nota nas entrevistas, e as minhas são enormes, nunca se sabe. O certo era o que se fazia no passado, o presidente só respondia perguntas por escrito. É chato para o leitor, mas é mais seguro politicamente. Como não é esse o nosso costume, tive que insistir para que a Ana trouxesse um gravador, para termos um registro do que eu disse. Nem esse cuidado elementar é tomado. Um pouco é o estilo meu, o estilo da Ana, que não tem disciplina em certas coisas, é só impulso. Ela é corretíssima, de uma capacidade enorme, mas não gosta de ordem.

Fiquei conversando com o Pedro Parente sobre a mudança ministerial, mas só transmiti a ele o que tinha acontecido Falei com o Pimenta por telefone, para dizer a mesma coisa, e vim para casa. Fiz uma massagem e recebi o general Cardoso, porque havia uma indisciplina [greve] da PM em Palmas,** Tocantins, mas acabou. Falei por telefone, hoje de manhã, com o governador Siqueira Campos e autorizei a botar as tropas do Exército de prontidão, mas eles debelaram a rebelião sem maiores conflitos. Era questão de aumento de salário lá em Palmas.

Passei o dia aqui vendo papéis e telefonando, falei com o Inocêncio, porque ele resolveu continuar na vida pública, ele faz isso com certa frequência, mas é um lutador. Falei com o Marco Maciel, que vai para a Indonésia me representar na reunião do G15,*** e falei com o Jorge Bornhausen, para sentir o PFL. O Antônio Carlos continua me atacando pelos jornais, falou de apagão moral, e se for verdade vou ter que reagir, porque o Antônio Carlos é o grande responsável por toda essa onda, como se o governo fosse leniente com corrupção.

Telefonei para a Anadyr, para saber da questão do Bezerra, e ela, para minha surpresa, acha difícil que o Bezerra possa se defender do negócio da empresa [Metasa]. Segundo a Anadyr, ele recebeu realmente dinheiro da Sudene no tempo em que era sócio, e o dinheiro foi mal aplicado. Enfim, mais uma confusão à vista. Pedi à Anadyr que não divulgasse as decisões antes de eu sacramentá-las. O intuito não

* Com chamada na capa, a entrevista a Dora Kramer e Expedito Filho foi veiculada na edição de 27 de maio com o título "Todo mundo participou. A crise é indesculpável".

** Reivindicando reajuste salarial, 90% do efetivo da PM tocantinense entrou em greve durante doze dias. Cerca de quinhentos PMs se aquartelaram com suas famílias num batalhão da polícia em Palmas, que foi cercado por tropas do Exército. O governo ameaçou desocupar o prédio à força. O comandante militar do Planalto, general Sérgio Cordeiro, negociou pessoalmente com os amotinados, que se entregaram em 31 de maio.

*** Grupo informal de países "não alinhados" formado em 1989 para promover a cooperação internacional e dialogar com entidades como o G7 e a OMC. A reunião de 2001 aconteceu em Jacarta entre 30 e 31 de maio.

é deixar de divulgar, mas às vezes o modo como se veicula a informação reverte contra o governo, quando tem que ser um ponto a favor no trabalho em que estamos empenhados, que é o de corrigir os erros que por ventura existam. Dei uma lida nos jornais e vi que o *Estadão* de ontem criticou — até o *Estadão*... — o meu desabafo com a Tereza [Cruvinel].* O Brasil é assim, todo mundo reclama que eu não reajo e, quando reajo, dizem que perdi o equilíbrio, que fiquei destemperado e que não há risco de nada. Está bem, vamos em frente, vamos com a marcha da insensatez. A reação dos bem-pensantes foi essa. Dos partidários sei lá se do povo. Não é bem assim.

Li um relatório que me preocupou, sobre a questão energética, o nível de água está mais baixo do que estão me informando. Vou falar com o Zé Jorge neste mesmo instante. A preocupação obsessiva que precisamos ter é o efeito sobre a economia, e vejo que as indústrias estão reagindo positivamente Eu não tenho visão catastrófica, desde que se mantenha esse nível de corte. Acho que as nossas empresas serão capazes de reagir e que não vai haver queda tão dramática de emprego. Todos os dados fiscais são bons e mostram a mesma tendência no mês de abril.**

Hoje vou receber o Rogério Oliva, que é meu médico ortopedista, mais o Zé Gregori, com quem vou discutir a conveniência de publicar a carta a d. Paulo [Evaristo Arns], que transformei em artigo. Acho que passou um pouco a época, porque eu já falei tanto sobre esse [...] jurista, que não quero dar mais relevo ao assunto. Além do mais, o Aécio arquivou o processo.

Acabo de receber um telefonema da Rose de Freitas, que está ligada ao Antônio Carlos indireta ou diretamente, dizendo que ele está muito aflito e que espera um gesto meu. Eu reagi na hora com um "Ah, meu Deus do céu...". Bastava ele lembrar que eu deixei o rei da Espanha plantado para ir ao enterro do filho dele,*** para ele não ter feito as sacanagens que fez comigo, e agora quer um gesto. O gesto que ele quer é ver se dá para salvar-se da cassação no Senado. O que vai acontecer é que ele vai ser cassado, é inevitável. O melhor que faz é renunciar mesmo.

* Em entrevista à colunista de *O Globo*, publicada em 23 de maio, Fernando Henrique reclamou da pressão que imprensa e oposição exerciam sobre o governo. "A leviandade da imprensa e o golpismo sem armas da oposição estão criando um clima de fascismo e terror insuportável. Não para mim, que tenho até instrumentos psicológicos para resistir. Quem pode não suportar é o país, é a democracia."

** O governo teve arrecadação recorde em maio de 2001, de R$ 16 bilhões, 5,4% a mais do que em abril e 10% a mais do que no mesmo mês do ano anterior.

*** Em abril de 1998, Fernando Henrique abreviou uma visita de Estado à Espanha para comparecer ao funeral de Luís Eduardo Magalhães, em Salvador.

28 DE MAIO A 11 DE JUNHO DE 2001

ACM e Arruda renunciam.
Começa o racionamento de energia.
Visita de Ricardo Lagos

Hoje é segunda-feira, dia 28 de maio, meio-dia e meia. Ontem foi um dia calmo aqui, fiquei lendo os jornais com a Ruth, as várias entrevistas dadas por mim, pelo José Aníbal, um artigo do Aloysio, uma entrevista do Tasso, todo mundo na mesma linha, reagindo. Claro que os jornais têm sempre o outro lado e tal, mas um clima bom de reação. O Antônio Carlos, de novo, ameaça, hoje volta ao jornal, diz que vai falar do governo, que vai poupar o presidente, que eu tive medo dele, por isso não fui adiante com meu plano de cassá-lo. Eu não me meti no assunto mesmo, nem precisava, ele vai renunciar. A imprensa entronizando o filho dele, o Júnior [Antônio Carlos Magalhães Júnior],* que já está virando um semi-herói, dizem que gosta de música, faz esportes na praia, alongamentos, é simpático, enfim, já estão preparando a continuidade do clã. É impressionante como a mídia faz parte da reprodução da estrutura da sociedade, ela não percebe que também é parte da estrutura arcaica. Ela é o novo e o velho ao mesmo tempo, como tudo.

Malan esteve aqui no fim do dia para conversar, preocupado em mostrar que não foi o ajuste fiscal que segurou as medidas necessárias no setor elétrico.** Também está preocupado, e corretamente, com a história de que o PSDB tem que assumir, botar a cara e brigar, que o PSDB precisa fazer isso. O Malan devia entrar para o PSDB, vou dizer isso a ele. Seria um fato novo, iam pensar que é candidato. Foi uma boa conversa, como sempre, o Malan sempre equilibrado, me disse o que eles vão fazer para sondar o FMI na eventualidade de no futuro precisarmos prorrogar nosso entendimento. O clima financeiro melhorou um pouco. Choveu forte, coisa curiosa, não sei que efeito terá isso. Falei hoje cedo com o Pedro Parente, que me disse que as reservas de água em maio não caíram, iam cair 3%, mas não houve queda. Já é um dado positivo. As pesquisas mostrando que a população culpa o governo, mas apoia o racionamento. Culpar o governo é da natureza das coisas. Esta semana vai ser dura, porque virão pesquisas que vão mostrar a queda de minha popularidade, queda de prestígio do governo etc. etc., e vai todo mundo falar nisso. Ah! mataram o governo muitas vezes depois que eu assumi. Encaro isso às vezes com irritação, mas geralmente com firmeza suficiente e calma, para criar posições mais favoráveis.

E vimos ainda um filme belíssimo, eu e a Ruth, sobre a Ópera de Pequim,*** que fala da cultura chinesa, das dificuldades. Muito interessante, começa em

* Suplente de ACM no Senado.

** Isto é, a construção de novas usinas hidrelétricas e linhas de transmissão.

*** *Adeus, minha concubina* (1993), longa de ficção histórica dirigido por Chen Kaige.

1924, depois vem com o período Chiang Kai-shek, com a invasão japonesa, a Revolução Cultural, e vai mostrando como as revoluções surgem. Faz referência ao autoritarismo chinês, pessoal mesmo, estilo de uma cultura muito rígida que continua firme e que o que mais destruiu mesmo foi a Revolução Cultural. O filme é belíssimo.

Custei a dormir, o filme foi longuíssimo, e hoje, mal acordei, recebi o [Jarbas] Passarinho* para discutir com ele a questão dos ianomâmis. Ele é favorável a assegurar as terras contínuas dos povos ianomâmis, não assim para os macuxis, mas para os ianomâmis.** Veio ver também o negócio do setor de fiscalização da CNEN,*** coisa sobre a qual a Bia, minha filha, tem me falado, e depois recebi o Osmar Terra,**** que vai ser [candidato a] deputado, vai deixar o Comunidade Solidária. Pedi que ele explicasse ao Congresso o que temos feito nessa área. Agora estou na expectativa de ver se vou ou não ao Rio, para a posse da Academia Brasileira de Ciências***** no fim da tarde. E vou também reunir o pessoal que eu puder, para dar o toque de guerra contra qualquer insinuação do Antônio Carlos.

HOJE É TERÇA-FEIRA, DIA 29 DE MAIO, são oito horas da manhã, estou esperando o Boris Casoy, que vem tomar café da manhã. O filme que vimos de domingo para segunda-feira chama-se *Adeus, minha concubina*, muito bom.

Ontem, segunda-feira, acabei ficando em Brasília, fui a uma cerimônia de troca de guarda do Palácio, que é habitual a cada três meses, gravei programa de rádio, e de significativo só houve o encontro no fim do dia com os Procon e com alguns procuradores para discutir o Código de Defesa do Consumidor. Para o meu espanto o Pedro Parente me disse que ele não tinha conhecimento dessa alteração no artigo 25, nem sequer o Gilmar Mendes, porque eles saíram à uma hora da manhã e foram embora, e deixaram o pessoal trabalhando.****** Alguém mais desavisado, mais radical, tocou essa barbaridade, então tive que recuar. Quando fomos conver-

* Ex-ministro da Justiça (1990-92).

** Os índios resistiam contra a instalação de bases fronteiriças do Exército em suas reservas. Entrementes, setores do governo propunham a redução da área reservada aos ianomâmis no Amazonas e em Roraima, 10 milhões de hectares demarcados de forma contínua (sem enclaves brancos) pelo governo Collor. Os macuxis de Roraima reivindicavam a demarcação contínua da reserva Raposa Serra do Sol, cuja área de 1,7 milhão de hectares foi reconhecida em 1998 e homologada em 2005.

*** Tramitava no Congresso o projeto de lei 189/1991, origem da lei nº 10308, de 20 de novembro de 2001, que regula "a seleção de locais, a construção, o licenciamento, a operação, a fiscalização, os custos, a indenização, a responsabilidade civil e as garantias referentes aos depósitos de rejeitos radioativos".

**** Secretário executivo do programa Comunidade Solidária.

***** Cerimônia de posse de novos membros eleitos, entre os quais Juarez Brandão Lopes.

****** O artigo 25 da MP 2148-1, de 22 de maio de 2001, previa que o Código de Defesa do Consumidor não poderia ser invocado para questionar as medidas emergenciais do programa de contenção do consumo de energia elétrica.

sar com os Procon, já fui dizendo que o texto tinha sido feito um pouco às pressas, pelas circunstâncias, expliquei o porquê da velocidade, disse que não tínhamos expectativas de que viesse uma crise [energética] dessa magnitude e dei sinais de que vamos trocar o texto das medidas. E, claro, no dia seguinte, que é hoje, tudo vai aparecer como recuo do governo. De fato foi, mas um recuo positivo, não é um recuo negativo. Entre nós recuo parece ser uma pusilanimidade, com nossa mania de subjetivar tudo. As coisas aparecem como se fossem feitas sem análise objetiva e avaliação dos processos reais que estão ocorrendo. Mas antes de minha choradeira, que se repete, quero dizer que o encontro foi bom, estavam nele a Marilena Lazzarini,* a Ada Pellegrini [Grinover],** além dos procuradores, o procurador-geral de São Paulo,*** enfim, foi muito interessante. O Gilmar conduziu bem, e depois desse encontro me despedi da Ruth, que foi para a Europa, para a Inglaterra.

Hoje jantei com o Bornhausen para discutir as questões políticas. Ele esteve no Rio com o Garotinho e ficou chocadíssimo com o estilo Garotinho: o [Luís Paulo] Conde**** está na expectativa de ficar com o Cesar Maia,***** e vai acabar ficando mesmo, e acho muito bom isso. Foi uma conversa agradável, muito boa.

HOJE É QUINTA-FEIRA, DIA 31 DE MAIO, são nove e trinta da manhã, acabei de ler os jornais.

Terça-feira, efetivamente, comecei o dia com uma conversa com o Boris Casoy, boa conversa, mas o Boris insistiu muito que a questão do dossiê Cayman não estava totalmente esclarecida e eu insisti em afirmar que os papéis são falsos. Ele fez referência a que existiria uma conta... e eu disse: "Boris, a conta apareceu nos extratos, se os extratos são falsos, a conta é falsa. O que você pode discutir é se o Sérgio Motta teria ou não nas Ilhas Virgens, não em Cayman, alguma empresa, como foi denunciado pela *Folha*, com as siglas...". Fernando Rodrigues disse que essas siglas corresponderiam a nomes meus, do Covas, do Serra e do Sérgio, S, J, H [CH, J & T], e não sei mais o quê. Fernando Rodrigues foi quem disse, ninguém mais disse isso. E eu: "Olha, Boris, acho que isso é a maior barriga já comida pela imprensa brasileira, que nunca foi a fundo, que deixou pairar no ar uma coisa absurda, a existência de uma conta que, em si, é absurda, além de ser totalmente falsa". Ele concorda que nunca houve a conta, mas acha que precisamos provar que ela não existe. Isso é uma loucura, mostra a

* Coordenadora executiva do Instituto Brasileiro de Defesa do Consumidor (Idec).

** Professora de direito da USP, especialista em direito do consumidor, e pró-reitora de Graduação da universidade.

*** José Geraldo Filomeno.

**** Ex-prefeito do Rio de Janeiro (PFL) e pré-candidato ao governo do estado.

***** Desafeto de Maia, Conde trabalhava contra a filiação do prefeito petebista ao PFL, com vistas à eleição ao governo fluminense. Meses depois, Conde saiu do PFL e se filiou ao PSB do governador Anthony Garotinho.

que ponto estamos chegando. Mandei buscar os documentos, os recortes de jornal das acusações. Boris disse que a empresa Kroll teria afirmado que existia a conta, e mostrei a ele o recorte da *Folha*. "Olha aqui, Boris, a Kroll disse que ela não investigou porque não investiga se não houver um pedido específico, legal ou do interessado. Como é que você está dizendo isso então?" Ele ficou de me mandar um texto que segundo ele existe, no qual a Kroll afirma que existe a conta.

No dia seguinte, que foi ontem, apareceu na *Folha* um desmentido da existência da própria empresa, segundo o FBI. Eu sei que a empresa é falsa não só porque eu sempre soube que era como porque a Polícia Federal já tem os documentos que comprovam a falsidade na qual se baseia a afirmação da conta, e está se preparando para publicá-los. A *Folha* já furou e disse que é falsa. Então esse assunto vai ser totalmente encerrado, tanto assim que ontem, quarta-feira, telefonei para o Boris, por outras razões, e ele mesmo disse: "Agora, sim, está encerrado o assunto". Bom, já valeu.

Eu falei longamente com o Boris sobre a questão da energia, expliquei tudo de novo, depois fiquei recebendo gente. Martus Tavares veio para discutir algumas questões de orçamento, almocei com o Serra e passamos em revista as coisas todas, como sempre fazemos. Depois do almoço, ontem, fui para o Palácio e recebi o Jarbas Vasconcelos. Ele tinha estado em reunião com o pessoal do PMDB e gostou da conversa. Achou que o Padilha ainda está com a ideia de lançar um candidato [a presidente do partido], senão eles não teriam forças nas bases. A posição do Jarbas é outra, de que as bases do PMDB são manipuladas pelas cúpulas e que as cúpulas, querendo, resolvem. Ele tem razão.

Depois recebi o bispo Honorilton [Gonçalves], que é diretor da TV Record, veio em visita de cortesia, não me pediu nada. Em seguida recebi um tal de Alain Nicolas, diretor do Museu de Artes Africanas,* por pura cortesia, porque o presidente [Jacques] Chirac** tinha me pedido para receber este senhor. Durante o dia inteiro, especulações na mídia sobre os humores do Antônio Carlos, de como seria o discurso dele, preparando um grande show de despedida.

De manhã, recebi no Planalto o Alberto Kohan, ex-secretário-geral do Menem. Veio aqui porque o Menem está preocupado com o destino do [Lino] Oviedo,*** preocupado com o julgamento do pedido de extradição que haverá na Corte Suprema brasileira [STF]. Menem preferiria que o Oviedo não fosse extraditado para

* Musée d'Arts Africains, Océaniens, Amérindiens (MAAOA), em Marselha.

** Presidente da França.

*** O general paraguaio estava preso em Brasília desde 2000, quando foi capturado pela Polícia Federal depois de fugir da Argentina. Entre outros crimes, Oviedo era acusado de ser o mandante do assassinato do vice-presidente paraguaio Luis María Argaña e de comandar a tentativa de golpe militar em Assunção, em março de 1999, quando sete manifestantes foram assassinados por franco-atiradores. Em julho de 2001, o Supremo determinou a transferência de Oviedo para a prisão domiciliar. Em dezembro do mesmo ano, o STF negou por unanimidade o pedido de extradição do governo paraguaio e expediu alvará de soltura para o general.

o Paraguai. Esse é um assunto da esfera jurídica, e eles pensam que no Brasil nós podemos influenciar a decisão tanto quanto lá na Argentina eles influenciam o Judiciário. Se eu pudesse dar uma opinião, diria que o melhor para o Paraguai é que o Oviedo não saia do Brasil, porque vai ser uma confusão imensa se ele aparecer por lá. Claro que depois houve o boato de que o secretário pedira asilo para o Menem;* eu desmenti categoricamente, não é verdade.

Recebi em seguida o Instituto Brasileiro de Siderurgia,** que é um lobby poderosíssimo das empresas de aço do Brasil. Gerdau estava lá, CSN, todas as grandes empresas, e a [Maria] Silvia Bastos Marques*** assumiu a presidência desse grupo. Disseram que não vão reduzir a produção, apesar dos 20% de redução do consumo de energia, estão bastante confiantes.

Tive uma reunião com a Câmara de Gestão da Crise de Energia Elétrica**** e fiquei feliz também, o risco de apagão no Sudeste diminuiu graças ao esforço feito pelos consumidores. Foi muito bom. Recebi o Almir Gabriel, que veio me trazer apoio e pedir recursos para os programas do Pará, depois vim para o Palácio da Alvorada.

O Martus, o Malan, o Andrea e o Aloysio estiveram comigo ontem para discutirmos a absoluta falta de recursos para a comunicação social do governo. Resultado: a população não sabe o que estamos fazendo, e isso foi descaso da área de orçamento e malandragem dos deputados que cortaram as verbas, e os nossos chamados aliados deixam que a oposição faça o que quer, porque, no fundo, também não querem apoiar o governo. O presidencialismo é assim, o Congresso é submisso, mas tem raiva e se vinga. O tempo todo é assim.

Nisso começou o discurso do Antônio Carlos.***** Ouvi só umas partes, patético, o responsável por tudo sou eu, vê-se que ele tem uma inveja infinita de mim e que gostaria mesmo é de ser presidente. A descrição que faz de mim é a dele, faz uma confusão inacreditável. Aliás, os jornalistas tanto do *Estado de S. Paulo* quanto do *JB* notaram isso, a Dora Kramer e o editorial do *Estadão* perceberam. Esse homem é doente, é uma coisa patológica, ele lê um discurso, escreveram para ele, cheio de frases de autores que ele nunca leu, Kant, Voltaire, não sei o que mais. Em todo o caso foi uma peça cínica. E ele tem aquela capacidade de dizer o que os outros não dizem porque não são ferinos. Ele diz. Mas não disse nada de concreto, acusações vagas, genéricas, contra mim e contra o Conselho de Ética. Um discurso de ódio, de vingança pura. Ele nem se lembra do que me falou quando o Luís Eduardo morreu,

* O ex-presidente argentino era processado por tráfico de armas e foi preso no início de junho de 2001.

** Atualmente denominado Instituto Aço Brasil.

*** Diretora-presidente da CSN.

**** Formada pelo presidente da República e os ministros da Casa Civil (presidente), Minas e Energia (vice-presidente), Desenvolvimento, Fazenda, Planejamento, Meio Ambiente, Secom e GSI, além dos dirigentes da Aneel, ANP, ANA, BNDES e outros órgãos relacionados.

***** O senador baiano renunciou ao mandato para escapar à cassação, que o impediria de disputar as eleições em 2002.

sobre as lealdades que teria comigo. Mas acho que estou desanuviado em me livrar do Antônio Carlos.

Hoje ele disse numa entrevista que eu sempre tive preocupação porque ele parecia mandar mais do que eu no governo. Eu nunca tive essa preocupação, porque isso nunca foi verdade. Ele tinha a exibição disso, e a mídia gostava, para poder me provocar. Mas ele vai continuar dando trabalho, porque o Antônio Carlos é um ser midiático, não tem compromisso com coisa alguma, a não ser com a glória dele, que terminou em infortúnio. Achei realmente sombrio ele dizer que há um apagão moral no Brasil, e posso responder: começa a aurora, porque ele está se afastando da vida pública. Mas não posso, como presidente, entrar nessas brigas. Já fui obrigado a responder a esse inconsequente que é o Eduardo Suplicy,* mandei carta para ele respondendo à bobajada que ele disse sobre mim, que eu teria visto a lista [de votos da cassação de Luiz Estevão]. Eu não vi lista nenhuma, ouvi os comentários do Antônio Carlos tempos depois, todo mundo ouviu, dizendo que a Heloísa Helena haveria votado contra [a cassação].

No meio dessa discurseira do Antônio Carlos, dei ordens para que o Palácio do Planalto não respondesse. E ainda recebi ontem o Raul Jungmann, para discutir a questão da seca, o Raul vai ser o encarregado da câmara de emergência de luta contra a seca.** Depois uma recepção pequena com o meu amigo Rubinho Belfort Mattos [Rubens Belfort Mattos Júnior],*** que veio com um grupo de médicos oftalmologistas, foi muito simpático.

Jantei com o [Juan] Gabriel Valdés,**** o Celso Lafer e o Weffort. O Gabriel Valdés é uma figura extraordinária, veio com certa... não digo tristeza, mas com algumas reservas, dada a aproximação crescente do Chile com os Estados Unidos, com os que eles chamam lá de Chicago Boys.***** Isso quer dizer que há uma tendência favorável à Alca, ele sabe que para o Chile é uma coisa inevitável, mas gostaria muito que houvesse maior aproximação com o Mercosul. Ele sabe também das dificuldades do Mercosul e quer buscar uma saída aqui que permita ao Chile ter uma inserção maior na região. Veio antecipar a visita que me fará o Ricardo Lagos no próximo dia 7, em seu retorno da Europa.****** Os chilenos estão preocupados, querem ter fidelidade à vocação de latino-americanistas e estão amarrados com os interesses de mercado dos Estados Unidos, e às ilusões de mercado também. O Chile é uma economia muito pequena, o comércio deles com os Estados Unidos não vai ser extraordinário, disse o Valdés, e com razão. A Alca, não... esse acordo bilateral para eles não

* Senador (PT-SP).

** Câmara Setorial de Convívio e Exclusão Social.

*** Professor de oftalmologia da Escola Paulista de Medicina (atual Unifesp).

**** Diplomata chileno, representante do país na ONU e ex-ministro de Relações Exteriores.

***** Grupo de economistas formados na Universidade de Chicago que implementou reformas liberais no Chile durante a ditadura Pinochet.

****** O presidente chileno visitou o país brevemente ao retornar de compromissos oficiais na Europa.

é uma questão de comércio; é uma chancela financeira, para eles terem mais acesso aos mercados, o que já não é pouco, aos mercados financeiros, mostrando mais equilíbrio. O Chile entrou em outra rota, talvez melhor para o Chile, diferente da rota dos demais países, tipo Brasil ou Argentina, que ainda nos debatemos com questões muito fundamentais de reorganização da vida econômica. A tragédia é que essa nova rota leva a uma perda crescente de soberania, o que é, digamos, a via-crúcis do mundo contemporâneo, não há muito como escapar disso. Mas nenhum de nós quer ficar beijando a cruz dos donos do império, então esse é o drama de homens como o Valdés, que tem toda uma história de afirmar uma proposta latino-americanista à la [Felipe] Herrera, também o ex-presidente do BID,* chileno. É difícil para o Gabriel Valdés aceitar essas contingências da vida contemporânea, mas, como ele é inteligente, vai aceitando. Jantou com o [Hélio] Jaguaribe, que não aceita, e estava nos mostrando o debate intelectual do Jaguaribe contra a horrível roda da história.

Uma nota menor: enquanto o *Estadão* dá um editorial bom sobre o Antônio Carlos, a Dora Kramer também, o editorial do *Jornal do Brasil* mostra que o *Jornal do Brasil*, no fundo, é carlista.

HOJE É SÁBADO, DIA 2 DE JUNHO, eu registrei até quinta-feira 31 de maio, dia em que dei uma longa entrevista ao jornal *O Dia*, de manhã, uma entrevista mais popular do ponto de vista do modo de falar, mas colocando as mesmas questões que eu tinha colocado, mais sofisticadamente, no *Jornal do Brasil*. Depois, na cerimônia de assinatura da Lei da Anistia,** assinei uma medida provisória e até ironizei: "Vocês todos estão aqui...", estava PT, PCdoB, "vocês todos reclamam que o presidente é ditador quando faz medida provisória, pois bem, vocês pediram que eu fizesse essa Lei da Anistia através de medida provisória".*** Contei um pouco da minha ligação com a história das lutas do Brasil.

* Banco Internacional para Reconstrução e Desenvolvimento, nome da instituição precursora do Banco Mundial (World Bank Group), integrado pelo Bird e pelo International Development Association Fund (IDA).

** Cerimônia de assinatura da MP 2151, de 31 de maio de 2001, que regulamentou o artigo 8 das Disposições Transitórias da Constituição de 1988 e deu origem à lei nº 10559, de 13 de novembro de 2002. Trata-se da base legal do reconhecimento da responsabilidade do Estado por violações de direitos humanos com motivação política entre 1946 e 1988. A MP definiu critérios para o reconhecimento dos afetados por atos de exceção e o pagamento de indenizações aos anistiados ou seus familiares. Os comandantes militares e o ministro da Defesa não compareceram à cerimônia.

*** Na transcrição da Biblioteca da Presidência: "Hoje, portanto, assino essa medida provisória. É um tanto irônico, porque é uma medida provisória que me foi pedida. E quantas vezes eu ouço dizer que eu sou ditador porque faço medidas provisórias! É preciso sentir a realidade e ver por que elas são necessárias para entender que é um democrata que assina medidas provisórias, e não alguém que conspurca a democracia. Mas, ao assinar essa medida provisória, que conclui um longo processo de restabelecimento dos valores fundamentais da democracia, dos direitos humanos, da reparação, não posso deixar de dizer [...] que é um dos dias mais felizes da minha vida".

À tarde fui à solenidade do presidente do Supremo Tribunal Federal,* eu estava preparado para alguma coisa dura do Marco Aurélio [Mello], mas lá, para minha surpresa, o Marco Aurélio foi até muito carinhoso, e o Celso de Mello,** em estilo empolado, também. O tal de Approbato [Rubens Approbato Machado]*** foi grosseiríssimo, uma coisa desagradável, porque eu não podia nem responder nem sair do lugar. Por trás de tudo isso, a visão desses bacharéis, absolutamente irrealista. Approbato pensa que está lutando contra a ditadura, citou Hermes da Fonseca, Floriano Peixoto, enfim, os grandes votos dos tribunais, mostrando a Justiça no Brasil e esqueceu que estava diante do presidente da República, que ali estava para prestigiar o tribunal e que é um presidente absolutamente leal à Constituição, e obediente às decisões do tribunal, mesmo às mais espalhafatosas e absurdas. Foi uma espécie de Batalha de Itararé,**** uma grande guerra verbal num momento fácil. Pior que isso, ele propõe que a Justiça seja o verdadeiro poder e acentuou a palavra "poder". Contudo, digo eu, verdadeiro poder só tem o povo, que é soberano e transmite essa soberania a duas entidades: ao presidente e ao Congresso. O poder da Justiça não é o poder de propor leis; é de interpretar e fazer cumprir as leis, portanto, o que o Executivo e o Legislativo desejam, e não o contrário. [...] é uma teoria absolutamente antidemocrática esta de concentrar todo o poder na Justiça.

Dei umas declarações, de leve, depois o Gregori foi para a televisão, ele não tem capacidade televisa, eu tinha escrito uma nota para ser dita lá, mas de qualquer maneira houve muita poeira e muito pau em cima do Approbato, que foi secretário***** do [Orestes] Quércia.****** Dizem que é advogado de precatório que agora está se metendo a ser líder democrata em cima de um presidente democrata e querendo travesti-lo de ditador. Coisas da política.

Depois desse encontro no Supremo, voltei para o Palácio da Alvorada, jantei com o Lucena, a Ana, o Fabio Feldmann e o Zé Gregori, para discutir as mudanças climáticas, pois o Zé Gregori queria fazer um seminário dia 9 e nós postergarmos para o fim do mês, porque o clima não está bom para seminários sobre esses temas, com presença forte da oposição.

* Posse do ministro Marco Aurélio Mello na presidência do STF.

** Ministro do STF.

*** Presidente do Conselho Federal da OAB.

**** Em outubro de 1930, o governo Washington Luís concentrou grande quantidade de tropas no entroncamento ferroviário de Itararé (SP), perto da fronteira paranaense, para tentar conter o avanço das forças revolucionárias do Sul do país, lideradas pelo presidente (governador) gaúcho, Getúlio Vargas. Esperava-se que em Itararé fosse travada a maior batalha da América do Sul desde a Guerra do Paraguai. Mas, em 24 de outubro, a deposição do presidente pelos ministros militares, no Rio de Janeiro, selou o destino do governo. As tropas legalistas de Itararé aderiram a Getúlio e a batalha acabou não acontecendo.

***** Secretário de Justiça do Estado de São Paulo.

****** Ex-governador de São Paulo (1987-91).

Ontem, sexta-feira, o dia transcorreu calmo, eu nem saí do Palácio da Alvorada, me dediquei mais a resolver questões políticas. Almocei com o José Agripino [Maia], que está credenciado pelo PFL para discutir a crise estabelecida pela indicação eventual do Geraldo Melo para a liderança do governo. Eu disse com franqueza ao Agripino:

"Eu queria você como líder e o PFL não quis, agora o PMDB queria que eu pusesse o Fogaça, eu tentei, o Fogaça assinou a CPI em seguida a eu ter tentado, então só resta o PSDB, e no PSDB o mais aglutinador é o Geraldo Melo, não pensei que isso te contrariasse."

Ele disse: "Não, não foi a mim, foi ao Bornhausen, ele está com dor de consciência porque eu não tive chance nenhuma, o partido não me deu a chance, depois eles querem botar o Heráclito Fortes na Câmara como líder, e não aqui no Senado, o que seria mais fácil para mim. É mais difícil mexer na Câmara".

Enfim, o Agripino numa posição construtiva, lastimando todo o besteirol do Antônio Carlos, que quer cair como se fosse vencedor, mesmo sendo esmagado. Parece que quer continuar com o trombone da moral, quando foi pego em fraude, e tem dito coisas horríveis, mentira sobre mentira.

Nesse meio-tempo, na sexta-feira, recebi a informação de que o Malan esteve no Senado na quinta-feira, para desfazer intrigas sobre que ele seria sabedor das coisas do Chico Lopes. Não admitiu isso e explicou o porquê do caso do Banco Marka, se ele sabia ou não sabia, todo esse realejo... O Eduardo Suplicy inventando novas ondas, eu já tinha mandado uma cartinha curta e dura para ele, porque ele disse que eu tinha visto a tal da lista, agora inventou que ele tem uma testemunha, que ele não diz quem é, que sabe de um esquema no tempo do Chico Lopes, de venda de informação privilegiada. O Malan o apertou e mandou para o Ministério Público o caso. O Eduardo chegou ao limite, é uma coisa realmente patética. Fui jantar na casa do Celso Lafer com os de sempre, o Malan, o Vilmar, o Pedro Paulo [Poppovic], conversas sem nenhuma densidade política, só para distrair. A Ruth está na Inglaterra.

E hoje, aqui de manhã, recebi dois procuradores do Rio, uma senhora muito agressiva por conta desse Fernandinho Beira-Mar, e o procurador,* mais equilibrado. Ela com razão, se expôs muito, chamei o general Cardoso para ouvi-los, porque o Duda tinha me pedido. Ela quer que o Fernandinho Beira-Mar fique preso aqui em Brasília, senão ele pode comandar de novo o tráfico no Rio, essas coisas. Fiquei lendo jornal e mais tarde vou falar com o Martus e com o Pedro Parente, para ver se o Pedro Parente recua nas ideias dele e dos outros, de que é preciso uma sobretaxa e, além disso, um corte de energia, que recairá mesmo em quem poupa — essa fúria também tecnocrática atrapalha. Falei longamente por telefone com o Rubens Barbosa, que me deu sua visão um tanto pessimista do que está acontecendo aqui. Sobretudo a AES e os grandes investidores estão preocupados porque não fizemos

* José Muiños Piñeiro Filho, procurador-geral do estado.

a regulamentação [do setor elétrico], e é verdade. De fato a Aneel foi um desastre, e o desastre foi o [Rodolfo] Tourinho, que está encolhidinho lá e ninguém o ataca. O Pedro Parente foi atacado por eles ontem; aliás, o Pedro mandou uma carta de resposta ao Antônio Carlos muito boa, porque o Antônio Carlos pediu para ele interferir no Projeto Alvorada na Bahia, e o Pedro deu uma resposta duríssima ao Antônio Carlos, discordando dos ataques pessoais que ele me tem feito.

Em tempo: também recebi ontem de manhã o Maurício Corrêa,* que veio trazer um rapaz que escreveu uma tese sobre minha obra, uma tese que ainda não li. Maurício é uma pessoa de quem eu gosto e que tem sido correta. Ele nunca foi do meu lado, era do PDT,** mas em termos de trabalho me ajudou bastante, é inteligente, entendeu o negócio do real, e no Tribunal tem sido um juiz independente. Danielle [Ardaillon] veio com eles também, porque é a Danielle quem cuida dessa parte dos meus livros.

HOJE É 3 DE JUNHO, são onze horas da noite. Ontem falei com o Parente sobre um telefonema do Gilmar Mendes, que achava, como eu acho também, que é inútil dar murro em ponta de faca, que a Justiça está muito ouriçada com a questão das medidas antiapagão e vai nos derrotar, vamos cair na mão do Marco Aurélio, enfim, do Supremo. Gilmar disse que era melhor ver, diante do esforço já feito pela sociedade, se não poderíamos acalmar um pouco, diminuindo a gravidade das penas pecuniárias que impusemos à classe média. Na verdade, à classe média alta, mas no Brasil, toda vez que tentamos fazer uma medida Robin Hood, encontramos logo a oposição da chamada classe média, e não é; é classe média alta. Os ricos nem se fala, usam isso como pretexto, mas são sempre jornalistas, os técnicos, os que falam nos jornais, os que fazem o carnaval em nome da classe média. Não adianta, é assim mesmo, por isso concordo com a medida que o Gilmar propõe, de diminuir o ímpeto, digamos, de penalização pecuniária, para obter o resultado do racionamento.

À noite, recebi o Pedro Malan, longa conversa, o Malan, como eu já disse tantas vezes, se entende bem comigo e eu com ele. Ele disse que achava que talvez fosse melhor ele sair do governo, porque como o candidato eventual [à Presidência] deve ser o Serra, naturalmente, ele, o Serra, vai se sentir mais à vontade, porque assim pode fazer a política econômica dele. Eu falei: "Pedro, olha aqui, a política é minha, eu já disse ao Serra que, se eu concordasse com as ideias dele em economia, ele seria o ministro da Fazenda, mas eu não concordo com uma porção de coisas. Acho que você sair daqui é capitular, é o governo capitular. Vou ser reconhecido no futuro como alguém que manteve a estabilidade, endireitou as finanças. Eu gostaria de ser Rodrigues Alves, mas sou Campos Sales,*** o que eu vou fazer? A história faz

* Ministro do STF.

** Corrêa foi senador constituinte pelo Distrito Federal e ministro da Justiça de Itamar Franco (1992-94).

*** O governo Rodrigues Alves (1902-06) foi marcado por estabilidade política e crescimento econômico,

da gente o que a gente às vezes não quer ser". Estou exagerando, porque também nunca houve recessão, estamos todos mais apertados ou menos apertados, com dificuldade, mas, com raríssimas exceções, o Brasil não deixou de crescer, não tanto quanto eu gostaria, quanto todos gostaríamos, mas fizemos as transformações e conseguimos avanços na área social. Pedro no fim concordou comigo, na verdade ele queria só me deixar à vontade, mas eu não quis ficar à vontade nessa matéria. Conversamos sobre muitas coisas, sobre o Fundo Monetário, ele deu instruções ao Amaury, que está lá falando com o Stanley Fischer no sentido de que não há condição para prorrogar agora o acordo com o Fundo e que seria bom nós liberarmos o que resta de dinheiro à nossa disposição no Fundo, para aumentar o nosso cacife. O mercado sabe que temos um entendimento com o Fundo de que não usaremos 25 bilhões de dólares das nossas reservas* e, como temos 34 bilhões, na prática temos 9 bilhões, mas podemos retirar do Fundo ainda uns 2 bilhões, e são 11 bilhões. Se o Fundo fizer um acordo conosco e baixar para 20 bilhões e o nosso teto, o nosso piso, na verdade já vamos passar para 15 bilhões, 16 bilhões, o que é uma caixa mais segura para evitar qualquer tentativa especulativa contra o real. O Pedro Malan disse que o Stanley teve uma reação positiva, mas que precisava falar com o [Horst] Köhler. O que houve de mais importante da minha conversa com o Malan foram esses dois pontos.

Hoje, domingo, recebi de manhã o Pedro Parente, o Zé Jorge, o Gilmar, eu os convoquei ontem para discutirmos as medidas que podemos tomar para modificar o braço de ferro com a Justiça. Por coincidência, o Carlos Velloso, ministro do Supremo, me telefonou ponderando a mesma coisa, dizendo que correríamos o risco de perder, porque há uma indisposição em tribunais regionais, e que isso vai acabar no Supremo, parte na mão do Marco Aurélio. Transmiti essa conversa aos que vieram na reunião da manhã e tomei a decisão de telefonar para o Marco Aurélio eu mesmo. Telefonei e disse: "Marco Aurélio, quando você puder receber a mim e ao Gilmar, porque a situação é difícil, preciso saber qual é o nosso limite de uma maneira que seja razoável". E ele até gostou das ideias. À tarde o Gilmar me telefonou, parece que chegaram a um bom entendimento, então passei a tarde — depois de ter almoçado com o meu primo Carlos Joaquim Ignácio, de ter falado por telefone com a minha irmã Gilda e meu cunhado Roberto, que está no Rio —, passei à tarde rabiscando o que vou falar ao país amanhã, pela televisão, anunciando uma modificação que atenua os rigores das propostas de punição; não o racionamento, mas os rigores punitivos.** Eu me reuni agora com o Andrea Matarazzo e duas pes-

---

além de grandes renovações urbanas no Rio de Janeiro, então a capital federal. Alves foi reeleito em 1918, mas morreu antes de assumir o mandato. Seu antecessor, Campos Sales (1898-1902), enfrentou dificuldades financeiras que o obrigaram a renegociar a dívida externa e adotar um rigoroso plano de estabilização.

* Limite mínimo de reservas cambiais admitido pelo acordo vigente com o FMI.

** O presidente anunciou a redução da sobretaxa de 200% para gastos de energia maiores que 500 kWh por mês, fixando-a em 100%, limite considerado judicialmente tolerável, e a revisão das cotas de consumo impostas em maio.

soas que trabalham com ele, para discutir o texto que escrevi, que está razoável. Falei com o Pedro Parente por telefone, para ver as medidas pontuais, as mesmas, e vamos afirmar isso aí. Será mais um passo adiante.

HOJE É SEGUNDA-FEIRA, DIA 4 DE JUNHO. Passei a manhã afinando o texto do que eu diria na televisão, gravei, terminou quase à uma hora da tarde, ficou bom. Almocei com o Paulo Renato, que veio calmo discutir alguns problemas do ministério dele e, depois do almoço, fui para o Palácio do Planalto. Dia tranquilo, toda segunda-feira é assim, hoje também foi. Despachei normalmente e dei uma longa entrevista para a Gazeta de São Paulo, de quase uma hora, boa entrevistadora, é aquela moça cujo nome estou esquecendo, mas que conheço há muito tempo, para um programa sobre política que sai ao meio-dia na Gazeta e tem bastante audiência. Ela é simpática, chama-se Maria Lydia [Flandoli], perguntas bem agressivas, disse que até os moradores do nosso bairro — ela mora na mesma rua que eu, na rua Maranhão* — estão pedindo que ela me encoste na parede. Não é tão fácil assim me encostar na parede. Mas foi bom, falamos sobre tudo, inclusive pesquisas, o mau humor, sobre as questões de corrupção, e falei com muita franqueza sobre o Antônio Carlos; mas falei pouco sobre ele.

Antônio Carlos fez um programa lastimável no Boris Casoy, dizendo que fui eu que mandei o PFL votar no Maluf,** como se fosse verdade. Tirei proveito, isso sim, porque ele votou, os malufistas não ficaram contra mim, mas não fiz diferente do que fez o Covas, quando recebeu o apoio do Maluf;*** mas não apoiei o Maluf. E o PFL já o tinha apoiado, na verdade, tinha rompido com o Covas antes, como disse o Arnaldo Madeira hoje, e o melhor entusiasta dessa tática foi o Antônio Carlos, nem foi o Jorge Bornhausen, foi o Antônio Carlos quem fez o acordo com o Maluf lá atrás, antes do Pitta, quando elegeram o Pitta, e o Maluf pagou à OAS o que devia da questão da Água Espraiada,**** isso quem me disse foi o Luís Eduardo: o Maluf continua o mesmo, continua roubando, porque deve ter levado alguma comissão da OAS. Luís Eduardo veio me dizer com conhecimento de causa: "Eu sei, não sei o que lá, os empreiteiros...". O Antônio Carlos, a partir dali, forçou muitos empréstimos para o Pitta, estava ligado ao Gilberto Miranda, e agora... eu sou o autor da façanha! É um cínico esse Antônio Carlos, mas não respondi nada, porque acho

* Endereço paulistano de Fernando Henrique, no bairro de Higienópolis.

** Nas eleições estaduais paulistas de 1998, Mário Covas e Paulo Maluf disputaram o apoio de Fernando Henrique e se enfrentaram no segundo turno.

*** No segundo turno de 1994, o PPB (então denominado PP) apoiou Mário Covas contra Francisco Rossi (PDT).

**** Atualmente denominada avenida Jornalista Roberto Marinho, a via foi construída durante a gestão de Maluf na prefeitura paulistana (1993-96). A obra envolveu pagamentos superfaturados às empreiteiras Mendes Júnior e OAS. Os desvios foram estimados em R$ 550 milhões.

que temos que levá-lo mais ao descrédito, ele pode dizer o que quiser, eu tenho que desacreditar.

Isso posto, vim para o Palácio, acabei de ter uma longa conversa com o Sérgio Abranches e o Vilmar. Sérgio Abranches é muito inteligente, tem uma visão realista das coisas, no fundo defende as mudanças que estão ocorrendo no Brasil. Ele continua acreditando que viremos a fazer o sucessor, desde que — e aí vêm aquelas condições que são necessárias mesmo — se for Serra o candidato (eu tive essa ideia), ele devia anunciar que manterá o Armínio Fraga. O Serra não imagina o desgaste dele nos meios financeiros e modernos da indústria, porque ele tem dado sinais de ter uma visão mais passadista. Ele avançou muito na área popular e agora precisa ter consolidação nas elites econômicas do Brasil e do mundo, senão será difícil chegar à Presidência, porque outros têm ideias diferentes das dele. O Serra é um homem inteligente, mais próximo do mundo contemporâneo do que os outros, mas o Ciro é oportunista, é capaz de travestir-se de moderninho, e aí lá vai. É um perigo. Diz o Vilmar que ele avançou bastante nas pesquisas de São Paulo, quero ver para crer.

HOJE É TERÇA-FEIRA, DIA 5 DE JUNHO, aniversário da Gilda, minha irmã, falei com ela de manhã, para dar-lhe um beijo, depois tive uma reunião no Palácio da Alvorada com o Padilha, a dra. Anadyr, o Vilmar e o Silvano [Gianni], para discutir o encaminhamento do processo do DNER. A Anadyr descobriu que tem que anular uma porção de coisas, havia uma quadrilha num dos roubos, mas há vários casos, o Padilha concordou, assinei um despacho pedindo que ele tomasse providências, vai tomar, e eventualmente teremos que afastar o consultor jurídico do ministério.*

Depois recebi um representante da China Popular, Ismail Amat, conselheiro de Estado da República Popular da China e ministro interino de Relações Exteriores.** Foi uma visita protocolar. Depois falei com o governador de Goiás, Marconi, que queria saber se eu seria candidato ao Senado por Goiás. Eu disse que não, que agradecia, mas que não posso me afastar do governo, principalmente agora, que preciso ir até o fim. Ele estava na dúvida se seria candidato a governador ou senador.*** Recebi o Almir Pazzianotto,**** que veio trazer ideias sobre o que fazer com o prédio da Justiça do Trabalho de São Paulo. Despachei com o Gilmar, almocei no Palácio da Alvorada e vi pela TV o debate no Senado do Armínio Fraga e da Tereza Grossi.*****

* Rômulo Morbach, procurador-geral do DNER implicado no escândalo dos precatórios, aposentara-se em abril de 2001. O governo posteriormente cassou sua aposentadoria.

** Wang Yi.

*** Marconi Perillo se reelegeu ao Palácio das Esmeraldas em 2002.

**** Presidente do Tribunal Superior do Trabalho (TST).

***** O presidente do Banco Central e a diretora do Departamento de Fiscalização da instituição depuseram às comissões de Assuntos Econômicos e de Fiscalização e Controle, para explicar a operação cambial que salvou os bancos Marka e FonteCindam em 1999. Grossi já falara sobre o tema à CPI dos Bancos em 1999.

Eu não conhecia a Tereza Grossi, porque não a tinha visto na outra CPI. É uma mulher decidida, e é vergonhoso o que perguntam... Os dois não têm nada a ver com o assunto, uma coisa que aconteceu no tempo do outro, do Chico Lopes, e ficam rememorando uma coisa e outra.

Fui para o Palácio do Planalto, fiz um discurso pelo Dia Mundial do Meio Ambiente, muita gente lá, depois recebi o Pimenta com o homem do Opportunity, Daniel Dantas, como tinha recebido o da Telecom Italia,* para dar equilíbrio. Mais tarde fui ao Rio de Janeiro com um bando de deputados, senadores e ministros, para a comemoração dos cinquenta anos do jornal *O Dia*. Fiz um discurso, voltei, estou chegando agora à meia-noite à Brasília.

No avião, na ida, conseguimos conversar um pouco com o Geddel, o Renan e o Padilha, sobre a possibilidade do senador José Alencar, do PMDB de Minas ir para o Ministério de Integração Nacional. Seria bom, porque ele tem bom conceito e desarticula um tanto a política mineira. Não sei se vai. Na volta, os mesmos ministros mais alguns, inclusive o Roberto Brant, o Padilha, o Gregori, o Serra, o Dornelles, o Pimenta, conversando sobre a necessidade de melhorar a comunicação social, de publicidade, como se repete sempre nesses momentos de aflição, de popularidade baixa, e todo mundo quer que haja mais publicidade, e com razão. Repercussão muito positiva da minha fala de ontem, as pesquisas qualitativas demonstram isso, e não sei o que deu a conversa com a Maria Lydia, não deu para eu saber qual o efeito, se é que teve algum. Podia ter sido um pouco mais amistosa, mas a fala foi boa. Falei com o Marco Aurélio para agradecer, com o Carlos Velloso também, ele tinha falado comigo na véspera, para termos o Supremo Tribunal consciente das nossas dificuldades. Até agora eles têm colaborado com o país.**

Quando eu voltava para a Brasília, ainda no avião, fiquei pensando de novo no Antônio Carlos, que estava na Marília Gabriela,*** não sei o que ele disse. Enfim, vou dormir.

HOJE É SEXTA-FEIRA, DIA 8 DE JUNHO, estou me preparando para ir a São Paulo.

Na quarta-feira, dia 6 de junho, recebi o Dornelles de manhã no Alvorada, foi uma discussão política, o Dornelles é uma pessoa interessante, em matéria de política ele sabe tudo.

* Carmelo Furci, presidente da empresa no Brasil.

** Os ministros do STF haviam votado favoravelmente ao governo no julgamento de uma ação declaratória de constitucionalidade acerca das penalidades impostas a consumidores que não reduzissem o consumo de energia elétrica aos patamares determinados. Homologada no final de junho, a decisão permitiu a continuidade da cobrança de sobretaxa e a possibilidade de cortes de energia.

*** Apresentadora da RedeTV!.

Fui para o Palácio do Planalto, recebi o sr. [Bruce] Williamson, presidente da Duke Energy. Foi interessante, ele veio dizer que tem oito turbinas [termelétricas] sobrando nos Estados Unidos que ele pode transferir para o Brasil. Chamei o Pedro Parente, é claro que eles sempre querem algumas condições de preço para poderem fazer mais rapidamente as coisas. Depois, recebi o José Antonio Ocampo, secretário executivo da Cepal, para conversar sobre as questões da próxima reunião da Cepal, que vai ser no Brasil.*

Recebi o Quintão, que contou longamente coisas do setor militar. Eu disse que ele podia transmitir ao [almirante] Chagas Teles, que queria ir para Nova York, que podia ir para a vaga de lá [na ONU]. Nesse caso, nomeio o almirante [José Alberto] Fragelli para ser o comandante da Marinha. E recebi de manhã também o Stefan Salej, que é o presidente da Federação das Indústrias de Minas e candidato à sucessão da CNI. Ele é inteligente, um tanto instável do ponto de vista político, mas tem cabeça modernizadora.

Na quinta-feira, ontem, comecei o dia com o Ricardo Lagos, que veio aqui a caminho da Europa. Foi uma boa reunião, contei a ele minhas impressões sobre o que está acontecendo. Acho que os americanos — devo ter registrado isto mais de uma vez —, consciente ou inconscientemente, estão refluindo para uma política continental, hemisférica. Por quê? Porque estão vendo a instabilidade no Oriente Médio, estão vendo a Europa próspera, uma China ameaçadora, e os americanos são sempre assim, eles não estão habituados, como os ingleses, a uma ação global. São imperialistas arrependidos, e nessa questão, que eu denominei de neoprotecionismo hemisférico, encintam tudo o que precisam, tudo. Temos energia no Canadá, no Alasca, na Venezuela, no México. Eles podem se organizar, como se fosse um pouco o *backyard*,** é a volta da doutrina Monroe.*** Disse isso [ao Ricardo Lagos] não como se fosse uma coisa boa, mas como um dado da realidade. Daí a importância do Mercosul — aliás, o Ricardo concorda —, porque sem Mercosul é só isso [o predomínio hemisférico dos americanos], e não teremos cartas para jogar. Os argentinos, por mais que queiram disparar, não conseguem, porque dependem muito dessa região, como o Batlle me disse. Jorge Batlle disse que a Argentina negociou antes com o [David] Mulford a troca de títulos argentinos, chegou a pagar um preço alto, mas conseguiram se ajeitar no mercado internacional. Postergaram a crise por dois anos, e não precisamos buscar correndo uma saída pró-Mercosul, que não será seu desfazimento, pelo contrário, passa a ser um reforço fundacional para termos uma união aduaneira. Palavras que podem soar hoje ocas, mas que são fundamentais. Não se trata de ser anti-Alca, mas de evitar que a Alca seja uma desgraça para nós.

* O XXIX Período de Sessões da Cepal foi aberto pelo presidente em maio de 2002, no Itamaraty.

** "Quintal", em inglês.

*** Política diplomática dos EUA lançada pelo presidente James Monroe (1817-25) para favorecer a independência das colônias ibero-americanas e aumentar a influência norte-americana no continente.

Está chegando o helicóptero que vai me levar, mas antes quero dizer que me encontrei depois disso com o Marco Maciel, que veio falar de novo de como eu ainda não tinha entendido o que estava acontecendo com o PFL e com o próprio Jorge. No fundo, o que o Marco queria era a nomeação [recondução] do Geraldo Brindeiro para procurador-geral.* É impressionante. Eu disse a eles as dificuldades disso, mas não adianta, eles querem porque querem.

Depois do Marco Maciel, almocei e fui para o Planalto, onde recebi o presidente do Citibank, chamado Victor Menezes, presidente de uma área internacional qualquer,** que veio com o presidente daqui*** para discutir investimentos que estão fazendo no Brasil.

O Sardenberg me trouxe uma comissão de cientistas do Instituto do Milênio,**** dei entrevista ao Boris Casoy, repeti um pouco as coisas que tenho dito, convidei no ar, para ser ministro, o senador Ramez Tebet, lá de Mato Grosso Sul, porque o outro, o senador Alencar, em vez de aceitar, quer ser presidente da República com o apoio do PMDB e do PSDB. É bom sujeito, inteligente não sei, competente como empresário, mas fraco politicamente.*****

Jantei com minha irmã Gilda, que tinha feito aniversário no dia 5, com o Roberto, e com a Vera Dulce [Cardoso de Lima], minha prima, que mais tarde, depois do jantar, trouxe um casal amigo que mexe com fábrica de papéis de segurança, especiais.

Agora de manhã dei outra entrevista — hoje, sexta-feira — para Márcia Peltier, que vai sair domingo na Bandeirantes. Voltei a falar sobre o sistema de energia, e com clareza. Recebi, na rotina daqui, o Carlos Garcia, embaixador na Espanha, despachei com a AGU e agora vou tomar o avião para São Paulo. Tenho uma reunião lá com o Geraldo Alckmin sobre o Carandiru, vamos acabar com ele lá.******

HOJE É SEGUNDA-FEIRA, 11 DE JUNHO, estou de volta a Brasília, voltei ontem.

Em São Paulo, na sexta-feira, tudo bem com o Geraldo Alckmin, combinei a vinda dele amanhã para jantar com o Tasso e com o Jarbas, de Pernambuco, e conversamos um pouco sobre a necessidade de, talvez, federalizar a empresa

* Brindeiro permaneceu à frente da Procuradoria-Geral da República por quatro mandatos, de janeiro de 1995 a junho de 2003.

** Chairman e CEO do Citibank.

*** Alcides Amaral.

**** Instituto do Milênio — Avanço Global e Integrado da Matemática Brasileira.

***** José Alencar foi candidato a vice-presidente na chapa de Luiz Inácio Lula da Silva nas eleições de 2002.

****** O presidente assinou a liberação de recursos federais para a desativação da Casa de Detenção do Carandiru e a construção de onze novos presídios no estado de São Paulo. Os últimos pavilhões do complexo penitenciário, celebrizado pelo massacre de 111 presos pela PM paulista, em 1992, foram implodidos em dezembro de 2002.

energética,* porque eles têm dívidas de curto prazo e não houve licitantes no leilão.**

Sábado, passei o dia dentro de casa, salvo à noite, acho que saímos para jantar eu, Ruth e o José [Fernando] Perez,*** amigo de São Paulo, num restaurante novo, em que a Carmo [Maria do Carmo Sodré] tem certa participação. À tarde eu ia receber o Serra, mas acabei não recebendo, transferi para domingo, então fiquei mesmo praticamente o dia inteiro sem fazer nada de mais significativo. Recebi o Jovelino para conversar sobre as coisas da fazenda, as crianças e tal.

No dia seguinte, domingo, falei com o Serra de manhã, passamos em revista as coisas, almoçamos e voltamos para Brasília, onde jantei com Zé Gregori, Maria Helena e Ruth, assistindo ao programa dessa moça que tinha me gravado para a Bandeirantes, programa da Márcia Peltier. Foi interessante, bem-humorado, mas não deu para expor tudo sobre energia, nem vinha ao caso, porque o programa era de outra natureza.

Hoje, segunda-feira, estou bastante cansado, são dez e meia da noite, fiz um pouco de exercício de manhã, fui para uma parada militar da Marinha, porque hoje é o dia do almirante Tamandaré.**** Conversei rapidamente com os ministros militares que lá estavam, voltei para receber alguns jornalistas que queriam falar comigo, gente mais ligada ao Antônio Carlos. Foi a Rose [de Freitas] quem os trouxe aqui.

Despachei com o Parente para discutir a crise de energia, almocei com a Ruth, voltei para o Planalto, e foi uma dureza: gente, gente, gente.

Dei entrevista ao *Financial Times* e ao *Economist*, eles estavam bastante, digamos, *inspired* pelos jornais brasileiros, foi bom falar com eles, havia um rapazinho, especialmente, que era muito de alma petista, mas poderia ser técnica jornalística.

Falei extensamente e chamei o Everardo [Maciel]***** para conversar com eles de novo sobre as perseguições ao Eduardo Jorge, por causa de uma matéria que saiu na revista *Veja*, baseada no Ministério Público, que soltou fragmentos de uma investigação que está sendo feita na Receita****** e que, segundo o Everardo, não reiterou nada de significativo sobre o Eduardo. Mesmo assim deu a impressão de que haveria algo.

* Cesp Paraná, subsidiária de geração de energia desmembrada da Companhia Energética de São Paulo.

** O leilão de privatização da estatal, previsto para 16 de maio, fora adiado por falta de interessados em pagar o preço mínimo de R$ 1,7 bilhão.

*** Diretor científico da Fapesp.

**** Data magna da Marinha, aniversário da batalha naval do Riachuelo na Guerra do Paraguai. Em 11 de junho de 1865, a vitória da esquadra brasileira foi comandada pelo almirante Joaquim Marques Lisboa, visconde de Tamandaré.

***** Secretário da Receita Federal.

****** Na edição de 13 de junho, a revista publicou que o ex-secretário-geral da Presidência tivera crescimento de patrimônio suspeito entre 1998 e 1999, chamando a atenção da Receita Federal, que desconfiava da simulação de um empréstimo para justificar o enriquecimento.

Recebi o Paulo Cunha, que foi chorar as misérias a respeito da situação do leilão [da Copene], vai a leilão, não vai a leilão, ele quer que se resolva o assunto e mostrou todos os elementos para provar que a empresa dele tem muito mais condições de comprar do que o grupo Odebrecht, e que o pessoal do governo queria ajudar o grupo Odebrecht. Segundo o que deduzi, foi o [Henri] Philippe Reichstul quem deu essa impressão a ele. Ora, digo, eu apenas disse ao Philippe que queria que o leilão se realizasse e que o Paulo Cunha tinha perdido várias chances. Eu não tinha que estar muito preocupado com ele. Ganhará o leilão quem ganhar, obviamente. Claro que a Odebrecht faz pressão também, todos fazem. O Paulo Cunha quer que eu fale com o Armínio, e vou falar o que acho que devo falar. O Armínio está sempre em contato comigo, aliás, sabia que o Paulo Cunha viria me procurar. Bom, são situações delicadas, ambos os lados acham que o governo está querendo isso, querendo aquilo, e na verdade há uma regra, temos que ver é quem paga mais. Vim para casa, jantei com a Ruth e com o José Aníbal, que acha que o PMDB está querendo demais, que precisamos dar um basta neles, que não podemos marchar sozinhos, um pouco como estamos. E agora vou deitar, porque estou extremamente cansado.

Não registrei, mas parece que o denuncismo está entrando em fase de baixa, porque agora as revistas atacaram o Jader e o Dutra, líder do PT,* então vi vários artigos dizendo que assim não dá, que o PT é contra, é o PT sendo envenenado pelo veneno que ele próprio preparou. Mas não é só o PT... Não sei qual é a base das denúncias contra o Jader, me pareceu muito artificial o telefonema que a *IstoÉ* reproduz,** os fatos podem ser até certos, mas não há como provar com facilidade. Enfim, o clima continua podre, mas parece que um pouco menos tingido em letras de fôrma. Tomara que isso diminua, porque dificulta tudo e leva todos ao descrédito, inexoravelmente.

A outra preocupação é com a situação do Uruguai, que está muito quieto com relação ao Mercosul, pedindo liberdade de ação porque eles estão muito espremidos pela Argentina e pelo Brasil, e têm a expectativa de vantagens com o livre comércio. O embaixador Seixas foi falar com o Jorge Batlle, que lhe disse: "Eu vou entregar o governo daqui a pouco ao Tabaré Vázquez*** e ele quer um Uruguai que não comercie com o exterior; a fazer isso, eu prefiro entregar logo o governo a ele". Essa é a situação psicológica e política do Uruguai, com o desemprego crescendo e tudo o mais. Isso me preocupou bastante.

* José Eduardo Dutra era líder da oposição no Senado.

** Na edição de 13 de junho, a revista transcreveu um telefonema entre o subprocurador-geral da República aposentado Gildo Ferraz e o banqueiro e pecuarista Serafim Rodrigues de Moraes. A conversa grampeada revelou que Jader Barbalho participara da emissão irregular de títulos da dívida agrária (TDAs) para uma fazenda fantasma em 1988.

*** Derrotado nas eleições presidenciais de outubro de 1999, Vázquez venceu o pleito de 2004 à frente de uma coligação de centro-esquerda.

13 A 24 DE JUNHO DE 2001

Almoço com Cavallo. Odebrecht e Copene. Obstrução do PMDB. Reunião do Mercosul no Paraguai

Hoje é dia 13 de junho, quarta-feira. Ontem de manhã recebi alguns deputados, senadores, o João Almeida, da Bahia,* o novo senador** — novo, não, já está há algum tempo... nada de mais significativo. Depois do almoço, houve uma cerimônia de concessão de linhões para o grupo do Schahin e para outro grupo nacional, do Paulo Godoy.*** Aproveitei para fazer um discurso mostrando o que realizamos na área de transmissão, na área de geração, e para dizer que a questão hoje realmente é a chuva, que não vem.**** O mais importante do dia foi uma reunião sobre o Mercosul. Ambiente pessimista, presentes todos os ministros da área mais embaixadores. Há o isolamento do Brasil, a Argentina querendo disparar sozinha com o Cavallo à frente, o Uruguai também, como registrei, então estamos numa posição de cerco, alguns até discutem se vale a pena fazer a reunião de Assunção.***** Predominou o bom senso, pois o Mercosul é importante para nós, vamos lutar por ele. Veremos o que dá para fazer, e vamos em frente.

Depois disso me encontrei com o Paulo Renato, o Serra e os ministros da casa, para discutir o que fazer com a Bahia, porque o governador está reclamando de o Serra haver cancelado uma ida lá para assinar um convênio do Projeto Alvorada.****** Isso no dia em que o Antônio Carlos disse que eu era ladrão. Eu disse: "Olha, governador, tenha paciência, assim não dá", e cancelamos a assinatura. Faremos a cerimônia num local neutro, sem perseguir ninguém, mas dando força aos deputados e aos prefeitos que são contra o Antônio Carlos, não tirando recursos do povo e dos prefeitos que são a nosso favor.

À noite, estive conversando até tarde com o Tasso Jereissati, com o Jarbas Vasconcelos e com o Geraldo Alckmin sobre o que fazer com o PMDB. O Tasso mantém a posição dele de romper logo. O Jarbas é do PMDB e mostrou as dificuldades

* Deputado federal (PSDB).

** O suplente Antônio Carlos Magalhães Júnior (PFL-BA) assumira a cadeira do pai no Senado.

*** O presidente assinou contratos de concessão de linhas de transmissão de energia gerada na usina de Tucuruí (PA) com subsidiárias da Schahin e da Alusa.

**** A bacia do São Francisco, cujas represas alcançavam baixas históricas, enfrentava a maior seca em setenta anos.

***** XX Reunião do Conselho do Mercado Comum e dos Chefes de Estado do Mercosul, marcada para 21 e 22 de junho na capital paraguaia.

****** O ministro da Saúde iria a Salvador para o lançamento do Projeto Alvorada na Bahia, com a assinatura da liberação de R$ 171 milhões para obras de saneamento básico em 286 municípios do estado. A cerimônia aconteceu em 22 de junho no Centro de Convenções Luís Eduardo Magalhães, com a presença de ACM.

disso para o governo. O Geraldinho é mais dessa posição. O Tasso tem um ponto: o PMDB anda muito desvalorizado, o Jarbas está numa posição muito difícil politicamente, independentemente de saber se vão provar quem roubou ou não roubou. O PMDB negaceando apoio [ao governo] e quase todos dizendo que eles têm que ter candidatura própria, e nesse caso passariam a atuar fora do governo. Isso está ficando mais claro. Eu propus que esperassem até setembro, quando teremos a convenção do PMDB e saberemos se estão do lado de cá ou do lado de lá. Tasso acha muito tarde.

Hoje de manhã recebi embaixadores para credenciais e depois tive uma reunião com os governadores do Norte, os do Tocantins, Pará e Maranhão. Roseana muito aflita, não queria ceder nada, não quer fazer racionamento, ela pensa que Tucuruí é do Maranhão. Ora, Tucuruí é do governo federal, foi feito com o dinheiro de todo o povo brasileiro. Ela, muito nervosa, atrapalhando a reunião. O Almir Gabriel mais sensato, também o Siqueira Campos. Prevaleceu um ponto intermediário: vamos fazer uma economia voluntária de 15% até dia 1º de agosto; se não funcionar, nós vamos impor. Acho que foi a decisão mais acertada. Depois disso e dos despachos normais, falei com o Almir Gabriel, que é mais da linha do Tasso, que não dá para esperar muito tempo pela decisão do PMDB.

Almocei com o Domingo Cavallo, Pedro Malan e o Celso Lafer aqui no Alvorada e, para a surpresa de muitos — não minha, porque conheço bem o Cavallo —, ele vai, primeiro, desvalorizar (sem dizer que desvaloriza) de 7% a 8% a moeda argentina. Na prática vai fazer uma paridade: quando o euro valer um dólar, haverá conversibilidade; entretanto, mesmo que o euro não valha um dólar, para a exportação e a importação, ele entra na média das moedas. Isso significa que a moeda argentina vai desvalorizar de 7% a 8%, o que dá um alívio para a Argentina e uma irritação nos brasileiros, porque encarece as importações deles e também facilita as exportações. Então a decisão argentina não foi uma coisa boa do ponto de vista do Brasil e é o máximo que o Brasil pode aceitar, considerando que eles têm que se defender. Em contrapartida, Cavallo manifestou estar de acordo com a ideia que defendi hoje no almoço na Alvorada, de fazermos uma negociação "quatro mais um" com a Alca. Ele tinha medo que o Brasil não quisesse negociar. Eu disse: "Não, não é que não queremos; nós queremos é ficar mais fortes para negociar". Quatro mais um, quer dizer, negociação entre Mercosul e Alca, dá para fazer, e faremos o mesmo com a Europa. Enfim, vai se salvar a reunião de Assunção, a despeito do nosso pessimismo de ontem.

HOJE É QUINTA-FEIRA, DIA 14 DE JUNHO. Ontem fui ao Planalto para os despachos normais, encontrei o Fernando Gasparian e o Luiz Suplicy Hafers,* que tem um plano para proteger a cafeicultura, que, diz ele, está se arrebentan-

* Presidente da Sociedade Rural Brasileira.

do. Recebi o João Araújo, diretor da Som Livre. Longa conversa com Marco Maciel, que trouxe quase sessenta assinaturas de apoio ao Geraldo Brindeiro, para ser reconduzido,* apesar de todas as observações que já fiz. Recebi também o embaixador Ivan Canabrava,** de quem eu gosto, que nomeei para embaixador no Japão, e o Sérgio Telles, que é embaixador na Síria. Despachei algumas coisas da rotina e vim para o Alvorada, onde me encontrei com o [Emílio] Odebrecht. Eu tinha estado à tarde com o [Henri] Philippe Reichstul, avisei que iria falar com o Odebrecht, depois o informei do conteúdo da conversa e falei com o Armínio Fraga. Sempre a mesma história do Paulo Cunha, do leilão da Copene, cada um puxa brasa para sua sardinha. A esta altura, acho que o Odebrecht se organizou com mais agressividade para comprar os ativos da Copene do que o Paulo Cunha. Há problemas de todo o tipo e o governo não pode interferir além de certo limite, porque quer garantir condições de equidade. Ocorre que o Paulo Cunha tem 1 bilhão, até 1 bilhão mais ou menos, de apoio do BNDES, e o financiamento conseguido pela Odebrecht é privado, Odebrecht e Mariani, mas requer a incorporação de ativos. É uma coisa complicada. Para poder fazer uma fusão das empresas na Copene, é preciso que a Petroquisa*** e a Petros**** estejam de acordo.

Ruth chegou com a Bia e os netos, mais tarde recebi o Pedro Malan para uma longa conversa. Pedro preocupado. O dólar disparou ontem mais uma vez,***** está claro que há um déficit da balança comercial****** que não se supera, a balança de contas vai ter um déficit de uns 25 bilhões,******* é preciso financiar isso, os investimentos diretos estão diminuindo por motivos externos e, agora, internos. Enfim, o quadro é sombrio, e o Pedro veio com várias propostas, entre as quais algumas que deveriam ter sido enviadas há muito tempo, como medidas de reforma tributária, medidas no Plano de Habitação,******** que está há um ano no Banco Central. Tudo é muito enrolado, porque o novelo é complicado, vem embrulhado desde longa data, mas não adianta chorar pitanga, vamos ter que fazer um esforço grande para desa-

* Um abaixo-assinado favorável à recondução do procurador-geral da República foi firmado por 57 senadores, incluindo 20 dos 21 pefelistas, 21 dos 26 pemedebistas e 13 dos 15 membros do bloco PSDB-PPB.

** Secretário-geral adjunto de Assuntos Políticos Multilaterais do Itamaraty.

*** Subsidiária do setor de refino e petroquímica da Petrobras.

**** Fundo de pensão dos funcionários da Petrobras.

***** O dólar atingiu a cotação de R$ 2,42, alta diária de 0,58% e mensal de 1,68%. Desde o início de 2001, a moeda norte-americana subira 24,1%.

****** O saldo comercial brasileiro permanecia negativo, acumulando déficit de US$ 437 milhões desde janeiro, a despeito dos bons resultados de maio e junho. O déficit foi revertido no terceiro trimestre e o ano terminou com superávit de US$ 2,6 bilhões.

******* O ano fecharia com déficit de US$ 23,2 bilhões nas transações correntes e superávit de US$ 3,3 bilhões no balanço de pagamentos.

******** Referência às MPS 2221 e 2223, assinadas em setembro de 2001, que alteraram as regras de emissão de letras de crédito imobiliário e de separação entre o patrimônio dos incorporadores e os bens incorporados, para fins de responsabilidade judicial.

tar esses nós, e com rapidez. Eles querem sempre mostrar que o artigo 192 da Constituição* precisa ser mudado, para a reestruturação do Banco Central.

A Câmara e o Senado estão em total desorganização. A Câmara ainda votou algumas coisas, mas faz falta uma liderança de peso nos dois lados. O sistema político está aflito porque o governo está abalado com a questão da energia e, também, por não termos uma candidatura que se apresente como viável e vitoriosa; a debandada pode ocorrer. Estão todos aflitíssimos, passei ao Padilha uns comentários que o Sérgio Amaral me mandou, o Padilha me telefonou concordando com os comentários, mas dizendo que, no fundo, nosso governo está cem anos à frente da camada política, que só quer pequenas vantagens. E nem vantagens são; são vícios, precisam ter uma emenda aqui, outra ali, botar o nome do governador no programa que é federal... Enfim, essa coisa antiquada de nossa política. Conversei longamente com o Malan sobre isso, ele preocupado também com os investimentos do setor de infraestrutura energética, porque o Martus queria ter logo uma reunião comigo, e Malan acha que o Pedro Parente vai estimular investimentos das estatais e que isso vai arrebentar o orçamento. Há, de fato, preocupação com uma definição mais clara do modelo energético. Eu disse ao Malan que o Tápias tinha pedido demissão, ninguém sabe, o Tápias está realmente afetado com a diabetes, mas pode ser que haja outros problemas e que ele esteja cansado de tudo isto aqui. Eu entendo. Malan me perguntou por que não colocar o Pratini no lugar do Tápias, eu disse que tinha pensado no Gros, o que muda menos as coisas. Se eu tirar o Pratini, esvazio a Agricultura. Em todo o caso, se for útil para algum entendimento ou para colocar alguém bom na Agricultura, não tenho objeção a botar o Pratini no Ministério do Desenvolvimento, Indústria e Comércio.

HOJE É DOMINGO, DIA 17 DE JUNHO. Passei três dias admiráveis** aqui na Fazenda Córrego da Ponte, com a Luciana, Getúlio, Isabel, a Bia, o Pedro, a Júlia e os amigos deles. Eles ficaram andando a cavalo quase todo o tempo, e eu e a Bia, e às vezes a Ruth, tomando banho de rio. Fora isso, lendo, lendo sem parar. Li um livro muito interessante que o [Marcos] Azambuja tinha me mandado, de Joseph Ellis, chama-se *Founding Brothers: The Revolutionary Generation*,*** extraordinário. A parte sobre George Washington**** vale a pena ler, mostra como ele era um grande homem e, ao mesmo tempo, duro em suas visões, determinado e, até certo

* O artigo 192, que trata do sistema financeiro nacional, fixava o limite de 12% ao ano para a taxa de juros reais, entre outras normas. O artigo teve seus parágrafos e incisos revogados pela emenda constitucional nº 40, promulgada em maio de 2003. A emenda se originou da PEC 21/1997, sugerida pelo senador José Serra, cuja tramitação caminhava lentamente.

** Feriado de Corpus Christi.

*** Nova York: Vintage, 2000.

**** Primeiro presidente dos EUA (1789-97).

ponto, pouco preparado para a função; mas sempre com sentido de história, sentido de país. E, depois, as tricas e futricas de [Thomas] Jefferson,* [James] Madison,** [Alexander] Hamilton,*** [John] Adams.**** Realmente o livro mostra que a política, lá como cá, não difere muito. A grande divisão entre eles era entre os seguidores de Tom Paine,***** basicamente amantes de uma democracia fora do Estado, como era Jefferson, os que tinham uma noção de Estado, como Washington e Adams, e, em bem menor escala, Hamilton. E descreve Madison como muito hábil ao levar adiante a briga de Jefferson, talvez o maior como visionário, tendo também um papel extraordinário. Enfim, mostra como esses grandes homens, mesmo sendo tão distintos, tão contraditórios, em conjunto tiveram certa noção de que iriam construir a América, e fizeram mesmo isso. Ah! que saudades eu tenho, como diria o nosso poeta, ao olhar esses grandes momentos da história americana e ver como estamos chafurdando. Sem mencionar a pouca visão de toda essa gente da chamada "esquerda" e que no próprio PSDB, com poucas exceções, falta grandeza. Há alguns homens que têm certa noção dela, o Jarbas Vasconcelos tem, e o Mário Covas, à sua maneira, tinha. O Serra é tático. A visão estratégica, de país, de Estado brasileiro, está incorporada na diplomacia, nas Forças Armadas, mas para a classe política tê-la ainda falta muito. Alguns empresários têm, como o [Olavo] Setúbal, e alguns deles são grandes, mas no conjunto... meu Deus, dá pena. Acho que, à sua maneira, o Gerdau possui uma visão mais audaciosa do papel do Brasil no mundo, assim como alguns empresários, o Antônio Ermírio [de Moraes]...****** Os jornalistas, pouquíssimos.

Por falar nisso, vi ontem à noite, na GloboNews, um debate, o William Waack, o ex-enteado do Oliveiros [Ferreira],******* a Kinzo [Maria D'Alva Gil Kinzo]******** mais esse rapaz, acho que Fernando Abrucio.********* O debate não foi de todo mau. O Oliveiros está mais por fora, a Kinzo ficou intimidada, dizendo, contudo, que era preciso dar uma chance ao governo, que ainda tinha coisas a fazer. O Abrucio colocou questões razoáveis, parecia no começo que o pressuposto era de que a oposição teria que ganhar, depois foi dizendo que não é bem assim, o William Waack dirigiu direito. O Franklin Martins********** fez comentários, é um homem correto, não tem visão muito larga das coisas, ele insiste em que precisa haver a reforma política (Ah, meu Deus, se eu pudesse), disse que o Executivo não a quer. Imagina. E tam-

* Terceiro presidente dos EUA (1801-09).

** Quarto presidente dos EUA (1809-17).

*** Primeiro secretário do Tesouro norte-americano (1789-95).

**** Segundo presidente dos EUA (1797-1801).

***** Jornalista, filósofo e político inglês, um dos *Founding Fathers* dos EUA e autor de livros como *Rights of Man* (1791) e *The Age of Reason* (1704-1807).

****** Presidente do grupo Votorantim.

******* Professor de ciência política da USP.

******** Professora de ciência política da USP.

********* Professor de ciência política da FGV e da PUC-SP.

********** Jornalista da Rede Globo e ex-militante de esquerda durante a ditadura.

bém que o Itamar ganhou com a crise da energia porque foi o único que viu. Mas viu o quê? Só impediu que houvesse avanço no setor energético, na briga que teve com a Cemig. Em vez de fazer um acerto que permitisse a privatização, ele bloqueou, atrapalhou e não investiu. Nem tem como investir, pois as estatais não têm como investir. Eles pensam que não se investe porque o FMI não deixa, entretanto não se investe porque não temos como. Investir é se endividar. Se aumentamos o endividamento, de qualquer maneira quem paga é o Brasil. Mas o debate não foi mau.

HOJE É QUARTA-FEIRA, DIA 20 DE JUNHO, quase meia-noite.

Segunda-feira, dia 18, foi meu aniversário, fiz setenta anos e quase esqueci que também era o dia da morte da minha avó,* que marcou tanto em mim esse dia por muitos anos. Todo mundo almoçou comigo, quer dizer, todo mundo é a família, os que ficaram aqui; antes disso, de manhã, já comecei a trabalhar, trabalhei sem parar. Recebi o pessoal da área econômica, Malan está nos Estados Unidos, mas os outros vieram, o Pedro Parente, o Martus, o Bier, para discutirmos as medidas que vamos tomar na última semana de junho, de alteração do sistema financeiro do Banco do Brasil e da Caixa, para ajustá-los às regras da boa governança.** E também para discutirmos algumas medidas na área tributária, para podermos mudar esse panorama que começa a ser sombrio no Brasil.

Foram embora, eu almocei, fiquei [no Alvorada] e continuei despachando incessantemente. No fim do dia, vieram dois deputados do PTB que apoiaram o Ciro [em 1998], o Roberto Jefferson e o [José Carlos] Martinez, mas é o Brasil, não é? Era meu aniversário, trouxeram um corte de presente para mim, disseram que ficarão fiéis ao governo até o fim, ou seja, não querem perder os cargos que têm, embora eu ache que o Roberto Jefferson tenha realmente uma relação sincera comigo. E ele é inteligente, é corajoso, foi muito ligado ao Collor. Aliás, os dois foram, mas agora estão com o Ciro. Assim é o Brasil...

Recebi o Aécio Neves para discutir a MP das Medidas Provisórias.*** Ele trouxe uma fórmula, essas fórmulas são sempre perigosas, mas, enfim, há tanto clamor contra as medidas provisórias que precisamos mexer no artigo 192 da Constitui-

* Fernando Henrique nasceu na casa dos avós paternos, Leonídia Fernandes Cardoso (dona Linda) e Joaquim Inácio Cardoso, no bairro carioca de Botafogo.

** Referência à MP 2196-3, baixada em 24 de agosto de 2001, que criou o Programa de Fortalecimento das Instituições Financeiras Federais (BB, Caixa, Banco da Amazônia e Banco do Nordeste) através de operações de capitalização e remanejamento de créditos.

*** Referência à PEC 472/1997, que tramitava na Câmara e foi convertida na emenda constitucional nº 32, de 11 de setembro de 2001. A emenda impôs alterações a nove artigos da Carta de 1988 para disciplinar a edição de medidas provisórias pelo Executivo, vedando MPS sobre o mesmo tema de projetos de lei aprovados pelo Congresso que estejam pendentes de sanção ou veto pelo presidente da República.

ção. Entretanto, sem a suspensão da proibição de mexer nos artigos já reformados da Constituição, não poderemos alterar nada. Vamos ter que reformar esse artigo primeiro, sem isso não poderíamos regulamentar a questão do Banco Central por medida provisória, e não se regulamentará nunca. Mas não é só por isso; é bom ter uma regra mais clara sobre as medidas provisórias. À noite jantei sozinho com a Ruth.

Ontem, terça-feira, nadamos de manhã e depois passei a receber o Pratini, para discutir problemas de agricultura, e o ministro das Relações Exteriores da Argentina, o [Adalberto] Giavarini, que veio com propostas muito boas, mercosulistas etc., a angústia de sempre da Argentina. O Giavarini é um homem do De la Rúa e disse que o Cavallo ficou fascinado com o que ouviu de mim, ou seja, de que sou favorável à discussão quatro mais um, Mercosul mais Estados Unidos, para enfrentarmos a Alca, que é o óbvio, e também porque eu disse que ele, Cavallo, não seria nunca ministro meu, porque é uma mistura de Serra com Delfim [Netto],* muito explosivo, forte demais, e ele gostou, naturalmente, disso. Depois dei início à solenidade da Semana Nacional Antidrogas. Antes eu tinha almoçado no Alvorada com o Madeira, o Aloysio e o Pedro Parente, para conversar com eles, como fiz com o setor econômico, e ver qual seria a reação da área política.

Recebi um senhor chamado William Wise, que é o presidente da El Paso Energy. Foi interessante, ele veio para dizer que vai investir mais no Brasil em energia, que estão muito confiantes ao ver a forma como estamos enfrentando a escassez de energia, com sinceridade, com clareza, assumindo responsabilidades, resolvendo problemas, e o povo reagindo bem, o oposto do que está acontecendo nos Estados Unidos.**

Também tive uma reunião sobre energia com os governadores do Nordeste,*** e foi boa. Geralmente os dos Nordeste são os mais difíceis, e dessa vez não foram, porque o Mário Santos fez uma exposição e mostrou claramente o problema hídrico, que é dramático no Nordeste. O governador da Bahia tentou mostrar que houve uma transferência de energia do Nordeste para o Sudeste, e o Mário Santos disse que não e que, se tivesse havido, não teria tido importância e que agora, de qualquer maneira, faríamos força para mandar energia do Sudeste para o Nordeste, pois não se trata de uma questão regional. Como ele disse: "Somos condôminos da energia nacional e todos são iguais perante o esforço que tem que ser feito para efetivar o racionamento". Foi uma reunião bastante boa, não houve problemas maiores de reação por parte dos governadores. O Tasso, que é o mais inquieto deles, e o mais competente também, no final levantou a questão da seca.

* Deputado federal (PPB-SP) e ex-ministro do Planejamento na ditadura militar.

** Desde 2000, a Califórnia enfrentava apagões causados pela seca e a má gestão do sistema elétrico estadual.

*** Ronaldo Lessa (PSB-AL), César Borges (PFL-BA), Tasso Jereissati (PSDB-CE), Roseana Sarney (PFL-MA), José Maranhão (PMDB-PB), Jarbas Vasconcelos (PMDB-PE), Mão Santa (PMDB-PI), Garibaldi Alves (PMDB-RN) e Albano Franco (PSDB-SE).

O Raul Jungmann, que estava presente, explicou o que estávamos fazendo sobre essa questão.

Hoje, quarta-feira, já foi um dia muito mais oficial, porque recebi de manhã a visita do Chissano [Joaquim Alberto Chissano], presidente de Moçambique. Reuniões normais até a hora do almoço, almoçamos com ele, discursos, celebramos muitos acordos,* depois fui para o Planalto direto, porque tinha que dar posse ao novo ministro da Integração Nacional, o Ramez Tebet. Fiz discurso, não deixei de dizer, com o Jader presente, que as questões de transgressão das regras serão tratadas nos canais competentes, sem nenhuma interferência, e têm que ser apuradas. Disse, entretanto, que o principal do ministério não era isso e que a Sudam e a Sudene tinham se esgotado no modelo anterior e que estávamos fazendo com que elas renascessem de uma maneira mais eficaz e com mais modernidade.

Depois recebi a delegação de jovens do Senai,** por causa do [Carlos] Eduardo Moreira Ferreira, da CNI; recebi o Edmundo Klotz, da Abia, mais o presidente da Nestlé,*** que vieram falar sobre racionamento, e fiquei despachando desesperadamente até as nove horas da noite. Falei por telefone com o novo presidente do Peru,**** que insistiu muito para que eu fosse à posse dele, que vai ser em Machu Picchu — ou pelo menos uma parte será em Machu Picchu.*****

No dia anterior, eu já havia enfrentado complicações com o PFL, porque o Inocêncio de Oliveira tinha inventado de reduzir o superávit fiscal para dar dinheiro para energia. Cada um tem uma ideia e tenta aprovar. Deu trabalho, falei com o Marco Maciel, e Inocêncio acabou cedendo. No dia anterior, na terça-feira, tive outros problemas, relativos ao orçamento, porque o Martus está nervoso com a questão de baixar as tarifas da eletricidade,****** uma vez que isso implicará diminuição de receita. Também o setor empresarial paulista não quer mexer nas tarifas da informática, e assumi para mim o controle desse processo, porque é delicado mesmo, há muitas pressões. Falei com o Malan, falei com quem tinha que falar da burocracia, para dizer que não é para fazer nada sem antes me ouvirem.

* Os nove documentos bilaterais assinados incluíram acordos para a extensão, ao país africano, do programa Educação Solidária e a assistência no combate a doenças sexualmente transmissíveis, além de protocolos de intenções para cooperação em áreas como telecomunicações, segurança pública e ação social.

** O presidente se encontrou com estudantes do ensino técnico e profissionalizante selecionados para a I Olimpíada do Conhecimento, realizada pelo Senai e pela CNI em Brasília, entre 16 e 24 de junho de 2001.

*** Ivan Zurita.

**** Alejandro Toledo.

***** Em 29 de julho, um dia depois de ser empossado oficialmente em Lima, Toledo fez um juramento simbólico e pediu a proteção dos deuses incas para seu governo na cidade sagrada dos Andes. Fernando Henrique assistiu apenas aos atos da posse em Lima.

****** O Programa Emergencial de Redução do Consumo de Energia Elétrica estabeleceu que consumidores que superassem a meta de economia receberiam bonificações em suas contas.

Hoje, quarta-feira, depois de receber essa gente toda, o PMDB quis discutir comigo, porque começou a criar dificuldades para a aprovação da LDO, que é a lei fundamental para definir o orçamento. Mandaram obstruir a votação porque o Geddel brigou com o Serra, porque o Serra vai à Bahia para o lançamento do Programa Alvorada e isso, segundo o Geddel, fere de morte o PMDB na Bahia, porque o governador vai se intrometer em tudo. Também ele e o Aloysio tiveram uma altercação de baixo calão por causa da nomeação de um diretor do DNER, que o Aloysio não quer fazer agora e o Geddel quer já, para torpedear o Antônio Carlos. Por isso tive que receber o Geddel no fim da noite, das oito às nove, ele muito exaltado. Depois acabou acalmando, ele é temperamental, mas uma pessoa que parece leal. Abri o jogo sobre as dificuldades que estamos enfrentando, disse que desse jeito é muito pouco possível governar, que não dá. Falei com o Padilha sobre isso também, a situação afinal acalmou, eles já tinham suspendido a obstrução do Congresso. Eu disse: "O problema é que, no fim de governo, esse sistema partidário que nós temos não dá". É presidencialismo de coalizão, e as pessoas querem se colocar no futuro e, como não há sequer partido, cada um puxa para um lado, então tudo fica difícil. Como mexer na estrutura partidária e eleitoral com todas essas questões? O que está acontecendo é apenas reflexo de um sistema político que, para funcionar, depende de um presidente no auge. Quando o presidente não está no auge, o sistema começa a se despedaçar. Não sei se o Geddel entende muito disso, mas concordou comigo e saímos bem.

Depois viemos jantar com a Gilda Portugal Gouvêia para discutir o Ministério da Educação, pois o Paulo Renato está com obsessão de ser candidato, e eu disse à Gilda que pelo menos o ministério voltou a ter prumo. Amanhã vou ao Paraguai, a Assunção, onde teremos uma reunião do Mercado Comum, vou levar comigo o presidente Chissano.

HOJE É DOMINGO, DIA 24 DE JUNHO. Na quinta-feira, antes de ir ao Paraguai, participei de uma solenidade da campanha O Esporte na Escola,* com Pelé, Paulão, o pessoal da natação, o [Fernando] Scherer e outros mais. Foi bem interessante, agradável. Em seguida fui conversar com o Marco Maciel e o Jorge Bornhausen, que tinham pedido a conversa para acertar detalhes políticos. Estavam mais desanuviados, porque trouxeram aquela relação de cinquenta e poucos senadores apoiando o Brindeiro, e eu, meio a contragosto, indiquei o Brindeiro.** No fim de governo, colocar um novo... sei lá o que acontece.

Bornhausen, entre outras coisas, me disse que tinha tomado um café da manhã com o Arruda e que, se o Senado chamar, ele está disposto a contar o que sabe

* O programa previa a construção de 10 mil quadras esportivas em escolas públicas para beneficiar 36 milhões de alunos do ensino fundamental, com investimento de R$ 634 milhões no triênio 2001-03.

** O procurador-geral da República foi reconduzido ao quarto mandato, até junho de 2003.

sobre a participação do [José] Eduardo Dutra na conspiração que levou o Arruda e o Antônio Carlos a perderem o mandato. E que o Dutra sabia de tudo, que tinha ido à casa dele, havia telefonado várias vezes, participou da tratativa. Não sei se o Arruda, depois do que fez, se está dizendo a verdade agora, se vai dizer no Senado ou não. Mas o [Geraldo] Althoff, senador do PFL encarregado do relatório sobre a questão do Dutra, estaria disposto a levar o caso adiante.* Vamos ver o que acontece. Essas coisas, quando começam, não se sabe como terminam.

Almocei correndo e fui ao Palácio do Planalto, onde tive uma reunião sobre a seca, a primeira da qual participou o Ramez Tebet. Depois fui à TV, juntamente com o Jungmann,** explicar o que estávamos fazendo sobre a seca. Quebramos o sistema tradicional, mais ou menos, porque carro-pipa e a cesta básica estão na alma não só dos nordestinos como de todo o povo, da mídia brasileira. Daqui a pouco vai aparecer na TV uma criança com fome pedindo cesta básica, depois tem a falta de água, precisam de carro-pipa, e assim se reproduz essa cadeia da questão da seca. O Raul mostrou os dados, em média as famílias ganham mais, têm renda maior nos anos de seca do que nos anos sem ela, graças ao apoio do governo federal. Então os políticos locais querem aumentar a seca, que em si já é dramática. É muito difícil... De fato há gente que tem fome, e é preciso atender essa gente, mas isso tudo é explorado pelos políticos. Nós estamos tentando, com o Projeto Alvorada, substituir essa emergência por programas permanentes, mas vai levar tempo.

Fui ao Paraguai, acompanhado pelo Chissano, foi uma viagem agradável. Ele é um homem inteligente, fala de modo mais aportuguesado do que nós. Contou uma porção de coisas da vida dele, da situação de Angola e do [Jonas] Savimbi.*** Acha que o Savimbi tem mais recursos do que imaginamos, porque o [José] Eduardo dos Santos**** sempre pensa que vai liquidar o Savimbi e não liquida; ademais, há as ligações do velho [George] Bush com o grupo do Savimbi.***** Enfim, confusões. Também me explicou melhor a briga entre hutus e tutsis,****** os quais não têm diferença étnica nem cultural. Na verdade, os tutsis foram usados pelos belgas como

* Em 29 de junho, o senador catarinense representou contra o líder da oposição no Conselho de Ética, acusando-o de omissão no caso da violação do painel do Senado. Segundo Althoff, Dutra teria sido informado sobre a quebra do sigilo e não a denunciou.

** O presidente discursou depois da reunião da Câmara Setorial de Convívio e Exclusão Social.

*** Comandante da guerrilha da Unita (União Nacional para a Independência Total de Angola), principal força oposicionista da guerra civil angolana, iniciada em 1975 e encerrada em 2002, dois meses depois da eliminação de Savimbi por tropas de Luanda.

**** Presidente de Angola e líder do Movimento Popular de Libertação de Angola (MPLA), guerrilha convertida no partido governista.

***** A guerrilha da Unita recebeu assistência militar norte-americana no governo Bush (1989-93). Durante a Guerra Fria, os EUA e a África do Sul apoiaram a Unita, enquanto o MPLA contava com ajuda cubana e soviética.

****** Alusão à guerra civil em Ruanda e a seu sangrento episódio final, um massacre genocida que vitimou cerca de 1 milhão de hutus, assassinados pela maioria tutsi, em 1994.

elo de dominação, formavam uma espécie de alta burocracia. Trata-se mais de uma questão de casta, na expressão do presidente Chissano, do que de raça, de cultura ou de etnia — ou mesmo de classe. Enfim, seria mais uma luta de casta. É uma complicação tremenda.

Chegando ao Paraguai não deu tempo nem para eu ir à embaixada nem para descansar, pois recebi o vice-presidente do Paraguai, Yoyito Franco [Julio César Franco], que veio me contar a situação de lá, disse que no Paraguai o presidente* está sempre pendente de um juízo de responsabilidade, quer dizer, de um impeachment. Ele não acredita que passe o impeachment, porque o Partido Colorado tem força** e sabe que ele é a garantia da democracia. Eu disse que ele era mesmo, porque, se renunciar, os colorados derrubam o presidente e põem o vice-presidente que elegeram como presidente. Uma coisa quase sem fim no Paraguai.

Fiz uma conferência na abertura do Fórum Brasil no Paraguai.*** Havia bastante gente, empresários; vi uma exposição do Lívio Abramo em nossa chancelaria**** e fui ao Palácio de los López***** jantar com os vários presidentes do Mercosul que haviam chegado, mais o Chávez e o Chissano. Achei o De la Rúa muito abatido fisicamente; não houve nenhuma conversa mais importante.

No dia seguinte, fui cedo me encontrar com o presidente do Paraguai no Iate Clube.****** Ele queria falar sobre energia, pois os paraguaios querem vender mais energia para nós e, se possível, a preços mais altos. Ficamos esperando longamente o início da sessão. Nessa espera, chegou o De la Rúa, que disse que o Cavallo ficou contente com a visita que fez ao Brasil. O Giavarini também esteve por lá, chegou o Chávez, enfim, todos os presidentes, conversamos com o presidente Batlle e com o Ricardo Lagos, e seguimos para a reunião. Ela foi burocrática, bastante cansativa. De mais interessante, se bem que bizarro, houve o Chávez, que fez um discurso como costuma fazer, retórico. O Chissano leu um informe do tipo Comitê Central, muito lento e cheio de detalhes sobre o que é a SADC,******* o que ele está fazendo na CPLP — duvido que saibam sequer o que é CPLP. Fiz um discurso mais conceitual, defendendo o Mercosul.

Nós ganhamos a batalha antes de entrar na reunião. Houve uma discussão, porque o Itamaraty, o Seixas sobretudo, resistiu muito a aceitar uma proposta do Cavallo para criar já um grupo negociador no formato quatro mais um e colocar o

* Luis Ángel González Macchi.

** O colorado Macchi perdera apoio parlamentar na esteira da crise econômica do país e enfrentava um processo de impedimento sob acusações de mau desempenho e crimes comuns.

*** Associação Empresarial para o Fomento de Negócios com o Brasil, cuja reunião foi realizada na embaixada brasileira.

**** O gravurista brasileiro residiu no Paraguai entre 1962 e 1992 e morreu em Assunção.

***** Sede da presidência paraguaia.

****** Yacht y Golf Club Paraguayo.

******* Comunidade de Desenvolvimento da África Austral, na sigla em inglês.

Iglesias como chefe desse grupo. Eu disse ao Seixas que a ideia tinha sido minha, no almoço, quando o Cavallo veio ao Brasil e o Lafer estava presente. A ideia não era colocar o Iglesias como chefe agora, mas era uma saída para evitar que houvesse dispersão da Argentina, do Uruguai. Ele entendeu, e tomaram uma decisão mais branda, mais aceitável, de uma conversa preliminar entre Mercosul e Estados Unidos, e o Iglesias seria o assessor dessa conversa. Isso mostra como é forte a resistência do Itamaraty a qualquer conversa com os Estados Unidos. É bastante forte. Até o Seixas, um homem que tem visão, acha o efeito disso devastador no Brasil. Os jornais repetiram apropriadamente o formato proposto e perceberam, eu imagino, que é um intento meu, para evitar que haja uma negociação de cada país com os Estados Unidos. É melhor ir para o quatro mais um e tatear o que se pode fazer com a Alca. Mais cedo ou mais tarde, essas Zonas de Livre Comércio vão ser estabelecidas, é da lógica da sociedade capitalista contemporânea. Como eu disse a alguns deles e ao próprio Iglesias, quando me encontrei com ele ontem, aqui. Eles não leram Marx, o capitalismo é assim mesmo, centralizador, tem tendência monopolista; é racionalizador, exclui os mais fracos. Sobra o Estado, por isso sou favorável a fortalecer o Estado, para se contrapor à tendência monopólica do capitalismo. Não dá para quebrar o capitalismo; quem o quebraria seria a classe operária revolucionária, que desapareceu, foi para o paraíso. Precisaremos ver, daqui a algum tempo, quem sabe por causa do meio ambiente, com essas ONGs, no que isso vai dar. Daqui a dez, vinte, trinta, cinquenta anos, talvez alguma nova utopia tenha viabilidade.

O Batlle, presidente do Uruguai, fez um bom pronunciamento na reunião, pegou o peão à unha. Ele vai negociar, porque será o presidente pró-tempore do Mercosul. Teve uma conversa comigo, dizendo que o Brasil precisa voltar a ter crença em alguma coisa, em uma utopia, que é preciso dar uma sacudida, que é impossível entregar o Brasil a outros políticos, senão a alguém como o Malan, que é o candidato preferido dele e talvez de todos os presidentes que o conhecem e sabem o quanto o Malan é sério.

Voltei para o Brasil na sexta-feira à noite e já tive que trabalhar com o pessoal do Andrea no texto que eu iria falar no dia seguinte.* Encontrei um texto que eu já tinha refeito e, ainda assim, no sábado de manhã, ontem, o refiz várias outras vezes, alterando coisas aqui e ali. Conversei com o Paulo Renato, para afinar pontos sobre a Bolsa Escola. Gravei o programa para ser levado ao ar na segunda-feira.

No sábado ainda tive um almoço e uma tarde de trabalho com o Malan mais o Pedro Parente, o Bier e o Everardo Maciel, para discutirmos o que pode ser feito na reforma tributária. Diga-se de passagem, nos dois dias anteriores as medidas

* O presidente falou ao país em cadeia de rádio e TV no dia 25 de junho para lançar o programa Bolsa Escola, com previsão de R$ 1,7 bilhão para beneficiar 5 milhões de famílias e 11 milhões de estudantes de baixa renda.

anunciadas pelo Armínio* foram discutidas comigo detalhadamente, e deram certo. Mesmo aquela sobre a qual eu tinha um pouco de dúvida, o 1,5% de taxa de juros, com viés de baixa.** Eu tinha medo de subir só 1,5%, ou não se subia, ou subia-se mais. Contudo, o Armínio acertou, e o viés de baixa foi importante, porque mostra que a perspectiva é realmente de, em seguida, diminuir os juros. O dólar cedeu de 2,49 para 2,31 no fim da sexta-feira, e conversei com o Armínio por telefone. Ele falou com o Malan, mesmo no Paraguai. O Malan me deu detalhes do que ele iria dizer sobre a reformulação dos bancos públicos federais, acho que ficou bom, foi um passo audacioso. Saímos da mesmice e do corner, e começamos a tomar medidas importantes para fazer a agenda do Brasil avançar. Retomamos essa disposição ontem, e na parte tributária haverá uma briga séria entre o Banco Central e a Receita, porque o Banco Central quer que a CPMF*** não incida sobre as operações financeiras, ou seja: quando alguém está aplicando e tira o dinheiro da Bolsa para ir para um fundo, não deveria pagar CPMF. Everardo concorda que se você aplicar de um fundo para outro, não pague. Mas quer que se pague ao mudar na Bolsa de uma ação para outra. É um pouco de tensão entre as burocracias, e o Malan está aflito com isso.

Discutimos também como ficará a questão dos impostos cumulativos, quando vigorar a nova fórmula que vamos propor, que é opcional. Por quê? Porque as empresas se queixam nos jornais, mas quando a gente vai mudar não querem, porque a fórmula atual é boa, até lhes dá subsídio. Sempre essa esperteza dos empresários de dizer que está tudo péssimo, e eles se beneficiando. Quando se vai melhorar, não querem que se melhore nada, porque já está bom demais. É o caso desse imposto cumulativo de exportação. A outra questão, tirar o imposto cumulativo do Cofins, do PIS, é muito complicada, fazer uma nova formula é um desafio, e o Everardo tem muita preocupação, porque o pessoal [os empresários] não paga imposto de renda, mas paga Cofins; se mudarmos o Cofins de maneira desastrosa, vamos perder muita receita, as empresas não vão pagar imposto algum e vão continuar chorando do mesmo jeito.

Depois disso tive um encontro com o Andrea, que falou com o Parente sobre a questão energética. Mais tarde, eu e o Pimenta nos reunimos, Pimenta muito exaltado, achando que não estava sendo feito nada na questão energética. Ele foi a Minas e obteve algumas informações, está preocupado com o programa energético e não sei o quê. Eu disse: "Pimenta, não é essa a minha impressão nem a minha

* Na quinta-feira, 21 de junho, o ministro da Fazenda anunciara um pacote de medidas para conter a alta do dólar, entre as quais intervenções diárias mais agressivas no mercado de câmbio e o saque de US$ 2 bilhões do empréstimo stand-by do FMI, além do adiamento da quitação de uma parcela da dívida com o fundo. A moeda norte-americana fechou o pregão de sexta 22 com queda de acumulada de 6,2% em dois dias.

** Em 20 de junho, o Copom aumentou a Selic em 1,5 p.p., para 18,25%, com viés de baixa.

*** Contribuição Provisória sobre Movimentações Financeiras, cobrança sobre todas as transações bancárias instituída em 1997. Em 2001, a alíquota era de 0,38%. A CPMF expirou em 2007.

informação. Até peço que você participe de uma reunião do grupo para você ver, senão você pensa que as coisas vão indo sem controle, quando não estão sem controle". É curioso isso, é como se alguém fosse dizer que vai mal a Anatel porque a Lei de Radiodifusão* não foi votada, e não foi mesmo. Entretanto, não porque o Pimenta está às voltas com a Abert, temeroso de avançar na linha do Sérgio Motta, que é a linha que a Anatel quer e que é a mais correta. Também há muitos problemas na própria Anatel, de regulamentação da competição nas teles. Não está tão maravilhoso assim. Por que ele não enfrenta isso em vez de querer enfrentar a parte de energia? Não é que não devesse; é que ele não sabe o que está acontecendo, pelo menos eu espero que não saiba, para que tenha eu razão, e não ele, vamos ver. Em todo caso, estamos abertos, porque em matéria de energia eu já fui enganado suficientemente. Depois de ter estado com o Pimenta neste sábado, ainda recebi o Murillo de Aragão,** que é um consultor muito relacionado com as multinacionais, e é bom, para eu saber o que elas estão pensando.

À noite, eu e Ruth jantamos com o Iglesias. No fundamental, o que ele queria me dizer? Primeiro — e eu já tinha conhecimento disto —, sobre o Mercosul; o Iglesias soube que a ideia tinha sido minha, gostou da solução de ele ser assessor, porque como presidente do BID não pode atuar como negociador. Depois quis me falar de outra história e perguntou: "Quem é que vai para o BID, do Brasil? Agora é a vez do Brasil". Então eu quis saber: "Quando você vai embora?", e ele disse que em abril de 2003, mas que é preciso fazer a eleição em novembro de 2002. Eu disse que tem o Pedro Malan, e ele perguntou do Gros. Eu disse que, sim, que com o Gros são dois. E até pode ter algum outro, mas esses são os mais visíveis; o Paulo Renato não quer mais nem é a pessoa mais indicada. Aí percebi que Iglesias tem dúvidas se vai sair mesmo do BID. Contou que o ex-presidente do México Ernesto Zedillo seria candidato. Para Iglesias não tem sentido um ex-presidente ir para o BID, acha pouco para um ex-presidente. Fiquei pensando se será pouco mesmo. Não sei, é uma posição... No fundo, talvez Iglesias quisesse saber se eu queria ser candidato. Ele talvez não queira sair, e acho que o melhor para o Brasil é que continue, porque nenhum brasileiro vai poder fazer tanto pelo Brasil quanto o Iglesias faz. O brasileiro será inibido pelo fato de ser brasileiro, enquanto o Iglesias não tem essa inibição e o relacionamento dele conosco é ótimo.

Fora isso, conversei com ele sobre a situação da Argentina, nós estamos de acordo e não preciso repetir aqui as coisas. Ele acha que a economia americana não vai bem e que o [Larry] Summers,*** o homem que tem mais peso nessas negociações, é uma pessoa razoável, mas está preocupado com a situação. Gostou do que

* O governo elaborava um anteprojeto para modernizar o Código Brasileiro de Telecomunicações de 1962, que permanece em vigor.

** Sócio da consultoria Arko Advice.

*** Secretário do Tesouro dos EUA.

foi feito no Brasil, mas sabe, como eu também sei, que temos que dar a volta por cima e que vai dar trabalho, que não vai ser fácil.

Hoje, domingo, fiquei lendo os jornais e passei o dia inteiro com a Ruth. Daqui a pouco virão o Gregori e a Maria Helena e vamos assistir a um filme.

Os jornais estão melhores, foi boa a decisão do Banco Central, o governo voltou à dianteira. A *Veja* veio com uma confusão inoportuna sobre os canadenses, uma coisa de espionagem telefônica,* já na base de botar na imprensa espionagem telefônica de setor privado. Estamos indo ladeira abaixo por causa do escândalo jornalístico, matérias em cima do Jader de novo, talvez nenhuma grande novidade, mantendo o fogo brando, e o Jader está como peixe podre em cima da mesa. O PMDB querendo cantar de galo, mas sem solução. Fico aqui na dúvida se vale a pena dar um empurrão logo neles todos; os que quiserem que vão para o Itamar de uma vez, porque o custo de aguentar o PMDB é muito alto. Por outro lado, penso: como farei no segundo semestre deste ano com as votações no Congresso, as medidas tributárias que precisamos fazer passar? Enfim, o drama de sempre dessa falta de uma política mais saudável em termos de partidos, porque é uma política de pressões e contrapressões, um ramerrão insuportável. O que eu tenho feito é quase milagroso, fazer o país andar, mudar, mudar as instituições, mudar a cultura, com uma base política de lascar. Meu único consolo é que a casa toda está caindo: caiu o Antônio Carlos (o Serra esteve na Bahia e me disse hoje, por telefone, que achou o Antônio Carlos muito desanimado), Jader está indo para o chão, o Sarney está fora da jogada, o Brizola fora de tudo, o Covas morreu, o Maluf fora também, quer dizer, vem uma nova geração. Talvez dentro desse processo de mudança eu nem consiga fazer o sucessor, mas o Brasil é outro, será outro daqui para a frente. A era Vargas, embora um historiador dissesse que não acabou, por causa do modelo trabalhista, a era Vargas acabou, sim. Acabou porque nós mudamos o Brasil. Claro que isso terá como consequência que esses políticos desapareçam, e os que vêm por aí, tudo indica, já não têm na cabeça o mesmo modelo da era Vargas.

* A revista publicou transcrições de grampos que revelaram a atuação do empresário Nelson Tanure no imbróglio societário entre o grupo canadense TIW e o Banco Opportunity acerca do controle da Telemig Celular e da Tele Norte Celular.

29 DE JUNHO A 6 DE JULHO DE 2001

Visita de Estado à Bolívia. Reflexões sobre política e economia. Demissão de Alcides Tápias. Viagem ao Tocantins

Hoje é dia 29, sexta-feira, são oito e meia da manhã. Vou fazer o reconto de toda esta semana, porque passei boa parte do tempo fora de Brasília.

Segunda-feira, dia 25, fui de manhã cedo a Capão Bonito, para lançar o Programa Bolsa Escola em São Paulo, e entreguei o primeiro cartão a uma mãe de família.* Fui com o Geraldo Alckmin, com o Paulo Renato e outros mais, inclusive o presidente da Caixa Econômica.** Capão Bonito é uma cidade cujo prefeito, o Roberto [Tamura],*** é antigo militante nosso, japonês de origem, ele fez um bom discurso. Segundo Roberto, era a quarta ou quinta vez que eu ia a Capão Bonito e, como presidente, a primeira. É verdade, estive muitas vezes lá e uma vez levei o Luciano Martins comigo, e acho que o [Alain] Touraine**** também, na formação do PMDB, para eles verem como as coisas funcionavam no Brasil. O Paulo Renato falou, o Bolsa Escola é um programa muito interessante mesmo. Havia muitos prefeitos, conversei um pouco com eles, o protocolo, com o cerimonial e mais segurança, é um inferno, mas falei com o prefeito de Sorocaba,***** com o de Capão Bonito e com a população que ali estava. O clima foi bom, fiz um discurso mostrando, como sempre, o que estamos fazendo na área social.

Voltei para Brasília e, quando cheguei, tive que receber uma porção de gente, o mais importante foi o Martus, que veio discutir comigo, já no fim da tarde, reforma tributária. Ele está preocupado com as consequências da reforma tributária no orçamento.

Recebi o Dante de Oliveira,****** que veio com uma sugestão sobre como capitalizar a fim de obter recursos para o problema energético. Achei a ideia boa e passei ao Pedro Parente. Não vi que ele estivesse muito entusiasmado, mas eu gostei da ideia. É uma maneira de privatizar quase à la boliviana, ou seja, distribuindo os recursos pela população, uma coisa assim, e permitindo que haja planos de longo prazo para a população comprar as ações das empresas. Não achei mau.

* Quatro mulheres receberam seus cartões do programa durante a solenidade: Maria Regina Viana, Joseti Araújo Teixeira, Rosa Brás da Silva e Altina Maria da Costa.

** Emílio Carrazzai.

*** Pelo PSDB.

**** Sociólogo francês.

***** Renato Amary (PSDB).

****** Governador tucano do Mato Grosso.

Havia gente para jantar conosco, a Guita [Grin Debert],* e saí do jantar para preparar minha mala. Fui deitar porque estava muito cansado, e no dia seguinte fui para a Bolívia.

Na terça-feira dia 26, fomos para La Paz,** viagem boa, como sempre são essas viagens, pelo simbolismo que têm, de aproximação do Brasil com a Bolívia. La Paz está a 3,6 mil metros de altura e o aeroporto, a 4 mil metros. Fui com o Celso Lafer, com o presidente da Petrobras, que é o [Henri] Philippe Reichstul, e foram também o Jorge e o Marco Maciel, mas este em outro avião, que, aliás, teve problemas na saída de La Paz. O Marco não tem sorte com aviões. Em La Paz, muita preocupação com a altitude, mas não senti absolutamente nada, comi bem, tomei vinho, subi escada... Mas muitos sentiram, principalmente o Marco, que teve uma queda forte de pressão. O que houve de interessante foi, mais uma vez, a conversa com o [Hugo] Banzer,*** um homem com pés no chão, tem 75 anos, está forte. Há uma briga grande na Bolívia que vou contar no conjunto das coisas.

No primeiro dia, fiz discurso de saudação no Congresso, em espanhol, eu saio sempre do texto, me aplaudiram de pé. Na rua tive que sair do carro várias vezes. No Conselho Municipal, o alcaide, o prefeito — Juan Sin Miedo [Juan Fernando del Granado] é o nome dele, não me recordo o sobrenome —, e a presidenta do Conselho**** — que é bolivariana, veja que coisa fantástica — fizeram discursos excelentes. O Juan Sin Miedo, sobretudo, fez um discurso bonito mesmo, de louvação ao Brasil e a mim, conhece os meus livros, foi uma cerimônia tocante e me emocionei.***** Respondi, saí do texto de novo para poder falar de maneira mais simpática sobre aquele momento de acolhida, depois fui-me embora para Santa Cruz de la Sierra.

Em Santa Cruz de la Sierra, só um jantar com o pessoal do Brasil, depois fui deitar bastante extenuado. Isso na terça-feira, portanto dia 26. No dia 27, saímos cedo para ver os campos [de gás natural] da Petrobras em San Alberto, que fica no sul-leste da Bolívia, quer dizer, a dez quilômetros da fronteira com a Argentina. Se fôssemos andando em direção ao leste, chegaríamos a Porto Murtinho e, mais um pouco, provavelmente ao Paraná. Não sei exatamente qual seria a direção leste, onde se coloca a cidade de Tarija, sede do Estado, e San Alberto e San Antonio são os dois campos da Petrobras. Discursos interessantes, porque tanto o Banzer quanto eu temos uma ligação direta com a questão do gás. Fui eu, como ministro do Exterior, quem forçou o Brasil a entrar nos acordos com o gás da Bolívia, e hoje vê-se que eles têm reservas imensas. Não havia tanta certeza naquela época, mas agora a Petrobras mesmo descobriu reservas poderosas, e vamos precisar fazer mais um gasoduto para a saída de mais gás da Bolívia para cá. Estamos discutindo também

* Professora de antropologia da Unicamp.

** Visita de Estado à Bolívia, entre 26 e 28 de junho de 2001.

*** Presidente da Bolívia.

**** Cristina Corrales.

***** O presidente recebeu as chaves da capital boliviana.

o financiamento de estradas, e os bolivianos consideram o gás a salvação deles, porque é mesmo. O Brasil vai importar, dentro de dez anos, no mínimo 500 milhões de dólares por ano de gás, e esse tanto para a Bolívia é uma revolução. Eles, que são deficitários com o Brasil, passarão a ser superavitários, e querem muito uma petroquímica. Eu apoiei, mas é claro que uma petroquímica é um investimento de bilhões, e não sei quem vai ter força para isso, porque tem que ser privado, talvez associado à Petrobras. Mas foi emocionante, em San Alberto, ver a Petrobras agindo com muita decência, o superintendente da Petrobras, um rapaz jovem, explicando tudo, já muito adaptado à Bolívia. Está lá há quatro anos e fala bem o espanhol A visita a Tarija foi interessante e forte.

Antes de ir a San Alberto, eu tinha estado com o Jaime Paz [Zamora], ex-presidente da Bolívia, que me explicou o contexto político no qual estava sendo discutida a questão do gás. Há uma grande briga, porque alguns dizem que o Brasil vai levar a melhor não apenas por causa do preço do gás, mas porque a Bolívia só é explorada por seus recursos naturais. Por isso era importante fazer, como eu fiz, muita alusão ao aproveitamento, à agregação de valor a esses recursos naturais. Jaime Paz eu conheço há muito tempo, desde a Internacional Socialista, e quando ele foi presidente da Bolívia em alguns momentos negociamos isso, assim como com o MacLean, que era o ministro das Relações Exteriores em 1993 e que hoje é ministro, acho, da Indústria e Comércio da Bolívia,* e que estava lá também. Na questão do gás há toda uma história, basta dizer que o Felipe Lampreia, quando jovem, já estava negociando esses acordos, isso há trinta anos, e nós conseguimos, nós fizemos. Aliás, posso dizer com certo orgulho que eu fiz, porque, desde chanceler, praticamente impus à Petrobras e ao Itamar a questão do gasoduto [Brasil-Bolívia]. Isso pela visão que sempre tive de integração latino-americana, e integração se faz também na base física. O Banzer também sempre quis o acordo, ele começou a negociação com o Geisel. Quando a gente vê a história mais recente do Brasil, depois do Getúlio, quem fez alguma coisa de mais significativo foram o Juscelino, o Geisel e, agora, o nosso governo. Essa é a história quando vista objetivamente. Em termos de ações estruturantes foi assim; o resto é conversa fiada. Dou crédito ao Sarney também, porque ele teve a visão da importância da América Latina para nós, isso ele teve. Não teve foi condição de governar melhor porque o PMDB e o Ulysses não deixavam, nem eu nem ninguém. Ele estava atazanado por nós.

Quando voltei de San Alberto, ainda recebi o Goni, quer dizer, o Gonzalo Sánchez de Lozada, ex-presidente, homem inteligente, fluente. Ele é contra o Banzer, diz que a corrupção na Bolívia é muito alta, como se não fosse no tempo dele também, e acusou o Banzer de forma geral. Para ele, o mais importante agora é o preço do gás, não sei o quê... Foi muito ligado à Enron no passado, não sei se ainda é, ele

* Ministro do Desenvolvimento Sustentável e Planejamento.

próprio é de família mineradora, o pai* foi exilado e ele fala como se fosse americano. Ou nasceu lá, ou foi muito criança para os Estados Unidos, por causa do exílio do pai. Vê-se que tem uma posição muito mais agressiva com relação ao Brasil, além do mais quer se contrapor ao que o Banzer está fazendo, porque foi ele quem fez a privatização na Bolívia, que ele chama de outra maneira, de capitalização. Na Bolívia de Goni, havia concessão sob a condição de as pessoas explorarem o gás; com isso elas obtinham os créditos do gás, mas não podiam vender a concessão, uma coisa meio complicada.

Depois de haver recebido o Goni, recebi também o Luiz Nascimento,** que me disse estar construindo neste momento sete hidrelétricas no Brasil: cinco para o setor privado e duas para o Estado. Isso só o Grupo Camargo Côrrea. Estão na Bolívia porque também têm interesse não sei se em estradas ou coisas desse tipo. Depois, no fim da noite tivemos uma recepção ao Banzer, com todo o pessoal do empresariado, que veio falar comigo e com o Banzer. Jantamos com chanceleres e com os embaixadores, foi muito agradável, o Banzer é uma pessoa de convívio ameno. Curioso, um homem que foi ditador, na época dele mataram o [Che] Guevara, hoje é uma pessoa de pés no chão, um democrata. A Bolívia vive das brigas eternas entre o partido dele, o MIR,*** e o partido do [Gonzalo] Sánchez de Lozada,**** que estão razoavelmente engalfinhados. Tudo que se faz, como no Brasil, é lido no contexto e no subtexto dessa briga. Mesmo a minha presença (eu vi a reação na televisão, nos jornais) foi refeita à luz dessa briga, conforme o lado do jornal ou do jornalista era vista de uma maneira ou de outra. A população, sempre favorável ao Brasil, muito afetuosa mesmo, o quanto a população indígena pode ser afetuosa.

La Paz é uma cidade estranha: tem uma parte moderna, com grandes edifícios e muitos casebres nos morros. Não vi de perto, mas as casas são de tijolo; se fossem pintadas não seria estranho, mas, não sendo pintadas, parecem pequenas cavernas e não casas. Lembrei de uma vez em que estive em Barcelona, há quarenta anos, e havia pessoas que moravam em cavernas. Deu um pouco essa impressão na Bolívia. La Paz não tem beleza, embora a natureza lá seja bonita, mas a cidade não. Mesmo o lago Titicaca, visto de longe, é triste. Já Santa Cruz parece uma cidade brasileira. Entretanto, como no dia seguinte fui a Mato Grosso, a Campo Grande, meu Deus, Campo Grande tem uma vitalidade, uma presença incomparavelmente mais forte do que Santa Cruz.

No dia seguinte, ontem, portanto, dia 28, recebi de manhã um grupo de empresários brasileiros. Respondi a perguntas, uma delas sobre a crise que está por

* Enrique Sánchez de Lozada.

** Presidente do conselho de administração do grupo Camargo Corrêa.

*** Movimiento de Izquierda Revolucionaria.

**** Movimiento Nacionalista Revolucionario (MNR).

aí, se ela é política ou econômica, enfim, com a visão de que o modelo do mercado, o modelo político, está sendo quebrado. Eu disse que precisamos analisar sociologicamente e que, se eu ainda fosse professor, seria até fácil, mas como sou presidente sofrerei as consequências e as dores da análise que iria fazer. Por um lado, na área social, está acontecendo uma tremenda transformação, estamos assistindo no Brasil a uma mobilidade social muito grande, que tem consequências no modelo político. Nós saímos de um modelo político populista, clientelista, oligárquico, para uma sociedade com democracia representativa, que se instalou em praticamente toda a América Latina. No momento em que se forma uma sociedade de massas, em que os meios de comunicação têm muita presença e em que a participação social cresceu muito com as ONGs, com a reivindicação de um estilo de democracia mais participativa, é difícil entender o processo todo. Temos que, ao mesmo tempo, reforçar as instituições, senão não há democracia, entender que é preciso haver ampliação de participação, com todas as pressões decorrentes disso, e evitar duas coisas: a demagogia populista — que vem do passado — e a fúria anti-institucional, uma espécie de rebelião sem causa que existe no presente. Ela também não leva à consolidação de canais que permitam não só a representação mas a própria institucionalização das demandas, para que elas possam ser processadas. Nesse clima tudo se torna difícil, o Estado fica numa posição quase de cerco.

Do lado econômico, estamos assistindo ao ímpeto do mercado para substituir o Estado. Isso não quer dizer que o Estado deva voltar a ser o que foi no passado, fazendo tudo na economia; é preciso, isto sim, haver um Estado mais regulador, que saiba que o mercado não resolve as questões de uma nação. A dificuldade está em entender que existem leis de mercado e ao mesmo tempo outras necessidades não definidas pelo mercado que podem ou devem provir da ação política, de políticas públicas etc. O risco disso tudo é a confusão desta posição: pode parecer uma recaída no passado, seja com o cesarismo — como no caso da Venezuela, e já foi assim também no Peru dos militares —, seja com uma demagogia populista. Eu pensei cá comigo: o Lula encarna um pouco a mistura de tudo isso, embora ele não tenha noção do que estou dizendo aqui. O partido dele não é o "da desordem", mas o ímpeto que existe no movimento social que está contido por ele é o da desordem, não no mau sentido da desordem, mas no da desconstituição da ordem. Essa é a dificuldade que precisamos atravessar. A Argentina também. Ela é mais organizada, mas os setores nascidos com a democracia representativa, como o Partido Radical,* ficam ilhados diante do peronismo [Partido Justicialista], que não é sequer um partido e que também está dividido. Já caiu o Cavallo com seus ímpetos modernizadores,** à la mercado e um tanto cesarista, tornando muita confusa a situação.

* Unión Cívica Radical, agremiação do presidente Fernando de la Rúa.

** Alusão à demissão de Cavallo do Ministério da Economia durante o governo de Carlos Menem, em 1996.

Dei essa explicação, não sei se eles entenderam muito, e segui para Campo Grande, onde fui recebido pelo Zeca do PT [José Orcírio dos Santos], muito simpaticamente, como sempre. Com ele e com os ministros que foram comigo, como o Celso Lafer e o Zé Jorge — e lá se incorporou o Ramez Tebet, que pela primeira vez participou de uma solenidade —, participamos da conversão de uma termoelétrica movida a diesel em uma termoelétrica movida a gás,* a primeira da série de vinte que faremos para utilizar o gás da Bolívia. Discurso pra cá, discurso pra lá, clima festivo.

Voltei para Brasília e recebi a bancada da Bahia, que veio reivindicar a questão do cacau.** Na verdade reivindicar algo contra o Antônio Carlos, pois esteve aqui o setor da bancada contra o Antônio Carlos, para dizer que foram eles que deram solução ao cacau. Depois ainda me encontrei por quase duas horas com Pedro Malan, Everardo Maciel, o ministro Martus Tavares e Amaury Bier. Ficamos discutindo longamente, penosamente, a reforma tributária.

Agora são oito e meia da manhã, daqui a pouco eu os recebo outra vez, para continuar a discussão e ver se temos como evitar a cumulatividade dos impostos com a CPMF e se é possível a exoneração de impostos de exportação. Matérias áridas, difíceis, que, quando tratadas jornalisticamente por jogo de interesses, parecem possíveis de ser resolvidas com uma penada pela gente. A tensão maior é entre o Banco Central, que quer acabar com a incidência da CPMF nos fundos de investimento, enfim, em todo o setor financeiro, e o Everardo, apoiado pelo Martus, mostrando que isso tem efeitos enormes na diminuição da arrecadação e que não estamos em condições de aceitar reduções.

Haverá também dificuldades políticas, porque seremos contra o que o Congresso quer, que é diminuir a carga de imposto de renda da pessoa física. Não diminuiremos nela, e sim nos fundos financeiros. É difícil explicar que para as pessoas físicas o governo diz não, enquanto diz sim para o [setor] financeiro. Politicamente é complicado. Vou continuar daqui a pouco essa discussão.

Agora é meia-noite, passei a manhã discutindo com Pedro Malan e com Everardo. Tínhamos chegado à conclusão de que era melhor manter a CPMF como imposto; sendo permanente, pode ser descontado de outros impostos. Depois o Malan me telefonou, o Armínio também, e acabei tomando uma decisão contrária. O Malan estava na dúvida, porque o Everardo pressionava muito e eu disse ao Malan que

* O presidente inaugurou a Usina Termoelétrica William Arjona, em Campo Grande, com potência instalada de 190 MW. Foi a primeira inauguração de uma planta de geração elétrica conectada ao Gasoduto Brasil-Bolívia.

** Em agosto de 2001, a fim de mitigar os efeitos da praga da vassoura-de-bruxa, o Planalto liberou R$ 489 milhões para o custeio da lavoura cacaueira através do Programa do Agronegócio do Cacau e instalou o Conselho de Desenvolvimento do Agronegócio do Cacau.

dissesse ao Everardo que a decisão era minha. Não sei o que o Malan falou, mas foi tomada a decisão do jeito que eu disse. Depois fui ao Palácio do Planalto para a questão do FGTS.* Discursos do Paulinho, do Alemão [Enilson Simões],** do Dornelles, uma festa boa.

Voltei para cá e vi a exposição do Malan na televisão.*** Ele estava cansado, sem muito ânimo, porque as pressões em cima dele são grandes e essa briga entre a Receita e o Banco Central o abala. Mas o Malan é um bravo, foi lá, falou por três horas e meia. Vi parte da exposição pela TV, as perguntas não vi. No fim do dia, recebi o Arthur Virgílio, para acalmá-lo um pouco, está preocupado, o Arthur tem sido um bravo também.

Voltei para o Alvorada, para jantar com o Roberto Gusmão, o Jorge Paulo Lemann**** e o executivo do Lemann, chama-se [Marcel] Telles,***** eu acho, é sócio dele. Foi uma boa conversa, genérica, eles querem saber se vão para a Argentina ou não, querem comprar uma grande cervejaria de lá,****** e acho que devem comprar, a despeito da minha visão não muito otimista sobre a conjuntura argentina. De qualquer modo, é um grande país, vai continuar grande e durar. Eles precisam ter posições estratégicas lá. A conversa foi mais sobre a questão política do Brasil, eles estão confiantes em que podemos dar a volta por cima e dispostos a apoiar um candidato nosso.

HOJE É SÁBADO, DIA 30 DE JUNHO, são quatro horas da tarde. Falei por telefone, de manhã, com o De la Rúa e com o Lagos, porque o Tony Blair vem ao Brasil******* e quer conversar com os dois. O Lagos não pode. Conversei longamente com ele sobre Chile, Argentina, Brasil, um homem inteligente. O De la Rúa pode vir, então nos encontraremos provavelmente em Foz do Iguaçu no dia 1º de agosto. Recebi um consultor econômico chamado Murillo de Aragão, que veio com uma senhora cujo nome não me recordo e que é da Embratel, para discutir problemas de telefonia. Ela deu um bom panorama da situação.

* Solenidade de sanção da lei complementar nº 110, de 29 de junho de 2001, originada do projeto de lei complementar 49/2001, que o governo enviara ao Congresso em maio para possibilitar a correção do saldo das contas de FGTS afetadas por planos econômicos, conforme o acordo com as centrais sindicais.

** Presidente da Social Democracia Sindical.

*** O ministro da Fazenda falou à imprensa sobre o envio de uma PEC ao Congresso para prorrogar a CPMF até 2004 (a cobrança terminaria em junho de 2002) e anunciou medidas de desoneração das contribuições sociais de empresas para compensar o "efeito cascata" da incidência de impostos federais.

**** Sócio da Ambev.

***** Sócio da Ambev.

****** Em 2002, a empresa brasileira comprou 37,5% das ações da Quilmes, totalmente incorporada pela Ambev em 2006.

******* O premiê britânico veio ao Brasil no final de julho de 2001, na primeira visita oficial de um chefe de governo do Reino Unido ao país.

Fora isso, fiquei lendo e vi, infelizmente, um debate do Aloizio Mercadante com o [Antônio] Kandir.* O problema é que o Kandir é PSDB e discorda de algumas coisas da política do governo, então ele começa perdendo, porque agora, que estamos nos aproximando da campanha eleitoral, ou se defende o governo com firmeza, ou então perde, e o Aloizio ataca para valer. É isso que falta ao nosso pessoal, não adianta dizer "Eu estou de acordo, *mas...*". Esse "mas" é o que vai ser ressaltado, e não o "eu estou de acordo". Os nossos sempre têm uma pinimba: o Kandir foi ministro, não voltou ao ministério e nunca concordou com a linha do Malan. Na verdade, volta a ideologia do desenvolvimentismo, de política industrial, como se não tivéssemos uma política industrial ou como se fosse possível fazer uma política de substituição de importações diferente da que temos feito. Eles não dizem isso, o Aloizio ataca e o Kandir responde com um mais ou menos: "Ah, a Embraer foi um sucesso, mas foi só a Embraer". Como só a Embraer, meu Deus do céu? Olha a pauta da exportação brasileira, tudo agora é manufaturado... Enfim, eles não defendem, é uma coisa de ambiguidade, mesmo no caso do Kandir. Aloizio é agressivo, fala sempre "o governo Fernando Henrique, a política do Fernando Henrique", porque eles sabem que para atacar é pessoalmente. Em política é assim, não é? É o que ele faz, e aí toma que sou neoliberal, e não sei o quê. Aloizio é demagogo, vai em frente. Achei melhor que eu nem tivesse visto, para não ficar com vontade de entrar na briga e não poder. Enfim, são detalhes.

HOJE É TERÇA-FEIRA, DIA 3 DE JULHO, são onze e meia da noite. Almocei no domingo com o Malan, conversamos longamente sobre o habitual e sobre a substituição do Tápias, porque o Tápias me apresentou a carta de demissão no dia 8 de maio — aliás, me apresentou mais recentemente, mas a escreveu no dia 8. Malan sugeriu que talvez valesse a pena conversar com o Beto Mendonça, e achei bom. O Murillo de Aragão já tinha me sugerido alguns nomes na véspera, entre os quais o daquele rapaz presidente da Ford,** que é um homem dinâmico, mas acho melhor começar conversando com o Beto Mendonça. Ele não vai aceitar, mas é bom, de qualquer maneira. Ou então o Gros.

À noite a Ruth chegou com a Carmo e o Paulo Henrique, e no dia seguinte, ontem, segunda-feira, fomos para a fazenda e ficamos lá até agora à tarde, cheguei aqui às quatro e meia. Fomos acertar as coisas (Paulo e Luciana chegaram no dia seguinte) com o Nê e a Carmo. A Ruth ficou arrumando a casa e vendo a plantação, enfim, essa vidinha mais tranquila na qual eu não me meto muito. Acompanho de longe, porque a gente ainda tem que se haver com a fazenda. A propriedade eu passei para eles [filhos do presidente], nunca me ocupei dela a não ser para pagar.

* Deputado federal (PSDB-SP) e ex-ministro do Planejamento (1996-98).

** Antonio Maciel Neto.

Quando era o momento de pagar, tirava do meu salário, quase tudo [que recebi] do Senado foi para a fazenda. Então agora [que os filhos são os sócios do Nê e da Carmo] nada de extraordinário em eu não me ocupar.

Fora isso, telefonema pra cá, telefonema pra lá, porque o trabalho não para o tempo todo. Como disse, conversei longamente com o Lagos, que é o melhor de todos, preocupado porque a economia chilena cresce, mas o emprego não aumenta; com o De la Rúa nem adianta conversar muito porque ele está um pouco fora do prumo em questão de economia, e a situação lá é tão difícil que não fico tratando de perguntar, para não torná-lo ainda mais preocupado. De fora estamos vendo as coisas todas mal.

Falei com o Andrés Pastrana, que, como eu disse, quer ver o negócio do jogo de futebol da Colômbia, mas não vai ser possível.* Hoje o Pastrana me telefonou de novo, parece que o Ricardo Teixeira** está criando dificuldades... Defendendo os interesses da CBF, naturalmente.

Os jornais um pouco melhor, Marta [Suplicy] com desempenho ruim em São Paulo, caiu muito a popularidade dela, está ao nível da minha depois de sete anos de governo, veja só, e ela está lá há seis meses. Olívio Dutra caiu também, o Geraldinho bem colocado, o Maluf à frente, não me surpreende, é sempre assim, o Eduardo Azeredo à frente também, o Britto à frente no Rio Grande do Sul etc.

Hoje, terça-feira, vim para Brasília depois de terminar de ler, na fazenda, o livro do Ellis, que achei admirável, sobre os *Founding Brothers*. Ao chegar aqui encontrei-me com o Padilha, muito aflito porque a dra. Anadyr está pressionando, e com razão, para anular alguns inquéritos do DNER. Notei o Padilha inseguro com as consequências que isso possa trazer para o PMDB, sei lá para quem; não para ele pessoalmente, mas está preocupado. Falei também por telefone sobre esse assunto com o advogado-geral da União, o Gilmar Mendes, depois o Gilmar veio aqui, e está bem preocupado. Falei com o Aloysio, não se pode dar moleza para isso. Se alguém tiver errado, é preciso corrigir, e se o Padilha tiver que se demitir, que se demita, não há alternativa nesta altura dos acontecimentos. Foi o que eu disse a eles, falei com o Padilha por telefone e pessoalmente, transmiti minhas preocupações, ele sabe, está aflito.

A situação do Jader é desesperadora, cada dia uma futrica nova, uma verdade nova, vai indo, misturando uma coisa com a outra, e o fato é que ele não tem mais condição nem de dirigir o PMDB nem o Senado.

Fui para o Palácio do Planalto e lancei junto com o Pratini, ao lado do Malan e também do Martus, o Plano Safra. Fui para a televisão e falei, porque foi um Pla-

* O Brasil se candidatara a sediar a Copa América de 2001 depois que uma ofensiva das Farc ameaçou a realização do torneio na Colômbia, afinal disputado nas datas e nos estádios originalmente planejados, entre 11 e 29 de julho de 2001. A Seleção Brasileira foi eliminada por Honduras nas quartas de final.

** Presidente da CBF.

no Safra sensacional: nós vamos chegar a 100 milhões de toneladas de grãos, são números espetaculares.* Curioso, o governo só marca gol e a plateia vaia; é muito estranho este Brasil. Voltei para cá e me encontrei longamente com Bornhausen, Marco Maciel, José Aníbal, Pimenta, e trouxe o Aloysio. Eu já suspeitava do que se tratava, mais um ataque contra o PMDB e, neste momento, com razão. Está muito difícil carregar o PMDB com esses problemas morais. Não se chegou a nada conclusivo. Eu disse: "Olha, se for para fazer algo, melhor que eu faça e não que o PMDB saia do governo nos abandonando. Nós é que temos que dizer que não o queremos mais". O Bornhausen acha que eu deveria chamar o Britto, e vou chamar, mas não sei por que caminhos ele irá. O lado bom do PMDB, como ele chama, é muito pouco, é 15% do partido. Vê-se claramente que um grupo importante do governo pensa que é melhor deixar o PMDB, mesmo que ele fique com o Itamar. Outro lado, Marco Maciel e Aloysio Nunes, acha que isso é arriscado, que é melhor manter o PMDB longe do Itamar. Entretanto, o Jorge Bornhausen, Pimenta, e agora vejo que também o José Aníbal, estão com a outra posição. Esse drama vai se desenrolando pouco a pouco e eu já estou mais inclinado a dar um ponto-final nessa angústia toda. Não estou mais com paciência para aguentar o PMDB.

Discuti sobre mudanças climáticas. À tarde falei com Fabio Feldmann e agora à noite com o Eduardo Graeff e com o Sardenberg, porque amanhã teremos uma conferência sobre mudança de clima.**

Recebi essa gente toda no Palácio da Alvorada, falei por telefone incessantemente, falei hoje com o nosso embaixador Sebastião Rego Barros, porque houve boatos de que o De la Rúa iria renunciar, a Bolsa dando pinote, o dólar indo para cima, está se complicando a situação na Argentina.

Jantei com o pessoal, Nê, a Carmo, Paulo Henrique, a Ruth e o Félix Bulhões,*** e agora estou me preparando para ir dormir, porque amanhã cedo vou ao Palácio do Itamaraty abrir a conferência sobre mudanças climáticas.

HOJE É SEXTA-FEIRA, DIA 6 DE JULHO, estou voltando a poucos instantes de Tocantins, aonde fui à inspeção da usina hidrelétrica de Lajeado, que hoje se chama Usina Luís Eduardo Magalhães.****

* O governo previa que a safra 2001/2002 seria de 97 milhões de toneladas de grãos, aumento de 17% em relação à colheita anterior. Na solenidade, o presidente anunciou financiamento de até R$ 16,6 bilhões para o setor, 18% a mais que em 1999/2000.

** O presidente abriu a reunião do Fórum Brasileiro de Mudanças Climáticas, no Palácio Itamaraty, preparatória da VI Conferência das Nações Unidas sobre Meio Ambiente e Desenvolvimento, em Bonn, na Alemanha, entre 18 e 23 de julho de 2001.

*** Presidente do Conselho Empresarial Brasileiro para o Desenvolvimento Sustentável (Cebds) e da White Martins.

**** O presidente visitou o canteiro de obras da usina em Lajeado (TO), construída pela iniciativa privada

O último registro foi de terça-feira. Vamos por partes. No dia 4, quarta-feira, como eu disse, fui primeiro ao Itamaraty para falar de mudanças climáticas. Uma reunião boa, longa, durou a manhã toda mais o almoço. Fabio Feldmann ajudou demais, muita gente, eu falei, me defendo bem nessa matéria, e todos que falaram elogiaram a posição do governo federal etc. etc.

Depois abri a Comissão da Conferência Mundial de Racismo.* Vieram alguns líderes negros, meu velho amigo Hélio Santos,** a Benedita [da Silva],*** uma moça socióloga, que diz ser líder das comunidades indígenas, não me recordo o nome.**** Foi bom para mostrar a posição do governo nessa questão.

Recebi mais tarde o Ricardo Barros, vice-líder do governo,***** com o Arthur Virgílio e a Rose de Freitas, muita excitação, todos nervosos, querendo que o governo tome medidas, que organize sua base, que puna quem não o defenda, conversa reiterativa. Foi um dia extremamente pesado, porque falei bastante e tenho muitas preocupações. O câmbio continua a se mexer,****** agitação na área política por causa da reunião com o PFL, os líderes do PMDB a me telefonar. Padilha também, por causa do DNER. Finalmente acho que ele aceitou as ponderações. Isso na quarta-feira. Comecei a ficar um tanto gripado, cheguei aqui quase nove e meia, dez horas da noite, de tanto trabalho que tive no Planalto, e ainda recebi o Andrea, que saiu daqui quase meia-noite. O Andrea é uma pessoa leve e dificilmente perturba, ele precisava conversar comigo para acertar uma porção de ponteiros.

Ontem, quinta-feira, dia 5, o dia foi mais pesado ainda, tive a reunião da Câmara de Gestão da Crise de Energia Elétrica. Antes recebi o Renan, preocupado com o que fazer com o Jader: seria possível afastá-lo da presidência do Senado, sem que ele saísse do Senado? Com isso haveria possibilidade de negociar alguma tranquilidade na imprensa? Sou muito cauteloso, não vejo que a imprensa vá dar trégua a eles, embora eu próprio tenha dito ao Padilha algo semelhante, que o Jader deveria sair da presidência do Senado, porque ele não consegue mais dirigi-lo, não consegue dirigir o PMDB, então fica tudo extremadamente difícil.

---

com financiamento do BNDES. A usina no rio Tocantins foi inaugurada em 2002 com 900 MW de potência instalada.

* Fernando Henrique recebeu membros da comissão executiva da participação brasileira na III Conferência das Nações Unidas contra o Racismo, Discriminação Racial, Xenofobia e Intolerância Correlata, em Durban, África do Sul, de 31 de agosto a 8 de setembro de 2001.

** Professor de economia da PUC-Campinas e coordenador do Grupo de Trabalho Interministerial de Valorização da População Negra.

*** Vice-governadora do Rio de Janeiro (PT).

**** Azelene Kaingang, representante do Conselho de Articulação dos Povos e Organizações Indígenas no Brasil (Capoib).

***** Deputado federal (PPB-PR).

****** A despeito do anúncio do Banco Central de que injetaria US$ 6 bilhões no mercado de câmbio até o final de 2001, a moeda norte-americana subiu 1,9% na quinta-feira 5 de julho, chegando a R$ 2,47, depois de passar dos R$ 2,50.

Depois da conversa com o Renan, ainda recebi o ministro de Ciência e Tecnologia da Índia,* que veio com o Sardenberg. Na véspera, quarta-feira, eu tinha dado uma longa entrevista para o Anhanguera, que é o Grupo de Comunicações Jaime Câmara. Como eu iria ao Tocantins — como fui hoje —, preparei a viagem dando entrevistas. Falei incessantemente nessa quinta-feira, antes de nova reunião com o Pedro Parente, Malan, Martus, que tinham me telefonado na véspera, preocupados com os custos do programa energético.

A reunião da Câmara de Energia foi boa, o Pedro Parente é admirável. Aliás, um parêntese aqui. Esses burocratas qualificados que o Brasil tem são de tirar o chapéu, e eles são muitos, é uma gente que se dedica, que é competente, inteligente, que tem amor ao serviço público. O Parente é um exemplo, e não o único. O Martus é assim também, e muitos mais que não são ministros, mas têm grande destaque na administração pública. O fato é que o Parente deu um show e botou em ordem a questão energética. Tive que aprender tudo sobre o tema, pois precisava dar uma entrevista ao jornal *Valor*, no Alvorada. Fizeram perguntas pertinentes, era o melhor grupo do *Valor*, desde o Celso Pinto, a Claudia Safatle, a Rosângela Bittar até o Ricardo Amaral, gente realmente qualificada. Perguntas sobre problemas de todo tipo, dos econômicos aos políticos, e eu cuidando para não escorregar em cascas de banana... Eles não são de botar muitas, são pessoas competentes.

Do Alvorada, fui para o Palácio do Planalto falar na televisão sobre a crise energética e dei o recado: vamos colocar quinze novas termoelétricas, e não quarenta e tantas, pois para o programa de urgência são quinze, e expliquei o que estamos fazendo em matéria de energia elétrica, de energia eólica, de utilização da biomassa, enfim, um balanço geral, para mostrar que estamos produzindo bastante e não vai haver problema maior. Salvo se não chover. Isso o pessoal tem que entender. O nosso sistema é hídrico e depende da chuva; se houver seca, não se tem o que fazer. Bom, não é bem assim, há o que fazer, mas a falta de chuva atrapalha.

Saí correndo para receber o Mauricio Font com a Danielle, porque o Mauricio fez uma antologia de trabalhos meus nos Estados Unidos.** Depois fui dar uma conferência para os estagiários da Escola Superior de Guerra,*** tudo nesse mesmo dia, ontem.

Quase afônico, porque estou meio resfriado, depois de despachar com meio mundo no Palácio do Planalto vim para casa, porque queria jantar com o Sérgio Amaral, o Eduardo Santos, as mulheres deles**** mais a Ruth e a Malak [Poppovic].***** Foi uma noite agradável.

* Murali Manohar Joshi.

** *Charting a New Course: The Politics of Globalization and Social Transformation*. Lanham: Rowman & Littlefield, 2001.

*** Solenidade de apresentação dos novos estagiários da ESG.

**** Maria Elisabeth Santos e Rosário do Amaral.

***** Mulher de Pedro Paulo Poppovic, assessora internacional de Ruth Cardoso.

Hoje saí cedo, fui ao Tocantins, onde o Siqueira Campos me disse: "Aproveite para dar um cacete nesse Simon". Isso porque puseram no jornal que eu estava querendo propor de novo foro privilegiado para as autoridades,* o que seria até justo: imagina o presidente da República sendo julgado por juiz de primeira instância... E mesmo ex-presidentes julgados por eventuais crimes imputados quando estavam no exercício do poder. Provavelmente foi o Gilmar Mendes quem defendeu esse ponto de vista, mas não há lei nova nenhuma, há a que já está no Congresso, e a discussão vai prosseguir. O Simon já me deu um cacete, disse que eu estou com medo do efeito Menem, e que é isso mesmo, que se eu perder a eleição vai ter CPI por causa das telefônicas. Perdi a paciência e disparei contra o Simon, chamei-o de cupim da dignidade alheia e mencionei que ele me elogiava incessantemente na campanha de 1998, quando eu já havia feito a privatização das teles. Havia feito e na campanha prometi que faria, não escondi nada e não há nada a esconder sobre privatização. Não há irregularidade alguma. Aproveitei para dizer ao *Jornal do Brasil* que eu nunca falei de foro privilegiado como diziam.

Isso são detalhes, o importante é o que essa empresa está fazendo no Lajeado. Ela é de um pessoal de São Paulo, Jorge Queiroz, eu creio, chama-se Rede, e, juntamente com os portugueses da EDP** e outros mais, fez em três anos essa hidrelétrica, que vai gerar quase novecentos megawatts, usando material produzido no Brasil. Obra bonita, realmente impressionante, com custo baixo, 1 bilhão e qualquer coisa de reais; em vez dos 4 ou 5 [bilhões de reais] que foram especulados, o megawatt sairá por quinhentos dólares, o que é muito barato.

Voltamos [do Tocantins] para cá, descansei um pouco, são quase quatro horas da tarde, vou falar com o Armínio Fraga, porque continua a pressão sobre o dólar.***

Falei com o Armínio, o dólar caiu um pouco hoje e o real se valorizou um ponto e qualquer coisa. Armínio está mais tranquilo, dizendo que precisamos tomar medidas virtuosas para evitar que tenhamos que fazer um superávit primário ainda maior. Se o dólar sobe, complica tudo, por causa da dívida externa.

Acabei de falar com o Ricardo Lagos, ele me telefonou preocupado: também no Chile a pressão é grande, tiveram que emitir 1 bilhão de papéis cambiais para fazer hedge, e o Chile não está habituado a isso. Dei minha opinião, disse que a Argentina também está no limite e contei que o próprio Stanley Fischer telefo-

* Com a manchete de capa "FH quer lei para proteger os políticos", o *Jornal do Brasil* noticiou que a AGU preparava o texto de uma PEC para estender o foro privilegiado a ex-presidentes, ex-ministros e ex-parlamentares. Gilmar Mendes negou a existência da proposta.

** Electricidade de Portugal, atualmente denominada Energias de Portugal.

*** A cotação atingiu R$ 2,56, maior valor desde a criação do real, mas fechou o dia em queda de 1,6%, a R$ 2,43. A Bolsa de São Paulo caiu 1%. Analistas do mercado atribuíram esses movimentos aos efeitos da crise argentina e a boatos de demissões na equipe econômica.

nou ao Armínio Fraga e disse que ela, em uma ou duas semanas, pode estourar. Quando o Fundo Monetário começa a dar a data do enterro, é que realmente o doente está terminal. Não digo isso com alegria, é horrível ver a Argentina assim, e vai nos afetar.

Já chegou aqui o Moreira Franco com o Eduardo Graeff, para discutirmos o Estatuto da Cidade,* uma lei proposta pelo Pompeu de Sousa.** Faz dez anos que ela está rodando no Congresso e foi aprovada.

* Lei nº 10 257, de 10 de julho de 2001, originada do projeto de lei do Senado 181/1989.

** Ex-senador (PMDB-DF).

7 A 12 DE JULHO DE 2001

*Estatuto da Cidade. O PMDB e o rumo da roça.
Visita de Bill Clinton. Agravamento da crise argentina*

Hoje é sábado, 7 de julho, ontem passei longo tempo com o Eduardo Graeff, o Bonifácio Andrada* e o Wellington Moreira Franco, na Casa Civil, discutindo o Estatuto da Cidade. É interessante, muitas medidas vão ser consideradas perigosíssimas, mas na verdade dão um dinamismo maior para as prefeituras poderem regularizar situações que, de fato, já são de ocupação de áreas públicas, e às vezes até privadas. Dá-se apenas um pouco mais de direitos aos sem-teto, se é que assim se pode chamá-los, porque eles já têm terra; o que eles não têm é documentação da terra e da casa.

Sondei o Raul Jungmann para ver se ele poderia vir ser ministro de Comunicação e porta-voz ao mesmo tempo. A ideia original é do Padilha, e o Raul gostou, ele é um lutador. Tirei da cabeça dele, já tinha tirado em parte, a ideia de ser candidato à Presidência pelo PPS, porque com o PTB apoiando o Ciro o PPS não tem alternativa, fica com o Ciro mesmo, e acabou. Do ponto de vista de formação do partido, é inevitável que o PPS apoie o Ciro, vai dar votos e deputados. Raul ainda resiste um pouco ao PSDB de Pernambuco, diz que a qualidade é muito ruim, que o Sérgio Guerra** é quem manda lá, e ele é amigo do Jarbas. Eu disse: "O Jarbas é bom, tem um amigo que é mais discutível, homem inteligente mas discutível por outros motivos...". Em toda parte é a mesma história, política é complicada. O Raul é um homem disposto, quando chegou estávamos discutindo o Estatuto da Cidade, falou sobre as grilagens... Aliás, não sobre grilagens, sobre o uso de TDAs pelo Jader. É um escândalo, o Jader vai acabar caindo, não tem jeito mesmo.

No meio disso, conversei com o Padilha por causa da dra. Anadyr. Puseram nos jornais a notícia sobre a reabertura dos inquéritos do DNER,*** mas de uma forma que ficou ruim para o Padilha, porque dá a impressão de que ele resistiu. De fato, ele resistiu, porque sabe que, ao abrir a caixa de marimbondos, ficou ruim. São coisas que não deviam ser feitas assim, ficou como um braço de ferro entre a Anadyr e o Padilha e que resolvi a favor da Anadyr; parece que a Anadyr é o bem e o Padilha o mal. A imprensa gosta disso, quando damos uma deixa, eles entram mesmo.

* Subchefe de Assuntos Jurídicos da Casa Civil.

** Deputado federal (PSDB-PE).

*** A *Folha* noticiou que a corregedora-geral "obrigara" o ministro dos Transportes a reabrir inquéritos administrativos do DNER sobre o pagamento irregular de precatórios em desapropriações para obras viárias. O jornal assinalou que, no início da semana, o presidente tomara conhecimento do relatório da Corregedoria, apontado como o primeiro resultado concreto do órgão desde sua criação.

São três ou quatro horas da tarde, passei o dia de hoje meio gripado, nada de mais significativo. É curioso, estava pensando: tenho setenta anos, a Ruth também, e a gente vai ficando um pouco vegetal, depois mineral, não no sentido físico, no sentido espiritual, porque a gente já não tem as aflições que tinha antes, das coisas que vão acontecer, que não vão acontecer, mesmo quanto às pessoas. Acho que há certo ceticismo bem temperado, sem grandes expectativas. Tanta gente fazendo tanta safadeza comigo pelo mundo afora, e agora o Pedro Simon, que eu chamei de "cupim da dignidade alheia". O que esperar dele? É um destemperado, quer ser presidente da República e não consegue; para que querer ser sem poder? Às vezes as pessoas me perguntam se valeu a pena este segundo mandato. Eu digo: "Para mim, certamente não, tenho tido muita dor de cabeça com ele; para o Brasil, talvez, porque quem iria domar essas confusões que estamos vivendo?". Haverá outros, é claro, capazes de domar, mas no panorama previsível daquele momento seria o Lula, e ele não domaria; acirraria. Essa é minha preocupação também com o futuro. Falando ontem com o Raul sobre os mais prováveis candidatos, o Tasso ou o Serra, os dois são de difícil vitória. Talvez com o Serra seja até mais difícil do que com o Tasso, embora hoje ele esteja melhor eleitoralmente. Agora, será que domam tudo isso? Os fatores externos, os internos? A fragmentação partidária, uma mídia desembestada, as demandas sociais crescentes, a escassez de recursos, será que domam?

Isso tem a ver com a Argentina, que está no limite, o Cavallo fazendo suas últimas piruetas, boatos de que o De la Rúa não aguenta, vai renunciar. Falei com a Alejandra Herrera,* ela me telefonou hoje de lá, disse que parece certo que neste fim de semana o Cavallo desvaloriza o peso. Não vai desvalorizar, eu acho, mas, enfim, este clima... O que vai acontecer na Argentina? No Brasil, bem ou mal, estou no sétimo ano de governo e superei muita crise, muita dificuldade, mantendo as instituições. Este é o xis da questão, como atender às demandas, a sociedade que se mobiliza, se democratiza, se abre, mantendo as instituições que asseguram o direito do cidadão, a democracia em termos genéricos, a liberdade de imprensa, as eleições, o respeito a uma convivência social adequada. Não é fácil. Mas chega de filosofice.

HOJE É DOMINGO, 8 DE JULHO. Desde ontem à noite, quando falei com o Malan sobre trazer o Sérgio Amaral para o governo, fiquei pensando no assunto. Hoje o Paulo Renato almoçou aqui, primeiro as reclamações habituais, sobre quem botou nota sobre o que na imprensa, depois uma conversa um pouco mais específica sobre o Ministério da Educação, o Programa Bolsa Escola, e também sobre a falta de candidatura, dizendo que tínhamos que acelerar isso. Respondi: "Vocês vão ter que se entender mais cedo, você, o Tasso, o Serra...".

* Economista e consultora, ex-assessora do Ministério das Comunicações.

Passei o dia todo lendo um livro sobre o cardeal Pacelli, o papa Pio XII, lendo revistas e pensando na questão do Sérgio Amaral. Falei com o Serra, porque o Sérgio Amaral me telefonou depois de ter estado com o Malan. Percebo no Sérgio uma preocupação sobre o que vai acontecer com ele terminado o governo. Tem alguma razão, porque hoje ele é embaixador na Inglaterra, dispõe de um bom cacife para negociar no Itamaraty. Se vier a ser ministro, como ficará quando terminar meu mandato e um dos nossos não ganhar? É compreensível. Voltei a falar com o Malan agora à noite e transmiti a preocupação. Serra também esteve com ele, insistiu para que aceitasse, ele deu os mesmos argumentos.

Fora isso, preocupação com a Argentina. Falei com o De la Rúa e com o Cavallo, os dois estavam juntos. Cavallo explicou seus argumentos, que é desvalorizar 7% ou 8%, que é o que precisam para os bens de capital. Eles têm que retomar o crescimento e, se não retomarem, é muito ruim para o Brasil. O problema é que aqui as pessoas estão muito excitados com essa matéria, eu disse a ele, que se dispõe a vir ao Brasil. Já telefonei ao Malan para explicar isso. Estou preocupado com a situação da Argentina, inclusive a política. Se não abrirmos os olhos — ficamos discutindo questões de tarifas comerciais —, vamos ter uma crise de proporções econômicas imensas, e políticas também, a partir da Argentina. A mesma preocupação que têm o Ricardo Lagos e o Jorge Batlle, eu tenho.

Falei com o Armínio Fraga também, passei em revista tudo, ele está meio magoado com uma entrevista do Everardo,* li a entrevista e não achei tão grave assim. As relações andam tensas. O Armínio é um entusiasta da vinda do Sérgio Amaral, também está preocupado com a Argentina e acha que estamos exagerando na reação às medidas que o Cavallo tomou.**

Aproveitei que o Celso Lafer me telefonou, ele tinha chegado ao Brasil, e passei o recado ao Celso. Pedi que ele e o Malan se entendam amanhã.

HOJE É QUINTA-FEIRA, DIA 12 DE JULHO, vamos por partes. Na segunda-feira, dia 9, feriado em São Paulo,*** fui a Minas Gerais dar ordem de empenho para terminar a duplicação da Fernão Dias. Fui a Varginha e depois a Três Corações, no fundo para que o pessoal anti-Itamar de Minas sentisse que a obra é federal. Dei um pouco mais de ânimo a eles. Itamar, simultaneamente, fez uma reunião com o PMDB, botou chapéu de palha na cabeça, interpretando maldosamente quando eu disse para o PMDB pegar o caminho da roça**** — expressão usual para dizer "ir

* O secretário da Receita Federal falou ao jornal *Valor Econômico* na edição de 1º de julho e criticou aspectos da política fiscal do governo.

** Entre as medidas do pacote econômico argentino se incluiu o aumento temporário das tarifas de importação de países do Mercosul, com possível impacto de US$ 1 bilhão no comércio com o Brasil.

*** Aniversário da Revolução Constitucionalista de 1932.

**** Em entrevista à imprensa durante a viagem ao Tocantins, Fernando Henrique admoestara o partido

embora" —, que quis dizer ir para Minas. Malandragenzinha do Itamar que às vezes funciona. Depois voltei para Brasília.

Terça-feira, dia 10, recebi a visita do presidente da Eslováquia, chama-se Rudolf Schuster, homem muito simpático, o pai dele* fez uma expedição ao Brasil em 1927. Ele [o presidente eslovaco] veio aqui em 1991, está conosco pela segunda vez, vai passar trinta dias de férias. A conversa transcorreu sem maiores novidades. A tensão entre Brasil e Argentina estava muito alta, e o Lafer, juntamente com o Seixas, me trouxe uma nota, que tinha sido vista também pelo pessoal do Tápias e pelo Malan. Nota dura sobre as medidas do Cavallo, uma nota do Itamaraty.

Recebi os campeões da seleção de vôlei** e fiz uma coisa importante: a sanção do Estatuto da Cidade. Fui à sala de briefing, expliquei o que era isso, que era uma coisa importante, e ainda recebi o Pascal Lamy, comissário de Comércio da União Europeia, excelente conversa. Ele quer dar alguns passos com relação à União Europeia e Mercosul, sabe da situação da Argentina muito bem, perguntou minha opinião, que coincide com a dele. No fundo, quer que o Brasil tenha uma posição de maior protagonismo na OMC. O Itamaraty joga recuado, e pelo que percebo o Seixas influencia o Celso nessas ideias. Achei que o Lamy tinha razão, o Brasil tem mania de jogar recuado em tudo, e não há razão para tanto recuo.

O Giannotti jantou aqui e também a Andreia [Cardoso], minha sobrinha. Conversei bastante com o Giannotti.

Bom, quarta-feira, ontem, tivemos a cerimônia de entrega do Prêmio Anísio Teixeira,*** da Capes,**** fiz discurso, falei bastante das coisas do passado, das lutas do Anísio Teixeira, do Fernando de Azevedo,***** dessa geração toda, nossa participação, o esforço imenso que estamos fazendo para generalizar a educação primária, o que é verdadeiro, e assim foi.

Vim para casa, para o almoço que ofereci a eles, depois recebi o presidente de uma empresa chamada Thales. No fundo, são as velhas empresas francesas, a Thomson e outras. O que eles querem? Que o Brasil assine o contrato do Cindacta

---

aliado a ratificar sua fidelidade ao Planalto. Na versão da *Folha de S.Paulo*: "Evidentemente, todos os partidos que quiserem apoiar um programa de governo são bem-vindos. Mas ficar com esse negócio de lero-lero, de quero e não quero, meu Deus! Se não querem, saiam do governo. [...] A parte que não quiser deve pegar o rumo da roça. É tão fácil".

* Alojs Schuster.

** A seleção masculina foi campeã da Liga Mundial de 2001, cujas finais foram disputadas na Polônia. No último jogo, em 30 de junho, o time de Bernardinho bateu a Itália por 3 sets a 0.

*** Atribuído a cada cinco anos a personalidades de destaque no avanço da pesquisa e do desenvolvimento institucional em educação e ciência. José Arthur Giannotti foi um dos homenageados de 2001.

**** A entidade, cujo primeiro presidente foi o educador Anísio Teixeira, comemorava cinquenta anos de fundação.

***** Educador e sociólogo (1894-1974), um dos pioneiros da Universidade de São Paulo.

com eles e que a Dassault se junte à Embraer para produzir o avião Mirage.* Nesse caso, essa empresa francesa transferiria uma de suas fábricas para cá. Vê-se a importância crescente do Brasil nisso tudo, mas temos que ir com cuidado, é preciso que a Força Aérea averigue o que quer fazer.

Recebi os coordenadores da Frente Nacional de Prefeitos,** entre os quais alguns do PT, como o [Marcelo] Deda,*** que é simpático, e o Tarso Genro,**** que me atacou muito. Eu não gostei, ele não tinha o direito de dizer o que disse pela imprensa. Eu o tratei bem, mas secamente. O resto foi tudo direito, com os prefeitos. Estava também o prefeito de Vitória,***** preocupado com a intervenção, que ele acha que deveríamos fazer é no Espírito Santo, porque a situação do Zé Ignácio está muito ruim.****** Tenho que me informar melhor para saber quem está com a razão.

Depois recebi o Antero de Barros, senador nosso, para discutir umas coisas do Pantanal, basicamente ele quer que eu dê força ao Arthur Virgílio, ou seja, que eu nomeie o Arthur Virgílio ministro. O Antero é um senador combativo.

Suspendi o encontro que eu ia ter com o Dornelles e vim mais cedo para casa, para receber o Clinton. E foi muito bem. Conversei longamente com ele, sozinho, sobre a Argentina, ele achando que é preciso que o governo flutue a moeda, mas que para isso é preciso que se dê algum apoio à Argentina e que ela estaria disposta a assinar um acordo bilateral com os Estados Unidos. Eu disse: "Mas, nesse caso, vamos fazer o quatro mais um". A tese do Clinton é a seguinte: "Faz de conta que vai fazer, mesmo que não faça". Jantamos, finalizamos essa conversa e outras mais, o Clinton entusiasmado com a Bolsa Escola e com nosso programa de combate à aids. Naturalmente é muito crítico da administração Bush e favorável a que se apoie a Argentina. O Clinton continua impressionante, é um homem disposto, bem informado, falante, não queria ir embora, tinha que ir, o [Thomas] McLarty,******* que veio com ele, insistindo muito e ele a todo vapor. Veio também o [Arturo] Valenzuela.********

* O avião de caça francês, precursor do Rafale, era um dos candidatos da licitação do projeto FX para a renovação da frota brasileira de aeronaves supersônicas de combate.

** A reunião discutiu o Estatuto da Cidade e as novas responsabilidades das prefeituras municipais no planejamento e gestão urbanos.

*** Prefeito de Aracaju.

**** Prefeito de Porto Alegre, Genro era um crítico frequente do governo federal. Em 1999, publicara o artigo "O presidente fora da lei" na *Folha de S.Paulo*, em que denunciou a suposta submissão de Fernando Henrique ao FMI.

***** Luiz Paulo Vellozo Lucas.

****** A violência do crime organizado fragilizava o governador, investigado por má administração de dinheiro público, enriquecimento ilícito, liberação irregular de verbas públicas e outros crimes. Em abril de 2001, o assassinato do advogado Joaquim Denadai ocasionou um pedido de intervenção federal no estado pela OAB.

******* Assessor de Bill Clinton e ex-assessor especial da Casa Branca para a América Latina.

******** Ex-diretor de Assuntos Interamericanos do National Security Council e ex-assessor especial da Casa Branca.

Depois tive uma longa discussão com o Tasso e com os outros que estavam aqui, o Tasso insistindo que eu preciso me livrar do PMDB, que o PMDB é o pai e a mãe de toda corrupção, com a posição de botar a culpa no PMDB e não considerar que eu preciso de apoios políticos no Congresso, embora o PMDB tenha passado do limite mesmo.

Hoje, quinta-feira, fui fazer a conferência comemorativa de sete anos do real no Centro Cultural Banco do Brasil. O Malan falou, falou o Roberto Martins* e eu fiz uma exposição entusiasmada sobre o que vou continuar realizando, para mostrar que o governo vai continuar brigando e tem força.

Nesse meio-tempo, falei com Batlle, que tinha estado pessoalmente com o De la Rúa, para dizer que ele tinha que desvalorizar a moeda e apoiar um programa fiscal duro na Argentina. Batlle tem tido uma posição muito corajosa.

Também falei com o Enrique Iglesias, para dizer que a Argentina está no limite e que precisamos tomar muito cuidado, porque o mundo não vai bem. Acabo de falar com o Pedro Malan por telefone, ele está reunido com o Armínio Fraga e outros mais do Banco Central. O Armínio voltou agora dos Estados Unidos achando também que a situação do mundo vai mal, portanto quer que nós batamos à porta do FMI outra vez. Malan reage, ele sabe que, do ponto de vista político, é ruim. Eu não sei qual decisão tomar, vou conversar melhor com eles ainda hoje. Por trás de tudo isso, a crise da Argentina, esses vaivéns do governo argentino afetando nossa moeda, que está se desvalorizando.

Crise também na PM da Bahia,** o governador da Bahia baixou um decreto passando o comando da PM para o Exército, ele não pode fazer isso. O general Cardoso foi lá, não concorda, talvez tenha sido restritivo demais. Mandei chamar os outros generais aqui, inclusive o Gleuber, para conversar. Acho que temos que reagir contra essa desmoralização, eu vi na TV, de uma polícia que aparece mascarada e armada. Isso está ficando muito ruim, muito ameaçador. Enfim, problemas não faltam.

Há tanto problema pela frente que me esqueci de dizer que a crise energética está sendo bem levada, tenho estado a segui-la o tempo todo com o Parente, e nós a estamos superando graças à grande cooperação da população.

Em continuação ao dia 12 de julho, quinta-feira. Voltei ao Palácio do Planalto e assinei um ato com os presidentes dos Tribunais de Justiça dos estados e do Distrito

* Presidente do Instituto de Pesquisa Econômica Aplicada (Ipea).

** A PM baiana entrara em greve em 5 de julho pelo piso salarial de R$ 1,2 mil. Membros da Associação de Cabos e Soldados lideraram motins e ocupações em quatro dos sete batalhões da capital. O comércio e os bancos fecharam por vários dias e os ônibus pararam de circular até a intervenção de tropas do Exército no policiamento. A paralisação foi encerrada depois de duas semanas. Na mesma ocasião, a polícia civil pernambucana estava de braços cruzados. Nos meses seguintes, o movimento grevista das polícias se estendeu a Alagoas, Distrito Federal, Pará, Paraná, Piauí e São Paulo.

Federal, sobre os Juizados Especiais Cíveis e Criminais, para facilitar o acesso à Justiça e a rapidez no julgamento.*

De significativo, houve ainda uma reunião da Câmara de Desenvolvimento sobre a relação Brasil-Japão, com o Tápias e um senhor chamado Nigro, ou Nigri [Everaldo Nigro],** que apresentou um plano muito bom. Estavam presentes o Eliezer [Batista] e o Rafael de Almeida Magalhães.

Depois tive uma reunião com o Martus, porque ele está sufocado com a pressão da Fazenda. Por causa da crise da Argentina, eles querem aumentar o superávit primário, e não há como fazer o orçamento para o ano que vem com um superávit ainda maior do que 3%; é uma situação de fato.

Encontrei-me, no Palácio da Alvorada, com o Malan e o Armínio Fraga. Armínio veio dos Estados Unidos hoje com uma visão pessimista, a economia americana em decréscimo, a europeia também, o Japão estagnado, crise na Argentina, enfim, tudo isso para dizer que é preciso aumentar o superávit primário. Ponderei o que o Martus me tinha mostrado, as imensas dificuldades de fazer esse ajuste. Eu disse que vai vir inflação, eles sabem, vai ser de uns 7%,*** o que não chega a abalar. O problema é o emprego, não a inflação. Temos que reconhecer que, se houver inflação a esse nível, por que não colocar um aumento de X por cento nas receitas? O purismo ortodoxo não gosta disso... Discutimos em seguida se haveria ou não necessidade de pedir apoio ao Fundo Monetário. O Pedro Parente falou com a diretora do Fundo Monetário, que sempre esteve por aqui, a Teresa Ter-Minassian,**** e, informalmente, ela acha que o Brasil devia pedir muito dinheiro, porque temos um crédito enorme lá, que, se for para pedir, melhor pedir bastante. Concordo com esse ponto de vista. O Malan é reticente em fazer um novo acordo com o Fundo, estamos discutindo quem sabe prolongar o nosso acordo por seis meses, até o fim do ano, e pedir bastante dinheiro, assim nos preparamos para alguma eventualidade.

O dia foi terrível. Na Argentina as bolsas caíram 10% ou mais, há uma pressão muito grande, eles não conseguem rolar os papéis financeiros. A pressão aqui também é grande, embora não tanta, na verdade a moeda subiu e caiu.***** É ruim, mas não um desastre ainda, não sei se ele virá ou não. De qualquer forma, haverá consequências aqui. Eu disse que falaria com o Lagos, como acabei de falar. Lagos vê do mesmo modo que todos nós, acha que a Argentina não vai flutuar o câmbio, talvez tenha razão. De qualquer maneira, isso vai nos afetar, haverá contágio, então

* O presidente sancionou a lei nº 10 259, de 12 de julho de 2001, que instituiu juizados especiais no âmbito da Justiça Federal.

** CEO da Alcan na América Latina.

*** Em 2001, o IPCA subiu 7,67%.

**** Vice-diretora do Departamento do Hemisfério Ocidental do FMI e chefe das negociações do pacote de ajuda ao Brasil em 1998.

***** O dólar alcançou a cotação recorde de R$ 2,59, mas fechou em R$ 2,55. Desde janeiro, o real perdera 31% do valor em relação à moeda americana.

o que fazer? Olhar primeiro o que acontece com a Argentina e, em seguida, coordenar Uruguai, Brasil e Chile, para nos defendermos do contágio, e não sei bem como. Eu disse ao Lagos que o Fundo Monetário tem uma boa disposição, foi o que o Armínio me transmitiu de uma conversa com o Köhler ainda hoje, ele sabe da nossa seriedade. Isso é terrível, ocorre justamente no dia em que estamos comemorando os sete anos do real, e nós envoltos numa crise. Este é o mundo de hoje, um mundo muito difícil, embora a situação do Brasil hoje é muito melhor do que foi no passado. Aliás, o Eduardo Giannetti da Fonseca* acabou de dizer isso, e outro economista cujo nome não me recordo agora, na GloboNews, disse a mesma coisa, e também o Raul Velloso.** De fato nos preparamos fazendo a lição de casa, ainda assim... Quando desata uma crise desse porte, ela nos afeta, ainda que injustamente, como é o caso. Enfim, não adianta chorar a pitanga.

Amanhã vou cedo a São Paulo, para visitar a fábrica do [Claudio] Bardella,*** e depois visito a fábrica Voith Siemens. São as duas fábricas que estão produzindo todo o material de turbina hidrelétrica, o que mostra que o Brasil está cuidando do seu crescimento em termos de energia.

Amanhã à noite, devo jantar na casa do Setúbal com um grupo de amigos dele que são meus conhecidos também. Certamente estarão presentes o Gerdau, o Lázaro Brandão e outros desse naipe. Devo voltar para Brasília sábado.

Ah, o economista que eu esqueci o nome é Celso Martone,**** o que falou junto com o Giannetti e na mesma direção.

* Professor de economia da USP.

** Economista e consultor, ex-secretário de Assuntos Econômicos do Ministério do Planejamento (governo Sarney).

*** Bardella S.A. Indústrias Mecânicas, em Sorocaba.

**** Professor de economia da USP.

15 A 24 DE JULHO DE 2001

Negociações com o FMI. Cleaning house *da infâmia. Itamar, Ciro e ACM. Jantar com Michel Temer*

Hoje é domingo, dia 15 de julho. Como eu disse aqui, na sexta-feira, fui a São Paulo. Conversei com a [Ana Luiza] Bardella em Sorocaba, vimos uma pequena manifestação na estrada, uma mulher frenética gritando "Ladrão, ladrão", e a segurança prendeu-a,* e fez muito bem. Chega de desaforo dessa natureza. Mas não perturbou a festa. Não estava o Claudio Bardella, estava sua filha Ana Luiza, o vice-presidente da empresa,** o prefeito de Sorocaba e vários outros prefeitos da região. Pouca gente, porque eu não queria dar tom de comício, senão de visita à fábrica. Os trabalhadores bastante simpáticos a mim, foi o que me pareceu, aplaudindo, rindo, apertando a mão, tudo normal. Fiz discurso, brinquei um pouco, os jornais do dia seguinte só estamparam o que eu disse no final para Ana Luiza, de troça: "Diga ao Claudio que estou com inveja porque ele está na África do Sul, fora do Brasil". Ela disse: "Não, ele está nas Ilhas Maurício tomando banho de mar e descansando". Qualquer brincadeira que eu faça, lá vem o coro dos medíocres a transformando em gafe. Aqui o presidente tem que ser feijão com arroz, não pode fazer ironia, não pode fazer humor, ter espírito, não pode nada, porque já vem gente distorcendo tudo. Eu me sinto cercado pelo coro grego, só que da mediocridade. Qualquer coisa que se queira avançar, a mediocridade te puxa para baixo e te põe em confronto com outras bobagens. Se eu digo: "Pega o caminho da roça..." sem nem pensar em roça no sentido objetivo, pensei no figurado, para dizer "vai embora", já me põem, como o Itamar, como inimigo das pessoas simples. Aliás, fica bem nele chapéu de palha. Ele é isso mesmo, o atraso.

Depois da [fábrica do] Bardella, fui de helicóptero visitar a Voith Siemens junto com o Geraldo Alckmin, que sempre faz bons discursos e é um bom sujeito. É uma fábrica extraordinária, está construindo as turbinas para as Três Gargantas [China]. Grande parte do que é feito no Brasil para as empresas hidrelétricas é produzido lá, eles têm uma enorme usinagem, extraordinária. A receptividade dos trabalhadores foi excepcional, mandei romper tudo que era fio de segurança, foi abraço, fotografia o tempo todo, na entrada, durante a solenidade, na visita às linhas de produção e na saída. O clima ao contrário do que dizem, da chamada "baixa popularidade", um clima afetivo, e muitos me diziam: "Vai em frente, fica firme", pala-

* A advogada Maristela Pereira, assessora de um vereador petista local, portava um cartaz com os dizeres "FHC Príncipe das Trevas" e uma caricatura de FH como um vampiro. Foi detida durante algumas horas por desacatar o presidente.

** José Roberto Mendes da Silva.

vras assim de conforto, engraçado. É verdade que todo candidato, como eu sempre disse, se ilude com o nosso povo, que é muito amável, mas pelo menos é melhor ter um povo amável e caloroso, mesmo que vote contra, do que um povo agressivo. Agressividade nenhuma; ao contrário, amizade. Amizade eu não diria, mas cordialidade e efusividade, porque, não sei, todo mundo quer tirar fotografia com o presidente da República, seja ele quem for.

Voltei ao Palácio dos Bandeirantes com o Geraldo, me despedi, fui para casa e fiquei esperando a Ruth chegar de Brasília. À noite fui para a casa do Setúbal. Reunião excepcional. Primeiro pela Daisy, de quem eu gosto muito. A Daisy Setúbal tem oitenta anos, é uma mulher bonita, agradável, sabe fazer as coisas, mostrou minha fotografia com o Olavo que eles têm na sala, me elogiou, disse que iria mostrar aos outros o que era um homem bonito, e eu falei: "Ih, cuidado que vai dar ciumeira nesse pessoal". Os outros eram o Antônio Ermírio, o [Luiz Fernando] Furlan,* o Roberto Teixeira da Costa,** o Luiz Nascimento, o presidente da Fiemg, o [Stefan] Salej... Quem mais estava...? O Gerdau, o Brandão, Lázaro Brandão, o Safra, uns dez ou doze desses grandes empresários.

A imprensa fez uma onda danada, disse que tínhamos discutido um texto do Fábio Wanderley [Fábio Wanderley Reis]*** que teria sido distribuído, um texto que mostrava que o governo tinha uma performance ruim para o final e que, provavelmente, a esquerda ganharia e seria muito perigoso. Não li o texto, ninguém me falou dele, não me deram texto algum. Não obstante, está hoje no jornal, no *Estadão*, que ele foi distribuído na reunião. Não foi. Aliás, não teria cabimento fazer da reunião um seminário. Só faltava isso. Não foi o que ocorreu.

Os fatos. Primeira parte, Argentina, os comentários habituais, cada um deu suas informações. Mas o que eles queriam saber era do Brasil, muito entusiasmo com o discurso que fiz no dia do [aniversário do] real, porque foi um discurso afirmativo, forte, esboçando que vou brigar, que vamos ganhar. Eles estão do nosso lado, dispostos a continuar ajudando firmemente a mim, ao candidato do governo. Noto que o Antônio Ermírio prefere o Malan, claramente, ao Serra, e que o Setúbal é mais definido pelo Serra, porque acha que não tem outro candidato. O Gerdau, que é o mais politiqueiro deles, sabe disso também. Os outros não falaram em candidatura, todos reafirmando, primeiro, apoio a mim, ao governo, grandes elogios ao governo, a tudo que fizemos. Acham que precisamos acabar com essa incompreensão, se dispuseram a mexer com a mídia, porque a mídia está além do limite na tentativa de desfazer tudo de bom que está feito, mostraram disposição firme de continuarmos juntos.

* Presidente do conselho de administração da Sadia.

** Vice-presidente do conselho de administração do Banco Sul América e membro da Comissão de Ética Pública da Presidência da República.

*** Professor de ciência política da UFMG.

Horacinho Piva [Horácio Lafer Piva] me enviou uma comunicação, dizendo que tinha estado com os empresários do interior que criticam o governo e que eles estão com o presidente e com o futuro candidato do presidente. O Furlan perguntou por que o Horacinho não estava presente, se eu achava que ele era contra, inimigo, sei lá o quê, e que ele não é... Gerdau disse: "Por que você não pergunta o contrário, o que o Horacinho tem contra o presidente?". Eu disse: "Olha, Furlan, eu não sei, o Horacinho sempre faz declarações críticas, ele é presidente da Fiesp, tem que fazer, mas eu não tenho nada contra ele...". Quando o Furlan disse que era um típico empresário de classe média, eu falei: "Então, Furlan, já que você é um homem de classe média, convida os seus coleguinhas empresários de classe média para se encontrarem comigo na sua casa". Eu conheço a casa dele, fica no bairro de Alphaville,* que é sofisticado. "Vamos levar essa turma para Alphaville e conversar, já que eles querem conversar e eu também quero." Foi assim o clima, brincalhão, foi ótima a reunião, saí de lá contente.

No dia seguinte telefonei para o Olavo e pedi que agradecesse à Daisy, sobretudo pela sopa que ela fez de entrada, de patê, que estava extraordinária. O Olavo serviu um vinho Barca Velha que eu reconheci, ele ficou contentíssimo, os outros não conheciam, é um vinho português muito bom, o melhor de Portugal.

No sábado, recebi a Lourdes Sola lá em casa, para uns esclarecimentos sobre o trabalho que ela está fazendo a respeito da autonomia do Banco Central, dados históricos, não sei o quê, ela queria saber da minha experiência com o Banco Central e sua autonomização operacional, a relação disso com o poder político, essas coisas.

O Clinton me telefonou na sexta-feira, dizendo que havia tomado todas as providências que havia prometido aqui, ou seja, falado com o [Robert] Zoellick, que iria me telefonar ontem, sábado, como de fato fez, a respeito da questão do quatro mais um, da negociação com os Estados Unidos. Disse que falou nos Estados Unidos sobre a Argentina e a conclusão a que ele chegou é que o governo americano acredita que a reestruturação da dívida, ou seja, a moratória, é menos custosa do que a flutuação do peso, ao contrário do que pensava o próprio Clinton. Clinton me disse também que eles estão preocupados com o *fast track*, que não está fácil de aprovar, e ele vai ajudar. De fato, o Zoellick mencionou esse tema no telefonema. Vê-se como o Clinton é um homem interessado, dinâmico, continua ativo, amigo, muito positivo isso.

Vim para Brasília ontem, sábado, vi um filme muito bonito, chinês, sobre... acho que é *O tigre e o dragão*,** uma coisa assim. Antes do filme, recebi a chamada telefônica do Zoellick, e conversamos longamente. Eu disse: "Minha ideia é a que eu tinha mencionado ao presidente Bush de, quem sabe, retomarmos o quatro mais um". No caso da Argentina, embora a aflição imediata seja cambial, obviamente a

* Em Barueri, na Grande São Paulo.

** Coprodução sino-americana de 2000, dirigida por Ang Lee.

questão é o crescimento da economia, eles precisam de um alívio para isso e pensam que o Brasil é um obstáculo à questão da Alca. E não é. Não quer dizer que o Brasil vá, digamos, postergar a importância da relação com a Europa, muito menos com o próprio Mercosul, mas é um sinal. Ele achou razoável a ideia e quis saber o que os argentinos pensavam. Eu disse que não sabia. Mas falei com o Cavallo sobre isso quando ele esteve aqui, disse a ele que o Celso Lafer iria aprofundar a questão e falaria com ele. E transmiti tudo, naturalmente, ao Celso Lafer.

Hoje, domingo, nada especial, fiquei nadando, recebi meu sobrinho Luís Roberto [Cardoso de Oliveira],* ele veio com seu cunhado, que trabalha no Ministério de Minas e Energia, dar um panorama de como estavam tendo dificuldades lá, a conversa foi interessante. No fundo, é a mentalidade estatista que dificulta a desregulamentação. Esse rapaz acha um erro levar barcaças de energia para o Nordeste,** que precisamos desregulamentar o mercado, e as próprias empresas acabarão produzindo termoeletricidade, não sei o quê. Pedi que ele me desse por escrito as sugestões.

O que tem me deixado apreensivo, além, obviamente, da situação da Argentina, é a Bahia. A Bahia acalmou um pouco, telefonei várias vezes, falei com o general Gleuber, com o general Cardoso, e hoje, finalmente, parece que a rebelião da PM arrefeceu com a presença do Exército. Apreensão, além do mais, com a reportagem da revista *Veja*, que é arrasadora para o Jader.*** Não imaginei que fosse possível fazer o rastreamento dos cheques do caso Banpará. Foi possível, e foi feito por técnicos do Banco Central. A Rádio Record, quando deu o noticiário, mostrou que o Armínio Fraga tinha sido favorável a esse tipo de abertura de informações, porque foi ele quem deu a dica. O Jader está furioso com isso, mas o Armínio fez o que devia fazer. Falei com o Geddel, que me telefonou: "Olha, Geddel, não dá mais né?". Todo mundo percebeu que não dá mais. Não sei como isso vai ser processado pelo sistema político, e me preocupo, porque na opinião pública fica sempre a ideia de que o Jader foi protegido por mim, e não foi. O governo está permitindo esse tremendo processo de, digamos, clarear as coisas, mostrar tudo que é corrupção. O governo está limpo, porque deixa andar, não atrapalha. Só não quer CPI por outra razão, para evitar a exploração política, tribuna eleitoral.

Vou me encontrar com o Malan mais tarde, temos que ver a opinião tanto do Brandão quanto do Safra sobre se devemos fazer logo um acordo com o FMI e botar dinheiro na mesa, para mostrar que o Brasil está forte. Aliás, essa é a opinião deles,

* Professor de antropologia da UnB.

** O governo estudava contratar embarcações geradoras de energia a diesel para suprir a carência de eletricidade nas capitais litorâneas da região.

*** Na matéria "As provas do crime do Banpará", veiculada na edição de 18 de julho, a revista paulistana publicou trechos de relatórios do Banco Central sobre os supostos desvios no banco estadual nos anos 1980, estimados em R$ 2,5 milhões em valores de 2001. Segundo a *Veja*, o dinheiro de onze cheques administrativos do Banpará teria sido lavado através de investimentos e distribuído entre contas de parentes e empresas de Jader Barbalho.

pelo que saiu no jornal de hoje, no *Estadão*, em função do meu encontro com os dois na casa do Olavo Setúbal.

Acabei de falar por telefone com o Paulo Henrique, ele está indo para a Europa, para a reunião de Bonn, sobre questões de meio ambiente. A Bia irá mais tarde também, vai para a França com a Júlia e com o Pedrinho,* passar uns dias na Provence com o Nê e a Carmo. A Ruth foi ontem para Genebra, onde vai ficar dois ou três dias,** depois seguirá para os Estados Unidos, e volta no sábado. Aqui as coisas parecem estar um pouquinho mais calmas, um pouquinho mais desanuviadas, um pouquinho melhores, vamos torcer.

HOJE É SEGUNDA-FEIRA, DIA 16 DE JULHO. Falei por telefone com o Iglesias, nada de novo, ele está no Ceará organizando a reunião do BID.*** Eu não quero deixar de registrar, tenho esquecido, que o Clinton, na conversa comigo, foi taxativo ao dizer que o círculo de governo, assim como o financeiro, preferem que a Argentina faça uma reestruturação da dívida do que desvalorize. Ontem houve um esforço excepcional do De la Rúa, jogando sua própria sorte, porque baixou 13% dos salários, uma coisa fortíssima, no caminho de não deixar o peso desvalorizar. Vamos ver até que ponto a tensão vai chegar. O Iglesias, não havendo alternativa, prefere ficar no BID. Ele gostou da ideia de ser uma espécie de secretário executivo do Mercosul, mas combinou comigo que, se não ficar no BID, vai jogar pelo candidato brasileiro. Quem? Provavelmente o Malan, o Paulo Renato perdeu o interesse pelo assunto, e não sei se o Malan tem.

TERÇA-FEIRA, DIA 17, de manhã uma entrevista para o jornal *O Estado de S. Paulo*.**** A entrevista está publicada, foi longa, não preciso estar aqui repetindo. De-

* Neto do presidente, filho de Beatriz Cardoso.

** Na Suíça, a primeira-dama representou o Brasil no Painel de Alto Nível de Políticas de Promoção do Emprego Juvenil, realizado pela OIT.

*** XLIII Reunião Anual do BID, realizada em Fortaleza entre 11 e 13 de março de 2002.

**** Na entrevista de página dupla concedida a Sandro Vaia, publicada em 18 de julho com os títulos "FHC invoca passado para reagir a ataque de Ciro" e "Presidente admite 'perdão' para Argentina", Fernando Henrique reagiu à declaração do presidenciável do PPS de que o jantar com empresários na casa de Olavo Setúbal "parecia uma reunião da Oban", referindo-se à operação militar de repressão à dissidência esquerdista durante a ditadura, financiada por grandes empresas. "Eu estive na Oban. Tive um capuz preto na minha cabeça [...]. Portanto, ele não tem o direito, não tem a autoridade moral para falar nisso, até porque o passado dele não permite que ele se arrogue como democrata naquele momento". Sobre a crise no país vizinho, FH asseverou que "o mais importante para nós é que a Argentina se saia bem" e aludiu à influência do Brasil no FMI para a concessão de um eventual pacote de ajuda a Buenos Aires. E sobre a possibilidade de Brasília fechar um novo acordo com o Fundo: "Se for para dar mais segurança ao país, acho bom fazer".

pois estive no Alvorada com o Hélio Jaguaribe, ele veio almoçar aqui com o Vilmar. O Hélio, generoso, bem-intencionado, escreveu um artigo sobre os futuros oito meses do governo no qual disse, errado, que a crise de energia deu-se porque não houve investimento, que o governo não tem boa comunicação, o que é verdade. Eu disse a ele que não há boa comunicação não porque falte um Ministério das Comunicações, mas por uma questão político-ideológica. Não é culpa da mídia, é porque a oposição ganhou a batalha ideológica contra a privatização e diz: o governo é neoliberal, não faz nada pelo social, está se ligando aos estrangeiros, está submetido ao FMI. Essa é a visão que ficou aí no "baixo clero", que domina a universidade e a mídia. O resto não passa, bate ali e resvala, bate e resvala. Mas o Hélio, sempre bem-intencionado mesmo, tem uma visão sobre a Argentina coincidente com a minha. Sobretudo o Hélio é boa pessoa, vai continuar ajudando.

Depois me encontrei com o Pratini de Moraes, para discutir agricultura, que vai bastante bem. Mais tarde, com o Luís Henrique, discutimos bastante a questão do PMDB, o Luís Henrique acha que a proposta de candidatura própria do PMDB sustentada pelo Itamar vai passar. Eu também acho. É um grande partido, por que continuar tentando ser vinculado a nós? Se não for o Itamar, eles não têm candidato. Se saírem com o Simon, vai se repetir o que aconteceu com o Ulysses, que foi um fiasco.* Ainda encontrei o Roberto Nicolsky, que é professor [de física] da UFRJ, com vários projetos bons sobre desenvolvimento tecnológico. Como sempre, a salvação da lavoura é o presidente da República, pessoalmente, assumir a bandeira da inovação tecnológica e propagar a tecnologia, e não somente a ciência pura. Ele quer criar uma associação para eu ser presidente de honra, como o rei da Espanha é. Ele é um homem ativo e que tem trabalhado muito nessa direção.

Bom, antes da entrevista, de manhã, para *O Estado de S. Paulo*, tive uma reunião dramática com o Malan, o Armínio Fraga, o Pedro Parente, o Martus, o Amaury Bier e o José Guilherme [Reis], do Planejamento.** Dramática porque voltamos à discussão sobre se vamos ou não pedir o apoio do FMI. Eu estou cansado disso. Vira e mexe, com todos os ajustes feitos, com todas as chamadas lições de casa feitas, com superávits primários, sempre se quer aumentar o superávit primário, porque a taxa de juros sobe, a dívida aumenta, e tem-se que mostrar ao mundo que somos capazes de pagar a dívida. É um círculo vicioso. Sobe a taxa de juros porque há incerteza... Diziam, primeiro, que incerta era a política no Brasil, depois essa incerteza diminuiu; agora é na Argentina... No fundo, é o imperialismo das expectativas, o ultracapitalismo financeiro é que é imperialista, via expectativas. Se eu pudesse falar isso, se estivesse fora do governo, eu falaria, para provocar confusão, porque é isso mesmo. Mas fazer o quê? Eu digo: olha, tudo bem, não tenho preconceito com

* Nas eleições presidenciais de 1989, o candidato pemedebista obteve 4,73% dos votos e ficou em sétimo lugar.

** Chefe da assessoria econômica do Ministério do Planejamento, Orçamento e Gestão.

o FMI, mas vamos pedir muito dinheiro e oferecer pouco, porque já oferecemos muito [em termos de superávit primário]. Vai ser uma briga imensa, porque é difícil cortar o orçamento sem parar.

QUARTA-FEIRA, DIA 18, recebi o primeiro-ministro da Irlanda. De manhã falei pelo rádio com três cidades, não me lembro o nome delas, uma no interior do Cariri, na Paraíba, uma rádio boa, poderosa. Depois falei com uma em Roraima e outra em Sinop, no Mato Grosso. Conversas agradáveis, fico sabendo o que a população está querendo, o que está pensando, sentindo. Eram programas de auditório, com participação dos ouvintes. Agradável mas cansativo. De lá fui direto encontrar o primeiro-ministro da Irlanda,* chama-se Bertie Ahern, um homem simpático, fala aquele inglês de irlandês, mas inteligível, passamos uma hora e meia conversando.

Depois o quê? Nova reunião, dessa vez para discutir o ajuste no Ministério da Defesa. Os militares tiveram o dobro de gasto do que teria sido combinado conosco, e até hoje não se conseguiu ter muita clareza sobre o mecanismo interno da distribuição desses recursos. Então, estamos apertando, o Quintão foi lá também, ele até foi razoável, de fato dobraram as despesas e não vamos poder pagar outra parcela de 1 bilhão em 2002. Vamos ver o que vai acontecer a partir daí.

Fui ao Itamaraty para almoçar com o primeiro-ministro da Irlanda, foi até as três e meia, de lá vim receber o padre Agostino [Angelo d'Agostino], que é do movimento de combate à aids.** Fiquei despachando com o Bonifácio de Andrada, do PSDB de Minas,*** que quer sugerir o parlamentarismo,**** com uma proposta bastante razoável. Inúmeras reuniões internas de governo, cansativas. No fim do dia encontrei-me com o senador Bornhausen, para conversar sobre a situação. Ele acha mais ou menos o que eu acho, que precisamos ter a definição de um candidato e que não pode ser imposto goela abaixo. Ele tem razão, o PSDB às vezes não entende isso. Mas o Jorge é muito ponderado, eu soube por ele que no conselho do Icatu o Eduardo Azeredo disse: "Se o governo não tiver um candidato, podíamos ir com o Ciro...". Sempre o Ciro, e nesse meio-tempo o Serra deu uma paulada nele, e eu também, porque o Ciro me insultou várias vezes. Esse Ciro é um "colorido" sem recatos, não do ponto de vista de roubo, mas do ponto de vista do comportamento político é um oportunista, um rapaz perigoso. O PT propõe uma ideia extraordinária,

* Recebido em visita de trabalho.

** Diretor de um orfanato em Nairóbi, capital do Quênia, o religioso italiano militava pela quebra de patentes dos medicamentos de combate à doença.

*** Deputado federal.

**** Era relator da comissão especial da Câmara que analisava a PEC 20/1995, proposta pelo deputado Eduardo Jorge (PT-SP) para alterar a forma de governo. Em 2015, o PSDB solicitou à presidência da Casa que a PEC fosse colocada em discussão no plenário, o que ainda não aconteceu.

um imposto contra a fome, é o imposto dos restaurantes,* é demagogia. Estamos cheios de programas sociais sérios, de combate efetivo à fome, têm recurso, o que não têm é capacidade gerencial para atingir o alvo.

Eu já tinha recebido o Ney Lopes** na terça-feira, e recebi um senhor chamado Jorge Queiroz, que é presidente do Grupo Rede, e ainda chamei o ministro Parente para ouvir a conversa, porque ele tinha críticas ao encaminhamento do problema da energia elétrica. Diga-se de passagem, a questão energética está sendo bem resolvida. É possível até que se possa diminuir o racionamento mais adiante, tal o êxito extraordinário da contenção de gastos da população.

QUINTA-FEIRA, DIA 19, vamos retomar aqui a segunda-feira 16, porque depois do que registrei [sobre aquele dia] encontrei o Eduardo Jorge, que veio de manhã me mostrar como estão andando os processos dele: nada foi descoberto contra ele etc. e tal.

Hoje, na parte da manhã, dei uma longa entrevista para correspondentes estrangeiros, e agora vou falar com o Pimenta da Veiga. Nesse meio-tempo o Antônio Carlos voltou às infâmias, disse que em fevereiro me entregou um livro sobre as coisas do Jader e que eu recebi também um livro sobre as coisas dele, e que não tomei providências... É só canalhice, o Antônio Carlos é, nessa matéria, o pior de todos, pior mesmo que o Jader, que não faz isso, o Jader terá sido acusado de más práticas, mas não terá feito infâmias o tempo todo.

De mais significativo, um encontro à tarde com o pessoal de Minas e Energia, com o Sardenberg, o Zé Jorge, o pessoal da casa, sobre a construção de Angra 3. Estou muito reticente sobre Angra 3, não que falte lógica e racionalidade. Do ponto de vista do investimento, fazer a terceira unidade barateia o conjunto e permite avanços tecnológicos. Agora, o custo é muito elevado e a reação — e eu compartilho disto —, a preocupação com o meio ambiente, é grande também. É verdade que já existem duas unidades, portanto a terceira talvez não acrescentasse muito risco. Ainda assim decidi fazer estudos mais aprofundados antes de tomar uma decisão, porque estou no fim de governo, em fim de mandato, não convém assumir responsabilidades para o próximo presidente.

São dez e meia da noite. Acabei de jantar com o Andrea Matarazzo e recebi com ele dois publicitários. Tive um encontro com o Pimenta da Veiga, que está aborrecido

* No quadro do programa de governo da candidatura presidencial de Lula, o partido sugeriu a criação de uma contribuição de 5% sobre gastos com restaurantes e produtos supérfluos, destinada a alimentar um fundo de combate à miséria. A proposta foi posteriormente abandonada.

** Deputado federal (PFL-RN).

com as coisas da Anatel; em alguns pontos ele tem até razão, não está muito clara a relação do ministro com as agências reguladoras, ele disse que foi publicado um artigo do [Renato] Guerreiro* que, embora não explicitamente, era contra o projeto de lei [de radiodifusão] que ele Pimenta mandou ao Congresso.

Fui cedo ao Planalto para discutir de novo com a equipe econômica o que fazer quanto ao ajuste fiscal, qual é o corte,** estou cansado disso, corta pra cá, corta pra lá, é o dólar que sobe, é o FMI, e "*plus ça change, plus c'est la même chose*". De tarde, me reuni com o Almir Gabriel, que tem posições, homem às vezes difícil, mas sempre leal, ele está fazendo um bom governo e disse que o Jader agora o está procurando. A situação do Jader é desesperadora,*** e está me ameaçando, dizendo que vai botar a boca no trombone, todos eles querem botar a boca no trombone; por mim, podem botar. Disse que quer fazer CPI... A CPI a esta altura eu não queria, para evitar o trancamento da pauta. CPI agora pra quê? Está tudo no Ministério Público, tudo com a Polícia Federal, tudo sendo investigado, tudo indo para a Justiça. CPI para fazer barulho sobre ele próprio e os companheiros dele? Ou ele pensa que falar de Eduardo Jorge ainda pega alguma coisa? Já foi mais do que revisado, e não tem nada errado do Eduardo Jorge.

Depois estive com Neudo Campos, governador de Roraima, para o despacho normal de governadores, todos muitos preocupados com a situação das polícias, e ela é dramática mesmo. E o pior é que o governo federal não pode, não tem condições de entrar firme nessa questão, porque não dispõe dos meios efetivos para enfrentá-la. São os governos estaduais, que também não os têm, que devem enfrentar a situação. E eles não dispõem desses meios porque não fizeram as modificações necessárias para obter mais recursos. Agora é difícil. Eu até disse ao Andrea e aos que estavam com ele que eu, explicitamente, não entrei no assunto, porque o Exército tem 60 mil, 70 mil recrutas. Só São Paulo tem 85 mil policiais profissionais, então, se houver choque, o Exército ganha, mas ganha matando. Não pode. O Exército não é para isso, não é polícia, e na Polícia Federal temos 7 mil homens. Enfim, há um efetivo de Polícia Militar e Polícia Civil nos estados muito grande, ineficiente, em parte corrupto, malpago, esse é um problema sério. A Constituição de 1988 liberou esse pessoal das PM do controle do Exército. As Forças Armadas são disciplinadas, têm hierarquia e os salários não são tão defasados entre os de cima e os de baixo. Na Polícia, não. O coronel ganha muito e o soldado ganha nada, a moral é baixa, então houve a politização, há candidatos a vereador ou a deputado que são policiais civis e militares. Acho que isso tem de ficar para o próximo presidente enfrentar, porque já mandei emendas para o Congresso e elas não passam. A Polícia

* Presidente da Anatel.

** A imprensa noticiou que a equipe econômica avaliava cortar R$ 3 bilhões no orçamento federal para elevar o superávit primário.

*** No dia seguinte, Barbalho se licenciou por sessenta dias das presidências do Senado e do PMDB.

Militar tem muita força lá, eles não querem a junção das duas polícias. Problemas extremadamente difíceis de serem trabalhados.

Agora à noite me telefonou o Malan para dizer que conversou por telefone com o Köeler e com o pessoal do Fundo Monetário, basicamente com o segundo, que eu sempre esqueço o nome e que é de quem eu mais gosto na verdade, o Stanley Fischer. Parece que o Taylor, que é um assessor da Casa Branca para assuntos econômicos, Tesouro, telefonou para eles apoiando as pretensões do Brasil. O Armínio foi aluno do Taylor, e o Taylor foi bolsista no nosso Banco Central recentemente, isso ajuda. Estamos vendo o que fazer e como absorver mais esse impacto. O impacto deriva da questão do racionamento, que vai indo bem. Acho que daqui a pouco poderemos anunciar certo afrouxamento, estou ansioso por isso.

O Ciro continua dizendo impropérios, o Antônio Carlos voltou a me atacar, na base mais chula possível, disse que eu conhecia os nomes na lista de cassação. Mentira. Ele me disse, e disse a todos, que a Heloísa Helena havia votado, e não havia lista nenhuma, eu nem sabia de lista. Quero saber é como ele sabia desse voto. E o Arruda nunca me falou nada, e também, se tivesse falado, eu não teria nada com isso. É outro poder, mas não falou. E voltou a afirmar que ele tinha me dado um livro sobre a corrupção do Jader. Até pedi ao José Aníbal, que tem se comportado bem, o livro que ele disse que há sobre o Antônio Carlos, um livro grosso, e num caso e noutro mando ao Ministério Público, mando à Polícia Federal, porque presidente da República não é detetive. Mas voltam ao tema para explorar a boa-fé da população e a ignorância da sociedade a respeito dos mecanismos institucionais. O Antônio Carlos faz um mal imenso ao país, mais que o Jader. O Jader pode ter feito no passado o que todo mundo está sabendo que ele fez, mas não é destrutor de instituições; o Antônio Carlos é. O ego do Antônio Carlos é tão grande que, podendo, destrói tudo. Ainda bem que não vai poder.

HOJE É DOMINGO, DIA 21 DE JULHO. Ruth chegou dos Estados Unidos agora de manhã e passei o dia aqui conversando e arrumando meus documentos, ela também. Dei uma entrevista longa ontem na GloboNews, isso foi... Não, estou confundindo, hoje é sábado, dia 21.

Portanto foi ontem, na sexta-feira, que visitei a Usina Sérgio Motta e fiz um discurso para mostrar que na antiga Usina Primavera, Porto Primavera, estamos colocando a 11ª turbina, e cada uma tem cem megawatts. A décima já está rodando, então já seriam mil megawatts, mas por razões técnicas conseguiram ampliar, então são 1100 megawatts. Isso mostra que o Brasil fez investimentos etc. Eu disse que não era mais possível expandir o setor energético na base tradicional, com dinheiro dos impostos, e que portanto temos que privatizar. Não toquei em nome de Lula nem em PT, e nos jornais de hoje toda interpretação é de que dei uma resposta ao programa do PT de cobrar imposto nas refeições dos restaurantes para diminuir a fome no Brasil. Nem passou pela minha cabeça tal comparação abstrusa, mas essa é a nossa mídia, todos dizem a mesma coisa, funcionam como uma *cleaning house* da infâmia. Os focas que estão por aí passam a mesma informação para suas matrizes, apesar de que ninguém ouviu uma palavra, uma referência, indireta que fosse, sobre o Lula e esse imposto, a respeito do qual, aliás, nem li direito. São detalhes, e é assim mesmo.

Quando voltei, como já registrei, fiz uma hora de gravação para a GloboNews* e, dessa uma hora, eles retiraram um pedaço, uns vinte minutos, bem retirados. Saiu na televisão ontem à noite, e hoje, sábado, acho que estão repetindo as partes mais políticas, em relação aos pré-candidatos. Não ofendi nenhum, mas deixei-os mais ou menos mal, sobretudo o Ciro e o Itamar. O Ciro porque o chamei de Collor e imediatamente falei dos aspectos morais dele [Collor]: irrequieto, muda de cá para lá, e é autoritário, acha que dando murro na mesa resolve as coisas, com aquele ippon, com aquele golpe certeiro contra a inflação, e o Ciro é a mesma coisa. E sobre o Itamar eu disse que o Brasil o conhece, neguei que havia me referido a ele quando mencionei "caminho da roça", que não quis me referir a seu percurso político para de presidente virar governador de Minas, mas que achei que ficou bastante razoável quando apareceu com uma coroa de palha na cabeça. Eu devia ter dito que ele ficou bem assim, teria sido melhor, mas não o ofendi. Ele reagiu dizendo que estou com amnésia, que preciso ir ao médico, que minha memória é seletiva. Ora, o que eu falei é que ele nunca disse que queria ser candidato à reeleição, e que eu sabia que ele não queria, porque ele não gostava de ser presidente. Ademais, eu disse que era sempre grato a ele, mas acrescentei: "Que ele não me chame de ingrato, pois ofereci, e ele aceitou, duas embaixadas", e uma terceira reservada era a embaixada da Itália, que ele me pediu em junho de 1997, quando nos encontramos em Nova York (o que deve estar registrado nestas minhas memórias).** Reiterou, em janeiro de 1998, quando aqui esteve, e mandou aquela carta ao PMDB, com cópia para mim, na qual dizia que não iria ser candidato. Quando a história for revelada, sem que seja na base de picuinha, ver-se-á a fragilidade do Itamar com o seu quer não quer, com a sua pequenez, e também como seu grupo, que é bastante esperto, o utiliza a todo instante, e como ele se deixa utilizar com prazer. É uma pena, mas é assim.

Conversei com o Malan, que veio aqui com o Martus ontem, sexta-feira, para continuarmos a discutir detalhes sobre o grau de ajuste fiscal. Não vai ser tão grande, eu estava temeroso que fosse, mas sempre haverá chateação: cortar, cortar, cortar vai ser o dia a dia do Martus, sobretudo este ano. Ano que vem temos eleição e as pessoas não terão nem como gastar o dinheiro disponível. Aliás, este ano também não têm. É um corte por causa da irracionalidade do nosso orçamento com

* A entrevista do presidente apareceu no telejornal noturno do canal a cabo de notícias.

** A reunião com Itamar Franco aconteceu em 22 de junho de 1997, como registrado no volume 2 dos *Diários da Presidência*.

tudo vinculado, que não se pode passar de uma coisa para outra, e sobra dinheiro empoçado em alguns lugares e falta noutros. A irracionalidade da nossa vida política é muito grande, e todos querem assegurar recursos no Congresso, e os próprios ministros trabalham para isso. O Serra é o campeão dessa atitude, e se for eleito presidente vai pagar o preço da sua irracionalidade.

Hoje, nada de especial. A questão da Argentina melhorou um pouco, o dólar caiu muito fortemente ontem, chegou a bater, incrível, em R$ 2,39 na média, foi a R$ 2,45, e para uma moeda que estava em quase R$ 2,60 caiu bastante.* Isso porque a Argentina chegou a um acordo, também porque soltamos notícias de que vamos fazer negociações com o FMI e porque vendemos ações da Petrobras.** Vários fatores levaram a isso, houve certa folga na pressão cambial, e nos dias de hoje tudo é assim, vai-se do zero ao infinito, da euforia à depressão, da depressão à euforia. Temos que estar preparados, com nossas capacidades gerenciais e estratégicas, para viver nesse mundo tão arriscado, sobretudo para os países que querem se afirmar, como é o caso do Brasil.

Nota de rodapé: acabei de ler, nos papéis que me enviaram, uma carta do Chirac insistindo no acordo entre Embraer e França para a fabricação de Mirages aqui. Eu chamei o Quintão outro dia, juntamente com o Pedro Parente e outros mais, o Malan estava presente, para discutir essa questão. Eu não posso fazer nada sem que a Força Aérea mande uma nota dizendo o que ela deseja, e até agora não mandou. A Embraer faz uma pressão imensa, porque diz que é preciso evitar uma licitação internacional. O Quintão me explicou que o comandante [Carlos de Almeida] Baptista pediu uma tomada de preços, porque precisa ter uma base, para saber quanto custariam esses aviões Mirage feitos no Brasil, e eu concordo. Se vier alguma coisa razoável, sou francamente favorável a que façamos aqui. Primeiro porque transfere tecnologia, dá-se emprego aqui e há investimentos no Brasil; segundo porque isso permite um desenvolvimento posterior na aviação civil; terceiro porque não há guerra no horizonte, então esse desembolso vai ser lento na produção de uma coisa que fica permanente. Mesmo que demore seis, oito, nove, dez anos, não há guerra no horizonte. Enquanto, se comprarmos os F-16, a despesa é pra já, a manutenção é cara, e como não há guerra no horizonte é um brinquedo muito caro para nossas necessidades atuais. Para a nossa defesa, propriamente, temos os AMX,*** temos os Tucanos, eles são bons aviões para o uso que pode haver na região

* Queda diária de 2,39%, atribuída à aprovação iminente do pacote de austeridade argentino pela Câmara dos Deputados, efetivada na madrugada seguinte. O pacote de Domingo Cavallo, cujo objetivo era zerar o déficit público até 2002, previa cortes salariais na faixa acima de US$ 500 e redução de 13% em todos os salários do funcionalismo público. Protestos de rua começaram a se intensificar nas principais cidades do país.

** O governo modificou o mecanismo de emissão de papéis da Petrobras na Bolsa de Nova York (ADRs), possibilitando a negociação de mais ações ordinárias da empresa.

*** Avião subsônico de caça desenvolvido em conjunto por Brasil e Itália, lançado em 1985 pela Embraer.

de fronteira, na região da selva amazônica, onde pode haver maior problema. No sul, com a Argentina e Uruguai, não há nada a temer nos próximos anos, décadas, e a Bolívia tampouco. O máximo que pode haver é algo na área amazônica, a qual temos que cuidar com muita atenção, mas os meios disponíveis existem. Precisamos é de mais aviões de transporte, que, aliás, estão sendo comprados, para poder deslocar rapidamente as forças do Exército. Vimos agora, no caso da Polícia Militar da Bahia, quanto tempo levou para mobilizar as forças do Exército porque não tínhamos bons transportes.

Também esteve comigo o José Aníbal, foi interessante, porque ele está conversando com todo mundo e está numa postura correta. Ele acha que o problema agora é evitar que um dos eventuais candidatos suma. Tasso é mais perigoso nesse aspecto. Eu não acredito, eu acredito na lealdade do Tasso, mas sempre há aquele namoro com o Ciro e, sendo eventualmente outro o candidato, sobretudo se for o Serra, sabe Deus qual vai ser a reação. Na minha eleição de 1998 fiquei em terceiro lugar no Ceará e não pressionei, porque o Tasso depende muito do Ciro lá no Ceará. Quem manda nessas coisas é o interesse regional, mas a discussão do José Aníbal foi boa, ele deu uma resposta dura ao Antônio Carlos, que voltou aos temas tradicionais dele sobre Jader: que me deu um livro contra o Jader e que eu recebi outro contra ele, essa política rastaquera do Brasil. Aliás, talvez seja do mundo todo.

O Pimenta também tem estado comigo, e ele, depois que o governador do DF, o Roriz, disse, entusiasmado, para Pimenta ser candidato, está um pouco mordido com a questão. A tese dele, no fundo, é de que como ainda não há candidaturas fortes tem que haver uma prévia, isto é, postergar um pouco para ver se ele pode adensar e os outros também. Veio discutir essas questões. Ele ficou meio aborrecido com o Guerrero, na pugna entre Anatel e Ministério das Comunicações, e levantou um ponto que eu acho importante: essas agências muitas vezes são mais fortes do que os ministros, e não há nada acima delas; talvez devesse haver uma ligação delas com a Casa Civil, para evitar esse aspecto disfuncional. Se bem que isso depende de cada ministro, a Vigilância Sanitária [Anvisa], quero ver se o Serra não manda lá, então varia um pouco, também depende de quem foi nomeado. O Serra nomeou as pessoas que quis e que são competentes, mas não foram escolhas minhas, porque eu nem conheço a área, e no caso da Anatel a escolha foi minha, aliás, minha e do Sérgio Motta lá atrás, e o Pimenta herdou. No caso do Petróleo [ANP] foi o Duda, e isso dificultou... mas não muito, porque o Tourinho se ajeitou bem com ele, mas daria problema com o Zé Jorge se o Duda continuasse sendo marido da Bia, porque o Duda estava muito cheio de si e ia dar dor de cabeça. Enfim, é uma questão a pensar sobre o que fazer do ponto de vista organizacional.

HOJE É DIA 23 DE JULHO, SEGUNDA-FEIRA, são onze e meia da manhã, estou esperando no Alvorada o Sérgio Moreira,* para discutir as questões do Sebrae.

Ontem à noite o Malan esteve aqui e repassamos tudo. O mais importante é que telefonei para o De la Rúa, Malan ao meu lado, e o De la Rúa muito animado com a situação da Argentina. Pode ser ilusória, mas pode corresponder também a uma sensação de alívio e grata a nossas posições. Reclamou que nos Estados Unidos disseram que o Armínio Fraga teria dito — eu não acredito — que o caminho da Argentina era o default. Ele não teria dito isso dessa maneira, mas não há dúvida de que todos nós, num dado momento, acreditamos que a Argentina poderia ir para a moratória.

Acho que isto é o mais significativo a registrar: o Gregori e o Pedro Paulo vieram aqui com meu primo, o [Carlos] Joaquim Ignácio, assistimos a um filme horroroso chamado *Pearl Harbour*,** levou muito tempo, conversamos um pouco e eu disse ao Gregori que ele não deve deixar passar em brancas nuvens o artigo do [Fernando] Pedreira*** que diz que o governo federal, eu, Fernando Henrique, deixei corroer a autoridade por causa das polícias estaduais.**** Quem deixa corroer a autoridade são os governadores. Eu disse para o Gregori mandar uma carta ao Pedreira explicando o quanto já fizemos em relação a infraestrutura, orçamento, presídios, mandamos dinheiro para comprar automóveis... Agora, polícia local não é federal, são eles, os estados, quem têm que tomar conta das suas polícias. Ou então que façam o que queríamos fazer na Constituição de 1988 e depois da Constituição de 1988, a fusão das Polícias Militar e Civil, que permitam o controle do Exército sobre as polícias militares, o que o princípio federativo não permite. Até o Pedreira quer mostrar que é independente, depois de ter sido meu embaixador em Paris por tantos anos...

HOJE É DIA 24 DE JULHO, TERÇA-FEIRA. Ontem recebi o Sérgio Moreira de manhã para discutir o Sebrae, o Sérgio é um homem que tem ajudado muito, e me chamou a atenção para que eu esteja mais próximo da questão do microempresário, do artesanato etc.

À tarde recebi o cardeal [José] Saraiva Martins, que é o legado do papa,***** para uma conversa junto com o núncio****** e com arcebispo de Campinas, d. [Gilberto] Pereira Lopes, que chama de Alfieri o núncio. Tivemos uma conversa muito boa, ele [o

* Diretor-presidente do Sebrae.

** Longa de 2001 dirigido por Michael Bay.

*** Colunista do *Estadão*, ex-embaixador do Brasil na Unesco (1995-2000).

**** Em "O estado de coisas", publicado no *Estadão* de 22 de julho, Pedreira avaliou que, "ao contrário do que parece sinceramente crer o presidente, vivemos, sob seu governo, numa meia legalidade [...] espécie de 'sociedade bandida' que hoje une a polícia encapuzada, o tráfico e o crime organizado".

***** Prefeito da Congregação para as Causas dos Santos da Santa Sé.

****** Alfio Rapisarda.

cardeal] ficou sozinho comigo para transmitir em nome do papa — a expressão foi dele — o carinho que o papa tem por mim e que reconhece o que foi feito no Brasil. Eles sabem separar as críticas que são movidas por interesses políticos das críticas verdadeiras. Enfim, para me encorajar.

Ainda à tarde, dei uma entrevista longa ao *Correio Braziliense*, aos Diários Associados em geral, depois vim para o Alvorada receber primeiro, antes do jantar, o Guerreiro, presidente da Anatel. Ele veio se queixar da dificuldade em que se encontra, porque o ministro Pimenta da Veiga está querendo refazer os poderes do Ministério das Comunicações. O Pimenta de fato acha que as agências estão muito soltas e quer ter voz mais ativa nas políticas de governo. Há algumas coisas a serem analisadas, mas há também disputa de poder, e há a visão do Guerreiro, que é moderna, e a visão do Pimenta, que é menos avançada em matéria de meios de comunicação de massa, de democratização da sociedade e de não ingerência governamental em decisões entre o político e o técnico na área dos meios de comunicação. O Guerreiro é um homem correto, chorou comigo, uma coisa que me comoveu, e eu disfarço sempre, mas chorou porque está se dedicando a isso e acha que o Pimenta pode estragar o projeto de telecomunicações no Brasil. Pedi que ele permaneça, que não vá embora, até porque no ano que vem, se o Pimenta se afastar, eu posso botar o Guerreiro como ministro.

Michel Temer veio, jantou aqui, trouxe uns documentos para mostrar que ele não tinha nada a ver com as acusações feitas sobre as Docas de Santos.* Ele é candidato à presidência do PMDB, acha inevitável que o PMDB use a linguagem "querer ter um candidato próprio", ter ou não ter vai depender da convenção do ano que vem, mas ele está disposto a enfrentar o Itamar. Eu disse: "Tudo bem, agora há um problema: é preciso que eles não te enfrentem; se eles percebem que você vai ganhar eles se juntam e fica tudo igual". Ele disse: "De qualquer maneira, talvez seja melhor que os ministros do PMDB se afastem do governo, mesmo que o senhor mantenha alguns da sua cota pessoal". Eu disse que achava uma boa ideia. É bom que certos ministros, como o Padilha, se afastem, porque o fogo cruzado virá para cima dele, e vai ser difícil. Além do mais, é mais cômodo, porque ficar no governo com o PMDB mantendo uma posição gelatinosa não é conveniente. Essa foi a conversa com o Michel, que mostra como é o jogo político no Brasil. Michel vai ser presidente do PMDB, ele quer ficar com o governo, as bases querem ter candidatura própria, ele vai, talvez, manobrar, talvez não, as pessoas nunca são muito claramente a favor nem contra, porque os interesses são confusos, e mesmos os valores são confusos É difícil julgar partidos no Brasil pelo esquadro dos partidos de qualquer

* Em março de 2001, a *Veja* noticiou que um processo de divórcio litigioso envolvendo o ex-presidente da Companhia Docas do Estado de São Paulo (Codesp), Marcelo de Azeredo, revelara uma suposta planilha de propinas na qual constavam as iniciais do deputado paulista, que teria apadrinhado a nomeação de Azeredo.

outro país civilizado do mundo. Aqui os interesses pessoais e grupais são muito fortes, e como não há uma ideologia sólida nos partidos, os grupos que querem chegar ao poder fazem o cálculo racional para alcançar esse objetivo. Mesmo os que acham que podem chegar por um caminho, como no caso do Temer, ficam na dúvida se será o melhor caminho, portanto deixam margem para que o PMDB possa ter um candidato próprio. Eles sabem que o candidato deles contra o Itamar, no caso o Simon, não ganha do Itamar. E o Simon também é contra o governo. Então o PMDB fica uma posição muito embrulhada.

Bom, isso foi ontem. Hoje, terça-feira, já estive com o Celso Lafer, conversando e recebendo credenciais de embaixadores, e voltarei daqui a pouco ao Palácio do Planalto para uma cerimônia sobre a utilização do gás da Amazônia para energia em Manaus.*

* Lançamento de edital da Companhia de Gás do Amazonas para a contratação de barcaças de transporte de gás natural liquefeito entre o campo de Urucu e as usinas termelétricas da capital amazonense.

25 DE JULHO A 3 DE AGOSTO DE 2001

Sérgio Amaral assume o Ministério do Desenvolvimento. Posse de Alejandro Toledo em Lima. Visita de Tony Blair. Novo acordo com o FMI

Hoje é 25 de julho, quarta-feira. Ontem, como disse, fui à cerimônia de lançamento do edital sobre a utilização do gás na Amazônia em geral, discurso pra cá, discurso pra lá, há uma briga por trás disso, a Petrobras quer fazer um gasoduto, mas na verdade não fez nada nem pediu licença ambiental, até porque o governador se negaria a dar, pois prefere essa outra solução, que segundo ele, gera mais empregos para o Amazonas. De qualquer maneira, o edital é apenas uma abertura de possibilidades; se a Petrobras quiser fazer o gasoduto, fará, não sei se vai fazer.* Isso foi na hora do almoço, ao meio-dia.

Depois o Duda, o David, veio falar comigo junto com o Zé Jorge. Eu chamei o Duda à tarde porque me tinham perguntado, no *Correio Braziliense*, se ele iria sair da ANP, disseram que ele estava demissionário. Eu falei para o Duda: "Olha, cuidado com isso, agora você não pode sair, senão todo mundo vai dizer que foi porque você se separou da Bia, não tem cabimento isso". Ele já tinha me dito fazia algum tempo que gostaria de sair, porque já esgotou o trabalho dele lá, e naturalmente está com ambições no setor privado. Reafirmei: "Antes de outubro, nem pensar nesse assunto, porque vai gerar uma confusão muito grande; em segundo lugar, é preciso que haja alguém para substituir você, com independência, integridade e competência". Claro que ele concorda com isso.

Depois do almoço, despacho com os ministros [comandantes] militares, o que já foi mais complicado. Primeiro, porque o ministro da Aeronáutica me explicou bem as razões pelas quais eles fizeram o que fizeram [licitação de caças], ou seja, uma tomada de preços e, ainda mais, exigindo transferência de tecnologia, o que eles chamam de offset, quer dizer, compensações de cá e de lá nas compras e nos investimentos industriais, e tal. Isso, segundo ele, acabará, por levar o Mirage à Embraer, mas, mesmo que não leve, a Embraer terá participações em outros projetos. Ele, Baptista, acredita que essa seja a solução melhor, porque, se for uma decisão unilateral do governo, embora embasada num parecer da Aeronáutica, de que tem que ser aprovada a relação Mirage e Embraer, o mundo vem abaixo, e dessa forma não virá abaixo. Achei que ele tinha razões muito sólidas para dizer isso, e tudo bem. Depois, tanto ele quanto o general Gleuber se queixaram da falta de recursos. O Gleuber tem bastante razão, está difícil a situação, e o deslocamento das tropas agora para Bahia foi lento, por causa da Aeronáutica, por causa das próprias forças terrestres, que estão sem

* O gasoduto Urucu-Coari-Manaus foi inaugurado em 2009.

equipamentos suficientes. Já transmiti tudo isso ao Martus e ao Malan, com os quais me reuni no fim da tarde por causa de uma pendência entre ambos, ou melhor, entre a burocracia dos dois lados quanto à natureza do corte na Fazenda. O Martus, pedagogicamente, mostrou o que significa cortar 3% das atividades, e a Fazenda reagiu muito. Eu disse: "Pois é, e vocês ficam pedindo que se aumente o esforço fiscal [superávit primário] de 3% para 3,5% do PIB. É difícil". Enfim, fiz lá uma divisão salomônica na Fazenda e cortamos só metade do que o Martus queria. Vai ser muito doído tudo isso, e já estou cansado desse vaivém, desse ajusta e reajusta.

Também recebi o Marco Maciel com o Jarbas Vasconcelos, aí a conversa foi boa, eles querem a Transnordestina,* e têm toda a razão. Precisa ver qual parte dela dá para fazer com o dinheiro que temos para isso. Não sei se será fácil, mas eles têm razão, e está começando a haver um movimento mais sólido de retomada da Transnordestina, é importante.

À parte isso, recebi o José Aníbal para falar sobre o Espírito Santo, e conversei por telefone com o José Ignácio, ele parece que está autista, é um homem honesto, segundo ele não tem nada de sério nas acusações. Nesse caso, que mostre ao partido seu imposto de renda, suas declarações de bens, se está tudo claro, não há problema. Mas não deve estar tudo claro, senão não haveria tanta celeuma. O José Aníbal me propôs uma intervenção, falei com o Gilmar, é complicado, intervenção paralisa o Congresso, há dificuldades. O apodrecimento das estruturas institucionais no Espírito Santo é grande, pode ser que eu seja mesmo obrigado a tomar uma decisão mais forte, uma intervenção. O fato é que cheguei em casa quase dez da noite para jantar com a Ruth e dormir.

Hoje de manhã, nada de muito especial... ah, esqueci de registrar, ontem anunciamos a demissão do Tápias e fiz a nomeação do Sérgio Amaral, surpresa para todo mundo, mal sabem que estou preparando para o Tápias ir para Furnas. Hoje falei com ele, li a carta que rascunhei aqui de manhã, carta para aceitar a demissão dele, mas já deixando insinuar que ele pode continuar tendo uma função no governo, embora não tão absorvente como a atual, que o deixa muito ocupado no trabalho.

Fora isso, preocupação gerais, FMI, não sei o quê, jornais, fura daqui, fura dali, uma boa declaração agora de manhã: o [Paul] O'Neill, secretário do Tesouro americano, disse que é favorável a que o FMI apoie o Brasil. Isso é bom, em compensação não mostrou disposição em apoiar a Argentina. De qualquer maneira, a especulação é grande, o dólar sobe e desce muito mais em função de boatos e especulações do que de distorções reais das economias, até a unidade especial sobre economia do *Economist* falou que o Brasil, a Argentina e a Turquia, além da Indonésia, e não sei qual outro país mais, estariam ainda em risco de moratória. Isso não é verda-

* Ferrovia de 1753 km projetada para interligar os portos de Suape (PE) e Pecém (CE) através do interior nordestino. Começou a ser construída em 2006, numa parceria entre CSN e governo federal, e ainda não foi concluída.

deiro, não existe tal risco, pelo menos no horizonte visível, e vai se criando esse clima pessimista.

Outra notícia importante é que houve o leilão da Copene, ganhou o Odebrecht--Mariani.* Foi bom porque os dois lados foram à Justiça ver se houve ou não situações isonômicas, quer dizer, o leilão foi correto e, na última hora, o grupo do Paulo Cunha, o grupo Ultra, não apareceu. O mais importante para mim é que é o último grande setor da economia brasileira que precisava ser reestruturado. Siderurgia já foi, papel e celulose está sendo, minério também, faltava a petroquímica, e agora ela também entrou.

Nesta quarta-feira passei a manhã tratando de resolver assuntos privados e lendo coisas. Li o relatório sobre energia, que foi bem-feito pelo [Jerson] Kelman, e também olhei as brigas entre a Fazenda e a Saúde a respeito de baixar a tarifa de remédios.** Vários protestos das indústrias farmacêuticas, porque o Serra, quando vê o ângulo dele, é o dele, então agora quer baixar tarifas. Ele é, em tese, contra baixar tarifa, menos agora a da indústria farmacêutica. Se baixarmos muito a tarifa, desestimula-se o investimento e há desemprego. Enfim, temos que buscar um difícil ponto de equilíbrio.

Falei com o Tápias neste momento, pedi que atuasse nessa direção e li para ele a carta de demissão dele, já pré-anunciando Furnas, e ele está de acordo. Agora vou receber a Zulaiê [Cobra Ribeiro].***

SEXTA-FEIRA, DIA 27 DE JULHO, são nove e dez da manhã, o helicóptero já chegou para me levar ao Peru,**** entretanto quero registrar, rapidamente que seja, que quarta-feira, depois daquele encontro com a Zulaiê, não houve nada de mais extraordinário, apenas despachos normais, um clima geral mais calmo, embora também todo mundo olhando para o mercado. Fora isso, tive uma reunião preparatória com o Aloysio, o Gregori e o general Cardoso, para a reunião com os governadores sobre segurança pública.*****

À noite, na quarta-feira, jantei com Cesar Maia, homem inteligente, sabe muito de pesquisa e acha que o governo pode ganhar. Ele acredita no que chama de ti-ti-ti, contato direto com os segmentos da população, e acha que os ministros não estão fazendo isso e deviam fazer. Ele, muito entusiasmado, disse que o governo dele se beneficia das mudanças que fizemos no Brasil e que não acredita no Garotinho.

* O consórcio pagou o preço mínimo de R$ 785 milhões pela participação do extinto Banco Econômico na Copene, até então sob controle do governo federal, e assumiu o controle acionário da petroquímica.

** No início de agosto, o governo zerou as tarifas de importação de milhares de medicamentos e matérias-primas farmacêuticas para compensar o impacto da alta do dólar.

*** Deputada federal (PSDB-SP).

**** O presidente compareceu à cerimônia de posse de Alejandro Toledo.

***** Agendada para 9 de agosto, em Brasília.

Acha que é capaz até de ser candidato a presidente e que não temos candidato a governador do Rio. Ele propõe o Malan, que parece que não quer aceitar, e falei no Aécio, que ele acha razoável, e no Eduardo Eugênio [Gouvêa Vieira], que dá para conversar também. Foi isso o essencial.

Quinta-feira, ontem, reunião de manhã na Câmara de Desenvolvimento para discutir a questão do álcool com o Tápias. O projeto parece bem-feito, embora ainda vago, sobre a possibilidade de exportar álcool para os Estados Unidos. O Duda esteve aqui junto com os outros, nada de novo.

Tive um almoço com o Sérgio Amaral, para repassar os pontos do Ministério de Desenvolvimento, Indústria e Comércio Exterior e para conversar sobre a vinda do Tony Blair. À tarde, de importante, recebi o presidente da Elf-Total,* que veio falar sobre o que estão fazendo aqui no Brasil, como eles costumam fazer.

Depois uma boa reunião com os governadores. Sobretudo o Jarbas Vasconcelos, o Almir Gabriel e o Tasso insistiram que não se trata de salário, no caso das PMs, mas de mudar as regras, de quebra de hierarquia, bagunça, falta de profissionalização, gostei da reunião. Em seguida fiquei despachando o normal e vim para casa.

Agora, sexta-feira, estou indo ao Peru. Antes falei com a Lúcia Flecha de Lima,** que havia me telefonado fazia dois dias, e com o Paulo Tarso [Flecha de Lima],*** porque pedi que o Celso mandasse a ele uma carta dizendo que eu precisava do cargo, na embaixada da Itália, para dar ao Andrea Matarazzo e para eu começar uma mudança mais profunda no núcleo de controle do Palácio e nas ações de governo.

DOMINGO, 29 DE JULHO, são duas e meia da tarde. Fui ao Peru, como eu disse aqui, na sexta-feira, cinco horas de viagem. Mal chegando lá, conversei com o Celso Lafer sobre as mudanças do Ministério [Itamaraty] e optei pela mudança mais profunda, ou seja, que ele convide quem está hoje na União Europeia para ser secretário-geral, que é o Clodoaldo Hugueney [Filho]. O Clodoaldo vai alterar um pouco as coisas, o outro seria o [Osmar] Chohfi,**** que é mais metódico, mas seria um pouco do mesmo, enquanto o Clodoaldo vai dar uma chacoalhada. Vão achar que fomos para a esquerda, para o desenvolvimentismo, não iremos para nada disso, mas ele dará uma presença mais ativa ao Ministério.***** E aí já aproveita não só para levar o Celso Amorim****** para Londres como também o Seixas para Genebra, e

* Thierry Desmarest. A TotalFinaElf, resultante da fusão de três petrolíferas europeias, atualmente se denomina Total.

** Mulher de Paulo Tarso Flecha de Lima.

*** Embaixador do Brasil em Roma.

**** Chefe de gabinete de Celso Lafer.

***** O indicado à Secretaria-Geral foi Osmar Chohfi. Hugueney permaneceu à frente da representação brasileira na UE, em Bruxelas.

****** Embaixador do Brasil junto aos órgãos da ONU sediados em Genebra.

o Clodoaldo fica secretário-geral. Mais tarde ponho o Zé Gregori na embaixada em Portugal, o Synesio [Sampaio Goes]* vai para a Bélgica e o Andrea para a Itália.

No Peru, mal chegado à embaixada, estavam os repórteres me perguntando sobre a questão da segurança, se eu poderia esclarecer alguns pontos sobre a confusão que eles mesmos fizeram sobre a Guarda Nacional** e sobre se eu iria criar já uma medida provisória, essas coisas que eles gostam de antecipar o que vai acontecer no futuro da política. Me perguntaram também sobre o Zé Gregori, se ele vai para a Embaixada em Portugal... Tudo se sabe aqui no Brasil. Eu neguei, naturalmente, porque ainda nem falei com ele nem pedi a Portugal. Como vou confirmar uma coisa dessa? Depois dizem que político mente; não é que minta, é que às vezes é obrigado a isso, as conveniências dizem que não dá para falar o que se vai fazer. Eu não disse que não ia fazer, falei: "Não, não resolvi nada", mas no futuro, para contrapor ao que eu disse em Lima, dirão que neguei. Mas faz parte.

Em Lima, então, dei essa entrevista, depois falei com empresários limenhos e brasileiros,*** na verdade eles ficaram, acho eu, impressionados com o domínio que eu tinha das questões. Depois dei entrevista à imprensa do Peru e fui me encontrar num hotel**** com o [Gustavo] Noboa, o presidente do Equador, uma boa figura. O Equador está se organizando, e o chanceler***** também é muito ativo. Nós conseguimos, depois de muita luta, liberar alguns empréstimos, e só falta um chamado projeto San Francisco,****** pelo qual eles fazem muito empenho. A presença do Brasil no Equador é grande e eles propuseram que a Petrobras faça junto com eles um gasoduto, um oleoduto, e depois eles vão levar a gasolina para a Califórnia. Me pareceu uma boa coisa, vou falar com o Philippe Reichstul amanhã. Estava esperando receber também o Shimon Peres,******* mas houve uma confusão, e o Shimon ficou para o dia seguinte, portanto para ontem, sábado.

Na sexta-feira jantei com o presidente [Valentin] Paniagua, presidente interino******** que está saindo, ficou lá nove meses e realizou um belo trabalho. Eu fiz a saudação a ele na hora do jantar, um ambiente muito simpático. Mais importante

* Embaixador do Brasil em Portugal, foi designado para a embaixada na Bélgica.

** O governo anunciara estudos para a criação de uma Guarda Nacional, subordinada ao Ministério da Justiça, para auxiliar as forças estaduais no policiamento urbano, além da fusão das polícias civis e militares. A Força Nacional de Segurança Pública foi criada por decreto em 2004.

*** O presidente recebeu na embaixada integrantes do Grupo Brasil, entidade empresarial de fomento às relações bilaterais.

**** Country Club Lima.

***** Heinz Moeller.

****** Inaugurada em 2007, a usina San Francisco, no rio Jubones, foi construída pela Odebrecht em consórcio com uma estatal equatoriana.

******* Chanceler de Israel.

******** Ex-presidente do Congresso, assumiu a presidência peruana em novembro de 2000, depois da renúncia de Alberto Fujimori.

foi a reunião havida antes disso com os presidentes do Mercosul,* os quatro. Vejo o Batlle muito preocupado com a situação da Argentina, achando que vem borrasca forte, querendo que nós todos nos unamos para falar com os americanos, coisa que foi feita no dia seguinte de manhã com o Zoellick, que estava lá. Mais tarde falei com o Zoellick, no banquete oferecido pelo [Alejandro] Toledo, e ele me disse o seguinte: "O ministro Fraga, do Banco Central, e o ministro Malan são muito bem-conceituados nos Estados Unidos, pelo O'Neill e por outros. Parece que eles [os ministros] não têm a mesma impressão [que os americanos], ou seja, de que a Argentina indo para o buraco o Brasil vai junto. Seria bom que eles conversassem". De fato, essa não é a nossa impressão, mas o jogo dos argentinos é esse, dos uruguaios também, e o próprio Ricardo Lagos, com quem também conversei longamente, tem muita preocupação. Aliás, eu também tenho, com a situação da Argentina. Houve uma expressão do Zoellick muito significativa, ele disse que sentiu o De la Rúa *detached*.** Na verdade ele está mesmo autista, na conversa entre nós o De la Rúa estava bastante abstrato e o Giavarini mais insistente do que ele, dizendo que iriam ganhar, e não sei o quê, que o Senado vai votar [o pacote de austeridade], e o De la Rúa já foi dizendo: "Não, já tem medida equivalente à medida provisória preparada...", e, meu Deus do céu, ele não pode dizer isso. Acho que o Jorge Batlle foi muito bem, ele é muito divertido, e insistindo muito que está na hora de botar a faca no pescoço dos americanos, porque podemos ameaçá-los de explosão geral, sabe Deus, e a preocupação do Batlle é a questão eleitoral nos EUA,*** com ela vem uma guinada para posições mais populistas ou mais esquerdistas, e ele tem medo disso. Também há a preocupação com a União Europeia, e disso o Batlle entende bem, leu todos os documentos e disse que os europeus, no que nos interessa, que é a parte agrícola, falam remotamente em cotas para o futuro, acha que é preciso esclarecer isso, analisar o documento e botar preto no branco. Foi talvez a reunião mais significativa em Lima, reafirmamos o Mercosul, pro forma que seja, mas simbolicamente é importante.

Sábado me encontrei de manhã com o Shimon Peres nesse mesmo hotel, saí da embaixada cedo para ir lá, e na embaixada eu dormi, porque estava cansadíssimo. O Shimon Peres, cada vez que eu o vejo, mais o admiro, é um homem de grande sabedoria, um homem já de setenta e poucos anos, mas em plena forma, e as palavras dele deviam ser gravadas sempre, porque não apenas as frases são bem-feitas como ele vai fundo nos problemas. Falou da conversa dele com o [Yasser] Arafat,**** das dificuldades que o Arafat tem por não controlar as forças internas, por isso ele precisa ter uma retórica muito forte. Na verdade ele deseja a paz, mas não conse-

* No Country Club Lima.

** "Desligado", em inglês.

*** Referência às eleições para o Congresso e aos governos estaduais norte-americanos em novembro de 2002.

**** Presidente da Autoridade Nacional Palestina e líder da Organização para a Libertação da Palestina (OLP).

gue. Ele cometeu alguns erros históricos a certa altura, ao não aceitar a oferta de ficar com 80% dos territórios, depois disse que o [Ehud] Barak* cometeu outro erro histórico ao não aceitar outra proposta e que agora existe esse relatório dos chefes da CIA americana.** Eu não li o relatório, li o resumo e me pareceu razoável. Diz ele que o relatório é bom, mas começa mal, porque fala que todos os atos de hostilidade têm que cessar e [os israelenses] devem desistir das pretensões [territoriais]. E, diz Shimon, nesse momento não se faz isso, isso não é possível, as coisas têm que amadurecer, os temas não estão maduros, não adianta colocar temas não maduros. São corretos, mas não estão maduros, vai levar tempo, dez anos, vinte anos... Ele tem uma noção de quem já viveu e sabe que as coisas não se resolvem de repente, que é preciso encaminhá-las, dar-lhes certo rumo. Fora isso, me pareceu que ele queria que o Brasil não se alinhasse ao G77*** e mantivesse a posição, que é clássica nossa, de não aceitar o sionismo como racismo. Eu disse que nisso não temos dificuldade alguma. Outro ponto que ele queria ressaltar era o da necessidade de maior desenvolvimento tecnológico. Fez grandes elucubrações sobre a cibernética, sobre como o conhecimento manda no mundo de hoje, sobre como Israel tem a vantagem não apenas de ter conhecimento, mas também de não poder ter indústrias, de não poder desenvolver as tecnologias que eles criam, que não podem ser desenvolvidas lá. Portanto, Israel é um bom parceiro. Ele tem uma visão ultra-afinada do mundo, ultramoderna, acha que daqui por diante os computadores, a internet e as novas tecnologias vão criar condições totalmente diferentes para o universo, e as pessoas estão ainda apaixonadas pela nação, pela religião, pelas várias intolerâncias. Isso vai levar muito tempo para se dissolver e, no caso deles, há o fator demográfico, como, aliás, eu havia assinalado ao Celso: a longo prazo não sei como sobrevivem por causa do fator demográfico e, segundo as palavras dele, da irracionalidade muçulmana.

Depois desse encontro, fui à posse do presidente, assisti ao discurso do Toledo, nada de extraordinário, tocou em todos os temas, prometeu tudo, tudo contraditório que não vai poder fazer. No Congresso manifestações pra lá e pra cá, mas nada exagerado, quatro ou cinco fujimoristas, a turma do Alan García**** muito agressiva em relação ao Chávez, que lá estava, gritando sobre ele "Ditador, ditador". O Chávez ficou meio sem jeito, mas nada mais de especial. Tivemos um longo banquete, durou horas e horas, o Toledo foi amável, mas eu sempre tenho certo pé atrás, porque não gosto do estilo dele. Ele quer aproveitar a cara de índio, tendo ideias que você

* Ex-primeiro ministro de Israel que renunciou em março de 2001.

** O Plano Tenet, proposto e nomeado pelo diretor da CIA, George Tenet, sugeria seis medidas para o cessar-fogo entre as duas partes e o reinício das negociações de paz.

*** Grupo de países da América Latina, da África, da Ásia e da Oceania, formado em 1964 para defender os interesses do mundo em desenvolvimento na ONU, hoje com mais de 130 membros.

**** Candidato derrotado à presidência pelo Partido Aprista Peruano e ex-presidente do Peru (1985-90). Suicidou-se em abril de 2019 depois de ser denunciado por corrupção à Justiça peruana, numa investigação derivada da Operação Lava Jato.

não sabe se são neoliberais, populistas, de identidade cultural com sinceridade, pode até ser. Ou não. O pai dele* estava lá, um índio muito feio, e a mulher dele,** a belga, também estava lá. Fico olhando os presidentes tomando posse e me lembro da minha segunda posse, quando eu tinha consciência do desastre. Alguns não têm. O De la Rúa não tinha, e acho que o Toledo também está minimizando o que o espera. Ainda assim, é melhor que ele tenha essa energia, porque nós não temos outra coisa a fazer senão ajudá-lo. Ele não mencionou sequer a palavra "Mercosul", mencionou Comunidade Andina, um sentimento andino, uma coisa de ressentimento indígena. O Chile entra nisso, mas um pouco contrafeito, porque não se quer indígena. Quem se quer indígena são os outros, a Bolívia, o Equador, porque são, a Colômbia um pouco, a Venezuela não tanto, e o Peru é o centro desse sentimento.

Ah, um rápido comentário. Li no *Estadão* uma entrevista interessante do Fábio Wanderley [Reis]. Ele é uma pessoa moderada, alçado a uma fama momentânea por causa do jantar na casa do Setúbal, onde ninguém falou do artigo dele, veja como são essas coisas. Mas, entre outras coisas, ele cobra um déficit de simbolismo da minha parte, [diz que eu tenho um] déficit simbólico, e talvez tenha razão. Sou demasiado institucional e o Brasil ainda precisa de pessoas com certo histrionismo, mais do que histrionismo, uma coisa que pode ser até positiva. Mas ele não tem razão quando, por exemplo, diz que eu podia ter apelado ao povo, não ter assinado a anistia do Humberto Lucena, que deveria ter vetado o Humberto Lucena, vetado a lei que dava anistia a ele.*** Ora, eu dei as razões do não veto, o Lucena não fez nada, aquilo foi perseguição, então essa é a minha limitação. A esse custo, ao custo de esmagar uma pessoa, eu não tiro proveito, mesmo que eu saiba que isso fará as massas me aplaudirem. Mas eu não gosto de montar uma arena e matar a questão.

HOJE É DIA 31 DE JULHO, TERÇA-FEIRA, ontem o dia foi tomado pela presença do Tony Blair. De manhã, fui recebê-lo, houve uma boa discussão, basicamente sobre a Argentina. Ele mencionou o interesse que eles têm na venda de aviões para a Força Aérea,**** e eu disse que queremos transferência de tecnologia, que vai haver uma competição aberta, mas que vamos decidir com base no que vier para cá em tecnologia. Ele encaixou bem. Depois nos reunimos com o pessoal da área social, quer dizer, com o Serra, o Paulo Renato e o presidente do Ipea, para

* Anatolio Toledo.

** Eliane Karp.

*** Humberto Lucena e outros quinze parlamentares, condenados à perda de mandato pela Justiça Eleitoral por utilização irregular da gráfica do Senado para a impressão de material de campanha, foram anistiados pela lei nº 8985, aprovada no Congresso em dezembro de 1994 e sancionada pelo presidente em 7 de fevereiro de 1995.

**** O Reino Unido participa do consórcio construtor do Eurofighter Typhoon, um dos concorrentes da licitação de caças.

discutir os avanços nas políticas sociais, e foi bem interessante. Também o Celso Lafer falou. Tony Blair se interessou ainda pela discussão com a União Europeia, ele tem uma posição bastante aberta sobre a questão agrícola, falando claramente que acha injusto os subsídios e que temos que lutar contra; acha que o Brasil deve ter um papel de destaque nisso. Repetiu um pouco o que o [Pascal] Lamy já me havia dito, com o que estou de acordo, pedindo uma ação mais enérgica de nossa parte, em vez de ficarmos só choramingando sem proposta. Eu disse a ele que iríamos fazer propostas a partir do que o Lamy disse em Montevidéu* e que em outubro viria então uma proposta. Na verdade, o Batlle quer fazer uma análise dos documentos e não uma proposta, e por quê? Porque para o Uruguai, que é um país basicamente agrícola, o que a União Europeia trouxe não interessa tanto, enquanto para o Brasil já é diferente, para nós pode interessar. As diferenças de cada país vão pesar nessa questão, e acho que o Brasil tem que puxar a discussão, senão vamos ficar a reboque do que não é do nosso interesse e nem é justo.

Mais tarde nos reunimos com os empresários ingleses,** o Malan fez uma exposição junto com os ministros, o Tony Blair falou, depois eu falei alguma coisa. O Blair e eu viemos para o Alvorada e demos uma entrevista coletiva à imprensa, sem nenhum problema mais grave, o Tony Blair ficou surpreso pela polidez da imprensa inglesa, a brasileira quase não perguntou, foi também gentil. Almoço muito agradável, discurso pra cá, pra lá, muita conversa, vê-se que o Tony está no auge da sua força política, e mesmo força psicológica, pessoal, muito bem-disposto, surpreso positivamente com o Brasil, teceu elogios generosos a mim o tempo todo, e depois foi embora.

Passei o resto do dia trabalhando incessantemente, despachando, recebendo o Arthur Virgílio, que está com um problema local, coisa do Amazonas, pensei que fosse coisa mais geral do Brasil, alguma demanda, mas não. Dei entrevista para o Carlos Alberto Sardenberg*** e fui emendando uma coisa na outra, e na outra, e finalmente reunião da Câmara de Segurança Pública.**** Nesta, muita dificuldade, porque, quando existe legislação, a legislação é inadequada, a Constituição dispõe uma coisa, mas a lei que dá as penalidades [a PMs grevistas]... ela nem é lei, é decreto-lei dos tempos dos militares,***** pois o governo federal não mandou uma lei orgânica correta. Então vamos fazer uma lei orgânica melhor, mas o problema central é que a quebra de autoridade existe é nos estados. Eu vi outro dia uma reportagem na TV falando de quebra de autoridade. Ora, no governo federal nunca ninguém quebrou autoridade nenhuma, as Forças Arma-

* Entre 2 e 6 de julho de 2001, o Mercosul e a União Europeia realizaram na capital uruguaia a quinta rodada de negociações do acordo comercial entre os dois blocos.

** A comitiva britânica incluía treze representantes das indústrias petrolífera e automobilística.

*** Colunista e apresentador da GloboNews.

**** Reunião ministerial sobre a segunda versão do Plano Nacional de Segurança Pública, lançada em 8 de agosto.

***** Código Penal Militar (decreto-lei nº 1001, de 21 de outubro de 1969), ainda vigente.

das foram cem por cento. Nada, nem de longe, nem a Polícia Federal, nada, nada, nada. O que acontece é que nos estados os governadores perderam o controle da situação, pela politiqueira, pela politicaria, por promoções sem base, pelo fato de os coronéis... membros dos escalões superiores da polícia entrarem para sistemas de segurança privado, pelo fato de que os praças trabalham 24 horas e descansam 72, ou seja, têm bico nas 72, ou coisa que o valha, e o salário é baixo, mas é baixo quando não se leva em consideração o pouco trabalho que se requer deles. Enfim, uma grande desordem. Com a politização devida as eleições que se avizinham, as associações de policiais substituem, na verdade, os sindicatos, e viram partidos. Falam do PT, mas não; o PSDB também está nisso, todos estão tratando de tirar voto das polícias, isso cria um clima de desordem em época pré-eleitoral. Como resolver essa questão? Não é por uma penada, muito menos com um grito meu, não obstante temos que fazer a nossa parte. Insisti muito com o Zé Gregori que não adianta dar 400 milhões — e não os temos no orçamento — para eles comprarem viaturas e armas, porque as polícias já têm armas, vão usar contra nós, contra o povo, na verdade, a cada instante. O que é preciso haver é capacitação e apoio social. Falei com o [Emílio] Carrazzai, presidente da Caixa Econômica, sobre um programa de habitação [para policiais]. Nisso, sim, o governo federal poderia eventualmente cooperar, emprestando o dinheiro para a entrada na compra da casa, qualquer coisa assim, porque é uma despesa que se realiza de uma só vez e que dá uma garantia para a vida das pessoas, coisa que de fato elas precisam. Outra coisa importante é seguro de vida, mas isso os governadores têm que providenciar, não dá para o governo federal enfrentar, porque o valor do seguro se renova todo ano, e não temos condição, pela Lei de Responsabilidade Fiscal e pela Lei do Orçamento [LDO], de fazer isso.

Emendei essa reunião com outra, com o presidente da Câmara, Aécio, com o presidente em exercício do Senado, Lobão, com o Marco Maciel, com os líderes do governo mais o Aloysio, para discutirmos a agenda legislativa. Eles estão mais do que conscientes de que ou o Congresso começa a votar e assume sua posição, ou há desmoralização crescente e muito negativa.

Hoje, terça-feira 31, estou aqui de manhã, vou receber o Dornelles e não sei mais quem ainda de manhã, depois vou encontrar o Tony Blair na Embraer, lá em São José dos Campos, e de lá partiremos para Foz do Iguaçu. A Ruth vai ao Rio pegar a Cherie Blair,* depois se encontra comigo em Foz do Iguaçu.

MADRUGADA DO DIA 1º PARA O DIA 2 DE AGOSTO. Cumpri o programa ontem, aliás, anteontem, porque já é madrugada do dia 2. Dia 31 foi ótimo, encontrei o Blair em São José dos Campos, na Embraer, todo mundo gostou bastante,

* Mulher de Tony Blair.

os trabalhadores amáveis conosco, conversamos com muitos deles, nível alto, nível alto da empresa, tomamos um avião da própria Embraer e fomos, eu e o Tony, para Foz do Iguaçu. À noite tivemos um jantar, só os dois casais e os embaixadores, o Sérgio Amaral e a mulher, e o embaixador inglês e a mulher.* Muito agradável, muito à vontade, muito solto, conversamos sobre tudo e contei direitinho o que eu penso sobre a situação política do Brasil. Falamos mais de política do que de economia, porque o Blair fala mais de política. Ele explicou como estava vendo as coisas na Europa, os problemas dele, como conseguiu a segunda vitória,** acha que os anos de mandato que terá pela frente serão mais duros do que os anteriores, pois vai ter que enfrentar outro tipo de dificuldade, uma Inglaterra, digamos, mais exigente. A Inglaterra realizou mais coisas e vai querer fazer menos sacrifícios, mas vai ter que fazê-los. Falou bastante sobre o George Bush, com quem tem uma relação simpática, eles conversam muito, e disse que no dia seguinte de manhã, portanto ontem, dia 1º, falaria com o Bush. Aí conversei bastante sobre a Argentina, mostrando a importância de apoiá-la, apesar de todas as dificuldades, porque pode haver um efeito de contágio, apesar de que os americanos não creem nisso. Ele comentou que iria falar com Bush, eu disse: "Transmita ao presidente Bush a minha opinião também...". No dia seguinte, ontem, 1º de agosto, portanto, visitamos as Cataratas, ele ficou fascinado, a Cherie também fascinada com as Cataratas, que são realmente admiráveis. Eles tinham sobrevoado com um avião da Embraer, depois fomos visitar Itaipu, que é uma coisa fantástica, eles chamam de Catedral, e é uma catedral gótica mesmo, aquela muralha imensa, com o leito do rio seco, depois a sala de controle de máquinas, enfim, um ambiente muito positivo. Tony Blair me pareceu realmente deslumbrando com o que estava vendo no Brasil. Vimos a cidade de Foz do Iguaçu, enfim, ele me disse mesmo que estava admirado.

Eu acho bom que os ingleses vejam o que é o Brasil, porque a televisão deles ficou atrás de nós o tempo todo, tanto nas Cataratas do Iguaçu como, depois, na visita a Itaipu, realmente uma coisa muito boa. Chegamos ao hotel,*** nas Cataratas, e ficamos esperando o Fernando de la Rúa. Dei uma entrevista à Globo, com o Wiliam Waack, depois chegou o Fernando de la Rúa. Me deu tristeza vê-lo caído, desanimado, sem saber o que mais possa ser feito — aliás, não há muito mais o que fazer —, ele preocupado com a atitude dos americanos, culpando bastante o O'Neill pelas declarações que deu, dizendo também que muitos economistas estão propondo que a Argentina entre em reestruturação de dívida, em moratória, que deixe de desvalorizar o peso. Ele disse: "Essa gente não sabe das consequências disso, o empobrecimento do país, a quebradeira, mais desemprego". Enfim, o pobre De la Rúa

* Roger e Lena Bone.

** Blair fora reeleito ao segundo mandato nas eleições gerais de 7 de junho. O Partido Trabalhista conquistou 415 das 659 cadeiras da Câmara dos Comuns.

*** Belmond Hotel das Cataratas.

está desanimado. O Blair perguntava coisas objetivas ao De la Rúa e ele não sabia sequer responder adequadamente sobre a situação econômica da Argentina. Num dado momento perguntei a ele o que era o pior, porque ele tinha dito que poderia vir o pior. Mas ele não conseguiu nem imaginar o pior. Disse que poderia haver até uma crise política, mas que, ao mesmo tempo, as manifestações de rua dos últimos dias tinham sido pequenas, quase nada, que é mais a mídia que cria certa ambiguidade, característica de quem não está vendo nem mais um palmo na frente.

Nesse meio-tempo eu já tinha sabido pelo Blair que na conversa com o Bush ficou claro que os americanos apoiariam apenas a antecipação de 1,2 bilhão de dólares [do FMI] para a Argentina, de setembro para agosto, mas não os 9 bilhões de dólares adicionais. Por isso Blair foi mais cauteloso na conversa com o De la Rúa, nós três demos declarações públicas, eu fui mais abrangente e mais solidário, porque não tinha ouvido nada do Bush, e não tenho a responsabilidade que tem o Blair; ele representa um dos sete países mais ricos do mundo, portanto tem peso nas decisões. Notei o Blair mais cauteloso na expressão de apoio. Almoçamos juntos e, de novo, conversas muito francas, agradáveis, mas de muito desespero da parte da Argentina, eu insistindo na importância de apoio à Argentina e o Blair ouvindo, provavelmente concordando, mas sem ter os instrumentos para tomar decisões mais efetivas naquele momento, a toda hora dizendo a mim que iria falar com a Inglaterra. Nesse meio-tempo o Bush chamou o De la Rúa e depois ele voltou lívido, ou seja, o Bush deve ter dito a ele o que dissera ao Blair: 1,2 bilhão sim, 9 bilhões não.

Transmiti em seguida a conversa que tive com o Malan, que estava em contato com o Murilo Portugal,* que havia comparecido à reunião do Fundo, e só o Murilo defendeu com ardor a posição argentina. Parece que os americanos não foram negativos, os europeus foram duros, eu disse isso ao Blair, e o Blair ficou de falar com o pessoal dele. Não sei se falou.

Nos despedimos e vim embora para cá. Mal chegando, depois de ter despachado a rotina com o Pedro Parente, fui discutir com o Malan e com o Martus o ajuste do orçamento, porque de novo há pressão do Fundo Monetário para ajustarmos mais ainda. Chegou o Armínio Fraga, jantamos e decidimos que o Pedro Malan iria falar com o Stanley Fischer. Ele fez isso, falou uma hora e meia por telefone com o Stanley, e não cedeu um milímetro: o superávit tem que ser no máximo 3,35% neste ano de ajuste, 3,5% ano que vem, e queremos 4,4% de cota do Brasil no Fundo, ou seja, 15 bilhões ou 16 bilhões de dólares como garantia, como colchão. No final, o Stanley cedeu, ele próprio vai conversar amanhã com o Köhler, que é diretor-gerente do Fundo. Malan vai ter que falar com todos os presidentes e ministros da Fazenda dos sete grandes, dos sete ricos [G7], e o Armínio com o Stanley, com o Köhler. Eu me dispus, se for o caso, a falar com o Schröder e com o Blair, para reforçar a posição brasileira.

* Representante do Brasil no FMI.

No final, o Malan, cansado, meia-noite e meia, pediu um uísque. Eu tomei um pouquinho, ele um pouco mais, o Armínio fingiu que tomou, o Martus nada. Estávamos tensos, foi um dia difícil depois de toda essa conversação. No fim o Malan disse: "Pois é, à medida em que avançávamos com esse empréstimo estávamos afundando a Argentina". Eu disse: "Pedro, eu sei, hoje notei que a Argentina perdeu, eu sempre fui solidário, e sou, mas acho que não adianta pagarmos o preço dessa defesa, porque a catástrofe vem aí, e temos que nos defender". Sei que se amanhã ou depois, na sexta-feira que seja, o Fundo Monetário conceder o empréstimo ao Brasil e não conceder à Argentina, estará feita a separação entre os dois países, estará dado o sinal para o mundo de que a Argentina não terá apoio, portanto vai precipitar a crise. É duro isso, mas não somos nós que estamos fazendo a Argentina entrar nessa crise nem impedindo ajuda a ela; ao contrário, estamos pedindo que eles ajudem, e eles não vão ajudar. Então, que pelo menos nos deem algum apoio. E, olha, vamos trincar os dentes, apertar o cinto e ver o que vai acontecer, porque vai ser um tremendo terremoto. Se mesmo com essa ajuda nós vamos sofrer, imagina a Argentina.

Pergunto: o que vai acontecer depois? De imediato, a desmoralização daquilo que a esquerda chama de política neoliberal, que não é a nossa, mas foi a da Argentina, e os americanos não estão vendo isso, estamos pagando o preço da eleição americana. Eles elegeram o Bush, e o Bush disse a mim, na primeira vez em que se encontrou comigo, que a Argentina tinha que ser responsável pelos seus erros, e é o que eles estão fazendo. Nas palavras do De la Rúa, [os americanos] "estão fazendo um experimento" e pergunta: "Por que logo conosco?". O experimento é ver o que acontece. Vamos ver, vai acontecer coisa grave, nós vamos sofrer respingos, e tomara que sejam só respingos.

Agora, mais ou menos onze e meia da manhã, acabei de falar longamente com o Ricardo Lagos por telefone, ele tinha falado com o Fox, os dois estão propondo que eu me junte a eles numa carta ao Bush sobre a situação da Argentina, coisa que eu já tinha sugerido também. Em consequência disso, falei com o Pedro Malan, para ele entrar em contato com Jorge Rodríguez, que é o ministro da Fazenda do Chile,* para prepararem um rascunho dessa carta, um sinal de apoio político e uma chamada de atenção aos americanos. Estou cético quanto ao efeito, mas acho que devemos ajudar, porque o que eles estão fazendo com a Argentina é inaceitável. Estão queimando o país por causa dessa visão maluca de que é preciso deixar o mercado agir e que os governos têm que ficar *hands off*.** Isso é uma loucura.

HOJE É SEXTA-FEIRA, 3 DE AGOSTO. Ontem, como eu disse, preparamos essa carta depois de idas e vindas. O Fox no fim não quis assinar, disse que falaria [com Bush] por telefone, o Ricardo não gostou, nem eu. Resolvemos mandar a carta

* Ministro de Economia, Fomento e Reconstrução.

** "Sem se envolver diretamente", em tradução livre.

só nós dois, mandamos ao Bush e também ao G7.* Falei várias vezes por telefone com o Ricardo e, nesse meio-tempo, o Malan foi me informando das negociações com o Fundo Monetário. O Malan tem sido extraordinário, de uma paciência e de uma persistência muito produtivas. E o Amaury Bier, que é o chefe da negociação, é outro igual. São fantásticos, aliás a equipe toda. Também está lá [no FMI] o Guilherme [José Guilherme Reis], que é da área do Planejamento e que, junto com o Armínio Fraga, que já esteve por lá, fez um trabalho extraordinário. Isso foi ontem. O Malan ainda brigou, porque houve notícias de que eventualmente só dariam o empréstimo ao Brasil depois de dar uma ajuda à Argentina. Malan disse que não foi isso que ele havia combinado com o Stanley e muito menos com o Köhler. Insistiu, e resultado: hoje, sexta-feira, dia 3 de agosto, nos foi concedido um empréstimo de 400% acima da nossa cota, quer dizer, mais ou menos 15,8 bilhões de dólares.** Como ainda temos mais três ou quatro, são 18 bilhões ou 19 bilhões à disposição para enfrentar o fim deste ano e o ano que vem, com taxas de juros razoavelmente baixas. Foi um sucesso, e com o reconhecimento explícito do Fundo Monetário de que nossa condução macroeconômica tem sido muito boa. Isso diferencia bem o Brasil dos outros países e mostra que realmente temos apoio. Foi espetacular.

Ontem à noite ainda falei com o Blair, que estava no México, telefonei para agradecer a visita, ele se disse muito contente com tudo, elogiou, falou da Ruth e tal. Eu telefonei também para dizer que o Brasil estava pleiteando esse empréstimo e que queríamos que ele se empenhasse para o empréstimo à Argentina.

Bom, hoje, sexta-feira, falei por telefone com todo mundo, com o Lagos outra vez, com o nosso amigo De la Rúa, que ficou muito contente com nosso esforço, e recebi um telefonema do Menem — curiosamente eu queria mesmo falar com ele. O Menem está preso, contei ao De la Rúa que tinha falado com o Menem. O De la Rúa acha a prisão dele injusta e disse que o está ajudando. Disse também que a situação da Argentina é desesperadora, ele me telefonou porque saiu uma fofoca num jornal de Buenos Aires de que o Clinton e eu havíamos falado mal dele. Não é verdade, pelo contrário, tanto eu quanto o Clinton dissemos que iríamos telefonar para ele; não falamos contra ele. Fofoca. Foi bom falar com o Menem, ele está preso em casa de um amigo*** e animado. Este mundo de hoje anda muito estranho.

Recebi o Quintão porque houve um problema desagradável. A Polícia Federal, movida pelos procuradores, entrou numa base civil de inteligência em Marabá,

* O documento instou a comunidade internacional a buscar uma solução "rápida e efetiva" para o colapso iminente da economia argentina.

** O acordo stand-by fechado com o Fundo previu a liberação periódica de parcelas do empréstimo até dezembro de 2002, no total de US$ 15,8 bilhões, com o primeiro repasse de US$ 4,6 bilhões depositado em setembro de 2001. Na ocasião do novo acordo, o Brasil tinha superávit primário de 5,2% do PIB e ainda contava com US$ 3,8 bilhões do empréstimo anterior.

*** O ex-presidente cumpria prisão domiciliar na quinta de Armando Gostanian, ex-diretor da Casa da Moeda argentina, na Grande Buenos Aires.

aparentemente secreta, e pegou uns documentos mal escritos, considerando o MST como inimigo.* Uma coisa chata, e, claro, a exploração logo virá. O Josias [de Souza], que é da *Folha*, disse que eu criei uma agência, uma Escola de Inteligência Militar.** Mentira, ela foi criada no governo do Itamar, mas tem que haver uma, não há problema, mas ele confundiu essa escola com a Abin, tudo por maldade, dizendo que o governo FHC é favorável ao documento encontrado em Marabá. Ora, nem eu nem o Gleuber, ninguém, jamais vimos esse documento. Nem o ministro da Defesa. Eu disse ao Quintão que é uma coisa desagradável e que temos que analisar duas coisas: primeiro, como se escreve um documento desse tipo? Segundo, como se deixa aparecer? Qualquer que seja o teor desses papéis, se eles são secretos não podem ser pegos por uma ordem judicial qualquer. Devia haver um sistema de proteção maior.

Quintão reclamou, com razão, do orçamento da Força Aérea. Ele veio com uma carta do brigadeiro Baptista, lamentando, porque prometi o equipamento e agora a área econômica está cortando os recursos. Essas coisas são o pão nosso de cada dia de um país como o Brasil, cheio de dificuldades para fazer o que é necessário, e todo mundo querendo mais.

Ainda por cima, o Marco Aurélio, presidente do Supremo, declarando que deve haver aumentos lineares todos os anos, para recuperar as perdas do passado. Enfim, no Brasil os ministros do Supremo deixam a toga de lado e opinam sobre política. Falei com o Jobim, que achou melhor eu não me manifestar.

No fim do dia estive com o Andrea Matarazzo, que será embaixador na Itália. Cogitamos sobre quem vai substituí-lo, falei longamente com o Gelson Fonseca,*** que me disse que o Celso Lafer quer colocar o [Osmar] Chohfi como secretário-geral do ministério. Eu preferia o Clodoaldo [Hugueney Filho], acho que daria uma dinâmica diferente, mas quem trabalha no Itamaraty é o Celso Lafer, não eu. Acho o Chohfi correto, uma continuação do estilo do Celso, talvez precisássemos de alguém para contrastar um pouco, não tanto quanto o Seixas, mas algo nessa direção. O Seixas é um diplomata competente, como o Chohfi também é.

Recebi o Paulo Henrique e o Nê, o Jovelino. Jantaram comigo, conversamos sobre variedades, estavam chegando da Europa, todos muito contentes, e amanhã eles vão a um leilão do gado na fazenda, que hoje é deles e das meninas. Pouco gado, não temos muito, são 27 bois para vender em Formosa. Gostei, porque é uma coisa simples, sem nenhuma pompa, como deve ser.

Amanhã cedo vou ao Pantanal lançar uma marca de gado, "Vitelo do Pantanal", como se fosse um vinho, uma *appellation d'origine contrôlée*, designação controlada, primeira demarcação de uma área de carne no Pantanal.

* Na matéria "Espiões do Exército vigiam até governo", de 5 de agosto, Josias de Souza publicou reproduções de documentos secretos sobre a rede de vigilância militar da sociedade civil, inclusive trechos de cartilhas de treinamento de "arapongas" que equiparavam o MST ao crime organizado.

** A EsIMEx, sediada em Brasília, começou a funcionar em julho de 1994.

*** Embaixador do Brasil na ONU, em Nova York, e ex-assessor diplomático da Presidência.

4 A 16 DE AGOSTO DE 2001

Reflexões sobre o PFL. Segurança pública e greves policiais. Encontro com Chávez e Fidel na fronteira da Venezuela

Hoje é dia 4, sábado, agora são sete e meia da noite, fui ao Pantanal,* voltei, e, como sempre, o Zeca do PT foi de uma gentileza, de uma imaginação enormes. Ele recita versos em guarani, me deu uma prenda, uma pena retirada da asa de um pássaro pequeninho do Pantanal** que dá sorte se você recitar um verso, inclusive te arranja namorada. Voltou a falar da importância de agirmos como brasileiros e não apenas como políticos, enfim, gosto cada vez mais do Zeca, para desespero da bancada do PSDB e do PMDB do Mato Grosso do Sul, atualmente em pugna com ele. Porém eu gosto pessoalmente, politicamente não sei dizer. Não estou lá para saber avaliar, mas me parece que, pelo menos do ponto de vista administrativo, fez coisas boas.

Li algo sobre uma tese de mestrado que o Roberto Campos fez nos Estados Unidos,*** bem interessante, e também um livrinho despretensioso da Eliane Cantanhêde**** sobre o PFL,***** que conta a história do partido. Quanto a mim, há alguns enganos, um grave, achar que eu não queria o Luís Eduardo como meu vice. Na verdade, o próprio Luís me procurou dizendo que não iria ser meu vice, embora a negativa fosse perturbar os acordos políticos do pai dele, porque o pai queria o filho como vice. O Luís sempre foi meu amigo e eu, por mim, gostaria. Na verdade, escolhemos o Guilherme Palmeira****** porque o Guilherme era quem menos evocava um simbolismo do passado, por nunca ter sido diretamente do governo, nem do Collor nem dos governos militares, nada; foi governador.******* E o Marco Maciel, que é o melhor de todos, na verdade, que se provou excelente, mas que tinha uma imagem, naquela época, muito marcada como alguém vindo do regime militar, e o Luís Eduardo tinha sido líder do Collor.******** Então tudo isso pesava na discussão,

* O presidente lançou o Programa Vitelo Orgânico do Pantanal, desenvolvido pela Embrapa, numa fazenda em Miranda (MS).

** Caburé, uma espécie de coruja (*Glaucidium minutissimum*).

*** *Some Inferences Concerning the International Aspects of Economic Flutuations*, defendida na Universidade George Washington em 1947 e publicada em 1999 no idioma original, em edição limitada, pela BM&F.

**** Colunista e diretora da sucursal da *Folha de S.Paulo* em Brasília.

***** *O PFL*. São Paulo: Publifolha, 2001. (Coleção Folha Explica).

****** O candidato a vice da chapa de Fernando Henrique em 1994 renunciou depois da denúncia de que teria recebido propina de uma empreiteira em troca da submissão de emendas ao orçamento da União.

******* Governador biônico de Alagoas pela Arena (1979-82).

******** Foi líder do PFL na Câmara em 1992 e votou contra a abertura do processo de impeachment de Collor.

mas pessoalmente sempre fui muito amigo do Luís Eduardo e o queria como vice. Tínhamos muita, digamos, convergência de estilo, não de pensamento. Bom, é um pequeno engano que corrigirei.

Outra questão: volta-se a falar na compra de votos [da emenda da reeleição] denunciada pelo Fernando Rodrigues. Eu já disse um milhão de vezes: foram votos do Acre, uma coisa suburbana, provinciana, sem nada a ver com o governo federal. Não houve compra nenhuma, ganhamos por uma diferença de 368 [votos], quando precisávamos de 308 na Câmara e todo o Brasil queria a reeleição. Agora, isso fica fixado porque eu era tão alheio a essa ideia, que não reagi com energia na época, para mostrar que era falso. Esqueci minha experiência sobre a maconha e o Jânio Quadros, quando ele disse que eu iria distribuir maconha no lanche das crianças.* Eu ri, e isso foi um desastre eleitoral para mim. Aqui é a mesma coisa, assim como essa questão de Antônio Carlos, de corrupção, ela [Eliane Cantanhêde] fala nisso também. Ele me acusou de ser leniente. Antônio Carlos, reconhecidamente, aproveitou a posição pública para ganhar televisões, tem casos da OAS, do famoso [José Raul Sena] Gigante,** casos que não acabam mais. Nada disso tem a ver comigo, assim como não há nem resquício de corrupção. Eu menosprezo quando alguém diz que o governo é isso e aquilo, porque não acho possível que alguém acredite. Erro meu. Eu devia reagir com mais força e não me fiar apenas na minha boa consciência. É curioso, no livro da Eliane, o fascínio que Antônio Carlos exerce sobre os jornalistas. Você vê que no livro a figura que ressalta no PFL é a do Antônio Carlos, acreditando muito mais no espetáculo que ele produz do que no poder dele, que nunca foi tão grande quanto ele mesmo e a imprensa fazem acreditar. Ainda hoje, ele já caído, continuam querendo fazer crer. É curioso, é uma relação entre o opressor e o oprimido; no caso o opressor é o Antônio Carlos, não é a imprensa, não. É muito curioso isso.

Acabei de falar com o Pedro Malan, que vem jantar aqui e deve estar eufórico, porque o acordo com o FMI foi um sucesso. Foi bem-feito, ninguém falou nada, não deu tempo de falar, o apoio foi muito grande, maior do que se imaginava, um reconhecimento da nossa competência na gestão da economia. Dá uma tranquilidade maior para este um ano e meio de governo, e até a imprensa, os economistas e os homens do mercado reconheceram isso. Claro, segunda-feira vão começar a dizer outras coisas, que o dinheiro "não é suficiente", porque eles precisam fazer o jogo da especulação, vão dizer que apesar disso o Brasil vai precisar de não sei mais o quê, que se a Argentina fizer isso o Brasil vai ter não sei o quê... E todo mundo vai fazer

* Alusão à campanha à prefeitura de São Paulo em 1985, quando Fernando Henrique, candidato pelo PMDB, foi acusado pelo ex-presidente (PTB) de ser "maconheiro" e "comunista". Jânio derrotou FH por 140 mil votos.

** Em 1994, o ex-diretor da OAS foi preso no aeroporto de Guarulhos ao tentar embarcar para a Europa com cartões de crédito e documentos relativos a contas de pessoas ligadas à empreiteira em paraísos fiscais, inclusive seu principal acionista, César Mata Pires, então genro de ACM, e Carlos Laranjeiras, diretor da empresa e assessor do ex-senador.

eco aos especuladores. Aí, sim, é o triunfo do mercado, a imprensa é a expressão direta do mercado. Onde se mostra o triunfo dele e do neoliberalismo é na imprensa. Inclusive os que pensam estar lutando contra o neoliberalismo são os primeiros a fazer eco a tudo isso, para chatear o governo e, incrível, para desmoralizar o país. É algo profundo, nas épocas em que estamos vivendo, essa tentativa permanente de diminuir tudo que nós mesmos fazemos, apesar de que desta vez acho que vai ser difícil diminuir a competência da equipe econômica. E, modestamente, eu a apoiei o tempo todo, participei diretamente, estive ao lado do Malan enquanto ele falava com todo mundo, com o Armínio Fraga, com essa gente toda. Acompanhei, como sempre, muito de perto essas negociações.

HOJE É SEXTA-FEIRA, DIA 10, portanto tenho que voltar ao domingo, dia 5. A Ruth chegou aqui no sábado, jantei, depois que vim do Pantanal com o Paulo Henrique e o Jovelino. No domingo passamos o dia sem maiores problemas. O Jovelino foi embora cedo e o Paulo e eu ficamos conversando. Paulo está com problemas de redefinição das ocupações, anda um pouco exaurido da função no Conselho Empresarial Brasileiro para o Desenvolvimento Sustentável.* Recebeu uma sugestão para exercer uma função nas Nações Unidas, então conversamos sobre isso. Depois do almoço ele foi embora e, no resto do dia, fiquei aqui arrumando a papelada. Malan jantou aqui.

Segunda-feira, dia 6 de agosto, de manhã cedo recebi o Ronaldo Sardenberg e a equipe dele para me darem um briefing sobre a reunião que tivemos à tarde a respeito do programa de desenvolvimento da ciência e da tecnologia. Na verdade, a questão do orçamento é o que preocupa toda a gente. Eles fizeram uma boa apresentação, o Ronaldo está realizando um trabalho muito bom no Ministério de Ciência e Tecnologia. Ainda falta a criação de alguns fundos de sustentação à pesquisa, eles querem aumentar o valor das bolsas, dar um aumento de salário, e isso sempre tem choque, como teve à tarde com a equipe econômica. Mas a equipe econômica reconhece o esforço do Ronaldo e de sua gente. O [Carlos Américo] Pacheco, que é secretário executivo, o Mirra [Evandro Mirra de Paula e Silva], que é o presidente do CNPq, eles estão fazendo um belo trabalho.

Recebi à tarde o deputado Luiz [Carlos] Hauly,** que trouxe a diretoria da Abad, que são grandes distribuidores no Brasil, com uma estrutura de logística muito poderosa. Mai tarde recebi o Fabio Feldmann com a sra. Yolanda Kakabadse, a presidente da União Mundial para a Natureza,*** uma ONG muito poderosa. Ela veio pro-

* Paulo Henrique Cardoso era diretor do Cebds, ONG carioca voltada à discussão de problemas ambientais no âmbito corporativo.

** Deputado federal (PSDB-PR).

*** International Union for Conservation of Nature (IUCN).

por coisas boas. Assim como eu fiz um esforço grande na questão do clima, a ideia dela é atuar de forma semelhante com a biodiversidade, realizando um fórum no Brasil sobre o tema, de modo a podermos trazer para o Brasil o correspondente aos dez anos da Conferência do Clima no Rio de Janeiro, da Eco-92. A da biodiversidade na África. Por que não fazermos no Brasil uma reunião preliminar com os países em desenvolvimento? Achei bom, vamos ver se conseguimos.

Comecei a terça-feira, dia 7, com os programas que tenho feito nas rádios regionais, isso é muito bom, falei com várias rádios, falei com o interior do Brasil, Caxias do Maranhão, Itajaí, em Santa Catarina, foram perguntas normais, algumas surpreendentes, quase sempre relativas a programas locais, como estão as estradas, algumas sobre aumento de salário do funcionalismo público, enfim, a pauta dos jornais. Gosto desse tipo de conversa direta com o povo, pelo rádio.

Depois fui ao Palácio do Planalto para uma reunião da Câmara de Gestão da Crise de Energia Elétrica. O Pedro Parente realmente é craque, e todos estavam afinados, o Zé Jorge também, o Mário Santos, da ONS, um rapaz chamado [Octávio] Castello Branco, do BNDES, o Gros, o David, enfim, uma bela reunião mesmo, mostrando os progressos havidos. A situação está sob controle* e até sugeri que se afrouxasse um tanto a questão das tarifas extras para as micro e pequenas empresas, porque elas geram muitos empregos e são elas que têm mais dificuldades para se adaptar às novas condições. Se tudo correr bem, vamos afrouxar mais adiante esse racionamento e, mais do que isso, vamos demonstrar que o Brasil está preparado para vencer crises.

Voltei e almocei com o Aécio Neves, boa conversa. O Aécio quer ser candidato ao Senado por Minas Gerais, disse que vai ser deputado, mas acho que aceitaria ser, ou gostaria de ser, senador. Ele sabe que na partida o Eduardo Azeredo tem melhor votação, mas tem dúvidas, como eu também, quanto à chegada. No que diz respeito às candidaturas, ele é mais Tasso do que Serra, mas vê mais viabilidade político-eleitoral, neste momento, no Serra do que no Tasso. Falamos bastante sobre a condução da Câmara, aliás o Aécio vem me surpreendendo favoravelmente. Ele tem noção do que está fazendo, sabe quando vai colocar em votação projetos de importância, como os de fidelidade partidária,** a questão da regulamentação do sistema financeiro, inclusive do Banco Central...*** Enfim, me parece que o Aécio está assentado mesmo.

Depois fui me encontrar com o Alvaro Uribe, que é candidato à eleição para presidente da Colômbia.**** Falou bastante, muito entusiasmado com o que viu no Brasil, pouco entusiasmado com a negociação do Pastrana com os guerrilheiros,***** foi útil a conversa.

* O nível médio dos reservatórios hidrelétricos do país estava no patamar de 27%.

** Projeto de lei 4592/2001, proposto pelo senador Jorge Bornhausen em maio de 2001. Apensado a outros projetos, foi rejeitado pelo plenário da Câmara em 2007.

*** PEC 21/1997.

**** Vencedor do pleito de maio de 2002 pelo partido Primero Colombia.

***** O governo colombiano iniciara negociações de paz com a guerrilha das Farc (Forças Armadas Revolucionárias da Colômbia) em 1999, mas o processo pouco avançara.

Recebi depois o José Ángel Gurría, que foi ministro da Fazenda e do Exterior do México, homem do mundo, preparado, hoje é coordenador do Grupo dos Conselheiros Externos do BID, para mudanças no BID. Veio com o Maurício Moreira,* conversa geral e sempre estimulante.

Também recebi o Terry de Jonckheere, presidente da Ford para as operações na América do Sul. Veio com o Antonio Maciel, presidente da Ford no Brasil, e com o Célio Batalha, diretor corporativo da Ford no Brasil. Ele disse que a Ford na Bahia é um sucesso, eles querem que eu vá à inauguração, e irei. A despeito de tudo, é a Ford mais moderna que eles têm no mundo, entusiasmados com a capacidade dos operários, com as facilidades que receberam na Bahia, vão produzir enormemente, e até brinquei que precisava ver quem ia consumir, porque é uma quantidade de produção enorme. Otimistas com o Brasil, apesar de tudo, e vão continuar investindo.

Depois me reuni no Alvorada outra vez com o Aloysio Nunes Ferreira, com o Márcio Fortes e com o Zito, José Camilo Zito dos Santos, que é prefeito de Duque de Caxias** e está voltando para o PSDB. A situação do Rio é conhecida, o Zito tem voto, é um homem batalhador, vem do povo, o PSDB é um partido de classe média, e olha o Zito com certa suspeita, mas acho que ele é bom administrador e corresponde à realidade da Baixada Fluminense, trata de fazer as coisas funcionarem. Por isso é eleito, foi eleito esmagadoramente, tem voto em toda a Baixada Fluminense; me disse que será candidato ou não ao governo, depende do que eu queira. Sempre é assim que dizem; mas na prática, não. Ele disse estar disposto a um entendimento com o Cesar Maia, ou seja, teremos o que se chama, na nossa linguagem política, "um palanque" no Rio de Janeiro, que era o que me preocupava muito. Assim teremos como apoiar um candidato nosso ao governo.

Na quarta-feira, dia 8, comecei a manhã dando uma entrevista à Miriam Leitão, para a GloboNews, e saiu bem. Ela provocou, é competente, mas eu também não nasci ontem. A Miriam é uma pessoa que tem realmente capacidade como jornalista, ela sabe das coisas, é casada com o Sérgio Abranches, são meus amigos de décadas, mas ela faz as perguntas que tem que fazer, acho que saiu direito, a repercussão não foi ruim.

Almocei com o Serra para remoer, como o Serra gosta de fazer, mas nada de novo.

Recebi o deputado Marcus Vicente, que é do PSDB do Espírito Santo, veio com a mulher, Naciene Vicente, nome esquisito, ela é prefeita de Ibiraçu, no Espírito Santo.*** Ele está como chefe de gabinete do José Ignácio há três meses, entrou no olho do furacão, e também acha que o José Ignácio é atrapalhado, mas não desonesto, a família se mete em tudo.

* Economista do BID.

** Pelo PSDB.

*** Pelo PFL.

Depois recebi a Elza Berquó, minha velha colega do Cebrap, que veio me convidar para uma conferência na Bahia, conferência internacional de população e desenvolvimento,* é coisa mundial. Eu não poderei ir porque estarei no Chile** no dia, mas vou pedir que o Marco Maciel me represente ou, o Marco não podendo, peço ao Sardenberg.

Ainda recebi o novo presidente da TAM,*** chama-se Daniel Mandelli [Martin], é casado com uma irmã**** do Rolim [Amaro],***** tive boa impressão dele; é de Votuporanga, no interior de São Paulo, conhece bem Fernandópolis, e deu conta de um velho conhecido meu que era prefeito de Fernandópolis****** e perdeu a eleição. É gente boa e tem a cabeça no lugar, sabe que a situação é muito difícil para as empresas aéreas brasileiras. Disse que a TAM vai bem, que foi pena o Rolim ter morrido, e que o que vai mal é a regulamentação do espaço aéreo. É verdade. O órgão que deve cuidar da aviação, a Aeronáutica, se embaraçou na Câmara, existem lobbies lá, a coisa não anda, e pediu que eu designasse alguém para cuidar do assunto. Falei ato contínuo com o Pedro Parente, que é quem vai ter que arranjar alguém para acompanhar isso, e falei também com o Aloysio.

Eu estava quase esquecendo de dizer, tive uma reunião importante com o Gregori, o Aloysio, o general Cardoso, o Gilmar Mendes, o Eduardo Graeff e o ministro da Defesa, o Quintão, sobre medidas a serem tomadas na área de segurança pública. A reunião foi boa, esclareci meu ponto de vista sobre as confusões que há no Brasil nessa matéria, uns metidos a neodemocratas, como esse cara da OAB dizendo que é preciso evitar que o Exército vire milícias, por causa da democracia... Ninguém está pensando nisso. O pior é que na hora de a onça beber água todo mundo grita querendo o Exército, e o povo aplaude na rua. Expliquei: diante de motim, é polícia armada com autorização do governador ou Exército mesmo. Não adianta criar Guarda Nacional, porque é uma réplica, levará dez anos só para o Exército fazer de conta que não é Exército. A função constitucional dele é garantir a ordem, não tem cabimento inventar novos grupos. Quando o Exército é chamado, vai lá e prende, se for o caso. O Gilmar deu um parecer muito bom nesse sentido, que esclarece a questão. Não tem nada de transformar o Exército em polícia, porque eles não são polícia nem podem ser. O que vale a pena, disse eu, é ter no Exército batalhões com adestramento como as polícias do Exército, adestramento que não seja para dar tiro, mas para usar escudo, bala de borracha, se for o caso; o resto é só para fazer

* XXIV Conferência Geral da União Internacional para o Estudo Científico da População (IUSSP), realizada em Salvador entre 18 e 24 de agosto de 2001.

** Entre 16 e 19 de agosto, o presidente participou da XV Reunião de Chefes de Estado e de Governo do Mecanismo de Consulta e Concertação Política (Grupo do Rio), em Santiago.

*** Fundiu-se em 2012 com a LAN (Chile) para formar a Latam, cuja marca foi lançada em 2016.

**** Lesy Amaro Martin.

***** O fundador da companhia aérea morrera um mês antes, num acidente aéreo no Paraguai.

****** Armando Farinazzo (PSDB).

onda, para ameaçar, é tanque, avião. Não é para usar. Vai matar policial? Não tem cabimento, a menos que a rebelião seja realmente aberta, mas até hoje não houve isso e espero que nunca vá haver durante meu governo. Também é preciso enfrentar a questão de que greve de policial não existe, a Constituição não permite, logo é preciso punir. Enfim, coisas mais ou menos óbvias, mas que ficaram bem claras, e no grupo fizeram um plano razoável. O Zé Gregori apresentou o plano nesse mesmo dia, e apresentou bem, foi o que todo mundo me disse. Isso foi na quarta-feira, dia 8.* Nesse mesmo dia jantei com o Andrea Matarazzo e gente dele, para discutir algumas questões de comunicação.

Ontem, quinta-feira, dia 9, fui a Nova Lima, ao lado de Belo Horizonte, para a inauguração do campus da Fundação Dom Cabral, a convite do cardeal d. Serafim, pessoa que tem uma relação sempre muito amistosa comigo. Ele fez um discurso me chamando de amigo, uma coisa muito boa, eu também respondi afetivamente a ele. No discurso aproveitei que alguém falou de pobreza e distribuição de renda para mostrar que uma coisa é pobreza e outra é concentração de renda. O que nos interessa de perto no Brasil é o combate à pobreza. Claro que é melhor também redistribuir renda, mas lembrei o óbvio, que apesar de nos Estados Unidos e na Inglaterra a renda estar sendo mais concentrada e na África essa concentração estar diminuindo, nos Estados Unidos e na Inglaterra a pobreza está diminuindo, enquanto na África está aumentando.** Há situações bem diversas, portanto é importante ver que o conceito de pobreza não corresponde ao de concentração de renda. Isso eu comentei en passant; o que eu disse mesmo foi que era preciso usar a competência, daí o Centro Internacional de Gestão*** da Fundação Dom Cabral ser importante para criar caminhos viáveis de diminuição da pobreza. E falei de educação, saúde, temas que sempre abordo.

Mais tarde fui correndo ao Palácio do Planalto participar da assinatura de convênios com os governadores sobre segurança pública e fiz um discurso repondo o que eu tinha dito antes. Eu não disse tudo o que penso, mas boa parte, para

* Foram anunciadas onze ações para conter as greves e insubordinações policiais, entre elas o envio de projetos de lei ao Congresso e a edição de medidas provisórias sobre temas como a proibição de greve às polícias civis, o endurecimento das punições a grevistas e a vinculação da liberação de verbas federais para a segurança pública dos estados ao cumprimento de recomendações sobre a integração das polícias pelos governos estaduais.

** "É preciso não confundir desigualdade com pobreza. São coisas diferentes. A luta principal, no Brasil, é contra a pobreza, para que tenhamos essa dimensão humana, para que tenhamos a nova sociedade. Um país africano, provavelmente, tem um nível de desigualdade menor que o Brasil, porque todos são pobres. E o nível de desigualdade é o que mede a diferença entre pobres e ricos. Quando todos são pobres, o nível de desigualdade é menor. Os Estados Unidos e a Inglaterra estão com a desigualdade aumentando, porque estão enriquecendo muito depressa. É preciso não confundir os conceitos. É bom acabar com a desigualdade, diminuir a desigualdade, se possível, mas o fundamental é acabar com a pobreza." (Biblioteca da Presidência.)

*** Centro de Desenvolvimento do Conhecimento em Gestão.

que não haja dúvidas a respeito da minha posição com relação às polícias. Não há o que substitua as polícias, os governadores têm que colocar a polícia em ordem, têm que dar prestígio a ela e, se possível, pagar melhor, mas não podem aceitar que a polícia vire uma espécie de *Ersatz** de bandidagem, nem podem aceitar quebra de autoridade.** Depois recebi o Ney Suassuna, acho que ele já está sentindo que o Jader vai embora e quer começar a discutir quem vai ser o presidente do Senado, o Bornhausen também me falou desse assunto e de outros mais. Ele acha que agora eu posso botar quem quiser como presidente do Senado, e eu disse: "Olha, melhor é o Fogaça, que é do PMDB". Notei que o Bornhausen até aceitaria alguém não do PMDB, ou preferiria, mas quando falei do Fogaça ele topou na hora. Acho que é difícil encaminhar o Fogaça, por seu isolamento no partido, mas é a melhor solução.

Depois recebi o Júlio César [Gomes dos Santos], nosso embaixador junto à FAO. Foi uma conversa amistosa, longa, despachei o habitual e, nesse meio-tempo, fomos conversando sobre as situações políticas gerais do Brasil com o Aloysio e com o Zé Gregori. Eu havia recebido um toque dele sobre Portugal, porque na terça-feira passada, dia 7, foi aniversário do Celso Lafer e eu estive lá à noite para jantar, com a Ruth e os outros mais, e falei com o Celso que era preciso dar um novo toque no Zé Gregori, porque o Zé falou com o Celso alguma coisa, e parece que a família do Zé Gregori gostaria que ele fosse para Lisboa. E ele está com receio da interpretação que se possa dar à saída dele, como se fosse um fracasso, o que não é, e também não quer me deixar aqui sozinho. O Zé é um bom amigo. Eu, de passagem, lhe disse: "Olha, Zé, não vamos nos afobar, você pese o seu lado, o meu lado, e voltamos a conversar com mais calma sobre essa questão".

Ontem jantei aqui com o Paulo Hartung, que veio me dizer que está disposto a sair do PPS. Ele pode voltar ao PSDB ou ir para outro partido, o PV, por exemplo, uma sigla que eu não sei o que significa, ou para o PMDB. Eu disse: "Uai, de todos, o melhor, se o PMDB for ficar com o governo, é o PMDB, porque você fica num partido expressivo e nos ajuda". Senão, qualquer outra solução serve. Se o Serra for o candidato, ele apoia o Serra. Ele é inteligente, discutimos muitas questões, ele acha que o PT melhorou, que o Lula está mais maduro e que pode ganhar, não é o que ele quer, mas pode acontecer. Poder, pode, agora, a maturidade do Lula estou para ver, porque o Lula é boa pessoa, é intuitivo, mas não é preparado; quando começar a falar, vai assustar todo mundo, eu acho. Claro que ele está prevenido contra isso, vai tentar não assustar tanto, mas os jornalistas e os opositores vão se encarregar da intriga.

Nesse meio-tempo, outra entrevista do Antônio Carlos, voltando a insinuar besteiras, eu nem respondi, é tudo falsidade dele. E a situação do Jader, que vai de

* "Imitação" ou "simulacro", em alemão.

** "Outra questão bem distinta [...] é a da necessidade de respeito à disciplina e ao princípio hierárquico na força policial. Isso é parte fundamental da democracia." (Biblioteca da Presidência.)

mal a pior. Telefonei para ele, o Jader está perdido. Eu não me solidarizo com a roubalheira da qual ele inequivocamente é partícipe, porque os dados estão aparecendo, mas ele é presidente do Senado e me ajudou em outros momentos. Eu telefonei e disse que esperava que ele esclarecesse tudo para o seu bem e do Brasil e que se ele sentisse necessidade de falar comigo que não se acanhasse e me telefonasse. Ele gostou, naturalmente. Nesse momento em que ele está morrendo, sempre é um gesto.

O mais importante é que falei com o Michel Temer, ele estava preocupado porque a *Veja* ia sair contra ele. Falei com o Roberto Civita, que disse que não tem matéria nenhuma, que, ao contrário, ele está mais disposto a dar em cima do Quércia, porque o Quércia está apoiando o Itamar, e o Itamar, nesse meio-tempo, desistiu de ser candidato à presidência do PMDB. Não sei bem o que significa isso, insisti com os pemedebistas, chamei ao gabinete para uma conversa o Aloysio com o Padilha e com o Moreira Franco, para dizer a eles que não dava para ficar nessa geleia geral, que eu queria que o Michel entrasse para bater chapa com alguém do Itamar ou com alguém do grupo contrário ao governo; não queria que houvesse um acordo em que o Itamar não é candidato e depois os partidos se comprometam a fazer prévia com o Itamar, então quer dizer que o Itamar é candidato... Ele tem todo o direito a ser candidato, mas os que o apoiam não podem mais ficar no governo. Essa é a situação. Não sei qual vai ser o resultado de tudo isso, o Michel me telefonou e disse que iria ter um encontro com o Itamar, depois vi pelos jornais que foi cancelado o encontro, o Itamar deve ter tido um piti, tomara que ele saia do PMDB e vá para o PDT e que depois o PMDB queira ter candidato, até mesmo com o Simon, não tem problema. Agora, o Itamar no PMDB... Não, com o PMDB no governo não dá, eles teriam que sair.

Hoje, sexta-feira, de manhã recebi o Affonso Serra, que é o presidente da DM9, recebi o [Jorge] Serpa,* que de vez em quando vem aqui e fala, fala, fala sem parar, e depois não tive nenhum outro despacho de maior monta e pedi para chamar o Juarez Brandão Lopes para almoçar comigo, porque a sexta-feira está calma. Almocei com o Juarez, conversamos sobre o Ministério do Desenvolvimento Agrário, e agora à tarde, são vinte para as cinco, estou respondendo ao expediente. Mais tarde vou gravar para um programa de rádio e, eventualmente, falar com o Pedro Malan. Além disso, recebi a visita do rabino [Henry] Sobel,** que veio dizer que no dia 13 de março de 2002 ele quer homenagear a mim e ao Kissinger em São Paulo.***

HOJE É SÁBADO, DIA 11 DE AGOSTO. Em tempo: na quinta-feira à noite, o De la Rúa me telefonou para agradecer muito comovidamente o esforço enorme

* Advogado e empresário.

** Presidente do rabinato da Congregação Israelita Paulista (CIP).

*** Fernando Henrique compareceu ao jantar comemorativo do 65º aniversário da CIP.

que temos feito para prestigiar a Argentina. Ele estava sinceramente agradecido e, de fato, fizemos muitos esforços. Não sei o que vai acontecer, parece que o Fundo Monetário, por pressão ou por informação dos americanos, começou a entender que é preciso dar algum apoio à Argentina. O preocupante nisso tudo é que a Standard & Poor's fez o que eles chamam de *negative outlook** para o Brasil. Quer dizer o seguinte: estão colocando em tendência de baixa a dívida brasileira, a dívida soberana do Brasil, os títulos soberanos. Bem, é precipitação deles, é simplesmente exibicionismo dessa agência de *rating*, mas tem efeito. Ainda bem que no dia seguinte o Goldman Sachs fez o contrário, mandou colocar títulos brasileiros na sua carteira, o que denota certa confusão no mercado internacional e certa preocupação de algumas agências, porque a coisa aqui poderia desandar. A preocupação maior parece ser política, mas eles também falam dos efeitos do racionamento. Ora, o racionamento não teria efeito de monta sobre o crescimento da economia, foi mais a expectativa disso, me parece. Vamos reagir e mostrar daqui a pouco, quando tivermos dados mais claros sobre os efeitos do racionamento e sobre ele próprio, para criar um clima mais otimista.

Nesse meio-tempo, a Ruth voltou e à noite assistimos a um filme chamado *Copacabana*, da Carla Camurati.**

Eu me preocupo também com as confusões políticas, o Itamar me fazendo desaforos, esse é um pândego. Existe no Brasil uma categoria de políticos chamada pândegos, eu ponho nela o Itamar e o Simon, pessoas que não têm compromisso com nada a não ser consigo mesmas e com mudanças de posições, a achincalhar A, B ou C, com uma pseudoética. Não digo que eles não sejam pessoalmente éticos, mas que usam, que brandem a ética como propaganda, tanto é assim que o Itamar está com toda essa ética e cercado, por um lado, do Quércia e, por outro, do Newton Cardoso. É para rir falar de ética dessa maneira. Itamar ficou irritado porque o PMDB vai dar a eleição [presidência] ao Temer, diz ele que são ardis meus, ardis do Planalto. Eu não fiz nada, a não ser politicamente, eu achava bom que o PMDB não deixasse o Itamar ganhar, mas não fiz nenhuma articulação além das já anotadas aqui com os governadores e com os chamados éticos; de resto é a lógica política. Aqui no Brasil se personaliza tudo, se fulaniza tudo. Também aconteceu o que o Jorge Bornhausen me alertou e o que temia, ou seja: o PMDB de Pernambuco ficou com o Zé Múcio [José Múcio Monteiro Filho], que é deputado, e com o Roberto Magalhães, que foi prefeito [do Recife]. Isso enfraquece em Pernambuco o Marco Maciel e pseudofortalece o PSDB, sobretudo o Roberto Magalhães, que vai e vem a toda hora por vários partidos. O Múcio muito feliz, porque nossa lógica é a lógica regional e das eleições que se aproximam. Vai ser uma brigalhada incessante e eu,

* "Perspectiva negativa". A nota da dívida soberana brasileira estava no nível BB–, três degraus acima do *rating* argentino.

** O longa estreou em 2001.

como pivô de tudo isso, sem realmente nada a ver com nada, e mesmo sem poder interferir muito, porque mexe com os interesses dos partidos e, nessa hora de eleição, não há presidente que contenha a briga.

Bom, daqui a pouco vamos almoçar na casa da minha irmã Gilda, com toda a família dela. Eu disse que era o Múcio, na verdade, é o [Maurílio Ferreira] Lima* que estava muito feliz. O Zé Múcio foi quem mudou de partido.**

HOJE É DOMINGO, DIA 12, estou no fim do dia, passei o dia com a Ruth, nadamos de manhã na piscina e depois fiquei lendo e conversando com os amigos por telefone, com o Vilmar, sobre a nossa viagem ao Chile, e agora acabei de receber o Malan, como faço todo fim de semana, quase sempre para repassar as coisas. Conversei com ele sobre a eventualidade de eu criar um Ministério da Infraestrutura e colocar o Pedro Parente nesse ministério. Isso me obrigaria a deslocar o Pimenta para o lugar do Aloysio e o Aloysio para o lugar do Zé Gregori, se ele se for para Portugal. Imaginei até mesmo pegar o Zé Jorge e botar no lugar do Pimenta, porque assim acalma um pouco o PFL e diminuem as tensões com a Anatel, e o Pedro Parente olharia pela energia no Ministério de Minas e Energia. Só vamos saber no dia 9 de setembro. São só especulações, nada disso pode ocorrer.

A situação da Argentina continua se desenrolando dramaticamente, embora com menos intensidade, porque está todo mundo acostumado. Primeiro, porque eles lutam; segundo, porque os americanos resistem; terceiro, porque esse mercado além de não ser um tigre de papel, como dizem os chineses, também morde menos do que parece. Faz uma zoeira imensa e depois as coisas se acomodam.

A *Veja* dá uma versão positiva da relação do PMDB com o Itamar, quer dizer, mostrando que o Itamar está com o Quércia e o Newton Cardoso, mas que quem vai ganhar é o Michel Temer. Tivemos, aliás, uma reunião difícil ontem à noite com o Nizan [Guanaes] e o pessoal dele, a Bia Aydar, o [Antônio] Lavareda*** e a Ana Tavares. Difícil porque a Ana não estava querendo entrar numa articulação mais forte entre os outros do setor de comunicações e o setor do Palácio. Era essa lógica necessária para o governo ter uma linguagem mais unida nesse período final. As coisas não vão ser fáceis. O Malan me reafirmou hoje que não vão ser mesmo, nem ele entrar no PSDB talvez depois do dia 3. Acho que ele faz bem, pois não vai ser candidato. É um problema a menos, e a coisa vai se afunilando entre Tasso e Serra, e o Malan fica em paz com a imprensa e também mais livre das pressões que indireta ou diretamente atribuem existir entre a Fazenda e... o social. Malan se queixou da

* Deputado federal (PMDB-PE).

** Transferiu-se para o PSDB.

*** Sociólogo, ex-assessor das campanhas de 1994 e 1998 e consultor do Planalto para pesquisas de opinião.

Tereza Cruvinel, que disse que agora, com esse programa de Bolsa Escola, de ajuda à maternidade, nós estamos fazendo assistencialismo. É impressionante, estamos quebrando o clientelismo e eles dizem que é assistencialismo; se fosse feito pelo PT seria uma glória. A Tereza é radicalmente *partisan*, ela perdeu capacidade analítica, é puramente o coração se associando contra nós e a favor do que seja, do petismo basicamente. É uma visão caolha, ela perdeu o senso analítico, curioso isso. Os jornalistas podem ter seus valores, claro, mas não devem usar o argumento pra cá ou pra lá. Dependendo de quem sejam os que estão expondo o argumento, ela é a favor ou contra. Não pode ser, mas é assim que é a vida.

Agora vou receber o Andrea e o Paulo de Tarso para discutir problemas de comunicação. No mundo, nada de novo, a não ser que a economia continua lentamente afundando, a europeia, a japonesa. Dizem que a americana vai reagir no final do semestre, não estamos vivendo o *soft landing* e não houve também qualquer *hard landing*, nenhum crash, mas, sim, um *landing* prolongado. Precisamos ver por quanto tempo vai ser assim, cresce um pouquinho, para, *stop and go*. Nesse momento, a vantagem do Brasil é o mercado interno. Contudo, esses desatinos que têm havido aqui, inclusive as questões de aumento salarial, ajudam a evitar a estagnação da economia. Vai aumentar um pouco a inflação, mas a economia por enquanto está se aguentando.

Estou lendo um livro sobre os cinco dias que mudaram o mundo, sobre o Churchill,* muito bom. Não é tão elegante como o *Founding Brothers*, do Ellis, historiador, mas também é um bom livro, de leitura fascinante. Mostra como às vezes as coisas mudam quase ao sabor do acaso e às vezes não. Às vezes é uma personalidade forte, como a do Churchill, que domina a cena. Eu gostaria, quem sabe um dia, de poder olhar para o que tem acontecido no Brasil à luz desse tipo de problemática. Só que não temos tudo certinho: lá há tantas cartas, tantos documentos escritos, enquanto nossa história é oral, e a oralidade é mais difícil de ser registrada, mesmo que esteja nas televisões e nos rádios; só é registrada em livros, mais tarde, e então é mais difícil saber o que cada um pensa. As nossas reuniões de governo não são registradas, uma ou outra é, mas não todas. Mais ainda: nosso pessoal não expõe o que deseja, porque sabe que no presidencialismo a reunião de gabinete não é para valer; o que vale é a vontade do presidente. Ora, com o presidente eles cochicham depois, eles falam... nos entreveros, como aqui e ali eu registro um ou outro. Veja os estilos, veja o Malan. O Malan é reflexivo, persistente, tão insistente quanto o Serra, educado, não cede, ele me abastece de informações e luta pelos seus objetivos com tenacidade, mas tem objetivos públicos. O Serra tem um estilo mais agressivo, com as mesmas características de persistência, mas é um pouco mais articulador através de outrem, da imprensa, e ele não conta tudo a ninguém e tem

* John Lukacs. *Cinco dias em Londres: Negociações que mudaram o rumo da II Guerra*. Rio de Janeiro: Jorge Zahar, 2001.

certa indecisão mental que faz com que acabe ouvindo muita gente. Por exemplo, na pesquisa de opinião ele quer que haja sempre mais de um pesquisador, na comunicação mais de um também, quer dizer, ele confia menos, fica um pouco assim parecendo atarantado, embora tenha vontade definida, objetivos. Em certos momentos ele para e ouve, ouve, depois volta atrás e, curiosamente, dá a impressão do contrário, quer dizer, dá a impressão de ser mais afirmativo, porque ele é talvez mais arrogante no modo de aparecer. Não digo pretensioso, porque nem um nem outro é; eles têm valor, não "pretendem ter", têm valor, tanto o Pedro quanto o Serra. São temperamentos distintos, o Pedro talvez agregue mais, não sei, ele decide menos, ou melhor, dá aparência de decidir menos e, nesse sentido, se parece mais comigo, e o Serra dá a aparência de decidir mais.

Amanhã cedo vou a Santa Elena de Uairén, na Venezuela,* depois a Boa Vista, em Roraima. Acabei de ter a confirmação de que o Fidel Castro também vai estar em Santa Helena e que ele faz 75 anos amanhã. Acho simpático estarmos juntos lá. Gostei.

HOJE É 15 DE AGOSTO, passa um pouco de meia-noite, já é praticamente 16 de agosto. Vamos por partes então. Segunda-feira, como eu disse, fui a Santa Elena de Uairén, onde me encontrei com o Chávez e com o Fidel, e depois a Boa Vista, em Roraima. O Fidel estava patético, fez uma digressão de quarenta minutos, começou a descrever a soja, como a soja se alimenta, como ela utiliza o nitrogênio, como tem efeito de adubo no campo, depois falou do leite de soja e foi fazendo uma associação livre de palavras, não de ideias. Comigo sempre gentil, num dado momento disse que eu tinha uma sabedoria proverbial e bom humor, mas de resto me pareceu já muito assim... falando o que lhe dá na cabeça, sem se preocupar com o fato de que estávamos inaugurando uma linha de transmissão de energia elétrica. O Chávez entusiasmado, vestido de roupa preta, uniforme mussolinesco, ele é de alma de esquerda e de comportamento verbal retórico, é simpático, tem paixão pelo Brasil, pela integração latino-americana, essas coisas todas, mas cada vez mais, digamos, usa palavras mais do que propõe caminhos concretos de ação.

Na volta nos encontramos em Boa Vista com o governador, com a Teresa Jucá,** com o Romero Jucá, Arthur Virgílio, todos os senadores,*** Otomar Pinto,**** deputados. Se pegam uns com os outros, tive que fazer um discurso de equilíbrio, o Chávez veio comigo e, no caminho, conversando comigo, com o Seixas e com o chance-

* Brasil e Venezuela inauguraram a interconexão de suas redes elétricas através do linhão Guri-Macágua, projeto binacional de 676 km de extensão lançado em 1997 por Fernando Henrique e pelo antecessor de Chávez, Rafael Caldera. Ocorreram solenidades na localidade fronteiriça de Santa Elena de Uairén e na subestação de Monte Cristo, em Boa Vista.

** Prefeita de Boa Vista (PSDB).

*** Marluce Pinto (PMDB) e Mozarildo Cavalcanti (PPB), além de Romero Jucá.

**** Ex-governador de Roraima e ex-prefeito de Boa Vista.

ler da Venezuela.* Viemos no helicóptero dele, Chávez, deu uma hora de voo de Santa Elena do Uairén até Boa Vista. Ele topou que o ajudássemos a refazer o G15, estava muito interessado em uma aproximação maior com o Brasil, mas basicamente a preocupação dele era com o G15. Ele tem várias ideias de cooperação no plano internacional, sempre sem ter uma ideia muito concreta de como fazer. Até o Seixas foi muito construtivo nas conversas com ele.

Foi uma viagem de dez horas entre ir e voltar de avião, cheguei muito cansado, mas ontem, terça-feira, dia 14, nadei bastante e tivemos um dia mais normal. Almocei com Mario Sergio Conti e com a Ana Tavares aqui. O Mario Sergio dirigindo o *Jornal do Brasil*, veio com o Expedito [Filho], conversamos sobre temas vagos, expliquei o que eu pensava da Argentina e ele, homem inteligente, perguntou o que eu achava do *JB*, dirigido por ele. Eu disse: "Está bem melhor, está bom. Agora, cuidado, o risco de vocês é de virar outra *Folha*, e a *Folha* está perdendo muita credibilidade por seu niilismo permanente, por acusar todo mundo de tudo, nem sempre com seriedade. O *Jornal do Brasil* tem que ter, como tem, um tom crítico, mas com cuidado para que não haja nenhum desvio dessa natureza". Ele garantiu que não vai haver etc. Depois do almoço fui comemorar... São 16 milhões de telefones fixos só da Telemar, e fizemos uma ligação com uma escola no Rio de Janeiro.** Essas coisas são bastante agradáveis. Eu me reuni com o João Carlos Saad, da Bandeirantes, para conversar com ele sobre uma série de medidas que ele deseja, de apoio à Bandeirantes. Voltei e recebi no Palácio da Alvorada primeiro o Luciano Martins e depois várias pessoas, entre as quais o Philippe Reichstul e a Vera Machado, a nossa embaixadora na Índia.

Com o Luciano revisamos a coisa de Cuba, ele sabia das ideias do Fidel em matéria alimentar, o Fidel parece um tecnólogo falando de alimentação, de leite, de soja. O Luciano tem a análise dele sobre Cuba acha que no país tem muita gente corrupta, mas pelo menos o Estado não é corrupto, o partido também não, e que todos têm as virtudes socialistas, o ideal do homem novo, e que o Fidel continua sendo amado, respeitado. Acha que na morte dele, eventualmente, assume imediatamente o Raúl Castro, mas que em seguida haverá uma luta pelo poder. Entretanto, ele não vê nenhuma catástrofe iminente, até porque Cuba está se modificando muito com o turismo, com uma presença forte de estrangeiros. Acha que há em Cuba um amor pelo estilo modesto da vida cubana, no sentido sempre da busca de maior igualdade. Luciano diz que já esgotou analiticamente, intelectualmente, sua visão de Cuba, que não é diferente do que eu já registrei em outras oportunidades. Luciano está cansado de estar em Cuba.

* Luis Alfonso Dávila García.

** Para comemorar a marca, Fernando Henrique ligou para um orelhão instalado numa escola municipal do bairro de Vargem Grande, no Rio, e conversou com uma professora. O número de terminais fixos no Brasil mais que dobrara desde a privatização do Sistema Telebrás. Em 2001, o país tinha 43 milhões de telefones fixos, contra 20 milhões em 1998.

Com o Philippe Reichstul conversei um pouco sobre a Petrobras. Ele mencionou sua vontade de sair, tem medo que haja um novo desastre ecológico* (para mim desastre é a saída dele) e disse que o Ronnie Vaz [Moreira], que é o diretor financeiro, vai embora, precisamos arranjar algum outro correto, enfim, as dificuldades normais. E também o Delcídio [do Amaral],** que foi indicado pelo pessoal do PMDB, talvez esteja na hora de ele sair também.

Hoje, quarta-feira, o único problema mais preocupante foi que o PIB brasileiro cresceu muito pouco no segundo trimestre.*** Me pareceu estranho, não bate com os outros dados disponíveis, mas, enfim, é o IBGE, temos que respeitar os dados, embora o George Vidor**** tenha dito na televisão que ele também acha um tanto estranho esses dados do IBGE, sobretudo na questão da indústria de telefonia, onde as empresas estão ultrapassando as metas e não é possível que o PIB não tenha crescido. Mas são meras especulações.

Fora isso, a situação da Argentina continua se arrastando, ora dizem que haverá apoio do FMI, ora que não, o Bush foi taxativo, reiterou o que vem dizendo a mim desde março deste ano, e que tem dito em público também, que primeiro os argentinos precisam dar sinais de que estão indo no caminho certo para, depois, terem apoio. Enquanto isso, os mercados oscilam para cima e para baixo, ao sabor das especulações. Não há nenhuma razão para o dólar no Brasil estar tão pressionado,***** ainda mais agora que tivemos essa massa enorme de recursos do FMI. Há realmente muito de especulação. Hoje fui às solenidades de entrega de medalhas a oficiais cumprindo cinquenta anos de trabalho, e também fui cumprimentar os novos generais.****** Fui com a Ruth.

Falei brevemente com o Zé Aníbal sobre a situação do PSDB, e o Zé Aníbal continua tendo uma atitude muito positiva na reorganização do partido. Voltei para cá e almocei com Ruth e com o João Roberto Marinho, conversamos temas gerais, inclusive sobre a questão política. Ele mais ou menos na mesma linha de pensamento que nós já temos registrado aqui, que é a de que precisa haver um candidato que junte todo mundo. Ele tem um pensamento muito semelhante ao meu no que

* Em 15 de março de 2001, a plataforma P-36 da Petrobras explodiu na costa do Rio de Janeiro, matando onze pessoas. A plataforma, que era a maior do mundo em sua categoria, naufragou três dias depois e não pôde ser recuperada.

** Diretor de Gás e Energia da Petrobras.

*** O IBGE divulgou crescimento anual de 0,79% e queda trimestral de 0,99%, resultados que contrariaram as estimativas do governo e do mercado. Mas, em setembro, o instituto revisou os dados e estabeleceu que no segundo semestre de 2001 o PIB crescera 1,82% em relação a 2000 e 0,02% sobre o primeiro trimestre de 2001.

**** Colunista econômico de *O Globo*.

***** A cotação da moeda americana saltara de R$ 2,46 em 10 de agosto para R$ 2,51 quatro dias depois.

****** Solenidade de entrega de medalhas de platina por cinquenta anos de serviço e apresentação dos oficiais-generais recém-promovidos, no Quartel-General do Exército.

diz respeito às chances desse candidato e das oposições. Na verdade, a oposição é o Lula, porque os outros não têm consistência.

Itamar teve chilique, disse que não vai ficar mais no PMDB e, como eu conversei com algumas pessoas do PMDB, ele me acusa de estar manipulando o partido. Não é verdade, eu fiz apenas articulação política.

HOJE É QUINTA-FEIRA, DIA 16 DE AGOSTO, iniciei esta gravação no começo da madrugada de hoje, que ainda considerei como dia 15. Eu dizia que com o PMDB eu não fiz praticamente nada. Hoje de manhã me telefonou o Ovídio de Ângelis, ministro de Desenvolvimento Urbano,* para dizer que o Iris Rezende pressionou-o muito para que ele saísse do governo, porque o Iris apoia o Maguito na luta contra o Temer. Ontem havia rumores de que o Iris queria falar comigo, mas como eu não recebi nenhuma ligação, não telefonei para ele. O Iris tem uma relação bastante boa comigo, mas há problemas de política regional. O Ovídio me telefonou para dizer que não vai pedir demissão, que rompeu com Goiás, com Iris etc. Isso mostra que o PMDB vai ficar com o governo e que, mesmo no plano regional, temos que formar palanques fortes, porque o Maguito é forte em Goiás. Daqui a pouco vou telefonar ao governador Marconi Perillo para dizer da decisão do Ovídio. Portanto, as coisas estão caminhando melhor nessa direção.** Ontem fiz o lançamento do asfaltamento da BR-101.***

Recebi o Geraldo Brindeiro, que veio com as mensagens do orçamento de 2002. Se explicou, mostrou que ele não era "engavetador"**** de processos coisa nenhuma, que os processos que chegam à mão dele não têm base alguma, me mostrou uns cinco ou seis nos quais deu parecer contrário, tudo contra mim, mas tudo besteira... PT, PDT, me acusando de qualquer coisa que aconteceu no céu e na terra, essa seria a "base" da acusação.

Depois tive uma longa reunião com o Martus, o Parente, o Malan e com os principais assessores do Martus. Aloysio também estava, por causa do orçamento. Essas reuniões são sempre duríssimas, as demandas são maiores do que os recursos, mas o resultado até que foi bem razoável. Decidimos dar um aumento de salário, sobretudo para o chamado pessoal do PCC,***** que é o que ganha menos, são os

* Secretário de Desenvolvimento Urbano, com status de ministro.

** No mesmo dia, Iris Rezende retirou seu apoio à candidatura de Maguito Vilela à presidência do PMDB — que Vilela presidia interinamente desde o licenciamento de Jader Barbalho —, alinhada à ambição presidencial de Itamar Franco. No mês seguinte, De Ângelis se filiou ao PSDB.

*** O presidente se refere à cerimônia de assinatura de editais de licitação para a duplicação e a restauração da rodovia no trecho Sergipe-Rio Grande do Norte.

**** Em 1997, Brindeiro fora apelidado de "engavetador-geral da República" pelo deputado Milton Temer (PT-RJ) por supostamente impedir investigações contrárias aos interesses do Planalto. O apelido foi propagado por parte da imprensa e da oposição.

***** Plano de Classificação de Cargos.

antigos celetistas que viraram funcionários. Acho até que deveríamos ter feito isso há mais tempo, porque a quantia não era tão alta assim, 1,6 bilhão, já poderíamos ter feito isso há um ou dois anos. Há certa paixão fundamentalista no setor de administração de pessoal, maior do que a minha. O importante é que se resolveu esse tema com compreensão dos vários lados. Os recursos são realmente escassos, mas vai dar para avançar na direção de uma situação mais tranquila do orçamento.

O grande problema é a emenda constitucional que vai permitir que os recursos do imposto de combustíveis vão para a infraestrutura viária.* Isso provocou um chilique no pessoal do Orçamento, um pouco menos no da Fazenda. Me telefonaram ontem à noite, quando eu estava vendo o jogo Brasil e Paraguai, que o Brasil felizmente ganhou por 2 a 0,** fui interrompido várias vezes por causa disso. Finalmente hoje de manhã falei com o Eliseu Resende*** e combinei com ele uma redação que permite o gasto para portos, ferrovias, metrôs etc. etc., isso vai acalmar o pessoal do Orçamento e da Fazenda.

Conversei com o Jobim, para o TSE decidir mais depressa sobre se o Geraldo Alckmin pode ou não ser candidato,**** seja qual for a decisão do Tribunal, porque assim se resolve essa questão. Também consegui falar, ainda agora de manhã, com o Michel Temer, por causa do PMDB — vejam como as minhas manhãs são duras —, e ainda resolvi com o Everardo Maciel, que estava em férias, uma medida, a pedido do Malan, sobre a possibilidade de se ter mais uns 400 milhões ou 500 milhões de reais no orçamento, para permitir o aumento de salário dos funcionários.*****

A última nota por enquanto é a seguinte: li os jornais de hoje, e ontem fiz dois discursos, um na solenidade dos militares e outro na questão [do asfaltamento] da BR-101. A *Folha* disse que no discurso eu, pela primeira vez, defendi os militares

* PEC 277/2000, proposta pelo Planalto para reativar o Fundo Nacional de Transportes (FNT), extinto pela Constituição de 1988, e criar a Contribuição de Intervenção no Domínio Econômico (Cide) através de alterações nos artigos 149 e 177 da Carta. Segundo a norma, convertida na emenda constitucional nº 33 em 11 de dezembro de 2001, os recursos arrecadados pelo novo imposto devem subsidiar investimentos na infraestrutura nacional de transportes e projetos ambientais ligados à indústria petrolífera.

** Partida das Eliminatórias da Copa do Mundo de 2002 realizada em Porto Alegre, com gols de Marcelinho Paraíba e Rivaldo.

*** Presidia a comissão especial da Câmara sobre a PEC 277/2000.

**** Alckmin fora eleito vice-governador duas vezes e ocupara o cargo de governador interino em diversas ocasiões até a morte de Mário Covas, em março de 2001, quando assumiu o Palácio dos Bandeirantes. Sua candidatura à reeleição ao governo paulista em 2002 poderia, em tese, contrariar a Constituição Federal e era objeto de análise pelo TSE, provocada por uma consulta do próprio PSDB. Em outubro de 2001, a Corte — na ocasião presidida por Nelson Jobim — autorizou Alckmin a disputar o pleito paulista.

***** O funcionalismo federal ameaçava entrar em greve geral no dia 22 de agosto por reajuste de salários e planos de carreira. No começo do mês, o STF determinara que o Planalto enviasse ao Congresso um projeto de lei sobre a correção salarial dos servidores. Em 21 de agosto o governo anunciou um reajuste linear de 3,5% para o funcionalismo dos Três Poderes e reajustes diferenciados para o Executivo, entre 18% e 35%. No total, o impacto orçamentário das medidas salariais anunciadas atingiu R$ 3,1 bilhões.

no caso da espionagem que eles teriam feito no Pará, em Marabá. Eu não toquei no assunto nem ele passou pela minha cabeça; eu disse apenas que o Exército é uma instituição democrática.* O mesmo discurso foi lido pelo *Estado de S. Paulo* de outra maneira, a de que eu defendi dureza na questão dos funcionários públicos aposentados, de taxar os aposentados.** Eu disse, em termos genéricos, que o Brasil precisava continuar fazendo reformas, ter coragem, avançar, cobrei ânimo pelo bem do Brasil. Nem me passou pela cabeça a questão de funcionário público e de aposentadoria. Até comentei com a Ruth: "Isso é a chamada desconstituição dos discursos". Você faz um discurso e cada jornal lê um pedaço dele à luz das preocupações daquele jornal e, não importa o que você disse, ele te põe no contexto dele — é a desconstituição do discurso. Talvez seja o que há de mais escandaloso nessa visão... como eu vou chamar? Pós-moderna, é isso? Ou visão pós-razão. Não sei como qualificar, mas essa fragmentação da informação e sua reconstituição a partir de uma estrutura argumentativa de outrem, que não reconhece a estrutura do discurso feito, deixa o político à mercê das interpretações de quem quer que seja.

* "As Forças Armadas em um país democrático como o nosso, e uma instituição democrática, como são as nossas Forças Armadas, não se separam do conjunto da sociedade [...]." (Biblioteca da Presidência.)

** "FHC cobra do Congresso coragem para taxar inativos" foi a principal manchete de capa do *Estadão* de 16 de agosto, sobre o discurso de FH no lançamento do edital da BR-101. A tramitação da PEC 136/1999, sobre a cobrança de contribuição previdenciária de servidores públicos aposentados — tema no qual o governo fora derrotado em ocasiões recentes e que integrava o pacote de contrapartidas ao FMI —, estava parada na comissão especial da Câmara.

17 A 23 DE AGOSTO DE 2001

Reunião do Grupo do Rio no Chile. Negociações sobre a Argentina. Decepção com o PIB. Jantar com o PFL baiano

São dez minutos do dia 17 de agosto, é uma sexta-feira, estou no Chile, na embaixada do Brasil, palácio maravilhoso que foi da família Subercaseaux,* portanto dos avós e bisavós do Gabriel Valdés [*Gabriel Valdés* Subercaseaux].** Aliás, o Gabriel Valdés esteve aqui juntamente com uns trinta ou quarenta líderes chilenos, empresários e políticos, esteve o Alejandro Foxley,*** o Sergio Bitar,**** o Jaime Estévez,***** o [José Antonio] Viera-Gallo,****** o Edgardo Boeninger,******* o [José Manuel] De la Sota,******** que foi embaixador da Argentina no Brasil, mais o [Andrés] Zaldívar,********* que foi candidato à Presidência depois do Frei [Eduardo Frei Ruiz-Tagle],********** e muitos outros mais. Falamos sobre o Brasil e depois fui me encontrar com o Lagos na casa dele — com Lagos, Vicente Fox e De la Rúa. Encontro simpático, mas nada de concreto, resolvemos não publicar nota alguma sobre a Argentina, para não dar a impressão de que a coisa está muito complicada lá. Faremos amanhã, na reunião do Grupo do Rio, uma declaração geral sobre o sistema financeiro internacional, enfim, o tradicional que devemos fazer nessas horas, e no meio estará o problema da Argentina, obviamente. Quanto a ele, está cada vez mais difícil. Malan, antes de eu sair do Brasil, falou comigo por telefone, disse que tinha estado com o Stanley Fischer e que Stanley lhe disse: "Olha, Pedro, aqui está todo mundo dividido, o governo americano e nós, do Fundo, porque é muita responsabilidade ajudar a Argentina sem saber qual vai ser o resultado dessa ajuda; por outro lado, há o temor de que, ao não ajudar, as coisas se compliquem". O Pedro insistiu que eles tinham que tomar uma posição mais ativa de apoio à Argentina, aí o Stanley perguntou: "Será que dá para nós conversarmos sobre o que não se pode

* O Palácio Errázuriz, construído em 1860-62 no estilo neoclássico, foi adquirido pelo Brasil em 1941.

** Em 1907, o palácio construído pelo bisavô materno de Gabriel Valdés, Maximiliano Errázuriz, foi comprado por Aurelio Valdés, avô paterno do senador chileno. Em 1925 o palácio foi revendido a outro proprietário.

*** Senador e ex-ministro da Fazenda do Chile.

**** Senador e ex-ministro da Mineração no governo Salvador Allende.

***** Presidente do Banco del Estado de Chile.

****** Senador.

******* Senador.

******** Governador da província argentina de Córdoba.

********* Senador e pré-candidato da democracia cristã chilena em 1999, foi derrotado por Lagos nas primárias da coalizão Concertación.

********** Ex-presidente do Chile (1994-2000).

conversar?". O Pedro disse: "É, temos que ir por aí", e é o seguinte: saber se a Argentina vai ou não desvalorizar o peso, se vai ou não reestruturar a dívida, e se essa conversa pode ser posta aos argentinos. O Stanley tem medo da reação do Cavallo, que é muito tempestuoso, intempestivo, mas vamos ter que entrar nessa questão, porque no fundo o que está segurando todo mundo é isto: não adianta ajudar, porque eles vão ter que reestruturar a dívida, ou seja, terão algum tipo de moratória. Essa declaração, se for organizada, é uma reestruturação; se for desorganizada, é uma moratória: estoura a boiada, deixa de haver paridade do peso com o dólar. Ou podem ocorrer as duas coisas, reestruturação e quebra de paridade, mas tudo isso supõe um forte apoio internacional.

Stanley pediu que o Pedro Malan fale com o O'Neill, o secretário do Tesouro americano, e o Pedro ficou de fazer isso. Hoje, quando cheguei ao Chile, voltei a conversar com o Pedro, que me deu mais detalhes do que contei resumidamente. Ele iria falar em seguida com o O'Neill e, se houvesse alguma novidade, me informaria. Como não telefonou, não deve ter havido nada que valesse a pena transmitir para cá. Mas veja a delicadeza da situação. O Pedro disse uma coisa verdadeira ao Stanley: "Os mercados estão vivendo na ilusão de que haverá alguma ajuda do Fundo; no momento que descobrirem que não haverá, será um baque imenso, com todas as consequências". Também o Vicente Fox me disse que na conversa que teve com o Tony Blair, posterior à vinda do Tony ao Brasil, Tony Blair perguntou a ele: "Há perigo da crise ir além da Argentina?". Veja a preocupação. Eles estão achando que, se for só a Argentina, então que ela, entre aspas, pague seu preço. Porém acho que os erros são de todo mundo, não só deles, argentinos — são do Fundo, dos americanos, é do mundo de hoje.

A visão deles é injusta, estou registrando isso agora, de noite mesmo, para mostrar a dramaticidade da situação.

Fora isso, nada de mais especial, Santiago cada vez mais, digamos, flamante, muito diferente da Santiago de quando morei aqui.* Jantamos na embaixada tranquilamente, só com os embaixadores, o Zoza Médicis [João Augusto de Médicis],** a Adriana [Médicis]*** e o Vilmar.

HOJE É SÁBADO, 18 DE AGOSTO, onze e quarenta e cinco. Ontem foi um dia tenso de reuniões, mas de reuniões boas, porque o Ricardo Lagos conduziu muito bem a sessão, fez um belo discurso de abertura do seminário e colocou as questões concretas de nossa organização, o Grupo do Rio, portanto da América Latina e do Ca-

* Fernando Henrique e sua família residiram no Chile entre 1965 e 1967. Na ocasião, o presidente lecionou na Flacso, na Cepal e na Universidade do Chile.

** Embaixador do Brasil no Chile.

*** Mulher de Zoza Médicis.

ribe, para as negociações no Catar com a OMC.* E também as questões para a preparação da reunião do Fundo Monetário Internacional.** As discussões que tivemos depois, mais fechadas, num almoço, foram mais produtivas ainda, estavam só os presidentes. Aí se mostrou necessário discutir junto ao Fundo a velha tese do Serra, apoiada pelo Paulo Renato e que o Fundo sempre recusou: de que os empréstimos que fossem para investimento ou as privatizações que resultassem em investimento não deveriam ser lançados como dívida, mas como "investimento abaixo da linha", na linguagem técnica dos que manipulam o orçamento no Banco Central. Assim como os empréstimos, que só deveriam ser lançados o que fosse pago naquele ano, ano a ano, *pro rata tempore*, e não lançar o empréstimo todo no ano em que ele é posto à disposição e começa a ser liberado. Isso foi explicado na reunião por vários presidentes e nós, conjuntamente, vamos propor de novo essa negociação ao Fundo. Em Maastricht,*** na Europa, os critérios são usados dessa maneira. Para nós, os critérios são muito mais rigorosos do que para os países europeus; até mesmo a revalorização do euro foi perfeitamente engolida nas negociações de Maastricht. Tudo que é para os países mais desenvolvidos eles fazem com muita rapidez; tudo que é para os países chamados emergentes, para não falar dos subdesenvolvidos, é uma tragédia, é uma dificuldade imensa.

Durante o almoço decidimos que o Ricardo Lagos entraria em contato com o Bush para transmitir a preocupação de todos nós sobre a Argentina. Sobre ela eu falei inúmeras vezes com o De la Rúa, com o Lagos, com o Fox, enfim, com os principais atores desse processo. O De la Rúa continua, me parece, zonzo com a situação. Ele é um homem de bem, correto, está um pouco desanimado e preocupado por causa do Cavallo, ele acha que o Cavallo não tem os dons diplomáticos do Malan, que é uma pessoa que enfia os pés pelas mãos. É verdade, ele é um pouco obsessivo nas afirmações, tanto assim que Malan me telefonou ontem, sexta-feira, para dizer que tinha tido uma conversa com o O'Neill, na qual falou claramente que não era possível o Cavallo querer dar *lecture*, quer dizer, dar lições a ele, o Cavallo tem esse estilo. Na conversa com o Malan, O'Neill repetiu que a Argentina precisa enfrentar os problemas reais dela.

Ontem tivemos um grande jantar, muito bonito, no Museu de Belas Artes [Museo Nacional de Bellas Artes], presentes diversos amigos meus, o ex-presidente [Patricio] Aylwin, o ex-presidente Frei, vários ministros atuais. Foi muito agradável rever meus amigos chilenos ou mesmo pessoas que não são tão próximas, mas pelas quais tenho respeito. Aylwin veio até minha mesa, um homem já de oitenta anos,

* IV Conferência Interministerial da OMC, em Doha, capital catari, entre 9 e 13 de dezembro de 2001, conhecida como Rodada Doha.

** Reunião do conselho executivo do FMI, em 21 de agosto, que decidiu aumentar o pacote stand-by da Argentina em US$ 8 bilhões, além dos 14 bilhões já empenhados.

*** Alusão ao Tratado de Maastricht, assinado pelos países-membros da Comunidade Europeia na Holanda, em 1992. O tratado criou a União Europeia e estabeleceu as bases legais do euro.

extremamente simpático. Tudo isso em um ambiente de bom gosto, boa apresentação artística, um discurso bem-feito do Ricardo Lagos. O Chile, hoje, é um pedaço do Primeiro Mundo, pelo menos a elite chilena, a cultura chilena.

Hoje de manhã assisti à conversa que o Lagos teve com o Bush. Cheguei para a reunião no palácio das reuniões,* que é um antigo mercado, e não haviam chegado ainda todos os presidentes, porque o Lagos estaria em conversa com o Bush. Lagos, que já estava lá, mandou me chamar para eu ouvir a conversa. E ela foi clara, Lagos colocou, com muita propriedade, as demandas do Grupo do Rio, falou dos avanços feitos na democratização, no manejo macroeconômico da região, nos direitos humanos. Disse que estamos nos preparando para as negociações internacionais da OMC e do Fundo Monetário, sempre com um critério positivo e construtivo, e que nos preocupava a situação da Argentina, porque os mercados financeiros podem secar, o que afetará não só a Argentina mas a todos nós. Bush me surpreendeu por estar por dentro da conversa; eu não ouvia a voz dele, mas o Ricardo foi anotando o que o Bush dizia, os detalhes dos quais ele está por dentro. Bush disse que a Argentina preocupa todo o governo e mencionou muitas vezes o Colin Powell, partícipe dessa negociação, disse que era preciso, primeiro, que o Cavallo não continuasse dando lições ao O'Neill e que seria bom que houvesse compreensão para uma reestruturação sustentável da dívida da Argentina. Isso é uma maneira elegante de falar numa moratória negociada. Ele esperava que nesse fim de semana as coisas caminhassem. Malan já tinha me dito que dois funcionários argentinos foram a Washington negociar com o Fundo, e que tudo isso se daria no âmbito do Fundo Monetário Internacional.

Depois o Lagos chamou todos os presidentes e, a meu ver, ele não devia ter dito o que disse sobre a reestruturação. Tenho medo de que algum dos presidentes vaze isso para a imprensa ainda hoje, o que vai perturbar os mercados na segunda-feira de manhã. Eu fui pressionado pela imprensa, mas fiz apenas afirmações vagas, meio idiotas, sobre ter confiança na Argentina, essas coisas que se dizem quando obrigam os presidentes a falar o que não devem falar. Tive que dizer vacuidades. Voltei para a embaixada, e acabei de conversar com o Malan, para transmitir o que eu sabia. No caminho vim conversando com o Celso Lafer, que me disse que na Argentina já se discutia isso [reestruturação] como uma possibilidade e, no bojo, se discutia certa forma de alteração da conversibilidade. Eu disse: "Isso não foi dito por eles, eu não ouvi em nenhum momento". Pois bem, o Malan sabe mais do que os argentinos tinham me dito. Ele ficou muito preocupado quando eu falei que o Lagos transmitiu a todos os presidentes a ideia da reestruturação, e me disse que o que eles estão preparando é uma troca de papéis velhos da dívida por papéis novos, como fizemos no Brasil na negociação da nossa dívida externa no passado.**

* Centro Cultural Estación Mapocho.

** Alusão às negociações de rolagem da dívida externa do país, concluídas em 1993 durante a gestão de Fernando Henrique no Ministério da Fazenda, através do plano Brady.

O Fundo Monetário cobriria uma parte do cupom de juros, ou seja, subsidiaria, com dinheiro emprestado, e não dado, naturalmente, essa troca de títulos. Haveria condições tão ruins para os papéis antigos e tão boas para os novos, que meio voluntariamente, mas na verdade de maneira forçada, haveria uma troca de papéis, um esquema que já foi usado no Equador e que dessa vez seria mais aperfeiçoado. Diz o Malan, e ele tem razão, que a proposta é um pouco otimista. O Lafer concorda que o problema da Argentina não é a dívida; ela é grande, mas está negociada, tem condições. O problema da Argentina é a falta de confiança e de se retirar dinheiro dos bancos para trocar pesos por dólar; pode acontecer uma corrida bancária, e isso tem a ver com a conversibilidade e não com o nível de endividamento. A menos que na negociação em Washington, sem que nós saibamos até agora, além da reestruturação, eles estejam embutindo algum mecanismo de mudança do *currency board*, da conversibilidade. Pode ser que se tente acertar um problema e não se resolva outro, que o diagnóstico dos americanos esteja errado. Vejo com muita preocupação isso tudo; vamos ver o que virá dos mercados na próxima segunda-feira.

Agora ao meio-dia vou receber a Isabel Allende [Bussi]* e depois vou com todo mundo almoçar na Granja [Viña] Santa Rita. À noite temos um jantar com amigos chilenos e brasileiros na embaixada e amanhã volto para o Brasil.

HOJE É SEGUNDA-FEIRA, DIA 20 DE AGOSTO. Sábado, houve o almoço na Viña Santa Rita com o sr. Ricardo Claro e com a senhora dele, Maria Luisa [Vial de Claro], eu acho, ele é dono no Brasil da transportadora [estaleiro] Libra, e o quinto maior armador do mundo, além de dono da Viña Santa Rita e de outras mais. Meus amigos do Chile o consideram um *momio*,** quer dizer, um conservador; na verdade, do ponto de vista empresarial é o oposto disso, com grande tino, e conosco foi de uma gentileza exemplar. Escolheu as comidas que ele sabia que eu gostava, porque perguntou do que eu gostava num restaurante chileno que eu frequentara. *Angulas**** e *locos***** foi a resposta, tudo em um ambiente agradável.

À noite, um jantar excelente na embaixada, com meus amigos Sergio Bitar, Foxley e muitos outros, Gabriel Valdés, Enzo [Faletto],***** gostei de ver o Enzo, ele está com câncer em um dos pulmões, fumou sem parar a vida inteira, mas gostei de vê-lo, estava com ânimo. Os brasileiros também lá estavam, foi muito agradável, houve música tocada pelo [Carlos Alberto] Asfora****** e cantada pela Mary Lafer. Foi,

* Deputada chilena, filha do presidente Salvador Allende, amiga e ex-aluna de Fernando Henrique.

** "Múmia" em espanhol, ou ultraconservador ligado à ditadura Pinochet.

*** Filhotes de enguia.

**** Espécie de molusco endêmico do litoral chileno.

***** Sociólogo e professor da Universidade do Chile, coautor, com Fernando Henrique, de *Dependência e desenvolvimento na América Latina* (1967).

****** Conselheiro da embaixada brasileira em Santiago.

como se chamaria antigamente, um sarau, com comidas excelentes e um ambiente de muita amizade. Foi muito bom. Eu tinha estado ao meio-dia não só com a Isabel Allende, como também com a Tencha Allende [Hortensia Bussi Allende],* gostei muito de estar com a Tencha. Ela tem 87 anos e está muito bem-disposta, a Isabel também, ela é deputada e candidata à reeleição. Comentários, tanto dela quanto do [Manuel] Garretón,** que esteve no jantar, quanto do Enzo e também do Sergio Bitar: aparentemente a apreciação deles do governo Lagos não é igual a minha. Considero o Lagos um estadista, e ele é; agora, governo é outra coisa, tem problemas, o desemprego está grande, a Isabel está saindo de uma campanha difícil, porque o modelo, como eles dizem, está se esgotando, e é provável. Veem-se deficiências da integração do Chile como economia exportadora e, portanto, dificuldades para a ampliação da base doméstica da renda e do emprego, embora as taxas de investimento sejam elevadas.

Voltamos para o Brasil e à noite me encontrei com o Pedro Malan para conversar sobre a situação da Argentina. Os americanos tentando alguma solução, falei com o Iglesias, que estava na Turquia. Ele acha que está havendo uma briga muito grande entre o Tesouro e o Departamento de Estado, eles não se entendem, e entre o Departamento de Estado e — o que é pior — o Fundo Monetário. Muita confusão em tudo isso, e todo mundo aflito para encontrar uma solução para a Argentina. No fundo, os americanos e os demais, G7, sabem que a Argentina já teve 41 bilhões de dólares e que mais dinheiro talvez não resolva nada, porque eles estão atados pela questão do câmbio, com a conversibilidade, e, digo eu, pela ineficiência da indústria argentina, pela falta de produtividade. Fora a crise política. O Ricardo Claro, que é um homem vivido, disse: "Já vi muitas vezes crises semelhantes. Isso vai ter um estouro, o pessoal vai começar a retirar dinheiro do banco, trocar peso por dólar, o que vai tornar insustentável a conversibilidade. Haverá uma moratória e cai o presidente". Eu comentei: "Diagnóstico sombrio". Talvez não chegue a tanto, mas mostra como está a situação.***

Chegando ao Brasil, li no *Correio Braziliense* uma entrevista do Lula, patética. O Lula não aprendeu nada nesses trinta anos que está na militância. Perguntaram se ele se sentia preparado e ele disse: "Se quem se preparou tanto não foi capaz de resolver os problemas, eu vou resolver...". Pretensioso e dizendo besteira sobre os programas sociais, atribuindo à Ruth uma frase que não é dela, e sim do [Ricardo] Paes de Barros, do Ipea, que jogar dinheiro do avião dava mais resultado para os pobres do que os programas sociais. Lula usou isso como se fosse para esculhambar tudo, um despreparo extraordinário. Disse que meu maior erro foi ter comprado votos do Congresso, ele não falou nem votos comprados no Congresso, ele se

* Viúva do ex-presidente Salvador Allende.

** Sociólogo e professor da Universidade do Chile.

*** Como se sabe, o "diagnóstico sombrio" do empresário chileno se confirmou poucos meses depois.

referia às alianças políticas que impõem certa distribuição de poder, portanto de cargos, e que isso é uma coisa horrível... Como se não fosse inerente ao processo congressual e democrático. O Lula realmente é decepcionante, e olha que eu tenho simpatia por ele. Mas não adianta, ele não tem mesmo condições.

Hoje, segunda-feira, conversei com o Pratini, ele sempre disposto, resolvendo questões como a do cacau. Eu vou a Bahia por causa do problema do cacau.* Falei com o Ramez Tebet, que estava muito interessado em ver avançar certos programas do Ministério da Integração Nacional, preocupado com a situação do Jader, ele também acha que a queda é inevitável, e eu vi o Jader na televisão se defendendo com bravura, certo ou errado, mas com capacidade de luta. Vai ser duro, vai ser um processo longo.

Tive um almoço no palácio com o Elio Gaspari,** não conversamos sobre nenhum tema delicado, ele falou muito mais do livro que escreveu sobre a guerrilha do Araguaia e sobre os períodos dos militares.*** Depois recebi Steve Ballmer, presidente da Microsoft Corporation, que veio para alguns entendimentos com universidades brasileiras, para elas terem acesso ao que há de mais avançado em programação, para abrir a janela da Microsoft, para as universidades poderem entender e mexer, adaptar o software de forma que mais interesse às pesquisas daqui.****

Depois disso a rotina de gravação de rádio, dei uma entrevista para a *Deutsche Welle*, porque estamos na suposição da vinda do Schröder. Não está certo ainda, ele enfrenta um problema na Macedônia, seu partido está resistindo a essa questão.*****

Estive reunido com o pessoal do palácio para discutir minha ida à Bahia, é um inferno de brigas entre o Geddel e o Jutahy, o Geddel por um lado e o governo da Bahia pelo outro, sobre quem entra no helicóptero comigo, o que vai acontecer, porque vou dar prestígio para um grupo contra os nossos, porque o grupo contra os nossos é do Antônio Carlos, não se sabe se o Antônio Carlos vai aparecer, se haverá provocação, enfim, coisa habitual, mas uma chatice.

Comentários sobre o PIB, ele caiu no segundo trimestre, é um pouco desconcertante, não bate com as pesquisas mensais de crescimento industrial e tampouco com as de emprego, o Dornelles me disse que o emprego cresceu muito do primei-

* Viagem a Ilhéus e Itabuna para o lançamento do Programa do Agronegócio do Cacau, na sede da Ceplac (Comissão Executiva do Plano da Lavoura Cacaueira).

** Colunista da *Folha* e de *O Globo*.

*** *A ditadura envergonhada*. São Paulo: Companhia das Letras, 2002. Também integram a série As Ilusões Armadas os volumes *A ditadura escancarada* (2002), *A ditadura derrotada* (2003) e *A ditadura encurralada* (2004).

**** A Microsoft anunciou que partes do código-fonte do Windows seriam compartilhadas com oito universidades brasileiras para fins de pesquisa e desenvolvimento, além da instalação de sete centros de capacitação em informática no país até 2003.

***** Setores do SPD (Partido Social-Democrata Alemão) e dos Verdes, que formavam a coalizão do governo Schröder, haviam rejeitado a participação de tropas alemãs nas forças de paz da Otan em ação na antiga Iugoslávia, gerando um impasse parlamentar.

ro para o segundo trimestre, o PIB não poderia ter caído de maneira tão drástica como se está dizendo. Isso é muito delicado, porque o IBGE não vai querer ser acusado de estar manipulando ou de ter errado e, se fizermos qualquer coisa, vão dizer que o governo está manipulando. Essa estatística não veio num momento oportuno, quando se agrava a situação da Argentina.

Me encontrei com o Arthur Virgílio também, ele veio se queixar, dizer que o Geraldo Brindeiro deu curso a um processo contra ele de 1993, quando ele foi prefeito em Manaus,* acha que o processo não tem pé nem cabeça e me mostrou que de fato não tem. Falei com o Marco Maciel para saber do Brindeiro por que razão dar curso a um processo descabelado, enquanto, muitas vezes, processos corretos levam tanto tempo para despachar.

E no fim da noite, já no Alvorada, recebi o Martus para discutir o ajuste de funcionários, o aumento que vamos dar, que vai ser anunciado amanhã. Antes de eu falar com ele, vi a Globo, que já estava anunciando o aumento, se bem que errado. Pensam que é 3,5%, mas é maior do que isso, vamos somar outras parcelas mais no aumento.

Amanhã vou receber a Mireya Moscoso, presidente do Panamá.**

HOJE É QUINTA-FEIRA, DIA 23 DE AGOSTO, são dez e meia da manhã, acabei de falar para quatro estações de rádio: Tabatinga, no Amazonas; no Rio de Janeiro para o programa do Haroldo de Andrade, que é da Globo e tem grande repercussão; falei com Presidente Prudente e com mais uma emissora que eu não me recordo. Isso mostra o esforço que estamos fazendo de difundir um pouco o que o governo federal tem feito, com um contato mais direto com a população.

Daqui a pouco vou à posse do Sérgio Amaral, mas antes queria recordar o que aconteceu na terça-feira, dia 21 de agosto, quando a Mireya Moscoso nos visitou. Passei o dia, até as três da tarde, por conta do Panamá; a Mireya é uma pessoa agradável, estava afônica, quem realmente falou foi o chanceler, que se chama [José Miguel] Alemán, e também o diretor [administrador] do canal do Panamá,*** que nos deu um panorama muito positivo do que eles pretendem fazer. Se fizerem, muda tudo, porque vai permitir a passagem de navios de 150 mil toneladas pelo canal, e isso para nós é muito bom, para dar acesso à Ásia.

Encontrei o Jarbas Vasconcelos com o Marco Maciel, eles vieram reclamar do orçamento, sempre a mesma coisa sobre a Transnordestina. Aproveitei para con-

* O procurador-geral da República deu curso a uma ação de improbidade administrativa contra Virgílio pela contratação supostamente irregular de um empréstimo com um banco privado para a prefeitura de Manaus em 1989. Virgílio não foi denunciado pela PGR e o processo foi arquivado.

** Moscoso veio ao país em visita oficial de três dias, quando assinou convênios bilaterais nas áreas de segurança, comércio e ciência.

*** Alberto Alemán Zubieta.

versar com o Jarbas sobre o Roberto Magalhães, que foi para o PSDB. Notei o Jarbas indiferente à questão, imaginei que ele estivesse irritado, mas não.

Depois falei com o David Zylbersztajn, meu ex-genro, ele quer deixar a Agência Nacional do Petróleo, depois recebi o Fogaça mais o Nelson Marchezan Júnior e o [Osvaldo] Biolchi,* e ainda vários professores da Universidade [Federal] de Passo Fundo. Recebi o Osvaldo Coelho** para falar, como sempre, das verbas de irrigação. Ele é um batalhador pela região do São Francisco. Voltei correndo ao Palácio do Planalto para encontrar o Roriz.

O Roriz veio dizendo que quer as "verbinhas" da Polícia Militar,*** mas veio mesmo é conversar sobre política. Está entusiasmado com o Malan, esteve com ele, ouviu-o no Senado. É impressionante o número de pessoas que têm me falado ultimamente a respeito do Malan. Por quê? Porque ele está enfrentando as questões, está brigando, defendendo o governo e debatendo os grandes temas nacionais. Infelizmente os outros pré-candidatos do PSDB não fazem isso, e o Malan não quer ser candidato, não deseja sequer se filiar. O Roriz deseja apoiar o Malan. Falou também sobre o PMDB, ele acha que o Temer ganha, e perguntou muito do Ovídio [de Ângelis], que parece estar sem espaço em Goiás. Ele o levaria a se transferir para o Distrito Federal, e nesse caso vai querer manter o Ovídio como ministro, naturalmente.

Jantei com o senador Paulo Souto, com o deputado Aleluia e com o Aloysio. Motivo: o Paulo Souto vai ou não ser candidato ao governo da Bahia? O que fazer com o Antônio Carlos? Eles estão loucos para se livrar do Antônio Carlos, como eu estava, agora me livrei. Para o futuro da Bahia, se o Antônio Carlos deixasse de ser candidato seria melhor, mas ele é capaz de querer ser. Se o candidato for o Paulo Souto, melhora bem, dá até para fazer um entendimento geral. A conversa foi essa basicamente, eles querem manter contato com o governo federal e ver um modo de apaziguar as coisas na Bahia. Difícil, porque agora, com a minha visita à Bahia, estão todos eriçados com essa questão, e ainda se junta o Geddel... Ontem telefonei para o Geddel, ele já estava um pouco mais calmo, mais preocupado com detalhes e protocolos, quem entra no helicóptero comigo, quem fala primeiro, quem não fala, se o governador vai ou não vai atacar, se o Antônio Carlos vai ou não vai aparecer, enfim, uma enorme perda de tempo.

Ontem, dia 22, estive de manhã com a Anadyr de Mendonça Rodrigues, a corregedora-geral, que mostrou o trabalho que está fazendo, de acessibilidade, ou seja, para que todo mundo possa saber quais são os processos, as sindicâncias, os inquéritos, em que ponto estão, está tudo sendo posto na internet. Ela me disse: "Presidente, não há um caso que não seja registrado, não há uma queixa da po-

* Deputado federal (PMDB-RS).

** Deputado federal (PFL-PE).

*** Isto é, do Plano Nacional de Segurança Pública.

pulação que não esteja sendo acompanhada", e nisso a imprensa tem interesse, porque está vendo que estamos fazendo o que precisa ser feito e que não estamos personalizando. A imprensa gosta, naturalmente, de personalizar. O pano de fundo disso é o Jader, e agora o Espírito Santo, cuja situação se complica imensamente. Eu nem gosto de acompanhar, de tão dramático que é tudo isso, e agora o negócio do Banpará, o cheque, o não cheque. Maluf caiu também na malha do Coaf mais o banco de Jersey.* Não dá mais para esse pessoal passar a vida impune, porque agora já há registros que se cruzam pelo mundo afora, graças à internet e à computação tudo está ficando mais visível.

Recebi o José Serra depois da Anadyr, ele veio propor, o que acabou sendo feito, a quebra da patente de um dos medicamentos para aids, e isso terá imensa repercussão. Serra é peitudo, tem competência e sabe aproveitar os momentos.

Depois recebi o Zé Gregori com o Gilberto Saboia** para a preparação da Conferência sobre Racismo na África do Sul, eles me deixaram um relatório sobre racismo. Ruth foi ao Rio, eu voltei ao Palácio, e foi pura rotina. Recebi um empresário chinês, recebi o Humberto Mota, uma porção de gente, o Marco Aurélio, presidente do Supremo, e o Paulo Tarso [Flecha de Lima].

O Paulo Tarso está queixoso pela forma como foi removido da embaixada na Itália, porque o Celso Lafer telefonou para ele e leu a minha carta. O Paulo acha que podia ter sido avisado antes de ser exonerado, e é verdade. Mas os sinais todos foram dados antes, e ele não quis perceber nenhum; talvez o Celso pudesse tê-lo avisado antes de ler a carta. Eu imaginei até que tivesse alertado. Eu expliquei: "Olha, Paulo, eu precisei do lugar por causa do Andrea... O Antônio Carlos está dizendo que eu coloquei o Jader lá [na presidência do Senado], não é verdade". O fato é que o Antônio Carlos arrebentou todas as possibilidades de cooperação. Eu disse isso ao Paulo Tarso, porque ele foi se organizar com o Antônio Carlos, que fez discurso contra mim, dizendo que eu sou leniente com a corrupção, o que é inaceitável, insuportável. Paulo Tarso fez muitas coisas na profissão, por isso acha que o país lhe é devedor. Em 1990 ele já estava aposentado,*** foi nomeado embaixador em Londres e de lá foi para Washington. Ele teve um derrame, não tinha mais condição física de ser embaixador em Washington e eu o mantive algum tempo por causa da dignidade dele, e lhe demos Roma para um final de carreira adequado. Falta só um ano, e precisei realmente do lugar. E vejam o que sai no jornal, que "foi interrompida a carreira do Paulo Tarso". Não, ele já está aposentado, não se interrompeu nada, mas

* O Ministério Público de São Paulo conseguira bloquear US$ 200 milhões em nome do político pepebista e seus familiares numa conta do Citibank na ilha de Jersey, paraíso fiscal do Reino Unido. O bloqueio do montante, originado de desvios em obras viárias de São Paulo, fora revelado pela imprensa em junho de 2001. Em 2017, Maluf foi condenado à prisão e à perda do mandato de deputado federal pelo STF por lavagem de dinheiro.

** Secretário nacional de Direitos Humanos.

*** Aposentou-se em 2001, depois de deixar a embaixada em Roma.

há muita gente no Itamaraty que pensa assim. Qualquer mudança no Itamaraty é extremamente difícil.

Jantei ontem, quarta-feira, com o presidente do partido, quem tem sido bastante bom, o José Aníbal, para conversar sobre o Espírito Santo, sobre o Paraná, sobre o Acre, sobre como transformar o PSDB num partido capaz de vencer as eleições. E, como pano de fundo, a crise da Argentina.

Ontem o Fundo Monetário concedeu à Argentina um empréstimo maior do que se imaginava, cheio de condicionalidades, naturalmente. Eles separaram uma verba de 3 bilhões, que eu imagino seja para fazer a troca de dívida antiga por dívida nova, uma espécie de reestruturação da dívida um pouco disfarçada, uma moratória combinada. Já vi nas televisões, tanto na CNN quanto no Brasil, notícias percebendo a questão dessa maneira. Houve certo alívio. Hoje li o comentário da Miriam Leitão em que ela diz também que houve uma sensação de alívio da dívida da Argentina, provisória talvez, mas quem sabe nós possamos aproveitar para avançar no Brasil. Ontem o Copom manteve os juros em 19%,* e o Armínio estava preocupado. O Martus me telefonou e disse que devia ser assim mesmo. Concordo que nesse momento seja 19%, e acho que deviam ter marcado a próxima reunião o mais próximo possível, pois vamos ter que baixar esses juros.

Curiosidade: a taxa de desemprego continua caindo, agora está 6,2%, acabei de ver na telinha agora de manhã, e é incompatível queda do desemprego e, ao mesmo tempo, queda do PIB. Enfim, só Deus sabe.

* A Selic permaneceu em 19% até fevereiro de 2002, quando caiu 0,25 p.p.

27 DE AGOSTO A 1º DE SETEMBRO DE 2001

Posse de Sérgio Amaral. Viagem ao sul da Bahia. Reunião com José Alencar. Problemas do modelo energético

Hoje é segunda-feira, dia 27 de agosto, já é quase meia-noite e estou voltando do Rio de Janeiro. Na quinta-feira de manhã, depois de ter feito os exercícios de natação, fui à posse do ministro do Desenvolvimento, o embaixador Sérgio Amaral. Antes fiz programas em algumas estações de rádio do Brasil, falei com Tabatinga, falei com Palmas, com várias rádios pelo Brasil afora, Presidente Prudente, Rio de Janeiro.

A posse do Sérgio Amaral foi muito concorrida, ele fez um excelente discurso, mas como ele não tem a ênfase do político retomei os temas e falei com mais retórica. Não que eu tenha adjetivado, mas no tom de voz etc., um relacionamento mais direto com o público. Foi nesse discurso que eu disse: "Ou exportamos, ou morremos"* — eu havia dito ao Sérgio Amaral que iria dizer. Todo mundo, no dia seguinte, começou a me gozar, inclusive o nosso presidente da Firjan, Eduardo Eugênio, que disse: "Exportar ou morrer como, cara-pálida?",** e se arrependeu, porque houve muitas cartas contra a expressão cara-pálida, que, na verdade, não é ofensiva. Hoje, lá no Rio, ele se encontrou comigo sem jeito e eu disse: "Eu também digo muitas bobagens quando estou falando". O certo é que a posse do Sérgio foi forte, os discursos muito aplaudidos.

Quando saí da posse do Sérgio Amaral, me reuni para discutir programas de trabalho e depois estivemos com o Dornelles e com a ministra do Trabalho da Argentina.*** Ela é muito amiga do De la Rúa e mostrou a situação de caos na Argentina, mostrou as dificuldades para avançar, acha que eles vão ser derrotados nas eleições;**** pelo menos estão conscientes.

Recebi o Francis Mer, presidente da Usinor***** da França, para mostrar os êxitos deles no Brasil e no mundo. Está muito contente com o Brasil, salvo no que diz respeito à demora em obter a licença de meio ambiente. E ainda recebi parlamentares norte-americanos.****** Foi um dia trabalhoso, falei o tempo todo em várias línguas,

* "O ministro Sérgio Amaral, ao fazer sua declaração final, só não colocou a frase porque talvez temesse alguma crítica. Mas, no fundo, o que ele disse foi o seguinte: exportar ou morrer. É como se fosse um novo tipo de Independência. Ou se exporta ou se morre." (Biblioteca da Presidência.)

** Gouvêa Vieira rebateu o discurso presidencial num evento da Firjan: "Como é que podemos exportar, se a burocracia é infernal? Exportar ou morrer depende de quê, cara-pálida?".

*** Patricia Bullrich.

**** Eleições legislativas, marcadas para 14 de outubro de 2001.

***** Fundiu-se com outros conglomerados siderúrgicos europeus em 2002 para formar a Arcelor, atualmente ArcelorMittal.

****** O presidente se reuniu com oito deputados dos EUA, coordenados pelo republicano David Dreier, que estavam no Brasil para discussões parlamentares sobre a Alca.

espanhol com a moça da Argentina, francês com o Francis Mer e em inglês com os parlamentares norte-americanos. Tudo isso cansa, e bastante.

Voltei correndo para o Alvorada, me encontrei com o Roriz — isso na quinta-feira, dia 23 — e à noite jantei com o Paulo de Tarso [Santos], com o Paulo Henrique, com o homem de pesquisas dele e um americano, acho que é [Stanley] Greenberg, para discutir a questão eleitoral. O americano é competente e disse o seguinte, resumindo: que o governo está mal, mas menos mal do que em outros países da América Latina, pois ainda tenho 33% de apoio. O que ele achou mais estranho é que nos grupos focais não há disposição contrária, continuam dispostos a ouvir a palavra do presidente. Distinguem como preocupação principal deles a corrupção, acham que ela está aumentando, e apontam a minha integridade pessoal, que eles respeitam. Ele acha mais difícil colocar alguém do lado do governo no segundo turno, mais fácil seria o Tasso do que o Serra, mas parece que isso foi um pouco induzido, porque ele perguntou sobre o ministro, e o Serra é um bom ministro da Saúde, mas como o Tasso é um governador que luta contra a corrupção, e como a corrupção é a obsessão da população, isso induz o resultado. Eu disse a ele. Ele acha que é possível ganhar, mas que não é fácil.

Sexta-feira, dia 24, fui para Itabuna na Bahia. Fui conversando no avião com o Paulo Souto, o Jutahy, o Geddel e o Pratini, todos querem o Paulo Souto como governador. Na volta almocei com o Aleluia, que também quer o Paulo Souto. Quando chegamos, estavam todos, o filho do Antônio Carlos, o senador, o Ornelas, que foi o único que eu tratei distante, porque eu não esperava que ele tivesse tido o comportamento que teve — foi desatento a todas as gentilezas e à solidariedade que lhe prestei. Podia ter sido mais discreto na adesão ao Antônio Carlos, à CPI da Corrupção, essa podridão. Os outros, não; o governador César Borges fez um discurso correto, o César é devedor a nós porque, quando da rebelião da polícia, eu o apoiei, enviando o Exército. Ele citou gratidão ao Antônio Carlos, pelo que fez pelo cacau, e levou uma vaia grande, não só dos políticos, mas do público também. Falou-se muito do desenvolvimento tecnológico do cacau etc.

Voltei para Brasília e ainda fui ao Palácio da Alvorada gravar programa de rádio e receber o [Luiz Fernando] Levy, da *Gazeta Mercantil*,* que está numa situação difícil. O grupo dele vai deixar de pagar impostos durante uns três meses, porque está negociando, novamente, com um grande grupo de multimídia, que vai resolver os problemas financeiros deles, não sei o quê.

E recebi o Palma [Manoel Rodrigues Palma],** de Cuiabá, do Mato Grosso, que me disse que vai entrar para o PPB e não para o PSDB. Por quê? Ele não se elegeria no PSDB, e também há tensão com o Dante [de Oliveira]. Pediu minha compreensão para isso.

* Jornal de economia e negócios extinto em 2009.

** Ex-deputado federal (PTB).

No dia 25, sábado, fui a São Paulo de manhã fazer exames com o Arthur Ribeiro,* na Escola Paulista de Medicina, Hospital do Rim, do SUS, exames de check-up. Não tenho nada, eles ficaram muito impressionados com o coração, com o sistema venal [circulatório], não tenho nada, pressão, próstata, tudo, estou bastante bem pelo que disseram.

Almocei em casa com a Bia, Ruth e as crianças, depois recebi o Sérgio Amaral para discutir os programas do Ministério de Desenvolvimento, Indústria e Comércio Exterior, e recebi o Rubens Barbosa, que assistiu a uma parte da conversa com o Sérgio. Também veio o Serra, para conversar sobre o choque eventual entre o Geraldo Alckmin, ou seja, entre a Secretaria de Saúde de São Paulo e o SUS, ou seja, o Ministério da Saúde. Muito preocupado ele, porque há essa atitude de não reconhecer o que o governo federal faz, estão só reclamando, e a gente já deu muito, não pode dar mais. Me pediu que falasse com o Geraldo, o que fiz hoje.

No domingo, dia 26, passei o dia praticamente em casa e à noite... Perdão, confundi as datas de quando recebi as pessoas. Eu os recebi no domingo, porque no sábado falei foi com o Arnaldo Madeira. No domingo é que estive com o Serra e com os demais que mencionei. Boa conversa com o Madeira para alinhavar as coisas de Brasília. Ele não quer ir para São Paulo,** quer ficar em Brasília, Madeira é um homem lúcido.

À noite, no domingo, fomos para a casa do Pedro Moreira Salles,*** era aniversário da Catarina Malan,**** um encontro social, e também falamos sobre a candidatura do Malan, conversa fiada. Revi o Pérsio Arida, de quem gosto muito, foi uma noite bastante agradável, não havia muita gente, umas quarenta pessoas. Voltamos tarde e fui dormir.

Hoje, segunda-feira, recebi de manhã a Wilma Motta para conversar sobre o Instituto Sérgio Motta e os programas dela no PSDB, a questão do PSDB Mulher. Recebi a Esther Hamburger, que me entrevistou, almoçou conosco, e depois do almoço fui ver o Geraldo Alckmin. Com o Geraldo foi tudo bem, toquei no assunto do Serra, e o Geraldo não vai fazer grandes modificações de governo, vai fazê-las pouco a pouco, ele é firme, seguro das coisas. O Maluf está na frente dele por pouca diferença e o PT muito atrás. Ele pode ganhar a eleição em São Paulo, e é bom que ganhe. Acertamos o passo para o programa do governo federal com o governo de São Paulo e no que diz respeito ao SUS, mas não acertamos propriamente o passo, estamos na direção de uma convergência.

No fim da tarde, fomos ao Rio de Janeiro eu, Ruth, Zé Gregori e Maria Helena [Gregori]. Fui reclamando do tamanho da delegação que vai à África do Sul, qua-

* Médico particular de Fernando Henrique, professor da Escola Paulista de Medicina (núcleo original da Universidade Federal de São Paulo) e diretor do Hospital do Rim.

** Isto é, assumir uma secretaria estadual paulista.

*** Presidente do Unibanco, fundido com o Itaú em 2008.

**** Mulher de Pedro Malan.

renta pessoas, é um despropósito; eu até ofereci o Sucatão* para levá-los, mas não querem, porque provavelmente muitos vão via Europa ou vão ficar mais dias. São abusos, mas o Zé não tem mais como voltar atrás. Suponho que foi o embaixador Saboia quem tomou conta do assunto, houve um estouro da boiada, e nós vamos levar críticas por isso.

No Rio fui à comemoração dos cinquenta anos da Fenaseg,** Garotinho estava lá, tratei-o bem, mas distante, pelas confusões que ele armou. Revi muitas pessoas conhecidas e amigos do Rio, depois voltamos para Brasília, viemos com vários ministros e com o Lobão, que é presidente interino do Senado. Vim conversando com a filha do Zé Gregori, a Maria Stella [Gregori],*** que trabalha com o Serra, e conversando com os demais também.

HOJE É QUARTA-FEIRA, 29 DE AGOSTO, são dez e meia da manhã. Da minha conversa com Geraldo Alckmin, resultou a seguinte impressão: o Geraldo ainda está tateando, ele não está certo se vai ser candidato, porque a candidatura depende de decisão do Supremo Tribunal [TSE]. Ele está muito cuidadoso com a mudança do secretariado, mudou três por enquanto, todos do estilo dele, gente discreta, competente e sem muita presença política. Eu disse que ele precisava ter mais presença política, mas entendi a situação, acho que ele não quer fazer nada enquanto não ficar mais claro qual a chance de candidatura. Tentou conversar com o Madeira sobre a ida dele para o governo de São Paulo. Madeira já tinha me dito que não iria e disse a ele também, porque são só sete meses de governo,**** não daria para fazer muita coisa, e o Madeira seria um desfalque muito grande para mim. É claro que continuo com um impasse no Congresso, o Congresso está um desastre, não vota nada, agora chamaram o Martus para explicar por que não há dinheiro para mais estradas, não há porque não votaram a PEC das Estradas...***** Diminuíram, na verdade, a incidência de Imposto de Renda****** e são 4 bilhões a menos, achando que eu iria vetar. Eu disse ao Martus dizer ao Congresso que eu talvez não vete, em vez de vetar corto despesas. É uma coisa horrível. Eu disse ao Martus ainda há pouco por telefone: "Olha, Martus, os avanços havidos foram

* Apelido do Boeing 707 da Presidência da República, adquirido pela FAB em 1986 e retirado de serviço em 2005.

** Realizada no Sofitel Rio Palace.

*** Diretora da Agência Nacional de Saúde Suplementar (ANS).

**** Segundo a legislação eleitoral, secretários estaduais precisam se desincompatibilizar quatro meses antes das eleições para concorrer.

***** PEC 277/2000.

****** A base aliada inserira uma emenda sobre a correção da tabela do Imposto de Renda da Pessoa Física no Orçamento da União. Em dezembro de 2001, a mudança foi aprovada. As faixas de incidência do IRPF tiveram reajuste de 17,5%, na média.

porque o Congresso caiu em armadilhas, não foi por uma mudança de cabeça, de consciência. Nesse momento todos querem a mesma coisa: gastar mais para assegurar eleições". O Almir Gabriel está nervoso por causa da alça viária não sei de onde, de Belém,* os recursos foram destinados, mas ele acha que são insuficientes, todos querem mais. Isso é o cotidiano de quem tenta reformar um país cuja mentalidade avançou muito em certos setores da sociedade, mas em outros não, e o setor político avançou pouco quanto à consciência dos problemas do Brasil.

Ontem, terça-feira, recebi o Zeca do PT, o José Orcírio. O governador do Mato Grosso do Sul veio pedir apoio para alguns projetos dele que eu acho justos, e veio também se queixar que estão fazendo uma alça ferroviária em Campo Grande** e ele não vê necessidade disso. Na verdade essa é uma reclamação contra o PMDB, porque o prefeito é do PMDB*** e o Ministério dos Transportes também. Já telefonei para o Martus para saber qual é a efetiva necessidade dessa alça. Ele pediu algumas outras coisas, de ressarcimento do Estado, todos querem,**** o Zeca é um homem compreensivo, me parece um bom administrador.

Depois recebi o senador José Alencar, que é mais esperto do que parece. Trouxe um projeto de lei para estender a Adene,***** a antiga Sudene, para a Zona da Mata em Minas Gerais, quer dizer, fronteira com o Rio de Janeiro. Isso, segundo ele, me faria ir para as nuvens em Minas e, naturalmente, ele irá para as nuvens em Minas. Mandei o Pedro Parente avaliar o projeto e falei com o Aécio, que é restritivo. O José Alencar veio me dizer que ficará contente com a eleição do Temer e que, se fosse oportuno, gostaria de ser presidente do Senado, mas não quer nem pensar nisso por agora, porque ele é amigo do Jader. Ele acha que deve haver alternância de poder, e alternância quer dizer o Lula, ele acha que o Lula está ficando light. Eu expliquei o que penso a respeito do Lula, que não se preparou para governar, as últimas entrevistas dele são muito ruins, e que ele vai provocar uma descrença no Brasil, são coisas fora de época. Entretanto, ele acha que o Brasil, e eu também acho isto, acaba absorvendo tudo, e que se o Lula for eleito eu vou fazer o possível e o impossível para ajudar o Brasil. O José Alencar, o que quer mesmo é proteção para a indústria nacional; ele falou do pessoal do Iedi, disse que é preciso rever certas práticas, ele acha que temos um passivo líquido enorme. Com isso quis dizer que o investimento estrangeiro é muito grande no Brasil, como se fosse possível, por decreto, não fazer investimento estrangeiro e que com isso viria o investimento

* Alça Viária do Pará (PA-483), com 80 km de extensão, inaugurada em 2002.

** Contorno Ferroviário de Campo Grande, obra de R$ 60 milhões concluída em 2004.

*** André Puccinelli.

**** Os governadores de estados exportadores de produtos primários pleiteavam compensações financeiras por perdas de arrecadação decorrentes das isenções previstas pela Lei Kandir.

***** Agência de Desenvolvimento do Nordeste, criada em julho de 2001 e extinta em 2007, quando a Sudene foi reativada. O senador Alencar apresentou uma emenda à medida provisória que criou a agência (MP 2156-4/2001), não aprovada.

nacional... O problema da poupança ele nem coloca. Na hora de aprovar leis efetivas para melhorar a situação fiscal, ninguém pensa. Ele mesmo veio me pedir que aumente a área de influência da Adene. Resumindo, tenho do José Alencar a impressão de ser um homem esperto, fez uma grande empresa [Coteminas], parece ingênuo politicamente, mas não é; o que ele tem é mentalidade antiga: embora seja um empresário moderno, não é um político moderno, e agora está namorando essa ideia de PT e deve estar namorando também ser presidente do Senado. Mas só chegaria lá com o meu apoio, é sempre assim.

À tarde houve a sanção do projeto de lei que faz Registro Público de Terras,* o Raul se excedeu em mostrar... se excedeu no bom sentido, em mostrar o quanto foi feito na parte de terras, de estrutura agrária, de reforma agrária. Eu fiz um rasgado e merecido elogio ao Raul.**

Depois recebi o Xico Graziano para falar sobre questões da bancada e recebi o deputado Rafael Guerra, que é do PSDB de Minas, um deputado da área médica que é sensato, mas que, como todos os outros da área médica, quer mais recursos para a saúde. Eu disse: "O Itamaraty e o Ministério da Cultura têm pouco mais de 1 bilhão, e o senhor quer um aumento de mais de 1,2 bilhão... Ora, só três ou quatro ministérios têm essa quantia; eu tenho falta de recursos, pode interpretar a lei pra cá e pra lá, mas precisamos ter dinheiro e não temos dinheiro". Ele entendeu, mas vai insistir, como todos os da área médica que me pedem audiência por essa razão. Certamente o ministro José Serra não está desatento a isso, está feliz com essas pressões no governo para obter mais dinheiro para a saúde, porque cada um cuida de si e querem que eu cuide de todos, como se Deus eu fosse, e não sou. Tenho que cuidar das finanças de todos ao mesmo tempo, porque se cada um espichar para um lado, não dá.

À noite jantei na casa do Toninho Drummond [Antonio Carlos Drummond]*** com a nova direção da Globo, o João Roberto [Marinho], o [Carlos Henrique] Schroder, que é o diretor-geral,**** o Ali Kamel,***** que está atuando em certas partes, aquele rapaz que é lá de São Paulo, que se chama [Amauri] Soares,****** um rapaz simpático, e também o novo diretor aqui da Globo de Brasília, [Luiz Cláudio] Latgé, eu creio. Muito boa conversa, geral, eu realmente gosto do João Roberto e gosto desse pessoal que é jovem, me pareceu uma gente muito ligada, de cabeça aberta, não são partidários especificamente do governo, mas não são inimigos, ao contrário.

* Sanção da lei nº 10 267, de 28 de agosto de 2001, que criou o Sistema Público do Registro de Terras, cadastro nacional de propriedades rurais.

** "Quero dizer que o ministro Raul Jungmann e sua equipe — e eu estendo a todos os citados e os que não foram citados — têm demonstrado uma competência extraordinária. [...] A equipe do ministro Raul Jungmann e ele próprio à frente têm um entusiasmo inexcedível." (Biblioteca da Presidência.)

*** Diretor regional da Rede Globo em Brasília.

**** Diretor da Central Globo de Jornalismo.

***** Diretor de jornalismo da Globo, responsável pelo *Jornal Nacional* e pelo *Bom Dia Brasil*.

****** Diretor de jornalismo da emissora, responsável pelo *Fantástico* e pelo *Jornal da Globo*.

Voltei agora, para daqui a pouco receber o Daniel Feffer,* receber o pessoal de Transportes para discutir uma nova agência de transportes.** Enquanto isso, na situação geral, um senador de Goiás, Maguito Vilela, a vociferar que o governo está interferindo na convenção do PMDB. Não é certo, politicamente eles estão derrotados e o Itamar não sabe o que fazer, se sai ou não do PMDB; ele vai ficar, mas tem medo de ficar. Eu preferia que ele saísse, mas, se eles forem espertos, não saem, ficam e ficam azucrinando para controlar o PMDB. Enquanto isso, o PMDB vai se desgastando muito, mais ainda. As confusões do Jader permanecem intocadas, o Maluf, irritado, telefonou para o Aloysio dizendo que o governo o está perseguindo. Essa é boa, ele faz as malandragens dele — o homem de Jersey, da ilha, comunica que ele tem dinheiro [depositado lá] e quer saber qual é a origem do dinheiro — e é o governo que o está perseguindo, é extraordinário. Ele sabe que não é assim.

Ah! esqueci de dizer: o Antônio Carlos mandou um fax malcriado dizendo que ele não é sapo nem rã, porque eu disse que estava cansado, que engoli muitos sapos pelo Brasil e pela Bahia. Ele elencou o que diz que fez por mim e pelo governo, isso porque eu disse que ele ajudou muito e atrapalhou muito. Mas, enfim, é o ocaso de um espertalhão, e eu não vou responder, porque o que ele quer é polemizar comigo. É patético. Esse é um Brasil que precisa acabar, dos que fazem na política exibicionismo pessoal, abusos, uma coisa assim deslavada.

Por falar nisso, também a Lúcia e o Paulo Tarso andaram telefonando ao Andrea para reclamar que eu fui ingrato, que sou injusto. Paulo Tarso disse que o Antônio Carlos é forte, que não sabe se vão ou não ao almoço com o Andrea e que a carreira do Paulo Tarso foi truncada. Ora, essa é muito boa. Ele levou dez anos nos palácios da República pelo mundo afora, sendo prestigiado, estando doente, em homenagem ao que fez no passado, e teve o desplante de ir ao plenário do Senado, foi ao gabinete do Antônio Carlos abraçá-lo no dia em que o Antônio Carlos disse que eu sou conivente com a corrupção, sem falar nada comigo, sem um gesto. Poderia até abraçar o Antônio Carlos em casa, são amigos, mais do que amigos talvez, pois bem, em vez disso vai ao plenário do Senado, sendo ele meu embaixador pessoal. E acha estranhíssimo que eu o remova depois de meses de ele ter agido desse modo. Eu não fiz por isso, eu fiz porque precisava da vaga para o Andrea.

HOJE É SEXTA-FEIRA, 31 DE AGOSTO, uma hora da tarde. Bem, a manhã de quarta-feira foi mais ou menos calma, recebi o Daniel Feffer e o David Feffer,*** para recordar a memória do pai deles, o Max,**** que foi meu amigo. Eles disseram

* Vice-presidente do conselho de administração do grupo Suzano.

** Referência ao DNIT, criado legalmente em junho de 2001 e então em implantação.

*** Presidente do conselho de administração da Suzano.

**** Morto em abril de 2001.

que gostariam de manter a mesma relação que o pai sempre teve comigo, e que ele [Max] tinha sido muito grato porque eu os ajudei em alguma coisa, não me recordo no que ajudei, mas devo ter ajudado, porque realmente sempre gostei do Max.

Depois me reuni com o Eliseu Padilha, o Pedro Parente, o Aloysio Nunes e o secretário executivo do Ministério de Transportes,* para discutir a mudança de sistema. Nós criamos as agências de transportes, agora precisamos fazer uma adaptação, ver como e se acabamos com o DNER, ver a forma de transição, o que fazer com o pessoal que lá está. Disse o Padilha que os homens de carreira, os engenheiros, são corretos, que são as consultorias que deturpam tudo, que a corrupção vem do contato com as empreiteiras e com os parlamentares. Precisamos olhar isso com muita atenção, porque não podemos contaminar a nova agência com práticas antigas. Ao mesmo tempo, o Padilha quer um aumento de salário para os engenheiros, que na verdade ganham uma miséria, para que eles não fiquem muito abaixo do que vão ser os salários na Agência de Transportes [DNIT]. No Brasil tudo é assim, houve um momento das autarquias, agora é o das agências, tudo agora é agência, resta ver se a agência vai ser uma coisa melhor, igual, ou pior do que a estrutura anterior.

Conversei à tarde com o Aécio, com o Philippe Reichstul e com o Duda, o David, para discutirmos questões relativas à ANP, Agência Nacional do Petróleo. Tive uma reunião com os novos investidores e depois falei longamente com o Philippe sobre algumas mudanças na Petrobras. Ele próprio está querendo sair porque tem medo de que haja outro problema ambiental, e não quer sair tisnado por essas questões. Eu pedi que ficasse o máximo possível, porque ele é um bom presidente, mas vamos mudar provavelmente o diretor da parte de Gás, que foi o Delcídio [do Amaral],** uma indicação política, e colocar alguém mais técnico. Pelo menos é a minha recomendação, e o Philippe quer isso também. Depois recebi o João Paulo Reis Velloso,*** que é um pouquinho mais moço que eu e me pareceu mais velho, fiquei até preocupado. Despachos múltiplos e, quando cheguei em casa, recebi o Eduardo Jorge, que veio contar que a *Folha* está fazendo uma espécie de revisão do caso dele para voltar atrás nas infâmias que andou proclamando.

Jantei com o Paulo Renato e com a Ruth, o Paulo aflito com as notícias de jornal, com as notinhas, que ele sempre atribui ao Serra, e eu acho que nesse caso não são do Serra. Depois conversamos sobre coisas melhores, sobre o que ele está fazendo na Educação, muito animado, muito bom.

Na quinta-feira, ontem, recebi de manhã o Ney Figueiredo com umas ideias sobre a pesquisa que ele está fazendo para um livro que está preparando na CNI so-

* Alderico Lima.

** Substituído em outubro de 2001 por Antônio Luiz de Menezes.

*** Ex-ministro do Planejamento (1969-79) e presidente do Instituto Nacional de Altos Estudos (Inae).

bre o governo, com jornalistas independentes, achei bom.* Recebi depois o Darcísio Perondi, um deputado combativo do Rio Grande do Sul,** ele é da área da saúde, mas teve a gentileza de não falar comigo sobre verbas da saúde, porque ele sabe que neste momento não temos como atender. Falou das questões dele da eleição, da dificuldade no Rio Grande do Sul. Depois tive uma longa discussão com o Aloysio mais o Gros mais o Malan, o Parente e o Zé Jorge, sobre a crise energética. Recebi um documento do Pedro Parente botando no papel o que eu já suspeitava e disse tantas vezes no decorrer desses dois últimos anos: que eu não entendia o modelo energético, que para mim ele não fechava, não batia, e agora veio o Pedro Parente e disse: "Há muita complexidade, muita má implementação, muita ignorância, e o modelo... ninguém entende bem como ele fecha, são muitas siglas...". O MAE, que é o Mercado Atacadista de Energia, nunca funcionou e sem ele não adianta fazer termoelétrica, porque elas não têm como definir o preço do que vão vender nem têm como vender, enfim, um rolo do tamanho de um bonde. A responsabilidade disso é do BNDES, que montou lá atrás o modelo, mas depois passamos o controle para o Ministério de Minas e Energia; quando o Tourinho assumiu, a responsabilidade ficou dele. Eu acho que ela é também da Coopers & Lybrand, como se chama a empresa que criou o modelo. Eu dizia que não funcionava, que não batia, e eles nunca viram que há questões estruturais, o Ministério foi desarticulado, desorganizado, não tem condição técnica. Aliás, o Duda me dizia isso quando o Tourinho estava lá, mesmo a Aneel foi um fracasso no começo, como eu disse a eles na reunião de ontem. A privatização funcionou quando a agência reguladora funcionou, a Anatel, a ANP, espero que essa de águas [ANA] etc. A Aneel não funcionou porque não assumiu com energia a função reguladora e porque o modelo é muito complexo.

Pedro Parente disse que a situação é mesmo essa, e o Zé Jorge parecia mais inclinado a deixar para o próximo governo encaminhar a solução dos grandes problemas estruturais, posto que os problemas do momento estão sendo equacionados, quer dizer, há chuvas, e chovendo teremos mais facilidade. A questão das termoelétricas está posta, a questão da energia adicional dessas barcaças [de gás natural] está colocada, o Anexo V,*** que é uma disputa sobre quem paga, se as geradoras ou as distribuidoras pagam pela energia não entregue, eles estão equacionando, há a construção das usinas termoelétricas, ou seja, não faltará energia até o fim do meu mandato. Mas, disse o Pedro Parente, e ele tem razão, fica um débito, um déficit, uma dívida, e quero resolver essa dívida. Vai dar uma dor de cabeça da-

* *Diálogo com o poder — Políticos, empresários e mídia: Verdades e mentiras*. São Paulo: Editora de Cultura, 2004.

** Pelo PMDB. Era vice-líder do governo na Câmara.

*** Cláusula contratual que previa o ressarcimento da receita perdida durante o racionamento aos distribuidores de energia, pago pelas geradoras, segundo a regulação estatal do MAE. As perdas das distribuidoras foram estimadas em US$ 1,6 bilhão em 2001, cujo pagamento integral impactaria as contas de energia em 12%, em média. Em dezembro de 2001, o governo alterou o mecanismo de reposição.

nada, vamos ter que mexer em tudo. Pedro Malan insistiu em que temos que tirar o Luís Carlos Santos, eu até concordo, mas o Luís Carlos Santos não é o responsável por tudo isso; o responsável é essa confusão que vem de longe. De certo modo, somos todos responsáveis... Mais especificamente é a área direta, de Minas e Energia, portanto o ministro Tourinho, que tem imensa responsabilidade. O Raimundo Brito* menos, porque o modelo se implementou na época do Tourinho. O PFL tirou o corpo totalmente da questão, deixou como se ela fosse assunto só do governo.

Mais tarde fui ao Palácio receber o Arévalo Méndez, que é o emissário do Chávez, por causa do G15. O Chávez quer dar vida ao G15, que é um grupo intermediário entre o G77 e o G8, embora seja difícil dar vida ao G15 porque ele é muito heterogêneo. Ainda recebi o [Augusto] Marzagão,** que está muito velhinho, combalido mesmo.

Nesse meio-tempo recebi o general Cardoso, que me deu uma informação preocupante, a de que o general Gleuber estava muito sentido, e com razão, porque houve mesmo falta de comunicação. Nós tínhamos postergado a segunda parte dos aumentos dos militares e ele só soube disso pelo *Diário Oficial*. Eu estranhei, porque o ministro da Defesa foi informado com antecedência, e mais de uma vez, e estávamos com a convicção de que era informação sabida pelo comando das Forças Armadas. Isso vai ser um problema, porque à noite Cardoso voltou e disse que falou com o Gleuber, que deu três alternativas de solução, nenhuma delas consistente. Eu disse: "Melhor é o próprio ministro da Defesa assumir a questão e conversar com ele, quem pariu Mateus que o embale". E pedi que o Cardoso e o Parente conversassem com o Quintão para resolver a questão.

No fim do dia ainda fui à missa de sétimo dia da mulher do Gleuber,*** foi uma missa muito bonita, cantada, eu gosto do Gleuber, o filho fez uma bela oração. Fora isso, estive longamente com o Pedro Parente e com o João Roberto Marinho, discutindo a questão de uma agência de promoção do cinema e da televisão [Ancine]. O pessoal da televisão não quer a forma que foi adotada, na verdade, com ela, eles pagam os custos do cinema.

Ontem falei com o [Arnaldo] Jabor por telefone e hoje tenho vários cineastas atrás de mim. Já falei com o Pedro Parente e com o João Roberto, para dizer que nós vamos fazer a agência, embora não onerando as televisões, mas que faremos a agência. Espero que isso acalme, ninguém vai ficar contente, nem um lado nem outro, mas é o que se pode fazer, e eu farei, através de medida provisória, para dar um salto na área de cinema. Há outras fontes, além da televisão, que podem ajudar o cinema.

A questão do Jader continua pendurada. Falei com o Lobão na missa da mulher do general Gleuber, que me disse que estão tentando uma fórmula qualquer,

* Ministro de Minas e Energia (1995-98).

** Ex-chefe da Assessoria de Comunicação Institucional da Presidência (governo Itamar).

*** Angelina Vieira.

e soube pela Rose de Freitas que a fórmula seria o Jader renunciar à presidência do Senado e o processo correr normalmente contra ele no Supremo Tribunal, mas sem ele renunciar ao mandato. Achei até razoável, porque resolve esse impasse, e mencionei o fato ao João Roberto, que também achou que talvez valesse a pena ir por aí, e quem sabe as televisões e os diários deixariam o Jader mais em paz. Não tenho certeza que isso ocorra.

Hoje, sexta-feira, de manhã dei entrevista à rádio de Mossoró, agora mesmo fui interrompido por um chamado do governador Garibaldi, porque a rádio de Mossoró,* do José Agripino, falou que o Garibaldi não faz propaganda das obras hídricas que são do governo federal. Eu disse que elas eram nossas e tal, mas percebi que havia muita casca de banana, falaram de corrupções no governo Garibaldi, coisa que eu não sei se é verdadeira. Eu disse também que hoje o Brasil está sendo passado a limpo.

Falei ainda com a rádio de Santarém, onde havia um padre meio desaforado, fez uma pergunta a que eu respondi muito duramente, dizendo que a Igreja está numa ação petista. Depois falei em rádios lá do Amazonas, do Acre, aliás, de Cruzeiro do Sul, e respondi a uma série de questões.

Recebi a nova proposta de orçamento que o Martus Tavares trouxe junto com a equipe dele, uma equipe extraordinária, o Martus e eles são trabalhadores, são sérios, realmente gente digna de todo respeito, funcionários públicos exemplares, que se matam para botar em ordem o caos financeiro e fiscal em que sempre vivemos.

Depois recebi o Maurice Strong, que é presidente da Comissão Internacional da Carta da Terra,** mais os embaixadores. Me chamaram a atenção para o encontro de Johannesburgo, é o novo *summit* sobre o meio ambiente.*** O Strong, que é muito ativo, quer levar adiante a Carta da Terra, uma espécie de ONG, associando-a às glórias do meio ambiente; ele é um batalhador na matéria.

Trabalhei num texto para o pronunciamento que farei mais tarde,**** preparei uns slides para uma exposição que vou fazer para os jovens estudantes do Itamaraty***** e agora vou receber o Henrique Meirelles, que era presidente do BankBoston e que parece quer entrar para a política. Depois da aula ao Itamaraty irei ao Palácio do Planalto gravar a mensagem.

* Radio Libertadora Mossoroense.

** Declaração de valores e princípios fundamentais sobre meio ambiente, desenvolvimento e direitos humanos, publicada em 2000.

*** Cúpula Mundial sobre Desenvolvimento Sustentável, ou Rio+10, realizada entre agosto e setembro de 2002.

**** O presidente falou em cadeia de rádio e TV para explicar a ampliação do bônus nas contas de eletricidade a consumidores que diminuíssem o gasto além da meta.

***** Isto é, os formandos do Instituto Rio Branco.

HOJE É SÁBADO, 1º DE SETEMBRO. Como antecipei ontem, recebi o Meirelles, e era aquilo mesmo, conversamos longamente, ele está cogitando ser candidato em Goiás, talvez ao Senado, não sabe se pelo PFL ou pelo PSDB, e veio me consultar sobre questões políticas gerais.

A aula no Itamaraty levou uma hora e meia, falei sobre vários problemas do Brasil, mas não tive tempo de ouvir as perguntas deles, o que seria mais interessante, porque fui correndo ao Planalto gravar a mensagem.

Depois disso ainda tive que ficar discutindo com o Pedro Parente sobre a agência de cinema. Houve uma confusão imensa, porque o pessoal da televisão recuou na última hora e não podíamos deixar os cineastas a ver navios; pelo contrário, eles iniciaram esse movimento e a televisão fez de conta que aceitava, mas não aceitou: haveria que pagar certo preço para dar viabilidade econômica para a produção dos filmes. Coisas que acontecem e que ocupam a gente. Também discuti com o Pedro Parente o projeto sobre as medidas provisórias, falei com o Lobão e com o Aécio, eles só vão fazer a proclamação da nova emenda constitucional que redefine as medidas provisórias no dia 11 de setembro, então temos tempo para emitir as últimas.

Depois voltei aqui para casa já muito cansado e não fizemos nada, a não ser jantar e dormir.

Passamos o dia no Alvorada, organizando as nossas coisas, papéis, livros etc., como sempre fazemos, e daqui a pouco teremos um sarau musical com o Antonio Meneses, um grande violoncelista, que vem tocar para umas cinquenta pessoas, vai ser agradável.

Os jornais e as revistas estão mornos, dominados pelo sequestro da filha do Silvio Santos,* falei com o Silvio Santos, depois ele próprio foi sequestrado, tentei falar com ele, ele comigo, não conseguíamos. Polêmica sobre a ação do Geraldo Alckmin, que foi lá na hora do sequestro, porque o Silvio pediu. Fiquei do lado do Geraldo, ele fez o que tinha que fazer, se não fosse levava pau de todo mundo. Agora, porque foi, dizem que foi temerário, porque autoridade não pode se expor assim. Um ânimo insaciável de opinião crítica exacerbada, tudo que o dirigente faz leva pau, e o crítico não tem posição, ele não se define, não diz quais são os valores dele. Ele plaina no absoluto, não assume uma posição definida, esse é o maior problema que temos hoje. Como a crítica é difusa e vem da mídia, dos partidos, pode mudar de posição com a maior facilidade, e critica porque sim e porque não, critica sempre. É nisso que consiste a falta de coerência na crítica política existente hoje no Brasil. Ela não parte de um quadro de valores, não parte de uma definição de que está errado por isso e por isso; não, dependendo do tema e dos personagens criticados, mudam-se

* Patrícia Abravanel ficou em cativeiro durante uma semana e foi libertada em 28 de agosto após o pagamento de resgate. No dia 30, um dos sequestradores invadiu a casa de Silvio Santos depois de trocar tiros com a polícia e manteve o dono do SBT e sua família como reféns. O novo sequestro durou oito horas até a rendição do criminoso, na presença do governador paulista, que acompanhou as negociações pessoalmente.

os valores, para permitir uma visão crítica do que foi feito. Em termos de academia, seria desonestidade intelectual.

O Mario Sergio Conti disse que está saindo do *Jornal do Brasil*, eu já sabia, havia rumores consistentes nessa direção. Não se sabe ainda quem vai para lá, talvez vá o Augusto Nunes, que foi da *Época*, eu o conheço há muitos anos. O Tanure mais o Paulo Marinho* vão controlar a linha editorial do *JB*, sabe Deus em que direção, ou melhor, sabe-se de antemão: vai ser uma linha de incertezas, mais vocacionada para uma imprensa de oportunidades do que para uma imprensa crítica, como era o caso do Mario Sergio, que é íntegro, quanto eu saiba.

* Assessor de Nelson Tanure.

4 A 15 DE SETEMBRO DE 2001

Viagem ao Ceará. Michel Temer assume a presidência do PMDB. O Onze de Setembro e suas repercussões

Hoje é 4 de setembro, terça-feira, são três horas da tarde. Domingo almocei com o Jovelino Mineiro, conversas gerais. Depois fui a Fortaleza jantar na casa do Tasso, levamos poucos ministros, entre os quais o Martus Tavares e o ministro da Integração, o Ramez Tebet, e lá estavam outras pessoas, senadores, a Renata [Jereissati], mulher do Tasso, os filhos dele,* e estavam a Luma de Oliveira e o marido, o Eike Batista,** filho do Eliezer Batista. Ela é uma mulher deslumbrante. É raro a gente ver uma pessoa que aparece bonita nas televisões e que pessoalmente não decepcione; essa não, pelo contrário, e além do mais, simpática. Jantamos muito agradavelmente, depois fomos dormir na residência oficial. De manhã cedo, ontem, dia 3, saímos para ver, primeiro, o chamado Baixo Acaraú, que fica no norte do Ceará, um projeto de irrigação de 8 mil a 10 mil hectares de terra.*** Tasso fez um bom discurso, umas 4 mil pessoas presentes com muito entusiasmo, uma obra importante e que custou 200 milhões de reais. De lá fomos ao porto de Pecém, alguns dizem que é um elefante branco, eu mudei minha ideia: é uma obra visionária, que está dando ao Ceará um futuro, obra muito bonita, feita com o dinheiro federal, 400 milhões ou 500 milhões de reais.**** De novo, discurseira,***** um dr. Pedro Viau****** fez um discurso, ele está abrindo uma fábrica de instrumentos de geração eólica, disse que eu fui o maior presidente que o Brasil já teve e que terá, o homem se referia hiperbólica e generosamente a mim, mas não é isso o importante; o importante é que a obra vale mesmo. Havia muitos empreendedores presentes dispostos a botar dinheiro e, de novo, discurseira. Foi bom. Também, de manhã, tomei café sozinho com o Tasso, noto-o mais predisposto a sair candidato; em minha opinião ele seria um candidato leve. Nesse fim de semana tudo foi muito agradável, a viagem foi agradável, ele faz um discurso emotivo, forte, popular, tem realizações. Não sei se vai ter condições para ser o candidato, mas seria um candidato leve, fácil.

* André, Carla, Natália e Joana Queiroz Jereissati.

** Presidente do grupo EBX, que negociava com os governos estadual e federal a instalação de uma termelétrica no complexo portuário de Pecém.

*** Inauguração da primeira fase do projeto de irrigação e reforma agrária, concluído em 2002. O presidente acionou o bombeamento na estação do Baixo Acaraú, no município de Marco, e entregou escrituras de lotes a três famílias de pequenos produtores.

**** O porto foi inaugurado em março de 2002.

***** Solenidade de apresentação do projeto de instalação da fábrica de turbinas eólicas da Wobben Windpower, subsidiária da alemã Enercon, na zona industrial de Pecém. A planta foi inaugurada em 2002.

****** Diretor-presidente da Wobben Windpower.

Voltei para Brasília ontem, e hoje de manhã recebi o Sérgio Amaral com bons planos de incentivos para a exportação. Ele vai se chocar com o Everardo, mas eu vou dar força ao Sérgio Amaral. Acho que o Pedro Malan ainda não percebeu a gravidade da situação, todo o setor produtivo está contra ele, portanto contra mim, porque acha que não temos uma política de exportação. De fato o Sério Amaral mostrou que dá para fazer uma porção de coisas que não estamos fazendo. Vou insistir para fazer, e vamos fazer.

Depois recebi o Francisco de Melo Franco,* filho do Afonso Arinos, que veio trazer o *Dicionário Houaiss*,** belíssimo dicionário. Depois fui almoçar na casa do Serra e voltei para cá, onde estou me preparando para ir ao Palácio do Planalto. Vou receber à noite, para jantar, o António Guterres, primeiro-ministro de Portugal e pessoa que estimo bastante. O mundo melhorou um pouco, na Argentina me parece que o "patacón"*** começa a ser aceito como moeda, coisa que o Edmar Bacha achava que podia acontecer, e eu também. Isso pode dar certa aliviada na situação da Argentina, que vai ficar com duas moedas, o patacón e o peso, que formalmente não obedecerão a duas taxas de câmbio, mas serão duas moedas, o que não deixa de ser uma solução interessante. É moeda de uso interno e moeda de uso externo, vamos ver como será a confusão mais adiante, mas, desde que o país saia do buraco, para nós já está melhor. No Brasil a exportação aumentou um pouquinho,**** enfim, houve uma atenuada na situação econômica.

HOJE É 6 DE SETEMBRO, QUINTA-FEIRA. O jantar na terça-feira foi com o Guterres, com os ministros que vieram com ele***** e alguns dos nossos. Foi um excelente jantar, o Guterres reafirmou suas ideias sobre a União Europeia, lastimou a falta de lideranças e se queixou do Blair, que, lhe parece, só se preocupa com eleições, não tem uma visão global. Disse que temos que esperar que o Jospin ganhe a eleição,****** o que não será fácil. Ele acredita que o Jospin está mais desempenado e é mais capaz de exercer um papel construtivo. Gosta do [José María] Aznar,******* como eu também, mas no plano da eficiência administrativa e política para a Espanha, não em termos da visão mais ampla de como regular este mundo tão desregulado não só economicamente,

* Diretor do Instituto Antônio Houaiss.

** Primeira edição do *Dicionário Houaiss da língua portuguesa*, lançada pela editora Objetiva do Rio de Janeiro, com 228 mil verbetes.

*** *Bono patacón*, apelido das Letras de Tesorería para Cancelación de Obligaciones, espécie de moeda paralela instituída em 2001 pela província de Buenos Aires para atenuar as restrições legais à emissão de pesos. Outras províncias e o governo federal do país vizinho também emitiram títulos equivalentes.

**** Em setembro de 2001, o saldo da balança comercial deixou o vermelho pela primeira vez no ano.

***** António Costa (Justiça), Augusto Santos Silva (Cultura), Braga da Cruz (Economia), Jaime Gama (Negócios Estrangeiros) e João Rui de Almeida (secretário de Estado das Comunidades Portuguesas).

****** O premiê francês era candidato às eleições presidenciais de abril de 2002.

******* Presidente do governo espanhol.

mas politicamente. Conversamos sobre como seria melhor se os Estados Unidos resolvessem reforçar o Conselho de Segurança colocando [de modo permanente] o Brasil, a Índia, e quem sabe até a África do Sul, no Conselho, para dar-lhe mais legitimidade, porque é isso que falta para que as coisas possam caminhar de maneira mais adequada. Foi isso o principal da conversa com o António Guterres, que impressionou a todos.

O Celso Lafer tinha voltado de um encontro no Canadá, preparatório da OMC [no Catar], e lá falou com o USTR, que propôs a retomada de leve da questão do Rose Garden,* quer dizer, a discussão do Mercosul com os Estados Unidos. O fato preocupou um pouco o Guterres, porque ele não entendeu do que se tratava. O Celso explicou e mostrou também o empenho americano na questão da rodada de Doha, no Catar, a rodada comercial da OMC, para discutir se vamos reabrir ou não uma negociação global de comércio. Disse o Celso que o USTR acredita que, se isso não acontecer, os Estados Unidos terão que se voltar para o regionalismo.

Ontem, 5 de setembro, quarta-feira, dia intenso de conversas com Portugal.** De manhã, no Palácio do Planalto, a conversa tradicional, mas boa. Passamos em revista, com um pouco mais de profundidade do que na noite anterior, as preocupações do Guterres e também as questões bilaterais.*** Portugal resolveu dar direitos políticos aos brasileiros iguais aos que o Brasil dá aos portugueses, ou seja, os brasileiros poderão se eleger em Portugal e assumir posições políticas, como os portugueses fazem aqui, as duas Constituições ficaram coincidentes nesse ponto, o que é importante.

Tivemos um almoço com discurso no Itamaraty e cheguei tarde ao Alvorada, às três e meia, e ainda recebi o pessoal da Nestlé,**** que veio dizer que vai ampliar as fabricações no Brasil, a despeito de tudo. Eles ainda estão com um pouco de dúvida, mesmo com o final da crise energética, mas com muita confiança no crescimento do mercado e dizendo que, apesar de tudo, este ano eles crescem 5%.

À noite fui à embaixada de Portugal, o Hélio Jaguaribe recebeu uma comenda,***** fiquei lá um pouco de tempo, muitos jornalistas em volta, só me perguntando sobre coisas do dia a dia, agora a preocupação é com o Itamar, que andou me xingando de novo, e dessa vez mandei processá-lo, porque ele passou de tudo quanto é limite.******

* Rose Garden Agreement (Acordo do Jardim de Rosas), firmado em 1991 pelos EUA e o Mercosul segundo o mecanismo 4+1 para fomentar o comércio e os investimentos bilaterais. A reunião de cúpula do Mercosul em Assunção, em junho de 2001, propusera a reativação do acordo.

** Os governos dos dois países realizaram a V Cimeira Luso-Brasileira, no Palácio Itamaraty.

*** Os dois países ratificaram o Tratado de Amizade, Cooperação e Consulta, firmado no ano anterior, além de convênios judiciais e culturais.

**** A empresa suíça anunciou investimentos de R$ 120 milhões no Brasil até 2003, dos quais R$ 60 milhões em novas linhas de produção.

***** Comenda da Ordem do Infante Dom Henrique, atribuída pelo governo português.

****** Em declarações à imprensa carioca, o governador mineiro acusara o presidente de conivência com a corrupção e atribuíra a liberação de verbas de emendas orçamentárias a deputados pemedebistas à

Voltei para cá, onde assisti ao jogo de futebol, o Brasil perdeu por 2 a 1 para a Argentina,* o segundo tempo foi uma vergonha, jogaram só na defensiva, e mal. Depois jantamos, vimos um filme chamado *Memórias póstumas*, com o [André] Klotzel como diretor, filho da Judith Klotzel,** ele veio ao Alvorada juntamente com os atores. Alguns deles ficaram no Palácio porque a Marjorie [Gueller], amiga antiga da Bia, estava presente também e foi ela quem fez os trajes [figurinos] dos atores. Depois houve outro jantar, que o [Sepúlveda] Pertence*** e a Sueli [Pertence] ofereceram a meu pedido, foi muito agradável. Pertence tem uma relação engraçada comigo, um pouco de disputa, um pouco jocosa, mas temos um bom entendimento pessoal. Vieram para o jantar o Marco Maciel, o Bornhausen, ficamos até quase três da manhã.

HOJE É 8 DE SETEMBRO, SÁBADO, estou na fazenda, acabei de chegar. No dia 6, quinta-feira, fui ao Palácio do Planalto e recebi os irmãos Coelho, os senadores Zé Coelho [José Coelho]**** e Osvaldo Coelho, porque estamos fazendo uma universidade federal em Petrolina.***** O Paulo Renato tinha me telefonado de manhã muito aflito, disseram em várias colunas de jornal que ele está para desistir da candidatura presidencial; ele disse que não vai desistir e, como sempre, atribui ao Serra, embora dessa vez não falou explicitamente. E não é o Serra, ele [Paulo Renato] não tem tido apoio e o mais sensato seria mesmo desistir.

Mas ontem, dia 7, conversei com ele e vi que ainda estava esperançoso no efeito milagroso de o Bolsa Escola favorecer o lançamento do nome dele. Ora, o Bolsa Escola teve um efeito extraordinário, mas isso não quer dizer que beneficie o ministro e muito menos que, ao beneficiar o ministro, o qualifique a candidato a presidente da República. O caminho é longo. A anotar também que vejo o Tasso dando declarações sobre declarações, dizendo que agora está com melhor relação comigo porque já não estou com a ideia de indicar unilateralmente o candidato, como se em algum momento eu tivesse tido essa disparatada ideia, seria não me conhecer nem conhecer a realidade política. É ciúme ou medo de que o grupo paulista imponha o nome do Serra e ele fique encolhido no Ceará. Não gostei de um fato: ele foi almoçar com o Antônio Carlos, que tem me acusado, foi isso o que mais prejudicou

---

"compra" de votos para Michel Temer na convenção nacional do PMDB. O procurador-geral da República solicitou ao STJ que Itamar fosse processado por injúria e difamação. No entanto, a Assembleia Legislativa de Minas não autorizou a continuidade do processo, arquivado em 2002.

* Partida realizada em Buenos Aires pelas Eliminatórias da Copa de 2002, quinta derrota da Seleção no torneio.

** Professora de imunologia da USP e ex-membro do Comitê Brasileiro de Anistia, no final dos anos 1970.

*** Ministro do STF.

**** PFL-PE, suplente de José Jorge.

***** Universidade Federal do Vale do São Francisco (Univasf), fundada em junho de 2002.

o governo. Eu entendo a importância dos votos da Bahia, mas o Tasso podia guardar as aparências, não precisava estar comigo num dia e no outro almoçar com o Antônio Carlos, sem me dizer que iria. Esse namoro atrapalha e, no fundo, o Tasso está querendo organizar as forças do Nordeste — a Roseana, ele, o Jarbas, o Antônio Carlos — com uma visão muito nordestina. O problema regional do Brasil na política é complexo; o peso do Sudeste é tão grande que ganha, mas ao ganhar deixa ressentimentos no Nordeste, e tínhamos que acabar com isso, como estamos acabando, na prática, ao fazer um grande esforço de crescimento no Nordeste. Difícil por mil razões, a começar pelas físicas, pois estamos de novo com seca por lá.

Não creio que tenha havido nada de mais especial a registrar sobre a véspera do Sete de Setembro, Brasília vazia. Trabalhei bastante, como sempre, aproveitei para despachar, sobretudo medidas provisórias. Havia muita discussão sobre quantas medidas provisórias, quais medidas, e tomei uma posição de moderação, ou seja, as que forem necessárias e as que já estão prontas, no pipeline. São umas dez ou doze, e todas importantes.* Claro que vou levar muita crítica da imprensa, mas as coisas vão mudando no Brasil, e se eu for ligar para crítica não se muda o Brasil.

Voltei muito cansado, tão cansado que dormi mal, e acordei para ir à Parada do Sete de Setembro. O Sete de Setembro é um dia longo, primeiro porque temos a parada, e dessa vez o Roriz botou muita gente no trajeto, com o povo balançando bandeirinha, sorridente, gritando a favor. Na chegada um pouco de rumores contra, e na saída da parada uma vaia. A imprensa registra isso com estardalhaço, mas foi assim mesmo, não há o que negar, fatos são fatos, e é sempre desagradável: você se mata de trabalhar e há esse efeito negativo por causa da situação econômica, por causa do apagão. É compreensível.

Voltamos ao Palácio [do Planalto] para solenidades com as crianças** e fiz um discurso — até que saiu com destaque nos jornais — mostrando que estamos mesmo mudando a área social do Brasil. A despeito de dizerem que só pensamos em moeda, os avanços na área da educação são muito grandes. À tarde, fui ao Itamaraty, cumprimentei todo o corpo diplomático, uma exposição do [Nicolas] Vlavianos, que é um escultor nascido na Grécia e radicado no Brasil. A Celita Procópio de Carvalho, da Fundação Armando Álvares Penteado,*** foi quem organizou, dando um toque de civilidade e elegância não registrado pela mídia nem

* O *Diário Oficial* circulou em edição extra no feriado para publicar dez MPs sobre temas como incentivos ao cinema nacional, política habitacional e tributação de fundos de pensão. As MPs editadas antes da promulgação da emenda constitucional nº 32 tiveram vigência por prazo indeterminado até a aprovação no Congresso, enquanto medidas baixadas depois da EC 32/2001 passaram a ter vigência de sessenta dias, com a possibilidade de uma reedição, sem alterações. Desde 1988, o Planalto baixara ou reeditara 6106 MPs, das quais 5295 nos dois mandatos de Fernando Henrique.

** Cerimônia do V Encontro Cívico do Ensino Fundamental, promovido pelo MEC com patrocínio da Nestlé, que premiou vinte frases de estudantes com o tema educação e leitura.

*** Presidente do conselho curador da Faap.

por ninguém, a não ser pelos presentes. Mas é sempre agradável mostrar que o Brasil não é só parada, reação popular, esforço social, o que não seria pouco, mas que é também um país com um nível de desenvolvimento cultural bastante razoável.

À noite eu estava morto, dormi cedo, nem pude ver nada de mais significativo. Pela primeira vez assisti com a Ruth a um capítulo inteiro de uma novela chamada *Porto dos Milagres*, meio xaroposa me pareceu, mas os atores são bons, a Globo sabe fazer. Ainda vi um programa, na GloboNews, sobre a Mata Atlântica e caí de cansaço às onze e pouco da noite. Hoje acordei às oito e pouco da manhã e viemos para a fazenda descansar.

Da briga do PMDB eu quero ficar longe, a convenção é amanhã e os itamaristas continuam dizendo que o governo está fazendo forte pressão; é mentira, dizem porque vão perder. Ontem, no rádio e na televisão, no programa do Boris Casoy, vi o Temer dizendo que ele vai fazer unidade, que ele também é favorável à independência do partido, que todos, até janeiro, devem entregar os cargos, enfim, aquela água mole. Está tudo combinado com o PMDB nessa direção. Agora, o que não está combinado é o que eu vou fazer, se convém ou não aguentar esse chove não molha do PMDB até janeiro. Eles não têm candidato, na verdade o único seria o Itamar, para fazer barulho, mas eles sabem que o Itamar não ganha e, se ganhasse, seria ele próprio Itamar a ganhar e não o partido. Então, a situação do PMDB é difícil, eles não se incorporam ao governo, têm aspirações a ser o grande partido que foram no passado e ficam por aí se arrastando. Eu acho, contudo, que temos que reforçar o PMDB, porque a vinculação mais forte é com o PFL, ainda mais agora que o PFL está sem o Antônio Carlos.

Um movimento curioso: a Regina Meyer me telefonou à noite, muito eufórica, porque entre as medidas provisórias que assinei há uma de fundamental importância, que regula o acesso aos lotes urbanos pelos que ocupam os lotes. Ou seja, cria-se o usucapião urbano,* o que corresponde a uma revolução urbana, a uma espécie de contrapartida da revolução agrária. Como no Brasil ninguém liga para nada, nem perceberam, nem noticiaram com a devida importância essa transformação radical, que esvazia o movimento das prefeituras petistas. Não foi por isso que eu fiz; fiz porque promulgamos o Estatuto da Cidade e porque é necessário acelerar a transformação urbana. A Regina estava eufórica com a decisão. Disse-me, entretanto, que em São Paulo havia uma movimentação do PT junto com o quercismo nessa direção. Eu não sabia dessa vinculação PT-Quércia. É extraordinário. Ficam PT e Quércia, e adoram criticar o PSDB porque é um partido que faz alianças... É fantástico, *ridendo castigat mores*,** é preciso fazer ironia sobre isso.

* MP 2220, de 4 de setembro de 2001.

** "Corrigem-se os costumes sorrindo", em latim.

HOJE É DOMINGO, 9 DE SETEMBRO, voltei da fazenda. Lá na fazenda li um trabalho interessante do [George] Soros, chamado *Draft Report on Globalization*,* e outro do [Claudio] Frischtalk,** sobre exportações do Brasil. O do Soros é muito instigante. Critica a globalização, propõe a ampliação do que chamam de SDR,*** os Fundos de Direitos Especiais de Saque, para que os países em desenvolvimento possam utilizá-los de forma mais rápida e sem estar sujeitos aos canais governamentais dos países recipientes. Isso, diz ele, para substituir a *total tax*.**** É claro que não substitui, ele sabe que a *total tax* tem uma tremenda dificuldade de implementação, porque ou todos os países a implementam, ou não há como criá-la, mas pelo menos é uma crítica que procura sair da enrascada em que estamos. Soros faz duras críticas à forma como o Banco Mundial e sobretudo o FMI atuam nos dias de hoje e um pouco menos à OMC; parece que ele conhece menos a OMC do que os outros organismos.

Ruth foi a São Paulo e fiquei conversando com o Pedro Malan, o Sérgio Amaral e o Pedro Parente. Chamei-os porque o Sérgio Amaral queria discutir a proposta de exportação e a PEC 277, uma proposta de Emenda Constitucional que, além de permitir um imposto novo sobre importação de lubrificantes, daria a possibilidade de o governo criar o que chamam de Contribuições de Intervenção no Domínio Econômico. Com isso poderíamos ampliar o imposto à importação, na linha da isonomia tributária, que sempre foi desejada pelos empresários brasileiros. Entretanto, neste momento eles não querem isso, dizem que seria mais um imposto a recair sobre eles, porque o empresário brasileiro também importa componentes, matéria-prima e tal, e não quer dar um cheque em branco ao governo. O mal-estar é grande. O Pedro Parente insistindo em que já fizéramos tudo para a desoneração, não temos mais oneração nas exportações, o que parece ser verdadeiro. Acontece que o problema não é de confiança. Os empresários, nesse caso, estão contra o Everardo, contra o Pedro Malan e contra mim, porque acham que o governo não fez o que eles queriam: acabar completamente com o PIS/Cofins, essa é a obsessão do Gerdau, principalmente. Eu disse: "Olha, Pedro [Parente], a questão é simbólica, eles não estão contra o governo; a razão real é outra: é que havia uma tremenda expectativa de crescimento da economia este ano que se frustrou. No ano passado eles começaram a ficar a favor do governo, agora que a economia cresce menos eles ganham menos e ficam contra, mas não vão dizer que é por isso que estão re-

* Nova York: Public Affairs, 2001.

** Consultor privado e ex-economista do Banco Mundial.

*** Special Drawing Rights, na sigla em inglês, títulos baseados em reservas de divisas mantidas pelo FMI e franqueados a seus países-membros mediante circunstâncias e taxas específicas, como durante a crise financeira iniciada em 2008.

**** Ou taxa Tobin, cobrança sobre investimentos transnacionais para mitigar os efeitos de ataques especulativos a moedas soberanas, originalmente proposta pelo economista norte-americano James Tobin.

ticentes, vão dar outras razões. Por isso ficam contra a cumulatividade, e também porque imposto em cascata é muito ruim mesmo".

O Everardo explica sempre isto: o Simples, por exemplo, é um imposto em cascata e o Simples mais o Lucro Presumido,* os dois em conjunto, opcionalmente, são usados por 90% das empresas brasileiras. Portanto [os empresários] já estão nesse tipo de imposto em cascata, pois ele se aplica sobre o faturamento bruto. Não é que eles sejam contra o imposto em cascata em geral; eles são contra o PIS e o Cofins porque, além de serem em cascata, encarecem a produção. Mas os outros também encarecem e os empresários não reclamam. Por quê? Porque não pagam tanto, enquanto este atinge os lucros na veia. Trata-se de um imposto que substituiu o Imposto de Renda [IRPJ], o qual as empresas que têm planejamento tributário não pagam. Com o Cofins elas acabam pagando, e não gostam. A indústria automobilística paga em imposto de renda 25 milhões de dólares, digamos, de reais, e de Cofins seiscentos e tanto milhões... Assim, o verdadeiro Imposto de Renda é o Cofins, só que ele é em cascata, ou seja, é cobrado em cada etapa da produção, e isso encarece efetivamente o produto. Para não encarecer, para ser de uma vez só, as empresas teriam que pagar mais Imposto de Renda, por exemplo, ou mais qualquer outro imposto monofásico.**

O Pedro custa a entender o lado simbólico da briga, que, por um lado, reafirma a ideologia: "O governo defende o imposto em cascata, portanto o governo é contra o setor produtivo, e isso porque o governo é favorável somente ao setor financeiro". Esse é o clichê. O interesse real ninguém desvenda, porque o sindicato dos trabalhadores também se une aos empresários para ser contra o governo. Como eu já disse aqui tantas vezes, nós hoje não vivemos mais num mundo de luta de classes; vivemos num mundo de todos contra o Estado, de deslegitimação do Estado. É o óbvio ululante. Aliás, há um artigo muito interessante do [Martin] Wolf, um comentarista do *Financial Times*, que a *Folha* reproduziu ontem,*** mostrando como esse movimento antiglobalização faz parte da deslegitimação do Estado e que não adianta chorar as pitangas, é assim.

Demos carta branca ao Sérgio Amaral para ele negociar com os empresários a PEC 277, com a condição de dizer que o excedente cobrado do imposto de importação será devolvido via diminuição do imposto em cascata. O Malan não gostou muito, porque acha que estamos cedendo antes da hora, ele é duro nessas questões. Depois chamei aqui o [general] Cardoso, jantei com o Pedro Parente, e chegou o Cardoso no fim do jantar, porque saiu na imprensa, um comunicado, não sei se do Exército ou

* Regime de tributação simplificada do Imposto sobre a Renda das Pessoas Jurídicas (IRPJ) e da Contribuição Social sobre o Lucro Líquido (CSLL), baseado na estimativa contábil da receita bruta das empresas.

** No regime de tributação monofásica, impostos como o PIS e a Cofins são recolhidos pelas indústrias e pelos importadores de matérias-primas, isentando o restante da cadeia produtiva do pagamento em cascata.

*** "O que os governos devem responder à antiglobalização", no caderno Dinheiro.

da Marinha, reclamando que eles não teriam sido avisados de que tínhamos postergado o pagamento da segunda parte do aumento salarial. Comunicado cheio de inverdades, primeiro porque o Quintão foi avisado; segundo, dizem que lutaram e conseguiram o aumento, então que fosse dado pelo menos na segunda metade do ano que vem. Também não é verdade, foi uma determinação minha antes de qualquer pressão, sem conversar com ninguém, desde o início foi assim. O mais grave é a especulação sobre quem não os informou adequadamente, e da forma como saiu no jornal o Pedro Malan leu e reclamou com razão, porque parece que a área econômica não foi correta. Então chamamos o Cardoso para conversar, e ele amanhã vai falar com o Quintão. Eu não gostaria de agravar a situação, mas nunca se sabe os caminhos que as coisas tomam depois de publicadas. Se for para agravar, a gente passa a limpo e vai se ver que não fizemos nada fora do que deveria ser feito.

Ainda em tempo: também falei com a Esther Hamburger, porque ela mandou para a Ruth, lá na fazenda, por fax ou pela internet, não me lembro, a entrevista que dei a ela. Ficou interessante, mas com alguns errinhos que corrigi e retransmiti do Palácio da Alvorada.

HOJE É DIA 10 DE SETEMBRO, SEGUNDA-FEIRA, são três horas da tarde. De manhã, recebi o Ney Suassuna para discutir questões da Paraíba, depois recebi o Nêumanne [José Nêumanne Pinto], que hoje está no *Estado de S. Paulo* e fez uma entrevista comigo, pensei que fosse uma conversa, acabou sendo uma entrevista, e almocei com o Raul Jungmann, com quem discuti muitos assuntos. O Raul é uma pessoa sempre curiosa, muito preocupado em definir quem exerce a hegemonia, eu disse que estamos vivendo uma fase pós-imperialista, em que as grandes empresas e o sistema financeiro dispensam o Estado, não querem mais saber dele, antes precisavam do Estado para impor suas regras, agora têm a hegemonia cultural. Pega a China: o Estado americano não tem influência sobre a China, mas o modelo americano tem muita influência sobre a China. É um processo que está começando, e o mesmo se aplica ao Brasil, veja o que está acontecendo — como eu tinha mencionado havia algum tempo — sobre os lobbies no Congresso. Uma vez fiz uma conferência no México na qual eu disse que o risco da democracia era o Congresso ficar preso por lobbies. O Congresso brasileiro hoje é cheio de lobbies, formados pelos próprios congressistas. Veja o que aconteceu nesta semana, os lobistas, os interessados diretos na questão do Código Florestal, votaram na comissão contra o interesse da maioria e do governo,* porque eles estão organizados como lobistas

* Sob protestos de ONGs, da oposição e de setores do governo, a bancada ruralista propusera alterações no texto da MP 2166-67/1996 — que modificou o Código Florestal de 1965 e fora reeditada em 24 de agosto — para aumentar o percentual de desmatamento permitido em áreas de cerrado e floresta amazônica.

interessados em defender sua *constituency*,* estão pouco se lixando para o interesse geral, não importa que sejam do PT, PDT, PPB, PSDB, PMDB, isso não interessa. Eles não falam em nome dos partidos, falam em nome do seu interesse específico.

Nós temos uma imensa democracia, cada vez mais robusta, uma sociedade cada vez mais organizada e mais representada no Congresso, porém sem partidos, ou seja, sem haver quem formule uma proposta para a sociedade, sem haver quem tenha uma visão geral. Nossos deputados são da região ou do estado da federação, não da nação. Não há um deputado federal, não há alguém que se preocupe com o conjunto do país e, não havendo partidos, não havendo filosofia política a ser esposada, tudo fica fragmentado, o que, de alguma maneira, mina a essência da democracia, que é o respeito à vontade da maioria, à vontade geral. Exagero para que se perceba. Os representantes do povo se organizam como minorias, e isso toma o aspecto de um jogo democrático, quando, na verdade, é o "enquizilamento" da democracia e a constituição crescente de lobbies. Foi mais ou menos o que eu disse ao Nêumanne e o que disse ao Raul com mais detalhes. Fiquei discutindo com ele, que pelo jeito não quer mesmo ser ministro da Comunicação. Ele ainda não sabe se vai para o PMDB ou para o PSDB em Pernambuco, e uma coisa está ligada de certa maneira à outra.

HOJE É SEXTA-FEIRA, 14 DE SETEMBRO, são dez da manhã. Não anotei nada desde segunda-feira porque foi a semana mais difícil, eu diria mesmo mais trágica, destes últimos tempos. Na verdade, depois do que aconteceu no dia 11 de manhã nos Estados Unidos o mundo mudou.** Na segunda-feira, dia 10, jantei com o Juarez Brandão Lopes e com o Roberto DaMatta e assistimos juntos ao Raul Jungmann no programa *Roda Vida*. Ele foi um leão, defendeu o governo, tem números na cabeça, sabe bem, é impressionante mesmo. Com o Juarez e o Roberto, reflexões gerais. Para a minha não surpresa, porque o próprio Juarez já tinha me avisado, ele gostaria muito de ser nomeado ministro. Claro que ministro não é função para um técnico, é mais para alguém que tenha representação política, mas, enfim, vamos ver. As pessoas confundem às vezes; mesmo um homem como o Juarez, tão equilibrado, chega um momento em que aspira legitimamente a um minuto de glória.

Voltando ao tema. Terça-feira foi um dia terrível. Eu soube logo de manhã cedo, porque tinha feito exercícios físicos de natação e, quando voltei da piscina, a Ana tinha telefonado dizendo que um avião havia batido na torre em Nova York. Liguei

* "Eleitorado" ou "clientela" em inglês.

** Na manhã de 11 de setembro de 2001, quatro aviões de passageiros foram sequestrados em aeroportos dos EUA por dezenove militantes da Al-Qaeda. Minutos depois, pilotadas pelos terroristas suicidas, duas aeronaves se chocaram contra as torres do World Trade Center, em Nova York, que desabaram; e outra atingiu a sede do Pentágono, em Washington, destruindo uma ala do prédio.

a televisão e assisti ao segundo avião entrar na torre, só que imaginei que fosse um efeito especial, não pensei que a TV estivesse ao vivo. Foi uma calamidade. Num primeiro momento, nem mesmo os mais imaginativos poderiam ter apreendido tudo que estava acontecendo. O que aconteceu foi simplesmente o maior ataque que os Estados Unidos já sofreram em sua história, maior mesmo do que Pearl Harbour, porque foi algo em território americano, e não numa ilha longínqua, foi no coração dos Estados Unidos. E pegaram tudo, pegaram o Capitólio,* o Pentágono, o centro financeiro de Nova York e, por pouco, não pegam a Casa Branca também. Isso mostra a enorme fragilidade do sistema americano de controle, com FBI, CIA e tudo mais, não tiveram a menor informação. Houve falta de controle nos aeroportos, falta de controle antiaéreo em lugares sensíveis como Washington, enfim, um desastre que vai custar muito caro à autoestima americana. E mostra também a terrível situação na qual nos encontramos, de fusão entre o irracional total, de um fundamentalismo messiânico, e a capacidade técnica de planejar, de pilotar um avião, de ter precisão no movimento e recursos. Esse é o drama do mundo moderno. Imagine se fosse uma ação terrorista com base na guerra bacteriológica. Seria uma tragédia ainda maior, e pode acontecer. Então, realmente, o tema terrorismo voltou a ocupar a agenda internacional. O Brasil custa a entender isso, e temos problemas muito sérios. Eu vou, no decorrer da narrativa, dar alguns exemplos, para mostrar as dificuldades com as quais nos debatemos.

Nesse mesmo dia, terça-feira, depois de ter tido uma reunião com o Pedro Malan, que estava muito pessimista com as consequências econômicas do ataque — talvez mais do que o razoável —, e com o general Cardoso, o Pedro Parente e alguns outros ministros, fui à televisão e fiz, de propósito, uma exposição contida e sombria, que teve reflexos de dois tipos. Uns acharam que eu estava muito abatido, desanimado, outros que era apropriado. Enfim, foi o que senti no momento. Não coloquei nada de mais terrífico, porque não era o caso. Antes eu tinha recebido no Palácio da Alvorada, de manhã, o pessoal da FGV que veio me trazer o exemplar número 1 do *Dicionário biográfico brasileiro*.** Vieram a Alzira [Alves de Abreu],*** um sobrinho do [Mário Henrique] Simonsen**** que hoje é presidente da FGV,***** e o Dornelles. Depois desci para posar para umas fotografias, enquanto via o que estava acontecendo em Washington. Um jornalista aloprado disse que eu declarei que era o começo da Terceira Guerra Mundial, e a Ana me telefonou aflitíssima. Eu falei: "Eu não sou maluco, eu não disse isso", e não tinha dito mesmo. Apenas disse que parecia a Guerra do Vietnã, que parecia uma guerra,****** e já transformaram

* A sede do Congresso americano não foi atingida.

** *Dicionário histórico-biográfico brasileiro, pós-1930*. 5 v. Rio de Janeiro: Cpdoc/FGV, 2001.

*** Cocoordenadora do dicionário com Israel Beloch.

**** Ex-ministro da Fazenda (1974-79) e do Planejamento (1979).

***** Carlos Ivan Simonsen Leal.

****** Na versão da *Folha de S.Paulo*, FH declarou a fotógrafos e cinegrafistas sobre a repercussão dos

numa declaração do presidente dizendo que começara a Terceira Guerra. E puseram na telinha, apesar de eu ter desmentido. O presidente é sempre um idiota. Enfim, fiz as declarações e mandei chamar o embaixador americano no Brasil* para comunicar que já de manhã eu tinha enviado uma carta de pêsames ao Bush, de solidariedade ao povo americano e de repúdio ao terrorismo. O Itamaraty fez uma nota oficial e tentei falar com o Bush por telefone, só para registrar que havia falado. O embaixador agradeceu e foi embora. Foi um dia realmente sombrio essa terça-feira, 11 de setembro.

Na quarta-feira, dia seguinte ao acidente, as coisas ganharam proporções ainda mais graves, porque as pessoas começaram a tomar consciência do que houve, das imensas perdas e vulnerabilidades do sistema, e tudo o mais. De manhã, recebi o deputado Lael Varella** com o pessoal de Minas Gerais, com o prefeito de Muriaé.*** Despachei meu expediente mais ou menos normal e falei por telefone com o Ricardo Lagos, que estava em Londres e que me disse que estava com o Blair, apreensivo com o desdobramento, para ver o que podemos fazer. Depois recebi o Eduardo Frei, ex-presidente do Chile que veio almoçar comigo, com o Paulo Renato, o Celso Lafer, o embaixador do Chile,**** a Ruth e a Lourdes Sola, um almoço para troca de opiniões, mais ou menos as mesmas. Depois do almoço recebi o Fernando [de Arruda] Botelho, da Camargo Corrêa,***** com planos grandiosos que ele tem para a realização de mais investimentos na área de hidroelétricas e de alumínio. E ainda fui a um congresso da Associação Brasileira dos Agentes de Viagem,****** com umas 2 mil pessoas, na Academia de Tênis. Fiz um discurso em homenagem aos Estados Unidos e pedi um minuto de silêncio. Falei do Juscelino, o pessoal muito receptivo às minhas palavras, e tudo bem. Mas foi um dia extremamente tenso.

Jantei com a Lourdes Sola e recebi o Michel Temer, que veio me dizer (isso lá para as onze da noite) que tomou posse na presidência do PMDB******* e tinha que encaminhar a situação do Jader, ele achava que o Jader possivelmente renunciaria à presidência do Senado. Eu disse que tinha dado um toque no João Roberto Marinho

---

atentados no Alvorada que "eles [os EUA] perderam mais de 100 mil no Vietnã. Agora, com isso aí, pode ser a metade. É uma guerra". Nas guerras do Iraque (2003-11) e do Afeganistão (iniciada em 2001 e ainda em curso em 2017), diretamente relacionadas ao Onze de Setembro, morreram cerca de 7 mil militares norte-americanos, além de centenas de milhares de civis e combatentes das outras forças beligerantes.

* William Barr, em exercício.

** PFL-MG.

*** Odilon Carvalho (PMDB).

**** Carlos Eduardo Mena.

***** Vice-presidente do grupo.

****** O presidente discursou na abertura do XXIX Congresso da Associação Brasileira das Agências de Viagens.

******* Michel Temer bateu Maguito Vilela por 411 a 244 na convenção nacional do PMDB, realizada três dias antes no Colégio Marista de Brasília. No entanto, a tese da candidatura própria do partido em 2002 venceu por 542 votos contra 17.

sobre o que aconteceria nesse caso, avaliamos se o Jader continuaria sendo massacrado, o João Roberto acha que a renúncia diminui a tensão. Eu disse: "Para nós é melhor resolver, virar essa página tão triste da história do Senado".

No dia seguinte, ontem, quinta-feira 13, as coisas não mudaram muito. A tensão continua imensa, o dólar disparando,* não há muita razão, mas é assim mesmo, e naturalmente todas as bolsas do mundo caindo, os americanos ameaçando, o Bush foi à televisão algumas vezes e não ameaçou concretamente um país, mas disse que vão se vingar. Os anglo-saxões estão sentindo gosto de sangue na boca, a população americana está apavorada, a filha da Ana Lúcia, a Ana Luísa, está lá e tem falado com a mãe. Disse que a situação é horrível, a filha do Gilmar** também está lá, as mães aqui aflitas, naturalmente, o dia a dia de Nova York muito prejudicado. Falei com o Rubens Barbosa todos esses dias, ele tem sido muito ativo e tem dado informações de que os americanos estão preparando alguma coisa bastante dura, pode haver retaliação. Hoje dizem que a retaliação será contra o Talibã, no Afeganistão, mas eu realmente não sei o que vai acontecer.

A Bolsa aqui continua despencando,*** um clima sombrio, embora o preparativo de guerra nos Estados Unidos a médio prazo signifique uma guerra de outro tipo, contra um inimigo que não é um Estado; estão tentando descobrir algum Estado que teria protegido terroristas para poder justificar os ataques. Com eles o dispêndio de recursos deve ativar a economia a médio prazo. De qualquer maneira a insatisfação no mundo é muito grande, uma incerteza e insegurança muito grandes. Durante todos esses dias, ontem inclusive, estive em contato com o Rubens, com o Celso Lafer, com o Pedro Malan, com o Sérgio Amaral, com o Armínio Fraga, que está nos Estados Unidos. O Armínio com uma visão mais otimista quanto ao futuro. Ele é sempre mais otimista, mas, além da situação muito tensa, há uma preocupação, porque os Estados Unidos são um país muito peculiar. O Einaudi, o Luigi Einaudi,**** ontem, teria dito ao Valter Pecly, em Lima, numa reunião da OEA,***** que o Brasil não está tendo uma reação equivalente à de outros países e que os americanos têm preocupação com Cuba e com o Paraguai. Bom, eu não sei o que o Brasil fez de diferente de outros países e se isso é intriga do Einaudi. O fato é que à noite me telefonou o Harrington, ex-embaixador americano no Brasil, pessoa de quem eu gosto, e ele me disse o seguinte: "Presidente, estou vindo da Casa Branca, pena que não seja o Clinton, nosso amigo, quem esteja lá, mas, enfim, estive na Casa Branca, eu gosto do Brasil e gosto do senhor, nós achamos que o senhor pode ter um papel de liderança importante; no Brasil o senhor tem um papel grande a de-

* A cotação estava em R$ 2,70.

** Laura Mendes.

*** O índice Bovespa despencara 9,2% em 11 de setembro. Depois de pequena recuperação no dia seguinte, desabou 7,3% na quinta-feira 13 e outros 2,7% na sexta 14.

**** Diplomata norte-americano, secretário-geral adjunto da OEA.

***** Sessão especial da Assembleia Geral da OEA, que aprovou a Carta Democrática Interamericana.

sempenhar neste momento". Eu disse: "Embaixador, nós estamos desempenhando e eu estou disposto, como já disse...". Eu tinha falado com o Celso Lafer em ir à abertura das Nações Unidas* no dia 24, para falar fortemente contra o terrorismo e abrir canais novos para o mundo. O Brasil já chamou embaixadores americanos, isso foi ontem, quinta-feira, para dizer que, se isso fosse considerado razoável, estaríamos dispostos a convocar uma reunião do TIAR, que é o tratado de segurança hemisférica no quadro da OEA.** Eu disse a ele que se o presidente Bush — que vai falar comigo hoje, o Harrington confirmou — achar que é razoável que eu vá aos Estados Unidos para abrir a sessão da Assembleia da ONU, eu vou.

Enfim, dei sinais de uma ação mais efetiva do Brasil, isso mostra que os americanos estão atuando em vários níveis; num nível dizem que não estão contentes conosco e noutro dizem que estamos sendo muito positivos e que precisamos atuar mais. No conjunto estão preparando, sabe Deus, um ataque a quem... É possível que eles queiram refazer a agenda do mundo, mas não para o lado que eu desejo, que é, como eu disse ao Bush, tentar abrir um espaço de negociação mais amplo no mundo. Eles estão aumentando a ação unilateral... Neste momento estou vendo na TV: "Estados Unidos ameaçam países que amparam o terror e reforçam cautela do mercado". Quer dizer, nesse fim de semana haverá algum ato de violência, e até se entende que o povo americano esteja ansioso por um reequilíbrio da sua autoestima, mas precisamos ver qual vai ser a extensão disso, para saber até que ponto o Brasil pode ou não atuar. Se for uma reação muito irracional, é difícil que o Brasil possa entrar defendendo-a, assim, de peito aberto. Vou chamar as lideranças religiosas para ter uma conversa, porque aqui temos muçulmanos, cristãos e judeus convivendo, para pedir que eles atuem como força espiritual.

Chamei uma reunião grande, por sugestão do Aécio, com todos os líderes, que vieram. Pela primeira vez a oposição veio ao palácio, se reuniu comigo e foi uma boa reunião. Falei sobre coisas muito gerais de abertura, e o Celso foi mais específico, inclusive eles gostaram, foi uma demonstração de coesão, não foi ruim, não.

É esse o clima. Tenho uma reunião hoje, sexta-feira, sobre o setor elétrico, vou passar o dia nisso. Mas antes, ontem ainda, veio o Michel Temer com o Sérgio Machado, o que eu achei interessante. Vieram juntamente com os líderes Renan e Geddel, para me dizer que o Jader renunciaria se ficasse assegurado que o PMDB teria a presidência do Senado.

Ontem à tarde, estiveram no Planalto o presidente do PPB, o Pedro Correia,*** o José Aníbal mais o Jorge Bornhausen e o Michel, que colocou a questão. O Jorge foi claro, disse que o PFL não tem nada contra e que a única coisa a observar é que o nome do presidente do Senado deveria ser o de alguém afinado com o governo,

* LVI Assembleia Geral da ONU em Nova York.

** Tratado Interamericano de Assistência Recíproca, firmado no Rio de Janeiro em 1947.

*** Deputado federal por Pernambuco.

comigo. Tudo ficou acertado assim, e vamos ver o que vai acontecer. Não sei se o Sarney quer ser candidato mesmo ou se pode ser o Ramez Tebet, enfim, estamos vendo os nomes, mas é uma página mais ou menos acertada, e o Jader renuncia segunda ou terça-feira à presidência do Senado. Isso é o que está mais evidente na política, mas se trata de pormenor diante do tremendo desafio de fazermos frente à confusão imensa que está montada no mundo.

HOJE É SÁBADO, DIA 15 DE SETEMBRO. Sobre a reunião da quinta-feira 13, faltou mencionar que à tarde participei de um prêmio da Unesco ao Ibeac,* um instituto fundado pelo [Franco] Montoro, e sobretudo faltou dizer que recebi o Nicanor Duarte Frutos, presidente do Partido Colorado do Paraguai. Ele veio contar que estão fazendo uma nova versão do Partido Colorado e não sei o quê, me deu livros. O Paraguai na mesma confusão, embora às vezes seus líderes, como o Nicanor, tenham boa retórica.

Recebi à noite o Philippe Reichstul, presidente da Petrobras, que jantou aqui. Conversei longamente com ele sobre as questões da empresa, modificações, sobre a Bolívia e o gasoduto de lá. Philippe disse que quer sair da Petrobras no fim do ano, e isso é um problema, o Philippe tem sido um excelente presidente. Conversamos também sobre a Agência Nacional do Petróleo, sobre quem colocar lá,** enfim, foi um trabalho agradável, que durou quase até meia-noite.

Ontem e hoje passei o dia reunido com o setor elétrico, a Câmara de Energia e mais alguns consultores cujos nomes não me recordo, gente da mais alta qualidade. Gostei de ver, houve uma revisão de tudo que foi feito até hoje e do marco regulatório, para entender o tal modelo, cheio de falhas. Eles me mostraram as falhas, são diferentes do que eu imaginava. Por exemplo, eles acham que estamos sobreinvestindo, que vai sobrar energia, principalmente termelétrica, que é cara, o que pode provocar um choque tarifário no futuro. Nosso regime hidrológico é assim mesmo, como está acontecendo agora: a cada não sei quantos anos, há uma seca, e todo o sistema hídrico é dependente de chuvas, os nossos rios são ocupados em cascata, ou seja, uma usina depois da outra no mesmo rio, o que causa complicações grandes nas tarifas, torna difícil saber como se faz a contabilidade correta do rendimento das empresas, quem guarda a água não é remunerado por guardar água e os outros se beneficiam da água guardada por terceiros... Enfim, uma imensa quantidade de confusão em todos os setores. Entendi finalmente por que transmissão não deve ficar ligada a geração, eu sempre tive dúvidas disso. O pessoal de

* Prêmio Internacional de Alfabetização NOMA 2001.

** Depois da saída de David Zylbersztajn, em outubro de 2001, o diretor Elói Fernández assumiu interinamente a direção-geral da agência até abril de 2002, quando Newton Monteiro foi escolhido pelo Planalto.

Furnas realmente faz um lobby poderoso e atrapalha a visão de um novo modelo. Ainda que a gente não privatize Furnas, que se faça, como eu discuti com o Philippe na véspera, um tipo de Petrobras, ou seja, se torne Furnas uma *corporation*, para ela ter a governança quase como empresa privada, essa *corporation* não deve ficar com as duas coisas, geração e distribuição. Os técnicos mostraram excelentes análises e vou depois perguntar direitinho o nome deles, porque realmente foram três consultores da mais alta qualidade. Isso durou o dia inteiro, até almoçaram aqui com o Pedro Malan, Pedro Parente, o Gros, o Zé Jorge, enfim, um grupo bastante grande de pessoas e assessores, uns quinze.

Na sexta-feira à noite, ontem, fui jantar na casa do Pertence porque a Sueli insistiu, ela é muito simpática, queria que fôssemos, e lá estavam o Zé Gregori com a Maria Helena, o Seixas, a mulher* e os filhos do Pertence.** Foi uma noite estendida bem agradável e chegamos aqui à uma e meia da manhã de hoje.

Hoje passei o dia nessa reunião até a hora do almoço, depois paramos. Fiquei conversando com o Pedro Malan, preocupado com os esforços do Sérgio Amaral de fazer com que uma parte dos recursos a serem gerados pela integração do domínio econômico possa ser usada para fomento da exportação. Everardo quer usar isso para diminuir o Cofins do conjunto da economia, é essa a ideia, mas eles nunca abriram o jogo, porque os empresários não acreditam nem deixam passar a matéria no Congresso. A ideia do Everardo, contudo, é provocar uma baixa do Cofins e com isso diminuir a pressão sobre a contribuição. É uma estratégia. O Sérgio Amaral quer usar o dinheiro, pelo menos em parte, para exportação. Dá para fazer as duas coisas, porque no fundo a exportação se beneficiará do mesmo jeito, mas neste ponto recomeça a querela entre Fazenda e Desenvolvimento.

E o Pedro se mostrou muito irritado com a falta de debate conceitual e ideológico, contou que no colégio da filha dele*** a professora de não sei o quê, geografia, não me lembro, começou a dizer que o atentado nos Estados Unidos foi praticado pelos próprios americanos, para manter um clima antiamericano, e isso em um colégio de classe média alta, de Brasília, e que os professores atacam o governo sem parar. Eu sei o que é isso, nós perdemos a batalha ideológica, e esse professorado politicamente ignorante repete bobagem. Mas a culpa é nossa, que não fomos capazes de brigar. Ele disse: "O seu partido é que tem que brigar", mas ele devia entrar no meu partido para brigar junto. De qualquer maneira, razão ele tem, é preciso brigar.

Nesse meio-tempo, falei por telefone com o De la Rúa, falei mais de uma vez com o Lagos, com o Vicente Fox, para termos posição única diante da crise americana, e vamos ter. Mas o que está por trás é outra questão; há uma rixa entre as

* Marilu Seixas Corrêa.

** Eduardo José, Evandro Luiz e Pedro Paulo Castello Branco Pertence.

*** Cecília Malan.

chancelarias. Como o México propôs a denúncia do TIAR, o tratado de cooperação recíproca de defesa do hemisfério — o presidente do México propôs —, a nossa chancelaria utilizou isso para cutucar o México. Mas neste momento não se deve cutucar, e sim provocar uma reação de solidariedade e mostrar que estamos atentos à defesa hemisférica. Digo isso antes de falar o que realmente penso sobre a crise deste momento.

Sobre a crise propriamente dita, hoje falei por telefone com a Danielle Ardaillon, minha velha amiga e cooperadora, que estava em Washington e me descreveu o que ocorreu lá. Ela estava no aeroporto e viu o Pentágono com um rolo de fumaça. Falei com o Rubens várias vezes, falei com gente que viu as aflições nos Estados Unidos, o Gilmar me telefonou para dizer que o Caetano [Veloso] está em Los Angeles, queria voltar, mas não conseguia, queria apoio para vir de automóvel, tudo isso mostra a aflição em que os brasileiros ficaram. A Luiza, filha da Ana Lúcia Magalhães Pinto, está também muito aflita, mãe e filha aflitas, são relatos infindáveis de gente, de brasileiros que estão vivendo uma modificação do mundo, da sociedade americana. Tudo bem, e também se compreende os discursos do Bush, ele já fez vários e nenhum convincente — nada comparado com o discurso do [Franklin] Roosevelt sobre Pearl Harbor —, mostrando certa inquietação e talvez não dando ao povo a sensação de segurança. Mas se entende tudo isso, a busca dos americanos, a televisão dia e noite com o mesmo refrão, solidariedade, solidariedade, a violência desse [Osama] Bin Laden,* o que está acontecendo de terrorismo no mundo. Os Estados Unidos estão preparando a mídia internacional para alguma *vendetta*, e isso é o que me preocupa, porque, dada a solidariedade, resta ver o que os americanos vão fazer com ela, porque se fizerem uma ação indiscriminada vão provocar uma reação contrária aos interesses deles e muito ruim para a humanidade. Quem sabe agora fosse o momento de fazer o oposto, não digo não dar em cima do Bin Laden, se ele é responsável ou não, como parece ser, mas tudo tem que ser feito da maneira adequada. A Ruth me deu um e-mail que um americano recebeu de um afegão que escreve em inglês, dizendo coisas muito sensatas sobre o que acontece lá. O Afeganistão é um pobre país liquidado, o Talibã oprime o povo, ele comparou os afegãos aos judeus em campos de concentração, disse que precisam de solidariedade e piedade, não de bombas. O Talibã matou muita gente, o Bin Laden é um fascista, um hitleriano, tem que ser eliminado, mas, diz o afegão, isso não significa que a única maneira de atuar seja à unha, desembarcando tropas lá. Mesmo isso não é fácil, porque a tropa teria que entrar pelo Paquistão, e de repente isso produziria exatamente o que o Bin Laden quer, ou seja, a luta entre os muçulmanos e o resto do mundo, cristãos, judeus etc., a jihad, a guerra sagrada muçulmana, que

* Terrorista saudita, líder da Al-Qaeda, organização terrorista dos ataques do Onze de Setembro, então abrigado pelo governo talibã do Afeganistão. Foi morto em 2011 no Paquistão por forças especiais americanas.

é exatamente o que prega o Bin Laden. Não tem sentido o Ocidente cair nessa armadilha. É claro que os americanos vão ter que reagir, mas deviam ver também as causas de toda essa confusão e as consequências de suas ações.

O artigo do Martin Wolf no *Financial Times*, a que eu me referi na semana passada, que chamava a atenção sobre os manifestantes antiglobalização, dizia também o que os líderes do mundo devem fazer diante disso, porque há muito a fazer, há questões a serem resolvidas, entre as quais a repartição do poder no mundo, há pobreza generalizada em várias partes e mais concentrada na África, o meio ambiente sendo danificado... Essa é a temática que os americanos deveriam encaminhar, em vez de simplesmente virem com "mata e esfola", porque se vierem só com o mata e esfola haverá uma onda a médio prazo, de novo, de antiamericanismo. Já sinto isso no Brasil, os chamados bem-pensantes estão indo nessa direção, as pessoas preocupadas com direitos humanos também. É terrível o que está acontecendo: se neste momento dramático, em vez de aproveitarmos para criar um clima de grandeza e acabar com o terrorismo, não conseguirmos e, em vez disso, cometermos mais um massacre, não sei o que vai acontecer. Se eu tivesse a chance, se eu tiver a chance, de dizer uma coisa dessa natureza nas Nações Unidas, eu irei lá para dizer na abertura da Assembleia da ONU. Mas parece que os americanos estão aconselhando os presidentes a não irem à ONU por questões de segurança. Se não forem, não adianta eu ir, porque não haverá repercussão, a reunião será esvaziada. Algum trâmite, um cenário deve ser montado para que eu possa dizer, em nome dos países como o Brasil, de convivência de tolerância racial, com alto grau de tolerância cultural, que não dá para resolver essa crise simplesmente no mata e esfola.

18 A 29 DE SETEMBRO DE 2001

Candidatura Serra. Tebet assume a presidência do Senado. Disparada do dólar. Ainda o Onze de Setembro

Hoje é terça-feira, dia 18 de setembro. Vamos rememorar um pouco, fora de ordem. No domingo falei por telefone tanto com o Jospin quanto com o Chrétien, o Jospin mais assertivo e preocupado, porque na França há a coabitação,* a política externa é levada pelo presidente e ele ainda não tinha conversado em termos formais com o presidente Chirac. Contudo, estava mais restritivo ao tipo de apoio dado aos americanos, não para que não se desse apoio contra o terrorismo, mas quanto à reação, achando que havia pouco amadurecimento da elite dirigente americana. Falou comigo em termos pessoais e pediu que eu não transmitisse isso publicamente. O Chrétien, no fundo, tem a mesma posição dos demais, ele sabe que é preciso haver uma reação, que é difícil, que o inimigo não é um Estado, é uma rede etc. etc.

Isso foi no domingo, quando conversei longamente com o Serra e disse com todos os efes e erres o que penso. Primeiro, que ele devia deixar logo o ministério, para poder atuar mais livremente como candidato e entrar nos temas nacionais, discutir economia, transportes, senão ele fica amarrado. Ele não acha isso, acha que é melhor para ele continuar no ministério e só gostaria de sair de lá e quando tiver condições efetivas de ser candidato do PSDB, porque ele tem medo do pouco apoio à sua candidatura no partido, e mesmo depois, quando vier a ser candidato. Ponderei a importância de Minas, até a importância de ter, se for ele candidato, um vice de Minas Gerais. Ele achou boa a ideia, mas diminui a importância do regionalismo mineiro; eu não, acho que ele é forte. Quanto a isso, eu também disse que ele devia apoiar o José Aníbal nas pretensões dele em São Paulo, que eu não sei quais sejam. Serra acha que o José Aníbal vai me seguir. Sim até certo ponto, porque tem interesses próprios. O Serra acha que o Geraldo Alckmin não vai se lançar em nada, vai se resguardar, que não vai apoiar ninguém. Eu disse: "De qualquer maneira você tem que olhar São Paulo e Minas com muita atenção".

O Artur da Távola, o Paulo Alberto, topou ser líder no Senado, ficou contente com a ideia, o Serra também, contudo o Rio também está solto, temos muitos problemas a enfrentar.

Ontem, segunda-feira, fui a São José da Tapera, no sertão de Alagoas, lançar o Bolsa Alimentação. Muita gente, muito boa receptividade, um pequeno grupo sei

* Situação em que o primeiro-ministro e o presidente francês pertencem a campos políticos opostos. Na época, esses cargos eram ocupados, respectivamente, pelo socialista Lionel Jospin e pelo direitista Jacques Chirac.

lá do quê, de CUT ou PSTU, mas trinta pessoas diante das mil que estavam contentes com a presença do presidente da República. Até brinquei: "Cuidado que eu fico com coceira, volto a ser candidato a alguma coisa e ganho a eleição". Mas foi bom. O Ronaldo Lessa é de oposição, do PSB, mas coopera bastante, e nós mais ainda com ele. Tudo que há em Alagoas é feito pelo governo federal, as adutoras, o Canal do Sertão* para a irrigação, a energia elétrica, os programas sociais, tudo, tudo sem exceção, é governo federal. O Lessa é um homem que me parece correto e fez um discurso formal, forte, simpático, mas ao mesmo tempo com algumas críticas, às quais rebati...** Na matéria de falar com o povo não me é difícil, então rebati com graça e o discurso foi muitíssimo aplaudido. Ele também foi aplaudido e fez um sinal de entendimento.

Na ida foi comigo o Renan Calheiros e conversei com ele sobre a direção do PSDB. Disse ao Renan que achei que ele fez bem de não colocar o nome dele [como candidato à presidência do Senado], porque haveria reação no PFL e em parte do PSDB. Ele, entretanto, acha que dá para vencer essa reação e disse que teriam o José Alencar como líder. Eu falei: "Acho que está errado, vocês deveriam pôr o Fogaça, que tem mais sentido das coisas, para vocês ampliarem o controle do PMDB com outros grupos". A decisão ainda está em discussão no PMDB, eles querem deixar a coisa fechada, na mão do Renan, mas vão acabar caindo na mão do Sarney, porque conversei com o Sarney e fiquei com a sensação de que, no limite, ele vai ser candidato à presidência do Senado. O jogo do Sarney sempre é assim; ele é o mais hábil de todos. A mim ele não faz mossa, porém a candidatura sim, porque ele vai fortalecer o nome da Roseana para presidente da República, por isso o PFL está insistindo também com o nome do Sarney.

Ontem foi um dia infernal de telefonemas de todo lado, José Aníbal, Jorge Bornhausen, ele não aceita mesmo o nome do Renan, enfim, os líderes mais influentes — Michel Temer também — tentaram falar comigo e eu disse sempre a mesma coisa. Alguns querem que eu vete o Renan, eu não quero vetar ninguém, mas é claro que ele tem que ser sensível e buscar um nome que leve ao consenso de todos os partidos e que amplie o controle da liderança atual do PMDB sem que ela perca tudo, senão, e se o Sarney for eleito, o Michel Temer terá sido presidente do PMDB por uma semana, porque o Sarney vai ser a figura dominante no partido. As pessoas parecem que não aprendem o jogo político, acabei de falar com o Geddel, que acha isso também. Não entendo por que não põem o Ramez Tebet para presidente do Senado, que não cria mossa com ninguém, não põe em risco a liderança atual,

* Canal adutor de água entre os municípios alagoanos de Delmiro Gouveia e Arapiraca, cujo projeto data de 1998. Sua primeira etapa foi inaugurada em 2013.

** Lessa afirmou que o país tinha uma dívida maior com Alagoas e o Nordeste do que com as outras regiões do Brasil, ao que Fernando Henrique respondeu que programas sociais do governo como o Bolsa Escola e o Bolsa Alimentação, implementados por cartões magnéticos distribuídos aos beneficiários, haviam acabado com o clientelismo dos políticos locais.

é bem-visto pelo PFL. É claro que o PFL agora quer o Sarney, mas pela mesma razão que querem o Sarney é que não existe a possibilidade de ter um Sarney neutro do ponto de vista da sucessão. Ele vai jogar com o PFL num primeiro momento e com a Roseana. A Roseana, para mim, pessoalmente, não é problema algum, mas ela ainda não tem condições de ser presidente da República, embora eu esteja vendo que as coisas estão indo para um lado que pode levar a essa candidatura. Fora isso, o Itamar resolveu ficar no PMDB, tudo bem, porque está com medo de ficar fora do quadro político.

Ontem trabalhei até tarde, trabalhei sem cessar com o Pedro Malan, por causa da Cide, ou seja, da emenda constitucional sobre a questão dos combustíveis e imposto de importação. Chamei Paulo Renato com o general Cardoso, porque tenho hoje uma reunião de Conferência Nacional sobre Ciência e Tecnologia,* e há greve na universidade,** pode haver baderna, já estão, aliás, os dois aqui, o Sardenberg e o general Cardoso, para conversar comigo de novo.

Hoje de manhã o presidente Bush falou comigo (foi gravada a nossa conversa), ele agradeceu a ação do Brasil e não pediu nada adicional, digamos assim. Achei-o leve, não o senti beligerante e elogiei ele ter ido visitar a mesquita ontem.*** Ele me disse claramente que não vai entrar em guerra de religião e eu insisti nos valores democráticos, na legitimidade da ação dele, de que ele tem que conversar com outros líderes. Ele me perguntou sobre a Argentina e eu, claro, fui leve, mas não deixei de falar da minha preocupação com o destino político da Argentina e que o Cavallo tem sido muito, como vou dizer, precipitado em alguns julgamentos, um tanto audacioso nas suas afirmações, ele concordou. Agora vou descer para falar com o Cardoso e com o Sardenberg.

HOJE É QUINTA-FEIRA, DIA 20 DE SETEMBRO. Na terça-feira, como acabei de dizer, tive a conversa com o Paulo Renato e com o General Cardoso, os dois preocupados com a questão de eu ir à abertura da Conferência de Ciência e Tecnologia, sobretudo o Paulo Renato. Eu disse que vamos esperar para ver se realmente acontece alguma manifestação mais forte dos estudantes em greve, funcionários das universidades, não sei o quê.

Depois recebi o governador Marconi Perillo rapidamente, levei-o no meu carro até a embaixada americana, onde fui assinar o livro de condolências, o Marconi veio discutir comigo questões administrativas. Na embaixada fiz uma breve alocu-

* II Conferência Nacional de Ciência, Tecnologia e Inovação, realizada pelo Ministério de Ciência e Tecnologia e pela Academia Brasileira de Ciências entre 18 e 21 de setembro de 2001, na Academia de Tênis de Brasília.

** Os professores e servidores das universidades federais estavam paralisados desde 22 de agosto por reajustes salariais. A greve durou até o final de novembro.

*** Bush visitara o Centro Islâmico da capital norte-americana em 17 de setembro.

ção, transmitida mais tarde por várias televisões. Falei de novo sobre o terrorismo, mas disse, e vou repetir, que se trata de uma rede e não de um Estado e que, portanto, é uma luta de outra natureza. Não se trata de uma guerra convencional, e é preciso evitar também o ódio racial e o ódio de luta religiosa.

Antes de sair daqui com o Marconi Perillo, recebi um telefonema do Jorge Bornhausen me dizendo que o Sarney estava propenso a aceitar a candidatura, mas queria ouvir de mim se eu concordava ou não, então telefonei para ele e disse: "Olha, Sarney, estou de acordo, você me falou que não iria ser, mas achei que você poderia vir a ser e até transmiti isso ao Renan, quando fui a Alagoas na segunda-feira. Agora, você sendo candidato, você é meu candidato, não tem conversa". Encontrei o Sarney por acaso na embaixada e reafirmei tudo isso.

Muito bem, fui à abertura da Conferência, e contra a opinião do general Cardoso, que tinha a intuição de que eu não deveria ir. Não aconteceu nada, ao contrário, muitos aplausos e tudo mais, fiz o discurso rotineiro e vim para o Palácio da Alvorada me encontrar, nessa mesma noite, com o ministro dos Transportes, o Eliseu Padilha, com o Martus e com o Aloysio, para discutirmos a questão das agências de transportes, agência terrestre e agência aquaviária [ANTT e Antaq],* conversamos bastante.

Grandes confusões, porque o PMDB resolveu mudar o jogo. Eu já tinha percebido que eles não queriam mais o Sarney, era o Renan insistindo em ser candidato. Não havia possibilidade alguma de ser o Renan, e ficou esse lero-lero incessante. Mantive minha opinião anterior, eu disse que se não era o Sarney era o Tebet. Telefonei ao Sérgio Machado para dizer que achava que devia ser o Sarney, depois que ele topou. À noite me telefonou o Sarney, muito aflito, tinha recebido a informação de que o Aloysio Nunes Ferreira estaria telefonando aos senadores contra a candidatura dele. Eu falei que não acreditava nisso. Não achei o Aloysio, ele tinha saído daqui da reunião dos transportes e estava com o fone desligado. Voltei mais tarde, depois de ter falado com o Padilha e o Sérgio Machado, como disse aqui, reafirmando que eu preferia de uma vez resolver a questão com o Sarney. Só à meia-noite falei com o Aloysio, que me disse que não tinha telefonado para ninguém. Antes de eu conversar com o Aloysio, o Sarney me telefonou já tarde da noite.

No dia seguinte, ontem, me encontrei logo de manhã com o Aloysio que me disse que esclareceu o assunto com o Sarney. Nesse meio tempo já está o PMDB voltado para a eleição do Tebet... fazem reuniões de bancada. Eles estão manobrando e chegaram à conclusão por 12 a 6, que seria o Tebet e não o Fogaça, e o Sarney fez um discurso um pouco irritado, pelo que ele próprio me disse, porque ele foi enganado.

Ainda recebi visitas de rotina, o presidente da Alstom,** da Andrade Gutierrez,*** e isso ontem, quarta-feira, que era aniversário da Ruth. Vim para cá para um jan-

* Criadas pela lei nº 10 233, de 5 de junho de 2001.

** José Luiz Alqueres, presidente da Alstom Brasil.

*** José Rubens Pereira.

tar de aniversário com pouca gente, poucos amigos, umas dez pessoas. Enquanto jantava com a Ruth, o que acontece? Telefonemas da Roseana, com quem eu não pude falar, e recebi vários outros telefonemas. Percebi que a coisa estava ficando complicada no PMDB e que eles iam marchar para o Ramez, o Aloysio me trouxe o decreto para dispensar o Ramez, e assim foi feito.

Hoje de manhã me telefonou o Sarney e os jornais dizem que eu manobrei, que fiz tudo, que eu fiz o Ramez, porém o Sarney disse para que eu não acreditasse que ele estava zangado comigo, que ele sabe que não fui eu, que ele conhece a confusão da política, que sabe que é intriga, não sei o quê, me pareceu sincero. E eu, na verdade, fui sincero; depois que o Sarney disse que era candidato, para mim estava bem. O PMDB percebeu isso e aí se opôs. Sarney me disse que ele se retirou irritado com o PMDB.

Passei o dia trabalhando normalmente, nada de extraordinário, recebi o pessoal de Santa Catarina, o Bornhausen, e senti nele certa dúvida sobre se seria ou não conveniente o PFL manter o acordo de reeleger o Ramez, porque, disse o Bornhausen, o Iris estava se oferecendo para ser candidato e que houve uma conversa — que eu não ouvi do Jorge — dizendo que Bornhausen preferia alguém como o Agripino. Uma grande confusão. Almocei com o Zé Jorge, o Pedro Parente e o Gros para redefinir o modelo energético. Vai ser uma mudança grande, não vou registrar agora, vou mudar o presidente da Aneel e também o da ANP, porque o Duda sai. Vamos propor outros nomes, mudar o sistema, privatizar menos a parte de geração. Enquanto isso, estou vendo o que acontece, parece que de manhã houve reação ao nome do Tebet e, ao mesmo tempo, a decisão do Conselho de Ética de postergar a aceitação de denunciar o Jader,* e arquivaram a representação do Althoff contra o José Eduardo Dutra.

De manhã recebi o Arruda, que veio me dizer que quer entrar para o PFL e tem boa posição para ser candidato a deputado. Ele me confirmou que o Dutra foi o autor intelectual, juntamente com ele — ou tanto quanto ele, pelo menos — e o Antônio Carlos, da violação do painel. Disse a mim e que diria ao Conselho, mas eles arquivaram o processo, por isso o Dutra ficou calminho esse tempo todo.

Recebi aqui um grupo de senhoras de Minas Gerais chefiadas pela esposa do senador José Alencar,** muito simpática, umas vinte senhoras muito agradáveis que têm um grupo de apoio à cultura,*** e agora estou pronto para ir ao Palácio do Planalto assistir à sessão de eleição do novo presidente do Senado pela televisão, ao vivo.**** Não sei bem o que vai acontecer, porque o Senado é sempre, ou melhor, o PMDB é sempre surpreendente e a política está cada vez mais fora de eixo. Entre

* O senador paraense renunciou ao mandato em 4 de outubro de 2001.

** Mariza Gomes da Silva.

*** Associação Amigas da Cultura, de Belo Horizonte.

**** O ex-ministro da Integração Nacional concorreu como candidato único, recebendo 41 votos. Houve 31 votos brancos e três nulos.

parênteses: falei com a Roseana, que está convencida de que eu manobrei contra o pai dela, que deixei o Palácio manobrar, porque o Moreira, porque o Aloysio... O Moreira não é o Palácio, é dirigente do PMDB, quer que ele faça o quê? Que não tenha opinião? A opinião dele não é a do Palácio, obviamente, mas, se for assim, ninguém pode fazer nada, todos que estão no governo não poderiam fazer nada em seus partidos, porque seriam do Palácio... Enfim, a Roseana é assim, um pouco aflita.

HOJE É SEXTA-FEIRA, DIA 21 DE SETEMBRO. Ontem, quinta-feira, nada de extraordinário, à noite me reuni com Serra, Madeira, Aloysio e Pimenta, para conversar sobre o que fazer. O impasse é grande, porque depois da eleição do Ramez Tebet o PFL saiu do plenário, o Jorge tinha me dito que ia segurar, quer dizer, não deixar que houvesse outra candidatura; mas não votaram, a maioria do PFL votou em branco e saíram da sala, uma coisa desagradável, no fundo é um gesto para o Antônio Carlos. Ainda bem que foi eleito o Tebet, senão estava de novo aí o Antônio Carlos, e ia cantar de galo, usando o Sarney como pretexto e aríete contra mim. Isso mostra que há uma grande instabilidade entre PFL, PMDB e PSDB. Aliás, o PSDB se conduziu bem, mas o PFL está inquieto e essa inquietude vai se prolongar. Conversei sobre isso no jantar ontem e discuti o que fazer para dar participação ao PFL, colocando um deles na liderança do governo, no caso do Congresso. E, sendo assim, o que fazer com o Arthur Virgílio, porque é preciso botar o Heráclito na liderança. Tudo difícil.

Vê-se que não houve amadurecimento nenhum no Senado e nos partidos. É a crise sucessória, estão todos querendo se posicionar, a Roseana subindo.* Recebi esta manhã um telefonema do Ney Figueiredo dizendo que a posição do governo melhorou nas pesquisas, melhorou mais do que o [Carlos Augusto] Montenegro** me havia pré-anunciado.*** Mas isso não é importante neste momento; o importante é que estamos de novo diante de uma grande crise das bolsas. Estou vendo no noticiário de hoje. Voltei a falar com o Malan, está tudo despencando,**** e isso é extremamente preocupante, porque parece que a crise está se agravando muito rápido.

* A governadora do Maranhão tinha entre 12% e 14% das intenções de voto para presidente em 2002.

** Presidente do Ibope.

*** No levantamento divulgado em setembro de 2001, Fernando Henrique obteve 22% de aprovação (bom/ ótimo) e 36% de desaprovação (ruim/ péssimo); 41% consideravam seu desempenho regular.

**** Na sexta-feira 21 de setembro, o dólar subiu 2,6% e fechou em R$ 2,83. O BC gastou R$ 3 bilhões em leilões cambiais para amenizar a alta. A moeda norte-americana ganhara 8,8% em relação ao real desde 11 de setembro e 45% desde o início de 2001. No mesmo dia 21, a Bolsa paulista teve baixa de 1,2%. A Bolsa de Nova York fechou com queda semanal de 14,3%, a pior desde 1933. Entre janeiro e setembro, o governo gastara R$ 21,3 bilhões para segurar a cotação do dólar.

HOJE É SEGUNDA-FEIRA, DIA 24 DE SETEMBRO. Na sexta-feira de manhã, depois de ter falado com o Malan e de ter recebido Nizan Guanaes, que está disposto a me ajudar pessoalmente, sem nada a ver nem com o governo nem com finanças, tomei o helicóptero e fui com o Pimenta me encontrar com o Jovelino na fazenda, onde almoçamos. Os jornais disseram que fui discutir política com o Pimenta, mas não. O Pimenta queria conversar com o Jovelino sobre gado e não sei o quê. Foi simplesmente uma conversa de descanso. Nessa sexta-feira, de importante houve apenas o de sempre, quer dizer, grandes confusões no mundo, as bolsas despencando, o dólar subindo. Falei com o Armínio, falei com o Pedro Malan por telefone e eles me informaram que tinham que tomar medidas duras, aumentar 10% o compulsório dos bancos.* Falei com o Serra também, que estava achando isso insuficiente. (Não, com o Serra falei ontem, domingo, mas soube pelo Malan, que tinha falado com o Serra, que o Serra achava insuficientes os 10%.) Entretanto, não pode ser mais do que 10%, sob pena de criar um problema de liquidez para os bancos e uma crise bancária. É fácil fazer diagnóstico sem conhecer a situação; quando se conhece por dentro, tudo é mais difícil.

No fim do dia falei com o Jorge Gerdau, que veio me propor para que voltássemos à discussão sobre a reforma tributária tomando como ponto de partida uma reforma infraconstitucional, que é a proposta do Temer para aliviar a cobrança em cascata do Cofins. Gerdau está disposto, inclusive, a deixar claro que não há interesse nenhum em não tributar as receitas não operacionais das empresas, quer dizer, financeiras; eles aceitam a mesma tributação que há para as empresas bancárias. Transmiti isso ao Pedro Malan, o Gerdau queria que eu fizesse uma reunião com eles, eu disse: "Não, primeiro vamos ver com os ministros".

Quando voltei da fazenda, almocei com as crianças, a Ruth, a Bia, a Júlia, o Pedro, a Luciana, a Isabel, o Paulo Henrique... Foi muito agradável, tomamos banhos de rio, um pouco de descanso. Todos preocupados com a situação internacional, olhando a televisão o tempo todo, e eu lendo os meus papéis, botando as coisas em ordem, revendo uma carta que vou mandar aos chefes de Estado** sobre a crise. Vi na televisão, na BBC, e me impressionei muito com um comentarista político paquistanês que deu uma entrevista mostrando como o Talibã está lá enraizado, como é bem-visto porque botou ordem no Afeganistão, a guerra tribal que há lá, e que estão todos misturados com o narcotráfico. É uma situação muito embrulhada e temo que os americanos estejam de novo se atolando no Afeganistão. Nós, como brasileiros, temos que estar de um lado, mas chamar à razão esse lado. Do que se escreveu a respeito, eu li um pouco do *El País*, do que publicou Felipe González, li o

* Os depósitos compulsórios para transações bancárias a prazo, antes zerados, foram fixados em 10% para retirar liquidez do mercado, com o objetivo de combater a desvalorização cambial.

** O presidente escreveu aos chefes de Estado e governo do G20 sobre alguns temas de seu discurso na abertura da Assembleia Geral da ONU.

[José] Saramago, li o Martin Wolf no *Financial Times*, enfim, li muita coisa, li o que os afegãos estão dizendo, algumas coisas são impressionantes, li o Sérgio Abranches, um artigo na internet, e andei revendo a literatura sobre a matéria. Vê-se uma grande perplexidade, ninguém entra na irracionalidade da guerra, todo mundo sabe que é preciso fazer alguma coisa para acabar com o terrorismo, mas há que se reconhecer também que não se sabe como. O [Manuel] Castells* desenvolveu o que eu já disse, inspirado nele mesmo, ou seja, que são as redes que estão atuando pelo mundo afora, portanto é uma guerra de outra natureza, muito difícil de ser combatida, e os americanos desembocaram em um único inimigo: o Bin Laden do Afeganistão. É complicado.

Na carta que vou mandar aos chefes de Estado, quero ver se chamo a atenção para isso e insisto em que não podemos deixar de lado os outros problemas reais, a miséria, a aids, a globalização assimétrica. Os ricos se recusam a criar impostos sobre o sistema financeiro... A taxa Tobin, por exemplo, embora eu saiba que é difícil de implantar, mas alguma coisa poderia ser feita. Tanto dinheiro circulando no mundo, por que não canalizar recursos para ajudar os países emergentes e ajudar os mais pobres? É uma vergonha.

Fiquei na fazenda sábado, domingo também, o Jovelino já tinha ido embora, nós estávamos comemorando o aniversário da Ruth, comemos bem, bebemos bem, eu tomei banho de rio, os meninos andaram a cavalo, foi muito agradável. Voltei para Brasília ontem, domingo. O Paulo Henrique ficou em Brasília e os outros foram embora para o Rio.

Malan veio ontem ao Alvorada repassar as coisas, falei com o Sérgio Amaral, preocupado com as exportações, vamos ter um saldo grande agora em setembro e ele acha que dá para fazer 5 bilhões de dólares em 2002, mas que a ineficácia burocrática é imensa. Reforma tributária e ineficácia burocrática para as exportações — é por isso que o empresariado está chiando. A Fazenda vai ter que entender que estamos entrando numa economia de guerra, acabei de dizer ao Pedro Malan no despacho: "Nós vamos ter que prover liquidez para as empresas brasileiras que estão apertadas em dólar, para que elas possam comprar e pagar suas contas", como fizemos em 1999, e vamos ter que evitar a tentação de aumentar o superávit primário, que é só o que se sabe fazer nas horas de aperto, os mercados querem sempre isso.

Ontem já saiu a notícia de que hoje haveria uma reunião para discutir questões de câmbio; é mentira, a reunião foi para discutir exportação, porque o Sérgio Amaral me telefonou ontem aflito, para pedir que eu apertasse a Fazenda. Não obstante, saiu que agora é o melhor momento para o governo se reunir e falar de câmbio... Não falamos de câmbio, e sim de exportação. Não dá para viver só na base da especulação, mas é assim o dia a dia daqui, com um pouco de aflição. O preço do

* Sociólogo espanhol.

petróleo despencou,* isso é bom por um lado [ainda importávamos bastante], mas ruim também, porque é um sinal de que a economia mundial está desaquecendo e, vou repetir, estamos entrando numa fase de economia de guerra. Eu disse ao Pedro Parente que, assim como pedimos redução do uso da energia elétrica, poderíamos pedir também a redução do uso do petróleo, se for o caso. Enfim, como país temos que contar com nossa capacidade de estabelecer coesão e, se a oposição fosse minimamente clarividente, meu Deus, e o PMDB também, seria mais fácil.

Acabei de falar com o Aloysio, falei com o Serra, as ideias são coincidentes, e o Padilha me telefonou na mesma direção, temos que botar no Ministério da Integração Nacional alguém que amplie os espaços do PMDB, o Fogaça que seja, que não me venham com outro amiguinho do Renan, porque não dá certo. Mas infelizmente alguns dos nossos líderes políticos ainda estão... ciscando no chão e comendo milho. É impressionante isso, estão o tempo todo tratando de fazer coisinhas pequeninhas, bicadas no milho, em vez de ver o atacado.

Diga-se de passagem que exploraram a vitória do Tebet, como se eu tivesse feito uma grande malandragem com o Sarney, o que não fiz; foi o Sarney que disse que não queria ser e, quando quis ser, era tarde, o PMDB percebeu que ele iria criar um problema e não o deixou ser eleito, não fui eu. Claro que eu também acho que o Sarney daria mais trabalho do que o Tebet, mas fui favorável ao Sarney, porque acho que o Senado precisava se levantar e o Sarney seria capaz disso. O Antônio Carlos atrapalhou ao dizer que Sarney era candidato dele. Foi o PFL, foi o Jorge Bornhausen quem sugeriu o Tebet depois da reunião com o Michel Temer e com os presidentes de partido, e agora sou eu o culpado. Já o Elio Gaspari sabe dar bicadas, no caso erradas, oportunistas, disse que eu estou fazendo força para baixar o nível do Senado.** É o que faltava, como se fosse preciso fazer força para baixar...

HOJE É QUARTA-FEIRA, DIA 26 DE SETEMBRO. Na segunda-feira de manhã recebi apenas o Ivan Cardoso, meu primo, filho do Dulcídio [do Espírito Santo Cardoso]. Veio, coitado, falar das dificuldades que ele vem enfrentando, pois um dos filhos tem problemas de atraso mental; o outro, mais ligado a mim, o Ivanzinho [Ivan Cardoso Filho], é cineasta, então o Ivan vive às voltas com os filhos.

À tarde, recebi o Duda, David Zylbersztajn, juntamente com o Pedro Parente, para discutirmos o futuro da Agência Nacional do Petróleo e um deles sugeriu um nome bom, e provavelmente vamos ter que buscar outro bom nome para a presidência da Petrobras. Depois gravei o programa de rádio e fizemos nova reunião sobre exportação. O Sérgio Amaral foi muito enfático e peitou a Fazenda,

* A expectativa de recessão mundial fez a cotação do petróleo em Nova York cair 15%, para US$ 22 por barril. No mesmo dia, o real subiu 4% em relação ao dólar, maior valorização desde março de 1999.
** O título da coluna dominical de Gaspari em 23 de setembro foi "FFHH nivela o Senado por baixo".

dei força a ele. Vamos fazer uma câmara do tipo Câmara de Energia. As pessoas não entendem, mas eu posso, por decreto, dar poderes especiais aos ministros, não é preciso mais uma medida provisória, e dei muitos poderes ao Sérgio Amaral que vão contrariar a burocracia da Fazenda. O Sérgio vai atropelar para tentar ver se desamarra as exportações, e como eu disse e registrei aqui as exportações de fato cresceram, houve um grande salto na balança na terceira semana deste mês.*

Terça-feira, ontem, amanheci muito cansado, tinha dormido mal, levantei cedo e dei uma longa entrevista ao jornal *O Globo*.** Está publicada e até saiu direito, com apenas um erro, sobre os valores do empréstimo do FMI. O resto foi bastante bem.

Almocei com o Aloysio Nunes Ferreira e com o Jucá para discutir as questões da liderança do Senado. O Jucá foi um bom líder, agora que vai entrar o Paulo Alberto como líder o Jucá ficou um pouco no ar, ele era vice-líder em exercício, eu pensava que ele pudesse ser líder da bancada, mas houve a briga no Ceará, entre o Sérgio Machado e o senador ligado ao Tasso,*** o Sérgio foi inábil, apresentou o Jucá como se fosse um candidato do Palácio, resultado: confusão. O Jucá propõe que se crie uma liderança da bancada e outra do grupo do bloco. Se isso passar, muito bem, senão eu não posso perder a cooperação dele. Nesse meio-tempo, telefonemas a respeito do que fazer com o PMDB. Ficaram de me dar uma lista, eu não recebi o Renan ontem, vou recebê-lo hoje. Aparentemente, pela lista, virão o Fogaça, o José Alencar e um candidato do Jarbas Vasconcelos, o Dorany [Sampaio],**** que me parece o mais adequado. Mas não sei ainda, vamos examinar.

Depois participei de uma cerimônia com o Aloysio Nunes Ferreira, que recebeu a Légion d'Honneur.***** Recebi o Roger [Agnelli], presidente da Vale do Rio Doce, e tivemos uma boa conversa, o rapaz me pareceu antenado, jovem ainda, cheio de ideias, mostrando o que a Vale vem fazendo. Falei com o Marco Maciel, que se queixou de que o José Aníbal tinha entrado na briga dos senadores pela liderança e estaria querendo tirar o Cássio Taniguchi****** do PFL e levá-lo para o PSDB. Falei à noite com o José Aníbal, que me disse que já tinha desistido da ideia. Nesse meio-tempo, a angústia para saber o que acontece com os americanos que estão cercando o Talibã,******* que operam em um país sem mar, e os americanos usam bases em

* A balança comercial de setembro de 2001 teve saldo de US$ 595 milhões, a despeito de uma queda mensal de US$ 1 bilhão nas exportações, compensada pela diminuição das importações.

** A entrevista, concedida a Tereza Cruvinel, Helena Chagas e Dacio Malta, saiu na edição de 26 de setembro com a manchete de capa "FH condena timidez de Tasso e Serra" e o título interno "É preciso conversar com o país".

*** Luiz Pontes (PSDB-CE).

**** Secretário de Governo de Pernambuco.

***** Nunes Ferreira recebeu a distinção na embaixada francesa.

****** Prefeito de Curitiba.

******* A intervenção norte-americana no Afeganistão começou poucos dias depois dos atentados de 11 de setembro através da infiltração de forças especiais. Em 21 de setembro, o governo afegão recusou o ultimato dos EUA para entregar Osama bin Laden. Em 7 de outubro, aviões norte-americanos e britâ-

porta-aviões para bombardear... Grande angústia no mundo, o peso do petróleo efetivamente despencou e falei com o Armínio Fraga, que segurou o dólar a custos altos — temos conseguido evitar que o dólar vá para o espaço. Parece que diminuiu o gap das contas externas, mas os mercados não estão nem aí, querem especular mesmo, e a gente ouve na televisão, sobretudo na GloboNews, que é a que eu mais vejo, um desfilar de besteiras de pseudoespecialistas que imputam as atribulações a causas que não têm nenhum propósito. Um deles chegou ao cúmulo de dizer que o dólar subiu porque nos falta fazer um ajuste das contas públicas. Levamos sete anos fazendo ajuste, e o idiota vem dar lições... Professor de Deus — está cheio de professores de Deus. Um ou outro comentarista é sensato, mas em geral, como não existe mais teoria econômica e toda expectativa é especulação, eles querem dar racionalidade ao irracional, e fica difícil.

Marquei para hoje à tarde um encontro com o Renan, mas o Padilha me adiantou que é aquilo mesmo que eu já tinha registrado aqui; diante disso falei com o Jarbas: "Aproveita e aperta, faz um candidato seu aí". Segundo o Jarbas, o Raul Jungmann vai para o PMDB, o que complica o desenho proposto inicialmente, para o Raul vir para a Secretaria de Comunicação Social. Indo para o PMDB, não poderá vir, porque os outros partidos não vão gostar. Se ele fosse PPS ou ficasse sem partido, seria outra coisa; com o partido definido, só se for PSDB, senão fica difícil. Mas é bom que ele vá para o PMDB, porque assim pode ganhar a eleição.

E no fim do dia recebi o Fogaça, ele chegou aqui às nove, quando eu estava jantando, me telefonou o Padilha, crente que eu tinha convidado o Fogaça e o Renan para jantar, por isso estava preocupado. "Eu não sou louco, pois não recebi a lista ainda", eu disse ao Padilha. Ao Fogaça o que eu falei foi que havia rumores de que ele sairia do PMDB e iria para o PSDB, e que eu achava melhor ele ficar no PMDB pelo que ele me disse, pelas condições eleitorais dele. O Serra tinha me dito que bastava uma conversa minha que ele viria para o PSDB. Não é verdade, o Fogaça tem o pé no chão e não vai sair do PMDB, porque ficando terá mais chances eleitorais, e ele não vai para o PPS junto com o Britto, que foi para o PPS, ou está indo, porque ele não quer ficar contra o governo. Também não vai aceitar ministério algum, ele, que é um homem de caráter, não quer dar a impressão de que estaria sendo comprado por um ministério, e pior, ou melhor: ir para um ministério para quê? Para ficar três, quatro meses, cinco meses? Não adianta nada, isso é ilusão de quem quer fazer uma biografia postiça.

Daqui a pouco vou receber o ministro [Carlos] Velloso com o Rubens [Approbato Machado], que é o presidente da OAB, o Velloso quer fazer as minhas pazes com a Ordem. Convidaram-me para uma conferência, é difícil que eu possa ir, há quem tenha medo de que eu vá à Ordem; eu não tenho. Depois vou receber o Raymundo

---

nicos começaram a bombardear alvos ligados ao Talibã e à Al-Qaeda para apoiar o avanço terrestre da Aliança do Norte, coalizão de forças tribais contrárias ao governo de Cabul.

Magliano Filho, presidente da Bovespa,* que vem discutir as dificuldades que ele tem lá e eu vou também dizer o que dá para fazer. Depois vou almoçar com o Clóvis Carvalho.

HOJE É DIA 27 DE SETEMBRO, QUINTA-FEIRA. Como eu disse ontem, recebi o pessoal da Ordem, com o Velloso, na prática o Rubens veio se desculpar, sem dizê-lo, porque ele foi grosseiro comigo na posse do novo presidente do Supremo, o Celso de Mello. Ele me disse que falou institucionalmente; muito bem, só que institucionalmente ele tinha que ficar calado, mas assim não tem graça; o presidente não fala, não pode portanto responder às críticas. Vieram me convidar — estava junto um rapaz chamado Amaral [Antônio Carlos Rodrigues do Amaral],** simpático — para fazer uma conferência na Ordem.***

No almoço com o Clóvis repassamos coisas, ele tem boa impressão do Tarquínio [Luiz Tarquínio Ferro], que é o presidente da Previ, acha que é um homem ativo, competente e tal; o Clóvis, como sempre, muito disposto, trabalhando em uma porção de coisas, me pareceu contente. À tarde recebi o Celso Amorim, que vai ser embaixador na Inglaterra, falamos só das coisas do mundo em geral, um resumo dos acontecimentos, mais tarde houve uma reunião da Câmara de Energia.

Coisa interessante, o presidente da Eletronorte**** propondo uma solução para a Cesp:***** uma parte ficaria como empresa pública e outra como empresa "privado-pública". Enfim, uma iria cuidar das águas e a outra ser mais facilmente privatizada. Mostrou também o projeto de Belo Monte. À noite, nessa quarta-feira, jantei com o Matarazzo, para especular sobre seu sucessor e outros problemas mais. Em termos de sucessor não avançamos muito, sei agora que o Arthur Virgílio tem interesse também em ir para a pasta do Matarazzo, mas não falei com o Andrea, esqueci na verdade. Hoje estou atrás dele para conversar, mas ainda não consegui.

Fui tomar café da manhã hoje com a Frente Parlamentar Católica, na casa do Marco Maciel. Conversas genéricas, estava lá também o prefeito de Buritis****** mais o filho do ex-presidente da República Pedro Aleixo, que também é padre,******* e vários deputados, senadores, inclusive o Pedro Simon, que me fez muita gentileza,

* Bolsa de Valores de São Paulo, atualmente denominada Brasil, Bolsa, Balcão (B3).

** Presidente da Harvard Law School Association do Brasil.

*** Em 24 de outubro, o presidente proferiu a palestra inaugural do seminário Brasil Século XXI, o Direito na Era da Globalização — Mercosul, Alca e União Europeia, na sede do Conselho Federal da OAB, promovido com a Harvard Law School Association do Brasil.

**** José Antônio Muniz Lopes.

***** O leilão da estatal energética paulista, com preço mínimo fixado em R$ 1,7 bilhão, fracassara em 6 de dezembro de 2000 por falta de concorrentes.

****** Padre José Damasceno (PPS).

******* José Carlos Brandi Aleixo.

diga-se de passagem. Depois recebi o pessoal da DM9, o Raul Bastos,* querendo trabalhar na organização das minhas memórias, e o Wilson Quintella, da ADTP. Em seguida expediente normal, solenidades do Dia da Árvore,** e recebi o Luiz Nascimento, que veio reclamar da questão não resolvida dos preços das tarifas de energia, o [Kemel] Jorge Chamas,*** que veio simplesmente me dar congratulações, fiz uma gravação para a CNN en Español sobre o problema da crise, não foi uma boa entrevista, meio tensa. Fora isso, despachos, despachos, e muito trabalho, e agora estou aqui fazendo um pouco de hora. De significativo mesmo nesses dias, ontem e hoje, foi a luta para evitar que o dólar disparasse. Estamos levando a melhor,**** mas com dificuldade, muitas medidas para enxugar a liquidez, vendendo títulos cambiais, e o pessoal firme na especulação. Os fundamentos da economia estão bons, e mesmo o fluxo de capital externo não é essa coisa desastrada como se estava dizendo. Hoje mesmo estava vendo aqui, eu recebo todo dia uma folhinha do Banco Central, este mês... o mês ruim, 1 bilhão, mais de 1 bilhão, enfim, há muita onda nisso tudo e muita especulação, e eu, como sou otimista sempre, acho que apesar das dificuldades, que são inegáveis, vai dar para ir superando.

HOJE É SÁBADO, DIA 29 DE SETEMBRO. Ontem só recebi o Paulo Godoy, que veio aqui de manhã afobado, ganhou a construção de um trecho da Linha Norte-Sul de transmissão de energia e agora os argentinos***** querem empurrar para ele outra linha, que não querem fazer, e ele não tem cabedal para tanto. Eu disse que ele tomasse cuidado para não dar o passo maior do que a perna. O Godoy sempre foi muito amigo e agora está preocupado para saber se o Serra deslancha ou não. Ele não trouxe nenhuma reclamação do que acontece com ele.

O dia foi de despachos normais no expediente da tarde no Palácio do Planalto. Dei uma entrevista longa para a *IstoÉ Dinheiro*, foi boa, não sei como vai sair. À parte isso, tivemos uma discussão sobre orçamento, e é sempre o mesmo aborrecimento com o financeiro e o limite orçamentário. Existe um superávit primário muito grande, mas o Malan está aflito por causa da situação global, acho que aquele rapaz, Ilan [Goldfajn],****** tinha até proposto que aumentássemos o superávit para 4% do PIB. Imagina, se já com 3,5% há essa dificuldade de governar, com mais 0,5% de superávit não dá. Pedro está preocupado porque acha que daqui por diante vai haver gastança, ele não quer que se gaste o que já se tem garantido. O Pedro Parente, como conhece o Banco Central, pegou dados até mais atualizados do que

* Jornalista, ex-editor de *O Estado de S. Paulo*.

** Comemoração da Semana da Árvore.

*** Pediatra paranaense.

**** O dólar caiu 2,2% na quinta-feira 27, para R$ 2,67.

***** Impsa, grupo argentino de energia.

****** Diretor de Política Econômica do BC.

os do Pedro Malan e mostrou que não havia razão para apertar tanto. Vamos fazer uma liberação de gastos muito moderada, mas isso, na área econômica, aparece como risco potencial. O fato é que estamos há anos e anos tratando de equilibrar o orçamento e eu só posso cortar... Na verdade, expandimos muita coisa, mas a sensação que se tem é de degelo, de que está se derretendo o tempo todo, esse esforço infinito de botar as contas em ordem. Podíamos ter feito muito mais se não fosse essa confusão toda em que nos metemos pela taxa de juros, pelo câmbio, enfim, essa é a questão central do Brasil. A gente vai empurrando, tentando resolver, e não consegue nunca equacionar de maneira mais razoável. Eu sei que houve grande expansão de gastos, não tenho dúvidas, não estou negando isso, e que o controle da inflação foi feito sem que houvesse recessão; também isso é verdade. Até hoje, recessão mesmo, nós não tivemos. Desde 1993 praticamente, não há recessão, já são muitos anos sem recessão, oito anos sem recessão. Houve aperto, houve até ao ponto de crescer quase nada, mas nunca houve uma perda sensível do produto, e isso é importante. Ainda assim podíamos ter feito muito mais do que fizemos não fossem essas seis crises* que enfrentamos. Esse governo é o governo mais treinado em crise que jamais houve na história do Brasil, crise econômica, crise econômico-financeira. Há fatores que ninguém leva em consideração: vem entrando o ciclo de baixa da economia no mundo, mas com essa globalização financeira, com informação em tempo real, é bombardeio para todo lado, e mantivemos a democracia no país. Com isso tudo, fomos fazendo as reformas necessárias.

Ontem à noite jantei com o Raul Jungmann (a Ruth foi ao Maranhão e chegou tarde, quando já estávamos jantando) e ele tomou a decisão de entrar no PSDB. O que o Raul quer? Ele quer sair do Ministério da Reforma Agrária. E o que o Arthur Virgílio quer? Quer ser ministro, porque isso conta pontos para o Amazonas. Os dois têm razão. O difícil é conciliar isso com os interesses da administração. O PFL está insistindo em colocar alguém deles na liderança, e também tem razão, o diabo é que o cobertor é curto. Vou ter que dar uma mexida nessa direção.

Recebi o Luiz Nascimento, que me falou muito sobre a questão energética, sobre as tarifas, e falei ontem com o Pedro Parente; nós temos que resolver de uma vez por todas, e eu sei que vai me custar muito, essa questão energética, porque é nossa responsabilidade. Esse negócio de desgaste, a esta altura dos acontecimentos, me preocupa pouco; me preocupa, sim, é acertar o que precisa ser acertado, para o Brasil poder ter um desenvolvimento mais saudável e sustentável. Vai ser preciso corrigir tarifas de energia elétrica para garantir investimento, e vamos também mudar a filosofia da privatização no setor de geração, não vamos privatizar. Isso vai dar uma gritaria danada, mas tanto eu quanto Pedro Parente estamos convencidos de que é o melhor caminho. O preço a pagar por isso é afastar o Luís

* Isto é, as crises mexicana (1994-95), russa (1997), asiática (1998) e argentina (2001), além da recessão norte-americana e dos efeitos do Onze de Setembro.

Carlos Santos, porque todo setor enérgico, técnico e econômico é contra a gestão dele. Não sei até que ponto com razão ou até que ponto por preconceito, mas não tenho mais forças para compor situações políticas. Vamos ter que dar a saída possível neste momento.

Já que falei de política, a confusão é total, agora parece que o José Alencar sai do PMDB — esse José Alencar é inexperiente e um tanto sôfrego. Dizem que vai para o PL,* e o Lula cortejando o PL, que é o partido do bispo [Edir] Macedo.** Olha, a confusão está como nunca. O Congresso, depois da agressão descabida que fizeram contra o Ramez Tebet,*** mostrou que está abaixo de qualquer possibilidade de enfrentar os problemas tão grandes que temos, para permitir o Brasil avançar. E isto me preocupa, a falta de liderança, mesmo do nosso lado. Faltam pessoas, como eu disse no jornal *O Globo*, que conversem com o país. Está ficando cada vez mais difícil. Amanhã vou ao Equador em visita de Estado.

* Extinto em 2006, originou o Partido da República (PR).

** Em 2000, a Igreja Universal do Reino de Deus assumira informalmente o controle do PL.

*** Em 25 de setembro, o presidente do Senado foi xingado por parlamentares durante uma sessão do Congresso. O tumulto começou porque Tebet teria descumprido o regimento na votação que aprovou o Plano Plurianual de Investimentos (PPA), posteriormente anulada.

4 A 10 DE OUTUBRO DE 2001

Viagem ao Equador. Ameaça de invasão da Córrego da Ponte. Começa a Guerra do Afeganistão. Reunião com De la Rúa

Hoje é dia 4 de outubro, quinta-feira, meio-dia. Como eu disse, estive no Equador em visita de Estado, cheguei lá no domingo e voltei na terça-feira, dia 2. Tudo muito bom do ponto de vista, digamos, de aproximação do Brasil com o Equador. A grande questão que eles querem resolver é a concessão de um financiamento do Brasil para a hidrelétrica San Francisco. É muito difícil, porque o Banco Central suspendeu o CCR, que é Crédito Recíproco, algo assim, e com isso parou de dar aval a uma série de financiamentos. O governo e o BNDES têm medo do Equador por causa da grande exposição que o Brasil já tem lá. Emprestamos bastante para eles e eles em dificuldades econômicas, então há algumas dificuldades. A obra é importante para eles, mas temos que ver as condições de viabilidade financeira do Equador. Fora isso, só homenagens a mim.* O que mais me tocou foi o presidente da Assembleia Nacional,** que disse que não haveria equatoriano que pudesse me considerar estrangeiro, dado o esforço que fiz para resolver o problema deles, que era a pacificação com o pessoal do Peru.*** Foi muito emocionante. Também fui à Flacso,**** onde recebi o doutorado honoris causa. Falei de improviso e parece que o discurso agradou bastante. Presente o alcaide, ou seja, o prefeito de Quito, acho que se chama [Paco] Moncayo, que foi o herói da briga do Cenepa, que o Equador ganhou do Peru.***** É um general simpático, foi eleito prefeito de Quito. Houve um bom discurso dele, eu respondi. O presidente, Noboa, é um homem valoroso, que pegou o Equador em condições dificílimas e colocou-o em razoável posição de equilíbrio.

Na volta do Equador passei por Tabatinga e gostei de ver um hospital do Exército****** muito bem equipado, o tenente-coronel comandante******* absolutamente

* O presidente recebeu da prefeitura de Quito o título de Hóspede Ilustre, além da chave da cidade, e foi homenageado em sessão solene do Congresso Nacional.

** José Cordero. Até 2007, a Assembleia equatoriana se denominou Congresso Nacional.

*** Como presidente de um dos quatro países garantes do processo de paz entre Equador e Peru, Fernando Henrique se empenhou pessoalmente na resolução do conflito fronteiriço, que remontava aos anos 1940. A disputa territorial se encerrou em outubro de 1998 com a assinatura da Ata Presidencial de Brasília, que passou à história como Tratado do Itamaraty.

**** Facultad Latinoamericana de Ciencias Sociales, órgão da Unesco.

***** Guerra do Cenepa (1995), último conflito militar entre os dois países na região do afluente amazônico.

****** Hospital de Guarnição de Tabatinga.

******* Orlando Ferreira da Costa Filho.

dedicado, com quinze médicos, eles têm telemedicina, ou seja, transmitem chapas de raio X para hospitais no sul do Brasil, para consultar sobre os problemas encontrados, fazem distribuição gratuita do coquetel de aids, dão atendimento à população toda, não só a militar, também à indígena, à população local, uma coisa bonita de ver. O prefeito, que é do PTB,* estava lá, a população na rua muito aberta, a Bolsa Escola começa a ter efeito, e a gente vê que esse fundão do Brasil está sendo alcançado pela rede de proteção social que nós montamos.

Ao voltar, falei por telefone com o Pedro Malan, que estava aflito, porque na minha antepartida tínhamos decidido a liberação de certos recursos, e o Malan era contra. Então na volta pedi uma nova reunião, que ocorreu no dia seguinte à minha chegada, portanto ontem, quarta-feira, porque não deu para fazer na própria terça. Nessa reunião cortamos mais ainda a expansão de gastos, por quê? Porque os mercados estão nervosos, esses malditos mercados, eu ouvi duas moças, uma da Standard & Poor's do Brasil e a outra eu vi na CNN en Español. Os argumentos são os mais desencontrados sobre o porquê de os riscos subirem e baixarem, é uma coisa louca. O George Vidor, um comentarista da rádio CBN, que é bom, colocou problemas para a moça da Standard & Poor's, do Brasil, que é simpática, e a apertou muito: "Diga uma coisa: não é verdade que o superávit da balança comercial está crescendo? Não é verdade que caiu a taxa de juros nos Estados Unidos? Não é verdade que tudo isso vai pressionar menos a balança de pagamentos do ano que vem, a balança de contas do ano que vem?". "É...", disse a moça. E assim mesmo vem botar uma pressão negativa... Ou seja, se a taxa de juros sobe nos Estados Unidos, é uma catástrofe; se desce, é como se não tivesse efeito. É claro que tem efeito, mas não, é só o mercado especulando... Nem é tanto especulando, e sim o mau humor, como eles dizem, como se o mercado fosse uma coisa acima do bem e do mal, e o pior é que é; ele tem condições de criar dificuldades enormes para nós. Quando, na conversa com o Malan e os outros, eu dei uma bronca neles, eu disse: "Meu Deus, eu não tenho mais condição de pedir ao Brasil mais superávit, mais do mesmo. Já são sete anos a pão e água". Mudou muita coisa, é verdade, mas sobem cada vez mais alto o sarrafo para nós darmos o salto.

Isso é o que mais angustia.

Continua a dança de partidos,** o Fogaça, depois de tudo que me disse, saiu do PMDB e foi para o PPS. O [Gerson] Camata*** e a Rita [Camata]**** ficaram no PMDB, alguns vieram para o PSDB, grandes confusões, e o [Henrique] Meirelles está no telefone agora e me disse que vai ser candidato a presidente da República pelo PMDB, ou seja, está iludido, quem vai ser candidato, infelizmente, é o Itamar, que, em vez de ir embora ficou no PMDB, e eu vou ter que nomear um ministro do PMDB... To-

* Raimundo Nonato de Souza.

** Outubro de 2001 era o prazo-limite para transferências partidárias antes das eleições gerais de 2002.

*** Senador (ES).

**** Deputada federal (ES).

dos eles querem que eu nomeie o [Ney] Suassuna sob o fundamento de que, se não for o Suassuna, não temos condições de ganhar do Itamar. Enfim, a confusão do PMDB é inenarrável. Acabei de falar por telefone com o Jorge Bornhausen, que me disse: "O PMDB está indo". É verdade, vão provocar um racha no PMDB, é o que vai acontecer, alguns vão ficar e outros se vão, uma bagunça total. A mesma coisa, diga-se de passagem, nos partidos de oposição, cada um atirando para um lado, e todos abaixo da expectativa do país, de poder efetivamente dar continuidade a uma caminhada mais segura para o Brasil ir melhorando, aos poucos que seja, mas ir melhorando.

O Jarbas [Vasconcelos] também não se decidiu até agora, não renunciou. O Congresso votou, votou até uma coisa importante, que foi a chamada emenda constitucional para poder taxar combustíveis de outra maneira,* o Tebet conseguiu graças à ajuda do Aécio, uma conciliação com a oposição no Congresso, e a coisa funcionou melhor.

Hoje de manhã recebi primeiro o Weffort, e problemas: a Maria Emília [Azevedo] saiu da secretaria executiva e o Weffort não me disse nada, ele está sendo muito criticado. Depois recebi, a pedido do general Cardoso, a diretora da Abin,** que veio me trazer informações graves sobre contatos de gente no Brasil eventualmente com grupos terroristas, coisa que nunca me foi dita antes, acho que nem eles sabiam. Infelizmente a Polícia Civil da Bahia estourou um aparelho, como eles dizem, e esse aparelho estava sendo vigiado; o melhor teria sido que não tivesse sido estourado, mas aqui no Brasil é assim, escândalo... Mas não foi; foi denúncia da proprietária do imóvel. As informações são preocupantes, vou passar essa preocupação para o ministro [da Justiça], porque precisamos de entrosamento nas áreas de segurança.

HOJE É SÁBADO, DIA 6 DE OUTUBRO. Na quinta-feira, além do que já registrei, estive com o deputado [Jorge] Mendes Ribeiro, do Rio Grande do Sul,*** que veio mostrar solidariedade e reclamar da falta de apoio aos parlamentares do sul do Rio Grande do Sul, ele e o Fetter [Antônio Fetter Júnior].**** É um rapaz com boa vontade, simpático. Antes disso a Maria Delith [Balaban]***** veio me trazer a notícia, de que eu não gostei, de que o Weffort entrou em atrito com a Maria Emília, secretária executiva do Ministério da Cultura, e ela vai embora.

Almocei aqui [no Alvorada] com o Luiz Macedo, o fundador da MPM [Propaganda], eu o conheço há muito anos, ele foi apoiado no início da carreira pelo meu

* Em 2 de outubro, a PEC 277/2000 fora aprovada em primeiro turno pelo Congresso por 368 a 7.

** Marisa del'Isola Diniz.

*** Pelo PMDB.

**** Deputado federal (PPB-RS).

***** Diretora de Administração e Finanças do Sebrae e irmã de Eduardo Jorge Caldas.

tio Carlos [Cardoso] e me ajudou em algumas campanhas. É um homem de setenta anos, foi o Paulo Henrique que sugeriu o nome dele, e tive uma boa conversa, para ver se ele vem para o lugar do Andrea Matarazzo. Em princípio, sim.

Fui ao Palácio do Planalto para o lançamento do Programa Sebrae de Apoio ao Segmento do Microcrédito, fiz discurso, recebi o Pratini, que veio mostrar o que estão fazendo no setor da agricultura e reclamar de falta de recursos, tomei algumas providências com o Martus, e assim por diante. No final do expediente, recebi o Weffort com os diretores e conselheiros da Embratel, que trouxeram um programa muito interessante de informatização da Biblioteca Nacional e de sua digitalização. Têm a disposição de criar cem centros culturais, todos com computadores ligados à internet, o que, no futuro, dará acesso a quem tenha computador. Uma maravilha, 9 milhões de títulos da Biblioteca Nacional estarão à disposição dos brasileiros e para os do exterior também.

Recebi depois o Tasso, conversa boa, pena que o Pedro Parente entrou na hora em que estávamos discutindo um pouco mais a fundo a disposição dele de ser mesmo candidato. O que eu pude entender é o seguinte: a família Covas — isto eu já sabia — se dispõe a apoiá-lo, o que está criando dificuldades ao Serra em São Paulo; claro que para o Tasso foi positivo. Ele também tem preocupações com o Ceará, o Sérgio Machado passou para o PMDB porque o Tasso não deu espaço a ele, e parece que o Ciro também está balançando o coreto do Tasso, que perdeu a maioria da Assembleia, perdeu o presidente da Assembleia,* e isso indica que ele não tem o Ciro. O Beni [Veras], que é o vice-governador,** está doente, e o presidente da Assembleia é inimigo, um problema adicional para o Tasso. Foi uma boa conversa.

O Pedro Parente veio discutir nossos assuntos habituais, a questão de energia, como vai, como não vai... Voltei para casa e, ainda à noite, recebi o Geddel, que está preocupado sobre o que fazer não só na Petrobras, porque vai sair o Delcídio, como também com a indicação do ministro da Integração Nacional. Eu tinha estado de manhã com o Renan, que fechou a questão dos nomes com todos eles, querem o Ney Suassuna. Pedi que formalizassem isso, porque depois vou ser cobrado por ter nomeado o Ney, e o Ney tem problemas com o pessoal que acabou de entrar no PSDB,*** na Paraíba, embora eu seja mais ligado politicamente ao José Maranhão**** e ao Ney, e não a esse pessoal que entrou para o PSDB. Enfim, dificuldades, porque a hora da eleição acirra tudo.

No dia seguinte, ontem, sexta-feira, fui de manhã ao Tocantins para a inauguração da Usina Hidrelétrica Luís Eduardo Magalhães, é a terceira vez que vou lá. Depois inaugurei o aeroporto de Palmas. Os jornais disseram que deu um vendaval

* Wellington Landim (PSDB) rompera com o governo estadual por discordar das investigações de um suposto esquema de pagamento de salários a funcionários fantasmas no Legislativo cearense.

** Pelo PSDB.

*** Referência ao grupo político do senador Ronaldo Cunha Lima.

**** Governador da Paraíba (PMDB).

e caiu o telhado do aeroporto;* mentira, caíram umas folhas de zinco. Contudo o noticiário da televisão foi positivo. Fiz um discurso muito aplaudido, houve dois excelentes discursos, do Siqueira Campos e de outro líder local,** ambos com uma boa compreensão do processo brasileiro, fora os elogios a mim, que são realmente generosos da parte do Siqueira. Fiz um discurso bastante forte, tive que improvisar, porque tudo que eu ia dizer já tinha sido dito antes. Em seguida voltei para Brasília. Chegando, tive várias reuniões, despachos normais, recebi o Jungmann, ele veio conversar sobre o MST, que está de novo ameaçando invadir a fazenda Córrego da Ponte,*** e já invadiram um celeiro, um silo da [fazenda] Ceval,**** disseram pertencer ao Luiz Estevão, é tudo uma loucura. Estão lá, a três quilômetros da fazenda Córrego da Ponte, ameaçando. O Itamar não manda a polícia, para fazer picuinha comigo, então falei com o Gregori por telefone, para que ele mandasse um telex ao Itamar. Mandou, duro, dizendo que o Itamar era responsável pela segurança e, claro, que temos o Exército Brasileiro. A Córrego da Ponte é domicílio do presidente da República, nas outras fazendas eu não posso deixar o Exército entrar, que mesquinharia. Na verdade se trata de um ramo de dissidentes do MST chefiados por um fulano que está sendo procurado pela polícia. Já quebraram em Buritis as agências do Banco do Brasil, agora quebraram parte da Ceval. O que eles querem? Prorrogação de dívidas, não é mais terra, não. Não querem pagar o empréstimo subsidiado que foi recebido.***** Agora mudou, tanto o grande quanto o pequeno fazendeiro, e o pequeno produtor familiar, acreditam que tudo depende do Tesouro, como se o Tesouro não fosse do povo. É extraordinário. Recebi o pessoal para discutir agenda com o Guanaes: a Bia Aydar, o Lucena, o Eduardo Santos, refizemos toda a nossa programação do dia e fui dormir, porque estava cansado da viagem ao Tocantins, que foi proveitosa.

Hoje, sábado, de manhã fiquei com a Ruth, arrumando papéis, lendo, trabalhando, nadando e fazendo exercícios, só no fim do dia recebi o Pimenta para passar em revista as coisas. Eu disse a ele que estava com a ideia de nomear o Luiz Macedo para o lugar do Andrea e discuti o que fazer com o Arthur Virgílio, como resolver o problema do PFL colocando um deles como líder do Congresso, o que, na verdade, já está definido. A ideia seria trazer o Arthur Virgílio para o lugar do

* Parte do forro do teto do terminal de passageiros desabou durante uma tempestade, horas depois da inauguração.

** Senador Leomar Quintanilha (PPB).

*** Em 1995 e 1998, o MST ameaçara invadir a Córrego da Ponte. Em 1999 e 2000, grupos de sem-terra acamparam nas vizinhanças da propriedade.

**** Em 5 de outubro, um grupo de duzentos militantes ocupou a propriedade do grupo Bunge em Buritis. Tropas do Batalhão da Guarda Presidencial foram deslocadas para proteger a fazenda da família de FH.

***** O movimento reivindicava a renegociação da dívida rural dos pequenos produtores, estimada em R$ 7 bilhões, e a ampliação do número de assentados pela reforma agrária.

Aloysio, desde que o José Gregori fosse para a embaixada em Lisboa. O Celso Lafer me telefonou hoje dizendo que o Zé Gregori quer ir para Lisboa, isso resolveria essa parte do problema. Prossegue a questão do Ministério da Integração Nacional, uma costura difícil de ser feita. No plano internacional os americanos continuam com muita prudência, nenhum exagero, até agora não atacaram às cegas o Afeganistão, mas estão se aproximando.

Ontem recebi um telefonema estranho do De la Rúa, dizendo que queria me ver na segunda-feira. Eu concordei e disse que na segunda estaria em São Paulo em uma comemoração da revista *IstoÉ Dinheiro* no Hotel Transamérica.* Combinamos que às seis e meia da tarde ele e eu nos encontraríamos lá para falar sobre as questões gerais do mundo. Não entendi bem, mandei o Celso Lafer e o Malan saberem do que se tratava. Telefonou-me agora o Malan dizendo que o Cavallo o tinha chamado fazia pouco tempo, parece que a Argentina vai fazer alguma mudança forte na quarta-feira, provavelmente vão me informar isso, não sei se o presidente sabe das coisas e vai me dizer, é possível que sim, mas certamente o Cavallo dirá ao Malan e ao Armínio Fraga. O Malan me contou que o Cavallo tem consultado o André Lara e o Pérsio Arida, dois bons economistas com ideias bastante audaciosas, vamos ver o que vai dar esse coquetel com o Cavallo. Li papéis sobre as propostas do Uruguai e da Argentina sobre a questão do câmbio e do comércio do Mercosul, visando à salvação da tarifa externa comum. Os dados são claros, a Argentina não perdeu nada com a desvalorização do câmbio, continua exportando para o Brasil mais do que para o resto do mundo, e o Brasil exportando para a Argentina mais do que para os outros. Não há uma relação entre câmbio e exportação no caso do Brasil e da Argentina, entre exportação e importação; o que há é ciclo econômico: se a economia está contraída, não exporta e, não estando contraída, exporta mais. Eu pensei que houvesse maior relação entre o câmbio e a exportação, mas os dados são claros nessa direção, ou seja, os argentinos jogam a responsabilidade dos seus problemas no Brasil, quando ela não existe; há muitos outros problemas embutidos na crise argentina. Isso tudo vai ser muito difícil de ser discutido — será na terça-feira de manhã — pelos ministros da Fazenda e também pelos chanceleres e pelo presidente do Banco Central. Claro que a conversa verdadeira vai ser antes, entre o ministro da Fazenda de lá e de cá, o nosso Banco Central e, quem sabe, o presidente De la Rúa comigo. Digo "quem sabe" porque não sei até que ponto o De la Rúa está informado pelo Cavallo de tudo que ele está pretendendo fazer. Mas as mudanças ocorrem sob o fogo de uma desvalorização contínua do real e de uma queda imensa do prestígio da Argentina, traduzido em uma enorme elevação do *spread* [risco-país], a taxa de juros que a Argentina obtém em relação ao Tesouro americano. Está quase 20% acima, é uma loucura mesmo. Ou o Cavallo faz alguma pirueta nova, ou a moeda argentina estoura.

* A revista da Editora Três comemorava o quarto aniversário.

A parte política está mais calma. Hoje o presidente do PT, o Zé Dirceu, deu uma nota dura, porque falei de "fracassomania" na inauguração da Usina Luís Eduardo Magalhães, criticando os que fazem terrorismo mental.* Ele já tomou como se fosse uma ofensa, botou o capuz como se eu tivesse chamado o PT de terrorista, coisa que não fiz, eu falei sobre "fracassomania" de forma geral. Ainda bem que o Pimenta estava aqui e respondeu dizendo que ele [Zé Dirceu] distorceu minhas palavras; e voltou ao tema que não agrada ao Lula, relativo ao que o Lula disse sobre agricultura quando ele estava na França, defendendo os subsídios da agricultura francesa. O Lula é realmente um despreparado, além de ser grosseiro.

HOJE É DIA 10 DE OUTUBRO, QUARTA-FEIRA. Retomemos o fio da meada. No domingo almocei com o meu primo Carlos Joaquim Ignácio, que veio discutir assuntos de interesse dele (ele tem uma ligação indireta com o pessoal do Opportunity) e disse que as fundações [fundos de pensão] estariam exagerando no interesse delas, falando em nome do governo do Brasil. É preciso dar um desconto no que ele disse, sabendo-se que há uma relação que também é de interesse dele, mas é preciso olhar até que ponto as fundações, sobretudo a Previ, neste momento, estão fazendo um jogo talvez do interesse deles, mas que pode prejudicar o que mais nos importa, ao Brasil, que é o fim dos conflitos na área da telefonia. Depois do almoço estávamos vendo o jogo do Brasil contra o Chile** eu, ele e a Ruth, quando me telefonou o Colin Powell, para informar o que já se tinha sabido algum tempo antes, uma hora antes, pela CNN, de que a guerra no Afeganistão havia começado. Transmitiu os agradecimentos do Bush pela posição do Brasil e declarou que haveria o cuidado máximo de atingir só alvos militares. Bem, é claro que ficamos alternando entre futebol e Afeganistão na televisão, CNN e Bandeirantes, na verdade.

Nesse meio-tempo me telefonou o Ricardo Lagos, eu ainda via o jogo, o Brasil ganhou do Chile por 2 a 0, e tinham feito uma fofoca imensa sobre uma apreciação banal que fiz sobre o jogo, dizendo que seria muito ruim se o Brasil perdesse, mas que iríamos ganhar...*** Os jornalistas armaram uma confusão, disseram que eu estava me metendo no futebol, os jogadores brasileiros responderam, alguns gros-

* Em seu discurso no aeroporto de Palmas, ao registrar o fato de que desde 1995 inaugurara a construção ou a ampliação de onze aeroportos federais, o presidente assinalou que, "em momentos em que o mundo tem muita incerteza, [...] muitos ficam apostando no pessimismo, enquanto alguns espalham, de verdade, o terror e outro terror mental, dizendo que as coisas não vão dar certo, estamos fazendo o que temos de fazer".

** Com gols de Edílson e Rivaldo, o Brasil bateu o Chile em Curitiba pelas Eliminatórias da Copa de 2002. A classificação da Seleção Brasileira, conquistada somente na última rodada, dependia da vitória na partida.

*** Fernando Henrique comentara informalmente que a desclassificação brasileira seria "o pior de tudo" e agravaria a situação econômica do país.

seiros, enfim, observações de torcedor sincero se transformaram numa interferência indébita do presidente da República no futebol. É uma distorção inacreditável pela mídia. Eu estava contente porque o Brasil estava ganhando e brinquei com o Lagos, ele preocupado com o que faríamos depois do ataque americano. Eu disse: "Não pretendo fazer nenhum pronunciamento hoje, talvez amanhã. Eu preferia até fazer uma nota". Contei do De la Rúa e ele já sabia que o De la Rúa viria aqui, o que me levou a crer que haveria uma articulação com o De la Rúa. Falei com o Batlle nesse mesmo dia, mais tarde, que também já sabia que o De la Rúa viria, e sabia com detalhes. O Jorge Batlle, presidente do Uruguai, deseja uma só coisa: um acordo rapidamente com os Estados Unidos, para eles exportarem mais; o resto é conversa. Ele está certo, tem que salvar o país dele, é pequeno, e eu acho que o Brasil está agindo sem a "generosidade interessada", levando em conta o que nos interessa também. É isso que devemos fazer, não é mera generosidade boba, não; é interessada, porque o Brasil precisa ter seu espaço consolidado na América do Sul. Ficamos atendendo a interesses específicos de um grupo e muitas vezes não conseguimos alcançar o interesse de todos, que é o nacional.

À noite recebi o Malan e Celso Lafer para discutirmos toda a conversa do dia seguinte com o De la Rúa. Em vez de ele ir me encontrar em São Paulo, resolvemos que seria melhor que viesse almoçar no Palácio da Alvorada, e assim foi feito.

Na segunda-feira, portanto dia 8, ele veio, conversou comigo sozinho, falou de coisas genéricas, mas importantes, sobre o fortalecimento do Mercosul, disse que haveria uma conversa do Malan com o Cavallo e que não pode haver intromissão de terceiros. No almoço voltamos a discutir todos os temas, e só aí percebi o que o De la Rúa queria, o que ficou mais claro também na conversa do Cavallo, nessa mesma tarde, com o Malan e o Armínio Fraga. Eles querem inventar um tipo de moeda comum — isso deve ter sido coisa do Pérsio Arida —, uma espécie de URV* nova, e nós convergiríamos para essa moeda no futuro. Com isso querem que o Brasil e a Argentina se apresentem unidos aos Estados Unidos... o De la Rúa falou para visitarmos o Bush juntos. Os nossos, aqui, consideram isso um abraço de afogados. Eu tenho dúvidas. Acho que nessa hora devemos fortalecer as relações (embora com o cuidado necessário, para que não sejamos contaminados pelas dificuldades da Argentina, que são maiores do que as nossas), e não fazer a política que os argentinos fazem, que é deixar que o outro se afunde, porque assim se fica melhor, porque isso não é verdadeiro. Bem, até as cinco da tarde foi assim, depois fomos embora para São Paulo, ele no avião dele, eu no meu, voei com a Ruth e o Malan, ele me dando detalhes da conversa com o Cavallo e das dificuldades imensas da questão financeira. Chegando a São Paulo, fomos à *IstoÉ Dinheiro*, o Domingo Alzugaray nunca imaginou na vida que iriam dois presidentes da República, o do

* Unidade Real de Valor, unidade monetária que preparou a implantação do real e entrou em vigor em março de 1994.

país onde ele nasceu e o do país de adoção dele, e foi por acaso, porque o De la Rúa queria encontrar empresários brasileiros. Fez um bom discurso lá, reafirmou o Mercosul, tudo muito positivo.

Eu tinha gravado, na segunda-feira de manhã, uma mensagem ao país, preparada pelo Eduardo Santos e pelo Nizan, na qual mencionei quatro ou cinco brasileiros que teriam morrido em Nova York [nas Torres Gêmeas], informação do Itamaraty. No final do jantar, ou mesmo antes, o Eduardo Santos estava aflito, porque a imprensa descobriu que um deles não morreu.* Tomara que não tenha morrido mesmo, parece que o Zé Gregori é que disse isso e, se disse, muito bem. A imprensa, em vez de ver um pronunciamento do presidente da República sobre um caso importante como a Guerra do Afeganistão, está preocupada em catar milho, em dizer que o presidente escorregou em alguma coisa. Claro que eu não sei o nome de ninguém, quem me passou foi o Itamaraty, informação vinda do consulado de Nova York.

Terça de manhã, ontem, conversei longamente, em meu apartamento de São Paulo, com o Lázaro Brandão, para me informar, eu queria saber do *Jornal do Brasil* e da *Gazeta Mercantil*, se as negociações estavam evoluindo. Isso porque se dizia que o Tanure teria comprado o *JB*, queria um empréstimo e me foi dito que o Brandão ia dar. Não é verdade, ele não vai dar empréstimo nenhum. Tenho medo, esses dois jornais são importantes, ficam entrando em parafuso e em mãos sabe Deus de quem e com que escrúpulos. Voltei aqui para Brasília e continuei trabalhando incessantemente.

Almocei com o Armínio Fraga e com o Pedro Parente. Armínio foi muito taxativo, precisamos fazer a reforma tributária, é preciso fortalecer o mercado de capitais e, segundo ele, o Everardo impede as duas coisas. E o Pedro Malan precisa tomar medidas de sim ou não, com certa energia.

No Palácio do Planalto, de importante só a reunião com os chefes militares e com o Quintão, para articular melhor, juntamente com o Cardoso, o problema da defesa, o problema das informações. Nossa preocupação é grande, porque somos um país muito, muito aberto.

Nesse meio-tempo, estão os americanos bombardeando e matando gente da ONU,** ou seja, criando complicações adicionais, embora isso seja inevitável na guerra. Eu imagino que haverá um *backlash*, ou seja, vamos ter daqui a pouco uma reação antiamericana. Já é larvar, vi na televisão gente em Porto Alegre gritando Bin Laden, Bin Laden! quando houve o início do hino americano. Também um portal da internet, o UOL, publicando um artigo inacreditável, de gente do Rio de Janeiro,

* Quatro cidadãos brasileiros morreram no ataque ao World Trade Center: Anne Marie Ferreira, Ivan Kyrillos Barbosa, Nilton Fernão Cunha e Sandra Fajardo Smith.

** Em 9 de outubro de 2001, uma bomba da coalizão anglo-americana destruiu um prédio das Nações Unidas em Cabul, matando quatro funcionários.

de um Chacal, que é poeta, dizendo que o desabamento das Torres de Nova York é estética pura, enfim, esse delírio irracional. Se Hitler estivesse vivo, com esse acesso à televisão que se dá hoje "ao outro lado", como eles chamam aqui, Hitler teria dominado o mundo, porque as pessoas acham bonito ficar do lado, aspas, "dos mais fracos". Mesmo que os mais fracos sejam os mais perigosos do ponto de vista político; quando são os mais irracionais, devem ser defendidos. É como se toda a evolução feita com a civilização greco-romana, ocidental, cristã, com a separação entre Igreja e Estado, a democracia, a igualdade de gêneros, essa coisa toda tão importante, desaparecesse diante da pobreza que existe no mundo muçulmano. Claro que não é todo muçulmano que é assim, mas o que está sendo formulado pelo Bin Laden é isso; como os americanos o perseguem, eles devem perseguir os americanos indiscriminadamente. Tudo bem, mas a vitória dele, que não haverá, do ponto de vista civilizatório, cultural, de valores etc., seria uma coisa completamente contrária ao espírito que fundou esse lado de cá do mundo. Aliás, os egípcios, que estavam do lado do Bin Laden,* falam mesmo em reivindicar a Andaluzia, porque os árabes ocuparam a Península Ibérica e a Reconquista é considerada por eles como uma Cruzada. Agora estão com o espírito anti-Cruzada. Há um ingrediente no jogo: por trás está a questão palestino-israelense. É preciso criar o Estado palestino, o Bush disse isso e criou uma comoção, mas é verdade; esse é o nó da questão, como fazê-lo, não sei. Israel vai ficar em uma posição mais fraca, e o problema é que Israel representa este outro lado do mundo, o lado ocidental, cristão, judaico, cujos valores são distintos aos dos muçulmanos, embora em Israel o fundamentalismo os esteja aproximando por vias tortas.

Nós, aqui no meio desse grande problema econômico, estamos lutando para que o dólar não dispare, todo mundo ansioso. A economia ainda está se aguentando, apesar de tudo, e na crise da energia vamos avançando, corrigindo. Tudo isso acontecendo, e nós ainda com preocupações menores de PMDB, PSDB, preencho ou não preencho a vaga do Ministério da Integração... Daqui a pouco, às nove e meia da manhã — agora são nove horas —, vou receber os líderes do PMDB e, em seguida, vou ao Itamaraty para o Dia do Diplomata.** Eles certamente vão me apertar para pôr o Ney Suassuna no Ministério da Integração, e acontece que os Cunha Lima entraram no PSDB na Paraíba, então isso é considerado uma apunhalada nas costas deles. Ao mesmo tempo, em Goiás, o governador está nervoso porque o Meirelles entrou no PSDB e, junto com ele, o Ovídio. Agora o PMDB vai querer que eu tire o Ovídio, e eu não posso tirar. Enfim, é essa infinita costura sem importância. Claro que eu tenho que me ocupar disso também, mas o que me preocupa são as outras coisas, é a guerra, é a economia, é o avanço social, é a governabilidade, essas

* Irmandade Muçulmana.

** Solenidade de formatura dos alunos do Instituto Rio Branco e inauguração de galeria de fotos dos ex-secretários-gerais do Itamaraty.

transformações que precisamos continuar introduzindo na estrutura do Estado. Combinar tudo isso é tarefa de leão. O drama do Meirelles foi patético, me telefonou lá para o Equador, vai, não vai, ele querendo ir para o PSDB. Pois bem, o Geddel veio me dizer que tinha um jantar na casa do Roriz com o Meirelles, e cogitavam de o Meirelles ser candidato a presidente da República por intermédio do PMDB. O próprio Geddel ria às gargalhas, e eu também, porque eu disse ao Meirelles que era uma coisa infantil. O banco onde o Meirelles trabalha não tem confusões graves na questão de investimentos estrangeiros, mas eu também soube que ele perdeu força no Bank Boston, e isso explica o açodamento para entrar num partido, e já entrou, no PSDB. Em Goiás estão muito felizes com essa entrada.

Tenho que resolver a questão com o PFL também, ontem estive com o Jorge Bornhausen falando a respeito do que fazer com o Heráclito, o que fazer com o Arthur Virgílio, e o Zé Gregori confirmou que quer ir para Portugal, e agora o Aloysio não está aqui em Brasília... Problemas e mais problemas que vão se acumulando, em parte pelo meu estilo, em parte porque é muito problema junto e, se eu for resolver tudo de uma vez, eu é que afundo...

14 A 25 DE OUTUBRO DE 2001

Viagem a Minas e Rio Grande do Sul. Criação da Ancine. Impasse com o PMDB

Hoje é domingo, dia 14 de outubro, estou na fazenda Córrego da Ponte, em Buritis.

Na quarta-feira fiz o discurso sobre o Dia do Diplomata, e parece que teve uma boa repercussão. Eu saí do texto, fiz afirmações como gosto de fazer sobre a ordem nacional, sobre a necessidade de o Brasil ser mais agressivo e também sobre a racionalidade de se contrapor não só à questão do terrorismo, mas à reação americana isolacionista, autoritária e arbitrária, se bem que dessa vez não foi assim. Também lá estavam a Eunice Paiva e a Clarice Herzog.* A Eunice, mulher [viúva] do Rubens Paiva,** casal amigo nosso de toda a vida, e a Clarice foi minha aluna, o Vlado foi meu aluno e meu amigo. Eu me recordo que no dia em que mataram o Vlado eu recebi a notícia, e a Clarice foi ao Cebrap chorar, agarrada em mim. Depois estive na casa do d. Paulo [Evaristo Arns], que queria saber o que fazer, qual era a minha opinião sobre a missa, o culto ecumênico...*** Isso porque o Erasmo Dias,**** as tropas da reação estavam preparadas para nos atacar na igreja, e d. Paulo queria tomar uma decisão. Fui favorável a fazer a missa, e o d. Paulo, que é um homem de coragem, fez o culto ecumênico. Fui com o Gabriel Bolaffi, o Gabi, à casa da mãe do Vlado,***** que era judia-iugoslava, pedir autorização. A mãe chorava e tinha medo. No momento de fazer minha declaração no Itamaraty, me recordei disso tudo, fiz um discurso emocionado e assinei a mensagem ao Congresso favorável à criação do Tribunal Penal Internacional.****** O discurso repercutiu bem no dia seguinte. Passei cinco horas no Itamaraty, das dez da manhã às três da tarde, coquetel, homenagem, medalha, discurso, enfim, são os ônus do cerimonial, que precisa ser cumprido.

À tarde recebi um homem de finanças da Alemanha, que perguntou minha opinião sobre o que estava acontecendo no mundo. Eu disse que era preciso tentar resolver a questão Israel-Palestina, com o que ele concordou, mas acha que a Alemanha não pode entrar no assunto. É verdade que não pode, por causa da

* Viúva do jornalista Vladimir Herzog, assassinado pelo Exército em 1975.

** Ex-deputado federal, sequestrado e assassinado pelo Exército em 1971.

*** Em 31 de outubro de 1975, cerca de 8 mil pessoas participaram do culto ecumênico em homenagem a Herzog na catedral da Sé, celebrado pelo arcebispo de São Paulo, pelo rabino Henry Sobel e pelo reverendo Jaime Wright, a despeito do rigoroso cerco policial montado no centro da cidade.

**** Secretário de Segurança do governo paulista, que questionara a realização do culto.

***** Zora Herzog.

****** Mensagem presidencial nº 1084, de 10 de outubro de 2001, requisitando a aprovação do estatuto do TPI, cuja criação fora subscrita pelo Brasil em fevereiro de 2000.

perseguição aos judeus [durante o nazismo]. Ele me disse que talvez nós pudéssemos propor, e eu concordo. Conversei longamente com o Chrétien, que me telefonou nesse mesmo dia ou no seguinte. Disse-lhe que o Brasil e o Canadá têm árabes, têm judeus e que poderíamos realmente, mais tarde, não agora, assumir posição mais ativa nessas questões.

Nada de excepcional na quarta-feira, a não ser a continuidade do infindável desdobramento das questões que mencionei. Quando recebi de manhã o pessoal do PMDB, eles queriam exatamente o que já registrei aqui, e eu disse que não podia concordar, que a questão do Ney não era tão fácil, porque havia problemas na Paraíba. Eles não gostaram, mas não os desiludi, porque achei que seria possível ver se daria... A resistência do PMDB é irracional, eles estão colocando um tema local acima do nacional. É verdade que o PMDB não precisaria ter indicado o Ney Suassuna, poderia ter indicado o Dorany Sampaio, como eu sugeri, que é de Pernambuco e fortaleceria a aliança. Ou mesmo o Garibaldi Alves, que é governador e poderia vir para o Ministério da Integração e resolveria a questão toda do Rio Grande do Norte. Porém o PMDB quis forçar um pouco a barra, eles estão com essa mania de mostrar que a direção do Michel é prestigiada. Quem tem que prestigiar sou eu, às custas, às vezes, da boa administração, outras vezes da paz política.

Na quarta-feira ainda tive um encontro às dezoito horas, para discutir com o Pedro Parente assuntos relativos ao fortalecimento da Embraer e para saber o que fazer com as companhias de aviação. Para esse encontro convidamos o Dornelles, por causa da questão do emprego, mais o Malan, o Sérgio Amaral, o brigadeiro Baptista e o Francisco Gros. Vamos apoiar a Embraer dentro do possível. O Gros explicou que o Tesouro vai ter que arcar com o risco, porque no BNDES estão com uma exposição muito grande, muitos créditos já concedidos à Embraer. O brigadeiro Baptista explicou detalhadamente, ele quer abrir concorrência [para os caças], em vez de entregar diretamente à Embraer. Ele tem razão, senão a Embraer fica sem um parâmetro de preço e pode cobrar do Tesouro qualquer valor. Segundo o Baptista, todas as especificações mostram que quem vai ganhar mesmo é a Embraer, mas não com o preço que eles querem, e sim com o preço balizado.

Quinta-feira, dia 11, fui à serra da Canastra, em Minas Gerais, para ver o Programa de Revitalização do rio São Francisco, é a segunda vez que vou lá. Aproveitei e dei algumas alfinetadas no Itamar, que não apareceu nem mandou representante, uma grosseria. Fui com jeito, elogiei Minas, os mineiros e tal, e disse que não valia a pena fazer beicinho e prejudicar o estado não mantendo entrosamento administrativo. Itamar não respondeu. Depois que voltei da serra da Canastra, recebi o Luiz Macedo, que aceitou ser ministro de Comunicação, vamos trabalhar com ele, já expliquei aqui quem é o Luiz Macedo. Encontrei o Eduardo Jorge rapidamente, ele ainda preocupado com os seus assuntos, nada foi provado contra o Eduardo, e não há nada. Não obstante, continua o drama, embora ele esteja mais confiante, parece que o próprio Senado vai encerrar a questão dele lá. Mais tarde chegaram o Serra, o

Matarazzo e o Nizan junto com o Macedo, e ficamos conversando sobre o que fazer e o que não fazer em matéria de comunicação. Eu disse na frente do Serra, para que o Macedo ouvisse, embora o Macedo já tivesse sabido disto por mim, que não era para sair espalhando como se o Serra fosse o candidato, que a presença do Serra ali era ocasional, que não era para mostrar ao Macedo que o Serra era o candidato. Não obstante, o Macedo entendeu que o Serra seria o candidato de qualquer maneira, e isso está cada vez mais complicado, pois a Lila Covas lançou o Tasso, e a família Covas agora é fator político também. Então temos caudilhismo também em São Paulo, oligarquias, isso não dá certo. Falei com o Tasso por telefone, que reclamou do corte de energia no Nordeste. O Nordeste é tudo à parte, não economizaram o suficiente, mas não querem cortar. O Tasso disse que o Ceará economizou, Alagoas disse que também economizou, Sergipe também economizou, então quem não economizou? É interessante, é uma coisa irracional... Eu entendo isso, os mais fracos acham que os mais fortes são os responsáveis por tudo e eles não assumem a responsabilidade, ainda que parcial, das suas questões. Ainda na quinta-feira, à noite chegaram a Bia e os filhos mais a Cristina, amiga dela, com o marido, porque na sexta-feira viríamos aqui para a Córrego da Ponte, de onde faço este registro.

Sexta-feira, dia 12, era Dia da Criança, fizemos uma festa ecumênica,* com um pastor protestante,** com o d. [José] Falcão*** mais o pessoal muçulmano, um sheik muçulmano,**** o [Henry] Sobel e muita criança, tudo muito simpático. Depois do almoço viemos para Córrego da Ponte, descansamos esses dias todos e acompanhamos essa maldita guerra que não termina mais. Falei por telefone com o Tasso, porque ontem ele estava preocupado com a energia, mas na terça-feira ele vai estar com o Pedro Parente e comigo. Fiquei lá lendo um livro sobre o Dante Alighieri de um senhor chamado Lewis,***** interessante, o embaixador Gelson Fonseca me deu e, para me distrair um pouco, fiquei jogando baralho com as crianças e tomando banho de rio. Faltou anotar que o Rubens Barbosa me telefonou, falamos longamente, ele de Washington me disse que foi lá e estava vendo com o Departamento de Estado, com a CIA, com o Pentágono, e que o pessoal da CIA informou circunstanciadamente da existência de ligações entre gente do Hezbollah no Brasil, em Foz do Iguaçu, com o Paraguai e com a Argentina. Perguntou se eu sabia e eu disse que nunca tive nenhuma informação concreta nesse sentido. Ele me mandou um telegrama e vou chamar o Cardoso para ver. Preocupa também o que parece ser uma verdadeira a guerra biológica, com o antraz, parece que ele está alcançando várias pessoas nos Estados Unidos,****** é dramático. A guerra é também dramática,

* Intitulada "Paz para todas as crianças".

** Nilson Fanini.

*** Cardeal-arcebispo de Brasília.

**** Armando Hussein Saleh.

***** R. W. B. Lewis. *Dante: A Life*. Londres: Penguin, 2001.

****** Entre setembro e outubro de 2001, vários pacotes infectados com a toxina do *Bacillus anthracis*

começam a aparecer criancinhas feridas, pessoas mortas, claro, guerra é guerra, como eu já disse aqui. Os americanos jogaram muitas bombas, e dizem que do Talibã há trezentos mortos. Eles mataram 6 mil, depois de três dias de bombardeio,* o que mostra que, mesmo que os americanos tivessem cuidado, quando há guerra não há cuidado que salve da violência e da barbárie. É uma coisa extremamente repulsiva estarmos no século XXI fazendo uma guerra desse tipo, de terrorismo, guerra biológica, bombardeios de alta precisão, tudo isso é patético.

HOJE É SÁBADO, DIA 20 DE OUTUBRO, são onze da manhã, acabei de fazer a natação e as ginásticas com a Ruth, estou esperando o Sérgio Amaral e depois terei um almoço com várias pessoas do Itamaraty para discutir os discursos que farei na próxima semana, primeiro na Europa** e, mais tarde, nos Estados Unidos. A semana correu, como se vê, com muita agitação, tanta que nem anotei nada aqui. Vamos primeiro aos fatos mais comezinhos.

No dia 15, segunda-feira, tive a cerimônia de comemoração do Dia do Professor, que foi chocha, pouca gente, porque os professores estão em greve, não houve mobilização, mas fiz um discursinho que até não foi dos piores. Afora isso e despachos normais, recebi a ministra Anadyr Rodrigues, que trouxe um problema relativo ao Fernando Bezerra que não me pareceu uma coisa pesada; ela é muito rigorosa, mas eu disse: "Vai em frente". Agora isso vai para o procurador, e ela está dando em cima de tudo que há de podre no Banco do Nordeste. Acho ótimo.

Recebi o José Aníbal com a bancada de vereadores de São Paulo, vieram mostrar o que estão fazendo lá, e preocupados porque a Marta está atrás de mim. De fato essa semana falei com ela e marquei para a minha volta da Europa um encontro, para saber o que ela quer. Eu sei o que ela quer, é saber o que eu posso fazer por São Paulo, eu sou naturalmente obrigado a conversar sobre isso.

Tive um encontro interessante com o Jorge Viana, governador do Acre, que continua querendo o meu apoio, o apoio do PSDB, eu gosto dele, disse que daria. Falei com o José Aníbal para moderar nas coisas do partido, porque eles ficam muito contra qualquer aliança com o PT, e vice-versa, é sempre assim. À noite tive uma conversa mais longa com o Arnaldo Madeira, o Aloysio, o Serra, o Pimenta, o Arthur Virgílio, para discutirmos a questão do PMDB. O PMDB insiste, ou melhor, o Renan insiste, no nome do Ney Suassuna. O Ney e o Maranhão sempre foram meus aliados, o PSDB incorporou os Cunha Lima, que são inimigos dos Maranhão, com isso criou-se um impasse, porque o Ney quer ser ministro e ele tem o apoio da banca-

foram enviados a órgãos públicos e de imprensa, inclusive ao Senado norte-americano. Cinco pessoas morreram e dezenas se intoxicaram.

* Estima-se que 1,3 mil civis afegãos morreram nos primeiros dias de bombardeio, além de trezentos membros do Talibã.

** O presidente visitou o Reino Unido, a Espanha e a França entre 25 de outubro e 1º de novembro de 2001.

da, do PMDB. Eu tenho três soluções: primeiro, romper com o PMDB, dado que o PMDB não se decide, fica dizendo que vai sair do governo, as consequências virão nas votações — claro que nem o Madeira nem o Arthur Virgílio se entusiasmaram com essa solução; segundo, nomear o Ney, e quem se rebela é o PSDB da Paraíba; terceiro, forçar um compromisso entre o PSDB e o PMDB na Paraíba e nomear o Ney ou uma terceira pessoa. Eu disse que me inclinava pela primeira solução, botar as cartas na mesa, e disse para que eles vejam que eu posso ir até o limite, mas o partido não vai suportar isso nem o governo, por causa das votações. Dito e feito, no outro dia, na terça-feira, eu creio, tivemos uma votação no Congresso, o Malan me telefonou infinitas vezes, por causa das polonetas, pois conseguimos que o Clube de Paris concordasse que as vendêssemos com deságio, o que daria uns 3 bilhões. O Senado simplesmente resolveu que esses 3 bilhões vão ser gastos no Norte, no Nordeste ou com as Forças Armadas,* contrariando a Constituição e tudo mais, mas mostrando a força do PMDB, onde houve empate. Isso já mostra a dificuldade, e ainda adiaram mais uma vez uma sabatina com o Andrea Matarazzo. No caso eu acho que não foi tanto o PMDB, foi mais coincidência, mas de qualquer maneira só há complicações.

Na terça-feira, dia 16, passei a manhã recebendo credenciais no Alvorada; depois recebi o almirante [Mário César] Flores,** que veio se queixar do almirante Mauro César [Pereira],*** que é difícil; o Flores trouxe umas cartas que me mostrou. Conversei com o Celso Lafer sobre o Itamaraty. De resto, rotina o dia inteiro, despacho com o Pedro Malan, mais tarde recebi o pessoal do Planejamento, que não quer mexer nos projetos estratégicos, como a Fazenda deseja, para conseguir recursos não utilizados para os projetos que não são estratégicos. O Planejamento quer usar os recursos apenas nos projetos estratégicos e está conseguindo. Recebi o Esperidião e o Bornhausen, que vieram falar sobre a visita à Santa Catarina, que realizei ontem, e, naturalmente, pedir apoio adicional aos projetos deles lá. Não sei se foi no Dia do Professor, dia 15, mas num desses dias houve uma grande confusão em uma reunião dos professores a que Ruth e Paulo Renato compareceram. Chegaram lá os professores grevistas e vaiaram o Paulo e a Ruth, mas a Ruth saiu-se muito bem. Enfim, clima tenso.****

* Títulos da dívida polonesa adquiridos pelo Brasil entre 1977 e 1980, originados do débito polonês na balança comercial bilateral, estimados em US$ 3,4 bilhões. A proposta original previa que 90% dos recursos arrecadados com a antecipação do vencimento do empréstimo seriam usados para abater a dívida pública, com os 10% restantes destinados à compra de armamentos poloneses para o Exército. No entanto, a oposição aprovou uma emenda para destinar 90% do montante arrecadado para obras sociais nas regiões Norte, Centro-Oeste e Nordeste. A emenda foi aprovada por 34 a 28.

** Ex-ministro da Marinha (governo Collor) e ex-secretário de Assuntos Estratégicos (governo Itamar).

*** Ex-ministro da Marinha (1995-98).

**** Em 15 de outubro, professores e servidores federais vaiaram e insultaram o ministro e a primeira-dama durante a abertura do Congresso Brasileiro de Qualidade na Educação, no Centro de Convenções Ulysses Guimarães, em Brasília.

Quarta-feira, dia 17, tive uma reunião com o Paulo Renato e outros, e com alguns líderes do Congresso, para discutir a greve dos professores, dei minhas orientações. Achei o Paulo muito nervoso, muito agressivo com os professores, terá suas razões, mas não adianta, é preciso ter calma nessas horas. Concordamos com certas propostas, o Paulo explicou bem aos deputados e senadores do que se tratava, o que foi feito, quanto se deu de aumento, porque há choradeira dizendo que não houve aumento, e houve. Esses professores se opõem a quê? A que haja avaliação de mérito e que o aumento seja de acordo com o desempenho? Dessa mudança de cultura a universidade não gosta. Eu até disse que o perigo maior da universidade é sua irrelevância, não da pesquisa em si, mas a universidade como agente político, como formadora de opinião. A sociedade percebeu que a universidade estava em greve sem parar, e isso é ruim, mostra como a universidade está um tanto desgastada, anquilosada, não tem capacidade de se renovar. Gostei muito de uma entrevista que li na *Veja* do reitor da Universidade Federal do Rio de Janeiro, o [José Henrique] Vilhena, que diz isso com todas as letras. Foi boa a reunião, porque a partir daí o Paulo se moveu e conseguiu que os professores, pelo menos os funcionários, entrassem numa negociação. Ontem parece que terminou a greve.*

Tivemos a cerimônia de sanção da Lei de Conservação de Uso Nacional de Energia,** que é uma lei do Teotônio e minha, e uma reunião da Câmara de Gestão da Crise de Energia, que foi muito boa. O novo, o futuro ministro, o Macedo, assistiu, e ela foi boa porque mostra a competência do Estado brasileiro para gerenciar a crise. A situação do Nordeste é extremamente grave, e aí se vê a mentalidade nordestina. Quem mais gastou energia foram os que mais normalmente gastam, que é acima de 500 quilowatts; estes não economizaram, os governadores reclamam, mas não tem jeito, teremos que ter uma política mais dura. Quanto ao resto do Brasil, a crise está sendo superada. Recebi o sr. Richard Heideman, que é presidente internacional da B'nai B'rith, uma organização judaica muito importante, recebi a homenagem deles e depois recebi o Rinaldo Campos Soares, da Usiminas, um mineiro que veio com o Pedro Parente para mostrar o avanço da Usiminas e da Cosipa, que foi muito grande, eles vão produzir 38 milhões toneladas de aço [por ano], uma coisa importante. Depois recebi o Zé Jorge com o Pedro Parente e o Luís Carlos Santos, para dar andamento ao que nos haviam prometido antes, que o Luís Carlos teria que concordar com a privatização das partes iniciais [geração] de Furnas e que sairia em dezembro, coisa que eu não disse na reunião, mas que está combinada comigo, com ele e com o Aloysio.

* A paralisação dos professores federais se encerrou em 28 de novembro. A categoria aceitou um reajuste entre 12% e 13% a partir de 2002, além dos 3,5% já concedidos ao funcionalismo público, e obteve a promessa de mais contratações de docentes efetivos e de equiparação de salários entre os professores das redes federais de ensino superior e médio.

** Lei nº 10 295, de 17 de outubro de 2001, conhecida como Lei de Eficiência Energética, que dispõe sobre a Política Nacional de Conservação e Uso Racional de Energia. A norma se originou do PL 3875/1993.

Também recebi o Michel Temer. Ao Michel eu disse com franqueza que via muito mal a coisa do PMDB, e ele também vê. Eu disse: "Olha, Michel, como vou nomear ministros, se eu não sei por quanto tempo vocês vão me apoiar?". Ele falou: "É, eu também estou achando isso muito incômodo, acho que o Itamar ganha, é melhor criarmos uma dissidência; eu sou presidente do partido, não posso, mas o Geddel pode". E efetivamente, no mesmo dia, o Geddel falou comigo que iria abrir uma dissidência, isto é, dizendo que, seja qual for o resultado da convenção, eles vão ficar na coligação. Sendo assim, se cria um fato político, resta ver se vão criar mesmo esse fato. Isso foi na quarta-feira.

Na quinta-feira, anteontem, já foi um dia de outra natureza, porque recebemos o pessoal do cinema e eu tinha tomado a decisão de nomear o Gustavo Dahl para ser o diretor-presidente da Agência de Cinema [Ancine]. Estavam presentes umas cinquenta pessoas ligadas ao cinema, todas muito contentes, o Dahl fez um discurso um pouco estatizante, eu fiz a correção da posição, expliquei como são as agências, trata-se de um modo novo de interagir, não é neoliberal, é adaptação do Estado às condições de uma sociedade que demanda iniciativas. Pedro Parente fez um belo discurso, o Weffort, como sempre, foi hábil também, e tivemos um almoço muito agradável com alguns artistas, como a Betty Faria e outros. Falei com a Zita Carvalhosa,* que é amiga da Bia, para ver a designação das pessoas para a formação da agência, e fiquei despachando no Palácio da Alvorada.

Recebi o Luís Henrique, prefeito de Joinville, ele sempre foi meu amigo, mas está encurralado com a questão do PMDB e veio trazer reivindicações normais da região dele. Depois passei o tempo todo despachando, sem sair do Palácio da Alvorada.

No dia seguinte, sexta-feira, ontem, fui a Porto Alegre** visitar a Usina de Machadinho na fronteira de Santa Catarina com o Rio Grande do Sul.*** Em Porto Alegre, como sempre o Olívio Dutra, falei também com o prefeito, houve discursos cooperativos e amáveis, agradecendo ao governo da União. Eu fiz um discurso dizendo o que fizemos para o Rio Grande do Sul. Eu sei que eles não dizem que fomos nós que fizemos, mas fizemos. Dei ênfase à rede de proteção social que estamos criando no Brasil, foi uma resposta ao que acontece no Brasil todo, onde governadores e prefeitos se apropriam do trabalho do governo federal. Fui no avião com a bancada gaúcha, muitos do PMDB, eu disse que eles não defendem o governo e me deixam numa posição de muita injustiça, e agora cobram de mim que eu vá brigar com o PT; são eles que têm que brigar, e só fazem discurso contra o governo. Poucos fazem discurso defendendo o que estamos fazendo. Eles se entusiasmaram com o meu discurso, que foi hábil. Na rua, parece — eu só vi à noite pela televisão

* Produtora de cinema.

** O presidente inaugurou o novo terminal de passageiros do aeroporto da capital gaúcha.

*** Orçada em R$ 1,3 bilhão, a construção da usina no rio Uruguai terminou em 2002, adicionando 1140 MW ao parque energético nacional. A obra foi realizada por um consórcio privado.

— que o pau quebrou. Os mais radicais fazendo manifestações e a polícia muito dura, a polícia do PT.* Em Machadinho, eu não vi, também houve manifestação, porque os "barrageiros"** são contra a Usina de Machadinho. Fui com o Olívio Dutra e com o Padilha à Secretaria de Energia do Rio Grande do Sul. Almoçamos juntos no avião e no helicóptero que tomamos para ir à barragem, o Amin e o Olívio Dutra se encontraram na alma gaúcha. Eu vi como é o Olívio, ele é um bom sujeito, não vejo nenhum brilho nele, mas é um homem da fronteira e se entusiasma com as coisas gauchescas. E o Amin, que é muito esperto, muito inteligente, sabe de cor as canções, ambos sabem. Foi envolvente o convívio. Foi um dia pesado mas agradável, apesar das manifestações que eu só vi na Globo, onde as manifestações contrárias ao governo sobressaíram mais do que o resto.

O Serra me telefonou ontem à noite para dizer da provável presença de uma bactéria que provoca o antraz numa carta mandada dos Estados Unidos a um repórter do *New York Times**** aqui no Brasil. A mesma coisa na Argentina, ou seja, essa guerra de terrorismo não tem palco definido, o palco está em toda parte, e chegando aqui. A guerra é preocupante, a situação econômica está mergulhando no marasmo, não preciso repetir o que tenho dito.

Há telefonemas insistentes do Pedro Malan e de todo mundo, acaba de chegar o Sérgio Amaral, com quem vou conversar. Certamente ele vai se queixar de que a Fazenda não deixa avançar a Câmara de Comércio Exterior.

Em tempo: na quinta-feira, dia 18, recebi aqui também a Wanda Engel,**** que queria saber se deveria ou não ser candidata a deputada pelo Rio de Janeiro, eu disse que achava que ela não teria voto para tanto. Ela está muito entusiasmada com o trabalho que vem fazendo no governo. Também recebi o [Pedro Augusto] Sanguinetti, que é o ministro interino da Integração Nacional, ele veio discutir a formulação dos novos órgãos que vão dirigir a antiga Sudene, Sudam, matéria que o Congresso está debatendo, vai ser uma luta. Será a ocasião para nomear gente com capacidade, sem ser na base do clientelismo.

HOJE É QUARTA-FEIRA, DIA 24 DE OUTUBRO. Depois do que eu disse aqui no domingo, ainda vimos um filme com o Zé Gregori e falei, como faço habitualmente, com o Pedro Malan, para passar em revista as questões.

A segunda-feira, dia 22, foi um dia mais ou menos calmo. Tive uma reunião com o pessoal de comunicação no Palácio da Alvorada, depois, à tarde, dei uma

* Sindicalistas, sem-terra, estudantes e professores de universidades federais entraram em confronto com a Brigada Militar nas vizinhanças do aeroporto de Porto Alegre. Houve dezesseis feridos e três prisões.

** Movimento dos Atingidos por Barragens (MAB).

*** Larry Rohter, correspondente do jornal no Rio de Janeiro. O ataque não causou vítimas.

**** Secretária de Estado de Assistência Social.

entrevista na TV Cultura para o Roberto D'Avila e fiz gravações de rádio. Recebi o Pratini de Moraes, que veio me anunciar uma safra recorde, se aproximando de 100 milhões de toneladas de grãos.* Falei com o Francisco Mesquita Neto** mais o diretor da Bell South,*** eles vieram reclamar das tarifas de celular, que estão aumentando. À noite ofereci um jantar aos participantes do seminário sobre o Brasil e a Alca,**** vieram várias pessoas, a mais destacada o ex-presidente [Raúl] Alfonsín, da Argentina. Chamei a equipe econômica que trabalhou com ele, o Mario Brodersohn***** e outro mais da Argentina.****** Vieram um representante da Organização Mundial do Comércio******* e o diretor do Diálogo Interamericano,******** um dos fundadores do Diálogo, e brasileiros como o Aécio Neves e vários ministros. O Alfonsín disse que iria propor, no dia seguinte, negociação conjunta da dívida do Brasil e da Argentina. De fato, na terça-feira ele fez isso na Câmara, para o desespero, naturalmente, dos nossos economistas, porque isso levaria a aumentar o contágio das economias do Brasil e da Argentina, e não há solução possível para as duas juntas. O jantar foi agradável, eu estava cansado, porque passei o dia trabalhando.

Ontem, terça-feira, o dia começou com a comemoração da Força Aérea.********* Eu me encontrei com os ministros militares, com o Quintão, passei em revista a tropa, me encontrei com comandantes de países amigos, da região. Havia rumores de que eu teria determinado a suspensão de qualquer transferência de recursos para as Forças Armadas até o fim do ano, o que é mentira, eu desmenti. Esses boatos surgem a cada instante.

Voltei para o Palácio da Alvorada, onde recebi várias pessoas do PSDB para mostrar-lhes os impasses em que estamos com o PMDB. Eu disse que no domingo jantei com o Gregori, mas errei, não foi com ele. Foi com o Vilmar, com o Andrea Matarazzo e com o Paulo de Tarso. Há uma briga já entre Nizan, Paulo de Tarso e José Aníbal. José Aníbal está querendo tirar o programa [de TV do PSDB] das mãos do Paulo de Tarso e dar para o Nizan. O Nizan fez uma espécie de flash, de spot provocativo contra o PT, e isso é contrário ao pensamento do Paulo de Tarso. Eu queria ouvir a opinião do partido diante dessa brigalhada. Então vieram todos os nossos líderes, os de governo no Congresso, que são do PSDB, mais o presidente do partido, José Aníbal, mais os ministros e políticos nossos. Discussão viva, trouxeram os depoi-

* A safra de grãos 2001/2002 foi de 96,8 milhões de toneladas, quase 4 milhões de toneladas abaixo da colheita anterior.

** Diretor-superintendente do grupo Estado.

*** O grupo norte-americano era sócio do grupo Estado na BCP, empresa de telefonia móvel da área metropolitana de São Paulo, precursora da Claro.

**** Com o tema "O Brasil e a Alca", o seminário foi promovido pela Câmara dos Deputados.

***** Ex-secretário da Fazenda do Ministério da Economia argentino (1985-89).

****** Félix Peña.

******* Clemens Boonekamp.

******** Peter Hakim.

********* Dia do Aviador, em 23 de outubro, data do primeiro voo bem-sucedido do *14-Bis*.

mentos sobre o que havia acontecido em São Paulo no dia anterior, o lançamento da candidatura do Tasso pela família Covas, com o apoio dos diretórios paulistas, e me disseram que foi bom. Alguns comentaram que o Tasso falou criticando o governo, mas não ouvi o que o Tasso disse. Hoje ele me telefonou para saber do que eu estava reclamando. Certamente o José Aníbal disparou na reunião, deve ter dito ao Tasso que eu reclamei. Eu falei a ele que não tinha dito nada.

Hoje de manhã fiz um programa na CBN e disse que era natural que quiséssemos o desenvolvimento econômico, o Pedro Malan quer, o Serra quer, todos querem, assim como todos queremos o combate à pobreza, e eu até disse que era muito bom que tivéssemos vários candidatos, enfim, cortei a maldade. Entretanto, na reunião, voltando à terça-feira, ontem, a discussão grande foi a respeito do que fazer com o Ministério da Integração. O Zé Aníbal muito irritado, porque recentemente entraram novos companheiros que eram do PMDB, pessoal do lado contrário ao do Maranhão, na Paraíba, os Cunha Lima, e agora vamos romper. Mas como vou subordinar a política nacional à regional? É isso que está acontecendo no Congresso, nada se vota em função desse mal-estar. O José Aníbal não gostou, os outros são mais favoráveis e eu disse: "Quero que vocês vão lá no Senado e responsabilizem o PMDB...". Eu os nomeio para a liderança do governo, mas quero que o PMDB apoie as os projetos que temos lá, e no futuro também, a lei orçamentária e tudo mais.

Depois disso ainda fui ao Rio de Janeiro fazer uma exposição na Conferência Regional Preparatória da Cúpula Mundial sobre Desenvolvimento Sustentável [Rio+10], e lá estavam ministros do Meio Ambiente de toda a América Latina e Caribe. Fui do aeroporto para o local da reunião, que era no Riocentro. Fiz uma exposição que foi aplaudida fortemente e transmitida ao vivo pela CBN, pela GloboNews, o Rodolfo Fernandes, editor d'*O Globo*, telefonou para me felicitar, estava entusiasmado. Lá me encontrei com o Garotinho e com o Cesar Maia, este muito bem-disposto, muito animado, não acreditou nos dados do IBGE sobre a pobreza no Rio,* aquela coisa de sempre. Eu também não acredito, acho que há muita simplificação. Não é que o IBGE modifique dados, é que a percepção que se tem dos problemas de pobreza no Brasil é muito complexa. Garotinho me pediu uns quinze segundos comigo, falou que quer vir a Brasília para comentar a sucessão. O Ciro o está cotejando, mas ele não deseja apoiar o Ciro. Mais um que parece querer algum entendimento político. Voltei para cá ontem mesmo, à noite, portanto cansado.

Na quarta-feira, hoje, o dia começou cedo, com uma longa entrevista na rádio CBN, meia hora, eu expliquei bastante o que penso, teve repercussão boa. Quando se vê, como agora, no *Jornal da Noite*, o que reproduzem do que eu disse é um pedacinho, e depois lá vem paulada dos que comentam esse pedacinho. Tiram do contexto, distorcem os argumentos, sobretudo quando o argumento é discursivo,

* Com base no Censo 2000, o instituto estimou que a pobreza extrema atingia um quarto da população carioca.

sobre o que eles não gostam. Depois da CBN fui fazer a abertura do seminário da OAB: "Brasil no século XXI, desafios, oportunidades e riscos da globalização", fui à sede da OAB depois que o Rubens veio me convidar. Foi o Carlos Velloso quem promoveu esse entendimento. Ele fez um discurso correto e eu resolvi dar uma aula. Dei uma aula de uma hora e meia, devo ter cansado o pessoal. Fui saudado com palmas não só na entrada, mas quando comecei dizendo que estava lá como cidadão e que aquela era prova da democracia, uma instituição como a OAB, que não poupa críticas ao governo, mas que o presidente não teme o debate. Falei que é disso que precisamos, de uma discussão ampla sobre o mundo atual. Resultado: no final fui aplaudido em pé por mais de um minuto.

Depois vim para o Alvorada e almocei com o Pedro Parente, com o Malan e com o Sérgio Amaral, e aí grande discussão sobre exportação. O Pedro Malan resistindo muito a dar poderes maiores à Câmara de Comércio Exterior, que vai ser chefiada pelo Sérgio Amaral. O Pedro é renitente nessa matéria, ele é tão teimoso quanto o Serra, mais educado, mas tão teimoso quanto. O Pedro Parente também não é fácil de lidar, é bastante assertivo, e é preciso que seja, para podermos desbastar essas dificuldades. O Sérgio Amaral fazia a conciliação e eu abençoava. Ela foi feita. Pela primeira vez a Câmara de Comércio Exterior vai ter realmente poderes.

Passei rapidamente no Palácio do Planalto para despachar meus papéis, voltei para cá e me encontrei com o Luiz Macedo, para discutir as questões de comunicação. Houve o encontro dele com a Ana, difícil, a Ana arisca, o Macedo falou em coordenar a Secretaria de Imprensa, o que deixou a Ana fora de si. Eu percebi, ele também percebeu, inteligente e maduro que é, depois a Ana ficou sozinha comigo, reclamando que está desanimada. Eu disse: "Ana, não comece a ver no outro o inimigo; ele simplesmente quer coordenar, é uma coisa normal, é preciso cooperar, todo mundo junto, ele não quer tomar o seu...". Ela me interrompeu e disse: "Não, mesmo porque ninguém manda em mim". Os seres humanos não são fáceis. Com todos os valores que ela tem, e o Macedo reconhece, se obstina em não querer outra pessoa na relação entre o presidente da República e a mídia, a imprensa, e não pode ser assim.

Recebi a Alejandra Herrera para conversarmos sobre os problemas da Anatel, depois recebi longamente o Pedro Parente para despachar, depois a Roseana veio aqui rapidamente, amável, porque a Roseana é mais esperta do que parece aos outros, ela sabe fazer política.

Estou arrumando as coisas para a viagem de amanhã. O discurso que fiz na OAB eu acho que demonstrou o tom que vou usar nessa viagem internacional, que será de certa mudança na direção de pronunciamentos mais fortes contra a ordem injusta estabelecida no mundo. Foi confirmado que vamos passar juntos, eu e Ruth, o fim de semana na casa do Tony Blair, a casa de campo do primeiro-ministro. Iremos só nós dois — talvez o Clinton apareça —, será uma coisa boa, porque o Tony Blair está muito ativo na política internacional e vai me informar como está percebendo as coisas. Também recebi a informação de que o Bush me receberia nos Estados Unidos no dia 8, em Washington, o Rubens vai querer que eu vá a Washington, acho que tem lógica eu passar por Washington antes de ir às Nações Unidas.

HOJE É QUINTA-FEIRA, DIA 25 DE OUTUBRO, são oito da manhã. Ontem eu não anotei que o Padilha tinha me procurado para conversar, porque a *IstoÉ* andou fazendo denúncias que, disse ele, são infundadas.* Também o atual consultor jurídico do Ministério** é crítica. As denúncias parecem de fato ser infundadas, o chefe de gabinete dele e um assessor parlamentar também disseram que são infundadas. Ele [Padilha] atribui tudo ao Antônio Carlos. Não sei, não estou tão convencido de que seja o Antônio Carlos nesse caso. Vi o Padilha aflito porque o PSDB e o PMDB do Rio Grande do Sul o pressionam, e a *IstoÉ*, também. Ele quer ir embora, quer antecipar a saída. Então concordei em que o momento para ele sair fosse quando o Zé Gregori deixasse o Ministério da Justiça. Claro que a versão dos jornais é que ele está abandonando o governo por pressão do PMDB; em parte é verdade, mas a verdade verdadeira é outra: ele está preocupado que o Antônio Carlos venha com mais chantagem em cima dele e de outros pelas questões de corrupção lá do DNER que não são brincadeira e que essa manobra faça com elas estourem nele. Também nessa direção, o [Guilherme] Schelb, famoso procurador,*** quer ter uma conversa comigo e já mandou um assessor falar com o Lucena, houve um contato do [Alexandre] Camanho**** com o Parente, que, a meu pedido já o procurou para ver do que se tratava, e agora o Schelb falou com o Parente. Uma hipótese é que ele talvez queira até ser procurador-geral, vou recebê-lo.

Depois chamei o Serra para verificar a denúncia de um lobista que tinha em sua caderneta o nome de uma porção de gente do ministério dele.***** Tudo limpo, não tem nada, pode ser um ou outro secretário de alguém, mas o Serra, é claro, também está preocupado. Isso é um prenúncio de uma campanha suja.

* A revista noticiou que o Ministério Público Federal investigava o suposto envolvimento do chefe de gabinete do ministro dos Transportes, Raimundo Dantas, e do assessor parlamentar da pasta, Marco Antônio Tozzati, num esquema de remessa ilegal de dólares para o exterior.

** Arnoldo Braga Filho fora afastado em 5 de outubro.

*** Do MPF-DF, um dos responsáveis pelo depoimento de ACM que deflagrou a crise do painel do Senado.

**** Procurador do MPF-DF.

***** No início de outubro, a Polícia Federal apreendera a agenda telefônica e outros objetos no apartamento de Alexandre Paes dos Santos, tido como o maior lobista de Brasília. O ministro da Saúde pedira a abertura de um inquérito para apurar a denúncia sobre uma suposta gravação em poder do lobista, na qual o secretário nacional de Assistência à Saúde, Renílson Rehen, e outro assessor do ministro pediam a uma indústria farmacêutica contribuições para a campanha de Serra em 2002. Os nomes de funcionários do ministério e da Anvisa, além de parlamentares da base aliada, constavam na agenda de Paes dos Santos.

28 DE OUTUBRO A 1º DE NOVEMBRO DE 2001

Viagem a Inglaterra, França e Espanha. Reunião com Tony Blair e Bill Clinton. Discursos em Madri e Paris

Hoje é dia 28 de outubro, domingo, estou na Inglaterra, em Chequers Court,* depois eu gravo o que aconteceu na Espanha, mas só para não perder a oportunidade. Chegamos a Chequers, na casa do primeiro-ministro da Inglaterra, às seis e meia da tarde, estavam apenas o Tony Blair, a Cherie, o filhinho dele, Leo [Blair], a filha,** esqueci o nome, os empregados e pessoas próximas. Mais tarde chegou Clinton com uma moça que é advogada,*** que o defendeu lá nos Estados Unidos. Só para não perder a oportunidade, conversa interessantíssima. Registro logo minhas primeiras impressões. O Clinton continua um homem informado de tudo, sabe bastante não só do Oriente Médio, da questão da Palestina e de Israel — vou registrar o que ele me disse lá em Madri —, mas também sabe do Afeganistão, da coisa da Caxemira e tudo o mais. O Blair me parece preocupado, dizendo textualmente que ele precisa ganhar essa guerra em um ano e que depois de março serão ataques mais diretos aos comandos, o que mostra que eles estão esperando uma guerra longa. Eu o achei um tanto atônito com o que está acontecendo. Perguntou qual era a reação no Brasil quanto à guerra e eu disse: "No início, solidariedade total; agora, com a CNN, a BBC e as nossas emissoras mostrando crianças feridas, ataques que não dão resultado, começa a haver uma mudança de opinião". A mulher dele, a Cherie, disse que na Inglaterra é a mesma coisa. O Clinton, muito ativo, me explicando como era a questão no Oriente Médio, ele leu tudo sobre o mundo muçulmano, o Blair também tinha lido bastante. Interessante, passaram em revista as obras que leram e falaram do receio que têm de uma visão teocrática querer se apresentar contra a secularização. O Blair achando que é preciso apoio mundial para ganhar a guerra. Ele pegou um mapa da região, o Clinton e ele mostraram no mapa o que é preciso fazer, o que não fazer, até onde pode ir a Aliança do Norte.**** Acreditam ser fundamental o apoio do Paquistão, de espiões, para poderem entrar no Afeganistão; ambos têm muita dúvida sobre o que vai acontecer com o Paquistão. O Clinton fazendo a autocrítica do apoio aos governos corruptos do islã, dado pelos próprios americanos, o Blair também. Preocupação com a Arábia Saudita, eles conhecem o herdeiro,***** falaram muito dele, o Clinton gosta dele, é irmão do rei, eles têm familiaridade com essa gente. Entretanto, me deu a sensação

* Residência oficial do premiê britânico em Ellesborough, a 40 km de Londres.

** Kathryn Blair.

*** Cheryl Mills.

**** Coalização tribal afegã apoiada pelos EUA para combater o Talibã e a Al-Qaeda.

***** Abdullah bin Abdulaziz Al Saud, entronizado em 2005.

de haver certa angústia neles, sobretudo no Blair, um pouco atônito a respeito dos passos seguintes a serem tomados, e de haver o reconhecimento importante dos dois, principalmente, e de modo mais explícito do Clinton, da ação deles no mundo, que não daria para continuar sem mais alianças e sem pensar no que fazer no dia seguinte. Eu disse, e o Clinton concordou imediatamente comigo, que o Brasil tem que participar de forma mais ativa dessas reuniões de G7, G8. Falei do G20, elogiando o trabalho do Clinton nisso, o Blair não estava muito a par, me pareceu.

Continuação do dia 28 de outubro, estou em Chequers, Inglaterra. Retomando a gravação, me pareceu, que o Blair não tinha acompanhado tanto as modificações que o Clinton fez no G20. A preocupação com a guerra era evidente nos dois. Depois do jantar subimos para uma biblioteca extraordinária da mansão de Chequers, que é a residência de verão e dos weekends dos primeiros-ministros desde 1921. Pertencia a uma família tradicional, foi construída no século XV ou XVI, tem as paredes cheias de retratos, alguns de Anthony van Dyck, com uma coleção fantástica de paisagistas ingleses, os *landscapers*, e retratos de todos os *counselors** e de vários antigos donos da casa. É muito charmosa, uma espécie de *manor house*, com uma fazenda enorme em volta. No andar de cima há uma biblioteca extraordinária. Eu e Ruth dormimos no quarto onde Churchill ficava. Depois do jantar, informal, sem gravata, à vontade, fomos para a biblioteca, onde, todos sentados no chão, o Blair — o Tony, como o chamávamos — abriu o mapa do Afeganistão para discutir com o Clinton onde estaria o Bin Laden, em que região, o que fazer (em dado momento, diante daqueles enormes mapas dividindo o mundo, fiquei imaginando: será que estamos brincando de Felipe II ou de Carlos V?).** Blair fala da duração dessa guerra em pelo menos um ano e acredita que depois de março, depois do inverno, vão retomar as iniciativas com comandos. Sem os paquistaneses é impossível vencer a guerra, porque o serviço de inteligência depende deles para penetrar na região. Há dúvidas sobre o que vai acontecer com os iranianos. Lembrei-me do meu velho amigo [Don José Medina Echavarría],*** que dizia que quanto mais ele conhecia quem mandava no mundo, mais ele tinha medo de viver no mundo. Tive a sensação de que era melhor mesmo não conhecer melhor os que mandam. Aqui estamos eu, Clinton e Blair (eu, evidentemente, mando numa parcela pequena deste mundo, Clinton mandou muito e Blair ainda manda), discutindo o que fazer com o Afeganistão, como se essa guerra tivesse se iniciado sem que houvesse um plano, para saber até onde ir e o que aconteceria com ela.

* *Counselors of State*, membros destacados da realeza britânica escolhidos pelo monarca para representá-lo em ocasiões específicas. O cargo foi criado em 1911.

** Reis da Espanha e senhores de vastos domínios europeus e americanos no século XVI.

*** Sociólogo espanhol.

HOJE É DIA 29 DE OUTUBRO, SEGUNDA-FEIRA, fui tomar café da manhã com o Blair e, antes, vi os jornais todos mostrando que começam a haver reclamações contra a guerra tanto nos Estados Unidos quanto na Inglaterra. Foi o que eu disse ontem ao Blair, quando ele perguntou, na hora do jantar, qual a reação dos brasileiros. Eu disse que no início foi de solidariedade e depois de crítica, e acho que ela vai ser crescente. Perguntei hoje ao Blair se ele estava em contato com o Bush sobre estratégias, e ele me disse que ainda ontem falou com o Bush, estão em estreito contato. O Blair me pareceu muito guerreiro, ou melhor, muito preocupado com a guerra, porque está mandando tropas inglesas e alguns vão morrer. Conversamos sobre o que fazer, e o Clinton com ideias claras, muito claras. Primeiro, fazer a paz no Oriente Médio, e isso implica ceder terra aos palestinos, foi o que Clinton me disse quando conversamos em Madri (depois vou me referir ao que aconteceu em Madri). Lá, tivemos uma conversa eu, ele e o Celso Lafer, e a tese dele é clara: "Houve um momento em que eu quase consegui chegar a um acordo com os israelenses e os palestinos, porque tínhamos convencido os israelenses de que a segurança deles não depende mais, como no passado, de ocupar terras e colocar colonos, sobretudo judeus russos, que eles puseram por lá, porque hoje, com os mísseis e com o terrorismo, isso não resolve. Se não houver cessão de terras, os palestinos não têm como aceitar negociações". Bom, agora o [Ariel] Sharon* não aceita ceder terras, o Sharon quer liquidar o Arafat, ele tem ódio pessoal do Arafat. Ora, diz Clinton, o único capaz de colocar alguma ordem lá é o Arafat, mas o Arafat não pode fazer concessões sem se desmoralizar, então tem que haver um toma lá dá cá. A posição do Clinton é clara no sentido de que é preciso entrar no jogo do Oriente Médio, aceitar a Palestina e fazer com que Israel entenda isso. Ele acha que é preciso apoiar a democracia em Israel, como eles apoiaram os jordanianos que fizeram a democracia — isso tanto o Blair quanto o Clinton disseram. Eles acham a mesma coisa, que a democracia estável garante, mais do que qualquer outro tipo de regime, a paz com os palestinos. E depois ver-se-á o que é possível fazer com a Síria. Todos preocupados com a Arábia Saudita, os dois são amigos do príncipe Bandar [bin Sultan Al Saud], sobretudo o Clinton, aquele príncipe que jantou comigo em Brasília, que é quem governa de fato a Arábia Saudita. Ele é o grande articulador dos interesses sauditas no mundo. Está fazendo o que pode para manter o poder lá, mas todos sabem da fragilidade do sistema saudita, que é um sistema feudal.

Fiquei impressionado com a quantidade de livros que tanto um quanto outro (mais o Clinton, mas o Blair também) tinham lido recentemente sobre o islã, para tentar entendê-lo melhor. É preciso reconhecer que o problema que a teocracia islâmica causa é sério. Embora se diga a todo instante que a reação não é anti-islã, o islã tem uma atitude antidemocrática muito forte. Não é uma reação institucional antidemocrática; é uma incapacidade cultural de aceitação da responsabilidade individual, da igualdade de gênero, enfim, da democracia ocidental. Há um problema

* Primeiro-ministro de Israel.

sério nisso, e o Clinton foi muito afirmativo, ele conhece bem a região do Paquistão, e todos nós sabemos hoje que os meninos vão às *madrasas*[*] porque os pais não têm como mantê-los em outras escolas, não têm dois dólares por mês para pagar a escola, e os filhos saem fanatizados das *madrasas*. Hoje o grupo de fanatizados antiamericanos na região é imenso.

Lembrei a eles o artigo do [Friedrich] Engels, de 1858, que eu li na *Folha*,[**] mostrando como era quase impossível conquistar o Afeganistão. Eu disse que o Brasil, na questão da Palestina, em dado momento, poderia ser de alguma ajuda, mas não acredito muito, não. Isso é briga de cachorro grande. Foi uma conversa densa, depois ela evoluiu para a questão do que fazer, e aí entrei com a minha colher de chá, tanto ontem quanto hoje de manhã, sobretudo hoje, sozinho com o Blair. Eu disse: "Do que precisamos? Precisamos de sinais mais claros da Organização Mundial do Comércio de que alguma negociação vai avançar positivamente, para os países em desenvolvimento perceberem que esse crescimento é para eles também". Eu já tinha dito ontem, o Clinton de acordo, que é preciso ampliar o Conselho de Segurança, tem-se que dar mais forças às Nações Unidas. Se não for possível isso, pelo menos ampliar o G7 e o G8, embora não seja o melhor; o melhor é dar maior institucionalidade. Ontem, o Blair reagiu quanto ao direito do veto, e eu disse que esse era um ponto a discutir e que daria para ceder, pode-se manter o direito de veto como está hoje, mas que, de qualquer maneira, é preciso ampliar o Conselho. Os países óbvios, dizem eles, são a Índia e o Brasil, talvez o México, e eu disse que talvez África do Sul, Egito, Alemanha, Japão... alguma coisa assim. São quinze membros, o que importa ter quinze, 21, 22, isso não é inviável, pode-se criar um Comitê Executivo do Conselho de Segurança, enfim, mecanismos há. Senti que o Blair estava mais propenso hoje de manhã à ampliação do G7 e do G8, o que não é a mesma coisa que ampliar o Conselho de Segurança. O Clinton muito favorável, portanto, a maiores reorganizações da ordem mundial, sobretudo na participação mais ativa dos vários países e na necessidade de se prestar mais atenção aos temas do crescimento, da pobreza, o mais ou menos óbvio.

Hoje de manhã, na conversa com Blair, ele me pareceu muito preocupado, de novo, com a América Ibérica, com a Colômbia. Ontem havíamos falado sobre a Colômbia e a Argentina, sobre a Argentina o de sempre, e o Clinton muito claramente favorável a que o Fundo Monetário e os Estados Unidos joguem dinheiro na Argentina para reestruturar a dívida, a posição dele é essa, me perguntando como isso afeta o Brasil. Ele tem a sensação correta de que pode haver confusão grande se afetar o Brasil e outros países, pois mesmo a Argentina sozinha já é uma confusão grande. O Blair tem certa preocupação, com razão, sobre o que vai acontecer com

[*] Palavra árabe para "escola", no Ocidente associada a instituições de ensino islâmico fundamentalista.

[**] "A derrota britânica no Afeganistão", originalmente publicado na *The New American Cyclopaedia*. O filósofo alemão aborda o fracasso da invasão e a retirada das tropas inglesas do país asiático na década de 1840.

os mercados financeiros, ele não vê muita esperança na Europa neste momento. A visão que ele tem da Europa é a Europa gaullista, a Europa das pátrias, assim dito, assim expresso. Deu os argumentos dele: haverá uma moeda comum, uma política monetária comum, mas as outras instituições são muito diferentes, o mercado de trabalho, o mercado de capitais. Então a rigidez será variável de país a país, quase todos são rígidos na defesa de seus interesses específicos. Da forma como a lei codificou-os, ele acha mais fácil uma Europa das pátrias. Mas a Alemanha não, a Alemanha quer uma Europa verdadeira, é claro, porque ela terá uma influência grande nessa Europa verdadeira, que será no fundo uma grande pátria. Os franceses e os ingleses não pensam assim, e ele acha que também a Espanha do Aznar vai ficar mais a favor de uma Europa das pátrias. Enfim, tem medo de avançar mais, neste momento, no processo de integração europeia.

Perguntou muito sobre a Colômbia, se o Brasil podia entrar numa briga com a Colômbia, que tropas temos para isso. Eu disse: "Não, o Brasil dificilmente vai...". O que vai acontecer? Eu não sei, não vejo que o Pastrana tenha condições de botar ordem por lá, acho que se o [Horacio] Serpa* se eleger ele vai ter mais condições. De qualquer maneira temos que pensar nas Nações Unidas, porque o pior desastre seria uma intervenção americana na Colômbia. Nesse caso o Hemisfério todo se une contra; temos que dar mais força às Nações Unidas, não escapamos disso, eu disse a ele. Esse foi o grosso da nossa conversa e, crescentemente, a afirmação de que temos que ter mais espaço. Ele estava muito impressionado com o que viu no Brasil e com o que viu no México, acreditando que a América Latina tem caminhos. Eu também acho, reafirmei.

A relação de Clinton e Blair foi como a de um maestro com seu discípulo, o discípulo tem mais poder hoje, mas o Clinton sabe das coisas, fala com desembaraço, o Blair também. De qualquer maneira, uma relação de amizade respeitosa e de muita intimidade — aliás, comigo também. Talvez nunca tenha havido na história um momento em que um presidente do Brasil tenha tido contatos tão diretos, tão... não digo igualitários, porque seria exagero, dada a diferença das forças por trás de nós, mas de tanta liberdade, pelo modo como falamos um com o outro e como os temas são colocados, sem reservas, pelo menos nesse plano geral.

Agora de manhã, o Blair leu um papel no qual estava escrito que ele tinha que falar comigo sobre a BAe, British Aerospace,** que estava querendo vender aviões britânicos ao Brasil.*** Mas ele não pediu nada, apenas disse: "Estão aqui pedindo para eu falar, e se eu não mencionar...". Eu disse: "Eu sei como são essas coisas" e que a compra não dependia de mim, mas das regras que estão definidas. Fora isso nada, a ele só

* Candidato à presidência colombiana pelo Partido Liberal.

** BAe Systems, sucessora da British Aerospace.

*** Além de participar do consórcio Eurofighter, a BAe também fornecia componentes do Gripen, de fabricação sueca.

interessa realmente ver as coisas avançarem e tem preocupação quanto à eleição no Brasil, os dois disseram isso, mais o Blair. Acham que eu preciso fazer o sucessor, eu também acho, e que o principal é ter um bom desempenho na economia, o que ajuda muito. Seria um desastre [não ganharmos], porque a esquerda brasileira é muito atrasada; se Lula ganhar, seria um atraso imenso. Havia muita preocupação quanto a isso, não quanto ao que signifique internamente, mas eles acham que seria difícil, porque faltaria a compreensão do mundo e diminuiria a capacidade que hoje o Brasil tem de tirar proveito do que acontece no mundo, por meio de uma ação construtiva.

Acho que esses foram os temas principais. A Cherie passou o tempo todo opinando à moda dela, é uma pouco estranha, ela opina, mas não — como vou dizer?... —, não parece muito consistente ao acompanhar as discussões. A advogada que veio com o Clinton é uma pessoa mais discreta, opinou pouco. E o Blair estava com o filhinho dele, Leo, e com a filha, Kathryn. O filhinho é muito simpático, loirinho e bonitinho, a filha está meio gorda, na fase da adolescência. Chequers é bem simbólica da Inglaterra. Vou registrar mais tarde como foi em Madri, só não queria perder a oportunidade de descrever o que aconteceu aqui, para ver como o mundo anda.

O Tony Blair saiu de manhã, antes tomamos café, das oito às nove, sozinhos, ele saiu com a Cherie para encontrar um dirigente chinês que não lembro o nome, o Tony está preocupado com a questão chinesa. Ah, antes de qualquer coisa, o Clinton acha inevitável que os grupos terroristas acabem tendo armas atômicas e acredita que esse antraz que está sendo distribuído só a Rússia, os Estados Unidos e o Iraque são capazes de fazê-lo. Ele acha que o vírus é americano e que sua distribuição não tem relação com Bin Laden nem com o terrorismo,* o que só complica as coisas, pois indica que haveria polos independentes de confusão no mundo. É curioso ver que, se há uma estratégia em tudo que está sendo feito, ela é menos consistente do que eu pensei, porque entraram na guerra para vencer rapidamente, para pegar o Bin Laden vivo ou morto, e agora estão vendo as dificuldades da guerra, a complicação que tudo isso está causando na economia em geral. Eu só queria deixar este registro rápido; quando eu tiver mais tempo, faço outras reflexões ou interpretações, mas achei que valia a pena registrar no calor da conversa.

Sobre o que aconteceu em Madri. Hoje é segunda-feira e cheguei a Madri na quinta-feira à noite, dia 25, fomos comer rapidamente qualquer coisa na embaixada e dormir. No dia seguinte, fui para o Hotel Palace,** onde participei da reunião*** da Fundação Gorbatchóv e da Fundação Fride,**** entidade espanhola sustentada financeiramente por Diego Hidalgo, que, entre outras coisas, é um dos sócios do *El País*. Fiz minha apresentação, falei de improviso, teve fala de muita gente, o [Mikhail]

* Os ataques com antraz não foram completamente elucidados. O principal suspeito é o norte-americano Bruce Ivins, ex-pesquisador de biotecnologia do Pentágono, que se matou em 2008.

** The Westin Palace Madrid.

*** Conferência sobre Consolidação e Transição Democráticas, realizada entre 19 e 27 de outubro de 2001.

**** Fundación para las Relaciones Internacionales y el Diálogo Exterior, ONG extinta em 2015.

Gorbatchóv* fez uma bela exposição, sentida, sobre o papel dele na Rússia, na redemocratização, falou sobre o que aconteceu por lá, fez uma defesa incandescente da democracia e da participação. Apresentei meu texto, mas não li todos os pedaços, falei intercalando improvisos e fui afirmativo. Falei sobre o que tenho dito ultimamente, sobre a questão da humanidade, que temos que pensar em termos mais gerais, enfim, sobre a questão do poder, do Banco Mundial, que não cumpre seu papel, nem o Fundo Monetário, da necessidade de uma nova ordem mundial, que a democracia depende disso. Na hora houve uma repercussão grande, sensível. No dia seguinte mais ainda, porque saiu no *El País* com destaque.

Depois estive na embaixada com alguns grandes investidores no Brasil, o pessoal do petróleo, o [Emilio] Ybarra, do BBV, o Banco Bilbao Vizcaya, da Endesa, o presidente da Telefónica, o [César] Alierta. Conversei muito sobre o Brasil, eles conhecem nossa situação, queriam só ver reafirmada a minha disposição de enfrentar as dificuldades. Perguntaram muito sobre a Argentina, um deles tinha voltado de lá naquele dia, todos achando que a crise na Argentina está chegando ao limite, eles mantendo, ao que parece, a confiança no Brasil.

Depois de receber e de almoçar com esse pessoal, tive uma conversa privada com o Gorbatchóv, que queria somente me dizer que iria ao Brasil em março/abril e me convidou para ser presidente do Clube de Madri** que eles estão fundando. Eu não entendi bem se é uma nova instituição ou a continuidade da Fride e da Fundação Gorbatchóv. Isso para quando eu deixar a Presidência. Gorbatchóv queria muito reafirmar a disposição de trabalhar com sua fundação no Brasil e está esperando muito que eu vá à Rússia falar com o [Vladimir] Putin;*** ele é muito favorável ao Putin. Disse-me que na Rússia ele quer organizar um encontro meu com os intelectuais russos. Clinton tinha estado com ele e lhe disse o que eu pensava sobre a Palestina. Foi nesse momento que Clinton disse que ia estar comigo, como efetivamente aconteceu, aqui em Chequers. Depois de encontrar alguns intelectuais que estiveram na reunião do Palace, fomos jantar com o Aznar, com quem tive uma conversa normal, com Gorbatchóv e sua filha**** presentes, assim como conversei com as demais pessoas que estavam no jantar.

No dia seguinte, sábado, voltei ao Palace de manhã; antes tomamos café com o Aznar, o Pimenta, o Aloysio e o Celso Lafer. Muitas convergências, ele também acha que a Espanha está um pouco à margem de tudo, gostaria de ampliar sua participação, e muita confiança no Brasil, muita desconfiança na Argentina, se repetem os temas. O mais objetivo é que ele disse que não tem nenhum contencioso com o Brasil e eu disse que também não tínhamos nenhum contencioso com a Espanha.

* Ex-líder soviético (1985-91) que implantou políticas de abertura do regime comunista.

** Fórum não governamental formado em 2001 por ex-chefes de Estado e de governo para a promoção internacional da democracia, atualmente com mais de cem membros.

*** Presidente da Rússia.

**** Irina Mikhailovna Virganskaya.

Passamos em revista o que está acontecendo no mundo, muitas coincidências de vista, não preciso reiterar, as preocupações são as mesmas.

No Hotel Palace, na sessão de encerramento da reunião, as discurseiras normais, sendo que talvez a mais interessante tenha sido a do próprio rei [Juan Carlos], que fez uma defesa sólida das instituições da Espanha, mostrou o avanço da democracia e mencionou as coisas habituais.

Continuação de 29 de outubro, cheguei a Paris, são nove da noite. Continuando sobre a Espanha. Depois do encerramento no Palace, no sábado, dia 27, fomos almoçar no Palácio Real. Eu me sentei ao lado da rainha [Sofía] e a Ruth ao lado do Juan Carlos, do outro lado estava a senhora[*] do presidente da Lituânia,[**] ela falava um inglês perfeito, porque foi educada nos Estados Unidos. Nada de especial, o Palácio está realmente flamejante, eu perguntei à rainha se eles o tinham refeito e ela disse que não, que tinham só limpado, mas foi uma bela limpeza. Depois, conversas várias, uma com o [José María] Maravall, um grande amigo meu, que foi ministro da Educação do Felipe [González], depois me encontrei com o Bolívar [Lamounier], com o Miguel [Darcy], intelectuais amigos que estavam por lá, e com vários presidentes, nada de muito especial.

Voltamos à embaixada e dei longas entrevistas, uma boa ao *El País*, que foi publicada hoje, segunda-feira 29,[***] e reproduziu mais ou menos fielmente o que eu tinha dito. Tive um encontro com os chamados formadores de opinião da Espanha, umas oito ou nove pessoas, cujos nomes devem estar em alguma relação em algum lugar, presente inclusive o [Ramón] Tamames,[****] antigo dirigente comunista, o redator-chefe do *El País*,[*****] enfim, gente de peso na Espanha. Falei bastante e eles demonstraram entusiasmo com o que tinham ouvido de mim na conferência, alguns haviam participado dela.

Recebi ainda os jogadores de futebol do Brasil,[******] que fizeram uma manifestação sobre a paz,[*******] impressionaram-me bem, sobretudo um rapaz chamado Mauro [Silva], que é um jogador bom, e o Roberto Carlos, que conheço há algum tempo. Fiquei conversando com os jogadores para passar o tempo, depois tivemos um jan-

[*] Alma Adamkienė.

[**] Valdas Adamkus.

[***] A entrevista a José Manuel Calvo se intitulou "Hay que defender la lógica de la libertad frente a la lógica del terrorismo".

[****] Economista e professor da Universidad Autónoma de Madrid.

[*****] Juan Luis Cebrián.

[******] Djalminha, Emerson, Donato e Mauro Silva, do Deportivo La Coruña; Flávio Conceição, Roberto Carlos e Sávio, do Real Madrid.

[*******] Os atletas posaram para fotos vestindo camisetas com a palavra "paz" em português, inglês e hebraico.

tar com o Mário Soares. Mais tarde chegou o Felipe González, isso junto com os senadores que me acompanhavam na viagem.* O Mário, eufórico, contente e com boas posições. Felipe disse que vai ao Brasil falar comigo, acho que por causa da reestruturação da dívida da Argentina, não entendi bem. Felipe está bem-disposto, gordo e fazendo o que gosta, a "ananização" das árvores e esculturas de pedra [bonsais]. Eu tinha recebido o [José Luis] Zapatero, o líder do Partido Socialista, o PSOE, e gostei do rapaz. Veio acompanhado de uma moça que eu já tinha encontrado na conferência, uma jovem, que é secretária internacional do partido** e me impressionou também. Apresentei o Zapatero aos nossos jogadores, ele já conhecia todos. Os jogadores gostam dele, ele vai bem nas pesquisas de opinião e está espantado com o atraso da esquerda brasileira. Isso reflete também o sentimento do Tony Blair, que tinha falado do mesmo tema. Todos os europeus ficam bobos ao ver como o Brasil tem uma esquerda tão atrasada. Com Felipe só um encontro de amizade.

No domingo, fomos tomar um brunch no [Hotel] Ritz e encontramos o Paulo Autran com a mulher dele,*** que é atriz também, muito simpática, bem conhecida, a Ruth os tinha visto em Toledo, e almoçamos na *terraza*, como dizem, do Ritz, que é um dos lugares de que eu mais gosto na Europa, à sombra dos plátanos que ainda estão verdes, uma coisa toda de simpatia, com o embaixador Carlos Garcia, o Celso [Lafer] e a mulher dele, a Mary, a Danielle, o Marcelo Jardim, nosso embaixador,**** e a Ruth. Depois fomos para Chequers, e sobre Chequers eu já contei como foi, desde a chegada, um ambiente de extrema simpatia, basta dizer que o Tony Blair nos recebeu com o Leo, filho dele, no colo, um pouco mais que um bebê. Foi muito agradável, não preciso repetir, pois fiz um registro pormenorizado quando saí de Chequers, antes de tomar o avião.

No avião, com o Eduardo Santos, fiz um relato ainda mais pormenorizado do que ouvi lá, para que o Itamaraty tenha os registros da minha conversa, que, embora privada, achei útil transmitir a ele, para que o Brasil possa tirar proveito em nossa estratégia de política global. O que ficou para mim, repito, é o Tony Blair preocupado e um tanto assim, como vou dizer, talvez surpreso, com o desenvolvimento da guerra e as propostas do Clinton, que não são fáceis de ser realizadas, com uma preocupação estratégica com a Palestina e Israel e, principalmente, o Paquistão.

Hoje de manhã li os jornais e vi que o Paquistão mandou 10 mil voluntários para lutar com Bin Laden; o nosso grau de desagregação é tal que não há apoio à política ocidental no Paquistão. Isso reforça a ideia do Clinton de que o problema da Caxemira vai se tornar bem difícil e também o comentário que me fez o Tony Blair de que os russos têm a intenção de que haja um novo Tratado de Viena,*****

* Senador Jorge Bornhausen e deputados José Aníbal e Michel Temer.

** Trinidad Jiménez.

*** Karin Rodrigues.

**** Diretor-geral do Departamento da Europa do Itamaraty.

***** Acordo internacional que redesenhou o mapa político da Europa em 1815, após a queda de Napoleão Bonaparte, segundo os interesses das potências vencedoras.

ou seja, a divisão do mundo com base na presença anglo-americana, uma percepção equivocada que pode dar dor de cabeça mais adiante. Não quero voltar a isso porque os pormenores da nossa conversa provavelmente já estão nos meus registros, nos particulares e nos do Itamaraty. Menciono uma vez mais a atmosfera de amizade que possivelmente nunca tenha havido entre um presidente brasileiro e os dirigentes dos Estados Unidos e da Inglaterra. No Brasil precisamos tirar maior proveito da possibilidade que existe no mundo de as pessoas se encontrem com a facilidade como temos feito.

Vim para a França e, chegando, as honrarias de praxe na embaixada, mal deu para almoçar e ver as pessoas que estavam aqui, o [José Israel] Vargas, meu velho amigo, que é embaixador na Unesco, o [Marcos] Azambuja, o Celso [Lafer], enfim, os ministros que estão aqui.* Mal deu também para descansar depois que comemos, porque logo tive que dar uma entrevista ao *Le Monde*, que foi menos agradável do que a entrevista ao *El País*, porque o pessoal do *Le Monde* era mais provocativo,** com uma visão mais do ângulo da esquerda brasileira — o repórter se referiu ao meu governo nos mesmos termos que ela. Entretanto, os dados são indiscutíveis quanto ao progresso no combate à injustiça social. Eu disse que no Brasil não havia uma direita como na França e ele definiu a esquerda como a luta contra a injustiça e pela igualdade. Eu disse: "Bom, então somos os dois esquerdistas, porque eu tenho tentado mover o governo nessa direção". Vamos ver o que sai no *Le Monde*.

Em seguida recebi um dirigente da Total, uma empresa francesa de petróleo que quer fazer associações com a Petrobras. Subi para o meu quarto, descansei um pouco, tomei um banho e fui encontrar o Jospin, estou chegando de um jantar com ele. O Jospin é um velho camarada meu, ele muito satisfeito, recordando um encontro que tivemos no Copacabana Palace,*** um ambiente muito familiar a ele [na ocasião], velhos comunistas, ou melhor, velhos camaradas não comunistas, velhos conhecidos, ele foi trotskista (o Aloysio também e não sei quem mais estava no Copacabana).

O Jospin sabe menos do que eu sobre o que está acontecendo, pelo menos deu essa impressão, e no geral tem uma visão semelhante [à minha]. Estamos apreensivos, sem saber o que os americanos vão fazer, ele disse que os americanos não lhe pediram nada, apenas intercâmbio de inteligência. Ele acha possível que a guerra demore e eu disse que o Tony Blair imagina um ano pelo menos. Falei sobre as hipóteses básicas do Clinton, inclusive a da paz entre a Palestina e Israel e também falei do Afeganistão. Jospin não vê muita ligação do Afeganistão com a guerra, mas ela existe, porque o Paquistão tem medo da Índia. Pode haver fricção na Índia por causa do Afeganistão, e isso vai fazer com o Paquistão tenha menor disposição para ajudar os americanos. E mais: os paquistaneses, depois dessa remessa de 10 mil homens para

* Aloysio Nunes Ferreira, Celso Lafer e Pimenta da Veiga.

** A entrevista a Alain Abellard saiu com o título "Fernando H. Cardoso: '*Nous devons aller plus loin avec l'Europe dans tous les domaines*'" [Devemos ir mais longe com a Europa em todos os setores].

*** Em abril de 2001.

ajudar o Bin Laden, mostram que têm uma relação de apoio aos americanos muito relativa. Preocupação também de todos com a Arábia Saudita, de onde vem 40% do petróleo do mundo: até que ponto haverá essa aliança firme com a Arábia Saudita? Ninguém sabe. Jospin perguntou se o Blair iria continuar viajando e eu disse que sim, que na quarta-feira o Blair vai para a Arábia Saudita. Jospin demonstrou, em conversa privada comigo, que gosta do Blair — como eu também gosto —, há certa identidade entre eles, e eu até disse ao Blair que ele está com uma visão gaullista da "Europa das pátrias". Blair tem medo de uma aproximação maior com a Europa, por causa da moeda única. Jospin disse que realmente não é fácil, que há muitos problemas e as confusões são grandes, a integração é uma proposta bonita, mas vai levar muito tempo para que seja realidade, embora já tenha avançado bastante.

Foi essa, basicamente, a conversa. Não temos nenhum problema na relação entre a França e o Brasil. Eles estão ansiosos com a questão da Embraer e da Dassault.* Eu disse ao Jospin que tinha que haver a competição, como estamos fazendo, senão poderiam me acusar de escolher definitivamente Embraer e Dassault, embora sejam grandes as chances de que eles ganhem. Mas eu disse claramente que depende do preço e também de não haver outro que ofereça propostas melhores. Acho difícil que aconteça, acho mesmo. O resto são coisas menores, não propriamente um contencioso. A relação cultural é muito boa, é grande, a relação científica também, eles estão positivamente surpresos com a reaproximação muito grande entre o Brasil e a França.

Ruth acabou de chegar, ela foi jantar num restaurante com as senhoras dos que estão comigo. Agora vou dormir, é quase meia-noite, e amanhã tenho que me preparar para o discurso na Assembleia Nacional da França, e ainda tenho que receber gente, dar entrevistas, o trivial ligeiro da vida de um presidente.

HOJE É DIA 1º DE NOVEMBRO, QUINTA-FEIRA, estou de volta ao Brasil. Como eu tinha dito, na terça-feira, dia 30, fui fazer um discurso na Assembleia da França. Antes, de manhã, reuni uma porção de gente para conversar, a Danielle, o Eduardo Santos, a Ana, o Azambuja, para lermos o texto do discurso, uma última revisão. Depois almoçamos, não me lembro se dei alguma entrevista, e fui para a Assembleia da França.** Não preciso registrar, porque os jornais registram,

* Fabricante de caças concorrentes da licitação brasileira, que pleiteava se associar com a empresa de São José dos Campos.

** Foi a primeira ocasião em que um presidente brasileiro discursou na Assembleia Nacional da França. Na primeira parte do discurso, proferido em francês, Fernando Henrique destacou os laços históricos e culturais entre Brasil e França e relembrou o período em que residiu em Paris nos anos 1960. Em seguida, passou ao tema dos atentados do Onze de Setembro e ressaltou a afinidade entre as visões do Itamaraty e do Quai d'Orsay (chancelaria francesa) sobre o direito à autodeterminação dos povos e das nações. Por fim, exaltou as relações entre o Mercosul e a União Europeia e defendeu a admissão do Brasil no Conselho de Segurança da ONU, do qual a França é membro permanente. "Lutemos por uma

as televisões também, foi um êxito forte, confesso que me emocionei no final do discurso, quando o hemiciclo veio abaixo. Foram tantos aplausos, e duraram tanto tempo, que eu não sabia realmente o que fazer, iria reiterar "*Vive la France*", fiquei indeciso, continuaram aplaudindo. Estavam lá o [Valéry] Giscard d'Estaing,* o [Laurent] Fabius, que foi primeiro-ministro, outros ex-primeiros-ministros, o Raymond Barre,** que eu não vi, me disseram que estava lá, além do autor do livro que gostei muito, chama-se *Montesquieu: le moderne*,*** que eu até confundi com o Fabius, outro primeiro-ministro cujo nome me escapa agora, do tempo do Chirac.

Voltei à embaixada e ainda recebi pessoas, o presidente do [BNP] Paribas,**** o presidente da Peugeot-Renault,***** todos confiantes no Brasil e, curioso, preocupados com a Argentina. O grau de confiança continua bastante elevado. À noite houve um jantar na embaixada, velhos amigos meus, o [Alain] Touraine, que estava muito satisfeito, foi com a mulher dele,****** nova mas já com ele há muitos anos, uma italiana, eu o citei na Assembleia, ele estava entusiasmado com o discurso. Me encontrei com o [Michel] Rocard,******* ele também bastante contente, porque o que penso [expus a ele meu discurso] coincide com os objetivos de uma ONG que está organizando com o mesmo propósito.******** Ele foi acompanhado de sua terceira mulher,********* que confundi com a segunda********** e cometi uma gafe. Estava também um velho conhecido, Edgar Morin,*********** com a mulher dele,************ que eu não conhecia, estão casados há mais de trinta anos, mas eu não via o Edgar fazia muito tempo e não sabia do casamento. Ele deve ter uns oitenta anos, mas está muito bem-disposto.

Os presidentes de nossos partidos não ficaram para o jantar, assistiram a tudo impressionados. Só o José Aníbal foi para o comecinho do evento, o Vilmar, a Danielle, todos estavam lá, o jantar foi simpático. Fui dormir muito cansado.

Ontem, dia 31 de outubro, de manhã ainda recebi o Alan Riding, que hoje é responsável pelo *New York Times* na Europa, para falar um pouco sobre o Brasil, um pouco sobre o México, que ele conhece bem, tem um livro chamado *Distant*

---

nova ordem mundial que reflita um contrato entre nações realmente livres, e não apenas o predomínio de uns Estados sobre outros, de uns mercados sobre outros." (Biblioteca da Presidência.)

* Ex-presidente da França (1974-81).

** Ex-primeiro-ministro da França (1976-81).

*** Alain Juppé, ex-primeiro ministro (1995-97).

**** Michel Pébereau.

***** Jean-Martin Folz.

****** Simonetta Taboni.

******* Ex-primeiro-ministro da França (1988-91) e deputado no Parlamento Europeu.

******** Collegium International.

********* Sylvie Pélissier.

********** Michèle Legendre.

*********** Filósofo e sociólogo francês.

************ Edwige Agnes.

Neighbors[*] sobre o México, é um grande jornalista. No final disse que vai ser meu parente, eu quis saber por quê, e é porque o irmão dele vai se casar com a Lolô, minha prima que mora na Inglaterra. Eu gostei.

Recebi o embaixador Carlos [Luís Coutinho] Perez,[**] que quer ir para a Espanha, depois fui almoçar com o Chirac, junto com os que me acompanham, menos os chefes de partido, que foram recebidos pelo Chirac no final do almoço. O Chirac tem mais desempenho do que o Jospin, é mais ativo na condução da conversa, sabe tudo a respeito do mundo, é muito simpático, estava contente, impressionado, deu declarações que saíram nos jornais sobre o sucesso que eu teria feito na Assembleia francesa, disse que nunca tinha visto coisa igual. Chirac sempre muito amistoso.

Conversamos sobre a guerra, o Afeganistão, os Estados Unidos, a visão é a mesma de uns e outros. O Blair é o mais lançado, mas o Clinton, o Mário Soares, o Felipe González, o Aznar, todos com quem conversei na França, o Chirac, o Jospin, todos com a mesma preocupação: e agora? Será que os americanos têm algum plano? Será que não foi arriscado? Será que se fixar num inimigo, o Bin Laden, e não conseguir pegá-lo... para onde esse antiamericanismo pode derivar? Com a existência de tantas vítimas de guerra, é natural que haja, e vai haver mesmo, vítimas civis. O que vai acontecer no mundo? Todos, até explicitamente, são favoráveis à reorganização da ordem mundial, para permitir uma atuação mais ativa dos países emergentes, e todos reconhecem o peso do Brasil, isso é inegável, precisamos cobrar a fatura.

Na volta para Brasília conversei com o José Aníbal, com Jorge Bornhausen, com o Pimenta. Outros, como o Aloysio e o Michel Temer, ficaram em Paris. A ideia do Bornhausen é fazer a escolha dos candidatos entre fevereiro e março, ele prefere o Geraldo Alckmin e a Roseana como vice, mas não fechou as portas. José Aníbal mostrou dificuldades no relacionamento com o PMDB e com o Michel Temer em São Paulo. Disse o Bornhausen que já dissera ao Temer: se não houver um quórum definido para decidir a escolha do candidato do PMDB, o Temer deveria impor o quórum de metade mais um dos filiados; isso vai dar mais ou menos 35 mil eleitores, e eles não vão conseguir nunca. O Jorge tem uma imaginação boa para essas artinhas e está muito decidido a nos ajudar a ter um só candidato [para os três partidos]. Depois, como se viu na Europa, a presença do Brasil, a minha presença, a força de um governo sério, motiva essa gente a evitar um desarrazoado na eleição no Brasil.

Cheguei hoje de madrugada, quinta-feira, dia 1º, e encontrei o Marco Maciel muito entusiasmado, como aliás o Lucena e todos os presentes ao aeroporto. O Paulo Renato tem falado comigo por telefone porque a greve não acaba, os professores estão entrando numa linha muito "denuncista", tipo MST, uma linha quase de rebeldia, e vejo o Paulo muito nervoso. Falou comigo ao telefone vá-

[*] *Distant Neighbors: A Portrait of the Mexicans*. Nova York: Vintage, 1989.

[**] Subsecretário-geral do Serviço Exterior do Itamaraty.

rias vezes na Europa e hoje, mal cheguei, já me procurou, está com medo que os outros ministérios cedam aos grevistas e tem lá suas razões. Marco [Maciel] me contou que o Marco Aurélio tomou uma decisão* que na verdade não implica pagar setembro para os professores, o Paulo Renato acha que o voto do Marco Aurélio é insustentável.

No Brasil a grande polêmica é a esquerda questionada, porque se sou aplaudido em pé pela esquerda europeia, como se explica que no Brasil... Paulo Alberto fez um bom discurso em defesa do governo, o Madeira também, enquanto o pessoal do Lula vem defendendo a bobagem que o Lula falou sobre protecionismo.** Ficaram um pouco de escanteio e dizem que é pena que eu diga lá fora essas coisas e não aqui. Ora, o que eu disse lá fora foi exatamente o que eu disse no Itamaraty, na formatura deste ano, e também na OAB, nada diferente do que venho dizendo há cinco anos. Apenas ecoou porque o momento é mais oportuno e também por causa do ambiente. Falar na Assembleia Nacional francesa não é uma coisa que se faça a toda hora, até hoje apenas dez chefes de Estado, contando comigo, foram convidados para falar lá.

Aqui tivemos um avanço grande e deixamos um pouco de lado, um pouco encostada na parede, essa turma chamada de "esquerda", um bando de atrasados — nem todos, mas quase todos. O Roberto Freire, tenho lido pelos jornais, é de cabeça mais aberta e teve uma posição mais construtiva. O PT ficou resistente com esse besteirol que os atingiu agora, a acusação da corrupção do Olívio no jogo do bicho.*** Uma coisa muito suja de que eu não gosto e que eles fazem com todo mundo; agora é a vez deles de sentirem o peso dessas calúnias que viram quase verdades. O Eduardo Jorge, por sorte, o Senado mandou arquivar todos os processos de apuração contra ele, porque não descobriram nada, isso foi muito bom também. Agora inventaram que o Suassuna vai ser ministro porque deu um parecer favorável.**** É mentira, uma coisa nada tem com a outra, o Suassuna vai para o ministério porque o PMDB não cedeu. Vou me encontrar com o Tasso às quinze horas e amanhã vou para a fazenda.

* O presidente do STF determinou que o governo depositasse os salários de outubro dos professores em greve, cujo pagamento fora suspenso.

** O pré-candidato petista defendera a limitação das exportações brasileiras de alimentos até a extinção da fome no país.

*** Segundo gravações telefônicas divulgadas no final de outubro, o governo gaúcho teria sido leniente com a contravenção em troca de contribuições ilegais de campanha em 1999. A investigação fora iniciada em maio de 2001 por uma CPI estadual. Em 2003, o inquérito contra Olívio Dutra foi arquivado pelo STF.

**** Suassuna presidia a Comissão de Fiscalização e Controle do Senado e era relator da investigação sobre o suposto tráfico de influência de Eduardo Jorge na Secretaria-Geral da Presidência. O arquivamento acontecera em 24 de outubro, mesmo dia de sua nomeação ao Ministério da Integração Nacional.

3 A 7 DE NOVEMBRO DE 2001

Reflexões sobre Lula. Crise argentina. Escaramuças tucanas

Hoje é dia 3 de novembro, sábado, estou na fazenda Córrego da Ponte, em Buritis. Efetivamente me encontrei na quinta-feira com o Tasso, que me disse que não tinha feito nenhuma crítica ao governo,* que os jornais pinçaram palavras dele, e é verdade. Li duas versões, uma do *Globo* e outra do *Estado*, num dos jornais está como se fosse uma crítica ao governo, e o outro reproduziu o que o Tasso disse. Ele falou coisas normais e absolutamente corretas, nada de extraordinário. O Tasso acha também que há uma rede de intrigas e que por trás está o Serra. Não está, é a imprensa mesmo, não tem nada diferente disso. De lá fui ao Palácio do Planalto para os despachos normais, muita coisa acumulada, o que mais me preocupava era a Lei das Sociedades Anônimas, mas os vetos saíram direito, o Marco Maciel foi quem os fez, de acordo com o que tinha sido acordado no Congresso. Por mim eu daria ainda mais força aos minoritários,** mas temos que ir *step by step*, não tem jeito — no Brasil e em nenhuma parte do mundo.

Falei longamente com o Arthur Virgílio, que está ansioso para ocupar a posição de secretário-geral da Presidência, e tem razão, porque está tudo um pouco em suspenso, vou acelerar a designação do Zé Gregori — que está no Congresso —, pedir que designem logo um relator e, uma vez aprovada a designação, dispensar o Zé Gregori para que ele possa assumir a função mais rapidamente em Portugal. Tudo caminhou bem, até agora nenhuma reação negativa nas mudanças ministeriais que fiz, e mesmo a questão do Suassuna acabou sendo absorvida. Isso foi, portanto, na quinta-feira, no dia em que cheguei.

A repercussão no Brasil da minha fala na França foi extraordinária, recebi telefonemas de todo mundo, até do João Roberto Marinho, que sempre é muito discreto, mas ele gosta de mim e eu dele. Muita gente expressando satisfação pelas posições tomadas na França. Aqui reproduziram o discurso, e dessa vez saiu direito, em toda a parte, então viram nosso desempenho. É muito melhor quando se vê diretamente do que por opinião de terceiros, falando que eu disse isso e aquilo, sai uma confusão. Não foi só isso, é que lá, como já registrei, houve um momento excepcional. Claro, nossos embaixadores em Washington, e sobretudo na ONU, e também o Itamaraty, um pouco cautelosos, porque uma ou outra frase do discurso

* O governador do Ceará criticara o suposto excesso de poder do Ministério da Fazenda durante um evento na Firjan em 31 de outubro.

** Referência ao quinto parágrafo do artigo 161 da Lei das Sociedades por Ações segundo a redação proposta pela lei nº 10 303, que aumentava a participação dos acionistas minoritários nos conselhos administrativos.

é um pouco mais ardida com respeito aos Estados Unidos, e nossa imprensa foi provocar o Departamento de Estado, perguntando se vão reagir, se não vão reagir, o de sempre. Isso eu tiro de letra, mantendo minha posição com educação, como sempre faço, mas com firmeza.

Passei a noite de quinta-feira discutindo com o Matarazzo, o Paulo de Tarso e os assessores dele como será minha participação no programa do PSDB. Grande crise, porque o José Aníbal resolveu que iriam aparecer o Serra, o Tasso e o Paulo Renato no spot, e o Serra não quer, porque diz que isso vai dar colher de chá para o Tasso, e o Paulo Renato topou. Na verdade Serra supõe que o Tasso já tenha tudo preparado com o Nizan, enquanto ele ainda não tem nada. De fato há uma dificuldade, a de, sem termos um candidato, lançar todos. Por outro lado, não se pode, sob pretexto de fazer propaganda do governo — a comunicação é do governo — aparecerem só o Paulo Renato e o Serra; criaria uma situação delicada.

Eu já tinha falado com o Arthur Virgílio antes de voltar da França, e ontem telefonei ao Pimenta daqui da fazenda (cheguei ontem ao meio-dia depois de ter gravado um programa). Pimenta contra-argumentou, mas se dispôs a averiguar. Vamos evitar que haja um racha antes da hora no PSDB. Não podemos decidir quem são os candidatos, quem decide isso é a convenção.

Gravei a minha parte do programa, que era para ser de improviso e acabou sendo meio de improviso, meio lida. É difícil improviso com a rigidez do tempo da TV, com tudo cronometrado. Nem tentei, logo vi que iria perder muito tempo, e fiz o programa correndo. Eu tinha dormido mal à noite, tive um jet lag de quinta para sexta. Gravei o programa e vim para a Córrego da Ponte com a Luciana e a Isabel, depois jantaram aqui umas amiguinhas da Isabel. Passei o dia ontem descansando, lendo, telefonando ou recebendo telefonemas. Me telefonou, primeiro, o Chávez, preocupado, pedindo meu apoio, porque os americanos tinham retirado a embaixadora de Caracas* por causa de uma afirmação ousada dele na Europa, mostrando o retrato de crianças inocentes sendo bombardeadas. Eu vou falar com o Bush. Nesse meio-tempo houve idas e vindas da minha viagem aos Estados Unidos, eu estarei com o Bush no dia 8 de manhã, falo com ele e tento acalmar. Em seguida me telefonou o Ricardo Lagos, para saber da viagem, mas o que ele queria mesmo era contar que o Chávez tinha lhe telefonado, e queria saber o que eu achava. Eu disse que já estava sabendo. Com o Lagos entendimento sempre às mil maravilhas.

No meio disso tudo, acabei assistindo ao drama argentino. O Cavallo é um herói, ele deu uma reviravolta, fez uma negociação forçada da dívida interna,** ele tem mais poder para fazer com a dívida interna do que com a externa. Ele disse que não está contando com o dinheiro externo e tomou atitude firme. Acho fantásti-

* Donna Hrinak.

** O governo argentino anunciara a renegociação de sua dívida de US$ 40 bilhões com bancos, fundos de pensão e governos provinciais, na tentativa de economizar US$ 1,5 bilhão em juros no exercício de 2002.

co, a esta altura dos acontecimentos, o Cavallo ainda encontrar forças para propor medidas e buscar um alento para a economia da Argentina. Respeito o Cavallo, embora não concorde com muita coisa que ele fala, sobretudo sobre o Brasil. Ele quer jogar sobre nós a culpa das dificuldades da Argentina, uma esperteza política, mas de custo alto. Não obstante, é um colosso de energia e de capacidade de luta, é um gladiador, dos poucos que temos no continente. Acho que não vai dar certo, porque o clima internacional é contra, há um descrédito em relação à Argentina, mas esse "não dar certo" sabe Deus o que vai significar, e para nós, brasileiros, seria melhor que desse certo, porque assim a Argentina sairia desse sufoco e a pressão sobre nós diminuiria. Os mercados estão separando o Brasil da Argentina, como registrei nas minhas conversas com os dirigentes das empresas espanholas e francesas, isso é nítido. Nos chamados *basic points*, os juros adicionais sobre a taxa de juros do tesouro americano, a Argentina passa de 20%, ao passo que a nossa, já elevadíssima, está em 12%.* É um descalabro realmente, vamos ver o que acontece. Não sei o que o De la Rúa pensa, ele não me telefonou, eu também não quis preocupá-lo, nosso relacionamento anda estranho, então deixei assim para ver o que acontece.

Conversas telefônicas com o Malan, que minuciosamente se referiu a todas as questões, o Delfim [Netto] vai ser o relator da CPMF.** Eu havia alertado o Malan, há um mês, que ele iria tirar o imposto do CPMF das bolsas (alguém me avisou que ele retiraria) e tinha dito ao Malan: "Vamos tirar nós, antes que ele tire". Resultado: o Delfim vai tirar mal, vai piorar a situação. Eu disse ao Malan: "Vamos nos antecipar, faça uma medida provisória, tira isso". Na segunda-feira vou ter um encontro com o Malan, o Everardo, o Amaury, porque o Amaury quer meu apoio junto ao Everardo para dizer que devemos nos antecipar.

Falei com o Everardo por telefone, porque o Eduardo Jorge está nervosíssimo: a *Época* inventou que ele teve uma multa de 200 mil reais;*** teve, mas a multa está errada, o próprio Everardo me disse isso, e disse na *Folha*, que eu vi. Apesar desses cuidados vão explorar, porque o Eduardo Jorge é vítima de tudo isso, para ver se pegam alguém perto de mim. O Eduardo continua sendo imolado pelo estilo dele, mas sempre foi fiel a mim; é complicada essa vida política com falta de princípios. Eu não li a *Época*, vi a *Folha* de ontem, o Everardo já havia conversado com o pessoal da *Folha*, que deu a versão verdadeira. Houve um erro material, a Receita calculou duas vezes uma entrada de dinheiro (eu não entendi bem), o fato é que essa multa não é devida. E multa é multa, não é sonegação coisa nenhuma. Foi um erro, no caso, mais da Receita do que do Eduardo, é o que me dizem.

* O risco-país da Argentina roçava os 2500 pontos. O risco brasileiro flutuava na faixa de 1200 pontos.

** PEC 407/2001, que, convertida na emenda constitucional nº 32, de 12 de junho de 2002, prorrogou a cobrança da CPMF até 31 de dezembro de 2004.

*** O ex-secretário-geral foi autuado por incompatibilidade entre o crescimento de seu patrimônio e os rendimentos financeiros da empresa EJP Consultores Associados declarados à Receita. Caldas Pereira recorreu e a ação fiscal foi encerrada ainda em 2001.

Falei com o Eduardo Santos por telefone porque estou preparando o discurso para Nova York. É difícil fazer um discurso de mais impacto do que aquele na França, mas terei que aprontar um bom discurso, porque o momento é para isso. Em Nova York tenho que falar mais da paz, das Nações Unidas, me lembrei agora de falar com mais intensidade dos refugiados, enfim, tocar em certos temas com força e energia. Vou dizer ao Bush, com franqueza, que acho que ele deve dar mais espaço para nós, para o Brasil, para a Índia... Ela entra junto, mas quero saber é do Brasil. Vou ter com ele, como tive com o Tony Blair, uma conversa para demonstrar que não dá para continuar assim. Com o peso que temos, com nossa capacidade de desenvolver políticas em nível internacional, com o país sendo uma espécie de ponte entre vários mundos, por que não ter, formalmente, um lugar de maior destaque? Claro que vão me dizer que é um perigo, porque temos uma eleição, pode ganhar o Lula. Sim, mas e daí? Se ganhar o Lula, ganhou o Lula, vê-se depois o que se faz. O importante é que o Brasil avance, e farei tudo para que não ganhe nenhum maluco aqui. Eu acho, e lamento dizer isto, que o Lula não está preparado para ser presidente da República, tem dito muita bobagem, a visão do PT é equivocada, eles têm raízes sociais, o que é bom para dar governabilidade, mas uma visão equivocada do mundo, das políticas econômicas, das políticas públicas em geral e, principalmente, do papel do Estado. Além disso, o Lula perdeu 25 anos (eu disse isso na entrevista que dei ao Roberto D'Ávila), não estudou nada, não trabalhou, não se aperfeiçoou e não pode ser bom presidente. Claro, se for eleito vai ser presidente, mas vamos pagar um preço alto. Vou tentar gravar em seguida a cantoria dos pássaros na árvore em frente à varanda onde estou lendo. Infelizmente não dá para captar, não se ouve nada.

É quase meia-noite. Quero anotar mais dois telefonemas relevantes. Um foi para reafirmar com o Garotinho (ele virá amanhã jantar comigo, tinha me pedido isso no Rio) que evitasse fazer uma aliança com o Ciro, "Vamos ver", respondeu ele. No outro falei com o Celso Lafer, inclusive sobre a Argentina [de como tratar o assunto no discurso], e o Celso Lafer mencionou a questão das patentes. Os americanos não aceitam, não podem aceitar formulações genéricas. Até acho que eles têm razão, qualquer remédio genérico é demais, isto é, decidir que não haja patentes em tudo que se refira à saúde, não é bem assim. Quando há alguma moléstia na qual um genérico tenha efeito e que haja impossibilidade de os países mais pobres fazerem face às epidemias causadas por algum vírus, aí se justifica. O Serra vai para o Catar em época de campanha eleitoral, ele já ganhou um ponto grande com a quebra de patentes, tenho medo que leve nossa delegação a posições extremadas, sem racionalidade. O Celso Lafer vai comandar a delegação e vou ver com o Serra, antes de ele viajar, qual o ponto de equilíbrio disso tudo, porque não podemos perder a nova negociação, o round, por "principismo". É claro que temos que quebrar patentes para atender a saúde, a vida vale mais que o mercado; mas a vida, não qualquer manobra do Ministério da Saúde. Vamos ver o que sai disso.

Não era a essas conversas que eu me referia. Uma foi com o Jorge Batlle, a quem telefonei depois que disse ao Celso que eu queria saber mais sobre o que estava acontecendo na Argentina, e o Celso me deu informações muito pessimistas sobre o quadro. A visão do Batlle é um pouco diferente, ele me disse que recebeu um telefonema do [William] McDonough, presidente do FED de Nova York, e grande amigo dele, que lhe disse o seguinte: que estavam dispostos a ajudar a Argentina, mas que os argentinos não deviam fazer a negociação dos títulos por si mesmos, que vão ter que fazer através do [David] Mulford. O Mulford foi quem negociou com os argentinos da outra vez,* é amigo do Batlle e tem uma ligação — eu sei que tem — com os republicanos e com o pessoal do Bush. Então eles teriam que fazer essa renegociação com os tradicionais homens deles, que são o Lehman Brothers,** o Citigroup e outros desse tipo. Segundo me disse o Batlle, na Argentina isso não está sendo falado, mas há uma percepção de que até pode dar certo a manobra interna do Cavallo de trocar uns títulos por outros que rendam 7% ao ano de juros. Ocorre que os títulos serão trocados, mas as pessoas vão vender no mercado secundário por 40% do valor, disse o Batlle, e 7% de juros sobre 40% do valor dá um rendimento muito maior, basicamente 14%, um excelente negócio, cheira a mamata. Isso pode estar limitando a movimentação nesse sentido. Por outro lado, disse o Batlle, na Argentina não há quem possa substituir o De la Rúa neste momento, todos se queimaram e o De la Rúa ficou mais forte. O Batlle esteve com o De la Rúa, tomando café da manhã, e vai estar de novo na segunda-feira. A posição dele é a seguinte: acha que seria melhor trocar logo o Cavallo e botar o Giavarini, porque foi o Giavarini quem foi buscá-lo e assistiu à conversa com o De la Rúa. Eu disse ao Batlle que o De la Rúa me parece ter no Giavarini um homem de sua inteira confiança. Então o Batlle perguntou: "E o Brasil?". Bom, para nós, brasileiros, o Giavarini é melhor que o Cavallo, mais simpático. Cá entre nós, não tem a estatura nem a mesma capacidade de briga do Cavallo. Entretanto, para resolver uma situação de impasse — se esse for o caso —, não há dúvida que o Giavarini é o homem de confiança do De la Rúa e tem bom diálogo conosco. Isso talvez possa aliviar as negociações na Argentina, sabe Deus. Em suma, a posição do Batlle é discrepante, ou aparentemente discrepante, achando que o Cavallo cai logo e que o De la Rúa tem que fazer isso já, que a Argentina tem chance.

O Iglesias me telefonou, estava mais ou menos eufórico, disse que o Cavallo finalmente fez uma coisa positiva, quer dizer, solucionou a crise pela via heterodo-

* Mulford era subsecretário do Tesouro para Assuntos Internacionais no governo Bush (pai) durante a renegociação da dívida argentina pelo governo Menem.

** Banco de investimentos norte-americano cuja quebra em setembro de 2008 assinalou o início da fase mais aguda da crise financeira mundial.

xa, resolvendo as questões internas, e não cobrando dinheiro de fora nem do Fundo nem do Tesouro americano. Então, disse Iglesias, é exatamente o que o O'Neill queria, que o mercado assumisse a responsabilidade de resolver a questão, e é o que o Cavallo está tentando no plano interno, sem cobrar nada do lado de fora, pelo menos por enquanto. Acha o Iglesias que foi o O'Neill quem forçou o G7 a dar aquela declaração estapafúrdia, sem base em nada, de apoio às decisões do Cavallo, porque na verdade coincidem com o ponto de vista do O'Neill, que é: quem tem que pagar o custo é o mercado, que vai haver um preço alto e esse preço vai ser pago internamente.

Faz sentido, assim como faz sentido o que disse o Batlle, e se isso for verdade é até, digamos, uma ironia da história, o Cavallo vira Mahathir [Mohamad],* ou seja, arranja uma solução heterodoxa. O problema é que essa heterodoxia vai dar coceira aqui no Brasil. Muita gente vai achar que, já que o Cavallo resolveu assim, ou seja, trocando a taxa de juros, alterando os títulos e impondo uma renegociação, uma reestruturação interna, por que não fazemos o mesmo? E não vamos esquecer que aqui, para fazer o mesmo, significa dar o calote nos brasileiros, nos empresários em quantidade, nos depositantes dos bancos, que são nossos credores. Os nossos credores não são como na Argentina, onde basicamente a dívida interna é dolarizada. Não vão entender a diferença e vão pressionar aqui também, mas isso é problema posterior, embora não deixe de ser curioso. O Iglesias, que tem a tendência, digamos, a aceitar o que acontece e a buscar a melhor solução dentro do que acontece, já está vendo que a melhor solução é fortalecer a saída que o Cavallo encontrou para a Argentina. Essa situação é tão embrulhada que desorienta as pessoas, um vai para um lado, outro vai para outro lado, e há argumentos até ponderáveis para interpretações tão divergentes quanto as duas que ouvi na tarde de hoje.

HOJE É QUARTA-FEIRA, DIA 7 DE NOVEMBRO, são três e quinze da tarde, estou me preparando para daqui a cinco ou dez minutos tomar o avião e ir a Washington encontrar o Bush amanhã. Depois de ter estado aqueles dias na Córrego da Ponte, na segunda feira, dia 5, voltei ao Palácio da Alvorada, e não houve nada de mais especial, só o encontro com o Andrea e o Paulo de Tarso, para discutirmos o programa de televisão do PSDB. Deu uma trabalheira danada, porque o Serra não quer que apareça spot com ele, o Tasso, e o Paulo Renato, Serra acha descabido, e politicamente tem até razão, vai generalizar uma disputa entre eles, mas é uma coisa interna do PSDB. Por outro lado, o Tasso está certo, porque parece que ele está sendo vetado. Não vou entrar em detalhes, mas ao longo desses dias não me meti diretamente, chamei o Pimenta, pedi que ele mediasse. Ontem houve uma reunião

* Primeiro-ministro da Malásia que, em 1998, combateu os efeitos da crise financeira no Sudeste Asiático através da fixação do câmbio e do controle de capitais.

final, mas não está tudo resolvido ainda, o PSDB continua brincando com fogo. Por outro lado, ontem saiu uma pesquisa pela qual a Roseana Sarney chegou aos 20%; pode ser que a pesquisa seja um pouco manipulada, mas de qualquer maneira é um fato político relevante. O que há de positivo é que, somando a Roseana com o Serra, dá quase 25%, o que mostra que o governo tem condições de enfrentar o PT. Aliás, li um artigo muito bom do Mauro Chaves,* chamado "O tapete mágico",** mostrando o mal que o PT teria feito ao Lula. Foi a maneira que o autor encontrou de dizer que o Lula não fez nada, não estudou, não trabalhou, não se preparou e não está preparado para ser presidente da República.

Continuam os ecos da minha viagem à Europa, todo mundo no Brasil repercutiu, mesmo o pessoal do PT. O pobre do Genoino*** veio dizer que eu falo francês e que não gosto do Brasil; fora isso, todo mundo reconheceu que foi uma viagem exitosa não só para mim como para o nosso país. Na segunda-feira, dia 5, de manhã fiz uma gravação na GloboNews para o programa *Millenium*, com o William Waack. Ele é filho da mulher do Oliveiros [Ferreira], a Iaiá [Leontina Ferreira] — ela foi minha aluna, uma pessoa de quem eu gostava bastante —, com o primeiro marido dela.**** Bom repórter, falei sobre coisas internacionais, mas não tive tempo de ver o programa, é inacreditável.

Na segunda-feira, recebi também o Augusto Nunes, que agora dirige o *Jornal do Brasil*. Antes, de manhã, eu tinha tido uma reunião entre o grupo mais próximo e o Nizan Guanaes, e está dando confusão. Nizan é muito rápido de raciocínio e mais rápido ainda na ação, e acredito que tenha ficado um pouco sem jeito, porque não fiquei muito tempo na reunião, fui me encontrar com o Pedro Malan, com o Everardo e com o Amaury Bier, para discutirmos a nova tabela do Imposto de Renda e outros assuntos relevantes. A nova tabela é um abacaxi tremendo, porque o Congresso, demagogicamente, quer diminuir o peso do Imposto de Renda da classe média. O Everardo fez uma boa proposta, pela qual essa diminuição implicaria também uma redistribuição mais progressiva do imposto; se isentaria quem ganha até mil reais, e não novecentos, como é hoje, e o Imposto de Renda seria progressivamente elevado até chegar a 35% [para os que mais ganham]. Só 117 mil pessoas perderiam. No Brasil, quem paga Imposto de Renda são 4 milhões de pessoas; 117 mil seriam as que teriam que pagar mais. O Congresso, pelo que me disse o Everardo, rechaçou vivamente a proposta, sempre falando em nome da classe média, e sobretudo rechaçou porque, para reajustar as contas, precisaríamos aumentar a contribuição dos trabalhadores por conta própria, de classe média, profissionais liberais, jornalistas etc., que formam uma empresinha para não pagar Imposto de

* Colunista do *Estadão*.

** Publicado em 3 de novembro de 2001.

*** Recém-empossado na presidência nacional do PT.

**** Antônio Carlos Waack.

Renda e pagam menos de 15%, ou algo por aí, precisariam pagar um pouco mais. Imediatamente todo mundo reclamou que a classe média está sofrendo, e o que chamam de classe média é, na verdade, a classe média alta. O grosso da classe média está pagando e não está reclamando; quem está reclamando, como sempre no Brasil, são os mais ricos. São as distorções do nosso sistema.

Na terça-feira, ontem, tomei café da manhã com dois jornalistas de tipos diferentes. Primeiro veio o Mineiro [Ailton Nasser], que eu conheço há muito tempo, e está na TV Record. Com ele veio um chamado [José Luiz] Datena, que faz um programa chamado *Cidade Alerta*, sobre coisas policiais e basicamente sobre São Paulo; e veio também o Netinho, um cantor que agora é apresentador de televisão. Ficamos conversando longamente e pude ver o universo de preocupações deles. Acho que se surpreenderam comigo como pessoa. Resultado: quando fomos para a entrevista, foi muito agradável, entrevista popular, direta, sobre temas relevantes, uma linguagem acessível, foi uma experiência positiva. Não sei quando vai sair na TV, eu nunca tenho tempo de ver televisão.

Recebi ainda o Agripino, que é meu amigo, e veio fazer um pedido normal, depois despachei com o Dornelles sobre o Fundo de Garantia, que está nos finalmentes,* e tive um almoço com o Geraldinho Alckmin.

Antes do Geraldo, veio aqui nosso presidente da Câmara, Aécio Neves. Aécio vê-se que está amadurecendo cada vez mais, ele tem lá suas reinvindicações, mas o que queria mesmo era conversar sobre como encaminhar as questões do Parlamento, o que botar na pauta, e sobre política. A visão dele sobre a disputa entre Serra e Tasso é a mesma que eu tenho, que é deixar andar... O Tasso está nos últimos momentos [como governador] para fazer alguma coisa com força; lançou a rede, vamos ver se colhe peixe. Se colher peixe, é bom pescador; se não, vamos para uma nova rodada. O Serra, idem. Isso tem que ser resolvido lá para janeiro e fevereiro no máximo, mas temos tempo ainda para essa experiência, e temos que ir devagar, sem perder aliados, sem perder na briga uns ou outros, a dificuldade é essa. Falamos sobre Minas e ele me deu a impressão de estar contente com o que está acontecendo lá, a preocupação maior é com o PFL, que está inchado, tem dois ministros, pode querer mais do que uma vaga [de candidatos para o Senado]. Aécio acha que pode ir para o Senado ou para o governo, faria isso em combinação com o grupo do PSDB.

Almocei com o Geraldo Alckmin, o Geraldo sempre com a cabeça muito no lugar, também me disse que vai pouco a pouco refazendo o secretariado para ficar do jeito dele. Disse que quando o Zuzinha e a Renata, filhos do Mário Covas, foram a ele informar que iam fazer um ato de homenagem ao Mário com o lançamento do Tasso, já estava tudo pronto. Ele [Geraldo] foi, achou que correu tudo bem, o Tasso

* O cadastramento dos trabalhadores elegíveis ao reajuste do FGTS segundo o acordo com as centrais sindicais começara um dia antes.

fez um discurso correto, e é verdade, ele foi correto. Geraldo acha a mesma coisa que eu, que é o momento de deixar cada um andar, não podem brigar. Ele é mais Serra do que Tasso e é mais realista: não será candidato à Presidência. Já soltei três balões de ensaio, e não houve jeito, ele não pega. Achei positivo, porque não tem muito sentido candidatar-se agora.

Nesse ínterim, ainda tive que falar com o Luiz Macedo, que me veio com a má notícia de que não vai ser ministro da Comunicação, está com um problema de saúde, coisa cardiovascular, mostrou o laudo médico. Muito bem, sondei alguns nomes, já deu grande confusão, a Ana não gosta de nenhum, o Nizan também não, enfim, dificuldades. Acabei de falar com o Luiz Macedo, porque mandei anunciar que ele não será ministro; não lhe dei carta branca para ele convidar quem tinha indicado e certamente ele ficou meio decepcionado. Vou ter que discutir esse assunto na viagem e na volta resolver.

Recebi no Palácio do Planalto o casal Rothschild. Ela se chama Lynn Forester [de Rothschild], americana e casada com o Rothschild que hoje comanda a Casa Rothschild.* Conversas gerais, o que ele quer mesmo é discutir a venda dos aviões Gripen,** anglo-suecos. Foi educado, trouxe um diretor do banco para o assunto, disse que estava numa competição que seria *fair*, e nada mais.

Depois recebi o Eduardo Eugênio com o prefeito de Angra dos Reis,*** há o interesse em fazer a terceira usina nuclear de Angra dos Reis, mas ficaram falando comigo sobre assuntos gerais. Vim para cá correndo, eu tinha um jantar com o Pedro Parente e o Zé Jorge, porque o Sebastião Rego Barros foi convidado para ser o diretor da ANP e topou. Aparentemente não é a figura para o cargo, mas o Sebastião é inteligente, tem experiência de embaixador. Não sei qual vai ser a reação, sobretudo porque eu disse que é uma escolha geopolítica, não técnica. Hoje a reação do Armínio não foi de muita felicidade com uma decisão não técnica, os outros mais contentes. Acho que o Sebastião tem experiência, embora não seja a especialidade dele; precisamos de gente com mais visão.

Hoje, quarta-feira, o helicóptero já chegou para me levar. Arrumei minhas coisas para viajar, li uma porção de textos, refiz meus discursos, fiz isso no decorrer da semana com o Eduardo Santos. No domingo, quando voltei da fazenda, fiz a mesma coisa com o Eduardo, depois fui à cerimônia da Ordem do Mérito Cultural, muito boa, mas enorme, uma hora e meia com as escolas de samba,**** foi interessante, impactante, fiz discurso. Falei com o Jarbas Vasconcelos, porque o PMDB quer que ele indique o ministro dos Transportes, e o Jarbas, que é mais sóbrio, o mais cons-

* Evelyn Robert de Rothschild.

** O caça Saab JAS 39 Gripen venceu a segunda versão da licitação em 2014.

*** Fernando Jordão (PSB).

**** Foram condecorados representantes das escolas de samba Império Serrano, Mangueira, Portela e Vila Isabel, além de personalidades culturais de destaque, como a escritora Lygia Fagundes Telles e o pianista Arthur Moreira Lima.

trutivo de todos, acha que não é bom ele indicar, tem medo da caixa preta de lá, não quer se arriscar, mas também não quer me deixar sem jeito com o PMDB. Então combinamos o seguinte: o Padilha vai embora e deixa o secretário executivo; na volta falo com o Jarbas e veremos se há um nome bom para o Ministério dos Transportes. Almocei com todo mundo da área econômica, o Martus, o Malan, o Armínio Fraga, o Pedro Parente, o Aloysio e com o novo secretário-geral, que é o Arthur Virgílio, para discutir os limites orçamentários e a disponibilidade financeira, para melhorar a situação do orçamento. A pressão é imensa, dos militares, então, nem se fala, e eles têm razão, mas também dos parlamentes, por causa das emendas. O Pedro Parente entende muito do assunto, ainda bem, o Pedro Malan quer frear tudo e o Pedro Parente tem argumentos para mostrar que estamos com superávit, que não há por que não liberar mais recursos. Na minha volta serão liberados e eles querem propor um plano entre 1 bilhão e 2 bilhões, para reforçar os programas. Agora vou aos Estados Unidos.

13 A 18 DE NOVEMBRO DE 2001

Viagem aos Estados Unidos. Reunião com Bush. Alívio cambial. Discurso na Assembleia Geral da ONU

Hoje é terça-feira, 13 de novembro, fui aos Estados Unidos na quarta-feira, dia 7, fui conversando com o Celso Lafer sobre nossas posições em Doha, no Qatar, na reunião da Organização Mundial do Comércio, afinando o violino. Chegamos na quarta-feira à noite, jantamos com o Rubens e a Maria Inês, eles me deram mais informações sobre os Estados Unidos, eu já tinha lido um relatório do Gelson sobre o clima político no país, que é de guerra. Na quinta-feira, fui me encontrar com o Bush. Conversa melhor, impossível. Encontrei-o mais lépido, mais confiante, mais bem-humorado, simples de conversar. Algumas coisas nele são surpreendentes; por exemplo, ele não sabia que havia tantos negros no Brasil. Foi preciso a Condoleezza Rice, que estava na reunião, confirmar que a maior população africana fora da África é a do Brasil. Outro exemplo: quando me referi à questão das patentes, ele não sabia que o Brasil tem uma posição firme [sobre a quebra de patentes em produtos farmacêuticos em certas situações], que iríamos defender, mas que estaríamos dispostos a não prejudicar a negociação global. Sugeri mesmo — eu já tinha combinado isto com o Serra e com o Celso Lafer — que, se fosse o caso, aceitaríamos não haver referência alguma ao acordo Trips. Ele não sabia o que era Trips, matéria básica do acordo com a OMC sobre a propriedade intelectual, perguntou ao assessor dele. Por outro lado, vi um homem atento; por exemplo, no final me disse: "Você se esqueceu de falar sobre o aço". Eu não tinha esquecido, eu ia falar, mas disse: "Esqueci porque você pode resolver isso facilmente". Referíamo-nos às barreiras que os Estados Unidos estão impondo ao aço brasileiro.* Eu disse que era possível separar o Brasil da Coreia e do Japão na questão do aço. Ele perguntou ao assessor se era possível, mas com simpatia pelo Brasil. Conversamos muito sobre a Argentina, a visão dele e a minha também é que todos os esforços já foram feitos e a Argentina não reage. Ele acha que não cabe dinheiro adicional.

Tenho conversado com o Enrique Iglesias, nos falamos ainda hoje, dia 13, ele estava na Europa conversando com o [Laurent] Fabius, que foi primeiro-ministro da França, e insistiu em que temos que ajudar a Argentina, que ela deu passos enormes no sentido do ajuste. Hoje eu vi uma declaração do Miguel Robles,** que é contra o governo, dizendo que a economia da Argentina pode se recuperar no último trimestre ou no primeiro trimestre do ano que vem, não me lembro bem.

* Em março de 2002, alegando concorrência desleal de outros países produtores, o governo dos EUA aumentou as alíquotas de importação de aço em até 30%.

** Senador argentino.

Entretanto, a posição que vi na conversa com o Bush era muito restritiva. Quanto ao resto, espírito guerreiro, mas não tanto quanto eu imaginava. Ele tem a compreensão de que há um problema político mais geral, sabia que eu tinha estado na França e com o Blair, pois esteve com o Blair na véspera. Foi uma conversa boa. Coloquei nossas posições, nossas reivindicações de participação no Conselho de Segurança, no G7 e G8, insisti na necessidade de o Brasil participar mais, obter acesso a mercados. Ele anuiu, mas com aquela anuência polida, não quer dizer que esteja empenhado nisso e efetivamente tenha concordado, embora seja em geral simpático à posição do Brasil.

Voltei à embaixada, recebi uma porção de gente, não é caso de eu detalhar, falei com o Clinton por telefone, o [Thomas] McLarty queria que eu fosse até a casa do Clinton, mas não achei conveniente. Clinton não poderia vir à embaixada, não cabia mesmo, porque eu tinha estado com ele na casa do Blair recentemente. O Clinton, mais empenhado na ajuda à Argentina, foi o que ouvi dele por telefone.

Depois de receber alguns brasileiros que estavam por lá, fomos para Nova York com todos os embaixadores, o Valter Pecly, a Marie Hélène [Moreira]* mais o Rubens e a Maria Ignez. O Celso foi diretamente para Doha. Em Nova York me instalei na embaixada [na casa do embaixador na ONU], e lá estavam o Alfred Stepan** e Albert Fishlow,*** velhos amigos meus. Antes havia estado lá o Albert [Hirschman],**** quem infelizmente não encontrei, porque ele teve que voltar para Princeton. Ele, entretanto, se encontrou com a Ruth por acaso, numa exposição. Ele deve ter uns 85, 86 anos, sai de Princeton, toma o trem para ver uma exposição em Nova York, acho que do [Alberto] Giacometti,***** admirável.

Conversei longamente com os dois amigos presentes e com os dois que jantaram conosco, o embaixador Gelson Fonseca, eu e a Ruth. A anotar uma coisa interessante: o Fishlow acha que nosso candidato deveria ser o Aécio e ficou insistindo que está na hora de baixar a taxa de juros no Brasil. Ele já tinha falado a respeito com o Armínio, e tem-se que convencer o Malan. Eu também acho isso, é claro que temos que ver na reunião do Copom do dia 20 como vai estar o clima geral. O dólar caiu muito, hoje está R$ 2,50;****** quando voltei para cá, essa surpresa, o dólar caindo fortemente, isso porque hoje foi um dia difícil, ontem houve um acidente de avião nos Estados Unidos,******* ninguém sabe se acidente ou atentado, que provo-

* Mulher de Valter Pecly.

** Professor de sociologia da Universidade Columbia.

*** Professor de sociologia da Universidade Columbia e diretor do Center for the Study of Brazil.

**** Economista alemão radicado nos EUA, pesquisador do Institute for Advanced Study, em Princeton.

***** Retrospectiva no Museum of Modern Art (MOMA).

****** A cotação fechou em R$ 2,52.

******* Em 12 de novembro de 2001, um Airbus da American Airlines com destino à República Dominicana caiu num subúrbio de Nova York pouco depois de decolar, matando 265 pessoas. Segundo a investigação oficial, a tragédia decorreu de uma combinação de falhas mecânicas e erros dos pilotos.

cou uma pequena elevação no dólar, ele foi a R$ 2,53, R$ 2,55, mas hoje fechou, creio eu, a R$ 2,50. É uma coisa realmente estupenda que tenha acontecido isso, e necessária, porque mostra que o câmbio flutua mesmo, para cima e para baixo. Muita gente perdeu dinheiro, fizeram hedge com dólar a R$ 2,80 e perderam dinheiro, o que foi até bom, para não ficarem jogando contra o Brasil. No dia seguinte, sexta-feira, fiquei em Nova York e fui visitar o Museu Guggenheim. Estava muito cansado e meio adoecido de tanta comilança naqueles dias todos, mas fiz um pouco de dieta e fui ao Museu Guggenheim ver uma estupenda exposição do barroco brasileiro.* Quase não vi nada, a não ser um grande altar e uma ou outra peça que consegui olhar, porque havia muita gente em volta, imprensa, aquela confusão toda. Passamos uma sexta-feira mais ou menos calma, sem nada de muito especial a anotar. Revi várias vezes o discurso que faria no dia seguinte, no sábado, dia 10, nas Nações Unidas. Na sexta-feira jantamos na embaixada, para evitar maiores confusões de muita gente e muita comilança.

No sábado de manhã fui às Nações Unidas, onde é de hábito o Brasil ser o primeiro a falar. Reafirmei minhas teses, o que eu já tinha dito ao Bush, o que disse na França, para uma plateia mais burocrática do que a francesa, mas atenta, e que aplaudiu bastante ao final. Falei em português, o que diminui muito a capacidade de comunicação, mas tinha que falar, porque foi retransmitido para o Brasil. O discurso, não obstante, é denso. Depois de mim falou o Bush, no caminho cruzei com ele, que me disse: "*Good job*", algo assim, aquelas expressões dele. Eu já o tinha cumprimentado, e em pé mesmo, antes de ele entrar no auditório, aproveitei para pedir que ele entendesse melhor o Chávez, que tinha ido à televisão com um jornal na mão, anunciando que crianças inocentes estavam sendo massacradas no Afeganistão. Por causa disso, os americanos retiraram a embaixadora da Venezuela. O Chávez tinha pedido para eu interceder e intercedi. O Bush nem fazia ideia do assunto, portanto significa que foi uma reação burocrática, encaminhada pelo Departamento de Estado, não chegou ao Bush. Ele me disse: "Não diga ao Chávez que eu não sabia, mas eu não sabia".

O discurso do presidente do Irã me impressionou bastante, do [Mohammad] Khatami, um discurso ponderado, bastante denso. As outras falas não tiveram nada de mais notável, são sempre reiterativas. Fomos almoçar e me encontrei com vários presidentes no lobby. Antes falei com o presidente da Eslovênia,** que me convidou insistentemente para visitar seu país, porque ele está formando um grupo [ONG] juntamente com o Rocard. Falei com o Fox, e ele me deu a impressão de estar mais preocupado como repatriamento da Gloria Trevi*** do que com

* Brazil: Body and Soul, derivada da exposição comemorativa dos 500 anos do Descobrimento.

** Milan Kučan.

*** A cantora mexicana, grávida, estava presa no Brasil por suposto abuso de menores, e aguardava a conclusão do processo de extradição. Foi inocentada pela Justiça do México em 2004.

qualquer outro assunto, até porque não há contencioso entre Brasil e México. No almoço, o Kofi Annan* e eu de um lado e o Bush do outro; à minha esquerda, o presidente do Paquistão, aquele general (esqueço o nome dele),** e do lado do Bush estavam sentados o [Thabo] Mbeki, presidente da África do Sul, e o Fox. Ao lado do presidente do Paquistão, estava o presidente da Croácia*** e, em frente, havia o da Zâmbia,**** o do Quênia***** e outro de quem não estou me recordando no momento. O almoço girou em torno da conversa entre mim, o Kofi Annan e o Bush. Eu já tinha estado com o Kofi, depois do seu discurso o cumprimentei protocolarmente, Kofi é realmente um diplomata, um homem sábio, diz coisa com coisa. O Bush estava contente, seu discurso foi basicamente emocional e dirigido ao público americano, portanto, guerra, vingança e tal. Mas estava feliz, porque falou da necessidade da criação do Estado palestino. Eu disse ao Kofi: "Um americano falando [sobre o Estado palestino] pela primeira vez...", e o Kofi respondeu: "Não, presidente, conversamos sobre muitos assuntos...".

O Bush estava muito à vontade. A certa altura o Javier Solana, comissário das Relações Exteriores da União Europeia, um velho amigo meu lá da Espanha, me deu um abraço e disse: "Vamos fazer o Bush falar com o Arafat", que estava sentando em uma mesa em frente à nossa. Eles estavam falando da questão de Israel e dos palestinos. Solana se dirigiu ao Bush, que cortou a conversa na hora, dizendo: "Vai você dar a mão a ele... *your hand*", e cortou bruscamente. Depois comentou: "Não está na hora disso, não posso". E a razão é a que ele tinha explicado a mim em Washington, quando disse que não discordava da política do Clinton, mas, diferentemente deste, estava fazendo uma diplomacia silenciosa com Israel. Contou na mesa onde estávamos Kofi Annan e eu a conversa dura que teve com o Sharon. O Sharon percebeu que foi desagradável com ele, telefonou e pediu desculpas, Bush replicou: "*Thank you*", e bateu o telefone. Enfim, tudo isso porque o Sharon queria forçar posições diferentes das posições americanas, que são de continuidade do acordo.****** Por isso ele disse que, se fosse falar com o Arafat naquele momento, estragaria tudo. Veja-se o jeito dele — foi contando do telefonema com o Sharon com muita liberdade, muita franqueza.

Assim foi o encontro na ONU e, claro, tudo isso teve muito impacto na mídia, na televisão e nos jornais brasileiros, eu não vi a televisão, mas foi o que todos me disseram sobre a opinião pública brasileira. Desde a França temos ido num crescente em nossas posições internacionais.

* Secretário-geral da ONU.

** Pervez Musharraf.

*** Stjepan Mesić.

**** Frederick Chiluba.

***** Daniel arap Moi.

****** Acordo de Oslo, assinado entre Israel e a Organização para a Libertação da Palestina (OLP) sob a mediação dos EUA em 1993.

Depois do almoço, ainda fui visitar o Ground Zero, o local onde incendiaram as Torres Gêmeas do World Trade Center, que foram demolidas. É impressionante, foi como se uma bomba de grandes proporções, quase atômica, tivesse caído lá. O que mais me tocou foi um punhado de americanos, uns quarenta, que estavam à minha saída, e quando cheguei perto deles e disse: "Eu sou presidente do Brasil e quero dar um abraço", qualquer coisa assim, alguns começaram a chorar. Então fiz como se faz aqui na América Latina, apertei a mão de um por um, eles vinham apertar a minha mão com emoção. O povo americano ainda está sob o impacto, e não é para menos, com aqueles escombros imensos e milhares de pessoas soterradas. Extremamente chocante.

Na volta fui falar com o Khatami nas Nações Unidas. Khatami, repito, me impressionou, ele tem uma posição clara, propõe um diálogo das civilizações, e a Ruth participa até disso, das Nações Unidas.* Ele disse que os americanos erraram muito, que nunca entenderam a posição deles, apoiaram o Iraque e depois se arrependeram, apoiaram a Aliança do Norte e depois se arrependeram, apoiaram o Bin Laden.** Ele, Khatami, sempre denunciando o terrorismo, sempre contra o terrorismo, e os americanos continuam nessa posição. É um homem educado, elegante, fingindo que não sabia inglês, mas entendendo tudo em inglês e no final falou comigo em inglês, querendo muito a aproximação com o Brasil. Fiquei impressionado, sobretudo, porque ele explicou textualmente: "Nós precisamos ter uma versão do islã que seja democrática", e ele está forçando a democratização do islã no Irã. Acho que os americanos deveriam se aproximar dele, aliás, pedi ao nosso embaixador que transmitisse ao embaixador americano na ONU*** a minha impressão e a necessidade de uma aproximação. Acho que eles já sabem tudo isso e estão calculando o momento para ver se querem ou não fazer.

Fui jantar, na mesma noite, com os presidentes da América do Sul convidados por mim e pelo Ricardo Lagos. Estavam o Chávez e o De la Rúa, este muito entusiasmado, como o Giavarini havia me dito, com a hipótese de o José Botafogo [Gonçalves]**** ser embaixador em Buenos Aires, achando que é bom, porque o Botafogo sabe das coisas da Argentina, sinceramente querendo que o Botafogo fosse nomeado nosso embaixador. Estavam presentes também o presidente da Nicarágua,***** o Ricardo Lagos, o Pastrana (encontrei-o meio caído), estavam o do Paraguai e o do México, o Fox. Tivemos uma boa conversa sobre o que fazer em con-

* A primeira-dama integrava o conselho da United Nations Foundation, entidade privada vinculada à ONU e destinada ao financiamento de políticas de desenvolvimento social, solução de conflitos e meio ambiente em todo o mundo.

** O terrorista saudita recebera assistência da CIA para formar guerrilhas antissoviéticas durante a primeira Guerra do Afeganistão (1979-89).

*** John Negroponte.

**** Embaixador do Brasil no Mercosul.

***** Arnoldo Alemán.

junto. Resultado: surgiu a proposta de contatarmos alguns personagens, como o [Albert] Fishlow ou o Stanley Fischer, ou ainda o [Joseph] Stiglitz,* para que eles possam orientar a reunião que vai haver no México sobre financiamento do desenvolvimento.** Eles poderiam fazer um documento sobre as formas de financiamento, passar em revista todas as taxas etc. Combinamos que nossos ministros da Fazenda, na reunião no Canadá,*** vão jogar em conjunto, para mudar a forma de fazer empréstimos, acima ou abaixo da linha. Os investimentos em ativos não deveriam ser considerados dívida; por exemplo, quando se vende alguma coisa para comprar outro ativo. Uma velha discussão que o Serra, o Paulo Renato e o Malan já tentaram no Fundo Monetário e não conseguiram. Agora, quem sabe, com a pressão dos presidentes seja possível obter algo mais criativo.

O Toledo também estava presente e me pediu uma audiência. Nos encontramos na residência do embaixador da ONU, simplesmente um gesto de simpatia, ele concorda com tudo que eu disse na carta que mandei a ele e a outros chefes de Estado, falou que está querendo se aproximar de mim e do Brasil. Ele é mais superficial do que parece, faz cara de muita compreensão, falando de coisa séria, mas o conteúdo é ralo. O presidente do Paraguai também não tem densidade, e, de fato, densidade quem tem é o Ricardo Lagos e, interessante, o Chávez. Gosto do Pastrana, do De la Rúa e do Fox, mas eles não são de avant-garde, do ponto de vista político e intelectual, são menos audaciosos. Essas foram as minhas impressões.

Na manhã seguinte, dia 11, domingo, recebemos nossas representações consulares e diplomáticas. Eu já havia estado na casa do [Flávio] Perri, o cônsul-geral em Nova York, na sexta-feira ele deu uma recepção na casa dele para a colônia brasileira. Falei com dezenas de pessoas de todo tipo, padres, pastores, jornalistas, empresários, pequenos empresários, socialites... foi bom. Disseram que nunca nenhum presidente falara com a comunidade brasileira em Nova York. E regressamos para o Brasil, chegamos na madrugada de domingo para segunda-feira.

Ontem, segunda-feira, foi um dia duro, esses dias todos têm sido de esfolar, nem sei como eu e a Ruth aguentamos o trabalho que tivemos nesses dias, ele é muito, muito pesado. Ontem acordei tarde, dei uma longa entrevista ao Zé Luís Portella [José Luiz Portella]**** sobre o governo, gravei rádio, os nossos vários programas, despachei incessantemente, falei com uma porção de gente do governo, para botar a agenda em ordem. Hoje, dia 13, comecei com a entrega de credenciais, depois tive um almoço no Alvorada com o Dante de Oliveira. Nesse meio-tempo discuti o tema dos presidenciáveis. Levei comigo para os Estados Unidos o Aécio, que,

* Professor de economia da Universidade Columbia.

** Conferência Internacional sobre o Financiamento do Desenvolvimento, realizada pela ONU em Monterrey, em março de 2002.

*** III Reunião de Ministros da Fazenda e Presidentes do Banco Central do G20, em Ottawa, entre 16 e 17 de novembro de 2001.

**** Ex-secretário executivo dos ministérios dos Transportes e do Turismo no governo FH.

aliás, teve bom desempenho. Falamos sobre as confusões imensas de Tasso, Serra, uma brigalhada incessante, discute-se se aparecem ou não no programa de televisão. Hoje o Dante veio dizer que precisamos ter um método para resolver quem é o candidato, tudo isso com medo da Roseana Sarney, que, dizem, chegou aos 20% da opinião pública, todo mundo querendo uma candidatura que seja viável. Tenho falado por telefone com o Celso Lafer, falei com o Serra também, eles estão em Doha para ver os avanços da negociação, e há avanços, ganhamos a questão das patentes, estamos levando a melhor até agora na questão da agricultura, os europeus se comprometeriam a um *fading out** das tarifas, mas até agora há certo embaraço nos que estão reunidos em Doha, só amanhã vou saber como as coisas vão progredir. Agora à tarde, recebi o Martinez, que veio reiterar a solidariedade ao governo, embora esteja com o Ciro. E recebi o João de Almeida Sampaio [Filho], o futuro presidente da Sociedade Rural Brasileira, e tivemos uma longa reunião sobre orçamento, redistribuição de verbas entre os vários ministérios. Enfim, a rotina da vida agitada de quem é presidente da República e quer que o Brasil mude.

HOJE É QUARTA-FEIRA, DIA 14 DE NOVEMBRO, estou vendo o jogo Brasil e Venezuela, vamos vencendo por 3 a 0, ainda bem, porque isso é muito importante para todos nós, brasileiros.** Hoje notícias boas de Doha, falei com o Sérgio Amaral. O Celso Lafer me telefonou na hora do almoço para comunicar que vencemos em toda a linha, pelo menos aparentemente, amanhã preciso ler o texto. A ação do Serra, do Celso Lafer, do Sérgio Amaral e do Pratini, fora a dos nossos embaixadores, como o Celso Amorim, foi excepcional, e os americanos ajudaram a finalizar as questões. Acho que minha conversa com o Bush também ajudou, porque em regra geral combinamos o jogo, inclusive na questão relativa às patentes. Mas o decisivo foi a luta em Doha, a diplomacia brasileira tem feito um trabalho extraordinário na chamada diplomacia econômica, é de tirar o chapéu. Espero que algum dia o Brasil entenda a importância do esforço que estamos fazendo. O Sérgio me telefonou diretamente de Doha, antes de tomar o avião para Londres.

Hoje houve a posse dos novos ministros,*** fiz discurso, respondi a essa ansiedade para que indiquemos logo os candidatos. Disse que temos que trabalhar, vamos fazer esforço para chegar a uma convergência, mas insisti em que há muito tempo de governo. Havia muita gente na posse, umas mil pessoas, elogiei todos os ministros e acho que temperei a questão do cronograma político. Nós é que precisamos

* "Diminuição gradativa".

** Os gols da última partida das Eliminatórias, disputada em São Luís, foram marcados por Luizão e Rivaldo. Com a vitória, o time de Luiz Felipe Scolari chancelou sua classificação à Copa de 2002, ficando em terceiro lugar.

*** Aloysio Nunes Ferreira (Justiça), Arthur Virgílio (Secretaria-Geral) e Ney Suassuna (Integração Nacional).

definir qual é o cronograma que nos interessa, e não deixar a imprensa definir o tempo político, os nossos deputados e líderes apenas reagindo ao que a imprensa pede. Não tem cabimento, precisamos ter o domínio do tempo.

Recebi o Eduardo Jorge, que me disse que ele ganhou espetacularmente o habeas corpus de São Paulo,* encerrando as safadezas que estão fazendo com ele, e me disse que o Júlio César [Gomes dos Santos] vem aqui ver a questão do Sivam. Ele quer que eu diga ao Júlio para não se precipitar e dizer coisas que não convém, porque o Júlio pode querer se vingar do Xico Graziano** e reabrir uma questão, que é tudo o que a imprensa quer. Falei com o Júlio César por telefone e ele disse que vai falar com o Eduardo Jorge e que virá calmo. Recebi muita gente depois da posse, mas sobretudo fiquei falando com o Paulo Renato por causa das greves, tomamos medidas duras para conter esse festival de greves. Pedimos uma liminar, para dar a garantia de que pelo menos o governo não precise pagar três meses de greve, e a Justiça dando ganho de causa aos grevistas. Tomamos algumas medidas duras para limitar o abuso de que não podemos substituir professores; pelo menos que se possa no caso dos que não têm vínculo permanente. Então precisaremos contratar gente nova para fazer funcionar o INSS, que está parado também. Isso tudo foi discutido com muita competência pelo Gilmar Mendes e pelos outros formuladores da nossa política. Conversei longamente com o Pedro Parente sobre a questão de energia, porque continuamos preocupados com a crise energética. O Pedro Parente é ótimo, está tomando todas as medidas necessárias, mas falta muita coisa, porque estávamos mal amparados no modelo energético.

Dei algumas entrevistas para a imprensa, rápidas no rádio, e vim para casa. Cheguei quase às duas horas da tarde para almoçar com o Gustavo Dahl, com uma moça que trabalha com Pedro Parente (não me lembro do nome dela agora) e com o Pedro Parente, para discutir a formação da agência de cinema. O Gustavo Dahl não abre mão de querer alguém mais ligado aos setores das distribuidoras, com alguma ligação com setores estrangeiros também, ele quer o Walter Salles. Achamos melhor equilibrar a composição, nada muito grave. Eu queria ficar à tarde descansando, mas não descansei nada: recebi o Pedro Malan e o Everardo para discutir com o Madeira a estratégia de votação no Congresso, porque estamos precisando acelerar as votações para fechar o orçamento do ano que vem, mas antes do orçamento precisamos acelerar a aprovação das leis que estão no Congresso: a chamada PEC dos Combustíveis e a reforma [correção da tabela] do Imposto de Renda de Pessoa Física. Os parlamentares estão querendo fazer uma confusão que vai dar um grande desfalque no Tesouro; sempre com o pretexto de beneficiar a "classe

* A investigação sobre a suposta participação de Caldas Pereira no superfaturamento do TRT paulista fora trancada pela Justiça Federal.

** Segundo as investigações do escândalo do grampo do Sivam, em 1995, o ex-presidente do Incra agiu em conjunto com policiais federais para interceptar os telefones do então chefe do Cerimonial da Presidência.

média", acabarão por baixar a arrecadação. Não querem aceitar uma proposta que o Everardo fez, que achei bastante razoável, para quem ganha mais de 10 mil reais e para quem usa a chamada empresa por conta própria para pagar menos Imposto de Renda. Conversamos sobre isso extensamente, é preciso dar força ao Everardo, que está se sentindo muito solto, muito abandonado, todo mundo tira casquinha dele, e ele é um lutador mesmo. Sei que as dificuldades são grandes com a reforma tributária, mas outro igual ao Everardo é difícil, muito difícil mesmo.

Depois dessa longa conversa, ainda recebi o Raul Jungmann para falar mais de política do que de outra coisa. Conversamos sobre quem seria o secretário de Comunicação Social, isso continua sendo uma perfeita dor de cabeça para mim porque eu não sei como decidir, dado que o Macedo não topou e há vários nomes em jogo. O Jungmann insistiu no Zé Abrão, mas o Zé Abrão foi da área, ele tem interesses na área e não sei se vai funcionar, embora ele seja um rapaz que sempre nos ajudou bastante. Há a ideia de botar o Caio [Luiz de Carvalho], que está na Embratur, há a ideia de botar o Fernando Barbosa Lima...* nada muito claro. Na minha cabeça, a solução não está cristalizada e estou tendendo a uma solução mais executiva, com menos pompa de ministério e com mais eficiência no funcionamento do dia a dia da publicidade do governo.

Recebi mais tarde o Artur da Távola, o Paulo Alberto, para discutir a mesma questão, ou seja, a Comunicação, foi-se quase toda a tarde nisso. Recebi o Guerreiro, que está muito cansado, o Pimenta não o recebe desde julho e não dá para entender por quê; ele está querendo ir embora mais uma vez. Se o Pimenta sair em janeiro [para se candidatar] eu o ponho no ministério, para repor questões da Anatel. Discuti com ele nomes para a Anatel e ele sugeriu alguns, o Pimenta sugeriu outros, não está nada decidido, não é fácil resolver o conselho da Anatel e sinto que há um cansaço, como é natural, das equipes que estão no governo há tantos anos, ganhando mal e sendo criticadas por todos o tempo todo, embora a Anatel seja bastante prestigiada. O fato de o Pimenta não ter se acertado com o Guerreiro criou um problema grave para a pacificação da área. Ainda mais tarde recebi o Arthur Virgílio, que pela primeira vez veio despachar como ministro e conversar um pouco. O Silvano Gianni também veio despachar e, no final de toda essa confusão, ainda foi possível saber de duas boas decisões de juízes que deram ganho de causa a nós na greve dos professores.**

Fui ver um filme que achei interessante, não me lembro como se chama, deixa eu ver se tenho anotado... *Mecanismo celeste*,*** bem interessante, me diverti. Depois vi uma partida de futebol, ainda estou vendo, e no meio-tempo, arrumando pa-

* Diretor-presidente da TV Educativa.

** O titular da 17ª Vara Federal de Brasília considerou a greve ilegal e determinou a volta ao trabalho dos professores e servidores do INSS parados.

*** *Mécaniques celestes*, longa de 1995 dirigido por Fina Torres.

péis e registrando esses fatos que não têm maior transcendência, salvo Doha, que realmente vale a pena, e dizer que a iniciativa político-econômica continua com o governo.

Hoje eu disse num dos discursos que parece que estamos iniciando o governo, uma sala com mil pessoas na posse de ministros, uma coisa impressionante, eu disse: "Temos muito tempo para fazer muita coisa, temos um ano". O Real foi feito em meses, então temos que continuar trabalhando e não perder tempo só com fofoca política.

O dólar continua reagindo bem, desvalorizando diante do real, este está indo bem, as exportações estão razoáveis, a percepção geral é que o Brasil saiu do sufoco e se separou da Argentina. Hoje há uma percepção mais nítida de que no Brasil já não existe a confusão de antes, de que o "contágio" iria liquidar nossas possibilidades de crescimento. Eu afirmei isso no discurso, e é verdade. Eu vi nos Estados Unidos, eu vi na Europa, embora nós continuemos com uma visão muito mais negativa da situação brasileira do que a situação em si é. Estou vendo no jogo que os venezuelanos estão atacando, com risco tremendo de fazerem gol... mas não, escapou, não fizeram gol. É difícil ver futebol e registrar, mas não quero deixar de fazer estas anotações, porque depois passo um tempo enorme sem ter a possibilidade de fazê-lo mais calmamente.

Estou preparando minha viagem, vou amanhã a Ibiúna, vou levar o livro sobre o Talibã* que me deu o Gelson Fonseca nos Estados Unidos e que é muito interessante, de um jornalista paquistanês. Comecei a ler no avião e espero lê-lo na estada em Ibiúna. O clima internacional continua tenso, parece que o Talibã abandonou Cabul; nos Estados Unidos o caso do avião foi acidente, e não o que se imaginava, coisa de terrorismo. Isso aliviou as tensões, parece que o mundo hoje e ontem esteve menos tenso do que nos últimos dias.

Em tempo: o mundo é agitado mesmo, eu nem registrei que a Marta Suplicy veio estar comigo, hoje de manhã foi ao Palácio. O Fred me disse que ela estava muito bonita, eu até não achei tanto, mas estava bem, toda vaporosa. Eu disse: "Você está muito bonita!"; o Fred tinha me dito que ela estava com dor nas costas, por isso eu disse, brincando com ela: "Pois é, Marta, a idade conta, veja o meu caso de dor, você tem que fazer ginástica, natação". Foi simpática, me trouxe uma carta muito amável, muito agradável, da Tetê [Teresa Suplicy], irmã dela, que sempre trabalhou comigo, pessoa de quem gosto bastante. Depois conversamos sobre o que fazer em São Paulo, ela veio com umas ideias avoadas, entre as quais o pedido de cessão de um terreno do Exército em Osasco. Eu falei: "Osasco não é São Paulo, o que adianta?". De resto pediu coisas que não têm viabilidade, são só para fazer um jogo político. Eu disse que o Arthur Virgílio [que estava presente] iria analisar, não

* Ahmed Rashid. *Taliban: Militant Islam, Oil and Fundamentalism in Central Asia*. New Haven: Yale University Press, 2000.

fui a fundo. Nas imagens só aparecemos eu e ela, não sei o que a Marta terá dito, ela não parece ter consciência plena das dificuldades que está enfrentando.

HOJE É SÁBADO, 17 DE NOVEMBRO, estou em Ibiúna. Na quinta-feira me encontrei com a Ruth, a Bia, as crianças e vários amigos delas no aeroporto de Congonhas e viemos para cá. Dormimos bem, acordei às dez da manhã na sexta-feira. Boris e a Cinira vieram aqui, conversamos um pouco, foi muito agradável. Depois fiquei lendo o livro do Paulo Markun sobre a crise do Jânio.* Reafirma o que estava entrevisto no livro do Castelinho [Carlos Castello Branco] sobre a renúncia do Jânio,** que foi uma obra de intriga acima de tudo. Até mesmo o episódio da mala devolvida ao Lacerda,*** pelo que aparece no livro, foi maquinação do Zé Aparecido [José Aparecido de Oliveira]**** com o Horta, que telefonaram para o mordomo pedindo que deixasse o Jânio ficar conversando com o Lacerda, e isso precipitou a crise.***** É de espantar também quanto tempo de televisão eles usavam, uma hora, duas horas de programa de televisão, não era à toa que o Lacerda derrubava presidentes. Com uma hora, a gente tendo habilidade para falar, faz o que quiser. O livro não é de análise, é mais um relato de fatos, mas é interessante. O jornalista vai falando e é fiel — pelo menos o quanto os dados disponíveis mostram — aos depoimentos, aos jornais; não tem aspirações à interpretação, é um bom livro.

O dia transcorreu calmo, Leôncio veio no fim da tarde, fomos para a casa do Boris, jogamos uma partida de pôquer com a Maria Helena e o Eduardo Tess.****** Eu tinha passado antes na casa do Gregori para pegar a Maria Helena, encontrei a Ivone Frugoli e a irmã da Maria Helena, a Lalucha [Maria de Lourdes Fonseca Sigaud], e também a Ticha [Maria Cecília Gregori]******* e o marido.******** Conversamos um pouco e fomos para a casa do Boris. Também conversamos durante o jogo, estávamos mais interessados em conversar do que em jogar. Depois chegou o Tess e mesmo assim o jogo continuou sem muita seriedade. Não obstante, eu ganhei, como é costumeiro. A Ruth disse que eu ganho porque roubo. Imagina, só faltava essa!

* Duda Hamilton e Paulo Markun. *1961: Que as armas não falem*. São Paulo: Senac, 2001.

** *A renúncia de Jânio: Um depoimento*. Rio de Janeiro: Revan, 1996.

*** Na noite de 18 de agosto de 1961, o governador da Guanabara, Carlos Lacerda (UDN), visitou o presidente Jânio Quadros no Palácio da Alvorada para tratar de assuntos políticos e pessoais. Enquanto Lacerda se reunia com o ministro da Justiça, Oscar Pedroso Horta, o mordomo do palácio recebeu ordem de esperar pelo retorno de Lacerda na porta do palácio, com a mala do governador na mão. Sentindo-se insultado, Lacerda rompeu com Jânio. O "caso da mala" agravou o isolamento político do presidente, que renunciou uma semana depois.

**** Ex-secretário particular de Jânio Quadros.

***** João Hermínio da Silva.

****** Advogado.

******* Filha de José Gregori.

******** Francisco Millan.

É porque eu tenho sorte, mas também sei jogar. Depende de sorte também, porque o Léo perdeu e sabe jogar. Jantamos na casa do Boris, a Ruth se encontrou conosco lá.

Voltamos à meia-noite para cá e vi que o Serra, com quem eu não falei até agora, estava no telefone. São onze horas da manhã de sábado. Falei com o Celso Lafer, que está eufórico, e com toda razão, pelo que aconteceu em Doha. Deu mais detalhes e combinamos a nomeação do Botafogo para a embaixada de Buenos Aires. O Celso vai comunicar a ele hoje. Pedi que avisasse primeiro ao Malan, embora o Malan já saiba, porque eu disse. A repercussão na Argentina foi boa. Falei com o Gilmar Mendes, que está na batalha com o Judiciário, o Judiciário criando dificuldades, nós reagimos.* O [Paulo] Costa Leite** falou com ele, dizendo que está muito mal assim, que foi um golpe no Judiciário. Costa Leite se esquece que ele não é mais, como no passado, assessor do [Otávio] Medeiros;*** agora ele é presidente de um tribunal, deveria ter isenção. Mas não, faz demagogia democratizante e falsa. Não é possível que inexistam limites para o funcionário ficar em greve, recebendo salário indefinidamente. Não tem cabimento. Então tomamos algumas medidas, porque o Tribunal decidiu de forma irresponsável.

Aguentar um fim de mandato tendo o Costa Leite como presidente do Superior Tribunal de Justiça e mesmo alguns do Supremo Tribunal Federal, dedicados a manchetes e discrepantes da maioria, é dose. São eles, contudo, os que mandam e, quando uma liminar cai na mão deles, resolvem. Por isso temos que nos precaver e criar mecanismos que levem o debate aos plenos dos tribunais ou, então, que o STJ não tenha a última palavra. Eu preferia que não fosse assim, que cada um assumisse sua responsabilidade, mas eles não assumem, então paciência. E vem a Dora Kramer dizer que há arranhões democráticos... E não há arranhão democrático em deixar os aposentados sem atendimento no INSS por três meses? Ou os beneficiários sem atendimento porque há uma greve política, irresponsável, que continua, continua... Como é possível? Tudo isso é fácil de dizer, mas difícil de a população entender.

Assisti com a Ruth e com a Bia ao programa de televisão feito pelo Paulo de Tarso para o PSDB, foi razoável, elas são mais exigentes do que eu, disseram que os depoimentos podem ser mais convincentes, que o mundo não é tão róseo assim, está bem. De qualquer maneira, não foi ruim, foi uma mensagem, dissemos que temos uma rede de proteção social. Pensei melhor, rede de *promoção* social, não de proteção social, mas agora é tarde, já foi ao ar falando em rede de proteção social. Em todo

* O STJ ratificou liminares de instâncias inferiores que determinaram o depósito dos salários dos professores universitários e outros servidores em greve, então bloqueados. O Planalto, que recorreu da decisão, tentava postergar o pagamento, editando um decreto, uma MP e dois projetos de lei para alterar o mecanismo orçamentário dos salários e relativizar a estabilidade funcional dos grevistas.

** Presidente do STJ.

*** Costa Leite foi assessor jurídico do SNI entre 1979 e 1984.

caso vou tentar o enfoque de promoção, bolsa para estudar, bolsa para tirar a criança do trabalho, Bolsa Alimentação para a criança ter os seus neurônios mais em ordem, enfim, para promover o ser humano, não para protegê-lo, o que dá um ar de certo assistencialismo, que não é do que o governo gosta nem o que está fazendo.

No Afeganistão caiu Cabul, há notícias de que Kandahar foi abandonada, os americanos teriam matado o número dois da Al-Qaeda,* ligado ao Bin Laden, parece que tudo vai cair como um castelo de cartas, vamos ver. Provavelmente fugiram para as cavernas, para as montanhas. Haverá guerrilha ainda por um bom tempo, mas pelo menos se desarticulou esse terrorismo que já poderia ter sido desarticulado há mais tempo, e por outros meios, não fosse a perplexidade dos americanos e de todo mundo, que dificultou à opinião pública ter o conhecimento efetivo [do que ocorria], como agora, na tragédia do World Trade Center. Ela mostrou do que se constitui o terrorismo, o perigo que representa e a loucura por trás dele. Tenho lido bons artigos, um até saiu no *Times* e foi reproduzido pelo *Estadão*, muito interessante, de um intelectual paquistanês e muçulmano,** mostrando que não se pode levar a sério a interpretação do Corão feita pelo fundamentalismo da Al-Qaeda. Ela é uma loucura total e é preciso que haja uma reação nos próprios meios islâmicos, como já começa a haver.

Estou lendo pacificamente em Ibiúna, o jardim está muito bonito, nosso sítio ficou um recanto agradável, não há muros entre a casa do Juarez, a do Boris, a minha e a casa do Barão, o de Fiore. Há muros nos separando das outras casas, mas não das que estão ao lado, então os jardins ficam grandes e temos uma piscina em comum para as três casas. Vai fazer trinta anos que possuímos esta casa, ela é gostosa, fomos fazendo um puxadinho aqui, outro lá, o jardim está muito bonito com essas árvores, é verde pra todo lado. Eu durmo em quatro lugares diferentes: frequentemente, ou quase sempre, no Alvorada, que é calmo também, agradável, bonito, mas é um palácio, vivo cercado de gente. Eventualmente durmo em Buritis, na fazenda Córrego da Ponte, é um lugar agradável, gosto muito de lá também, tem outra natureza, a do cerrado. Eu gosto do cerrado; é preciso descobrir as veredas do Grande Sertão para descobrir a beleza do cerrado. Tudo lá está ganhando cara de coisa mais antiga, já temos essa fazenda há pelo menos quinze anos. E às vezes durmo em São Paulo, no apartamento da rua Maranhão, que também é agradável, mas um tanto apertado para nossas condições de hoje, não dá para receber filhos, netos. O apartamento é simpático para um casal sem filhos, mas já somos um casal com muitos filhos e muitos netos. Por mim, cuidaria de arranjar um local mais amplo quando eu terminar a Presidência.*** E, finalmente,

* Mohammed Atef.

** "Carta aberta a Osama bin Laden", de Izzat Majeed, publicada pelo *Estadão* em 17 de novembro.

*** Em 2003, os Cardoso se mudaram para um apartamento mais amplo na rua Rio de Janeiro, também em Higienópolis, atual endereço paulistano de Fernando Henrique.

de vez em quando passo dias aqui em Ibiúna, que, como jeitão, talvez seja o mais simpático de todos os nossos locais. É simples, rústico quase, tem um conforto razoável, não é extraordinário, mas é muito simpático. Pena que seja úmido demais. Ficamos entre a secura de Brasília e do cerrado e a umidade de Ibiúna. De qualquer maneira, é agradável passar esses momentos longe das discussões do dia a dia da política. Depois de tanta confusão no mundo, isto aqui é um refúgio. Boa parte do que escrevi nos anos 1970 foi escrita aqui, na sala onde estou, que era uma varanda. Nós fizemos um puxado, e agora é um escritório que dá diretamente para este jardim muito vivo, de muitas flores, muito colorido, um lugar de tranquilidade.

Sem falar que lá embaixo, na casa do Gregori, na casa do Boris, em nossa antiga casa, a casa do Pedro Paulo lá embaixo — antes de construir esta casa [feita pelo Carlos Lemos] alugamos outra lá embaixo —, tudo isso forma um todo, como diria o [Jean-Paul] Sartre. Como ele chamava mesmo? "Espaço hodológico",* uma coisa assim, espaço existencial, local em que se viveu e que se construiu junto. O tempo trabalha bem a natureza. Quando estamos em interação constante com ela, a casa, as circunstâncias, os amigos, tudo aqui me dá a impressão de móvel velho, de família bem plantada. E se complementa com os empregados. O Joaquim, que é o caseiro daqui, está conosco há trinta anos. Ele morava em uma casa de chão batido, uma choupana, quando era empregado do Fernando Lemos, irmão do Carlos Lemos; depois veio para nós e foi melhorando, agora mora em uma casa com telhado, tudo direitinho, que fica em nosso terreno; tem televisão, geladeira, telefone, comprou carro, progrediu, é um bom sujeito, um caipira típico de Ibiúna, quase como aqueles caipiras do Antonio Candido, do Rio Bonito.** Joaquim é uma figura curiosa, entendê-lo não é fácil, pelo modo de falar típico da região, a Ruth entende mais facilmente do que eu. A Marisa, nossa empregada, fica só durante o dia. À noite a Ruth prepara a comida, eu tiro os pratos, mesmo agora, e a Marisa limpa no outro dia de manhã. Ela também está conosco há, sei lá, quinze anos talvez. E em São Paulo a Teresinha também deve ter uns vinte anos ou mais conosco. E o outro, o Gilberto, hoje estuda direito, os filhos estão se formando, ele é nosso motorista há coisa de, no mínimo, vinte anos, acho que até mais. Tudo isso antes de eu ser presidente, senador etc. Na Córrego da Ponte, também o Wander está lá desde que compramos a fazenda; a casa dele era de chão batido e hoje ele tem casa em Formosa, e não foi benesse da família Cardoso; foi o progresso material de toda uma camada da sociedade brasileira. A Teresinha, nossa cozinheira de São Paulo, tem casa, nós ajudamos a construir, todos possuem casa própria, muita gente no Brasil,

* Derivado do grego *hodos* ("caminho", "estrada"), o conceito foi formulado pelo psicólogo germano-americano Kurt Lewin e adotado por Sartre em *O ser e o nada* (1943).

** Alusão a *Os parceiros do Rio Bonito*, ensaio sociológico de 1964.

as pessoas gostam de casa própria como lugar seguro, isso é importante. É bom ter sempre esses apoios antigos.

Hoje vêm almoçar aqui a Esther Hamburger, a Marjorie Gueller, que foi conosco a Princeton nos anos 1970, quando as crianças eram pequenas. A Esther, que de vez em quando me entrevista, hoje é uma importante cronista dos meios de comunicação e socióloga. Vem também uma moça, Fátima, cujo irmão é primo da Ruth, porque o tio da Ruth, irmão da dona Mariquita [Maria Vilaça Correia Leite],* morreu cedo e a mulher dele se casou e teve outra filha, que é essa que vem hoje. Também está aqui o Jeco [Jorge Poppovic], filho do Pedro Paulo, velho amigo nosso, conheço o Jeco desde que nasceu. Agora ele vive com a filha do Almino [Affonso],** a Gláucia [Affonso Silveira], que eu conheci no Chile há quase trinta anos, mais de trinta. Tudo isso forma um contexto sentimental. E ainda deverão vir para o almoço o Luiz Meyer e a Regina, que também têm casa aqui perto.

HOJE É DIA 18 DE NOVEMBRO, DOMINGO, daqui a pouco vou a São Paulo porque, no fim do dia, recebo o doutorado honoris causa da Universidade Hebraica, de Jerusalém, e por telefone devo falar com meu velho conhecido Samuel Eisenstein, que é um sábio, cientista político, um dos grandes intelectuais de Israel. Li nos jornais uma entrevista do Celso Furtado,*** não é ruim, mas atribui a mim não ter tomado as medidas de reforma fiscal por causa da reeleição. Meu Deus, essa gente não se dá ao trabalho de pesquisar e de olhar como as coisas aconteceram e passa a dizer e a dar a explicação mais óbvia: "O presidente, na ambição de poder, não fez a reforma fiscal". É o que faltava! Depois ele defende a inflação, diz que uma inflação de até que 15% é boa e que agora o Fundo Monetário aceita até 10%. Se aceita até dez e nós estamos em seis**** — estivemos ano passado em 9%***** — não há por que se queixar. Falta a coragem intelectual de ver que as coisas mudaram, o pensamento dele não dá conta do mundo atual. E depois diz que não sabe se foi por falência cívica ou pelo quê, ou se foi pelos acordos que fiz com o PFL, eu não percebi a grandeza histórica de ter que fazer uma reforma fiscal para substituir a inflação como forma de financiamento da poupança. Ora, ora, ora, levei anos tentando fazer a reforma fiscal, ajustando os estados, ajustando os bancos... Não sei se ele se refere à reforma tributária, mas essa também... Que leviandade, meu Deus, e do alto dos seus oitenta anos. Ele, que é um homem generoso, dizer essas coisas sem refletir duas vezes. É fantástico.

* Mãe da primeira-dama.

** Ex-ministro do Trabalho do governo João Goulart e ex-deputado federal (PSDB-SP).

*** A entrevista saiu n'*O Globo* daquele domingo com o título "O Brasil precisa perder o medo da inflação".

**** O IPCA de 2001 foi de 7,67%.

***** Em 1996 e 1999, o índice foi de 9,56% e 8,94%, respectivamente.

Fora isso, as fofocas habituais dos jornais de domingo, vazias, não há nada de mais específico. O Ciro inventou que começou a ficar contra mim, irritado comigo, porque ele me teria feito uma confidência e eu fui inconfidente. Qual a confidência? Que ele estava com problemas familiares. É verdade, quando ele me falou que não iria topar o Ministério da Saúde, que eu lhe ofereci, disse que estava com problemas, que poderia resolvê-los e que queria ir para os Estados Unidos.* Agora, o que eu tenho a ver com um romance dele do qual eu nem sabia? Na época ele não me informou e eu nem sabia. A quem eu poderia ter dito isso, meu Deus? Ele alega que não pode dizer, porque não tem certeza, não tem o fato concreto, mas acha que fui eu que espalhei a notícia! Ora, o Ciro namora uma figura conhecida por todo mundo, e o presidente da República é o responsável pela fofoca. Em que país nós vivemos, meu Deus! O que se vai fazer? Um homem da grandeza de Celso Furtado faz análises superficiais só para dizer que eu não estive à altura da história. E o outro demonstra sua insegurança ao arranjar uma razão dessa natureza para explicar seu comportamento desabrido comigo, me acusando de tudo injustamente. Enfim, vivendo e aprendendo.

* Gomes recusou o convite no final de 1994, antes da posse no primeiro mandato. O Ministério da Saúde coube a Adib Jatene. O ex-governador do Ceará, que na época era casado, assumiu o namoro com a atriz Patrícia Pillar em 1999.

23 A 28 DE NOVEMBRO DE 2001

Viagens a Pernambuco e ao Peru. Cúpula Ibero-Americana. Morte de Vilmar Faria

Hoje é sexta-feira, dia 23, acabei de chegar a Lima, no Peru,* passei a semana sem registrar nada porque foi uma semana pesada. Depois do que registrei em Ibiúna, fomos a São Paulo e de lá voltei diretamente para Brasília. Na segunda-feira, dia 19, fui ao Rio de Janeiro abrir a Assembleia Geral da Confederação Parlamentar das Américas.** Fiz um discurso não muito diferente do que venho dizendo nos últimos anos, mas talvez pelo ambiente, talvez porque tenha se seguido aos discursos que fiz na Europa e nas Nações Unidas, deram destaque à luta contra a pobreza, que, disse eu, não pode ser obscurecida pela luta contra o terrorismo. Receberam essas palavras como se fossem uma coisa surpreendente dita por mim... Voltei para Brasília, vim com o Dornelles e com o brigadeiro [Paulo Roberto] Camarinha, pai do [Roberto] Camarinha, meu médico na Presidência. Uma conversa agradável, o Camarinha contando histórias do tempo dos militares, dos quais ele trabalhou próximo no Palácio do Planalto, chegou a ser ministro no governo Sarney, foi ministro-chefe do Estado-Maior das Forças Armadas, a mãe dele*** era muito amiga das minhas tias, Zélia e Sílvia, fomos vizinhos na rua Bambina [onde minha avó morou e eu, na primeira infância, também], sendo que antes de eu nascer eles eram vizinhos das velhas gerações de família, na rua Félix da Cunha.**** O Dornelles estava muito preocupado com a votação da lei sobre a CLT,***** e com razão. Ao chegar aqui fui despachar com os ministros militares e com o Quintão, voltei a expor a eles a política externa do Brasil com detalhes, conversas minhas com o Clinton, com o Bush, para colocá-los mais informados sobre tudo isso e para sentirem o rumo para o qual o Brasil vai. Depois fiz a gravação de programas de rádio, jantei e fui dormir.

A terça-feira começou, depois da natação, com a visita da primeira-ministra da Nova Zelândia, Helen Clark.****** Foi um bom encontro, ela é uma mulher disposta,

* Fernando Henrique foi recebido em visita de Estado e participou da XI Cúpula Ibero-Americana de Chefes de Estado e de Governo, com o tema "Unidos para construir o amanhã".

** Terceira edição do evento, com o tema "Os caminhos da Alca e da democracia", realizada no hotel Sofitel.

*** Iara Coutinho Camarinha.

**** No bairro carioca da Tijuca.

***** O projeto de lei 5483/2001, proposto pelo Executivo, previa a alteração do artigo 618 da CLT para permitir a sobreposição de acordos coletivos à lei trabalhista.

****** A premiê neozelandesa e sua comitiva estavam no país desde 16 de novembro, cumprindo agenda em Manaus, São Paulo e Rio de Janeiro.

é do Partido Trabalhista,* está fazendo uma aproximação entre a Nova Zelândia e a América Latina. O almoço no Itamaraty** foi agradável, de lá voltei para o Alvorada, descansei uns minutos, despachei com o advogado-geral da União e fui receber a Associação Nacional de Jornais. Estavam o Francisco Mesquita Neto, o Roberto Civita, o Paulo Cabral,*** o pessoal da Globo, o Evandro [Carlos de Andrade]**** veio representando o João Roberto, que telefonou a ele dizendo que está de acordo. Com o quê? Eles querem que se ponha em votação a lei que permite que até 30% das empresas de comunicação possam ser compradas por capital estrangeiro.***** E mais: o titular da empresa de comunicação não precisa ser pessoa física. Essa segunda reivindicação é mais do que justa, porque é um anacronismo precisar ser pessoa física, além do quê, isso leva aos laranjas, e como fazer a chamada de capital? Do bolso deles? O mundo hoje não é mais assim. Quanto ao capital estrangeiro, eu ainda ponderei, seguindo o que tinha me dito o deputado do Paraná, Martinez, que havia de prestar atenção ao conteúdo veiculado — e é bom dizer que conteúdo nada tem a ver com controle. Não quiseram entrar nessa questão, até pensei que o tema fosse interessar aos donos de empresa nacional, mas eles estão apertados, querem é ter recursos, para evitar uma bancarrota, e alguns casos são graves mesmo.

Ainda tive uma reunião com o Perillo, governador de Goiás, sobre questões administrativas, ele está afobado porque a Celg quer distribuir energia elétrica e não consegue, o governo anterior privatizou a geradora, e Perillo está precisando de recursos para levar adiante os programas. Ele trouxe o pastor Manoel Ferreira, que sempre nos apoiou e agora quer ser candidato a senador pelo Rio de Janeiro, e quer obter algumas nomeações, para ter condições de fazer campanha, essas coisas.

Depois me reuni com o pessoal de energia para discutir Angra 3, com o Zé Jorge, Pedro Parente e Sardenberg. Todos acham que é preciso levar adiante os projetos e estudos sobre a viabilidade de Angra 3. Parece racional fazer Angra 3, pelo investimento já posto lá,****** mas certamente meu sucessor cuidará disso, não eu.

Quarta-feira, dia 21, fui a Petrolina lançar um programa sobre convívio com a seca,******* um dos vários programas que o Raul Jungmann impulsionou nesses seis

* New Zealand Labour Party, social-democrata.

** Um dia antes, o Itamaraty sediara o Seminário Brasil-Oceania, com a presença de Clark.

*** Presidente dos Diários Associados.

**** Diretor-geral da Central Globo de Jornalismo.

***** A PEC 203/1995, transformada na emenda constitucional nº 36, de 28 de maio 2002, autorizou a participação de estrangeiros na composição societária de empresas jornalísticas e de radiodifusão, até o limite de 30% do capital. Em novembro de 2001, a PEC estava no primeiro turno de discussão na Câmara.

****** O governo já gastara US$ 700 milhões na usina, cuja conclusão requeria investimentos estimados em US$ 1,7 bilhão. Iniciada em 1984 e paralisada dois anos depois, a construção foi retomada em 2009. Em 2015, quando a construção foi novamente suspensa, Angra 3 atingiu 60% das obras concluídas, ao custo de R$ 7 bilhões.

******* Foram lançados os programas Seguro-Safra e Bolsa-Renda/Vale-Comida.

meses, entre os quais a substituição da distribuição de cestas básicas por dinheiro: as famílias recebem cerca de quinze reais e a cesta custa doze, e, havendo a perda da produção por causa da seca, recebem seguro-renda; o sertanejo receberá o seguro automaticamente. É uma liberação efetiva deles dos políticos, e também da incerteza, pois o fundo será permanente. Cada um contribui um pouco e o governo federal banca o grosso do projeto.

Recebi o Jarbas em Petrolina, aliás, gostei de ver Petrolina, está bonita, com imensa plantação de frutas nas áreas de irrigação. O problema é que há mais manga do que eles colhem, estão colhendo 30% da produção de manga, e ainda assim os preços caindo muito. Lá há muita fruta, o mercado interno é enorme, mas para ter viabilidade a fruta precisa de maior expansão do mercado externo. Tenho dito isto a algumas pessoas: "Não adianta estar produzindo mais, não tem quem compre"; temos uma produção agrícola imensa, e agora também de fruta. É indiscutível o avanço que houve na região de Petrolina.

O Jarbas Vasconcelos estava contente, porque o PMDB conseguiu botar o Itamar no corner.* Depois chegou o Tasso, mais contente ainda, imitando os maoris, que ao me cumprimentar, no dia anterior, encostaram nariz no nariz, e a foto saiu em todos os jornais do Brasil.** Ele fez a mesma coisa, o Getúlio [Gurgel]*** tirou uma fotografia e o Tasso ficou aflito para que não fosse publicada. Ele estava com o espírito bom. No caminho para Araripe, no Ceará,**** conversei com ele, só nós dois na cabine, paramos primeiro em Juazeiro. Tasso se mostrou disposto a competir, reclamando que o Serra faz cara de sonso, mas manobra tudo, impediu que houvesse algo mais racional nos programas do PSDB, e que ele [Tasso] ficava como um bobo. Ele vai disputar. Estou convencido de que o Tasso ficará firme como candidato no PSDB. Voltei na quarta-feira mesmo e acho que ainda jantei aqui com o Jovelino e com a Ruth.

Na quinta, dia 22, ontem, logo de manhã tive gravação na TV Bandeirantes. Veio uma equipe que não está muito habituada a gravar para a televisão, a fazer entrevistas, e, surpresa minha, veio o Mauro Santayana.***** Aliás, foi um dos mais mansos na entrevista, embora dizendo coisas sem pé nem cabeça, afirmando que a queda da mortalidade infantil se deveu à queda da taxa de crescimento demográfico. Quando ele me perguntou desafiadoramente se eu era favorável à queda da taxa de crescimento demográfico, eu disse: "Seja eu favorável ou não, ela vai cair, pois

* A ala do governador mineiro fora derrotada na reunião da Executiva pemedebista, realizada no dia anterior, que decidiu que as prévias para a definição da candidatura própria em 2002 teriam número reduzido de votantes.

** Referência à cerimônia de recepção à delegação neozelandesa, com membros da etnia maori.

*** Fotógrafo oficial do Palácio do Planalto.

**** Além de repetir as cerimônias dos programas lançados em Petrolina, o presidente inaugurou em Araripe uma fábrica de beneficiamento de farinha de mandioca.

***** Colunista do *JB* e comentarista da Band.

quanto mais educação se dá, mais as mulheres controlam a natalidade". Ele acha que não, que é preciso haver mais gente, é a velha ideia do Brasil potência com base em muita gente, pobres e miseráveis; eu não entendo como a cabeça desse pessoal ficou tão atrasada. O [Fernando] Mitre* muito agressivo também, por causa do desemprego, dizendo que eu vou devolver o país ao meu sucessor com uma taxa de desemprego maior do que a de 1994. Expliquei as condições de produção etc. Depois o [Marcelo] Parada,** que é ex-genro, creio, do Mino Carta, perguntou por que que nós mudamos o modelo de importador para exportador. Eu respondi: "O que é isso? Quando o modelo foi importador? Não estando a moeda atrelada ao dólar — o real variou em função da desindexação e do combate à inflação —, como o Brasil vai ser importador? De onde você tirou essa ideia?". Noventa por cento do nosso mercado é interno, exportamos 10% e importamos 10%. É uma coisa realmente extraordinária a falta de informação mesmo de pessoas de boa vontade, como é o caso desse rapaz.

À noite eu vi o programa e não ficou mau, embora eles me interrompessem a toda hora e não pude explicar nada direito.

Depois fiz gravações no PSDB, e ainda fui fazer a reunião da Câmara de Gestão da Crise de Energia no Palácio do Planalto. Reduzimos drasticamente o racionamento,*** decisão técnica, eu não participei de nada, vi os dados, tudo foi bem-feito. Achei que os jornais iam dizer, como disseram, que havia risco de manipulação política e não sei o quê.

Voltei para cá com o Sérgio Amaral e no caminho discuti o que vamos fazer em Montevidéu sobre as exportações, na reunião de dezembro,**** e também em Lima. Tive um almoço com o Seixas Corrêa, que vai para Genebra, por isso lhe oferecemos um almoço.

Em seguida passei a gravar os programas do PSDB, foram mais de vinte, um para cada estado, uma canseira danada; recebi o pessoal que veio do Espírito Santo, os senadores, o [Gerson] Camata, o Paulo Hartung, para discutir as enchentes.***** Eu já havia mandado para lá o Ney Suassuna, com quem tinha me encontrado em Araripe, no Ceará. Diga-se de passagem que em Araripe, aonde fui lançar o programa de emprego e renda, foi muito interessante; é uma cidade de 20 mil habitantes no meio do sertão, bem depois de Juazeiro, do Crato. O prefeito — acho que se

* Diretor de jornalismo da Band.

** Diretor da Rádio Bandeirantes.

*** Diante da recuperação dos estoques hidrelétricos, o governo determinou um corte geral no patamar de redução compulsória do consumo energético, até então em 20%. O percentual passou a ser de 12% no Sudeste e 17% no Nordeste. O limite chegou a 7% em alguns municípios do Sudeste, como as capitais paulista e carioca. Também foi reduzido o consumo máximo passível de corte no fornecimento.

**** XXI Reunião do Conselho do Mercado Comum e dos Chefes de Estado do Mercosul, em 20 e 21 de dezembro de 2001.

***** O estado fora atingido por uma semana de chuvas torrenciais, que haviam causado dez mortes e deixado 2,5 mil pessoas desabrigadas

chama [José Humberto] Germano Correia — fez curso de pós-graduação em Roma, perdeu uma eleição, foi para Roma, voltou e está no segundo mandato, é do PSDB. Ele me disse que não há ninguém com fome na cidade, no município. Lá tem médico de família, seis equipes, e se está formando a sétima, todo mundo atendido, 98% das crianças na escola. É a mudança que está havendo no fundão do Brasil, e os bem-pensantes, os chamados formadores de opinião, não têm nem ideia do que está acontecendo na base da sociedade; ficam falando do social de maneira abstrata, pensando como gente da classe média.

Voltando à quinta-feira, ontem, fui à missa, era o Dia Nacional de Ação de Graças, missa na catedral, como é de hábito todo ano. Voltei para cá porque teria um encontro com o procurador Schelb, acho que é o nome dele, que veio com outro cujo nome não me lembro,* foi até agradável. Eles são muito jovens, esse Schelb, que pediu o encontro, tem 31 anos, é formado aqui em Brasília, foi fazer mestrado no Paraná porque brigou com os professores daqui. Vieram me dizer que estão fazendo uma investigação sobre o Araguaia, com o propósito exclusivo e humanitário de achar as ossadas e devolver às famílias, e que precisavam ter acesso aos documentos da operação militar que talvez ainda existam. Um juiz** despachou favoravelmente, sob segredo de Justiça, e eles não querem de forma alguma provocar nada; disseram que é só mesmo uma questão humanitária. Não entendi por que vieram aqui, talvez por um gesto de aproximação. A conversa foi presenciada pelo Aloysio, fiquei quase duas horas com eles. Aproveitei e falei de muitas coisas, e soube depois pelo assessor dele, que conversou com o Lucena, que gostaram muito, que ficaram encantados. E eu perplexo. Esses jovens são os que fazem toda a confusão junto com a imprensa, só não sei se a imprensa puxa mais do que eles.

Hoje, sexta-feira, dia 23, fui a Lima na hora do almoço e antes, de manhã, fiquei arrumando meus papéis e despachando com um e outro, sempre atrasado. Nesse meio-tempo, um problema: o Zé Jorge insistia em não deixar que se nomeasse o candidato do Philippe Reichstul para a Diretoria de Serviços da Petrobras.*** Eu tinha prometido ao Aécio que faria isso. Telefonei ao Zé Jorge e disse: "Nomeia [o candidato do Philippe], depois explico a razão". A razão é simples: o Philippe vai embora da Petrobras, eu não podia dizer isso e não quis deixar o Philippe com a ideia de que por esse motivo estávamos tirando o tapete dele. Ele não quer nomear um diretor, ele é o presidente, não gosto muito desses atravessamentos de ministros, sobretudo quando a nomeação é técnica. Enfim, deu alguma confusão. Com o Aécio também, primeiro eu disse a ele que não dava para nomear, o Aécio ficou

* Marlon Weichert.

** Jeferson Schneider, da vara federal de Marabá.

*** O ministro de Minas e Energia e o presidente da Petrobras disputavam a indicação à diretoria. O candidato de Reichstul era o então diretor-gerente de Segurança, Meio Ambiente e Saúde da estatal, Irani Varela, enquanto Jorge patrocinava a indicação de Djalma Rodrigues, da Gaspetro. Varela e Reichstul venceram a disputa.

zangado e finalmente telefonei de novo ao Silvano e disse: "Manda dizer lá que nomeie". Cheguei de Lima nesta tarde, o Marco Maciel estava no aeroporto, o PFL atua unido com Zé Jorge, que não pestanejou, nomeou quem eu mandei; o Marco veio falar comigo, eu disse: "Pode deixar, eu vou dar, como você diz, uma pendurada no Zé Jorge e explicar as razões". Entre as razões, está essa que ninguém sabe, mas o Philippe quer ir embora. E parece que vai ser operado da tireoide.

Vou ficar em Lima hoje e amanhã, sábado. Mal cheguei já foi uma correria, falei com o pessoal de Portugal, com o Jorge Sampaio e o Guterres. Entendimento total, a visão de mundo é a mesma, a questão da União Europeia. Guterres disse que vai fazer força com o Blair, para que ele assuma as negociações europeias com a América, com o Mercosul, e dirá para ele ter uma posição mais aberta. Vai jogar e apostar no Blair e pediu meu apoio, para quando nos encontrarmos na Suécia, em fevereiro, na reunião sobre Progressive Governance,* fazermos um cerco ao Blair, para ele entender que pode ser um líder mundial, e não apenas uma pessoa de projeção derivada da força que tem com os Estados Unidos. Não creio que o Guterres tenha muita esperança que o Blair assuma esse papel, porque a visão do Blair é muito de Atlântico Norte, é muito ligada aos Estados Unidos. Acho que ele não está tão interessado em ser um líder mundial que tenha no Terceiro Mundo uma de suas preocupações. Mas não custa tentar. Guterres reafirmou que o Blair estava muito impressionado com o que viu no Brasil. Já registrei aqui, ele mesmo me disse.

Depois fui à solenidade, o de sempre, discurso pra cá, discurso pra lá, um jantar imenso oferecido pelo Toledo no palácio presidencial,** ele homenageou o [Mario] Vargas Llosa, deu-lhe uma medalha, a mesma que eu tenho, a Orden El Sol del Perú, algo assim, em grau de grã-cruz com diamante. Vargas Llosa estava feliz e eu um pouco à margem da festança, porque o Vargas Llosa tinha dado de fazer algumas críticas por causa do [Alberto] Fujimori,*** mas veio falar comigo muito amavelmente, me deu um grande abraço, enfim, parece que esqueceu das críticas.

O Toledo dirigiu bem a sessão, com muita deferência a mim, me perguntando sempre "Faço isso? Faço aquilo?", não sei o quê.

HOJE É DOMINGO, 25 DE NOVEMBRO. No sábado, dia inteiro de reuniões,**** nada de especial, salvo que o Chávez está exagerando no estilo dele, de declarações muito fortes. Na hora do almoço fiquei decepcionado com o [Carlos] Lage, de

* Progressive Governance for the 21st Century, cúpula de chefes de Estado e governo alinhados à Terceira Via, em Estocolmo, entre 22 e 23 de fevereiro de 2002.

** Palacio de Gobierno ou Casa de Pizarro, sede da presidência peruana e residência oficial do chefe de Estado.

*** Em outubro de 2000, o escritor peruano criticara FH por supostamente apoiar a "ditadura" fujimorista.

**** As sessões da cúpula foram realizadas no Swissotel da capital peruana.

Cuba.* Disse coisas que não têm mais sentido, que a Alca vai atrapalhar tudo, que não podemos avançar nas relações comerciais com a União Europeia por causa da Alca, que ela é inaceitável, enfim, que visão atrasada, meu Deus do céu! Ele disse que o mundo está indo de mal a pior, que a pobreza está crescendo na América Latina. Ocorre que tínhamos assistido a uma exposição do Nicholas Stern,** outra do José Antonio Ocampo da Cepal,*** que foi a principal, mas sobretudo a do Miguel Ángel Rodríguez [presidente] da Costa Rica, foi muito clara e mostrou que, segundo o Banco Mundial, quanto mais comércio, mais desenvolvimento, quanto mais desenvolvimento, menos pobreza, é óbvio. A linha de pobreza da América Latina abrange menos gente em comparação com a de outros países. Porém gostamos de populismo, e o populismo serve de tempero para o pessoal que é contra o regime capitalista; pode-se ser contra, mas não é preciso deturpar o que acontece. Há boas razões para propor melhorias no sistema, não sei nem se dá, a esta altura, para propor outro sistema, no horizonte do nosso tempo eu não vejo um. Fiquei um tanto decepcionado com o Lage, o vice-presidente de Cuba, eu tinha melhor impressão dele.

Fora isso, reafirmo o que tenho dito, que quem é importante, construtivo, capaz de dizer coisa com coisa, é o Ricardo Lagos. O Batlle não foi à reunião, o De la Rúa, muito caído mesmo, todos notando isso. O Vicente Fox, presidente do México, é pessoa de trato agradável, mas não um líder, ele não toca pra frente ideias. Dos outros, um bom é o [Alfonso] Portillo, da Guatemala, que fez uma boa intervenção. Sempre gostei do Miguel Ángel Rodríguez, da Costa Rica, e farei injustiça não citando alguns outros, mas na média o panorama não é lá muito estimulante. Dei entrevistas em quantidade, três ou quatro para televisão, rádio, jornal, fui correndo para o almoço, que foi muito bom, num restaurante chamado La Rosa Nautica, ao qual fui em 1986, quando houve uma rebelião de prisões no tempo do Alan García.****

Foi nesse restaurante que jantei com o Darcy Ribeiro, o [Luís Fernando] Bocaiúva Cunha,***** o Roberto D'Ávila e outros; meia hora depois que saímos explodiu uma bomba. Era época do Sendero Luminoso, estávamos no Hotel Crillón assistindo a uma reunião da Internacional Socialista e, no outro dia, tivemos que sair às pressas. Suspenderam o encontro da IS porque havia a ameaça de que uma bazuca postada em um prédio em frente iria atacar o Crillón. Hoje todo mundo fala mal do Fujimori, se esquecem que ele botou ordem na confusão do Peru com o Sende-

* Secretário do Comitê Executivo do Conselho de Ministros de Cuba, cargo equivalente ao de vice--presidente.

** Economista-chefe do Banco Mundial.

*** Secretário executivo da comissão.

**** Em junho de 1986, a repressão policial a uma série de motins carcerários em Lima matou quase trezentos presos.

***** Ex-deputado federal.

ro Luminoso e a economia inflacionária. Nada justifica o que ele fez depois com o [Vladimiro] Montesinos,* a ladroeira que foi aquilo lá e que agora todo mundo está vendo. Mas não dá para deixar de reconhecer que o Fujimori fez mudanças no Peru que só alguém frio e duro como ele seria capaz de fazer. O Alan García, que era o presidente na época da rebelião a que me refiro, estava totalmente impotente para dirigir o país. Enfim, uma grande confusão.

O fato é que voltamos a esse restaurante, La Rosa Nautica, comida excepcional, mas muita comida, muito pisco, resultado: entre o que jantei ontem — em outro restaurante muito bom também —, almoço e jantar, estou aqui de molho e com dor de barriga, porque a comida no Peru é muito temperada. Tive a melhor impressão do Toledo. Não que ele seja capaz de revolucionar o mundo, mas é mais sensato, mais capaz de levar a política, me pareceu, do que minha impressão inicial dele. Fico contente, porque o Peru é um país importante para nós. Lima mudou muito, vem mudando há uns dez anos, hoje é uma grande cidade, tem mais de 5 milhões de habitantes, edifícios modernos, já tem largos bonitos, já é uma cidade. Conheci Lima nos anos 1960, era uma Lima mofina, triste; hoje não é assim, é muito mais vibrante, e isso significa que algum desenvolvimento econômico houve, não há outra explicação.

No jantar oficial, a meu lado uma senhora, mulher de um dos presidentes da Corte de Justiça de Lima, não sei qual delas, muito falante, muito simpática, que disse: "Nós aqui somos muito benevolentes, muito tolerantes. Veja, um japonês como o Fujimori, que nem nasceu aqui, foi presidente; agora o Toledo, que é um *cholo*.** Ele só entrou agora porque depois do Fujimori...". Eu repliquei: "Mas não há ninguém nesta sala, a não ser o Toledo, com feições indígenas". "Ah, é isso mesmo", ela disse. Em frente a mim uma senhora*** bastante bonita, sentada ao lado do Jorge Sampaio, mulher do general Francisco Bermúdez,**** chilena, com ar aristocrático. Também presente o Belaúnde [Fernando Belaúnde Terry], que foi presidente do Peru, ele tem 89 anos, enfim, grandes personagens do passado.

A reunião de trabalho foi normal, declarações do tipo que queríamos mesmo. O Aznar não deixou passar uma frase mais incisiva contra o protecionismo, porque ele vai ser presidente da Espanha e não pode concordar com a frase, o que mostra as limitações... embora tenhamos feito uma referência à necessidade de diminuição do protecionismo. Isso mostra como vai ser dura a luta, e o próprio Guterres disse: "Está vendo, nosso companheiro, já está aí com dificuldades". É a posição dele, Aznar, sem muita alternativa.

* Ex-chefe do Servicio de Inteligencia Nacional (SIN) do Peru, pivô do escândalo de corrupção que levou à renúncia de Fujimori em novembro de 2000.

** Termo pejorativo que designa descendentes de ameríndios.

*** Alicia Michaelsen.

**** Ex-presidente do Peru.

Hoje levantei cedo, cumprimentei as pessoas, peguei o avião às dez horas, acabei de chegar. Estou estirado no sofá, recuperando as gravações desses dias, porque antes não tive a menor possibilidade de registrar o que tinha acontecido.

HOJE É TERÇA-FEIRA, DIA 27 DE NOVEMBRO. Ontem passei o dia de molho, voltei de Lima com aspectos de intoxicação, um pouquinho de febre e tudo mais, e mesmo assim trabalhei. Recebi a Danielle para discutir o que fazer no futuro, em meu centro de documentação.*

Me reuni com o Nizan, que veio com o grupo dele ver o que vamos fazer com a comunicação do governo. Depois me encontrei no Palácio da Alvorada com o [Daniel] Dantas, do Opportunity, não entendi bem a que veio, não falou nada específico sobre a situação da área de telecomunicações. Depois almocei com o Silvio Santos. É a segunda vez que ele vem almoçar nesses sete anos. É uma pessoa engraçada, não pediu nada, não pede nada, tem aquele jeitão meio de despistar. O raciocínio do Silvio não é político, mas intuitivo e esperto, percebe as coisas, neste momento está entusiasmado com o Collor, que é vizinho dele no Morumbi, em São Paulo. Ele acha que o Serra tem dificuldades para atingir a massa, que não se comunica bem, mas gosta do Serra. Acha que eu poderia ser eleito mais uma vez, se quisesse. Pode ter dito isso para agradar, mas não creio; ele é muito direto, é a opinião dele sobre o modo de comunicação.

Falei com o Pimenta sobre o novo presidente da Anatel** e também porque parece que o Kennedy [Alencar] fez um artigo na *Folha* onde dizia que eu tinha uma apreciação negativa do Tasso,*** o que criou certo zum-zum no Ceará. Nem li o artigo, mas o Pimenta estava querendo que eu desmentisse, pois eu não falei com o Kennedy.

Depois fiz as gravações de rádio e recebi o Pedro Correia com o Severino Cavalcanti. Não pude assistir à mostra didática da escola do Bolshoi, no Teatro Nacional,**** porque eu estava de molho; fiquei sentido com isso, gosto do Luís Henrique, e ele vai achar que é por alguma razão política, mas não é, tenho bastante apreço por ele, é que realmente eu não estava em condições de sair, e à noitinha ainda fiquei recebendo os líderes.

O líder do Congresso***** veio pela primeira vez, e também o Arthur Virgílio e o Artur da Távola, para discutirmos a pauta, sobretudo a votação da Lei da CLT. Os

* A Fundação Fernando Henrique Cardoso, anteriormente Instituto Fernando Henrique Cardoso (IFHC), foi criada em 2004.

** Renato Guerreiro foi substituído por Luiz Guilherme Schymura em maio de 2002.

*** A matéria "FHC opta por Serra e vê dificuldades para seu sucessor" saíra na *Folha* de 25 de novembro. Segundo Alencar, entre seus interlocutores mais íntimos o presidente se referia a Tasso Jereissati como "coronel moderno" e "líder oligárquico".

**** A Escola do Teatro Bolshoi no Brasil, sediada em Joinville, estreou em Brasília a turnê de sua I Mostra Didática de Dança.

***** Deputado Heráclito Fortes (PFL-PI).

líderes até preferiram nem votar nada, tal a pressão que a CUT está fazendo, mas o Dornelles insiste em aprovar, porque a lei é boa; ela simplesmente regulariza o que na prática está sendo feito no Brasil pela ação dos sindicatos. Eu me lembro que quando fui da Constituinte votei contra o imposto sindical. Eu e o Genoino na época pensávamos assim. Agora parece que o Genoino, ou melhor, o PT, pensa o contrário, por razões corporativistas, pelos interesses sindicais. Agora querem manter uma estrutura arcaica que não dá mais conta do recado, e pensam que estão fazendo isso em nome dos trabalhadores. Os nossos próprios líderes ficam abalados, eu vejo isso.

Hoje recebi o Aécio, que veio conversar sobre as coisas de governo em geral e também sobre as dele; ele é candidato a governador de Minas, e eu disse que me parece o melhor. Essa coisa de presidente da República de que às vezes se fala depende de circunstâncias; mais adiante, em junho,* se de repente houver um impasse, aí quem sabe surja uma possibilidade. Neste momento não tem viabilidade colocar o Aécio como candidato, mesmo com o acordo do PFL. De manhã recebi alguns embaixadores, os da Suécia,** da Costa Rica*** e da Alemanha,**** bastante simpáticos, os três foram bem-falantes. Conversei com o Celso Lafer sobre a eventualidade da substituição da Dulce Pereira,***** porque o [Jorge] Gama, ministro do Exterior de Portugal, reclamou da Dulce e acha que ela tem que sair. Se for para sair, ela sai já, porque ainda temos chance de fazer outro brasileiro para os próximos dois anos. Pensei que o Weffort podia ficar lá, o posto tem mandato por mais uns dois anos, e eu posso fazer uma modificação no Ministério da Cultura. O Celso Lafer acha boa ideia, e discutimos também a lista de promoções de embaixadores, há 24 candidatos para doze vagas, vai ser uma luta tenaz, mas o Itamaraty é assim, é da vida.

HOJE É QUARTA-FEIRA, 28 DE NOVEMBRO, dia muito triste, porque o Vilmar morreu. Ele esteve jantando conosco ontem, o Andrea também veio, nem havia jantar marcado, veio para conversar sobre a Secretaria de Comunicação e queria que o Vilmar participasse. Telefonei para o Vilmar, chamei, ele veio, chegou às nove horas, conversamos, fomos para a mesa e jantamos. Ele já havia jantado, comeu só uma salada, e nós brincamos com ele porque, na luta contra a hepatite, estava magro mas bem: "Você parece que cortou o cabelo, está quase careca, mas está bem-disposto". E ele: "Passei uma época ruim, a minha boca ficava com afta por causa desse remédio muito ruim, mas agora estou melhor". Saiu daqui às onze

* Junho de 2002 marcou o limite legal para a definição das candidaturas ao pleito de outubro.

** Staffan Åberg.

*** Sara Gloobe.

**** Uwe Kaestner.

***** Secretária executiva da CPLP.

e meia, foi para casa dele, e as duas da manhã teve a ruptura de um aneurisma. A Regina [Faria], mulher dele, chegara a Brasília, mas nem o viu, nem conversou com ele, pois quando o Vilmar voltou ela estava dormindo. Foi acordada às duas da manhã com ele dizendo: "Estou com a sensação de que vou morrer". E morreu. São sete e meia da manhã, os meus médicos vieram aqui, estiveram lá com eles, me deram a notícia.

Estou voltando ao aeroporto, antes fui levar o corpo do Vilmar até o avião presidencial, a Ruth foi com eles, daqui a pouco vou ao enterro em São Paulo. O Vilmar foi um grande amigo, foi meu aluno em 1964, 65, no Chile, e de lá para cá estivemos sempre juntos. Ele esteve em Harvard, trabalhou com o [Gino] Germani,* fez o doutoramento lá, estive com ele em Harvard. Trabalhou comigo no Cebrap, veio comigo para a Presidência da República, homem discreto, muito competente, talvez não tivesse disposição para mostrar a competência que tinha, mas era extremamente competente. Todas as pessoas que o ouviam falar ficavam encantadas com a capacidade analítica, com a informação e com a discrição dele. Me ajudou muito, e eu, na véspera, ainda tinha dito à Danielle, que esteve aqui para conversar sobre o meu futuro, sobre o meu arquivo: "Vou levar pouca gente comigo, imagino que o Vilmar possa ir e você, Danielle; os outros, fica mais difícil, porque a Ana tem voos próprios, outros planos, o Eduardo Graeff me parece que não está com ideias de ir para São Paulo, vai só o Vilmar".

Pois bem, o Vilmar é quem não vai. Sabe Deus com quem irei, se irei. A vida é surpreendente.

Em todo o caso, ontem foi um dia ruim. Houve a solenidade da entrega do Prêmio Nacional Finep de Inovação Tecnológica** no Itamaraty. Contei na apresentação — eu conto sempre — que em Princeton [no Institute for Advanced Study, onde trabalhei] os jovens cientistas ficavam angustiados, porque se não viessem a ter o nome deles em uma equação não teriam futuro, iriam ser apenas professores... Falei ironicamente, brincando, e hoje já há nos jornais uma tremenda futrica, no *Globo* principalmente, dizendo que eu ofendi os professores, que eles são coitados, e não sei o quê.*** Foi o oposto: eu me incluí entre os professores, era só para mostrar a importância da inovação. Entretanto, aqui, o coro da mediocridade; basta sair do feijão com arroz e dizer uma coisa mais irônica, não tem conversa, vem pau em cima. Geralmente são jornalistas jovens, despreparados, loucos para serem iconoclastas.

* Sociólogo italiano.

** Atribuído anualmente a empresas de destaque no setor, em 2001 o prêmio teve a colaboração do CNPq, da CNI e da *Gazeta Mercantil*, entre outras entidades.

*** Em chamada de capa no dia seguinte, o jornal carioca disparou: "FH diz que quem não consegue produzir acaba virando professor". A polêmica teve como pano de fundo a greve dos docentes universitários, que haviam derrotado o governo naquele mesmo dia no STF, obrigando o Planalto a realizar o pagamento dos salários de outubro. A paralisação terminou em 28 de novembro.

Eu falei da equação de Gödel, eles não devem ter ouvido falar em [Kurt] Gödel,* e ficam se vingando, dizendo que sou inconveniente, que uso palavras inadequadas. O *Globo* chegou a publicar que eu disse que os professores são uma classe especial de privilegiados; não dizem que eu comparei os do ensino público superior com os do setor privado na questão da aposentadoria. E mais: respondendo a uma pergunta do José Paulo de Andrade,** que dissera que os professores constituem uma casta, eu disse: "Casta não, mas privilegiados, se comparados com outros".***

Depois da terrível notícia do Vilmar, tive que pegar a caneta e escrever uma nota (sabe Deus como saiu a nota) para distribuir à imprensa, fazendo uma espécie de mea-culpa, dizendo que a intenção não era ofender ninguém.

Recebi o Bornhausen, que relatará um projeto responsabilizando os promotores quando eles ultrapassam o limite e passam a difundir informação não comprovada.**** Isso, que é normal em qualquer país do mundo, aqui é chamado de Lei da Mordaça, é escândalo. Aliás, mais tarde, enquanto eu estava conversando com o Vilmar e com o Andrea Matarazzo, depois de passar um dia complicado, por causa da CLT, falando com uns e outros, me telefona o Arthur, porque houve confusão no Congresso. O Geddel tinha me dito na quinta-feira que não haveria problema com o projeto sobre a CLT, que ele faria uma onda, mas o projeto passava. Ao Michel eu disse: "Michel, não vai me deixar na mão, hein?", e ele: "Não, não tem perigo...". Pois o PMDB inteirinho ficou do lado da oposição. Quando cheguei para dormir, liguei a televisão e vi: era só discurso demagógico contra mim, o PMDB e a base aliada dividida, como se tivéssemos dado uma apunhalada nos trabalhadores. Isso me irritou bastante, não deu para os deputados saírem da discussão, não houve quórum para aprovar o projeto. Então, vai se ter votação hoje.

Resultado: depois de ter tido a notícia do Vilmar, ainda tive que receber os líderes mais o Dornelles mais o Arthur Virgílio, o Inocêncio, o Odelmo [Leão], o Madeira, o Jutahy, para discutirmos o que fazer. Fui muito claro, cansei de tudo isso, se quiserem votar contra, votem, votem contra o Governo, mas não tem nada de estar liberando emendas, que é o que eles querem. Querem votar a favor da [correção da] tabela do imposto de renda? Eu não vou vetar, podem votar a favor. Se acham que podem fazer o certo com o braço alheio, com o meu, não, façam com o próximo presidente. Falei isso para deixar bastante claro que eu não estou para brincadeiras, se o Congresso quiser brigar comigo, que brigue. Eu já cansei, cansei de ser civilizado, cansei de aguentar desaforo, cansei de engolir sapo, cansei de engolir gente de quem eu não gosto, cansei de fazer concessão em nome da pátria. Não querem

* Matemático austro-americano, *fellow* do IAS.

** Apresentador da Rede Bandeirantes.

*** Na entrevista à Band, dias antes, o presidente afirmara que "os funcionários públicos, inclusive os professores, são uma classe especial de privilegiados".

**** O PLC 65/1999 foi arquivado ao final da legislatura.

votar o orçamento? Não votem. Melhor fazermos o ajuste fiscal [contingenciando] porque neste caso teremos mais meios de segurar os gastos.

Nesse meio-tempo a notícia de que vou ao enterro do Vilmar, tristeza, e toca telefone, o PMDB, governador do PMDB, os ministros, olha, melhor ficar, porque o dia é decisivo, é agora ou nunca. Lá fui eu para o aeroporto levar o caixão, fiquei emocionado, estavam todos os amigos, o Malan, o Serra que também era um grande amigo do Vilmar, o Raul Jungmann, ele era querido, o Aloysio, enfim, muita gente que eu nem pensei que fosse se abalar. Foram ao aeroporto, e o Vilmar merecia mesmo. E lá ainda falei com o Moreira Franco, a quem disse, como acabei de registrar, que cansei. Telefonei para muitos ministros do PMDB, o Padilha, governadores, não sei se vai dar certo, mas cansei mesmo. Estou me preparando para daqui a pouco tomar o avião e ir ao enterro do meu querido amigo Vilmar.

1º A 8 DE DEZEMBRO DE 2001

A opinião publicada e o Brasil chorão. Flexibilização da CLT. Acelera-se o colapso argentino. Jantar com senadores

Hoje é sábado, dia 1º de dezembro. Estou em Brasília, passei a manhã, juntamente com o Boris Fausto, a Cinira, a Danielle e a Ruth, esperando o helicóptero, para ver se ele poderia nos levar à fazenda, mas está chovendo, não deu para sair, são cinco da tarde. Fui ao enterro do Vilmar, tudo muito dolorido para mim e para Ruth, revi várias pessoas que não via fazia muito tempo, o Carlos Estevam Martins,* meu velho companheiro e outros mais, muitos.

No dia seguinte, quinta-feira, fiquei em São Paulo para fazer fisioterapia e depois do almoço fui para o Rio com a Ruth. No Rio dei uma aula magna, uma palestra na Escola Naval, no curso de estratégia militar.** Havia muita gente, como sempre, todos os comandantes das várias armas, Aeronáutica, Marinha, Exército, o ministro da Defesa, o Quintão. Fiz a palestra sobre o que eu tenho dito mundo afora, reiterando a posição do Brasil diante do terrorismo, das crises do mundo, das questões financeiras e comerciais, ressaltei a necessidade de termos uma voz firme no mundo. Parece que gostaram, aplausos bastante espontâneos, porque lá não é fácil, não é do estilo militar muita efusividade.

De lá fui falar com um grupo de exportadores no hotel Sofitel de Copacabana. Tínhamos levado a Bia conosco, a Ruth foi com ela para a casa da Bia, depois voltou para regressarmos a São Paulo. Entre os exportadores estavam o Antônio Ermírio, o [Eugênio] Staub,*** o pessoal do Furlan, enfim, os mais expressivos, havia uns vinte. A choradeira é a mesma, todos dizendo que vão exportar muito, salvo o setor químico, quanto ao balanço entre exportação e importação. Havia outro setor reclamando, o eletrônico, os demais são exportadores líquidos. Todos muito animados, embora, claro, falando em corte de impostos, dessa vez o imposto de que mais reclamaram foi o ICMS, disseram que alguns governos estaduais já cortaram, embora reclamem da burocratização. Do governo federal, disseram quanto ao PIS/Cofins que as burocracias demoram, mas que são ressarcidos. Nosso empresário realmente não gosta de pagar imposto, porque fica difícil de competir; eu não toquei, por educação, na taxa de câmbio, mas com essa taxa de câmbio qualquer um que tenha um mínimo de competência nas áreas

* Sociólogo e professor, um dos fundadores do Cebrap.

** O presidente palestrou aos formandos do curso de altos estudos de política e estratégia da Escola Superior de Guerra.

*** Presidente do grupo Gradiente, atualmente denominado IGB Eletrônica.

em que o Brasil é bom, exporta, porque o câmbio protege mais do que qualquer outra coisa. Mas o clima foi positivo.

Voltamos a São Paulo e no dia seguinte, sexta-feira, ontem, fui de manhã a Osasco comemorar o lançamento do cartão do Bolsa Escola, já distribuído a 4 milhões de mães de família: boa festa, alegre, todo mundo lá, os prefeitos. Fui com uma moça chamada Eliana, que é uma apresentadora de TV para criança, ela fez muito sucesso, e uma atleta chamada Maurren Maggi, discursos, aliás bons. O Celso Giglio, prefeito de Osasco,* fez um bom discurso, o Paulo Renato também, curto, e o do Geraldinho muito bom, o Geraldo Alckmin. Falei para defender a rede de proteção social num clima muitíssimo positivo. Os jornais de hoje refletem isso, e refletem muito mais eu abraçado com essa moça Eliana — eu não sabia nem quem era ela quando a vi no avião, sou muito desligado de televisão —, uma moça simpática cujo pai foi zelador, ela é do Ceará, conheceu a pobreza, moça sensível. Na fotografia do *JB* aparece simpática, bonita, os jornais gostam disso. Voltamos de Osasco e nos encontramos no avião com a Ruth e com o Boris, para virmos para Brasília. Jantamos no avião com o Boris, o Sérgio [Fausto], filho dele, mais o embaixador Synesio Sampaio Goes, velho conhecido, foi chefe do meu gabinete no Itamaraty e no Ministério da Fazenda e hoje é nosso embaixador em Portugal (está indo para a Bélgica e o Zé Gregori irá para Portugal). O Zé Gregori, aliás, estava também no lançamento e até me deu um artigo do Wanderley Guilherme dizendo que sou um grande eleitor, mas que não tenho em quem votar, não tenho candidato. O Wanderley sempre inteligente, mas de uma inteligência um tanto, como vou dizer, estéril, "raciocinante", sem propósito específico, sem defender com paixão um ponto de vista.

Nesses dias ficamos digerindo a tristeza da morte do Vilmar. Tenho certa preocupação com o Eduardo Santos, também assessor diplomático e embaixador, que foi fazer um check-up. Falei com ele hoje e felizmente nada houve de mais grave, pelo que me disse, embora tenha um problema de pressão alta; esse rapaz tem muito valor. Aliás, toda a equipe que trabalha com ele é boa, o [Alexandre] Parola, que é porta-voz [adjunto], o Brito [José Humberto de Brito Cruz], que redige meus discursos, são pessoas realmente diferenciadas, competentes, discretas, gente de primeira. O Itamaraty continua gerando gente de primeira qualidade.

Fora isso, as intrigas jornalísticas, hoje o Clóvis Rossi reproduziu um artigo de uma professora me atacando por causa da distorção do que eu dissera na festa da Inovação.** O Clóvis é amargo na alma, honesto, mas tem um rancor do mundo que Deus me livre, parece escrever com prazer quando me destrói, com agressões

* PTB.

** Na coluna "Ao mestre, sem carinho", Rossi citou trechos de uma carta aberta a Fernando Henrique escrita pela professora Elizabeth Tunes, da UnB, acerca da polêmica sobre o discurso presidencial no Prêmio Finep de Inovação.

que nada têm a ver com o que eu penso, com o que eu sinto, com o que eu sou, com o que eu disse ou como ajo. Mera distorção. Por falar em distorção, tudo que eu digo no Palácio do Planalto ou no Palácio da Alvorada está na imprensa em 48 horas, cada um dando sua versão sobre o que ouviu de mim; e no final sou eu o contraditório. Já estou acostumado, mas ontem a *Folha* e o *Estado* foram extraordinários. Sobre os mesmos dados de crescimento do PIB deste semestre, um diz que foi bom porque caiu pouco, mas está crescendo; outro mostra que é uma tragédia.* A *Folha* continua destilando fel, diz que estou fazendo cizânia entre os candidatos, entre os partidos. De distorção em distorção, vão publicando o que atribuem a cada um de nós, formando o que eles chamam de opinião pública, mas que é a opinião publicada.

A despeito de tudo isso, desses meus queixumes, o Brasil mudou muito. Eu não ia a Osasco fazia cinco anos, da outra vez fui com Mário Covas, para a inauguração de um conjunto habitacional, mas não pude observar. Desta vez fui de helicóptero e vi a cidade de cima. Há casas boas, algumas com piscinas, Osasco era muito precária, muito ruim. Conheço Osasco há 38 anos; como a cidade mudou, meu Deus! Eu disse isso ao prefeito, e ele confirmou: "É isso, mudou muito". Hoje é de porte médio, a quinta cidade de São Paulo, com tudo, ginásios, escolas, campos esportivos, é isso que conta.

Acabei de ver na televisão um documentário sobre Brasília,** aquela coisa de sempre, música pra cá e pra lá, para dar emoção, marcha de sem-terra, marcha na morte do Juscelino, e não vi a do Tancredo, talvez haja alguma também, não vi todo o documentário. No final o Lúcio Costa diz que ele nasceu em 1902 e viu o século transcorrer, achando que o Brasil vai dar o seu recado e que é terrível haver os que se lamentam sempre.

Eu tinha dito outro dia que temos um Brasil chorão e um Brasil que avança. Lúcio Costa, velho já, mais de noventa anos, com dificuldade de falar, mas mandando um recado muito parecido com o que eu penso, com o que eu sinto: de que, apesar de tudo, o Brasil mudou e tem muita coisa positiva. Ele dizendo que fica desesperado ouvindo esse pessimismo permanente. É o meu caso, me dá tristeza ver com que prazer essa gente destrói tudo, a crença no próprio povo, a crença no país, destroem tudo por exibicionismo pseudointelectual. E também as pessoas não resistem em dizer qualquer coisa à imprensa. Mas o Brasil está mudando.

Outro dado a anotar: houve a apuração do painel da votação da quarta-feira, a votação da CLT, e eu não registrei aqui. Primeiro não foi possível apurar o resultado porque o painel engasgou; hoje eles conseguiram, e deu vitória do governo

* No terceiro trimestre de 2001, o PIB cresceu 0,34% em termos anuais e 0,05% em relação ao trimestre anterior. A principal manchete da *Folha* de 30 de novembro foi "Expansão econômica é a menor em 2 anos", enquanto o *Estadão* deu "PIB surpreende com crescimento no 3º trimestre". Ambos os jornais destacaram os efeitos do racionamento de energia na expansão econômica.

** *A invenção de Brasília* (2001), de Renato Barbieri.

por mais de cinquenta votos,* naturalmente estão insinuando que foi graças à liberação de verbas. Eu não liberei verba alguma, "Ah, foi liberação de verba, fizeram pressão...". Meu Deus, quem não faz pressão em política? Tem que fazer, e eu quero que votem. Estamos onde, na estratosfera? Vamos ter que votar na terça-feira. Mas como eu já disse ao Madeira, é melhor votar menos no Congresso, porque no fim do ano eles só votam contra o Tesouro, só votam benesses, e normalmente não dão para quem mais precisa; votam contra os interesses do país e do Tesouro, então é melhor deixar a votação se arrastar mesmo, e votar aquilo que é necessário para o Brasil continuar mudando.

A registrar: o Verissimo que sempre me atacou, me criticou, nunca no sentido de acusação nem nada disso, escreveu um artigo chamado "Defendendo o Éfe Agá",** sobre o que eu disse na questão dos professores e dizendo que sou irônico, que tenho confiança em mim mesmo, por isso falo muito, falo coisas impróprias. Eu até concordo, é verdade que eu arrisco. Ele disse que eu não fico fazendo pose de vetusto nem andando de jaquetão. Eu sempre falei isso de outra maneira: "Eu nunca aceitei ser estátua". Vi tantos amigos virarem estátua muito jovens e quase se estiolarem, que posso ser inconveniente, mas vou continuar tendo certo grau de espontaneidade no que digo. O Churchill e o Roosevelt eram de uma ironia incrível durante a guerra, o Roosevelt brincava muito sobre coisas impróprias, e o Churchill, então, nem se fale, e nem por isso eles deixaram de ser quem são.

HOJE É DOMINGO, DIA 2 DE DEZEMBRO. Ontem não foi possível tomar o helicóptero, o tempo estava ruim para ir a fazenda, então ficamos no Alvorada com o Boris e a Cinira, depois chegou a Danielle, almoçamos e ficamos conversando. Mais tarde eu e a Ruth fomos ver um filme chamado *O talentoso Ripley*,*** filme simpático, interessante, sensível, bem-feito. O tempo hoje continua encoberto, fiquei lendo, não deu para ir descansar na fazenda.

Só para adicionar algumas reflexões, como um alerta aos historiadores futuros, como eu faço às vezes a respeito de como as notícias saem. Sobre a notícia de que eu teria acusado os professores de serem repetidores, quando contei um caso específico, até com graça, e aqui virou uma agressão ao professorado, agora a Tereza Cruvinel diz que eu teria dito que não atenderia o Geddel por telefone e que depois telefonei amavelmente para ele. Meia verdade. O que aconteceu? Eu disse

* Uma perícia da Unicamp no painel da Câmara — que sofrera uma pane em 28 de novembro, data da votação em turno único — apurou que o governo obtivera 255 votos contra 206. A votação fora anulada.

** Coluna veiculada em *O Globo* e no *Estadão* em 30 de novembro. O escritor gaúcho garantiu preferir "um presidente que não resiste à volúpia da tirada do que pessoas que agem com circunspecção presidencial mesmo sem a desculpa de serem presidentes, e cuidam do que dizem como se a posteridade estivesse sempre tomando nota".

*** *The Talented Mr. Ripley* (1999), dirigido por Anthony Minghella.

que não ia atender o Geddel porque como ele iria dar explicações de porquê não votavam a modificação da CLT eu preferia não falar. Nesse meio-tempo o Arthur Virgílio me telefonou dizendo que o Geddel telefonara a ele dizendo que iria ajudar o governo e me aconselhando a falar com o Geddel. Por isso eu falei. Não foi uma bravata diante de terceiros dizer que eu não iria falar e, em seguida, uma desmoralização, eu me desmanchando em amabilidades com o Geddel. Foi este quem disse à Dora Kramer que eu fui muito amável e não sei o quê. Eu sou amável. Mas falei depois de ele explicar que recuaria. Entretanto, como as informações aparecem no jornal de modo fragmentado, dá a impressão de que é uma coisa e é outra. É preciso tomar muito cuidado com a notícia de jornal como fonte histórica. Os historiadores sabem disso, mas, como a gente é permanentemente vítima desse tipo de comentário desavisado, convém de vez em quando alertar.

Situação angustiosa da Argentina. Assisti ao Cavallo, ontem à noite, fazendo o possível para salvar a concepção dele, não sei como ele vai salvar o crescimento da Argentina. Tomara que tenha algum êxito, mas é difícil. Na segunda-feira os mercados vão abrir nervosos, porque ninguém sabe exatamente quais serão as consequências da decisão do governo argentino de congelar os depósitos a prazo fixo e dolarizar, permitindo retirar em cash de apenas mil dólares por mês, sendo 250 por semana.* É verdade que permitindo o pagamento com cheque e até descontando 25% do IVA,** o que em tese significa mais dinheiro à disposição do consumo, mas a desconfiança é muito grande com a Argentina, não se sabe o que vai acontecer.

Na questão do Talibã, a tragédia de sempre, estão reunidos no Hotel Petersberg, onde já estive hospedado duas vezes, discutindo o futuro do infeliz povo do Afeganistão, a tal Aliança do Norte com seus uzbeques e tadjiques e não sei o que mais, eles não são de brincadeira.*** Uma visão muito conservadora a dos participantes, discursos duros, e os americanos nas Nações Unidas vão forçar decisões a certa altura, mas não vai ser fácil. De qualquer maneira, o episódio Afeganistão está nos estertores, o que não quer dizer que o episódio "rede terrorista" esteja liquidado, até porque no mundo de hoje é quase impossível liquidar esses fenômenos.

Quanto a fenômenos mais arcaicos: fiquei estupefato ao ver o Waldir Pires**** defendendo o protecionismo, que hoje em dia é contra nós. O Waldir não percebe que o mundo mudou, que o Brasil mudou no mundo e que hoje o protecionismo não é mais a nosso favor. Não adianta fechar a porteira, porque fechar a porteira aqui é simplesmente nos condenar ao atraso, e se eles não abrirem no exterior é um duplo atraso. Waldir está defendendo a mesma linha do Lula de que se ex-

* A restrição monetária foi apelidada de *corralito* e deflagrou a fase terminal da crise argentina.

** Impuesto al Valor Agregado, equivalente ao ICMS brasileiro.

*** A Conferência de Bonn sobre o Afeganistão reuniu representantes tribais para constituir o novo sistema político do país e escolher seu novo presidente interino, Hamid Karzai, em substituição ao governo talibã recém-deposto.

**** Deputado federal (PT-BA) e ex-consultor-geral da República no governo João Goulart.

porta o excedente depois que todo mundo comer; quer dizer, a França faz uma boa política econômica. Isso é o que pensa o dr. Waldir Pires, e, como já respondi ao Celso Furtado em uma carta, é patético ver como toda uma geração ficou para trás. Hoje leio o [Arnaldo] Süssekind (homem interessante, foi um dos autores da CLT, tem 83 anos) a dizer que a modificação da CLT que o governo está propondo não adianta nada, porque a Constituição já flexibilizou a CLT.* É verdade, a Constituição deu alguma flexibilização, mas estamos propondo modificações adicionais. Ele disse que é preciso mexer no artigo 8º, o qual garante a unicidade sindical. Essa é a pedra de toque de tudo mesmo, aí está o getulismo em pé, mas agora não é getulismo, não, é o petismo, é a Fiesp, são as classes produtoras que mamam nesse sistema. Consolidou-se o sistema da burocracia sindical, a patronal e a de trabalhadores, e nada mais é contestado, tampouco pela esquerda. Ou melhor, pelo que se chama de esquerda, que é esse atraso corporificado em posições que nada têm a ver com o progresso do Brasil, dos trabalhadores, da sociedade, da economia. Têm a ver com uma cristalização de posições políticas e com um ataque político ao governo, como se fosse tão simples, deixar o artigo 7º** e mexer no 8º, que maravilha!

HOJE É TERÇA-FEIRA, DIA 4 DE DEZEMBRO. Ontem foi um dia mais ou menos tranquilo, recebi o Luiz Fux, ministro do Superior Tribunal de Justiça, que veio agradecer a nomeação. No fim do dia recebi o general Gleuber, porque temos que olhar com atenção o que está acontecendo com as Forças Armadas. Acho que é a vez de o Exército ser equipado, vai ser difícil negociar com a área financeira, mas temos que avançar nessa direção. E à noite recebi o Andrea Matarazzo com Bob Costa [João Roberto Vieira da Costa], o chefe da assessoria de comunicação do Ministério da Saúde, que lá está desde o Serra. Dizem que ele é o mais competente da Esplanada do ponto de vista operacional, e estou tendendo a organizar a Secretaria de Comunicação como secretaria, e não como ministério, porque já temos o Nizan opinando e é preciso que a Ana também opine na área de imprensa, o que já cria certa tensão com o ministro. Assim, em vez de ministro, talvez seja melhor termos um secretário experiente na área administrativa, uma vez que temos pouco tempo para ação. Vou almoçar com o Serra e pretendo resolver essa questão.

Ontem almocei com o Bambino, Sebastião Rego Barros, o novo presidente da ANP. Veio conversar sobre o que ele pode fazer lá. Ele gosta do Zé Jorge, eu também. Conversamos sobre a nomeação do novo diretor, ele está inclinado a nomear al-

* "Flexibilização da legislação trabalhista", publicado na seção Tendências/Debates da *Folha de S.Paulo* em 27 de novembro.

** O artigo 7º do decreto-lei nº 5452, de 1º de maio de 1943, exclui os empregados domésticos, os trabalhadores rurais e os funcionários públicos do regime da CLT.

guém de lá, creio que o Duda tem algumas restrições, é preciso que ele, Bambino, examine bem de quem se trata.

Eu tinha recebido antes um telefonema do Murillo de Aragão, dizendo que o Rosendo Fraga, um consultor político argentino, cientista político muito conceituado, estava no Brasil e perguntava se eu poderia recebê-lo. Eu disse: "Receber não, mas falo por telefone". Rosendo me telefonou, ele é amigo do Cavallo e do De la Rúa, me disse que não falava com o Cavallo fazia quarenta dias e com o De la Rúa cinquenta, porque eles não queriam ouvir críticas. O que ele me disse? A Argentina tem hoje 6 milhões de pessoas empregadas no setor formal, 5 milhões no setor informal e 3 milhões de desempregados, portanto, 8 milhões estão fora do setor formal. As medidas tomadas para liberar dólar, ou peso, 250 por mês, são para o setor formal. Ora, o setor informal vive indiretamente do dinheiro que circula através do setor formal. Como vai haver uma restrição de circulação e o pessoal do informal não tem acesso direto aos bancos, haverá um aperto danado, ele acredita que em dois meses a taxa de desemprego sobe de 3 a 4 pontos. Acredita também que o peronismo está organizado e esperando a vez: deram 41 votos a favor do novo presidente do Senado,* um peronista, creio, e já votaram a lei da sucessão no caso de impedimento.** Ele acha que haverá uma crise grande na Argentina e que o De la Rúa, quer deixar o Cavallo assumir todas as responsabilidades até o default, porque, se o Fundo Monetário não der 1,2 bilhão agora, haverá default, e nesse caso, disse o Rosendo, o De la Rúa tiraria o Cavallo.

Não creio que o De la Rúa faça esse tipo de artimanha. Falei domingo passado com ele, portanto no dia 2, e senti o De la Rúa extremamente confiante, alegre, achando que as coisas estavam avançando e iam bem com o Fundo.

Hoje de manhã, dia 4, tive a notícia de que ontem tanto o Fundo quanto o Tesouro dos Estados Unidos teriam apoiado as mudanças na Argentina, embora o risco Argentina esteja acima de 3,3 mil pontos, portanto 30% sobre a letra do Tesouro americano. É muito alto, ninguém está emprestando nada. Esse é o clima na Argentina, muitíssimo difícil. O Brasil aparentemente se separou da Argentina, o dólar neste momento, olhando aqui na telinha, está a R$ 2,42, quer dizer, baixíssimo em relação ao que foi nos últimos tempos. Isso mostra que realmente houve um descolamento, como dizem, entre Brasil e Argentina. Mas temos que olhar com atenção, quanto mais depressa a situação argentina se resolver, melhor para todos nós.

No fim de semana falei com alguns governadores, como a do Maranhão, o da Paraíba, o daqui de Brasília, o Roriz, falei com o Neudo Campos, de Roraima, e com o Siqueira Campos, para agradecer os esforços que eles fizeram na votação da CLT.***

* Federico Ramón Puerta, do Partido Justicialista (oposição).

** No caso de ausência do presidente e do vice-presidente da República, a lei argentina então em vigor previa que o presidente do Senado assumisse a Casa Rosada.

*** Em 4 de dezembro, a nova votação em turno único do PL 5483/2001 deu vitória ao governo por 264 a 213.

Também recebi o Siqueira Campos e o Eduardo Campos, filho dele, que é senador pelo PSDB, porque há uma briga dentro do PSDB do Tocantins, e o José Aníbal está querendo evitar que haja um massacre do Paulo Mourão, um deputado que já era do PSDB. Mas a força está com o Siqueira, acho que é preciso acertar essa questão.

A situação no Afeganistão parece sob controle, mas vejo que entre palestinos e israelenses a coisa piorou, está demais. Parece que o Sharon resolveu reagir com força, e é matança pra cá, matança pra lá, tenho a sensação que o Arafat perdeu o controle da situação e temo que nessas circunstâncias os americanos não tenham alternativa senão apoiar o Sharon. Se isso acontecer, vai se ter uma guerra maior, porque há o Iraque também, e o mundo vai ficar mais complicado por algum tempo.

HOJE É SEXTA-FEIRA, DIA 7 DE DEZEMBRO, estou neste momento na restinga da Marambaia,* vindo de Minas Gerais, são nove horas da noite, estou sozinho, amanhã a Ruth, o Paulo Henrique e a Vanvan [Evangelina Seiler]** vêm se juntar a mim. Estou na praia. Aproveito esses momentos de tranquilidade para retomar meus registros. Eu disse aqui, na última vez, que na terça-feira eu iria almoçar com o Serra, e assim aconteceu. Conversamos como sempre fazemos, repetimos um pouco os temas, coloquei a ele a questão relativa ao João Roberto, assessor dele, que viria trabalhar conosco. Ele ainda insistiu um pouco no [Agnelo] Pacheco,*** mas acho que o Pacheco é melhor para fazer pesquisa e interpretações do que propriamente para ser executivo na burocracia federal. Esse João Roberto conhece os membros da máquina, e é o que o Nizan deseja. Conversei também sobre outras questões com o Serra, ele estava animado com a candidatura, eu disse que era preciso ir com cuidado, porque tínhamos a questão do Tasso, enfim, passamos a limpo os últimos acontecimentos.

Depois fiquei no Palácio do Planalto para a entrega do Prêmio de Qualidade do Governo Federal e fiz um discurso para, mais uma vez, rebater a história de que o governo é neoliberal. Mostrei não só o avanço da qualidade na burocracia como o planejamento que temos. Salientei que cada vez mais existe uma concepção nova de parceria com o terceiro setor, com os empresários, e que a maior parte do planejamento hoje não é impositiva, do governo, é uma negociação com a sociedade que passa pelo Congresso.

Falei rapidamente com o Paulo Paiva e também com o Paulinho, da Força Sindical. O Paulinho veio pedir socorro na questão da Transbrasil.**** Eu disse: "Esta-

* O presidente e família descansavam na base dos fuzileiros navais na restinga, onde haviam passado o réveillon de 2000.

** Mulher de Paulo Henrique Cardoso.

*** Diretor da agência publicitária homônima.

**** A empresa aérea, que devia R$ 800 milhões e não tinha mais crédito para comprar combustível,

mos negociando, mas a Varig* e a Transbrasil vão ter que entrar em outro regime, porque senão é dinheiro jogado fora". Ele quer que o Geraldo Alckmin os receba por causa do ICMS, e no dia seguinte falei com o Geraldo, que ficou de recebê-los. Mas o Geraldo me mostrou que desde 1995 São Paulo não recolhe ICMS [das empresas aéreas]. São ilusões dessas empresas, querendo sair do buraco com dinheiro público.

No fim do dia recebi um senhor chamado Roger Sant, presidente do Conselho de Administração da AES, uma grande corporação de energia americana que comprou a Eletropaulo** e outras mais. Ele tem relações difíceis comigo, porque foram malcriados na inauguração da termoelétrica de Uruguaiana, para a qual me convidaram e desconvidaram.*** Esse senhor, a quem conheci nos Estados Unidos, na embaixada do Brasil, veio agradecer porque nós estamos resolvendo as questões energéticas, inclusive com uma correção de tarifa para ressarcir prejuízo. Veio também pedir que o BNDES possa socorrê-los, eles nos dariam garantias. Falei com o Gros, e não é bem assim; as garantias que eles querem dar são garantias em real, colocando as ações deles do Brasil à nossa disposição. Ora, eles já compraram as empresas daqui com dinheiro do BNDES, não é muito lógico dar ainda mais dinheiro. Por que não passar o controle diretamente para empresários brasileiros, para outros que não a AES? É melhor que eles tragam recursos dos Estados Unidos.

Recebi depois o Edison Lobão, que veio reafirmar o pedido do Sarney para a nomeação de um ministro**** do [Superior] Tribunal de Justiça, a despeito de esse desembargador ter problemas, ou melhor, do juiz ter tido problemas na época em que era consultor jurídico da universidade [UFMA]. Há um inquérito, uma suspeita de que ele não defendeu adequadamente os interesses do governo. Apesar disso, a bancada do Maranhão e o Sarney querem que a gente nomeie esse homem de qualquer maneira. É assim, a vida é essa.

Tive um encontro com o Delfim e com o Madeira, para discutirmos a questão da CPMF, o Delfim é o relator da emenda constitucional da CPMF, fomos aferir os pontos de vista. Aparentemente o Delfim vai fazer o que foi combinado e o que nós desejamos: cortar a CPMF das bolsas. Vai cortar também para os investimentos estrangeiros nas bolsas, vai fazer uma correção do ISS, e me disse que acreditava que desse para corrigir ao mesmo tempo os impostos em cascata do

---

encerrou suas atividades em 3 de dezembro de 2001. Perderam o emprego 2,1 mil funcionários, que estavam com salários atrasados.

* Deixou de operar em 2006.

** Associada a grupos brasileiros e estrangeiros, a AES adquirira em 1999 o controle da empresa de distribuição paulista. Em 2001, com a compra da totalidade das ações pelo grupo norte-americano, a companhia passou a se chamar AES Eletropaulo. A italiana Enel adquiriu o controle da empresa em 2018.

*** O episódio ocorreu em outubro de 1997. Fernando Henrique compareceu à solenidade de lançamento das obras da usina termoelétrica.

**** Reynaldo Soares da Fonseca, juiz federal. Foi indicado ao STJ em 2015.

PIS/Cofins, porque a matéria não estaria madura para ter solução. Isso contraria o que me disse o Osvaldo Schirmer, da Gerdau,* que tinha estado comigo na véspera, por causa do Prêmio de Qualidade. O Gerdau me disse que ainda havia essa possibilidade e que o Delfim poderia encaminhar a questão. É difícil. É justo, mas é difícil, por isso o Everardo ainda não concordou. Não se encontrou uma fórmula satisfatória (sem que seja em cascata) para substituir o montante de recursos que a Cofins e o PIS geram.

Bom, depois tivemos um jantar no Palácio da Alvorada com líderes agrícolas, coisa do Xico Graziano, que trouxe o Pratini, e foi muito agradável. Agradável, por quê? Porque a agricultura vai bem, lá estava o Luiz Suplicy Hafers, estava o sucessor dele,** o [Fábio] Meirelles de São Paulo,*** o pessoal da suinocultura, dos frangos, da pecuária, da soja, do algodão, enfim, uns vinte representantes importantes, todos muito contentes com o caminho da agricultura. Salvo café e leite, o resto vai bem.

Na quarta-feira, dia 5, recebi o Paulo Renato de manhã, que me deu uma notícia preocupante: ele faria um exame no InCor na sexta-feira, hoje, portanto, porque detectaram algum problema no coração, e ele já tem uma ponte safena. Acho até que também já colocou aquela pecinha para melhorar a circulação das artérias [stent]. Falei com ele hoje de manhã por telefone, Paulo Renato está bem, parece que o cateterismo resolveu a questão. Aproveitou para dizer que poderá, a partir de agora, tomar uma decisão sobre o que fazer da vida e que entrará em férias. Se ele não tiver um problema mais sério, pode ser que volte a ser candidato. Tive a impressão de que ele estava considerando até mesmo não encarar nenhuma candidatura, o que seria mais sensato.

Depois, na quarta-feira ainda, tive um encontro com o Hugo Napoleão, governador do Piauí,**** que veio conversar sobre a situação de lá, que é desesperadora, ele encontrou o estado arrebentado pelo Mão Santa. Quer apoio da área econômica, tudo bem, mas tem que conversar com os líderes do setor econômico, com o Amaury Bier, com o secretário do Tesouro***** e com o Malan, e eu fiz o encaminhamento.

Tive uma excelente reunião com os líderes aliados no Palácio da Alvorada. Só mesmo eu para, depois de eles fazerem tanta canalhice na votação da CLT, ainda receber bem essa gente toda. Disse que compreendia as dificuldades deles, o vaivém, que precisamos estar juntos e não sei o quê. Eles falaram que estão dispostos a votar de qualquer maneira o Imposto de Renda da Pessoa Física, que isso passou a ser importantíssimo para eles, não sei o quê. Eu disse que tentaria dar uma solução à questão e pedi tempo para falar com a área econômica.

* Vice-presidente executivo.

** João Sampaio.

*** Presidente da Federação da Agricultura e Pecuária do Estado de São Paulo.

**** O ex-senador pefelista, segundo colocado no pleito de 1998, sucedera Francisco Mão Santa, cassado pelo TSE por abuso de poder econômico nas eleições.

***** Fábio Barbosa.

Tive a um almoço no Palácio com o [César] Gaviria, conversamos um pouco sobre o mundo, a Argentina, o Peru etc., encontro de tipo diplomático.

Depois do almoço, fui a uma reunião sobre orçamento, o de sempre, conseguimos obter mais recursos para atender às emendas parlamentares, porque eles pediram 6 bilhões, e até agora demos menos de 1 bilhão. Vamos dar 1,5 bilhão, o que já é difícil de recuperar, e naturalmente vão dizer que é para comprar deputado. Mentira, os deputados estão votando à moda deles, com ou sem emendas, e as emendas são porque eles precisam atender às demandas locais e dentro do limite do razoável; essas emendas também geram emprego, melhoram a situação dos municípios, e por aí vai.

Recebi em seguida, no Palácio do Planalto, o Humberto Souto, presidente do Tribunal de Contas [da União]. Boa conversa, insinuando que eu não devia deixar de lado o Aécio, porque o Aécio pode vir a ser um bom candidato a presidente da República. Eu concordo, mas não agora.

O novo ministro dos Transportes, o Alderico Jefferson da Silva Lima, veio com o Padilha, que continua sendo a pessoa que conhece as demandas do setor político nos transportes. Eu disse ao Alderico que quero decisões técnicas baseadas na lei, mas que ele ouvisse o Padilha no caso de alguma demanda muito violenta. O Padilha pode tratar de ver até que ponto as coisas são ou não razoáveis. Pedi ao ministro que me desse as informações pertinentes, para que eu possa discutir com o pessoal do Orçamento as obras que quero terminar, porque muitas vezes não vão estar financiadas. É difícil que as emendas parlamentares deem recursos para as obras estratégicas; essas emendas visam mais obras específicas, de interesse dos municípios.

Fui jantar na casa do presidente do Senado, e lá estavam todos os senadores. Eu fiz que não vi o [Roberto] Requião,* cumprimentei-o só com a cabeça quando ele fez um ensaio para se levantar, não dei maior atenção ao Maguito Vilela e cumprimentei secamente o Bernardo Cabral.** Por quê? Porque o Bernardo designou para relator da CLT na Comissão de Justiça um membro do PT.*** Falei com o Amazonino, que disse que intercederia e intercedeu, porém o Cabral alegou que era impossível voltar atrás. Ora, vai ser maquiavélico assim no inferno; ele vive dizendo que é apoiador do governo, agradando todo mundo, é presidente de uma Comissão de Justiça e entrega uma coisa dessa importância ao PT para o PT obstruir! Mandei que houvesse uma atitude mais dura com o Bernardo. Eu trabalhei com o Bernardo na Constituinte, e ele nos causou aborrecimentos; o Jobim e o Eduardo Jorge sabem o trabalho que custou o texto da Constituição, para evitarmos trapalhadas inconsistentes.

* Senador (PMDB-PR).

** Senador (PFL-AM) e presidente da Comissão de Constituição e Justiça.

*** Cabral recuou e a relatoria foi entregue a Francelino Pereira (PFL-MG).

Jantei na mesa com o Tebet e a mulher,* com o Marco Aurélio Mello e a mulher dele,** muito simpática, achei o Marco Aurélio pessoalmente agradabilíssimo, nos divertimos muito. O Aécio na mesa também, e o Marco Maciel. Quem não conhece a política brasileira não entende isto: o Marco Aurélio aparece como um grande opositor, é um homem independente, e talvez até seja opositor, mas no plano pessoal temos relações bastante cordiais, acho até que ele gosta de mim — e eu gosto dele —, tenho essa sensação, quase sempre acho que os outros gostam, prefiro assim, para não ter um sentimento negativo com os outros. Pode ser uma ilusão, mas acho que não é, não.

Conversei muito com vários senadores de oposição, por exemplo, o senador que está no PL agora, o José Alencar, que é simpaticão e algo tosco em matéria política. Falei com dona Marly, falei com o Sarney, ele veio explicar que eu sabia que não era pensamento dele nem de ninguém a Roseana ser candidata, que são coisas da vida. Eu disse: "Sem dúvida Sarney, eu mesmo disse à Roseana por telefone, recentemente, que ela está subindo como um balão,*** e ela brincou comigo: 'Não vai estourar o balão no ar...'". Gosto realmente da Roseana. Eu não disse isto a ele, mas é óbvio que ela não tem o preparo, a experiência necessária para ser presidente da República. Mas aí eu pergunto: o Lula tem? Claro que o Serra tem muito mais, que o Tasso tem muito mais, e eu vou fazer força pelos nossos, mas quem não tem cão caça com gato. As circunstâncias não são ditadas por mim, são ditadas pelo jogo político geral. Eu não disse ao Sarney, mas é isto: a Roseana é uma pessoa que tem virtudes, limitações e uma herança que não é fácil, a herança da família. Ainda assim, está tentando modernizar o Maranhão.

Encontrei lá o Eduardo Suplicy, sempre muito amável, me levou para falar com a Marina Silva, que estava chocada porque eu vetei um projeto dela sobre utilização do pé para reconhecimento da identidade do recém-nascido.**** Eu vetei porque todos os órgãos técnicos disseram que o projeto era desnecessário e difícil, e disse isso a ela. O Congresso tem a possibilidade de recusar o veto no plenário.

A sensação foi produzida por outra senadora, a Heloísa Helena, que estava, dizem, de minissaia; não era minissaia, era um vestido mais curto, substituindo a calça jeans que ela usa. Dei dois beijinhos nela, e vi hoje no jornal um diálogo fantasioso que eu teria travado com ela, em que ela fez o sinal da cruz, dizendo que eu era ateu. Nada disso aconteceu, nem que ela tivesse dito, como aparece no jornal, que eu tentei conquistá-la, algo assim. Eu apenas disse que tenho parentes

* Fairte Tebet.

** Sandra de Santis Mello.

*** A governadora do Maranhão tinha entre 16% e 18% das intenções de voto nas pesquisas eleitorais para a Presidência da República publicadas no início de dezembro.

**** O PLS 179/1996, que previa a criação de um registro geral para a identificação de recém-nascidos através das impressões digitais dos pés das crianças e das mães, fora integralmente vetado pelo presidente em 29 de novembro.

numa cidade de Alagoas, não tentei conquistar ninguém. E é verdade, meus avós maternos são de Viçosa, apenas alguém falou de Alagoas e eu comentei isso. Todos tiram casquinha do presidente da República na ausência dele, através de interlocutores da imprensa... A Marina, não, esta é simpática. Mas a Heloísa Helena, que pessoalmente não é desagradável, politicamente é mal-educada, e mesmo desaforada. Entretanto, não foi assim comigo, e a imprensa dá a impressão de que ela tripudiou sobre o presidente. São os incidentes normais.

Ontem, quinta-feira, vazou para a imprensa o tal negócio do João Roberto na Secretaria de Comunicação. E a imprensa saiu dizendo que era um homem do Serra e a Dora Kramer já se precipitou nessa direção. O José Aníbal, por sua vez, tratou de fazer pressão, falando que isso é inaceitável, conversou com o Arthur Virgílio, que disse que eu não dou bola para ele, que ele nunca nomeou ninguém (aliás, não me pediu também). Foi o que o Arthur me transmitiu e disse que o melhor seria nomear o José Abrão. Enfim, fizeram um pandemônio de uma coisa que me foi pedida pelo Nizan, como já registrei aqui, com propósitos técnicos, para separar os programas do governo dos programas do partido e do candidato. Nem sei se esse rapaz tem as melhores relações com o Serra. Mas não foi por isso que ele veio para cá; trabalhou com o Serra, como trabalhou com outros, e parece um bom profissional. O Zé Aníbal não está querendo implementar uma decisão do executivo do partido que dá a maioria ou a presidência do partido no Tocantins, parece, ao Eduardo Siqueira Campos, filho do Siqueira Campos; ele quer ficar com o Paulo Mourão. Também o Raul Jungmann tentou várias vezes indicar o José Abrão, e eu não quero, porque quero que ele substitua o Jungmann quando o Jungmann for embora em março ou abril, para ser candidato.

Além do mais, quem resolve quem é ministro sou eu, não é nenhum deles. Outro dia eu disse brincando ao Madeira e ao [Carlos Eduardo] Sampaio Dória:* "É uma coisa curiosa: primeiro era o Serjão quem mandava, depois era o Antônio Carlos, agora é o Serra. Por que essa gente não entende que quem manda sou eu?". Eu faço à minha maneira, mas quem tem as rédeas do governo sou eu. Vou continuar sendo do meu jeito, não exibindo, não fazendo bazófias, mas eu controlo o processo político e vou levando as coisas à minha moda. Não sou inseguro, que venham pessoas fortes e que participem, que façam seus jogos (o Serra, aliás, não faz), que digam que estão mandando em tudo, porque isso parece que dá certa satisfação a eles, aos jornalistas e aos leitores. Não tem importância, porque eu sei que o controle político está nas minhas mãos.

Nessa quinta-feira também tive um encontro, de manhã cedo, no Palácio da Alvorada, com o Madeira e com o Sampaio Dória. Não estou seguro se foi ontem ou quarta, não importa; o que importa é que eles vieram ver como resolver o aumento da faixa de isenção do pagamento do Imposto de Renda. Achei engenhosa

* Deputado federal (PSDB-SP) e relator da Comissão Mista de Orçamento.

a solução do Sampaio Dória, que é dar 17,5% [de correção] e atrasar a devolução daqueles que têm a receber uma devolução muito grande; atrasar de tal maneira que uma parcela só seja liberada em 2003, e ao mesmo tempo manter o aumento de 10% na alíquota dos que pagam 25%, que passariam a pagar 27,5%. Eu disse que ia discutir com a área econômica, falei com o Malan, depois falei com o nosso Everardo Maciel, que me disse que a forma de desconto é errada. "Então, Everardo, recebe o Sampaio Dória, resolve isso e vamos partir dos 17,5%", eu disse. Telefonei ao Dória e contei isso, resultado: o Dória foi ao *Jornal Nacional* e falou que o imposto de renda seria de 17,5%, que eu já tinha resolvido, criando uma imensa dificuldade com a Receita e com o ministro Pedro Malan, que me telefonou, aflito, e eu pus a questão nos termos corretos. Hoje, sexta-feira, os técnicos passaram o dia discutindo e não chegaram a acerto algum. Também hoje, com a violência habitual da Procuradoria, o procurador* mandou a Polícia Federal lacrar o gabinete do Everardo. Disse que ele tinha que depor no caso de um fiscal corrupto,** em razão de uma demanda desse próprio fiscal. Enfim, uma lambança do procurador que deixou o Everardo muito abalado. Telefonei ao Brindeiro e reclamei, falei com o Aloysio, falei com o Malan, com o Everardo, e já na praia continuei falando. O Everardo ganhou um habeas corpus, mas é uma vergonha o que esses procuradores estão fazendo, uma desmoralização do Estado e um exibicionismo infrene. Falei com o Gilmar Mendes e com o Pedro Parente: "Vamos fazer um decreto dizendo que a Polícia Federal não fará nada sem autorização expressa do Ministro da Justiça toda vez que os procuradores pedirem alguma coisa que diga respeito ao Executivo". Chega de lambança.

Ontem também recebi o Pedro Parente e o Zé Jorge, para discutir a redução do custo da gasolina, por causa do novo imposto de importação de petróleo.*** Recebi o Marco Maciel, depois o Neudo Campos, governador de Roraima, para discutir um problema de energia elétrica de lá, e tivemos um almoço no Alvorada o Malan, o Armínio Fraga, o Pedro Parente e eu. O Pedro contou ao Armínio que o custo da energia vai ser muito menor do que o Banco Central disse que seria na famosa ata do Copom.**** Essa ata é sempre perigosa, porque nela eles conjecturam possibilidades, o mercado toma as conjecturas como se fossem realidade, o que tem efeitos nas expectativas. Nós temos insistido para que as atas sejam menos minuciosas e mais genéricas, nós não estamos num país nórdico, estamos num país onde fa-

* Aldenor Moreira de Souza, procurador do MPF-DF.

** Edson Pedrosa, ex-auditor fiscal acusado de improbidade administrativa.

*** O governo calculava arrecadar R$ 5 bilhões com o novo imposto sobre combustíveis, cuja criação era objeto de alongada discussão no Congresso (PECs 81 e 145/1995). Esperava-se que o imposto tivesse impacto de 26%, em média, no preço da gasolina nas bombas. Mas a proposta acabou não sendo votada.

**** Além da escassez energética, a ata da reunião de 21 de novembro mencionou o "elevado grau de aversão ao risco" dos mercados internacionais para justificar a manutenção da Selic em 19% a.a., patamar em que se encontrava desde julho de 2001.

cilmente as pessoas alteram o jogo. A conversa foi para insistir na possibilidade de uma brecha para diminuirmos a taxa de juros. Se eles dizem que vai haver um custo de energia muito alto, isso impacta na inflação, diminuindo as chances de baixar a taxa de juros. O Armínio, vindo dos Estados Unidos, contou como via a situação na Argentina e no mundo. Ele está pessimista com o mundo e mais ainda com a Argentina. Fez um resumo de tudo que ouviu nos Estados Unidos e do que está vendo aqui. Hoje, aqui na Marambaia, falei por telefone com o Armínio, que recebeu uma informação da Argentina mostrando que a situação é desesperadora, que o desfecho será logo e não será dos mais fáceis.

Depois do almoço de ontem, ainda recebi o novo reitor da USP, o José Melfi, que veio com o Jacques Marcovitch* e com o Celso Lafer, muito simpaticamente. Veio também o [Carlos Eduardo] Moreira Ferreira, que quer apoio — e acho que merece, diante dos outros candidatos — para se reeleger presidente da Confederação Nacional da Indústria.

Dei uma longa entrevista para o Canal Rural que deve sair no Rio Grande do Sul e depois fui à missa em memória do Vilmar Faria. De lá voltei com a Wilma Motta para o Palácio da Alvorada, onde a Ruth fez um pequeno coquetel em homenagem a Maria Helena Neves, diplomata portuguesa que trabalhava na delegação da União Europeia e é muito amiga do Mário Soares e nossa. Vieram o embaixador da França** e o de Portugal*** e ficamos conversando amigavelmente.

Hoje levantei cedo e fui a Minas Gerais, a Itaúna, foi fantástico.**** Cidade boa, progressista, bom prefeito,***** que tem o que eles chamam de Prodescon, um consórcio de empresários, prefeitos, saneamento básico, planejamento regional. Falei com dezenas de prefeitos, foi muito agradável, e lá fora os malucões da CUT, PT, PSTU gritavam besteiras. Mas não perturbaram suficientemente o encontro, que foi realmente bom. O povo muito cordial, eu abraçando, beijando gente, como nos velhos tempos. De lá vim para a praia. Agora são nove e meia da noite, vou ver a televisão, ler um pouco e dormir. Tentarei descansar esses dias.

Essa é a vida de um presidente da República no final de seu sétimo ano de mandato, cheio de preocupações, mas lutando com energia. Isso em um país que, comparativamente, é fantástico. Com todas as dificuldades, continuamos crescendo, não muito, mas crescendo, resolvendo problemas, o Congresso votando, a imprensa livre, reuniões de prefeitos pra cá e pra lá. Segunda-feira sairei daqui cedo e irei ao Rio de Janeiro para uma questão do Banco Mundial e do Ministério da Fazenda sobre pes-

* Ex-reitor da USP.

** Alain Rouquié.

*** António Franco.

**** O presidente discursou na cerimônia de apresentação do Programa de Desenvolvimento Sustentável do Centro-Oeste Mineiro (Prodescon).

***** Osmando Silva (PSDB).

quisa de desenvolvimento e a ordem global.* A dinâmica da vida, apesar de tudo, nos embala, as dificuldades são grandes, mas o ânimo é mais forte do que elas.

HOJE É SÁBADO, DIA 8 DE DEZEMBRO, são nove e meia da manhã. Levantei relativamente cedo, mais ou menos às sete e meia já estava acordado, mas só saí da cama às oito e quinze. Tomei um café do jeito que eu gosto, pouca coisa: bastante mamão, depois pão, gosto desse croissant que fazem na Marambaia, não será grande coisa, mas de qualquer maneira com queijo e presunto dentro, pãozinho de queijo à mineira, café preto e um pouco de laranja. Apesar de eu ter dito ontem à noite que como pouco, a mesa era fartíssima. Fizeram algumas reformas na Marambaia, uma piscina entre os quintais das casas, discutível, o sítio é muito bonito e as casas são de uma simplicidade extraordinária. A casa onde eu fico, que é usada nas férias pelo comandante-geral [dos Fuzileiros], é muito simples, chão de ladrilho. Estão melhorando um pouquinho, melhoraram os banheiros, porque sabem que eu gosto de vir aqui, a cama hoje é razoável, móveis antigos, aquela mesa João V ainda está na sala de jantar, coisas de mobília ao estilo dos anos 1940, quando faziam sucesso aqui no Rio de Janeiro. Foram trocando os tapetes, os quadros de um gosto lastimável, normalmente paisagens marinhas de péssima qualidade, e a combinação entre os móveis não é das melhores. Mas há uma boa televisão, posta num dos quartos — que virou sala de estar —, e colocaram ar-condicionado na sala. Há uma coisa de que gosto muito: o ventilador fica no teto, ventilador grande que areja bem. As pessoas são muito agradáveis, todos tratam de me servir agradavelmente e ficam longe.

Andei na praia agora cedo, peguei o sol da manhã, caminhei sozinho. Os guardas que me cercam estavam distantes (não tão distantes, cem ou duzentos metros), é o lugar onde eu fico mais isolado, onde eles me deixam mais tranquilo, porque sabem que tudo aqui é seguro. Não há necessidade de tanta segurança no Brasil, mas isso faz parte da ordem republicana, o presidente deve ser um pouco cercado. O mar está cheio de barquinhos da Marinha, para evitar que a imprensa venha até nós. A praia em frente às casas não é das melhores, mas é agradável, a vista é deslumbrante. Estou sentado num quiosque que era de palha, agora puseram telha e ficou pior; as montanhas que vejo ao fundo, da serra do Mar, entram pelo mar adentro e são de grande beleza. Em frente vejo Mangaratiba, estou no ponto-final da restinga da Marambaia, que é uma quase ilha.

A interrupção que houve foi porque dois marinheiros vieram trazer água e refrigerantes para mim aqui na areia. Agradeci, montaram uma mesinha, vieram

* Abertura da III Conferência Anual para o Desenvolvimento Global, com o tema "Integrando conhecimento global e local", num hotel da Zona Sul carioca.

cheios de amabilidades, que, quando excessivas, perturbam; mas aqui eles são discretíssimos. Se eu olhar para a direita, estou no começo de uma baía, na entrada da baía de Sepetiba; e se eu olhar ou caminhar para o lado direito da praia da Marambaia ver-se-á uma série de ilhas, todas bonitas, com casas e tudo mais. Ao fundo — daqui não vejo — está o porto de Sepetiba. Se eu olhar para a esquerda, uma meia lua forma a praia da Marambaia, em frente vejo os morros da ilha Grande. Creio que o maior deles se chama Ponta do Papagaio ou Pico do Papagaio, qualquer coisa assim, e é fascinante, vê-se uma das ilhas mais bonitas do Brasil e talvez do mundo, a ilha Grande. Praias inacreditáveis, sobretudo as praias de mar aberto. Quando se vai costeando a ilha, tem-se o Saco do Céu, que é bonito, e há ainda a praia onde está a casa do Israel Klabin,* muito bonita. Costeando na direção do mar aberto, depois que se passa o farol que existe na ponta dos Castelhanos, mais um pouco que se navegue se chega a uma praia que tem nome de pessoa e que esqueço neste momento. Ela foi do Braguinha [Antônio Carlos de Almeida Braga],** hoje é do Safra, lá há uma praia estupenda [Lopes Mendes]. Um quadro de uma beleza incrível, com tudo que o Trópico tem de melhor. Só no México vi coisa equivalente. Conheço praias pelo mundo afora, inclusive as da Indonésia, não conheço o Havaí, mas nunca vi praias tão bonitas como estas daqui, a não ser no México. Me lembro da Isla Mujeres, onde estive há muitos anos, na década de 1970, ela é fantástica. Tivemos um seminário em Yucatán e depois fomos a Isla Mujeres, deslumbrante, mas é difícil ter coisa semelhante a estas daqui. O quadro natural não é excitante, é plácido. Hoje o céu está um pouco cor pastel, tem sol, mas não totalmente aberto, há algumas nuvens e um azul mais acinzentado aqui e acolá. É realmente incrível de bonito.

Eu não tinha lido a parte econômica da *Folha* de ontem, li agora de manhã um artigo do Luiz Carlos Mendonça,*** li por cima. Ele descreve uma família de não sei quem lá, João e Maria, para fazer referência ao Banco Central, ao FED, aos bancos privados. Não vai direto ao tema, mas está discutindo o seguinte: que o Banco Central definiu a meta de inflação para o ano de 2001 ao redor de 3,5%, e pergunta: "Por que não excluem dessa meta os fatores sazonais, por exemplo a energia? Que só a energia vai dar 1,7% de crescimento no IPCA...". Anteontem estive reunido com Armínio Fraga e Pedro Parente justamente para discutirmos se o preço da energia teria uma incidência tão grande na inflação quanto se imaginava. O Armínio, que não é bobo, disse o seguinte: o Banco Central precisa ter carranca, quanto mais dissermos coisas duras, mais poderemos fazer coisas razoáveis. Eu sei que a meta da inflação vai ser por volta de 5,5%, não deve ultrapassar isso, entretanto eu disse

* Ex-presidente do grupo Klabin e presidente da Fundação Brasileira para o Desenvolvimento Sustentável.

** Empresário, fundador do grupo Icatu.

*** "O Banco Central e as metas de inflação", na seção "Opinião econômica" do caderno Dinheiro.

que, se ele revelasse isso agora, o mundo vinha abaixo. Ou seja, não dá para dirigir o Brasil com retórica. Se você anuncia o que vai fazer, você já não faz, porque as forças atuam contra. Aí entra a discussão mal posta sobre a ética: se tivermos que abrir todo o jogo, não se consegue nada; é preciso ter uma estratégia, e ela deve ser cuidadosa e relativamente discreta. "Relativamente", não; ela deve ser *muito* discreta, senão as forças que se opõem impedem que se alcance o objetivo. O objetivo não é simplesmente arrochar, sobretudo por causa da inflação, mas fazer o equilíbrio entre evitar que a inflação galope, porque ela destrói a poupança popular e a finança pública, desorganiza o Estado, e manter a taxa de crescimento. É um equilíbrio delicado, difícil, mas estamos conseguindo. O país poderia crescer mais? Poderia. Bastaria soltar a política monetária, baixar os juros, aumentar empréstimos, os empresários investem, o dinheiro circula, mas certamente teria um efeito inflacionário que corroeria, no momento seguinte, os ganhos obtidos. Então é preciso não ficar anunciando o que se vai fazer.

A mesma coisa, como já registrei aqui, aconteceu na questão do Imposto de Renda da Pessoa Física. No momento em que o Sampaio Dória abriu o jogo e disse que aprovei 17,5%, acabou; a Receita ficou irritada e não sei o quê. Depois do que houve ontem sobre o Everardo e os procuradores, que perderam as rédeas e foram lá provocá-lo, foram afrontar o estado de direito, criou-se um clima negativo para obter a cooperação das máquinas burocráticas e a implementação de uma política com mais equilíbrio na questão do Imposto de Renda.

13 A 16 DE DEZEMBRO DE 2001

Conferência do Banco Mundial. Visita do premiê russo. Jantar com o PTB. Melhora do clima econômico

Hoje é quinta-feira, dia 13 de dezembro, estou em Brasília. Primeiro, uma correção. Na Marambaia, eu disse que estava avistando uma cidade em frente cujo, nome informei errado. É a Vila Muriqui que eu estava avistando [e não Mangaratiba].

A semana foi pesadíssima, tanto que só hoje retomo as gravações.

Começou na segunda-feira; da Marambaia fui ao Rio para participar da abertura de um seminário do Banco Mundial, reunindo técnicos do mundo todo, que me deu a oportunidade de dizer que eu não estava de acordo com o modo como a questão da Alca está sendo posta pelos americanos.

Claro que já houve exploração. O que eu disse foi que não podíamos concordar com os termos com os quais a Câmara dos Representantes americana aprovou o que o Executivo mandou, mas que haveria uma chance no Senado de mudar; já posso dizer hoje que o Senado não mudou nada.* O Bush vai ficar numa posição difícil, porque está muito amarrado, o que foi concordado limita demais a possibilidade de o presidente fazer um bom acordo de comércio. Claro que a oposição daqui vai exigir mais, nós vamos ter que manter nossa posição firme, mas não queremos fechar as portas da negociação, porque o Brasil precisa de mercado, e isso a oposição não vê. Não quer ver, porque a nossa oposição é realmente talibã, no sentido não do terrorismo, mas no de voltar ao passado. Eles têm uma visão que eu chamo de "utopia regressiva", adorariam ter um Estado forte, uma economia totalmente fechada, o Brasil autárquico, andando devagar, tentando outra vez descobrir a pólvora, tudo com desenvolvimento autóctone. Essa é a visão que as oposições mantêm de toda essa questão, mas não vai ser sempre assim, porque o Brasil está suficientemente maduro e aberto para que o atraso possa ser imaginado como uma realidade permanente.

Do Rio de Janeiro voltei para Brasília, e os dias foram dias bastante difíceis. Primeiro, o Congresso. Nele há uma permanente tensão, tratando de fazer benesses com a mão alheia, ou seja, com a mão do povo: aumentam o salário mínimo, diminuem a arrecadação do Imposto de Renda e querem aumentar a despesa; quer dizer, diminuem-se as receitas e aumentam-se as despesas. Vai caber ao governo,

* O Congresso norte-americano recém-aprovara o *fast track*, ou Autoridade para Promoção Comercial (TPA, em inglês), dando a Bush poderes extraordinários para negociar a Alca. Os termos do dispositivo foram vistos como desfavoráveis pelo Brasil, que seria afetado por cláusulas inflexíveis nas áreas de patentes, política cambial e investimentos externos.

a mim em especial, o ônus, mas um ônus que assumo com a tranquilidade de restabelecer um caminho mais racional, para que o país possa marchar. Então, passei esses dias todos em telefonemas, reuniões de líderes, não vou relatar porque é cansativo, e no final chegamos a termos mais ou menos aceitáveis, mas vou ter que fazer vetos. Enfim, o de sempre.

Recebi o vice-presidente da Bolívia na própria segunda-feira, dia 10, o Jorge Quiroga, num jantar muito agradável. Falei por telefone com o Banzer, que se recupera de um câncer grave no pulmão e no fígado,* mas já está em Santa Cruz. Discutimos nossas questões com a Bolívia, que hoje tem uma vinculação forte com o Brasil.

No dia seguinte, terça-feira, depois reunião de trabalho com o presidente da Bolívia e do almoço no Itamaraty, abri o II Fórum Nacional Antidrogas, novo discurso, mais ou menos o habitual. À tarde recebi o Bornhausen, que veio me pedir para não tirar o Luís Carlos Santos da direção de Furnas. Eu disse: "Mas o Zé Jorge está de acordo com isso?".

"Está de acordo, sim."

"Eu tinha combinado dele sair no dia 20."

"É, mas é melhor ele sair só quando os outros ministros saírem."

Isso é a política brasileira, o próprio Bornhausen tem que ceder à pressão do partido, que deve ser grande.

Depois recebi o Sérgio Amaral, que veio com o novo presidente do BNDES,** filho do maestro Eleazar de Carvalho, que eu já conhecia, mas conversei melhor com ele. Insisti nos meus pontos tradicionais para o fortalecimento dos grandes players nacionais, com o apoio do BNDES, e uma atitude mais agressiva do BNDES para apoiar as exportações brasileiras e mesmo financiar os serviços, desde que gerem um fluxo de comércio. Essa ideia o Sérgio Amaral defende com energia.

E recebi o pessoal da Pan American Energy. O Alejandro Bulgheroni eu não conhecia, ele falou dos seus investimentos no Afeganistão, morou três anos e meio entre o Afeganistão e a Europa, e tem investimentos na Rússia em gás e petróleo. Tem muitos interesses no Brasil e parece que ligações com a Total, uma coisa meio surrealista, e se for verdadeira é positiva; se for fantasia, já se verá. Trouxe uma proposta de gasodutos e quer que eu a passe ao Pedro Parente.

Assisti ao casamento do Nelson Jobim com a Adrienne Senna. Depois de uma pregação a favor do amor eterno feita pela juíza que os casou, estando presente o ex-marido da Adrienne*** (acho que a juíza não se deu conta disso), encontrei-me com o Maurício Corrêa e com alguns ministros do Supremo, gente que eu conheço há muitos anos. Voltei para casa, porque tivemos a despedida do Zé Gregori e da

* O presidente boliviano se licenciara em agosto de 2001.

** Eleazar de Carvalho Filho.

*** João Nogueira Batista.

Maria Helena. Foi muito agradável, eu estava cansadíssimo, mal pude desfrutar, houve um sarau musical com o chorinho de Brasília. Além do Neco, um rapaz que estimula o chorinho de Brasília e é bom músico, havia outro músico extraordinário que se chama Hamilton de Holanda e que deu um show admirável. Revi velhos amigos, os da turma de Ibiúna mais o Zé Gregori, o [Sepúlveda] Pertence também veio, tudo num clima de muita amizade, foi um encontro realmente agradável, bastante simpático.

Ontem, quarta-feira, dia 12, continuei as lutas com o Congresso, vaivéns, recebi um, recebi outro, aquela coisa de sempre. De manhã recebi o Almir Pazzianotto, que me disse que vai sair do Tribunal e pediu a nomeação de uma pessoa, segundo ele competente, para uma vaga que existe no Tribunal. Talvez entre no PTB, ficou de voltar a falar comigo. Me ocorreu que se o Almir não entrar para a política partidária eleitoral, posso aproveitá-lo na reorganização do ministério. O Almir é um homem competente, tinhoso, mas competente.

Estive despachando com o Pedro Malan juntamente com o presidente do Banco do Brasil sobre a questão da Previ, acho que ela está metida em grandes confusões. Eu gostaria de mudar a direção, porque teremos um ano eleitoral. Não desconfio absolutamente de nada da atual direção, mas acho melhor não deixar que se estabeleçam vínculos muito grandes entre as pessoas e essas instituições. Eu disse isso a eles, e vamos buscar um novo presidente para a Previ.

Depois recebi uma pessoa muito interessante, chama-se Mikhail Kasyanov, é o primeiro-ministro da Federação Russa. Conversou amplamente sobre a situação da Rússia, dos Estados Unidos. Muito preocupado com a ruptura que os americanos estão propondo no acordo de restrição de armamento atômico,* ele acha que a única razão para isso é estimular a indústria americana, porque os americanos, hoje, são amigos dos russos. Falamos do Oriente Médio como proposta minha, sugestão de uma participação mais ativa do Brasil nesse tipo de política, e falei do Irã, sobre desenvolvimento tecnológico, possibilidade de aumentar exportações de frangos, de suínos. Uma conversa muito boa tanto do ponto de vista político quanto econômico, preparando minha viagem à Rússia em janeiro.**

Em seguida tive uma reunião com o presidente do IBGE, o Sérgio Besserman, junto com o diretor executivo*** mais o pessoal do Planejamento. Eles mudaram a técnica de fazer pesquisa sobre desemprego. Resultado: estatisticamente vai aumentar o desemprego no Brasil, e o governo vai ser culpado de um aumento de desemprego que não houve; houve apenas um aperfeiçoamento da técnica. Agora

* Tratado entre os Estados Unidos da América e a Federação Russa sobre Reduções de Armamento Estratégico (SORT, na sigla em inglês), também conhecido como Tratado de Moscou, assinado em maio de 2002. Ambos os países concordaram em reduzir seus arsenais nucleares para cerca de 2 mil ogivas operacionais cada um.

** Visita oficial à Rússia e à Ucrânia agendada para 12-17 de janeiro de 2002.

*** Nuno Bittencourt.

é tarde, isso cairá como uma bomba no ano que vem, e eu vou pagar o preço de um avanço metodológico que poderia ter sido pensado com mais calma. Vamos ter que explicar muito, mas, ainda que se explique com muita paciência tudo que tivermos feito, vão dizer que estamos aumentando o desemprego, é sempre assim.

Ontem saí do Palácio do Planalto às nove da noite, de tanto que despachei e trabalhei. Cheguei e jantei com a Lourdes Sola, que está hospedada aqui, e com o Maílson [da Nóbrega], que é uma pessoa de primeira ordem, homem inteligente, atento, simpático, nossos pontos de vista são muito coincidentes. Além do que já mencionei, almocei no Clube Naval com os oficiais generais para a despedida de fim de ano. Fiz discurso, aliás, para minha surpresa, está reproduzido hoje pelo menos no *Estado de S. Paulo*, e não de maneira negativa. Apenas dizem que pedi desculpas por não ter dado aos militares o aumento de salário que lhes tinha prometido no ano passado. Não foi o que eu disse; falei que eu estava em falta com o equipamento das Forças Armadas e que iria pagar os 10% prometidos, e já puseram uma certa maldadezinha na questão do aumento.

Hoje, quinta-feira, houve entrega de credenciais, discuti com o Celso Lafer as promoções do Itamaraty, sempre difíceis, é preciso cortar pessoas, há pressão de alguns setores do Senado para promoção de gente que não é da melhor qualidade; quer dizer, são bons, mas não extraordinários.

Depois dei uma entrevista ao Ethevaldo Siqueira* sobre telefonia, almocei sozinho, despachei com o Pedro Parente sobre energia, pressão de todo lado, mas estamos avançando.

Notícias boas, o IBGE vai divulgar o Censo de 2000 comparativamente com 1991, e em termos de rendimento médio, per capita, houve um aumento de 40% na década, algo bastante forte. Me disse o rapaz do IBGE que o coeficiente Gini vai ser melhor, isso num dia em que o Clóvis Rossi fez uma ironia com o que falei no Rio de Janeiro.** Ele não entendeu o que eu disse e, mesmo sem entender, se pôs de juiz do mundo.

A situação econômica melhorando, o dólar entre R$ 2,30 e R$ 2,40, mas não chegando a R$ 2,40, as exportações aumentando, recebi exportadores de frangos e suínos eufóricos, 1,3 bilhão de dólares de exportação. Acabei de ver na GloboNews comentários de gente do mercado dizendo que o Brasil é surpreendente, porque todos os números são melhores, como eu venho dizendo há muito tempo. Um clima desanuviado. A Roseana Sarney segue em alta, hoje é a segunda colocada, pode eventualmente ganhar do Lula, e isso coloca em xeque o PSDB, que estava imaginado que a candidatura dela fosse uma bolha; não é bolha, temos que ver o que fazer nessa situação. O governo tem sua apreciação levemente melhor, o cli-

* Colunista do *Estadão*, especializado em tecnologia digital.

** Na coluna "FHC fora do lugar", Rossi fez mofa da afirmação do presidente de que achava mais importante reduzir a pobreza do que diminuir a desigualdade de renda.

ma geral do país melhorou. Quanto ao clima internacional, os Estados Unidos resolveram denunciar o Tratado Antimísseis Balísticos,* isso é péssimo, sinais ruins. Estão vitoriosos na questão do Bin Laden. Acabei de ver na televisão fitas gravadas de conversas do Bin Laden no Afeganistão em que ele praticamente se incrimina da responsabilidade dos atentados; e os americanos, quem sabe, voltando ao salto alto, o que seria muito mau, muito mau mesmo. A Argentina está se despedaçando, as informações são cada vez piores, já nem se discute a Argentina porque perdeu a graça, todo dia é uma tragédia pequeninha, é a morte anunciada, mas uma morte lenta, e o efeito sobre nós é cada vez menor. A safra do ano que vem vai ser de mais de 100 milhões de toneladas de grãos, recebi ontem a informação que o Pratini me deu, enfim, muitas notícias positivas no final de um ano que foi duro, um ano atormentado, mas no qual o país continua sua marcha positiva e com a população em estado de mais otimismo.

HOJE É DIA 15 DE DEZEMBRO, SÁBADO, quase fim do dia. Ontem fui a Cubatão inaugurar uma nova refinaria.** Fiz um discurso, o Geraldo Alckmin fez outro, repercutiu bem, sobretudo nos jornais, que também reproduziram positivamente o que foi dito no jantar do PTB.*** Algumas preocupações antes de entrar nos detalhes do dia de ontem: não tenho dado a atenção necessária à área da cultura e fico pensando se o Weffort não devia ser substituído, pelo cansaço de tantos anos à frente do Ministério da Cultura. A ideia que eu tinha era botar a Kati Almeida Braga lá, não sei se vai funcionar e se ela topa. Há muito recurso para a Cultura, muito disperso, o Weffort é ótimo intelectual, mas talvez seja necessário para o ano que vem ter alguém, digamos, mais expressivo politicamente do que o Weffort. Continuo preocupado com o cinema, fizemos a agência de cinema e a organizamos finalmente, depois de vaivéns. A Bia ajudou muito, a Bia Cardoso, em ampliar o esquema do cinema, e ficou nomeada uma pessoa que é do BNDES, uma moça do BNDES,**** para evitar predomínio do grupo do Barretão [Luiz Carlos Barreto],***** embora ele deva ter uma influência correspondente ao trabalho que eles fazem, que é grande, o Pedro Parente está vendo isso de perto. Finalmente essa coisa marchou.

Preocupação com a Sudene. Ela não anda, o Jarbas Vasconcelos me mandou uma carta, o [Francisco] Pinheiro Landim****** fez uma proposta, no fundo quer mais

* Os EUA abandonaram o tratado, assinado em 1972, sob a alegação de se proteger contra possíveis ataques terroristas com armas atômicas.

** Inauguração da nova unidade de produção de aço da Cosipa, com investimento de US$ 170 milhões parcialmente financiado pelo BNDES.

*** O presidente se reunira com a cúpula do partido dois dias antes, em Brasília.

**** Lia Lopes.

***** Diretor e produtor de cinema.

****** Deputado federal (PMDB-CE).

verbas vinculadas à Sudene, o que não se pode aceitar, mas é uma preocupação, porque a Sudene não se reorganizou. Eu fiz uma medida provisória para reorganizá-la algum tempo atrás, mas a implementação está lenta. Problemas dessa natureza não faltam, há muitos. Começa, porém, a haver a sensação de que se faz um balanço mais positivo das transformações pelas quais o Brasil passou. Época de fim de ano é época de balanços, e além disso o governo só tem mais um ano, começa a haver um balanço mais geral.

O Eduardo Graeff me passou alguns dados estatísticos muito positivos. Na reunião que tive com o pessoal do IBGE, a despeito da taxa de desemprego que medida de nova maneira vai dar um resultado negativo — embora seja apenas um aperfeiçoamento estatístico —, o Censo 2000 vai permitir uma comparação da última década, que em geral é muito positiva para nós, em aspectos que são importantes.

Recebi o José Abrão para desfazer os mal-entendidos da nomeação do Bob [Costa] para a Secretaria de Comunicação. O José Abrão ainda não tinha entendido, deve ter entendido ontem. Eu disse a ele que seu nome nunca foi cogitado porque eu queria que ele substituísse o Raul quando chegasse o momento e porque eu tinha que nomear alguém mais conectado com o Nizan. A nomeação não teve nada a ver com o Serra, com o Tasso, com coisa alguma. Aliás, hoje, dia 15, é aniversário do Tasso, telefonei para ele, estava muito brincalhão.

Ontem também recebi o Renan Calheiros, preocupado com a eleição dele em Alagoas e em como ficará o seu grupo no PMDB. Recebi o Jorge Serpa, de vez em quando ele vem com teorias metafísicas a respeito do mundo, a respeito do meu papel no mundo e com uma ou outra questão mais específica dele, nada de muita monta, mas eu o vejo um tanto atormentado com essas questões.

Hoje foi um dia diferente, é o dia de comemoração do Natal, então é beijar criança, abraçar todos os funcionários, são muitos, os empregados, os da limpeza, os da copa, os da segurança, os amigos deles, são centenas de pessoas para tirar fotografia um por um, e assim foi feito.

A Ruth trouxe o Pedro, filho da Bia, e a Júlia, cada um deles com dois amigos, para dormirem no Alvorada. Resultado: esta noite o Pedro veio para a nossa cama e trouxe mais um dos amigos dele, porque ficaram com medo, a partir das quatro e meia da manhã foi difícil dormir. Nos levantamos e fizemos nossos esportes, porque era dia de esportes.

Recebi o Celso Lafer para acertarmos as nomeações do Itamaraty, é o drama de sempre, pressão imensa para colocar um genro do senador Nilo Coelho, pressão do Marco Maciel e de todo Senado. Por mim nem o promoveria, porque, pelas avaliações do Itamaraty, não é hora dele. Entretanto, o Celso acha que fica ruim com o Senado, todo Senado empenhado nisso. Tento evitar ao máximo esse tipo de nomeação, mas cedo quando não há outro jeito. O Celso está cedendo porque o custo de não ceder é muito elevado para a instituição, depois podem se vingar na hora de aprovar embaixadores, convênios com os outros países, tratados, enfim, é necessário levar com jeito. Eu insisti que houvesse promoções por mérito, e o grosso foi por mérito. Há muita gente de mérito, não dá para promover todos, mas os que estão entrando são pessoas que têm mérito.

Talvez eu não tenha registrado que na quinta-feira, foi dia 13, tivemos à tarde o Prêmio Jovem Cientista* com o João Roberto Marinho, o José Roberto Marinho,** outro discurso, a rotina. E recebi o Wilson Quintella, que é uma pessoa de quem eu gosto e que tem feito muita coisa, está animado com a área de energia da ADTP.

Nessa quinta-feira fui jantar com a bancada do PTB na casa do Martinez. Pareceria que sou maior que Vargas, como me disse o próprio Jefferson, ou o Martinez, não sei qual deles. O Roberto Jefferson é sincero, me parece, eu o conheço há muitos anos, ele é inteligente. O clima foi de grande amizade, depois da Assembleia da França passaram a achar que sou o maior estadista no Brasil, que maravilha!... Se bem que estou sendo injusto, porque o Roberto Jefferson sempre me tratou assim, o Martinez também com muita distinção, digamos, e eu também os trato bem. Eles não têm cargos no governo, mas, como já disse, estão sempre próximos do governo e votando a nosso favor no Congresso. Falei sobre as dificuldades de ser democrata no Brasil.

O drama argentino continua, eles pagaram os títulos que deviam pagar nessa sexta-feira,*** mas nada seriamente resolvido.

No Afeganistão, vitória americana completa, não pegaram ainda o Bin Laden, eles reproduziram, e foi uma coisa realmente indescritível, a gravação sobre o fundamentalismo na boca do Bin Laden, gravando, suponho que nas cavernas, as falas de alegria dele pelos atentados, uma coisa muito dramática. Vê-se até que ponto vai o irracionalismo quando a fé substitui a razão e se torna mais do que fé, vontade de impor uma nova ordem no mundo em nome de Deus, matando gente se necessário. É um perigo.

A questão palestina está dramática, o Sharon bombardeando, desacreditando o Arafat,**** isso me preocupa muito. Como eu disse ao primeiro-ministro da Rússia, essa é uma questão com a qual nós, brasileiros, temos que nos preocupar, e até nos meter um pouco no assunto, porque o que está acontecendo no Oriente Médio é o grande problema do mundo. O que ocorre por lá, embora não seja um choque de civilizações, dá-se na franja de expansão ou de contenção do mundo islâmico. Sobretudo no mundo árabe-islâmico, muito mais do que nos outros países islâ-

* Cerimônia de entrega do XVII Prêmio Jovem Cientista, oferecido pelo CNPq em parceria com o grupo Gerdau e a Fundação Roberto Marinho

** Vice-presidente das Organizações Globo.

*** O governo argentino quitou US$ 1 bilhão de dívidas internacionais, sem contudo lograr deter a marcha ascendente do risco-país e a agitação interna. Diversas cidades argentinas registravam saques de lojas e supermercados em meio a protestos violentos contra De la Rúa.

**** A Força Aérea israelense atacara instalações do governo palestino e outros alvos na Cisjordânia, inclusive a sede da Autoridade Nacional, em represália a uma onda de atentados suicidas.

micos, mas de qualquer maneira os paquistaneses não são árabes e também estão bastante metidos em certo tipo de fundamentalismo terrorista, pois fizeram um atentado na Caxemira com o apoio do Paquistão.* Há um risco complicadíssimo nessa região.

HOJE É DOMINGO, 16 DE DEZEMBRO. Só fiz arrumar minhas coisas, escrever despachos, ler documentos, mais nada. No fim do dia recebi o Gros, que veio mostrar o que está fazendo na Petrobras. Acha que não há necessidade de apoiar a petroquímica, para resolver a questão da Ipiranga.** Há uma confusão no negócio de distribuição, entre eles e a Petrobras. Falei diretamente com o Henri Philippe Reichstul antes de falar com o Gros e comuniquei a ele também que telefonei ao De la Rúa para confirmar se havia sido resolvida a questão da Petrobrás com a YPF e a Repsol.*** Na terça-feira o Philippe assinou o acordo que estava preocupando muito o De la Rúa. Mencionei ao Gros a necessidade de preservar a Petrobras no rumo técnico, mormente em ano eleitoral, ano difícil. Gros vai mexer no Alexandre Machado, o homem que distribui as verbas de publicidade,**** e pôr alguém da confiança dele, porque o Alexandre é da confiança do Philippe. É preciso nomear alguém também cuidadoso, porque não dá para utilizar verbas publicitárias em ano eleitoral, haverá muita pressão de parlamentares. A preocupação do Gros é seguir na linha do Philippe de uma governança corporativa, como dizem. Ele acha lamentável que o Philippe tenha ido embora e também o Ronnie [Vaz Moreira], que era diretor financeiro da Petrobras, pessoas que davam sinais de que a Petrobras estava independente de pressões políticas. Eu não disse, mas com ele é a mesma coisa, dá os mesmos sinais.

Depois recebi o Pedro Malan, que veio reclamar da aprovação pelo Congresso do Imposto de Renda da Pessoa Física,***** querendo que eu vete. Até o Pedreira acha que há certa arrogância, prepotência, no governo, porque o pessoal do Imposto de Renda teria dito que nós tiramos dinheiro dos ricos e dos menos ricos para dar aos pobres. Pedreira usa esses argumentos para defender que não se toque no percentual do que se paga de Imposto de Renda. E volta a falar dos "vagabundos". Minha expressão "vagabundos" [para os que se aposentam cedo e ganham muito] foi in-

* Em 13 de dezembro de 2001, um esquadrão de terroristas suicidas integrado por militantes separatistas da Caxemira atacou a sede do Parlamento indiano em Nova Délhi, matando nove pessoas.

** Petrobras e fundos de pensão negociavam a compra de parte do grupo Ipiranga. Em 2007, associada à Braskem e ao Ultra, a estatal adquiriu os ativos de petroquímica e distribuição da empresa.

*** Permuta de ativos entre a Petrobras e a Repsol YPF na exploração e produção de petróleo e gás natural e no refino e distribuição de derivados, num total de US$ 3 bilhões.

**** Superintendente de Comunicação da Petrobras.

***** O Senado aprovara o regime de urgência urgentíssima para a tramitação do projeto de correção da tabela do IRPF, que era apreciado pela Comissão de Assuntos Econômicos da Casa.

feliz. Era para dizer privilegiados, ele sabe que é isso, então para que cutucar? Além dele, há o editorial do *Globo* contra [mexer no IR].

Agora o Pedro Malan quer que eu vete; sempre sou eu quem tem que assumir o ônus de tudo. Não sei se vou vetar, vou mandar examinar melhor, o Pedro Parente é contra o veto.* E o Pedro reclamou de que a lei de responsabilidade, de abuso de poder, que é para os procuradores, como se eu não tivesse me empenhado na aprovação... Ora, o Congresso é que não tem fibra, não quer votar, tem medo, tem sei lá o quê. Eles temem qualquer crítica que saia no jornal, não têm compromisso com valores. Têm compromissos com interesses eleitorais, e não valores, para enfrentar as dificuldades com firmeza.

Agora me telefonou o Pedro Parente, porque o Pedro Malan está contra uma solução que ele deu na chamada parcela A dos custos de geração de energia, ou seja, a parte que não depende das empresas, mas que é consequência de decisões do governo.** Por exemplo, o aumento [de impostos] que nós não ressarcimos e que daqui para a frente será ressarcido; resta ver o passado, e o Pedro Parente quer que no ano de 1991, ano em que assumimos essa nova posição, seja possível o ressarcimento, e para isso precisaria de uma portaria do Pedro Malan. Malan se recusa a fazer porque diz que ninguém vai entender qual é o interesse dela; acha que seria melhor uma medida provisória, ou seja, eu assumir, ou então o advogado-geral da União e eu, juntos, darmos um parecer. Eu não tenho problema algum em assumir. Se for para resolver uma situação legítima, eu faço; mas o Pedro Parente está aborrecido com a vacilação do Pedro Malan na questão, e, diz o Pedro Parente, a Fazenda acompanhou a decisão. Mas agora o Pedro Malan está negaceando; enfim, é cansaço de fim de governo.

* No final de dezembro, o presidente sancionou sem vetos a correção de 17,5% da tabela do IR.

** Para fins tarifários, incluem-se na parcela A os impostos e encargos setoriais das distribuidoras, além dos custos de compra de energia no mercado. Na parcela B se agrupam itens gerenciáveis como despesas operacionais, depreciação de equipamentos e remuneração do capital investido.

Reunião do Mercosul. Renúncia de De la Rúa. Disputas internas no PSDB. Descanso no Pantanal

Hoje é quinta-feira, 20 de dezembro, semaninha dura, duríssima na verdade. Na segunda-feira, dia 17, tive gravações do SBT, [um programa] chamado *Desafio dos Alunos Nota 10*,* tive gravação para a TV Câmara a respeito do Tancredo, gravação de rádio, e passei a manhã toda resolvendo outras questões. O Paulo Renato veio de manhã e notei-o, por um lado, calmo, por outro, inquieto. Por quê? Ontem, estive com a Gilda [Portugal Gouvêa] e matei a charada: ele está caraminholando deixar o governo e ir para a iniciativa privada, erro. Porque o Paulo fez uma administração fantástica e, em vez de estar colhendo as glórias do que fez, está angustiado porque não tem base para ser candidato à Presidência da República. Vai inventar que vai para a iniciativa privada, não é o gênero dele. Não sei qual foi o efeito do novo casamento** sobre ele, se é que houve algum, mas o Paulo mudou, e mudou infelizmente não para uma atitude boa, de que poderia ser reconhecido por todos, mas mudou da angústia de não poder ser candidato para a sofreguidão de deixar o governo. Pra mim é ruim, mas para ele é muito ruim também, eu não queria isso.

Depois do almoço, me encontrei com o [José Carlos] Moreira Alves*** e com o Jobim, preocupados com a questão do Código Civil.**** Parece que no Ministério da Justiça muitos legisladores ad hoc querem mudar o Código, que levou anos sendo discutido. Isso não tem cabimento mesmo, eu já tomei as providências devidas. Ainda recebi o Teotônio Vilela, para falar sobre as questões de Alagoas, aquele beco sem saída. Ele quer ser [reeleito] senador, quer que o Renan seja candidato a governador, o Collor ainda tem força lá, enfim, as confusões habituais, como serão até as eleições. Fui ao Rio de Janeiro para o prêmio Brasil Olímpico 2001,***** festa simpática, todo mundo muito receptivo, o [Carlos Arthur] Nuzman****** organiza bem as coisas. Fiz discurso, vi a Maria Lenk, que era professora no Club Guanabara quando

* O presidente e o ministro da Educação entregaram um certificado à vencedora da disputa de conhecimentos gerais promovida pelo canal paulista entre alunos do ensino fundamental de escolas públicas e privadas de todo o país. O programa, apresentado por Silvio Santos, foi ao ar no domingo 23.

** Em fevereiro de 2002, Paulo Renato casou-se com a economista Carla Grasso, ex-secretária de Previdência Complementar do Ministério da Previdência (1994-97).

*** Ministro do STF.

**** O texto da lei nº 10406, de 10 de janeiro de 2002, que substituiu o Código Civil de 1916, tivera sua versão final aprovada pela Câmara no início de dezembro, depois de uma tramitação de 27 anos.

***** Concedido pelo Comitê Olímpico Brasileiro (COB) aos melhores atletas do ano. Fernando Henrique discursou na cerimônia, que aconteceu na Escola Naval. Os principais premiados foram a ginasta Daniele Hypolito e o iatista Robert Scheidt.

****** Presidente do COB.

eu aprendi a nadar, hoje ela tem noventa e poucos anos e continua nadando, foi tudo muito bem.

Dia 18, terça-feira, fiz uma reunião na Granja do Torto sobre a rede de proteção social,* uma excelente reunião também. Dá gosto ver o quanto fizemos para organizar a área social do Brasil, eles próprios reclamando que isso não passa para a sociedade, e não passa porque há interesses dos que não querem que passe, a oposição quer achar que tudo vai mal, na imprensa boa notícia não é notícia, e os bem-pensantes não vão a campo para saber o que acontece. Não importa, aos poucos vamos martelando por esse caminho. Almocei com eles e vim para cá receber o Amazonino Mendes, que propôs que eu fosse candidato a senador pelo Amazonas, pois domicílio eleitoral para presidente não existe.

Ele quer que eu seja candidato para que eu atenda uma porção de demandas do Amazonas. Não há base alguma para eu me candidatar a senador e renunciar a tudo mais. Depois fui gravar uma mensagem de Natal,** longa gravação preparada pelo Nizan, com aquela moça Eliana [Dumet]*** que veio para gravar outro programa comigo, acho que ficou tudo razoavelmente bem. No meio da confusão, cancelei um encontro que teria com o presidente da Telemar,**** e mais tarde recebi uma porção de pessoas ligadas à Bahia: governador, os três senadores***** e o deputado Aleluia.

A briga local quer impugnar as verbas consignadas no orçamento para o aeroporto de Salvador; o Tribunal de Contas condenou algum gasto do aeroporto, quem faz o aeroporto é a Infraero, e a oposição diz que foi o pessoal do Antônio Carlos que malgastou os recursos. Estes dizem que não têm nada com isso, ou seja, briga local afetando o orçamento. No orçamento um impasse total. Passei todos esses dias, até este instante, falando sobre o orçamento, porque a oposição não quer votar.****** Os deputados estão ausentes, só os líderes votam, então é preciso unanimidade. Esse é o mecanismo pelo qual a oposição manda no Brasil: a maioria vai para casa, ficam os líderes, acordo de líderes só vale quando é acordo de todos, senão a oposição pede verificação de votação, não há presença, cai a matéria. Logo, não se consegue votar o orçamento.

Isso é grave, não para o governo em si, mas para o país, porque paralisa muita coisa da administração e dá um sinal péssimo de que o país está sem rumo. Não há outra coisa a fazer senão uma negociação pesada, porque um quer uma coisa e outro quer outra, um quer aumentar mais o salário mínimo, outro quer

* Participaram do encontro os gestores de todos os programas sociais do governo.

** O pronunciamento em cadeia de rádio e TV foi veiculado em 20 de dezembro.

*** Presidente da Emtursa, estatal soteropolitana de turismo.

**** Sérgio Andrade, presidente do conselho de administração da Telemar.

***** ACM Júnior, Paulo Souto e Waldeck Ornelas, todos do PFL.

****** A oposição no Congresso condicionava a aprovação da lei orçamentária à correção da tabela do IRPF e a um aumento de 17% no valor do salário mínimo em 2002, para R$ 210. O valor finalmente aprovado foi de R$ 200.

diminuir o imposto de renda, verba pra cá, verba pra lá, é a negociação no nível mais baixo. O ponto central dessa negociação é a oposição, que cria o clima para que a maioria chantageie o governo. Há um jogo de interesses em que a oposição aparece como boazinha, quando na verdade ela faz parte do jogo de chantagem contra o governo. É assim na sociedade contemporânea: todo mundo unido contra o governo.

O governo é uma abstração e todo mundo unido é a boa sociedade. Alguns são bons, outros malandros, há os que têm interesses legítimos, tudo misturado, mas é esse o mecanismo do Congresso. E como não temos partidos de verdade, é sempre difícil. À noite ainda fui me encontrar com o Pedro Malan, Pedro Parente, Everardo, líderes do Congresso, líderes do governo, para discutir o Imposto de Renda. Os líderes não querem que eu vete, a Fazenda quer que eu vete. Ontem me telefonou o Everardo para dizer que tal como está aprovado o projeto do IR não abrange só a pessoa física, reduz também as parcelas devidas pelas pessoas jurídicas, no caso das firmas individuais. Ele acha que temos que vetar mesmo. Eu estou vendo o que faço, os 17,5% teremos que dar, porque foi uma decisão política, e eu já tinha concordado. O modo de dar é o problema.

Essa reunião terminou mais ou menos à uma hora da manhã e, no dia seguinte, ontem, dia 19, comecei o dia com uma entrevista para o [Jorge Bastos] Moreno às nove da manhã. Depois fui para a reunião da Câmara de Gestão da Crise de Energia Elétrica, e foi brilhante, todo mundo trabalhando bem, superamos a crise,* saímos mais fortes do que entramos nessa crise, com mais competência, com mais coordenação. Antes estava tudo errado, na verdade os ministros do PFL [os anteriores] não alertaram sobre nada disso, nem perceberam as dificuldades, a complexidade das questões. Não fosse a crise de racionamento, nós teríamos um problema mais sério mais adiante, porque o modelo elétrico estava malfeito. Ontem refizemos o modelo elétrico, inclusive o ritmo das privatizações, decidimos o que vai ser privatizado, o que não, o tipo de tarifa, qual vai ser o "seguro"** representado pelas termoelétricas, quem vai pagar esse seguro. Destravou-se completamente o sistema, e o Pedro Parente foi o grande herói da matéria. O Zé Jorge também teve muita compreensão, porque pegou o carro andando em uma situação que não era cômoda para ele.

* O governo anunciou a superação da crise energética e marcou o final da cobrança da sobretaxa de 20% nas tarifas elétricas para o final de fevereiro de 2002, um mês antes do previsto. Com as fortes chuvas registradas em dezembro, os reservatórios das regiões Centro-Oeste e Sudeste atingiram o nível médio de 32%, considerado satisfatório, segundo projeções da Câmara de Gestão, já considerando a potência a ser adicionada pelas novas termelétricas.

** O Encargo de Capacidade Emergencial (ECE), que ficou conhecido como "seguro-apagão", foi instituído em fevereiro de 2002 para assegurar o pagamento pela geração emergencial a cargo de usinas termelétricas.

Depois fui almoçar no Itamaraty com d. Paulo [Evaristo Arns] e outros agraciados com o prêmio Nacional de Direitos Humanos.* Voltei ao Palácio do Planalto para um discurso** sobre direitos humanos, depois recebi o Sarneyzinho, que veio me falar, inclusive, do pai. O Sarney teve um edema pulmonar com um pico de pressão;*** eu estava preocupado com ele porque o encontrei na casa do Tebet e o achei muito abatido. A Roseana me telefonou na terça-feira para dizer que o pai estava com ela e que não era tão grave assim, mas, enfim, tive certa preocupação. O Sarneyzinho confirmou não ter sido grave. Hoje vi nos jornais que ontem ele se internou de novo. Conversei com o Almir Gabriel ontem, e edema é coisa grave. Dificilmente ele terá se internado por um pico de pressão; deve existir algum outro problema cardíaco. Sarney não está bem.

Ainda tive a comemoração do Natal dos servidores do Palácio do Planalto, uma festa simples mas simpática, e fiquei despachando incessantemente até quase a hora de vir para cá, quando eu teria que me encontrar com os governadores do PSDB e alguns líderes partidários. Há tensão grande no Palácio, eu já tinha até desistido de votar o orçamento, agora estamos retomando. Hoje de manhã falei com o Aécio, que tem tido um bom comportamento, ele disse que ia reunir os líderes ainda de manhã e dizer: "Olhem a Argentina, como é que se faz?". Ontem, eu estava falando com o Kofi Annan sobre a questão palestina por telefone e, quando desligo, aliás, durante o telefonema, a Ana [Tavares] entra aflita para dizer que havia crise na Argentina. Vamos ver o que há e o que não há. Crise gravíssima, porque estourou tudo e o Fernando de La Rúa decretou estado de sítio, grande confusão, está todo mundo contra o Cavallo etc. etc.

Falei com o Moreira Franco, despachei mais uma papelada e vim para o jantar com os governadores do PSDB. Só não veio o Marconi Perillo, que estava se sentido mal, de manhã esteve comigo numa solenidade, não estava bem, mas nada grave. Durante o jantar falei com o Ricardo Lagos, com o Batlle e com o De la Rúa. O De la Rúa me impressionou profundamente. Continua, como eu disse outro dia, insistindo que se tratava de motins provavelmente suscitados pela própria televisão, que gosta de fazer onda, ele achando que tudo estava sob controle, que eu não me preocupasse. Eu perguntei: "E você vai à reunião de Montevidéu? Porque hoje começa, e amanhã é o dia principal...". Ele disse: "Hoje eu não vou, mas na sexta estarei lá". Disse-me que ia tirar o Cavallo, mas que era

* Atribuído pela Presidência desde 1995 a personalidades e organizações de destaque na área.

** O presidente recebeu da Secretaria Nacional de Direitos Humanos o projeto da segunda versão do Programa Nacional de Direitos Humanos (PNDH-II) e discursou favoravelmente à adoção de cotas para negros nas universidades e na administração federal.

*** O senador sentiu-se mal em casa, em São Luís, e foi internado às pressas numa UTI da capital maranhense. Recebeu alta horas depois, mas no dia seguinte teve que retornar ao hospital para se submeter a um cateterismo.

muito difícil tirar um ministro. Eu soube depois que tirou o Cavallo.* Caos total na Argentina.

O Lagos me disse: "Olha, vamos conversar assim que chegarmos, hoje, a Montevidéu". O Batlle sabe detalhes... O López Murphy se encontrou com o vice-presidente da Argentina, o [Ramón] Puertas,** que disse não querer assumir o governo. O caos é grande, começa essa efervescência de conspiração. Nesse meio-tempo, falei várias vezes com o Sebastião Rego Barros, nosso embaixador lá, ele também me dizendo: "Isto aqui está se desfazendo...". Situação extremamente difícil no exato momento em que o Brasil está melhor. O dólar está abaixo de R$ 2,30, o Armínio tinha me telefonado dando sinais de que queriam até baixar os juros, mas me telefonou à noite dizendo que era impossível baixar. Claro que era. Com a situação da Argentina, não tivemos condição de dar mais um alento à nossa economia.***

Esse é o maior problema que temos, e daqui a três horas vou embarcar para Montevidéu. Nesse meio-tempo, vou ver se acontece alguma coisa nova; mas não vai acontecer nada, a não ser um rearranjo da Argentina. Não sei como o De la Rúa vai fazer para aparecer amanhã, sexta-feira, em Montevidéu. Não vejo como ele possa viajar, mas, enfim, os argentinos têm uma sensibilidade diferente da nossa.

Ontem houve um incidente muito desagradável no Palácio da Alvorada. Eu tinha combinado com o Pimenta que o receberia junto com o Tasso para conversarmos e, quando cheguei, estava também o Almir Gabriel. Estávamos começando a conversar, quando entrou o Aloysio. Estava tudo indo muito bem até que eu disse: "Não posso indicar...". O Tasso reagiu: "Ah, você já indicou", e começou a reclamar que não queria fazer papel de bobo, que ele não aceitava aquilo, puxou um papel do bolso, mostrou que a Funasa, Fundação Nacional de Saúde, havia distribuído 17 milhões de reais para prefeituras ligadas ao Sérgio Machado — pelo menos no papel havia o nome do Sérgio Machado diante do nome das prefeituras. Tasso disse que aquilo era uma traição, que o Serra se utilizava desses procedimentos que ele não aceitava.****

Quando o Aloysio foi falar, Tasso subiu a serra: "Você é homem dos Quércia, amigo do Quércia", e o Aloysio se encrespou.

Eu disse: "Olha, Tasso, eu fiquei chocado, triste, porque eu gosto de você, eu não fiz isso. É uma situação difícil, porque temos vários candidatos, nenhum é o candidato natural, e eu não quero apontar um nome, você mesmo vive dizendo que não aceita 'dedaço', nem eu quero dar...".

"Ah, você já deu um dedaço."

* O ministro da Economia argentino renunciou depois de o Congresso retirar seus poderes especiais, selando o fracasso do oitavo pacote econômico baixado por Fernando de la Rúa. A agitação social se intensificou, enquanto saques e protestos de rua se espalharam pelo país.

** Presidente do Senado, o parlamentar oposicionista era o segundo na linha de sucessão presidencial desde a renúncia do vice-presidente Chacho Álvarez, em outubro de 2000.

*** A Selic foi mantida em 19,05%.

**** Machado era o pré-candidato pemedebista ao governo cearense, em aliança com o PFL local.

"Eu não dei nada, Tasso."

Ele não quer reconhecer que não tem condições partidárias para ser candidato e que o Serra tem um pouco mais, embora não muita, e que a situação é difícil. Nesse passo, entrou o Almir Gabriel, que também acha uma traição ao Tasso dar verba para o outro [Machado], o Almir também tem preocupações por causa do Jader. Enfim, política nacional, política local, as alianças, tudo misturado. Aliás, as alianças, quando são feitas no plano federal, são "ruins"; as locais ninguém discute. O próprio Tasso fez aliança com o PMDB local e ninguém discute. No federal, é uma tragédia, a culpa é sempre do governo federal, todos os governadores estão bem com a população, com verbas nossas, com obras nossas, tudo bem.

Fiquei triste de verdade, porque gosto do Tasso, mas vejo que ele às vezes tem explosões sem o equilíbrio necessário. Ficou muito desagradável. O Pimenta ajudou a acalmar quando o Tasso caiu em cima do Aloysio, que estava defendendo o Serra. Eu disse: "Tasso, você acha que o Pimenta que o defende também está envolvido nisso?". O Pimenta acrescentou ao Tasso: "Pois é, todo mundo sabe que trabalho para você". Eu arrematei: "Tasso, é normal, temos que ir para um lado ou para o outro, e eu não posso tomar decisões precipitadas, mas se você *acha* que estou decidido pelo Serra, você *acha*, os jornais dizem isso o dia inteiro, mas qual foi a ação que eu fiz nessa direção? A nomeação do Bob para a Secretaria de Comunicação? Você sabe que não foi isso, foi o Nizan quem indicou". Depois o clima melhorou um pouco, passamos para a outra sala com os outros governadores. O José Aníbal está numa posição muito firme na defesa do partido, e, curioso, todos dando de barato que todo mundo havia desistido e que nesse caso o candidato tinha que ser o Serra. Mesmo o Dante, que queria uma primária, mas no final todos... Eu disse: "Não chamei esta reunião para sair daqui todo mundo dizendo que o candidato é o Serra, assim vai parecer que indiquei o Serra. Convoquei esta reunião há dez dias ou mais, a pedido do Dante, para termos um clima positivo, o mais importante aqui é o clima".

Quando passaram em revista os estados, viu-se que a situação do PSDB é razoavelmente boa, nós não temos é candidato. A candidatura Serra é difícil, a candidatura Tasso seria mais fácil se ela tivesse conseguido ter densidade, ele se esquece de que se liga ao Antônio Carlos reiteradamente, mesmo depois da briga comigo, o que passa a sensação de que ele ficou mais PFL do que PSDB. Com isso perdeu terreno político. Seria um candidato mais leve, não mais competente que o Serra, mas tão difícil um como o outro; é mais agradável no convívio, na campanha, mas não é fácil como temperamento. O Serra, por sua vez, é articulador, fala de um por um, porém não cria um clima de dizer: "Estamos juntos, vamos governar juntos". Ontem, aliás, eu disse isso. Tenho muita apreensão. E a Roseana, indiscutivelmente, caiu no gosto do povo e está subindo,* e se for assim os deuses sabem o que fazem ou não, vamos ver.

* O Ibope mais recente registrava 16% das intenções de voto para a governadora pefelista no cenário

HOJE É SÁBADO, 22 DE DEZEMBRO, dias agitadíssimos. Na quinta-feira no fim da tarde, fui a Montevidéu. Na hora em que ia descer do avião no qual ando sempre, o Boeing 737, o Boeing presidencial, sobe um assessor do Ministério das Relações Exteriores do Uruguai e me informa que o De la Rúa tinha renunciado. Ao descer, imprensa. Fiz declarações mais ou menos vagas, porque eu não tinha certeza da renúncia, mas tive que fazê-las. Fui para o hotel e verifiquei que era isso mesmo, que ele havia renunciado. Chegou o Ricardo Lagos, conversei uma meia hora com ele, todos nós perplexos, com a mesma sensação.

Ricardo e eu combinamos o que fazer na reunião, que seria no dia seguinte. Naquela noite haveria um jantar, dei uma entrevista ao Heraldo [Pereira], para a Globo, e parece que saiu boa, não vi, parece que saiu no *Bom Dia Brasil* de ontem; depois fui para o jantar. O Jorge Batlle fez um discurso admirável, curto, bem-feito, elegante, lá estavam os outros presidentes, menos o da Argentina, os que compõem o Mercosul, e ainda o [Julio] Sanguinetti,* meu velho amigo, pessoa por quem tenho admiração. Eu o encontrei um pouco entristecido, me deu a impressão. Também não é para menos. Vi o general [Líber] Seregni, fui falar com ele; foi o chefe das oposições de esquerda no Uruguai em certa época,** e aos 85 anos é um homem sereno. Estive também com o Tabaré Vázquez, prefeito de Montevidéu, que é da Frente Ampla, da esquerda, muito simpático, bom prefeito pelo que me dizem. Ontem, a reunião foi quase fúnebre: conversamos com os circunstantes, os que tinham sobrado, sem a Argentina. Falamos todos, mas pouco, demos uma declaração de apoio e solidariedade, e mais nada. Na véspera o De la Rúa tinha me dito por telefone que iria a Montevidéu, e não foi, coitado.

Voltei para o Brasil, cheguei ontem às quatro e meia da tarde e falei pelo telefone com o De la Rúa para dar um abraço, e com o Puertas, presidente do Senado e presidente interino da Argentina. Simpático, se recordou que nós nos conhecemos em Foz do Iguaçu quando eu fui com o Menem à Argentina fazer um comício, e ele, Puertas, me disse que era vizinho do Brasil, pois mora a vinte quilômetros da fronteira, muito simpático. Me disse: "Olha, não há perigo, vamos nos reunir, não sei quem vai ser o presidente, não sei se vai haver eleição, mas o presidente vai ser peronista, eu sou peronista, as eleições serão peronistas, e agora vamos ter rumo". Ele é favorável ao câmbio flutuante. Eu não entrei muito no assunto, mas provoquei-o para ele poder me dar essa resposta.

E a Argentina é a Argentina, um massacre, dezenas de mortos,*** uma coisa triste, trágica, e nós aqui no Brasil, esses anos todos, com o MST, movimentos sociais, CUT, greve, e nem um arranhão, nada. Às vezes movimentos de dezenas de milhares de pessoas, no

eleitoral mais provável em outubro de 2002. Roseana passou do sexto para o segundo lugar. Lula liderava a corrida ao Planalto com 31%.

* Ex-presidente do Uruguai (1985-90 e 1995-2000).

** Presidiu a Frente Ampla entre 1971 e 1996.

*** No dia 20 mais 26 mortes foram registradas em Buenos Aires e em outras cidades conflagradas.

caso do MST, e nada. Essa é a diferença entre a cultura de tolerância do Brasil e a intransigência argentina. Aqueles cavaleiros que eu vi na televisão batendo nas mulheres na praça de Maio, uma coisa assim inaceitável, dá vontade de realmente derrubar o governo.

Na noite passada, mais tarde, eu soube que foi eleito* um sr. Rodríguez [Adolfo Rodríguez Saá], que é o governador de San Luis, e que eles vão fazer eleições no dia 3 de março. Imagine só, daqui até 3 de março um governo provisório... Coitada da Argentina, que dificuldade vai ser, coitados de nós todos. Mas os mercados reagiram bem no Brasil, o dólar continua baixo, a Bolsa quase não se mexeu,** dando sinais muito fortes de vitalidade. Como eu tenho dito sempre, o crescimento da economia vai ser maior do que eu estava imaginando. Aliás, já estamos imaginado que possa ser 2,5%, acho que vai chegar próximo a 3% no fim do ano.***

É sempre assim, pessimismo durante o ano todo e, quando você vai ver, o Brasil avançou. As pessoas, entretanto, ficam com a sensação de que nada dá certo, pela mania de desprezar os pequenos avanços, como se ao não haver "grandes avanços" não tivesse havido avanços. Os dados estão aí para mostrar, a década de 1990 foi uma década ganha e não uma década perdida, houve até distribuição de renda, em média houve um aumento de 40% na renda real de 1991 a 2000. Sem falar de educação, saúde, saneamento, tudo, tudo melhorou, até o índice Gini se moveu, pouquinho, mas se moveu.****

Fui interrompido por um telefonema do Aécio, o Aécio tem lutado bem, muito bem mesmo, está conseguindo aprovar o orçamento. Nesta madrugada faltaram seis senadores, caiu a sessão, então ele vai convocar sessão extraordinária até dia 7 de janeiro para poder votar tudo, isso foi muito bom.

HOJE É 26 DE DEZEMBRO, QUARTA-FEIRA, depois, portanto, de eu ter estado no Pantanal.***** Pois bem, cheguei e almoçamos aqui eram duas da tarde. Mas primeiro vamos ao Pantanal, melhor impossível. Estivemos na fazenda Caiman, que é do Roberto Klabin,****** primo do Armando,******* do Israel e do Daniel.******** Eu

* Em votação indireta pelo Congresso.

** A Bolsa paulista subiu 3,8% na sexta-feira 21; o dólar fechou a semana cotado em R$ 2,34.

*** O PIB de 2002 registrou crescimento de 2,7%.

**** O IBGE acabava de divulgar alguns resultados preliminares do Censo 2000. A renda média real dos chefes de família crescera 41,9% em relação a 1991. A expectativa de vida subiu de 66 para 68,6 anos. A proporção de domicílios com acesso à rede de esgoto passou de 52,4% para 62,2%. O índice Gini de desigualdade diminuiu de 0,637 para 0,609.

***** No dia 22, o presidente e sua família voaram até o Refúgio Ecológico Caiman, em Miranda (MS), para o descanso de Natal. Fernando Henrique visitara a propriedade em agosto de 2000.

****** Membro do conselho de administração da Klabin Papel e Celulose e presidente da Fundação SOS Mata Atlântica.

******* Empresário, membro do conselho de administração da Klabin.

******** Membro do conselho de administração da Klabin.

havia estado anteriormente com o senador Tebet na fazenda do Israel, e também já tinha estado na fazenda Caiman, no lançamento de um tipo de carne que eles produzem, o novilho pantaneiro. Dessa vez fiquei para descansar, e foi extraordinário. Primeiro porque o Pantanal é um lugar privilegiado, não tem nada a ver com a palavra "pântano", que dá a impressão de alguma coisa suja, desagradável, tipo mangue, *marécage*, como se diz em francês. E não é isso, são águas que inundam, mas são águas limpas — relativamente, claro. Ficam muito tempo sobre a terra, com muita verdura por baixo, com muito pasto, com muita planta, com muita árvore. Não há muitos animais na cheia, mesmo assim vimos o que é habitual ver, sem falar dos jacarés, em enorme quantidade, e da queixada, que é o porco-do-mato. Cervo não vi, mas havia os veados pantaneiros, uns são galheiros, e também tudo que é pássaro possível e imaginável: o tuiuiú, que é uma cegonha, também chamada de jaburu, vários tipos de cegonha, vários tipos de aves, e algumas de rapina: falcões, gaviões; o carcará, por exemplo, é um falcão, e havia lá, assim como havia outras aves do mesmo gênero, especialmente um gavião-preto e um outro, gavião-fumaça, enfim, pássaros em quantidade. São dezenas, senão centenas de espécies admiráveis que vale a pena verificar in loco para sentir como a vida é diferente quando a natureza é preservada. Fomos lá com o Paulo, a Bia, todos os filhos do Paulo e da Bia, e também a Vanvan e a mãe dela, a dona Marion [Seiler], Ruth e eu.

Foram momentos de lazer e também de aprendizado, andamos de caíque no rio Aquidauana, um rio belíssimo, com aspectos quase amazônicos, vimos alguns macacos pelas árvores, a natureza imponente e o que eles chamam de corixos, que são as zonas de inundação que deságuam nos rios. Em alguns corixos de grande beleza, há o hábito de tomar o tererê, que é o mate que, ao invés de ser tomado quente como no Sul, é gelado. Participamos do que eles chamam de comitiva, ou seja, seguimos uma boiada, nós a cavalo. Na volta, e esse acompanhamento não foi por muito tempo, porque nenhum de nós tem tanto ânimo para andar a cavalo, tomamos o tererê feito com água da inundação, com água do que seria o pântano, e vê-se que não é pântano nenhum, ninguém se sentiu mal, foi tudo normal.

A moça do casal que toma conta da fazenda se chama Rosemaria, se não me engano, os dois são pessoas admiráveis. Serviram comidas muito boas mesmo, gente muito agradável, e também os guias, que são biólogos, gente de formação. A gerente do projeto é uma moça que às vezes também trabalha embarcada em navios, fazendo cruzeiros no Mediterrâneo, nas Antilhas ou no Rio de Janeiro, chama-se Monica [Matos]. Melhor impossível, realmente o Pantanal continua muito preservado.

Essa é uma área grande, o conjunto da família ainda tem o correspondente a 250 mil hectares. Aliás, li o livro da fazenda Bodoquena. Os ingleses começaram a ocupar a fazenda em 1912, agora ela está na mão da família Klabin, que a dividiu em pedaços grandes, só na área em que estivemos são 250 mil hectares. No primeiro dia em que estivemos lá, além do Roberto Klabin e da Mariângela, mulher dele, que é irmã do Caíto [Caio Luiz de Carvalho], presidente da Embratur, almoçou conosco uma sobrinha-neta do Rondon, Bia [Beatriz] Rondon. Ela também tem uma propriedade lá, disse que eles se organizaram e têm mais ou menos 1 milhão de hectares que controlam com o firme objetivo de preservação. Isso é muito importante, não é só o Estado que está preservando, mas também o setor privado, e ativamente, juntos tratando de preservar a grande riqueza que é a vida natural do Pantanal.

O Pantanal, todo mundo sabe, mas é bom ver diretamente, é um sistema parecido com um enorme Nilo; o Nilo, segundo a Ruth, é menor que o rio Aquidauana, ela esteve lá e eu não. No Pantanal há uma enorme quantidade de terra, e a inundação se dá por causa das chuvas torrenciais na parte norte do hemisfério Sul, e também dos Andes, que degelam no verão e produzem um enorme vazamento, que é fundamental. Os peixes se reproduzem no que eles chamam de baías, são lagoas, e é preciso uma grande inundação para que eles voltem para os rios. Quem me disse foi o senador Lúdio Coelho,* que veio para Brasília comigo no avião; ele tinha perdido o avião dele e eu o trouxe para votar o orçamento.

À parte o Pantanal, duas ou três coisas mais nesses dias. Primeiro, a situação da Argentina, gravíssima. Falei com o presidente Batlle, falei com o [Jorge] Quiroga por causa do fim de ano... Me telefonou o Hugo Chávez pelas inundações do Rio de Janeiro (que é a segunda questão a mencionar), falei com muita gente, falei pelo de fim de ano com o Jean Chrétien, primeiro-ministro do Canadá. Ele mencionou a necessidade de uma ação mais direta do Brasil e do Canadá na questão dos palestinos e dos judeus no Oriente Médio.

Voltando à Argentina, pois tenho preocupação grave com ela. Assumiu o sr. Rodríguez Saá, como já disse, e eu soube hoje, pelo Eduardo Santos, que ele tentou falar comigo, mas não fizeram a comunicação para não me aborrecer no Natal. Vou falar com ele amanhã. Tudo que vi do que o governo argentino fez foi uma tentativa de desanuviar pressões e, ao mesmo tempo, promessas absolutamente irrealizáveis. Decretaram uma moratória brusca, me disseram que criarão uma moeda nova chamada argentino.** Parece-me um erro dar o nome da população do país a uma moeda que tende a se desvalorizar, mas, enfim, fizeram. Com isso vão provocar uma desvalorização nos salários, enquanto os que têm recursos em peso provavelmente vão pensar que eles estão preservados, mas não podem sacar as reservas. Haverá provavelmente inflação no *argentino*, congelamento na conversibilidade. Na prática a conversibilidade acabou, não proclamam, não podem dizer, porque seria um golpe muito forte, e prometeram aumentar salário; tudo com uma retórica nacional populista forte, isso poderá ter consequências graves. Ao que me consta, o presidente, que vem de San Luis, uma província, colocou ministros ligados às pro-

* PSDB-MS.

** Na véspera de Natal, o governo Rodríguez Saá decretou a moratória da dívida externa argentina, de US$ 132 bilhões — o maior calote da história — e criou um novo bônus, o "argentino", espécie de terceira moeda do país que funcionaria como alternativa ao peso dolarizado, com estimados 40% de deságio.

víncias, sobretudo as que não são Buenos Aires, enfim, os que estavam um pouco marginalizados do poder.

Como me disse o Bambino, o Sebastião Rego Barros, que falou hoje comigo depois que cheguei do Pantanal, a sensação (foi o López Murphy que disse a ele) é de que, se qualquer dos nossos políticos menos qualificados fosse senador na Argentina, seria ministro. Eles nomearam ministros sem reputação das mais ilibadas. Eu não sei avaliar a situação real; o López Murphy, que conhece bem o Brasil, está com a sensação de desespero. O mercado internacional vai reagir fortemente, os espanhóis vão perder dinheiro, fecharam os bancos até dia 2. Aqui no Brasil o dólar continua caindo porque as exportações aumentaram e entrou mais dólar, e isso separa mais o Brasil da Argentina, mas nós vamos ter problemas no comércio com a Argentina. Prevejo uma situação muito complicada, eventualmente anômica; não já, mas daqui a pouco, porque frustrações são frustrações. Chamaram eleições para 3 de março, o que me parece prematuro, o momento era para pedir a união nacional, ou senão de 70%, 35% que fosse; tinha que haver um gesto de grandeza. Em vez disso, as facções do peronismo brigam entre si, todas brigam com a Unión Cívica Radical, fica a esquerda contra, é uma confusão imensa. Se produzir de novo uma situação de anomia, e aí, o que acontece? Sabe Deus. Os militares estão completamente fora do baralho, mas nunca se sabe. Por outro lado, qual é o caminho, qual é a alternativa?

Eu soube agora que o Bush está atrás de mim, já estava, aliás. Ele quer falar sobre a Argentina, e eu vou ficar numa posição difícil, porque no íntimo vou concordar com o que ele provavelmente dirá, e eu não poderia concordar abertamente, porque fica mal para o Brasil neste momento dar a sensação de que estamos tirando proveito da tragédia na Argentina. E não tiramos proveito algum, porque essa tragédia é só uma tragédia. O Bambino me falou em guerra civil, e eu disse: "Guerra civil com que consequências?". Nenhuma.

Interrompi esta gravação para conversar com o rabino Sobel, que falou com o Kissinger, não sei se pessoalmente ou por telefone. Kissinger disse a ele que os outros presidentes são importantes porque são presidentes e que eu sou importante não por ser presidente, mas pelas minhas ideias, pela minha influência intelectual. Fiquei contente, é natural. Vou receber o Sobel para combinar um encontro no Brasil com o Kissinger em março. Nesse meio-tempo, estou respondendo telefonemas incessantemente, por isso interrompo a gravação a cada instante. Mal voltei e veem dezenas de pessoas atrás de mim, ministros e não ministros, por causa do que está acontecendo.

Voltando ao que eu dizia sobre a Argentina, a situação é dramática. A outra preocupação foi com o que aconteceu no Rio de Janeiro, chuvas torrenciais, desabamentos, quarenta mortos,* eu falei com o ministro da Integração, o Ney Suassuna,

* Duque de Caxias, na Baixada, e as cidades da região serrana do Rio foram as mais afetadas. Em Petró-

que foi imediatamente ao Rio, ele é bastante ativo, tomou todas as medidas cabíveis, deu declarações, ocupou o espaço. Foi trágico, todo ano temos o mesmo problema, as encostas dos morros desabam, gente morre, rios extravasam. Falei com o prefeito de Caxias, o Zito, que disse que a culpa é do Garotinho, porque não limpou os rios. É aquela coisa, o Garotinho por sua vez disse que tentou falar comigo e que não respondi; é mentira, ele não ligou para cá, não há registro da ligação dele, um jogo político sujo.

Hoje o Congresso votou de novo o orçamento, falei com o Aécio, que tem uma proposta para espichar o salário mínimo até chegar a 210 reais e diminuir no meio do ano, uma coisa meio confusa, parece que a proposta é do Inocêncio. Falei com o Madeira, falei com o Malan, enfim, vou acompanhando o processo do orçamento no Congresso, e hoje é 26 de dezembro. Se o Congresso tivesse feito o que tinha que fazer, estaríamos todos mais desanuviados. A vida política é assim mesmo. Amanhã devo ir ao Rio sobrevoar as zonas afetadas, hoje não pude, porque chegaria à noite, mas amanhã irei. O importante é dar uma ajuda concreta. Simbolicamente, contudo, a presença do presidente pode ter um significado para a população.

Além disso, terminei de ler o livro do Boris sobre o pensamento nacionalista autoritário no Brasil,* livrinho bem-feito, pequeno. Comecei a ler um livro de que gostei muito, se chama *Mirante da estância*, e outro sobre o Thomas More. Trata-se de outro livro bem-feito, não o li todo ainda, mas pega aspectos que eu não tinha visto no Thomas More. O autor deve ser americano, Gerard Wegemer, e o livro se intitula *Thomas More On Statesmanship.***

HOJE É SEXTA-FEIRA, DIA 28 DE DEZEMBRO, ontem fui ao Rio de Janeiro, saí cedo daqui, no Rio tomei o helicóptero para Petrópolis, fui vendo as enchentes desde a Baixada. Em Petrópolis não reconheci a mulher do Garotinho,*** que estava lá, me apresentaram como a primeira-dama e pensei que fosse a mulher do prefeito.**** Eu já a conheço, mas não a reconheci e falei coisas até bastante duras sobre o fundo da Petrobras que o governo do Rio***** recebe e que não usou como deveria ter usado. O fundo tem 1 bilhão de reais por ano, o que daria para resolver qualquer problema de enchente, mas não fizeram isso, ficaram fazendo sabe Deus o que com esses recursos. É dramático, Petrópolis me abalou muito. Fui

---

polis, 28 pessoas morreram entre os dias 22 e 24 de dezembro. Até o fim de 2001, o total de mortes em todo o estado chegou a 64.

* *O pensamento nacionalista autoritário (1920-1940)*. Rio de Janeiro: Zahar, 2001.

** Washington: The Catholic University of America Press, 1998.

*** Rosinha Garotinho, secretária estadual de Ação Social e Cidadania.

**** Rubens Bomtempo (PSB).

***** Referência aos royalties pagos pela Petrobras ao estado, relativos à extração de petróleo na bacia de Campos, então a maior área produtora do país.

ver a área mais atingida, atrás do Quitandinha, a população estava lá chorando, chocada. Foram muito simpáticos, mas é uma tragédia. Em Caxias houve apenas uma inundação, com desabamentos menores. Fui com o Zito, que é o candidato do PSDB ao governo do Rio e soube fazer a contenção rapidamente e bem-feita. Comigo foram o Ney Suassuna, que é ativo e se mostrou bastante desembaraçado fazendo o que precisava fazer: distribuir um pouco de recursos para as prefeituras que estão sofrendo mais. Estavam comigo também o Márcio Fortes, o dr. Helena, ou dr. Heleno [Augusto de Lima], não me lembro, que é um deputado de Duque de Caxias,* e o Roberto Jefferson.

Voltei e trabalhei até tarde da noite no Planalto, recebi o presidente da Telemar, o Sérgio Andrade, que veio junto com gente da Anatel, e recebi uma porção de outras pessoas. Veio o Dornelles, para dizer que houve a criação de 1,2 milhão de empregos, ou mais, no ano de 2000, o que corresponde a mais de 2 milhões de empregos por causa dos informais, o que é mais do que eu prometi na campanha, que eram 2 milhões de empregos. Diz ele que neste ano de 2001 também criamos empregos, enfim, o Dornelles sempre otimista e entusiasmado, ele ajuda bastante. Ainda despachei com o Pedro Parente, com o Silvano [Gianni], com o Arthur Virgílio, enfim, uma ronda total. Ao mesmo tempo, fiquei conversando por telefone com nossos líderes no Congresso, sobretudo com o Madeira, que é um grande tipo, para ver a votação do orçamento, que vai avançando.

Afinal, nesta madrugada o orçamento foi aprovado, e sempre com algumas trigas e futricas, por causa da "briga baiana". Todos os líderes baianos, ou seja, o do PT,** o do PMDB*** e o do PSDB,**** se opuseram à aprovação, mesmo com as ressalvas de que o orçamento só valeria quando o Tribunal de Contas liberasse a verba para o aeroporto de Salvador. Resultado: a bancada baiana fez obstrução em projetos de crédito do governo num total de 4,6 bilhões de reais, ou seja, vão aumentar o superávit primário do governo enormemente, mas as obras — no caso, investimentos da Petrobras — não serão feitas. Quanto mais próximos da eleição, mais os deputados e senadores se entusiasmam com questiúnculas locais, mais sofre o país, nossa federação é assim...

Por falar em federação, me telefonou o Martinez, para dizer que voltou do Paraná e que estou com muito prestígio lá, não sei o quê. Hoje me telefonou o Odelmo [Leão], para dizer que lá por maio todo mundo vai querer que eu continue na Presidência... Aécio veio hoje de manhã. Antes registro que ontem jantei com o Luciano Martins e com o Gelson Fonseca, nossos embaixadores em Cuba e nas Na-

* Pelo PSDB, vice-líder do bloco parlamentar formado com o PTB.

** Walter Pinheiro, deputado federal.

*** Geddel Vieira Lima.

**** Jutahy Magalhães Júnior.

ções Unidas, conversa agradável. Luciano me deixou um relatório sobre a situação econômica de Cuba.

Retomando, hoje de manhã recebi o Aécio, que veio me dar um abraço; ele tem sido correto e competente, agradeci. Veio com a história de que eu devia examinar uma maneira de ficar mais quatro anos, que pode ser que com uma interpretação da Constituição... O Dornelles disse a ele a mesma coisa, que lá para abril, maio todo mundo vai querer que eu fique. Isso não é certo; não vão querer que eu fique nem eu vou ficar, mas o certo é que começa a haver uma reavaliação do governo. O Jorge Serpa me telefonou do Rio agora há pouco para dizer, entre outras coisas, que o Ibope fez uma pesquisa e que os dois presidentes considerados os melhores do Brasil foram o Getúlio, em primeiro lugar, e eu. Preciso ver que pesquisa é essa.* Mas tudo indica que o governo vai se refortalecendo, o que é bom, estamos entrando no oitavo ano com muitas dificuldades, não tenho cedido demagogicamente e estamos avançando.

Continuamos com a discussão do orçamento, vieram ao Alvorada tanto o Martus quanto o Madeira, este, como eu disse, tem sido fantástico, o Martus é um excelente ministro. Conversamos sobre como encaixar as dificuldades do orçamento e finalizamos a distribuição de recursos das chamadas emendas parlamentares, sobre as quais tive uma discussão no Rio, porque o *Globo* disse que nós teríamos liberado apenas 17% das verbas do Rio de Janeiro. Não é verdade, 17% das emendas, que são verbas, mas não dinheiro, os deputados inflam as emendas, mas não há recursos, e o governo dá muito mais recursos para o Rio de Janeiro. Eu mostrei quanto. Para começar, 1 bilhão de reais de Petrobras, de royalties de petróleo. Alinhei tudo que fizemos para o Rio, metrô, porto de Sepetiba, na saúde, na educação.

A mídia nem sempre informa direito as coisas, sempre quer mostrar o governo um pouco emparedado. Aliás, a *Folha* hoje se esmera, disse que eu perdi prestígio com o Bush, e hoje mesmo ele me telefonou. Não pude atender a ligação, quando pude era para uma boa conversa sobre a Argentina, com um entusiasmo que eu nunca o ouvi ter nessa matéria. Agora, o preocupante mesmo é a situação tal como é percebida pelo Batlle, com quem acabo de falar por telefone. Ele mandou buscar o presidente do Senado da Argentina, o Puertas, para conversar. O Batlle está avançando muito na relação com a Argentina, até com coragem, ele tem que fazer o que está sendo feito. Me pediu que eu falasse com o presidente da Argentina, vou falar, com o Saá, que eu não conheço. Não acredito que ajude muito, porque a sensação que eu tenho é a de completo desnorteamento na Argentina.

Acabei de falar por telefone com o Armínio Fraga, entre outras coisas sobre a Argentina. Armínio tem a mesma sensação. Pedi que ele conversasse com o Köhler, não para dar a impressão de que o Brasil está enganando o mundo, e sim para di-

* O levantamento não foi publicado. No final de 2002, o Datafolha realizou pesquisa semelhante na qual Fernando Henrique apareceu na liderança, com 18%, e Getúlio em segundo com 14%.

zer que estamos preocupados e que não estou vendo rumo na Argentina, não vejo governo, vejo briga entre os peronistas. Veremos se o Menem vai realmente falar comigo. Acho que há uma situação de muita tensão na Argentina que vai dar, daqui a pouco, em nova explosão social, e não excluo, até mesmo, intervenção militar por falta de ordem. Isso tudo é ruim, é muito negativo não só para a Argentina, mas para o Brasil. Enfim, parece que as coisas estão realmente complicadas no nosso querido vizinho.

Almocei com o Philippe Reichstul, rapaz excelente, fez uma administração admirável e trouxe um conjunto de cartas dirigidas a ele por funcionários da Petrobras, comovedoras. Felipe fez um belo trabalho lá, é uma pena que tenha saído. Tinha suas razões para ir embora. São três e meia da tarde, vou continuar recebendo deputados, está aqui no Alvorada o Ricardo Barros, mais tarde ainda virão o Arthur Virgílio mais o pessoal da Casa Civil. Enfim, hoje é 28 de dezembro, e nós aqui trabalhando como mouros, como fiz durante o ano inteirinho.

FERNANDO HENRIQUE CARDOSO

DIÁRIOS DA PRESIDÊNCIA 2002

1º A 12 DE JANEIRO DE 2002

Renúncia de Rodríguez Saá e eleição de Duhalde na Argentina. Conversas francas com Bush e Sarney. Definição da candidatura Serra

Hoje é 1º de janeiro de 2002, estou na fazenda Bela Vista, que é da Carmo e do Nê, no município de Pardinho.* Vamos recuperar as gravações sobre os dias passados. No dia 29 tomamos o avião para ir à fazenda. Antes, pela manhã, como o Congresso fez uma lambança, não aprovou certos créditos especiais, o que dará uma dor de cabeça enorme, fiquei pendurado no telefone com o Martus e com o Pedro Parente. Entre os créditos especiais que o Congresso não aprovou, um é importante, vários são, mas um deles se refere à Petrobras e outro ao Rodoanel,** e por aí vai. Não aprovou por causa de birra dos deputados baianos, que são os líderes, o Jutahy, do PSDB, mais o Geddel, do PMDB, mais o líder do PT, para implicar com o Antônio Carlos e seu grupo. Recebi, por causa disso, uma carta desagradável do governador César Borges, dizendo que estava muito triste e não sei o que mais, como se eu tivesse responsabilidade, tendo eu lutado para que aprovassem os créditos. Alguns desses políticos baianos são desaforados. Não quis responder na hora porque eu nunca faço coisas impensadas.

Foi difícil descer em Pardinho, eu e a Ruth fomos até Campinas, de Campinas tomamos um helicóptero, e o helicóptero não enxergava a fazenda, porque a neblina era pesada. Finalmente descemos, saiu tudo bem, viemos passar o fim de ano nesta fazenda.

Dias admiráveis. Conosco o Drauzio Varella e a mulher, que é atriz, a Regina [Braga], o Luiz Meyer e a Regina, mulher do Luiz Meyer, o Jabor e a Suzana [Villas Boas],*** o Nê, a Carmo, eu e a Ruth, e a Ana Carolina, uma diretora de cinema muito amiga da Carmo. Companhia agradabilíssima, gente muito simpática. No dia 30 esteve aqui o João Roberto Marinho com a mulher dele, Gisela [Marinho], vieram também a Kati Almeida Braga e o [José Arnaldo] Rossi.**** Melhor impossível, só conversamos sobre assuntos genéricos, e com muita alegria, tomamos vinhos muito bons, comemos bem. Ontem fomos a Pardinho com o Nê e a Carmo, à prefeitura, e fomos muito bem recebidos por toda a população. Enfim, coisas agradáveis mesmo, gratas.

Fiquei num perfeito isolamento, lendo o quanto possível, porém há tanta coisa a fazer que no fim se lê pouco. Mas pude retomar o livro do Marcos Aguinis,

* Na região de Botucatu (SP).

** O governo paulista acabava de inaugurar o primeiro trecho do anel viário de São Paulo, cujo nome homenageia o ex-governador Mário Covas.

*** Mulher de Arnaldo Jabor.

**** Advogado, consultor e ex-presidente do INSS, marido de Kati Almeida Braga.

chama-se *El atroz encanto de ser argentinos*,* eu já havia lido duas partes, ontem reli o capítulo sobre o peronismo, por causa da situação da Argentina. Li depois um livro chamado *Tempos muito estranhos*, sobre o Franklin Roosevelt, de Doris Kearns Goodwin,** livro muito bom também, e tentei ler, ou continuar lendo, o ensaio sobre o Thomas More, mas não havia clima, porque esse livro precisa de maior concentração.

Os dramas estão se sucedendo na Argentina. Daqui mesmo telefonei a várias pessoas, conversei com o presidente Batlle, com quem já tinha falado em Brasília. Perguntei: "Como está a Argentina?", e ele me disse simplesmente: "*Horrible*", e me contou que iria convidar o Puertas, presidente do Senado, para ir a Anchorena, que é a estância presidencial às margens do rio da Prata, e que depois comentaria o que aconteceu.

No dia seguinte, anteontem, me falou o Iglesias, que tinha voltado de Buenos Aires (ele voltou numa sexta-feira e me telefonou no domingo), no mesmo teor. Iglesias acha que as coisas andam tão mal que pode até mesmo haver um golpe. Não um golpe militar, mas uma ação dos militares, se a bagunça se generalizar. E eu disse a ele: "Ninguém pensa isso, mas temo que aconteça", porque a confusão é grande. Na segunda conversa com o Batlle, que é quem mais conhece a Argentina, ele confirmou que recebera o presidente do Senado, o Puertas, e disse que este iria voltar a Buenos Aires para discutir com seu pessoal a necessidade de uma reunião rápida de governadores e políticos peronistas para amarrar o Saá. Iria dizer que ele não pode continuar com o ministério atual, porque, segundo o Batlle, é considerado composto de corruptos e incompetentes — incompetentes na área econômica. Principalmente um cara, [Rodolfo] Frigeri,*** que já havia falido um banco na Argentina, e havia muita gente metida com a corrupção peronista.

A ideia era botar o [Eduardo] Duhalde**** no governo. O Menem é contra, saiu da reunião dizendo que era favorável à dolarização e foi para o Chile, já tinha avisado que iria se afastar. Não sei se registrei aqui, mas em Brasília eu tive uma conversa por telefone com o presidente dos Estados Unidos, o Bush, um dia antes de vir a Pardinho. Até achei que nessa conversa o Bush tinha tido uma atitude compreensiva para com a Argentina, e transmiti isso ao Itamaraty e a todo mundo, e também ao Batlle. Este me pediu que eu falasse com o Saá. Batlle também me reportou que ele teria dito ao Puertas que só conversaria sobre o que estava acontecendo na Argentina comigo e com o Bush.

* Buenos Aires: Planeta, 2001.

** *Tempos muito estranhos: Franklin e Eleanor Roosevelt: O front da Casa Branca na Segunda Guerra Mundial*. Rio de Janeiro: Nova Fronteira, 2001.

*** Secretário da Fazenda, Finanças e Receitas Públicas.

**** Candidato do Partido Justicialista derrotado por Fernando de la Rúa nas eleições presidenciais de outubro de 1999, ex-governador de Buenos Aires.

O Iglesias, quando me telefonou, também achava que eu devia falar com o Saá. Resultado: à noitinha telefonei para o Saá. Ele me disse que se lembrava do encontro que tivemos em San Luis, quando fui lá com o Menem em uma das reuniões de Mercosul* ou qualquer coisa desse tipo. Eu disse que não queria me meter na questão argentina, mas que me parecia indispensável que os argentinos primeiro se entendessem, que houvesse um poder político, e, segundo, que deveriam colocar no Ministério da Fazenda pessoas de reconhecida competência. Ele falou que pensava a mesma coisa, que estava reunido na sala ao lado com um grupo de economistas e que dali sairia o ministério. E que eu tivesse a certeza de que eles iam partir para um orçamento déficit zero. Enfim, falou uma porção de coisas imaginando que era o que eu queria ouvir, embora eu ache que déficit zero a esta altura seja mera ilusão. Fiquei aguardando os acontecimentos.

Na mesma noite, ele, em vez de nomear um ministério, renunciou, e renunciou porque a pressão era muito grande. Panelaço da população, não aceitando mais gente corrupta no governo, e tudo mais. Ontem, dia 31, falei de novo por telefone, desta vez com o Celso Lafer, que me deu detalhes do que estava acontecendo. Falei com o Eduardo Santos, que me disse que os americanos queriam dar uma nota na direção da nossa, dizendo-se preocupados com a institucionalidade democrática, como nós. Que o [embaixador John] Maisto, assessor do Bush, falou com ele. Depois conversei com o Ricardo Lagos, reiteramos as coisas e chegamos à conclusão óbvia: não temos muito o que fazer. Ou os argentinos se ajudam, ou não há como ajudá-los. Ontem, quando fui a Pardinho, disse pela televisão que o Brasil espera que os argentinos tomem seu rumo para podermos apoiá-los.

Hoje dia 1º, terça-feira, estamos na expectativa de que os argentinos se reúnam na Assembleia deles** para definir se o Duhalde vai ser mesmo presidente, se por dois anos ou um ano, se vai haver eleição, enfim, está tudo em suspenso. O Duhalde foi o primeiro a falar em moratória lá atrás. Continua o jogo populista na Argentina, e tenho reafirmado em público que o Brasil não será afetado, e digo isso pois preciso tranquilizar o país, mas cá comigo não tenho tanta certeza de que, se perdurar grande a inquietação na Argentina, isso não traga efeitos negativos para todos os lados. Por enquanto temos colhido efeitos positivos, a comparação entre Brasil e Argentina nos é altamente favorável, e internamente também. Entretanto, não se sabe se terminaremos este ano de 2002 dessa forma, apreensivos com a Argentina e um pouco mais relaxados com o Brasil. Por enquanto estamos contentes, porque nossas coisas caminharam de um jeito mais positivo, levando a crer que o país caminhará com um pouco mais de confiança no ano de 2002.

* Em junho de 1996.

** Assembleia Legislativa, formada pela reunião da Câmara e do Senado em ocasiões de acefalia presidencial para eleger indiretamente o novo chefe de Estado.

Continuam as preocupações eleitorais, o Serra me telefonou (estava no sul da França) para contar que o Tasso tinha tido uma reação por causa das verbas que ele, Serra, destinara ao Sérgio Machado, o que, disse ele, não é verdade. Tratava-se de uma relação de cidades beneficiadas pelo Projeto Alvorada. O Sérgio Machado pegou essa relação e está indo às cidades dizer ter arranjando recursos, coisa que todo político faz, nada de extraordinário. O fato é que, quando o Serra se lançou candidato à Presidência, o Tasso foi a São Paulo buscar apoio da família Covas para ser ele o candidato. Logo, não tem por que chiar quando o outro vai buscar apoio no Ceará, pensa o Serra.

Isso tudo é conversa fiada pra boi dormir, todos têm vontade de chegar ao governo, têm ambição de poder, não gostam de dizer que têm, mas têm, e às vezes não reúnem as condições políticas para chegar lá. A Roseana continua nas manchetes, não sei se essa situação vai durar, tenho feito declarações moderadas sobre ela, favoráveis a uma compreensão, não a um apoio, apoio é ao PSDB, e também não posso dizer que apoio o Serra, porque não sei. O Serra por todos os lados continua sendo visto com muita restrição como candidato. O Jabor é amicíssimo dele, o Drauzio também, mas todos acham que a candidatura é difícil, e o mesmo se repete no meio político em geral.

A Bia, minha filha, está em Trancoso, me telefonou e falou amplamente de uma conversa que ela ouviu o Nizan, que também está em Trancoso, ter com o Serra, que está na Europa. Conversa de agora. Diz a Bia que o Nizan falou tudo que tinha a dizer ao Serra, disse que ele, Nizan, trabalhava comigo, que confiava em mim, que se eu desse ordem ele iria trabalhar com o Serra, mas queria que o Serra fosse franco, que não pusesse outras pessoas, que ele, Nizan, é que mandaria em tudo, e queria que o Serra não fizesse manobras, como sempre faz. Serra negou; Nizan voltou à carga: "Não, você fez", e começou a dizer que manobras o Serra teria feito. Enfim, um mau começo, e o que vai acontecer? O Serra vai achar que eu, querendo, ponho o Nizan na campanha dele, joga em mim a responsabilidade; e o Nizan vai dizer que vem [para a campanha] se eu mandar. Entretanto, mesmo que venha, virá de mau grado, não vai resolver.

Eu até falei para o Jabor, que é muito amigo do Serra, quem sabe imaginar outro grupo, até o próprio Paulo de Tarso, independente do Nizan, para ajudar o Serra, porque com o Nizan não vai dar certo, e vão jogar tudo nas minhas costas. Penso que o começo da campanha é difícil. E a Bia, que é serrista, me disse que ficou preocupada, achando que com o jeito do Serra era difícil montar uma campanha. Parece que o Serra telefonou três vezes para a Bia Aydar,* que trabalha com o Nizan, e na terceira vez a Bia disse: "Serra, aí na Europa são três e meia da manhã, vai dormir, não adianta você ficar assim", ela já está de má vontade com o Serra. Vê-se quantos problemas terei pela frente já no mês de janeiro, problemas de natureza eleitoral, mas é da regra do jogo.

* Publicitária, sócia da agência MPM.

Fora isso, os americanos continuam matando gente no Afeganistão "por engano" e continua a ameaça de guerra entre Índia e Paquistão. Daremos notas que não adiantam muito, mas nossa posição é a de apelar para que não entrem em mais uma onda de irracionalidade. Começa a haver certa sensação de que a economia americana poderá reagir; enfim, as coisas podem não ir tão mal quanto se imaginava. Tomara, mas esse é o quadro de hoje. Enquanto isso, temos visto bons filmes, vimos *E la nave va*, do Fellini, que é admirável, embora o tivéssemos visto tarde da noite, sonolentos. O Jabor nos deu toda a coleção dos filmes dele, quero ver, especialmente, *Tudo bem*.* Enfim, estamos aqui aproveitando para relaxar bastante. Nadei, andei pouquíssimo (não sou muito de andar), e o resto foram conversas agradáveis. Amanhã, dia 2, voltaremos para Brasília.

HOJE É 2 DE JANEIRO DE 2002, QUARTA-FEIRA, já estou em Brasília e são oito horas da noite.

O dia foi como os demais na fazenda Bela Vista. A vista é estupenda, vê-se ao longe Botucatu, vê-se Bofete. Como eu disse brincando, falta apenas o Reno, porque o panorama até se parece com Petersberg, na Alemanha, onde há uma casa oficial de recepção (que foi do Hitler) e que também é um lugar muito bonito. Da Bela Vista se vê uma montanha verde, como são as montanhas brasileiras, com vales estupendos; choveu, apareceu arco-íris com a volta do sol, na natureza tudo muito bonito.

Fora isso, Argentina. A Argentina foi o tormento desses dias todos. Ontem à noite assistimos ao Duhalde fazer seu discurso na Argentina.** Um discurso sensato, pois na situação em que ele está a única coisa a fazer é dizer a verdade. Ele disse que: "A Argentina estava...", usou uma expressão forte, "liquidada". Não é para tanto, de qualquer maneira mostrou que está disposto a enfrentar os problemas.

Hoje cheguei a Brasília às cinco da tarde, e foi uma tempestade de telefonemas de ministros, deputados, reinvindicações, coisas urgentes, mas o pano de fundo foi a Argentina. Falei há pouco com o presidente Batlle, do Uruguai, ele propôs que fôssemos a Buenos Aires no dia 11, para termos um encontro com o Duhalde, presidente do Mercosul. Recebi uma informação do Eduardo Santos sobre a Argentina, transmitindo recado do Celso Lafer. Vamos ter agitação por causa da Argentina. Não sei exatamente o que eles vão fazer, mas pelo jeito vão desvalorizar. O Batlle me disse que já haviam desvalorizado; na prática talvez sim, na lei ainda não, mas vão ter que fazer alguma coisa dessa natureza. Muitos artigos interessantes sobre a Argentina, até mesmo de pessoas que não falam tanto sobre ela, como o Antônio Barros de Castro,*** que fez uma boa reflexão, menos economicista e mais históri-

* Longa de 1978.

** Eleito pela Assembleia Legislativa com 262 votos a favor e 21 contra, com mandato até 2003.

*** Ex-presidente do BNDES (1992-93) e professor da Universidade Federal do Rio de Janeiro (UFRJ).

ca.* Também alguns comentaristas argentinos, outros americanos, o próprio [Paul] Krugman** tem um artigo interessante,*** enfim, muita coisa. São lições a serem extraídas, porque a Argentina mostrou o limite da insensatez, a insensatez do Cavallo. Eu me lembro do [José Luis] Machinea, quando ainda ministro da Economia,**** numa conversa em Madri com o De la Rúa, em que eu mostrei alternativas e pedi uma posição mais ativa do presidente, atitude que ele nunca assumiu. E depois o Cavallo, com teimosia e paciência, a engolir sapos o tempo todo; mas não adiantou, era uma história da morte anunciada. Agora se discute a responsabilidade do Fundo Monetário, mas a responsabilidade maior é dos argentinos. O Fundo não impôs a ligação fixa do peso com o dólar, pelo menos agora com o Köhler no FMI. Foi o Cavallo quem insistiu nessa posição. Houve vários recados do Fundo Monetário dizendo que dificilmente a Argentina se aguentaria, toda gente percebia isso, e houve quase eu não diria uma insensatez, porque não é, mas um autismo do De la Rúa, que não via as coisas caindo sobre a cabeça dele. Agora é tarde, vai acontecer o pior, quer dizer, eles precisam entrar em moratória, pois não têm dinheiro para pagar, vão ser obrigados a desvalorizar, haverá uma confusão no sistema bancário, vão levar muito tempo para recuperar e precisam de ânimo. As primeiras movimentações do Duhalde não foram fáceis. Ele juntou a base política de vários partidos, parece que vai nomear o [Carlos] Ruckauf para ministro do Exterior, ele é o governador da província de Buenos Aires, um homem que sempre se opôs à política brasileira e agora vai assumir essa função que não é própria para ele. Por outro lado, nomearam o ministro da Fazenda, cujo nome me escapa.***** Falei sobre ele com o Sebastião Rego Barros, que me disse ser um homem sensato; já é alguma coisa, vamos ver o que eles propõem. É claro que haverá tinturas nacionalistas, próprias do peronismo, mas de qualquer maneira me parece que vão encontrar um rumo; rumo é forte, mas alguma abertura para ideias novas, vamos ver.

HOJE É SEXTA-FEIRA, 4 DE JANEIRO, são sete e quinze, sete e vinte da noite.

Ontem, dia 3, passei a manhã trabalhando, porque à tarde eu teria que fazer uma visita a Goiás Velho, por causa das inundações.******

De manhã, falei com o Bush, que me perguntou sobre a Argentina. Eu tinha recebido a informação de que o [José Manuel] De la Sota, que é o governador de

* "Argentina: Política sem mediações", na *Folha* de 2 de janeiro.

** Economista e professor do MIT.

*** "Crying with Argentina", no *New York Times* de 1º de janeiro.

**** 1999-2001.

***** Jorge Remes Lenicov.

****** No último dia de 2001, o centro histórico da antiga capital de Goiás foi parcialmente destruído por uma enchente do rio Vermelho. Não houve mortos. Semanas antes, a cidade recebera da Unesco o título de Patrimônio da Humanidade.

Córdoba, viria falar comigo; o próprio De la Sota me telefonou na véspera, à noite, dizendo que viria em nome do Duhalde. Fiquei um pouco preocupado, mas o Eduardo Santos me confirmou que o embaixador daqui, o [Juan José] Uranga, viria com o De la Sota, portanto, a visita seria oficial, e foi feita ontem no fim da manhã.

Depois de ter falado com o Bush, passei a manhã trabalhando e conversando com uns e com outros sobre a Argentina. Com o Bush a conversa foi longa. Ele queria um *advice*, como disse, e eu tentei discutir o que se faria na economia. Ele disse: "Os embaixadores vão ver isso, eu quero saber sua opinião sobre os personagens". Eu dei, com franqueza, e repeti um pouco o que já disse aqui sobre os dois, tanto sobre o Duhalde quanto sobre o ministro da Fazenda, e reafirmei que no Brasil nós achamos que é preciso dispor, primeiro, de uma base política e depois de um bom plano econômico para poder haver apoio. Bush concordou e ficou impressionado com a descrição que fiz do Duhalde como chefe peronista, com ideias um tanto datadas, mas com capacidade de manobra política.

Eu tinha um almoço ontem com o Moreira Franco, mas cancelei para receber o De la Sota. A conversa, assistida pelo Celso Lafer e pelo Eduardo Santos, foi reveladora. Eu tenho o registro dela porque pedi que o Eduardo Santos me fizesse um resumo; ele fez, e ela agora está nos meus arquivos. O De la Sota é mais pessimista do que eu jamais fui, ele tem uma visão trágica do que aconteceu na Argentina, a percepção de que é preciso não deixar de lado a questão das províncias. Eu li hoje, num artigo do Sérgio Abranches,* que o papel das regiões, das províncias, foi muito importante. Na verdade, o Rodríguez Saá assumiu o governo como consequência de uma conspiração das pequenas províncias, não se aguentou e, ao não se aguentar, a grande província, quer dizer, a cidade de Buenos Aires e a província de Buenos Aires, elas deram espaço para o Ruckauf e o Duhalde, que se entenderam e dominaram a cena peronista. Ele, De la Sota, juntamente com o [Carlos] Reutemann, como eles dizem, que é o governador de Santa Fé, se opuseram, queriam eleições diretas. E por quê? Porque eles acham que não há legitimidade sem elas. E por que os outros não queriam eleições diretas? Pela mesma razão, e porque os radicais, a Unión Cívica Radical, têm não mais de 3%. Aquela senhora, deputada de oposição de esquerda,** tem 7%, e o conjunto dos peronistas não passa de 30%; a imensa maioria, portanto, é negativista. De la Sota, afinal se rendeu à evidência da maioria dos peronistas e fez acordo com o Duhalde; veio aqui a pedido do Duhalde. Transmitiu o que eles farão na economia: câmbio duplo,*** que já tivemos no Brasil e que não vai funcionar, mas vai servir para o momento, pois eles querem sair do sufoco

* "Argentina: Na corda bamba", originalmente publicado no extinto portal No. e republicado pelo *Estadão* em 5 de janeiro de 2002.

** Dissidente da UCR, Elisa Carrió liderava o movimento Argentinos por una República de Iguales.

*** Isto é, o dólar americano seria cotado num patamar mais flexível em transações externas e o câmbio interno continuaria formalmente paritário.

em que estão. Para eles, o principal é sair do sufoco, e talvez saiam, mas têm que tomar cuidado por causa do "panelaço". De la Sota demonstrou claramente, como também o Duhalde, com quem falei na noite de ontem, quinta-feira, preocupação com a chamada opinião pública. Traduza-se, com os "panelaços", pela fragilidade do governo. Há uma série de outras medidas, como trocar dívidas em dólar por dívidas em peso. Só vamos ver como realmente as medidas se configuram quando forem anunciadas hoje.

Também me reuni com vários ministros para discutir a questão das emendas; o Arthur Virgílio esteve muito insistente sobre os ministros não estarem respeitando as decisões dele. Quando fomos ver, não era bem assim, é que a situação é muito confusa, às vezes as pessoas têm orçamento, mas não têm limite financeiro; às vezes têm limite financeiro, mas não têm orçamento, enfim, a confusão habitual, que estamos acertando. Fizemos duas reuniões com ministros para afinar esses pontos antes da reunião com o De La Sota.

Terminada a reunião com o De La Sota, mal pude almoçar e lá fui para Goiás Velho, Vila Boa de Goiás. Fui de helicóptero, uma hora e pouco de voo, outra para voltar. Goiás é uma bela cidade, bastante maltratada pelas enchentes. De novo discurseira, estive com o governador Marconi Perillo, com o vice-governador,* com o prefeito de Goiânia, que é do PT,** e com um rapaz que foi deputado, prefeito de Goiás Velho.*** Havia vários deputados, gente na rua, andei pelas ruas, fui aplaudido tanto andando quanto depois, quando houve uma espécie de minicomício. Prometi apoios,**** aquela coisa toda, falei para a televisão sobre o De la Sota, sobre o Duhalde e sobre não sei o que mais.

Voltei para Brasília às seis da tarde e continuei trabalhando, porque havia que despachar uma enorme quantidade de coisas. Ainda telefonei para o Duhalde, que me disse que a preocupação dele é com a população. Mostrou disposição de amizade e pediu que eu assumisse seu lugar na presidência *pro-tempore* do Mercosul. Inconveniente não há, mas há um problema: teremos uma reunião dia 11 em Buenos Aires, e todo mundo aqui acha que dia 11 é muito cedo para eu ir à Argentina, até porque no dia 12 vou à Rússia,***** e vai ser muito cansativo. Além disso, não se sabe ainda como será configurado o poder na Argentina, acham que seria melhor esperar um pouco. O Celso Lafer está tratando desse assunto com o Chile e com o Uruguai para ver o que faremos.

À noite, ontem, recebi a Bia Aydar, por causa da conversa que já relatei entre o Serra e o Nizan, e que a Bia, minha filha, me contou. Bia Aydar, muito preocupada,

* Alcides Rodrigues (PPB).

** Pedro Wilson.

*** Boadyr Veloso (PPB).

**** O presidente anunciou que editaria uma medida provisória para a liberação de R$ 2 milhões em verbas emergenciais de reconstrução.

***** Visita oficial à Rússia (12-16 de janeiro) e à Ucrânia (16 e 17 de janeiro).

ela é muito amiga do Serra, contou que o Nizan disse ao Serra tudo que queria dizer, ou seja, que acha que o Serra fala mal dele. A Bia disse que o Nizan também fala mal do Serra e que os dois ficam usando os jornais para fazerem críticas um ao outro. Ela disse que o Nizan já tem uma campanha para o Serra, que o Nizan está assustado com o que fez, deu projeção à Roseana, mas acha que o Serra não vai até o fim, acha o Serra um candidato muito pesado. Nizan tem medo da derrota e teme que o Serra desista dele no meio do caminho. Acha que o Serra não obedece às diretrizes dele, Nizan, enfim, quer a minha interferência, os dois querem, o Serra e o Nizan. Eu vou chamar, na semana que entra, isoladamente, o Serra e o Nizan, para depois dizer em conjunto as coisas tais como elas são. O Serra, acreditam os que o temem, pensa que o melhor criador de marketing do Brasil é ele próprio. Portanto, vai discutir a todo tempo as ideias do outro; o Nizan, por sua vez, sabe que o melhor é ele, Nizan, e não vai aceitar as críticas do Serra. Muito difícil, mas os dois têm que fazer um pacto, porque o candidato é o Serra, não há outro disponível; o PSDB vai se jogar pelo Serra e eu também. Temo que o Serra queira tirar o Nizan da Roseana* e depois brigue com ele. Isso vai ser dito a ele com todas as letras por mim, não sei se pelo Nizan também. A Bia Aydar agiu como amiga.

Hoje, sexta-feira, fui de manhã ao Palácio do Planalto ter uma reunião com o Ney Suassuna sobre as enchentes, e também por causa das emendas, das malditas emendas. O Congresso está se desmoralizando, virando cada vez mais uma reunião de vereadores federais. Todo deputado tem emendinha pra cá, emendinha pra lá, 100 mil reais, 500 mil, 1 milhão, muitos deles são até acusados de terem negociações com prefeitos, com empreiteiras, isso tudo é muito miúdo. E a mídia pensa que as emendas dos parlamentares são o orçamento da República... As emendas, esse ano, somam 2 bilhões e o orçamento é de centenas de bilhões, mas são as emendas que dão o molho, então parece que toda a administração brasileira gira em torno dessas coisas paroquiais. Algumas são até necessárias, mas são paroquiais, fica mal, era mais fácil passar esse dinheiro diretamente aos municípios do que através dos deputados. É uma coisa penosa, todo mundo sabe, mas os deputados ficam enlouquecidos, pressionam pelas emendas, querem aprovar emenda, empenhar emenda, emendas que não vão mudar o Brasil. Projetos estratégicos são os que mudam, mas os deputados nem se preocupam com eles. Agora inventaram emendas coletivas que não são coletivas, são para dividir entre eles, não dinheiro, mas benefícios políticos. É uma coisa entristecedora, e eu não posso sequer denunciar, porque se o fizer nada mais passará no Congresso, entro em choque com ele. A mídia não sabe disso ou, se sabe, não vê os detalhes; ou então é conivente, porque dá a sensação de que tudo é podre. Não é tudo podre, mas tem uma parte que é efetivamente podre.

* A agência MPM, de Guanaes e Aydar, assessorava a pré-candidata pefelista.

Antônio Carlos voltou a me acusar de leniência com a corrupção. Fica com panca de impoluto. Como ele não pode me acusar diretamente, inventa que sou leniente. Isso é por causa do PMDB, por ciúme do Padilha, do Ministério dos Transportes. Ora, a Anadyr e o Gilmar estão levando avante todos os processos sem nenhuma leniência. Se corrupção houve, será punida; mas o maroto do Antônio Carlos fica usando isso. Ele aparece na cena nacional como alguém que assumiu o tema da corrupção, como se ela fosse uma invenção política dele. Não que inexista corrupção aqui e ali, mas ele deu um vulto imenso para fazer de conta, primeiro, que era o PMDB quem fazia corrupção; segundo, que o governo estava mancomunado com o PMDB, e o Antônio Carlos calou a boca sobre o que faz o PFL, quando faz. E faz. Agora mesmo há um escândalo no aeroporto de Salvador, de verba para a Bahia que o pessoal carlista queria aprovar, embora com restrições, e a maioria não quis. Então se vingaram, não aprovaram 4,6 bilhões de reais de coisas importantes. Tudo muito desagradável na mesquinharia do cotidiano político.

Depois de eu ter recebido esses ministros, despachei normalmente, almocei com o Moreira Franco para discutirmos política. Esse pelo menos discute política mesmo, acha que chegou a hora de acabar com esse negócio de candidato do PMDB, tem-se que ir direto a uma negociação para apoiar o Serra, e falamos muito sobre o Rio de Janeiro.

O presidente do Supremo Tribunal, o Marco Aurélio, deu um despacho dizendo que o Garotinho não precisa pagar 80% da dívida ao governo federal por causa do prejuízo havido no ICMS, que foi causado pela crise de energia.* Isso pode até cair, mas vai dar trabalho, haverá outros governadores com a mesma volúpia. O Gilmar contra-atacou e eu mandei o BNDES segurar os empréstimos para o Rio, porque se o Rio está numa situação tão difícil assim não pode se endividar mais... E também segurar as transferências voluntárias; nós vamos fazer o que fizemos com o Itamar: se o governo do Rio não pagar, vamos descontar dos fundos constitucionais e entrar na briga. Esqueceram-se da responsabilidade pública. E o Marco Aurélio acatou o pedido para não pagarem dizendo que o faz em nome da lei; e não é; é em nome da política. Depois disso ainda recebi meu primo Carlos Joaquim Inácio, fiquei aqui despachando papéis e falando no telefone com meio mundo, coisa que fiz até agora. Agora vou descansar um pouco.

HOJE É QUARTA-FEIRA, DIA 9 DE JANEIRO, antes das sete da manhã estou ajustando alguns pontos da minha agenda. Não é que dormi mal, é que acordei cedo. Tenho acordado cedo e não sei se é por causa da idade ou por tanta coisa para fazer.

* O governo do Rio obteve liminar para reduzir as parcelas mensais do pagamento da dívida com a União, sob o argumento de que o estado tivera prejuízos de R$ 600 milhões na arrecadação do imposto em 2001.

No sábado, dia 5, fui para a fazenda em Buritis com a Ruth. Lá encontramos a Luciana e o Getúlio, fiquei sábado e domingo. Como sempre, muito agradável, e não fiz outra coisa a não ser ler; estou lendo com paixão o livro a que já me referi [*Tempos muito estranhos*] sobre o período do Roosevelt, logo antes dos Estados Unidos entrarem na guerra. É muito interessante a descrição do cotidiano da Casa Branca e do Roosevelt. Ele talvez fosse parecido com Getúlio ou, quem sabe, eu com ele, porque dizem que ele não gostava de demitir ninguém; eu, aliás, demito bastante, apesar de dizerem que não. Não gosto, mas demito. Parece que ele não dizia o que pensava, que para cada um dizia uma coisa, que era astucioso, tinha muito bom humor, uma energia inesgotável. Fiquei me perguntando: "Serão características pessoais do Roosevelt ou será que para governar países complexos é necessário desenvolver certas características para que as coisas possam funcionar?". Eu não tenho conhecimento maior do Roosevelt nem do Getúlio a não ser por biografias, mas um é muito diferente do outro e eu diferente deles. Cada um é uma pessoa, e os problemas que o Roosevelt enfrentou eram de uma magnitude muito maior do que os problemas que enfrentamos aqui. Eu sei que não se trata disso, obviamente. Entretanto, para levar adiante um processo político estatal em sociedades complexas — e os Estados Unidos têm uma sociedade ultracomplexa —, para tomar decisões gravíssimas, havendo liberdade para o Congresso decidir e tanta diversidade de opiniões no país, os líderes precisam desenvolver certas características, senão têm muita dificuldade para levar adiante o processo. O Juscelino não foi diferente.

Mas isso é um parêntese. Enquanto eu estava em Buritis, preocupado com a questão da Argentina, acompanhando pela televisão o que acontecia, falei com o Ricardo Lagos, que está até mais cauteloso do que eu, sobre nossa ida a Buenos Aires. Há a confusão da situação argentina e a do Chile, bem como a do Brasil. Nossa visão é a mesma: que o populismo peronista não vai se aguentar; tenho medo, e ele também, de contágio não econômico, mas político. Os argentinos veem tudo distorcido, e agora a culpa é do FMI, vão ter que seguir outro modelo que eles não sabem qual é, enfim, há a possibilidade de nova vaga populista. Já temos na Venezuela o Chávez, cada vez mais se enredando na temática populista e na retórica, provocando os Estados Unidos. Devo ter registrado aqui a conversa com o Bush sobre a Argentina; eu vejo o Bush extremamente frio e o que ele quer — no que, aliás, tem razão — é que os argentinos apresentem um plano, e o apresentem ao FMI. Noto que os argentinos, também com razão, estão mais preocupados em fazer com que a sociedade argentina aceite algumas decisões.

Falei com o Serra, que tinha chegado e queria conversar comigo, certamente para me pressionar a respeito do Nizan. Falei com a Bia Aydar, que disse que o Serra conseguiu falar com o Nizan, mas que o Nizan só falaria de verdade com o Serra depois de eu ter falado com cada um deles isoladamente.

Anteontem, segunda-feira, dia 7, voltei para Brasília. Ruth tinha ido para São Paulo no domingo. À noite, vi um filme de que gosto muito, chamado *O paciente inglês*,* e fui dormir.

Na segunda-feira, recebi de manhã o Wagner de Melo Romão, que é um rapaz do Cebrap, porque o Giannotti pediu que eu desse uma entrevista a ele, que está fazendo uma pesquisa sobre o Cesit.** Gravei um depoimento e depois tivemos um almoço no Alvorada com o Fernando Gasparian, meu velho amigo. O Fernando me disse que está conseguindo acertar a situação financeira das empresas dele, as que sobraram, ele tem a Paz e Terra e tem a fazenda. Fernando é uma pessoa de quem eu gosto, é lutador, se atrapalha de vez em quando, mas é uma pessoa basicamente sincera. Enfim, gosto do Fernando, e a gente faz o que pode. Ele nunca me pediu que eu interferisse em nada, pede apenas que eu dê contatos com os setores financeiros com os quais ele tem que se haver, e os setores financeiros se defendem como leões. O Fernando também não é nenhum cordeiro e se defende, tomara que se acertem.

Depois recebi o Bob, o José Roberto da Costa, o novo secretário de Comunicação. Conversei com ele para ver como estão as coisas da publicidade e fui para o Palácio do Planalto, gravei rádio, conversei com o [Antônio] Martins,*** que está muito preocupado, porque ele é assessor da Roseana. E a Ana Tavares está cada vez mais "roseanista", embora não confesse.

Tive uma excelente conversa com o Pimenta da Veiga, preocupado e feliz porque não tinha saído nada a respeito do incidente no palácio entre o Aloysio e o Tasso, e entre mim e o Tasso. Pimenta acha que é preciso dar todo apoio ao Serra, mas que se ele não alçar voo lá para abril a gente teria obrigação de dar espaço para outros no partido; não disse quais outros, mas acha que o Serra não pode levar o partido à catástrofe. Acha, entretanto, que isso não deve ser cogitado, pois o que precisa ser feito agora é dar apoio amplo ao Serra.

Tivemos uma reunião no Palácio do Planalto com o Malan, o Gilmar Mendes, Pimenta, Aloysio Nunes Ferreira e Pedro Parente. O Pedro insistindo muito, como ele já tinha feito no despacho da manhã, sobre a necessidade de uma reação mais forte na questão do Marco Aurélio, no caso do Rio de Janeiro. Prevaleceu uma visita do Malan, com o Gilmar e o Aloysio, ao [José] Néri da Silveira,**** que vai ser o relator do processo. Uma crítica mais aberta ao Marco Aurélio não adiantaria muito e pode dar a sensação de que, em vez de defender juridicamente as questões, estamos politizando a briga entre o Judiciário e o Executivo.

Estive em seguida com o Serra, como tinha combinado, e tivemos uma conversa franca. Eu não disse a ele o que o Pimenta sugeriu, que lhe déssemos um

* Longa de 1996 dirigido por Anthony Minghella.

** Fundado em 1989 em Campinas, o Centro de Estudos Sindicais e Economia do Trabalho reúne pesquisadores do Dieese e do Instituto de Economia da Unicamp.

*** Jornalista integrante da pré-campanha pefelista.

**** Ministro do STF.

prazo, porque o Serra me disse, usando a imagem que ele repete sempre, que a candidatura dele é como aquela parte do edifício que já está fora dos andaimes, que não tem como voltar para trás, que ele vai se dedicar com firmeza até o fim; isso é verdade, ele se dedica mesmo. Falou basicamente de duas questões, uma sobre o Nizan. Eu respondi: "Olha, Serra, eu não vou dizer para o Nizan trabalhar para você; primeiro não é verdade que o Nizan me obedeça, não tem por quê, ele não tem sequer contrato com o governo, não tem nenhuma relação hierárquica comigo. Eu gosto dele e ele gosta de mim, nós trabalhamos bem juntos. Agora, ele desconfia de você e você dele...". E repeti todos os argumentos que já registrei aqui, dei as razões pelas quais o Nizan não acredita que a candidatura do Serra funcione. Contei que Nizan acha mais fácil a Roseana ganhar e que ele tem uma disputa direta com o Duda Mendonça* e quer ganhar a eleição. Falei que o Nizan tem responsabilidades, se sente tucano e acha que é uma pena que, depois de tantos anos de esforço, se entregue o poder, simbolicamente, ao Sarney. Continuei: "Isso eu posso argumentar com o Nizan, dizer: 'Olha, se você pensa assim, então aja em consequência, mas assuma a responsabilidade da decisão, caso contrário o que vai acontecer?'. Vai acontecer o que já está acontecendo, vão dizer que estou enfraquecendo a candidatura da Roseana e me intrometendo para tirar o Nizan dela com a finalidade de beneficiar você, e eu fico mal com todo mundo, sobretudo com o PFL, quando isso de eu querer enfraquecer a candidatura da Roseana não é verdadeiro. Desse modo o Nizan teria um pretexto para sair da Roseana, mas ele não precisa de pretexto; ele tem que assumir a responsabilidade dele. Agora, você tem que entender também que ele não pode vir para cá para em seguida ser mandado embora".

Nessa altura o Serra fez uma observação que me preocupou: "São apenas alguns programas agora, alguns spots; se não der certo, não precisarei fazer o programa mais adiante com ele". Esse é o problema, porque o Nizan não pode ser tratado assim.

O segundo ponto o Serra discutiu muito. Ele disse: "Eu sou membro do governo, tenho o ônus de ser governo e preciso também ter o bônus. O PFL vai ficar contra mim, e na verdade eles vão ficar com o bônus e não terão o ônus, porque não vão defender o governo". O que o Serra quer? Quer a ruptura com o PFL. Eu falei: "Já te disse que o Bornhausen, por conta própria, já manifestou politicamente que no momento de apoiar a Roseana, se houver outro candidato do PSDB, o PFL sai do governo". Então o Serra replicou: "Bom, mas só saem os ministros...", e eu: "Não vou entrar numa luta de foice no escuro em cada estado para tirar as posições do PFL, até porque isso vai resultar numa fofocaiada imensa, a imprensa só vai cuidar disso, e não se ganha eleição assim, não adianta ficar tirando, isso de dente por dente, olho por olho não é correto. Além do mais, você lembra que o espanhol, o Carlos

* Publicitário, marqueteiro da pré-campanha petista.

[Pedregal],* dizia o tempo todo que quando você tem alguém na sua frente o pior erro na campanha eleitoral é atacar esse alguém, porque você tem que tomar o eleitorado dele; se você ataca o ídolo momentâneo do eleitorado, isso te isola dele e fortalece o vínculo do eleitorado com o ídolo que você quer derrubar. Eu acho errado fazer campanha atacando quem está na frente". Serra contra-argumentou que minha situação com o Lula [em 1998] era uma e que a dele agora é outra, e que o PFL vai usar a marca do governo. Ele tem essa visão de dente por dente e unha por unha, que não é nem a minha visão nem é, repito, meu estilo, porque acho que não dá certo, pelas razões já ditas.

Isso vai ser um problema, vejo que o Serra começa a campanha jogando minha responsabilidade sobre duas coisas fundamentais: tirar o Nizan da Roseana e passar para ele e, ponto dois, brigar com o PFL. Se eu não fizer isso, ele pensa, será o começo do fim dele. O Serra não disse isso, estou fazendo uma interpretação. Ele me disse, ao contrário, que eu podia ter certeza de que se ele perder, é ele quem perde. Creio que o Jabor pode ter dito alguma coisa ao Serra das nossas conversas na fazenda, um pouco nessa direção. Então o Serra se defendeu, disse que eu ficasse tranquilo. Contudo, emocionalmente, com a imprensa do jeito que funciona, e tudo mais, vai ser diferente. De qualquer maneira, a conversa me pareceu boa, porque ele estava calmo e com realismo. O Serra está certo sobre o que quer fazer. Lançar-se logo numa reunião com o partido, e deve mesmo fazer isso; falou em reunião do partido no dia 21 de janeiro, eu não discuti a data com ele, mas é possível. Acho até que estarei na Rússia, o que seria bom, porque assim ele se assume candidato não apenas como uma expressão da vontade do governo.

No dia 8, ontem, terça-feira, fiz sozinho a natação (Ruth voltou à tarde), fui ao Palácio do Planalto dar uma entrevista à agência Tass, porque vou para a Rússia. Dei uma longa entrevista, eram bons jornalistas. Depois fui a uma reunião com os governadores e parlamentares sobre a reestruturação da Chesf e sobre a questão de energia, racionamento etc. Boa reunião, embora com problemas, um primeiro incidente político, porque os jornais disseram que a Roseana não veio nem o Tasso. A Roseana não veio porque não foi convidada (em termos de energia o Maranhão é Norte, não é Nordeste); e o Tasso não sei por que não veio, mas mandou um telegrama dizendo que não vinha, de qualquer maneira se explicou. A reunião em si foi boa, porque começamos uma mudança no modelo elétrico no Nordeste. A Chesf vai ser dividida, a parte de transmissão vai ser integrada ao Sistema Nacional de Transmissão, a parte de geração antiga, ou seja, sem Xingó, vai constituir uma companhia pública, corporação pública, para cuidar de energia e recursos hídricos para o Nordeste. Essa companhia, como já está amortizada, vai render mais ou menos 800 milhões de reais/ano, que vão ser utilizados integralmente na questão hídrica

* Consultor de marketing eleitoral e pesquisas de opinião durante a campanha de FH à reeleição, em 1998.

do Nordeste, soma que pode financiar quase totalmente o custo desse programa. Isso permite um grande avanço na questão nordestina da água e também na institucional. Declarei logo que vou nomear técnicos para a agência. Xingó vai ser desmembrada e ficará isolada, Xingó ainda está sendo amortizada e é a última geradora no rio São Francisco. Não há riscos mais complexos e ela pode ser transformada numa corporação, como Furnas, ou mesmo privatizada, e mal não faria. Resultado: só o Albano se manifestou contra e com preocupação por Xingó. O governador da Bahia se manifestou mais pró-forma, posto que o deputado Aleluia apoiou fortemente o que eu disse e os outros, em geral, também. O Albano tem medo da discussão sobre a privatização de Xingó. Eu até disse: "Olha, Albano, você pessoalmente não é favorável, seu partido não é, mas esse assunto já está aprovado pelo Congresso, eu é que estou tirando a Chesf da lista das privatizações. Tudo já está na lei, não há discussão alguma, eu não estou pedindo o voto de vocês, estou informando e pedindo opinião, porque eu posso mudar algo, mas a decisão é minha". Fui até um pouco duro com o Albano. Disse que ele refletia a opinião do Teo Vilela, que tinha falado comigo por telefone, expliquei que não se tratava de privatização e ele se acalmou. É fantástico: privatização e distribuição de renda no Brasil é sempre com o outro, não com a gente, não há convicções. Contudo, o avanço é grande no que se refere à Chesf e acho que a solução foi boa.

Cheguei aqui no Alvorada duas da tarde, vendo na televisão a apresentação, pelo Zé Jorge e outros, sobre o mesmo problema, falaram muito de coisas técnicas, de racionamento e muito pouco do fundamental, que era a Chesf.

Voltei correndo ao Palácio do Planalto, para sancionar o projeto de lei que acelera o processo de aposentadoria* e a medida que cria o Juizado de Pequenas Causas,** uma coisa importante, porque estamos dando mais acesso, mais capacidade de defesa para o cidadão em geral, enfim, uma democracia mais ao alcance da mão.

Depois recebi o Jerson Kelman, pessoa de quem gosto, presidente da Agência Nacional de Águas. Veio me prestar contas do que fez na agência. Despachei uma enorme rotina, falei com o José Aníbal e com o Pimenta, aí já preocupado. Por quê? Porque saiu no *Correio Braziliense* toda a fofocagem da briga do Tasso como se fosse briga do Tasso com o Aloysio. Quem teria posto no jornal e quem disse que o Arthur Virgílio participou da reunião? Eu não me lembro do Arthur ter estado na reunião. Há quem diga que teria sido o Arthur que passou as informações; tenho um palpite que foi o Tasso, e isso me dói. Vou até mesmo ver se apuro, porque seria

* A lei nº 10403, de 8 de janeiro de 2002, autorizou o INSS a empregar o Cadastro Nacional de Informações Sociais para diminuir a burocracia dos pedidos de aposentadoria.

** Criados pela lei nº 10259, de 12 de julho de 2001, para julgar processos previdenciários e outras causas contra a União de até sessenta salários mínimos (R$ 12 mil da época), os juizados especiais da Justiça Federal começaram a funcionar nas principais capitais na semana seguinte. O presidente aqui fala da solenidade de sua instalação.

uma coisa inacreditável se o Tasso realmente tivesse feito isso, mas o Pimenta ficou preocupado. Telefonei para o Serra imediatamente e disse que ele tinha que explicar ao Pimenta e aos demais a questão dos recursos dados para o Projeto Alvorada, que o Sérgio Machado está utilizando. Serra me disse que 60% foram dados ao governo do estado, portanto ao Tasso, e 40% às prefeituras, e aí os deputados podem entrar, enfim, essas brigas. Essa foi a maior preocupação. José Aníbal e o Pimenta mais otimistas com a candidatura Serra.

Mais tarde voltei ao Palácio da Alvorada e jantei com o Paulo Renato. Ele está calmo, mais distendido; disse que não será candidato, que não vai lutar para ser candidato nem a senador nem a vice-governador; eu disse que tudo bem. Teremos um problema, ele quer ficar no governo até começo de abril, eu expliquei: "Paulo, eu queria que os ministros saíssem antes, no fim de fevereiro, porque tenho que dar tempo para os novos ministros, então você anuncia que não é candidato e pronto, fica; se você for candidato, sai em abril". Na verdade o Paulo quer ser candidato; ele não quer é brigar para ser candidato, acha que o José Aníbal não ganha a senadoria, eu também acho que não ganha. É difícil o Paulo ganhar porque o [Romeu] Tuma,* sabe Deus por quê, tem força e o Aloizio Mercadante mexe muito na área econômica, é agressivo e arrogante, mas é do PT e tem presença jovem. Acho que não será uma eleição fácil. Fácil se o Geraldinho estiver bem e, nesse caso, vou ajudar o Paulo, se o Geraldinho tiver condições de botar o Paulo como vice-governador. Paulo me disse que sairia de qualquer maneira em abril porque tem que cuidar da vida. Mas o Paulo é boa gente, com boa disposição, bom espírito, vai casar de novo, já está casado, mas vai casar formalmente, comprou um apartamento em sociedade com a nova mulher, foi uma boa conversa com ele.

Hoje, quarta-feira, vou receber o Ruckauf, ministro das Relações Exteriores da Argentina. Ontem, falei com o [Tuto] Quiroga, presidente da Bolívia, muito mais preocupado do que o Ricardo Lagos com o que vai acontecer na Argentina. Eu tinha conversado na segunda-feira por telefone com o Iglesias, que estava na Argentina. Iglesias é um ser construtivo, já está lançado na ajuda à Argentina, ele acha o ministro da Fazenda razoável, acha bom, e pensa que dá para ajudar, embora seja tudo muito difícil. Mas vai aos Estados Unidos brigar pela ajuda à Argentina, porque sem ela vai ser pior. É verdade, estamos entre a cruz e a caldeirinha. Sem falar na situação do Chávez. Vi ontem à noite, na televisão, que ela está piorando, porque os donos dos jornais estão lutando contra ele, em um processo típico da direita, montando uma reação contra os excessos verbais do governo, que variam entre o populismo e o esquerdismo. Situação complicada que pode se tornar ruim. Eu sei da atitude americana com relação ao Chávez, ela é francamente negativa.

O mercado brasileiro reagiu bem, ontem falei com o Armínio Fraga, que estava na Suíça, voltando de automóvel da França, acho. Vem hoje para o Brasil, deve estar

* Senador (PFL-SP).

chegando. Ele me deu um panorama de como estão vendo nossas coisas por lá. Muita recessão na Argentina, ele estava lá com o Edward George* e com os presidentes dos Bancos Centrais. O Edward George, em nome dos presidentes dos Bancos Centrais, fez uma louvação ao Brasil. A situação daqui está razoavelmente bem do ponto de vista econômico. Eu, como sou gato escaldado, quero ver o que vai acontecer no decorrer do ano, porque no ano passado estava tudo bem no começo, e deu no que deu. Ganhamos das dificuldades, mas é duro lutar sem parar para se manter mais ou menos na mesma. Não é possível. O Brasil tem condições de avançar mais, se o mundo não perturbar. É claro que temos um desafio grande, o de baixar a taxa de juros. Vou conversar de novo com o Armínio, porque eles não podem ficar acovardados, temos que baixar, e não é baixar 0,25%, não. De meio em meio ponto, precisamos chegar, pelo menos, a uns 15% em meados do ano, porque 15%, com uma inflação de cerca de 4%, é 11%, uma taxa de juros mais aceitável. Mesmo assim ainda é muito alta — a taxa de juros americana está em um e poucos por cento; a questão é delicada.

Acho que foi isso o mais importante. O Congresso está em recesso, vetei, por insistência da Fazenda, a forma como foi tentado o desconto do Imposto de Renda, vai haver esperneio, mas tivemos os 17,5%, que era o principal. Hoje vou discutir com o Martus sobre o que vamos fazer com o orçamento, eu disse a ele que algumas partes terão que ser vetadas. Há outras duas questões que quero mencionar: uma é sobre o Raul Jungmann. Ele se lançou ontem candidato à prévia no PMDB,** como já havia falado antes. Antes disso, ontem mesmo, ele tinha me dito que precisava conversar comigo para definir detalhes, porque tinha falado com o Jarbas e queria se lançar candidato. À noite, ele me telefonou dizendo que infelizmente as coisas haviam se precipitado, que a Diana Fernandes*** tinha o furo e que então ele não queria vir falar comigo para não dar a sensação de que eu estivesse na jogada. Não deu outra: toda a imprensa achou que eu fiz a jogada. Não fiz jogada alguma, Raul queria ser candidato e me comunicou, ele é do PMDB. O que ele quer? Ele quer duas coisas: sabotar a aliança PMDB-PFL pelas razões dele de que isso levaria a uma aliança à direita. O PFL hegemonizado pelo PSDB (ele usa a expressão "hegemonizado") é uma coisa; agora, o PMDB e o PSDB hegemonizados pelo PFL é irmos para a direita, ele quer fazer um debate ideológico. Não é mau que faça, mas não fui eu quem lançou a ideia nem quem incentivou. Ele disse que falou com o Jarbas. Eu conheço o Jarbas, ele deve simplesmente ter ouvido. De qualquer maneira, vai ficar como se fosse uma combinação com o Jarbas. Me telefonou o Geddel brincando sobre o assunto, disse que "no mercado eleitoral o Raul é um minifúndio impro-

* Presidente do Banco da Inglaterra.

** As prévias internas do partido para escolher o candidato à Presidência estavam marcadas para março de 2002. Pouco antes, Jungmann desfiliara-se do PPS.

*** Jornalista de *O Globo*.

dutivo". A frase saiu da boca do Renan, porque também o Michel não gostou. Há muita fofoca, a Ana ficou aflita, e provavelmente porque isso pode mexer com a Roseana, mais do que por estarem atribuindo a mim... Ah, estou cansado de ver jogadas atribuídas a mim. Aliás, é uma jogada boba e que não leva a nada, é apenas uma agitação do PMDB, e o Raul quer se projetar com isso. Veja como estamos num ano eleitoral difícil.

A outra questão é a famosa senatoria vitalícia, uma ideia que vem lá de trás, foi o PTB que a lançou e me parece que com intenções de agradar.* Começam a dizer que eu quero ser senador biônico, que quero ser senador para ter imunidade, até a Dora Kramer disse essa bobagem. Mas não tem nada a ver uma coisa com a outra, na verdade eu não quero ser senador coisa nenhuma, isso é uma proposta do PTB. Eu sempre fui favorável a dar uma posição formal aos ex-presidentes, pode ser essa ou qualquer outra, mas do jeito que está não quero nada. O Aloysio falou comigo ontem, ele acha a mesma coisa. O Pimenta, pelo contrário, acha que deve haver uma senatoria vitalícia etc. Vou conversar hoje com o Aécio, que vem jantar comigo, e vou dizer a ele com todas as letras: "Olha, Aécio, primeiro diga por mim ao PTB que eu não quero que eles se magoem, mas não tem cabimento apresentar essa questão, porque ela vai ser lida como mais uma tentativa de mudar a Constituição para favorecer Fernando Henrique Cardoso. Você é presidente da Câmara, tem que levantar a questão institucional sobre o que fazer com os ex-presidentes. Deixá-los ao léu? Vão ser empregados de empresas nacionais ou estrangeiras? Não têm uma pensão, não têm apoio? Vão ter esse apoio mesquinho que se tem?". Decerto é assim porque o Sarney é senador, outro é governador, outro foi embaixador...** mas os ex-presidentes têm apenas dois ou três DAS*** [assessores] de baixíssimo nível de remuneração. Não há uma questão institucional? Não tenho dificuldade alguma em sobreviver, vou ter que trabalhar, vou ter condições, não há problema; entretanto, o correto é ter uma posição institucional. Posição no Senado não vai funcionar, além do mais, francamente, não é uma companhia que me agrada a esta altura dos acontecimentos. Amanhã volta o Antônio Carlos, outro se elege magoado, o outro fez não sei o quê, e lá vou eu para a tribuna outra vez. Cansei disso, acho até, como diz o Aloysio, que me diminui. O Moreira Franco concorda. Não sei se diminui ou não, mas do jeito que a imprensa está colocando e que os políticos estão colocando, não vou cair nessa arapuca. Na outra vez, quando da reeleição, tinha o Brasil no meio; aqui não tem Brasil nenhum, aqui tem-se uma questão muito menor, um problema institucional, o que se faz numa República com os ex-presidentes. Os mexicanos fazem uma coisa, os venezuelanos outra, os italianos outra, há dife-

* A PEC 461/2001, apresentada pelo deputado Duilio Pisaneschi (SP) um mês antes, pretendia emendar a Constituição para conceder a ex-presidentes uma cadeira vitalícia no Senado, sem direito a voto, e extinguir a reeleição em cargos executivos. A proposta foi arquivada em 2003.

** Alusões aos cargos ocupados por Itamar Franco depois da Presidência.

*** Cargos de Direção e Assessoramento Superior, ou cargos comissionados.

renças fundamentais mesmo na Europa, nos Estados Unidos. Aqui as pessoas não gostam de encarar as questões com objetividade. Vou dizer para o Aécio que ele deve encarar [só os ex-presidentes eleitos antes da Constituição têm pensão; os demais não, até hoje].

HOJE É QUINTA-FEIRA, DIA 10 DE JANEIRO, são dez horas da manhã.

Ontem, recebi de manhã o Ruckauf, chanceler da Argentina, um homem que conheço há alguns anos, ele foi senador,* vice-presidente do Menem, governador, já me visitou como candidato e tudo mais. Veio com muita simpatia, mostrando o quadro da Argentina, bem caótico, dizendo que o que estão fazendo lá é provisório. Ele não é favorável, nem o presidente seria, ele disse, ao populismo nacionalista que existe lá. Eles não têm alternativas, embora saibam que a situação precisa mudar. Falei com franqueza, repeti o que disse ao Bush, que eles têm base política, que estão se organizando e agora têm um plano viável. Não adianta atacarem os ícones do mundo contemporâneo, essa questão de câmbio duplo, triplo, não funciona, é preciso ter equilíbrio fiscal, eles sabem disso, e que a moratória é uma necessidade, porque eles não têm como pagar, mas não é um projeto de futuro, e por aí vai. Ele disse concordar com tudo. Pediu meu apoio basicamente para duas coisas: quer que eu vá a Buenos Aires o mais cedo possível para uma reunião "com o presidente Fernando Henrique"; e quer minha influência junto ao G7 para amenizar a situação da Argentina. Respondi que não temos feito outra coisa, mas que agora o apoio dependeria do plano que eles apresentassem. Os relatórios que tenho recebido da Argentina não são animadores, os analistas políticos argentinos acham que pode haver uma nova crise política e social.

Ontem à noite recebi o Armínio Fraga, que veio da Basileia.** Ele traduz a visão pessimista sobre a Argentina dos homens que têm o controle financeiro do mundo; é uma visão de bastante dúvida quanto à eficácia do que está sendo feito. Por outro lado, eu não vejo o que fazer senão o que eles estão fazendo, tentar desamarrar tudo sem descontentar o povo, já tão sofrido; vão levar algum tempo nisso, mas por agora é uma questão mais política do que econômica, depois será econômica.

Saí daqui correndo e fui para a Câmara de Gestão da Crise de Energia Elétrica, reunião de três horas de duração. Foi admirável o trabalho que fizeram nessa Câmara o Zé Jorge, o Pedro Parente, o Gros, o Castello Branco, o trabalho de todos foi extraordinário. Foi feito um resumo de tudo, deixamos a imprensa assistir, foram convidados para participar o Antônio Ermírio, o Gerdau e o [João] Camilo Pena,***

* Deputado pela província de Buenos Aires e ministro do Interior.

** O presidente do BC participara de uma reunião do Bank for International Settlements (BIS), o "Banco Central dos bancos centrais", sediado na cidade suíça.

*** Membro da Comissão de Ética da Presidência, ex-ministro da Indústria e Comércio no governo Figueiredo.

convidamos os deputados da Comissão de Energia do Congresso, o Márcio Fortes, o Aleluia e o Paulo Souto. Todo mundo saiu extremamente bem impressionado com o que foi proposto. Vamos mudar muito o sistema elétrico, como eu já disse tantas vezes aqui, porque o que existia não tinha pé nem cabeça, o modelo não fechava. Vai haver maior presença do Estado, pelo menos durante a transição e a criação dessa agência, como eu já disse, para transformar a Chesf em uma companhia pública que cuide de águas, um negócio positivo. E muita coisa mais sobre regulamentação, reforma do sistema elétrico e do sistema de preços. Tudo com a presença de um consultor que me impressionou muito, Mário Veiga. Ele fez uma apresentação breve para mostrar por que o sistema de preços no Brasil não funciona como um alerta sobre a falta de energia. São coisas técnicas complexas, e também há peculiaridades do nosso sistema hídrico, que funciona em cascata, uma represa atrás da outra. Muitas questões foram levantadas, examinadas, esmiuçadas e mostrou-se por que não se pode sair do racionamento sem uma lógica, mostrou-se qual é a lógica para sair dele, quais os seguros que estão sendo criados para garantir que no futuro isso não se repita, graças à criação de um programa emergencial, além do programa de termoelétricas e de gás. Enfim, uma coisa muito completa.

Resultado: o Gerdau, o Ermírio e o Camilo Pena disseram palavras encorajadoras, como raramente se ouve. O Camilo Pena disse que ele era o mais velho de todos, que tinha liberdade e eu pensei: "Ih, vem crítica...". Mas nada, ele disse que o Brasil não pode sair deste rumo e que está admirado com a qualidade técnica do governo. O Gerdau também disse algo assim, foi uma manhã radiosa.

Fui para casa muito cansado, mal descansei e voltei ao Planalto. Recebi a princesa da Festa da Uva,* naturalmente os jornais exploraram as fotografias como se eu a estivesse beijando de uma maneira que não é correta; na verdade foi um ângulo de visão da câmera, nada disso houve, tudo foi muito simpático.

A questão política continua fervendo com o problema do Raul Jungmann, como se eu... A Ana está preocupada, decerto recebe informações do [Antônio] Martins, transmitidas pelo Sarney e pela Roseana, porque o Jungmann golpeou politicamente, ideologicamente. A Ana fica muito aflita, mas não é tão grave. O Raul foi precipitado, não preparou o lançamento, colocou politicamente seu nome ao estilo dele. Não fui eu quem sugeriu isso; eu apenas soube, como os outros também souberam. Eu sabia que ele tinha essa pretensão, me esqueci dela e ele voltou à carga em dois, três dias. O Jarbas, com quem ele conversou, foi embora sem dizer uma palavra.

Recebi o presidente do BNDES, o novo, para conversar sobre os problemas a serem resolvidos, os abacaxis dos setores empresariais brasileiros. O resto foram despachos incessantes. Vim para o Palácio da Alvorada, recebi o Armínio Fraga

* A rainha Juliana Marzotto e duas princesas da Festa Nacional da Uva de Caxias do Sul convidaram o presidente para a abertura da feira, em 15 de fevereiro.

mais o Pedro Parente com o despacho habitual, mais tarde chegou o Aécio para jantar conosco.

A conversa com o Aécio foi boa, ele cada vez mais lúcido, me parece que aprendeu; teve boas conversas com o Serra, ele está numa posição construtiva. Há coincidência entre o que ele pensa e o que eu penso: que o Serra precisa se abrir, precisa buscar o Tasso; aliás, o José Aníbal foi ao Ceará aplainar o caminho. Estive com o Pimenta, que disse a mesma coisa, que o Serra deveria aplainar as dificuldades. Todo mundo sabe o que precisa ser feito, depende agora do Serra fazer.

É claro que o Tasso está magoado, hoje li nos jornais que o Lúcio Alcântara disse que ele teria ficado magoado por causa de uma reportagem, não me lembro de quem, acho que do Kennedy mesmo, na qual eu teria dito que ele era um coronel moderno...* Fofocas, o Tasso não deveria cair em fofocas dessa natureza, mas caiu, está magoado. E o Lúcio Alcântara, ao que tudo indica, foi quem passou as informações sobre o encontro infeliz que houve aqui com o Tasso, o Aloysio e nós todos. Teria que ser alguém que ouviu do Tasso, e ligado a ele, porque no jornal só saíram frases do Tasso. O jornal diz que nós dois ficamos calados, e é mentira, não ficamos calados. Saiu uma versão ipsis litteris do que ele deve ter conversado e o Lúcio passou para o repórter Luís Costa Pinto.**

O Serra me telefonou aflito com tudo, falou com o Luís Costa Pinto, de quem é amigo, e foi grosseiro. O jornalista teria confirmado que veio do Tasso, mas duvido que o Costa Pinto tenha dito isso, deve ter dado a entender, acho mais provável que o informante tenha sido o Lúcio Alcântara mesmo, que foi a informação que recebi do Bob, o secretário de Comunicação. Nem sei se com o conhecimento do Tasso, mas as coisas são assim, são terceiros que passam adiante.

Discuti com o Aécio a questão do senador vitalício, ele é favorável, entretanto não quero que seja discutida como se fosse coisa que eu quero para mim. Há um problema institucional, mas, francamente, no meu caso prefiro apenas ter condições de trabalho, quer dizer, um gabinete, não preciso ser senador. Para mim, ser senador em Brasília não é fácil.

Nesta quinta-feira vamos ter um dia mais calmo, espero eu, vou ter uma reunião com o pessoal da ANP mais o pessoal de Minas e Energia, da Petrobras e da BR Distribuidora, porque os postos de gasolina não estão baixando os preços na proporção que deveriam depois que baixamos em 25% o custo da gasolina na destilaria.*** Vai haver uma reunião esta manhã; vou falar com a Danielle e despachar com o Arthur Virgílio, com o Pedro Parente e com os demais.

* "FHC opta por Serra e vê dificuldades para seu sucessor", na *Folha* de 25 de novembro de 2001.

** Editor executivo do *Correio Braziliense*.

*** Para compensar o aumento nas tarifas de energia elétrica pressuposto pela restruturação do setor, em 1º de janeiro o governo baixara o preço da gasolina nas refinarias em 25%, mas uma semana depois a redução média nos postos do país era de 8%.

SEXTA-FEIRA, 11 DE JANEIRO, estou me preparando para a viagem à Rússia amanhã. Passei a manhã toda mexendo nas minhas coisas. Tivemos uma conversa boa com o Nizan sobre as coisas que já registrei. Nizan foi taxativo e impositivo. Primeiro, se dispõe a trabalhar com o Serra, mas dentro de certas condições. A primeira, que eu já havia colocado ao Serra, é que o Serra aceite uma estratégia de campanha e siga até o fim. A segunda é que o Serra modifique as condições da campanha, que tenha gente nela que não sejam pit bulls dispostos a brigar e a morder o calcanhar dos outros, que seja gente mais serena. A terceira é que o Serra (com o que eu concordo) não pode fazer sujeira com o PFL. O Nizan vai continuar fazendo o que prometeu fazer até o fim de janeiro e só vai retomar com o Serra para o programa do PSDB do dia 6 de março. A quarta condição é que realmente haja o compromisso do Serra de não romper com ele no meio do caminho. E a quinta, finalmente, é que a campanha do Serra é a minha, ou seja, a dos cincos dedos,* porque é preciso levar adiante o mesmo programa, a música é a mesma, e o Serra precisa se mostrar como o candidato do que está aqui, que a seu ver é bom e que vamos precisar avançar mais. Eu disse: "Olha, Nizan, eu não vou pedir a você que venha trabalhar com o Serra, muito menos que deixe a Roseana; você tem que cumprir seu compromisso. Agora, acho que você precisa analisar, politicamente, se você se vê como simpático ao tucano".

Ele disse: "Eu sou tucano".

Repliquei: "Se você achar que a nossa opção hoje é o Serra, então você opta... Agora, *você* opta. Eu não peço que você faça isso ou aquilo, não quero dar a ordem, porque não tenho razão para isso". Ele começou a dizer que o que eu mandasse ele faria, e eu disse: "Não, não é assim", e repeti que ele deveria ter uma conversa com o Serra e que, se chegassem a um entendimento, veríamos o que aconteceria. Assim foi a conversa.

Ricardo Lagos me telefonou depois de uma conversa que teve ontem com o Bush, na qual sugeriu que brasileiros, chilenos e talvez mexicanos começassem a trabalhar informalmente com os argentinos para encontrarem um plano de saída. Isso poderia ser feito sob o patrocínio do Bird e com o conhecimento dos Estados Unidos, portanto do Fundo Monetário. Achei um esforço razoável. Falei com o Malan, que ficou de se encontrar com o [Nicolás] Eyzaguirre, ministro da Fazenda do Chile. Malan me telefonou de volta, depois de falar com o Eyzaguirre, e me ponderou uma questão verdadeira. Os chilenos estão muito preocupados, porque a economia do Chile está bastante comprometida com a economia argentina, eles têm investimentos lá, por isso se preocupam mais do que nós. Malan é mais cauteloso, como é do temperamento dele. Achei razoável. Falei com o Sérgio Amaral, que tem

* Na campanha presidencial de 1994, o programa da coligação de Fernando Henrique mostrava uma mão espalmada como símbolo do programa de metas da candidatura, cada dedo representando uma promessa: emprego, saúde, agricultura, segurança e educação.

muitas ideias sobre como reavivar o comércio com a Argentina, e vou estar com ele mais tarde, porque tenho um encontro com um grupo de empresários às sete da noite aqui no Alvorada. O sistema bancário na Argentina está funcionando, o dólar subiu,* não tanto quanto se poderia imaginar. Aqui o dólar voltou a cair,** o que é bom.

SÁBADO, DIA 12 DE JANEIRO, estou me preparando para viajarmos hoje à noite para Moscou, são três e meia da tarde. Ontem fui ao Planalto e trabalhei bastante. Voltei, houve um coquetel para um grupo de empresários comigo, com o Sérgio Amaral e com o Pedro Parente. Curiosamente a maior preocupação deles era eleitoral, todos muito contentes com as soluções dadas na área elétrica, alguns eram dessa área, e também com nosso descolamento da situação da Argentina.

Fui visitar o Sarney depois de ter feito os exercícios, lá pelas onze horas, fiquei até uma e meia. Fui visitá-lo porque ele estava doente, mas também porque percebi que estava na hora de ter uma conversa com o Sarney, e foi muito bom. Uma conversa franca depois dos comentários de praxe sobre a Argentina — nós coincidimos na análise. O que ele acha? Acha que estou deixando o governo ser utilizado pela candidatura do Serra e que isso vai dar mau resultado, que vamos voltar à velha República Velha. Nada disso efetivamente aconteceu, a candidatura do Serra saiu na semana passada. Sarney reclamou. Reclamou, não, deu como exemplo que a bancada do Maranhão não teve atendimento na Saúde, estava muito irritado porque alguém dissera a ele que eu acho que ele só vem a mim para pedir alguma nomeação, por causa daquele juiz sobre quem ele insistiu,*** e por isso ele ficou meio afastado, não sei o quê. Realmente a irritação é porque estão atacando a Roseana e ele disse que estou deixando o Raul partir para o ataque a ela. Queixou-se também de que estou apoiando o prefeito de Vitória, que é do lado do Serra, o [Luiz Paulo] Vellozo Lucas.**** Desabafou muito fortemente, disse que a minha contribuição política foi enorme nesses sete anos, que ninguém fez tanto, não sei o quê, que foi excepcional, mas que não posso, no último ano, deixar que tudo se corroa. Aí começam as acusações sobre utilização da máquina, corrupção... Claro, ele disse que nunca usaria esses argumentos, mas [os outros] já começaram a usar.

Não houve uso algum de máquina, mas vê-se o estado de espírito prevalecente. Ele disse: "Você sabe como é a minha relação com a minha filha, que eu adoro". Sarney disse que a Roseana gosta muito de mim. Houve momentos, é verdade, nos quais ela me defendeu, por exemplo na questão da reeleição. Ele tem um senti-

* Depois de três semanas de feriado bancário, o mercado argentino reabriu com o dólar cotado em 1,90 peso na cotação paralela, acima do teto oficial de 1,40.

** A moeda norte-americana fechou a semana valendo R$ 2,40, queda diária de 0,8%.

*** Reynaldo Soares da Fonseca.

**** PSDB.

mento extremo pela filha, se exaltou. Eu disse: "Calma, eu também acho que é preciso haver tranquilidade no encaminhamento do processo eleitoral". Existem pessoas que são mais desabridas. No caso do Jungmann, não fui eu quem o propôs; ele se lançou. Não me disse que daria entrevista, e deu, ele é um velho militante, a cabeça dele é essa. Raul acha que é preciso evitar que PMDB e PSDB se aliem à direita e ele pensa que os partidos existem como nos manuais, que o PFL é partido e que é de direita. Isso é a visão dele, que não tem nada a ver com uma armadilha nossa. O Serra nem sabia que o Raul ia se lançar.

"Sarney", eu disse, "você tem que se desarmar quanto a isso. Acho que temos que voltar à sua velha ideia de um Sacro Colégio de Cardeais.* Temos que arranjar uma meia dúzia de pessoas que, a despeito dos acontecimentos, conversem e que possam ir levando o barco, o Brasil. Eu sozinho não posso. Você reclama daquele cara que eu nem sei o nome, que chateia a Roseana no Maranhão e é do PSDB.** Eu não consigo tirá-lo do PSDB. Os partidos são difíceis, a gente não tem com quem conversar. Em cada partido há pouca gente com quem conversar". Acalmei o Sarney, disse: "Vamos fazer um esforço permanente de entendimento não no sentido de que não haja candidatura. Na candidatura da Roseana todo mundo acredita". Eu disse isso ontem aos empresários que jantaram aqui. Trata-se de um fato sociocultural, não é um fato político apenas, não houve articulação alguma. Também não se desarticula, é o momento da sociedade. Se a candidatura vai se manter? Não sei. Eu conversei com a Roseana, disse a ela com franqueza que se me perguntarem se acho que ela é a mais preparada para ser presidente direi que não é. Agora, se der uma ventania, vamos fazer o quê? Temos que manter canais de conversa abertos. Ele se acalmou.

Depois discutiu comigo a questão do senador vitalício, a que ele também não é simpático. Eu disse que não acho uma boa ideia e que até entendo que, institucionalmente, se pense sobre o que fazer com os ex-presidentes, mas que não apoio a criação de senadores vitalícios. Primeiro porque vão me acusar de estar mudando a Constituição em meu benefício. Segundo, vão dizer que estamos querendo nos perpetuar no Senado. Eu não quero, o que menos me agrada é a convivência com certos tipos de lá, além do que isso alteraria a representação dos estados. "Você tem razão", disse ele, "nós dois conviveríamos, mas é muito difícil estar lá no dia a dia. Eu não tenho essa motivação." Aí acrescentou: "Não acho que o melhor seja como os americanos fazem". Eu concordo, é mais fácil uma lei que diga o que institucionalmente se deve fazer com o ex-presidente da República (que [nos EUA] está proibido para sempre de se candidatar). Se vê que a conversa evoluiu de um estado quase belicoso, quando entramos na questão da Roseana, para um estado de

* Conselho consultivo da Santa Sé formado por todos os cardeais da Igreja católica, atualmente com 224 membros.

** Roberto Rocha.

convergência e até de interesses comuns, porque brevemente, em meses, eu serei ex-presidente como ele é. Acho, como sempre disse, que Sarney é uma das pessoas que não devem ser postas à margem, porque ele tem capacidade de luta. E não é só isso; ele tem o ouvido encostado no chão, conhece tudo da política. Não deixou de se referir a que ele sabia de formas de financiamento da campanha do Serra para a prefeitura [de São Paulo em 1996] e fez umas referências sobre fatos que não são do meu conhecimento. Claro, disse que jamais usaria isso. Acho que não mesmo, mas outros poderiam usar se houvesse alguma coisa. Não há nada grave.

Na política estamos sempre no limite entre a civilidade, a ruptura, a infâmia, a convergência. E é nesse mar encapelado que tenho que levar o Brasil para diante.

Em tempo. Ainda hoje falei com o Hugo Chávez e com o Pastrana. O Hugo Chávez estava nos Estados Unidos e nós embarcando no avião, ele muito aflito com a situação da Colômbia.* Falei com Pastrana, presidente da Colômbia, ele estava mais calmo porque deu uma demonstração de força e tinha a notícia de que os guerrilheiros apresentaram um programa mais viável para iniciar negociações. Eu disse que ele fez bem em dar a demonstração de força e que, ao invés de ir à guerra, era melhor mesmo conseguir um caminho de negociação, como ele pensava. Eu disse que estaria à disposição dele, mesmo em Moscou, a qualquer momento que quisesse falar comigo.

Acabei de receber do Sarney o livro *Sarney: O outro lado da história*, organizado pelo Oliveira Bastos.** Ele me mandou um cartãozinho à margem com uma dedicatória, pedindo para eu ler o capítulo chamado "Desafios do poder", uma entrevista que ele deu em janeiro de 2001 a Benedito Buzar,*** que não sei quem é. A entrevista é boa, faz observações pertinentes sobre o poder e recorda o que ele tentou fazer nas condições políticas nas quais operou. Encara o Plano Real como consequência direta do Plano Cruzado. Sarney realmente mudou várias coisas, como se vê lendo o que ele disse ao autor do livro: a Lei de Responsabilidade Fiscal começou lá atrás, com o fim da "conta-movimento" no Banco do Brasil.**** Houve um longo processo para transformar o Estado, tornando-o mais transparente. A entrevista salienta aspectos corretos. Não era fácil ser presidente nas condições em que ele foi, sem a legitimidade do voto direto antes da democracia plena. O Cruzado não teve êxito, mas foi uma tentativa de conter a inflação.

* O governo colombiano dera um ultimato à guerrilha das Farc para a retomada das negociações de paz, interrompidas meses antes, e a retirada de suas tropas da zona desmilitarizada cedida ao grupo desde 1998. O prazo vencia no domingo, 13 de janeiro, e nova escalada de violência sacudia o país.

** Rio de Janeiro: Nova Fronteira, 2001.

*** Advogado, professor e historiador maranhense.

**** A conta-movimento do Banco do Brasil, muito ativa nos anos 1970-80, dava ao governo federal o poder de liberar empréstimos públicos a empresas estatais sempre que julgasse necessário, à revelia do Banco Central e da situação dos ativos do BB. Altamente inflacionária, pois na prática consistia em emissão de moeda, a prática foi extinta em 1986.

No livro Sarney mostra as vantagens do Cruzado e rende homenagem, curioso, ao Sayad, João Sayad.* Ele diz muito bem do Sayad. Nem menciona o Dilson Funaro,** o João Manuel [Cardoso de Mello]*** nem o [Luiz Gonzaga] Belluzzo,**** pessoas que estavam próximas dele. Eu acompanhei tudo isso, acompanhei também a queda do Sayad, fui mesmo almoçar com ele para dizer que não havia outro jeito a não ser sair do governo. Eu era líder do PMDB [no Senado] e disse isso porque o Sarney estava mais junto do [Luis Paulo] Rosenberg.***** O Sayad não tinha uma posição central no governo. Na verdade, o Dilson Funaro é que tinha. É verdade que o Sayad era mais competente tecnicamente e um homem equilibrado, embora às vezes tivesse ideias um tanto raras, inventivas e heterodoxas. Ele tem boa formação e é um bom sujeito, mas acredito que não teve o papel central que hoje Sarney lhe atribui. E vê-se a mágoa do Sarney com alguns dos formuladores do Plano, até do ponto de vista ético.

Como em toda entrevista, as minhas serão iguais, tenta-se reescrever a História a nosso favor.

* Secretário de Finanças da prefeitura de São Paulo e ex-ministro do Planejamento (1985-87).

** Ex-ministro da Fazenda (1985-87).

*** Professor da Facamp e ex-assessor especial do Ministério da Fazenda (1985-87). Depois da saída de Funaro, ocupou interinamente a pasta.

**** Professor da Facamp e ex-secretário de Política Econômica do Ministério da Fazenda (1985-87).

***** Sócio da Linear Investimentos e ex-assessor econômico da Presidência no governo Sarney.

18 A 21 DE JANEIRO DE 2002

Viagem à Rússia e à Ucrânia. Lançamento da candidatura Serra. Negociações sobre a Argentina. Morte de Celso Daniel

Hoje é dia 18 de janeiro, sexta-feira,não registrei nada esses dias todos, embora tivesse levado comigo o gravador, porque a viagem à Rússia e à Ucrânia foram tremendamente cansativas, não tive um minuto de tranquilidade. Vou tentar rememorar os fatos sem muita ordem. Saímos de Brasília no sábado dia 12, chegamos a Moscou no domingo à noitinha a tempo de jantar no Kremlin, onde fiquei hospedado. O Kremlin é muito grande, são vários palácios. O Grande Palácio do tzar Nicolau I incorporou diversos salões, alguns do século XV, como é o caso da sala de Catarina, a Grande, onde o Putin me ofereceu um jantar, que fica ligada por um corredor à ala na qual fiquei hospedado. O corredor é como se fosse uma ponte suspensa, mas fechada, sobre o jardim de inverno. Não sei de que época é a ala onde fiquei. Eram salas e mais salas, tudo muito grande e frio, uma burocracia pesada, segurança muito pesada. Há muitos outros edifícios dentro do Kremlin. O governo até hoje funciona em outro prédio, no qual estive anteriormente, quando o [Boris] Iéltsin era presidente e eu fui lá como presidente eleito, em 1994.* Há várias igrejas, enfim o Kremlin é uma cidadela, com enorme quantidade de construções. Essa na qual fiquei está na parte cerimonial do Kremlin, é a mais imponente também. Foi lá que o Putin me recebeu.

Convidei algumas pessoas da delegação** para jantarem conosco no domingo em que chegamos, e foi um serviço ruim, com comida muito precária. Fazia um frio louco. Ao chegar ao aeroporto,*** num dos aeroportos de Moscou, passei em revista as tropas, hino, aquela coisa toda, com a temperatura pesadamente baixa. Mas ainda não tão baixa, talvez uns cinco abaixo de zero. Ainda suportável.

Na segunda-feira começaram as funções oficiais, tive um encontro com Putin atravessando o pequeno corredor que unia a ala residencial onde eu estava com a ala de trabalho dele no palácio que foi do tzar. Nos reunimos em uma sala confortável, primeiro diante da imprensa. O Putin, gentilissimamente, me entregou o exemplar em russo do meu livro *Dependência e desenvolvimento na América Latina*, meu com o Enzo [Faletto], pois há uma edição russa. E disse, diante da imprensa, que tinha muita satisfação em me receber, entre outras razões porque aprendeu a entender a América Latina lendo meus livros. Foi simpático. Depois a imprensa saiu, ficamos eu, ele e o Celso Lafer. Putin é pessoa reservada, amável, um tanto fe-

* Depois das eleições, Fernando Henrique e Ruth viajaram de férias pela Rússia e pela Europa Oriental.

** Integrada por noventa pessoas, das quais setenta eram empresários.

*** Vnukovo 2.

chado. A conversa foi sobre temas gerais, boa. Temos muitas convergências, e eles fizeram a gentileza de colocar no comunicado que apoiam o ingresso do Brasil no Conselho de Segurança de forma permanente. É a primeira vez que uma das grandes potências das cinco grandes faz uma declaração peremptória assim. Agradeci muito. Conversamos sobre os acordos da base de Alcântara, de lançamento espacial, sobre transferência de tecnologia e sobre vários tipos de acordo, como os de acesso a mercado* e de política internacional.

Falei sobre os Estados Unidos, sobre o Bush. Transmiti a Putin os votos do Bush, que eram favoráveis. Conversamos um pouco sobre política geral. Ele mostrou grande preocupação com a questão do Paquistão e da Índia. Acha que o processo negociador está avançando e que a Índia, no caso da Caxemira, tem toda razão. E conversamos também sobre a situação de Israel e da Palestina. Ele crê que não se pode fazer muita coisa. No dia anterior ele tinha conversado com o Sharon, com quem mantém contato, até porque há muitos russos que moram em Israel. Contudo, ele acha que o máximo que se pode fazer é manter o diálogo de todo mundo com todo mundo. Mas não o diálogo entre os dois grupos de lá. Via muito pouca disposição, ânimo, neste momento, para uma ação mais favorável à pacificação entre Israel e o Estado palestino. Quanto ao resto, falamos sobre a Ucrânia e sobre a situação da Rússia. O que ele está fazendo na Rússia, enfim coisas formais.

Depois fomos para um salão maior,** com todos os presentes de novo. Como habitual nessas visitas de Estado, os temas se repetem um pouco. Os ministros falam de seus problemas mais em profundidade. Boa parte da manhã se passou nesse contato com eles. Foram horas de conversa. Depois voltei a ver o Putin à noite, no jantar de gala, nesse salão da Catarina, com música boa. Aí foi mais distendido. Tomamos bastante vodca, ele voltou a falar dos temas todos. E também da necessidade de o Brasil e a Rússia estarem em contato. Senti no jantar um homem menos reservado no modo como comentava as questões. Voltou a falar dos temas que já mencionei, mas com mais vivacidade e mais tranquilidade.

Terminado o jantar, estávamos exaustos, porque, entre o encontro da manhã e o jantar, fui visitar a Duma.*** Falei com seu presidente**** e alguns de seus representantes. O presidente é comunista, me recebeu muito bem. Levei os deputados que estavam comigo, ou seja, o Madeira, o Geddel, o Ricardo Barros, um rapaz que eu não conhecia, que é do PSB, da oposição portanto, Pedro Valadares,***** que me deu

* Os dois países assinaram acordos de cooperação judicial, comercial, cultural e tecnológica, que incluíam o desenvolvimento conjunto de veículos lançadores de satélites e o aluguel da base de foguetes de Alcântara. Numa declaração conjunta, Putin e Cardoso prometeram trabalhar pela entrada da Rússia na OMC e do Brasil no Conselho de Segurança da ONU, como membro permanente.

** Salão Verde.

*** Câmara baixa do parlamento russo.

**** Guennádi Selieznóv.

***** Deputado federal por Sergipe.

muito boa impressão, muito simpático, educado. Ele, acho eu, também ficou bem impressionado, viu o jeito como nós levamos as questões internacionais. E também foi o Átila Lins,* que é o representante do grupo [parlamentar] de amizade Brasil-Rússia. Fui ainda com o Luís Henrique, prefeito de Joinville, por causa do Teatro Bolshoi,** e com o [Jaime] Lerner, governador do Paraná.*** Levei-os tanto à Duma quanto, depois, ao que corresponde ao Senado.**** Na conversa no Senado, falei com os que formam a base do governo do Putin, uma conversa boa também, sobre coisas mais formais, sobre nossa relação de amizade, a relação entre os parlamentos. Explicaram como funciona o sistema russo, expliquei como funciona o sistema brasileiro, esse tipo de questões. No fim do dia, está-se muito cansado, porque a correria é grande. Ainda fui para a embaixada.

Na embaixada falei com vários formadores de opinião, uns doze jornalistas de jornais e revistas importantes da Rússia, o [Mikhail] Gorbatchóv assistiu a essa parte da conversa. Depois me reuni com o Gorbatchóv e com um grupo de meia dúzia de colaboradores e amigos dele. Foi a reunião mais interessante que tive na Rússia, fora a com o Putin, que me deu a visão do governo e a dele. E também conversei com o primeiro-ministro,***** que é um homem inteligente. O Gorbatchóv é falante, simpático, muito preocupado em prestigiar o Putin, porque no meio de seus amigos presentes à conversa, sobretudo os da Academia de Ciências que tratam da parte de economia, havia pessoas bastante céticas e críticas, especialmente um, de quem não sei o nome. Disseram que as mudanças feitas pelo Putin foram muito poucas e que do período soviético para agora houve uma perda grande da qualidade de vida do povo. Gorbatchóv sempre ponderando: "Mas não, ele está no caminho certo, está tentando fazer, temos que apoiá-lo".

Os dados que nos mostraram são preocupantes. A situação da Rússia é muito difícil. Do ponto de vista social, houve perda grande na saúde, nas aposentadorias. Enfim, a reorganização da Rússia vai ser um processo delicado. Esse grupo — eu até disse isto ao nosso embaixador, que é novo lá, o [José] Viegas — é um grupo que ele deve consultar; havia um especialista de América Latina que me conhecia. Nas coisas básicas, é gente com certa noção do mundo e da Rússia. Curiosamente, estão ao redor do Gorbatchóv, por quem, cada vez que encontro, sinto mais simpatia. Hoje ele não tem alto prestígio na Rússia, mas prestou um servição ao mundo. É um homem com vitalidade, fala de ecologia, de democracia, me pareceu de um grande sentido humano.

Além disso, encontrei-me com o que sobrou de parentes meus na Rússia. Encontrei-me com o Serguei [Chernov], que é filho de uma filha do Octavio Bran-

* Deputado federal (PFL-AM).

** A Escola do Teatro Bolshoi no Brasil se instalou no município catarinense em março de 2000.

*** Pelo PFL.

**** Conselho da Federação.

***** Mikhail Kasyanov.

dão [primo-irmão de minha mãe e, por consequência, do senador Teotônio Brandão Vilela] com a Laura [Brandão, única brasileira a estar enterrada no cemitério dos heróis da URSS].* Sátiva é o nome dela. Estive também com a Valná [Brandão Tchudinova], que ainda está vivendo em Moscou; a outra filha do Octavio, a Volia, está no México. A Sátiva morreu. O Serguei é filho da Sátiva. É arqueólogo, tem dificuldade para falar português, e o inglês dele não é muito bom. Ele me deu uns trabalhos de arqueologia que está fazendo [há uma foto dele comigo em um jornal do Brasil, mostrando-me escavações arqueológicas no Kremlin, mas sem que seja identificado como meu primo]. Ele quer criar uma Fundação Lúcia Brandão, em homenagem à avó dele, e quer algum apoio para isso. Estava também uma filha da Marianna Gorelova — filha da Valná — que esteve no Brasil [trabalhando na UFRJ, é física] e que agora está na Universidade da Califórnia com o marido, que é físico também.** Estava presente uma filha da Marianna, acho que se chama Mariza [Gorelova], não me lembro exatamente. Uma russinha muito bonita, dezoito anos, está estudando sociologia na Universidade de Moscou. Essa morou no Brasil uns dois ou três anos. Fala português bem. Fala russo, fala francês, fala inglês.

Essa menina é muito entusiasmada com a Rússia. A avó, a Valná, muito crítica; ela ganha pouco, me disse que ganha o equivalente a sessenta dólares como aposentadoria. Acha que tudo está ruim, também reclamou muito do período soviético, porque já na época do pai dela, que pertenceu ao Komintern,*** eles sabiam que de vez em quando um desaparecia. As famílias dos desaparecidos ficavam contra o governo, mas os demais acabavam justificando tudo. Havia medo e ninguém tinha muita noção do que ocorria, embora, por exemplo, o avô desse rapaz, Serguei, tivesse ficado dezenove anos exilado na Sibéria. Enfim, um contraste complicado. A Valná tem noção de que o período passado não foi tão bom assim. Do clima social ela gostava, e não gosta no momento atual. Falta apoio material, sobretudo no caso dela como aposentada. Ela é tradutora dos órgãos oficiais do Estado na imprensa da Rádio Moscou. Não obstante as críticas, todos eles têm apartamento. Cada um mora no seu. Essa menina, Mariza, mora no apartamento que é da mãe, da Marianna. O Serguei tem um apartamento, a Valná tem outro. Todos moram mais ou menos próximos e, segundo a Valná, no bairro mais aristocrático de Moscou, perto de um parque. É difícil fazer uma avaliação efetiva sobre a condição de vida deles, mas, obviamente, houve certa piora. Antes tudo era mais igualitário e agora há grande concentração de renda, dizem eles. Vê-se.

* Exilado na União Soviética nos anos 1930, o escritor alagoano ligado ao PCB teve quatro filhas com Laura Brandão: Dionisa, Valná, Sátiva e Volia. Poeta e declamadora, Laura atuou na Rádio Moscou durante a resistência à invasão nazista na Segunda Guerra Mundial.

** Iúri Gorelov.

*** A Terceira Internacional (1919-43), organização soviética para a difusão do comunismo no exterior, orientou a atuação dos partidos comunistas em diversos países.

O Octavio se casou, depois que a Laura morreu, com uma irmã do Prestes chamada Lúcia. A Lúcia já tinha um filho, o Roberto [Nicolsky], que é meu amigo e trabalha na UFRJ. Portanto Roberto é meio-irmão da Valná.

Moscou é atualmente uma cidade vibrante. A noite é bonita, iluminada. Fomos jantar no dia seguinte, na terça-feira, num restaurante chamado Le Café Pouchkine, fantástico. Parecia que estávamos na belle époque. E ao mesmo tempo a Rússia tem esses problemas aos quais estou me referindo. Isso foi na segunda-feira. Depois da visita à embaixada na segunda-feira, fui correndo para o jantar do Putin.

Na terça-feira o dia também foi corrido. Eu não me recordo exatamente se a visita à Duma foi na segunda ou na terça, pouco importa... Não, foi na terça, no dia em que almocei com o primeiro-ministro da Rússia, que já tinha estado no Brasil. Esse é um homem moderno, fala um inglês perfeito, pouco saiu da Rússia, não morou fora, mas fala um inglês perfeito. Também o ministro que me acompanhou o tempo todo, que já tinha estado no Brasil, fala bem inglês. Este ministro visitou uma favela no Rio. Ficou surpreso com as condições de vida na favela, com a qualidade material relativamente boa, porque tem televisão, ônibus que passa na favela. Não sei qual favela ele visitou, mas foi ver a favela, isso já é importante. O primeiro-ministro, Kasyanov, é uma pessoa inteligente, me ofereceu um almoço, fez discurso, eu fiz discurso, aquela coisa toda. Desse almoço, ainda saí correndo para ir ao encontro de empresários brasileiros e russos.* Fiz um discurso movido a vodca, falei com liberdade, com franqueza. Mas foi bom, para mim pelo menos. Essa correria continuou no dia todo.

À noite fomos ao Teatro Bolshoi ver *O quebra-nozes*. Muito bem levado, bailarino admirável, era um rapaz da Geórgia.** Não achei tão boa a primeira bailarina,*** embora fosse muito famosa. Inauguramos uma exposição modesta de fotografias da escola do Teatro Bolshoi no Brasil. Exposição modesta, mas não os resultados. Só no último concurso, para oitenta vagas se ofereceram 28 mil jovens brasileiros e de outras partes da América Latina, mas basicamente do Brasil. O Luís Henrique estava muito contente. Presente o João Prestes, filho do Prestes, com a mulher dele,**** que é neta do [Francisco] Negrão de Lima.***** Ele é quem dirige em Joinville a escola de balé. Foi muito interessante ver esse movimento de ligação entre o Bolshoi de lá e o de cá. Estavam presentes o ministro da Cultura da Rússia****** e o diretor do Bolshoi.******* Fiquei no camarote presidencial, que foi dos tzares. Ao entrar, palmas de

* O presidente discursou no encerramento do Seminário Empresarial Brasil-Rússia.

** Nikolai Tsiskaridze, no papel título.

*** Nina Ananiashvili.

**** Joseney Negrão.

***** Ex-governador da Guanabara (1965-71) e ex-ministro das Relações Exteriores (governo Kubitschek).

****** Mikhail Shvidkói.

******* Anatoli Iksanóv.

todo o teatro, hino nacional, uma coisa simpática, agradável. E depois fomos jantar no tal restaurante Le Café Pouchkine.*

No dia seguinte, na quarta-feira, tomei o avião de manhã cedo para a Ucrânia. A Ucrânia é admirável. Admirável por quê? Fazia bastante frio. A cidade, Kiev, muito bonita. No inverno é mais difícil ver a beleza, mas é bonita. E o povo, muito simpático. O presidente, que eu já conhecia também, Leonid Kutchma, foi o diretor do centro espacial da Ucrânia,** onde se fizeram os grandes progressos da engenharia espacial da Rússia, da União Soviética, e que continuou a funcionar na Ucrânia [depois da queda da URSS]. Fizemos vários acordos.*** Tive uma longa conversa com ele. Eu, ele e o Celso [Lafer], alguns ministros e assessores nossos, alguns diplomatas. Expliquei detalhadamente a ele como era a questão da Argentina. Ele não sabia, estava muito irritado, porque disse que até cavalo os argentinos mandaram de presente a ele, porque queriam que ele fizesse na Ucrânia o que tinha sido feito na Argentina [dolarização da economia]. Pois bem, obviamente ele não fez.

A Ucrânia está crescendo 7,8% ao ano, é um país relativamente pobre, mas que luta, tem renda per capita de 1,7 mil dólares, um desenvolvimento cultural muito elevado e, sobretudo, uma gente de simpatia extraordinária. A população é de 40 milhões, 60 milhões de habitantes, se tanto. Depois nos reunimos com os ministros, assim como aconteceu na Rússia. Declaração à imprensa. Acertamos um acordo sobre a utilização da base de Alcântara, como também fizemos com a Rússia. Isso é muito importante. E o ponto de vista da Ucrânia coincide bastante com o nosso, muita convergência, muita possibilidade de acordos, em petróleo, transferência de tecnologias, acesso a mercados. Foi excelente. O presidente e a mulher**** muito simpáticos. O palácio oficial***** da época de Catarina II,****** como palácio de verão. É do mesmo arquiteto italiano******* que fez o Hermitage, muito bonito. Não é de grande riqueza, mas interessante.

Passamos o dia em reuniões seguidas. À noite um jantar, como sempre, com música também de boa qualidade. Saudação pra cá, saudação pra lá, reunião com empresários da Ucrânia no Brasil.******** Discurso meu de improviso, e ficou melhor do que o que fiz na Rússia, também de improviso. Improviso relativo, porque tenho um texto de base, só que não leio. Eu leio e saio do texto. O Leonid é muito

* Entre os compromissos na capital russa, Fernando Henrique não menciona o recebimento do título de doutor honoris causa pela Universidade Estatal de Moscou na segunda-feira, 14.

** Yuzhmash, na sigla em russo, estatal ucraniana desde o fim da URSS.

*** Os dois países firmaram uma declaração conjunta de amizade, acordos judiciais e comerciais e um memorando de entendimento entre o BNDES e bancos ucranianos.

**** Liudmila Talalayeva.

***** Palácio Maryinski, residência oficial do presidente ucraniano.

****** Sua construção se iniciou no reinado de Elizabeth (1741-62).

******* Francesco Bartolomeo Rastrelli.

******** Fernando Henrique encerrou o Seminário Brasil-Ucrânia: Oportunidades de Novas Parcerias.

simpático, toda a delegação brasileira contente. Os seguranças, sobretudo, fazendo o contraste com a Rússia, onde é pesada a burocracia.

Ainda no dia seguinte de manhã, quinta-feira, ontem portanto, o presidente Leonid foi me visitar na residência com a mulher dele. Mais conversa, mais presentes, mais coisas agradáveis. Sobre o mundo temos uma coincidência imensa: ele é amigo do presidente da Eslováquia,* um homem que gosta muito do Brasil, que esteve aqui várias vezes. O pai dele** fez uma expedição no interior do Brasil,*** eu até tinha prometido que iria visitar a Eslováquia, e vou.**** Enfim, a mesma visão do mundo.

Por que os americanos suspendem os acordos antimísseis?***** Porque querem ganhar dinheiro, porque querem se desenvolver tecnologicamente, dar um passo a mais em sua hegemonia no mundo. Os ucranianos têm uma relação ao mesmos tempo boa e difícil com os russos. A Rússia influencia muito, ocupou a Ucrânia por bastante tempo. A Ucrânia voltou a seus limites históricos. Existem problemas ainda hoje. Ele insistiu que eu precisava ir à Crimeia,****** no mar Negro, que é uma beleza, e não sei mais o quê. Ainda nessa quinta-feira de manhã, depois de falar com o presidente ucraniano, estive com o ministro do Exterior.******* Fomos juntos no carro, falamos em francês. Ele fala razoavelmente francês, conversamos sobre a relação da Rússia com a Ucrânia. Mostrou-me que no fundo devem muito à Rússia. O sistema educacional russo, soviético na verdade, deu um salto qualitativo no país. Mas o país é aberto. Fui com ele ver o mosteiro de Lavra, que é uma beleza. Algumas partes foram reconstruídas, outras não, há lá um museu precioso. Um frio, aí sim, de catorze abaixo de zero. Dei uma entrevista para a imprensa brasileira, só queriam saber de fofocas das eleições presidenciais, eu falando de acordo espacial, Conselho de Segurança, ampliação de comércio. No Brasil os jornais deram destaque direitinho, mas na entrevista queriam me forçar a ir para a fofoca eleitoral. Um frio danado, quase morri enregelado com os catorze graus abaixo de zero, entrevista ao ar livre. Pegamos o avião de volta para o Brasil e chegamos aqui ontem às nove da noite, sei lá que horas seriam lá, uma da manhã, ou coisa que o valha. Viagem agradabilíssima. Voltamos conversando. A Tite [Maria Cristina Rego Barros]******** estava na viagem; a Felícia [Madeira], mulher do Madeira; a Mary, do

* Rudolf Schuster.

** Alojz Schuster.

*** Em 1927-28, Alojz Schuster realizou uma expedição cinematográfica no Pantanal e na Amazônia.

**** Fernando Henrique visitou o país centro-europeu no mês seguinte.

***** Em dezembro de 2001, os EUA anunciaram sua retirada do Tratado Antimísseis Balísticos, firmado com a antiga URSS em 1972.

****** Em 2014, depois da deposição de Viktor Yanukovich, presidente da Ucrânia apoiado por Moscou, a península foi ilegalmente ocupada pela Rússia. A Crimeia integrou a Rússia até 1954, quando foi "presenteada" pela liderança da URSS à Ucrânia, então uma de suas repúblicas-satélite.

******* Anatoli Zlenko.

******** Mulher de Sebastião Rego Barros.

Celso. E os deputados. Um joguinho de pôquer com o pessoal do Itamaraty e jantar de novo no avião. Cheguei exangue aqui.

Recebi o discurso do Serra.* Mal terminei de ler, o Serra me telefonou, eu disse que tinha lido, e mais tarde vi na televisão a retransmissão, pela TV Câmara, da apresentação do discurso dele e dos outros do PSDB. Um tanto formal, o José Aníbal é duro na expressão, mas o Serra se saiu bem. Fez um discurso consistente, ao estilo dele. Não era comício nem era para ser, dando apenas o recado dele. Estava preocupado porque disse que a política não era a arte do possível, mas a arte de ampliar os limites do possível. "Isso é o que eu digo sempre!", falei. Ele redarguiu: "Ah eu não sabia, talvez eu esteja te copiando subliminarmente...". Não está copiando, esse é o tipo de ideia que muita gente tem. Segundo ele, estavam dizendo que ele disse isso para ser contra mim. Eu falei que era bobagem, que não havia razões para uma intriguinha dessas, que não tinha sentido. Ele citou o Itamar no discurso, dizendo que me nomeou ministro da Fazenda. Essa é uma verdade histórica. O que os grandes jornais publicaram? Que ele devolveu ao Itamar a paternidade do Plano Real. Não foi o que o Serra disse. Mas o discurso foi consistente. O slogan que ele lançou é: contra tudo que prejudique a estabilidade e a favor de tudo que seja pelo progresso, algo assim.** É um pouco negativo, "contra tudo que...", como foi comentado hoje pelos jornais. O slogan tinha que ser formulado positivamente e não negativamente. Mas são detalhes. Achei um discurso firme, mesmo que tenha provocado alguma irritação no PSDB mineiro, porque se [o candidato] for o Itamar... Foi uma coisa boa, e do jeito que o Serra é.

Hoje já li os jornais. Recebi de manhã o Aloysio Nunes Ferreira e também o Harrington, ex-embaixador americano, que atualmente tem alguns contatos com empresas americanas que operam no Brasil. Por ele sei de algo do que se passa na Casa Branca. Depois fiquei pendurado ao telefone, falei com o Duhalde, presidente da Argentina, que me ligou para agradecer nossa defesa da Argentina, porque o Bush telefonou para ele e mencionou o fato. Disse que conta muito com minha presença lá. Eu tinha falado minutos antes com Armínio Fraga, que estivera na Argentina e tem uma visão pessimista do que está acontecendo lá, por uma razão simples: eles não têm uma equipe econômica com competência para levar as coisas adiante. E falta poder político. Eu disse ao Duhalde que o principal é o político; nesse aspecto ele mostrou que está tomando medidas para dominar o Parlamento. Há a questão das ruas, ele acha que existe agitação mesmo, os americanos informaram que há gente da Colômbia metida lá. Será? Quem sabe?! Ele disse que estava se

* Em 17 de janeiro, o senador paulista lançara sua pré-candidatura ao Planalto numa festa no Espaço Cultural da Câmara.

** "Nada contra a estabilidade, tudo contra a desigualdade."

preparando e que havia muita esperança. Transmiti um pouco do sentimento que o Armínio me passou, disse que é preciso ter um plano de longo prazo. Contei que no dia anterior eu tinha feito uma declaração na Ucrânia dizendo que não se pode esperar e muito menos exigir da Argentina solução imediata para os problemas, tem-se que dar é apoio. É o que eu penso, mas é preciso entender que, fortalecendo o poder político, e havendo um programa que dê tranquilidade primeiro à Argentina, depois ao resto do mundo, haverá uma saída. "E vocês", eu disse ao Duhalde, "têm a seguinte dificuldade: resolver em pouco tempo questões que nós aqui no Brasil fomos resolvendo no decorrer de anos. Então, não é fácil." Ele insistiu que eu precisava ir à Argentina para a reunião do Mercosul. Eu disse que vou marcar, mas quero ter um tête-à-tête, uma conversa direta não para me intrometer na Argentina, mas para transferir a experiência que tenho de ter enfrentado algumas turbulências. Isso foi o principal da conversa com o Duhalde.

Marquei para hoje um encontro com o Malan mais o Sérgio Amaral mais o Armínio mais o Celso Lafer. São três e meia da tarde, vou falar às quatro com o Malan e às quatro e meia com esse grupo, para fazermos um balanço da situação da Argentina.

O Rubens Barbosa me telefonou contando que a Marta Suplicy pediu que ele organizasse uma viagem do Lula a Washington, ele não sabia o que fazer. Eu disse: "Ah, nada! Fale para ela dizer ao Lula que fale com o Celso Lafer formalmente. O Celso fala com você, e você organiza os encontros em Washington. Do meu ponto de vista é sempre assim. Não há problema. É bom você falar com o Serra, ele tem que entender que isso é assim!".

Quase meia-noite. Só quero acrescentar algumas informações. Primeiro, o que me chamou atenção na Rússia e na Ucrânia: o tema era corrente, os presidentes e os primeiros-ministros me perguntaram pela Argentina. Há grande preocupação com ela, o presidente da Ucrânia muito irritado porque o Cavallo foi à Ucrânia dar conselhos a eles. Fiquei bem impressionado com a maneira como estão encarando o mundo. Sabem que algo está errado no sistema internacional. Isso ficou claro. O Putin menos, o Leonid muito mais. O Leonid, presidente da Ucrânia, é mais progressista, tem a cabeça mais aberta, a visão dele é mais ampla que a do Putin. O Putin (minha análise é superficial, claro) me pareceu um homem mais de realização e da ordem do que alguém com visões do mundo. De qualquer maneira, os dois estão preocupados com a Argentina. E o Putin ainda tendo de se haver com a posição do Bush na questão dos mísseis. A explicação dos russos para justificar a corrida na fabricação de mísseis e de escudos antimísseis, como me reafirmou o primeiro-ministro Kasyanov e também o presidente da Ucrânia, é de que eles apenas querem obter avanços tecnológicos, não seria para utilizar os mísseis. Tomara. Seria mais para conter a China. Ela, entretanto, não tem mísseis suficientemente poderosos, dizem; seriam não mais do que vinte mísseis com ogivas atômicas, e isso os escudos seguram. A Rússia tem cerca de mil, e não há escudo que segure.

É muito preocupante este mundo em que vivemos. Estamos sempre no limite do abismo, e olha que na Palestina e em Israel caíram no abismo. No Afeganistão caíram no abismo. Nova York caiu no abismo [com o ataque às Torres Gêmeas]. Quer dizer, não se trata só de retórica, é uma coisa real. O irracional explode com força no mundo contemporâneo.

JÁ É DIA 19 DE JANEIRO, vou registrar o que aconteceu na tarde de ontem, sexta-feira, sobre a Argentina. Fizemos a reunião, o Celso Lafer, o Malan, o Sérgio Amaral e eu. Os jornais noticiam hoje que passei o dia falando sobre política com Aécio. Não está certo, falei por telefone com o Aécio sobre a aprovação da medida provisória do Pronaf* na frente do Malan. Passei o resto do dia discutindo com os personagens que já citei sobre a situação da Argentina. O Malan está bem informado, minuciosamente informado por várias fontes. Não só o que Armínio disse a ele, mas também o que disse o Caramuru, que esteve em Washington com o pessoal do Fundo e do Tesouro. Há muito pouco entusiasmo pela Argentina. O Sérgio Amaral entusiasmado com a possibilidade de abrirmos uma linha de crédito tipo CCR** com a Argentina. Dificuldade que o Armínio já me tinha assinalado: os bancos argentinos não estão funcionando. Segundo: Iglesias prometeu a ele, Sérgio, 200 milhões de dólares, a mim tinha mencionado 500 milhões [para a Argentina] e, entretanto, condiciona isso ao Fundo Monetário. Ou seja, é um círculo do qual não se sai. Celso Lafer tinha falado com o Zoellick, USTR dos Estados Unidos, e também com os ministros do Exterior, e tem a mesma sensação: de que as coisas estão amarradas não andam.

O Malan conversa muito e gosta muito do ministro da Economia do Uruguai, [Alberto] Bensión se chama ele, que está preocupadíssimo, como também já me tinha dito o Batlle, porque se os argentinos desvalorizarem muito o Uruguai acabará espremido, sem ter condições senão de aumentar a velocidade da desvalorização do peso uruguaio. Eles funcionam num sistema de bandas largas, de seis pontos para cima e seis para baixo. Já preveem para este ano uma desvalorização de cerca de 40%, e talvez seja insuficiente se a Argentina continuar no ritmo em que está. O peso argentino no mercado livre já está quase igual ao real. Se mantivermos capacidade de controlar o processo no Mercosul, isso não é mau para o futuro. Vamos ter pela primeira vez, quem sabe, o Uruguai forçado a se ajustar a nosso patamar, e mais tarde provavelmente haverá câmbio flutuante na Argentina, como em toda parte. Isso ajuda na definição de políticas macroeconômicas comuns no Mercosul.

* Posteriormente convertida na lei nº 10464, de 24 de maio de 2002, a MP dispôs sobre a repactuação e o alongamento de dívidas do crédito rural contratadas nos programas de agricultura familiar do governo.
** Convênio de Pagamentos e Créditos Recíprocos, criado em 1982 no âmbito da Associação Latino-Americana de Integração (Aladi) para estimular o comércio entre os países-membros da organização.

Voltando ao nosso tema. Depois de termos avaliado a situação e de eu ter transmitido a eles a minha conversa com o Duhalde, sugeri que falássemos com o Iglesias, porque a ideia do Sérgio Amaral é a de que precisamos ter alguém que coordene o processo dentro da Argentina e da Argentina para fora. O Fundo Monetário, o Banco Mundial, o BID, os presidentes do Uruguai, do Brasil e do Chile, mais a situação interna da Argentina, estão envolvidos, e isso não funciona sem um coordenador. Os argentinos não colocaram ninguém com essa capacidade. O Armínio Fraga foi muito crítico quanto ao nível técnico do pessoal da Argentina. Ele acha que quem foi nomeado presidente do Banco Central (que, entretanto, está com pneumonia em casa), o Mario Blejer, é o mais capacitado, trabalhou dez anos no Fundo Monetário. O [Roque] Maccarone,* que saiu agora, não tinha o mesmo preparo, é um homem de banco, e o ministro também, não têm a visão macroeconômica necessária, moderna, mais integradora, a qual é difícil de ser encarada pela atual equipe econômica. Diante desse quadro, só o Iglesias poderia coordenar, eu não posso, como presidente do Brasil, me meter a dar opiniões sobre Argentina nem ir à Argentina. O Lagos tampouco, e o presidente do Uruguai já fez o que pôde no plano político. A ideia é ver se o Iglesias entra no circuito. Telefonamos para ele, fizemos uma conferência nós quatro com o Iglesias. Eu disse: "Enrique, nós achamos que você tem que entrar nisso de cara. Para coordenar, para botar de pé um programa. O programa é muito complexo, porque terá que resolver a questão da dívida externa, talvez a esta altura o item mais fácil; repor o sistema bancário em funcionamento; o dinheiro todo está preso no *corralito* e deverá ser liberado, com risco da hiperinflação. E, por outro lado, se não se soltar o dinheiro, sufoca-se a economia. Estão soltando topicamente. Pressão de uns, pressão de outros. Tem-se que propor um novo sistema: qual será o regime de câmbio? E o fiscal? Como repor a economia em funcionamento razoável e manter o equilíbrio político? É uma situação extremamente difícil. Eu acho que você, Iglesias, é quem pode se haver nessa matéria".

O Enrique, como havíamos previsto, não entra em fria. Ele disse que concordava, mas que o Fundo Monetário é formalmente o encarregado de tudo isso. Eu sei, repliquei, mas você tem que agir por trás dos panos. Então ele me disse: "Já estou fazendo, conversei com o responsável do Banco Mundial, e nós dois, juntos, falamos com o Fundo Monetário. Há poucos instantes, antes de falar com vocês, estive reunido com ele, e voltarei terça-feira a Buenos Aires". Eu sabia disso, o Duhalde me dissera, então repliquei: "Enrique, nessa viagem você tem que dizer com clareza ao Duhalde qual é a situação. Qual é o tamanho do problema, porque não estamos sentindo firmeza no plano de saída deles; ninguém quer um plano maravilhoso de imediato, mas que comecem a trabalhar nisso para podermos apoiar". Disse mais: "Se for necessário eu falo com o Bush para insinuar de alguma forma que você tem

* Presidente do BC argentino nos governos De la Rúa e Rodríguez Saá.

a nossa delegação e que deve ter a dele também". Enrique fica receoso porque isso atropela o Fundo. Eu continuei: "Mas nós vamos ter que fazer uma blitz. Falar com o O'Neill, com os que têm contato com o O'Neill, alguns brasileiros têm. E falar com o Fundo, falar com quem tem contato com Banco Mundial, falar com o próprio governo americano e com o governo argentino". Para resumir, Iglesias vai na terça-feira e, eventualmente, passa pelo Brasil depois disso.

Ontem mesmo, à noite, falei com o Ricardo Lagos. Foi tarde da noite, antes vi um filme com a Ruth aqui no palácio, um filme até divertido, inglês, que tem um nome em português que não diz muita coisa, *Coração de cavaleiro*; em inglês é *A Knight's Tale*.* Só depois que terminou liguei para o Chile, porque antes o Ricardo estava ocupado. Transmiti tudo a ele, que concorda comigo ipsis litteris. Me disse, entretanto, que o Duhalde não lhe deu nenhuma abertura, e eu disse que tampouco a mim. Referia-se a abertura política, não para nos metermos no dia a dia da Argentina. Contou que o Fox também falou com o Duhalde e até sugeriu quem seria a pessoa disponível para o Duhalde falar. O Duhalde pediu o telefone dessa pessoa, mas não fez nada mais do que postergar uma conversa. Ricardo ouviu dizer que o Duhalde chamou um economista chileno, de quem evidentemente o Ricardo não gosta porque é da direita pura.

São coisas da Argentina que mostram que o país está como cabra-cega, sem realmente um plano. O que o Duhalde provavelmente quer é nosso apoio político, nossa visita à Argentina, e também nosso apoio político junto ao Bush e a pessoas que mandam no mundo.

Vamos ter que ser prudentes, o Ricardo acha isso também. Inclusive sobre uma visita à Argentina. Nós não podemos ir à Argentina sem que os argentinos tenham dado um sinal mais claro do que vão fazer. O que apavora o *Financial Times*, o *Washington Post* é a retórica nacional populista, própria do peronismo. O Menem saiu dessa retórica, mas o peronismo a mantém; se for só retórica, ainda vá lá; ocorre que ao norte, na Venezuela, essa retórica também está forte. Vi o Hugo Chávez em uma fotografia com faixa presidencial, colar de presidente, fazendo declarações, ele tirou o vice-presidente, botou outra pessoa,** entrou em choque com a imprensa, está difícil a coisa.

A Colômbia está no vai não vai com os guerrilheiros. Se do ponto vista econômico nós, brasileiros, até agora conseguimos nos safar (o dólar oscila pouco, ainda está entre R$ 2,15 e R$ 2,40), do ponto de vista político a cena começa a preocupar. A primeira leitura que se tem do Brasil até beneficia ao país e ao governo, porque todo mundo está vendo o que pode acontecer quando há perda de controle. Hoje valorizam a dupla FHC/Malan, porque é uma dupla estável, e mesmo os que sempre quiseram que eu mudasse o Malan a esta altura devem estar pensando dez

* Longa de 2001 dirigido por Brian Helgeland.

** A vice-presidente Adina Bastidas foi substituída por Diosdado Cabello, chefe de gabinete.

vezes, porque precisamos dar sinais de tranquilidade ao país. Um rumo. Persistência no rumo; se o rumo for errado arrebenta tudo. Mas não estamos errados, pode haver erros aqui, erros ali, dificuldades, uma turbulência, porém as dificuldades se superam. E a Argentina mostra que o risco existe, o que até pode ajudar na eleição aqui. Mas será assim em toda parte? E o Uruguai? Será que não vai ser levado por imitação? O Uruguai tem uma esquerda muito agitada. Será que não vai aproveitar a oportunidade e começar a fazer panelaços? Ou seja, será que o contágio político não vai preocupar? Essas são as incertezas do momento.

Hoje, sábado, li muitos jornais. Muitos não, *O Globo*, o *Estadão*, duas entrevistas do Serra, ambas boas, corretas consistentes. Ele estava preocupado com as provocações dos jornalistas, se houve provocações não transparecem no texto. Li no *Estadão* um artigo bastante bom, do José Roberto Mendonça de Barros, sobre o porquê da não existência de contágio entre Argentina e Brasil.* É muito claro, explica bem, ele tem uma mente que ajuda muito. Sabe escrever, é bom comunicador, precisaríamos de mais gente com essa capacidade. Por agora é só.

HOJE É DOMINGO, 20 DE JANEIRO. Acordei tarde e fiquei lendo os jornais, tocou o telefone. Era o Lula, ele me disse: "Você já sabe, né?".

"Sabe o quê, Lula?"

"Mataram o Celso Daniel."**

"Eu não sabia, não fui informado."

Na véspera eu tinha conversado com o Geraldo, com o Aloysio e com o próprio Lula, que estava construtivo, dizendo que eles vão fazer um plano de segurança e que ia me trazer esse plano. Vou ver do que se trata e falar com Geraldo.

Telefonei para o Geraldo, que me disse ainda não estar confirmado, mas que havia 99% de chance de que fosse de Celso Daniel o corpo encontrado. Ele soube pelo Eduardo Suplicy, ontem à noite, porque alguém se dizendo sequestrador tinha telefonado ao Eduardo para pedir a troca do Celso Daniel por prisioneiros. Suplicy disse ao Geraldo que no dia seguinte, ou na madrugada seguinte, sei lá, hoje de madrugada, haveria um novo contato. Então o Geraldo deu seu telefone para o Suplicy. De madrugada, hoje, às cinco da manhã, novo telefonema do Suplicy, dizendo que ia embarcar para o Ceará e que tinha passado o telefone do Geraldo a um dos sequestradores. Geraldo respondeu que era preciso pedir provas de que

* "Argentina: A crise do vizinho não vai atingir o Brasil", no *Estadão* de 19 de janeiro.

** O prefeito petista de Santo André, coordenador da campanha de Lula, foi sequestrado na noite de 18 de janeiro, em São Paulo. Dois dias depois seu corpo foi encontrado numa estrada em Juquitiba (SP), com várias perfurações à bala. O principal acusado, Sérgio Gomes da Silva, o Sombra, morreu em 2016 sem ser julgado pelo caso. Embora a polícia paulista tenha concluído que foi um crime comum, a família de Daniel sustenta ter havido motivações políticas, ligadas a supostos esquemas de corrupção na prefeitura.

o Celso Daniel estava vivo. Efetivamente o tal sequestrador ligou. Geraldo repetiu que o governo estava disposto a avaliar, mas nunca chegaram a dizer o nome dos prisioneiros que seriam objeto dessa troca. Ocorre que, àquela altura, Celso Daniel já estava morto, porque, me disse o Geraldo, e agora foi confirmado, que, pela rigidez do corpo, ele deve ter sido morto hoje [na madrugada de hoje] entre meia-noite e duas da manhã. Quando o homem telefonou eram cinco da manhã. Deve ter sido blefe, não sei. Digo que não sei porque neste instante a Ana acabou de me dizer que ela soube que o pessoal está querendo trocar o Washington Olivetto* por dez prisioneiros. Se a moda pega, estamos perdidos. Por outro lado, deixar matar alguém porque não se aceitou troca, vão acusar o governo. É complicado.

Passei o dia no telefone, Aloysio e Serra várias vezes. O Geraldo me telefonou, já deu entrevista na televisão, então eu fiz uma nota, que está publicada. Resolvi dar eu mesmo a nota pela televisão. Mais tarde telefonei para o Lula, para confirmar nosso encontro na terça-feira. Meu comunicado na televisão está saindo a toda hora na GloboNews, saiu no *Fantástico*, dizendo que se tem que dar um paradeiro nessa onda de sequestros.** Está inaceitável, desvalorização do Estado, o governo federal está disposto a ampliar seu apoio aos governos estaduais, mas não é questão de dinheiro, é de determinação, de refazer a polícia. Bons policiais, prestigiá-los e mandar embora os corruptos. Enfim, fácil falar, difícil realizar. O Geraldo fez uma longa exposição, mostrou que muitas coisas estão sendo efetuadas, mas a sociedade quer resultados, não quer só programas. Essa é a nossa dificuldade.

O Serra falou comigo várias vezes, também está aflito, porque tudo isso repercute nas eleições. Também a Roseana me telefonou, disse que vem aqui na quarta-feira para me ver, preocupada com a situação. E ela sabe, porque viu os números, que o governo federal ajudou muito São Paulo. Ajudamos mesmo, presídios e equipamento de polícia. E não só São Paulo, vários estados. A questão é mais profunda do que apenas dinheiro. As pessoas sempre pensam que precisam de mais recursos, e não de nova orientação das políticas, que é do que mais se precisa. Meu palpite é que se tem que mudar completamente a questão penitenciária, os guardas penitenciários estão muito corrompidos. Não é possível alguém entrar de helicóptero na penitenciária e não acontecer nada.*** Não tem cabimento.

O dia foi tomado por essas questões que são terríveis e que me deixam assim um pouco desanimado, porque não há resposta que eu possa dar a esse problema. Espero que o próximo governo tenha mais sorte ou possa se dedicar mais a isso.

* O publicitário paulista fora sequestrado na noite de 11 de dezembro por um grupo armado com supostas ligações com a extrema esquerda no Chile, na Argentina e no Brasil. Seu cativeiro durou até 2 de fevereiro, quando a polícia prendeu os sequestradores.

** Em 2001, a polícia paulista registrou 307 sequestros, contra 63 no ano anterior.

*** Na tarde de 17 de janeiro de 2001, um helicóptero de voos panorâmicos foi sequestrado por dois criminosos logo depois de decolar do Campo de Marte. A aeronave pousou no pátio de uma penitenciária em Guarulhos, na Grande São Paulo, e resgatou dois detentos. O piloto foi libertado horas depois.

São os governos estaduais na verdade, a segurança pública é estadual. O Serra tem várias ideias, como criar uma Guarda Nacional, todo mundo tem ideias. O problema é como fazer. Eu disse a ele que fosse conversar com o [general] Cardoso, porque há muitos problemas. Tenho pronto um decreto para a criação do Ministério do Interior. Por que nunca fui em frente? Porque não tínhamos condições de implementar, dá uma dor de cabeça imensa, as brigas entre os setores são enormes, e o Congresso não apoia as mudanças fundamentais, que dizem respeito à integração da Polícia Militar com a Polícia Civil, entre outras. Esse é um abacaxi do mundo contemporâneo, mas países como o nosso, chamados emergentes, sociedades com dinamismo urbano muito grande, com mobilidade social, desemprego, todo mundo com vontade de subir na vida, com televisão exibindo violência, são sociedades difíceis. Do que vi do assassinato desse prefeito, tenho a impressão de que são grupos de crime organizado, eles vão querer libertar presos da cadeia. Há insinuações sobre questões políticas, o José Dirceu falou em Farbs, forças não sei o que lá revolucionárias brasileiras. Não acredito. Seria até mais fácil pegar grupos políticos metidos nisso do que o banditismo, que é mais amplo, mais generalizado. É mais difícil para o sistema de inteligência detectar os muitos grupos já enraizados na sociedade e à margem da ordem. É complicadíssima a situação, não há dúvida. Nada mais a registrar. Como se não bastasse o que já registrei!

22 A 31 DE JANEIRO DE 2002

Reunião com Lula e José Dirceu. Jantar com Roseana Sarney. Viagens ao Rio e Pernambuco

Terça-feira, dia 22 de janeiro. São onze e meia da noite. Vamos registrar primeiro o que aconteceu ontem, na segunda-feira. De manhã, recebi o Heráclito Fortes para conversar sobre a política do Piauí, assim como sobre a questão brasileira e a agenda do Congresso. Depois recebi o dr. José Roberto Gabriel, o diretor do Hospital das Forças Armadas, que veio aqui trazido pelo Raimundo [Santos], meu barbeiro. Conversamos sobre a situação do hospital, que está cheio de possibilidades, as quais, entretanto, não têm sido exploradas e por uma razão muito simples: porque o Estado-Maior [das Forças Armadas] muda a cada dois anos. Assim fica difícil gerenciar. Ele tem razão, conversarei com o Quintão para ver se há solução.

Depois almocei com Roberto Civita e com a Ruth. O Roberto recordou o que dissera no último almoço em que esteve aqui com o Andrea Matarazzo. Que seria difícil o Serra ser candidato porque, acha ele, o Serra não tem peso eleitoral. Não tem charme. Essas coisas. Ontem me recordou essa história e disse: "Pois é, mas agora é o Serra mesmo". Contou que tinha tido um encontro com a Roseana Sarney, ele e a Maria Antonia [Civita], mulher dele, e achou a Roseana sem visão de Brasil, quanto mais de mundo. Exagerou; de qualquer maneira, no contraste entre Roseana e Serra, as pessoas de visão mais sofisticada vão ver isso. Conversamos sobre segurança e sobre outras questões. Ele a certa altura disse: "Ah, meu Deus, não sabíamos o que tínhamos, vamos perder você, vamos ter saudade, o Brasil não está percebendo o luxo que é ter você na Presidência...", coisas dessa natureza. Foi sincero da parte dele. Ele não é pessoa de fazer galanteios frívolos. Quando quer dizer coisas não tão amáveis, também diz, é bastante claro nas opiniões.

Falamos também sobre a legislação que precisa ser mudada no Congresso para permitir a entrada de capital estrangeiro.* Ele disse que a Globo é quem mais está lutando por isso. Acha que o bom seria recorrer à Bolsa; disse que ele não estaria disposto a vender participação a estrangeiros, até porque, explicou, não vão querer 30%; ou têm controle, ou não vão querer vir. Não há como empresas grandes — e ele acha que são as grandes que podem fazer frente ao tamanho das empresas brasileiras — fazerem contrato de gaveta, essas manobras não existem. Tomara que seja assim, penso eu.

À tarde fui ao Palácio do Planalto, a Ruth foi ao Rio de Janeiro. No Planalto, fiquei despachando, gravando e recebi o Geraldo Alckmin para discutir questões

* Alusão à PEC transformada na emenda constitucional nº 36, de 28 de maio de 2002.

de segurança. Geraldo trouxe várias sugestões, quase todas razoáveis, quase todas boas, muitas das quais já estão sendo encaminhadas. A dificuldade não é ter ideias, é colocá-las em prática, tomando em consideração as forças reais: o Congresso como ele é, a sociedade como ela é, o governo como ele é. Tudo muito deficiente.

Falamos do caso concreto do Celso Daniel. Estavam ao lado do Geraldo o ex-secretário [Marco Vinício] Petrelluzzi, da Segurança de São Paulo, o novo secretário, de quem não sei o nome,* além do Aloysio, do general Cardoso e do chefe da Secretaria de Segurança Pública do Ministério da Justiça.** Disseram coisas que até certo ponto me surpreenderam. Que efetivamente eles não acreditam muito que o atentado seja político. O que aconteceu é estranho mesmo para policiais experimentados. Parece mais violência criminal de bandido do que de política. Há alguns problemas, porque o rapaz que estava com o Celso Daniel*** foi segurança dele, foi segurança do Lula, ficou rico, parece que tem empresas de ônibus no meio da história. Há uma série de indagações que mais complica do que esclarece o caso. Depois, o Aloysio e o general Cardoso deram um briefing para a mídia, e eu voltei para casa.

Hoje de manhã, terça-feira, amanheci fazendo exercícios, natação, essa coisa toda. Recebi o rabino Sobel para reconfirmar minha presença em São Paulo no dia 13 de março, quando estará o Kissinger. Ele me trouxe de lambuja dois livros do Kissinger, um é *Diplomacia*, edição em português,**** e outro chamado *Does America Need a Foreign Policy?*,***** algo assim, ambos com dedicatórias muito simpáticas do Kissinger.

Depois recebi os presidentes de partido para discutir vários assuntos. Um deles: a compensação da redução de descontos no IR, para poder corrigir a alíquota em 17,5%. Eu disse (claro que todos eles sabem) o porquê. O Everardo já tinha explicado que para reduzir o porcentual do IR é preciso compensar, diminuindo as isenções. Mas eles estão com ideia fixa na eleição, a questão é política. O Michel Temer acha que a questão jurídica, tal como a Fazenda a vê, não existe. Enfim não querem redução de benefícios. Apesar de saberem que a incidência do IR na contribuição dos lucros das empresas prestadoras de serviço [as PJ], que é menor do que a dos assalariados, encobre salários disfarçados em lucros... Até me disseram que uma jornalista da Globo foi reclamar porque a nova tributação mexia com ela. Todos fazem a mesma coisa, ou seja, abrem uma empresinha e nem a empresa paga a parte relativa à contribuição da empresa para a aposentadoria do funcionário, nem o outro, que não é funcionário, é o titular da empresa, paga o correspondente ao que pagaria se o seu registro fosse como empregado. Como empregado, nesse

* Saulo de Castro Abreu.

** Coronel-aviador Pedro da Silva Alvarenga.

*** Sérgio Gomes da Silva.

**** Rio de Janeiro: Francisco Alves, 1994.

***** *Does America Need a Foreign Policy?: Toward a Diplomacy for the 21st Century*. Nova York: Simon & Schuster, 2001.

nível de salário pagaria 27,5%; com a nova regulamentação, baixaria para 25%. Já na condição de prestador de serviço paga 9%. O que se está propondo é passar de 9% para 10,8%, coisa assim. É nada, mas a nossa classe média alta se veste de pobre e não quer saber de pagar nada, nada de imposto.

Até brinquei com o Temer e disse que assim não dava! Como aumentar a despesa e cortar imposto? O Martus me disse no domingo que o furo do orçamento é de 10 bilhões, o Congresso ampliou a despesa fazendo ingressos fictícios! Essa é a dificuldade. Combinei com eles a pauta do Congresso para os próximos meses e disse o que eu pensava sobre o senador vitalício, que não me entusiasma. Todos acham que tem que ser por aí. Falei que acho natural que o foro para o ex-presidente seja o Supremo Tribunal Federal; fora disso, melhor dar tratamento normal aos ex-presidentes, a pensão [que jamais foi dada a quem foi presidente depois de 1988] e um staff. O ex-presidente não precisa ser senador vitalício. Entretanto, percebo que esse pessoal prefere criar essa figura, que não me entusiasma. E ainda vão dizer que mudei a Constituição para me beneficiar, essas coisas que eu não quero saber de apoiar.

Recebi o Pedro Parente para despachos normais e depois voltei a ver o Michel Temer, que veio almoçar comigo. Michel é um homem educado, agradável, me contou o que já me tinha sido reportado anteriormente pelo Padilha. Esqueci de dizer que antes de receber o Sobel recebi o Padilha, às dez da manhã. O Padilha contou que está trabalhando para convencer o Simon a ser governador do Rio Grande do Sul, para o PMDB apoiar o Serra. O Michel Temer disse a mesma coisa, a tendência deles é essa, só que o Temer é mais cauteloso, disse que é preciso ver se a Roseana avança ou não, se o Serra avança ou não. De portas abertas, mas a tendência deles é essa. E eventualmente pode até haver (o Temer tem esta ideia há muito tempo) uma eventual fusão [com o PSDB].

No final do almoço chegou o Serra, para assinarem um pedido ao Tribunal Superior Eleitoral de mudança da data dos programas de televisão, de maneira que o Serra não fique no vazio todo esse tempo, até o nosso programa, que só será feito em março, ir ao ar. Ou seja, o Temer concretamente já está ajudando o Serra. Bom, depois disso fui de novo ao Palácio do Planalto. Lá recebi o pessoal da casa, inclusive a Ana, e depois o Almir Gabriel, que fez despachos de governador, administrativo. O Almir estava bem-disposto. Foi um bom despacho.

Depois recebi o Lula. O Lula veio com o Zé Dirceu e eu estava com o Aloysio e o general Cardoso. Conversa ótima, enfim, parecíamos velhos companheiros. Na verdade, não somos; somos velhos conhecidos, até amigos. Gosto do Lula, suponho que ele goste de mim também. Achei o Lula melhor. Capaz de falar melhor o português, com conceitos, com elaboração. Ele avançou e eu fico contente, porque, se ele ganhar, o Brasil tem que ser bem governado. E o Zé Dirceu, com quem nunca tive intimidade, está falando com a pronúncia muito menos acaipirada. Falamos sobre segurança, obviamente, mas não muito tempo, uns quarenta minutos. Depois foi discussão de política, ou antes mesmo, política. Brincamos, o Lula brincou sobre o negócio do Serra, foi citado Itamar, enfim, assuntos desse tipo. Falamos muito sobre o Brizola, Lula disse que o Brizola está brigado com ele, o Brizola fez oitenta anos. Contamos casos do Brizola que sabíamos, enfim, ele fez várias brincadeiras comigo e eu com ele. Muito agradavelmente. O Zé Dirceu é amigo do Aloysio, e o general Cardoso não os conhecia, foi um encontro bem simpático. No final perguntei ao Aloysio e ao general Cardoso o que eles tinham achado. O Cardoso respondeu, e com razão: "Vamos ver o que eles vão dizer lá embaixo". Lula e Dirceu foram para dar um briefing em seguida.

Não sei se registrei aqui que na véspera, segunda-feira, eu tinha me encontrado com o Geraldo Alckmin; também falei com ele sobre os mesmos temas, e as ideias são iguais, no fundo. Todo mundo sabe o que fazer, tanto nós quanto o Geraldo, quanto o Lula, quanto quem quer que seja, o difícil é implementar. É preciso melhorar a polícia do ponto de vista de técnicas mais científicas, tem que combater a corrupção e remoralizar a polícia, é preciso ter mais gente na rua, tem que ter ação nas comunidades. Aliás, o Celso Daniel foi um dos que mais entenderam isso, num programa com o general Cardoso. Enfim muitas questões são óbvias, o difícil é implementar. Há a tentativa, sempre, de jogar no colo do governo federal as ações de segurança pública. Não dá. A Polícia Federal pode desvendar crimes, o negócio de drogas é com ela, contrabando de armas também, e aí estamos fracassando. Nisso eu acho que as Forças Armadas tinham que atuar mais duro na questão das fronteiras. A situação é essa, e também o fato de que você não pode maximizar as forças da Polícia Federal. Lá em São Paulo há seiscentos agentes. E as forças de polícias militar e civil são 125 mil; não temos meios, o governo federal, para ação. Por isso sou sempre reservado sobre segurança: não temos meios, nem constitucionalmente, nem na prática.

Bem, o Lula foi lá, fez um briefing, eu não vi, disse que não foi mau, ele foi simpático. Já o Zé Dirceu deu umas pauladas no Geraldinho. Eu falei que iria lá dar um briefing também. Houve certa discussão, vai, não vai. Fui, senão fica só o Lula falando, e se vai o presidente da República altera. Os dois, eu e ele, temos que ser ouvidos sem fim. Fiz lá o meu briefing, parece que foi reproduzido em direto em vários jornais. Então ocupou um espaço importante, porque amanhã os jornais vão dar muita coisa, afinal é a primeira vez que Lula vai oficialmente ao Palácio do Planalto falar comigo. Achei bom, um sinal de civilidade, e para um tema que é de interesse nacional.

Foi embora o Lula, ficamos eu, o Aloysio e o general Cardoso, e chamamos o Pimenta e a Anatel, para discutirmos a questão do celular pré-pago. Parece que está muito generalizado o pré-pago. São 20 milhões já distribuídos, não há como voltar atrás, embora eles tenham problemas de não poder ser identificados, isso dificulta para a polícia, mas são os riscos de uma sociedade aberta.* As vantagens

* O cadastro obrigatório para a compra de celulares pré-pagos, modalidade preferida entre traficantes e outros criminosos, foi instituído em 2003.

de consumo de massa, de comunicação de massa, trazem esses riscos também, e numa sociedade como a nossa é preciso arriscar. A vida é perigosa. Há que viver perigosamente, o problema é você sobreviver, e estamos sobrevivendo. Vamos em frente.

Em seguida conversei com o Pimenta sozinho, contei um pouco da minha conversa com Sarney, da ideia dele de termos um Sacro Colégio de Cardeais, como eles dizem, e incluí o Pimenta na conversa. Falei e falei com o Pimenta sobre temas de ordem política. Contei que a Roseana virá aqui amanhã, que ela me telefonou, mas que ninguém sabe. Achei bom ter uma conversa com ela. Franca, naturalmente, gosto da Roseana. Vou dizer o que penso. Fora isso, acho que nada demais especial.

Fiquei até nove da noite no Planalto, depois vim para o Alvorada. Estou sozinho, a Ruth está no Rio. Fiquei aqui esse tempo todo trabalhando.

HOJE É SEXTA-FEIRA, 25 DE JANEIRO. São quase três da tarde, estamos voltando de um almoço na Granja do Torto. Passei boa parte da manhã lá, numa reunião que foi organizada, basicamente, pelo Eduardo Santos e pelo Feldmann, a respeito da chamada União Internacional para a Conservação da Natureza, essa organização que propôs o encontro de Johannesburgo. Estão me incentivando para que eu assuma a liderança do tema no mundo. É um grupo grande de pessoas da América Latina e dos Estados Unidos sentindo falta de alguém que encarne essa nova fase do meio ambiente.

Antes disso, recebi o Raul Jungmann para discutir a questão relativa à candidatura não dele, mas, enfim, às candidaturas, e também relativa às verbas do ministério dele, a efetivação da luta contra a seca. Ele me trouxe os dados de uma pesquisa recente em que a parte do governo federal ficou bem melhor: estamos com 28% de ótimo e bom. Subimos realmente os tais cinco pontos que o Nizan tinha falado. Essa é outra pesquisa, a da Vox Populi.

Bom, agora vamos reconstituir o que não gravei nesses dias.

Na quarta-feira 23, tive uma reunião com o general Gleuber, o Quintão e o general Joélcio [de Campos Silveira], que foi designado para ir a Genebra.* Passamos em revista os problemas da área militar, rotina.

Recebi o embaixador Zoza [João Augusto de Médicis], que está pedindo um novo posto para sair do Chile e terminar a carreira como eles gostam: na Europa. Bem, depois do almoço recebi, perdão, no almoço. Tive um almoço interessante, porque veio o pessoal das seguradoras, o João Elísio [Ferraz de Campos], que é o presidente da Fenaseg, o sr. [Nilton] Molina,** um técnico, e o [José Arnaldo] Rossi, juntamente com Amaury Bier e Armínio Fraga. Discussão técnica de

* Assumiu o posto de conselheiro militar da missão do Brasil na ONU.

** Vice-presidente da Fenaseg e presidente executivo da Icatu Hartford Seguros.

como aumentar a poupança, não sei o que lá. E naturalmente um certo lobby, porque as seguradoras não querem pagar os 12% que têm que pagar de imposto este ano. Já concordaram em pagar os 6 bilhões de atrasado, mas o importante não foi isso, e sim as ideias para avançar na formação de capitais de longo prazo para o Brasil.

Bem, depois recebi o diretor-geral da Unesco, com o Jorge Werthein,* o diretor-geral é o japonês Koichiro Matsuura. Foi uma boa reunião, formal e nada mais.

Tive ainda duas reuniões importantes. Uma com um grupo de empresas brasileiras de tecnologia de informação, IBM, Itautec, Dell, enfim, as grandes. Vieram propor algumas medidas para evitar o que eles chamam de zona *grey*, cinza. Questões de segurança. Um dos executivos, o da IBM,** deu uma notícia para mim surpreendente. Que estão transferindo parte da operação da Índia para o Brasil, de software, e a razão fundamental é questão de segurança na Índia.

A outra reunião importante foi com todo o pessoal das empresas estatais e do governo, para discutir o Sistema de Comunicação de Governo, institucional. O Bob, o novo secretário de Comunicação, foi muito bem na reunião.

Depois, à noite, a Roseana veio aqui jantar comigo, só ela. Foi agradável, chegou lá pelas nove, saiu às onze e pouco. E foi agradável porque ela estava distendida. É claro que de vez em quando reclamava, e tal, como é habitual — sobre os ataques que estão surgindo contra ela, não de minha parte, mas de gente do PSDB. Ela gostaria de manter aliança, está certa que o Serra não vai subir e que eles não sabem se ela está preparada para as consequências disso. Disse que não pode retirar a candidatura dela, se lá para junho continuar no nível em que está. Ela tem razão. Pelos dados que vi hoje na Vox Populi, ela empata com o Lula já no primeiro turno. Então o fenômeno Roseana existe, e até achei a Roseana bastante tranquila. Ela disse: "Presidente, o senhor sabe, eu vou avaliar a minha potencialidade; se até junho eu sentir que tenho força, eu vou, senão não. Não quero agressão, não vou agredir ninguém. Eu sei o calvário, estão dizendo que eu sou boba, que não tenho ideias, eu não estou falando nada, mas o senhor sabe que eu conheço as coisas". Foi uma conversa, reitero, agradável. Veio aquela história do Nizan, eu contei como foi, o Nizan já tinha dito a ela que se eu o mandasse trabalhar com Serra ele iria; se não, ficaria com ela. Contei em detalhe minha conversa com o Serra e com o Nizan, e ela disse que iria conversar com Serra.

Quinta-feira, dia 24, recebi o Alberto Goldman, que veio falar sobre o que ele considera o desastre da gestão Pimenta no Ministério das Comunicações e sugerir que eu substitua o Pimenta, na hora adequada, por um técnico. Possivelmente pelo Renato Guerreiro. Está bem. O Goldman é um sujeito inteligente, eu até disse a ele que se quiser vir para o governo, e não ser mais deputado, tem porta aberta.

* Representante da Unesco no Brasil.

** Rudolf Höhn, presidente da IBM Brasil.

Depois recebi Anadyr Rodrigues, que é corregedora. Ela está preocupada porque chegou à conclusão de que o Dornelles tem que abrir não sei se é uma sindicância ou inquérito, porque alguém do ministério dele, um dos secretários, não teria cumprido uma determinação do Tribunal de Contas.* Eu disse: "Não tem problema, estou de acordo". Ela tem receio da reação do Dornelles. Não, é necessário abrir, eu mesmo vou dizer ao Dornelles que tive um encontro com Anadyr. Depois ela falou sobre os inquéritos do DNER. Até agora, disse, não há nada que incrimine o ministro Padilha. Ela acha que sobre um consultor específico, que eu não sei o nome,** tem coisas realmente graves, mas até agora nada está substantivado. Não obstante, vai continuar investigando. Ela é uma pessoa séria e tem posto ordem nas investigações no governo e dado clareza aos procedimentos.

Bem, depois falar com a Anadyr, os despachos mais habituais, que não preciso nem registrar aqui.

Aí tivemos um almoço interessante com o Iglesias. Eu, Malan, Armínio, Sérgio Amaral e Celso Lafer. Iglesias estava vindo de Buenos Aires desesperado. Achou a situação lá uma "Comuna de Paris". Estão se organizando nos bairros, é panelaço para todo lado. Eles chamam *cacerolazo*. Ele contou que o tumulto é total. Jantou com o Duhalde, com o ministro de Indústrias,*** eu esqueço o nome dele, que é muito protecionista, mais o ministro da Fazenda. Há tensão entre esses dois, mas o Iglesias acha que o Duhalde também não está tão assim com o ministro da Fazenda, que é o [Jorge] Lenicov. No fundo, marcham para uma situação que, segundo o Iglesias, é o Duhalde provavelmente ir para a linha peronista, do nacional-populismo-estatista, provavelmente vai soltar o dinheiro que estava no *corralito* e caminhar para um protecionismo forte. Há um ódio aos políticos, aos banqueiros e aos estrangeiros. Enfim, clima pesado na Argentina e falta total de legitimidade popular do governo.

Ele acha realmente que vai haver um desastre. Lá há muitas questões, a dívida externa nem colocaram ainda, porque não tem como pagar neste momento. O dinheiro aprisionado no *corralito*, se soltam, provoca hiperinflação; o orçamento foi feito não se sabe com base em quê; não há regime cambial... e o Banco Central foi desmontado pelo Cavallo, que ficou preso ao *currency board*,**** que não requeria política monetária nem cambial. Então é tudo muito difícil, e o Iglesias realmente vê que pode cair o Duhalde. Acho que é o que pode acontecer amanhã à noite em Buenos Aires. Ele acha, como todos nós, que é melhor que não caia, porque também não resolve nada. Se querem uma solução militar, mesmo que houvesse uma solução militar, os problemas continuariam os mesmos. Os espanhóis têm 40 bilhões lá, os chilenos 6 bilhões ou 7 bilhões investidos, os italianos mais de 10 bilhões. E investidos muitas vezes em em-

* A corregedoria-geral apurava suposta malversação de recursos do FAT.

** Arnoldo Braga Filho.

*** José Ignacio de Mendiguren, ministro da Produção.

**** Medida equivalente à dolarização da economia, implantada na Argentina em 1989, no primeiro mandato de Carlos Menem.

presas de serviços públicos com a garantia de que as tarifas seriam cobradas em dólar; agora serão em peso. Descasamento entre ativos e passivos nos bancos, descasamento entre investimento e retorno nas empresas, desemprego crescente, enfim, um panorama muito inquietante. O Iglesias se recusa ser coordenador de qualquer solução, porque acha que não há possibilidade, tem que ser o Tesouro americano mesmo.

Fiquei de telefonar para o Ricardo Lagos, e fiz isso ontem à noite. E também para o Jorge Batlle. Ele acha que devemos antecipar uma reunião em Anchorena, no Uruguai, para encontrarmos o Duhalde lá. Eu não sei bem para que também. Porque de fora não se pode fazer muita coisa. Eu me disponho a falar com o Bush, mas é preciso que haja primeiro uma saída interna na Argentina, para que depois se possa fazer o que o Iglesias quer: o Clube dos Amigos da Argentina — Brasil, Uruguai e Chile. E fazermos a ponte com os americanos e com Fundo Monetário. Enfim, tudo um desastre. Foi uma reunião-almoço que nos deixou todos num constrangimento enorme.

Bom, depois do almoço recebi representantes da Federação Nacional dos Corretores de Seguros, que vieram com o governador de Goiás e com o ministro Ovídio de Ângelis.

Recebi o Dornelles, com quem discuti o assunto já mencionado e um pouco de política. O Dornelles naturalmente não quer, acha que não é conveniente sair agora do governo, porque ele tem mais meios de pressionar que o PMDB fique com Serra, e assim foi.

Voltei para cá, encontrei Eduardo Jorge, que estava preocupado com o fato de os ministros saírem precisamente agora, ele acha um erro. E também com as entrevistas na *Veja*, que ele disse que não deu, e que eu teria dito para ele se meter na questão de comparação com metodologias de campanha eleitorais no mundo. Eu não falei isso, ele me disse que também não declarou isso. Enfim. Nada de mais sério, a não ser que ele continua com muita resistência ao Arruda, queria que o senador fosse menos agressivo com ele, mas, pelo que vi, não há solução aí.

Mais tarde tive um jantar muito bom com o Juarez Brandão Lopes e com um rapaz do Rio Grande do Sul que o Juarez trouxe aqui, chamado Zander Navarro, um professor que é um grande especialista em MST. Eu estava bastante cansado e excitado, falei muito até duas horas da manhã. Gostei do rapaz. Eu gosto do Juarez. Contei muitas coisas que eles foram perguntando sobre o governo do Brasil, mas ouvi de menos o que tinha que ouvir, que era a opinião do rapaz sobre o MST. Ele é do PT, muito ligado lá ao Tarso Genro, prefeito de Porto Alegre. Foi uma conversa relaxante, agradável.

Hoje, como já disse, levantei e, depois do Raul, fui lá para a Granja do Torto. Agora estou aqui fazendo um pouco de hora, porque lá para as cinco da tarde vou a São Paulo participar de uma solenidade sobre a questão dos dentistas,* que é uma coisa grande. E depois amanhã, sábado, é aniversário da Bia, e eu e Ruth vamos ao

* O presidente discursou na inauguração da nova sede da Associação Paulista de Cirurgiões-Dentistas (APCD), que coincidiu com a abertura do XX Congresso Internacional de Odontologia de São Paulo.

Rio para ter um jantar na casa do Paulo Henrique. Devemos voltar no dia seguinte para Brasília.

Antes de viajar, vou receber aqui o Amaury Bier, porque o Malan está muito nervoso (diga-se de passagem que o Malan estava muito aflito também no dia que a Roseana veio aqui). Tínhamos que fazer uma medida provisória sobre a previdência privada que altera uma medida provisória que está Congresso,* naquilo que eu chamo de "cemitério" — medidas não aprovadas editadas antes da mudança constitucional sobre medidas provisórias. E há dúvidas sobre se eu podia ou não mexer nas medidas que estão lá. Mas já fiz, falei com o Aécio, falei com o presidente do Senado, o Ramez Tebet. Concordaram e eu fiz. Bom, e hoje vou falar com o Amaury Bier antes de viajar, por causa do orçamento. O Malan está muito aflito, também o Martus. Os deputados aprovaram um orçamento com verbas fictícias, de cerca de 10 bilhões de reais. Vão ter que cortar esses 10 bilhões de reais. Estou habituado a isso, não me aflige.

HOJE É DIA 28, SEGUNDA-FEIRA. Não só já fui ao Rio e voltei, como também já fui a Pernambuco e voltei.

Como eu disse aqui, na sexta-feira fui a São Paulo, lá na inauguração da Casa do Dentista, alguma coisa desse tipo, um congresso internacional dos dentistas, uma reunião muito vibrante. Discurso do Serra, bom, aliás, objetivo e até gracioso. Discurso do Geraldo bem adequado também, nada de mais extraordinário.

Passei o sábado em São Paulo, nada de especial a anotar, revimos nossos problemas de casa, papéis etc., só eu e Ruth. E à noitinha fomos ao Rio de Janeiro. Ficamos num hotel, não sei se é o Intercontinental, ali em São Conrado. Depois fui à casa do Paulo, aí foi agradabilíssimo. Havia trinta e poucas pessoas, a Bia, os amigos dela, estava o Drauzio Varella, a Xuxa Lopes, a Regina [Braga], que é atriz também, mulher do Drauzio, o Cacá Diegues e a mulher, que é filha do Rafael de Almeida Magalhães,** a Esther Hamburger, que é como se fosse irmã da Bia, muito amiga. Enfim, muito, muito agradável mesmo.

No outro dia, domingo, ontem, fiquei por lá no hotel, almocei com esse pessoal que eu mencionei no hotel, e depois passei rapidamente para dar um abraço no Bambino e na Tite, que era aniversário do Bambino. Foi na casa de uma senhora no Alto da Boa Vista, Mabel Arthou. Lá estavam vários conhecidos do Rio de Janeiro, inclusive o Zoza e a Adriana [Médicis], enfim, foi rápido. Tomamos o helicóptero lá perto, nos Bombeiros, passamos pelo Galeão e viemos para Brasília, onde vimos

* A MP 25, de 23 de janeiro de 2002, alterou a MP 2222, baixada em 4 de setembro de 2001, uma semana antes da promulgação da emenda constitucional que restringiu a edição de MPs. Em abril de 2002, a MP 25 foi convertida na lei nº 10431, que modificou o regime de tributação dos planos de previdência complementar.

** Renata de Almeida Magalhães.

um filme admirável, *La Guerre est finie*, do [Jorge] Semprún — admirável o texto, naturalmente.* Eu e a Ruth, sozinhos aqui.

Hoje levantei cedo e fui a Recife para uma comemoração, pois temos lá 150 mil agentes comunitários de Saúde.** Na verdade já são mais, 152 mil. Discurseira, quem fez o discurso pelo Jarbas Vasconcelos foi um médico, o secretário da Saúde, esqueci de novo o nome dele,*** excelente discurso, muito bom mesmo. Depois o Serra fez um discurso já mais com muitos dados para o meu gosto, para o público que havia lá, não sei, talvez 5 mil pessoas, um auditório muito grande e vibrante. Eu queria mandar uma mensagem, como mandei ao Congresso, valorizando a função do agente comunitário de saúde. Então esse pessoal ficava vibrando e fizemos um discurso mais sentimental, sobre um sonho, tipo Martin Luther King,**** um sonho de ter um Brasil melhor, e tal. Fui falando, falei da Liga Pernambucana contra o Analfabetismo, criada pelo meu avô em 1917, quando comandava a região [militar] de Pernambuco. Ele criou várias escolas lá em Pernambuco, uma delas tem até hoje o nome dele, o Marco Maciel é que me trouxe essa informação mais recentemente. Enfim, fiz um discurso mais sentimental que teve um efeito bastante forte.

Tanto na ida quanto na volta, fui com o senador José Coelho, que é um dos Coelhos lá de Petrolina, o chefão da família; ele é um homem lutador, tem noção das coisas, está afinado com o mundo. E também na volta vim com o José Jorge e com o Bob, que é o secretário de Comunicação. Almoçamos, conversamos, despachamos rotina.

Cheguei aqui para botar os papéis em ordem. Vamos nos reunir agora com o Pedro Malan, o Pedro Parente... O Martus não está, virá o José Guilherme, que é o substituto dele, mais o [José Paulo] Silveira e o Amaury Bier, para discutirmos o orçamento de 2002 e fazer cortes. Os congressistas ampliaram as despesas e criaram receitas fictícias, tem um furo aí de mais ou menos 10 bilhões. É sempre assim, todo ano a mesma história, o orçamento é peça de ficção. Leva o governo a ter que contingenciar, o que leva à pressão política. Eventualmente, aqui e ali, em nível local, leva à corrupção. Esse é o jogo do nosso Congresso, que não se conforma em fazer um orçamento realista. E agora há a Lei de Responsabilidade Fiscal, que obriga a cortar, senão os ministros vão para a cadeia. Ainda assim é um exercício penoso fazer com que a realidade se imponha à chamada "vontade política", que no caso é a farsa orçamentária do Congresso. Vontade política tem que ser a minha. O bom mesmo seria não fazer tudo que eles querem, mas o que fosse bom para o país. Mas é preciso se ajustar às possibilidades.

* Longa de 1966 dirigido por Alain Resnais.

** Solenidade comemorativa dos dez anos do Programa de Agentes Comunitários de Saúde, no Centro de Convenções de Pernambuco, em Olinda.

*** Guilherme Robalinho.

**** Alusão ao célebre discurso do prêmio Nobel da Paz norte-americano durante um protesto em Washington em 1963.

HOJE É DIA 30 DE JANEIRO, QUARTA-FEIRA. Ontem o dia transcorreu normalmente, só teve de mais significativo um jantar na casa de José Jorge. Estava lá o Marco Maciel, o Gros, o Pedro Parente e eu. Fomos com nossas mulheres, e foi muito mais um jantar de congraçamento. Pessoal, não político. Um clima muito bom, nada mais, no fundo uma parte da cúpula do PFL. Nesse momento de tanto nervosismo aqui, sempre é bom manter contatos com todos os partidos.

Fora isso nada a não ser bastante trabalho, orçamento, as questões habituais. Repercussão boa da reunião de segunda-feira lá em Pernambuco.

Hoje, quarta-feira, despachei muito, com o Ministério dos Transportes, com o Arthur Virgílio também, com o Sardenberg.

Almoço bom com o Paulo Renato e umas vinte pessoas da equipe dele. De propósito, eu fiz um discurso para agradecer o muito que eles fizeram pela Educação — para dar mais ânimo ao Paulo Renato. Também conversei com o reitor da Universidade Federal de Minas Gerais,* que aceitou a Secretaria de Ensino Superior, uma secretaria importante lá no Ministério da Educação, para ver se damos um avanço no ensino superior, que é onde menos avançamos. Esse reitor... o Vilmar Faria tinha muito boa impressão dele, eu o convidei há algum tempo para essa função, mas ele não aceitou. Agora que está terminando seu período de reitoria, aceitou. Sobre o Paulo Renato, ainda vou conversar com ele com mais vagar, para ver se ele topa ou não topa continuar no governo. Seria bom que topasse, ele não tem muito o que esperar eleitoralmente, e fez uma administração, repito, brilhante.

No fim da tarde, tive um encontro com o Rafael de Almeida Magalhães e o Eliezer Batista, e o Conselho, enfim, dos programas do Rio de Janeiro. Rafael fez uma exposição, um documento que guardei nos meus arquivos, extraordinário. O que se fez no Rio de Janeiro nesses anos que sou presidente da República é uma mudança radical. O Rio é outro, é outro estado. É Sepetiba, é o Polo de Telemática,** a questão de energia, enfim, a infraestrutura toda modificada. Sem falar nas empresas que foram para lá, foram muitíssimas, sobretudo o polo [industrial] de automóveis, e sem falar também na parte social. Eu disse há alguns anos que o Rio era o farol do Brasil, que ele não podia ficar de farol baixo e, de fato, o farol do Rio levantou.

O Garotinho está se beneficiando disso por incompetência nossa, dos nossos políticos que não são capazes de tirar proveito do que fazemos. E o Garotinho é. O que se fez com a Petrobras... A Petrobras hoje é uma grande companhia internacional, aumentou sua produção. Ela compete, baixamos agora o preço da gasolina, que entrou no nível de competição e de importação livre. Enfim, é uma mudança muito importante.

Também quero registrar que ontem, terça-feira, conversei com o Ramez Tebet e pedi uma audiência aqui para discutir os projetos que o Congresso pode acelerar,

* Francisco de Sá Barreto.

** Projeto Petrópolis-Tecnópolis, iniciado em 1999, com polos de informática e biotecnologia.

nessa fase de reabertura sobre a questão da segurança. Isso hoje é uma obsessão, é dramático o que está acontecendo com a segurança no Brasil. Uma tragédia. O medo de sequestro em todo lado, e com razão, porque está um abuso atrás do outro. Ainda hoje eu soube de mais um caso de sequestro, acho que do presidente do supermercado Makro,* é um atrás do outro, não para de haver essa violência contra as pessoas. Violências tremendas, porque ninguém pode aceitar que alguém de repente seja tranquilamente assaltado. Gente até pobre, ninguém se sente mais em segurança nas grandes cidades. E o aparelho policial corrupto, desmoralizado, sem comando. Infelizmente não tenho tempo de mexer nisso. Ainda assim alguns sinais vamos ter que dar. Embora não seja diretamente algo federal, não dá mais para tolerar tudo isso.

Ontem conversei também com o prefeito do Rio de Janeiro, Cesar Maia. O Cesar é muito inteligente e bom prefeito. Politicamente é instável. Veio trazer projetos bons para o Rio. Conversamos muito com ele, veio com o filho, o Rodrigo [Maia], que também é bom deputado.** Discutimos bastante sobre a necessidade de levarmos adiante a questão da CPMF, o filho dele é o relator disso aí.*** O problema é muito mais de urgência, de tempo, porque às vezes não dá para aprovar as questões.

Hoje, como já registrei, nada de mais significativo, a não ser o encontro com o Rafael, que realmente gostei. Estou agora aqui aguardando o presidente da Siemens do Brasil,**** o novo, que quer me conhecer, o Arruda vai trazê-lo.

A Argentina: falei com o Ricardo Lagos hoje, transmiti as informações que recebi ontem do Enrique Iglesias. Iglesias me disse que os argentinos vão lançar um pacote e acabar com o câmbio duplo. Vão unificar o câmbio, deixar a moeda flutuar, vão soltar mais o *corralito* e ao mesmo tempo manter o controle da conta de capitais. Isso tudo sem terem ainda um aval do FMI. Não é uma operação fácil. Transmiti ao Ricardo essa informação e disse que estou decidido a ir à Argentina no dia 17, mesmo que não haja a reunião do Conselho do Mercosul,***** e que nos encontraríamos, se não houvesse novidades, eu e ele, lá em Estocolmo no grupo da Governança Progressista.******

No mais, essa tragédia permanente, que eu agora mesmo estava vendo na televisão, da violência em São Paulo.

* Sérgio Giorgetti, diretor-presidente do grupo Makro, foi sequestrado em 30 de janeiro de 2002 e libertado dez dias depois, mediante pagamento de resgate.

** PFL-RJ.

*** Maia relatava o projeto de lei complementar 202/2001, que autorizava a Receita Federal a utilizar dados de contribuintes suspeitos de crimes tributários obtidos a partir da cobrança de CPMF. O projeto foi arquivado em 2003.

**** Adilson Primo.

***** Cúpula dos presidentes dos países do Mercosul em Buenos Aires em 18-19 de fevereiro.

****** Desde 1999 denominada Conferência Governança Progressista para o Século XXI, a cúpula de líderes da "Terceira Via" aconteceu em 21-22 de fevereiro de 2002 na capital sueca, com a presença de Fernando Henrique.

HOJE É DIA 31 DE JANEIRO, QUINTA-FEIRA, são dez horas da manhã.

Ontem à noite me telefonou o Batlle, que tinha estado na terça-feira com o presidente Duhalde. Ele fez uma crônica detalhada da conversa com o Duhalde. Em resumo disse o seguinte: o Duhalde é um velho peronista. Tem aquela visão protecionista, é intervencionista, eu entendo, mas sabe que existem outras forças no mundo — apesar de não saber como lidar com elas — e não quer provocá-las. Ele é muito hábil. Está assegurando maioria no Congresso, já que tem um certo domínio sobre as ruas. Disse que pode levar 200 mil *muchachos* para manifestações, se for o caso. O mito do velho peronismo estará firme na política argentina, com pitadas de *aggiornamento*, diante da situação do mundo globalizado. Outra preocupação grande do Batlle: parece que um banco deles, o Banco Comercial, um banco uruguaio, entrou em crise, porque os detentores desse banco* no Uruguai, que são sócios do Citi, acho que do Morgan Stanley e de outros bancos desse porte,** roubaram, segundo Batlle, 240 milhões de dólares. Os bancos estrangeiros queriam que houvesse intervenção, que ele decretasse falência do banco, e ficassem como se eles, os grandes, escondidos, como se não tivessem nada a ver com o assunto. O Batlle disse que não concorda com isso, botou a boca no mundo, chamou pelos nomes os responsáveis e vai fazer depois uma intervenção, mas quer que os bancos matrizes, os donos verdadeiros, processem o Rohm, uma coisa assim, o diretor, o presidente que é um pouco testa de ferro, mas que assuma a responsabilidade pelo banco. E me pediu que eu fale com o Olavo Setúbal, porque acha que seria muito bom se o Itaú quisesse comprar esse banco. Eu naturalmente vou mencionar ao Olavo o fato, ele fará o que quiser, mas certamente é uma boa oportunidade, disse Batlle, de o Olavo salvar esse banco que faz o comércio entre Brasil e o Uruguai. Isso significa 1,3 bilhão ao ano, não é pouca coisa, vamos ver se interessa ao Setúbal. Certamente interessará ao Brasil ter aí um financeiro um pouco mais distendido. O Batlle também disse que o Duhalde não falou com ele sobre a reunião do Conselho do Mercosul. Então eu disse que vou, de toda maneira, à Argentina. O Batlle, que é prático, sugeriu: "Combina com o Duhalde para o helicóptero militar te pegar no Aeroparque,*** e de lá vai para Olivos,**** e volta para o Aeroparque. Assim evita qualquer coisa que possa servir de pretexto para — como chama? — esse caçarolaço". Parece sensato, vou fazer isso.

* José e Carlos Alberto Rohm.

** Os irmãos Rohm eram sócios do Credit Suisse, do Dresdner e do Morgan Chase no banco uruguaio.

*** Aeroporto da região central de Buenos Aires.

**** Residência oficial da presidência argentina.

1º A 15 DE FEVEREIRO DE 2002

Confabulações sobre a Argentina. Carnaval na Amazônia. Visita do chanceler alemão. Rusgas com ACM

Hoje é sexta-feira, 1º de fevereiro. Ontem, depois de ter gravado nossas notas registradas, me encontrei com o deputado Osmar Terra.* Osmar Terra trabalhou no Comunidade Solidária e veio pedir apoio para um programa na região lá dele, de Santa Rosa, que fica às margens do rio Uruguai, fronteira com a Argentina. Replicando o que foi feito por nós, na metade sul do Rio Grande do Sul. Segundo ele, graças ao apoio do BNDES, conseguiu sair do marasmo.

Muito bem, depois disso tive uma reunião muito interessante com o Aloysio Nunes e com o Milton Serafim, prefeito de Vinhedo** e presidente do Conselho de Desenvolvimento da Região Metropolitana de Campinas. Esse homem fez uma articulação com a Polícia Civil, a Polícia Militar e a Guarda Municipal e reduziu sensivelmente a criminalidade em Vinhedo. Claro que a cidade tem 50 mil habitantes, mas aí me surgiu a ideia, eu falei com ele, para fazermos foco em Campinas, e ele estará em Campinas daqui a uns dois dias, falará com o Geraldinho e faremos lá uma blitz, porque ele deu um dado impressionante sobre a desarticulação das polícias, sobre a preguiça das polícias, enfim, acho que é preciso dar um chacoalhão forte nessa área. Apesar disso, os jornais ficam dizendo que não damos prioridade à segurança.

Hoje me telefonou Márcio Fortes, porque saiu no Ancelmo Gois que eu estaria articulando a candidatura de Artur da Távola para o Rio de Janeiro. Não foi isso. O Humberto Mota, que esteve comigo, me perguntou se seria bom e eu disse claro, mas não estou articulando coisa alguma. O próprio Humberto Mota colocou no Ancelmo, lá saiu e já provocou reação no PSDB do Rio. E por aí vai. São muitos os exemplos de incorreção na transmissão de informações, uma imprensa crítica que põe na boca do presidente o que dize ter ouvido dele... É uma coisa desesperadora. Entre o que sai na imprensa e o que realmente aconteceu há um abismo, será desesperador se no futuro os historiadores se basearem na imprensa. O interesse muitas vezes é do jornalista, outras vezes é da fonte. Não me refiro aqui a interesses escusos. Mas é isso que tem que ser feito, uma triagem no que sai na imprensa, para então dizer: "Bom, por que saiu isso?". E não tomar como verdade o que saiu. Bom, isso são digressões.

Depois desses encontros, fiz o expediente normal, fui a um almoço com a Mary Robinson, a comissária da ONU para Direitos Humanos, lá no Itamaraty. É a tercei-

* PMDB-RS, ex-secretário executivo do Comunidade Solidária (1999-2001).

** PSDB.

ra vez que essa senhora muito simpática vem aqui, eu creio, ela veio como presidente da Irlanda e agora duas vezes como alta-comissária. Irá para o Fórum Social Mundial,* organizado no Rio Grande do Sul. A Mary Robinson estava impressionada com as mudanças havidas no Brasil.

Além disso, tive despachos o dia inteiro, estive com o Humberto Mota, como já mencionei. Para ele, o BNDES recompra as dívidas das empresas de comunicação, elas estão todas endividadíssimas, e não vai haver nem estrangeiros. É verdade, mas agora não será fácil essa operação porque é preciso ver qual vai ser a taxa de deságio, se haverá mesmo isso etc. etc.

Estive com o Serra, passamos em revista as questões, estive com o Malan mais uma vez e com o pessoal do Orçamento, é corte para cá, corte para lá, nessa dura tarefa de manter a estabilidade, que é sempre uma continha de dizer não.

Também estive com o AGU, que está preocupado, como também está o Malan, porque o Garotinho está com esse atropelo de pedir prisão para quem não mandou repassar recursos para Rio, e claro que não foi o Malan, e ele sabe que eu sei. O juiz foi o Marco Aurélio, que deu uma liminar dizendo que primeiro o Rio tinha que mostrar as perdas ocorridas, e não houve perda alguma. São detalhes. Só sei que cheguei aqui hoje lá pelas nove da noite, com todo esse trabalho de rotina em cima de mim. E eu cansado.

Recebi o Sérgio Moreira, o presidente do Sebrae, para falar dos planos da entidade e um pouco sobre a política alagoana. Sérgio tem feito muita coisa lá e acha que dá para fazer mais ainda do que com o Collor. E vamos tentar fazer, já falei com o Pedro Parente, vou falar com o Sérgio Amaral, e assim vai.

Depois tive uma reunião preliminar para discutir minha fala para o ministério na próxima quarta-feira.** Passamos algum tempo vendo tabelas e tal, com os dois Pedros mais o Silveira e a moça que trabalha no setor. Foi interessante.

Em seguida, fiquei arrumando minha papelada, daqui a pouco vou à fazenda. Vamos eu, a Ruth e a Danielle. Quero discutir com a Danielle nossos planos para uma fundação, coisas do futuro.

Parece que encontraram o cativeiro onde ficou preso o infortunado Celso Daniel. O PT já começou uma onda, afirmando que teria sido uma operação política, o que não foi; foi um assassinato comum, lamentavelmente. E também quero registrar que o Lula falou de várias estratégias no fórum do Rio Grande do Sul, disse que vai renegociar a dívida externa. Ele não sabe que a dívida já foi renegociada há vários anos por mim e pelo Malan, que a dívida externa brasileira, para o Estado, é pequena. Está em 90 bi, dos quais temos 35 bi, a dívida líquida é 55 bi, com PIB de 600 bi, tudo isso renegociado, os prazos, os juros, estabelecido com teto, com piso, enfim. Tudo isso está resolvido, mas ele disse que vai renegociar, para poder usar

* A segunda edição do evento aconteceu em Porto Alegre entre 31 de janeiro e 5 de fevereiro de 2002.

** Primeira reunião ministerial de 2002, marcada para 6 de fevereiro.

os juros para pagar o leite das criancinhas. Se ele fizer isso, vai ter menos dinheiro para poder pagar o leite das criancinhas, porque o país para, vira a Argentina. Concreto discutir essas questões da Argentina. Ele não sabe. Bom, depois disse outra bobagem, não lembro qual, enfim... Ah, o que vai fazer contra a Alca, que a Alca é imperialista. Ele é contrário a que o Brasil encontre mercados. A gente tem que discutir a forma da Alca, aí sim, conquanto que o Brasil tenha mercados lá fora. É realmente extraordinário.

HOJE É QUINTA-FEIRA, 7 DE FEVEREIRO, portanto não gravo há alguns dias. Efetivamente, nos dias 2 e 3 eu passei na fazenda. Lá nada de novo, agradável, trabalhei bastante, papéis, arrumação de livros, discutimos com a Danielle uma porção de questões, o tamanho necessário da casa para botar meus arquivos lá em São Paulo, e por aí foi.

A única coisa nova foi que o senador Eduardo Suplicy me telefonou quando eu estava na fazenda. Eu disse à Ruth que não ia responder, porque com o Eduardo já caí em armadilhas. Dito e feito. Na segunda-feira, quando voltei, soube pelo ajudante de ordens, o capitão Valle [Marcos Valle Machado da Silva], que o Eduardo queria me dizer que tinha havido um grave atentado à democracia. Era o roubo que aconteceu na CUT de São Paulo.* Ocorre que os assaltantes da CUT estão todos presos, eram todos ladrões pés de chinelo. Ladrões comuns. E o Eduardo já quis fazer um escândalo, telefona para o presidente da República para protestar contra o atentado à democracia. Bom, isso do Eduardo não é surpreendente; ele é o tempo todo assim.

Agora um rápido registro do que aconteceu nesses dias. Na segunda-feira de manhã tive uma reunião bastante grande aqui no Alvorada para discutir a minha apresentação da quarta-feira dia 6, que foi ontem. Bom, discutimos, muita confusão a respeito de que tabela entra, de que tabela não entra, mas tudo muito positivo. Depois, aqui mesmo no Alvorada, almocei com o José Roberto Marinho. O assunto chegou até o Malan, porque há um problema complicado na Globo Cabo,** e só o que nos faltava agora era a Globo Cabo entrar em concordata, o que poderia provocar um pânico no mercado. Mas há solução. Eles têm recursos, têm como empenhar bens pessoais para que haja uma viabilização dessas dificuldades.

À tarde passei lá no Alvorada gravando programas e tal, e à noite jantei aqui com o Geraldo Alckmin e o Serra. Esse jantar foi bom. O Geraldo com o jeito discreto dele, mas eficaz, disse que o Washington Olivetto já tinha sido liberado, foi três semanas depois de ele ter sido sequestrado por um grupo de ex-guerrilheiros

* Em 2 de fevereiro, a sede da central sindical no bairro paulistano do Brás foi invadida por nove homens armados, que levaram computadores, cofres e documentos.

** A empresa mudou de nome para NET no final de 2002.

do Chile, uma facção que se separou do Partido Comunista, um tal de comandante Ramiro* que já fez vários atentados e foi condenado à prisão perpétua. É um grupo grande, aparentemente a maioria de chilenos.** Com similitudes formais parecidas com o que aconteceu com o Abilio [Diniz].***

Aliás, eu ontem recebi aqui o Roberto Freire, que me disse que o pessoal do Abilio era a mesma coisa. E não obstante teve cobertura como se fosse por motivação política, com a cobertura dada basicamente pelo PT. Isso deixa o PT em posição difícil. Eles estão hoje dizendo que não, que são contra, mas a verdade é essa.

Na conversa com o Geraldo Alckmin, além disso discutimos a junção da campanha dele com a do Serra e também as composições. Ele acha que o PFL vai acabar ficando com ele. Tenho minhas dúvidas e expus as razões. Eu disse que tinha conversado com o [Romeu] Tuma e que vejo o PFL agora muito entusiasmado com a candidatura da Roseana. Será difícil fazer o PFL desistir de ter um palanque em São Paulo. Mas o Geraldo disse que a bancada está muito entrosada e que quer a aliança. Tomara que seja assim. Vi um Geraldo confiante, o que me deixou satisfeito. Muita intriga dizendo que falei mal da polícia dele e ele de mim, mentira. Sempre tomam uma palavra ou outra, tiram do contexto, e lá vem crítica e intriga. Mas ele está bem.

No dia 5, terça-feira, fui entrevistado por uma senhora alemã, a jornalista Hildegard Stausberg. A entrevista só sairá lá,**** porque o Köhler virá aqui, por isso a entrevista.

Recebi aqui no Alvorada o Sérgio Vieira de Mello, que é administrador da ONU para o Timor-Leste. Depois houve um almoço com muita gente, para agradecer o trabalho muito bom que ele tem feito lá, com a nossa presença brasileira, presença militar e de assistência técnica naturalmente.

Depois, lá no Planalto, só recebi o Bornhausen, que hoje já começa a dizer que talvez seja melhor o pessoal do PFL, se eu achar assim, ficar no governo. Eu acho assim, Serra não acha assim. Claro que ele está de olho na briga com a Roseana. Mas eu tenho que pensar em duas coisas, no governo, governar e obter maioria no Congresso, e no segundo turno. Então não dá para ter uma visão de briga de esquina.

Vi uma pesquisa que mostra que o Garotinho subiu em São Paulo, que o Serra subiu em São Paulo, que a Roseana subiu em São Paulo e que o Lula caiu. Itamar, Lula e Ciro caíram. E também que o Serra ganharia para senador com mais de 40%; o segundo é o Tuma. Enfim, não achei ruim a pesquisa, não.

O José Ignácio veio com a Rose, ele está numa situação difícil, mas está lutando para se manter lá no Espírito Santo. Eu sempre tive uma impressão boa dele, depois virou alvo de escândalo, que a gente nunca sabe se são verdadeiros

* Alcunha de Mauricio Norambuena.

** O bando de sequestradores reunia cidadãos argentinos, colombianos, chilenos e brasileiros.

*** Então dono do grupo Pão de Açúcar, em 1989 Diniz ficou dez dias em cativeiro, sequestrado por um grupo de sul-americanos alegadamente a serviço de organizações de extrema esquerda.

**** Isto é, no jornal *Die Welt*, de Berlim.

ou imaginários, ou exagerados, o fato é que ele se equilibrou novamente lá no Espírito Santo, do ponto de vista formal de administrar o Espírito Santo ele tem sido muito competente.

Também participei rapidamente de uma questão do Ney Suassuna, do Ministério da Integração. O Ney é muito rápido, já fez a informatização, viaja muito e, naturalmente, gasta muito e deixa a área econômica nervosa.

À tarde, no fim do dia, ainda recebi o Dante com o Serra, e o secretário do Dante.* Eles querem a BR-163.** O Serra está descobrindo o Brasil nesse aspecto e já quer apadrinhar tudo. Querem que eu faça asfaltamento, não dá, vou asfaltar o que prometi, que é de Santarém a Rurópolis, e vamos fazer as pontes no resto da estrada. O Dante saiu mais feliz, apesar de tudo.

Na quarta-feira dia 6, ontem, a manhã foi extremamente penosa, porque na terça-feira à noite, depois do Dante, voltei a me reunir com uma equipe grande para ver a exposição que eu faria no dia seguinte na reunião do ministério. E fiz ontem uma exposição*** de mais de duas horas. Foram duas horas e quinze minutos, segundo me contou o Armínio Fraga. Ele estava entusiasmado com que eu disse. Aliás, só recebi elogios. É difícil julgar isso, porque sempre me fazem elogios, os que vêm. O noticiário dos jornais que eu vi até agora foram o *Globo* e o *Estadão*, muito bons. Televisões também. Eu fiz um panorama dos nossos avanços, para mostrar o que falo sempre: temos rumos, temos um projeto para o Brasil, estamos avançando, o caminho está traçado, as sementes estão plantadas, e não dá para destruir tudo o que aí está, como o Lula disse. Tem que fazer a mudança para melhor, mas não destruir o que está aí. E fui firme, fui firme também na questão da segurança etc. Só indiretamente eu soube que o Serra fez reparos, por eu ter dito que o Brasil cresceu 25% de PIB do Real para cá. Não sei qual foi o reparo dele, porque o cálculo está certo. Ele não tem que calcular nada, tem que dizer que foi mais e não menos, mas, enfim, tem que beijar a cruz, como eu digo, porque ele jamais esteve firme com a política econômica.

Depois do almoço recebi o Murilo Portugal, nosso representante em Washington, no Fundo Monetário, ele veio discutir questões relativas ao aumento das cotas de participação do Brasil no Fundo. Em seguida recebi o pessoal da Paraíba, a briga local é tremenda, dessa vez foi com o grupo do Cunha Lima, com o Cícero Lucena**** e o Cássio Cunha Lima,***** que é o filho do senador,****** candidato a governador e

* Guilherme Müller, secretário estadual da Fazenda.

** A pavimentação da rodovia federal, que liga o Mato Grosso ao Pará, estava paralisada havia meses por causa de denúncias de superfaturamento nas obras, embargadas pelo TCU.

*** O presidente reuniu seus 26 ministros no Palácio do Planalto para fazer um balanço dos sete anos de governo e estabelecer as metas do último ano de mandato.

**** Prefeito de João Pessoa (PMDB).

***** Ex-deputado federal e pré-candidato ao governo da Paraíba pelo PSDB.

****** Ronaldo Cunha Lima (PSDB).

prefeito de Campina Grande.* Opostos ao governador Maranhão e ao Ney Suassuna, imagina a briga que está lá. E eu no meio.

Veio depois o Almir Pazzianotto, que ia sair candidato.** O jeito do Almir me faz lembrar do Octavio Ianni.*** Eles têm o mesmo tipo de raciocínio, têm aquela vivacidade do interior de São Paulo, caipira eu diria — se eu pudesse dizer sem que gozassem, acho que os dois são caipiras. Acho que nós temos um componente caipira, cultura caipira, mas, enfim, o que se vai fazer? Deixo que digam as maldades que quiserem.

Ontem, quarta-feira, ainda jantei com o Paulo Renato aqui, depois de ter recebido o Roberto Freire. O Roberto, de vez em quando, vem falar comigo. Eu sempre o apoio, e ele quer um pouco de apoio para a candidatura dele lá em Pernambuco.**** Ele é chefe do PPS. Disse que eu sou o culpado por ele não ter organizado o PPS sem o Ciro. Eu disse: "Eu não, o pessoal não quis ir para o PPS, o Goldman, o Aloysio, ninguém do PSDB, que era PMDB na época". Ele é quem trouxe o Ciro, e se trouxe o Ciro daí por diante não há o que fazer, o Ciro é iconoclasta, ataca quem está por cima. Mas o Roberto é meu amigo, eu gosto da cabeça do Roberto, embora ele tenha ideias na área econômica que são mais discutíveis. Ele acha muito fácil resolver a questão da Previdência das universidades, diz que é só fazer um fundo. São 3 bilhões por ano, imagina. Um fundo para pagar 3 bilhões é uma barbaridade de dinheiro. Mas o Roberto é bom, é do bem, é construtivo, ele estava aqui quando o Paulo Renato chegou.

Com o Paulo Renato a conversa foi boa, acho que ele vai acabar ficando no governo até o final. Ele me pareceu sem disposição de disputar, achei o Paulo um tanto envelhecido. Ele se casou de novo no sábado passado, vai para a Espanha descansar uma semana. O Paulo é um belo tipo, vou insistir para que ele fique no governo e desista de ser candidato, porque a coisa lá em São Paulo está meio complicada.

Hoje, quinta-feira, fui a Goiás inaugurar os chamados Centros Integrados de Operações Policiais, os CIOPS, em Novo Gama e Cidade Ocidental. Encontrei com o governador de Goiás, Marconi Perillo, e com o de Brasília, que é o Roriz. O Roriz me disse que vai fazer a política do nosso lado, de apoio ao Serra, e vou chamá-lo depois do Carnaval. E o Roriz vai estar aliado ao Marconi Perillo. Os dois juntos fizeram um bom trabalho com o general Cardoso aqui no entorno de Brasília. Caiu a criminalidade. Fiz um discurso forte, mostrando que o povo não aguenta mais bandido fora da cadeia, apelei ao Congresso para avançar nas leis que já mandamos para lá, enfim, acho que vai ter um certo efeito positivo. Sei lá, vamos ver.*****

* Pelo PSDB.

** O presidente do TST deixou o cargo em março de 2002 e se aposentou sem concorrer no pleito de outubro.

*** Professor de sociologia na Unicamp.

**** O senador pernambucano candidatou-se a uma vaga na Câmara dos Deputados.

***** "Reiteramos um pedido ao Congresso Nacional, para a aprovação de leis que agilizem o Código de

E agora estou aqui, à tarde, esperando. Vou me encontrar com o Edmundo Klotz, ele vem falar de segurança, e vou me encontrar também com o Sardenberg e o Edison Lobão.

HOJE É SEXTA-FEIRA, DIA 8, são duas e meia da tarde. Na verdade, ontem não encontrei com o Lobão, passou para a outra semana. O Klotz veio falar sobre segurança, para reunir empresários, quer ajudar o Serra na campanha.

Com o Ronaldo Sardenberg, e também com o Arthur Virgílio, eu discuti a nomeação do novo diretor do Instituto de Pesquisas da Amazônia, que vai ser um senhor que veio aqui com ele.* Eu disse que queria conhecê-lo, ele foi selecionado por uma equipe técnica, foi candidato do PT ao Senado. Ele é presidente do PT ou foi presidente do PT.** Bem, ele veio, conversamos, expliquei que a decisão iria ser técnica e que esperava dele um comportamento do mesmo tipo. Ele me pareceu ter esse comportamento. O Arthur Virgílio endossou a nomeação, disse que o sujeito é correto. Enfim, vamos fazer isso, como costumo fazer nessas áreas.

Hoje falei com o Malan por telefone, a preocupação é a Argentina. Malan conversou ontem à noite com o Paul Martin, o ministro da Fazenda do Canadá, e chamou a atenção de que é preciso fazer algum sinal, porque a Argentina vai abrir segunda-feira o câmbio livre e não há nenhum apoio do FMI nem do G7. Ele disse que o Martin ouviu bastante, agradeceu, e que também passou a ele a informação de que existe desconfiança de que o Duhalde tenha capacidade política para enfrentar a situação e que tenha visão do assunto. Então eu disse ao Malan: "Está bem, vamos imaginar que não tenha mesmo e que você ache a mesma coisa. E daí?". É preciso segurar a Argentina com o que ela tem! Malan pediu que eu falasse com o Duhalde, estou tentando falar com ele para transmitir nosso empenho. E também estou atrás do Jospin, para pedir que a França ajude um pouco a Argentina nisso. O Malan já falou com o Canadá, eu falo com a França e, se for necessário, falo também com o Tony Blair. O Schröder vem aqui e também vou conversar com ele. Está difícil essa história da Argentina.

Acabei de ler o relatório que nos veio da embaixada, do Sérgio Danese, que está respondendo pela embaixada lá em Buenos Aires. Foi um relatório muito realista, mostrando que as dificuldades são realmente imensas do ponto de vista econômico, no plano da política. Mas se a Argentina não entra num rumo melhor, vai voltar à armadilha da dolarização. Se houver uma disparada do dólar em relação ao peso,

---

Processo Penal. Não adianta a polícia pegar o bandido e o juiz, por articulação de um advogado — que usa as leis e deixa a Justiça sem alternativa —, liberar o bandido, que vai assaltar de novo. Isso é inaceitável no Brasil. Se não mudarmos a legislação penal, isso vai continuar assim. A sensação de impunidade dará a impressão a todo o mundo de que ninguém faz nada." (Biblioteca da Presidência.)

* Marcus Luiz Barroso Barros.

** Barros presidira e ajudara a fundar o PT do Amazonas.

então não tenha dúvida, nós vamos ter de novo condições para a dolarização, porque aí haverá reservas suficientes para enfrentar o meio circulante, porque ficou tão desvalorizado o peso, que vai dar. E vira de novo a moda da desvalorização, a qual foi até mencionada num depoimento no Congresso, ontem ou anteontem, pelo John Taylor,* que é um assessor do Paul O'Neill, secretário do Tesouro dos Estados Unidos. Então é complicado, e para nós é muito complicado. Acho que os europeus precisam se avivar, porque também não interessa a eles termos a Argentina dolarizada. Mas essa não é a maior preocupação.

Ganhamos, no Supremo Tribunal Federal, o que era uma pendência, imagina só, com o Garotinho, por causa do racionamento. O Marco Aurélio deu uma liminar mandando pagar os prejuízos do racionamento, um absurdo, e o Supremo Tribunal Federal, por 8 a 3, deu ganho de causa a nós. Parece que esse Costa Leite foi quem precipitou a decisão do Supremo para ajudar o Garotinho. Ele é presidente do STJ aqui de Brasília, agora é candidato a deputado, ou sei lá se é senador pelo Partido Socialista com o Garotinho** aqui em Brasília, foi também consultor jurídico do SNI no tempo do Medeiros.*** Agora é socialista. Ele forçou a votação que o ministro-relator, o Néri [José Néri da Silveira], ia postergar até a outra semana, para nós informarmos melhor sobre a matéria. Mas foi bom, deu 8 a 3.

Assinei o decreto de contingenciamento dos gastos do governo, é um decreto importante, corta 12 bilhões de reais, alguma coisa desse tipo, vai ser uma chiadeira em toda a Esplanada, mas não tem outro jeito, senão a inflação vai disparar de novo.

Outra coisa: o *Jornal do Brasil* há uns dois, três dias disse que eu tinha não sei quantos bilhões, 13 bilhões no cofre para gastar, para derramar no ano de eleição,**** e, ao contrário, estamos segurando e cortando. Mas a imprensa precisa fazer esse barulho e dizendo que o governo está sempre disposto a fazer o ilícito, para a opinião pública ficar imaginando que tudo é podridão. Mas aí não há o que fazer. São as regras do nosso jogo aqui, do teatro do poder. Não é só o poder estatal, o poder de todos, no caso o poder da imprensa.

Bem, acho que nada de mais especial, passei aqui esta véspera de Carnaval, Ruth está no Rio. O dia hoje nasceu próprio de Brasília, eu nadei com o pessoal do Sarah, fiz alongamentos, e depois que passou aquela chuva, o friozinho, uma manhã admirável. Gosto de Brasília na época do chamado verão, que é dezembro, janeiro e fevereiro, mais ou menos fevereiro, porque aqui chove, faz o tal de frio, frio não, mas não faz o calorão dos verões brasileiros. Esses são os momentos, digamos agradáveis de Brasília.

* Subsecretário do Tesouro dos EUA.

** O juiz foi candidato a vice na chapa presidencial de Anthony Garotinho.

*** Carlos Medeiros Silva, ex-ministro da Justiça e do STF durante a ditadura militar.

**** Na matéria "Ano eleitoral terá cofres cheios", o diário carioca sugeria que o governo economizara R$ 13,7 bilhões em 2001 para investi-los no ano seguinte em áreas de grande visibilidade eleitoral, como saúde e educação.

Passei o dia aqui despachando. Despachei com o advogado-geral, o Gilmar, disse a ele que vou nomeá-lo para o Supremo. Ele me sugeriu a Anadyr para o lugar dele, achei bom. Também conversei com ele sobre a denúncia que surgiu no *Correio Braziliense*, já sabida, de um tal de Elói [Pedro Elói Soares],* que denuncia pelos jornais a trama, trama esta que já foi objeto de investigação da AGU. Esse Elói, que vai ser posto para fora do serviço público, quis se antecipar, fazer escândalo. Pode ser que haja mais confusões lá. O que ele quer é levar para o lado político, disse que a campanha presidencial teria sido beneficiada. Que campanha presidencial coisa nenhuma! Não há nenhuma ligação entre Padilha e campanha presidencial, muito menos na questão de recursos tirados do DNER. A coisa vai ter mau cheiro, porque esse homem está perdido e começando a meter a boca no trombone, se puser a boca no trombone vai acusar uma porção de pessoas. O que nós vamos fazer? Nada, levar adiante o processo, vai dar confusão, gritaria, barulho. E até pode atingir pessoas do PMDB. As tramas do DNER são antigas, são pré-históricas. Nós acabamos com o DNER porque ele era insalvável, e nele há um jogo com procuradores.

O Gilmar Mendes e depois a Anadyr entraram a fundo na questão. Naturalmente esse procurador Luiz Francisco [de Souza], esperto, quis envolver o Eduardo Jorge. Parece que esse Elói declarou que o Eduardo Jorge dava ordens no DNER, e é mentira. Eduardo transmitiu de ofício o pedido de um deputado** ao ministério. Isso é coisa habitual do secretário-geral da Presidência. Mas para atingir a mim, ele fala em Eduardo Jorge. Esse Luiz Francisco é doente mental. Nosso procurador-geral é um homem que não tem a rudeza necessária. Eu o reconduzi duas vezes, porque ele é primo do Marco Maciel e o PFL em peso queria que ele fosse para o Supremo Tribunal com o argumento de que ele é um homem correto. Ele é mesmo, e é competente, ele sabe a lei. Não tem é cara feia para calar a boca e tirar do lugar esse Luiz Francisco, que é um obcecado que quer encontrar de toda maneira alguma coisa que ligue a corrupção ao Palácio do Planalto e, se puder, a mim. Só que, como não há nada, não tem jeito.

HOJE É TERÇA-FEIRA DE CARNAVAL, DIA 12 DE FEVEREIRO. Passamos os dias de Carnaval na Reserva de Mamirauá (AM),*** que é admirável. Realmente a Amazônia é fascinante, e o trabalho que os cientistas estão fazendo, de preservação

* Soares, ex-procurador do extinto DNER, era um dos investigados pelo escândalo do pagamento irregular de precatórios do órgão. Em entrevista ao diário da capital, Soares denunciou o envolvimento do ex-ministro Eliseu Padilha e do ex-secretário-geral da Presidência, Eduardo Jorge. O MPF anunciou a abertura de uma investigação e convocou Soares e outros suspeitos a prestar depoimento.

** Álvaro Gaudêncio Neto (PFL-PB), que solicitou ao ex-secretário-geral que encaminhasse seu pedido relativo ao pagamento de um precatório a uma empresa do Rio de Janeiro.

*** A Reserva de Desenvolvimento Sustentável Mamirauá, a maior de área inundada no país, com 1,1 milhão de hectares, fora visitada pelo presidente em 1999, ocasião em que inaugurou o Instituto de Desenvolvimento Sustentável Mamirauá (IDSM), organização social ligada ao Ministério de Ciência e Tecnologia.

das espécies, de ajuda às comunidades, de conscientização, de abertura de oportunidades e de desenvolvimento, é muito interessante. Não é a primeira vez que vou lá, agora está melhor com as casas flutuantes. Há uma mocinha que tem o ecoturismo sob sua responsabilidade, passou cinco anos estudando desenvolvimento na Inglaterra, no País de Gales.* Há um rapaz que é biólogo, formado pela USP.** Em Mamirauá há uma pesquisa sobre botos, a diretora — não sei se é formada em Minas ou no Rio, ou mesmo na Universidade de Brasília — possui doutorado de Cambridge.*** E com ela estavam trabalhando um rapaz chileno,**** uma moça de São Paulo e outra também de Cambridge. É bonito ver o que está acontecendo no Brasil, em vários setores. Aliás, em Tefé, o general, me disse, que mesmo lá há desenvolvimento. Começaram a asfaltar a cidade, há muito investimento federal, Sivam, a brigada reconstruiu a escola. E em Tefé o problema da pobreza ainda é grande, sobretudo na região ribeirinha. Perguntei sobre as moléstias, tem muita gente com mais de um parasita por causa da falta de saneamento, da falta de cuidado com os dentes.

Vi também na Marinha como o pessoal é extraordinário, o rapaz que comandava o barco-hospital chamado *Carlos Chagas*,***** toda a equipe de médicos, de vários lugares do Brasil, jovens, com uma atenção permanente às populações ribeirinhas. O comandante do navio-patrulha em que eu fiquei****** é um rapaz muito simpático, um capitão de fragata, eu creio, ou de corveta, estava toda a oficialidade simpática, toda gente direita, patriótica. Voltei muito contente e, além disso, o tempo foi bom. Não choveu muito, só um dia choveu um pouco no fim da tarde, nos molhamos gostosamente na Amazônia. No resto dos dias não houve sol nem chuva. Não havia calor nem mosquito. Vimos os macacos uacaris, de cara vermelha. Vimos na mata, andei na trilha. A trilha é fantástica, andar no meio da mata amazônica... eu tinha andado de barco nessa mesma floresta, na época em que ela fica totalmente inundada. Dessa vez andei em terra firme. É um silêncio, uma beleza, árvores incríveis, os escultores que usam madeira da floresta não têm muito que fazer a não ser transportar as raízes da floresta para as salas de exibição, porque tudo é belíssimo. Enfim, ficamos encantados, e voltamos, como aprazado, ontem à noite.

Os jornais disseram que voltamos porque o tempo estava mau. Voltamos porque estava dentro do que tínhamos dito que faríamos. Aliás, hoje — acabei de ler — eu "recuei" também em outra matéria: eu ia nomear secretários executivos, um gabinete técnico, mas recuei e vou colocar políticos... Eu nunca avancei nem recuei.

* Nelissa Bezerra.

** Kayo Pereira, coordenador de agricultura familiar do IDSM.

*** Vera Silva, chefe do Laboratório de Mamíferos Aquáticos do Instituto Nacional de Pesquisas da Amazônia (Inpa), graduada pela UnB.

**** Guillermo Estupiñán, coordenador de manejo de pesca do IDSM.

***** Capitão de corveta Pacheco.

****** Capitão de corveta Eduardo Vazquez. O presidente e sua família pernoitaram no *Raposo Tavares* durante a travessia do rio Solimões até Manaus.

Vou botar em cada ministério uma pessoa diferente. Por exemplo, na Saúde acabei de falar com o Serra por telefone, e vai ser o Barjas [Negri], que é secretário executivo, ele não é político. Em outros lugares vou botar político, eu nunca disse nada diferente, não obstante inventam essa história. Aliás, por falar em invenção, embora nesse caso não seja invenção, a Dora Kramer fez um artigo muito duro sobre a polícia no meu governo. No começo do governo, ela disse, tudo estava muito bom, mas no fim não. Uma coisa muito dura.* Não é o estilo dela. Eu imaginei depois o porquê: é porque falei que tem gente que fica dizendo que o plano de segurança não saiu do papel, gente que não sai do gabinete para olhar o que acontece. Eu me referi a políticos, não a ela, mas ela tinha escrito um artigo dizendo que o plano não saiu do papel. Essa é a técnica da imprensa. A Dora é uma das melhores, se não a melhor comentarista, mas a técnica é não ceder um átomo: falou mal ou fez uma observação à crítica deles, recebe-se crítica de volta, não querem nem saber se é verdade ou se é falso.

A *Folha* fez a mesma coisa. Eu mesmo escrevi uma notinha replicando um besteirol que tinham publicado sobre meu discurso de balanço do governo, sobre a questão da vulnerabilidade externa. Eu disse que a dívida externa pública quase não aumentou nesses anos todos, o que é verdade, aumentou uns 4 bilhões, coisa assim. Não deu outra, veio uma enorme matéria da sucursal de Brasília dizendo que a vulnerabilidade interna aumentou, sim, que há vulnerabilidade.** Mas isso depende de uma análise muito mais complexa do que a simplória que eles fazem, e se esquecem de dizer que o mundo hoje é integrado, globalmente, portanto todos são mais vulneráveis, queiramos ou não. Acontece uma coisa na Cochinchina, repercute aqui. Enfim, isso de imprensa, é perda de tempo ficar repetindo.

Um fato desagradável foi que morreu o Marchezan. Marchezan foi o líder do governo Figueiredo, fez um discurso inacreditavelmente forte contra as Diretas Já, eu fiz a favor. O dele foi melhor, e a nossa causa era melhor. Ele ganhou, quer dizer, o governo ganhou por pouca diferença de voto, e nós ganhamos depois a batalha pela redemocratização. Sempre respeitei o Marchezan, naquela época também, porque ele era íntegro. Veio para o PSDB muito mais tarde e lutou bastante pela Bolsa Escola. Era uma pessoa às vezes difícil, mas correta. Para o Serra vai ser uma perda, porque era o Marchezan quem fazia a campanha mais forte a favor do Serra no Rio Grande do Sul. Acabei de falar com o Serra. Ele me alertou também que o TSE vai tomar uma decisão sobre a proibição de coligações entre partidos [nos estados] que não são coligados nacionalmente. Está preocupado com razão, mas a medida

* Em "Muito tarde é quase nunca", que saiu no *JB* do domingo de Carnaval, a colunista criticou os discursos do presidente sobre segurança pública em Novo Gama e Cidade Ocidental.

** Em "Mandatos de FHC deixaram Brasil mais vulnerável a crises externas", a *Folha* de 11 de fevereiro de 2002 publicou que a proporção dos pagamentos da dívida externa pública sobre o volume de exportações do país aumentara de 46% em 1995 para 87% em 2001.

é correta. Tomara que a tomem, não sei quais serão os efeitos, podem ser bons ou maus, mas que ela é correta é.*

Fora isso, minha preocupação crescente com a situação internacional. Diga-se de passagem que o Celso Lafer manifestou que o Paulo [Tarso Flecha de Lima] lhe disse que eu preciso tirar o [José Mauricio] Bustani, que foi eleito diretor-geral da organização da ONU que controla as armas de destruição em massa.** Provavelmente o Bustani quer levar isso a ferro e fogo, ou seja, também as armas americanas, o que os americanos não querem. Se fossem só os americanos, ainda daria para resistir, mas parece que os alemães também, então fica mais difícil. Hoje me telefonou a Vera Pedrosa, de Copenhague, que é amiga dele, para saber a nossa posição. Não há posição por enquanto, não tenho nenhuma agora. Ele não é do governo brasileiro, foi eleito por vários governos e é funcionário internacional, agiu corretamente. O pessoal americano é contra por razões óbvias.*** Aí me preocupa. Não essa "pressãozinha" [dos americanos]; me preocupa a pressãozona, ou seja, a ideia do Bush que definiu o "eixo do mal": Irã, Iraque e Coreia do Norte.

Ontem vi na televisão, quando eu estava dando uma olhada nos desfiles das escolas de samba, algo muito preocupante. Foi uma declaração forte do [Mohammad] Khatami, que é um líder moderado do Irã, era uma convocação para a guerra. Ele juntou 400 mil pessoas numa praça em Teerã, convocou para a guerra, dizendo que não vai ficar calado e que vai invadir [bloquear] o golfo [Pérsico]. Isso significa que o petróleo vai para o espaço. Resultado: o petróleo subiu fortemente no dia de ontem.**** Os americanos estão brincando com coisas complicadas. Os russos já ponderaram que não estão de acordo com essas acusações, sem que haja uma prova concreta de que efetivamente esses Estados estão envolvidos com terrorismo, sobretudo o Irã.

Os americanos estão numa postura belicosa. Certamente o Bush tira efeitos positivos para ele, ele desenvolveu uma ação dura, correta contra o terrorismo do Afeganistão e do Bin Laden, mas agora quer generalizar, o que complica muito. E a situação na Palestina continua insuportável. Na briga entre Palestina e Israel todo dia morre gente, todo dia há bombardeios, uma desmoralização crescente das perspectivas de paz, eu não sei para onde o Bush quer levar o mundo, nunca vi uma tensão tão grande e a Europa tão cabisbaixa. Aqui, ao reagir muito palidamente,

* A resolução de proibir coligações estaduais entre partidos adversários na disputa à Presidência foi aprovada duas semanas depois pelo plenário do TSE.

** Organização para a Proibição de Armas Químicas (Opaq).

*** A imprensa registrou que o brasileiro desagradava os interesses dos EUA por não admitir interferências na administração do organismo. O governo Bush preparava o terreno diplomático para intervir em países tidos como detentores de armas de destruição em massa. A invasão do Iraque, em 2003, sem o aval da ONU, teve como principal argumento político a suposição, mais tarde desmentida, de que o regime de Bagdá se preparava para disparar ataques químicos e nucleares contra o Ocidente e Israel.

**** O barril de petróleo Brent subiu quase dois dólares, para US$ 32.

pelo menos temos tido uma posição consequente, contra o unilateralismo, a favor da paz, contra o terrorismo, tudo simultaneamente. Os americanos parecem que estão confundindo a luta contra o terrorismo com os interesses digamos, de dominação global deles. Isso dá certo no curto prazo. No médio prazo não sei. Tem a China, tem a Rússia que está se refazendo, tem a Índia e, claro, no nosso cantinho nós também, que não estamos de acordo com esse tipo de postura.

Agora são duas horas da tarde, acabo de receber uma chamada telefônica do Ricardo Lagos, para insistir sobre a inconveniência da reunião do Conselho do Mercosul em Buenos Aires. Ele pediu que eu falasse com o Duhalde, porque irei à reunião, acho mais fácil eu falar do que não haver a reunião. Vamos ver se é possível avançar nessa direção. Antes de eu viajar para a Amazônia, na sexta-feira passada, também conversei com o Jospin, longamente, sobre a situação da Argentina. Pedi seu apoio para a Argentina. Ele teve a posição mais ou menos igual à de todos. Tudo bem, desde que haja um plano. Do que os argentinos precisam, penso eu, antes do plano é de ânimo, de palavras de estímulo, e Jospin concordou.

O Malan me dissera que falou longamente com o ministro canadense [Paul Martin]. Pois bem, eu telefonei na sexta-feira passada para o Duhalde, depois que falei com o Jospin, e transmiti as nossas gestões junto ao Canadá e junto à França. Ele me disse que o Canadá já tinha mandado uma nota muito mais estimulante à Argentina. Essas pressões estão ajudando a que as coisas caminhem. Fiquei um pouco preocupado com o linguajar do Duhalde, ele fala muito em uma luta contra o "economicismo". Não sei o que ele entende por economicismo, se para ele o contrário disso é o populismo. Creio que sim, e isso me preocupa, porque no mundo de hoje não dá para ter essa linguagem equívoca. Há problemas econômicos que precisam ser enfrentados custe o que custar. E há problemas sociais que precisam ser enfrentados custe o que custar, mas nem com economicismo nem com populismo, e sim de maneira mais objetiva. Acho que o Duhalde não está no mundo das ideias; é no das ideologias que ele está.

São nove horas da noite deste dia 12, terça-feira de Carnaval. Só para dizer que falei com o Jorge Batlle, que estava em Washington. Ele, muito entusiasmado, me disse que acha que temos que ir à reunião, e que essa reunião devia ser só nossa, de presidentes. Ele já tinha me aconselhado a que fossemos a Olivos, ele vai diretamente. Eu disse que vou falar de novo com o Duhalde sobre isso. Também deu a opinião dele sobre a Argentina: o dólar não subiu, porque o *corralito* não deixa o pessoal usar o peso. É uma dificuldade, é um papelão enorme também, só as casas de câmbio funcionam, e não os bancos. Os bancos continuam imobilizados. Então não nos alegremos demais pelo fato de o dólar não ter explodido na Argentina.* Tudo continua muito mal. E o Batlle desenvolveu a tese dele de que no centro há uma questão

* Depois de outra semana de feriado bancário, o mercado argentino reabriu em 11 de fevereiro, quando a moeda americana fechou cotada em 2,10 pesos.

moral, e repetiu a palavra que ouviu do Köhler, trata-se de uma questão ética, e ele já disse isso ao Duhalde. Ele disse que o Duhalde tem seus pecados e que ou ele tem a grandeza de encarar a situação da Argentina, que é dramática, ou a coisa não vai.

Batlle tem uma noção de história muito grande, para ele a Argentina é um país que viveu com secessão. Disse que eles [uruguaios] tiveram o [Manuel] Dorrego* no início da República, que fez um acordo com dom Pedro I, do qual resultou finalmente o Uruguai.** Houve uma rebelião por causa do acordo entre o Brasil e Buenos Aires, as províncias reagiram. Depois houve a questão do [Juan Manuel de] Rosas, da primeira vez foi o Rosas que reagiu contra Dorrego. Depois foi Oribe. Aí foram brasileiros e uruguaios. Marchamos juntos [os brasileiros] e desfilamos em Montevidéu. As províncias do interior contra Montevidéu.*** As Forças Armadas argentinas até agora não se meteram, alguém perguntou-lhe sobre isso nos Estados Unidos e outro alguém replicou "*not yet*", não ainda. Bom, disse ele, esse "não ainda" é porque, se houver efetivamente um risco de secessão, os militares entram. Uma visão um tanto historicista, mas que tem alguma base. A tensão entre as províncias e Buenos Aires é muito grande, e continua latente, como eu vi na longa conversa com o De la Sota aqui. São fatores que escapam do mercado e que os americanos certamente não captam.

Batlle acha, e eu também, que quem mais tem visão dessas coisas é o Zoellick. Eu contei que o convidei para vir ao Brasil em março. "Fez muito bem", disse o Batlle, "porque ele tem alguma possibilidade de entender esse jogo, que vai além do mercado." Os outros ou entendem o jogo do poder bélico, ou estão preocupados com o resto do mundo, fundamentalista o Bush, na expressão do próprio Batlle, e é verdadeira. Bush está com uma posição fundamentalista, disse ele, lutando contra o mal, e o mal é "Iraque, Irã e a Coreia do Norte". É uma posição realmente perigosa. Os americanos que não vêm assim estão com a visão de mercado. Não têm a visão da história da Argentina, dos processos de anomia presentes no processo argentino. Tudo isso é verdade.

Em seguida, liguei para o Ricardo Lagos e disse a ele: "Vamos a Buenos Aires, Ricardo, não tem outro jeito". Telefonei para o Duhalde e combinei que nós vamos. Eu vou no domingo, e vou diretamente do Aeroparque para Olivos, ele manda um helicóptero me pegar. Durmo em Olivos, espero os outros presidentes, almoço em Olivos e volto para o Aeroparque. Já telefonei para o Itamaraty para comunicar essa

* Governador da província de Buenos Aires, então à frente do Executivo argentino.

** A antiga Província Cisplatina se tornou um país independente em agosto de 1828, quando Brasil e Argentina renunciaram a suas pretensões territoriais na região, com o nome de Estado Oriental do Uruguai.

*** O presidente resume a história das intervenções estrangeiras no Uruguai no século XIX, que culminaram na guerra de 1851-52, quando as tropas lideradas pelo ex-presidente uruguaio Manuel Oribe, apoiadas pelo ditador argentino Juan Manuel de Rosas, invadiram o Estado Oriental e foram derrotadas por uma coalizão entre Brasil e Uruguai.

estratégia. Eles vão ter que ver. Se quiserem fazer reunião de ministros, mas não conosco, será outra reunião. Pode ser até na mesma ocasião, lá em Buenos Aires, mas o melhor é que não fosse na mesma ocasião. O Lagos tem muita preocupação com as concessões concretas que os argentinos vão pedir a nós. E também preocupação com o nível de desvalorização do peso, que pode levar a Argentina a ser muito competitiva e mudar questões importantes nas relações dentro de nossa área na parte Sul do continente. Esse é o quadro que está aí esboçado, vamos ver o que vai resultar dessa viagem, que será no domingo que vem.

HOJE É QUARTA-FEIRA DE CINZAS, DIA 13 DE FEVEREIRO. Acaba de me interfonar o Sérgio Amaral, dizendo que o ministro da Produção da Argentina* vem aqui. Relatei detalhadamente ao Sérgio o que aconteceu no dia de ontem, minhas conversas com os vários presidentes e disse-lhe: "Cuidado, temos que ajudar a Argentina, mas tem de haver uma via de mão dupla, porque a desvalorização da moeda na Argentina e a recessão vão tornar as exportações argentinas altamente competitivas. Agora os argentinos vão querer aproveitar o sentimento de que o mundo deve a eles — não deve na verdade, mas eles têm esse sentimento — para ver se impõem regras beneficiárias a eles". O Sérgio concordou inteiramente. Pedi que ele telefonasse para o Malan e dissesse para ele fazer um esforço para separar a reunião dos ministros da reunião dos presidentes. Assim a reunião dos presidentes passa a ser uma reunião de solidariedade política, e a questão prática da solidariedade ficaria com a reunião dos ministros, que não precisa ser necessariamente junto com a nossa, na segunda-feira próxima.

Continuação do dia 13, quase meia-noite. No dia de hoje nada de novo, a não ser que falei longamente com o Serra, vejo que ele continua renitente na questão econômica. Ele acha que o *inflation targeting*** é para enganar, que ninguém está realmente ligando o câmbio à inflação, que o câmbio está ligado ao problema da atração de capitais externos. Embora eu tenha insistido com ele que não existe esse problema, que o capital que vem para cá é de investimento, ele não muda o ponto de vista. Isso é perigoso porque, por consequência, ele acha que a taxa de juros depende só do fluxo do capital externo; isso era verdadeiro no tempo do Gustavo Franco,*** quando tínhamos uma taxa de câmbio quase inflexível, movia-se, mas devagar. Agora a taxa flutua, é livre. Acho que é um erro de apreciação dele, mas enfim. O resto, tudo bem.

Depois falei com o Malan, com o Sérgio Amaral e com o Celso Lafer, que agora à noite jantou aqui, sempre sobre a questão da Argentina. Aparentemente, é difícil

* Jorge Lenicov, ministro da Economia e da Produção.

** Isto é, o regime de metas de inflação regulado pelas taxas de juros e o câmbio.

*** Ex-presidente do Banco Central (1997-99).

desmarcar o Conselho do Mercosul, portanto os ministros teriam que ir. O Malan teve uma reunião com eles aqui. Nesse instante — por isso voltei a registrar — recebi um telefonema de Washington do Rubens Barbosa, que me disse que o Diego [Ramiro] Guelar, o embaixador da Argentina nos Estados Unidos, telefonou e esteve com ele. O Guelar contou ao Rubens que as conversas do [Jorge] Lenicov, ministro da Fazenda da Argentina, com o Fundo Monetário, com o Köhler, e no Tesouro, com o O'Neill, foi uma conversa que se limitou a dizer o seguinte: que a Argentina precisava fazer melhor a lição de casa, com um programa sustentável, e que eles tinham muita preocupação com a questão da lei de falências. E que eles queriam ver a sustentabilidade política. Portanto, que a Argentina tinha que resolver a crise entre as províncias e o governo central, formando um pacto político que pudesse dar garantias de que o programa econômico pode avançar. Que o Lenicov estava embalado pelas ideias do Iglesias de obter 25 bilhões de dólares [do FMI], que eles propuseram em troca 9 bilhões, que estão devendo de uma liberação anterior à Argentina que foi bloqueada, que liberarão progressivamente, à medida que os argentinos forem implementando um plano que, ao ver deles, seja mais sustentável. Que os argentinos deviam ver o esforço do Brasil, que é muito grande para ajudá-los, que a posição do Brasil era central para eles, mas os argentinos saíram com as mãos abanando. O resultado foi o comunicado emitido, que é genérico e os argentinos não estão contentes. Isso tudo vai ser dito ao Duhalde pessoalmente, amanhã ou depois de amanhã, pelo Lenicov. O Diego Guelar disse ao Rubens que acredita, com 70% de chances, que daqui a dois, três meses a Argentina passe por uma campanha de Diretas Já. É nesse quadro que vamos fazer essa viagem à Argentina. Em um péssimo momento.

HOJE É SEXTA-FEIRA, 15 DE FEVEREIRO, quase meia-noite, portanto quase dia 16. Vamos retomar desde a véspera, desde a quarta-feira. Como planejado, fui receber o [Gerhard] Schröder* no Palácio do Planalto. Ruth, os filhos, os netos, a Carmen [Cariola Sutter]** foram para São Paulo de manhã. Conversa com o Schröder: boa, ele é muito simpático, as declarações saíram nos jornais, ele apoia o Brasil no Conselho de Segurança, e vice-versa. A visão geral é a mesma. O que ele queria saber? Da Argentina. Dei detalhes. Expliquei bastante o que estava acontecendo, qual era nossa posição e o que eu achava que tinha que acontecer. Não preciso repetir, porque está tudo registrado aqui sobre a nossa posição. Além disso, preocupação dele com a posição dos Estados Unidos, que é muito simplista, os três grandes inimigos e tal. Fora isso, nada de novo. Achei o Schröder muito mais solto, muito mais

* O chanceler alemão cumpria um roteiro de visitas oficiais ao México, à Argentina e ao Brasil, que visitava pela primeira vez à frente do Executivo germânico, acompanhado de uma comitiva de empresários.
** Economista e professora chilena.

à vontade. Almoço no Itamaraty, discurso pra lá, discurso pra cá, entrevista de imprensa, depois viemos para o Palácio da Alvorada. Um pouco mais tarde, recebi, como havíamos combinado, os ministros que iam discutir comigo a questão da Argentina: Malan, Sérgio Amaral, Pratini e Celso.

Revisamos tudo, a situação é extremamente delicada. Até o Sérgio Amaral, que é o mais otimista, se mostrou pessimista. Na verdade, os argentinos não querem avançar nem na famosa CCR, pagamento de importação e exportação garantido pelo Banco Central. Por quê? Porque eles não têm como fazer pagamento algum, o sistema bancário está parado e, além disso, eles exportam trigo e petróleo, que é pago em cash. Não existe esse problema; esse problema é mais o nosso, que exportamos para a Argentina e não temos como receber. O Celso falou com o Ruckauf, o Ruckauf insistiu na reunião, resultado: vai haver a reunião do Mercosul. Fiz um esforço para que pelo menos não haja tanta pompa, haja menos gente, porque é ridículo. No momento não há muito o que discutir de concreto sobre acordos comerciais com a Argentina. Eles têm primeiro que salvar a pele, e nós ajudá-los a salvar a pele. Fora isso, reuniões mais ou menos habituais, despachos incessantes, como fiz nesses dias, sobretudo nos dias em que fiquei sozinho, sem a família. Fico trabalhando o máximo que eu posso.

No fim do dia, já à noite, veio me ver o Pimenta. Com ele passei em revista as questões políticas. Pimenta não será candidato. Até acho que ele deveria ser o chefe da campanha do Serra, e ele está inclinado a isso. Sugeriu que eu ponha o Scalco no lugar do Arthur Virgílio, quando o Arthur sair [da Secretaria-Geral]. Eu tinha proposto a ele que, se ele não fosse chefe da campanha, que viesse para a coordenação política. Preocupação dele com o Tasso. O Serra minimiza a questão do Tasso, o Pimenta maximiza. Ele acha importante evitar que o Tasso fique muito magoado — as informações que ele tem é que o Tasso continua magoado. Isso se confirma com a ligação telefônica do Aécio para mim, dizendo que o Tasso está magoado com todo mundo, inclusive comigo. Eu não sabia, obviamente. Ele deve estar magoado por causa da frustração do projeto pessoal dele, mas alguém tem que pagar a culpa. Então vamos pagar nós todos. Bem, isso é o de menos. Quer dizer, de menos não, politicamente é importante. Pessoalmente eu sei que essas coisas são assim e relevo, se for o caso, farei o possível e o impossível para isso, porque gosto do Tasso, para evitar que isso se aprofunde. Passamos em revista tudo. Até a possibilidade de ainda haver um entendimento, mais adiante, com o PFL. Os nossos pontos de vista são muito coincidentes quanto ao modo de levar a campanha do Serra, sem maximizar o atrito com o PFL. Alguma preocupação no que diz respeito ao Garotinho. Informações aqui e ali sobre que há melhoria na posição do Serra, e certamente melhoria na avaliação do governo. É o que consta, parece até que o rapaz da Vox Populi, o [Marcos] Coimbra, disse que errou ao dizer que o governo não teria mais recuperação. Tem recuperação, e está tendo recuperação por uma razão simples: porque eu não perco a calma, porque o governo tem rumo e trabalhamos muito e com seriedade. O sobe e desce depende de circunstâncias externas, mas a população acaba por perceber que o governo está trabalhando. Penso que percebe. Vamos ver até quando vai perceber.

Hoje, sexta-feira, passei o dia trabalhando. Fui fazer um pouco de exercício com o pessoal lá do Sarah, nadar, andar, alongamento. Entrei logo no batente. Telefonemas que não param mais.

Antônio Carlos tinha mandado ontem um telegrama astucioso, sobre a questão do DNER.* Eu dei uma resposta, eu mesmo escrevi hoje de manhã, mandei para o advogado-geral da União conferir, ele me devolveu o texto com mais informações concretas e mandei ao ACM uma resposta taxativa. Mostrei que ele fez uma farsa verbal, fica fazendo de conta que não houve combate à corrupção, e eu mostrei quantos funcionários foram demitidos etc. etc. Ele insinua no fim que renunciou ao mandato. Renunciou porque violou o painel. Eu disse isso no telegrama a ele. Os jornais não publicaram o telegrama dele, então também não vou dar vazão ao meu, porque não me interessa.** Mas fica guardado, porque esse esperto vai voltar a atacar. Soube pela Ana que o Antônio Carlos está muito magro, dezesseis quilos mais magro, com uma namorada de 21 anos,*** fica atacando todo mundo, repetindo as coisas. Tornou-se uma figura patética, mas ainda é o *boss* da Bahia, os baianos deviam reagir contra Antônio Carlos. Quando vejo essas coisas, fico inquieto até desabafar. E recebi muitos telefonemas.

Na questão da Argentina, o Celso Lafer viu uma grande confusão armada, duas na verdade. Uma porque os americanos estão pressionando o Bustani, e hoje o [Cristobal] Orozco, que é representante dos Estados Unidos aqui**** (eles não têm ainda embaixador), procurou o Celso para insistir na questão. Veio ainda com uma fofoca, de que eu teria falado com Colin Powell e também com o embaixador de Cuba***** sobre o Bustani, para reagir. Não falei com ninguém, eu soube tudo isso pelo Celso, e o Powell falou diretamente com o Celso. Isso vai dar confusão. E a outra confusão é a questão [da visita] do Kissinger, porque do jeito como as coisas estão plantadas aqui no Brasil, que são complicadas, a imprensa começa a reclamar; acho que vai criar um forró, e desnecessário [a entrega de uma condecoração a ele].****** O rabino Sobel foi longe demais nesse empenho, acho que vai dar mal resultado. Era impor-

* Em carta, o ex-senador pefelista cobrou do presidente a apuração dos escândalos do DNER e da Sudam, que denunciara em 2001, acusando-o de tentar "calar a grande imprensa".

** A *Folha de S.Paulo* publicou ambas as cartas em 18 de fevereiro de 2002.

*** Adriana Barreto.

**** Encarregado de negócios da embaixada dos EUA entre fevereiro de 2001 e a chegada da nova embaixadora, Donna Hrinak, em abril de 2002.

***** Jorge Lezcano Pérez.

****** Ativistas de direitos humanos protestaram contra a concessão da Ordem do Cruzeiro do Sul ao ex-secretário de Estado americano, acusado de colaborar com as atrocidades da ditaduras latino-americanas na década de 1970.

tante que o Kissinger soubesse que é melhor ficar nos Estados Unidos do que vir aqui e passar por um constrangimento, ou fazer um papelão qualquer. O Celso também falou comigo sobre isso, enfim, há idas e vindas sobre a questão diplomática.

De significativo hoje foi a vinda do Roriz, que vai declarar que me acompanhará. O meu candidato será apoiado por ele. Não vai dizer ainda que é o Serra, mas dirá. E me disse na conversa comigo que ficou claro que seria o Serra, a menos que houvesse um descarrilamento, e nesse caso seria a Roseana. Veio aqui também por razões administrativas, pedir recursos para o DF.

Fora isso, estive com o Juarez, que veio falar das questões da reforma agrária e da sucessão do Jungmann no ministério.

Recebi o porta-voz, que está indo embora, o [Georges] Lamazière, veio com a Olívia [Lamazière], mulher dele, para tirar fotografias conosco. Hoje houve uma coisa meio desagradável, no fim do dia me telefonou o novo porta-voz para saber que história era essa de que a Petrobras anunciou que o preço da gasolina ia subir 2% na refinaria. Eu não sabia, ele foi se informar. Era isso mesmo. A Ana estava ao lado dele, achando que não deveria ser assim. Mas eu não disse nada. Eu disse que falaria com o José Jorge não consegui falar, falei com o Silvano, e enquanto isso me telefonou o [Alexandre] Parola, o novo porta-voz, dizendo que ele havia desmentido e que tinha suspendido a decisão de aumentar em meu nome, em declaração à TV Globo. Eu não tinha mandado suspender nada. Foi desagradável. Por outro lado, não posso criar um caso porque, depois que ele disse no ar, se eu recuo vai ser pior. Falei com o Silvano, o Silvano falou com todo mundo, e parece que o Gros, presidente da BR, mais o José Jorge já tinham combinado isso há uma semana. Entretanto, eu não sabia, ninguém me disse, e não é assim que se faz. Também não é assim que se faz: mandar o porta-voz dizer que eu decidi suspender. Eu não sei nem se tenho poderes para suspender decisões dessa natureza de uma empresa. Bom, tenho o poder político, não sei se tenho a legitimidade para tal. Silvano voltou a me ligar para dizer que acreditava que o melhor, depois da conversa com o Gros, fosse dizer que eu suspendi para fazer uma reavaliação, pois eu posso, através da Cide,* reduzir o imposto em vez de aumentar o preço da gasolina. Claro que é um remendo, porque o problema veio errado desde o início. Podiam aumentar, mas tinham que preparar a população — se nem eu sabia, imagina o povo... — e explicar por que aumentaríamos. E não assim de repente. Na semana que vem vamos acabar com o racionamento da eletricidade e virá o aumento da gasolina... Uma coisa anula a outra, eles não pensam duas vezes antes de cometer uma imprudência dessa natureza. Não se trata de não respeitar as regras do mercado, se trata de explicar à população quais são essas regras e o porquê do aumento. E não um aviso burocrático, no fim do dia, na sexta-feira, quando nem o presidente da República

* A Contribuição de Intervenção no Domínio Econômico foi instituída pela lei nº 10336, de 19 de dezembro de 2001.

está informado. Parola me telefonou mais tarde, às dez da noite, para dizer que ele não tinha desmentido porque achou melhor que o desmentido fosse na segunda-feira. Desmentido quer dizer: não tinha explicado o porquê do cancelamento. Nessa hora já não dava mais, talvez fosse até melhor, mas amanhã temos que explicar como suspendi uma decisão da Petrobras, que é uma decisão de governo na questão do imposto, e de fato deviam ter conversado com a área econômica para saber de todas essas questões. Incidente desagradável. Eu talvez tenha que ver por que o Parola foi tão longe sem me consultar. Isso nunca aconteceu no governo, não tem cabimento.

O Malan almoçou comigo hoje, para discutirmos com mais detalhes a situação da Argentina. É calamitosa, ele tem informações de todo mundo. E também o Armínio Fraga me telefonou duas vezes. As informações detalhadas que o Malan me transmitiu partiram de uma conversa do Köhler com o Murilo Portugal, nosso representante lá. O Köhler acha que a questão fiscal, a orçamentária, o pacto federativo são pré-condições para haver apoio do Fundo. Nós achamos que não pode ser assim, que não tem como a Argentina se organizar tão rapidamente. Tem que haver algum apoio, e "finca pé", tanto do Malan, quanto, sobretudo, do Armínio, de que é preciso botar ordem urgentemente no sistema financeiro da Argentina. Há uma sugestão de que o BID e o Banco Mundial cuidem da rede de proteção social, do dinheiro para aliviar as dificuldades do governo no que diz respeito ao desemprego, por exemplo. E que o Fundo Monetário se concentre em recuperar o funcionamento do sistema financeiro. Me parece uma sugestão razoável. Eu disse a eles que vou falar com o Duhalde com toda a franqueza, e vou mesmo. Falar o que penso, como está hoje o mundo, como a Argentina, ao meu ver, poderia avançar etc. Para ver que dor de cabeça imensa essa questão da Argentina nos traz.

Recebi o Arthur Virgílio para despacho normal, nomeações e sobre a situação do Congresso. O Madeira me telefonou, preocupado com o Congresso, que vai naturalmente aproveitar que precisamos da [prorrogação da] CPMF, voto rápido, e não vão aprovar sem a liberação de emendas [parlamentares]. O Congresso está cada vez mais empenhado nessa parte, que é horrível. São as emendas a que eles têm direito, mas o toma lá dá cá é inacreditável, e quem quiser que faça outra coisa, mas se não pagarmos o preço das emendas, quer dizer, são boas as emendas, recursos úteis, mas de qualquer maneira eles querem forçar o gasto, se não se fizer isso eles não votam. E não votam mesmo, ponto-final. Nesse meio-tempo, há todo um debate.

Voltei a falar sobre esse assunto com o Pimenta, também falei com o presidente do Senado, que veio me ver, o Ramez Tebet, sobre o Tribunal Superior Eleitoral estar disposto a fazer uma regulamentação proibindo, ou melhor, dizendo que, uma vez feita uma coligação em nível federal, ela tem que valer para todos os níveis. A coligação feita para o majoritário vale também para as proporcionais. Isso modifica completamente o jogo partidário no Brasil. Eu não sei se o Tribunal

Superior Eleitoral tem poder para tanto, mas que a medida é boa eu não tenho dúvida. Pode até nos prejudicar, a esse ou àquele num dado momento, mas que ela é semeadoura não há dúvida, e aí teremos avançado na reforma eleitoral. Porque já com a regra de barreira valendo para esta eleição, ela é dura; agora, com essa para coligação, só falta o Aécio colocar em votação a fidelidade partidária e a reforma política que pode ser feita sem entrar na questão da reforma do sistema de voto, que é mais difícil, do voto distrital misto, muito mais difícil de passar nessas circunstâncias. O resto teria avançado muito, seria positivo.

Também houve discussão no dia que eu fui dar, com o Schröder, uma coletiva de imprensa, porque falei de reforma tributária. Eu disse que temos que fazer essa reforma e que o Congresso não vota uma porção de medidas. Nada de novo, essa reforma tributária é um ovo encruado. Falei com o Malan também da ideia de passar o Everardo para a Previdência Social. Ele acha que o Everardo vai considerar como um alijamento dele da reforma tributária. Eu disse que pensei em outros termos, em promoção a ministro. Não quero criar dificuldades para o Malan nem para o Everardo, a quem o governo deve um trabalho muito correto, embora haja algumas resistências dele a certa parte da reforma tributária, porque ele teme a perda de receitas.

17 A 28 DE FEVEREIRO DE 2002

Reunião do Mercosul em Buenos Aires. Articulações da reforma ministerial. Viagem a Suécia, Polônia e Eslováquia

Hoje é domingo, dia 17 de fevereiro. Ontem, como costumo fazer no fim de semana, passei o dia aqui arrumando papéis e ouvindo um pouco de música. Aliás, ouvi uma coisa admirável, o concerto do Rio de Janeiro, a "Sinfonia do Rio de Janeiro de São Sebastião", do Francis Hime. O Eduardo Eugênio me trouxe, foi produzido pela Kati [Almeida Braga], muito bonito, em DVD.*

Recebi no fim do dia, lá pelas quatro horas, o Malan, que veio conversar comigo sobre o preço do petróleo. De fato, o que houve foi uma série de atropelos. Primeiro, ninguém me transmitiu o anúncio do aumento do preço da gasolina. Então, quando eu soube dele na sexta-feira, no fim do dia, fiquei naturalmente muito surpreso. Pensei: "Não, não é verdade. Se for, vamos suspender, porque acabei de pedir para baixar o preço e vamos aumentar? Além do mais, temos o anúncio do [fim do] racionamento da energia. Vamos ver onde está o José Jorge". Ninguém achou o José Jorge. A Ana estava muito aflita, dizia que aquilo era um desastre político e não sei o quê, e me telefona o Parola. Ele já tinha dito à Globo que eu tinha mandado suspender o aumento. Ele foi um passo além. De fato eu disse: "Vamos suspender, mas vamos falar com o José Jorge". Porque eu disse isso, o Parola foi ver com a Casa Civil o que aconteceu. Eu já tinha falado também com o Silvano, porque o Pedro Parente está no exterior. O Silvano, lá pelas nove da noite, me telefonou e disse que estava com o Parola a seu lado. Falei com o Gros, falei com não sei mais quem... A decisão foi tomada numa reunião havida na sexta-feira passada, com a presença do Gros, do José Jorge. O José Jorge ficou de me avisar e provavelmente se esqueceu, ou terá eventualmente avisado o Pedro Parente, que também viajou e se esqueceu. O fato é que eu não sabia. Gros muito incomodado, porque a notícia que saiu era que eu tinha mandado suspender o aumento. Isso é uma interferência direta do presidente da República na formação de preços, contrária à nossa filosofia. Mesmo que seja necessário aumentar o preço, como há a questão já definida de que o mercado é livre, é preciso explicar ao país. Não pode na sexta-feira à noite um funcionário da Petrobras avisar que o preço da gasolina vai subir justo às vésperas de anunciarmos o fim do racionamento de energia. Isso é um desastre, a população precisa saber, precisa ser esclarecida. Bom, combinou-se com o Gros, segundo me disse o Silvano, que seria dito que o aumento da gasolina foi suspenso porque parte dele depende da Cide, que é um imposto, e sobre essa parte eu posso resolver que o Tesouro vai

* Lançado pela Biscoito Fino em 2000, com parcerias de Hime, Paulo César Pinheiro e Geraldo Carneiro.

arcar com parte do ônus, posso mudar a regra. Claro que dizer que o Tesouro vai arcar com o ônus também está errado, nossa política não é essa, porque no caso é o contribuinte em geral que vai pagar pelos que usam a gasolina. Nem todos usam. Em todo caso, assim foi, e o Parola iria corrigir nesse sentido. Lá pelas dez e meia, me telefona o Parola dizendo que achou melhor deixar para segunda-feira. Respondi: "Mas, Parola, e até segunda-feira, o povo fica sem informação? Pelo menos amanhã é preciso explicar". Hoje, domingo, saiu nos jornais que o Parola disse que a decisão havia sido tomada por técnicos, sem conhecimento do ministro nem do presidente da Petrobras. De onde ele tirou isso até agora eu não sei, pois não voltei a falar com ele, mas não é verdadeiro, criou uma confusão maior ainda. Resultado: veio o Pedro Malan aqui hoje. Depois de conversarmos muito, falei com o Gros e pedi que ele fosse ao *Bom Dia Brasil* na segunda-feira esclarecer. Para falar a verdade, é preciso explicar melhor à população como se forma esse preço etc. etc., e vamos postergar o aumento de preço por uma semana, para evitar que haja maior confusão e que ele encavale com a decisão de suspender o racionamento, a qual eu também acho que devia ser vista com cautela. Todo mundo está dizendo que é uma decisão eleitoreira. Não é, ninguém nunca me pressionou sobre isso. Na prática, o racionamento já acabou, mas prefiro só em 1º de março terminar o racionamento. Não temos urgência alguma. Na verdade há um ponto de pressão: enquanto não terminar o racionamento o Tesouro se obriga a pagar aos que pouparem, o que dá uma despesa razoável também.

Enfim, nenhuma decisão presidencial é fácil, ela é cheia de escolhas, há problemas sempre e às vezes temos que escolher não o melhor, mas o menos ruim.

Depois disso vieram aqui o Fred e o pessoal do Itamaraty para trabalharmos um pouco, e às oito horas chegou o Boris Casoy, com quem jantamos: eu, Boris, Fred, Ana e o Celso Lafer. Conversa solta com o Boris, ele tem aquelas ideias dele, é muito simpático comigo, e eu com ele, nada de especial, mais para esclarecer ao Boris as posições do governo, porque ele não sabe e sai atacando. Mas recua quando faz um ataque injusto.

O Celso Lafer está preocupado com a reunião da Argentina, fazendo o que pode para baixar a visibilidade da questão Mercosul, porque não há nada claro, e preocupado também com a pressão americana por causa do Bustani, o diretor-geral da Organização das Nações Unidas para a Proibição de Armas Químicas de combate às guerras químicas. Os americanos acham que ele está sendo faccioso, ele acha que não. Ele não é mais funcionário do governo, é funcionário da ONU. O governo não pode tirá-lo nem vai puxar o tapete dele. Mas está ficando difícil, o Bustani sem condições para se manter no posto. Isso é um abacaxi.

Outra questão, o rabino Sobel. Veio a Brasília, veio ao Planalto, queria vir ao Alvorada, por causa da questão do Kissinger. Isso vai dar tremenda dor de cabeça. Hoje de manhã, domingo, me telefonou às oito da manhã, eu estava dormindo, porque fui dormir tarde ontem, e também porque mudou o horário [de verão]. Não consegui falar com ele até agora. Disse que tinha recado do Kissinger para mim. Vamos ver do que se trata.

Estou esperando o Sardenberg, para discutir a questão da Argentina na parte de ciência e tecnologia. Pedro Parente chegou de viagem e eu pedi que visse aqui, para acertar com ele como encaminhamos a questão de racionamento e de preço de petróleo, de gasolina.

Fora isso, li os jornais. Antônio Carlos com as infâmias de sempre. A Ana não quis publicar minha resposta ao Antônio Carlos, penso que foi um erro. Ela acha que eu ia me igualar a ele. Também o advogado-geral da União acha isso. Dizem que a Anadyr vai dar uma entrevista dizendo que o Antônio Carlos está cantando de galo, mas que quem botou os ovos não foi ele, foi a Advocacia-Geral da União, que fez investigações pertinentes. Não adianta ficar falando do Antônio Carlos, me dá enjoo de estômago. Mas tenho o fax dele, a resposta minha no dia seguinte, e dei até para o Boris Fausto ler.

Além disso, os informes habituais dos jornais. Primeiro prenderam o Jader* humilhantemente, puseram algemas no Jader, um absurdo, um arbítrio, não havia base para isso. É puro exibicionismo da polícia, e sabe Deus se não tem dedo de Antônio Carlos por trás. Que se leve o Jader para cadeia depois de condenado, está bem. Mas antes de condenar, e num processo no qual não há razão para ser preso ainda, e menos para ser algemado, é outro arbítrio, com o qual não concordo. Não estou defendendo o Jader, não; se ele tiver que ir para a cadeia pelo que fez, que seja condenado, mas dentro da lei.

Encontrei-me como Kennedy Alencar um dia desses, esse rapaz é inteligente, mas imaginativo, então publica o que parece ser a tese tucana. E eu fico sabendo pelo jornal. Primeiro que vou encontrar o Lula dia 27. Eu tinha visto até uma notinha da Eliane Cantanhêde, eu não sabia. O Lula não pediu nada até agora, e estou chegando da Europa dia 26 ou 27,** eu nem sei, e isso faz parte de uma estratégia de aproximação com o PT. Disse que eu estou oferecendo um ministério para o PTB sair do apoio ao Ciro, também não estou sabendo. Quer dizer, eles veem o que fariam se pudessem fazer uma jogada, e atribuem a mim. E sai no jornal.

Continuação do dia 17 de fevereiro. Neste momento estou em Olivos, onde reside o presidente da Argentina, estou no quarto de hóspedes. Me contaram que nunca nenhum presidente estrangeiro tinha dormido aqui. Não sei se é certo. Conversei longamente com o Duhalde, primeiro sozinho. Depois jantei com ele, com o Cel-

* O ex-senador paraense e outros dez acusados de desvios na Sudam foram presos em 16 de fevereiro pela Polícia Federal, em Belém, em cumprimento a um mandado de prisão temporária expedido pela Justiça Federal do Tocantins. Barbalho obteve um habeas corpus no TRF-1 e foi solto no fim do dia.

** O presidente viajou à Suécia, à Polônia e à Eslováquia no final de fevereiro.

so Lafer e o Ruckauf, ministro do Exterior da Argentina. A impressão que tive do Duhalde: muito amável, foi me receber no aeroporto, coisa que não se faz, normalmente presidente não vai receber outro presidente. Foi uma gentileza excepcional. Ele é uma pessoa simples, de pé no chão, me perguntou que conselhos eu daria a ele. Respondi que não podia dar conselhos, que era ele quem conhecia a situação daqui, que eu podia dizer como tinha sido lá conosco.* Contei apenas o mais importante. Ele acha que não há margem de manobra para mexer com as províncias, que elas estão quebradas e que ele não pode pedir mais, porque sabe que elas não podem dar. E que os americanos e o Fundo dizem querer que ele aumente os impostos e ponha a situação fiscal em ordem. Ele não tem condição de fazer isso no ponto de partida, tem que primeiro recuperar a produção. Eu disse: "Pois é, você tem que ter o sistema financeiro funcionando, os bancos. Você não vai ter os bancos sem apoio do Fundo". Aí contei como é a história do Fundo, do Tesouro americano, do papel controlador que eles exercem sobre o Fundo, como é o Köhler, e que também é preciso haver uma relação de confiança, e que os americanos desconfiam dos argentinos, o Köhler também, por causa dos registros que eles têm do que o Cavallo propôs fazer e não fez, no tempo do Menem, em que as coisas não iam muito bem. Eu disse que tivemos um problema semelhante quando fui ministro da Fazenda no Brasil, porque nossa trajetória era péssima no passado, e que pouco a pouco fomos restabelecendo a confiança. E que os anglo-saxões são assim, muito rígidos, mas depende muito da pessoa. Contei também que o Bush me perguntou como ele, Duhalde, era, que não quis saber de economia, quis saber dele, Duhalde. Contei que eu tinha dito ao Malan que iria à Argentina como um amigo franco, que certas palavras são um tabu. Por exemplo, reforma fiscal, abertura da economia são mantras e que nos Estados Unidos eles têm muito medo de que ele, Duhalde, venha com uma retórica peronista de protecionismo, de economia autárquica, e isso é pano vermelho. Mesmo que ele pensasse assim, eu disse, não podia ser dito, porque não ia funcionar. E que era preciso mandar alguém mais fluente e que — falei até especificamente — falasse inglês. Duhalde disse: "Mas o nosso presidente do Banco Central** fala inglês...", eu respondi que sabia que ele falava. Contei também que eles tiveram uma boa impressão do Lenicov, o ministro da Fazenda. Sugeri que o Duhalde pegasse dois ou três governadores, que eu tinha dito ao Iglesias que ia organizar um encontro com o Köhler e com o [James] Wolfensohn (presidente do Banco Mundial) para esses governadores contarem qual é a situação. Governadores da oposição também, não só peronistas. De várias correntes, dois ou três, mas que fossem de fala fluente, para que eles explicassem, porque os americanos — os americanos, não, o mundo — têm que saber qual é o problema que ele, Duhalde, está vivendo. Perguntei qual seria a reação popular se ele caísse. Ele respondeu que

* FH alude à maxidesvalorização do real no início de 1999.

** Mario Blejer.

foi informado pelos americanos que há sessenta argentinos sendo treinados [em guerrilha] na Colômbia, ou que já foram treinados na Colômbia. "E as Forças Armadas?", perguntei. "Não, elas não vão se meter", disse. "Nem nesse caso?", perguntei. Ele acha que elas ficam com a legalidade, não tem preocupação com esse lado e demonstrou tranquilidade quanto ao Congresso. Qual é o plano dele? Dois ou três meses para fazer a economia argentina voltar a andar. Disse que a inflação no mês passado foi de 2%, 2,4%, é baixa para o contexto argentino. Eu disse: "Pois é, não adianta nada você ter o câmbio acertado se a inflação comer o câmbio, no câmbio real aparece a diferença; vocês precisam aumentar a competitividade".

Ele é totalmente "mercosulista" e totalmente favorável ao Brasil. Tem uma ligação profunda, sentimental com o Brasil. Vai lá sempre, conhece muito. Vai sempre a "Florionópolis", como chama, conhece as coisas do Brasil, o Ruckauf também. Eles são pessoas que realmente, comparando com o Cavallo, nem se fala. O Cavallo tem a mentalidade voltada para o resto do mundo, e não para a América do Sul, e esse aqui a tem voltada para América do Sul. Mas não tem, me parece, a acuidade para ouvir os ruídos do mundo, e isso é grave, porém nas circunstâncias o que ele tem que fazer mesmo é garantir a governabilidade na Argentina. E esse povo está sofrido, 20% de desemprego não é brincadeira. Eu disse a ele, seguindo sugestão do Armínio Fraga, que era preciso convencer o Fundo Monetário a fazer com que o sistema bancário funcione, o sistema financeiro em geral. E fazer com que o Banco Mundial e o BID atendam às necessidades sociais da Argentina quanto a desemprego, programas sociais e tal. Essa foi, grosso modo, a conversa. No jantar o tema não foi tão direto assim, mas, de qualquer maneira, ficamos ao redor dessas questões. Conhecem bem a política brasileira que segue em pé, e o Celso Lafer, com quem conversei depois do jantar, me chamou a atenção para a pergunta que o Duhalde me fez, sobre o que eu achava do ABC — Argentina, Brasil e Chile no tempo do Getúlio e do Perón. Ou seja, o molde dele é esse, a aproximação da Argentina com o Brasil e, quem sabe, com o Chile, numa visão correspondente a que o Perón e o Getúlio tinham na época. Ele é muito entusiasta dessa visão. De qualquer maneira, a nós, brasileiros, interessa essa visão, desde que não nos percamos nela, ou seja, que não fiquemos limitados a ela, sem fazer o *aggiornamento*. Ele usou essa expressão, que o peronismo sofreu um grande *aggiornamento*, e sofreu mesmo. Ele é peronista, obviamente, justicialista, mas tive a impressão de ser um homem de pé no chão, acho que de boa-fé quanto a seus objetivos no governo. Ele não queria ser presidente agora, preferia ser em 2003, mas teve que assumir. O Ruckauf é muito mais ágil, muito mais falante, muito mais ligado aos sistemas do mundo, mas não senti o Ruckauf tão com o pé no chão quanto senti o Duhalde. O Duhalde pode ser um *caudillo*, mas a Argentina está precisando de alguém que seja mais pé no chão. Falaram bem do Menem como presidente, curiosamente. O Ruckauf foi ministro do Menem, disse que ele era um homem que trabalhava e que dava trabalho aos ministros. Elogiaram o De la Rúa, mas todos perplexos com a incapacidade dele de tomar posições, e tudo mais, e sobre o Cavallo disseram que ele fez muita coisa, um homem de muito talento, mas se perdeu, e atribuem muita responsabilidade do que aconteceu ao Cavallo, de não entender que a conversibilidade já tinha acabado fazia tempo, e ele insistiu em mantê-la. Esse o resumo da ópera. Ah, mais ainda: o Duhalde preocupado porque o Batlle, presidente do Uruguai, disse a ele que esteve nos Estados Unidos e que se comprometeu a que Uruguai, Peru e Argentina iam mover uma moção contra a resolução da Comissão de Direitos Humanos [da ONU].* Ele disse que vota contra, como a Argentina votou, mas que não quer mover moção. Eu disse que ele não deveria se meter nisso a esta altura dos acontecimentos. Enfim, o Batlle deve ter ido além do que podia. O Batlle está tentando ter uma posição mais "protagônica", e não pode, porque o Uruguai não dá margem a isso. Talvez seja para compensar as dificuldades que o país está tendo. O Iglesias, com quem também falei hoje, ele estava em Paris, me recomendou algumas coisas sobre a Argentina. Disse para eu repetir um pouco o que está acontecendo no mundo e mostrar a preocupação que há nos Estados Unidos sobre as províncias da Argentina. O Duhalde me disse que o Batlle falou muito em Alca, e tal, que é para abrir um caminho para o Uruguai nos Estados Unidos, porque o Uruguai está numa situação financeira muito ruim. Vamos ver como se desenvolve a reunião amanhã.

HOJE É QUARTA-FEIRA, 20 DE FEVEREIRO, dia do aniversário da Luciana.

Não registrei o que aconteceu na segunda-feira em Buenos Aires. Eu saí de manhã cedo, passeando com o Duhalde, só nós dois. Voltamos aos temas principais e passei em revista os papéis que o Malan me havia entregado. No fundo, mostravam que o sistema financeiro tem que ser revisto com urgência, com apoio do Fundo Monetário. E que era preciso dar um sinal de caminho. Todo mundo sabe que a Argentina não pode, do dia para a noite, se recuperar, mas precisa ter um rumo. Bom, isso foi conversado, naturalmente, de várias maneiras, em vários níveis com o Duhalde. Depois chegaram os outros presidentes. Quando o presidente Batlle chegou, chamou a mim e ao Duhalde para conversarmos nós três. O Batlle tentou conduzir a conversa para a necessidade de haver um acordo com as províncias. O Duhalde cortou, aliás bruscamente. O estilo do Batlle é muito assertivo, o outro então deu uma cortada. Passamos a conversar sobre temas marginais, chegaram os outros presidentes. No final houve uma boa discussão. Estava o Lagos, o Tuto Quiroga, presidente da Bolívia, e o do Paraguai. Sobretudo o Lagos e o Quiroga fizeram uma boa discussão. O Quiroga foi muito claro ao mostrar que o Fundo Monetário é assim mesmo, que a burocracia às vezes pega problemas falsos, deu vários exemplos da Bolívia. Acha, portanto, que o caso das províncias, embora falso, não deva ser

* Em abril de 2002, a CDH da ONU aprovou uma resolução contra o regime cubano, proposta pelo Uruguai, por violações sistemáticas dos direitos humanos. O Brasil se absteve na votação.

desconsiderado pelo Duhalde, porque é preciso pagar certo preço ao poder dessa burocracia. O Duhalde voltou à ideia que eu tinha sugerido na véspera de fazer uma reunião com os governadores nos Estados Unidos. Duhalde foi ficando entusiasmado com o que se dizia e com o apoio que recebeu. Depois fomos a uma reunião plenária, onde fiz um discurso de solidariedade à Argentina muito forte. Fui o único a falar, e dizem até que fiz... o chanceler da Argentina chorar; chorou, emocionado, tal o modo franco e realmente sentido com que considerei a Argentina e a situação tão difícil em que estava, como um país com potencialidade, que tínhamos responsabilidades com ele, aquela coisa toda.

Vim embora para Brasília, e no dia seguinte, ontem, terça-feira, o Iglesias me telefonou dizendo que o Duhalde já tinha falado com ele para chamar os governadores, o Iglesias muito animado, eu também. Confesso que voltei da Argentina ainda preocupado, mas menos pessimista do que quando lá cheguei. Basicamente porque achei que o Duhalde tem o controle do Congresso, é calmo, não vai desembestar em medidas populistas maiores. E levou um choque de realidade nas conversas conosco. Foi, portanto, um encontro proveitoso. O Mercosul não sei. Apenas trabalhamos algo na questão institucional, resolução de controvérsias. O Batlle claramente quer um acordo com os Estados Unidos, mas é ridículo, porque o Uruguai em acordo com os Estados Unidos não leva muita coisa. A tese dele é a seguinte: temos que sentar à mesa já com os americanos e começar a negociar [a Alca], porque só assim os europeus negociam conosco. E também porque é preciso quebrar o preconceito de que não há nada a ganhar na negociação. Essa é a posição dele, e ele disse que o principal é negociarmos acesso a terceiros mercados. Não para vender frango ou soja nos Estados Unidos, mas na Arábia, na China. Nisso ele tem alguma razão: é mais fácil o entendimento quanto a terceiros mercados, controlar o efeito dos subsídios americanos e europeus nos terceiros mercados, do que o contrário, do que disputarmos o próprio mercado deles.

Bom, voltei, portanto, na segunda-feira, e para ver o pronunciamento que eu ia fazer no dia seguinte sobre a crise de energia. Mudei para o outro dia, terça-feira, ontem, gravei aqui no Alvorada de manhã. Já foi ao ar, sem nenhum problema maior, depois fui para a reunião da Câmara de Gestão da Crise. Lá de novo uma discussão de bastante bom nível, todo o pessoal presente, discussão boa. Foi suspenso o racionamento a partir do dia 1º de março. É mais que seguro — esses idiotas da objetividade, patetas da objetividade, como dizia o Nelson Rodrigues, sobretudo os técnicos ideologizados falam bobagem em quantidade. E o [Luiz] Pinguelli [Rosa], professor não sei do quê,* opina com segurança sobre o que ele não está nem interessado em aprofundar. Fica fazendo oposição ao governo, e não análise. E não é o único, não, há mais dois ou três. No entanto a solidez técnica da decisão foi muito grande.

* Físico, diretor da Coppe-UFRJ.

Depois vim para o Alvorada e almocei com o [Esperidião] Amin. Ele certamente quer apoiar o Serra e tem dificuldades em Santa Catarina, se não houver aliança com o PFL, porque lá eles são muito imbricados. O Amin é um homem inteligente, quer apoiar, mas também não quer se suicidar. Depois, de significativo, tive apenas um encontro com o [Joseph] Safra, muito queixoso com o modo como a Anatel está impondo restrições ao contrato e com a elevação de tarifas entre companhias, que prejudica bastante a empresa dele, que não sei como se chama, BC alguma coisa.* Ele quer que essa companhia tenha telefonia celular em São Paulo, pagou por ela 1 bilhão de reais; na época a soma correspondia a 1 bilhão de dólares de ágio! Na verdade, pagou um ágio muito alto, contando com certo tipo de reajuste, que, segundo ele, não está ocorrendo.

Depois de ter estado com o Safra, vim para o Alvorada, onde jantei com o Serra e com o Jarbas Vasconcelos. Antes tinha me encontrado com o Michel Temer. O Michel preocupado com a possibilidade de o Tribunal Superior Eleitoral regulamentar as vinculações eleitorais, nacionalizando as coligações. Quem fizer a coligação para presidente ou faz a mesma coligação nacionalmente, ou não pode fazer com outro partido nos estados. É correto, eu não sabia que o Tribunal estava preparando isso, certamente vão atribuir ao governo ou ao PSDB, mas não fomos nós. Foi o Miro [Teixeira] quem fez uma proposta ao Jobim, o Jobim deve estar de acordo, e não sei se os juízes terão força e coragem para tomar essa decisão, que seria um passo adiante na reforma partidária. Pode até não ser bom para nós do PSDB, mas é bom para o Brasil. Essa era a preocupação do Michel. Também preocupação com um almoço que teria com o Sarney no dia seguinte e não sabia como levar. Aliás, não dá para fechar porta alguma a esta altura, temos que preparar uma integração maior do PMDB com o PSDB.

Toda a imprensa ficou sabendo do nosso jantar, porque alguém disse que o Tasso também viria e não veio. Tasso teve outro jantar na casa do Pimenta, para o qual o Serra foi depois de jantar aqui conosco. Jarbas é um dos líderes mais equilibrados do Brasil de hoje, é muito objetivo, sabe o que quer. Ele disse ao Serra que não é hora de discutir a fundo, ou melhor, a sério, a vice-presidência. Acho que no PMDB precisamos falar do Simon, porque aí quem sabe se atrapalha um pouco mais a cabeça do Simon, já tumultuada por sua vontade de ser presidente. O Jarbas disse: "Vocês têm que fazer aliança com o PFL, o vice tem que ser do PFL, não do PMDB". Gostei que ele dissesse isso, porque mostrou ao Serra como se faz uma política mais complexa, e também porque isso expressa a convicção — aliás ele vocalizou — do Jarbas de que a Roseana não vai se manter no patamar em que está. Ele acha que a candidatura desabará e aí haverá a possibilidade de entendimento com o PFL.

* O Banco Safra era sócio da BellSouth e do grupo Estado na BCP Telecomunicações.

Isso foi, portanto, ontem, terça-feira. Hoje foi um dia terrível, realmente muito pesado, porque, primeiro, houve a votação da CPMF* e de medidas provisórias.** Ficam então todos excitados, me telefonam, falam, é aquele jogo, o pessoal ruralista querendo tirar mais vantagem do governo, porque sabe que o governo precisa votar a CPMF.

Além disso, recebi aqui de manhã o presidente do Senado, Ramez Tebet, que veio discutir a questão do preço de gado, aquele [Ueze] Zahran*** veio com ele e com a bancada do Mato Grosso. Recebi o Fabio Feldmann, sempre com ideias generosas a respeito de meio ambiente e do meu papel no tema meio ambiente, preparando minha participação em vários eventos, enfim discussões nessa matéria. Fui ao Planalto lançar o Projeto Genolyptus, em latim, uma Rede Brasileira de Pesquisa do Genoma de Eucaliptos.**** Fiz discurso etc., assinei a nomeação do Barjas [Negri], houve a posse do Barjas e depois uma enorme quantidade de conversas com ministros.

Weffort, ministro da Cultura, com um programa do Cinema,***** mais a questão desse Guilherme Fontes, que o Weffort disse que está irregular mesmo,****** disse que não tem como facilitar a vida do rapaz, porque ele não prestou contas direito, e é bastante insinuante, mas não é tão adequado para a função de executivo. O Weffort falou um pouco sobre o que vai fazer no futuro, conversamos de forma geral sobre o tema da cultura no Brasil, me deu um paper.

Depois recebi o Pratini, que não sabe se vai ser candidato ou não. Não será deputado, se lançou presidente, com o meu aval, para impedir que o Maluf se lançasse. Quer ocupar o PPB para evitar que algum aventureiro, no caso o Delfim, venha a lançar o Maluf. O Delfim está sendo vetado por razões dessa natureza, e o Maluf também, porque perceberam a jogada. Pratini pode ser candidato a governador do Rio Grande do Sul, mas eu disse a ele que, se nada disso der certo, que fique no governo até o fim.*******

Recebi o Paulo Renato, pusemos em marcha a ideia de que ele ficará no governo até o fim e mandei anunciar a decisão pelo porta-voz. E assim foi resolvido. Ainda recebi o Pimenta da Veiga, longamente, já aqui no Alvorada, para discutir se ele vai ou não comandar a campanha do Serra. Ele ainda tem uma pitada de dúvida sobre até que ponto o Serra vai abrir todo o jogo com ele e deixar que ele tenha controle

* O governo venceu por 362 a 53 a votação em primeiro turno da PEC 407/2001 na Câmara.

** Entre as quais a MP 24/2002, que alongou o pagamento de dívidas do crédito rural.

*** Empresário e pecuarista, dono do grupo Copagaz.

**** O projeto era integrado por sete universidades, a Embrapa e catorze empresas florestais.

***** O governo discutia a regulamentação da Agência Nacional do Cinema (Ancine), efetivada pelo decreto nº 4456, de 4 de novembro de 2002.

****** Referência às irregularidades na prestação de contas do longa *Chatô* (2015), dirigido e produzido por Fontes com R$ 12 milhões em incentivos federais.

******* No final de março, Pratini anunciou sua permanência no ministério e desistiu da pré-candidatura ao Planalto. O PPB declarou apoio à candidatura presidencial de José Serra.

efetivo das coisas. Pimenta me relatou um jantar que houve com Serra, Tasso e outros, gente do PSDB, incluindo o Aécio, o Eduardo Azeredo e o Almir. Foi um jantar que o Pimenta considerou muito bom, em que eles acertaram pontos divergentes maiores. E o Tasso, firme no apoio, disse que quer falar comigo não sei sobre o quê. Isso foi o principal do dia de hoje, fora os milhares de despachos e telefonemas.

Ainda agora à noite o Malan me telefonou porque houve uma confusão — aliás, o Jorge Bornhausen passou aqui por causa também dessa confusão. Puseram no ar, na Globo, que o Everardo será ministro da Previdência, o Pedro Parente tinha me telefonado ontem para dizer que o Everardo tinha gostado da ideia, Malan disse que não quer, enfim. Malan não quer é que ele vá embora, porque não se sente seguro sem o Everardo lá. Coisa curiosa esse arraigado apego que o Malan tem a seus auxiliares. Pensei que, no caso, o Malan fosse raciocinar de outra forma. É para o bem do Everardo, vai ser ministro, deixe ir. Diz o Malan que o Everardo não quer, me diz o Pedro Parente que o Everardo aceita, feliz. O Jorge Bornhausen também. O pior é que isso foi para o ar, e o Roberto Brant já teria tido um chilique, porque ele é o ministro e está sendo demitido. Enfim, coisas da precipitação brasileira, e tudo passando pelo vídeo; sem televisão parece que as pessoas não têm oxigênio.

Acabo de preparar as malas. A Júlia, minha neta, chegou, jantou conosco, veio com a Ruth, e amanhã cedo vamos voar para Estocolmo.

HOJE É DIA 23 DE FEVEREIRO, SÁBADO, são oito horas da noite e estou em Estocolmo. Na quinta-feira viemos para cá, viagem calma, chegamos praticamente à uma hora da manhã, houve vento contra, o que atrasou um pouco o avião. No avião nada de especial, conversei apenas com o Celso sobre promoções no Itamaraty e sobre a confusão havida com o Bustani e também com o Kissinger. Finalmente, parece que houve o entendimento do Celso com o Kissinger e com o advogado do Kissinger. Resolveram a troca de datas, porque ele não poderá vir agora e, com isso, vamos postergar a condecoração. Evitamos assim que haja um vexame, com os protestos. Eu, de minha parte, deverei ir à Congregação Israelita fazer um discurso sobre a paz. O intercâmbio que o Sobel quer é razoável.

Viagem habitual, jogamos nosso pôquer e, coisa rara, perdi. Nosso pôquer é de brincadeira, disse que perdi, mas não foi nada, cinquenta reais, uma coisa assim. De qualquer maneira, divertido. Ontem, sexta-feira, foi trabalho incessante. Levantei e fui me encontrar com o primeiro-ministro daqui, que se chama Göran Persson,* pessoa que eu conheço há alguns anos. É um homem competente que não tem, digamos, o chamado brilho ocidental, mas aquela característica nórdica mais sólida e inteligente. Discutimos várias questões, sobretudo a Argentina, e também o que fazer com a conferência do meio ambiente de Johannesburgo. Insisti para que ele

* Foi a primeira visita oficial do presidente a um país escandinavo.

fosse ao Brasil, para eu passar a ele a tocha olímpica.* Contei um pouco a situação do Brasil e nada mais.

Depois dei uma longa entrevista para o principal jornal de Estocolmo, cujo nome é complicado;** não sei o que saiu, se já saiu, mas o rapaz era competente. Em seguida fui a um Executive Club fazer uma conferência para um grupo de executivos, um fórum de opinião de altos executivos do setor industrial, os grandes mesmo, um almoço.*** O Jacob Wallenberg,**** que é da família economicamente mais poderosa da Suécia, estava presente, eu conhecia o pai dele, Peter Wallenberg. Agora esse rapaz e um primo***** tomam conta dos negócios. Obviamente, ao meu lado o ministro da Defesa,****** porque eles estão interessados na venda do Gripen,******* avião de caça que é [fabricado por] um consórcio britânico-sueco.******** Eles têm a sensação de que são cartas marcadas e que a Embraer vai ganhar com a Dassault. Eu disse que não, que vamos fazer o que for melhor para o interesse nacional. Para mim, o interesse nacional não é o que vende melhor, é a capacidade que a companhia tem de transferir tecnologia para o Brasil; não é discutir se pagaremos à vista ou não. Enfim, eles dizem que vão fazer proposta. Vamos ver.

Depois disso, fiz uma conferência em inglês, e falei bastante sobre algo do que penso sobre o Brasil, sobre a Argentina, esta de passagem, mais para dar confiança aos investidores e ao público estrangeiro, inclusive no que diz respeito às eleições, mostrei que, ganhe quem ganhar as eleições, vamos continuar no mesmo rumo. Eles sabem que não é bem assim, mas é verdade que muita coisa já está bem estabelecida e bem plantada. Terminada essa falação, vim para o Grand Hôtel de Estocolmo, um belo hotel, já estive hospedado aqui uma vez há muitos anos, muito bonito, em frente a um braço do mar Báltico, adiante há uma ponte e começam os lagos. Vê-se o palácio real, se vê o Parlamento, se vê o gabinete do primeiro-minis-

* Em junho de 2002, a tocha simbólica da Eco-92 foi transmitida para a África do Sul, anfitriã da Rio+10. O premiê representou a Suécia na solenidade por ter sido o país pioneiro na realização de conferências sobre o meio ambiente (Estocolmo 1972).

** *Dagens Nyheter.*

*** A reunião com o grupo de líderes empresariais suecos aconteceu no restaurante Operakällren.

**** Membro do conselho de administração da Investors AB, conglomerado sueco com participação em bancos e indústrias como Saab (defesa) e Ericsson (telecomunicações).

***** Marcus Wallenberg, presidente da Investors AB.

****** Björn von Sydow.

******* Referência ao projeto FX para a renovação das frotas de caças supersônicos da FAB, que não resultou na aquisição de aeronaves. Em 2013, no âmbito do projeto FX2, o governo Dilma anunciou a compra de 36 caças Gripen NG, fabricados pela Saab — modelo desenvolvido a partir do Gripen JAS 39 da primeira licitação —, ao preço de US$ 5,4 bilhões. Os outros finalistas da licitação eram o Sukhoi Su-35 (Rússia), o F-16 da Boeing (EUA) e o Mirage 2000BR da Dassault (França).

******** O Gripen era então produzido pela Saab em consórcio com a British Aerospace (BAe), que deixou a joint venture em 2004. A versão do caça adquirida pelo Brasil em 2013 envolve a colaboração da Embraer.

tro, tudo pertinho. Estocolmo é uma cidade bonita, mas como a névoa estava forte não deu para ver muita coisa. Fiquei aqui à tarde e no fim do dia fui ver o Museu Vasa, no qual há um barco famoso que foi construído aqui e daqui nunca saiu. Vasa é uma dinastia, o barco foi feito durante a dinastia Vasa, belíssimo, construído pelos holandeses, e não conseguiu sair do porto porque foi mal proporcionado: o rei quis que fizessem um barco muito alto, ele afundou. Recuperado do fundo do mar, está perfeito, muito bonito.*

Enquanto isso, os presidentes iam chegando ao hotel, onde haveria um pequeno encontro nosso.** Depois de vermos o Vasa, tivemos um jantar de trabalho, expus basicamente a situação da Argentina e a do mundo na parte financeira. Como sempre, o Guterres insistiu nos temas mais gerais e financeiros, como eu também. O Tony Blair fez uma exposição mais moderada, o que impressionou muito a mim e ao Guterres: o Tony Blair, o Lionel Jospin e o Schröder têm a preocupação dominante de não fazerem coisas que desagradem aos americanos. Eles sabem que o Bush está numa política belicosa, unilateralista, não gostam disso, mas sentem que precisam convencer o Bush, que precisam convencer os americanos. Nada de *clash*, nada de choque com os americanos, ficou bem claro em toda a reunião... e era uma reunião de social-democratas, fato que mais choca. Mesmo assim, foi o que aconteceu. Cada um dos presentes expôs um pouco do que pensa dos principais temas. Terminamos tarde, descansamos, e hoje cedo já fui para a reunião de novo.

Essa foi uma reunião mais sobre a sucessão política de cada país, foi bem interessante. Cada um mostrou suas experiências e eu gostei muito de ouvir o presidente da Polônia,*** que tem uma visão mais moderna do que está acontecendo. E também o meu amigo Jean Chrétien, que é presidente do G7. O Chrétien é muito inteligente, um homem mais pragmático, menos ideológico, menos de esquerda, talvez mais liberal, e com muita sensibilidade política. Ele está há 39 anos no Parlamento, é um recorde. E com confiança, dizendo que é preciso ter sempre uma posição de otimismo, não atacar o adversário e mostrar valores. Valores de igualdade, de aceitação dos migrantes etc.

Fiquei também muito impressionado com a exposição feita pelo Tony Blair, hoje de manhã, sobre imigração, uma questão séria. E com o Schröder, que também tem pé no chão. Ele descreveu como vai fazer sua campanha, vai personalizar, porque ele

* Em 1628, o navio de guerra *Vasa*, projetado por armadores holandeses, afundou pouco depois de partir da baía de Estocolmo em sua primeira viagem. Em 1961, a embarcação de 64 canhões, batizada com o sobrenome dinástico do rei Gustavo Adolfo, foi resgatada do leito submarino pela Marinha sueca. Restaurada, tornou-se a principal atração do museu homônimo, inaugurado em 1988.

** Outros onze chefes de Estado e governo compareceram à terceira reunião da Governança Progressista, no Grand Hôtel: Jean Chrétien (Canadá), Ricardo Lagos (Chile), Lionel Jospin (França), Gerhard Schröder (Alemanha), Helen Clark (Nova Zelândia), Aleksander Kwaśniewski (Polônia), António Guterres (Portugal), Thabo Mbeki (África do Sul), Göran Persson (Suécia) e Tony Blair (Reino Unido).

*** Aleksander Kwaśniewski.

tem mais capacidade de mobilizar voto que o [Edmund] Stoiber.* Vai enfrentar esses temas, não usará a linguagem do adversário para ser bonzinho, porque disse que haverá confusão no eleitorado. Tem uma visão bastante estratégica, acha que — não sei o quanto ele ganha de vantagem sobre os outros — terá vantagens para alianças e para formar o governo. Enfim, foi uma reunião eminentemente política. O Jospin fez uma exposição mais formal, mais medrosa com relação a assumir certas posições, porque ele tem medo da imprensa. Em seguida fomos para a coletiva de imprensa. O Jospin me disse que o [Jean-Marie] Le Pen** já o ultrapassou na França, mas que ele não responderia nada sobre isso. Com a imprensa houve uma conversa genérica, e a sensação dos jornalistas foi a de que não aconteceu nada no nosso encontro. Não se pode dizer o que aconteceu, mas houve uma conversa muito franca sobre se os americanos vão ou não atacar o Iraque. Muito franca e acovardada, eu diria, com relação ao multilateralismo ou unilateralismo.

Falamos também sobre meio ambiente, eu insisti nessa questão e também em que não se podia falar só de África e de pobreza. O Thabo Mbeki, presidente da África do Sul, que também estava lá, aceitou o meu reparo, o meu cuidado em não transformar o meio ambiente apenas num modo de falar de pobreza. O tema do meio ambiente é importante e, se falarmos só de pobreza, não se fisgará a opinião pública mundial ambientalista. Enfim, conversamos um pouco para evitar que haja, o que acho quase inevitável, o fracasso da reunião de Monterrey sobre o financiamento do desenvolvimento e de ajuda aos países pobres. E, naturalmente, temas mais personificados, mais específicos, inclusive, nas questões militares, a reação do Canadá quanto aos Estados Unidos quererem que eles comprem armamentos — eles não precisam de armas. Enfim, esse tipo de assunto obviamente não se pode colocar de público, não foi colocado, e os jornalistas ficam sempre com a impressão de que somos bobos da corte. Eu respondi umas duas ou três perguntas, cada um respondeu um pouquinho e nada demais.

Vim para um almoço no hotel, interessante também. Muitos presidentes já tinham ido embora, ficaram só o Guterres, a Helen Clark, que é uma senhora de valor, o Chrétien, e o presidente da Polônia, Aleksander, um sobrenome muito difícil de pronunciar e de escrever [Kwaśniewski]. O Persson estava, obviamente, presente. Ficamos conversando sobre a Europa. É intrigante ver as dúvidas que eles têm, sobretudo os suecos, sobre se vale a pena entrar na união monetária [zona do euro].*** O português, Guterres, dizendo que Portugal perde sempre; agora é a Alemanha que está fechando as metas e não se pode dar como assente que a União Europeia vai

* Governador da Baviera e líder da oposição democrata cristã, Stoiber foi derrotado por Schröder nas eleições parlamentares de 2002.

** Líder da Frente Nacional, de extrema direita, Le Pen disputava uma vaga no segundo turno das eleições presidenciais francesas com o premiê Lionel Jospin. O presidente Jacques Chirac encabeçava as pesquisas.

*** Em 2003, um referendo decidiu pela não substituição da coroa sueca pelo euro.

adiante com uma integração crescente. Por outro lado, há também preocupação com a Itália, porque ela vai entrar no caminho de desregulamentação de suas questões fiscais. E me impressionou a cogitação sobre que talvez a Itália não tenha capacidade de se manter unida... como Itália. Isso me surpreendeu muito. Portugal achando que sempre leva a pior, Portugal e Grécia, e que os três grandes, Alemanha, Inglaterra e França, querem mandar, mas não se entendem. Agora com o alargamento da União Europeia* é mais complicado ainda. Enfim, uma visão menos otimista na defesa de integração do que a que eu tenho. Achei o Persson uma pessoa competente. Ele crê que estamos numa crise mundial, não sabemos ainda se vai haver recuperação, porque foram sete anos de prosperidade, e ele acha pouco provável — aliás eu também — que haja recuperação rápida. Foi uma conversa muito direta, amigável e boa.

Depois disso — eu estava cansadíssimo — descansei e vi na televisão que o Daniel Pearl morreu, foi assassinado pela guerrilha.** Fiz uma declaração de que é preciso ter generosidade. Acho que os Estados Unidos estão preparando psicologicamente a opinião pública para atacarem o Iraque. Por outro lado, o bárbaro assassinato do jornalista americano no Paquistão é inaceitável. Estamos indo pelo caminho da loucura, da irracionalidade.

A Ana me telefonou para dizer que amanhã sai no Datafolha, no Brasil, que eu passei de 24 positivos para 31 positivos no ótimo e bom e caí de 35, ou algo assim, para 29 no ruim e péssimo; e que o resto é regular. Muito bom.*** Subi de 24 para 31, são sete pontos positivos, comparando com o último Datafolha, que eu não sei de quando é, de dois, três meses para agora. Contou também que a Roseana está encostando no Lula, que o Serra subiu e que o Garotinho está por ali.**** Mas a Ana não tinha dados muito certos sobre eles. Isso é bom, porque vai dar ânimo ao nosso pessoal no Brasil. Agora estou preparado para um jantar na embaixada do Brasil, para o último ato oficial. Na verdade, não é oficial, é privado, aqui em Estocolmo. Amanhã vamos a Varsóvia.

Meu primo Carlos Joaquim Inácio veio comigo, porque a mulher dele, Rosana [Diniz Cardoso], vai tocar uma sinfonia [concerto] lá em Varsóvia. Ele quebrou o pé,***** quebrou o tornozelo, coitado. Resultado: está no hospital. Já foi operado, falei com ele, ele talvez vá conosco no avião, mas foi uma coisa desagradável.

* Em 2004, dez novos países passaram a integrar a União Europeia, inclusive Polônia e Eslováquia, etapas seguintes da viagem presidencial.

** Repórter do *Wall Street Journal* sequestrado no Paquistão por milicianos da Al-Qaeda no início de 2002. No dia 21 de fevereiro, os terroristas divulgaram um vídeo da decapitação do jornalista, cujo corpo foi esquartejado.

*** Foi a melhor avaliação obtida pelo presidente no segundo mandato.

**** De acordo com a pesquisa Datafolha publicada em 24 de fevereiro, Lula tinha 26% das intenções de voto, seguido por Roseana Sarney (23%, com empate técnico), Anthony Garotinho (13%), José Serra (10%), Ciro Gomes (8%) e Itamar Franco (6%).

***** O primo do presidente escorregou no gelo e quebrou o pé direito na chegada à capital sueca.

Curiosamente, quando fomos em 1994 à Tchecoslováquia, eu e Ruth, ele foi também, foi jantar conosco e desmaiou no jantar. Eu disse: "Meu Deus, você não pode viajar comigo, pois dá sempre alguma confusão". É pena, é uma pessoa por quem tenho estima, e agora acho que talvez ele não possa seguir viagem conosco, terá que voltar para o Brasil, vamos ver. Mas já perdeu a graça essa parte da viagem. A Júlia, minha neta, está eufórica, se comportando muito bem. Levamos a Júlia para falar com a princesa, esqueci de dizer que ontem à tarde fomos ver a princesa Victoria, filha da rainha Silvia, que é brasileira. A princesa não fala português. A avó* morava no Brasil e ela foi visitá-la muitas vezes. É uma moça simpática, a mãe é mais bonita, a princesa tem o queixo um pouco pronunciado e anda com aqueles terninhos de rainha. Tem 25 anos. Eu a convidei para ir ao Brasil na cerimônia de transmissão da tocha, porque acho importante que o Brasil mantenha algum pé na Suécia. O fato de a rainha Silvia ser brasileira ajuda a criar um clima mais favorável.

HOJE É QUINTA-FEIRA, DIA 28 DE FEVEREIRO, onze e meia da manhã. Estou de volta a Brasília. Vou registrar o que aconteceu na Polônia e na Eslováquia.

Polônia: chegamos lá, como estava programado, no domingo.** Passeamos pela cidade [Varsóvia], no domingo mesmo fomos ver a antiga zona do gueto, fotografia com a minha neta Júlia, porque o outro avô dela*** é judeu, ela e eu fomos ao gueto com o Celso Lafer. Depois visitamos a cidade antiga, fotografia, aquela coisa habitual. Todo mundo com um frio danado, menos frio que na Suécia, mas com neve, começou uma neve forte. E à noite fomos jantar com o presidente Aleksander Kwaśniewski e a senhora dele, que se chama Jolanta [Kwaśniewska], Iolanda em português, com "j" no início. Foi um jantar num restaurante simples... Simples não, de comida polonesa simples, comemos muito bem, num clima admirável. Tanto ele quanto o primeiro-ministro,**** quanto o pessoal do gabinete dele, numa alegria, uma satisfação. Esse Aleksander, desde que eu o vi a primeira vez em Davos, em 95, tive simpatia por ele. É uma pessoa dinâmica, e a mulher também. Gente muito up-to-date, que sabe das coisas. E tem posição independente. Já fiz aqui algumas referências ao desempenho dele em Estocolmo.

No outro dia, que foi segunda-feira, começou cedo a minha cerimônia oficial de chegada, uma neve danada, muito frio, apresentação de todo mundo. Fotografias e reuniões conjuntas. Dei declaração à imprensa, a imprensa querendo saber das coisas do Brasil e nós tentando levar a discussão para o que importava lá, que

* Alice Sommerlat.

** O presidente se hospedou no Palácio Belweder, residência para convidados oficiais.

*** Abram Zylbersztajn.

**** Leszek Miller.

são as oportunidades de negócio que existem. A Vale do Rio Doce fez um acordo grande na Polônia.* A Polônia tem um déficit comercial conosco** que dificulta vendermos mais à Polônia do que compramos. Mesmo assim, há muitos caminhos positivos sobre os quais conversei com o presidente Aleksander no decorrer dos dias em que estive lá. Não vou entrar em detalhes, falei com o presidente da Câmara,*** com o presidente do Senado.**** No Senado já me conheciam. E todos eles de nível, o da Câmara, um homem muito organizado, cabeça sólida, de estilo um pouco mais duro que o do Senado, mas extremamente competente.

A Polônia me deu a impressão de estar sendo dirigida por uma elite qualificada.

Dei entrevistas, houve um banquete grande de homenagem a mim, como é habitual nessas ocasiões. Houve troca de medalhas, me deram uma medalha***** que só deram até hoje a quarenta pessoas, ela só é oferecida a chefes de Estado da Europa central e oriental, fizeram uma exceção, é a medalha da Águia Branca. É interessante remarcar que a elite da Polônia é competente, capacitada, que está atualizada e sabe o que quer, e declara querer entrar na União Europeia. Eles têm dúvidas, mas querem entrar na União Europeia. Têm bom relacionamento com todos os vizinhos neste momento. Muito desemprego. Depois de um momento de desenvolvimento mundial, agora a contração mundial levou a Polônia a sofrer. Mas o desemprego me chocou, é muito alto, não me recordo o quanto, 18%, alguma coisa dessa magnitude, o que, comparado com o nosso, de menos de 8%, é extraordinariamente elevado. Isso foi o mais marcante, que eu me recorde, nas conversas que tive com o presidente.

Nelas também ficou claro que o presidente tem uma relação de certa proximidade com o Putin, primeiro porque fala russo muito bem, tanto ele quanto a Jolanta, os dois falam russo correntemente. O Putin, segundo ele, quando está à vontade, é muito mais cabeça aberta do que o Putin de quando está com toda a burocracia de lá. O Putin é tímido, tem muitos problemas dentro da Rússia, principalmente a ameaça da desintegração territorial, a Chechênia,****** essa coisa toda. Ele acha que é preciso cultivar mais o Putin e que o Putin ainda tem muito que aprender. É curioso como o Aleksander tem... ele faz um trabalho, digamos... educativo das elites da Europa central. Ele se dá muito bem com o Kutchma, o da Ucrânia, se dá muito bem com o [Rudolf] Schuster e com o Putin. Tem um relacionamento forte com toda

* A Vale assinou uma carta de intenções com siderúrgicas polonesas para exportar 2,5 milhões de toneladas de minério de ferro por ano, durante dez anos, com receita prevista de US$ 400 milhões. Segundo o acordo, a mineradora brasileira concordou em participar das obras de ampliação do porto de Gdańsk.

** Em 2001, o Brasil exportou US$ 168,2 milhões e importou US$ 105,3 milhões da Polônia.

*** Marek Borowski.

**** Longin Pastusiak.

***** Grande Colar da Ordem da Águia Branca, maior condecoração polonesa.

****** Depois de derrotar os rebeldes separatistas da república do Cáucaso no início de 2002, Moscou enfrentava a insurgência terrorista de inspiração islâmica.

essa gente e é realmente um homem de cabeça progressista, de cabeça positiva, me pareceu.

O concerto que o Brasil montou lá e ao qual meu primo acabou indo também, mesmo de perna quebrada, porque a Rosana Diniz mulher dele tocava, foi muito bom, foi um concerto bem-feito, de autores brasileiros.* Tocaram uns autores não muito conhecidos por lá e nem mesmo aqui — o Carlos Gomes era o mais conhecido. Mas o [Hekel] Tavares não é tão conhecido nem o Alberto Nepomuceno. No final, "Aquarela do Brasil", com batucada e tal, e os poloneses foram ao delírio. Isso foi no domingo, dia 24, quando fui jantar com o presidente da Polônia.

O mais importante a registrar dessa passagem pela Polônia é o avanço, o primeiro, na questão comercial. Fiz uma exposição aos empresários poloneses e brasileiros que lá estavam, no Fórum,** e dei uma aula na faculdade de Economia,*** na qual me emocionei, porque foi a escola do [Michal] Kalecki**** e do Ignacy Sachs.***** Uns quinhentos estudantes, todos vibrando, respondi perguntas, enfim, mostrei as coisas do Brasil, a diferença do Brasil com a Argentina. Tudo muito correto, me pareceu, e positivo para nós na Polônia.

De lá fomos à Cracóvia, na terça-feira passada, dia 26, simplesmente para visitar a universidade,****** que é muito antiga. O reitor******* fala francês perfeitamente, entusiasmado porque eles têm um centro de estudos lusitanos que querem ampliar para estudos brasileiros. Encontrei na rua três moças que estudam lá, vi o grupo que estuda língua portuguesa e brasileira, tudo muito simpático lá na universidade. Depois fomos a um almoço num restaurante dentro de um hotelzinho, com a autoridade nacional que representa o governador na Cracóvia******** mais os locais. Andamos pelas ruas, é uma bela cidade com uma enorme praça central, a praça do Mercado. O Mercado mesmo é medieval, mas a fachada foi feita por italianos renascentistas. Em alguns prédios há algo de barroco, é uma mistura simpática.

De lá tomamos o avião para a Eslováquia,********* o Schuster me esperava, ele tem delírio pelo Brasil. Cerimônia de chegada, não sei o que mais, depois jantar. O jan-

* Com a Orquestra Filarmônica Nacional de Varsóvia, a pianista executou as *Variações humorísticas para piano e orquestra*, de Alberto Nepomuceno, e o *Concerto em formas brasileiras*, de Hekel Tavares. A récita, que começou com a protofonia de *O guarani*, de Carlos Gomes, aconteceu na sede da orquestra, com promoção da embaixada brasileira.

** Fórum Econômico Brasil-Polônia: Novas perspectivas de parceria, organizado pela Câmara Nacional de Comércio polonesa (KIG), com empresários dos dois países.

*** Escola de Economia de Varsóvia.

**** Economista polonês (1899-1970).

***** Economista polonês naturalizado francês.

****** Universidade Jaguelônica, fundada em 1364.

******* Franciszek Ziejka.

******** Presidente da província de Malopolska.

********* Fernando Henrique foi o primeiro chefe de Estado brasileiro a visitar o país, desmembrado da antiga Tchecoslováquia em 1992.

tar foi admirável, música cigana, ele entusiasmado, mostrando que há possibilidade de intercâmbios. A Embraer já está lá na Eslováquia produzindo compressores e há possibilidades na área do turismo. No dia seguinte de manhã, recebi o título de doutor honoris causa da universidade da Eslováquia,* cerimônia que foi deslocada para o castelo de Bratislava, que era dos Habsburgo, porque eu não pude ir à cidade onde fica a universidade, se chama Nitra essa cidade. Um discurso muito bem-feito pela reitora, umas duzentas pessoas, muitas vestidas com uniformes talares, eu também pus minha veste talar para receber o título de doutor. Fiz discurso e voltei.

Nesse meio-tempo aqui no Brasil, o TSE tomou uma decisão, dura, eu não vi ainda os termos exatamente, mas proibindo coligação, a não ser que ela seja a mesma de alto a baixo. Isso provoca uma revolução. Dei declarações cautelosas, mas bem positivas a respeito, porque acho que é melhor mexer na estrutura partidária de qualquer maneira. Mas é violento. O Marco Maciel acabou de me telefonar, naturalmente para eles lá em Pernambuco é grave, porque separa o PFL do PMDB, se não houver uma junção nacional, e por outra parte trouxe um argumento que é verdadeiro: nós sempre pensamos em impedir a coligação em nível das bancadas, mas como temos a eleição em dois turnos a coligação entre partidos no segundo turno é mais ou menos inevitável. Então se criou uma confusão razoável nessa matéria. Marco Maciel esclareceu que aquilo que os jornalistas disseram a mim — que o Tribunal tinha postergado a entrada em vigência da norma que estabelece o que eles chamam de "critério de desempenho", ou seja, se o partido não tiver pelo menos 5% de eleitores, não tem qualidade de partido — não é bem assim. Eles facilitaram apenas a questão relativa às vantagens e prerrogativas na Câmara dos partidos que não obtiverem essa proporção, mas não mudaram a data de vigência da cláusula de barreira.** Enfim, é primeiro ler o texto, para depois saber que consequências terá.

Vejo que a Câmara está em polvorosa. Embora tenham votado a CPMF ontem,*** está em polvorosa, já querem fazer um decreto legislativo para suspender a decisão do Tribunal, o que não podem. Enfim, vamos ter dias agitados nessa área, por causa da decisão do TSE. Claro que há, aqui e ali, insinuações de que o governo foi o autor da ideia. É mentira, eu só soube disso pela imprensa, na verdade o Miro fez essa proposta. Acho que o Miro terá conversado com o Jobim. Pode ser até que o Jobim tenha conversado com o Serra, mas o Serra estava na dúvida, como eu já disse aqui, sobre o efeito que isso teria. Aliás, todos estão na dúvida, e eu continuo achando

* Universidade Konštantín Filozof.

** No pleito de 2006 entrou em vigor a sanção legal a partidos incapazes de receber 5% dos votos nacionais e 2% dos votos em ao menos nove estados, os quais ficaram impedidos de presidir comissões no Congresso, passaram a receber menos recursos do Fundo Partidário e perderam tempo de propaganda em rádio e TV.

*** A Câmara rejeitou por 336 a 114 um destaque do PCdoB para estender a cobrança de CPMF a operações na Bolsa de Valores.

que, em termos gerais, é melhor que se busque um mecanismo que dê mais coerência aos partidos. E o Congresso não vai fazer isso. Assim, se o Tribunal assumiu o risco, vamos aproveitar essa coragem para, por trás dele, apoiar as reformas no sistema partidário. Feitas essas reformas, falta só o sistema eleitoral, que é mais complicado, mas essa já é outra matéria.

Fora isso recebi informações de que o dólar despencou, que o real se valorizou, que a Moody's fez uma classificação mais positiva do Brasil,* enfim, o clima não está negativo por aqui.

* A agência de classificação de risco mudou a perspectiva do *rating* brasileiro de estável para positiva. O dólar caiu 1,58%, cotado em R$ 2,36, menor valor do ano.

3 A 8 DE MARÇO DE 2002

O caso Lunus. Visita do príncipe Charles. Viagem ao Panamá. O PFL e a família Sarney rompem a aliança com o governo

Hoje é domingo, dia 3 de março. São cinco e meia da tarde, estou à espera do Pimenta, que deve chegar aqui às seis. Vamos rememorar o que aconteceu.

Na quinta-feira, quando eu voltei, dia 28 de fevereiro, recebi de manhã o [George] Legmann, ele veio com a Danielle para fazermos uma revisão nos meus direitos autorais. Ele cuida de algumas traduções de meus livros. Recebi o general [Ioan] Talpeș, o chefe de segurança [inteligência] da Romênia, ele veio com o general Cardoso. Recebi um diretor de uma empresa de tecnologia da China chamado Ren Zhengfei* depois o Pascal Lamy,** esse foi o mais interessante, tivemos uma longa conversa. O Lamy é um dos homens mais bem informados sobre a Europa. Ele acha que seria ilusão imaginar que a entrada da Polônia na União Europeia pudesse propiciar uma mudança na política agrícola comum a curto prazo. Não obstante, reconhece que a longo prazo poderia afetar. Veio com a proposta de aprofundarmos a relação entre Mercosul e União Europeia, numa base realista, o que é difícil, eu disse, mas aprofundarmos dando passos políticos mais fortes etc. Tudo para responder ao marasmo atual e à questão da Alca.

Depois fui encerrar o Congresso das Associações Comerciais do Brasil*** no edifício novo do Hotel Blue Tree, que fica infernizando nosso olhar com o vermelho berrante das paredes, construído quase no jardim do Palácio [da Alvorada]. Lá fiz discurso, expliquei de novo inflação, reforma tributária, o trivial ligeiro.

Fiquei até tarde da noite discutindo com o Malan, com o Amaury Bier e com o Everardo Maciel a minirreforma tributária que eles estão propondo. Trabalhei até quase meia-noite, e isso no dia em que cheguei da Europa. Acho que essa reforma não vai dar muito certo, vai ser considerada pífia, e é o máximo que essa trinca da Fazenda concede. Em todo caso, eles vão conversar com o Sérgio Amaral, vão conversar com o Armínio Fraga, e aí veremos se dá para apresentar algo mais audacioso, porque essa eu acho que a Câmara vai tentar dar um salto e passar por cima.

Na sexta-feira 1º de março, recebi aqui o Geddel com Benito Gama, eles vieram me informar que vão ser candidatos, o Benito a governador e o Geddel a deputado, e querem apoio, naturalmente. O senador Iris Rezende veio também, chamado por mim através do Roriz, para fazer uma ponte com o governador de Goiás, que é do

* Presidente da Huawei Technologies.

** Comissário de Comércio da União Europeia.

*** XII Congresso da Confederação das Associações Comerciais e Empresariais do Brasil.

PSDB, o Marconi Perillo. O Iris sempre foi relativamente próximo a mim, essas coisas políticas, e embora esteja na oposição é uma oposição benigna dentro do PMDB e pode ser puxado de novo. O mais importante foi um almoço que tive com o José Eduardo dos Santos, presidente de Angola.

Almocei no Palácio do Itamaraty porque eles tinham acabado de matar o Savimbi, e ele veio me contar essas coisas, dizer que os americanos mudaram de atitude com relação a ele, e agradeceu o apoio do Brasil ao MPLA, que foi constante. Sintetizando, eu disse a ele: "O senhor já está na história pela independência de Angola e por seu papel na consolidação. Agora o senhor será consagrado se for generoso com seus vencidos, não os massacrando e chamando-os para a conciliação, para fazer eleições". Feito isso, Angola tem tudo para avançar. Conversei com ele sobre a importância da continuidade das nossas empresas lá, notadamente a Petrobras e a Odebrecht. Elas vão continuar, a Odebrecht quer fazer um aeroporto e a Petrobras perfurar para petróleo. Essas duas abrem caminho para muitas outras empresas brasileiras lá.

Voltei para o Palácio da Alvorada, estava muito cansado, dormi um pouco depois do almoço e em seguida recebi o Garibaldi Alves juntamente com o Geraldo Melo e com deputados, que vieram discutir a questão dos camarões, porque o Ibama está atrapalhando a exploração de camarões em salinas que já estão desativadas. Quando eu estava falando com eles, recebi um telefonema, era o Jorge Bornhausen, muito excitado com a notícia de que a Polícia Federal tinha invadido os escritórios da Roseana no Maranhão, por causa da Sudam.* Eu disse ao Jorge que não fazia a menor ideia disso, pedi que me falasse do que se tratava, mas que certamente não era coisa nossa. Ele disse: "Ah, telefona pra lá para apagar o incêndio". Antes de continuar a contar todo esse episódio, quero registrar que ainda recebi o ex-prefeito de Ouro Fino. O Burza [João Bellini Burza, médico psiquiátrico, antigo companheiro] foi padrinho de casamento meu e da Ruth, vão dar a uma praça o nome dele e querem que eu vá a Ouro Fino. E ainda recebi o José Jorge, muito calmamente. Contei a ele a conversa com Jorge Bornhausen, o José Jorge está disposto a ficar no ministério até o fim do governo, despachou muito normalmente. Pois bem, nesse dia ainda estive mais tarde com um deputado americano ligado aos cubanos, Mario Díaz-Balart.** Parece que é um dos mais conservadores dos Estados Unidos e muito amigo do Bush.

* Em 1º de março, a PF cumpriu mandado de busca e apreensão na sede da Lunus Serviços e Participações, em São Luís, de propriedade da governadora pefelista e de seu marido, Jorge Murad, gerente de Planejamento e Desenvolvimento Econômico do Maranhão. A operação fora solicitada pelo MPF-TO e autorizada pela Justiça Federal do Tocantins, que encontrou indícios de participação da Lunus no desvio de R$ 44 milhões em empréstimos federais para a construção da Usimar, uma indústria de autopeças, nunca realizada. O conselho da Sudam aprovara o projeto em 1999, numa sessão presidida pela governadora do Maranhão. A polícia apreendeu documentos, computadores e R$ 1,3 milhão em dinheiro na Lunus.

** Pelo Partido Republicano.

E tivemos um jantar longo de despedida da Malak [Poppovic], mulher do Pedro Paulo, que deixa seu trabalho aqui em Brasília. Eram umas noventa pessoas, muito agradável, amigos nossos de São Paulo, de toda parte. Evento exclusivamente social. Entretanto mal pude desfrutar, porque, depois do telefonema do Jorge, foi um corre-corre, eu tinha dito a ele que falaria com a Roseana, e foi o que fiz. Telefonei para a Roseana, ela estava fora de si, acusando o governo, todo mundo, dizendo que sempre foi leal. Eu disse: "Roseana, eu não sei do que se trata, vou ver, mas se a Polícia Federal está aí será por ordem da Justiça. Vou examinar e vamos ver o que dá para fazer". Em seguida o Sarney me telefonou, aí foi muito difícil. Perdi a calma, ele começou a encrespar, eu encrespei também. Falamos com voz muito dura um com outro. Ele disse que tinha que respeitar o presidente da República, eu disse que não só, que nós éramos amigos. "É, nossa amizade é inabalável", ele disse. Eu disse: "Pois, é, mas não posso ouvir de você o que você está dizendo". Ele estava dizendo que o Aloysio era o responsável, que era manobra política, que ele já tinha sido alertado e me dito que a Polícia Federal estava atuando lá, e também a Abin. Eu disse: "Mas, Sarney, o general Cardoso, alertado por mim, foi ver e não havia nada, ele falou com você, não existe nada disso". Bom, agora, pensando ex post, acho que já seria gente da Polícia Federal atrás da questão da Sudam, mas é um inquérito normal, não tem nada a ver com perseguição política. Mas na hora nem pensei nisso. O Sarney disse: "É absurdo! Uma sexta-feira à tarde a Polícia Federal faz isso, é uma ação política, porque...", e insinuou que era contra a Roseana... "a minha filha!". Naquele estilo exaltado e passional do Rigoletto. "Bem, eu entendo, é sua filha, claro, mas não há nada disso, você tem que entender, eu vou ver do que se trata, mas duvido. Eu não posso aceitar o que ouvi, você dizer, insinuar, que o Aloysio... sem você ter qualquer evidência disso".

A conversa foi difícil, muito difícil. Apurei as coisas, falei com o Agílio [Monteiro Filho]* muitas vezes, falei com o Aloysio, que estava justamente almoçando com Jorge Bornhausen, estava voando àquela altura de Santa Catarina para São Paulo, e eu até creio que o Jorge soubesse de tudo antes que o Aloysio, antes do almoço. O Aloysio foi informado da invasão, segundo ele me disse, depois. Eu não consegui precisar a que horas ele foi informado, hoje ele me disse por telefone que foi às seis da tarde, não sei se daquele dia ou da véspera. O fato é que o Aloysio me disse também que o secretário de Segurança do Maranhão** foi informado e que havia um advogado da Roseana*** assistindo à busca e apreensão, o que está, aliás, confirmado pelo noticiário dos jornais de hoje, dia 3, onde até há um diálogo da Roseana tentando impedir, o juiz explicando que não podia, mandou falar com advogado e prosseguiu a questão. Finalmente falei de novo com o Agílio, eu disse: "Ah, Agílio,

* Diretor-geral da Polícia Federal.

** Raimundo Cutrim.

*** Vinicius Martins.

me arrume o mandado de busca e apreensão". Ele mandou a cópia do mandado de busca e apreensão e, é claro, que foi o juiz do Maranhão* recebendo uma precatória de um juiz de Tocantins,** em função do processo que estão movendo lá contra o chamado escândalo da Sudam, ou seja, a mesma coisa que atribuem ao Jader.

Muito bem, telefonei de novo para o Jorge Bornhausen, falei três vezes com ele nesse dia, e li a nota. Não entendi direito o que ele falou, eu estava num celular péssimo e na hora do jantar, no meio de toda aquela gente; fui atender na varanda, estava difícil de ouvir. Mas falei, li o troço [a nota do Agílio] para ele etc. Nessa mesma noite recebi um telefonema do Everardo Maciel, ele me disse: "Presidente, eu soube, eu sabia, eu não disse nada ao senhor". Aliás, não tinha por que dizer, nem o Aloysio tinha por que me dizer, porque, se me dissessem, o que eu iria fazer? Iria sustar? Iria informar a Roseana? Ia ser conivente? Não se pode, quer dizer, hoje em dia os procedimentos judiciais e policiais ficaram normais. O que se tem que fazer nessa hora é o que eles fizeram no dia seguinte, ontem, sábado: apelar à Justiça para a Justiça ver se há algum mecanismo que freie. Não tem outro jeito, não há de ser pelo arbítrio federal. Eles não estão habituados com a democracia. Aliás, eu disse ao Sarney, quando ele falou "porque no meu governo...". Eu disse: "Que meu governo, Sarney? O seu governo ainda era autoritário, até 88 foi autoritário, então não é assim, não, agora mudou muito". No fundo, eles custam a entender.

A elite dominante brasileira, sobretudo essa mais do Norte e Nordeste, não aceita a quebra de privilégio. A Roseana repetiu esta jogada: "Eu tenho foro especial". Foro para ser julgada, não quer dizer que não possa existir investigação sobre um crime comum, como é o caso, se é que houve, do abuso de dinheiro da Sudam.*** Eles não aceitam isso, como não aceitam a normalidade democrática e a cidadania, acham que é o contrário, que eu é que estou sendo arbitrário por deixar que a democracia funcione normalmente. É uma situação curiosa, isso é muito enraizado, arraigado, na mentalidade política brasileira tradicional. E passa à população de modo confuso, ela não entende muito bem se houve arbítrio ou não. Não houve arbítrio algum, se houve abuso de poder — eu não creio que tenha havido —, é coisa da Justiça. Mandou está mandado. Só outra instância da Justiça pode frear. Como freou — não completamente, aliás —, mas esse juiz daqui que é bastante amalucado, o Tourinho [Fernando Tourinho Neto],**** mandou sustar a remessa de todos os documentos para Tocantins. E deixou-os no Maranhão, para que um juiz sorteado no Tribunal de lá possa verificar se as diligências procedem mesmo, se há base legal para recolherem os documentos que recolheram.

* José Carlos Madeira, da 1ª Vara Federal do Maranhão.

** Ednamar Silva Ramos, da 2ª Vara Federal do Tocantins.

*** Em 2003, o ministro Gilmar Mendes (STF) arquivou o processo contra Roseana Sarney, denunciada pelo MPF por formação de quadrilha, estelionato, falsidade ideológica e peculato.

**** Presidente do TRF-1.

Mas eu dizia que à noite me telefonou o Everardo me dizendo que já sabia. "Eu não disse nada ao senhor, mas eu sabia, porque a Receita está lá em cima também. E apreenderam dinheiro, mais de 1 milhão de reais."

Eu perguntei: "Everardo, eles podem fazer isso? Não é uma violência?".

"Podem, há uma ordem legal."

"Está tudo legal?"

"Está tudo legal."

Falei de novo com o Agílio, que me garantiu que havia cumprido a lei passo a passo.

No dia seguinte, ontem, a repercussão foi imensa. A revista *Época* veio com detalhes, mostrando que a lambança é grande. Várias empresas envolvidas, na mídia atribuem tudo ao Jorginho [Jorge Murad]. A empresa que foi vasculhada não é do Jorge, é da Roseana, ele é sócio minoritário, chama-se Lunus. Há suspeita de remessa de dinheiro para fora, lavagem de dinheiro, por enquanto só suspeita, mas cheira mal, porque o caso está ligado àquele relatório que apareceu lá atrás e que o Antônio Carlos utilizou como se fosse coisa dele, denunciando, há muito tempo, irregularidades contra a Sudam (era uma investigação que estava sendo feita pela Polícia Federal e pelos procuradores). Antônio Carlos está dizendo o contrário, que é preciso romper com o "governo arbitrário". Não há arbítrio algum, o que apareceu é consequência de investigações que estavam sendo levadas adiante. Ele tentou se apropriar delas para denunciar o Jader. Agora quer que se parem as investigações; não quer nada, quer é fazer bagunça. Elas vêm de longe e já se falava da Usimar, uma indústria de autopeças que seria montada no Maranhão, dizem que a Roseana estaria presente no Conselho da Sudam, quando a empresa foi autorizada a funcionar, que o Jorge teria intermediado esse projeto lá, muita confusão. A situação não está clara para mim, não quero acusar porque não sei efetivamente do que se trata, mas tem problema.

Isso foi no dia de ontem, sábado, quando eles reagiram dessa maneira. O Aloysio deu uma entrevista boa na Globo, dizendo que ele simplesmente cumpriu a lei e que, enquanto for ministro da Justiça, a Polícia vai agir assim, juridicamente, como deve, obedecendo à lei, porque a Polícia Federal é polícia judiciária, ou seja, a Justiça dá ordem à Polícia Federal para que ela execute. Nem passa por nada, é piloto automático, como disse o Aloysio. Entre ontem e hoje os jornais noticiaram tudo escandalosamente. É claro que o PFL está reagindo politicamente, porque deve haver alguma podridão e eles têm medo que isso conspurque a campanha da Roseana. Eu não gosto desse estilo de campanha baseado na lama, jamais faria isso. Não apoio, não quero que se explore politicamente o caso. Mas vai ser explorado, é tarde, vai ser explorado. Acho mesmo que eles erraram na reação forte, porque agora todo mundo acha que é mesmo um caso gravíssimo. Deveriam ter dito que a investigação estava errada... que o Jorginho não deve nada... que a Roseana não tem nada com isso... e ver depois como era a questão. Mas não, fizeram logo um cavalo de batalha para romper com o governo.

Hoje a Roseana fez declarações duras, dizendo que eu sabia de tudo, que o Aloysio sabia de tudo, irresponsável como ela é. Mostrou o que eu digo sempre aqui, já devo ter registrado, é uma moça teimosinha, quer porque quer ou não quer porque não quer. Agora ficaram claras as limitações dela para ser presidente do Brasil, isso ficou visível na reação dela a esse episódio. O Zequinha Sarney está me procurando, já sei por quê, porque quer apresentar o pedido de demissão. Eu não respondi ao telefonema dele, vou fazer isso amanhã. Quero que a coisa amaine um pouco.

O Jorge, depois dessas explosões, tomou a atitude correta, ou seja, levou a reunião da Executiva do PFL para quinta-feira que vem, em vez de terça. Hoje falei ao telefone com o Marco Maciel, contei tudo isso a ele. O Marco está com a mãe* muito mal em Recife, por isso telefonei, aproveitei e contei esses episódios. Eu disse que estava para receber o Zequinha, que será difícil impedir que o Zequinha saia do governo, embora eu tenha me comprometido com o Jorge e com o Marco Maciel a não aceitar a demissão agora, não por causa desse episódio, mas já antes, para não precipitarmos a mudança de ministérios. Mas a Roseana está exigindo solidariedade do irmão, e fica ruim, por que dá a impressão de que ele sai porque houve um ataque político à irmã. Não houve, é um inquérito policial que encontrou porcaria, ou talvez tenha encontrado porcaria, porque nem isso eu sei. Mas veja como a política muda...

Nesse meio-tempo, grandes confusões por causa do Tribunal Eleitoral. Na verdade, ninguém sabe realmente qual é a regra do Tribunal Eleitoral, eles vão publicar na semana que vem. Tudo que eu disse aqui pode ter sido extemporâneo, poderia ter sido resolvido antes, e não resolveram porque o Brindeiro, que é primo do Marco Maciel, passou seis meses sem dar parecer. E foi em agosto do ano passado que o Miro levantou a questão. Em todo caso, é por isso que não saiu já. Acho também que se trata de uma decisão que eu não sei há base legal para eles ampliarem tanto, usando o poder interpretativo. Mas, enfim, isso veremos depois do dia 5.

Falei com o Serra, que me disse que vai ficar à margem dessas discussões da Roseana. Acho bom, porque há muitas suspeitas, como sempre, de que o Serra estaria por trás. Não está, eu duvido, ele não tem nem poder para isso, não tem meios para isso, mas sempre haverá essa maledicência.

Falei com o Pimenta várias vezes, ele é uma pessoa equilibrada, falei com o Aloysio várias vezes. Daqui a pouco vou receber o Pimenta e hoje à noite janto com o Fernando Gasparian e a Dalva [Funaro Gasparian],** e ainda com o Artur da Távola e a Mirian [Nogueira Lobo], mulher dele, e certamente vamos voltar a esse tema. O clima político esquentou, esquentou muito.

* Carmen Maciel morreu de câncer em julho de 2002.

** Mulher de Fernando Gasparian.

Uma nota para acrescentar. A Ana me telefonou dizendo que o Zequinha telefonou para ela aflito, porque eu não respondi o telefonema dele. E que está muito aborrecido porque pensou que fosse escapar da família dele, pelo fato de ser ministro, mas não, vai ter que sair do governo de uma maneira que ele não queria, porque ele gosta muito de mim. Ele já pediu demissão há algum tempo, queria vir agradecer com uma carta de simpatia, e vai ter que sair dando a impressão de ser um ato de solidariedade à irmã. Eu disse a ela para telefonar a ele e dizer que eu não o chamei hoje, domingo, porque eu queria dar tempo ao tempo e que amanhã, segunda-feira, vou chamá-lo, e que entendo a posição dele. Ainda vamos tentar ver o que dá para fazer.

HOJE É SEXTA-FEIRA, 8 DE MARÇO. Estou desde domingo sem anotar nada. Por razões óbvias. Foi uma semana extremamente tumultuada, com crise no PFL e viagem para o Panamá. De qualquer maneira vamos recordar.

Segunda-feira, 4 de março, comecei o dia dando uma entrevista à GloboNews, à Cristiana Lôbo. Na entrevista eu disse que achava que a crise me parecia mais uma tempestade em copo d'água que pescou o PFL. Que nunca imaginei que o PFL fosse embarcar numa briga nacional por causa de um inquérito policial. Fora isso, fiz as ponderações habituais, com tranquilidade. Disse que era preciso dirigir o país com um perfil de equilíbrio, de bom senso, de razoabilidade, discernir o interesse pessoal, o nacional, o partidário, e que nada disso se faz com emoção. Algumas pessoas leram como se fosse uma crítica à Roseana. Confesso que foi apenas uma explicitação do que faço sempre, do que penso.

Em seguida, tive uma reunião rápida com o pessoal de comunicação social, para ver uma campanha que estamos fazendo até julho, de sustentação das posições políticas do governo, das políticas sociais do governo.

Gravei o programa de rádio e, em seguida, recebi o príncipe de Gales.* Uma longa conversa com ele na biblioteca, depois um almoço grande, com muita gente. O príncipe de Gales, quer dizer, o príncipe Charles, é uma pessoa mais para tímida, simpática, discreta, muito gentil, falou com cada um dos que almoçaram com ele, disse uma palavrinha de alegria, deu atenção às pessoas. É obcecado pelo mundo alternativo, alimentação orgânica, preservação da natureza, ele sustenta organizações não governamentais com esse espírito. A visão dele é de horror à guerra no Oriente Médio, me pareceu uma pessoa boa, se é que posso qualificar alguém assim. Tem boas intenções, e disse que sofre as contingências de ser príncipe, sabe que amanhã vai ser rei e encara isso, acho eu, sem grande energia nem alegria. Mas com dignidade. Imagem, portanto, distinta da que sempre tive dele, como se fosse apenas uma pessoa chata.

* O herdeiro do trono britânico viajou a Brasília, Rio de Janeiro e Palmas num roteiro de dois dias de visitas a autoridades e ONGs sociais e ambientais apoiadas pelo Reino Unido.

Ainda mais em contraste com a princesa Diana que eu conheci e já registrei minhas impressões sobre ela. Em um dia em que eu estava preocupadíssimo com a crise que tinha implodido no PFL, tive que receber o príncipe de Gales.

Saí correndo porque fui receber a carta de demissão do Zequinha. O Zequinha foi perfeito. Ele disse, não com essas palavras, disse à Ana... que tinha o "estigma" da família. Mas não quis nem tocar no assunto, quis sair com amizade e tem que sair nessa solidariedade constrangida à irmã, porque ele sabe que ela é teimosa.

Decidimos que o secretário executivo dele, o José Carlos [Carvalho], que é de Minas e ligado ao PSDB, iria substituí-lo, era o candidato da preferência do Zequinha. Curiosamente, tinham me telefonado para dizer que queriam o Paulo Nogueira Batista Jr.,* por quem tenho enorme admiração. Se fosse no início do governo vá lá, mas precisamos agir com rapidez agora, para terminar o que está sendo feito e não adotar ideias diferentes das que estão em marcha. Até o Olavo Setúbal, que eu prezo tanto, mandou uma carta nesse sentido [apoiando-o].

Recebi o Jean Ziegler, que é o relator da ONU para o direito à alimentação. Foi uma tarde de papo agradável. Contei coisas antigas, de como era a USP, do Sartre,** dos professores franceses, minha experiência em Nanterre*** e também o que estamos fazendo aqui. Passei a ele um relatório muito bem-feito, basicamente de autoria do Roberto Martins, do Ipea,**** sobre as várias políticas sociais que resultam numa alimentação adequada.

Depois ainda fui presidir o Conselho Deliberativo da Sociedade Brasileira Pró-Inovação Tecnológica, chamada Protec,***** do Roberto Nicolsky, que é o incentivador disso, e com o pessoal da indústria, inclusive o Horacinho Lafer. Foi uma coisa simpática, eles têm uma boa visão. Fiz um discurso rápido.

Fui à reunião do Conselho Nacional de Política Energética, onde decidimos a abertura da licitação para Belo Monte, entre outras coisas. E ainda recebi depois disso o Almir Gabriel para os comentários administrativos normais dele. Falamos muito pouco de política porque eu estava preocupado na verdade com o que andava acontecendo aqui em Brasília, que eram reuniões sucessivas do PFL. Eu não tinha nem tempo de expor tudo ao Almir.

Vim para o Palácio da Alvorada, onde já me esperavam três ministros do PFL que eu tinha chamado, o Roberto Brant, o José Jorge e o [Carlos] Melles.****** Pedi

* Professor de economia da Fundação Getulio Vargas.

** Em 1960, Fernando Henrique e Ruth Cardoso, entre outros intelectuais, organizaram conferências de Jean-Paul Sartre e Simone de Beauvoir em Araraquara (SP) e São Paulo.

*** Universidade Paris X, em Nanterre (subúrbio da capital francesa), atualmente denominada Paris Ouest Nanterre La Défense. Fernando Henrique lecionou em Nanterre em 1967-68.

**** Presidente do Ipea.

***** A entidade empresarial recém-fundada, com sede no Rio de Janeiro, congrega as maiores associações patronais da indústria de bens de produção.

****** Ministro do Esporte e Turismo.

que o Arthur Virgílio e o Pedro Parente estivessem presentes à reunião. O Melles e o Brant estavam em Minas com a Roseana e demoraram um pouco para chegar, e eu estava preocupado, porque às nove e meia tinha um encontro com o Aécio Neves e não queria cruzar os dois encontros. Na reunião fui franco com eles: "Olha, o PFL está ameaçando romper, dizendo que rompe porque houve ingerência política num processo contra a governadora do Maranhão. Isso quer dizer que o PFL está acusando o governo, e portanto a mim, de termos usado instrumentos não legítimos na campanha sucessória. Isso é grave, primeiro porque é falso. E, segundo, porque se eu deixasse utilizar esse tipo de argumento e de procedimento eu estaria incorrendo em deslealdade política e em crime como presidente da República. E não é verdade. Nenhum indício disso me foi trazido até hoje".

E relatei toda a questão, como foi, o que eu fiz, não fiz, deixei de fazer... enfim, o que já se sabe. Notei que havia muito constrangimento e, quando eu disse: "Olha que neste caso vocês estão rompendo comigo e não apenas com o governo", eles ficaram abalados. O José Jorge não quer romper de maneira alguma, o Brant é mais vai pra lá, vai pra cá. O Melles estava mais arraigado na posição de ruptura, dizendo que haveria ruptura e que eu não tivesse ilusões, não sei o quê. Ele tem muitas queixas também porque o ministério dele está com poucas verbas. Eu os deixei conversando com o Arthur Virgílio e com o Parente. Disse que as consequências seriam graves, fui receber o Aécio e jantei com ele.

Mais tarde Parente se juntou a nós no jantar e relatou que eles todos estavam preocupados, porque achavam que o PFL ia romper mesmo. Com o Aécio passamos em revista todas as questões. Ele me deu algumas informações sobre o Itamar, que o Itamar quer ser na verdade senador vitalício, pediu que aquele que foi presidente da BR Distribuidora* fosse procurar o Aécio para ver que chances efetivas havia nessa questão do Senado. Aécio acha que eles vão por esse caminho. O Aécio, que é mais cauteloso, mais político, não abriu o jogo, mas no fundo fiquei pensando: ele pode ser governador de Minas ou até eventualmente presidente da República, se houver uma crise maior. E está preocupado com a governabilidade, ele é responsável, presidente da Câmara e tal. Fui dormir, porque no dia seguinte cedo eu teria que ir ao Panamá.

Vou dividir esse relato em duas partes, posto que nesses dias não houve agenda, no sentido tradicional. E não é o caso de detalhar tudo o que fiz no Panamá. Primeiro, minhas impressões sobre o Panamá, depois o desdobramento da crise com o PFL.

Impressões sobre o Panamá. Fui recebido no aeroporto pela Mireya Moscoso, muito simpática, presidente do Panamá. Fomos diretamente do avião para o palácio dela,** para discutir assuntos bilaterais Brasil-Panamá. O Panamá deseja ser membro permanente da Alca e que o Brasil tenha uma participação maior no Panamá, no co-

* Djalma Morais.

** Palácio de las Garzas, sede da Presidência panamenha.

mércio, nos investimentos, e que eventualmente participe das obras da nova fase de ampliação do canal do Panamá.* O Brasil deseja a mesma coisa, participar mais ativamente do Panamá. Em seguida, sem nem voltar ao hotel,** jantei lá no palácio. Um jantar com muita gente, muito barulho, porque era numa sala nova que estavam inaugurando, com música muito alta. Então foi bastante cansativo, dificilmente se ouvia o que falavam. Fiquei na mesa com a Mireya e com a irmã dela,*** que exerce as funções de primeira-dama, e também com o presidente da Assembleia**** e o presidente da Corte Suprema.***** Foi difícil conversar, mas ela é muito simpática. Dali voltei para o hotel, muito cansado. Na chegada, havia um recado do Pimenta da Veiga, que tem sido a pessoa com quem mais tenho conversado sobre essa crise, é gente da minha confiança. O fato de ele ter me procurado mostrava que a situação no Brasil era extremamente difícil. Isso foi do dia 5 para o dia 6, quarta-feira.

No dia 6, levantei cedo e falei por telefone com o Marco Maciel, falei de novo com o Pimenta, falei com o Moreira, todos me dando conta da evolução da crise, sempre centrada na questão de que o governo teria manipulado, de que o PFL tinha que se solidarizar com a Roseana e não sei mais o quê. Eu disse que ia acelerar minha volta. Na verdade, cumpri todo o programa no Panamá, apenas tive que cumprir depressa e não descansei, para poder atender a tudo. Do hotel fui diretamente à Assembleia do Panamá, fiz discurso, aquela coisa toda. Depois fui com a Mireya percorrer a zona do Canal do Panamá, que me impressionou muito. O canal é uma obra extraordinária, os panamenhos estão levando aquilo direito. Fomos com o diretor do canal****** e com o ministro do Exterior,******* que foi conosco no helicóptero. Eu, o Celso Lafer e a Mireya. E vimos com detalhes o Canal do Panamá, que é uma obra ciclópica. Eles agora o estão ampliando. Voltamos, eu e a Mireya, cada um com um revólver na mão, revólver com o qual detonamos a primeira carga de dinamite para a ampliação do lago Gatún, fato histórico.******** Ela me pediu que eu participasse desse ato, num gesto de extrema simpatia.

Continuação do dia 6 de março. Eu dizia que estávamos no Canal do Panamá com o ministro do canal, os diretores do conselho diretor e muitos empresários. De novo

* Em 2007, quatro empreiteiras brasileiras participaram da concorrência internacional para as obras de ampliação do canal, vencida por um consórcio europeu.
** Gamboa Rainforest Resort.
*** Ruby Moscoso.
**** Rubén Arosemena.
***** Adán Arjona.
****** Alberto Alemán
******* José Miguel Alemán.
******** Os dois presidentes inauguraram as obras do Projeto de Aprofundamento do Lago Gatún, trecho do canal do Panamá.

discurseira, há grande interesse dos panamenhos para que empresas brasileiras de construção e de material pesado, como as que fazem eclusas, participem da expansão do canal, ela vai custar uns 10 bilhões de dólares e se desenvolverá nos próximos dez anos. É algo muito significativo, pode levar a uma ligação forte entre Brasil e Panamá. Depois fomos a uma solenidade na qual fui testemunha de honra — ou, como eles dizem, *testigo de honor* — da assinatura de um acordo entre todos os países centro-americanos e o Panamá,* com todos os presidentes da região presentes. De lá fomos à inauguração de uma exposição de comércio do Panamá,** onde havia sessenta e poucos empresários brasileiros representados, com cerca de 2 mil, 3 mil pessoas presentes, e eu fiz o discurso de abertura. Mais uma gentileza da Mireya e dos organizadores dessa exposição que é importante no Panamá.

Fiz um discurso forte, fui aplaudido em pé prolongadamente, muitas homenagens ao Brasil, a mim, considerado líder mundial pela Mireya. Toda essa coisa mais ou menos habitual quando faço uma visita dessas, o Panamá é um país amigo e minha presença na região é grande. O Brasil nunca teve presença na Centro-América, e eu já fui duas vezes me reunir com todos os presidentes da América Central: uma vez na Costa Rica*** e agora no Panamá. Eu gostaria de ir à Jamaica, onde o Cyro [do Espírito Santo Cardoso], meu primo, é nosso embaixador. Mas ainda não deu certo. Eu queria me reunir com os presidentes das Antilhas Inglesas, porque nunca demos atenção a essa gente e mais tarde vamos precisar de um apoio amplo, à medida que o Brasil for se tornando um país com mais visibilidade, com mais presença no mundo. É bom ter amigos por toda a parte.

É preciso ter uma visão estratégica do país, o que, infelizmente, não é coisa habitual entre nós. Voltamos e paramos em Boa Vista, onde recebi os comandantes da base aérea**** e do [batalhão do] Exército.***** De lá falei por telefone com o Marco Maciel, que me disse que a situação estava praticamente decidida: haveria realmente um afastamento do PFL, porque houve "emocionalização" da questão.

Cheguei de volta às quatro da manhã da quinta-feira, ontem, dormi um pouco, acordei e telefonei para o Marco Maciel e para o Jorge, que estava reunido na casa do Marco, tomando café da manhã. Eles me disseram que a ruptura iria acontecer, que o Jorge me faria uma carta. Tenho que ser realista, o leite está derramado, não há muito mais o que fazer quanto à ruptura.

Primeiro descrevo, depois comento as coisas. Ontem mesmo, quinta-feira, recebi o Pedro Parente, para acertarmos a substituição de quem por quem, depois almocei com o Pimenta, Artur da Távola e o Geraldo Melo, que são líderes no Senado, pessoas equilibradas, para avaliar a situação. Todos acham que não se deve fazer

* Tratado de Livre Comércio entre os Estados Centro-Americanos e a República do Panamá.

** XX Exposição Comercial Internacional do Panamá (Expocomer) no Centro de Convenções Atlapa.

*** Em abril de 2000.

**** Coronel-aviador Clóvis Moraes.

***** Coronel Sérgio Sena.

uma caça às bruxas no PFL, nem é possível. Os funcionários têm base técnica em geral, sobretudo na área econômica, por que sair? Foram indicados por partidos, por vários, não só pelo PFL, mas não são militantes de partidos. Vamos ver isso com calma, evitar coisas de afogadilho.

Depois do almoço chamei os líderes dos partidos aliados ao Planalto, menos os do PFL, expus a situação, pedi que não deixassem de votar a CPMF. O Malan tinha me telefonado aflito, também o Inocêncio de Oliveira, apesar de o PFL romper disse reiteradamente que se afastava do governo, seria independente, mas votaria os projetos de interesse nacional, nomeadamente a CPMF. O Inocêncio deu uma declaração dizendo que iria rever a questão. Isso fez cair o mercado, não era a intenção dele. Os políticos não pensam no país, pensam nos seus pequenos interesses, de irritação, de inveja, de raiva, de emoção, e raramente nas consequências para o país. Olha que o Inocêncio foi um braço nas reformas, mas ficou magoado depois que o Aécio resolveu disputar e que o PSDB resolveu comandar a Câmara, rompendo o esquema de aliança. Isso tudo a que assistimos agora são as consequências da decisão tomada lá atrás, e o Inocêncio magoado para sempre.

A reunião com os líderes foi tranquila. No fundo, os presentes, PMDB, PTB e nós, estavam mais ou menos contentes, porque vão ter mais espaço. Nomeei o Ricardo Barros para suceder o Heráclito como líder do governo no Congresso, e há o entendimento de que, terminado o mandato do Arthur Virgílio, que tem que se afastar para ser candidato,* ele assume a liderança. Recebi também o Heráclito, foi muito cordial, mas ele não tem alternativa, perdeu. Disse: "Presidente, espero que não me massacrem...". Naturalmente que o PSDB quer massacrar, sobretudo quer tirar o diretor da Cepisa,** há anos querem tirá-lo e não o tiramos, briga entre PSDB e PFL. Essas confusões são habituais, desagradáveis, mas o cotidiano da pequena política é fundamental para que se possa fazer a grande, porque, se não houver uma boa rede de sustentação na pequena política, não há como fazer a grande, que é o que me interessa.

Isso posto, recebi os ministros do PFL, que vieram com cartas de demissão, eu mandei publicar, não publicaram na íntegra, mas divulgaram em *O Globo*, que eu li hoje de manhã. Os ministros fazem hinos de amor a mim, entoam louvação ao governo, então por que saíram? Mandei publicar as três cartas de demissão e resolvi substituí-los por interinos, por sugestão dada no almoço que tive com os nossos líderes e com o Pimenta. Vamos ter que mudar o ministério no dia 6 de abril, ou na última semana de março, por causa das desincompatibilizações, então é melhor que se nomeiem interinos e depois veremos como compor o governo, até com outros partidos. Designei o Pedro Parente para acumular o Ministério de Minas e Energia e já declarei que no futuro nomearei um técnico. Indiquei o Caíto

* Virgílio elegeu-se ao Senado em 2002.

** Companhia Energética do Piauí, controlada pela Eletrobrás desde 1997. Foi privatizada em 2018.

[Caio Carvalho] para responder por Esportes e Turismo, e quem mesmo para a Previdência...? Ah foi o [José] Cechin, que é o secretário executivo. A máquina se toca normalmente, não há problema algum até eu refazer o rearranjo político.

Voltei para jantar com o José Aníbal e com o Pimenta. O José Aníbal, presidente do PSDB, veio passar em revista tudo e para dizer que há unanimidade na crítica de que o PFL atuou de afogadilho e que vão se assustar no dia seguinte. Acha que não se deve fazer caça às bruxas.

O que aconteceu foi que a família Sarney ficou ensandecida. Sarney já vinha com isso desde quando fui visitá-lo em sua casa; ele foi até pouco elegante nas declarações posteriores à nossa conversa. Nela houve uma dura troca de opiniões, ele disse que havia gente da Abin no Maranhão fazendo política. Agora eu entendo. Abin coisa nenhuma! Deviam ser os investigadores do processo da Sudam, que atuam independentemente do governo. E fazem muito bem, têm que investigar. Não estavam investigando a governadora, estavam investigando as empresas. Uma dessas empresas, a tal de Lunus, por coincidência é dela. Eu nunca soube disso, possivelmente pouca gente sabia. Eu nem sabia que a Roseana tinha empresa. Eu sabia que ela era funcionária do Senado, mas não que tinha empresa, para mim foi surpresa. Sempre pensei que o Jorginho fosse o dono das empresas; mas não, a dona era ela; ele é sócio minoritário. Acho que o Sarney se assustou com isso e começou a fazer fogo de barragem, tudo passou a ser "o Serra" e não sei o que mais. Disse que o Serra também tem problemas, que ele sabe dos problemas do Serra. Agora soube que ele preparou um discurso para ameaçar.

Um dia desses saiu no jornal que Sarney até me deu um atestado de idoneidade. Trata-se, na verdade, do seguinte: o Quércia, há alguns anos, quando eu era senador e o Sarney presidente da República, disse que eu tinha recebido não sei quantos milhões da Cosipa na época do Montoro. A Cosipa naquela época era controlada por pessoas que eu não conheço. Diziam que tinham sido indicadas pelo Serra, talvez a diretoria tivesse sido, não sei. Mas certamente não houve dinheiro nenhum, nem para a campanha nem para coisa nenhuma. Eu cobrei do Sarney na época, porque o Quércia disse que o Sarney tinha contado a ele. Então o Sarney me mandou uma carta que era um primor de astúcia. Continha uma frase só, longa, bem-feita, onde disse que nossas conversas sempre foram de alto nível, que nunca houve envolvimento meu de qualquer espécie com algo diferente. Não mencionou que o Quércia tinha afirmado que ele, Sarney, teria se referido a dinheiro recebido por mim, mas disse, sobre dinheiro, que eu sou uma pessoa correta.

Foi isto: ele simplesmente desdisse uma intriga que dizem ele teria feito. E não me deu aval de coisa nenhuma, porque eu não preciso de aval de idoneidade dele nem de ninguém. Nunca precisei de aval na vida nem vou precisar. Também não quero entrar em confusão com o Sarney nem ficar atacando o Sarney por isso ou aquilo, não é meu estilo. Mas, se ele vier com esse discurso, terá resposta, a mais firme. O Jorge [Bornhausen], que viu o discurso, disse que é um desastre, que a própria Roseana pediu que o Sarney não fizesse o discurso. Porque cria uma crise institucional. Ele acha que estamos saindo do estado de direito no Brasil, que estamos entrando numa ditadura. Tudo porque o estado de direito está funcionando, porque está havendo inquérito, e o governo não parou o inquérito. Porque há uma ordem da Justiça e o governo cumpre a ordem.

No meio disso, eles conseguiram organizar o que queriam. O [Fernando] Tourinho, que é o presidente do Tribunal Regional de Brasília, deu uma liminar mandando lacrar o material apreendido nessa tal Lunus, no Maranhão, e não mandar para o Tocantins. Apelaram ao Superior Tribunal de Justiça, e no STJ um juiz, Rosado [Ruy Rosado de Aguiar] — Rosado é do Rio Grande do Norte —, não sei quem é, esse Rosado mandou suspender as investigações.* A Roseana alegou foro privilegiado. Bom, ela, como pessoa, tem esse foro, como eu tenho, mas em ato praticado no governo. Entretanto, no caso, se trata de uma empresa, e empresa não tem foro privilegiado, porque empresa não pratica ato de governo. É outra coisa. Não só o argumento está errado como há outra questão ainda: daqui a algumas semanas ela deixa o governo para ser candidata, aí perde o foro. Os jornais estão cheios de hipóteses de ligação de uma empresa com a outra, de ligação com a Sudam, o Jorginho, a Roseana. Isso não para mais. As revistas virão pesadas semana que vem... não sei.

O Sarney e a Roseana estão convencidos que tudo foi artimanha do governo. A Roseana esteve ontem com o Aécio, que me disse que ela está furiosa comigo. Como é que eu fui fazer isso com ela, que sempre foi minha amiga...? — o que, aliás, é verdade. Só que eu não fiz nada com ela. E ninguém tira da cabeça dela que eu fiz. Acho que Rosenana acredita sinceramente que houve uma articulação. O inimigo principal é o Serra, depois o Aloysio e, em seguida, eu. E ela desiludida. Esse é o clima da família, e do Sarney também.

Eu não sei até que ponto isso é emoção sincera e até que ponto é fogo de barragem. Não sei até que ponto a própria Roseana sabe das coisas ou se há coisas comprometedoras. Eu não sei de nada, não me compete saber. Mas vai aparecer, porque no Brasil de hoje não há mais espaço para o poder ser abusivo. Não há. O poder que pode ser abusivo é o contrapoder, o dos procuradores, esse sim e, às vezes, o próprio Judiciário. E a sociedade encara esses abusos moralizantes como se fossem normais. Também não são. Mas certamente eles têm que frear qualquer iniciativa do Poder Executivo. No caso não há Poder Executivo, é denúncia de corrupção no projeto Sudam. O fato principal é esse, seja verdade ou não. Tem que ser provado. Ela disse que quer que se apure até o fim e, ao mesmo tempo, pede que se obstaculize a ação dos investigadores. É contraditório, a opinião pública não é boba, percebe.

O Pimenta, também ouviu do Jutahy que, na pesquisa Vox Populi que não será publicada, a Roseana caiu seis pontos; vão dizer que é cinco, mas foram seis. Achei

* Em 7 de março, uma liminar do ministro determinou a paralisação do inquérito criminal e a remessa dos documentos apreendidos ao STJ.

até surpreendente, porque a opinião pública não reage assim tão rápido. Me disseram que é porque caiu muito rapidamente nas classes A e B do Sudeste. Isso é possível. São as classes mais ilustradas, as que reagem mais contra a corrupção. Isso chega lá embaixo pouco a pouco. Se for assim, o que explica a ação precipitada do PFL é, por um lado, o temperamento da Roseana, que exigiu do PFL: "Ou fica comigo ou com o governo". Eles não poderiam ficar com o governo, pois ficariam sem candidato, e ela foi insistente, pressionou o partido. Por outro lado, o partido teve medo do que pudesse acontecer com a candidatura da Roseana. Eu não imaginei que tivesse um efeito tão forte sobre a candidatura dela. E também não imaginei que fossem achar dinheiro na empresa, que houvesse um encadeamento entre as empresas.

Tudo isso vai criando um clima, o que é ruim. É ruim para a Roseana, é ruim para o sistema político brasileiro, é ruim para o governo, é ruim para todo mundo. Foi criado por quem? Primeiro por eles, se fizeram coisas erradas. Segundo, por esses procuradores, que passam tudo para a imprensa.* E, terceiro, pela reação precipitada dela, endossada pelo PFL. Na conversa com o Jorge e também com o Marco, ficou claro que eles não tinham alternativa. O medo deles era de o Antônio Carlos tomar conta do partido. A família Sarney, o Zequinha não, a Roseana e o Zé Sarney ficaram excitados, encontraram logo apoio no Antônio Carlos e no Ciro. Este, cada vez mais desbocado, deu declarações ontem numa dessas telinhas [portais], acusou todo mundo, um irresponsável.

Nesse clima, não seria o Jorge que teria condições de segurar o partido, se este embarcasse na onda da Roseana. Resta ver, se a Roseana cair, como o partido se comportará. Obviamente os governadores não queriam romper, têm medo de romper com o governo. Boa parte da bancada, por convicção ou por interesse, também não queria romper. Então o PFL partiu para uma coisa que nunca tinha feito no passado, ações precipitadas, amadorismo. Curioso isso.

No fundo voltamos à questão central: estou tentando modernizar o Brasil utilizando o que tenho nas mãos, e nas mãos tenho as forças do atraso. Elas de vez em quando brotam, e agora brotaram. E o PFL, que é um partido ambíguo — todos são, mas o PFL é mais do que os outros —, não dá sustentação. O PSDB acabou sendo o partido mais modernizador, mais responsável diante dos desafios do mundo contemporâneo. E o PMDB, uma parte dele, não tem outro jeito agora a não ser se ligar a nós. O Jarbas me telefonou de Pernambuco totalmente solidário e irritado, Geddel também. Eles estão uns com convicção antiga, outros com convicção mais recente.

Eu tenho que olhar os efeitos disso tudo para o grande processo transformador que o Brasil está vivendo e que cabe a mim conduzir. Conduzir usando os instrumentos que temos neste momento, que não são os mais adequados. Outro dia

* Fotos dos maços de dinheiro apreendidos na Lunus apareceram na capa dos grandes jornais e na televisão.

o Lula disse uma coisa certa sobre algo em que venho pensando na mesma direção. Ele disse: "O PFL é o nosso inimigo ideológico, o PSDB é o nosso inimigo político". É isso. O PT disputa poder com o PSDB, mas eles sabem, no fundo, que, estando no poder, eles não farão algo muito diferente do que estamos fazendo. Eles atribuem ao PFL uma ideologia neoliberal, e estão equivocados. O PFL não tem tal ideologia, duas ou três pessoas têm, o resto não. O que eles têm é passadismo. É a velha frase do Sérgio Buarque de Holanda: "No Brasil não há direita, há gente atrasada".* No PFL há mais gente atrasada que no PSDB. É questão de proporção, e depende de quem controle os partidos no momento. Se o Jorge perder o controle, e for para as mãos do grupo Sarney e do grupo Antônio Carlos, se instaura o atraso.

É assim que estou percebendo a situação neste momento de transição. Alguém vai perguntar: "E o interesse das classes etc. etc.?". O interesse das classes populares hoje coincide com a modernização do Brasil. Esse é o ponto. Por isso tenho apoio nas classes populares. Cada vez que a situação econômica melhora eu tenho apoio nas classes populares, porque elas sentem que o avanço não é em benefício do capital, ou que não é só em benefício do capital, pois o governo está investindo em políticas sociais, em uma postura mais independente do Brasil, na capacidade executiva. Então, mudou a relação dos governos, até mesmo do Estado, com as classes. Como não existe mais um projeto hegemônico da classe trabalhadora, não existe isso, e como a classe empresarial por si própria tampouco pode impor sua norma, porque temos uma sociedade de massa, com mídia, opinião pública etc., o jogo político hoje é muito diferente do que foi há cinquenta anos.

Em tempo: o Gilmar Mendes me disse que o Bernardo Cabral** aceitou a manutenção do foro especial para o julgamento dos processos originados em atos de quando se está exercendo poder, e isso é muito importante. Não é um privilégio político a ser generalizado. Não é igual à reivindicação da Roseana. A Roseana quer foro especial para uma empresa e não para um ato administrativo dela, ou mesmo para um ato político dela. Mas a existência de foro especial para atos de governo eu acho importante.

Outra questão: ele me disse que vai dar uma informação sobre o que eu posso fazer no caso do abuso da imagem da Júlia, minha neta, que foi feita pela companhia Avon, parece. São pequenas questões e, nesse meio-tempo, continuamos a trabalhar, fazendo leis etc. etc. O Malan já declarou que o Everardo e o [Emílio] Carazzai*** ficam nos postos, me consultou antes e eu disse que, claro, devem ficar. Me disseram que isso era um golpe no PFL, porque eles têm horror ao Carazzai, não foi. Não foi porque meu estilo não é esse. O Carazzai não está lá porque o Marco

* Durante a defesa da tese de Paula Beiguelman na USP, em 1961, o historiador paulista, membro da banca julgadora, avaliou que os políticos do Império não eram conservadores, mas atrasados. Fernando Henrique mencionara a formulação de Sérgio Buarque num discurso de 1998.

** O senador relatava a PEC 29, da reforma do Judiciário, promulgada em 2004.

*** Presidente da Caixa Econômica Federal.

indicou, mas porque é competente, tem um bom desempenho, todo mundo do governo aprecia o Carazzai.

Hoje, dia 8, fiquei trabalhando de manhã com o advogado-geral da União, coisas de rotina, e na hora do almoço recebi um grupo de umas trinta mulheres, porque era o Dia Internacional da Mulher. Inclusive antigas amigas, como a Maitê Proença, a Tônia Carrero, e novas líderes de quem nem sei o nome, não as conheço. Também a Solange [Bentes Jurema], que é presidente do Conselho Nacional dos Direitos da Mulher, e várias funcionárias do governo. Anunciei que vamos criar a Secretaria Nacional dos Direitos da Mulher, uma velha reivindicação, que se preparassem, disse que quando eu mudar o ministério, eu faço isso. Anunciei também que iria dizer ao [Olusegun] Obasanjo, presidente da Nigéria, que o Brasil está disposto a dar refúgio ou asilo a uma nigeriana que está condenada a ser morta a pedradas.*

No fim do dia, prossegui a conversa com o [Antônio] Martins, ele continua sendo um dos mais próximos assessores da Roseana, amigo da família. Ele me deu um quadro sombrio do que está acontecendo por lá. Parece que a Roseana e o Jorginho estão em situação de tensão, o Jorginho muito deprimido, parece que não queria que ela fosse candidata, perguntou se a família iria aguentar o que viria pela frente, porque sempre vêm confusões. Eu disse: "Tudo bem, mas nada justifica essa fúria contra mim". Eles jogam a culpa toda no velho Sarney, que está furioso, fez um discurso acusando todo mundo. Prefiro não ler o discurso negativo dele, com coisas desagradáveis. O PFL voltou a ser o velho PFL, eles vão votar a favor do governo no Congresso... Eu pedi ao Carazzai que ficasse na Caixa Econômica, ele nem é filiado ao PFL, Everardo estava na posição indicado pelo Malan e não pelo partido. Enfim, eles estão tentando se acomodar. A Roseana está caindo vertiginosamente nas pesquisas. O Amin mandou uma pesquisa de hoje, de Florianópolis, a queda é brutal, de 22 para 15 pontos. E o Serra subiu de 12, ou uma coisa assim, para 17. O Lula subiu 1 ponto, fica com 26. Enfim, a crise abalou o jogo, não sei até que ponto isso se manterá assim.

Amanhã devo conversar com o Malan. Conversei com o Pedro Parente, que já está vendo que o Ministério de Minas e Energia é mais complicado do que ele acreditava. E o Pedro é a pessoa indicada para ficar lá. Ele pode tocar dois ministérios com facilidade.

Falei com o Ricardo Lagos, eu tentava não ir ao Chile, mas é impossível. Todo mundo lá está preparado para a minha ida.** Cancelei a viagem ao México*** porque estou muito cansado e não faz sentido passar uma semana fora do Brasil nas circunstâncias atuais.

* Amina Lawal, de 31 anos, fora condenada à morte pela Justiça nigeriana por ter uma filha fora do casamento, com base na xaria islâmica. Em 2003, uma corte de apelações reverteu a sentença.

** O presidente viajou para uma visita de Estado ao país andino.

*** Fernando Henrique faria sua última visita de Estado ao México.

9 A 21 DE MARÇO DE 2002

Reunião do BID. Reflexões sobre o Brasil e o México. Desdobramentos da crise com o PFL. Visita de Estado ao Chile

Hoje é 9 de março, sábado, passei o dia no Alvorada. A Ruth está no Ceará, na reunião do BID.* De manhã, mal li os jornais chegou o Ney Suassuna, que tinha marcado comigo. Eu tinha um encontro com o Geddel antes dele. Foi uma confusão, mas falei longamente com o Geddel assim mesmo. Ele está contente com a votação do PMDB e muito animado numa aliança do PMDB com o PSDB. Conversamos, reclamou um tanto do ministério, o PMDB não se sente presente, aquela coisa. Mas disse isso com compreensão, não com irritação. O rapaz que está substituindo o Padilha é um técnico, foi posto pelo Padilha. Há muitas reclamações das bancadas, mas sei que elas sempre reclamam, porque os ministros são mais renitentes a atendê-los quando não são parlamentares.

Falei com o Ney Suassuna. Me assustei com a situação na Paraíba. O governador pediu que eu insistisse com o Ney para ele se candidatar a governador. O Ney disse que topa, mas tem algum receio, no fundo acha que o [José] Maranhão é muito fechado nas coisas dele, que da outra vez lançou o [Tarcísio] Burity** para ser candidato também, e que não estava combinado. Ele preferia, eu senti, ficar no ministério e fazer um acordo com o pessoal do PSDB de lá, o pessoal do Cássio Cunha Lima. Mas é difícil, o Maranhão não aceita. Enfim, ele vai colocar pré-condições ao Maranhão. Creio que a lógica política vai levá-lo a ser candidato ao governo da Paraíba.*** E me sugeriu um nome que gostei, de uma moça chamada Keiko, algo assim.**** Não, Keiko é a filha do Fujimori; a que o Ney propõe é outra pessoa, uma moça bem preparada, tem bastante formação em políticas públicas, estudou nos Estados Unidos, na Inglaterra, e é irmã da D'Alva [Maria D'Alva Gil Kinzo],***** que foi minha aluna e é boa gente. É moça do PMDB, isso é positivo, mulher, correta. Então se o Ney for embora esse assunto já está solucionado.

Depois recebi e almocei com o Malan. Passamos em revista uma porção de coisas. A questão do orçamento, a questão da Previ,****** como fazer, como não fazer.

* XLIII Reunião Anual do BID em Fortaleza.

** Ex-governador da Paraíba (1987-91) e candidato derrotado ao Senado em 1998 pelo PPB.

*** O PMDB-PB concorreu com o vice-governador Roberto Paulino, derrotado pelo tucano Cássio Cunha Lima. Maranhão elegeu-se ao Senado.

**** Mary Dayse Kinzo, secretária executiva do Ministério da Integração Nacional, substituiu Ney Maranhão à frente da pasta depois de sua demissão para concorrer ao Senado.

***** Professora de ciência política da USP.

****** O fundo de pensão do BB sofreu intervenção do Ministério da Fazenda em junho de 2002 por

As muitas confusões que há pelo mundo afora a respeito da questão econômica. O Malan está tranquilo, do jeito dele. Não cede muito, falamos sobretudo da reforma tributária. Ele já tinha falado com o Sérgio Amaral e com o Armínio Fraga. Ambos estão hoje mais ou menos na mesma linha. Malan também acha boa a proposta do Everardo, com algumas modificações. Vamos propor um imposto sobre o valor agregado no que diz respeito ao PIS.* Se der certo, será fácil avançar para a Cofins. Nesse caso, seria uma revolução.

O Sérgio Amaral acha que deveríamos fazer as propostas em conjunto, mas concorda que pode ser primeiro o PIS. Eu gostaria também que houvesse uma lei definindo que, dando certo o PIS, estenderíamos à Cofins. Isso será muito importante. Se conseguirmos... O Everardo tinha colocado também o Sistema S, o que é justo, mas vai provocar reação dos empresários. Eu disse ao Malan: "Vamos fazer assim e depois de outubro eu toco o Sistema S, mesmo com medida provisória. Aí, sim, fazemos uma revolução grande nessa coisa toda, com efeitos sobre o cartorialismo empresarial". Eu disse depois de outubro porque senão teremos uma reação grande contra nós dessas poderosas federações. Isso foi o essencial da conversa.

Passei o resto do dia lendo meus papéis e relendo um livro que eu gosto muito, *México: La ceniza y la semilla*,** do Héctor Aguilar Camin. Vou escrever o prefácio da tradução para o português.*** É um livro muito interessante. Com as devidas diferenças entre Brasil e México, faz um contraponto do que aconteceu lá e aqui. São processos diferentes, mas com um pano de fundo geral, que é a globalização, a dependência, novos tipos de vinculação ao sistema econômico internacional, como se diria hoje em dia, que são novas formas de vinculações dependentes. A produção se globalizou, as economias têm que se abrir, o Estado tem que ser cooperativo, os sindicatos perdem peso, enfim, mudanças gerais no mundo. Ai, meu Deus, meus tempos da Teoria da Dependência... Seria tão bom escrever sobre a nova etapa de dependência ou a nova etapa de desenvolvimento dependente associado. Ou sobre a associação para a globalização. Enfim, muitas coisas novas que o mundo está vendo, mas falta sintetizar.

Grandes problemas no Brasil, as revistas saem hoje. Eu não li a *Veja*, mas parece que é bombástica contra a Roseana**** e o PFL. A *IstoÉ* tentando intrigar, dando foro de verdade, eu nem sabia, a esse Carlos Wilson,***** que fez um discurso querendo

---

irregularidades na composição da diretoria, cuja eleição fora contestada na Justiça. Além disso, a Previ devia R$ 3 bilhões em impostos atrasados e tinha déficit atuarial de R$ 4 bilhões.

* A proposta em elaboração, baseada na PEC 175/1995, previa a substituição gradual de cinco impostos e contribuições (ICMS, IPI, ISS, Cofins E PIS-Pasep) por um Imposto sobre Valor Agregado (IVA), federal, a ser repartido pela União entre os estados e municípios.

** Cidade do México: Cal y Arena, 2000.

*** *México: A cinza e a semente*. São Paulo: BEI, 2002.

**** A semanal paulista estampou na capa a manchete "A candidata que encolheu".

***** Senador (PTB-PE), eleito pelo PSDB em 1994.

equiparar o que aconteceu com a Roseana com o Watergate.* E dando como muito suspeito, imagine só, que o telefone do Alvorada estivesse nas mãos do cara da Polícia Federal.** Já registrei que eu pedi ao Agílio que mandasse para o Alvorada o texto da ordem judicial de busca e apreensão na empresa lá do Maranhão. Ele perguntou o número, eu não sei, mas disse que seria muito fácil obter, as secretárias sabem, e mandam o fax para ele. Fax do quê? Do mandado de apreensão e busca, para eu saber o que era e mostrar a legalidade do que estava sendo feito nos escritórios das empresas da Roseana e do Jorginho. Nada escuso, nada errado, tudo certo, e o canalha disse que eu preciso esclarecer onde está a mentira. E a revista *IstoÉ*, que tem que estar situada em contexto diferente da *Veja*, dá ares de coisa séria a essa palhaçada.

A revista *Época* voltou com aquele caso, já cansativo para mim, das ligações dos escritórios do Jorginho com a empresa tal e qual. A única coisa boa, que o Aloysio me disse ontem, foi que o procurador do Tocantins*** assumiu que foi ele quem vazou a informação [da Lunus] para a imprensa, como eles fazem sempre. Eu disse isso hoje ao Marco Maciel. Historicamente fica registrado que o Executivo não vazou nada. Aconteceu o que sempre acontece. Nunca ninguém pensou no seguinte: primeiro foi com o Eduardo Jorge, escreveram sobre o fictício e vazaram tudo. Depois, com o Jader, vazaram tudo da mesma maneira. E outra coisa, aí sim violência: algemar o Jader. Violência inaceitável o que fizeram. Eu tenho o que com isso? Como é que impeço? E o Marcos Magalhães Pinto não ficou dois dias na cadeia?**** O juiz***** não telefonou para o Ancelmo Gois para dizer que ia dar a sentença? Ele nos telefonou dizendo que passaria a notícia para um concorrente, de fato foi dada a notícia, e o pobre do Marcos não foi para a cadeia? Dois dias, abusivamente. Não que não mereça ser condenado, pode até ser, mas condenado propriamente, assim como deveria ser com o Jader, de acordo com o devido processo legal.

Essa ideia do devido processo legal é que não entra... A nossa mídia, os nossos setores políticos têm que ver tudo com o espalhafato de um moralismo falso ou então com a cumplicidade do Estado para que nada ocorra e para que não haja apuração dos fatos. É a institucionalização da democracia que está realmente em jogo neste momento, e eu sou partidário ativo dessa institucionalização, com a se-

* Escândalo de espionagem contra adversários políticos que provocou a renúncia do presidente norte-americano Richard Nixon em 1974.

** O delegado Paulo de Tarso Gomes, que comandou a operação da PF na Lunus, foi acusado pela imprensa de ter enviado um fax para o presidente logo após a operação com a frase "missão cumprida com êxito". No entanto, segundo declarou, tratava-se apenas de uma cópia do mandado de busca e apreensão solicitada pelo diretor-geral da PF, fato confirmado pelo advogado de Roseana Sarney presente na empresa.

*** Mário Lúcio de Avelar, do MPF-TO, responsável pela investigação da Sudam.

**** Magalhães Pinto e outros executivos do banco foram presos preventivamente em janeiro de 2002, acusados de gestão fraudulenta, e libertados por uma liminar do STF.

***** Marcos André Bizzo Moliari, da 1ª Vara Criminal Federal do Rio.

paração dos poderes, com o respeito da lei, com a não intervenção para proteger amigos e familiares.

Pois bem, isso me faz emendar aqui com a reflexão do livro sobre o México. No fundo, o que está acontecendo no Brasil é o fim das oligarquias. Ninguém escreveu isso, mas, veja, Antônio Carlos derrotado na Bahia pelo que fez, tentou vir contra mim, a mesma história. Jader idem. Todos apelaram. Todos disseram: "O governo não ajudou", "O governo é que está por trás". Agora a Roseana e o Sarney. E o Tasso, para a minha surpresa, pelo que tenho sabido, se solidarizando, falou por telefone com o Sarney, disse que a Globo estaria atuando em função de um acordo [empréstimo] com o BNDES.* Mas o acordo não é de agora, vem de longe, como todas as empresas fazem. E é um acordo correto, nenhuma pressão para que seja aprovado de um jeito ou de outro. Pois bem, o Tasso indignado com a violência contra a Roseana, mas que violência? A lei! O procedimento de uma investigação que vem de longe. Ou queriam que eu interferisse?! Os procuradores a toda hora acham que o sistema de poder é corrupto, e me incluem nisso. Os outros acham que eu devo interferir, e poucos veem, se é que veem, que eu simplesmente, com consciência, deixo que as instituições funcionem com liberdade e façam com que as coisas não tomem um caráter conflitivo agudo, o que seria perturbador para o processo de instauração progressiva da democracia verdadeira no país, com muita liberdade, com a sociedade civil ativa, com o respeito às leis etc.

Há uma similitude entre o que se disse sobre o México e o que estamos fazendo. Sobre o México, diz lá o Aguilar, houve uma aliança entre a Presidência, o setor tecnocrático do Estado mexicano e o PAN,** partido do Fox, porque o PRI*** não dava sustentação a ele. Aqui foi o contrário, não foi como o PAN, o PAN é liberal, como é o PFL; aqui a esquerda tampouco dá sustentação à reforma, a sustentação foi dada pelo PFL, incluindo essas oligarquias todas. Só que o próprio processo modernizador, reformador, sufoca as oligarquias. Elas, ao me apoiarem, e muitas apoiaram, dão um abraço que inocula um veneno contra si próprias. Jogam veneno em si próprias porque as mudanças que estamos provocando cerceiam a possibilidade da dominação oligárquica.

Estamos assistindo é à morte da atuação oligárquica, e o patético é que a Roseana, que na prática não foi oligárquica no Maranhão, voltou a aparecer como expressão da oligarquia. Por isso vai perder a eleição. Não perceberam que os grandes interesses em jogo, tanto os populares — eu já registrei aqui — quanto os nacionais, quanto os das grandes empresas, quanto os da liberdade de imprensa, todos eles estão do lado do governo, com ou sem consciência disso. O PFL não é mais o partido

* O banco de fomento era sócio da Globo Cabo desde 1999. No começo de 2002, o BNDES participou do aumento de capital social da holding Globopar, injetando R$ 156 milhões na operação.

** Partido Acción Nacional.

*** Partido Revolucionario Institucional, que governou o México entre 1929 e 2000.

que representa o establishment, não sei se o PSDB representa, mas o establishment tem a sagacidade de perceber que essa oligarquia já não serve a ele. Então o Sarney pode bater na porta da Globo que não vai ter eco. O Antônio Carlos, que era unha e carne com Roberto Marinho, não teve mais eco. Não porque eu tivesse ligação pessoal com eles; é por outra razão. É porque o Brasil mudou, mudou tanto que os interesses se redimensionaram e hoje essas oligarquias regionais não são mais os sustentáculos de poder algum. Daí que a esquerda se equivoca quando faz análise no Congresso, ela nunca entendeu que o que estamos realizando no Brasil se liga a um forte processo de transformações positivas. O Roberto Freire sabe disso e mesmo assim foi buscar o Ciro, que é um arremedo disso sob a forma de chanchada.

Está acontecendo um processo difícil de explicar, até de entender, um conjunto de reformas cujo ritmo só não vai mais depressa porque as oligarquias não deixam e porque o Estado antigo não deixa, ele é corporativo, e o corporativismo não deixa. Mas o processo continua avançando. E como tenho que seguir levando a nau para diante eu não posso acelerar o passo além de certo ponto, porque não tenho força. A todo instante há um avançar e parar, um avançar e parar, mas não dou passo para trás. Avanço e paro, e paro porque não tenho força, tento acumular força para avançar mais aqui, mais acolá. Agora na reforma tributária quem sabe eu possa dar um passo a mais. Tentei com o Paulo Renato e vamos tentar de novo. Quem sabe eu ainda possa dar um passo na reforma universitária. Nesse caso, sim, existe uma reação tipo PRI, tipo corporativa, o conjunto dos sindicatos universitários, estes vão se opor, não sei se teremos força. No resto do setor da Educação nós fizemos. Na Saúde fizemos tudo, porque as forças organizadas, que eram os hospitais e os médicos, não tinham a mesma expressão, digamos, de apoio aos setores atrasados, eles precisavam do dinheiro do Estado, então foi possível avançar. Na reforma agrária fizemos, porque as oligarquias não tinham força para impedir a reforma agrária. A reforma do Estado eu fui fazendo, em larga medida fui fazendo. Falta fazer muita coisa ainda, mas avançamos. O Congresso ficou ancorado na obstrução da reforma do funcionalismo, ou seja, previdência, carreiras, mas não na modificação das grandes estruturas do Estado, as novas agências.

Não houve, digamos, força de sustentação do antigo, então fizemos o novo. Esse é o processo em marcha, por isso não me parece, a esta altura, impossível que o Serra ganhe a eleição. Eu achava quase impossível até bem pouco tempo atrás. Agora não, porque de fato vamos ter de novo um enfrentamento entre Lula e Serra. Já é bem melhor do que qualquer outra coisa. É melhor Lula e Serra do que Lula e Roseana ou do que Serra e Roseana. Porque Lula e Serra significam forças de progresso. O Lula, mesmo que tenha aspectos atrasados, corporativos, tem aspectos positivos na questão da moralidade pública, na questão de certa responsabilidade fiscal. Digo o Lula pelo que ele representa, pelo que o PT representa nas áreas de Estado e tudo mais. Então tomara que seja esse o enfrentamento real, entre Lula e Serra. Claro que eu quero que o Serra ganhe, porque o Lula freará, por falta de força, por falta de compreensão, essas mudanças gerais que estamos produzindo. Acabei de perceber que se a Roseana ganhasse o risco seria realmente grande. Apesar de ela não ter essa característica [de atraso], as forças que a cercam e o estilo dela não são condizentes com as mudanças que precisamos fazer. O Serra, mesmo com o temperamento que tem, muito diferente do meu, mais voluntarista, e apesar de ter uma visão sobre certos problemas com as quais não concordo, reflete o Brasil moderno, e isso é importante.

HOJE É DIA 12 DE MARÇO, TERÇA-FEIRA.

No domingo, dia 10, fui a Fortaleza. Fui com o Serra no avião, no começo da viagem só conversamos eu e ele. Conversamos sobre as coisas gerais, o andamento da campanha, sobre a Roseana, sobre a tentativa permanente de atribuir ao governo ou ao PSDB responsabilidade no caso. Repassamos vários momentos em que coisas muito desagradáveis aconteceram com muitas pessoas próximas a nós e que ninguém disse que era culpa do governo, porque o governo era a vítima. E o estilo era o mesmo, portanto, não há base para isso. Falei com ele en passant sobre a questão do Márcio [Fortes]* e ele disse que o Márcio ficou de responder com mais agressividade. Conversei um pouco com outros ministros, o dos Transportes, o de Desenvolvimento Urbano, mas nada de relevante.

Chegamos, foi aquela correria em Fortaleza, fui direto fazer uma conferência sobre democracia,** com o Toledo e o Noboa, presidentes do Peru e do Equador, respectivamente. Com Tasso e Enrique Iglesias. Da conferência, saí correndo para a casa de hóspedes, para falar com Paulo Paiva sobre a sucessão no BID. Percebi que no BID o candidato é o Iglesias. Combinei com ele que eu daria um toque. Tomei banho e fui para o jantar do Iglesias, o Noboa tinha estado comigo antes, no fim do dia. Foi um jantar grande, enorme, com homenagem ao Juscelino. Fiz uma saudação ao Iglesias mais ou menos simples, humorística mesmo, chamei-o de Imperador do Brasil. Mas disse que invejava o fato de ele poder ser eleito outra vez, que eu não podia mais e que ele teria o meu voto. Foi o sinal de que o Brasil estava disposto a apoiar a eleição do Iglesias. Na minha cabeça só o Malan poderia ir para lá. O Malan não tem interesse em disputar, acho que se o Iglesias quisesse ficar lá, é a opinião do Malan também, melhor mesmo que fique. Até porque um não brasileiro fará mais pelo Brasil do que um brasileiro. Terá menos impedimentos.

Segunda-feira, ontem, foi um dia extremamente ocupado, me reuni com todos eles, primeiro com o Toledo. Tive uma longa discussão isolada com Toledo num dia

* O governador Anthony Garotinho acusou o secretário-geral do PSDB, coordenador da campanha de Serra, de montar um dossiê contra Roseana Sarney através de um esquema de espionagem ilegal que teria atingido outros políticos.

** O presidente discursou na abertura e no encerramento do seminário O Desafio Democrático nas Américas, durante a reunião anual do BID, no Centro de Convenções do Ceará.

e, no outro, com o Noboa, também isolada. Sobre os nossos temas bilaterais, coisas normais, investimento, cumprimento de compromissos, não sei o que lá. Depois tivemos uma reunião os três, aí a questão era assegurar os investimentos para a zona de paz entre Equador e Peru. Eu disse que tudo bem, mas que precisariam ter projetos. Eles não têm projeto algum. Têm os investimentos gerais do BID, com uma parte de doação, o Brasil pode se dispor a doar uma parte, mas tem que haver projeto.

De lá, fomos para a abertura formal, solene, da reunião do BID.* Fiz um discurso, muita gente, 2 mil, 3 mil pessoas, nem sei... Boa parte estrangeiros, investidores. Enfim, uma confusão grande. Falei bastante do BID, do papel do Fundo Monetário, que eu critiquei, falei do protecionismo americano. Isso entusiasmado, o texto já estava escrito, mas o clima era favorável, o Noboa tinha feito um discurso dizendo que eu era o líder inconteste da América do Sul. Noboa e também o Toledo, insistindo em que Brasil tem que tomar posições. Parênteses: na minha cabeça o Toledo vai fazer um acordo [de comércio] direto com o Bush. O Bush vai visitar o Peru, e acho que para o Peru vai interessar um acordo direto. Os americanos estão nos comendo pelas bordas, isso é inegável. O Peru indo nessa direção e o Equador na direção oposta, porque o presidente Noboa nem vai se encontrar com Bush. Vai para a Ásia, disse que não ia cancelar uma viagem à Ásia só para fazer meia hora de fotografia com Bush. Estão meio queimados, acham que os americanos não estão tendo a devida consideração com o Equador, que globalizou a economia e está fazendo um tremendo esforço para melhorar a situação do país.

Da reunião do BID, eu e o Tasso fomos para um almoço na sede do Banco do Nordeste. Antes, uma exposição sobre o que está sendo feito pelo Prodetur,** muita coisa boa. Com o Byron [Queirós], presidente do Banco do Nordeste, o Tasso e o Iglesias. Depois conversei com o Bill Rhodes, que veio discutir problemas da Argentina. Ele é banqueiro do Citibank, está aflito com a situação da Argentina, porque não cumprem a lei, por exemplo a lei das falências, e muito queixoso do Duhalde. Segundo ele, sou o único chefe estrangeiro que tem influência sobre o Duhalde. Eu disse: "Vou falar com ele mais uma vez, mas ele sabe das coisas, não é tão simples assim. Em todo caso, vou tentar". O Bill Rhodes também preocupado com o Chávez na Venezuela. Queria saber o que eu achava e o que não achava. Eu disse: "Temos que aconselhar o Chávez a não ser tão verbal, tão retórico, porque ele faz uma carga retórica e os americanos tomam ao pé da letra e reagem como se tudo fosse para valer. Precisa ter mais equilíbrio".

No almoço no Banco do Nordeste, o Tasso comentou que acha que o Márcio Fortes teria responsabilidade nesse tal dossiê da Sudam, que é uma coisa diferente.

* XLIII Assembleia de Governadores do BID e XVII Reunião da Assembleia de Governadores da Corporação Interamericana de Investimentos.

** Programa de Desenvolvimento do Turismo, com recursos de US$ 626 milhões em 254 projetos na região Nordeste, financiados pelo BID e pelo BNDES via Banco do Nordeste.

Dossiê sobre a vida privada do Sarney: sujeirada, coisa de que eu não gosto, que me enoja. Talvez o Sarney estivesse se referindo a isso quando falou comigo dizendo que "era coisa do governo". Na verdade, o Tasso disse que havia ex-agentes da Abin envolvidos. Quando estava o Tasso falando isso, e dizendo que ele próprio, pelo que constava, tinha sido investigado, chegou o Márcio Fortes. E falou conosco uns bons dez, quinze minutos, até um pouco cansativamente, dizendo que não tinha feito nada. O Tasso ouviu a conversa. Disse o Márcio que eu ficasse tranquilo, que ele estava reagindo, mandando fax, escrevendo artigos, indo para a Justiça, que era uma infâmia e não sei o quê. Que eu ficasse tranquilo, ele queria que eu pudesse governar em paz, que ele nunca me daria esse tipo de trabalho.

Depois disso saímos correndo, troquei de roupa porque ia inaugurar uma barragem no Rio Grande do Norte, em Apodi.* Fiquei contente, porque estavam presentes os senadores, o José Agripino, o Fernando Bezerra, o Geraldo Melo, um de cada partido, dos velhos partidos da base. Mencionei esse fato no discurso, falei da alegria de vermos juntos aquelas obras todas, o problema da água, que é grande, melhorou no Nordeste por causa da união que mantivemos. E disse que esperava que a discórdia política, normal em época de eleição, não atrapalhasse a fidelidade a esse programa.

De manhã eu tinha dito no Ceará que até poderia ter ganho sozinho a eleição de 1994, mas que quis fazer aliança com o PFL não por motivos eleitoreiros, mas porque somos ligados a um programa. Eu acreditava que eles iam cumprir... Usaram essa frase como se eu estivesse dispensando o PFL. O PFL está muito perdido. As informações de pesquisa que estamos tendo agora dizem que o Serra cresceu muito e que a Roseana caiu muito. Me parece que no Ibope o Serra passa a Roseana.** Isso os deixou como baratas tontas.

Cheguei ontem à noite aqui, havia recado urgente do Tasso. Tasso me telefonou e disse que ia sair uma matéria no *Correio Braziliense**** que mostrava tudo, que realmente foi o Márcio Fortes, não sei o quê, sobre o tal dossiê. Falei com a Ana ontem à noite mesmo, mas ela ainda não apurara nada. Hoje me telefonou o general Cardoso, ele viu os nomes dos tais arapongas**** acusados de terem feito a espionagem. Garante que eles não foram nem ao Maranhão nem ao Ceará e que só saíram de Brasília no ano de 2000 para irem a Pernambuco. E são arapongas atuais, ou melhor, são agentes da Abin [PF] atual. Então, a montagem é mais complicada.

* Barragem de Santa Cruz do Apodi, segunda maior do estado, com capacidade para abastecer 28 municípios.

** O levantamento do instituto mostrou Lula com 25% das intenções de voto, seguido por Serra (17%), empatado tecnicamente com Roseana Sarney (15%), que teve queda de oito pontos em menos de vinte dias.

*** Na matéria "Estranhas relações com o mundo dos arapongas", publicada na edição de 14 de março, o jornal lançava suspeitas contra Fortes e acusava José Serra de chefiar um esquema de espionagem contra adversários políticos a partir de um dispositivo de inteligência montado no Ministério da Saúde.

**** O jornal citou os nomes dos policiais federais Marcelo Itagiba, Onésimo de Souza e Hercídio Santos.

O Tasso foi quem passou as informações sobre minha conversa com ele e com o Márcio Fortes para o *Correio Braziliense*. Só nós três estávamos presentes e saiu um diálogo verdadeiro, mas com certa tônica, eu cobrando do Márcio Fortes. Na verdade, cobrei mesmo, mas não a cobrança que saiu na manchete do *Correio Braziliense*: "Agora, sai dessa, Serra", como se eu estivesse aconselhando o Serra a jogar o Márcio Fortes ao mar. Tasso confirmou tudo ao Lula [Luís] Costa Pinto, e acredita nisso. Pode até ser que o Márcio tenha se metido numa enrascada. O Serra não acredita. Falei com o Serra ontem e hoje falei com o Aécio. O Aécio vai verificar, porque é primo do Serginho Cabral e, se o Sérgio Cabral confirmar ter sido o elo entre o Márcio Fortes e o Garotinho, foi ele quem passou a notícia. A coisa vai por um caminho muito preocupante, muito ruim.

Hoje de manhã, recebi a bancada do PPB, que veio na íntegra hipotecar solidariedade. O Delfim falou, falou o Odelmo. Por trás disso estava Dornelles. Foi uma reunião normal e boa. Depois almocei com Malan, Aécio e com Amaury Bier, estamos encaminhando a reforma tributária. O Aécio gostou da maneira de começar o combate aos impostos em cascata, através do PIS, para depois chegar ao Cofins. Eventualmente isso pode dar uma boa virada no Congresso.

O dia está tenso. O Inocêncio, vice-líder do PFL, deu declaração dizendo que eles não querem votar a CPMF. Aleluia, Inocêncio... Inocêncio falou com o Malan, o Malan cobrou dele e ele falou que sim, que votaria. Mas não sei o que vai acontecer, o que está complicando muito a situação. CPMF é básico para o Brasil. Vai mexer na taxa de dólar, mexer em tudo, e isso só vai atrapalhar mais o PFL. Estão usando pretextos, dizendo que falei isso e aquilo, que não é verdade, estou agindo com extrema tranquilidade para não perder o PFL e o estou perdendo. Marco Maciel falou comigo, foi obrigado, pela luta interna do PFL, a tirar o Carazzai do governo.* Estão todos se demitindo... vou fazer uma limpa no governo. Mas é ruim, embora para a eleição fique mais fácil. Ganharemos mais facilmente a eleição sem o PFL. Mas não será fácil governar este ano todo sem o PFL.

HOJE É SEXTA-FEIRA, DIA 15 DE MARÇO. Na terça-feira, dia 12, de importante foi o encontro que tivemos à tarde eu e o Celso Lafer com o embaixador Robert Zoellick, que é o representante comercial dos Estados Unidos, USTR. É um homem inteligente, conversou comigo sobre assuntos gerais, sem entrar nos detalhes. Eu também disse a ele que não ia discutir aço ou suco de laranja,** nada, que os ministros já tinham falado sobre isso com ele. E expus minha teoria, que é conhecida. Na verdade, estou seguindo o barão do Rio Branco: bom relacionamento

* Foi substituído por Valdery de Albuquerque na presidência da Caixa.

** Dois dos principais itens da pauta de exportações brasileiras, o aço e o suco de laranja eram objeto de elevada sobretaxa aduaneira nos EUA.

com os Estados Unidos e olho no Prata. Agora o nosso Prata é a América do Sul, e não basta o bom relacionamento com os Estados Unidos e também com a Europa, China e Japão. Enfim, o Brasil se expandiu mais. Zoellick só queria saber das questões políticas da Argentina. Voltei a explicar como vejo a Argentina, ele concorda que a questão fundamental é política. No final, me disse uma coisa interessante: "No momento certo vocês devem usar politicamente os argumentos nos Estados Unidos. Como quem diz: 'Fale com o presidente americano, caso contrário não vai sair nada para a Argentina'". Eu estou disposto a falar, detalharei mais essa questão.

Depois que foi embora o Zoellick, recebi o [José] Bianco, governador de Rondônia, que veio com o senador [Rubens] Moreira Mendes.* O Bianco, eu gosto dele, veio discutir questões relativas ao apoio a Rondônia, ele está numa situação muito difícil, não tem bancada. Ele é um homem do PFL, não quer romper com o governo, obviamente, como nenhum deles quer.

Depois despachei com Zé Carlos Carvalho, que é o novo ministro do Meio Ambiente, despachos de rotina, uma espécie de apresentação dele a mim e nada de mais especial.

Um parêntese: nada de votação da CPMF nesse dia também.

Na quarta-feira, dia 13, tive a reunião da Câmara de Política Econômica. Há um clima positivo na visão dos nossos homens do Banco Central, todos os dados são positivos, a taxa de juros pode cair um pouco mais,** a situação americana está melhorando, muito pessimismo com a Argentina, com a situação dos bancos. Falei com o Bill Rhodes, que tinha a mesma visão. Os bancos estão irritados porque perderam muito na Argentina. O Armínio Fraga estava voltando da Basileia e relatou muita indisposição para com a Argentina, e eles próprios, a equipe econômica toda, acham que a situação está sem saída. O Pedro Parente deu até a ideia de eu escrever uma carta ao presidente. Eu disse: "Posso escrever uma carta ao presidente da Argentina, ao Duhalde, dizendo, do nosso ponto de vista, o que pode ser feito para eles saírem da encalacrada em que estão. Ao mesmo tempo, mando uma carta ao Bush, dizendo: 'Estamos sugerindo algumas questões à Argentina...', sem dar detalhes. Feito isso, acho que é preciso dar um apoio mais expressivo, para resguardar a posição do Brasil, que é de apoio permanente à Argentina, com interesse estratégico. Mas compreendemos que os argentinos têm também que fazer um esforço próprio para sair da encalacrada em que estão metidos".

Recebi depois o lutador de boxe Popó,*** muito simpático. Conversamos sobre vários assuntos com alguns ministros que estavam presentes ao encontro no Palácio do Planalto.

* PFL-RO.

** Na reunião de 20 de fevereiro, o Copom reduzira a Selic em 0,25 p.p., para 18,75%. Na reunião seguinte, em 20 de março, o comitê baixou a taxa para 18,5%.

*** Em janeiro, Acelino "Popó" Freitas sagrara-se campeão mundial na categoria superpena.

Preocupação com as votações da CPMF. Ainda fui a uma solenidade sobre o Protocolo de Kyoto.* O Aécio veio, havia muita gente ligada ao meio ambiente. Paulo Henrique estava aqui, também assistiu à solenidade.

Fui a São Paulo, eu tinha um jantar na Congregação Israelita Paulista** com o rabino Sobel, para contemporizar o fato de o Kissinger não ter vindo, pelas razões já registradas. Em São Paulo, recebi em casa o Roberto Civita. O Roberto me disse que agora estamos dando apoio à Globo e, com interpretações mais malévolas, disse que por isso a Globo está contra Roseana. Uma fofocalhada tremenda, o PFL em guerra, declarações de todos eles dizendo que não votam a CPMF, que vão romper com o governo, sempre tentando passar a imagem de que, de fato, houve perseguição política à Roseana e ao Jorginho. E, em parte, estão conseguindo, porque com isso deixa-se de lado a questão verdadeira, a dos escândalos da Sudam, eles tinham que apurar se houve ou não envolvimento do Jorge e da Roseana, e tudo isso foi posto à margem. O Brindeiro já disse que ela tem direito ao foro especial, tem mesmo. Entretanto, deixou o material à disposição dos procuradores. Isso depois que for julgada a liminar [do STJ].

Fazem um contra-ataque cerrado, como se houvesse grampo de telefone, a Abin metida, e é tudo mentira. É tudo uma onda desgraçada, muita acusação ao Márcio Fortes, na linha do que eu já registrei aqui. E o Roberto Civita disse: "Está bem, eu acho que vocês devem apoiar a Globo, mas não esqueça que estão todos mal". Eu disse: "Eu sei, Roberto, você já me falou, e quando chegar a sua vez eu verei isso; na sua vez você vai ter o mesmo tratamento". Eu não sei o que eles [o BNDES] estão decidindo sobre esse pedido de apoio à Globo Cabo que vem rolando há meses. Eles [o BNDES] vão fazer o que couber nas normas, eu não faço nada além de encaminhar e pedir para ver se há alternativa. Já fiz o mesmo com a Bandeirantes, parece que não deram alternativa no Banco do Brasil, não sei. No caso da Abril, também, se couber, encaminharei. Vamos ter uma fila de pedintes, acho que não se pode deixar capotar o setor de comunicações no Brasil. Evidentemente, em troca desse apoio nada; não se pede apoio político, até porque todos já apoiam, independentemente disso. Mas a maledicência vai continuar.

Na Congregação Paulista, um ambiente de muita festividade, eu tinha que fazer uma conferência no fim de um jantar, o que não é muito agradável. Fiz uma semiconferência, mas o clima foi bastante positivo, todos entusiasmados. Lá estavam o Paulo de Tarso e a Lúcia [Flecha de Lima], cumprimentei-os, e muitas pessoas amigas, conhecidos, fotografias... Marta Suplicy com o novo marido.*** Devo dizer

* Cerimônia de assinatura da mensagem presidencial ao Congresso encaminhando o Protocolo de Kyoto à Convenção-Quadro das Nações Unidas sobre Mudança do Clima. O texto foi ratificado nas duas Casas em votações simbólicas entre abril e junho de 2002.

** Jantar comemorativo do 65º aniversário da CIP, na sede da entidade.

*** Luis Favre.

que achei o rapaz educado, simpático e discreto. Não tive impressão negativa dele, não, pelo contrário.

Depois voltei para casa porque no dia seguinte (ontem), de manhã cedo, eu tomaria um avião para Maringá. Fiquei entusiasmado com as várias cidades do Paraná que sobrevoei. Em Maringá desci, tomei o helicóptero, voei uma hora para chegar a um lugar chamado Porto Camargo, sobre o rio Paraná. Cinco pontes que nós inauguramos, enormes, um conjunto muito grande de pontes para a interconexão entre o sul de Mato Grosso e o Paraná.* Obra importante feita pelo governo federal com o apoio dos governos estaduais. E discurso, um bom discurso do Lerner, dizendo que não dá para dinamitar pontes agora. Sendo ele do PFL, é importante que tenha dito isso. Mas os jornais só ressaltaram o que eu disse. Apenas concordei com ele, mas não ressaltaram a posição do Lerner, que foi muito boa, muito construtiva. O Zeca do PT, o senador Ramez Tebet, aquela coisa toda, uma hora de voo de helicóptero para a ida, outra hora para voltar.

Cheguei tarde a Brasília, extremamente cansado, e já tinha gente me esperando. Falei com uma porção de pessoas, entre as quais o pessoal do PTB. O deputado Roberto Jefferson e o presidente do partido no Paraná, o Martinez. Dessa conversa o que resultou? Eles vão ficar com o Ciro, imaginam que o Ciro não ganhe, e no segundo turno querem ficar conosco. Por que ficar com o Ciro? Para fazer bancada, calculam que farão uns quarenta deputados. Disseram que já controlaram o Ciro para ele não me atacar. E nem mesmo atacar o Brizola. Senti claramente que a estratégia deles é ficar com o Ciro e não apoiar o Serra. Não sei se não é melhor assim, porque isso assegura votos ao Ciro, sem que ele dispare. Não é uma coisa de todo ruim. Infelizmente, ao sair do Alvorada, o Roberto Jefferson deu declarações que foram interpretadas como se eu tivesse dito a ele que a Polícia Federal tinha grampeado, sim, a Lunus, com autorização da Justiça. Não foi o que eu disse. O que eu disse é que o inquérito da Sudam começou no ano passado e que eu tinha sido informado que os procuradores conseguiram uma autorização da Justiça para grampear o pessoal da Sudam.

É massacrante, quando a imprensa resolve pegar uma pessoa, não há como escapar, e não se entende muito a lógica de por que esse e não aquele. No caso da Roseana, encontraram uma sacola de dinheiro, portanto foi um prato cheio. Não tem explicação, a que o Murad deu não é convincente, ou melhor, pode até ser verdadeira — ele disse que é dinheiro de campanha —, mas para esse povo não adianta. Dinheiro de campanha, mas que saiu de onde? Quem deu? Por que deu? Aí começam e não acabam mais. Há uma convicção, pelo que falei com o Martins e com a Ana, que sabe muito sobre o PFL, que quando a polícia chegou já tinha informações de que teriam levado dinheiro para lá, teriam fotografado, eu duvido.

* Foram investidos R$ 160 milhões na construção do complexo de pontes e aterros rodoviários da BR-487 em Porto Camargo, distrito de Icaraíma (PR), com extensão total de 16,2 km.

Não que duvide da eficiência da Polícia Federal ou dos procuradores, não posso chegar a esse ponto. Mas tanto faz como tanto fez se fizeram, se encontraram o que procuravam.

HOJE É SÁBADO, DIA 16, são quase seis da tarde. Passei o dia remexendo papéis, como sempre, no fim de semana a gente fica trabalhando, tanto eu quanto Ruth.

De manhã tive uma longa conversa com o Roberto Santos, o da Bahia.* Ele está com 75 anos e meio, quase 76, muito lúcido. O Roberto Santos não quer entrar na candidatura ao Senado, como o Geddel queria que eu propusesse a ele e propus. Fez um quadro realista sobre a Bahia, para ele a situação do Antônio Carlos não é tudo o que se diz, mas o Antônio Carlos dispõe de uma máquina poderosa, capaz de atrapalhar muita coisa na Bahia. Mas não é por isso que o Roberto Santos não quer entrar; é porque ele quer que o Waldir Pires tenha a chance de tirar um dos senadores do Antônio Carlos, mesmo sendo o Waldir do PT. Ele tem lá sua lógica. Me entregou uma entrevista do Antônio Carlos extraordinária, na qual ele deixa claro o que quer. Mostra que há sujeira para todo lado, que o ministro da Saúde pagou 1 milhão e não sei quanto para uma escuta telefônica. Portanto, diz ele, o jogo vai virar. Eles querem atacar na base moral, para acabar com o ataque à Roseana.

Quanto a mim, ACM reclama de eu haver dito que não precisava do PFL para governar; não foi o que eu disse. Não precisava para ganhar. Eu disse que ganharia sozinho na primeira eleição, e é verdade, mas que não governaria sozinho porque precisaríamos de um programa para mudar o Brasil. Eu estava elogiando a relação com o PFL, dizendo que não foi eleitoreira, que foi programática, mas enfim.

Antônio Carlos quer mesmo é ser candidato ao governo da Bahia. Ele diz o contrário, que o povo quer que ele vá para o governo, enquanto ele quer ir para o Senado.** Fica claro, entretanto (o Roberto Santos também acha isso), que ele quer mesmo ir para o governo. Faz insinuações permanentes de que se eu for investigado também vou ter problema. Mas não afirma nada. Ao Mário Kertész,*** que o entrevistava, ACM diz: "Parece que o senhor [eu] recebeu uma doação do José Eduardo Vieira**** de 5 milhões!". E que o José Eduardo colocou à minha disposição o avião de um ex-diretor do banco em São Paulo. O José Eduardo já negou o fato, disse que quem trabalhou na campanha com ele foi um ex-diretor dele. Então o Antônio Carlos [que já viu a resposta negativa do JEV] a está usando como se fosse sabedor do assunto, e fala como se a ajuda [do JEV] tivesse sido para gerir recursos de cam-

* Ex-governador do estado (1975-79) e ex-deputado federal pelo PSDB (1995-99).

** ACM candidatou-se ao Senado; o também pefelista Paulo Souto disputou o governo baiano.

*** Empresário e radialista, ex-prefeito de Salvador.

**** Ex-senador pelo PTB e ex-ministro da Agricultura (1995-96).

panha. Aí o Kertész pergunta: "Mas no caixa dois da campanha?". E ele, malandro: "Não posso garantir que foi no caixa dois. Assisti a ele declarar que iria passar 5 milhões para a campanha, de saída". "Ele" é o José Eduardo. É mentira também, mas ele vai indo nessa batida.

Depois diz que eu quis tirar retrato com o Paulo Souto e ele na campanha e que eles não quiseram. Outra mentira. Nunca houve tal episódio. Diz que eu pedi ao PFL para apoiar o Paulo Maluf. Outra mentira. Ele, ACM, veio ao Alvorada dizendo que deveríamos deixar o Luís Carlos Santos ir com o Maluf, porque seria bom. Na verdade, naquela época ele estava ligadíssimo ao Maluf por interesses diretos, e ligado ao famoso senador [Gilberto] Miranda, do Amazonas. Este tinha interesses com o Maluf no Banco do Brasil que foram defendidos pelo Antônio Carlos junto ao Malan e ao Pedro Parente. Queria porque queria um empréstimo para o Pitta, para [a prefeitura de São Paulo] poder pagar a OAS. Enfim, é o Antônio Carlos de corpo inteiro. Até fui ler a entrevista para ver se podia processá-lo, mas não vale a pena, porque é tudo intriga sobre intriga e a matreirice ilimitada do Antônio Carlos.

HOJE É DOMINGO, DIA 17 DE MARÇO.

De manhã recebi o Guilherme Palmeira muito preocupado com a situação do PFL, ele acha que a única solução é o PFL não lançar candidato, fazer as alianças nos estados e, pouco a pouco, se reintegrar à aliança que tem mantido governabilidade no país. O Guilherme sempre ajuda, ele vai falar com o Jorge e com os outros nessa direção. À tarde me reuni com Pimenta, Serra, Madeira e José Aníbal para discutir assuntos gerais. O Pimenta sabia mais que os outros sobre o PFL, estava muito preocupado, e eu também, porque a ferida ficou séria. Estão sem caminho de retorno, a candidatura da Roseana indo a pique, não há nome para lançar. Pimenta teme que haja uma debacle. Acha que até seria melhor eles lançarem alguém do PTB, para fazer um caminho para o PFL voltar no segundo turno. É muito difícil que aconteça, mas isso reflete a nossa preocupação com a institucionalidade e com a tranquilidade para o futuro presidente poder governar, e eu também.

Madeira acha que vamos aprovar a CPMF nesta semana, eu tenho minhas dúvidas, porque o clima é de grande irracionalidade. Quanto ao resto, a aliança com o PMDB é o caminho. Em vez do que eu tinha combinado com eles, a sugestão do Wellington parece melhor, ou seja, o Serra e o José Aníbal procurarem o presidente do PMDB, Michel Temer, para propor a negociação do vice. O vice-presidente preferido por todos é o Jarbas Vasconcelos, se for possível. Se não, já veremos. A hipótese Itamar foi rechaçada pela maioria dos presentes, sobretudo pelo Pimenta, e por mim também, porque o Itamar vai criar confusão. Não tem muita lógica fazer aliança com o Itamar, que me vilipendiou todo esse tempo e que daria dor de cabeça ao futuro presidente.

Eu disse ao Serra: "O vice não é seu, é do Brasil. E se você morre?". Ele ficou apavorado com a hipótese de morrer, mas é verdade, precisamos ter um vice que possa governar. Nós temos várias experiências de vice que dão confusão. Preocupação com o PTB, o Pimenta relatou algo semelhante ao que eu já sabia, que o PTB quer construir o partido, portanto fica com o Ciro; nos apoiaria no segundo turno, dúvidas de alguns. Perguntamos se o PPB, o partido do Amin, viria mesmo para nós. Acho que vem. No final, fiquei discutindo com o Pimenta a recomposição do ministério, especulando nomes e nada mais.

Vou esperar a Regina Faria chegar, vamos jantar, e amanhã vamos para o Chile.

HOJE É QUINTA-FEIRA, DIA 21 DE MARÇO. Estou em Brasília, são duas horas da tarde. Cheguei do Chile ontem, quarta-feira, às nove da noite. Vamos separar a questão do Chile em duas etapas. Uma, as relações internacionais; outra, a política brasileira.

Quanto às relações internacionais, a ida para o Chile foi, como sempre essas viagens são, um tanto cansativas, porque fico conversando o tempo todo. Dessa vez levei o governador Esperidião Amin, o vice-governador do Mato Grosso* e o Zeca do PT, de Mato Grosso do Sul. Além de ministros como o Sérgio Amaral e o Celso Lafer, o normal dessas viagens. Conversamos muito na ida, alegremente, sobre assuntos genéricos. Amin disse que tinha tido uma conversa com o Jorge Bornhausen no sábado passado e que queria me relatar alguma coisa. Marquei em Santiago.

Chegada a Santiago na segunda-feira, dia 18, e como sempre uma correria. Ninguém imagina o que seja uma viagem presidencial, o cansaço que produz, além das alegrias naturais, quando a viagem tem resultado positivo. O embaixador, que é o Zoza, João Augusto de Médicis, me disse que tinham fechado acordo comercial com o Chile.** Isso é muito importante. O acordo vai reduzir as tarifas, as nossas exportações de viaturas [automóveis] vão aumentar muito, talvez a de pêssegos deles para cá também, mas o importante é o sinal que isso dá. No momento em que os Estados Unidos fazem restrições, o Brasil e o Chile abrem suas economias. Isso foi ressaltado pelo presidente Lagos, por mim e por todos nós.

Do aeroporto fomos para a embaixada e, ato contínuo, fui fazer as homenagens aos Pais da Pátria do Chile, cerimonial militar, hinos, muito povo na rua, depois fui ao Palácio de La Moneda me encontrar sozinho com o Ricardo. De novo grandes cerimonias de entrada. Basicamente queixamo-nos na conversa da situação do mundo. Sobre a Argentina, não preciso repetir os argumentos que conhecemos. Depois falamos sobre nossa última reunião em Estocolmo. A Governança Progressista anda

* Rogério Salles (PSDB).

** O Chile e o Brasil assinaram um acordo bilateral no âmbito do Mercosul para a progressiva diminuição de tarifas alfandegárias, com a previsão de incrementar o fluxo comercial em US$ 600 milhões anuais.

bastante desorientada, faltando o lume que vinha do Clinton, e também por causa da ofensiva belicosa do Bush. O estilo unilateralista do Bush fez os europeus ficarem desanimados, desarmados e sem envergadura para enfrentar os Estados Unidos. No fundo, cabe a nós, pelo menos vocalmente, levantar as questões.

Em seguida fomos para uma reunião ampliada dos dois ministérios, o chileno e o brasileiro. Minha delegação com a delegação do Lagos, e, terminado isso, fomos para casa às pressas. Na embaixada conversei com o Amin, e em seguida banquete de Estado. Banquete de Estado no Museu de Arte do Chile, muito simpático, muito bonito, discursos... o clima do Chile. Todos os meus antigos amigos presentes. Enzo Faletto, que vi de longe, barbado, parecia o Hemingway. Está magro, provavelmente com câncer. Mas firme, como é o Enzo, bem-disposto, mais tolerante para com as solenidades oficiais.

Estavam todos, até os *momios* [os reacionários], como dizem no Chile. O Ricardo Claro, dono do vinhedo Santa Rita, que sempre me tratou muito bem. O Agustín Edwards, dono do jornal *El Mercurio*, que ataca incessantemente o governo do Chile e o Mercosul, lá estava com a senhora.* Além desses, os meus antigos conhecidos, o [Osvaldo] Sunkel,** a Carmencita [Carmen Sutter], mulher dele, o [Juan] Gabriel Valdés, com a senhora,*** o Sergio Bitar, que foi ministro do [Salvador] Allende, o Foxley, que foi ministro da Fazenda, o [Eduardo] Frei com a Martita [Marta Larraechea Frei],**** inumeráveis amigos, foi uma coisa grandiosa. Ah! até mesmo o Patricio Aylwin, por quem tenho grande admiração. Foi tudo muito bonito, muito comovedor.

O dia seguinte, terça-feira passada, também foi terrivelmente cansativo, porque fiz quatro discursos. Levantei e fui para o que eles chamam de Alcaldía, o Palácio Consistorial, onde fica o *alcaide* de Santiago, que será o principal concorrente da direita na eleição presidencial. Eu não o conhecia e não tive uma impressão marcante dele. Esqueci seu nome e até agora estou me esquecendo... lembrei: [Joaquín] Lavín, já foi candidato à Presidência, lá estava a Martita Frei, que hoje é vereadora, e uma senhora bonita que fez um bom discurso. Fiz um discurso de improviso, parece que agradou o pessoal, porque foi mais espontâneo. Depois fui visitar o presidente da Corte Suprema do Chile,***** que estava com mais alguns membros da corte. De lá tomamos o helicóptero para Valparaíso. Pleno [reunião plenária] do Congresso chileno.

Foi de novo comovedor, porque todo mundo estava presente, direita, esquerda, centro, todos lá, antigos e atuais amigos meus. O Enrique Silva, que foi chanceler do Patricio Aylwin, estava presente, muitos ministros, o [José Joaquín] Brunner, que também foi ministro do Frei — o Frei estava assistindo à reunião. O Chile com-

* Maria Luisa Fernández.

** Economista e professor chileno, assessor especial da Cepal.

*** Antonia Echenique.

**** Mulher do ex-presidente chileno.

***** Mario Garrido.

pleto, o chefe da Armada do Chile,* o Andrés [Zaldívar], que hoje é o presidente do Congresso. Li um discurso, mas intercalei observações de improviso sobre o Chile, no final todos se emocionaram, eu também, pelos vínculos fortes que temos com o Chile, o Paulo Renato, ministro da Educação, que também viajou comigo e viveu nove anos no Chile...

Voltamos a Santiago para continuar a programação. Fui à Universidade do Chile, onde dei uma aula magna para inaugurar a Cátedra Vilmar Faria. De novo, foi bastante emotivo, a Regina Faria ao nosso lado, a sala lotadíssima de antigos amigos meus e pessoas que nem conheço. Lá estavam o senador [José Antonio] Viera-Gallo, que agora é o professor dessa cátedra, e a mulher dele,** ex-professora da UnB. Foi uma reunião muito emocionante, com reitor*** e tudo. De lá, fui inaugurar o novo prédio da Flacso, onde me encontrei com o Ricardo Lagos, os dois discursamos. Fiz um discurso solto, no qual rememorei o papel da Flacso nas ciências sociais, isso de maneira mais intelectual e crítica.

Em seguida fomos visitar a casa da rua Las Ñipas, onde morei. A dona da casa queria que eu entrasse, mas não entrei, porque toda a imprensa estava em volta. Os vizinhos me aplaudiram. Depois fomos para a rua Luis Carrera, onde também morei,**** a casa é hoje um centro de estética, vejam só. O bairro mudou muito, já era um bairro bastante agradável, sobretudo a rua Las Ñipas; esta não mudou muito, continua aprazível.

Voltamos, dei várias entrevistas, para o Jornal *El Mercurio*, para o jornal [revista] *Siete+7*, algo assim, para a televisão. Ainda tivemos uma enorme recepção na embaixada, também extremamente agradável, com os amigos mencionados e outros mais. Faltou a Malucha [Maria Luisa] Solari***** [casada com o Anibal Pinto, economista famoso e grande amigo nosso], eu ia telefonar para ela e não telefonei. A Malucha poderia estar doente, vou ligar para ela. Estavam presentes todos os meus amigos, o Enzo de novo lá. Noite gratíssima, agora estou morto de cansaço.

Ontem, saí cedo para fazer uma conferência na Sofofa,****** que é a Sociedad de Fomento Fabril do Chile. Sala cheia, falei cerca de uma hora sobre a economia do Brasil e do Chile e, já atrasado, me encontrei com o Ricardo Lagos e fomos no avião dele para Arica. No caminho conversamos duas horas e meia, só eu e o Ricardo. Coincidências imensas de ponto de vista. Preocupações, as mesmas, ele conhece bem a política brasileira. Acha que, eleito Serra, será uma coincidência incrível, porque se elegeria pela segunda vez no Brasil alguém com uma visão latino-americanista, com conhecimento da América Latina. Eu disse: "Pois é, no Brasil é fácil: se a

* Almirante Miguel Ángel Vergara.
** María Teresa Chadwick.
*** Luis Riveros.
**** Os dois endereços se localizam no bairro Vitacura, zona norte da capital chilena.
***** Atriz e diretora chilena.
****** Intitulada "Perspectivas econômicas do Brasil".

pessoa fala espanhol, já se sabe, tem uma relação afetiva; se só fala inglês, tem relação afetiva com o outro lado; não que seja contra a América Latina, mas não tem a mesma relação afetiva". Por exemplo, o Armínio Fraga, de quem gosto muito, é um homem do mundo anglo-saxão, e não do mundo hispânico. O Malan já é mais sensível a este mundo. O Serra, o Paulo Renato, o Weffort, esses são pessoas do mundo latino-americano. O Jaguaribe, o próprio Celso Lafer, embora não tenham vivido na AL, têm visão mais ampla. Forma-se uma rede de relações pessoais que dá base para relações políticas, no caso do Brasil com o Chile.

Fiz um discurso em Arica também, com referências especiais à cidade, isso sempre dá certo.* Muitos aplausos, conferência coletiva de imprensa, um jornal de lá quis me intrigar com o Duhalde, dizendo que eu fui restritivo ao Duhalde, e eu não fui. Não acho justo ser restritivo em momento de dificuldades da Argentina. Vou guardar minhas críticas para depois. E retornei ao Brasil.

Cheguei ontem às nove horas da noite, moído. Ainda bem que hoje o Antônio, o massagista, estava aqui e de manhã também fiz bastante exercício — bastante não, alguns exercícios na piscina com o pessoal do Sarah, para me repor.

Enquanto eu estava no Chile, questões políticas aqui, os processos se desenrolando e eu telefonando. No dia em que cheguei a Santiago, falei por telefone com o Marco Maciel, que me reafirmou que iriam votar a CPMF. Na terça-feira, falei com o José Agripino, o líder do PFL no Senado, ele me disse que vai ter que tomar umas posições de independência e que também vai ajudar na aprovação. Disse que tinha falado com Jorge Bornhausen e dito a ele: "Nós entramos numa gelada. Fizemos uma reunião onde cada um de nós não queria romper com o governo, e saímos rompidos. Agora temos que ver como sair dessa encalacrada". E é isso mesmo.

Fui recebendo informações através, basicamente, do Arthur Virgílio e do Pimenta. Pimenta, que tinha estado com o Jorge, me tinha prevenido do estado de espírito do Jorge, que ainda é de prevenção. E o Pimenta mantém a ideia, não de todo despida de senso, de que se o PPB e o PFL lançassem um candidato talvez pudessem dar um caminho para o PFL. Conversei com o Amin, como disse aqui, que passou o sábado pescando com o Jorge. Disse ele que o Jorge está muito magoado, não comigo, mas com tudo, irritado. A Dulce [Bornhausen], mulher dele, está com problemas de saúde, a Dulcinha, o que é muito triste, uma moça jovem, está com recidiva de câncer. Isso tudo deve perturbar o Jorge. O Amin insistiu com ele que temos que buscar um caminho de entendimento. Sondei o Amin sobre a questão do PPB, e não vi receptividade. Sondei com muita delicadeza, naturalmente. Tratei o tempo todo de receber informações.

* Arica é o porto terminal no Pacífico do projetado Corredor Bioceânico do Mercosul. Na cidade, os dois presidentes assinaram sete acordos, convênios e declarações conjuntas em áreas como ciência, clima e previdência social.

No final do dia de ontem, me disseram que, enquanto eu estava dando a entrevista coletiva com o Lagos em Arica, veio a informação de que o Sarney teria pedido que a ONU vigiasse as nossas eleições. Eu não sabia e disse: "Eu duvido disso, até porque quem vigia a eleição no Brasil é a imprensa. E é ridículo". E não é que ele fez isso?! Aí entra o capítulo do discurso do Sarney, eu não li o discurso todo, estou com ele aqui, e tem a gravação também. Li pedaços ontem à noite e vi alguns comentários. O Sarney foi pequenininho, primeiro falou mesmo coisas da Cosipa, com quem nunca tive nada a ver. Eu nem conheço, vi o Antônio Claret, que era o presidente, umas duas vezes na vida. Não fui eu quem o designei, foi o Montoro que designou a diretoria. Houve um processo no qual todos os envolvidos foram absolvidos, porque não houve nada de irregular. E não é que o Sarney fez insinuações sobre a Cosipa? Disse que eu teria dito a ele que demitiria o Aloysio. Sim [disse], mas, se houvesse indício, foi o que eu disse, e não houve indício algum de irregularidade [de interferência do Aloysio no caso da Lunus].

Um discurso cheio de mesquinharias, acusando o governo, falando de Gestapo,* uma coisa patética, ridícula. Uma farsa montada pelo o PFL para tirar o foco da Roseana e para dizer que [o que houve com ela] foi uma manipulação política. E como o Serra tem fama de ser manipulador, há caricaturas dele com escutas telefônicas, e isso até certo ponto pegou, o que é ruim. Mas não o suficiente para desviar do foco central, do que aconteceu no escritório da Roseana, e a empresa é dela. Mas [repetir essas coisas] serve para perturbar, para dar a impressão de que o governo poderia ter feito a armação. Apesar de o Agílio ter dado um depoimento (não li todo, só um pedaço nos jornais) esclarecendo as coisas.

O delegado que atuou no caso, eu não o conheço, Paulo de Tarso [Gomes], também depôs. Ele não sabia qual era a empresa nem que era da Roseana. Fui eu que informei ao Agílio, reclamando da invasão, e ele disse que não foi invasão, foi ordem legal. É tudo transparente, mas estão tentando montar uma farsa. Como fazia a UDN da calúnia, da Carta Brandi,** no estilo de Carlos Lacerda.*** Na verdade, é amor de pai, um pai apaixonado com imaginação de romancista. Vou ter que reagir, mas vou reagir com calma, pensei até em escrever uma carta ao Sarney, porque assim não é uma reação pública, mas fica nos meus arquivos. Rebateria ponto por ponto o que ele teria dito a respeito das questões de honra e de mau manejo do [meu] governo.

* Geheime Staatspolizei, a polícia secreta do regime nazista.

** Em setembro de 1955, a UDN reavivou a denúncia de um projeto de "união sindicalista" entre Brasil e Argentina através da publicação de uma carta apócrifa, endereçada ao então candidato a vice-presidente João Goulart. O documento, datado de agosto de 1953, quando Jango era ministro do Trabalho de Getúlio Vargas, tinha a assinatura do deputado argentino Antonio Jesús Brandi, e tratava de uma suposta insurreição operária no Brasil com apoio platino. Um inquérito policial-militar demonstrou que a "Carta Brandi" era uma falsificação.

*** Ex-governador da Guanabara, maior opositor do varguismo nos anos 1950 e do janguismo na década seguinte.

Vou ler o discurso dele com mais calma. Não vou polemizar com Sarney, que está perdendo essa parada. Ele vai guardar ódio até o fim da vida, injusto. Nomeei o Zequinha Sarney [ministro], não foi ninguém, não, fui eu. Eu queria uma aproximação com Sarney. Sei dos problemas deles, ou de alguns deles, mas sei também das virtudes. O Sarney foi um presidente razoável na transição democrática. Foi ruim na gerência, mas manteve a liberdade, e eu sempre tive uma relação considerada com ele. Por que me usar para defender a filha de um ataque que não foi meu? Realmente é de lascar, mas é assim.

Hoje recebi Sérgio Machado, veio falar sobre o Ceará, ele acha que vai ganhar,* todo candidato acha, e talvez tenha alguma possibilidade. A preocupação dele é com o fortalecimento do PMDB. Com o argumento, que eu acho certo, de que, se não houver uma base estrutural mais sólida, institucional, de coligações partidárias, o presidente eleito, se for o Serra, não governa.

Eu governei sem muita solidez dos partidos, porque eu faço acrobacia no trapézio, não é o caso de todo mundo, disse o Sérgio, Juscelino fez igual. Não sei, se foi tanto ou menos o que eu fiz. Não sei, sei que governei. Mas esse esfacelamento do PFL é um desastre, o Serra tem que entender isso como um desastre.

Ato contínuo, recebi mais duas pessoas, primeiro o Aécio, que veio me dizer algo que me deixou estarrecido: ele teve encontros com o Itamar, um recentemente num hotel, foi rocambolesco, com seguranças do Itamar botando jornais para evitar que as câmeras do hotel registrassem a presença do Aécio. Conversa secreta em que o Itamar propôs o quê? Quer ser vice na chapa do Serra. E quer saber qual seria minha reação, a reação do partido e não sei o quê. O Aécio disse que a minha reação seria equilibrada. Eu tenho minhas dúvidas, mas o Aécio tem seus pontos, sobre os quais vou discutir com o Serra. Nesse caso o Itamar apoiaria o Aécio para governador de Minas, e é claro que as eleições seriam ganhas. Quem recuou foi o Itamar. É estranha a alma do Itamar. Depois, contou o Aécio, o Itamar chamou os três mosqueteiros dele, o [Henrique] Hargreaves,** o [Alexandre] Dupeyrat*** e o [Djalma] Morais, ele também quer acertar a vida da turma dele. É inacreditável, mas é isso que ele deseja, ir para a vice-presidência. Já estou atrás do Serra para conversarmos sobre isso.

Depois veio o Arthur Virgílio, preocupado com a situação toda, o Serra não inspira nele muita confiança, acha que o Serra é capaz de ardis. Já há tempos estou tentando degelar o Arthur, mas não é fácil. Ele tem reações muito emocionais. De qualquer forma, me deu um panorama preocupante da conversa dele com o pessoal do PFL, sobretudo com o Agripino. O PFL virá com a esperteza de que todos os processos [de alianças], antes de se consumarem, passarão pela executiva. Tem-se

* O senador candidatou-se ao governo do estado pelo PMDB.

** Secretário de Governo de Minas Gerais e ex-ministro-chefe da Casa Civil no governo Itamar.

*** Ex-ministro da Justiça e ex-assessor especial da Presidência no governo Itamar.

que dar um pouco de tempo para ver o que o PFL vai fazer, como sai da encrenca em que se meteu.

Ao mesmo tempo, novos dados de pesquisa. Embora o Serra tenha caído um pouco no Ibope, continua em segundo lugar e a Roseana caiu mais.* Quem subiu um pouco foi o Garotinho. O Lula se mantém estável, baixo, 24 pontos. O governo subindo, está no seu ponto mais alto de aprovação, ótimo ou bom 29%, e negativo 31%. Antes a diferença no Ibope era bem maior. Me disse ontem o Ney Figueiredo, por telefone, que, além disso, os que votariam em alguém do governo iriam a 38%. Se for assim, o espaço para crescer está bom.

Agora vou a uma solenidade de combate à discriminação racial,** e vamos ver o que mais acontece no dia de hoje, quinta-feira.

* O Ibope de 21 de março mostrou Serra com 16% e Roseana com 13%, mesmo índice de Garotinho.

** Cerimônia de instalação do Conselho Científico da Fundação Palmares-CNPq e assinatura do protocolo de cooperação sobre o Programa de Ação Afirmativa do Instituto Rio Branco, no Palácio do Planalto.

23 DE MARÇO A 4 DE ABRIL DE 2002

Invasão da Córrego da Ponte.
Reforma ministerial.
Páscoa em Fernando de Noronha.
Aproximação com o PMDB

Hoje é sábado, dia 23 de março, uma e pouco da tarde.

Na quinta-feira fui à solenidade na Fundação Palmares sobre a concessão de bolsas [aos negros] para entrarem na diplomacia.* Fiz discurso contra a desigualdade, a discriminação racial etc.

Recebi o Arévalo Enrique Méndez, um emissário do Chávez, que veio insistir para que eu vá à reunião do Grupo dos Quinze, na Venezuela, em julho. Nada de mais importante. Recebi o antigo senador José Afonso Sancho. Coitado, estava todo atrapalhado com a questão que houve entre a caixa de poupança do Exército e o banco dele.** Uma confusão grande. Vou ter que falar com o presidente do Banco Central para entender melhor do que se trata.

Depois vim para casa, porque eu não estava me sentindo bem. Aliás, foi difícil permanecer na cerimônia no fim da quinta-feira, eu estava muito ruim. Só vim a saber mesmo do que se tratava ontem de manhã: eu tinha tido uma intoxicação alimentar. Vinha com ela desde o Chile. Fiquei em estado febril a noite toda, dormi muito mal de quinta para sexta.

Cancelei tudo na sexta, recebi apenas o Marco Maciel de manhã, ele preocupado com a conversa que teve com o Bornhausen. Bornhausen se queixou de que o telefone dele foi grampeado. Contei ao Marco um fato que não contei a ninguém: o meu telefone [do apartamento em São Paulo] foi grampeado em 1996 e ninguém conseguiu apurar quem foi nem como. Hoje em dia é difícil ficar sabendo quem fez, quem não fez. Certamente não foi o governo nem a Abin, mas se for para atribuir ao governo ação de terceiros, estamos perdidos. Eu entendo a situação do Bornhausen, inclusive a situação pessoal, a Dulcinha, a mulher dele, não está bem de saúde, mas duvido que ele entre numa linha de irracionalidade. E o Marco preocupado. O Marco é uma pessoa correta, tem visão clara das coisas. Está sentindo que no PFL há a sensação de que há muita coincidência [para não haver a mão do governo]. Não só a questão da Roseana, mas também a invasão da fazenda do Inocêncio.***

* O Itamaraty instituiu o programa de Bolsas-Prêmio de Vocação para a Diplomacia.

** Em 1997, o Banfort, Banco de Fortaleza S.A., foi liquidado extrajudicialmente, com um rombo estimado em R$ 600 milhões. A Fundação Habitacional do Exército detinha 49% das ações do banco, controlado pelo ex-senador pefelista, e teve prejuízo de mais de R$ 30 milhões. Sancho e familiares tiveram seus bens bloqueados pela Justiça.

*** Em 19 de março, fiscais do Ministério do Trabalho encontraram dezenas de trabalhadores em si-

Não há fio condutor, o fio condutor é a democratização. E certo estado de espírito petista, no sentido de um petismo moralista. E caem em cima das pessoas com suposições, às vezes erradamente. Sempre erradamente quando se divulgam acusações antes de haver apuração. Mas não é ordem do governo, e o governo também não pode se opor. Primeiro é uma tendência, com a qual o governo está de acordo, tem-se que apurar as coisas. Segundo, não se pode opor; deve-se seguir em frente, sem atropelo da lei. Ao contrário. Esse é o fundo da questão. Preocupou-me a conversa com o Marco, porque eu gosto dele. Quando o Marco me diz isso, está refletindo o estado de espírito do partido, que é bastante profundo [na direção de que "há algo"].

No mais, ontem só recebi, à tarde, o Martus Tavares, que veio falar das coisas mais de rotina do orçamento. As dificuldades do dia a dia são enormes, o dinheiro é curto, as demandas são muitas. O Congresso voraz quer mais emendas, mais recursos para cá, mais emendas para lá, uma coisa que não tem nada a ver com a racionalidade do que é importante para o Brasil no momento. Este é o nó da questão da democracia no mundo todo: o interesse local e até o individual se contrapõem ao interesse coletivo. Eu fico aqui realizando o equilíbrio entre os dois, às vezes sendo acusado pela imprensa de estar fazendo fisiologia. O que eles chamam de fisiologia é a tentativa extremada do governo de atender ao que é impossível não atender por ser de interesse local e o que é necessário fazer para o Brasil. Essa é a arte de governar numa sociedade carente e demandante, na qual não existem partidos com visão da sociedade, com visão ideológica.

Hoje é sábado, ontem deitei cedo, fiquei lendo o tempo todo, estava muito mole, e acordei hoje com uma notícia desagradável, que me foi dada pelo [Aldo] Miyaguti* e pelo Lucena: invadiram a nossa casa na fazenda.** A casa — foi o que me indignou. Não foi a fazenda, não há questão de terras. É a minha casa, onde eu durmo, onde tenho meus papéis, onde tomo banho, onde tenho minhas roupas. É um descalabro, isso é um escárnio. Reclamei, acabei de falar com o general Cardoso, nunca vi isso na República, é demais. Por mais que eu seja tolerante e democrático, passaram dos limites. É o meu domicílio, não é o do presidente da República. Qualquer um, quando tem sua casa invadida, pode até matar. Como deixam isso? E eu ia à fazenda nesse final de semana, só não fui por causa da intoxicação e porque tinha sido alertado pelo José Abrão de que havia problemas de reivindicação de terras

---

tuação análoga à escravidão na fazenda Caraíbas, na divisa entre Maranhão e Piauí, de propriedade do deputado pefelista. Oliveira chegou a ser condenado na primeira instância em 2004, mas o processo foi arquivado pelo STF em 2006.

* Ajudante de ordens da Presidência, major da Aeronáutica.

** Na manhã de 23 de março, cerca de quatrocentos militantes do MST invadiram a fazenda Córrego da Ponte e ocuparam a sede da propriedade, considerada uma residência presidencial. O governo enviou a PF e o Exército a Buritis para cercar a fazenda e negociar sua desocupação, enquanto pedia a reintegração de posse na Justiça.

em Buritis. Portanto, eles sabiam que havia problemas. Não estavam alertas e permitiram que ocorresse o que não era possível. É melhor botar a tropa do Exército na porta e não deixar entrar do que deixar entrar e ter que tirar à força. O Itamar, esperto, quer ser vice-presidente da República, mas não vai se mexer, para não se desgastar. Então se criou uma situação embaraçosa. Nunca me senti tão revoltado, e olha que eu sou tolerante, mas foi demais. E o líder deles,* de quem esqueci o nome agora, deu uma declaração dizendo que iam começar novamente a onda de invasões. Isso porque é ano eleitoral. Eu até entendo invadir uma propriedade que não é produtiva, mas não é o caso. Eles invadiram a casa do presidente da República — a propriedade não é minha, mas onde eu moro, passo meus finais de semana — a troco de nada, porque nem têm reivindicação específica [a fazenda já era de um sócio e de meus filhos]. Todos os do movimento [do MST] em Buritis já têm terras, agora estão querendo que a Emater crie um escritório lá, é uma reivindicação banal. E coisa de maluco, pois os mesmos que invadiram, o chefe é conhecido, têm interdito proibitório para entrar na fazenda, entraram contra a lei. É desmoralizante. Há certa fragilidade, certa fraqueza no aparelho do Estado. Tenho que insistir, vejo os funcionários moles, a não ser o Gilmar Mendes, que é durão, e a Ana Tavares; o resto é tudo muito mole, não estão alertas, não estão vendo que as coisas têm sentido simbólico. Eu estou pouco ligando para a propriedade, que, como disse, não é mais minha. E o que podem fazer lá? Nada de tão grave, quebrar a casa; mas não é isso, é o sentido da inviolabilidade dela, e se a casa do presidente é violada, imagina as outras! E isso com a dramaticidade de se saber que havia movimentação na área, então já devia haver tropa por lá, ter força policial [de Minas] lá. A minha casa em São Paulo não tem ninguém vigiando, eu não tenho rádiopatrulha na porta. Acho que não existe no mundo um presidente da República cuja casa não seja guardada, e a minha não é. A minha casa em São Paulo** foi assaltada duas vezes, tive que vendê-la. Essa corrosão da autoridade começa a ser preocupante no Brasil, porque com medo de haver atitude autoritária, medo do autoritarismo, se deixa avançar a permissividade, que também mina a democracia.

Vi ontem o discurso do Artur da Távola destruindo os argumentos de Sarney. Foi magnífico. O mais patético foi que a Roseana, ontem, se deu à gracinha de dizer que estou preparado para fazer um AI-6, para colocar o Serra no governo sem eleição. Um presidente que tem o grau de abertura democrática que eu tenho, o comportamento pessoal tolerante que eu tenho, dizerem isso. Logo quem? Gente com a ousadia de dizer que vai denunciar ao mundo a falta de democracia no Brasil. Por quê? Porque o escritório de uma empresa que ninguém sabia de quem era foi vasculhado num processo investigatório contra a Sudam, que era parte do governo federal. Eu acho correto que se investigue e deixei fazer a investigação com toda

* Cledson Mendes, membro da coordenação do MST que liderou a invasão.

** Escritório político de Fernando Henrique na rua dos Ingleses, bairro da Bela Vista.

a tranquilidade. Então, isso é sinal de que o governo está entrando num regime autoritário? *O tempora! O mores!*

Fim da tarde de sábado, o dia hoje passou de maneira desagradável. O tempo todo conversando com o general Cardoso, com o Raul Jungmann, uns e outros telefonando sobre a invasão da casa. Invadiram, fizeram fotografia, tudo foi filmado pela Globo, que também invadiu, diga-se de passagem, o que também não podia ter feito. Enfim, uma bagunça. Além disso, Serra me telefonou aflito porque soube que a *Veja* teria uma matéria devastadora contra ele, falsa naturalmente, mas forte o suficiente para acabar com a candidatura dele. Tentei falar com o Civita, não consegui. Não sei se é verdade, às vezes é boato, vamos ver.

HOJE É DOMINGO, DIA 24 DE MARÇO. A questão da fazenda Córrego da Ponte transcorreu direito. Durante a madrugada acabaram cedendo, foram embora, prendemos dezesseis dos principais invasores. Mas o que saiu na televisão foi realmente inaceitável: eles mexendo na nossa cama, deitaram no sofá, uma coisa constrangedora. No entanto o tiro saiu pela culatra, ninguém foi machucado, não houve violência, a imprensa registrou tudo, prendemos os líderes. Bate-boca entre alguns funcionários do Incra, porque disseram que tinham prometido que não haveria prisão. Se disseram foi por conta própria. Hoje de manhã eu disse que deveríamos prender os invasores e todos os ministros confirmaram que não deram ordem para não prender. Não houve essa promessa. E tal seria, porque foi crime [criminoso], tem que ser preso em flagrante. A fofoca da imprensa vai ser essa. Mas o fato que fica marcado é que entraram na casa, o que é gravíssimo. Pelo menos foram presos, o que tem que ser feito.

Apreciações: o Raul saiu-se muito bem. Ele realmente tem vitalidade, mobilidade, coragem, sabe dizer as coisas. Olha, o Raul é um craque, nos momentos de dificuldade ele sobressai. O Aloysio foi discreto mas firme. Jogou em parte a culpa no PT, mas depois elogiou o fato de o PT ter reconhecido que a invasão era errada. O general Cardoso estava preocupado por ter havido falha na segurança. Não era possível que não estivessem de alerta para o que estava acontecendo em Buritis. Deveríamos ter nos protegido mais. O general sabe disso, é um homem correto, atuou com propriedade. O Lucena se desdobrou, o Gilmar também com firmeza, a Ana como sempre guerreira e ativa. Enfim, a equipe se empenhou a contento. É verdade que agimos depois da porta arrombada, mas pelo menos foi possível refazer a fechadura. Veremos amanhã, mas o prejuízo será político, moral. O prejuízo material não será grande. Mesmo que fosse grande, acho que mais vale manter a dignidade da Presidência da República e acabar com esses abusos.

O domingo passou relativamente calmo, eu quase não dormi à noite, estava preocupado com o andamento das coisas em Buritis, e só tive notícias às nove da manhã, quando o general Cardoso me transmitiu as informações. Tratei de discutir o que dizer com o pessoal por telefone, com a Ana e os demais. O Raul, o general e o Aloysio foram perfeitos no que disseram, e a Ana está por trás orquestrando.

O Raul veio almoçar para discutir comigo (além de eu agradecer pelo que ele fez) seu futuro em Pernambuco. Ele acha que vai ser complicado, o Marco vai ter que apoiar o Mendoncinha [José Mendonça Filho],* vai ser difícil para o PSDB e o PMDB aceitarem, mas não há alternativa. Isso deixa a posição dele, Raul, mais fragilizada. Até lá fica no governo. Ele vai a Pernambuco, volta na outra semana e aí conversaremos. "Não quero me responsabilizar por cortar uma eventual carreira política sua", eu lhe disse. Ele precisaria de apoio para ser candidato, pois não tem recursos, é preciso encontrar alguma forma de ajudá-lo, o trivial ligeiro desse tipo de postulação, mas isso depende de o partido se organizar. Se o partido se organizar, o Raul merecerá um apoio mais efetivo.

A Bia Aydar veio conversar sobre as relações do Serra com o Nizan, pois o Nizan estava orientando o Serra discretamente. Ele está feliz porque caiu fora da candidatura da Roseana, ia entrar numa fria e teve sorte. Ela também veio perguntar sobre um canal de televisão que eles estão pleiteando,** o Nizan fica preocupado se vier a ser malvisto. O Pimenta me falou que haverá três ou quatro canais a serem concedidos. "Se vocês merecem e têm os pré-requisitos para isso...", eu disse. O Pimenta não demostrou nenhuma preocupação maior nesse setor.

Fui levar a Ruth ao aeroporto, ela foi à Bolívia. Voltei para casa, li um pouco as revistas, li mais alguns capítulos do livro *Tempos muito estranhos*, relativo ao Roosevelt e à Casa Branca. É admirável, em muitas horas de dificuldade gosto de ler esse livro para ver que a guerra é uma dificuldade infinitamente maior. E o Roosevelt não perdeu o humor, não perdeu a capacidade de se distrair, não perdeu a capacidade de tomar decisões e de gozar a vida. É curiosíssimo. Era um homem de muita inteligência, cada vez tenho mais admiração por ele e pela Eleanor. Não deve ter sido fácil conviver com ela, uma militante feminista, uma mulher agitada. Há um episódio em que contam que o serviço secreto do Exército filmou a Eleanor com um rapaz, chamado [Joseph] Lash. Eles acreditavam que o rapaz tivesse um caso com ela e fosse comunista. Enfim, imundice existe em toda a parte e em qualquer circunstância. O Roosevelt, quando soube da filmagem, ficou irritadíssimo, mexeu em todo o pessoal do Exército no comando da vigilância secreta, mas também mandou despachar o tal de Lash com todo o esquadrão de meteorologistas para a Austrália, ou coisa que o valha.***

* Vice-governador de Pernambuco (PFL), candidato à sucessão de Jarbas Vasconcelos.

** O publicitário pleiteava ao Ministério das Comunicações a autorização para retransmitir a programação da TV Sul Bahia, de sua propriedade, na praça da Grande São Paulo.

*** Integrante da inteligência naval norte-americana como especialista em meteorologia, Lash foi transferido para o fronte do Pacífico durante a Segunda Guerra Mundial. Em 1971, publicou uma premiada biografia do casal Roosevelt.

À noite, jantei com Everardo Maciel e fiquei preocupado. Conversamos muito, o Everardo é um sujeito de quem eu gosto, grande trabalhador, homem sério, combativo. Ele me contou com detalhes a questão dos procuradores da República, os que ele conhece. E fez uma sugestão surpreendente: por que não nomear o procurador [José Roberto] Santoro* (que é sobrinho, me disse ele, eu já sabia, do maestro Cláudio Santoro, que eu conheci tanto lá em São Paulo, é do Amazonas) para o Ministério da Justiça? Ou, pensando melhor, por que não abrimos uma vaga no Supremo e colocamos alguém da Suprema Corte no Ministério da Justiça? Eu já tinha conversado com algumas pessoas sobre isso. Nesse caso nomearíamos o Santoro procurador-geral da República, e o Gilmar iria para o Supremo Tribunal Federal. Eu teria que botar o Brindeiro no Supremo Tribunal, o que não é ruim, porque o Brindeiro é competente; ele não é bom como executivo da Procuradoria-Geral da República. E o Brindeiro é ligado ao Marco, é mais do PFL. O Santoro é mais, sei lá, PT-Serra, se é possível dizer assim. E o ministro que eu tiraria do Supremo seria o [Carlos] Velloso, que me parece o mais adequado para o cargo de ministro da Justiça, é um homem mais moderado. Não é má solução para a confusão em que estamos.

Conversamos também sobre os riscos que pode haver na campanha eleitoral. Ele me disse: "Fui eu quem contou ao senhor sobre o dinheiro na Lunus. Será difícil a Roseana resistir como candidata. O melhor candidato é o Serra, apesar das dificuldades de agregação de forças políticas diferentes que ele possa ter". E eu digo agora: ainda pode haver bombas por aí. Eu preocupado com o que o Serra me disse hoje, e também com o que li na revista *IstoÉ*. Eles estão tentando apresentar o Ricardo Sérgio, primeiro, como caixa da minha campanha, o que nunca foi. Segundo, como caixa da campanha do Serra, que foi em 1994. Isso para fazer um pano de fundo e vir com ataques por essa via.

O Everardo, em confiança, me disse o seguinte: que ele acha que, do pessoal que está sendo investigado por causa da planilha da campanha de 98, não há nada.** O Bresser pode ter sido desorganizado nas contas, mas nada sério. O Eduardo Jorge, já foi liquidado o assunto dele, não tem nada. O Andrea também não tem nada sério. Ele acha que de onde pode vir algum problema é do Ricardo Sérgio, a quem ele não conhece. Só que eu não tenho nada a ver com o Ricardo Sérgio.

* Subprocurador-geral da República. A imprensa da época noticiou que Santoro teria colaborado informalmente na investigação do MPF-TO que resultou no caso Lunus.

** Em 17 de março, a *Folha* noticiara que estava em andamento uma investigação sigilosa da Receita Federal, solicitada pelo MPF, sobre as declarações de rendimentos de oito pessoas que teriam participado da arrecadação de recursos não contabilizados para a campanha presidencial de 1998. Entre elas estavam os ex-ministros Andrea Matarazzo, Sérgio Motta, Bresser-Pereira (tesoureiro da campanha) e o ex-diretor da área internacional do BB, Ricardo Sérgio de Oliveira. O jornal publicara, no final de 2000, o conteúdo de planilhas eletrônicas do comitê da campanha tucana, sugerindo a captação de doações empresariais em caixa dois.

Tivemos certas diferenças desde o tempo das privatizações, mas o Ricardo Sérgio não tem essa proximidade que tenho com o Serra. Quem botou o Ricardo Sérgio no Banco do Brasil foi o Clóvis [Carvalho]. É claro que o Serra apoiou. O Serra conhece e gosta dele.

O Serjão jamais foi muito próximo do Ricardo Sérgio, por isso o Ricardo Sérgio jamais teve participação mais ativa na minha campanha de 1994. E em 1998 ele já estava afastado, nós estávamos com o problema do grampo do BNDES. A crise do BNDES ocorreu durante a campanha, no final da campanha, eu creio, não tenho muita certeza. Havia algumas menções ao Ricardo Sérgio, não de coisas que se sabia efetivamente, mas de rumores. Acho que o Ricardo Sérgio nunca participou ativamente da minha campanha, caixa da campanha certamente não foi. Aí o Everardo me disse uma coisa grave: que o Ricardo Sérgio, numa conversa com o Josias [de Souza] teria dito que há uma preparação para tirá-lo da Receita [tirar o Everardo] e que Ricardo Sérgio já falou com pessoas importantes, não disse quem, para tirar o Everardo. Não sei onde está a verdade, mas é preocupante, porque essas conversas nunca têm limites, nunca trazem provas, mas criam um caldo de cultura negativo.

Fora isso, Argentina. Falei com Duhalde hoje de manhã, ele me telefonou dizendo que precisava saber se vamos resolver a questão do acordo automotivo.* Eu disse que amanhã estarei com o Sérgio Amaral, não contei que o Sérgio já me falou por telefone que não está fácil. Eles querem um cheque de 1 bilhão de dólares, não temos como fazer isso. O Duhalde está desesperado, até sugeriu que o Armínio Fraga falasse com o presidente do Banco Central argentino, que não está lá, e o Duhalde pediu que eu conversasse com o Lenicov. Falei com o Armínio, o Armínio me disse que a situação é muito difícil mesmo e que ele iria conversar com o Lenicov, o que fez. Além de pensar nas questões do Brasil, tenho agora que estar pensando nessas questões da Argentina.

Hoje saiu um artigo do novo secretário de Estado adjunto para América Latina,** sobre o Brasil e os Estados Unidos. Bom artigo, dando destaque ao Brasil na relação com a América do Sul, com as Américas, em verdade. Agora é torcer para contrabalançar as tantas coisas negativas que aconteceram ultimamente no relacionamento entre Brasil e Estados Unidos.

A reação do PT à invasão da fazenda foi pífia, o Lula não quis defender o governo, perdeu a chance. O Ciro, mais esperto, repudiou a invasão. A Roseana calou a boca. Eu escrevi uma carta para o porta-voz mandar ao Josias, que está tomando por verdadeira a invenção do Antônio Carlos sobre os 5 milhões de reais que o José Eduardo teria entregue a nós na campanha. Isso mostra que preciso pegar o discur-

* Fechado em meados de 2002, o acordo diminuiu as tarifas alfandegárias do comércio de automóveis entre Brasil e Argentina e fixou que, até 2006, para cada dois veículos exportados pela Argentina para o Brasil, um teria de ser importado do Brasil.

** Otto Reich.

so do Sarney, que eu ainda não tive ânimo de ler, e esmiuçar as outras inverdades que lá estão, porque o Josias tirou isso desse artigo.

Também é o Josias quem faz referências ao Ricardo Sérgio e, de passagem, vai misturando alhos com bugalhos sobre a fiscalização que a Receita está fazendo dos caixas de campanha. Eu não disse que a fiscalização já está terminada, ele está antecipando resultados. Esse é o clima de podridão que esta campanha eleitoral, como as outras, está começando a suscitar. Até pensei em mandar uma carta aos presidentes de partidos não sobre a campanha, mas sobre nossas responsabilidades para com o Brasil. Porque o risco-Brasil* estava caindo, continua caindo, mas não aprovaram a CPMF, não aprovaram a reforma tributária etc. O que eles querem fazer com este país? Eu, como presidente, tenho a obrigação de falar com os presidentes dos partidos.

HOJE É DIA 27 DE MARÇO, QUARTA-FEIRA; na segunda, 25, eu me reuni com Sérgio Amaral, que me mostrou as dificuldades do acordo automotivo, porque a Argentina quer simplesmente que o Brasil permita a livre exportação dos seus automóveis, e não estão cedendo no que diz respeito às barreiras que o Cavallo colocou para as nossas exportações para a Argentina. O Sérgio Amaral, e eu concordo com ele, propõe o seguinte: podemos até facilitar a exportação de carros da Argentina para o Brasil sob a condição que se encontre um caminho efetivo de fortalecimento do Mercosul. Senão é dar um cheque em branco. Transmiti a ele a conversa com o Duhalde, e nada mais.

O dia transcorreu mais ou menos morto, escrevi cartas para o porta-voz mandar desmentidos, já mandou, já foram publicadas notas na *Folha* e na *IstoÉ* desmentindo as intrigas a que já me referi aqui. Também escrevi uma carta ao Paulo Alberto, para ele ler no Senado, sobre o que o Sarney disse lá.

Recebi o [Francisco] Chagas Rodrigues,** que veio fazer um pedido para um filho, eu gosto do Chagas, recebi o [José Alfredo] Graça Lima,*** que está indo embora, gravei programas de rádio e de televisão, e nada mais significativo. À noite, fui até ver um filme aqui no Alvorada, porque estava sozinho, a Ruth não está aqui, para mudar um pouco a cabeça.

Ontem, terça-feira, 26 de março, o dia começou cedo, além de fazer as minhas ginásticas recebi o João Roberto Vieira da Costa, o Bob, que é o secretário de Comunicação, recebi o Aloysio Nunes e o Agílio, que vieram dizer que saem do governo. O Aloysio eu sabia que sairia [para ser candidato a deputado], o Agílio eu preferiria

* O risco-país do Brasil estava na casa dos 700 pontos, enquanto o da Argentina alcançava 4800.

** Ex-senador constituinte pelo PMDB-PI.

*** Subsecretário de Integração Econômica e Comercial do Itamaraty, assumiu a chefia da missão permanente do Brasil junto à União Europeia em Bruxelas.

que não saísse, mas vai ser candidato a deputado pelo PSDB. Sua substituição e o efeito da sua saída serão problemas.

Recebi o Ney Suassuna. Ele me propõe se afastar de governo agora, para tentar fazer uma coligação única na Paraíba. Se conseguir ele voltará para o governo, senão será candidato. E disse também que há certa inquietação na bancada quanto ao nome do Jarbas Vasconcelos para ocupar o comando do partido. Isso significa que ele também coloca seu nome à disposição, sem muita insistência.

Depois recebi o Luiz Fernando Levy, que veio me dizer que a *Gazeta Mercantil* está resolvendo seus problemas, e nada mais. Não me pediu nada.

Almocei com Pimenta para discutir muitas coisas. Os canais de televisão que estão com dificuldades, o que fazer nessas malditas concessões [das comunitárias?]. Serão as primeiras, que eu me lembre; se não forem as primeiras, muito poucas foram feitas no meu governo. E há ainda a questão das transferências de posse na televisão. Transmiti ao Pimenta, como tinha feito com o Serra e o Aécio, as inquietações do PMDB. O Pimenta me passou a situação do PFL.

Mais tarde o Serra me mandou um bilhete dizendo que viria junto com o Aécio ao nosso encontro diário. Bomba! Eu já sabia, porque o Serra me disse por telefone, mas não sabia o quão avançado estava. O Aécio tinha proposto que Itamar viesse até Brasília para um encontro com Serra, para discutir o futuro, porque o Itamar não quer nada, a não ser a garantia de que vai ter espaço para ele e para o pessoal dele. O Pimenta subiu a serra, porque não sabia. Quando ele soube — aliás foi na hora em que eu soube —, já estava marcado o encontro. Ficou mais indignado ainda. Eu ponderei que tínhamos que falar com Eduardo Azeredo, embora em tese eles tivessem que se falar sempre. Agora, com as cautelas devidas. Resultado: o Serra cancelou o encontro com Itamar, postergou-o. Ele, Serra, terá que ir a Minas e já falou com Eduardo Azeredo. Confusões mineiras e confusões do Itamar, porque ficamos dando sobrevida ao Itamar, que nunca é construtivo. Veja agora o caso da invasão da Córrego da Ponte, em que o comportamento do Itamar foi péssimo.

Muita gente se solidarizando comigo por causa da invasão na Córrego. Eu vi e revi as fotografias, me chocaram mesmo. A mesa onde eles puseram a bandeira do MST tinha sido dada a meu pai pelo Zanine [José Zanine Caldas], famoso arquiteto que nunca fez curso de arquitetura e que na época era jardineiro, fez o jardim da casa do meu pai na rua Nebraska.* E o Zanine fez uma mesa e deu ao meu pai há cinquenta anos ou mais. Tem um móvel lá que foi da minha mãe. Tem um quadro que o [Antônio] Poteiro me deu. Os móveis na casa da fazenda foram todos comprados de segunda mão, mas todos escolhidos pela Ruth e pela Carmo, correspondendo ao estilo dos anos 1950, baratos, mas de qualidade e design brasileiro.

* No bairro paulistano do Brooklin.

E ver aquilo tudo, uma coisa muito sentimental da gente, virar exposição pública, armário aberto, revolvido, a nossa cama também, é realmente revoltante. E o PT cinicamente vai falar com a Igreja, as palavras que eu ouvi deles foram de solidariedade aos invasores, porque foram algemados. Nenhuma palavra, nenhum conforto à família. É de lascar. A vida política é assim.

Depois dessa reunião, recebi muitos ministros. O Dornelles, que veio trazer seu substituto,* um homem de sua confiança. Depois veio o Pratini, aí eu gostei, ele disse que não sai do governo. Depois ainda recebi o Quintão, o Gleuber, o Chagas Teles e o brigadeiro Baptista, para as promoções das Forças Armadas. Despachei incessantemente até oito e meia da noite.

Vim para casa e jantei com o Juarez Brandão Lopes e com a Alejandra Herrera. Ela estava em Brasília, então convidei também o Juarez para vir. Por causa das maledicências do Cláudio Humberto. Uma vez fui jantar na casa da Alejandra junto com [Renato] Guerreiro e com a mulher dele.** Deu uma confusão enorme, e agora tomo todas as cautelas até para as coisas mais banais da vida. Foi agradável, conversamos com ela sobre comunicações, sobre Argentina, e o Juarez sobre reforma agrária e as preocupações dele. E recordamos o Cebrap, onde todos trabalhávamos juntos.

Ontem, antes de vir para cá ainda me encontrei com Bustani, que está muito perturbado. Os americanos querem a cabeça dele, e vão ter, porque eles têm mais poder. Ele sabe. Já que a luta multilateral é inútil, disse ele, quer uma luta bilateral. Ora, se a multilateral é inútil, imagina a bilateral... Mas eu disse a ele que ia tentar. Ele sugeriu que eu falasse com Blair. Eu falo com Blair, mas duvido que o Blair faça alguma coisa. Eu não quero falar com Bush. Expliquei a ele que eu não tenho relacionamento com Bush como tinha com Clinton. Bush tem uma posição guerreira, que não é a minha. Eu só vou me desgastar numa conversa com Bush, até porque o Celso já falou com o Powell várias vezes e o Powell foi taxativo.

O Bustani acha que é um assunto menor, que há um funcionário da organização contra o uso de armas químicas, contra ele, um americano, e que isso não chegou aos altos escalões americanos. Chegou, sim, aos altos escalões, corresponde ao pensamento dos altos escalões. Mas, enfim, as pessoas custam a entender o óbvio quando não é do seu interesse ou quando contraria seus interesses. Achei o Bustani muito perturbado e tenho medo do que ele possa dizer à imprensa, aos deputados ou no Itamaraty. Vai dar a sensação de que o governo brasileiro está com tibieza. Não é tibieza, é falta de força, e também não dá para o Brasil entrar em choque frontal com os Estados Unidos por causa de um funcionário da organização que cuida de guerras químicas. Todo mundo, inclusive a França, já nos avisou, ele não sabe, que vai votar contra. A França se absteve por um gesto, mas vai votar contra.

* Paulo Jobim Filho.

** Carol Guerreiro.

Como a gente vai fazer isso? Em todo caso ainda vou falar com Blair. Vou mandar uma nota ao Blair.

Hoje os jornais repetem uma série de fantasias. A reunião havida entre mim, Serra, Pimenta e Aécio foi lida como a avaliação das perdas do PFL, da posição do PMDB, do PSDB, por causa da decisão do Tribunal Superior Eleitoral. Outras dizem que avaliamos não sei o quê, a invasão da Córrego da Ponte, que eu estou irritado com a Abin e não sei o quê. Tudo, tudo deduzido, tudo, sem base efetiva. Alguém disse uma loucura lá fora, mas ninguém checa nada, vai dizendo, vai dizendo... Quando os historiadores forem se debruçar sobre os jornais, meu Deus! Cuidado, porque é uma montanha de verossimilhanças passando por verdade.

Daqui a pouco vou receber o Zé Aníbal, que vem com o pessoal do Piauí, eles querem ser candidatos e que o presidente garanta não sei o quê. André Puccinelli, prefeito de Campo Grande, do PMDB, e o nosso pessoal do PSDB estão alucinados, porque eu levei o Zeca do PT ao Chile, e, é claro, o Zeca falou maravilhas sobre o que eu penso dele. Então o Puccinelli já quer desistir da candidatura. Recebi o Bernardo Pericás, que vai ser embaixador no Uruguai. Depois tenho uma reunião sobre o Sipam e vou para o Mato Grosso.*

HOJE É DIA 2 DE ABRIL, TERÇA-FEIRA. Deixei de registrar alguns dias porque fomos a Fernando de Noronha. O último registro foi na quarta-feira, dia 27 de março. Eu disse que ia receber, como recebi, alguns políticos que vieram saber se eu os apoiaria mesmo caso se candidatassem. Eu disse que sim, e apesar disso, depois vi que o Puccinelli resolveu não sair da prefeitura: ficou receoso, a eleição para governador é dura, e ele está em boa posição como prefeito de Campo Grande. Essa mesma razão levou outros a tomarem decisão semelhante. Quiçá por outro motivo o Jarbas Vasconcelos, que já estava assegurado que seria o vice da chapa do Serra (falei com ele ontem), disse agora que não teve condições de organizar a turma dele em Pernambuco, portanto não sai do cargo, vai ser candidato à reeleição.

Abre-se a disputa no PMDB para saber quem serão os candidatos a vice. O Serra se inclina claramente para o Pedro Simon. Eu acho o Pedro Simon um desajeitado em loja de louça, mas não quero me responsabilizar por dizer não, porque, se o Serra não ganhar a eleição, fica ruim. Acho uma ilusão, prefiro o Luís Henrique, que é uma pessoa equilibrada, talvez menos brilhante, mas politicamente mais consistente, e sempre nos apoiou. Encontrar bons vices no Nordeste, que seria o ideal, é difícil. Eu, pessoalmente, prefiro o Garibaldi, sei que ele também não é loquaz, e a família é complexa, mas o PMDB não tem quadros por lá, essa é a verdade. Ontem falei brincando que o Raul Jungmann seria bom candidato, mas não, o Raul

* O presidente inaugurou a ponte Sérgio Motta, sobre o rio Cuiabá, em Várzea Grande, região metropolitana da capital mato-grossense.

não pode, o PMDB não o aceitaria porque ele não os representa. Essa é a principal questão política.

Fora isso, nomeação de ministros. Aquela coisa já conhecida, a maior parte será composta de secretários executivos, que na prática levam o ministério há muito tempo. Eu queria colocar nas Comunicações o Guerreiro, mas o Pimenta foi taxativo, ele não disse a mim, mas saiu no jornal: não sairia do ministério para evitar que o Guerreiro fosse nomeado ministro. Nesse caso eu criaria uma crise no PSDB. O Guerreiro, que é homem decente, já pediu demissão. Então percebi que o Pimenta talvez quisesse indicar algum outro, vi muita insistência no atual presidente dos Correios,* que eu mal conheço. Não creio que tenha sido indicação do Pimenta. Este me telefonou dizendo que ele [o suposto candidato] gostaria de ir para a Anatel. Eu disse que já estava entabulando conversações para que outra pessoa** fosse para a Anatel, indicação do Armínio Fraga. O fato é que eu preferia manter o [Juarez] Quadros,*** que vem do tempo do Sérgio, é um antigo quadro técnico, não vai ter complicação maior. Apelei ao Jungmann para que ele fique no ministério. Não sei se vai dar certo, ficou de me responder hoje, dia 2, no fim do dia.

O Pimenta me disse que o Velloso estava predisposto a aceitar [a pasta da Justiça]. O Velloso, ministro Carlos Velloso, veio aqui, mas disse que os colegas da Corte ponderaram que a posição dele era muito importante lá, ele tem uma briga com o Marco Aurélio, fiz um apelo, mas não adiantou. Ele me telefonou ontem sugerindo dois nomes: um jurista de Minas, o [Raul Machado] Horta,**** que é um senhor de mais de setenta anos e não está por dentro da prática da política daqui. O outro seria o Sydney Sanches.***** Eu gosto do Sydney Sanches, é um homem equilibrado, mas não creio que tenha o tipo de experiência necessária para lidar com a mídia, com os políticos, que o Ministério da Justiça impõe.

Há poucos instantes me telefonou o Pedro Parente sugerindo, por indicação do Gilmar Mendes, a Adrienne [Senna]. Respondi que é um ótimo nome, mas ela é mulher do Jobim. Todas as vezes que entrarmos em causa no Supremo o Jobim deverá se considerar impedido. A outra possibilidade é o Miguel Reale. A Ana sondou e ele topa. Scalco gosta dele, todos gostam, o problema com o Miguel é que é agressivo na fala. Isso pode nos criar dificuldades, não tanto quanto o José Carlos Dias,****** que é mais agressivo nas falas, mas o Miguel não é do tipo pacífico. É um homem leal como o José Carlos, sempre foi meu amigo, acho até que historicamente merece, embora ele tenha recusado ser advogado-geral da União quando o convidei, antes de o advogado ter o título de ministro. Provavelmente será o Miguel.

* Hassan Gebrin.

** Luiz Guilherme Schymura.

*** Secretário executivo do Ministério das Comunicações.

**** Professor emérito da UFMG.

***** Ministro do STF.

****** Ex-ministro da Justiça (1999-2000).

Surpresa para a população, para a população não, para os meios políticos, foi o nome do Scalco.* Eu sabia que ele toparia, porque é correto, é nosso colaborador e amigo antigo, e também ficou em Itaipu muito anos, agora vem nos ajudar. Isso é muito positivo, porque dá credibilidade, o Palácio fica bem. Se o Velloso tivesse aceitado, melhor ainda, porque teríamos dois nomes firmes.

Agora falei ao telefone com o Pedro Parente, que me disse que o [Francisco] Gomide topa ser ministro de Minas e Energia. É um bom nome. Tem experiência, é do Paraná, foi ligado ao PMDB, ao Requião, tem trajetória limpa na área de energia, pode ajudar muito no equacionamento das questões. Acho que vai ser uma surpresa positiva. Falei com a que vai ser secretária nacional dos Direitos Humanos, a dra. Solange [Jurema], e ela topou; vem para cá na quinta-feira.

Essa questão dos movimentos sociais é difícil, a Ruth mesmo tem lá suas dúvidas sobre se eu estou fazendo com eles o que deve ser feito. Pedi que elas conversem mais, mas anuncio o nome da dra. Solange na indicação do secretariado amanhã. Fora isso, nenhuma surpresa. Confirmei o Caíto, ministro do Esporte e Turismo. O [José Luiz] Portella, depois de alguma relutância — ele queria ser ministro —, vai ser secretário executivo do ministério, também acho bom, o Portella merece reconhecimento. Por amizade, por decência, e pelo trabalho, porque o Portella é trabalhador e competente. Depois falei com o Cechin, que topou. O Quadros já mencionei. Essas são as decisões. A que ainda falta tomar é basicamente a da Justiça. O Aloysio vem daqui a pouco com o Agílio, que vai ser substituído pelo adjunto dele,** que eu não conheço e quero conhecer, porque a Polícia Federal é algo extremadamente difícil e delicado. Enfim, nada de mais extraordinário nesse fronte.

A Justiça liberou os dezesseis sem-terra que estavam presos, e tinha que liberar mesmo, não havia mais razão para ficarem presos. E parece que liberou condicionalmente, alguns não são mais réus primários, mas foi bom tapar esse buraco.

O Serra continua em segundo lugar e o Lula subiu um pouco, o Serra tem 19%, o Lula tem 30%.*** Esses números não valem muito. Vale, talvez, a tendência e a ordem. O Serra está se consolidando, para a surpresa de muitos, inclusive minha, pensei que se consolidasse mais adiante. Ontem estive com ele e achei-o extremamente tenso. Provavelmente por causa da questão do Jarbas. Tentei interferir, ainda estou tentando.

Falei com o Padilha, falei com o Michel, o Serra tem medo que eles queiram botar o Itamar. O Itamar ninguém vai querer, eles não querem, é inaceitável mesmo. O Velloso disse que o Zé Aparecido soube do convite dele e ficou muito contente. Acho isso bom, até pedi que o Cechin convidasse o Sérgio Duarte, que foi embaixador, para ser diretor administrativo do INSS e é um homem ligado ao José Apareci-

* Convidado para assumir a Secretaria-Geral da Presidência.

** Itanor Carneiro.

*** Datafolha do início de abril: Lula 31%, Serra 19%, Garotinho 15% e Roseana 13%.

do. Mas eu não sou de coisas pessoais, que acho lamentáveis. Sérgio Duarte é um bom embaixador, é correto, e pode ser um bom administrador. Mandei verificar se ele tem a energia para ser administrador nas proporções que o INSS precisa.

Esses são os problemas do âmbito local. No âmbito internacional, confusão muito grande. A Argentina continua dificílima. Ontem mandei para o Duhalde uma nota, que o pessoal da equipe econômica fez, sobre um começo de normalização da Argentina. Falei com o Aznar por telefone sobre o Oriente Médio* e sobre a Argentina. Ele tem a mesma impressão que eu. Quanto ao Oriente Médio, falei também com o Kofi Annan.

Celso Lafer falou com muita gente, falou com o Shimon Peres, com vários chanceleres, como o da Espanha, o [Josep] Piqué... Bom, qual é a conclusão? Os americanos autorizaram (sem que tenham dito a mim nestes termos, mas na prática é isso) o Sharon a liquidar os focos de terrorismo.** Na União Europeia, acham que existe uma impossibilidade para o Arafat liquidar os terroristas; então que o Ariel Sharon liquide os terroristas. Depois disso fariam o Estado Palestino. Poupam o Arafat, para que ele seja o peão da nova jogada, tudo muito bem planejado e tal.

Porém, primeiro — e nisto o Aznar concorda comigo — não é fácil terminar com os focos terroristas; o terrorismo está lá há mais de cinquenta anos e não conseguem acabar com ele. Segundo, o que vai acontecer com o mundo árabe? O que vai acontecer com as revoltas dessas populações todas? Estamos entrando num mundo difícil, o presidente Bush deu declarações contra a paz, até por erro de formulação, mas erro que é indicativo. Depois ele corrigiu e no fundo está dizendo que se tem que poupar o Arafat, há um jogo mais ou menos combinado nessa direção. E o Brasil, eu falei com o Kofi Annan, o Brasil tem a posição da ONU. Portanto uma posição onírica, porque não temos o real poder para influir nisso. Quem sabe mais tarde, num segundo momento, possamos ter uma posição de maior força.

Em termos gerais, conversei sobre isso, também ontem, com os holandeses do ING Bank, banco que veio se associar ao pessoal da SulAmérica.*** O Patrick Larragoiti estava com eles, como chairman desse banco [SulAmérica]. Disse o que penso, e eles concordaram: no fundo, o presidente Bush está surpreendendo todo mundo pela aparente incapacidade de controlar os fatores. Na verdade, não é incapacidade; ele está deixando os fatores avançarem porque coincidem com formas de ação mais diretas, mais unilaterais etc. E o mundo todo fica perplexo com a ação dos Estados Unidos, mas não tem força para se contrapor, nem mesmo a Europa tem.

Eu disse que só temos uma saída: a opinião pública americana e mundial, em dado momento, pode reagir e essa política mudar. Temos que ir mantendo nossas

* Março de 2002 foi um dos períodos mais sangrentos da Segunda Intifada, quando dezenas de atentados suicidas mataram 130 israelenses, entre civis e militares.

** No final de março, as Forças Armadas de Israel lançaram a Operação Escudo Defensivo, que até o começo de maio mataria quase quinhentos palestinos.

*** O grupo holandês comprou 49% da seguradora brasileira. O ING vendeu sua participação em 2013.

posições, as do Brasil, sem chegar ao ponto de fazer papel de fanfarrão. Não temos resposta para a famosa pergunta do Napoleão ao papa [Pio VII]: "Com quantas baionetas o senhor conta?". "Nós não contamos com baionetas, nós contamos com valores, com as baionetas morais, que no mundo de hoje pesam."

Portanto, nossa posição é a de ser insistentemente pró-paz, pró-diálogo, pró-negociação, contra o terrorismo, contra os excessos de repressão, enfim, manter valores. Com a esperança de que em algum momento, não pela nossa força, mas pela força da própria realidade, isso se transforme em um movimento na sociedade de contenção dos focos de irracionalidade, que são generalizados no mundo.

Diga-se, à parte, que a economia melhora bem. Hoje o dólar baixou de R$ 2,30. Baixou porque houve superávit da balança comercial,* porque os mercados continuam financiando o Brasil, o Brasil vai bem desse ponto de vista. Vai mal do ponto de vista político, porque o PFL desorganizou tudo. Nessa ruptura maluca, seguiram a cabeça do Sarney e da Roseana e se encalacraram. E nos encalacraram também, porque não conseguimos aprovar as medidas provisórias, não conseguimos aprovar a CPMF, há um impasse institucional. Amanhã, quando eu for dar posse aos novos ministros, falarei sobre isso, farei um apelo à consciência dos brasileiros para que o Congresso atue, não pode continuar simplesmente bloqueando decisões, porque isso leva a uma crise institucional.

Eu vou controlar a política, até o fim do ano eu controlo, mas o próximo governo terá imensas dificuldades, porque essa modificação na forma de aprovação das medidas provisórias é contrária à natureza das coisas. O Congresso, por natureza, decide devagar. O Executivo, por natureza, é mais rápido. A sociedade pressiona, temos que tomar decisões. Isso agora é bloqueado no Congresso, quando ele não aprova as medidas provisórias a pauta fica bloqueada. É crise institucional, matematicamente.

Tenho conversado com o Marco Maciel, conversado com o PFL, mas não adianta muito. Fica um vai, não vai, eu percebo que eles não têm rumo. Vejo declarações agressivas do Saulo Queiróz.** O Jorge vai estar comigo hoje, mas ele ficou também emparedado, está um pouco sem saída. Enfim, situação difícil, esse é o quadro político.

Passamos em Fernando de Noronha*** dias admiráveis. Fernando de Noronha é um paraíso, fui com todo mundo, só não foram a Luciana, o Getúlio e a Isabel. Os outros todos foram, inclusive as irmãs da Júlia e do Pedro, filhas do Duda. E foram a Helena, a Joana, o Pedro e a Júlia mais uma amiga da Júlia, eu, Ruth, Paulo Henrique, a Vanvan e a Bia. Foram dias muitos gostosos, andamos de bar-

* A balança comercial fechou o primeiro trimestre de 2002 com superávit de US$ 910 milhões, contra déficit de US$ 479 milhões no mesmo período de 2001.

** Ex-deputado federal, secretário-geral do PFL-MS.

*** No feriado da Semana Santa.

co e eu até mergulhei. Como sempre, brinquei com a imprensa dizendo que eu peguei tubarão a unha [no mergulho]. Disse que mergulhei só até uns dez metros porque vou viajar de avião e os médicos não deixam ir mais ao fundo. De fato mergulhei uns seis metros no máximo, foi muito bonito e não fui mais fundo porque fiquei preocupado com a viagem de avião. Mas gostei da experiência de mergulhar. Aos setenta anos começar uma carreira nova é difícil, mas pelo menos me divirto.

Produzi muito em Fernando de Noronha, fizemos muita coisa boa lá. Encontramos também o Luciano Huck, com o pai.* Jantamos todos juntos. Foram dias extremamente gratos. Fernando de Noronha é realmente um paraíso ancorado no Atlântico. Vim renovado em forças e ontem e hoje os dias foram pesados.

As coisas principais, muito resumidamente: daqui a pouco vou encontrar o presidente do Uruguai, o Batlle, porque no meio de tudo isso o Uruguai está estrebuchando, o Paraguai está estrebuchando, a Argentina afundando, o Mercosul indo a pique. Acho que o Serra, se for eleito, terá prazer em acabar com o Mercosul como união aduaneira. Não formalmente, mas na prática.

Acho um erro histórico. Acho, pelo contrário, que devemos avançar mais. Tanto é que ontem almocei com o Gros para discutir questões da Petrobras, que em geral estão bem. E o Gros acha que a Petrobras, que estava com projetos de se internacionalizar comprando ativos grandes nos Estados Unidos, deve frear isso, e eu concordo. O momento não é oportuno, não é em fim do governo que se deve expandir a empresa. Mas ele acha também que algumas boas oportunidades, tanto nos Estados Unidos quanto no mundo, devem ser aproveitadas, e uma delas é na Argentina. Na Argentina talvez comprar a Perez Companc,** fazer um acordo com a YPF ou comprar a Repsol,*** porque a Argentina é um grande país, daqui a cinco ou dez anos vai ser grande de novo e o Brasil tem que estar presente lá.

HOJE É QUINTA-FEIRA, DIA 4 DE ABRIL. Como eu disse, depois de haver recebido na terça-feira o Aloysio Nunes Ferreira, o novo chefe da Polícia Federal e o Agílio, que veio se despedir, recebi o Batlle, presidente do Uruguai. Homem muito inteligente, como eu sempre disse aqui, foi uma conversa ampla. Ele disse em suma: primeiro, sobre a Argentina, ele pensa a mesma coisa que nós. Só que o Duhalde não tem quem o substitua. Logo, vai ficar lá. Contou-me coisas do arco da velha sobre a falência do Banco Comercial do Uruguai, creio que era esse o nome do banco. O banco era associado com uns tais de Rohm, uma coisa assim, da Argentina. E por intermédio desse banco os argentinos transferiam muito dinheiro para o

* Hermes Huck.

** Em maio de 2002, a Petrobras adquiriu 59% da empresa argentina de combustíveis por R$ 1,1 bilhão.

*** A ex-estatal argentina era controlada pela espanhola Repsol desde 1999.

exterior. O banco teve uma corrida, o Uruguai perdeu em dois dias mais de 1 bilhão de dólares não só nesse banco.

Enfim, ficou uma situação muito difícil e um dos sócios do banco, esse Rohm, foi preso em Buenos Aires. O banco foi praticamente à falência, o governo do Uruguai teve que entrar com dinheiro. Para salvar a situação do banco, o próprio Batlle foi falar com o presidente do Dresdner Bank,* um alemão (Batlle fala alemão), e não sei com qual outro sócio, um americano [Morgan Chase]. Disse a eles o seguinte: ou vocês comparecem com recursos para o banco, ou não vamos deixar o banco ir à garra e vamos mostrar a caixa-preta dele.

Qual era a caixa-preta? Por intermédio desse banco, me disse o Batlle, passaram os recursos da venda de armas para o Equador e para a Bósnia. Passaram os recursos do escândalo da alfândega argentina, enfim, todos os grandes escândalos argentinos passaram por esse banco. E através de agenciamento do [David] Mulford, que foi subsecretário do Tesouro dos Estados Unidos, fazia-se a operação de lavagem de dinheiro pelo mundo afora. O assunto é, portanto, gravíssimo. Bom, isso com relação à Argentina.

Com relação ao próprio Uruguai, ele disse o seguinte: o comércio com a Argentina caiu a quase zero. Com o Brasil perdeu a metade. O Uruguai é um pequeno país, está com desvalorização de 30%, taxa alta de desemprego, partido de oposição a ele com vantagens grandes, tem mais de 40% de apoio. Internamente *colorados* e *blancos* brigam, os *blancos* não aceitam o Sanguinetti. Não há outro nome para ser apresentado. Nessas circunstâncias eles precisam vender ilusões, um projeto de esperança, um futuro. Qual é o futuro? Estados Unidos, acesso a mercado. Por isso eles estão se acertando com os americanos.

Bom, eu entendo realisticamente a situação. Pedi, porém, que ele não se esquecesse que o Mercosul é um comprometimento histórico e que pelo menos guardasse a disposição de fazermos o Mercosul, até porque agora o câmbio ficou mais homogêneo na região e, portanto, poderíamos evitar o que ele, Batlle, disse que foi nosso erro no passado, ou seja, não termos antes um acordo monetário, uma direção comum, como a *serpiente* na Europa,** para depois fazermos a união aduaneira.

Depois dessa conversa pessoal, fomos à mesa de almoço, diga-se de passagem um almoço esplêndido que a Roberta [Sudbrack] preparou no Alvorada. Nele, uma conversa agradável em que os temas já registrados vieram mais levemente à tona. Eu não notei nele nenhum compromisso efetivo, nem sequer com a ideia de Mercosul. Isso me entristeceu, e a todos nós, porque o Mercosul hoje está manco, uma perna perdida pela Argentina, porque a perna está atolada.

* Hans-Günther Adenauer.

** Mecanismo cambial comum experimentado pelos países-membros do Mercado Comum Europeu nos anos 1970.

A outra machucada pelo Uruguai. Sobram Brasil e Paraguai. Não é um ambiente de grande animação.

No palácio, recebi o Alderico Jefferson, ministro interino de Transportes, e comuniquei a ele que o PMDB estava irredutível, quer colocar o deputado João Henrique [Sousa]. Falei com o Padilha, já tinha falado antes, mais de uma vez considerava um erro a troca, porque o Alderico funcionava bem. O PMDB vai se expor, vai demorar até o novo ministro entender as coisas, e na hora, conversando com o Alderico, tive a ideia de colocá-lo no DNIT, que é o antigo DNER. Ele disse que aceitaria se o secretário executivo* permanecesse. Chamei mais tarde esse deputado que será ministro, ele é um rapaz do Piauí, tem certa experiência. Conversamos, ele gosta do Alderico, e eu lhe disse o que pensava, porque não queria impor nada, mas achava isso [a mudança no DNIT] razoável e conveniente.

Mais tarde recebi o Gros, que veio com um grupo me convidar para um congresso de petróleo,** eles anunciaram que haverá um investimento de mais ou menos 100 bilhões de dólares nos próximos cinco anos.

Entre as audiências que dei, recebi também o Bornhausen no Alvorada. Eu o vi muito amargo. Por um lado, os problemas de saúde da Dulcinha o estão machucando, mas ele também sofre com a questão política. No fundo acredita que houve grampo até em cima dele, pode ter havido, mas não do governo. É essa sociedade que vive do grampo hoje em dia. Ele disse que deveríamos zerar a situação, mas eu disse: "Zerar como? E se o Serra sobe, o Lula não sobe e a Roseana cai? Não temos como zerar, a não ser que os ventos mudem". Ele disse: "Pois é, nos reuniremos [o PFL] daqui a três ou quatro semanas e vamos reavaliar". Eu concordei, disse que é preciso reavaliar sempre, porém vejo que o Jorge está numa posição muito dura nessa matéria e, a meu ver, bastante equivocada.

À noite nos reunimos com a cúpula do PSDB, ou seja, com o Pimenta, o Zé Aníbal, o Serra e o Artur da Távola, para discutir a questão da vice-presidência, pois o governador de Pernambuco não aceitou. Questões locais, os nomes vão se colocando. Simpatizo com o Luís Henrique, porque ele sempre esteve do nosso lado.

Mas também, eleitoralmente, há a Rita Camata, que sempre foi contra, contra mim, contra tudo, mas é mulher. E é do Espírito Santo. Sendo mulher, supera a questão regional; ela tem posição, é muito ligada ao movimento feminista. De início não gostaram da ideia, mas o Serra hoje me telefonou dizendo que o nome que está repercutindo melhor é o da Rita. Ponderei a ele, hoje, que depois das conversas que tive ontem com o PMDB (que já vou relatar) e hoje pelo telefone com o Wellington Moreira Franco, vejo que o nome dela não tem curso na direção do PMDB, pois ela sempre foi do lado contrário ao deles.

* Paulo Sérgio Passos.

** XVII Congresso Mundial de Petróleo, realizado em setembro de 2002 no Rio de Janeiro.

Na terça-feira, 2 de abril, no mesmo dia em que recebi o Jorge, recebi também o Raul Jungmann. Longa conversa. Raul veio com aquela história: ele não sabe se vai ou se fica, meio hamletiano. Eu disse: "Olha, Raul, eu, se fosse você, ficaria, você ajuda o governo, você é um excelente ministro, dá a luta com o MST, tem posicionamento ideológico, e você tem uma eleição difícil em Pernambuco. Todas as pessoas com quem conversei ponderaram que a sua eleição é muito difícil. Notei que não era o que ele queria. Então ele me disse: "O senhor escolhe, o senhor decide por mim", e eu respondi que não, que eu não ia decidir por ele. "Até porque, se você resolver ir embora, não é nenhuma catástrofe, eu nomeio o José Abrão." Eu sei, e não é de agora, que o José Abrão sofre restrições. Serra acha que ele não serve para a função, o Juarez Brandão Lopes já me tinha alertado, o próprio Juarez, aliás, me telefonou hoje aspirando à posição de ministro, embora não tenha nem experiência executiva nem apoio político. Falei tudo isso ao Raul. No fim, ele disse que ficava. Levei-o ao grupo do PMDB, que já havia chegado, e comuniquei que ele ficava.

Dia 3, ontem, quarta-feira, foi dia da posse do novo grupo ministerial. Antes recebi o Pedro Parente com o Armínio Fraga, eles vieram trazer uma pessoa que, segundo o Armínio Fraga, seria boa para a Anatel. É um rapaz da FGV do Rio de Janeiro que parece ser uma pessoa especializada nessas matérias. Eu não me lembro do nome dele agora, tem um nome mais para japonês, mas não é [Luiz Guilherme Schymura].

Fui à posse, fiz discurso, dei posse a todo mundo e, de passagem, reparei que o Raul não estava lá. Ainda disse que achava que aquela seria a última mudança ministerial. Mal sabia eu que horas depois não seria assim. À tarde, vim almoçar no Alvorada, e me telefona o Raul pedindo que eu revisse o compromisso dele.* Eu disse: "Não tem nenhum problema, Raul, já está revisto. Nomeio já o José Abrão". E assim fiz.**

Antes de vir almoçar no Alvorada, falei com o governador do Paraná, o Jaime Lerner. Só no final percebi que ele gostaria de ser vice-presidente na chapa do Serra, fazendo o PFL apoiar o PSDB outra vez. Mas é difícil, não vejo como fazer, e ele vê fácil.

Muito bem, almocei aqui com o Clóvis Carvalho porque ele está preocupado com a posição do Ricardo Sérgio, o Ricardo Sérgio está se sentindo abandonado, não sei o quê. Eu disse: "Olha, Clóvis, eu não tenho problema nenhum, até se ele quiser falar comigo eu o recebo, apenas isso vai instigar mais a imaginação da imprensa de que haveria alguma coisa errada feita pelo Ricardo Sérgio. Você sabe perfeita-

* Jungmann candidatou-se a deputado federal pelo PMDB-PE.

** Novos ministros: Juarez Quadros (Comunicações), José Abrão (Desenvolvimento Agrário), Caio Carvalho (Esporte e Turismo), Miguel Reale (Justiça), José Carlos Carvalho (Meio Ambiente), Francisco Gomide (Minas e Energia), Guilherme Dias (Planejamento, Orçamento e Gestão), José Cechin (Previdência Social), Paulo Jobim (Trabalho), João Henrique Sousa (Transportes) e Euclides Scalco (Secretaria-Geral da Presidência).

mente que ele jamais foi caixa de campanha meu e, mesmo que tivesse sido, que mal haveria?".

Eu não tenho nada concreto contra o Ricardo Sérgio. As coisas alegadas na época da privatização — ele de fato trabalhou na privatização [da telefonia] organizando grupos para fazer concorrência, porque o governo achava bom subir os preços — não se sustentam. Agora o acusam, quando há acusações, de algo que ocorreu posterior a isso: de ele ter recebido alguma comissão das empresas que ficaram com a Telemar. Eu não sei nada do fato, não creio, mas a acusação não tem nada a ver com os leilões da privatização e muitíssimo menos com a minha campanha. Não vejo por que não recebê-lo, só que não vai resolver a questão dele. Ele está indignado, e com razão, porque o Josias publicou na *Folha* um artigo dando informações sobre imposto de renda dele, e só a Receita teria direito a ter acesso a isso. "Eu acho", disse ao Clóvis, "que não foi a Receita; os procuradores é que devem ter pedido os dados à Receita e passaram para a imprensa." Isso tudo é errado, é a famosa queima moral das pessoas, antes de qualquer julgamento.

Depois do almoço com o Clóvis, que foi agradável, revimos uma porção de coisas do passado. No Planalto, ainda recebi, junto com o Pedro Parente, o sr. Harold Davis, que é sócio do pessoal da Cataguases,* de energia. Recebi também o presidente do Tribunal Regional Federal de São Paulo,** e recebi o Teo Vilela, que veio falar sobre Alagoas, o de sempre. Depois vim correndo ao Palácio da Alvorada para um encontro com o PMDB: Michel Temer, Renan, Sérgio Machado, todos nervosos porque houve precipitação, não devíamos falar de nomes de vice, eles não se sentem ainda amalgamados com o PSDB, precisa haver uma verdadeira união de campanha... Depois veio a questão dos cargos e da consequência disso.

Enfim, eles têm alguma razão. Marquei então uma reunião para hoje, quinta-feira, às sete e meia da noite, embora eu esteja muito, muito cansado. Já mandei convocar a turma, já falei com o Serra, ele queria que o Scalco viesse, eu disse que não, que o Scalco não tem nada a ver com campanha, é secretário de governo. Temos que separar as coisas. Vai ser muito difícil tudo isso.

Vou ter essa reunião com PMDB e PSDB em conjunto para ver se fazemos uma boa amálgama dessa questão. Os jornais repercutiram muito, e indevidamente, a referência que fiz ao Itamar, que eu faço sempre. Eu disse que quero deixar para o meu sucessor um governo com mais tranquilidade, com mais calma, com passos adiante, assim como recebi do meu antecessor e dei alguns passos. Eu sempre digo isso, até porque quem deu os passos não foi o Itamar sozinho, não; foi comigo. Eu mandava na parte econômica do governo. Os jornais entenderam isso como um sinal de abertura para o Itamar a serviço do Serra. Não é. É um sinal, sim, de abertura, para que não haja clima de tensão em Minas Gerais, como eu faço em tudo.

* A Cataguases-Leopoldina mudou de nome para Energisa em 2007.

** Márcio José de Moraes.

Para evitar que a governabilidade, ou o que ainda resta de governabilidade depois da traição do PFL, possa ser mantida com certa dignidade.

No Congresso, um desastre. O Aleluia não está conseguindo avançar com a lei sobre o acordo de energia elétrica.* Antônio Carlos interferindo, dizendo para não votar, quer votar a lei de benefício aos produtores rurais, aumentando em quase 1 bilhão de reais a dívida do governo,** enfim, loucura sobre loucura. O Congresso neste momento fica fora de controle e é perigoso, pode colocar fim em nossa prosperidade relativa. Coisa, aliás, que eu disse no discurso de posse dos ministros, falei que o momento é difícil e que o Congresso precisa agir com responsabilidade. Mas entre eu dizer e eles fazerem vai um passo muito grande.

Ontem, ainda recebi o Eduardo Jorge, que veio se queixar, com razão, de que ele continua marginalizado, como se tivesse feito alguma coisa errada, quando na verdade foi apenas correto. Paulo Henrique estava aqui, fiquei conversando com ele e a Ruth. No dia seguinte de manhã, hoje, portanto, recebi vários embaixadores: da África, da Guiné Equatorial, da Malásia,*** da Coreia do Norte.**** Eu pensando nas coisas locais e também tendo que receber embaixadores e falar de política internacional.

Depois entrei em minhas rotinas, com o Scalco, o Scalco é firme. Boas conversas sobre as questões do PPB de Uberlândia***** e sobre o que fazer com as votações. E almocei com a Wilma Motta e com o Paulo Henrique. A Wilma está ajeitando os documentos do Sérgio, para entregar à Receita Federal, por causa desse maldito Luiz Francisco, que continua perseguindo, imaginando que exista dinheiro de caixa dois na conta do Sérgio, quando não existe. Essas loucuras do Brasil. Agora estou descansando um minuto; descansando não, gravando, e daqui a pouco vou para o Palácio do Planalto, onde seguirei a rotina. Mandei cancelar uma ida amanhã a São Paulo, para eu ter tempo de retomar o controle das questões administrativas, sobretudo orçamentárias, com os ministros correspondentes.

* Aleluia relatava a MP 14/2001, mais tarde convertida na lei 10438/2002, que dispõe sobre a recomposição tarifária do setor elétrico e instituiu o seguro-apagão.

** A MP 14 foi aprovada com a contrapartida de que fossem mantidas alterações feitas pela bancada ruralista no texto da MP 9/2001, para alongar a renegociação da dívida agrícola e aumentar o número de produtores beneficiados, num custo adicional de quase R$ 1 bilhão. A MP 9 deu origem à lei nº 10437, de 25 de abril de 2002.

*** Tai Kat Meng.

**** Pak Hyok, primeiro embaixador norte-coreano no país. Brasil e Coreia do Norte estabeleceram relações diplomáticas em 2001.

***** Base eleitoral do deputado Odelmo Leão.

8 A 17 DE ABRIL DE 2002

União com o PMDB. Visita do presidente polonês. Conversas com os Mesquita. Golpe na Venezuela

Hoje é segunda-feira, dia 8 de abril. Na quinta-feira, como disse, fui ao Planalto, mas não houve nada de muito importante, recebi o presidente da Alcoa* com a Camargo Corrêa, que veio anunciar grandes investimentos. Houve uma coisa significativa: o presidente da Alcoa aqui no Brasil disse que o [Paul] O'Neill, quando citou o caso de corrupção do Brasil, pensou no Jorge Murad, porque ele conhece bem as coisas que o Jorge Murad andou fazendo. Não subscrevo, apenas registro.

Depois reuniões como sempre infindáveis, de novo com PMDB, PSDB. Fiz uma grande reunião à noite para juntar os dois partidos. Vieram os líderes principais, o Serra, o Michel Temer, e organizamos o que seria um cronograma de casamento entre os dois partidos. Eu brinquei, disse que o Serra era o dote dos partidos, para desanuviar a conversa. E tinha que ser um casamento de amor e tal, e assim foi feito. E foi bom mesmo.

Resolvi não ir mais a São Paulo na sexta-feira, eu ia assistir a uma conferência da Organização Mundial da Saúde pelo Dia Mundial da Saúde. Eu não aguentava, estava muito cansado e resolvi suspender. Além do mais, todo mundo ia querer fazer discurso, assim ficaram mais à vontade, pôde fazer discurso quem quis, porque quando estou presente o número de discursadores é mais restrito. Passei a sexta-feira no Palácio do Planalto, mas ela não foi inativa, foi uma sexta-feira também bastante agitada.

Raul Jungmann primeiro tinha decidido que não iria embora, como registrei, depois mudou de ideia. O Raul quer ter base política na fonte primária de poder, ou seja, no voto popular. Tudo bem, nomeei o Zé Abrão. Só chamei o Juarez, que veio e foi compreensivo, entendeu, fez até uma espécie de autocrítica, dizendo que a vaidade o levou a achar que poderia ser ministro, mas que reconhecia que não tinha como. Tudo bem, o Juarez é boa pessoa, homem correto e competente.

Depois despachei abundantemente com o pessoal de rotina; recebi também o ministro Ney Suassuna, que finalmente decidiu que vai embora. Vai e vem, vem e vai, no final a política local pesou. Ele tem razão, senão fica sem o apoio do Maranhão, o governador, e sem base na Paraíba. Vai ser uma confusão, porque vai brigar com os Cunha Lima, que estão no PSDB. Enfim, foi embora e nomeei a substituta, nomeei provisoriamente a [Mary Dayse] Kinzo, que é a segunda dele; provisoriamente porque o PMDB vai querer alguém. Já me telefonou o Renan no fim de se-

* Adjalma Azevedo.

mana, querendo uma reunião. Respondi que nesta semana agora, na quarta-feira, porque antes vou a São Paulo por causa do polonês.*

No sábado de manhã, fui à fazenda com a Ruth. Os estragos feitos pelos sem-terra foram pequenos. É desagradável, tomaram bebidas, comeram as carnes, puseram carne de cachorro nos freezers, aterrorizaram os empregados. Mas nada de maior monta material. É, naturalmente, falta total de respeito, uma coisa inaceitável, mas foi um tiro no pé. Os dias na fazenda foram admiráveis, passei dois dias lá. Temos novos caseiros, me pareceram bons. Ficamos só eu e a Ruth. Despachei furiosamente papéis e terminei de ler aquele livro sobre o Roosevelt.

Nesse meio-tempo, falei com o Jean Chrétien, primeiro-ministro do Canadá, que me perguntou se o Brasil poderia receber refugiados palestinos; segundo ele, a questão dos refugiados impede um acordo maior, sobretudo no Líbano, pois há muitos palestinos no Líbano. Falei que sim, que faremos o possível, serão 10 mil e ele achou pouco. Então ficariam 25 mil entre o Brasil e o Canadá. Tudo bem, vamos ver. Mas pediu que eu mantivesse reserva.

Falei com Eduardo Santos porque tínhamos que mandar um fax para o Blair e para o Bush, que estão reunidos nos Estados Unidos por causa da paz na Palestina. Difícil paz. O Marco Maciel me telefonou dizendo que o Jorge Bornhausen estava desesperado porque a Polícia Federal teria ido à casa da Roseana ontem, domingo, disse que isso era inusitado. Quando voltei, fui me informar melhor com o Miguel Reale.

Miguel não sabia de nada, tentou se informar, e foi isso mesmo. Era rotina, decisão do delegado local,** eles foram entregar uma convocação para a Roseana depor como testemunha no dia 17 de março. Perdão, 17 de abril. Apesar de ser coisa de rotina, foi visto pelo PFL como mais uma perseguição política, e fizeram grande carnaval. Falei com todo mundo entre ontem e hoje, com Marco várias vezes, com o Zé Jorge e com o Lobão. Com o Heráclito Fortes também, com quem eu pude.

Disse-lhes: vocês estão de novo confundindo as coisas. Não há nenhuma ação política, é uma ação policial. Pode até ser excessivo fazer uma intimação num domingo, mas foi uma ação policial e não política. O Jorge está estomagado, falei com o Pimenta hoje, que me disse que o Jorge não gostou da referência que eu fiz ao Aloysio, dizendo que ele foi impecável no cumprimento das funções. Considerou isso uma agressão a ele, Jorge. Ou seja, eles querem criar caso, o Jorge porque perdeu a candidatura da Roseana, está vendo tudo por esse prisma e querendo zerar o jogo. Quer dizer: tirar o Serra da competição. E agora disse ao jornal que falta um juiz. O juiz sou eu. Na verdade, é que falta decidir a favor dele. É sempre assim.

Quando o presidente não decide a favor, é porque é fraco ou... falta um juiz. Evidentemente, não há como zerar o jogo a esta altura do campeonato, e na ver-

* Referência à visita oficial do presidente da Polônia, Aleksander Kwaśniewski.

** Deuselino Valadares.

dade a decisão que eles tomaram de não votar esta semana por causa da Roseana é péssima. Não sei se vou conseguir manter o Congresso funcionando, mas farei força para evitar que ocorra uma paralisação.

Hoje, dia 8, recebi de manhã o enviado do papa, o cardeal [Giovanni Battista] Re.* Conversamos uma hora, basicamente sobre política internacional, e também um pouco sobre a Igreja no Brasil. Ele me informou das decisões do papa de controlar mais a CNBB, no sentido de que os bispos sejam mais responsáveis por sua ação do que os assessores. Sobre política internacional, falamos da necessidade de fazer a paz na Palestina, em Jerusalém, que é a Terra Santa, e também — ele concorda comigo — que o Irã hoje está num caminho melhor e que não tem cabimento penalizar o Irã, muito menos, disse ele, fazer guerra com o Iraque. Porque dissolveria a aliança mundial que sustenta a política antiterrorista do Bush. Tive excelente impressão desse cardeal Re.

Agora vou a São Paulo encontrar o presidente da Polônia, que está em visita oficial ao Brasil.

HOJE É DIA 10 DE ABRIL, QUARTA-FEIRA. São três horas da tarde. Efetivamente, na segunda-feira fui a São Paulo e, à noite, me encontrei, em um concerto** no Sesc da Vila Mariana, com o presidente Aleksander Kwaśniewski e a mulher dele, Jolanta Kwaśniewska. Concerto muito bom, do [Henryk] Górecki, um autor polonês contemporâneo, e outros mais. Era uma orquestra de câmara.*** De lá, fomos jantar no Figueira.**** Comida excessiva, muito boa. Conversa animada, eu o tempo todo com ela ou com ele em inglês, porque as pessoas não ajudam muito a animar as conversas. Mas foi bem. Depois fomos para casa, e dormimos empanzinados de tanta comilança.

No dia seguinte, cedo, fomos a Foz do Iguaçu de avião, conversando com o casal presidencial polonês. Eu e a Ruth, o Celso Lafer e a Mary, e o vice-ministro do exterior da Polônia.***** Nada de mais especial: sobre Brasil, sobre a Polônia. Fui mostrando o caminho, lá chegando fui com ele a Itaipu, mais uma visita a Itaipu, que é muito impressionante. Realmente é uma catedral contemporânea, é emocionante ver aquela obra extraordinária. Os engenheiros, nossos e paraguaios, em perfeita comunhão de trabalho. Foi muito bonito e, de lá, fomos para o Hotel das Cataratas, onde discutimos rapidamente.****** Passamos em revista nossas posições, que são muito semelhantes.

* Prefeito da Congregação para os Bispos.

** O evento marcou a abertura do Festival da Cultura Polonesa, apoiado pelo consulado polonês e pelo Itamaraty.

*** O conjunto formado por músicos brasileiros e poloneses executou obras de compositores dos dois países.

**** A Figueira Rubaiyat, restaurante no bairro paulistano dos Jardins.

***** Adam Rotfeld.

****** Os dois presidentes assinaram acordos de cooperação comercial e agropecuária.

Ele é um homem inteligente, disse que não falaria nada sobre Israel e os palestinos, porque estava fora da Polônia. Fiz um discurso, falei desse assunto, ali estávamos na Tríplice Fronteira. Recoloquei a posição do Brasil, que é de exigir paz, e que, embora contra, totalmente contra, o terrorismo, achamos que a violência do Sharon passou de todos os limites.* Isso foi dito de forma não tão direta, mas bastante direta.

O que extraí da conversa? Eles estão mesmo interessados em integrar-se à Europa. Sabem do Bush o que todos sabemos, mas o Aleksander tem uma visão positiva da capacidade dos Estados Unidos de dirigir o mundo. A burocracia tecnocrática americana funciona, disse ele. Com relação à Europa, eles tinham medo da Hungria, dessa nova eleição na Hungria,** ela vai requentar os pendores nacionalistas e expansionistas dos húngaros. E reiterou o que já me havia dito antes, a confiança que tem no Putin e na forma nova de dirigir a Rússia que o Putin representa. Fora isso, nada de muito especial em nossa conversa que eu já não tenha registrado nos meus encontros na Polônia. Ele muito impressionado com o que viu no Brasil, foi à Embraer, foi a São Paulo, viu o Rio, viu o interior. Enfim, impressionado com a potencialidade do país, o relacionamento Brasil-Polônia pode aumentar muito em termos comerciais, em termos tecnológicos e culturais.

Voltei para Brasília. Nesse meio-tempo, telefone o tempo todo em razão da crise do PFL. Agora o Jorge Bornhausen aproveitou o piti da Roseana, por causa da intimação para depor como testemunha que ela recebeu num domingo, no Maranhão, como se fosse uma grande ofensa à liberdade. O Jorge vestiu o uniforme de udenista e falou duro pela liberdade, pelas liberdades individuais, como se estivéssemos vivendo em um regime de opressão. Não é de opressão, é da lei; é o de todos serem iguais perante a lei. A ideia de sermos iguais perante a lei, eles não aceitam. Não é o Jorge, não; a elite brasileira não aceita.

Eu procuro dar o exemplo. Estou cansado de assinar "ciente" em despachos abusivos de juiz de primeira instância. Deponho a eles, não me sobreponho a nada por ser presidente da República. Invadem a fazenda, eu vou primeiro à Justiça: não movo nada sem a Justiça. Justiça que geralmente é bastante dura para comigo. Os juízes, quando declaram, em geral declaram coisas horripilantes. Isso em geral, porque querem mais salário e também reclamam dizendo que o governo atropela as leis, aquela coisa de sempre, criticam as medidas provisórias e tal.

E o Jorge e o PFL embarcaram no histerismo da Roseana, no fundo uma contrabronca preventiva, porque eles sabem que há cheiro ruim por lá. Querem evitar que se chegue perto do assunto e, para isso, descarregam em mim em nome da

* Forças israelenses cercavam desde o fim de março a sede da Autoridade Palestina em Ramallah, onde o presidente Yasser Arafat ficou confinado. Simultaneamente, as principais cidades palestinas foram ocupadas por tropas de Tel-Aviv.

** Nas eleições parlamentares de 7 de abril de 2002, o Partido Socialista húngaro venceu por estreita margem a agremiação nacionalista Fidesz, do atual primeiro-ministro Viktor Orbán.

liberdade. O nosso Miguel Reale deu uma declaração imprudente, correta, como advogado ele tem razão de dizer que a Roseana invoca foro especial quando ela foi apenas chamada para ser testemunha. Ao apelar para o foro, ela estaria assumindo que é culpada, disse o Miguel. Mesmo no caso da Lunus, não foi ela, foi a empresa. A empresa não tinha que ter foro especial nenhum. O resultado é que, ao gritar, ela assumiu a posição de acusada, aceitou essa posição de ré antes da hora.

Miguel tem razão juridicamente, mas politicamente foi um desastre, porque o Scalco está fazendo, com o Pimenta, com o Arthur Virgílio, com todo mundo, um esforço para levar o PFL à votação. E isso serviu de pretexto para novas agitações. Quando cheguei aqui, a questão já estava mais amainada. No fim da noite estava calma, e eles iriam votar por causa dos pedidos de prudência do PSDB feitos ao ministro da Justiça. Enfim, operação política.

Em razão disso, hoje levei pau da Dora Kramer. Nem fui eu quem tomou a decisão [relativa aos pedidos de prudência]. Eu nem estava aqui, mas, concordo, tínhamos que evitar que houvesse um conflito político adicional, um pretexto para não votar. Acabo de ver a Dora Kramer dizendo que eu, no momento em que ia romper com as oligarquias, estou escondendo a "sujeira".

Escondendo nada, eu quero apenas que se vote, porque são matérias importantes que dizem respeito à governabilidade. É chantagem do PFL, eu sei. Mas quanta chantagem tem sido feita? Antônio Carlos levou a vida inteira chantageando, o Jader não deixou de chantagear. Isso é política. Não é só aqui, é no mundo. Sharon também vai negociar com o Arafat e disse coisas terríveis sobre ele. O próprio Arafat também disse que vai combater o terrorismo palestino e não combate.

Enfim, essa luta política só Maquiavel, Max Weber, só gente grande de pensamento entende mesmo o jogo político, e entende no sentido específico. É preciso conhecê-lo, saber quais são as consequências, as responsabilidades, o limite do que se pode fazer e do que não se pode. Não é para qualquer um. A Dora aproveitou a ocasião para mostrar que é independente do seu inegável "serrismo", que a Roseana e o PFL quiseram liquidar. Quem vai com muita sede ao pote acaba quebrando-o.

Eu não tenho essa sofreguidão, e vamos ganhar, vamos mudar o Brasil, vamos afastar as oligarquias como estamos fazendo. Mas entendendo quantos fuzis nós temos e quantos elas têm. Nós hoje temos mais balas na agulha do que no passado. Foi preciso fazer uma obra de ourivesaria com muita paciência para hoje dizer: temos mais. Vamos poder realmente consolidar as transformações. Pois bem, tomara que o Serra ganhe.

Estive com o [Andrea] Matarazzo ontem à noite. Jantou comigo, feliz da vida em Roma. Está organizando nosso programa de visita curtíssima a Roma.* Vendo a situação do Brasil e a situação do Serra — ele é muito amigo do Serra — Matarazzo acha que se o Serra seguir o caminho de não atacar o governo, ele ganha.

* O presidente visitou o Vaticano no mês de maio.

Hoje de manhã recebi o Gros, que me disse que as ações da Petrobras caíram 4% por causa da declaração do Serra contra o sistema de preços.* Serra ainda não entendeu a responsabilidade de um candidato de governo. Ele pode ou não ter razão, mas falar em público dessas questões é pedir castigo. É do jogo, parece que fez isso porque pensa assim ou porque quer voto e acha que o povo é contra o aumento, e é mesmo. Mas ferindo interesses não só da Petrobras e dos acionistas dela? São temas momentâneos, tudo isso passa, mas para que arregaçar as manguinhas, botar as manguinhas de fora? Quando for presidente, se vier a ser, então faça o que quiser. Até lá, aguente firme. Eu aguento tantas coisas...

Outra questão que me preocupou sobre o Brasil na minha conversa com Andrea Matarazzo: o Andrea está fascinado com a Itália, que mudou profundamente. A Itália, um país que veio da bagunça, tem presidente [premiê] de direita** despreparado, não obstante o país avança, a economia avança. A sociedade civil é tão forte que não liga para o governo. E a Itália se integrou à Europa, eu me lembro do [Romano] Prodi que me dizia: "A única saída para nós é a disciplina de Maastricht, senão a Itália não entra em ordem".

Pois bem, o que me preocupa no Brasil é que não entramos ainda totalmente em ordem e não temos nenhuma disciplina externa, a não ser o Fundo Monetário, nesse momento, para obrigar ou para justificar aqueles que têm uma visão objetiva das coisas a tomar as decisões necessárias. Eu não sei se haverá condições no futuro de manter a mesma linha, que eu sei que custa popularidade, incompreensões, e tudo mais, que é a linha de seriedade na gestão pública. A linha de não pisar no acelerador quando é necessário pisar no freio. Não ter medo de pisar no freio quando é necessário, e ser capaz de pisar no acelerador com propriedade quando é possível. Não é fácil isso, eu tenho medo da visão que o Serra tem do mundo, e não só do Mercosul e sobre o Mercosul...

O Gros veio aqui hoje me propor um plano de investimento da Petrobras na Argentina, comprando eventualmente parte da YPF, com medo do Duhalde, do que ele possa fazer em termos de desapropriações de empresas produtivas. Mas não é só na Argentina, que é importante, onde podemos ter uma presença significativa, ainda mais agora que os americanos estão em outra. Eu li o artigo do [Kenneth] Maxwell.*** Ele tem razão, eles estão com o México, o México hoje é parte dos Estados Unidos, e deu um salto. Entendeu que tinha que entrar no Nafta. Abriu mão parcialmente da sua soberania. Sem dúvida os italianos também.

* O pré-candidato tucano criticara o mecanismo de reajuste quinzenal adotado pela Petrobras para compensar a flutuação dos preços internacionais do petróleo durante a escalada do conflito israelo-palestino: "A polêmica em torno dos preços envolve três questões: equívoco de teoria econômica; perspectiva ultra, ultra, ultra, ultraneoliberal; e conveniência corporativa ou de quem quer ganhar dinheiro com o assunto" (*Folha de S.Paulo*).

** Silvio Berlusconi.

*** "A América Latina joga a toalha", na *Folha* de 7 de abril.

Hoje os governos europeus valem menos do que valiam antes porque há um governo comunitário, há uma perda de soberania no sentido da soberania nacional, constituída no século XIX e consolidada até metade do XX. Mas é o preço que pagam para ter outro tipo de sociedade, outra visão do mundo. E de política também. Pois bem, aqui não só tenho medo que Serra não entenda — como não entende — o Mercosul como também não entenda o resto do mundo. E queira restabelecer barreiras protecionistas e discriminação a favor de um outro setor, nacional ou estrangeiro, como fez com os automóveis. E que não entenda que a disciplina do mundo de hoje pode ser diferente daqui a cinquenta anos e que esse mundo que está sendo formado não dá margem para manobra, a não ser à muita custa para o povo, para o país. E à custa de desenvolvimento, de crescimento, de desenvolvimento tecnológico. Os americanos estão percebendo as dificuldades brasileiras, que são grandes, porque somos um país, digamos, no extremo Ocidente, um país que é excêntrico, que não está no centro.

Perceberam isso e estão querendo nos marginalizar. É como avaliou o Maxwell com razão. Ele disse que entrei numa linha mais populista este ano. Não, tudo que eu falei este ano eu falei o tempo todo. Só que este ano ressoa mais, porque na política americana a visão é mais fechada do que era a visão do Clinton. Não fui eu que passei a ter uma política diferente. Desde meus primeiros discursos, desde abril de 1995 até agora, sobre o Fundo Monetário, sobre o Banco Mundial, sobre a globalização, eu digo a mesma coisa. Só que hoje dizer isso é ouvido nos Estados Unidos como um desafio inaceitável. Como falta de lealdade, como vontade de olhar para o eixo do mal. Imagina! Isso se referindo a mim, que estou fazendo tanto ajuste!

Imagina o Serra, com visões de outra época, qual vai ser a reação? Isso o Serra. E se for o Lula? Aí podemos descarrilhar. Eu ainda tenho muito medo do que possa nos acontecer como nação, porque acho que ainda não estamos consolidados. Acho que o Serra terá condições, porque ele é inteligente. Apesar de um ou outro impulso, é capaz de ponderar, de permitir que se avance. Os outros eu não vejo como. Ciro, meu Deus, livre-nos dele. O Garotinho nem sabe de nada. Avançaríamos aos trambolhões, sem que a nação pudesse exercer o que lhe corresponde nessa nova fase. Não é abrir mão dos interesses nacionais, é recolocá-los no patamar atual; isso é o que se tem que fazer. Digo isso só para registrar minhas preocupações de mais longo prazo, a visão do mundo e a visão do Brasil. Tomara eu esteja errado na apreciação das pessoas e das possibilidades que se estão abrindo ou fechando.

Fora isso, acho que está consolidado que o PFL vota hoje. O Scalco teve um papel bom. Como sempre, ele é correto, dinâmico, vai atrás, enfrenta. Acho que demos uma boa virada nessa fase do setor elétrico. O Lula teve a petulância de me mandar uma carta sobre o setor elétrico, ou alguém escreveu para ele. Mandei o Pedro Parente responder, e respondeu muito bem. Demagogia pura do petismo, preparando a eleição. Nada mais a registrar por agora.

HOJE É DIA 15 DE ABRIL, segunda-feira, acordei às oito e meia, tarde portanto. Cheguei muito cansado de um périplo que já vou relatar.

Eu registrei até quarta-feira, dia 10. Além de ter recebido Gros, como eu disse, com os planos de investimento da Petrobras na Argentina, fiquei de conversar com o Duhalde para saber até que ponto iriam tratar de desapropriar o que nós comprássemos na Argentina na área de petróleo.

Recebi o Ney Figueiredo, que veio me entregar um livro que ele preparou sobre o governo,* feito por jornalistas independentes e que, segundo ele, está muito bom. Eu não li ainda, vou ler. Depois do almoço, recebi o Johnny [João Carlos] Saad, que veio, como todos os grandes empresários de comunicação, queixar-se da situação em que se encontra. Todos endividados em dólar, receitas em reais. Receitas não tão crescentes, dólar às vezes crescente, pelo câmbio. Eles ficam sufocados. Não é só o Johnny Saad, quase todos estão assim, e o governo, quando pode, e se eles têm garantias, expectativas de que possam pagar, empresta os reais para que possam pagar os dólares. É melhor para eles deverem em reais do que em dólar. Isso foi feito com a Globopar** e é isso que está sendo feito com várias dessas empresas. É o trivial ligeiro.

Depois, ainda na quarta-feira, recebi à tarde o Geraldo Alckmin, que veio com o Paulinho Mendes da Rocha e com o [Marcos] Mendonça, que é o secretário de Cultura de São Paulo, trazer um projeto muito bom de transformar a estação da Luz num foco de valorização da língua portuguesa.*** E junto a reurbanização daquela área. Eles estão fazendo um belo trabalho e apoiei. Ganhamos a votação no Congresso na questão das medidas do setor elétrico,**** e o dia continuou cheio de agitação política, PFL, PSDB, essas confusões que já me cansam relatar.

Na quinta-feira, dia 11, fui de manhã ao Encontro Nacional da AGU***** no auditório do Superior Tribunal de Justiça. O advogado-geral da União, o Gilmar Mendes, fez uma boa exposição. Aproveitei para dizer que nunca governo algum combateu tanto a corrupção como o meu, o que é verdade. Almocei com o Renato Guerreiro e com o Parente, porque o Guerreiro vai sair. Ele sabe que eu queria colocá-lo como ministro das Comunicações, mas, dada a briga dele com o Pimenta, isso se tornou irrealizável. O Guerreiro é um belo sujeito, trabalhou bastante bem e, mais tarde, vai abrir uma empresa de consultoria.

À tarde, recebi o Maurício Botelho, da Embraer. Ele veio com o Lampreia, cheio de entusiasmos com todos os programas da Embraer, mas preocupado, quer saber o que vai acontecer efetivamente com as decisões do governo sobre a questão dos aviões militares [Projeto FX]. Isso o preocupa, juntamente com o financiamento do

* Bolívar Lamounier e Rubens Figueiredo (Orgs.). *A era FHC: Um balanço*. São Paulo: Cultura, 2002.

** Holding controladora da Globo Cabo e da Rede Globo.

*** O Museu da Língua Portuguesa foi inaugurado em 2006.

**** A Câmara aprovou por 275 a 144 a MP relatada por José Carlos Aleluia.

***** III Encontro Nacional dos Advogados da União.

Proex,* porque eles, sem financiamento, não têm como competir, o que é verdade, se bem que esse financiamento custe caro. Mas, enfim, o Brasil tem que decidir se quer ou não quer apoiar seus setores mais competitivos e exportadores, e nós queremos.

Depois recebi o Jaime Polanco, eu pensei que fosse receber o velho Jesús Polanco. Isso foi uma artimanha do Jorge Serpa, que não sei de que maneira entrou nesse circuito dos espanhóis. Eles são os donos da Prisa, é um grupo espanhol muito forte, inclusive donos do Jornal *El País*. O Jaime Polanco veio porque queria conversar comigo sobre a estratégia mundial dele. Anunciou que o tio, o Jesús Polanco, virá aqui e eu disse que teria prazer em recebê-lo.

Na quinta-feira à noite, recebi o Rodrigo Mesquita.** Ele veio a pedido do Jovelino, que é muito amigo dele, e, aliás, do Rui [Mesquita], pai dele, que me telefonou dizendo que o Rodrigo viria conversar comigo. Veio, conversou e mostrou a situação do jornal *O Estado de S. Paulo*, do grupo do *Estadão*, que é desesperadora. Eu falei do Johnny Saad, falei da Globo, a *Folha* nunca me disse nada, mas também deve estar mal, porque vi o balanço da parte de internet deles, e é um desastre. Acho que também o UOL.

O *Estadão* está mal. O Rodrigo fez críticas ao Francisco Mesquita, que hoje é presidente do grupo e há anos o comanda. A crise é a de uma empresa familiar, cheia de primos, falta comando — não no jornal, porque lá o Rui manda. Mas na empresa, na parte de ganhar dinheiro. Eles se associaram à BCP, uma empresa de telefonia celular de São Paulo, com o Safra como sócio. Agora estão brigando, e eles do *Estadão* estão com os seus 6% virando pó. Já emitiram um bônus na Europa, para poder entrar na associação com 75 milhões de dólares. E agora vão ter que pagar. Começaram a se desfazer de algumas propriedades, não me lembro bem o que foi feito. Se desfizeram da parte de uma fábrica de papel, creio, para poder se financiar, honrar o que deviam, e agora estão sonhando com uma operação na qual a Telecom Italia, junto com o Opportunity, compraria a BCP, e com isso seria possível eles receberem a parte deles em dinheiro. A outra coisa é que Agência Estado tem interesse em fazer uma associação com a *Gazeta Mercantil*. Mas a *Gazeta Mercantil* está falida, deve a todo mundo. Para fazer uma associação, eles gostariam que entrasse o Icatu, da Kati Almeida Braga, ou seja, o Almeida Braga e o Opportunity, do Daniel Dantas.

Perguntei ao Rodrigo por que me contava tudo isso. Duas coisas, primeiro a operação das fusões das telecomunicações está um tanto emperrada pela Lei Geral das Telecomunicações, que dá prazos muito longos para que elas possam ocorrer. Então provavelmente isso requereria que a Anatel mudasse algumas regras. Eu disse que, claro, ia depender do novo presidente da Anatel. Este, estão dizendo, seria ligado ao Serra. Mentira, foi indicado pelo Armínio Fraga, e é um homem da Fun-

* Programa de Financiamento às Exportações, instituído pelo governo federal em 1991.

** Diretor da Agência Estado.

dação Getulio Vargas, competente, um economista independente. Mas é preciso ver isso por outro lado. A Kati não gosta muito do Daniel Dantas, foram sócios, brigaram e não sei o quê. Eu ia me encontrar, como me encontrei, com a Kati no dia 13, que era aniversário do Paulo Henrique. Conversamos, e ela reafirmou que tem lá dificuldades para uma ligação com o Daniel Dantas. Foi o que aconteceu na quinta--feira. O Rodrigo até jantou aqui.

Fui ao Rio de Janeiro no dia 12, sexta-feira, para um almoço em homenagem à personalidade do ano, prêmio de comunicação do ano, uma coisa assim, da Associação Brasileira de Propaganda, ABP.* Havia muita gente, a governadora Benedita da Silva — até fiz charme para ela —, o [Antônio] Pitanga, marido dela. Fiz discurso, aquela coisa toda, levou três horas. Mais tarde fui para o Hotel Intercontinental descansar um pouquinho, chegou Sérgio Amaral entusiasmado com a viagem que fez à China e à Índia, e me falou que eu teria que encerrar o Encontro Inmetro,** também no Hotel Intercontinental. Fui e encerrei o encontro, mais discurso, mais gente, mais aplausos. Depois recebi meu primo Carlos Joaquim Ignácio, que tem uma ligação indireta com telecomunicações, porque trabalha numa empresa*** que mexe com isso, ligada aos italianos. Ele veio me contar tudo o que eu já sabia. As pessoas, muitas vezes, informam ao presidente da República pelo gosto de informar, porque, imagino, ao me informar, contam isso a terceiros e passam a se valorizar. Não sei muito bem qual é o jogo, na verdade eu só ouço. As minhas decisões nunca são pessoais, posteriormente eu ouço os técnicos, os ministros, e faço ponderações. Não há de ser por uma conversa que eu mudo de opinião. O conjunto das conversas pode formar um quadro, para tomarmos uma decisão.

Depois de ter recebido o Carlos Ignácio, eu e a Ruth fomos jantar na casa do Armínio Fraga, no Rio. Foi muito agradável, uma comilança imensa, preparada pelo restaurante Antiquarius, que é um dos melhores do Brasil. Ele tem um arroz de pato admirável. E muito vinho, de boa qualidade. Conversa melhor ainda. Além dos hospedeiros, estavam o Malan e a Catarina, o Eleazar de Carvalho e a mulher,**** que eu não conhecia. Ela é americana, mas fala tão bem o português que eu não sabia ser ela estrangeira — só depois me disseram que era americana. Também a Lucyna [Fraga], mulher do Armínio, é de ascendência ucraniana... não, polonesa. Havia mais alguém, espera... ah, sim, o Gros e a Bebel [Isabel Mendes], mulher dele. Enfim, muito agradável, o filho do Armínio***** estava com uma namoradinha que é colega das minhas netas. Saímos de lá uma da manhã.

* Fernando Henrique recebeu o prêmio Personalidade do Ano em cerimônia realizada num hotel em Copacabana.

** Encontro Internacional Inmetro de Metrologia e Qualidade 2002, com o tema "Ferramentas para a competitividade".

*** Victori Telecomunicações.

**** Julia Michaels.

***** Sylvio Fraga.

No dia seguinte, sábado, passamos a manhã descansando no Hotel Intercontinental, depois fiquei ao telefone. Por quê? No dia 11, quinta-feira, o Chávez me telefonou às nove da noite, muito aflito, dizendo que estava havendo uma manifestação na Venezuela.* Eu perguntei sobre a posição das forças militares, ele disse: "Estou chamando os comandos aqui, eles estão comigo". Ele me pediu que eu falasse com o Bush, respondi que eu ia ver, mas com quem eu na hora pensei em falar foi com o Celso Lafer, na Costa Rica, onde ele estava numa reunião do Grupo do Rio. Para darmos apoio. Efetivamente foi o que fiz, falei com o Celso Lafer, ele disse que iam providenciar uma posição de defesa da legalidade.

Na madrugada do dia 12, o Chávez foi derrubado, por isso fiquei no telefone no sábado de manhã, me informando, tratando de saber o que estava acontecendo aqui e ali, para ter uma noção das coisas. Mal sabia eu que naquele mesmo dia o Chávez iria ser reposto no lugar. Mas fiquei pendurado no telefone com o Celso Lafer, falei com Miguel Ángel Rodríguez, que é presidente da Costa Rica e presidente do Grupo do Rio, para me informar também. Além, de milhares de outras comunicações que, mesmo quando estou descansando, não me deixam em paz.

Depois fomos para a casa do Paulo Henrique, era aniversário dele. Tivemos um almoço, um almoço carioca, ou seja, às duas horas da tarde, que durou até as seis. Dos mais agradáveis, também com comida excepcional. E muito simpático, vários amigos. [Fernando] Pedreira estava lá com a Monique, estava lá o Rafael [de Almeida Magalhães], pessoa de quem gosto muito, o Rafael de Almeida Magalhães com a Mitsi [de Almeida Magalhães], mulher dele, estava ainda o Merval [Pereira]** com a mulher.*** O Eduardo Eugênio, o Roberto D'Ávila, o Jabor, sem a mulher, mas com o filhinho dele,**** que é um encanto de criança, e todos os meus netos. E os filhos, a Bia, a Kati, enfim, todo mundo das nossas relações mais próximas no Rio de Janeiro.

Também estava lá a primeira mulher do Collor, a Lilibeth [Monteiro de Carvalho], que é muito amiga do Paulo Henrique e da Vanvan, uma moça que eu também conheço, muito simpática. O Olavinho [Olavo] Monteiro de Carvalho,***** primo dela, enfim, a "cariocolândia" que tem um relacionamento mais próximo comigo, com meus filhos, num plano de amizade, de alegria. Estava também um filho do

* Na tarde de 11 de abril, uma marcha de protesto convocada pela oposição venezuelana tomou as ruas de Caracas para exigir a renúncia do presidente Hugo Chávez. A repressão estatal matou dezenove pessoas. À noite, militares golpistas sequestraram o presidente, que ficou incomunicável num quartel do Exército e foi coagido a renunciar. O governo de facto empossado na manhã do dia 12, encabeçado pelo empresário Pedro Carmona, fechou a Assembleia Nacional e declarou nula a Constituição de 1999. O novo regime durou apenas 36 horas. Na tarde do dia 13, comandos chavistas retomaram o Palácio de Miraflores e libertaram Chávez, que retornou ao poder.

** Diretor de redação de *O Globo*.

*** Elza Pereira.

**** João Pedro Jabor.

***** Empresário carioca.

almirante Pinto Guimarães* que foi sócio do Rubens Paiva e que é vizinho do Paulo, rapaz simpático. Lá pelas sete da noite saímos, porque a Ruth ia para Boston. De fato, se preparou e foi para Boston. Eu fiquei no hotel e ainda recebi o Pedro Grossi.** Recebi-o rapidamente, ele queria ver se o irmão dele, o brigadeiro [Venâncio] Grossi, poderia ser tenente-brigadeiro do ar. Contou uma história longa sobre Antônio Carlos e a situação política.

Fui jantar na casa do Sebastião Rego Barros, com a Tite e com o Lampreia. Agradável, saí naturalmente empanzinado, em toda parte muito comida e muita bebida. Voltei mais ou menos cedo para o Intercontinental, e não houve nada de mais, a não ser conversa de amigos com o Sebastião, com o Lampreia e com as mulheres. Não dormi muito bem e acordei cedo para ir a São Paulo.

Fui a São Paulo ontem, domingo, para a inauguração do Rodoanel.*** Lá, discurseira com o Geraldinho, com o Serra, e muitos deputados. Estava presente o Michel Temer e também o deputado que mais se opôs à CPMF, do PPB de São Paulo,**** ele foi presidente da Portuguesa, um cara que só atrapalha. Sempre se opôs muito. Aproveitei para dizer a todos os presentes que tínhamos aprovado a CPMF, que duas semanas de CPMF***** era o custo do Rodoanel, é inacreditável. Na verdade, três semanas é o custo do Rodoanel. Foi muito bom ver o Rodoanel, é uma obra importante.

Discurseira, notei que não estava presente a família Covas. (Já conto por que digo isso.) Saí de lá e fui almoçar na casa do Rodrigo com o Rui e os outros filhos do Rui Mesquita,****** que reiteraram o que o Rodrigo já tinha me dito. Foi uma reunião fechada, só familiares, aflitos com a situação, percebem que erraram muito. A empresa ficou familiar, fizeram grandes investimentos, têm o maior jornal do Brasil, o melhor jornal do Brasil, são gente séria. E gente relativamente pobre do ponto de vista individual. Têm uma empresa de onde tiram o deles, mas não é gente de exibicionismo, pelo contrário. É gente de moral republicana.

Farei o que for possível, porque acho que vale a pena ajudar o *Estadão*, que é um patrimônio nacional. Claro, dentro das regras, não posso fugir das regras. Nem é necessário, mas acho que podemos encontrar caminhos de financiamento para eles. Isso é importante. Embora não seja minha obrigação constitucional, é tam-

* Miguel Pinto Guimarães.

** Membro do conselho de administração de Furnas e ex-presidente da Embratur no governo Sarney.

*** Inauguração do trecho oeste do anel viário entre as rodovias Régis Bittencourt e Raposo Tavares. Na ocasião, o presidente anunciou a liberação de mais R$ 160 milhões do governo federal para a construção dos trechos restantes do Rodoanel.

**** Arnaldo Faria de Sá, que em 1996 propusera um projeto de lei para extinguir a CPMF.

***** O governo estimava perdas de R$ 400 milhões por semana com o atraso no segundo turno da votação da prorrogação da CPMF, cujo prazo legal se esgotara em 17 de março, data-limite para a não interrupção da cobrança a partir de 17 de junho.

****** Ruy Mesquita Filho, Fernão Lara e João Lara Mesquita.

bém meu dever de cidadania manter algumas instituições privadas que têm papel relevante na vida nacional. O almoço foi muito agradável.

De lá fui me encontrar diretamente na base de Cumbica com o Serra, o Zé Aníbal, o Pimenta e o Madeira, para discutir o que fazer com o PFL, porque nesse meio-tempo a Roseana renunciou. Ela renunciou à sua candidatura no dia 13, dia do aniversário do Paulo, eu nem quis vê-la na televisão. O Merval estava muito excitado, pressionou para que eu fosse ver a TV, mas não fui. Eu sabia que Roseana ia jogar a culpa no governo, fazer essa farsa, quando na verdade é um caso de corrupção — não dela, não há nada provado, mas de suspeita de corrupção. E muitas evidências de que houve a comunhão de interesses do governo, da Sudam e de interesses privados. Vão tentar abafar tudo.

Espanta-me que o Jorge Bornhausen esteja convencido de que o Serra está por trás disso e magoado comigo porque eu disse que o Aloysio foi impecável no desempenho de suas funções. Ele acha que o Aloysio participou de uma arapuca para pegar a Roseana. Acha que até os telefones privados dele foram censurados e que nós sabíamos. O que é completamente fora de propósito, um homem do equilíbrio do Jorge Bornhausen! Vê-se por aí até onde leva o poder, ou melhor, a desilusão por não alcançar o poder pela via imaginada. Eu gosto do Jorge, ele é um homem que tem ajudado muito, mas que está tomado por essa visão equivocada.

A Roseana tem que entrar nessa onda e gritar, fazer aquilo que o Sarney já fez: contrabronca preventiva; fazer de conta que há uma perseguição política para esconder uma corrupção real, do Jorginho só, será? Sei lá, enfim, é isso. Estavam preocupados na reunião em Cumbica com o que fazer com PFL. O Serra, muito pragmático como é, ele não é estratégico, é prático, já quer amarrar alianças em estados específicos. E fica em cima disso, e talvez tenha razão neste momento, talvez seja o mais eficaz que se possa fazer. Hoje, ao ler o jornal, vi detalhes da nossa conversa no *Estadão*, que foi o único jornal que li até agora de manhã.

Voltamos ontem para Brasília, cheguei muitíssimo cansado, mas dormi razoavelmente bem. E amanhã o dia está folgado. Se puder ainda vou nadar um pouco, depois de terminar estas anotações e de ter arrumado meus papéis.

Diga-se de passagem que ontem falei com o Chávez, presidente da Venezuela, o felicitei pela volta ao governo e ponderei que agora seria preciso generosidade. Dei o exemplo do Juscelino, falei de equilíbrio, diálogo, essa coisa toda. Ele disse que assim fará, mas acho difícil, porque é muito impulsivo. Não que seja por má motivação, mas, como já registrei, ele é um castrista inconsciente, pensa que é de esquerda, mas os métodos dele são de democracia direta.

Além do Hugo Chávez, enquanto estava na casa do Rodrigo [Mesquita] falei com o Jorge Quiroga, presidente da Bolívia. Esse é bom, conversamos na mesma direção. E logo que cheguei a Brasília, ontem à noite, falei longamente com o Ricardo Lagos, ele e eu temos uma imensa coincidência de visão. Passamos em revista tudo. Estados Unidos, México, Monterrey, o que aconteceu na Venezuela, o que está acontecendo na Argentina. Depois minha conclusão pessimista. Lucidez em política não ajuda. Perceber o que vai acontecer e não ter condições de impedir aumenta o sofrimento. Até brinquei com Lagos, dizendo que o problema todo é que esse pessoal — me referi ao Chávez — se esqueceu de um conceito dos antigos sobre correlação de forças. Agora a correlação é desfavorável, não adianta só a opinião pública americana eventualmente terá capacidade para remover os obstáculos para termos um mundo melhor.

A força americana é tanta que só a opinião pública deles próprios, percebendo o desastre da política desenhada para o mundo pelo Bush, poderá eventualmente mudar esse rumo. Mas quando? Desprestígio do presidente, quando terminarem esses terrorismos e guerras, se é que terminam, novas eleições, incidentes que não se pode prever e assim por diante. Nem a Europa tem condições de se contrapor ao predomínio americano. Daqui a trinta anos a China terá. Até lá veremos como defender nossos interesses sem fazer bazófia, sem uma retórica que leve apenas à excitação e ao prejuízo. Então, a ideia de correlação de forças do velho Marx, não do velho Marx, mas de toda gente que entende as coisas, tem que ser levada muito mais a sério, mais do que foi até agora.

Acrescento: o Pimenta me disse no avião, nos minutos que conversamos antes de aterrissar em Brasília, que eu precisava dar um jeito, que o Jorge está magoado comigo. Ele está também preocupado com o Tasso. Disse que o Tasso está longínquo mesmo dele, Pimenta. Então telefonei ontem para o Tasso e o convidei para que viesse a São Paulo. Hoje há uma Fundação Mário Covas, eu nem sabia que existia, pois nem me convidaram, também a família Covas disse que está magoada comigo porque eu, depois do enterro do Covas, não fiz nenhuma homenagem a ele. Não é verdade, fiz aqui em Brasília, na Associação de Municípios. Não fui ao porto de Pecém* porque o Tasso não me convidou, não foi por outra razão; enfim, o presidente pode levar uma vida toda prestando homenagens. Com o Sérgio Motta foi a mesma coisa, são pessoas que eu quero bem, ou que queria, foram meus amigos, mas não posso levar a vida prestando homenagens. Não tenho tempo material nem possibilidade de deslocamento. Mas isso passa.

Voltando ao Tasso, telefonei para ele, e o Tasso ficou contente, tão contente que telefonou para o Byron [Queirós], o Byron falou com o Paulo Henrique, que falou comigo, e eu falei com o Pimenta. Finalmente o Tasso talvez venha almoçar ou jantar aqui antes de quarta-feira, depois viajará para Europa, eu achei boa a vinda. Gosto do Tasso, registrei isso mais de uma vez. O Pimenta me disse: "Você diz que ele não tem razão de estar magoado, mas tem, porque ele foi preterido na escolha do sucessor". É verdade, mas não preterido por mim. Foi preterido pela força dos

* O terminal começou a operar em 28 de março de 2002, numa solenidade que teve a presença de José Serra, além dos ministros Martus Tavares e Alderico Jefferson. Na ocasião também foi inaugurado um busto do ex-governador Mário Covas.

fatos, de novo a famosa correlação de forças. E as pessoas não gostam, preferem se ater a uma análise subjetiva do que à objetiva, dos processos reais. É assim na economia, é assim na política, é assim em tudo.

HOJE É QUARTA-FEIRA, 17 DE ABRIL, são duas da tarde. Na segunda-feira, assinatura de uma lei sobre licença-maternidade, sobre salário-maternidade.* Isso é bom. Depois recebi o Pratini, coisas normais, e recebi a comitiva do chamado Grande Oriente do Brasil. Eles colaboram no combate às drogas. Nada mais de muito especial, salvo a expectativa do que iria acontecer no decorrer desta semana. Aliás, até fui deitar mais ou menos cedo na segunda-feira, não obstante dormi mal.

Na terça de manhã levantei muito cansado, fiz meus exercícios, terça é dia deles. E tive um dia relativamente pesado. Recebi o Lúcio Alcântara, que veio dizer que é candidato ao governo do Ceará, coisa já sabida. Mas disse também que o Sérgio Machado, que compete diretamente com ele, ia ser o relator geral do orçamento, o que me parece um despropósito. A primeira pessoa que me disse isso foi o Lúcio. Eu não sabia. Não é possível que o PMDB faça esse tipo de provocação. Mas fazem. Depois dei uma longa entrevista ao *Financial Times*, dois repórteres de muito bom nível, de alta qualidade.

Almocei com a Danielle, para discutir a possibilidade da compra de um andar em São Paulo por um grupo de pessoas, para que depois eu possa fazer uma fundação.** E que eu doaria depois tudo isso à USP. No futuro tenho que ter um local para colocar minhas coisas.

Depois do almoço com a Danielle, ainda recebi, correndo, o pessoal do PMDB. Eles sempre têm alguma conversa, estão sempre aflitos, no caso do PMDB com respeito à Bahia. Se eles vão ou não ter candidato. O PMDB e o PSDB. Se eles vão ou não substituir o pessoal do PFL nos cargos federais. Não é questão de votos, é questão de prestígio, enfim. Conversa conhecida. Eles têm razão, o Antônio Carlos continua dominando todas as áreas federais da Bahia, através de seus deputados, e ainda tem o desplante de dizer outro dia na televisão que são todos técnicos.

Em seguida o expediente: recebi o pessoal da ABCZ, o [João Machado] Prata é um dos diretores da ABCZ, e veio com o Pimenta, com o prefeito de Uberaba,*** gente boa. Depois recebi o Ricardo Malfitano, da White Martins, com o CEO mundial da White Martins,**** para comemorar, porque eles estão se expandido fortemente no Brasil.

* A lei nº 10421 estendeu a mães adotivas de crianças de até oito anos os benefícios da licença e do salário-maternidade.

** A Fundação FHC, inicialmente Instituto FHC, se instalou em 2004 num prédio na rua Formosa, centro de São Paulo, antiga sede do Automóvel Clube paulistano.

*** Marcos Cordeiro (PFL).

**** Dennis Reilley, CEO da Praxair, da qual a White Martins é subsidiária.

Recebi o Flamarion [Francisco Flamarion Portela], que é o governador do estado de Roraima,* com a bancada de Roraima. Aí se vê claramente o que é partido no Brasil, lá tinha de tudo, menos... alguém da chamada base. E todos apoiam o governo, todos os deputados. PFL, PPB, os do PPB são da base, o do PL estava lá numa boa, aquela coisa.

Jantei com o Tasso e com o Pimenta. De fato, o Tasso estava melhor, mas ele não vai mudar de ponto de vista, vai fazer uma aliança com Ciro no Ceará, disse claramente a mim e ao Pimenta que ele não vai mais se prejudicar pelos outros. Os outros é o Serra. No Ceará, se o Serra quiser ter algum voto, não virá de um esforço maior do Tasso. Contou que tem tido conversas com Jorge Bornhausen, que tem adiantado a ele, como parece que também ao Pimenta, que está se preparando para apoiar o Ciro.

Eu perguntei: "Não acha isso um disparate? O Ciro e o PFL?".

"Ah, todo mundo está fazendo disparates, o Lula com o PL, o PSDB também."

Eu disse: "O PSDB não, o PSDB desde o início se propôs ser a favor de uma coligação, nunca disse que não era possível coligar com eles dizendo que eram canalhas. Ao contrário, embora alguns sejam, dizemos que para governar é preciso haver coligação. Mas que não é incoerência nossa; a incoerência é dos outros".

Tasso está embarcado numa atitude de reserva por causa do Serra. Depois de jantar, abriu o coração, realmente cheio de dúvidas, tem a questão dos grampos em cima dele, grampo em cima do Jorge. Eu disse: "Mas você acredita que o Serra ia fazer isso, Tasso? Eu também fui grampeado e nunca acusei ninguém, isso quem faz é a canalha que existe em toda parte. Dossiê... eu estou cheio de dossiês contra mim. Isso é da canalha, não é uma decisão política, não vamos confundir alhos com bugalhos". Mas é inútil, no fundo ele está com pé atrás.

Diga-se de passagem que o Serra não ajuda a desfazer esse ambiente em que ele é acusado de ser capaz de fazer grampos, para dar um exemplo. Pensam que ele é capaz de conspirações, há sempre um pouco, mal comparando, de "síndrome de Eduardo Jorge", que não fazia nada e tudo era atribuído a ele.

A Lídice esteve comigo, fiquei penalizado, porque falou do filho,** do Eduardo e dela. O menino está sofrendo muito com as injustiças contra a família, e as acusações são irresponsáveis, nada comprovadas, só insinuações. E boa parte disso é por causa do jeitão do Eduardo, de "Interpol", como é o apelido dele. É tudo secreto. O Serra tem um pouco de Interpol, não tanto quanto o Eduardo Jorge, mas tem um pouco do estilo, de que é capaz de se informar demais, é capaz de ter informantes demais. É capaz de ter jornalistas demais, tudo isso cria a aura de que o Serra é capaz de... Embora não tenha feito nada. Estou convencido de que não fez. Não faria, mas a percepção é essa, e a do Tasso é essa. Vou até comentar com Pimenta, pois eu

* Pelo PPB.

** Eduardo Jorge Filho.

acho que o Tasso nesse caso pensa assim. Vamos manter boas relações, ele não vai romper, mas não vai apoiar o Serra.

Hoje de manhã já foi um pouco mais calmo não só porque dormi melhor, mas também porque houve menos pressão aqui. Recebi o pastor Manoel Ferreira, da igreja Assembleia de Deus, que quer se candidatar pelo Rio de Janeiro.

Recebi o Daniel Dantas para discutir questões sobre o Opportunity relacionadas com o jornal *O Estado de S. Paulo*. Eu queria saber. E sobre a BCP. Ele acha também que a BellSouth vai comprar a parte do Safra, portanto que o *Estadão* vai ficar de fora. Quanto à *Gazeta Mercantil*, acha que é cedo, e não sei o quê. As percepções são diferentes, enquanto a família Mesquita está aflita para resolver a questão, notei o Daniel frio, embora disposto a ajudar. Reitero o que eu disse sobre ele ao Rui Mesquita. É um homem inteligente, nunca vi uma safadeza que tivesse feito, mas trabalha no limite da audácia. E eu disse isso a ele: "Essa é a minha opinião, a opinião que transmiti aos Mesquita a seu respeito". E é assim, ele é muito inteligente, sabe explicar as coisas, sabe das coisas, e tudo mais. Deu-me uma longa explicação sobre como vê o sistema da telefonia.

Estourou nos jornais hoje uma briga estúpida: o rapaz que assumiu o lugar do Guerreiro* é inexperiente, se meteu a criticar a Câmara de Política Econômica do governo junto a vários ministros. Porque discutiram um texto que, finalmente se soube, tinha sido enviado à Câmara pela própria BCP, na presença do Guerreiro, que é da Anatel, como se fosse proibido ao governo discutir os rumos da telefonia no Brasil.** Era só o que faltava. Aí já é levar além do limite a noção de regulação; eles são reguladores, não definidores de política. Foi o que aconteceu esta manhã.

No mais, só rotina. Recebi o pessoal da Paraíba, veio o Maranhão e o novo governador, cujo nome eu não sei, mais a bancada toda, o Ney Suassuna, e se repete a cena do governador de Roraima. Toda a bancada apoia governo, importa pouco para eles se o PFL está para lá ou se está para cá, os pefelistas também apoiam o governo local, ao menos os que estavam lá com o Maranhão e com o Ney Suassuna. Eu estou fazendo um pouco de hora, espero que a tarde não seja muito agitada. Pela programação, vou receber um senhor do Lions Club, e vou receber o ministro dos Transportes para despacho. Além do John Prescott, que é o vice-primeiro-ministro do Reino Unido, e estará acompanhado pelo Celso Lafer. Geralmente esse tipo de conversa é muito formal. O governador da Paraíba se chama Roberto Paulino,*** lembrei, é o vice-governador que está no exercício. Tomara que o dia seja calmo.

Falei agora de manhã com vários líderes, falei com Madeira, com Geddel e com o Ramez Tebet, tudo em função do que está acontecendo no Congresso. O Congres-

* Antônio Carlos Valente, vice-presidente da Anatel, no exercício da presidência.

** O documento afirmava que a situação financeira das operadoras de telefonia requeria flexibilização de metas de cobertura e mais aumentos tarifários.

*** PMDB.

so aprovou várias medidas provisórias, desanuviando a pauta para poder aprovar a CPMF. Ontem o Malan embarcou para os Estados Unidos e, antes de embarcar, me telefonou aflitíssimo, em primeiro lugar porque anunciou um aumento de IOF.* Todo mundo reagiu, é claro, ninguém gosta de aumento de imposto. Reclamou, porque o Arthur Virgílio fez uma declaração um pouco desabusada, pedindo desculpas pela falta de educação do Malan. Que falta de educação nenhuma! Ele simplesmente avisou que terá que resguardar as finanças públicas.

Também falei com o Madeira e com Pedro Parente, porque o Malan está preocupado com as negociações em curso para aprovação de uma MP relativa à dívida agrária.** Os agraristas, tantos ricos quanto, agora, os das unidades familiares de produção, negociam com o governo e chegam a um entendimento, depois "vão para a cama", voltam à negociação e querem mais. De fato é uma desonestidade permanente, do ponto de vista político. A vontade de não pagar o erário é generalizada.

* Para compensar parte das perdas de receita com o atraso na aprovação da CPMF, o ministro da Fazenda anunciou que o IOF aumentaria temporariamente a partir de junho, sem especificar as novas alíquotas, e expôs a intenção de elevar outros tributos. Em 1999, quando a emenda que prorrogou a CPMF também teve sua tramitação atrasada, o governo adotou o mesmo procedimento.

** MP 9/2001.

19 DE ABRIL A 1º DE MAIO DE 2002

Cansaço do governo. Mais tensão na Argentina.
A Câmara prorroga a CPMF. Gênese da Fundação FHC

Hoje é sexta-feira, dia 19, três da tarde. Na quarta-feira, recebi o John Prescott, foi muito agradável, ele quer propor um acordo de cooperação do Tony Blair comigo para a conferência de Johannesburgo. Depois recebi o pessoal do Lions Club e nada mais.

Ontem, quinta-feira, já foi um dia mais agitado. Recebi o Aécio de manhã, que veio não só para agradecer como para dizer o que fez; e eu agradeci o que ele fez: aprovaram todas as medidas provisórias que estavam impedindo o avanço da pauta. Veio também para conversar sobre Minas. Ele se dispõe a ser governador, mas quer meu apoio. O meu apoio quer dizer que a área financeira prepare a possibilidade de ele ter um governo razoável no ano seguinte, em 2003. E os acertos que precisam ser feitos, que comecem a ser feitos desde agora com Itamar, mas que sejam concretizados no governo dele. É razoável, porque senão vai se eleger para quê? Para fazer um mau governo, não vale a pena. Falou também sobre o Serra, disse que havia uma onda muito grande, no dia anterior, quarta-feira, a favor dele, Aécio, feita pelos deputados. Que ele não está apoiando isso. Na verdade deve ter ficado contente. Dizendo, contudo, que era necessário cerrar fileiras com o Serra.

Depois recebi o Sérgio Machado e o Juraci Magalhães, prefeito de Fortaleza, para falar sobre as questões de enchente* e também de apoio ao Serra. Recebi o Esperidião Amin com a sua bancada. Assinei a lei de futebol, do desporto em geral,** o que foi muito interessante, tanto que contou com uma grande presença de convidados. Recebi o Arnaldo Madeira com o Rodrigo Maia, filho do Cesar Maia. Veio me dizer que ele, Rodrigo Maia, está com o Serra. Acha que o projeto deles [PFL] com a Roseana era correto, mas que não funcionou. Ele já disse ao pai que eles têm que apoiar o Serra, disse que o pai até agora falou contra a candidatura do Serra, mas nunca em termos pessoais, falando mal do candidato. Dando a entender que há caminho.

O Esperidião Amin e o Olívio Dutra vieram falar sobre a estiagem no Rio Grande do Sul [e Santa Catarina]. As providências normais. O Olívio pediu para ficar comigo um pouco mais e disse que queria que intercedêssemos junto aos israelenses, porque ele tem um representante do MST junto ao Arafat,*** que está lá até

* No começo de abril, mais de 20 mil pessoas foram desabrigadas pela chuva na região metropolitana de Fortaleza.

** Decreto nº 4201, que alterou a lei nº 9615, de 24 de março de 1998, a Lei Pelé, para regulamentar o funcionamento do Conselho Nacional do Esporte.

*** Em 31 de março, Mario Lill, membro da diretoria do MST, entrou no palácio sitiado da Autoridade

hoje, e o Olívio tem medo que ele passe vexames. Me disse de raspão que há cerca de quinhentos gaúchos lá, e eu: "Meu Deus! Por que tanto gaúcho lá? O que estão fazendo? Vocês são estranhos mesmo". E fiquei com a pulga atrás da orelha, se for verdade é meio perigoso. Nos campos palestinos foram treinados muitos guerrilheiros pelo mundo afora, e terroristas. Isso me deixa assustado.

Recebi depois o presidente da Toyota do Brasil,* ele veio me dizer o que estão fazendo na produção local, falou da competição global e disse que estão treinando gente nossa, fornecedores de peças.

Estive com o pessoal da Câmara Brasileira do Livro, depois participei de uma longa conversa com o Arturo Valenzuela, que foi assessor do Clinton para a América Latina, ele também foi do Departamento de Estado e, antes, da Casa Branca. Está horrorizado com o que vem acontecendo com o governo Bush nos Estados Unidos e com tudo que nós sabemos. Conversou também sobre a possibilidade de eu trabalhar na Georgetown University, porque ele sabe que Harvard me ofereceu um posto. Não fechei portas, vamos ver o que acontece.

Jantei com o Serra e lhe disse com franqueza que eu tinha falado com muita gente do PMDB, Geddel, Michel, Renan, e que todos estavam com a impressão de que ele, Serra, quer impor o candidato a vice. E de fato quer: em primeiro lugar, o Pedro Simon, em segundo a Rita Camata. São os que ele mais quer, e aceita o Jungmann. Acontece que esses três não são considerados pelo PMDB como propriamente representantes da ala que domina o partido. Eu disse a ele que é preciso haver uma aliança real dele com o PMDB, não adianta simplesmente indicar alguém e fazer uma manobra. Ganha a manobra, mas perde o apoio político. Não sei até que ponto ele se convenceu, mas pelo menos dei o pontapé inicial para ele ter uma atitude mais compreensiva do que significa essa aliança.

Hoje, sexta-feira, dia 19, o mais quente foi uma questão que começou ontem. Anteontem, o Pedro Parente tinha me telefonado para dizer que havia uma crítica pública do [Antônio Carlos] Valente, diretor [presidente] em exercício da Anatel, pelo fato de a Câmara de Política Econômica haver analisado um documento que seria de uma empresa, a BCP, e o pessoal do Valente considerou que isso é um lobby da BCP e não sei o quê. Pedro Parente ficou indignado, como é que alguém o acusa publicamente de lobby? Fez uma nota desmentindo, propondo uma intervenção da Comissão de Ética. Crise geral na Anatel. Hoje a *Folha* disse que eu disse que ir à Comissão de Ética é um exagero. Resultado, crise geral no Pedro Parente. Mais tarde, Armínio Fraga, que está nos Estados Unidos, me telefonou. Eu não disse isso a ninguém, até repassei as gravações para ver com quem estive ontem, e não disse

---

Palestina em Ramallah para prestar solidariedade ao líder palestino e ficou retido no prédio ao lado de dezenas de ativistas estrangeiros. O sem-terra gaúcho foi liberado pelas autoridades israelenses em 23 de abril.

* Hiroyuki Okabe.

nada disso a ninguém. No fim da noite de hoje, o Armínio Fraga me disse que um assessor do Banco Central parece que ouviu da Ana Tavares algo semelhante. Pode ser que a Ana — ela estava muito exaltada — pensasse isso, e eles devem ter interpretado que ela repetia meu pensamento. É interpretação indevida, naturalmente.

O fato é que a *Folha* disse que pelo menos um dos interlocutores do presidente ouviu dele a frase de que eu não estava de acordo. Isso já produziu uma crise, o Pedro Parente quer pedir demissão, aquela confusão. Mandei o porta-voz dizer que não dei declaração alguma a esse respeito. Já soube que o Pedro Parente achou pouco. Aí já é demais. Eu sou o presidente da República, ficar entrando nesses bate-bocas... O Pedro está cansado, trabalhou muito, é um homem de grande valor. Digo que está cansado porque não tem cabimento imaginar que eu esteja tirando o poder dele por achar que eu disse não sei o quê. Ele sabe que a imprensa faz isso o tempo todo — e não só a imprensa, interlocutores meus também fazem. O tempo todo. Não há como segurar isso. Passei hoje o dia em função desse assunto.

Recebi a Alejandra Herrera, ela está aqui, veio para uma festa do Guerreiro, e também exaltada. Na Anatel eles acham que há uma conspiração para destruir a Anatel e que a entrada, na questão dos celulares, desse rapaz novo, Schymura, é para atender o Safra, que vai financiar a campanha do Serra... Ela mesma sabe que é fantasmagoria pura. Mas veja o clima que se cria. Chamei de novo o Silvano para dizer: "Olha, Silvano, a briga do Mendonça com Ricardo Sérgio começou assim. Acabou, mas eles se demitiram e Ricardo Sérgio está acusado pela imprensa até hoje, com pauleira em cima dele a toda hora, sem prova alguma. Então ou eles põem água fria na fervura, ou vai dar besteira, não dá para entrar nessas bravatas faltando sete meses para o fim do governo, e com eleições pela frente. Vamos botar água fria na fervura". Segurei o pessoal da Anatel, mas também o Pedro Parente não pode querer exagerar. Na Anatel o Valente já recuou — parece que nem chegou a avançar. Tenho boas informações sobre o Valente, as melhores, na verdade. Tempestade em copo d'água, também foi assim no caso da Roseana, e vejam no que deu. Uma preocupação adicional.

Fora isso, o dia foi dedicado a atividades militares.

Hoje é Dia do Exército, fui à parada de manhã, distribuímos medalhas. À tarde discurso, promoção de generais. Ruth chegou cansada dos Estados Unidos, mas foi à reunião dos generais. Agora estou respondendo telefonemas, como faço no final do dia, cansado. São quase oito da noite, oito e meia.

HOJE É SÁBADO, DIA 20 DE ABRIL. Quero registrar mais algumas coisas relativas ao dia de ontem, e também sobre o dia de hoje. Pela primeira vez registro, com certa reiteração, que estou cansado. De fato, já entrando no oitavo ano de governo, começo a sentir certo desgaste. Não é físico, embora também seja um pouco. Estou bem fisicamente, mas sinto certo enjoo, repetem-se as coisas. Já é menor a graça do exercício do governo, o encanto. Quando cada um se aproxima de mim, penso saber o que quer, já sei o que pode e o que não pode. Enfim, a surpresa diminuiu, e quando diminui a surpresa o interesse também diminui. Por isso acho que uma reeleição é o limite. Talvez o melhor fosse uma eleição com mandato de seis anos. Mas, se um presidente atuar mal, seis anos seriam demais. Enfim, vira e mexe chegamos à fórmula americana, quatro mais quatro.

Devo dizer que o cansaço dos nossos ministros também existe em mim. Ministro eu posso mudar, alguns eu não mudei. Não mudei o Weffort, ele perdeu algo do elã. Ontem conversei com Ottaviano de Fiore por causa dos livros das bibliotecas, ainda não estão pagando os editores que venderam os livros, confusões de planejamento da Fazenda. Mas o mais importante é que eu noto que o Weffort está no paraíso, está flutuando. Eu deveria ter mudado o Weffort há mais tempo. Não sei se ainda vale a pena. Para falar a verdade, não é o Weffort; o cansaço alcança a todos. No Paulo Renato se vê a diminuição do elã. Não só porque não foi candidato, mas também porque são muitos anos de administração. O Malan não, o Malan é ostra de rocha, ele continua sua batida com muita tranquilidade, com muito trabalho, muita firmeza. Os mesmos hábitos, me escreve duas, três notas por dia, me telefona infinitas vezes.

No geral, eu diria que há uma fadiga, e essa fadiga é claro que passa para o país. Para o povo. Esse é o maior risco para a eleição de um candidato do governo depois de oito anos. Passa certa fadiga, e o Serra participou deste governo. Não o tempo todo, mas quase o tempo todo. O Serra resolveu, como ele mesmo me disse na noite que jantou aqui, que precisa se distinguir de mim por causa do fenômeno Pitta e Maluf. Eu até concordo; agora eu não sei qual o caminho que ele vai tomar. Ontem atacou a Sudam, disse que ele não teria terminado a Sudam, faria de outro modo. O modo que ele faria foi o que nós fizemos. Ele apenas não sabe o que fizemos. Mas, enfim, isso é para ganhar apoio do Nordeste. Tenho medo somente que o Serra, ao querer se distanciar, crie confusões políticas. Acho que a questão é outra, não é se diferenciar em conteúdo, na crítica ao que foi feito, é no estilo. Ele tem que ter um estilo próprio, e esse estilo próprio tem que passar para a população.

Ontem eu vi um programa do Luís Roberto [Cardoso de Oliveira], meu sobrinho, com o Paulo Kramer,* na GloboNews, e é curioso... Eles são jovens, não têm muita experiência de política, mas estavam falando sobre política. Falando como doutos. Falaram com pertinência, um deles disse que na eleição brasileira a mensagem, o recado, conta muito. É verdade. Quer dizer, o modo como se dá o recado. Se deixar o Lula aparecer com um recado — diante do recado que dei esses anos todos — que seja diferente deste, é um perigo. É isso que o Serra tem que fazer: dar um recado diferente, mas próprio dele, sem se preocupar muito em dizer qual é a diferença. O povo percebe, não precisa agravar politicamente, ferindo suscetibili-

* Professor de ciência política da UnB.

dades. Não minhas, que não as tenho nesse nível, mas de uns e de outros. Isso não muda o estilo, é o estilo próprio da oposição. Tem que ser um estilo dele, que não é oposição, mas precisa mostrar a diferença. É isso. Acho que ele está certo. Enfim, estas são considerações vagas.

Hoje li no jornal o tal desmentido, ou melhor, a nota dizendo que não dei declaração nenhuma sobre a questão da Anatel, como não dei. Tentei acalmar o Pedro Parente. Espero que a nota não desanime o pessoal da Anatel, na verdade vamos ter mesmo que jogar água fria nessa ferida. Aliás, o jornal diz isso. Dizem tudo, eu não sei como os pensamentos da gente passam. Passam através de terceiros, como já disse tantas vezes, muitas vezes erradamente, mas a imprensa sempre passa algo do que se pensa.

Só tenho a reprodução oficial das entrevistas que dei ao *Financial Times*, saíram bem, nada de muito escandaloso, coisas objetivas. Certa dúvida sobre a candidatura Lula. Falando em candidatura Lula, vou tentar conversar com o José Dirceu, porque acho que a situação brasileira está ficando de tal natureza que vamos precisar de certo entendimento para o futuro. Ganhe o Serra ou ganhe o Lula, não dá para governar como eu governei, tendo uma maioria imensa, cobrando alto em bobagens com repercussão na imprensa, como se fosse fisiologia e não sei o quê. E a oposição de esquerda votando contra, junto com tudo que é atrasado, conservador, para ser contra o governo. Acho que deveríamos fazer um entendimento de que, ganhe um ou ganhe outro, é preciso ter noção do que é o Brasil, e isso o PT não tem. Não tem noção de como é o mundo, não vão poder governar com as ideias que têm. Estão indo pelo pior caminho, se aliando com o PL. Daqui a pouco estão com o Quércia, quer dizer, com a canalha que existe na política brasileira. Isso não dá certo, desmoraliza o PT.

No nosso caso, eu tinha uma base grande de centro mesmo. E meu pensamento é de centro-esquerda, nas condições brasileiras. Então vários partidos, e mesmo gente canalha, se juntaram para formar uma "base". Não me refiro ao coração do PFL, composto de gente como o Jorge, o Marco, que são corretos; eu me refiro aos bagrinhos de todos os partidos, inclusive do meu. E também vai haver quem cobre se o PT ganhar, e essa gente cobra um preço alto em termos de atraso. Mesmo os interesses organizados, como a bancada ruralista; agora os pequenos agricultores viraram iguais aos ruralistas.

Ninguém está pensando no povo em sentido genérico. Está pensando nos interesses específicos de um grupinho. Como o grupinho de assentados. E de repente acham mais justo não pagar as contas atrasadas. Enfim, é preciso ter outra mentalidade. Eu não sei se o José Dirceu tem capacidade para entender isso. Quando eu era ministro da Fazenda, ele me procurou uma vez, em um café da manhã, disse que ele achava que devia haver uma aliança dos honestos. Eu não me esqueci disso. Depois tentei fazer alianças com ele para apoiar o Plano Real, e não deu certo. O Lula tinha ambições de ser presidente e o PT achou que era melhor fazer demagogia do que seguir pelo caminho da seriedade. Quem sabe agora seja possível retomar esse caminho. É uma ideia que pode ser maluca, mas acho que é minha responsabilidade, de tantos anos de vida pública e de vida acadêmica, tentar. E vou tentar.

Um adicionamento: acabei de falar com o Sérgio Amaral por telefone, ele preocupado porque o Banco Central não resolve o negócio do CCR para a Argentina. A Fazenda não deixa haver uma solução mais ágil na substituição de importações na área de computação e também na de eletroeletrônicos. Enfim, os problemas de sempre, da visão financeira da Fazenda e do Banco Central, e da visão desenvolvimentista — nem desenvolvimentista, mas da economia de produção dos outros setores. Tenho sempre que fazer a mediação. Acho que a Fazenda está passando do limite ao sufocar as tentativas de dar um tempo maior na relação do Brasil com a Argentina. E também o Banco Central e mesmo a Receita fazem o mesmo no que se refere aos tributos para transferência para o Brasil de empresas do setor eletroeletrônico e do setor de computação.

São quase seis horas da tarde e acabei de ler um e-mail que a Ruth recebeu do Heinz [Sonntag],* nosso velho amigo alemão, que na verdade é venezuelano. Ele está reclamando do Chávez, mostrando que o Chávez é uma pessoa com impulsos fascistas. Eu sempre disse que ele é um fascista inconsciente. É fascista, mas não sabe, pensa que é de esquerda. Quer o bem do povo, mas quer democracia direta, ou seja, a vontade dele. Manipulando a televisão. É um problema complicado. Por outro lado, os americanos enfiam os pés pelas mãos. Dessa vez acho que não, eles não se meteram. Não tanto quanto estão dizendo agora, mas na reação ao golpe, disse o próprio Heinz. O erro não foi, depois de muita pressão, o Chávez ter renunciado. O erro foi a sociedade venezuelana não ter tido a capacidade de fazer uma substituição decente; fizeram uma coisa inaceitável. Se ele tivesse renunciado e a Assembleia elegesse alguém, como foi feito em outros países, vá lá, mas um golpe militar não dá mesmo.

HOJE É DOMINGO, DIA 21 DE ABRIL. É aniversário da cidade, dia de Tiradentes, Inconfidência. Passei o dia arrumando papéis, lendo. Telefonemas, o Pedro Malan e o Armínio em conferência conjunta de Washington por causa da Argentina. Eles consideram a situação desesperadora. Impressão não só do Fundo Monetário, como do G7. Apenas o ministro da [Economia da] Espanha** tem uma atitude mais aberta. Todos cobram da Argentina a falta de um programa, a falta de capacidade política de governar. Eu perguntei a eles se essa gente sabe o que pode acontecer na Argentina. Eles sabem, acham que vai acontecer e estão esperando que aconteça. Mas, antes disso, veem que o governo não tem como se mover. Pedro Malan ficou

* Professor de sociologia da Universidad Central de Venezuela.

** Rodrigo Rato.

de voltar a falar comigo, porque ele ia ter novas conversas, ia almoçar com Iglesias, com o [Jorge] Remes Lenicov, ministro da Fazenda da Argentina, ia ver o Köhler, e me avisaria depois, para ver se compensava ou não eu falar com o Duhalde.

Também o Rubens Barbosa me telefonou, visão muito pessimista sobre o que está acontecendo nos Estados Unidos. E propostas do que fazer com o Mercosul, pois as coisas estão se complicando crescentemente. Quando se veem os relatórios — eu li muitos telegramas do Itamaraty —, vê-se que o governo Bush deu uma guinada forte, não apenas quanto ao Bustani, mas em geral, na questão de armas químicas; em toda a parte eles estão fazendo isso. Tiraram o representante deles na questão climática.* Mexeram com os suecos no controle das armas químicas do Iraque.** Enfim, estão enrijecendo a política no mundo todo, isso é mais do que perceptível. Quem imagina que o governo Bush vai ficar simplesmente na palavra está enganado. Eles vão colocar em prática uma linha muito diferente daquela a que estávamos acostumados. Acho que isso foi o que aconteceu de mais relevante.

Estou esperando o Pimenta neste domingo, para conversar sobre o fronte político, para além do que se lê nos jornais. É só lero-lero sobre alianças, não alianças, "desalianças", e nada mais.

HOJE É SEGUNDA-FEIRA, 22 DE ABRIL, data a descoberta do Brasil, são três e meia da tarde.

Ontem, como disse, recebi o Pimenta, na conversa com ele o mais importante foi a definição sobre o vice do PMDB. Reafirmei meu ponto de vista. A coligação é para fazer um acordo político com o partido e não para ter votos, ela não é eleitoral. O momento é político. O vice não dá votos, o vice pode tirar votos ou pode ajudar a fazer uma boa aliança. Acho que o PMDB deve dar ao Serra uma lista de três ou quatro pessoas, e ele escolhe um desses, e não o contrário, o Serra indicar ao PMDB. Pimenta concorda comigo. Conversamos sobre o PFL, ele acha que é preciso ir devagar, mas que na verdade o PFL não vai escolher outro candidato, com exceção de Bahia e Maranhão. E eu não sei como fica Santa Catarina. O PFL dos outros estados vai aderir ao Serra. Pode ser.

Falei com o Ricardo Lagos por telefone, para confirmar a conversa que tive com o Malan. O Malan me telefonou de novo no fim da tarde, o Fundo Monetário quer coisas, como todos nós sabemos, que o Duhalde não tem como fazer a curto prazo.

* Em 19 de abril, o inglês Robert Watson, presidente do painel climático da ONU, o IPCC (Intergovernmental Panel on Climate Change), foi destituído numa votação em Genebra por influência norte-americana. O cientista era favorável a limitações mais duras às emissões de gases do efeito estufa, contrárias aos interesses da indústria petrolífera.

** Os EUA criticavam o trabalho do chefe dos inspetores de desarmamento do Iraque a serviço da ONU, o sueco Hans Blix, que contestava a existência de armas de destruição em massa no país de Saddam Hussein, ao contrário das alegações de Washington.

Acordo com as províncias sobre a questão fiscal, derrogação da lei de concordatas e falências, porque ela dá muitas vantagens ao devedor, e não possibilitar que uma lei feita pelo regime autoritário permita a prisão de banqueiros e empresários com base em decisão de juiz de primeira instância, porque isso pode dar margem a perseguições. Tudo fácil de falar e dificílimo de fazer. Conversei com o Ricardo Lagos para saber a opinião dele. A mesma.

É isso mesmo, eles, o FMI, não querem outra coisa. O [Nicolás] Eyzaguirre, que é o ministro do Lagos, informou o Chile na direção do que o Malan informou a mim. Que fazer, que dizer ao Duhalde? Eu disse: "Ricardo, nós não podemos pedir que ele faça o que não pode fazer. De outro lado, sabe-se que o Fundo não vai dar dinheiro à Argentina, se não fizerem o que eles pedem. Vê-se, portanto, um aprofundamento da crise argentina". Tanto eu quanto Ricardo concordamos com a pergunta: será que nós vamos ficar imunes? Porque a situação da Argentina pode piorar muito.

Hoje há num jornal uma declaração de que o FMI vê a Argentina no fundo do poço.* Ora, esses poços não têm fundo, pode-se cair ainda mais, a situação pode piorar muito, uma situação de anomia, um calote mais formal, enfim, alternativas ruins. Essa é a minha preocupação, como a do Ricardo também. Concluímos que eu até telefone eventualmente para o Duhalde, para dar um alô a ele, mas não para transmitir um recado do Fundo Monetário, porque não é preciso, ele sabe. Ele não faz porque não consegue, porque não tem força política, ou talvez não tenha vontade suficiente, não está convencido de que seja o melhor caminho para a Argentina. Ele é o presidente, não eu nem o Ricardo. Vamos pôr as barbas de molho. O Ricardo falou com o Batlle, do Uruguai, que não sabia muito da situação e ia se informar, ia assuntar hoje. Estamos com pouca possibilidade de atuação efetiva no caso.

Recebi o governador de Goiás, o Marconi Perillo, para discutir planos administrativos. Recebi o Bob, da Comunicação, pela mesma razão, e dei uma longa entrevista à revista *Conjuntura Econômica*. Foi boa, vamos ver o que sai, eram dois bons entrevistadores, que não são propriamente jornalistas. São economistas.

Grande surpresa, derrota de Jospin. Ganharam Le Pen e Chirac.** Surpresa geral, o jornal comenta e mostra uma crise que não é só das esquerdas, mas da democracia, na Europa toda há uma ventania de direita, nos Estados Unidos também, então barbas de molho. Se os nossos resolverem em ir na contramão do que está acontecendo no mundo e de modo açodado elegerem o Lula, e mesmo os outros que aí estão, com exceção do Serra, meu Deus. Sei lá o que vai acontecer, se bater de frente com essa corrente, nós perdemos. Nós temos que *capear el temporal*, como

* "Talvez os países da região [América Latina] já tenham passado pela parte mais aguda do temporal", disse o assessor sênior do Departamento Hemisfério Ocidental do Fundo, Thomas Reichmann. ("Argentina já está no fundo do poço, diz FMI", na *Folha* de 22 de abril.)

** Na primeira etapa das presidenciais francesas, em 21 de abril, o candidato da extrema direita bateu o premiê francês por menos de 200 mil votos e conquistou uma vaga no segundo turno.

se diz em espanhol, ou seja, passar à margem da onda, mantendo nossas posições, mas não batendo de frente.

HOJE É TERÇA-FEIRA, DIA 23 DE ABRIL, são nove da noite. Ontem fui ao Planalto para os despachos normais, recebi um pessoal do Festival de Cinema [de Recife]. Também recebi o ministro do Meio Ambiente, José Carlos Carvalho, e à noite tivemos no Alvorada a exibição de um filme chamado *Tainá*.* Com muita gente, muito agradável, veio a Lilibeth Monteiro de Carvalho, ex-mulher do Collor, veio com o primo dela, o nosso Olavo Monteiro de Carvalho, o Olavinho, como é chamado. Veio o dr. [Ivo] Pitanguy, enfim um bando de gente simpática, foi agradável, os diretores do filme, a artista, a menina** é muito boa. Mais nada, saímos do cinema do Alvorada à uma da manhã.

Hoje recebi a embaixadora dos Estados Unidos, ela se chama Donna — o nome aqui no Brasil não vai ficar fácil —, seu sobrenome é Hrinak. Mulher inteligente, ela é simpática, fala bem português. O filho dela*** parece que é brasileiro, nasceu em São Paulo. Quer ver como se mantêm as estratégias do Brasil com os Estados Unidos, agradeceu nosso papel construtivo, disse que os Estados Unidos veem com bons olhos o nosso papel de liderança na América do Sul e que nos Estados Unidos há um grande desconhecimento do Brasil. E disse que infelizmente ficaram um ano**** sem ter um subsecretário de Estado para a América Latina e que isso atrapalhou muito, quase se desculpando das últimas mancadas dos Estados Unidos com relação à América Latina.

Depois falei com Celso Lafer, comentamos o afastamento do Bustani.***** Já era esperado, ele julgou o caso como se fosse um choque do Brasil com os Estados Unidos, mas foi um choque dos Estados Unidos com ele como funcionário (se bem que agiram na linha da direita americana). Ele quis fazer uma política de independência, tendo à frente a Organização para a Proibição de Armas Químicas da ONU. Foi desagradável, e o resultado foi que o Brasil ficou isolado, votamos novamente contra a saída dele, mas a maioria votou a favor. Oito votos contra, quarenta e tantos votos a favor, e quase o mesmo número de abstenções. A pressão americana foi enorme.

Recebi o Rafael de Almeida Magalhães e o Eliezer Batista trazendo os planos deles para a próxima reunião, em Guayaquil, dos presidentes da América do Sul******

* *Tainá, uma aventura na Amazônia*, longa de 2000 dirigido por Tânia Lamarca e Sérgio Bloch.

** Eunice Baía.

*** Wyatt Flores.

**** O antecessor de Otto Reich na função, Peter Romero, deixara o cargo em junho de 2001.

***** Em 22 de abril, numa sessão especial da Opaq em Haia, o diplomata brasileiro foi destituído da chefia da organização por 48 votos contra sete e 43 abstenções.

****** II Reunião de Presidentes da América do Sul, em 26 e 27 de julho de 2002. A primeira edição da cúpula acontecera em Brasília, em agosto de 2000.

sobre a integração física da América do Sul e a integração nela das grandes empresas. Isso para contrabalançar o fato de sermos cada vez mais excêntricos, ou seja, fora do centro. Hoje as questões de segurança estão no centro do mundo e, por sorte, estamos fora delas. Muita gente reclama de o Brasil estar fora do centro, mas bendito seja estarmos fora do centro, porque, se estivéssemos no centro, seria pior, estaríamos nessa confusão que não nos interessa.

Depois assinei contratos de concessão de empresas hidrelétricas.* Recebi o [Erling] Lorentzen;** também o Gros, para discutir com ele e com o nosso Tápias a questão da petroquímica Ipiranga, que os donos*** estão querendo vender provavelmente para a Petrobras. Recebi ainda o embaixador Marcos Azambuja, o Eduardo Santos, a Ana, rotina sobre rotina, mas o dia todo olhando para o que está acontecendo na Argentina. Ganhamos a votação sobre a CPMF; mais uma vez o governo mostrou capacidade de amealhar votos. Ganhamos a votação na Câmara.****

Argentina: depois do que eu já registrei das minhas conversas com Duhalde ontem à noite, hoje se viu o resultado. Eu fiz o contato que o Duhalde queria com os Estados Unidos, para ele ter um canal direto para informar ao Bush. Informar o quê? Eu vi o seguinte, não falei com ele, mas o Lenicov renunciou, todo o gabinete renunciou. E o Duhalde está com a expectativa de um caminho próprio. Na verdade estamos vendo o desenrolar desse drama argentino. O mundo fechou os olhos e, sobretudo, amarrou o bolso, não soltou dinheiro. Não confiam na capacidade do governo da Argentina fazer alguma coisa.

O governo argentino está acossado pela pressão popular e pela pressão das classes médias. E mais: os bancos em cima. Resolveu optar pelas massas e só tem uma solução, eu acho: deixar a inflação comer a dívida interna deles. Eles querem resolver a questão fiscal com a inflação. A inflação vai empobrecer mais ainda todo mundo, mas "resolve" o problema fiscal. Será que o Duhalde vai ter condições de contornar tudo isso e continuar liderando um país nessas condições? Só Deus sabe. Eu não queria estar na pele dele, é muito difícil. Fizemos bem, eu e o Ricardo Lagos, de não tentarmos interferir, não há interferência possível. Está em jogo o destino da Argentina nos próximos anos.

Eu insisto com os brasileiros que é a hora de não só a ajudarmos em geral, mas também dos nossos empresários comprarem na Argentina, vai ser bom negócio. A Argentina é um grande país, e daqui a cinco anos vai estar tudo em pé de novo.

* Na cerimônia, o presidente assinou, entre outros, o contrato de concessão da UHE São Salvador, no rio Tocantins, inaugurada pela Tractebel em 2009.

** Sócio da Aracruz Celulose.

*** Família Gouvêa Vieira.

**** Depois de 35 dias de tramitação paralisada, o governo venceu o segundo turno de votação da PEC 407 por 327 votos contra 117. O texto aprovado fixou a alíquota de 0,38% para a CPMF até 2004, de cuja cobrança permaneceram isentos os investimentos estrangeiros na Bolsa. A PEC foi aprovada pelo Senado no começo de junho.

E não se pode apostar contra um país, temos que ajudar, temos que investir na Argentina. Não sei se vão fazer. Vou receber amanhã o pessoal da Ambev, parece que estão comprando a Quilmes;* também como já registrei, a Petrobras tem interesse em fazer algumas compras lá. Mas todos têm medo, e com razão, porque não sabem o que vai acontecer.

Daqui a pouco vou receber o Michel Temer com o Geddel e com o Renan, para discutir as reivindicações do PMDB e as queixas sobre a questão da vice. Falei com Serra por telefone. O Serra, como é do estilo dele, insiste na Rita para ser a sua vice. O nome é bom, tem boa cara, terá repercussão eleitoral, só que o PMDB não a quer. Como fazer o amálgama político com o PMDB? Estamos entre a cruz e a caldeirinha.

HOJE É QUINTA-FEIRA, DIA 25 DE ABRIL. Na terça-feira, como já disse, recebi as lideranças do PMDB e, como eu previa, eles querem acertar situações regionais e que o vice seja indicado por eles. Indicado quer dizer o Luís Henrique, se for do Sul, ou o Henrique Alves** se for do Nordeste. E querem nomeações também. Sempre querem mostrar que têm prestígio... Isso foi na terça-feira.

Ontem gravei uma mensagem sobre os 60 milhões de livros e a literatura nas escolas.*** Recebi d. Cláudio Hummes, o cardeal de São Paulo, homem que eu admiro. Veio fazer uma proposta: eles querem entrar no treinamento de mão de obra e de bolsas de emprego nas periferias do Brasil. Depois, despachos de rotina com o Pedro Parente e outros mais. Almocei com o Eduardo Jorge, convidei-o para almoçar, para ele se sentir recompensado diante de tanta infâmia contra ele. Diga-se de passagem, falei por telefone com Everardo Maciel, que me disse que na Receita o caso do Eduardo Jorge está encerrado, não há problema algum com ele. E o "caso" Andrea Matarazzo também não tem problema algum. Duas infâmias dos procuradores e da *Folha de S.Paulo*.

Depois do almoço recebi o João Roberto Marinho. Recebi também o José Humberto Pires de Araújo, que é o presidente da Abras, com um grupo de supermercadistas, e o Sérgio Amaral. Nesse setor o que se deu com o Real foi um show. Eles me passaram muitos dados sobre a expansão das lojas, do consumo, dos empregos. Realmente um verdadeiro show.

Em seguida recebi duas boas informações. Uma do Sérgio Barroso, presidente da Cargill, que veio me dizer que eles já estão construindo o terminal fluvial em Santarém. Que eu confiasse; eu lhe disse que vamos fazer a BR-163, que vai de Cuia-

* A empresa brasileira comprou 40% da cervejaria portenha, a qual passou a controlar totalmente em 2006.

** Deputado federal (PMDB-RN).

*** Entre 18 e 25 de abril de 2002, Dia Nacional do Livro Infantil, o programa Literatura em Minha Casa, do governo federal, distribuiu 60 milhões de livros para alunos do ensino público fundamental. O presidente falou ao país em cadeia de rádio e TV para divulgar o programa.

bá a Santarém. Já está feita, o que falta é asfaltar o trecho que vai do Mato Grosso ao Pará, até Rurópolis. Asfaltar este ano não vai dar, mas fazer as pontes acho que dá. Ainda recebi o Roberto Gusmão e o Marcel Telles, junto com o Victorio de Marchi, que é copresidente da Ambev, para me informar que eles vão comprar a Quilmes argentina. Pediram segredo, mas é isso. Fiquei contente porque corresponde ao que eu penso, temos que comprar na Argentina.

Depois duas solenidades, aniversário da Embrapa,* receber medalhas, homenagem, discursos, isso com Pratini e Marco Maciel. Tenho grande admiração pelo que a Embrapa fez pelo Brasil. Voltei ao Alvorada. Vou a São Paulo hoje para ir ao dentista e também porque vou ver com a Ruth as instalações do Automóvel Clube, para ter eventualmente, no futuro, um espaço onde organizar um centro de pesquisa. Não queria barulho, eu não disse a ninguém, mas a Ana descobriu via o pessoal da segurança. Queria mandar os jornalistas junto, para me proteger. Pessoas controladoras quase sempre têm a desculpa que querem proteger aqueles a quem querem controlar. Ana tem muito valor, é uma pessoa que tem tido uma dedicação extraordinária, uma honestidade à prova, mas é muito controladora, me irritei e disse a ela.

Depois falei com o Serra. Eu o tinha recebido de manhã, antes de estar com o d. Cláudio, e depois da gravação recebi o Nizan e a Bia Aydar. O Nizan fez uma análise dramática e talvez até objetiva da falta de estrutura da campanha do Serra, de como ele não tem comportamento de candidato, falou das confusões que o Serra está fazendo entre se diferenciar do governo e criticar o governo, enfim. Tentei retransmitir ao Serra, mas é quase impossível. O Sérgio Amaral tinha estado comigo também e feito críticas na mesma direção. É quase impossível, o Serra não ouve, ele tem as opiniões dele, acha que está tudo errado e o que ele quer é mudar o Banco Central. Diz que há lá um diretor que é um incompetente, no dizer dele. Isso por causa de mudanças na técnica de compensação de cheques. Deve haver algum amigo dele reclamando, ele logo reduz o outro a zero. Está tudo errado, tudo errado no preço do petróleo, meu Deus do céu... Eu não disse nada, me contive, para não dizer: "Espera que você ainda não é o presidente". Estava até de bom humor, mas não adianta, ele tem ideias... O mais significativo da conversa foi a insistência do Serra em tratar os assuntos caso a caso. Eu sempre digo que o Serra é mais prático do que estratégico.

Hoje dia 25, de manhã recebi o Tuma, longamente. Ele quer um acordo em São Paulo, o Tuma é sempre muito ponderado, defende as posições do governo, mesmo tendo do PFL formalmente se afastado. Recebi também o deputado Adauto Pereira, que veio com o líder Madeira. O deputado é outro governista feroz, é da Paraíba e

* Solenidade do 29º aniversário da Embrapa e abertura da exposição Ciência para a Vida, na sede da empresa, em Brasília.

do PFL. Disse que o PFL está cada vez recuando mais, vai na na direção de apoiar o governo e mais tarde o Serra.

Depois longa conversa com o advogado-geral da União, cujo nome mandei hoje para o *Diário Oficial* para ser membro do STF, o Gilmar Mendes. Ele é uma pessoa de grande qualidade intelectual, tem só 46 anos, dá inveja, tem doutorado na Alemanha em direito constitucional. É um homem corajoso, faço essa nomeação com tranquilidade, ele ficará no Supremo Tribunal Federal por muitos e muitos anos, e tem noção das coisas. E veio também o Pedro Parente no finalzinho da audiência.

Agora estou aqui no Alvorada assinando cartas, vou ao Planalto e no final do dia a São Paulo, aonde passarei para encontrar a Ruth na sede do Automóvel Clube. De lá vou para casa jantar com o casal Jovelino Mineiro. Vamos encontrar o Leôncio e a Teca [Maria Tereza Sadek],* e creio que o Giannotti também vai estar.

HOJE É SÁBADO, DIA 27 DE ABRIL, são onze horas da manhã. Na quinta--feira fui a São Paulo, fomos ao Automóvel Clube verificar se o prédio poderá servir no futuro para a fundação ou instituição que estamos pensando em fazer quando eu deixar o governo. As instalações são magníficas, a vista é a clássica de São Paulo, embora a localização não seja boa, é de difícil acesso, não se chega de automóvel. Mesmo assim o preço é muito baixo, o Jovelino acha que dá para levantar recursos, e vamos fazer uma fundação. Quando eu morrer irá tudo para a USP. Assim se tira qualquer dúvida sobre os recursos: irão para instituições públicas.

É muito bom o espaço e a vista é bonita. Vai ficar agradável. Sou o mais resistente dos que têm opinado sobre isso, porque tenho medo de que as pessoas tenham dificuldade para chegar lá. Eu não tinha visto o viaduto [do Chá] depois da reforma do Anhangabaú. Quase briguei com o motorista, imaginei que ainda desse para entrar pelo Anhangabaú na rua Formosa. Mal sabia que agora há uma imensa praça. Isso mostra o quanto estou distanciado de São Paulo. Tantos e tantos anos que vou a São Paulo, vivo lá, mas praticamente na minha casa, e com alguns poucos amigos. Não saio e não vivo realmente São Paulo.

Vai ser um choque, vai ser difícil me acostumar. A poluição é grande, o trânsito é pesado, há muita gente na rua. Estou acostumado com estes ermos de Brasília, com a chamada solidão do Planalto e com estes palácios tão distantes de tudo, embora confortáveis e bonitos. Vou ter que me acostumar, mas sou bastante plástico nessa matéria.

Enquanto eu estava no Automóvel Clube, me telefonou o Duhalde. Para minha surpresa, ele queria saber se eu podia arrumar medicamento de aids para a Argentina, porque eles estão sem. "Eu falarei com o ministro da Saúde e pedirei que ele fale com o seu", eu disse. "Não, não", o Duhalde replicou, "que ele fale comigo."

* Professora de ciência política da USP.

O fato me surpreendeu no meio dessa crise. Não se sabe se a Argentina vai dolarizar a moeda, se faz bandas de flutuação, o que vai fazer, e o presidente da Argentina está acompanhando a falta de remédios de aids. É meritório, mas é desconcertante. Isso foi na quinta-feira. Depois jantamos com os personagens mencionados. Foi tudo muito agradável, uma conversa social.

Ontem, sexta-feira, me ligou o Ricardo Lagos. Reportei minha conversa com o Duhalde, Lagos tem a mesma opinião que eu: já fomos longe demais endossando as coisas da Argentina. Agora temos que ir devagar e ver o que eles vão fazer. O Aznar falou com ele, mas Ricardo não se moveu, para felicitar o Duhalde ou dar apoio ao programa. Não se sabe até onde esse negócio vai.

Voltei para Brasília e despachei com o Pedro Malan, preocupações com a Previ, que indicou o [Andrea] Calabi* para o Conselho de Administração do Banco do Brasil. Isso não é bom, porque o Calabi é muito ligado ao Serra e vão dizer que foi manobra do Serra. E não foi. Foi mesmo o pessoal do banco que indicou. Ponto dois: o Calabi tem uma relação com a telefonia, com o Daniel Dantas e com os italianos [Telecom Italia]. Foi uma má solução. Eu disse isso ao Pedro Malan, que tentou resolver a questão e não conseguiu. Vou tentar ver se o Calabi desiste. O Pedro deixou os funcionários opinando e eu não tenho nenhuma informação política sobre a Previ. Não é para atuarem, mas para impedir que eles atuem, fazendo coisas pró-PT, enquanto nós aqui, tecnocratas... Em matéria [política], a chamada equipe econômica é de uma transigência extraordinária.

Depois disso recebi o Cechin, que veio triste porque na *Época*, sempre a *Época*, o Expedito [Filho], que é esperto (amigo da Ana, nunca me tratou mal) e sabe escrever, quer fazer escândalo com o negócio da Dataprev,** e o Cechin foi apenas presidente do conselho. Mas no Brasil não se sabe que o conselho não tem a ingerência pretendida.

A revista diz que houve superfaturamento há alguns anos. O Cechin é um homem sério. Eu disse a ele: "Fique calmo, vamos ver o que sai na *Época*. A *Época* vai fazer barulho, os jornais vivem de manchete, de escândalo. Mas precisamos ver se cola ou não cola". A família sofre... ele reclamou, claro. É assim mesmo, veja o Eduardo Jorge, toda a família levando pau há anos. Agora mesmo o Everardo me disse que terminaram as investigações na Receita sobre o Eduardo Jorge e o Andrea [Matarazzo], e não há nada errado.

Ser agente público no Brasil hoje é arriscado, porque os procuradores estão na onda da *Mani Pulite**** dos italianos. Eles estão, com razão, querendo esclarecer,

* Ex-presidente do BB e do BNDES (1999-2000).

** O MPF investigava o suposto superfaturamento do aluguel de equipamentos de informática na estatal, fornecidos pela multinacional Unisys. Em 2001, uma auditoria interna verificara sobrepreço de mais de 300%.

*** Deflagrada pela promotoria italiana em 1992, a Operação Mãos Limpas, que inspirou a Lava-Jato, investigou e prendeu centenas de acusados de corrupção e desmantelou o sistema partidário estabelecido na Itália depois da Segunda Guerra Mundial.

o escândalo é grande, mas confundem alhos com bugalhos, e há partidarismo no meio. No conjunto, contudo, vai se passando a limpo a sociedade. Tomara que o Brasil aproveite a nova atitude de tolerância zero à corrupção.

Estamos todos ansiosos para ver se acontece algo novo na Argentina, mas o mundo nesses dois ou três dias não mudou significativamente. Está tudo mais ou menos na mesma. Problemas de sempre, temos que acelerar a votação da CPMF no Congresso, Malan assustado, porque vai ser difícil cumprir as metas fiscais. E vai mesmo... vão tentar dificultar, isso pode abalar um pouco a economia. Custa ver o Brasil que não deslancha mais depressa. Está realmente na hora de baixar essa maldita taxa de juros.

HOJE É QUARTA-FEIRA, 1º DE MAIO. São mais ou menos dez e meia da manhã. Estou me preparando para ir a Carajás, irei às duas da tarde. No Pará vamos inaugurar amanhã a exploração de cobre e de níquel pela Vale do Rio Doce.* Daqui a alguns anos o Brasil será um dos principais — se não o principal — produtor de cobre do mundo. Voltei a Brasília na sexta-feira à noite. Despachei com muita gente, entre os quais o Pedro Malan. Depois recebi o Luiz Meyer, que passou o fim de semana comigo e com a Ruth na fazenda.

A única novidade foi que o Clinton me telefonou, preocupado com a Argentina. Quer saber o que ele pode fazer pela Argentina e de que maneira pode ajudar o Brasil. Isso me preocupou, porque ele deve ter ouvido coisas não positivas sobre o Brasil em função da Argentina. Ato contínuo, falei com o Predo Malan, informei-o desse problema, ele também se assustou. Nesse meio-tempo Celso Lafer me disse que o novo ministro da Fazenda da Argentina** queria falar com o Malan. Malan soube disso no fim de semana, mas ainda não conversou com ele.

Na segunda-feira, dia 29, Malan ficou mais preocupado e ontem, terça-feira, falou com o ministro da Argentina. O que aconteceu na Argentina foi positivo: o dólar não disparou, o ministro é equilibrado e parece que quer pedir 1 bilhão de dólares emprestado ao Brasil e ao México. Não pediu ainda; Malan é restritivo. Eu sou mais favorável, acho que temos que dar um sinal positivo de apoio à Argentina. É preciso ver como emprestar os 500 milhões de dólares, um dia a Argentina paga. Ficam como se estivessem nas nossas reservas.

Fora isso, a fazenda admirável. Dias belíssimos, conversas agradáveis com o Luiz, com a Ruth, expliquei ao Luiz questões de economia, como faço sempre, detalhadamente. Como ele é médico, não entende, eu gosto de ver o pensamento das pessoas. Ele não disse isto, mas no fundo os brasileiros em geral pensam que basta

* Inauguração do Projeto Sossego, para a exploração de duas jazidas com potencial de 650 mil toneladas anuais de minério.

** Roberto Lavagna.

baixar a taxa de juros para termos mais investimentos e, tendo mais investimentos, mais emprego. Resolvem-se assim de uma só tacada a Previdência e a arrecadação. Tudo uma maravilha. Só resta a pergunta: e nós, do governo, somos tão burros que ainda não fazemos isso? Parece que é simples. Aí eu explico como é, como não é bem assim, os juros não baixam por decreto, enfim essa lenga-lenga toda que é conhecida dos economistas, mas desconhecida dos políticos e da grande massa dos brasileiros, que dependemos da estabilização fiscal e de outras questões para assegurar o desenvolvimento.

As pessoas têm receitas, só que são de senso comum, e o manejo da economia não é de senso comum. Esses são os problemas que enfrentamos no dia a dia e também com as grandes teorias. Disse isso só por dizer, nem é o caso do Luiz. A estada foi muito agradável, andei a cavalo, tomei banho de rio, fiquei meio quebrado por causa disso, voltamos para cá no domingo. Eu e Ruth vimos um filme interessante, acho que se chama *O oitavo dia*,* de um anglo-holandês, ou franco-holandês, gostei do filme.

Segunda-feira, anteontem, foi um dia normal, recebi de manhã o Guilherme Dias com o Arnaldo Madeira, vieram dizer que não dava para tirar dinheiro dos projetos estratégicos, e também para me mostrar como estão as coisas. Depois recebi o Sérgio Besserman, do IBGE, que veio me mostrar de forma preliminar os dados do Censo, todos muito positivos. O crescimento do Brasil na década 1991-2000 foi muito forte. Crescimento social, sobretudo. Com destaque para o acesso aos bens de consumo, inclusive com microcomputadores: 10% dos domicílios brasileiros hoje têm microcomputadores. Não tinham nada. Rádio, televisão, isso já é banal, quase chegando à totalidade da população.**

Eu até disse que o enrosco que sempre me parece incompatível é a relação entre a renda que o IBGE anuncia e o grau de consumo. Com essa renda não poderíamos ter esse grau de consumo. Essa renda está errada. Os dados sobre renda são difíceis de obter, mas certamente estão errados. Nós consumimos 1,5 milhão de veículos por ano no Brasil, e quando se olha as camadas que ganham mais de 8 mil reais não dá mais que 150 mil pessoas; é impossível. Mesmo que trocassem de automóvel, comprassem automóvel a prazo, não daria. E assim todos os dados. Há uma evidente incompatibilidade entre a qualidade visível de vida e o nível de renda, alguma coisa está errada. Mas não vou pegar essa briga porque interessa à oposição, à imprensa e a todos mostrar que o Brasil vai mal. Tenho obrigação e estou convicto de que ele não vai tão mal quanto eles querem.

* Coprodução franco-anglo-belga de 1996 dirigida por Jaco van Dormael.

** O Censo 2000 mostrou que rádio, televisão e geladeira ou freezer estavam presentes em mais de 80% dos domicílios. Cerca de 40% das residências tinham linha telefônica fixa; em 1991, eram 19%. O número de celulares passou de 1,4 milhão em 1995 para 28 milhões em 2001. A conexão à rede elétrica abrangia 93% das residências, contra 87% em 1991. O número de domicílios com automóvel particular passou de 8 milhões para 15 milhões nesse período.

Almocei no palácio com o Ignacy Sachs e Sérgio Moreira mais Augusto Franco* e Eduardo Santos, para discutir basicamente a posição do Brasil em Johannesburgo. O Sachs tem sempre muitas ideias, quer que se crie uma comissão, ele acha que Johannesburgo está fadada ao fracasso. E tem razão. À tarde, de importante foi o encontro com o sr. [Shinjiro] Shimizu, que é o presidente da Mitsui. A Mitsui tem mais de 100 bilhões de dólares de faturamento. Ele veio com o Roger Agnelli, da Vale do Rio Doce, e com o Sérgio Amaral para dizer que vão fazer investimentos adicionais no Brasil.

Depois me encontrei com o Élcio Álvares,** ele muito contente. Sempre tive tristeza pela forma como ele saiu do governo,*** como se fosse ligado à corrupção, e ele não tem nada, nada a ver com isso. Vai ser candidato ao Senado, com possiblidades de ganhar.**** No fim da noite, encontrei-me no Alvorada com o [Lázaro] Brandão, do Bradesco. Ele é um homem delicado, cheio de dedos para me perguntar como andava o processo que está sendo discutido acho que no Supremo Tribunal Federal, suponho que seja sobre a jurisdição do Cade e do Banco Central quanto aos bancos.***** Coisa desse tipo. Eu lhe disse para perguntar ao Jobim. Brandão é um homem delicado, para fazer uma pergunta que qualquer um poderia fazer por telefone vem aqui, pede desculpas, não força a barra em nada. Eu gosto desse estilo de gente.

Na terça-feira, ontem, tivemos de manhã uma reunião dificílima com o Scalco, Pedro Parente e o Madeira com a área econômica. Por quê? Porque se a CPMF não é aprovada, temos o risco de uma crise fiscal, e os deputados, para aprovar, querem que se liberem as emendas. O PFL está dizendo na televisão que há excesso de arrecadação, por isso não houve aprovação da CPMF e que isso não está prejudicando o país. É mentira, não há excesso de arrecadação. A Cide, imposto que eles dizem gerar recursos excessivos, está dentro do prognóstico. Nós temos um buraco de 7 bilhões ou 8 bilhões, 9 bilhões de reais, 4 bilhões de dólares, que não são fáceis de cobrir. Diante disso, Malan queria anunciar um aumento de IOF, aumento do Cofins. Eu disse: "Se fizermos isso, a sociedade fica contra nós, e o Congresso nem vota a CPMF". Vou chamar essa gente e dizer que serei obrigado a fazer esses aumentos, mas não sem antes dar uma chance para eles aprovarem a CPMF e reduzirem o prazo de carência para a cobrança.

Enfim, a discussão é sempre a mesma. A situação realmente é delicada e as agências de *rating*, por causa do [avanço eleitoral do] Lula, estão baixando os *ratings*

* Deputado federal (PSDB-SE).

** Ex-ministro da Defesa (1999-2000) e ex-senador (PFL-ES).

*** Em janeiro de 2000, Álvares foi demitido depois que uma assessora teve sigilos quebrados pela CPI do Narcotráfico, suspeita de conexão com o crime organizado no Espírito Santo. A rejeição no meio militar e uma entrevista crítica ao governo na revista *Época* selaram sua demissão.

**** Álvares não se candidatou e se retirou da vida pública em 2002.

***** O Cade e o BC disputavam na Justiça a competência de julgar processos de compra e venda de instituições financeiras. O STF julgou favoravelmente ao BC em 2014, confirmando decisão do STJ.

da dívida do Brasil,* o que começa a criar preocupação. Eu já vinha anunciando antes [que isso ocorreria] e o Malan também.

À tarde recebi o Miguel Reale, foi o primeiro despacho que ele fez comigo, Miguel é da linha de direitos humanos, como o general Cardoso. Toda a política deve ser preventiva, tudo muito bonito, e tomara que não haja uma crise maior [de segurança], senão a sociedade vai querer sangue. Os governadores estão na linha do sangue. Até a Benedita, quanto mais o Geraldo Alckmin, que está ganhando a parada [a eleição]. Haverá oportunidade para voltarmos à sensatez, mas no momento de violência criminosa que a sociedade vive, assustada, a violência policial não é a melhor resposta às angústias do país. Olha o Le Pen. Claro que o Brasil está longe disso, mas fico espantado de ver a visão de José Carlos Dias, José Gregori, Reale... do pessoal que lutou contra os abusos da ditadura. Eles não aceitam posições mais duras contra a violência. O Miguel estava muito bem-disposto e querendo recursos, que não existem. Eu disse a ele que não os temos.

Recebi no fim do dia os diretores da Contag, com o José Abrão. A reunião foi boa como sempre são as da Contag, sem problemas de mais gravidade. É claro que eles têm uma série de atitudes, de modos de falar, sempre com exigências. Mas é normal, é do estilo. Eu respondo à altura, digo que sim quando estou de acordo e que não quando não estou; digo que eles estão errados na questão da lei trabalhista, assim como estão errados e não entenderam a questão do orçamento. Falei tudo o que ouvi hoje de manhã do Malan. Repeti: "Vocês têm que lutar por isso, não adianta pedir dinheiro aqui e votar, como o PT faz, contra o aumento de contribuições; não dá para simultaneamente aumentar as despesas e cortar impostos. Vocês têm que ter responsabilidade política". Diante de mim eles entendem e concordam; depois dizem o que querem.

Eu tinha tido uma reunião, ao meio-dia, com Peter Bell e o Bolívar Lamounier, da Care.** O Peter Bell é um grande amigo meu, foi da Fundação Ford, nos ajudou muito no período da ditadura militar, no Brasil e no Chile. Ajudou muito. Agora ele está nessa Care, que é uma grande instituição que tem um orçamento, só nos Estados Unidos, de 485 milhões de dólares. Estão criando uma Care no Brasil, e o Bolívar é o presidente do conselho.

Depois disso, ainda tive um encontro no Alvorada com o Schymura, que acabou de ser ratificado como presidente da Anatel. Eu disse a ele o que sei sobre a Anatel, falei bem dos conselheiros. Procurei mostrar alguns problemas a serem enfrentados, disse que o Guerreiro já havia colocado adequadamente alguns deles num artigo que escreveu. Schymura me pareceu um homem cooperativo e equilibrado.

* O líder petista se aproximou de 40% das intenções de voto nas pesquisas divulgadas no final de abril. Os bancos de investimento norte-americanos Merrill Lynch e Morgan Stanley rebaixaram sua recomendação para negócios com títulos brasileiros. Por outro lado, as agências de crédito Moody's e Standard & Poor's anunciaram que manteriam a nota da dívida soberana do país.

** ONG internacional de combate à pobreza fundada em 1945, inicialmente para ajudar os desabrigados da Segunda Guerra Mundial.

3 A 16 DE MAIO DE 2002

Escândalo requentado.
Planos para depois da Presidência.
Viagem à Espanha

Hoje é sexta-feira, dia 3 de maio, são dezenove horas. Na quarta-feira, dia 1º, viajei para Carajás. Em Carajás, eu e Ruth, com o Paulo Renato e a mulher dele, que, aliás, é diretora da Vale, a Carla [Grasso], fomos recebidos pelo presidente, o Roger Agnelli, e pelo presidente da Previ, o Tarquínio, que eu não conhecia, Luiz Tarquínio Sardinha Ferro. Em Carajás, tivemos uma exposição feita pelo Roger sobre a programação da Vale do Rio Doce. É extraordinário. Uma companhia sólida, forte, está cada vez melhor. Jantamos agradavelmente.

Dormimos e, no dia seguinte, ontem, fizemos a primeira explosão na mina de cobre de Sossego, em Canaã dos Carajás. Emocionante. Depois sobrevoamos toda a região de mineração.

É ciclópico, é incrível a mata de Carajás, que ainda é mata de transição, e vez por outra se vê uma mina imensa, a mina de ferro é enorme. Há uma mina de ouro a céu aberto, e agora, embaixo desse ouro, se vê que tem cobre. Enfim, é possível que em 2008 o Brasil passe a ser exportador de cobre graças à exploração de Carajás. E isso é o começo de Carajás, que em conjunto não está sequer mapeado.

Voltamos e fomos para a cidade vizinha à companhia [Carajás]. Discursos breves, com o Almir Gabriel e um almoço. Lá vi não somente esse Luiz Tarquínio, que eu tinha conhecido na véspera, mas também os diretores, ou melhor, os membros do Conselho da Previ. E os outros membros do Conselho da Vale do Rio Doce. Os dois da Previ* pareciam ser mais do lado petista. Tive boa impressão deles. Não falaram quase nada, mas é gente que sabe se apresentar. Ouviram meu discurso, foram cordiais.

O Tarquínio, de quem ouvi falar a vida inteira, é um rapaz humilde, simpático, modesto, enfim, não sei se tinha currículo para ser diretor da Previ, mas certamente não me pareceu malandro nem desonesto. Ao contrário, cooperativo, ele estava com a mulher dele, e a gente percebe pelas mulheres, mais até do que pelos homens, o tipo de classe social, de estilo de vida. Me pareceu gente de classe média, e não alta, o que é positivo. Nenhum sinal exterior de exibicionismo. Vou deixar registrado que tive boa impressão, corroborando o que o Clóvis Carvalho tinha me dito, que ele era um homem honesto. Porque há tanta crítica pra lá e pra cá... dizem que ele cede ao PT, que faz isso, faz aquilo, talvez não tenha a astúcia para não ceder ao PT, isso não sei.

* Henrique Pizzolato e Sérgio Rosa.

Fui a São Paulo ontem à noite. Chegamos, fui ao dentista, terminei o tratamento dentário, era uma cárie só, mas sempre dá trabalho. Depois tenho que voltar lá por uma questão de ranger os dentes, morder a língua, qualquer coisa de articulação. O Serra me telefonou, dizendo que precisava falar urgente comigo. Chegou tarde, depois de ter falado comigo disse que ia à casa do Clóvis e voltava, mas não voltou. Meia-noite e meia telefonei para ele, tinha se esquecido de voltar e ido jantar com o Roberto Civita. São essas coisas que fazem o Serra ser visto como uma pessoa que não é amável, que não é isso, não é aquilo. Não custa nada, nada dar um sinal de vida.

Preocupação: o Paulo Renato me disse em Carajás que o Benjamin Steinbruch* havia contado a ele em 1998 que o Ricardo Sérgio tinha pedido dinheiro para a campanha política, que o Benjamin me consultara e que eu dissera que não. De fato, o Benjamin a certa altura me consultou sobre recursos, mas não foi isso que eu disse. Foi outra coisa. Ocorreu na época da privatização da Vale do Rio Doce, que foi em 97. Não havia campanha política nessa época. O que eu disse ao Benjamin foi que qualquer tentativa de tirar dinheiro dele, que ele pagasse; se eu soubesse, eu iria atrapalhar a compra, porque não acho que fosse o caso de dar dinheiro para comprar uma coisa que está em leilão. Foi isso que eu disse ao Benjamin. Não me recordo de outra coisa.

Depois a *Veja* me perguntou se o Mendonça teria dito que o Ricardo Sérgio teria ido buscar dinheiro. Eu não me recordo dessa conversa do Mendonça, não me recordo mesmo. Isso com relação à campanha política. O Mendonça e o Ricardo Sérgio andaram brigando, devo ter registrado a briga nas várias anotações nesse gravador. Mas não me recordo de qualquer acusação de que o Ricardo tivesse ido pegar dinheiro para político. Confusão grande. Serra ficou nervoso, aflito. Não, penso eu, as coisas vão se esclarecer. Serra falou com o Clóvis, que conhece todos eles, para tentar ver o que havia de concreto. O próprio Benjamin me telefonou e eu disse: "Olha, Benjamin, você sabe que eu sou contra tudo isso". "Ah! um ministro seu teria confirmado." Eu não disse a ele que o Paulo Renato havia confirmado ter havido qualquer coisa da parte dele. Eu não quero entrar nesse assunto, porque eu já disse aqui que quando ele, ou alguém, me consultou eu respondi: não admito tal tipo de operação na privatização, até porque não havia eleição nenhuma.

Isso posto, hoje de manhã o Serra esteve conversando comigo, a tempestade já passou, porque o Clóvis também não sabe de nada. Vamos ver o que vai sair na *Veja*. Sairá, naturalmente, sob forma de escândalo, mas provavelmente não houve nada, são mais rumores. O Paulo Renato foi bastante leviano ao confirmar um rumor. Eu telefonei e disse:

"Paulo, se você soube disso e não denunciou, você é parte."

E ele: "Mas eu não sei de nada, eu nem sei o nome das pessoas, eu só soube de uma conversa".

* Presidente do conselho de administração da CSN, uma das controladoras da Vale.

Repliquei: "Então, esclareça isso, senão dá a impressão de que você sabia de uma operação e que não houve a consequente correção da tentativa de extorsão".

Vai ser um final de semana quente, isso é campanha eleitoral. Essa é a razão pela qual, do meu ponto de vista, se o candidato fosse outro que não o Serra, seria mais fácil, porque como o Serra é próximo do governo e de mim, tudo cai em cima do governo. De mim não pode cair porque não há realmente nada, zero a ver com essa questão, mas as ilações existem.

HOJE É DOMINGO, DIA 5 DE MAIO, são cinco e meia da tarde. Como eu previ, as páginas da revista* vieram quentes. Requentadas, aliás, nenhum fato novo, mas a confirmação feita pelo Paulo Renato de que teria sido informado pelo Benjamim um ano depois do ocorrido, ou melhor, do não ocorrido, e ele quatro anos depois de receber a informação dá uma entrevista à imprensa... Grave, porque deu uma entrevista na casa dele, na segunda-feira passada, portanto teve tempo. Ele me falou sobre esse assunto na quinta-feira, em Carajás. Eu voltei a falar com ele na sexta, no sábado, e ele deixou isso cozinhando em fogo brando, sabendo que ia dar confusão. Não vou nem entrar em detalhes, passei o dia telefonando, falando com o Serra, com o Clóvis, com o Madeira, com o José Aníbal, e hoje resolvi telefonar para o Paulo Renato, e falei duro com ele.

"Paulo, você nos meteu sozinho numa enrascada."

"Eu não, porque eu apenas..."

"Mas olha, Paulo, o próprio Benjamin não confirma. E você afirma. Então você se meteu e nos meteu, você falou de mim também nesse assunto."

"O que você queria que eu fizesse?"

"Nada. Agora... não tem mais o que fazer."

Os tucanos estão sendo cozidos em seu próprio caldo. Em uns vinte minutos ele me telefonou de volta, querendo vir hoje aqui. Logo imaginei a razão. A razão é... pedir demissão.

"O José Aníbal me atacou e você também está reclamando", disse ele.

"Não, Paulo, eu te recebo, mas acho que você não deve vir. Porque se a imprensa estiver aqui você põe o problema no meu colo."

Não mencionei a demissão, mas é óbvio. Bom, ele não veio.

Falei com a Gilda Portugal Gouvêia, que é grande amiga do Paulo Renato e sempre trabalhou com ele. Ela acha que ele deve se demitir, porque na opinião dela o Paulo está fazendo uma coisa inaceitável, que ela já vinha vendo fazia muito tempo.

* Com a manchete de capa "Quinze milhões na Vale", a edição de 8 de maio da *Veja* publicou que, em 1998, Steinbruch relatara a Paulo Renato e Luiz Carlos Mendonça de Barros ter recebido um pedido de propina de Ricardo Sérgio, em troca de influenciar fundos de pensão estatais a participar do consórcio liderado pela CSN no leilão da Vale, um ano antes.

No fundo, acha ela, ele tem um ressentimento grande do Serra. Eu não sei. O Paulo viaja amanhã à noite para os Estados Unidos. Até lá, ele ainda pode fazer besteira. Soube há pouco que ele deu uma declaração ao José Aníbal perguntando o que eu queria que ele fizesse? Que mentisse? Assumindo, assim, que era verdade. Ou melhor, assumindo que o Benjamin dissera a ele aquela história do Ricardo Sérgio.

Ou seja, agora o Benjamin vai ficar contra ele. Enfim, uma confusão por nada. Além do mais, esse caso já está nos tribunais, já está com os procuradores, fica rolando ad aeternum, não apuram nada, mas levantam a matéria, em detrimento do PSDB. Assim é difícil governar e fazer um partido, porque os membros desse partido não têm noção do que seja política partidária, não são PT, não são ex-membros do antigo Partido Comunista. Nada disso, são pessoas que se agruparam enquanto eu tinha perspectiva de poder e eles alguma chance de compartilhar, tudo bem. Agora alguns acham que não vão compartilhar com o Serra e começam a atacar de freelancer. É lastimável. Mas é da vida.

Eu passei o dia tranquilo, o quanto é possível estar, lendo documentos. Daqui a pouco vou receber o Luciano Martins, que é nosso embaixador em Cuba, vai dormir aqui. E no jantar vêm o Celso Lafer, o Gelson Fonseca, embaixador nas Nações Unidas, e o Eduardo Santos, que é meu assessor diplomático. Apenas uma notinha ao pé da página: é difícil julgar os homens. O Paulo Renato foi bom ministro e, em vez de encerrar o ministério com brilho e satisfação, está terminando ressentido e largando o ministério, viaja praticamente sem parar, porque queria ser o que não pode ser, candidato a presidente da República. Ninguém além dele o queria como candidato, e não por não gostar dele, mas por uma questão de personalidade, por achar que ele não tem liderança para ser presidente. E de fato esse episódio mostra que não tem.

Outra anotação: vejo os jornais falando que eu quero que o Henrique Alves seja o vice do Serra. Não é isso, não. Eu quero que o Serra faça um encontro com o PMDB. Na verdade, acho que o Henrique não é o melhor nome, porque é de uma oligarquia. Acho que talvez, com a pobreza de nomes do PMDB, quem sabe o Ramez Tebet. Eu preferiria o Luís Henrique, mas o Serra tem restrições a ele, não sei por quê. O Ramez Tebet pelo menos é do Centro-Oeste, coisa nova, presidente do Senado, nada pesa contra ele, vice não precisa ter brilho, a não ser que o Serra morra.

Mais uma anotação: começo a perceber que o Lula penetrou muito. Penetrou em camadas que acham que o Lula mudou, que o PT é outro. Vejo isso entre empresários, entre formadores de opinião, e sei que se o Lula ganhar nós vamos ter que apoiá-lo, por causa do Brasil. Mas vai ser muito difícil, porque eu conheço o PT, sei a visão deles. A visão, não é a questão pessoal, é a visão deles, uma visão atrasada. Já o Serra eu acho que é o limite do que o mundo de hoje permite para que possamos ter uma presença ativa e construtiva. Nós, brasileiros. O Serra é capaz disso. Limite no sentido de que o Serra também tem ideias muito autárquicas. O Lula tem menos do que ele, mas não tem condição, eu acho — tomara que me engane — de dirigir o país. Mas noto que existe uma falta de firmeza nas camadas ditas "bem formadas" do Brasil, bem-pensantes.

Hoje um artigo do Maílson [da Nóbrega] no *Estadão** mostra bem a visão econômica dessa aventura. Mesmo o Serra ele critica. Do Lula mostra um disparate atrás do outro. Do Ciro também, Garotinho nem pensar. Eu sei que é campanha, mas é o que está por trás da cabeça deles. Nunca esteve por trás da minha cabeça esse tipo de disparate. Gostei tanto do artigo do Mellão [João Mellão Neto]** que telefonei para ele, como já registrei, ele conta o que eu pensava em 1978. Acabou de chegar o Luciano Martins.

HOJE É QUINTA-FEIRA, 9 DE MAIO. Só o fato de eu ter demorado tanto para registrar alguma coisa mostra como a semana foi atribulada. Domingo, o Luciano veio para cá, jantamos com o Gelson Fonseca, nosso embaixador na ONU, com o Celso Lafer e o Eduardo Santos, conversa sobre política internacional. O Luciano me deixou um artigo que ele escreveu. Bom mas arriscado, porque ele é embaixador do Brasil em Cuba. Faz uma análise de intelectual, mas pode dar complicação nos Estados Unidos, pela visão dura que ele tem do governo Bush.

Segunda-feira, antes de ir para o Rio, dei uma entrevista ao vivo para a rádio Eldorado e depois falei com o Bob, da Secom, que veio com a Bia Aydar me relatar o zigue-zague entre o Nizan e o Serra, as coisas de sempre. Parti para o Rio, almocei a bordo, fui com o Luciano e com o Eduardo Santos. Fiz uma conferência no BNDES sobre sociedade do conhecimento*** e ainda voltei a tempo para um jantar com o Bornhausen, com o José Jorge mais o Pimenta e o presidente do PSDB, o José Aníbal. O José Jorge foi muito cordato, e o Jorge também.

O Jorge colocou a posição dele, que é conhecida: acha que o Serra não ganha, mas não queria ter o privilégio da verdade absoluta. É preciso dar tempo para voltarmos a conversar, ele na suposição de que o Serra não emplacará. Bom, no jantar o José Aníbal disse o contrário, que o Serra estava posto para ficar candidato, e o Jorge replicou, tudo bem, até porque não estou propondo a renúncia de ninguém, renúncia é um ato unilateral de vontade. O jantar transcorreu bem, o Pimenta também ajudou, o José Jorge também. Pimenta disse: "Ótimo, vamos reavaliar a situação no fim de maio, começo de junho, portas abertas etc.".

No dia seguinte, terça-feira, de manhã houve um *Bom Dia Brasil* com José Aníbal, eu o ouvi e não achei nada de tão grave, mas o Jorge ficou enfurecido. Soltou

* A coluna "Voluntarismo e populismo explícitos" criticou um debate com presidenciáveis promovido pela Força Sindical e pela Bolsa de São Paulo.

** "O encantador de serpentes", no *Estadão* de 3 de maio: "Fernando Henrique vai deixar saudades. Até mesmo àqueles que hoje se opõem a ele".

*** O presidente abriu o XIV Fórum Nacional "O Brasil e a economia do conhecimento", seminário realizado pelo Inae (Instituto Nacional de Altos Estudos) em parceria com o BNDES no auditório da sede do banco.

uma nota dizendo que com o Serra não há acordo, e não sei o quê. Enfim, azedou tudo de novo. Na conversa com o Jorge Bornhausen e com o José Jorge, eu estava querendo que eles tomassem consciência da questão da CPMF, falei, falei extensamente sobre isso, e eles me prometeram que iam nomear o Tuma como relator da CPMF. Aliás, o Jorge foi explícito, queria evitar o Bernardo Cabral, porque o Bernardo viria com as exigências do governo do Amazonas. O que aconteceu? Foi nomeado o Bernardo Cabral, que veio com as exigências de que o Amazonas receba 200 milhões de reais, sei lá de que maneira, e saiu já dando declarações protelatórias sobre a CPMF, foi muito desagradável.

Passei boa parte do dia com o presidente da Armênia, o sr. [Robert] Kotcharyan. Reuniões e mais reuniões, ele é um homem simpático, nossos interesses estão muito distantes da Armênia. Recebi o Fernando Gasparian, que veio com o presidente e com uma enorme delegação da Armênia. Depois tivemos a imposição das insígnias da Ordem do Mérito das Comunicações. Aproveitei para fazer um discurso sobre a Anatel, elogiei o Guerreiro. Coloquei as coisas no lugar.

Depois o Guilherme Dias me brifou sobre o que iria acontecer no dia seguinte, na quarta-feira, porque eu iria fazer comentários sobre dados do IBGE.* São dados muito positivos e era preciso que houvesse uma opinião do governo para contrastar com as opiniões pessimistas, que sempre desatam quando aparece um dado bom: pegam alguma coisa enviesada para diminuir a importância do dado.

Dito e feito, no dia seguinte, quarta-feira, ontem, fiz um comentário, muito positivo sobre os dados do IBGE em relação a educação, saúde, acesso a bens de consumo. Para resumir, a década de 1990 acelerou o processo de mudança para melhor das condições sociais do povo brasileiro. Dado impressionante, com queda da mortalidade infantil,** acesso à pré-escola a 70% dos brasileiros, 95% à escola fundamental, isso com base na informação de domicílios, não com base na matrícula, como faz o Ministério da Educação. Muito bons mesmo os dados.

No dia de hoje já alguns veículos vieram discutindo de novo a distribuição de renda, a qual, na verdade, segundo o coeficiente de Gini, melhorou também, um pouquinho. Os jornalistas não sabem como muda o coeficiente de Gini, é devagar mesmo, e acham que não está havendo mudança, mas está. A sociedade está mudando, e bastante. A consciência social está atrás dos fatos.

Na terça-feira, no dia 7, recebi o Heráclito Fortes com um grupo de parlamentares do PFL. Vieram o Aleluia, o [Gilberto] Kassab,*** aquele rapaz do Espírito Santo, amigo do Malan, que foi assistente do gabinete dele,**** e o próprio Heráclito. Um grupo agradável. Querem caminhos de aproximação com o Serra, para apoiar a

* Discurso de apresentação dos resultados finais do Censo 2000.

** A taxa caiu de 48 óbitos por mil nascidos vivos em 1991 para 29,6 óbitos em 2000.

*** Deputado por São Paulo.

**** José Carlos Fonseca, deputado federal.

candidatura. Estão queixosos do Serra, que, dizem, faz isso, faz aquilo. O Serra tem temperamento difícil, mas todo candidato passa por esse suplício: todo mundo cobra dele o possível e o impossível.

Ontem, 8 de maio, comecei recebendo o Geddel, ele veio fazer análise política, acha que o Serra tem que resolver logo quem é o vice. E que eles também devem decidir, e não só o Serra. Fica claro, depois do que ele me disse, que não aceitam a Rita Camata, que é quem o Serra quer. Então é isso, o Geddel quer resolver logo. Recebi o Gerson Peres* para discutir coisas do Pará. Depois o Júlio César, embaixador em Roma, e depois vim almoçar no Palácio da Alvorada com o Michel e o Moreira Franco. Passamos em revista tudo de novo. Política é isso. Repete, repete, repete... é um cansaço, passam-se em revista todas as situações, o que pode e o que não se pode fazer.

Está tudo claro, o PMDB tem uma dificuldade grande, porque é a convenção** que vai ter que aceitar o vice. Os dois mencionaram que o Renan tem um jogo muito complexo, ele não sabe se quer ou não a candidatura do Serra e fica inventando modas. Falei também do Ministério da Integração. Eu disse: "Se o Moreira quiser, o Moreira presente, Wellington Moreira Franco, nós aplainamos as resistências políticas que ele teria no Rio de Janeiro". É melhor o Moreira, porque voltar o Ney Suassuna...? O Ney fez uma enorme confusão lá. Foi bom ministro, foi atuante etc., mas na distribuição de recursos jogou um monte de recursos para a Paraíba, criou uma situação muito difícil lá.

Depois do almoço recebi o Xico Graziano por causa de uma chantagem desse tal de Mino Pedrosa, que deu uma entrevista para a *IstoÉ* dizendo que a Luciana [minha filha] teria comprado um terreno em Brasília da avó desse procurador, Luiz Francisco.*** Não é nada disso, ela não comprou terreno nenhum. A irmã do Luiz Francisco tem um haras, e eles alugaram uma baia no haras da irmã do Luiz Francisco, e isso deu margem para especulação. O Xico então me disse que esse rapaz [Mino Pedrosa], que trabalhou na campanha de 94, tem muita mágoa de todos nós, que o Sérgio Motta fez um acerto com ele e não cumpriu e que ele vai fazer um livro escandaloso da minha vida pessoal, e menciona meio mundo. Enfim, esse tipo de chantagem eleitoral que cansa.

Depois, fui ao Planalto, recebi o Albano Franco para discutir reivindicações sergipanas. O Luís Roberto Ponte veio acompanhado pela Câmara Brasileira da Indústria da Construção, fazendo as mesmas propostas que fazem há algum tempo, mais o Marco Maciel, com quem me queixei do que havia ocorrido com o PFL. O Marco veio dizer que está para viajar para os países nórdicos. Ele fica muito contrafeito quando vê o PFL fazendo o que está fazendo. Recebi o Seixas Corrêa, que é

* Deputado federal (PPB-PA).

** A convenção nacional do PMDB estava marcada para 15 de junho, mesma data da convenção tucana.

*** "Há segredos que levamos para o túmulo, outros não", entrevista à *IstoÉ* de 8 de maio.

um embaixador muito competente. E conversamos sobre o que vai acontecer com o Mercosul, a Alca etc. etc. O Mercosul há de reconhecer que se esboroou. Pode ser reconstruído, é um grande projeto, mas hoje sem base por causa da Argentina.

Por outro lado, não se sabe se os americanos vão levar a Alca adiante. O Sérgio Amaral, que voltou de lá e falou comigo por telefone, tem dúvidas sobre a consistência do projeto Alca, do ponto de vista americano. Eles estão fazendo acordos mais limitados com um ou outro país. E a União Europeia, na visão do nosso embaixador Seixas Corrêa, pode de repente buscar um acordo com o Nafta. E o Brasil fica, nas palavras dele, com sua vocação de solidão. Até gostei das palavras sobre o Brasil como "vocacionado para a solidão". O que é perigoso.

Conversamos sobre isso e sobre o que podemos fazer. No meu governo muito pouco, vou fazer um discurso em Madri, posso eventualmente falar disso. Entretanto, me disse o Seixas, me recordando do que eu dissera a ele havia um ano, talvez fosse o momento de o Brasil marchar sozinho para buscar um acordo com a União Europeia. Eu disse que penso isso mesmo, vou falar com o Prodi e quem sabe insinue essa possibilidade. Não sei se haverá tempo para fazer alguma coisa, mas poderíamos abrir um caminho, porque não podemos ficar nesse estreito isolamento. Embora a mentalidade prevalecente aqui na área política e empresarial seja a do isolamento.

Não perceberam que o mundo mudou e que isolamento é condenação ao atraso. Ainda não perceberam essa mudança e pensam em termos de um Brasil autárquico. O Lula é a expressão maior disso. Mas não só o Lula. Acho que praticamente todos os candidatos, com exceção do Serra, pois o Serra tem uma visão mais ampla, são pessoas vocacionadas a mergulhar nesse atraso, pensando que estão mergulhando na independência nacional.

Depois recebi o Brian Dyson, que é vice-presidente mundial da Coca-Cola. O Tasso me pediu que o recebesse, e foi agradável, fala português perfeitamente, nasceu na Argentina, é um homem de mais de setenta anos,* muito simpático, e ficou até que chegasse o Pedro Malan juntamente com o Armínio Fraga.

Conversei com o Tasso, ele muito preocupado com o acontecido com o Benjamin, e enraivecido com o Serra. Continua muito amargo, o Serra, segundo o Tasso, teria dito que ele, Tasso, poderia ter sido um dos emissários do Benjamin até a mim. Não houve emissário algum, portanto não foi o Tasso. O Tasso sabe de muitas coisas, mas não vão envolvê-lo. Também não foi o Serra quem o envolveu, foi a própria imprensa, mas ele, Tasso, acha que foi o Serra. E o Serra consegue criar essa aura de manipulador, que atrapalha muito. Achei o Tasso muito, muito amargo mesmo com relação ao Serra, muito contra ele.

Ainda recebi depois disso o Armínio e o Malan, os dois com uma visão sombria sobre as perspectivas econômicas. Eles a atribuem à conjuntura política. Em parte têm razão: a questão da CPMF, os vaivéns, o medo do Lula. Mas dessa vez há algo

* Dyson tinha 66 anos na ocasião.

mais e não há como escapar: o controle do processo do Congresso está fugindo de nossas mãos, isso tem efeito sobre o mercado.

Tomamos algumas providências que eu pus em prática hoje de manhã. Como? Telefonando ao Rui Mesquita, ao Roberto Civita e ao João Roberto Marinho para dizer: olha, o pessoal está me chantageando com a CPMF, querem dinheiro para os estados para aprová-la e eu não tenho dinheiro. É preciso que vocês atuem nessa questão. Falei com os três. O Roberto Civita disse que imaginou que eu tivesse telefonado por causa da reportagem da *Veja*. Respondi: "Isso é um pedaço das coisas, mas as turbulências não derivam só daí; derivam das questões eleitorais e da falta de recursos, de equilíbrio fiscal. O Malan vai falar com você e dar mais detalhes sobre isso". Aproveitei para perguntar se havia alguma coisa adicional na questão do Ricardo Sérgio e Serra, e tal. Ele disse que não, mas que temos que esclarecer esse embrulho entre Tasso Jereissati e o Serra, e não sei o quê. Mas que tudo seria esclarecido.

Além disso, abri o encontro anual da Cepal,* fiz discurso, depois falei com o Renan a respeito do Ministério da Integração. Repeti o que disse sobre o Moreira Franco, e o Renan é muito esperto. A posição dele é de manobra protelatória para não apoiar o Serra, ele justifica como esforço para ter apoios na convenção do PMDB. Itamar desatinou, porque o Serra fez um programa de televisão infeliz para os interesses mineiros, e Itamar atacou o Serra. O mês de maio é um mês difícil para firmar candidatura. Serra atravessando tempestades mais fortes do que as tempestades pelas quais passei.

Almocei com a Ruth e daqui a pouco volto ao meu cotidiano, dessa vez pesado, no Palácio do Planalto. Esses dias têm sido pesados por causa dessa sujeirada toda sobre Ricardo Sérgio, Mendonça, Paulo Renato, Benjamin. Uns atacando os outros, o Benjamin não falou nada, ficou calado. Mas essa tucanalhada, como eu digo, é uma coisa horrível, transformam em fatos assuntos que não ocorreram, fatos que são de gravidade menor diante da gravidade dos problemas do Brasil. E o eixo da discussão passa a ser sobre se teria ou não havido propina para um ex-diretor do Banco do Brasil, da parte de um empresário privado. "Fato" ocorrido há quatro anos — há cinco anos ou mais. Enfim, a política também é isso.

HOJE É DIA 12 DE MAIO, DOMINGO. Estou conversando com a Ruth sobre nosso futuro em São Paulo. Apartamento, compra-se um ou não. Temos ou não dinheiro, essa é a questão.

Mas, retomando o assunto em que parei na quinta-feira, me esqueci de anotar que de manhã recebi os presidentes do tribunais superiores.** Foram até cor-

* XXIX período de sessões da comissão, evento bienal, no Hotel Blue Tree de Brasília.

** Marco Aurélio Mello (STF), Nilson Naves (STJ), Francisco Fausto (TST), Nelson Jobim (TSE) e Olympio Pereira da Silva Júnior (STM).

datos. Querem "descontingenciamento", anular o contingenciamento das obras de alguns tribunais. Aproveitei para demonstrar que, sem CPMF, nada feito e que a CPMF vai precisar também do encurtamento da quarentena [carência], e isso vai depender dos tribunais. Eles foram razoáveis na conversa. O [Sepúlveda] Pertence, o Mello, que todo mundo critica, mas que pessoalmente é muito simpático. Eu sei que ele muda de opinião, tem uma opinião muito divergente das nossas, mas é um homem agradável. E outros presidentes que lá estavam.

À tarde, recebi um grupo de prefeitos do Espírito Santo, trazidos pela Rose de Freitas. Recebi o pessoal do [Francisco] Rebolo, a filha e o genro,* que foram meus alunos na universidade. Depois, de mais interessante foi o encontro que tive com o Paulo Hartung, quando voltei para o Palácio da Alvorada. Cheguei tarde, mas conversei com ele, que me disse que a situação no Espírito Santo está arranjada. Ele é Serra, mas acrescentou: "Eu sou mesmo é Fernando Henrique, precisa ver se o Serra vai se aguentar; eu sou serrista, mas estamos vendo que as coisas não são fáceis, mesmo assim estarei com o governo". Ele é do PSB, levado pelo Serra, segundo ele. O candidato do Partido Socialista é o Garotinho, mas ele é Serra. O acordo no Espírito Santo é amplo, e Hartung acha que dá até para incluir o Élcio Álvares nele. Tomara. Essa conversa foi na quinta-feira, dia 9.

Depois, no dia 10, sexta-feira, fiquei no Alvorada o dia inteiro, recebendo muita gente. Foi um dia mais agradável, dei uma entrevista de manhã para a GloboNews sobre o que vamos fazer na reunião de Johannesburgo, na Rio+10. A entrevista foi para aquele rapaz, André Trigueiro, que é muito simpático, sabe entrevistar. Depois recebi o Rubens Ricupero,** que veio me agradecer porque o Brasil vai sediar a reunião da Unctad*** em 2004. Ele me contou coisas muito interessantes. Por exemplo, que na véspera do lançamento do Real, no dia 1º de julho de 94, ele recebeu [Alexandre] Dupeyrat, que o Itamar mandou que o procurasse. E o Dupeyrat objetou uma série de pontos do Plano Real, questões que já tinham sido combinadas comigo [Fernando Henrique], quando quase desisti de ser candidato. Eu forcei naquela ocasião que fosse marcada uma data para o lançamento do Real, e seria no dia 1º de julho.

O Dupeyrat, disse-me o Ricupero, começou a se meter na parte técnica. Contra banqueiro, aquela coisa dele de sempre, contra o que supunha ser o interesse dos banqueiros. Confundindo o interesse da valorização da moeda com o lucro dos bancos, ou coisa que o valha. Ricupero ficou não exaltado, mas indignado com o fato e pediu uma ligação telefônica imediata para o Itamar. Falou com a Ruth Hargreaves:**** "Preciso ser recebido já pelo presidente da República", e aí o Dupeyrat disse: "Perce-

* Lisbeth Rebollo Gonçalves e Antônio Gonçalves.

** Secretário-geral da Unctad e ex-ministro da Fazenda (1994).

*** XI Reunião da Conferência das Nações Unidas sobre Comércio e Desenvolvimento, em São Paulo.

**** Ex-secretária particular de Itamar Franco.

bo que não sou bem-vindo aqui". Ricupero respondeu: "Não, não é que não seja bem-vindo, eu preciso saber se sou ministro da Fazenda ou o que sou". Dupeyrat foi-se embora e o Itamar recuou. Assim foi como o Ricupero conseguiu que fosse feita a medida provisória do Real, que funcionou como devia funcionar. Exatamente como tinha acontecido comigo alguns meses antes no caso da URV, quando tive que dizer ao Itamar: "Ou você nomeia logo o [Walter] Barelli* e eu vou embora, ou vou fazer o Plano da forma como venho fazendo até aqui". No mesmo dia o apresentei a todo mundo, era chamado de Plano FHC. Isso ocorreu, como eu disse, no mesmo dia em que, à noitinha, lá pelas sete, oito horas da noite, fui ao Ministério da Fazenda e falei para todo o país o que iríamos fazer com o Plano Real, a URV.

Mostrei os fundamentos, dei uma explicação calma etc., mas foi depois de uma tarde inteira de tensão, em que Barelli e os ministros militares estavam contra, e o Itamar sem saber o que fazer. Do meu lado apenas o Élcio Álvares, o Maurício Corrêa e o general [Romildo] Canhim.** O resto estava na dúvida ou contra, e o Itamar indeciso. Até que eu levantei e disse ao [Henrique] Hargreaves: "Avisa ao Itamar que ele ponha outro no meu lugar, nomeie o Barelli ministro da Fazenda, porque estou cansado de carregar vocês todos nas costas". O Itamar ficou muito tenso, escorreu uma lágrima, e no final aprovamos o plano. Eu não tenho certeza, mas acredito que o Gustavo Franco tenha assistido a parte dessa reunião e deve ter anotado. O curioso é que tenha acontecido a mesma coisa com o Ricupero.

Depois disso recebi o Carlos Lyra,*** que foi suplente de senador quando eu fui senador, é um dos homens mais ricos do Nordeste e veio me contar as coisas de Alagoas. Quer saber com quem vamos ficar em Alagoas, eu disse que o Ronaldo Lessa, do Partido Socialista, era o melhor. Por mim, acho que devíamos fazer tudo para eleger o Lessa. E há um acordo neste momento entre o Teotônio e o Renan, pelo qual os dois vão para o Senado e o Lessa para o governo. O Collor é o inimigo, o adversário nessa questão. É preciso fazer um acordo amplo para enfrentar o Collor. O Carlos Lyra concorda. Ele é um homem que possui usinas, produz 7 milhões de toneladas, não sei se isso tudo, ele mói cana. Acho que isso é muito, mas, enfim, uma quantidade imensa de toneladas de cana, metade no Nordeste e metade em Minas. Ele está entusiasmado com o que acontece em Minas. A região dele é em Uberaba, perto de Ribeirão Preto, em São Paulo.

Enfim, ele me disse que concorda com a ideia de apoiar o Lessa, acha que é uma loucura colocar como candidato do PSDB o presidente da Cooperativa dos Usineiros [de Alagoas], que é casado com a irmã do Teo,**** o João Tenório.***** Eu também acho que não faz sentido. É melhor apoiar o Lessa.

* Ex-ministro do Trabalho do governo Itamar.

** Ex-secretário da Administração Federal, com status de ministro, no governo Itamar.

*** Dono da holding Lagense S.A. e ex-senador.

**** Maria Fernanda Vilela.

***** Tenório candidatou-se à suplência de Vilela no Senado.

Agora, ele me contou uma coisa incrível. Disse o Lyra que o PC [Farias],* que era muito ligado ao irmão dele, o João Lyra,** foi invento deles. E que o PC foi morto pela namorada*** e que quem matou a namorada foram os seguranças do PC.**** Ele contou outras histórias interessantes, que o Pedro Collor,***** num dado momento, chamou o PC, naquela famosa história dos 40 milhões,****** para resolver se haveria ou não acordo. E que quando o PC entrou na casa do Pedro Collor, este estava nu e disse ao PC: tira toda a roupa, sapato e tudo. Por que isso? Para evitar que um gravasse o outro. Olha o nível da conversa em Alagoas! Infelizmente o Brasil, nesse quesito de gravação, está virando uma grande Alagoas. Tomara que eu não tenha razão, mas está horrível.

Recebi o Ronaldo Sardenberg para despacho de rotina. À tarde, o Weffort, também para rotina, e depois o pessoal do Iuperj, com o Wanderley Guilherme dos Santos, o Fabiano Santos mais o [Luiz] Werneck Vianna, que é um velho camarada meu, gosto muito dele. E outros professores do Iuperj, que vieram pedindo socorro. Recebi a Angela Gutierrez, que veio atrás de apoio para a iniciativa de um museu,******* e recebi o Ney Suassuna, que está na hesitação sobre se volta para o governo ou não. Ele quer voltar, o Scalco mostrou que há muitas irregularidades no ministério, ele desmente as irregularidades. Não são safadezas, são decisões sobre haver dado mais dinheiro para um estado que para outro, essas coisas de política. Enfim, não batemos o martelo. Vamos ver melhor na semana que vem, porque o PMDB é sempre complicado.

À noite tivemos no Alvorada uma coisa extraordinária, a apresentação do Antonio Meneses, violoncelista, com a Cristina Ortiz, que é pianista. Um show, uma parte dos discos dele sobre Villa-Lobos, uma beleza de Villa-Lobos. Várias, várias peças... inclusive o "Trenzinho", adaptado. Depois músicas do [Francisco] Mignone e outros mais. Foi uma noite extraordinária, muito grata, e com muita gente, umas cinquenta pessoas.

Sábado, ontem, fui a São Paulo, ao Itaú Cultural, inaugurar uma fundação do Itaú.******** Discurso pra cá e pra lá, o meu de improviso, tudo muito simpático. Com o Olavo [Setúbal], a Milú [Villela],********* a mãe da Milú,********** a Daisy [Setúbal], mulher do Olavo, de quem eu gosto muito, um ambiente de gente boa, gente amiga,

* Ex-tesoureiro de campanha e eminência parda do governo Collor, assassinado em 1996.

** Ex-senador (PMDB-AL).

*** Suzana Marcolino.

**** A investigação oficial do crime concluiu que houve homicídio seguido de suicídio.

***** Irmão do ex-presidente Collor.

****** Em 1990, o ex-presidente da Petrobras Luís Octavio da Motta Veiga denunciou ter sido pressionado por PC Farias para conceder um empréstimo irregular de US$ 40 milhões à extinta Vasp.

******* Museu do Oratório de Ouro Preto.

******** Inauguração da nova sede do Instituto Itaú Cultural.

********* Presidente do Itaú Cultural.

********** Maria Luzia de Sousa Aranha.

pois sou amigo de muitos que estavam lá, havia umas duzentas pessoas. Mais tarde fui ao oculista, lá me encontrei com o Serra, que estava me esperando, e conversamos sobre as questões que o atazanam: que o PMDB continua insistindo no Henrique Alves, que querem que ele, Serra, coloque a campanha em ordem. Mas disse que eles do PMDB passam tudo para a imprensa. Se queixou de diálogos meus e dele, inventados, que estão na imprensa. Enfim, diálogos e impressões minhas expressando certo rigor no julgamento da campanha dele. Mentira. Mentira não dele, mas o que sai na imprensa. E muita preocupação por causa desse negócio do primo dele, que agora aparece como se fosse um grande problema.

O rapaz, estou esquecendo o nome dele agora... Gustavo Marin. Não, é outro Marin, uma pessoa muito ligada ao Serra. Gustavo Marín é um amigo nosso do Chile que esteve vários anos no Brasil e trabalhou na Ford. Não, esse é o Gregório Marin [Preciado], casado com uma prima do Serra,* que fez um empréstimo no Banco do Brasil em 1993 e que, como dezenas e centenas de empresas, não conseguiu pagar.** Renegociou e não houve influência política alguma no assunto. Mas inventaram. Disseram que o Serra foi sócio, e sócio quer dizer o seguinte: o Serra e o Gregório tinham um terreno que foi vendido por 140 mil reais. Metade para cada um. Há anos. É isso, a política brasileira, mesmo a mundial, é feita assim, da argamassa de escândalos. Depois dessa conversa com o Serra e com o Rubinho, o Rubem Belfort Mattos, velho amigo meu e meu oculista, saí. Aliás, as ruas estavam muito favoráveis, gente aplaudindo, fazendo sinal de apoio. Na hora da saída houve um quase tumulto de gente que veio dizer que eu devo ficar mais quatro anos, enfim, essas gentilezas que, quando os jornalistas põem no ar, aparecem como se fosse verdade que eu quero ficar mais quatro anos. Dá uma dor de cabeça e, Deus me livre, não quero ficar nem mais um dia. Almocei no Ca'd'Oro com o pessoal da própria equipe, e de lá fui para casa e esperei chegar o Jovelino Mineiro.

Conversei com ele sobre a organização de um futuro centro de documentação, quero iniciar logo, pegar o nome de contribuintes, para que eles comecem (a pagar) no ano que vem. Não pegar recursos já neste ano, apenas que se comprometam com o ano que vem, para organizarmos esse centro. Ele avançou na compra do antigo local do Automóvel Clube, estamos arranjando quem pague, o prédio é barato, e tudo isso um dia é para ser doado à USP. Quer dizer, um centro que eu vou montar com meu patrimônio, vou deixar lá muita coisa, inclusive todos os meus livros e todos os meus arquivos, e depois doar para a USP, quando da minha morte e da Ruth; quero colocar essa disposição lá. Vamos ver como faço. De qualquer maneira, quero deixar tudo claro para não imaginarem que estou formando patrimônio privado, nada disso.

* Vicencia Talan.

** A *Folha* de 10 de maio publicou que, entre 1995 e 1998, duas empresas de Preciado, devedoras do BB, haviam logrado reduzir o débito vencido em R$ 74 milhões, com a suposta influência de Serra e do ex--diretor Ricardo Sérgio.

Também preciso comprar um apartamento. Estamos nessa luta, passei o dia hoje conversando com a Ruth para ver como a gente junta o que tem para vender tudo e passar a vida de uma maneira agradável. Um bom apartamento, sem luxo, mas confortável. Para isso estamos tentando somar os dinheiros. Parece piada. Um bom apartamento no Brasil custa 400 mil dólares. Eu não tenho. Preciso juntar de cá, de lá, e ver se dá para chegar a essa soma. Isso somando quase tudo de propriedade nossa... É ridículo, depois de cinquenta e tantos anos de trabalho, presidente da República duas vezes, nossos recursos pessoais são muito escassos, muito limitados. Não é choradeira, não, é só para registrar.

À noite fui ao Masp, onde havia um grupo de trinta, quarenta pessoas, amigos do Museu de Arte de São Paulo (que fica também na avenida Paulista, como o Itaú Cultural), para um coquetel e para incentivar quem estava lá a ajudar a direção do museu a comprar um prédio ao lado, um prédio que, passando por um túnel, ficaria contíguo ao museu e aumentaria seu espaço. Foi muito simpático. Contei lá que eu e a Ruth estudamos com o [Pietro Maria] Bardi* e com o Jorge Wilheim,** nós e o Giannotti, nos anos 1950, por aí, na época da faculdade. Estávamos sendo treinados para ser monitores do museu, curso de arte. A Renina [Katz]*** trabalhou no museu, Ruth também, há cinquenta anos. Então, foi uma coisa muito agradável. Tomei o avião de volta para Brasília.

Hoje, domingo, passamos o dia mexendo nas nossas coisas pessoais. Em tempo: eu não registrei que na quinta-feira também recebi o José Carlos Carvalho, ministro do Meio Ambiente, no fim do dia. Nessa visita ele propôs o seguinte: que amanhã, segunda-feira, 13 de maio, ele traria à minha presença o Sarney Filho, que vai assumir a presidência do PFL e quer combinar comigo o apoio à candidatura do Serra. Se for verdade, vai ser um estouro na praça.

Outra questão que eu não mencionei, foi que recebi também o Aécio, para uma conversa pessoal, eu sou bastante amigo do Aécio, gosto dele. Ele está nos dramas finais para dizer se aceita ou não a candidatura ao governo de Minas. Ele tem receio, com razão, de que o Itamar, depois de fingir que o apoia, desista de apoiá-lo e até se lance candidato. Ele vai se encontrar com Itamar neste fim de semana e volta a conversar comigo, para ver que rumo toma. Na conversa que tive com o Serra, já mencionada, no oculista Belfort Mattos, encontrei-o furioso com o Aécio. Tentei dizer que o Aécio era candidato a governador de Minas. O Serra diz que o Aécio não tem a limpidez de rejeitar o apoio (quem teria?) quando terceiros falam dele como candidato à presidente da República. Essas são intransigências que marcam o Serra e que fazem as pessoas ficar com temor das reações dele.

* Ex-diretor do Masp.

** Secretário municipal de Planejamento Urbano de São Paulo.

*** Professora da USP e artista visual.

HOJE É TERÇA-FEIRA, 14 DE MAIO, quase meia-noite. Ontem dei entrevista ao Sebrae de manhã, fiz a sanção do projeto sobre o cinema,* foi uma festa, muitos artistas e tal. Depois almoçamos, artistas, diretores de filmes etc. O que mais interessa registrar foi a conversa com a Paula Lavigne, mulher do Caetano [Veloso]. O Caetano está empolgado com o [Roberto] Mangabeira Unger,** está na hora de ele conversar comigo. Vamos ver, mas tem que ser uma coisa discreta, porque ele corre risco de patrulhamento. Depois fomos a uma reunião sobre direitos humanos,*** era o Dia da Abolição, 13 de maio. Fizemos uma cerimônia ampla, inclusive com referência a um projeto da Marta de união civil de pessoas do mesmo sexo.****

Na saída, um jovem***** veio com uma bandeira que eu não sabia nem do que era, abri a bandeira, fotografia de todo lado, era do movimento Gays, Lésbicas e Simpatizantes. Eu não sabia, mas, enfim, foi um gesto. Gravei para o rádio. Recebi o Siqueira Campos e a Dulce Pereira, ela está dando trabalho porque não quer sair da posição dela em Portugal. Insistentemente. Uma coisa difícil, porque a Dulce tem apoio do Brasil, mas de Portugal nunca teve. Fica difícil, tentei explicar, mas não houve jeito. Vamos ver... Depois recebi a Ângela Amin,****** que me deu uma boa notícia: a mortalidade infantil em Florianópolis caiu para 8,4 [por mil nascidos]. É realmente taxa de Primeiro Mundo.

E recebi o Zequinha Sarney, como tinha dito. Ele efetivamente propôs apoio ao Serra, coisa que a Roseana não gostou muito, ela sabia que ele estava comigo, e o Sarney também sabia. O Sarney se queixou de minha falta de solidariedade. Imagina, ele vai para o Senado, faz um discurso daqueles e quem não tem solidariedade sou eu... Melhor deixar pra lá. O Zequinha veio dizer que ele, agora como presidente do PFL, apoiará o Serra. Juntamente com o José Reinaldo [Tavares],******* que está meio fraco nas pesquisas. Que José Reinaldo vai ser candidato ao governo, contanto que o PSDB não lance outro candidato, mesmo porque este não teria chances de ganhar. Achei um bom negócio. Na terça-feira, hoje, falei com o José Aníbal de manhã, que já procurou o Zequinha, e eventualmente poderemos caminhar por aí.

Depois, de importante, só recebi o David de Ferranti, que é vice-presidente do Banco Mundial, entusiasmado com os dados do Brasil. Disse que o crescimento da oferta de matrículas para as crianças de primeiro grau e a queda da mortalidade

* Sanção da lei nº 10454, que alterou dispositivos da MP 2228-1/2001 para ampliar o escopo de produções audiovisuais beneficiadas por incentivos federais.

** Coordenador da campanha presidencial de Ciro Gomes e professor da Universidade Harvard.

*** Cerimônia de lançamento do Programa Nacional de Direitos Humanos (PNDH-II), com 518 ações e metas.

**** O PL 1151/1995 nunca foi votado pelo plenário da Câmara. Em 2013, uma resolução do STF autorizou a celebração de casamentos homoafetivos nos cartórios de todo o país.

***** Welton Trindade, presidente do Grupo LGBT Estruturação, de Brasília.

****** Prefeita de Florianópolis (PPB).

******* Ex-vice-governador do Maranhão (PFL), assumira o Palácio dos Leões depois da renúncia de Roseana Sarney.

infantil nunca mostraram tais resultados. Em tão pouco tempo ele nunca viu uma queda assim em nenhum país, mostrou gráficos comparando, estava entusiasmado. Recebi o Cândido Mendes, que insiste para que eu receba um doutorado honoris causa, dizendo que é a primeira vez em cem anos que a Universidade Candido Mendes dará um doutorado.

Fiquei despachando e vim para casa a fim de evitar um contato direto com os presidentes dos fundos de pensão, pois eles puseram no jornal que eu iria recebê-los como demonstração de que estava do lado deles, contra o Opportunity. Ora, eu não estou do lado de ninguém. Recebi o presidente do Opportunity, poderia recebê-los, mas não depois desse enquadramento. Pedi ao Pedro Parente que os recebesse e vim para casa, dizendo que tinha outras coisas a fazer e que estava cansado. Dei antes uma entrevista na televisão, para dizer que tínhamos que endurecer na questão da CPMF. Hoje de manhã, falei com o Amazonino Mendes, e disse a mesma coisa. Não tem cabimento deputado enviar carta ao Malan. O Amazonino, que é esperto, disse: "Sem dúvida nenhuma, vá tranquilo para a Europa que eu vou resolver isso". E, de fato, quinze minutos depois o Bernardo Cabral liberou o relatório. A mesma coisa eu conversei com o Lobão, conversei com o José Agripino. O Scalco havia recebido o Agripino, com o Pedro Parente, para dizer que não íamos entrar em barganha nenhuma, e que iríamos, sim, fazer cortes no orçamento para compensar a CPMF. Fizemos os cortes.* Amanhã vai ser uma gritaria. Mas amanhã é outro dia.

A Bia está aqui, veio o Cafu, o Jorge Caldeira, o Boris Fausto, o Sérgio Fausto.** Enfim, jantar muito agradável, e veio o Benjamin, ele ainda preocupado com o depoimento do Paulo Renato. Chamei o Paulo Renato hoje de manhã. Não dá para entender como ele entrou nessa confusão. O Benjamin não se lembra de ter tido jamais um encontro com o Paulo Renato. E dizem que o encontro foi no segundo semestre de 98. O Benjamin acha que o Paulo Renato pode, sem que seja mentira, dizer que foi uma confusão... voltando atrás no que disse. Afirmou que ele falava de uma doação legal da Vale do Rio Doce, e não sei o quê. Vamos ver como o Paulo vai reagir a tudo isso. Mas ele está se metendo numa camisa de sete varas e me levando junto. Amanhã, quarta-feira, decolaremos para Madri.

HOJE É 16 DE MAIO, QUINTA-FEIRA, estamos em Madri.*** Decolamos ontem de Brasília para cá, viagem agradável. Vim com o Aécio, com o Tebet, o Boris

* O orçamento de 2002 sofreu cortes de R$ 5,3 bilhões.

** Assessor do secretário executivo do Ministério da Fazenda.

*** O presidente viajou à Espanha para participar da II Cúpula América Latina, Caribe e União Europeia. O presidente do STF Marco Aurélio Mello assumiu a Presidência da República durante as viagens internacionais de Fernando Henrique até as eleições de outubro. O vice-presidente e os presidentes da Câmara e do Senado não podiam assumir o cargo sob pena de não poderem se candidatar.

Fausto, o Clóvis Carvalho e outros mais. Aqui chegando, o Real Madrid havia ganho a Copa da Europa, acho que em Glasgow, na Escócia.* Grande alegria na cidade. Comemos uns aspargos deliciosos com o Carlos Garcia,** a Cristina [Garcia], mulher dele, a Ruth, a Bia, o Pedrinho [meu neto], e fomos dormir às duas da manhã. Hoje acordei e já tinha funções. Às dez da manhã, recebi o Pedro Areola, que faz o marketing do Partido Popular daqui e de muita gente mundo afora, inclusive do PFL. Veio conversar sobre o Brasil, eleições e tal.

Depois recebi o [Emilio] Botín, o presidente do Santander. Ele veio primeiro, depois os outros banqueiros vieram. Na Espanha há dois centros financeiros importantes, o Banco Santander e o Banco Bilbao Vizcaya, BBV, como eles chamam. Recebi o Botín para conversar sobre o que está acontecendo no Brasil, ele está muito contente. Veio com o vice-presidente dele, que foi também vice-presidente da Ford no Brasil, o Miguel Jorge.*** Uma conversa amena, basicamente de informações político-eleitorais e econômicas. Eles ainda confiantes na economia do Brasil. Depois um almoço com o pessoal do BBV, o [Íñigo de] Oriol**** e um novo dirigente do banco que se chama Francisco González, eu creio, e que substituiu o que foi derrubado agora, o [Emilio] Ybarra, do mesmo banco. Depois recebi o [César] Alierta, da Telefónica, e também o novo presidente da Endesa,***** que é, por certo, presidente das várias caixas econômicas da Espanha.

No almoço só nós três mais a Ruth, Carlos Garcia e o Eduardo Santos. Conversa sobre os mesmos temas, a preocupação de todos, como a do pessoal do Santander, é com a Argentina. Eles acham que o endividamento da Argentina está alto e querem saber o que vai acontecer. Eu, sempre dando alento à Argentina, disse que se trata de um grande país, que vai se recuperar, embora os próximos anos venham a ser duros. Eles estão sem confiança no Duhalde. Entretanto, sem o Duhalde, quem? Não há ninguém; o jeito é ir levando e ver se as coisas melhoram. Eles não vão botar mais nem um tostão na Argentina. Estão certos de que daqui em diante será pura perda. Como hoje eles talvez já estejam investidos demais na Argentina, isso seria o melhor a fazer. Muita confiança no Brasil, em mim. Muita.

E temor de que o Lula ganhe; há falta de conhecimento do Serra. Eles acham que eu fiz um trabalho extraordinário, aquela coisa de sempre, que isso é reconhecido aqui fora, assim como será no Brasil. Acham que o Brasil mudou, que o Brasil, na verdade, aguentou a América Latina, e que mesmo nas crises foi o Brasil quem deu o tom. Entusiasmados com o modo como a gente resolveu a crise de energia.

* O time madrilenho derrotou o Bayer Leverkusen por 2 a 1 na partida final da Liga dos Campeões da Europa.

** Embaixador do Brasil na Espanha.

*** Vice-presidente executivo de Recursos Humanos do Grupo Santander Banespa. Jorge foi vice-presidente de Recursos Humanos e Assuntos Corporativos da Ford.

**** Presidente da Iberdrola.

***** Manuel Pizarro, também presidente da Ibercaja.

Eles já estiveram com o Pedro Malan, com o Pedro Parente, com o Armínio Fraga. Eu penso que foi assim mesmo, mas o Brasil não sabe.

Estou descansando um pouco, às quatro da tarde vou encontrar uma porção de gente, para fazer um acordo entre a Universidade de Salamanca e o Instituto Brasil-Espanha, e à noite vou jantar com o Duhalde e com outros presidentes do Mercosul. Uma observação: a Espanha é um pequeno país, do ponto de vista dos grupos financeiros. Há dois bancos basicamente e ao redor deles algumas grandes empresas. A Repsol, a Telefónica, a Iberdrola, só que elas se transformaram em multinacionais, investiram fortemente na América Latina. O Brasil não tem multinacionais. A Ambev está começando a se mover, a Vale do Rio Doce idem, também a Gerdau começa a se movimentar, mas precisamos ter uma energia muito maior, uma audácia maior.

Fico desesperado, os empresários reclamam do governo. Eu acho que falta audácia é aos empresários e não ao governo. Eles se queixam sempre da taxa de juros, que é o último refúgio para esconder a falta de audácia e, em alguns casos, a falta de competência empresarial. Não é nem falta de competência empresarial; é falta de rumo, falta de ver o que é possível fazer. O Benjamin Steinbruch me disse que eles estão dispostos a se associar a uma empresa americana* e outra inglesa.** Tomara façam e tenham participação mais ativa nos negócios mundiais. O Brasil, por seu tamanho e por sua importância, não pode ficar ensimesmado, concentrado só na sua economia doméstica.

* Heartland Steel, adquirida pela CSN em 2001.

** Corus, resultante da fusão entre a British Steel e a holandesa Hoogovens.

22 A 30 DE MAIO DE 2002

Cúpula América Latina e União Europeia. Visita ao papa. O estilo Serra. Definição da vice

Hoje é dia 22 de maio, quarta-feira, estou de volta ao Brasil. Retomarei o que estava anotando sobre a viagem à Europa, na qual trabalhei tanto, vi tanta gente que não tive tempo de registrar muita coisa. Na quinta-feira, dia 16, depois dos encontros já registrados, tivemos uma recepção grande para os presidentes dos grupos empresariais, mas nada de especial. A notar: assinamos um acordo com a universidade e em seguida fui jantar com o Duhalde. Um jantar muito estranho, porque foi na embaixada da Argentina, mas com três mesas em ambientes à parte. Uma com os presidentes, em outra sala um grupo com os ministros do Exterior e na outra os embaixadores. Nada em conjunto. Dos presidentes, quando eu cheguei e durante o jantar, só o Duhalde, o Batlle, eu e o Quiroga, da Bolívia.

No final do jantar, chegou o Ricardo Lagos, do Chile. Duhalde queria saber o que pode ser feito, não sei o quê, um pouco aturdido com muita coisa ao mesmo tempo: com a situação da Argentina, do Mercosul, da Alca, dos americanos. O Batlle muito cético nessa questão, como ele é, no fundo quer um acordo direto com os americanos. E o Jorge Quiroga, da Bolívia, dizendo que tínhamos que ir a Guayaquil reforçar a unidade sul-americana e cuidar de nós, porque o mundo está se fechando. E está mesmo. Aproveitei o mote e disse que achava necessário ir [a Guayaquil] e que deveríamos levar adiante o plano de integração estrutural, viário, telefônico etc. Isso o Batlle gostou e propôs que na reunião plena se falasse de uma fusão entre o Fonplata* e a CAF,** para financiar esses projetos de integração.

O Batlle acha que na Europa a única entidade que pode apoiar essa ação na América do Sul é a Espanha. Acrescentei a Alemanha, porque é a Alemanha quem paga o peso da política agrícola europeia comum. Depois que chegou o Ricardo Lagos, a conversa mudou de tom, porque o Ricardo fechou um acordo com a União Europeia e contou com detalhes as dificuldades múltiplas. Trata-se de um pequeno acordo, muito a ver com os vinhos, com as marcas, com as exigências dos europeus de guardar nomes, até nomes como Concha y Toro eles impugnaram, porque têm um vinho espanhol chamado Toro. Mas ele acabou ganhando essa pequena batalha.

Os espanhóis e os europeus insistiram na questão dos serviços, na questão dos bancos. Estavam querendo se meter até no sistema cambial chileno, porque os chilenos têm possibilidade de bloquear o dinheiro que entra, deixando um ano sem

* Fondo Financiero para el Desarrollo de la Cuenca del Plata, fundado em 1974, com sede na Bolívia.

** A Corporación Andina de Fomento, criada em 1968, atualmente se denomina Banco de Desenvolvimento da América Latina, sediado em Caracas.

que possa sair. Eles não estão recorrendo a isso, mas os europeus queriam eliminar essa possibilidade. Enfim, mostrou que foi um acordo duríssimo, mas vantajoso para o Chile, obviamente, porque diminui barreiras. No entanto é um acordo limitado, digamos assim, para o alcance de países mais complexos como o Brasil.

No dia seguinte, sexta-feira 17, que foi propriamente o dia da Reunião de Madri, fiz um discurso logo depois do Aznar, que, como de praxe, foi o primeiro porque havia sido o anfitrião da outra vez. Fiz um discurso no limite do que é possível dizer em reuniões grandes e diplomáticas como reação ao unilateralismo. E o que eu disse teve repercussão. Depois cada um fez suas exposições, nada de muito especial. O Batlle mencionou o que tínhamos combinado na véspera.

Também a exposição do [Silvio] Berlusconi* foi divertida, e eu diria até que foi favorável às nossas teses. Um pouco porque ele tem uma posição de identidade cultural... e também porque a direita tem um lado antiglobalizador. Não é o meu lado, não é por aí que eu vejo o problema das assimetrias. Foi isso. Tony Blair fez um discurso normal, o Schröder também, enfim, nada que chamasse a atenção. Foi uma reunião morna, de bons propósitos.

No intervalo conversei com alguns deles. Com o Tony Blair, a respeito da reunião da África do Sul e da fusão entre a CSN e uma empresa de aço da Inglaterra. Há muito interesse da CSN nessa fusão, porque eles vão ficar com 40% do controle total, enquanto nenhum dos outros sócios alcança 40%. Enfim, o Tony me pareceu entusiasmado. Depois falou de assuntos pessoais, do filho dele, brincadeiras sobre a família dele, muito simpático como sempre.

Tive um encontro com o primeiro-ministro da Dinamarca,** que passa a ser o novo presidente da União Europeia, um homem pouco informado das coisas da América do Sul, mas, como um bom nórdico, aberto a ideias mais generosas. Depois encontrei-me com o Berlusconi, que foi engraçadíssimo. A primeira coisa que disse foi me convidar para ser consultor dele depois que eu deixar a Presidência, que ele precisa de gente com a minha experiência, que ele tem um castelo em Portofino onde eu posso ficar. Eu nunca vi uma oferta assim, como se eu fosse um jogador de futebol e que um clube estivesse comprando meu passe. Dito isso, ele é muito simpático, e simplista também. Disse que faz canções napolitanas, que ele muda as letras, que compõe a música, e falou coisas tradicionais sobre o Brasil, que já veio para cá, expressou amor e simpatia. Mas, eu diria, no limite do quase ridículo. Ele representa uma força muito conservadora na Itália, mas, pessoalmente, é simpático.

Além desses encontros bilaterais, o que valeu foi a reunião direta entre Mercosul e União Europeia, porque tivemos uma posição forte. Eu falei bastante e fortemente. Também o Duhalde e o Batlle. Em que sentido? De que está na hora de romper a inércia e de fazer acordos. A Argentina vai resolver seus problemas até

* Premiê da Itália.

** Anders Rasmussen.

julho, quando haverá a nova reunião,* espero que até lá já os tenha resolvido. E assim foi o tempo todo. Eu tinha estado com o Prodi, que é o presidente da Comissão da Europeia, e também falei tudo isso com ele. Disse a ele e ao primeiro-ministro da Dinamarca que o Brasil, se não for acompanhado pelo Mercosul, fará sozinho o acordo [com a União Europeia]. Que não queremos ficar amarrados, isolados.

Falei no discurso — foi uma sugestão do Seixas Corrêa — que não queremos ser condenados a ter uma vocação de solidão. Queremos estar presentes nos grandes acordos mundiais, portanto, se a União Europeia quiser vir com o Mercosul, é agora. Senão, vamos tentar de toda forma furar o isolamento. Preferimos o acordo entre o Mercosul e a União Europeia, para facilitar a Alca, porque a Alca está muito difícil, os americanos impondo mais barreiras, o Congresso americano limitando cada vez mais o presidente. Achei essa reunião de todos os presidentes da América do Sul e da Europa das mais produtivas para expor nosso ponto de vista.

À noite jantamos no Palácio Real com o rei e a rainha. Fiquei ao lado dela, que é nossa amiga, simpática e tudo mais. Foi uma reunião social, apenas isso, a rainha insistindo que eu preciso ter um papel no Brasil, que devo voltar a ser presidente, com a simpatia e, acredito, crença dela. Nada houve além de coisas sociais. Conversamos com o primeiro-ministro da Bélgica,** um jovem simpático. Ele queria vir ao Brasil para assistir à reunião da antiglobalização em Porto Alegre, mas foi vetado porque é muito liberal. Apesar disso, é ele quem faz o encontro com o pessoal antiglobalização na Bélgica. Veio o vice-presidente de Cuba, o [Carlos] Lage, ele gostou muito das minhas intervenções, disse que sou o único que fala de cabeça erguida diante do poderio americano. E nada mais de especial.

O primeiro-ministro da Suécia veio conversar comigo para perguntar como vai a licitação para o avião da Força Aérea, avião de caça. O Gripen é deles. Eu sempre digo coisas gerais, que é seguro que vai ser uma licitação técnica e não política. Eles estão querendo mostrar interesse no assunto. Conversei com todos os presidentes da América do Sul. Havia poucos europeus no jantar com o rei.

Dia seguinte, sábado, fui a Salamanca, e aí grandes homenagens,*** uma festa bonita, um discurso muito simpático e bem-feito pelo professor que me saudou, que se chama [Manuel] Alcántara. Muito positivo mesmo. O reitor**** também, um homem vibrante. Ele tinha ouvido pelo rádio as declarações que fiz em Madri. Elas foram televisionadas também, ele muito favorável ao que eu disse. Citou-as na solenidade medieval de Salamanca. O Duhalde assistiu, em um gesto de simpatia comigo. E foi bom, porque ele viu também o tratamento que recebo nesse mundo intelectual, além do mundo político. Almocei em Salamanca com todo o pessoal de

* XXII Reunião do Conselho do Mercado Comum e dos Chefes de Estado do Mercosul, em Buenos Aires, marcada para 4-5 de julho.

** Guy Verhofstadt.

*** Fernando Henrique recebeu o título de doutor honoris causa da Universidade de Salamanca.

**** Ignacio Berdugo de la Torre.

lá e foi muitíssimo simpático, o reitor agradabilíssimo. Fiz um discurso bem-humorado. Na minha mesa estava o presidente da Telefónica, que é o César Alierta, e também o Emilio Botín, o presidente do Santander. Enfim, o mundo cultural e o mundo econômico ligado ao Brasil estavam presentes. E gente de peso da Espanha.

De Salamanca, tomamos o avião e fomos para Roma. Mal chegando, um jantar grande, todo mundo lá. Mas nada de especial, pessoas ligadas a nós e gente amiga. Foram comigo, além do Aécio e do Ramez Tebet, o Geraldo Alckmin e o Amin, a esposa dele, de quem eu gosto tanto, a prefeita de Florianópolis, a Ângela Amin, e outros personagens mais, além dos diversos embaixadores. No domingo fomos assistir à canonização de uma freira brasileira,* uma grande festa na praça de São Pedro. E bonita, com muito cânticos, muitos brasileiros que no fim cantaram o hino nacional, eu comunguei.

Por que comunguei? Porque a meu lado estava o arcebispo que me acompanhava, e, diante de nós, o ajudante dele apresentou a hóstia sagrada. Achei que o momento era de comunhão, não achei falso mostrar que havia uma integração espiritual de todos nós ali, em um momento de exaltação religiosa e ao mesmo tempo nacional. Claro que isso vai provocar algumas opiniões críticas, mas não fiz para ser fotografado, e acho que nem fui fotografado. Evidentemente, os ali presentes contaram para todo mundo. Eu diria que foi um gesto emotivo da minha parte. Nem místico nem religioso, mas emotivo. Depois, eu e Ruth fomos saudar o papa, que estava no altar erguido na praça de São Pedro, aberta ao povo.

Almocei na embaixada com dois importantes personagens, um do jornal *La Repubblica* e outro do *Corriere della Sera*. Soube que o do *Corriere della Sera* era ninguém mais ninguém menos que o Giovanni Sartori, o principal cientista político da Itália, professor da Columbia, ele lecionou em toda parte dos Estados Unidos e na Itália, tem setenta e tantos anos, é o editorialista do *Corriere*. Sabe tudo sobre o Brasil e tem horror do Lula. E muito entusiasmado com o que eu consegui fazer, porque acha que a Constituição brasileira é a pior de todas que ele conhece quanto ao regime político. Ele não sabe como nosso sistema político pode funcionar e disse que eu fiz um milagre ao obter reformas importantes desse sistema político. O editorialista do *La Repubblica* era mais discreto.

A conversa foi em inglês porque era a língua comum aos brasileiros que estavam comigo ali, o Boris Fausto, o Andrea Matarazzo, o Eduardo Santos. Giovanni Sartori fala inglês corretissimamente, ele é vibrante, brilhante, inteligente, fala o tempo todo, dominante. Foi muito bom para eu saber por que são contra o Berlusconi. Ele acha o Berlusconi um perigo para a democracia, porque na Itália houve a fusão da TV pública com a privada, o domínio total dos meios de comunicação pelo governo, resta a parte escrita. Isso é um perigo muito grande. Ele é contra

* Madre Paulina, primeira santa do Brasil, canonizada como santa Madre Paulina do Coração Agonizante de Jesus.

a centralização do Berlusconi, por isso virou um espinhozinho na garganta do Berlusconi. Sabe bastante sobre o Brasil, inclusive das dúvidas sobre a possibilidade de o Serra ganhar a eleição.

Depois desse almoço, que foi o fato mais interessante do dia, tive uma série de coquetéis com pessoas que estavam lá, deputados, senadores. À noite ainda fui a uma recepção — à noite não, à noitinha — na embaixada do Brasil no Vaticano com o Oto Maia,* que é irmão do Agripino Maia, e lá falei com o cardeal [Angelo] Sodano.** Estavam vários cardeais nossos, o d. Lucas [Moreira Neves],*** que está velhinho, o d. Eugênio Sales, d. Cláudio, e muito padre, muita freira de toda parte do Brasil e da Itália. Todos contentes com a minha presença, fotografia e tudo mais que já se sabe. Ainda fomos ao jantar que o Júlio César, nosso embaixador na FAO, nos ofereceu, um jantar no restaurante Sardegna, muito bom. Só com alguns embaixadores, alguns amigos mais próximos, como a Gilda, o Clóvis, a mulher do Clóvis, a Gema [Nair Maria Gema Arruda de Carvalho]. Fui dormir realmente exausto. Isso no domingo.

Na segunda-feira de manhã, fomos ao papa [João Paulo II], não sem antes termos tirado fotografia com meio mundo, a coisa de sempre. O encontro com o papa foi interessante... ele está bastante velho. Primeiro conversamos eu e ele sozinhos, ele sorridente, até temos muitas fotos juntos, em quase todas ele sorridente. Mas se percebe que faz uma conversa mais alusiva do que propriamente discursiva. Ele vai viajar, vai à Bulgária, e fala da Bulgária. Aí fala um pouco do Azerbaijão. Volta ao Brasil, mais com palavras do que com raciocínios. Mais tarde entraram a Ruth e o Pedrinho, depois os governadores e dois deputados**** que conseguiram se agregar à delegação. E alguns jornalistas.

Ainda fui conversar com o cardeal Sodano, eu e o Oto Maia. O Sodano é um homem do mundo, de poder secular. A visão dele sobre a Palestina é a mesma que a nossa. Falou do Estado da Palestina e se mostrou contra o que estão fazendo em Israel, muito contra mesmo. Preocupado com o Brasil, ele é diretamente contra o PT, contra o Lula, sabe da situação, sabe do Serra também. Acha importante manter a nossa linha e disse que já recomendou aos bispos e padres que digam que é bom votar no melhor mesmo. Tem-se que insinuar quem é o melhor, o mais competente, o mais preparado. Essa foi a conversa, embora eu não a tenha transmitido a ninguém, porque fica mal. Também conversamos sobre os Estados Unidos. Ele é contra a visão maniqueísta americana, parece um cardeal à antiga, quando a Igreja tinha um poder secular imenso, porque fala como um homem de poder, e com muita competência.

Dei entrevistas à tarde, para a rede de TV italiana, em vários momentos. Entrevistadores italianos, jornais etc. E fui almoçar no Quirinale com o presidente da

* Embaixador do Brasil na Santa Sé.

** Secretário de Estado do Vaticano.

*** Cardeal-arcebispo emérito de Salvador, prefeito da Congregação para os Bispos, no Vaticano, e bispo da diocese suburbicária de Sabina-Poggio Mirteto, em Roma.

**** Ramez Tebet e Aécio Neves.

Itália, [Carlo Azeglio] Ciampi. Um homem extraordinário, tem 71 anos, homem de visão, vibrante, muito simpático, me deu dois beijos, um em cada lado da face, muita simpatia. Mostrou Roma toda do alto, o Quirinale. Se avista Roma em 360 graus. Ele também sabe tudo, e sobre o mundo. Tem uma visão muito clara do Brasil, do investimento aqui, o que fazer ou não fazer. De novo, elogios mais que exagerados a meu respeito e temores quanto ao Brasil, sobre a necessidade de seguir no mesmo caminho. Estavam os governadores comigo mais os presidentes da Câmara e do Senado.

Devo dizer que só o Aécio é uma pessoa de mais mundo, capaz de ter uma conversa mais ampla, que fala — ele e o Amin. Os outros ficam muito distanciados da conversa, não conseguem acompanhar, talvez pela língua, que foi o italiano. Meu italiano é macarrônico, misturei um monte de línguas, mas em geral usei o italiano. E o presidente Ciampi sempre em italiano. Ele conhece o Brasil, esteve aqui, conhece tudo. Estava lá o Andrea Matarazzo, que é um homem fluente, um homem do mundo também, capaz de levar adiante uma conversação.

Voltamos à embaixada, falei com a televisão etc., quase não tive tempo para descansar, e lá fomos encontrar o presidente da Câmara, o [Pier Ferdinando] Casini, de origem democrata cristã. Ele pertence a um pequeno partido que apoia o partido do Berlusconi.* Apoia mais ou menos. É um homem de presença, simpático, sabe bastante do Brasil, conversei com muitos deputados, também eles sabem tudo do Brasil. Em seguida, estive com o presidente do Senado,** que já é de outro tipo, mais fechado, de conversa mais difícil. E também ligado à Forza Italia, portanto, ao Berlusconi. Tudo mais formal no Senado.

Voltei ao Palazzo Pamphili, da nossa embaixada, e jantei com os grandes empresários italianos. Estava lá o [Carlo] De Benedetti, que controla o jornal *La Repubblica*, é grande empresário e tem no Brasil um negócio de autopeças. Estava lá o presidente da Fiat, porque o [Gianni] Agnelli está doente, com câncer, se tratando nos Estados Unidos, mas mandou um recado simpático. Estava lá o presidente da Fiat, [Paolo] Cantarella, que já esteve no Brasil. O presidente e dono da Parmalat,*** que também fala português. Estava um grande armador, creio que a empresa se chama Alianza. Também presente o antigo presidente da Fiat, que brigou com o Agnelli, mas ganhou a maior construtora da Europa, e ganhou também o *Corriere della Sera*,**** esqueci o nome dele agora, embora o conheça bem. Além desses, havia um representante dos grandes bancos italianos mais o [Marco] Tronchetti Provera, que até hoje é o controlador da Pirelli e, por consequência, da Telecom Italia.

A conversa foi quase difícil, porque eles são muito contra uma eventual vitória do Lula. Eu até amenizei, são também muito temerosos de que o Serra não ganhe.

* Centro Cristiano Democratico (CCD), aliado do Forza Italia de Berlusconi.

** Marcello Pera.

*** Calisto Tanzi.

**** Cesare Romiti, presidente do RCS MediaGroup, controlador do *Corriere* e da construtora Impreglio.

Acham que depende de mim, dos meios de comunicação. Eu respondi: "Mas vocês são donos dos grandes meios de comunicação da Itália, e são grandes anunciantes no Brasil, cabe a vocês falar, não a mim".

Expliquei a situação do Brasil, mostrei que ela é sólida, independentemente de quem vier a ser eleito. Eles não acreditam muito nisso, creem que a solidez é dependente da [nossa] vitória. Fiquei surpreso com a reação do Tronchetti Provera. Ele me disse que no caso da briga deles com o Opportunity, no Brasil, se sentiu um tanto chantageado e disse que não gosta disso.

Aproveitei para dizer que ninguém fala em meu nome. Eu soube que há pessoas, picaretas desses de alto voo, que andaram se intrometendo nas conversas, dizendo que falavam por mim, que me conheciam. Disse a eles: "Ninguém fala por mim! Se tiverem algum problema, falem diretamente comigo ou com o ministro das Comunicações, e de modo direto". Eu não gosto de intermediários, sei que pode haver pessoas se metendo, fingindo que têm acesso a mim e que ficam dizendo que eu quero isso, que eu quero aquilo. Achei, contudo, que ele estava muito restritivo ao Grupo Opportunity.

Ele acha que há um problema regulatório diferente do que quer o Opportunity. Há uma restrição de extensão da rede celular, se não cumprir as metas (eles estão ligados a uma das telefônicas do Brasil, controlada pelos fundos de pensão e pelo Opportunity). Para bloquear o Opportunity, não querem cumprir as metas de expansão. Enfim, é um negócio complexo. Eu disse que não entendia nada disso, que ia falar com o ministro das Comunicações. O homem me deu boa impressão, é bem preparado. Eles todos mudavam do francês para o inglês, para o italiano, para o português, alguns com uma naturalidade de dar inveja, e isso a mim, que já sou bastante flexível em matéria de línguas. Não todos eles [eram tão fluentes], mas basicamente esse Tronchetti Provera e o da Parmalat.

Tanto o Benedetti quanto o editorialista do *Corriere della Sera* são contra o Berlusconi. É curioso, assumem posição desfavorável por razões de brigas deles lá. E também porque a opinião pública mundial se forma, e é uma opinião liberal, digo liberal por falta de outro nome. E essa opinião fica assustada com o unilateralismo americano, com o conservadorismo do Berlusconi, mais esse apelo nacional popular, eles ficam contra, ficam suspeitosos. Quando falaram com a imprensa lá embaixo, douraram a pílula. Não sei o que disseram, mas espero que não com a crueza que disseram a mim sobre o risco da eleição do Lula no Brasil. Eu disse a eles que acho que ele não vai ganhar, mas que, se ganhar, tenho condições de atuar como contrapeso, porque sou brasileiro, vou pensar primeiro no Brasil.

Se o Lula ganhar, vou tentar ajudar o Brasil, e, se for o caso, se o PT der alguma abertura, vamos reforçar o lado positivo do PT. Digo isso porque tenho visto muita reação ao Serra, mais do que eu imaginava. Os deputados que lá estavam (eram muitos, uns vinte), vários deles quase me forçando a tomar posição, dizendo que devemos mudar de candidato. É verdade que eles são muito favoráveis ao Aécio, e o

Aécio, por sua vez, nas conversas comigo, está na dúvida sobre se vai ser candidato ao governo de Minas ou ao Senado. Tem medo de se candidatar ao governo de Minas pelo mau estado das finanças públicas de lá. Mas percebi, quando voltei ontem e falei com o Serra, que agora é tarde. O Aécio vai ser o único que aceita ser governador, pois o antigo governador [Itamar Franco] agora quer ser senador, do nosso lado.

Hoje vou almoçar com o Malan e com o Aécio, para ver o que dá para fazer com relação a Minas. Naturalmente o Itamar reagiu fortemente hoje, pela imprensa, a uma declaração que eu dei na Itália, dizendo que qualquer medida nossa seria geral e não para proteger um estado específico. Eu disse isso porque tenho que dizer. Itamar já achou que eu não estou defendendo Minas, que estou atacando a Federação que fui encarregado de preservar... Imagina quem diz isso, o dr. Itamar Franco, que se elegeu governador de Minas no segundo turno e que, para chegar até o fim do governo, foi um sacrifício. Se não fosse o Real, se não fosse eu e minha equipe, que sustentamos essa mudança toda, ele teria afundado.

Agora o Aécio me disse o que Itamar quer para apoiá-lo: que eu o nomeie embaixador, creio que na FAO, no final do mandato; e que o Serra assegure no ministério a nomeação do pessoal dele. Ele discutiu com o Aécio as posições. E esse mesmo homem vai em público dizer que Minas não sei o que lá... que a Federação... Isso que estou registrando veio de uma conversa tida com o Aécio na Itália em que ele contou a conversa que tivera com o Itamar. O Itamar topa, sim, apoiar o Aécio e ficar neutro com relação ao Serra desde que eu o nomeie, pela terceira vez, embaixador. É muito pequenininho. Melhor deixar esses desabafos para dias menos atarefados do que o dia que tenho hoje.

Ontem à noite, quando cheguei, uns dez telefonemas. O Serra na dúvida existencial sobre seu vice, se será a Rita ou o Simon. Enquanto eu estava na Europa, implodiu a candidatura do Henrique Alves, por causa da briga dele com a ex-mulher,* que disse que ele tem dinheiro no exterior.** Estourou a candidatura, o PMDB se rendeu, deixou o Serra escolher. O Serra veio ver comigo o que é melhor. Eleitoralmente é a Rita, politicamente, para o PMDB, é o Pedro Simon.

O risco do Pedro Simon, como eu digo, é que ele é o cupim da honra alheia. Muda de opinião e pode dar trabalho durante a campanha. E certamente dará como vice-presidente. Ele foi muito hostil ao governo esses anos todos, sempre fez o jogo de elogiar a mim pessoalmente, e pau no governo. É uma coisa dura de engolir. E o Serra, que atropela tudo quando tem um interesse definido, topa o Simon. Eu não vou vetar o Simon, louco eu não sou, mas o Serra tem que ter o cuidado de saber ele próprio que o Simon, para mim, é uma dose de elefante. Eu engulo, eu tenho força moral para engolir todas essas coisas.

* Mônica Azambuja.

** Durante o divórcio litigioso, a ex-mulher do deputado potiguar declarou à Justiça que Alves possuía ao menos US$ 15 milhões em contas no exterior. O caso foi revelado por *IstoÉ* na edição de 22 de maio.

A Rita é menos afirmativa. A Ruth gosta dela, ela tem valor, mas não tem discurso. O fato de ser mulher pode ser que tenha influência eleitoral. O PMDB, me disse ainda ontem o Geddel, preferia o Luís Henrique, eu também. O Luís Henrique é um homem experimentado, sério, não terá grandes brilhos, mas é um homem correto. Sempre foi do nosso lado, sempre foi do PMDB também. Mas o Serra tem medo que isso magoe o Amin. Eu acho que não é isso, não; o Serra quer mesmo é a Rita, e quando ele quer uma coisa, quer porque quer.

O Serra declarou hoje no jornal que a reforma tributária não saiu até agora porque eu fui demasiado democrático — leia-se frouxo —, não apertei o Congresso. Não farei o que ele quer fazer, que é botar o Congresso para funcionar do jeito dele. Eu disse isso ao Serra ontem, sem saber da reação dele, que não é assim que se faz. São seiscentos parlamentares, muitos interesses, muitos estados. Mas o Serra tem um comportamento autocrático que talvez seja útil, defendi isso na Itália dizendo: "Eu fui útil ao Brasil em um momento de mudar o horizonte, em uma perspectiva nova, em uma nova visão, para motivar as pessoas, juntar forças. Agora precisamos de um manager, de alguém que seja mais executivo, e o Serra é mais executivo do que eu".

Eu acho isso mesmo, saiu no jornal, eu não disse para sair, mas ele é tático e eu sou estratégico. Ele pensa que é estratégico, mas vê o dia a dia e fica obcecado pelo dia a dia. É claro que estou exagerando, ele vê longe também e eu não deixo de ver o dia a dia, eu me ocupo, mas sempre estou mais orientado pelas grandes linhas, pelos grandes objetivos. E o Serra está mais para conseguir o que ficou determinado para aquela conjuntura. São estilos, e talvez agora o estilo do Serra seja necessário ao Brasil.

O meu estilo provavelmente já deu o que podia dar nas circunstâncias brasileiras, tanto que eu me oporia com firmeza a qualquer tentativa de mais um mandato, se fosse legalmente possível. Minha contribuição já foi dada. Cada um tem seus limites, e eles não são só físicos, mas de vontades e também de capacidades. Daqui por diante eu seria pouco eficaz, não digo nem eficaz, mas pouco construtivo para o que o Brasil precisa.

O Boris Fausto veio para Brasília comigo. Conversamos um pouco, passei o resto da noite telefonando, hoje de manhã também. Para me situar sobre as questões eleitorais do Rio de Janeiro, do Maranhão, ora falava com o PFL, ora com o PMDB, com o vice do PMDB, essa rotina da qual não gosto, essa politiquice. Agora vou almoçar com o Malan e com o Aécio Neves, para ver o que é possível fazer com Minas Gerais, se o Aécio for candidato e ganhar.

Uma nota pessoal: o Pedro, meu neto, foi um encanto, é um rapaz fantástico. Deixou todo mundo feliz com ele. Ele não atrapalha, tem noção de tudo, acompanha as coisas de cultura, fala de mitologia. Tem oito anos e fala de mitologia grega, foi ver o Marcel Marceau, assistiu em Salamanca a toda a solenidade. Foi ao encontro com o papa, se divertiu, comprou Lego na Itália, ficou brincando com as pecinhas dele. Passeou com o Gilberto [Passos], que estava por lá, motorista da Ruth, para ver a piazza Navona, tomou sorvete... É um menino que me dá um prazer imenso tê-lo como neto.

HOJE É DIA 23 DE MAIO, QUINTA-FEIRA. Eu me esqueci de dizer que, da Itália, falei com o Bush. Ele telefonou no dia em que eu estava almoçando com o Ciampi, para me antecipar que ia fazer uma proposta a Cuba. Se Cuba der uns passos, ele dará outros. A princípio é bom. Sempre é bom dar um passo adiante. "Agora, por favor", eu lhe disse, "me mande seu texto", porque eu não queria me comprometer sem ver o texto. O texto, ao mesmo tempo que se intromete um pouco na coisa interna de Cuba, também cede, mostra que existe um caminho mais positivo. Perguntei como ele avaliava a visita do Jimmy Carter a Cuba* e ele disse: "Ah, negativa". Acha que Carter deu a mensagem errada ao dizer que, mesmo se Cuba não mudar nada, haverá abertura nos Estados Unidos. E não vai haver, só haverá se Cuba mudar. Essa é a mensagem do Bush.

Foi escolhida a Rita Camata como vice do Serra. Fui informado às seis horas de ontem pelo Zé Aníbal, quando estava indo ao Planalto. Hoje os jornais dizem que eu escolhi a Rita e não o Simon, me criticando, e não foi nada disso. Eu não escolhi a Rita nem me opus a ela nem a ninguém. Por mim seria melhor o Luís Henrique, que tinha o apoio do partido, mas acho que a questão foi bem resolvida. A Rita vai ser mais leve na chapa. Ela sempre criticou o governo, o Simon também, e daí? Às vezes eles é que têm que explicar como, tendo criticado tanto o governo, aceitam a candidatura à vice-presidência. O problema é mais deles, candidatos, do que nosso, ficar explicando essa questão. Isso foi o mais importante do dia de ontem.

Houve ainda uma reunião sobre o orçamento, vamos ter que soltar um pouco o dinheiro, porque à noite a CPMF foi aprovada por unanimidade pelo Senado.** Fazem onda, criam incertezas no mercado e depois aprovam por unanimidade. É de matar. A Ruth chegou, depois de fazer meus exercícios passei o dia conversando com o Eduardo Azeredo, eu já tinha conversado com o Pedro Malan, com o Aécio. Vejo que o Eduardo quer mais ir para o Senado do que para o governo. Disse que o Aécio avançou muito em direção ao governo e que para ele, Eduardo, é mais confortável ir para o Senado.

Falei com o Madeira, para ver as coisas que estão faltando da nossa pauta. Ele vai empurrar com a barriga o quanto puder os aumentos que estão sendo votados à catapulta na Câmara. Todo mundo quer aumento, os deputados em ano de eleição acham que podem dar, e o governo não tem dinheiro para pagar.

O Copom fez uma reunião e não alterou a taxa de juros.*** Achei errado, eles poderiam ter baixado alguma coisa. Estão ficando muito conservadores, vou ter que conversar com o Armínio, não no calor da hora, mas vou conversar, porque é aperto demais. Eu sei que a situação não é lá muito tranquila, mas não existe consistência nessa

* Em maio de 2002, Carter se tornou o primeiro ex-presidente americano a visitar a ilha desde a Revolução de 1959.

** A Comissão de Constituição e Justiça aprovou o relatório de Bernardo Cabral, favorável à prorrogação do imposto.

*** A Selic permaneceu em 18,5%, sem indicação de viés.

análise de subir os juros quando acontece isso ou aquilo. Quando se sobem os juros ou se os mantêm altos, a economia desanima. E nós precisamos de animação para levar o país, a nação, adiante. Não é nem a economia, é a nação. Mas no Copom eles são muito tecnocratas, o Armínio está cedendo um pouco a isso, vou falar com ele.

HOJE É DOMINGO, DIA 26 DE MAIO. Na sexta-feira, dia 24, fui de manhã a Minaçu, é uma cidade no norte de Goiás, em direção ao Tocantins, para inaugurar a hidrelétrica de Cana Brava.* Discurso pra lá, pra cá, mais uma hidrelétrica. Os jornais só deram, no dia seguinte, as partes políticas, nada sobre a inauguração. E pinçam o meu discurso o tempo todo, para mostrar como se eu estivesse no palanque a favor da candidatura do Serra. Não seria nada de extraordinário falar da candidatura do Serra, mas não há palanque nenhum. Fiz como faço sempre, o tom é o mesmo, segue a vida.

Voltei na sexta mesmo para o Alvorada e fiquei recebendo gente interna ao governo. O Lucena, o Eduardo Santos, o Pedro Parente, nada mais.

Depois chegaram os meus sobrinhos, porque a Gilda, minha irmã, no dia seguinte, ontem, ia fazer cinquenta anos de casada com o Roberto. Primeiro chegou a Andreia [Viana Cardoso],** que veio com o Garib, creio que é esse o apelido dele, mas o nome é Gaspar. A pessoa com quem ela se casou, que é um engenheiro, eu não o conhecia, muito simpático. Bem mais tarde chegou o Carlos Eduardo [Cardoso] com a mulher dele, a Cristina [Cardoso].

E ontem, sábado, foi um dia muito simpático. Conversei com eles, fizemos nossos esportes, porque era o dia do pessoal do Sarah vir aqui. Ficamos conversando e almoçando. À noite fomos à casa da Fernanda [Maria Fernanda Cardoso Lenzi], filha da Gilda, para comemorar os cinquenta anos de casamento. Também foi bem simpático. Muita gente, velhos amigos, o Roberto DaMatta, que cantou como crooner. Cantou, à la Frank Sinatra, músicas do Frank Sinatra. Foi fantástico. Também a Fernanda, filha da Gilda, leu um texto em homenagem aos pais. E a neta dela, filha do Rodolfo [Cardoso de Oliveira],*** fez uma poesia para os avós, mas muito mais para a Gilda. Foi muito bom mesmo. Passei o dia de hoje com os sobrinhos e com a Ruth. A Ruth, no final do dia, foi a São Paulo.

Recebi de manhã o Sérgio Amaral, para passar em revista a nossa política de comércio exterior. O Sérgio é ótimo, animado, cheio de propostas. A questão dos carros a álcool, a questão dos acordos comerciais, a questão de trazer para cá a fábrica da Jeep. Enfim, muitos programas, ele muito animado. No fim do dia fui a uma reunião de ministros de transporte e técnicos da América do Sul, preparatória

* Usina no rio Tocantins construída pela Tractebel, com potência instalada de 450 MW.

** Sobrinha-neta de Fernando Henrique, filha de Carlos Eduardo Cardoso.

*** Júlia Borges Cardoso de Oliveira.

da reunião de Guayaquil,* e encontrei o Enrique Iglesias, que me contou algo grave. O Bush receberá o Menem, que vai para os Estados Unidos com trinta pessoas. Isso é um sinal amarelo para o Duhalde, que vai ter amanhã um dia decisivo, porque fará uma reunião com os governadores. Sugestão do Enrique: que eu fale com o Bush e diga que assim não dá. Temos que ver se o Duhalde já fez tudo, nesse caso ele tem que ter nosso apoio. E me sugeriu que falasse com o Lagos.

Acabei de falar com o Ricardo, que não sabia dos acontecimentos e disse que vai marchar na nossa direção. Aproveitei para contar que há uma concorrência de metrôs em Santiago e que a Alstom, que é uma fábrica francesa, vai produzir os vagões no Brasil; Eu disse que isso nos interessa e que, se for possível eles vencerem a concorrência, isso se concretaria. Senti pelo Ricardo que eles acham que a Alstom é a melhor concorrente. Vamos ver o que acontece, seria bom para o Brasil.

Depois disso, recebi à noite o Arthur Virgílio, que veio falar da situação dele em Manaus. Eu tinha recebido de passagem o Amazonino, junto com o Pedro Parente, para falar da CPMF, das pressões que o Amazonas está fazendo em cima do Bernardo Cabral. O Bernardo não daria o despacho no relatório sobre a CPMF, penso, sem que houvesse um entendimento com o Amazonino. Entendimento quer dizer apoio a programas do Amazonas. Naturalmente o Arthur quer que não se dê apoio aos programas.** É sempre assim. Mas o Arthur vive entusiasmado com as pesquisas. Ele até está melhor do que eu imaginava e pode ser candidato ao governo ou ao Senado. Será ao Senado. O prudente, seguro, é para deputado, mas ele tem chance de ganhar. É um lutador, vamos a essa luta.

Na sexta-feira telefonei ao Duhalde para agradecer o gesto dele de ter ido comigo a Salamanca. Perguntei como estavam as coisas, pois eu tinha lido nos jornais que ele havia sofrido uma derrota na Câmara. Ele me explicou que não, que era da dinâmica argentina, que o projeto de lei volta para o Senado e ele vai ganhar no Senado. E parece que deu certo. Tomara, porque não podemos ficar de braços cruzados vendo a Argentina se desfazer. Esses foram os principais fatos. Além da eleição na Colômbia, onde ganhou o [Álvaro] Uribe, que é o candidato mais radical contra a guerrilha. E ganhou bem, no primeiro turno.

Preocupações com a Venezuela: o [Osmar] Chohfi, nosso vice-chanceler, foi procurado pela vice-chanceler da Colômbia,*** que lhe perguntou se o Brasil podia ajudar na questão do asilo precário que foi dado na embaixada da Colômbia ao líder empresarial venezuelano que ocupou o poder indevidamente.**** Situação delicada. Eu disse ao Chohfi: "Vamos pedir que o nosso embaixador na Venezuela*****

* III Reunião do Comitê de Direção Executiva da Integração de Infraestrutura Regional da América do Sul.

** Virgílio era adversário de Cabral na disputa por uma das cadeiras do Amazonas no Senado.

*** María Ángela Holguín.

**** Pedro Carmona, ex-presidente de facto, conseguira escapar da prisão domiciliar e se asilara na embaixada colombiana em Caracas, de onde passou ao exílio no país vizinho.

***** Ruy Nogueira.

fale com os venezuelanos e veja até que ponto eles acham que o asilo ajuda ou atrapalha". Eu também disse isso ao Ricardo Lagos, melhor seria despachá-lo para o Norte, quem sabe para o México, que fica mais próximo dos Estados Unidos, do que ele vir para o Brasil. Para nós, seria um problema delicado.

HOJE É DIA 27 DE MAIO, SEGUNDA-FEIRA, quase meia-noite. Acabei de ver um filme muito interessante chamado *A Beautiful Mind*,* sobre um professor de Princeton; eu trabalhei lá não na universidade, mas no Institute for Advanced Study, conheço bem a região. Gostei muito do filme.

Hoje foi um dia complexo, não tanto pelo que ocorreu. De manhã recebi o Peter Hakim, que veio me apelar para ser co-chairman do Diálogo Interamericano. Depois recebi o [Luis] Enrique García, que é o presidente da Corporación Andina de Fomento, ele veio receber uma medalha, e também porque está preparando a transformação da Corporación Andina de Fomento em banco, com a fusão com o Fonplata. Eu apoio isso fortemente, porque possibilitará financiar projetos de infraestrutura sul-americana. O Rafael de Almeida Magalhães também esteve aqui, junto com o Eliezer Batista, para assistir à conversa com o García. Vieram depois o Iglesias e vários embaixadores, que assistiram à condecoração do García.**

Depois fui assistir à troca de guarda do Palácio do Planalto, cerimônia bonita, perturbada por meia dúzia de gatos pingados que estavam em frente ao Supremo Tribunal para protestar, e vieram apitar. Não respeitam nada, o hino nacional, nada, as crianças que ali estavam. É meio patético ver a turba gritando, não ouvi, não entendi o que eles diziam, mas foi desrespeitoso, e dá pena ver esse povo achando que o diabo sou eu ou todos nós que estamos tentando organizar o país. Ainda fui à cerimônia de lançamento de um livro sobre os presidentes da República, feito pela Universidade Estácio de Sá.*** Discurso pra cá, discurso pra lá.

Vim para o Palácio da Alvorada e recebi o Pedro Malan e o Armínio Fraga. Tinham uma coisa importante para me dizer. Não sei se entendi completamente, é o seguinte: no processo de alongamento da dívida, os bancos e fundos foram aceitando papéis de longo prazo e recebiam a remuneração como se fosse a renda do overnight, o líquido no dia a dia. Esse sistema foi permitindo o alongamento da dívida, até que, com uma eventual eleição do Lula, as pessoas passaram a temer comprar papéis de muito longo prazo, e pode acontecer uma coisa complexa: que o valor de face dos papéis de longo prazo caia muito, e os mais espertos saiam do mercado vendendo-os antes dos menos espertos, ou seja, dos poupadores que põem o seu dinheiro nos fundo de DI. Então vai ser necessário corrigir essa ques-

* *Uma mente brilhante* (2001), longa dirigido por Ron Howard.

** Recebeu a Grã-Cruz da Ordem do Cruzeiro do Sul.

*** *Presidentes do Brasil: De Deodoro a FHC*. Rio de Janeiro: Unesa; Rio, 2002.

tão, para evitar que as pessoas tirem recursos dos fundos e que haja uma fuga de capitais de brasileiros ou mesmo de estrangeiros. Vai ser necessário uma remarcação diária do valor dos títulos, cujos valores variarão segundo o preço do mercado. Chamam a isso, na linguagem técnica, de "marcar a mercado". Alguns bancos já estão fazendo isso, outros não. Qual é o problema? É que, se não vier uma ordem do Banco Central dizendo que todos têm que fazer, os mais espertos vão cair fora e deixar os investidores que não têm noção das coisas numa posição que não vai mais corresponder à remuneração de antes. Foi o que eu entendi. Não sei se é correto, porque eu não entendo de capital financeiro.

O fato é que isso vai provocar certo terremoto. Falei também com o Armínio e com o Malan sobre a taxa de juros. Certo ou errado, o Brasil inteiro reclama da taxa de juros e acha que, se não a baixarmos, as coisas não encaixam. Digo certo ou errado porque não há nenhuma teoria firme. O Armínio me disse que de qualquer maneira a inflação, no limite superior, vai ser um pouco acima este ano. Eu disse: "Armínio, neste momento o pessoal não está muito preocupado com meio ponto de inflação, está preocupado com meio ponto na taxa de juros". Ainda que isso não seja verdadeiro, a queda dos juros vai sinalizar ânimo, e se não houver uma sinalização de ânimo é possível que haja um segundo semestre complicado. Vi na televisão e li nos jornais que a tudo se atribui responsabilidade pelo fato de a taxa de juros ter sido mantida.

Inclusive já começam a dizer que o PIB não vai crescer, que o PIB do primeiro trimestre foi abaixo de não sei quanto. É claro que vão comparar o PIB de 2001 com o de 2002. O PIB de 2001, no primeiro trimestre, foi fortíssimo.* Agora houve redução no crescimento e ela vai ser atribuída à taxa de juros, e não ao conjunto de problemas, inclusive à crise de energia do ano passado. Tudo vai ser por causa da taxa de juros, com uma forte pressão para sua redução. O Armínio me disse que o Copom se dividiu em 5 a 3, mas ele assegura que das próximas vezes baixarão a taxa de juros, a menos que — sempre há este ponto — ocorra de repente, nestes vinte dias, um problema novo, como esse que eles me expuseram, que impeça baixar as taxas de juros. Acho que houve certa derrapagem na condução da política monetária.

Outro problema que me atormentou um pouco foi uma pesquisa da Sensus. A Sensus, que é do Clésio Andrade, não é muito confiável, podem ter uma amostra enviesada, de qualquer maneira nessa pesquisa o Serra teria caído para 13% e o Garotinho subiu para 16%.** Na pesquisa interna, um *tracking* do PSDB, o Serra subiu para 21% e os outros caíram. Sabe Deus onde está a verdade, no meio desses dois

* No primeiro trimestre de 2002, a economia brasileira cresceu 0,48% em termos anuais. No mesmo período de 2001, o PIB aumentara 3,48%.

** O levantamento do Instituto Sensus, a serviço da CNT, obteve 40,1% das intenções de voto para Lula. Garotinho estava em segundo lugar, com 16,5%, e Serra em terceiro, com 13,3%, queda de quase três pontos em relação à pesquisa de abril.

pontos provavelmente.* A angústia com muita pesquisa antes da hora é complicada. Eu entendo que os candidatos fiquem aflitos, porque sei o que é isso.

HOJE É QUARTA-FEIRA, 29 DE MAIO, são oito e meia da manhã. Ontem, recebi o Edison Lobão, que veio comentar a situação delicada do Maranhão. Dificilmente o candidato da Roseana ganha as eleições. O próprio Lobão está ameaçado para o Senado. Nesse contexto, querem um entendimento com o PSDB. Mas com muita dificuldade, porque o senador Sarney se opõe, a Roseana ainda está de mal conosco, aquela coisa toda.

Depois recebi o Tuma, que veio reclamar da revista *Época*, que disse que o deputado queria indicar alguém para a Receita, e eles [PFL] nunca indicaram ninguém para a Receita. Brinquei dizendo que queriam nomear alguém no Patrimônio da União em São Paulo, que não tem nada a ver com a Receita... Ele conversou longamente comigo e me disse que o Bornhausen está insistindo em levar o PFL para o Maluf, sabe Deus.

Tive um almoço no Palácio da Alvorada com a Mariângela Hamu, que é do *Estadão* e com o marido dela. E com a Ana. Um almoço de *background information*.

Depois do almoço recebi o Geddel Vieira Lima, muito aflito. Não há recursos para a campanha, os homens do Antônio Carlos continuam no comando, o Serra é teimoso, o de sempre. Recebi à tarde o Darcísio Perondi, que é um bom deputado do Rio Grande do Sul,** está firme, e o [Roberto] Giannetti da Fonseca, que está saindo do governo e veio prestar contas. O Giannetti ajudou, fez um trabalho razoável, mas entrou em choque com o Banco Central, com a Fazenda. Havia certa predisposição negativa dessas áreas, porque ele foi exportador, ligado a... negócios, que pecado!, mas ele chamou a atenção para alguns problemas dos exportadores que a nossa burocracia fazendária tem dificuldade para entender. Claro que os exportadores sempre querem a parte do leão, querem pagar pouco ao Fisco, esse feijão com arroz da gerência da vida econômica. O Giannetti vai ficar trabalhando no BNDES como consultor, ajudando a parte de exportação.

À noite conversei com o Serra e com o Madeira. Vieram discutir uma CPI dos bancos,*** uma armação do Fleury, do Tuminha [Robson Tuma]**** e de outros per-

* A pesquisa Ibope divulgada em 22 de maio mostrou Lula com 42%; Serra e Garotinho empatavam com 16%. Ciro Gomes ocupava a quarta posição com 9%.

** Pelo PMDB.

*** A CPI do Banespa, instalada em junho de 2001, foi presidida por Luiz Antônio Fleury Filho e relatada por Robson Tuma. A comissão investigava denúncias de irregularidades cometidas antes e durante o período de intervenção do Banco Central, entre as quais um empréstimo concedido em 1992 pelo vice-presidente do banco, Vladimir Rioli, a uma tecelagem que tinha como sócio o ex-diretor do BB Ricardo Sérgio de Oliveira.

**** Deputado federal (PFL-SP).

sonagens, que na verdade querem obter vantagens adicionais em várias questões que estão negociando com o governo. Ameaçaram chamar o Ricardo Sérgio e outros mais, eu já nem guardo os nomes, tanta confusão que armam sem base nenhuma.

A CPI é por causa da intervenção no Banespa.* O Banespa sofreu intervenção porque o governo Fleury foi um desastre. Agora eu me recordo, querem chamar para depor o [Vladimir] Rioli, que foi diretor do Banespa na época do Fleury e é amigo do Serra. Pelo que todos me dizem, é um homem sério, mas a imprensa gosta de registrar escândalos. Na verdade, a safadeza consiste em chantagear com uma CPI para obter vantagens junto ao governo. Não adianta dizer isso, porque a imprensa não vai publicar e, se publicar, ninguém acredita, todo mundo vai pensar que o governo é o culpado. Mas, francamente, uma CPI para analisar a intervenção do Banespa presidida pelo Fleury e sendo investigada pelo Tuminha já mostra per se que não é coisa que possa levar muito longe o rigor das informações... Serve muito mais para a criação de um clima em que eles tirem vantagens.

Achei o Serra um tanto aflito, e tem razões para isso. Morreu a Carmen Kozak,** que trabalhou conosco na campanha, ela era uma jornalista séria, boa gente. A Ana ficou muito abalada, todos nós, aliás. O Heraldo Pereira também estava tocado, todos ficaram muito abalados, ela era respeitada nos meios jornalísticos e uma pessoa querida. Até parece que a morte só pega os bons. É o que eu tenho visto, já perdemos tantos que dá até dor no coração.

HOJE É DIA DE CORPUS CHRISTI, QUINTA-FEIRA 30 DE MAIO. Daqui a pouco, eu e Ruth vamos para a fazenda. Amanhã a Luciana e o Getúlio se encontram conosco lá, e no domingo o Jovelino e a Carmo.

Ontem, o dia começou com uma entrevista com o Ney Suassuna, ele muito alvoroçado por causa das denúncias contra ele, que demonstrou serem infundadas. Eu acho que são infundadas mesmo. Uma armação, tentaram chegar nele. Trata-se de uma pessoa que ele conhece que pegou um dinheiro que, segundo o Ney, era dele próprio, era para comprar um apartamento. A compra não deu certo, a pessoa foi depositar o dinheiro no banco, quando chegou alguém da Polícia Federal, que já estava de tocaia, acusou que o dinheiro era falso, chamou a Polícia Militar, mandou prender. Fizeram um auto na Polícia Federal, sem explicar muito bem as razões, e apreenderam o dinheiro, que, entretanto, não é falso. Então começaram a dizer que era propina para ser dada a um assistente, ou coisa que o valha, de um senador, acho que se chama Wellington Roberto, que também é da Paraíba.***

* O Banco do Estado de São Paulo sofreu intervenção federal em 29 de dezembro de 1994 e foi vendido ao Santander em novembro de 2000.

** Editora de política da sucursal brasiliense do *JB*, Kozak foi assessora de imprensa da campanha presidencial de 1998.

*** José Elísio Ferreira Júnior, assessor de Suassuna, fora preso em 16 de maio, quando recebia uma mala

Eu perguntei ao Ney como ocorreu o fato. Ney me disse que o Wellington agora é contra o governo, eu não sei. Disse que ele, Ney, não tem nada com o assunto, que o cara que estava com o dinheiro cuida do seguro e das propriedades dele no Rio de Janeiro, e é presidente [diretor] da Associação Comercial da Barra da Tijuca.* É a única ligação, segundo o Ney, que ele tem com o cara. Alegaram que o dinheiro era propina por causa de uma verba mandada para Catalão.** Ney trouxe uma gravação do prefeito de Catalão*** dizendo que recebeu a verba intacta no banco, e não sei o que lá, que ela resultou de um pedido da bancada de Goiás, depois disseram que não havia pedido de ninguém, enfim, essas confusões.

Eu disse ao Ney: "Você tem que sair da linha de tiro, porque não tem jeito. Eu tentei salvar o Élcio Álvares, inocente, e não consegui. Você é alvo". Disse a ele que estava meio assim desconfiado e, para que não pensasse que também o estou acusando, recomendei: "Diga que eu te convidei e que você mesmo decidiu não aceitar, pelos motivos que me deu, e que quer esclarecer tudo". E assim foi feito. Claro que vai levar pau nos jornais, mas eu não condeno as pessoas sem ter convicção, e eu não tenho convicção de que o Ney tenha algo a ver, nem direta nem indiretamente, com esse assunto. Trata-se de 100 mil reais, o Ney é um homem muito rico, não creio que tivesse se metido nisso. Nas proximidades do Ney, alguém pode ter agido assim. Nas proximidades de todos nós circulam malandros, é difícil evitá-los.

À tarde, tive um encontro com o Eduardo Jorge, que continua, coitado, muito massacrado por causa da situação das empresas dele nos bancos, no Banco do Brasil também, mas continua com a mesma fibra, é homem direito.

Depois houve uma cerimônia sobre a publicidade de empresas públicas.**** Ato grande, todos os que fazem propaganda, a mídia toda presente, mais um discurso. Vindo para casa, almocei com o Serra e com a Alejandra Herrera, que está muito sentida com o negócio da Anatel, reclamando do presidente que pusemos lá. No fundo, é um grupo, o grupo do Guerreiro, que está contra as novidades lá.

Esqueci de registrar: a teoria do Ney [Suassuna] é que no PMDB todos têm certeza de que tudo foi manobra do Serra. Por que e como o Serra iria manobrar contra o Ney? A suposição é que o homem por trás da manobra seria o [José Roberto] Santoro, um procurador que, segundo eles, é ligado ao Serra. Uma ligação, penso eu, que o Santoro pode ter com o Serra por causa do Ministério da Saúde, da luta contra

---

com R$ 100 mil de Giovanni Riccardi, funcionário do senador Wellington Roberto (PTB-PB). Os dois eram investigados pelo MPF por suspeita de recebimento de propina no Ministério da Integração Nacional, no Cade e no DNER. A revista *Época* publicara uma matéria que acusou Suassuna de integrar o esquema.

* Suassuna presidia a entidade.

** O ministro liberara R$ 3 milhões para obras no município goiano de Catalão, tocadas por duas empreiteiras suspeitas de superfaturamento e pagamento de propina.

*** Adib Elias Júnior (PMDB).

**** Cerimônia de assinatura do Acordo de Publicidade de Utilidade Pública e do convênio que criou o Programa Continuado de Aperfeiçoamento Profissional em Comunicação de Governo.

a malandragem lá, mas sem nenhuma ligação política. Em todo caso, eu disse ao Serra: "Essa é a imagem que está circulando, você tem que desfazer isso".

À tarde eu recebi o Renan, que veio acertar as coisas do Ney Suassuna, expliquei em que ponto estavam. Ele veio falar também da situação do PMDB nos estados, conversa de político que não termina mais. À noite o Teo me telefonou preocupado porque o Renan indicou um técnico de quem o Pedro Parente gosta bastante, chamado Luciano Barbosa, que é de Alagoas e é casado com a prefeita de Arapiraca, do PSDB.* Ele me disse: cuidado, não pode ser só o Renan, opinando sobre Alagoas. Eu sei Teo, respondi, eu ia até telefonar para você. Enfim, coisas da política.

Depois recebi o Artur da Távola, longa e boa conversa como sempre. Um homem inteligente, agradável, ele vai ser candidato ao Senado pelo Rio de Janeiro. E também vai precisar que se articulem apoios a ele.

Recebi mais tarde o Sérgio Andrade,** que veio insistir sobre a necessidade da usina de Angra 3. Ao que eu saiba, todo mundo é favorável à Angra 3, as resistências à sua construção desapareceram; fazer Angra 3, vai ser necessário. O Scalco, que foi presidente de Itaipu e entende do assunto, disse que só há economicidade com a terceira usina. Se o Conselho de Política Energética estiver de acordo, e provavelmente vai estar, daremos a partida para Angra 3.

Despachei freneticamente com meus assessores, o Scalco, Silvano, que veio no lugar do Pedro Parente, o Lucena, depois vim esperar a Ruth. Ela chegou de São Paulo, está começando a olhar apartamentos, para ver se temos condição de nos mudar do imóvel onde estamos, de vender um apartamento que está no nome da Luciana, mas que é nosso, e juntar com o dinheiro que consegui amealhar, que é pouco, não chega a 200 mil reais. Uma grande parte, uns cento e poucos reais, vem da Previdência do Senado que me era devida, e o resto da casa da rua dos Ingleses, que vendemos há algum tempo. Sobraram uns tostões, ficamos somando pra lá e pra cá um ou outro prêmio que eu ganhei e que a Ruth ganhou, enfim, tudo junto não chega a 200 mil reais, mais 200 mil do apartamento que era da Luciana, dá 400 mil. O nosso deve valer uns 550 mil, são 950 mil, já dá para comprar. Em dólar, nos Estados Unidos devo ter uns 20 mil, portanto com 1 milhão já dá para comprar um bom apartamento. Depois vou ter que trabalhar para poder viver e poder mobiliar, teremos que arranjar alguma coisa. Acho que no futuro ficarei numa situação financeira, espero, melhor do que a atual, porque vou poder ganhar com conferências, aulas, essas coisas.

Pela leitura dos jornais de hoje e os de ontem, vê-se o PT envolvido em buscar o apoio do PMDB. Quércia foi elogiado pelo Lula, como "homem de bem" — era só o que faltava. O Lula começou a vida dizendo: votem em mim, vote em Lula, um homem igualzinho a você, trabalhador. Agora pode dizer: vote no PT, um partido igualzinho a todos. Na verdade, estão buscando o poder pelo poder, com qualquer

* Célia Rocha.

** Dono da Andrade Gutierrez.

aliança. A diferença conosco, comigo, é que eu tinha um programa, desde ministro apresentei à nação um programa. Uma visão, uma proposta para o Brasil. Se juntamos [partidos] foi para ampliar a base tanto quanto pude, para viabilizar esse programa. Qual é o programa do Lula? Pelo jeito é uma imitação pífia do meu. Então o que ele quer mesmo é o poder. Não há mal nenhum, apenas a empáfia de quem vem em nome de uma ideologia e acusa todos os demais de neoliberais, de aliados aos banqueiros, de aliados ao atraso.

Morre na praia essa empáfia, porque estão se comprometendo, aliando-se à Igreja Universal, ao PL... Se for um bando de gente, tudo bem, vai o PL junto, mas como aliado principal, para dar o vice? O PL, do Valdemar Costa Neto, o Boy, que levou a Lílian Ramos para se encontrar com o Itamar no Carnaval do Rio,* dos bispos, acusados por todo mundo, os próprios petistas acusando os bispos, os bispos acusando o PT. Meu Deus! Se isso é a política de esquerda, imagina só no Brasil. É patético. O meu maior medo com essa coisa do Lula, é isto: eles nunca comeram melado, quando comem se lambuzam. Estão lambuzados, não era preciso estar tão lambuzados assim. E incompetentes, não sabem o que fazer, não têm um programa para o Brasil. Isso realmente é grave.

Do Serra se pode dizer o que quiser, mas ele tem o meu programa, que é dele. É nosso, é do PSDB. E mais: diz querer fazer correções de rumo, vai fazer, tem direito de fazer, eu posso até não concordar, mas ele tem o direito e está expondo o que pensa. O Lula não está expondo nada, está se disfarçando de burguês, para usar a terminologia antiga, e sem cabeça burguesa nem cabeça de nada. Com a cabeça a tiracolo do Duda Mendonça. É realmente uma coisa patética, e ninguém diz isso com tranquilidade, com clareza, com firmeza, para que o país possa fazer uma opção sabendo qual é. Não é o "opTei" do PT. Não, é uma coisa completamente sem rumo. Isso me preocupa bastante.

Uma notinha de pé de página nesse desabafo. Li um artigo** do Werneck Vianna interessante. O problema, segundo a tese dele, é saber quem comanda o atraso. Até agora comandou o PSDB, o PT agora está querendo comandar o atraso. Os dois que comandam, o PSDB e o PT, são partidos paulistas, e ele acha isso sufocante. Seria preciso, na visão dele, abrir espaço para as outras unidades da federação. A ideia de comandar o atraso é verdadeira. Eu comandei o atraso, botei o atraso na linha do que eu queria. Agora, o problema do Lula é que ele quer comandar o atraso sem ter linha. Então vai ser o atraso pelo atraso.

* No Carnaval de 1994, o presidente foi fotografado no sambódromo da Marquês de Sapucaí abraçado à modelo, destaque da Viradouro.

** "Eleições 2002: Continuidades e rupturas". In: Luis Carlos Fridman (org.). *Política e cultura: Século XXI*. Rio de Janeiro: Relume Dumará; Alerj, 2002, v. 2, pp. 37-45.

31 DE MAIO A 13 DE JUNHO DE 2002

Política mineira. Concorrência dos caças. Crise cambial. Empréstimo do FMI

Hoje é dia 31 de maio, sexta-feira. Estou na fazenda Córrego da Ponte, em Buritis. Só uma coisa a registrar, a conversa que tive com o Celso Lafer por telefone. Eu tive várias conversas, com o Malan, com o Ricardo Lagos, que me telefonou para saber da Venezuela, parece que o [Arturo] Valenzuela, que foi o secretário de Estado para a América Latina no tempo do Clinton, telefonou para uns amigos dele, preocupado, pedindo uma intervenção nossa na Venezuela para segurar as pontas, pois parece que a situação do Chávez é desesperadora. O Ricardo Lagos falou para ele [Valenzuela] que a única coisa que ele podia fazer era "falar com o Cardoso". E a única coisa que eu, Cardoso, posso fazer "é falar com Deus". Nós não temos nada a fazer. Sugeri que se usasse o Enrique García, que é o presidente da CAF, para ele tatear se existem nos dois lados, na Venezuela, alguém com alguma possibilidade de um diálogo construtivo. Aí nós poderíamos entrar, mas depois do terreno palmilhado.

Lagos também estava preocupado com a Argentina, porque a Anne Krueger, do Fundo Monetário,* telefonou para alguém do Chile para dizer que o caminho que a Argentina está trilhando vai levar a uma hiperinflação e a uma crise cambial. Respondi que não sabia de nada disso, que ia telefonar para o Malan. Falei com o Malan, que também não estava informado sobre essa particularidade.

Falei por telefone com o Carlos Melles, que é candidato a vice-governador pelo PFL na chapa do Aécio. Parece que o Clésio Andrade, presidente da Confederação Nacional do Transportes e que não é lá a melhor figura para o caso, quer ser vice-governador. Melles quer o meu apoio. Estou tentando falar com o Aécio e não estou conseguindo. Não quero me meter em Minas sem sentir melhor o que acontece por lá, quero ver qual é o ponto de vista do Aécio. Tenho alguma força no PFL mineiro, eu posso interferir a favor do Melles e o farei, porque ele é melhor do que o Clésio na chapa com o Aécio.**

Passei boa parte do tempo lendo. Terminei de ler o livro que venho tentando acabar há tempos sobre o Roosevelt. Comecei a ler o livro do Claudio Bojunga sobre o Juscelino.*** Muito bem escrito, os dois capítulos iniciais bons. E li também um artigo [livro] do Bolívar sobre a minha administração, a minha condução política do Brasil.

* Vice-diretora-gerente do FMI.

** O presidente da CNT venceu a disputa e integrou a chapa de Aécio Neves.

*** *JK: O artista do impossível*. Rio de Janeiro: Objetiva, 2001.

Enfim, as coisas de rotina: o Celso Lafer me telefonou agora, falamos longamente, porque ele está vindo do Timor. Eu tinha cruzado com ele e brincado: ministro do Exterior não pode ter mais de 45 anos, porque hoje em dia viaja sem parar, e se for mais velho não aguenta. Ele telefonou para dizer que era verdade, que está estourado, mas também para me transmitir o clima do que sentiu por lá. Que clima? O de que todo mundo tem medo da China e, ao mesmo tempo, quer usar a China pelas vantagens que ela dá. Todos evitam se contrapor aos Estados Unidos, mas sabem que é preciso fazer algo, porque os Estados Unidos abusam das posições unilateralistas; entretanto, ninguém tem coragem nem força para enfrentar os Estados Unidos, e têm certo temor da China.

O Celso tem muito medo do que possa acontecer na Ásia, porque na Índia e no Paquistão o conflito entre os dois está grave, por causa da Caxemira. E o presidente do Paquistão* — com quem, aliás, almocei uma vez nas Nações Unidas, junto com o Bush, com o Kofi Annan e outros mais —, que é um general, fez concessões imensas aos americanos na questão da Al-Qaeda, na questão do Afeganistão. Agora, entretanto, ele não pode fazer concessão no caso da Caxemira, porque, se fizer, ele cai. E ele é credor dos americanos. Por outro lado, a Índia considera a Caxemira fronteira ideológica dela, porque lá estão os muçulmanos; a Caxemira marca o limite da Índia com os muçulmanos, e também o limite com a China, ao norte. Paquistão de um lado, China do outro, é um ponto quentíssimo.

Esse é o panorama, o ponto quente do Oriente Médio, o ponto quente na Ásia. Nós cá, na América Latina, estamos em uma ilha de tranquilidade, não temos nada que ameace nossa soberania, nem ao sul nem ao norte nem a oeste. Leste é mar, e nada. Zero. Realmente, apesar de tudo, o Brasil é um gigante meio adormecido no que diz respeito à conquista, nunca pensou nesses termos, ainda bem. É um país "baleia", país enorme, que não ameaça os outros.

Também por isso não temos conflito a toda hora nos arredores. O último foi do Equador com o Peru, mas resolvemos;** e ainda existem fragmentos da antiga luta do Chile com a Bolívia,*** mas a questão está sendo resolvida. O Chile tem feito um bom esforço de aproximação. Os bolivianos também, e no Sul não há problemas. É uma zona de tranquilidade. As pessoas aqui não sabem valorizar isso. Mesmo a Europa é uma zona de conflito na fronteira entre o mundo muçulmano e o mundo cristão, mais os interesses econômicos em choque, mais o que vai acontecer sobre a absorção do Leste pela Europa, e a Polônia agora entrou para a Otan, a Nato,**** é

* Pervez Musharraf.

** Brasil, Chile, Argentina e EUA mediaram a solução do conflito, que resultou na assinatura do tratado de paz em Brasília em 2001.

*** A Bolívia até hoje reivindica uma faixa de litoral no Pacífico ocupada pelo Chile desde 1879, que corresponde aos atuais departamentos de Antofagasta e Tarapacá.

**** North Atlantic Treaty Organization, na sigla em inglês.

um mundo muito complicado. E nós, aqui, remando em mar manso. Ainda bem que em nosso lado é assim.

Boa notícia, acabou de me telefonar a Bia Aydar dizendo que a pesquisa da Vox Populi que vai ser publicada dá Lula com 41%, Serra 20%, Garotinho 13% e Ciro 8%. Muda o panorama na percepção dos políticos, sempre assustados com pesquisa. Dá maior garantia de um possível segundo turno. É só.

Ainda é sexta-feira, agora são oito e meia da noite. Falei com o Malan de novo, por telefone. Eu tinha dito a ele que o Lagos me transmitira a preocupação da Anne Krueger sobre a Argentina. Ele então falou com o Armínio Fraga, que falou com o [Mario] Blejer, que é o presidente do Banco Central da Argentina. O Blejer acha que as coisas estão sob controle. Conseguiram 80% do que desejavam no Congresso, estão pavimentando uma saída do *corralito* em catorze meses, alguma coisa assim.* Ele acha que tem condições de controlar. Então, Malan achou melhor não falar com o Lavagna. Eu também achei.

Malan também me reportou que hoje à tarde houve uma reunião no Fundo Monetário e que nosso representante, o Murilo Portugal, disse ao *board* do Fundo: os argentinos já fizeram tudo que pedimos, vocês querem o que mais? Eles então despertaram para a questão do *corralito*. Nós, brasileiros, estamos falando disso há muito tempo, que tinha que haver uma solução, que o Banco Central [da Argentina] precisava dar uma ajuda para que eles saíssem dessa embrulhada, e dizíamos que isso não tinha sido posto na mesa de negociações. Então me parece — e parece também ao Malan — que no fundo eles do FMI estão criando uma dificuldade adicional para a Argentina. Isso contrasta com o que fizeram para o Uruguai. Já emprestaram 1,5 bilhão de dólares ao Uruguai, para evitar o contágio. Acho ótimo que o façam, mas fazem porque existe uma proximidade maior entre o Batlle e a política do Bush.

A Argentina é realmente a ovelha negra, então eles não querem ajudá-la. Mais ainda: o Malan voltou a falar comigo sobre a história do Menem ir aos EUA assistir a uma reunião dos partidos ditos conservadores, bater uma foto com o Bush, e nada mais. Achamos que isso seria terrível, porque daria um sinal claro de que os americanos estão desaconselhando politicamente o Fundo a apoiar a Argentina. A presença do Menem daria a sensação de que estaria lá para pedir que os americanos o ajudem [no FMI]. Seria muito negativo mesmo.

Acabei de falar com o Eliseu Resende, a quem reportei com jeito a conversa do Melles comigo. Eliseu é meu velho conhecido, foi ministro da Fazenda, sempre o apoiei, eu o sucedi. Ele é um homem construtivo e conhece bem o PFL em Minas.

* O governo argentino ofereceu aos correntistas com recursos bloqueados a opção de convertê-los em bônus oficiais cotados na Bolsa de Valores, resgatáveis depois de catorze meses.

Ele acha que o Clésio é mais forte que o Melles, embora prefira o Melles. Ainda tem dúvidas sobre se vai haver apoio ao PSDB ou à frente trabalhista, com o Roberto Brant como candidato. Estão nessa posição. Mas me pareceu mais inclinado ao Melles e me aconselhou a não entrar muito na briga local, porque a luta no PFL vai ser grande. Ficou de me dar informações posteriormente.

HOJE É SEGUNDA-FEIRA, 3 DE JUNHO. Acordei cedo porque houve o jogo do Brasil com a Turquia, o Brasil ganhou por 2 a 1.* Na verdade, o segundo gol foi um pênalti discutível, mas a responsabilidade é do juiz.** Eu só vi o segundo tempo, porque a partida começou às seis da manhã. De adicional ao que disse, apenas uma ligação do Aécio, ele também acha mais prudente eu não entrar de cara na coisa de Minas Gerais. Ele tem dúvidas sobre se ele próprio pode manobrar, porque quem manda no partido [no PFL-MG] é o Clésio. E também não me pareceu seguro de que o Itamar efetivamente venha a apoiá-lo. O Itamar é astuto, é capaz de tentar negociar depois com o Newton Cardoso.*** Itamar tem o jogo dele, hábil, passa por desavisado, distraído, mas não é. E vive dando pequenas rasteiras. Eu sei que a situação financeira de Minas é desesperadora, talvez perca um pouco sem o Itamar, mas ele não é de ligar para essas coisas.

Recebi o Pimenta no sábado, lá na fazenda. Só conversamos coisas genéricas. Sobre Minas ele tem apreensões, acha que o Aécio já deve se jogar como candidato, porque o Eduardo Azeredo não virá mais para a briga. Ele tem razão, o Aécio ocupou o espaço do Eduardo, atropelou, agora tem que arcar com as consequências. Mas acho positivo, o Aécio talvez tenha mais elã para fazer uma boa disputa em Minas, tem mais apoio político. Popular, não sei. Do lado dos outros partidos, eu não sei. Com o Pimenta, conversamos sobre a fazenda que ele está liquidando.**** Ele viu a nossa, as crianças (só estava a Luciana). Andei um pouquinho a cavalo. Dois cavalos bonitos, um manga-larga e um marchador. O marchador é um belo cavalo, foi o Cláudio, amigo do Getúlio e da Luciana, quem me deu. O manga-larga, o Andrea e a Sonia [Matarazzo] tinham nos dado. Eu não posso andar muito por causa da coluna; de qualquer maneira, nunca fui bom cavaleiro. Ando, mas sem grande virtude. A minha netinha Isabel, essa sim, anda bastante bem, e andou lá. No domingo, o Jovelino, a Carmo e o Bento [Mineiro]***** passaram o dia lá, almoçaram conosco, para conversar um pouco sobre questões nossas, da fazenda, e sobre o que fazer em São Paulo com a ONG que estamos organizando.

* Estreia da seleção brasileira na Copa do Mundo de 2002, em Ulsan (Coreia do Sul), com gols de Ronaldo e Rivaldo.

** Kim Young-joo, sul-coreano.

*** Candidato pemedebista ao Palácio da Liberdade.

**** Fazenda São Bento do Tesouro, de gado leiteiro, nos arredores de Brasília.

***** Filho de Jovelino e Carmo Mineiro.

Voltei para cá ontem, domingo. A Ruth tinha convidado a Helena Sampaio,* que está aqui com a filhinha, veio para o jantar, e também veio o Celso Lafer. Depois do jantar conversei longamente com o Celso. Passamos em revista a política internacional, que é muito difícil. Os americanos estão na linha já conhecida de pouca atenção para a América do Sul e talvez de alguma tensão com o México. Há uma entrevista na *Veja* da nova embaixadora deles, uma pessoa que me impressionou favoravelmente, dizendo que todos ficaram muito preocupados com meu discurso na França.

Diziam no Departamento de Estado americano: se uma pessoa como o Cardoso, que consideramos inteligente e sensato, está dizendo isso, imagine que decepção. Eu não disse nada que já não tivesse dito antes. Disse que é preciso reformar o Sistema Internacional, tem-se que fazer o Estado de Israel [com capital em Jerusalém e dois estados] e que existe um protecionismo tão forte nos Estados Unidos quanto na Europa.** Aliás, de lá para cá os americanos só aumentaram o protecionismo.

Na conversa com o Celso, ponderamos que hoje em dia ninguém tem condições de enfrentar os Estados Unidos, nem quer. O Celso me relatou a reunião que teve com nossos embaixadores na Ásia, do Japão e de toda a região asiática, de cada país. Nenhum dos países quer brigar com os Estados Unidos. Eles querem tirar proveito, não querem enfrentar. Muito menos nós, cujo interesse é buscar espaço. Nós todos queremos ampliar nosso espaço, inclusive no mercado americano. Ainda mais agora com essa coisa de a Igreja pedir plebiscito sobre Alca!*** Não tem cabimento a ideia de que a Alca seja a alienação de soberania. Se fosse assim, seria inviável, mas não é. É uma negociação comercial, e o nosso mercado é o americano. Não podemos tirar isso da cabeça: o [mercado] sul-americano, o americano e o mexicano. Para os nossos produtos manufaturados, são esses os mercados, e é neles que estamos crescendo de novo. Não é na Europa; para lá exportamos commodities. E os europeus são muito duros também, não cedem nada. Tudo o mais é visão preconceituosa. Em época de eleições, eu não posso dizer isso com toda a clareza, porque vão entender que estou querendo a Alca e, portanto, alienar o Brasil, esse besteirol todo que é fácil dizer.

Celso concorda com essa posição. E ele é até mais restritivo, tem uma posição mais crítica do que a minha. Mas tem noção das coisas. Estamos conversando sobre

* Cientista política, pesquisadora da USP.

** Em sua alocução à Assembleia francesa, em outubro de 2001, Fernando Henrique discorrera criticamente sobre temas centrais da diplomacia norte-americana: "Nós nos opomos tenazmente ao discurso de que existe um choque de civilizações: de um lado, o Ocidente judaico-cristão; de outro, a civilização muçulmana. [...] É preciso reagir com determinação ao terrorismo, mas ao mesmo tempo enfrentar, com igual vigor, as causas profundas e imediatas de conflito, de instabilidade, de desigualdade. [...] O direito à autodeterminação do povo palestino e o respeito à existência de Israel como Estado soberano, livre e seguro são essenciais para que o Oriente Médio possa reconstruir seu futuro em paz. [...]". (Biblioteca da Presidência.)

*** A CNBB, entidades da sociedade civil e partidos políticos anunciaram a realização, em setembro de 2002, de um plebiscito sobre a entrada do Brasil na Alca.

nossas dificuldades: temos o Mercosul com um pneu furado, que é a Argentina. E agora precisamos fazer uma movimentação em Guayaquil, na reunião da América do Sul; ao invés de recuar, vamos avançar, queremos integrar mais, eles querem integrar menos. Aliás, essa é a minha velha teoria, o Rubens Barbosa teve um papel importante ao abrir minha cabeça e falar de América do Sul quando fui chanceler. Isso não é muito bem-visto pelo Itamaraty, que tem medo que seja exercício de hegemonia brasileira e que apareça arrogância. Mas temos que exercer essa hegemonia, e exercê-la pacificamente na América do Sul. Hegemonia no sentido da liderança de um grande país favorável à integração e à democracia.

Contei ao Celso que o Chávez me telefonou no dia em que foi anunciado o divórcio dele.* Insistiu em vir ao Brasil. Eu pedi ao Celso que sondasse, que visse o que era isso, porque vou ter que recebê-lo. É a segunda vez que ele me telefona, não posso negar. Disse-me o Celso que o [Álvaro] Uribe também quer vir ao Brasil. Pois que venham os dois, separadamente, claro. E que os americanos não percebam isso como agressão a eles, o que seria negativo para nós, sempre no fio da navalha. Temos que fazer nossa política sem dar a sensação de que seja *anti*. Essa é a nossa chave, a qual Rio Branco já tinha definido com muita clareza.

A pesquisa eleitoral foi positiva, falei com o Serra, ontem ele estava meio de mau humor, mas a pesquisa foi muito boa. Ele está de mau humor porque a imprensa continua sendo a imprensa, os jornais e tal. Mas isso não tem jeito. O Elio Gaspari, eu não entendo, gosta de ser intelectual e de atacar os intelectuais. É um pouco isso. Ele é inteligente e faz gênero. Agora está fazendo gênero ao exaltar a aliança do Lula com o Quércia, ao dizer que o Ciro tem direito a aparecer nos programas dos outros partidos e a criticar o PSDB, a mim, ao Serra etc.** Ele como jornalista pode até ser bom, mas com os homens públicos fica chateando um, chateando outro, catando milho.

Hoje parece ser uma segunda-feira meio morna. A gente nunca sabe se será morna mesmo, vamos ver o decorrer do dia. Estou lendo o livro do [Claudio] Bojunga sobre o Juscelino. É um bom livro. Podia ser mais curto, mais enxuto, mas é interessante, dá um lado muito dinâmico e humano do Juscelino, e o lado político também. É favorável a ele, mas não distorce, o coloca num contexto positivo, o que é legítimo. Além disso, li um folhetinho sobre o constitucionalismo português, que mostra a influência de Rui Barbosa e da Constituição de 1891 na Constituição de 1911 de Portugal. E, sobretudo, a discussão a respeito do controle difuso ou do controle concentrado de constitucionalidade. São temas que desde a Constituinte me interessam.

Li também um artigo do Maílson, li muita coisa, inclusive o editorial de hoje de manhã do *Estado de S. Paulo* sobre a dívida interna.*** Esse é outro grande mal-enten-

* Chávez divorciou-se de Marisabel Rodríguez, com quem se casara em 1994.

** Referência à coluna do jornalista na *Folha* de 2 de junho, intitulada "Lula-Simon, por que não"?

*** Intitulado "A montanha de dívida já estava lá".

dido. A questão não é a interna, é a externa, a dívida não aumentou. De 1994 para cá, aumentou 6 bilhões de dólares, mas não sei se a dívida líquida aumentou. É preciso ver qual era a reserva em 94 e as reservas hoje.* O resultado líquido é por volta de 100 bilhões. Não é nada para um PIB de 600 bilhões. Quanto à dívida interna, o Maílson tomou os dados da Secretaria do Tesouro. Essa é uma dívida bem administrada, alongada, com prazos. O editorial do *Estado de S. Paulo* insiste nisso também. Tanto o editorial econômico de ontem** como o político de hoje, dizem que essa dívida cresceu muito, cresceu dez vezes de 94 para cá.*** Ela não cresceu, ela foi revelada, ou seja, as dívidas dos estados, municípios, os "esqueletos", entraram na conta, e tudo isso pesou no aumento da taxa de juros. Mas a taxa de juros explicaria 20% do total do aumento da dívida. Não mais. O resto é simplesmente explicitação de dívidas antigas, é saneamento fiscal.

HOJE É TERÇA-FEIRA, DIA 4 DE JUNHO. Estou no Palácio da Alvorada, depois do almoço, descansando um pouco. Ontem foi um dia calmo. Falei com a Wanda Engel, que estava muito irritada com uma entrevista do Ricardo Paes de Barros sobre pobreza,**** porque ele tem uma tendência economicista, diz ela, ou seja, a pobreza é medida pelo nível de renda e não pela qualidade de vida. E tem ideias simples sobre como combater a pobreza: dando recursos mais focalizados. Eu não sei. A Wanda acha que existem muitos programas, acha que eles estão sendo feitos, são de outra natureza, mas estão melhorando a renda, enfim, o nível de vida melhorou. Eu disse a ela para dar uma entrevista na mesma revista, a *IstoÉ*, para mostrar seu ponto de vista, sobre não pensar que se resolve a pobreza simplesmente com medidas econômicas e contas aritméticas, falar sobre como se distribui a renda. Tem-se que dar não apenas emprego, mas desenvolvimento. É preciso que cada pessoa tenha iniciativa, tenha educação, capacidade de comunicação, organização da comunidade, enfim, é um processo social e não simplesmente um jogo de estatística econômica.

Fora isso, o mais interessante foi o jantar ao qual vieram a Violeta Arraes***** e o Pierre Gervaiseau.****** Violeta é irmã do Miguel [Arraes],******* velha amiga nossa e cheia de ânimo, apesar da idade. Ela tem mais de setenta anos — enfim, eu também tenho mais idade. Violeta está bem, com as ideias ativadas, com a Fundação Arari-

* No começo de 1995, as reservas internacionais do Brasil somavam US$ 38 bilhões. Em junho de 2002, o país tinha US$ 20 bilhões.

** Provável referência à reportagem "Para analistas, rolagem da dívida pública do País preocupa, mas é administrável", no caderno Economia.

*** A dívida interna aumentara de R$ 64 bilhões em 1994 para R$ 640 bilhões oito anos depois.

**** "Cruzada contra a pobreza" na *IstoÉ* de 30 de maio.

***** Reitora da Universidade Regional do Cariri (CE).

****** Marido de Violeta Arraes, criador da Fundação de Desenvolvimento Sustentável do Araripe.

******* Ex-governador de Pernambuco (1963-64, 1987-90 e 1995-98) e candidato à Câmara pelo PSB.

pe, veio pedir meu apoio para a fundação, que cuida do desenvolvimento local da região perto do Crato, no Ceará, entre Ceará, Pernambuco e Bahia. Ela falou muito sobre política, com a cabeça clara, disse que o importante é ter discernimento, não é ter maiorias. Curioso. É muito contra a decisão do Miguel de apoiar o Garotinho; ela sempre foi politicamente distante das posições do Miguel. Ela é ligada ao Tasso, falou muito dele, da mágoa do Tasso conosco, acha que ele se equivocou, mas enfim, foi bom.

Em seguida, recebi o Michel Temer já às dez e meia da noite. Veio reclamar da falta de sensibilidade do Serra para a agudeza dos problemas do PMDB na convenção que vai se realizar agora, no dia 15. Disse que o Serra não está dando bola o suficiente à questão. Eu não sei até que ponto é um jogo de pressões do PMDB. E sempre se queixando de falta de condições materiais para a realização da convenção, além das questões políticas. O Serra tem que se mexer. Eu telefonei para ele hoje, ele virá aqui para eu conversar sobre tudo isso. Mais tarde chegarão Aécio e Eduardo Azeredo.

Aécio tinha estado comigo à tarde no Palácio do Planalto. Já desistiu de ser candidato a governador, disse que resolveu assim porque o Itamar o está levando na conversa, e não sei o quê, acha que para ele é mais fácil ser senador. Eu tinha dito isso a ele em Roma, mas ele levou longe demais a hipótese da candidatura, e agora o recuo vai ser difícil, até porque o Eduardo não vai aceitar facilmente, pois ele já está com embocadura para ser senador.

À noite vieram os dois aqui, dito e feito há um impasse. Na verdade, quem tem melhor posição nas pesquisas é o Eduardo, embora talvez o Aécio tenha mais capacidade de ganhar na corrida. Qualquer um dos dois pode ganhar a eleição do governo de Minas, e isso não pode ser desperdiçado. Querem inventar quem sabe um terceiro, mas que terceiro? Não existe. Apoiar alguém do PFL a esta altura? Tenha paciência! Lançar o José Alencar ou lançar o Pimenta, que está fora do jogo, não há mais possibilidade. Isso vai acabar dando... o próprio Aécio mesmo.

Itamar já tinha mandado para cá, ontem, aquele assessor dele, que foi ministro da Justiça, para conversar com o Aécio. Ele está nervoso, o Itamar também, nunca ninguém sabe qual é o jogo do Itamar. O temor meu e do Eduardo Azeredo é que no fim ele se candidate, e não o Newton [Cardoso], e tudo seja um jogo do Itamar para desgastar o Newton, fingindo que está apoiando o Aécio. Pode ser. O Itamar é capaz dessas jogadinhas. Eu vi a pesquisa, quem está bem mesmo é o Eduardo Azeredo. Tem 30%, o Itamar um pouco mais. Eu vi que estou quase igual ao Itamar em Minas, não é nem o governo, sou eu. Então não está tão mal assim. Saíram daqui mais de meia-noite, meia-noite e meia.

Hoje de manhã fui ao Palácio do Planalto e presidi a última reunião da Câmara de Gestão da Crise de Energia. Foi uma coisa brilhante. O Pedro Parente deu um show na crise de energia, resolveu tudo com presteza, com inteligência, coordenando, foi um show. E não só ele, muita gente ajudou. O Scalco, o José Jorge bastante também, o [Octávio] Castello Branco ajudou, o Mário Santos, o Mauro Arce, secretário de Energia de São Paulo, também ajudou muito. Centenas de pessoas ajudaram, essa é a verdade. Consultores, e todo o Brasil, deram um show de maturidade e de capacidade de reagir diante de uma circunstância inesperada e grave.

Agora à tarde vou receber o Serra e em seguida a turma do PMDB, para avaliar melhor a convenção.

Uma nota adicional, o presidente do Uruguai, o Batlle, deu uma declaração inacreditável, chamando os argentinos de políticos corruptos;* disse que o Duhalde não sabe para onde vai, enfim, disse o que não só ele, mas muita gente pensa. Isso ao Bloomberg, canal de televisão. Disse que o Uruguai não pode ser comparado à Argentina, mas aos Estados Unidos, ao Brasil e ao Chile. Criou uma crise. Resultado: lá foi ele hoje falar com o Duhalde para pedir desculpas, chorou. Ele é filho de mãe argentina** e conhece bem a Argentina. É o que ele pensa a respeito dos políticos argentinos, mas o ter dito não foi um lapso de língua, foi muito mais grave que isso.

Deve ter acontecido com ele o que aconteceu comigo e com o Fox em Madri, quando gravaram uma conversa nossa informal. Na conversa apenas nos queixávamos de que os americanos, para construir a Alca, não estavam fazendo o mesmo que os europeus fizeram, ou seja, os países ricos ajudarem os pobres. Tudo bem, uma observação crítica, mas não de ordem pessoal, e é o que pensamos, já tínhamos dito isso em outros momentos.

No caso do Batlle, foi uma coisa desabonadora para os argentinos. Vai deixar uma marca difícil, e pobre Mercosul. Ainda ontem vi uma senhora, professora de história da USP,*** dizendo que é preciso fazer isso, fazer aquilo, tudo o que já fizemos ou estamos tentando fazer, como se fosse fácil. "É preciso defender o Mercosul, é preciso evitar a entrada na Alca...", ela dizia. Primeiro, não é preciso evitar a entrada na Alca; se formos entrar, temos que entrar bem, em boas condições. Segundo, o Mercosul existe, é um queijo suíço, a parede externa está toda furada, os argentinos nessa confusão imensa, os uruguaios querendo marchar por conta própria, o Paraguai, que sabemos como funciona. Então o Mercosul está virando uma peça de ficção e quem sustenta o script ainda é o Brasil. E vamos ter que sustentar, mas cada vez com menos credibilidade.

Também queria notar que há uma pequena crise cambial, o risco-país cresceu muito,**** e no caso foi erro de manejo do Banco Central na rolagem das dívidas, na questão de como eles foram alongando o prazo de vencimento e permitindo que houvesse capitalização a cada dia sobre o valor de face, e não sobre o valor real dos

* *"Los argentinos son una manga de ladrones, del primero hasta el último."*

** Matilde Ibáñez.

*** Regina Gadelha.

**** Em 5 de junho, o dólar fechou cotado em R$ 2,61, alta de quase 15% em relação ao começo de 2002. O risco-país alcançou 1127 pontos.

títulos [de mercado], o que gerou uma confusão grande.* Como eu já disse, não ter baixado a taxa de juros na última reunião do Copom foi um erro, porque deu um sinal desnecessário de pessimismo.

HOJE É QUINTA-FEIRA, DIA 6 DE JUNHO. Ontem tive uma gravação de mensagens sobre o FGTS que me ocupou boa parte da manhã. Depois recebi o Schymura, presidente da Anatel, para discutir os problemas de regulação, das brigas de empresas. Por coincidência, me telefonou a Alejandra Herrera, na hora do almoço, para reclamar muito de um discurso do Schymura, ela disse que ele foi muito fraco, que não entende do assunto. Enfim, coisas difíceis de avaliar, porque cada um puxa a brasa para a sua sardinha. Eu não sei. Alejandra entende de telefonia, mas a opinião dela pode ser afetada pela ligação com o grupo que fez a Anatel, inclusive o Guerreiro; talvez por isso não goste da entrada do Schymura, que veio de fora.

Fui ao Palácio do Planalto para dar posse ao novo ministro da Integração, o Luciano Barbosa. Gostei do rapaz. Ele fez curso na Columbia, parece que deu aula por lá também, trabalhou no Fundo Monetário por um período de quatro meses, como estagiário, e ajudou o Pedro Parente e os demais na intervenção que fizemos, quando o governo precisou agir para botar ordem no governo de Alagoas.** É casado com a Célia [Rocha], que é prefeita de Arapiraca, do PSDB. Gostei do jeito dele.

Aproveitei e conversei com alguns deputados que estavam lá sobre assuntos práticos, depois tive duas reuniões importantes. Uma foi para redefinir a posição do Mercosul e do Brasil no Mercosul, porque vou assumir a presidência do grupo.*** A opinião geral é de que, apesar de estar com o casco furado, temos que manter o barco andando. E para isso teremos que, primeiro, forçar a Argentina a certo realismo. Eles querem simplesmente que assinemos outro acordo automotivo para autorizar a entrada no Brasil de mais carros da Argentina. Mas estão resistindo muito a derrubar as barreiras que o Cavallo impôs à importação de produtos brasileiros. Isso não pode ficar assim. Vamos tentar dar mais uma injeção de óleo de cânfora na Argentina e olhar para a reunião dos presidentes da América do Sul em Guayaquil. Nela há a questão da integração física, a gente pode, de alguma maneira, passar esses momentos difíceis desse segundo semestre em que vou ser presidente *pro tempore* do Mercosul.

* A tentativa de introduzir um swap cambial para rolar a dívida interna em dólar com vencimento em 2003 foi mal recebida pelo mercado, e houve retirada de mais R$ 4 bilhões dos fundos DI.

** Em julho de 1997, o estado nordestino sofreu uma "intervenção branca" do governo federal depois de prolongada crise financeira e institucional. O então governador Divaldo Suruagy, acusado de corrupção, renunciou ao cargo e a Secretaria da Fazenda foi assumida por um indicado do Planalto.

*** Fernando Henrique assumiu a presidência rotativa do bloco em 1º de julho.

Tive outra reunião, mais interessante ainda, com o pessoal da Aeronáutica — com o brigadeiro Baptista e o brigadeiro Reginaldo [dos Santos],* outro brigadeiro, creio que se chama [Aprígio] Azevedo,** mais o ministro Quintão, o Malan, Sérgio Amaral, Celso Lafer, Pedro Parente e eu. Reunião para verificar a avaliação que eles fizeram da compra dos aviões de caça. E, para a surpresa de todos nós, eles optaram pela compra do avião Gripen, do consórcio anglo-sueco, porque é melhor, é mais barato, dá maior margem para transferência de tecnologia etc. etc. Os rumores dos lobistas formavam a impressão de que a Aeronáutica queria escolher o avião Mirage 2000BR, que é da Embraer com os franceses. Diziam que quem queria outro avião era o ministro da Defesa, como se ele tivesse querido alguma vez alguma coisa nessa matéria em que não é especialista. E queria, diziam, o Sukhoi.*** Esse o clima da fofocagem.

Chegamos à reunião, houve uma análise profunda, detalhada, eles optaram pelo Gripen. O Malan objetou... objetou, não, levantou questões sobre a negociação, porque era preciso continuar negociando, o que se chamou de offset, ou seja, o que vem junto: as transferências tecnológicas, as compras no Brasil etc. E o Sérgio Amaral foi mais inquisitorial ainda, quis saber por que não o avião da Embraer. Ele tem razão, a opinião pública brasileira está convencida de que a Embraer fabrica no Brasil e que os outros apenas vendem. Os militares estão convencidos de que não é nada disso, que todos fabricam fora, apenas se monta aqui e se transfere parte da tecnologia. E que os dois fazem isso, aliás todos. O Gripen também, e [no caso do avião da Embraer/Dassault] a transferência de tecnologia é feita para dentro da Embraer. Portanto, o governo paga um dinheiro adicional que vai para a Embraer, que também é associada da Dassault francesa. Pode haver questionamento por esse lado.

Eu perguntei ao Baptista se a opinião era homogênea na Aeronáutica, se a opinião geral era a favor do Gripen e não de outro. Ele disse que sim. No final, o Baptista propôs que houvesse a manutenção dos dois, o Embraer com Dassault e o Gripen, para ver se eles conseguem vantagens negociais. Na verdade, temos que ver se do ponto de vista legal isso é possível. Mas o Sérgio Amaral tem razão, é preciso que a opinião pública brasileira se convença do que a Aeronáutica nos diz, ou seja, de que a Embraer não vai ser de fato a única a fabricar aqui, que os dois, Embraer/Dassault e Gripen, vão apenas adaptar e transferir tecnologia. Mas não se trata do desenvolvimento de um avião, como foi o AMX, feito com a Itália há muitos anos. Isso precisa ser bem esclarecido, porque a opinião pública está certa de que estamos optando entre produção nacional e importação do estrangeiro, e pelo que os militares dizem não é assim. Não vai ser fácil justificar isso. Por outro lado, se for

* Representante do governo no conselho de administração da Embraer.

** Chefe do Departamento de Pesquisa e Desenvolvimento da FAB.

*** Su-35, caça supersônico de fabricação russa.

para comprar, não tenho muita alternativa senão seguir a opinião técnica da Força Aérea, e se eles dizem isso nós vamos ver, vamos analisar melhor.

Hoje, quinta-feira, o Celso Lafer levantou a hipótese de que a Aeronáutica estaria mais interessada, talvez porque o Gripen poderá trazer a tecnologia para o parque aeronáutico de São José dos Campos, ou seja, para a própria Aeronáutica. Pode ser.

Vim correndo para o Palácio da Alvorada depois de falar com o Serra no Planalto sobre as emendas que não saem, o problema do alongamento das dívidas. Eu tinha tido um almoço ontem, quarta-feira, com o pessoal da área econômica. O Armínio assumiu a responsabilidade de ter lançado muitos títulos de prazo longo e também de usar os títulos como hedge, e deu as explicações. Hoje, aliás, saiu um artigo do [Luis] Nassif,* outro do Delfim,** e há uma resposta do Armínio, que vai sair amanhã e que é razoável. Eles fizeram algum erro, como eu já disse, mas não é coisa que não se possa corrigir. Estamos num momento difícil, de grande aflição dos mercados, grande nervosismo.

Fora isso, recebi ontem o Emílio Odebrecht, que veio discutir uma questão que é quase inviável. Eu vou ao Equador e o presidente do Equador está insistindo em um empréstimo nosso para a Odebrecht fazer uma obra lá [Usina San Francisco], mas isso é praticamente inviável, porque o risco-país é muito elevado, não vejo condições para tanto.

Hoje, quinta-feira, já tive um dia bastante agitado. Recebi de manhã o José Aníbal, discussão de coisas normais. Recebi o Marco Maciel, uma longa conversa. O Marco está fechado com o Serra, acha que é capaz de o PFL vir conosco. Pediu que eu falasse com o Jorge, que o Jorge não soubesse. Falarei, eu ia falar mesmo. Preciso conversar com o Jorge Bornhausen sobre os acontecimentos e sobre o futuro. Enfim, passamos em revista uma porção de coisas, e o Marco muito cooperativo.

Depois disso recebi a Dercy Gonçalves. Fantástico, ela com 94 anos e com o mesmo estilo, e tudo mais. Depois recebi o chanceler do Peru,*** que veio me convidar em nome do Toledo para assistir à pacificação interna do Peru, que ele teria feito, e para discutir em Guayaquil as posições do Peru e do Brasil na integração regional, as vias fluviais e terrestres.

HOJE É SEGUNDA-FEIRA, DIA 10 DE JUNHO. Na quinta-feira à tarde nada aconteceu de especial, a não ser o nervosismo galopante dos mercados. Conversas por telefone com o Malan, com o Armínio, para tomar o pulso da situação.

* "O voluntarismo do BC", na *Folha de S.Paulo*.

** "Para Delfim, BC errou e deve 'ficar quieto'", entrevista à *Folha*.

*** Diego García Sayán.

Sexta-feira fui para o Rio de Janeiro, para o lançamento do Cartão Cidadão,* que junta todos os programas sociais do governo. Lá me encontrei com o Cesar Maia, com o Artur da Távola, com o Moreira Franco e outros personagens mais. Lançamos o cartão, com festa em Campo Grande. Campo Grande me impressionou, vista de helicóptero, que foi como fui até lá. Me pareceu melhor do que eu imaginava. Vi o estádio que fizemos, o centro poliesportivo, fantástico. Muita animação, aquela criançada toda, as coisas positivas do programa social do governo para as quais chamei a atenção. O governo está focalizado nos mais pobres, e realmente pela primeira vez na história do Brasil temos uma rede de proteção social. Os que criticam a inexistência de foco não percebem que pela primeira vez temos foco. Os críticos são alguns economistas, são bons, eu gosto deles, o Ricardo Paes de Barros, e o outro, o [Marcelo] Neri.** Eles são bons, mas têm uma visão muito numérica das coisas e se esquecem que para mudar a pobreza não basta distribuir dinheiro. Estamos distribuindo quase 30 bilhões em programas diretos de redistribuição de recursos. Mas é preciso levantar o moral, é preciso dar cidadania, as pessoas têm que aprender a funcionar por conta própria. Desenvolvimento local, com atividade própria, isso tudo leva tempo, não é só educação, não é só dinheiro.

Do Rio de Janeiro fui para a Base Aérea, onde me encontrei com o Lampreia. Ele quis saber, com muita educação, naturalmente, sobre a licitação dos aviões. O boato que corre é que o Quintão estaria defendendo o avião russo Sukhoi e a Força Aérea querendo o avião francês Mirage. Isso tudo é onda, não tem nada disso. Na apresentação preliminar que eles me fizeram, eles acham que o melhor avião e o mais barato é o sueco, o Gripen, para a surpresa de todo mundo, inclusive minha. Mostraram que não existe a construção de aviões. São apenas dez, doze aviões que compraremos. Ninguém faz uma plataforma de produção para doze aviões. Não se monta uma indústria bélica para a produção de doze aviões. Quer dizer, é ridículo. O que vai haver é adaptação. Todos oferecem o software, armamento e tudo mais. Eu não estou dizendo que a Embraer deva ser descartada; a nossa opinião preliminar é que é preciso ver melhor. São os offset, são as vantagens que oferecem às indústrias que estão em jogo.

A Embraer está fazendo um lobby imenso, como se os americanos quisessem usar o avião russo para impedir que os franceses venham. Não é nada disso, é tudo fantasmagoria. O que pode haver é a Força Aérea querer, com a compra do avião Gripen, aproveitar o ITA, que tem uma base produtiva maior. Isso é possível, e tam-

* O presidente participou da cerimônia de distribuição dos primeiros cartões no Centro Esportivo Miécimo da Silva, em Campo Grande, zona oeste do Rio. O documento magnético foi inicialmente distribuído a usuários dos programas de transferência direta de renda do governo federal, entre os quais o Bolsa Alimentação, o Bolsa Escola, o Peti (Programa de Erradicação do Trabalho Infantil), o Brasil Jovem e o Vale-Gás. Atualmente também dá acesso ao Bolsa Família e ao seguro-desemprego, entre outros programas sociais.

** Pesquisador da FGV.

bém é legítimo, desde que não seja uma coisa despropositada. Dá a impressão de que o Mirage vai beneficiar a Embraer, pois o offset deles consiste em, basicamente, passar recursos para a Embraer. Isso pode ser criticado, mas não é uma coisa tão dramática, porque temos interesse em fortalecer a Embraer.

O fato é que eu não posso tomar uma decisão sem o apoio da Aeronáutica, porque são eles que vão usar o avião. Perguntei ao brigadeiro Reginaldo e ao brigadeiro Baptista se essa era uma opinião homogênea, a de todos. Eles responderam: "Sim, senhor, é homogênea, ela é a opinião de todos". Vamos ver o que acontece. Eu ainda não convoquei o Conselho de Defesa Nacional.* Claro que eu não falei nada disso ao Lampreia, eu despistei, fiz de conta que não sabia tanto quanto sei.

Depois fui a São Paulo. Lá, fomos, eu e Ruth, ver um apartamento para nos mudarmos, e à noite ficamos conversando, pois não tínhamos outra razão para ir a São Paulo a não ser ver o apartamento e conversar sobre a nossa mudança, questões desse tipo. Antes fui ao dentista para fazer agora correções. Agora não é mais questão de cárie, é de articulação. Cheguei tarde e ficamos em casa.

No dia seguinte, sábado, de manhã vi o jogo de futebol** em casa, depois fui à avenida Higienópolis, onde tenho meus livros, no apartamento que foi da Luciana. Mas quase um desânimo, é muito difícil. A Ruth estava lá. Eu não sei de quantos livros posso dispor, manter ou não na biblioteca. O mais correto seria mandar tudo para onde vamos instalar o meu centro de estudos, e depois separar. Mas a Ruth quer separar antes.

Almoçamos com o Paulo Henrique, que ia, como foi, para a Alemanha naquele mesmo dia, para discutir questões de meio ambiente. À noite, eu e Ruth fomos à Fapesp celebrar os quarenta anos da Fapesp, e assistimos a um bonito concerto na Sala São Paulo, da Orquestra Sinfônica do Estado de São Paulo, discurso pra lá e para cá. Foi bom, eu gosto de recordar. A Fapesp é fundamental, e eu ajudei um pouco sua criação, não fui decisivo, não, eu era muito jovem para isso, mas colaborei, pois pertenci ao grupo que ajudou a fazê-la. O Brito [Carlos Henrique de Brito Cruz], que é o presidente do Conselho Superior da Fapesp e é irmão do Brito que trabalha comigo no Itamaraty,*** mostrou um pedido meu, de 1962. No ano em que a Fapesp começou a funcionar, pedi um financiamento. Fui o primeiro, na área de ciências sociais, a quem eles deram. Acho que foi para fazer o Cesit,**** uma pesquisa sobre empresários que foi minha tese de livre-docência.*****

* Órgão consultivo do presidente da República em assuntos relacionados com a soberania nacional e a defesa do estado democrático, formado pelo vice-presidente, o presidente da Câmara dos Deputados, o presidente do Senado e os ministros da Justiça, Defesa, Relações Exteriores e Fazenda.

** Brasil 4 × 0 China, com gols de Roberto Carlos, Rivaldo, Ronaldinho Gaúcho e Ronaldo, em Seogwipo (Coreia do Sul).

*** José Humberto de Brito Cruz, assessor especial da Presidência.

**** Centro de Sociologia Industrial e do Trabalho, fundado na USP em 1961 por Florestan Fernandes e Alain Touraine.

***** Defendida em 1963 na USP e publicada com o título *Empresário industrial e desenvolvimento*

Fui jantar com a Ruth, o Luiz e a Regina num restaurante chamado Vecchio Torino,* comida excepcional e preço caríssimo. Rachamos a conta porque nem presidente da República aguenta pagar uma conta desse tamanho.

No domingo de manhã recebi o pessoal do PSDB para conversar sobre a campanha do Serra. Tinha recebido na véspera, me esqueci de dizer, o nosso fantástico marqueteiro, que é o Nizan, ele com a preocupação de que a campanha do Serra tenha um rumo político. Precisa de alguém que lamba as feridas que foram feitas pelo caminho, porque essa gente vai precisar estar junto de nós no segundo turno. Em segundo lugar, o candidato precisa dizer qual é a grande história que ele vai contar ao país. É exatamente o que eu tenho dito ao Serra. O problema é falar com o país e contar uma história. Qual é o rumo, não é qual é o detalhe. E o Serra prefere uma coisa mais amarrada, mais segura, portanto com mais detalhes. Não sei se o caminho é esse. Eu ainda disse ao Serra que o discurso de um chefe (veja o estudo do [Pierre] Clastres sobre os indígenas)** é vazio, é geral, é como a Bíblia, tem mais de uma linha de interpretação, senão acaba descontentando. E repeti o que tenho dito sempre. O presidente no Brasil é um pouco um imperador. Aliás, a *Veja* dá esse recado, acho que ao Serra mesmo, contando o que foi cada Presidência. O presidente tem que ser um pouco o imperador — imperador no sentido de imperador do Brasil, não de um Napoleão. Ou seja, um conciliador, Na verdade, um homem que não entra na briga do cotidiano. Não entra em clinch, não pode ser um acelerador de conflitos.

A tendência do Serra é tomar partido e brigar. Acho que pouco a pouco ele tem que se desprender dessa tendência e se transformar progressivamente num candidato que aparece como um homem capaz de dirimir conflitos, e não de acelerar conflitos. Por exemplo, para que brigar com o PTB, para quê? Como ele acha que é bom dizer que a concessão de TV que o Martinez ganhou em São Paulo pode ser anulada? Para quê? Se for correta, para quê? Para que criar uma instabilidade? Nós vamos precisar do PTB no segundo turno. Além disso, não é meu estilo fazer esse tipo de coisa. Outro exemplo dramático: para que entrar numa briga tão frontal com o Ciro? O eleitor do Ciro é o mesmo do Serra. Se criarmos uma antipatia num segmento que é pró-Ciro, como eles vão votar em nós no segundo turno? Enfim, questões da política prática.

Na reunião ainda dei exemplos do que aconteceu comigo, falei que aprendi muito quando perdi para o Jânio [Quadros]. Por quê? Porque eu estava num discurso de classe média alta, de universidade, e ganhava tudo que era debate, eu sa-

---

econômico no Brasil (São Paulo: Difel, 1964). Fernando Henrique integrou a direção do Cesit de 1962 a 1964.

* No bairro de Pinheiros.

** O antropólogo francês pesquisou o tema da chefia entre os índios brasileiros em diversos trabalhos, entre os quais "Troca e poder: Filosofia da chefia indígena" (*A sociedade contra o Estado: Pesquisas de antropologia política*, 1974).

bia tudo, e o Jânio fazendo fotografia com os pés trocados, fantasiado de japonês, indo almoçar na Vila Maria... Ganhou a eleição porque emitiu sinais ao povo. Não quero que ele faça a demagogia do Jânio, mas vai ter que emitir sinais para o povo senti-lo perto. Aliás, o Nizan resolveu isso brilhantemente, com o menininho que recebeu uma gota de vacina dada pelas mãos do Serra;* o Serra gosta de crianças, saiu espontâneo. O lado humano. Agora tem que ter o lado do estadista. Enfim, discutimos essas questões e outros detalhes sobre cada estado.

Depois fomos almoçar na casa do José Aníbal, que é vizinha à minha. Conseguimos driblar a segurança, eu e a Ruth, e até a imprensa. Enquanto eles pegavam todo mundo que saía lá de casa para dar entrevista, fomos a pé à casa do José Aníbal, dando a volta no quarteirão. Foi agradável. Depois fomos ver outra vez o apartamento que estamos vendo se dá ou não para comprar, na rua Rio de Janeiro. Voltamos para casa, arrumamos as coisas e viemos para Brasília.

A pesquisa de domingo** foi excelente. Lula caiu quatro pontos, Serra subiu quatro pontos. O Lula está com 40, o Serra com 21, o Ciro com 16, o outro está com 11. Não, 16 é o Garotinho, o Ciro tem 11. Diga-se de passagem, na sexta-feira eu estava no carro quando me telefonou o Frias, eufórico, para me dar esses dados. E me passou a dona Dagmar [Frias de Oliveira], mulher dele, ela feliz da vida, mandando beijos para mim e para a Ruth. Torcendo como loucos por mim, porque também a avaliação do governo subiu, e pelo Serra.*** Quem lê a *Folha* não imagina isso. Vamos ver o que acontece hoje.

HOJE É QUINTA-FEIRA, DIA 13 DE JUNHO. Na segunda-feira, interrompi a gravação, não houve nada de mais especial, apenas à noite vimos um filme chamado *Netto perde sua alma*, uma saga do Antônio Netto, general farroupilha, feito pelo irmão do Paulo Renato.**** Durante o dia, despachos normais, gravações, Sardenberg, conseguimos baixar as queimadas na Amazônia. Recebi o Geraldo Alckmin e a Marta, vieram pedir apoio ao combate às enchentes em São Paulo.***** A Marta é muito despistada. Ela não sabia me dizer o nome da área federal referente ao pedido que ela me fez para que cedêssemos a posse a São Paulo. Depois recebi o minis-

* Referência a um comercial da campanha serrista em que o candidato tucano interagia com uma criança, com trilha sonora de Dominguinhos e a descrição de Serra como "confiável e que se preocupa com as pessoas".

** O Datafolha mostrou que a diferença entre Lula e Serra caíra sete pontos. Na simulação de segundo turno, a vantagem do petista diminuíra nove pontos. Foi a primeira pesquisa divulgada após o anúncio da candidata a vice Rita Camata e coincidiu com o início oficial da campanha eleitoral.

*** Entre os eleitores que avaliavam o governo como ótimo ou bom, as intenções de voto em Serra aumentaram nove pontos, de 28% para 37%.

**** Direção de Tabajara Ruas e Beto Souza.

***** Obras de aprofundamento da calha do rio Tietê, orçadas em R$ 690 milhões.

tro Marco Aurélio, que veio trazer simpaticamente uma reivindicação do Judiciário (que ele sabia que era impossível, foi bastante compreensivo).

Terça-feira, já a coisa começou a ficar mais complicada pelo seguinte. Esta foi uma das piores semanas que tivemos em matéria de mercado.* Não vou entrar em detalhes. Não sei o que vai acontecer. Sem nenhum motivo aparente, começaram a apostar na incapacidade de o Brasil rolar a dívida interna. O mercado ficou nervoso com duas coisas. Uma, a obrigação de remarcação do valor dos títulos, que lastreiam os fundos que os bancos usam para recolher dinheiro e repassar ao governo via empréstimos. Isso obriga a que os bancos marquem o valor dos papéis de cada prestamista pelo valor de mercado e não pelo valor de face. Isso fez muita gente pensar que tinha perdido dinheiro. Assim como perde, ganha, porque os títulos se valorizam também. Mas provocou um mal-estar e uma raiva muito grande nos banqueiros. O Horacinho Piva tinha me alertado sobre isso, até se referiu ao Pedro Moreira Salles, que está indignado com a atitude do Banco Central.

Por outro lado, a imprensa internacional e os financistas internacionais, depois da reação dos banqueiros brasileiros, começaram a perceber, tardiamente, que havia risco de vitória do Lula. E passaram a aproveitar, ou a acreditar, e se aproveitaram do pretexto para jogar contra o real. Isso dificultou muito, bloqueou a rolagem das dívidas, começando por exigir títulos mais curtos. Maio de 2003 etc., para trocar os mais longos pelos mais curtos. Mas agora nem os mais curtos querem, e isso é realmente uma freada perigosíssima.

Claro que nós contra-atacamos, o Armínio está nos Estados Unidos. Ontem foi informado de que o FMI vai soltar 10 bilhões de dólares para o Brasil.** E vieram declarações positivas, há instrumentos para uma negociação dura com o mercado, mas também é preciso que haja declarações dos candidatos. Até tem havido, mas ninguém acredita no que os candidatos têm dito, inclusive no Serra. Os mercados estrangeiros desconfiam de todos. Quais são as reais intenções dos candidatos?, perguntam. Uma situação muito embaraçosa. Vamos ver como saímos dessa enrascada. Eu não esperava uma confusão assim a esta altura do mandato.

Terça-feira foi o dia da Batalha de Riachuelo, de manhã fui assistir às solenidades militares, nada de novo. Excepcional foi a cerimônia do programa Saúde da Família,*** um programa bom, fiz um discurso forte e acho que consequente. Até a Tereza Cruvinel veio me felicitar, dizendo que eu estava afiado para a campanha. Não obstante, no dia seguinte, ontem, quarta-feira, saiu na mídia que o Serra tinha aparecido na cerimônia, então tudo passou a ser visto como se fosse o palanque do Serra. Tudo que eu falo, o que desde sempre falo, é lido e relido eleitoreiramente.

* Na terça 11, a moeda norte-americana alcançou o valor de R$ 2,714, o maior desde outubro de 2001. O dólar subiu 2,96%, maior alta diária desde abril de 1999.

** O país sacou US$ 10 bilhões do empréstimo stand-by concedido pelo FMI em setembro de 2001.

*** Comemoração da marca de 50 milhões de brasileiros atendidos pelo programa, instituído em 1994.

Recebi o pessoal da Anfavea com umas reivindicações, o Odelmo estava presente e mostrou que estamos avançando muito no acordo comercial com o México e também com o Chile. O Odelmo Leão veio porque fui ao lançamento de uma revista em homenagem ao JK.* Eu tinha almoçado nessa terça-feira com o Paulo Moreira Leite,** com o Expedito e a Ana. Eles até que não forçaram nada. Geralmente esse pessoal força para obter informação. Foram análises mais internacionais, o Paulo me convidou para eu escrever semanalmente na revista *Época* quando eu deixar o governo. Vamos ver.

Quarta-feira, ontem, passei metade do dia na solenidade do Dia do Diplomata. Discursos, brindes, medalhas, muita gente etc. E eu pensando na situação do mercado financeiro e recebendo notícias. O Pedro Parente foi lá, querendo que eu falasse com alguém do PT, o Lula ou o José Dirceu, para que eles dessem uma declaração mais sensata, a mesma coisa o Serra. Não sei se as coisas funcionam assim. É um pouco a visão dos economistas e dos tecnocratas pensar que os políticos reagem com solidariedade pública. Não é bem assim.

Depois falei com o Gros sobre a compra de uma plataforma, e ele me explicou que, do ponto de vista da Petrobras, a plataforma feita em Cingapura é mais barata. Ele não confia nos donos do estaleiro brasileiro, que também não é brasileiro, é de Cingapura.*** Tudo isso é uma confusão desgraçada. Diga-se de passagem que continuam os ecos da pretensa escolha do avião russo no lugar do Mirage, contrariando as tendências da Aeronáutica, tudo invenção. A Aeronáutica quer o avião sueco. Mas isso continua ecoando pelos jornais.

Recebi em seguida o Alain Belda com a sra. Kathryn Fuller, que é presidente do World Wildlife Fund, a WWF,**** uma fundação importantíssima, ela é membro também, vejam só, do conselho da Alcoa. Eles vieram falar comigo, primeiro, para incentivar a preservação das reservas amazônicas, segundo, para anunciar programas de investimentos. O Alan Belda também me trouxe um convite da Brown [University], para que eu trabalhe lá no que eu queira e da forma que eu quiser: só como pesquisador, ou como professor em tempo integral, ou que passe uma parte do ano lá, ou apenas um mês por ano... Foi simpático.

Depois recebi um enviado do presidente da Coreia do Sul, eles desejam que o Brasil apoie a Coreia como local para fazer a exposição mundial de 2010.***** Achei razoável, trouxeram também muitas propostas de trabalho em conjunto etc.

* A sexta edição de *A Revista*, da Takano Editora, foi lançada no Teatro Nacional Cláudio Santoro, em Brasília.

** Diretor de redação de *Época*.

*** O estaleiro Jurong venceu a concorrência para a conversão do navio *Felipe Camarão* na plataforma P-50, orçada em US$ 244 milhões, batendo o Fels Setal, controlado por seu compatriota Keppel Fels.

**** Atualmente denominado World Wide Fund for Nature.

***** A Expo 2010 aconteceu em Xangai, na China.

À noite veio o pessoal do PMDB, o Padilha, o Ramez Tebet e o Renan, com reivindicações de recursos para os ministérios que eles controlam. Não temos dinheiro, e vamos levando. E também não vamos jogar dinheiro em quantidade, porque as emendas dos deputados são muito boas para eles, mas não têm efeito na melhoria efetiva da situação do Brasil. Vamos ter que liberar algo dos pedidos, aliás, para todos. Inclusive para os da oposição. Foi essa a minha ordem.

Os jornais estão dizendo que o governo começou a liberar recursos para os aliados, para aprovar a CPMF. Mentira, a CPMF foi aprovada por 57 a 7, ou a 8,* estrondosamente, levaram nove meses discutindo, para aprovar dessa maneira. Foi bom porque, de qualquer forma, mostra que na questão fiscal não há o que esteja escapando do nosso controle. Portanto, não há motivos para esse nervosismo da Bolsa e do mercado. É uma situação de imposição mesmo, as palavras desagradáveis ditas pelo Soros, ou ganha o Serra ou virá o caos,** são palavras ruins, mas que expressam o pensamento dessa gente. Eles não gostam do Serra, mas querem alguma coisa que não seja o Lula. Isso eu entendo, entendo que não queiram imprevisibilidade, mas cobram um preço brutal. Esse sistema globalizado, em países que depende dele, meu Deus, é uma dor de cabeça permanente.

Daqui a pouco vou a Indaiatuba, em São Paulo, inaugurar uma fábrica da Toyota, e volto no fim da tarde ou no meio da tarde.

* No primeiro turno, em 4 de junho, o Senado aprovara a PEC 407 (depois denominada PEC 18) por 59 a 11. A aprovação em segundo turno, no dia 12, teve o placar de 58 a 7.

** Numa entrevista à *Folha* em 8 de junho, o megainvestidor asseverou que os mercados somente se "acalmariam" com a eleição do candidato tucano e qualificou o "caos" advindo da possível vitória de Lula de "profecia que se autocumpre".

14 A 25 DE JUNHO DE 2002

Conversa com José Dirceu. Convenções partidárias. Agravamento da crise de confiança

Hoje é sexta-feira, dia 14 de junho. Ontem fui a Indaiatuba ver a ampliação da fábrica da Toyota,* discurso pra lá, discurso pra cá, clima positivo, de otimismo. Voltei, recebi a sugestão do Pedro Parente sobre uns pontos que seriam úteis que os principais candidatos reafirmassem, tanto o Serra quanto o Lula. Também recebi a confirmação de que o José Dirceu viria no fim do dia conversar comigo. Ontem cheguei um pouco cansado de Indaiatuba, recebi o novo ministro da Integração Nacional, que veio com uma pilha de reivindicações de recursos, pois ele ainda não tem noção das dificuldades pelas quais o orçamento passa.

À noite chegou o José Dirceu, trazido pelo Silvano, que foi buscá-lo no aeroporto. Muito simpático, tivemos uma conversa longa na qual expliquei a eles o que penso da situação mundial, não preciso reiterar aqui, pois tenho dito muitas vezes. E que a situação financeira, embora eu tenha dificuldades em aceitar a teoria das expectativas — que hoje são o cotidiano da análise econômica —, estou sentindo que existe realmente uma preocupação grande com relação ao futuro, e que no mercado veem o Lula de uma maneira que não é a mais apropriada. Acham que um eventual governo Lula terá consequências e já começam a cobrar o preço.

Contei a ele sobre meu jantar na Espanha e na Itália, a visão que os empresários têm, para que eles do PT não se equivoquem. Disse que eu não acredito no caos, que não sei quem vai ganhar e que é claro que estou com o Serra. Se o Serra não for para o segundo turno, não terei muito empenho nem com um nem com outro, nem com o Ciro, nem com o Garotinho. Mas não quer dizer que eu vá apoiar o Lula. Entretanto, se o Lula ganhar, acho que vai ter dificuldades imensas para governar, mas eu disse que não vou jogar no lado dos que querem uma crise institucional, pelo contrário.

Enfatizei a necessidade de tanto o Lula quanto o Serra fazerem algumas declarações bastante claras sobre pontos sensíveis em relação aos contratos, à negociação de dívidas, seguindo as regras do mercado, a manutenção da Lei de Responsabilidade Fiscal, do superávit primário. Inclusive enfatizei a lei regulamentando o artigo 192 da Constituição,** para permitir que eles obtenham no futuro a autonomia operacional do Banco Central. Enfim, os pontos que a toda a hora são apresen-

* A montadora japonesa investiu US$ 300 milhões para aumentar a capacidade da fábrica de 15 mil para 57 mil unidades por ano.

** Referência à PEC 53/1999, proposta pelo então senador José Serra, para permitir que a organização e a fiscalização do sistema financeiro nacional pudessem ser regulamentadas por lei complementar. A PEC foi aprovada no começo de 2003.

tados como bandeira vermelha, porque, dizem no mercado, o Lula não toparia e tal. Isso provoca ou dá pretexto ao mercado para especulações.

Encontrei no José Dirceu um interlocutor bastante atento a essas questões, e muito claro no sentido de dizer que ele acha que é isso mesmo, que o Lula tem que falar seriamente sobre essas questões. José Dirceu até jantou comigo e com a Ruth. Conversamos sobre o tempo e o vento, e volto à minha apreciação: eles querem é chegar ao poder. Até brinquei com ele, que agora que eles estão ligados ao Partido Liberal sabem quanto custa uma aproximação dessas, porque o pessoal de lá é realmente voraz. Ele riu. Falamos sobre várias coisas, a conversa foi muito agradável, durou até quase meia-noite. Acho que criou uma ponte interessante para esses momentos de turbulência. Os líderes do PT querem ganhar a eleição e sabem (foi dito pelo Zé Dirceu) que a margem de manobra é muito pequena. Que as ilusões de campanha — não só de campanha, de pensamento também — sobre ter um caminho alternativo, e não sei o quê, não são verdadeiras. Não há como fazer. Ainda assim, eles querem assumir o poder.

Não os critico por isso, apenas acho que toda essa roupagem pseudoesquerdista é falsa, porque eles sabem que não é assim. E sabem também que meu governo faz o que pode no sentido de criar regras que dificultem a espoliação, que melhorem a vida do povo, que deem organicidade ao Estado, maior competência. No fundo, eles sabem disso. Na conversa comigo, as diferenças na apreciação das coisas eram mínimas. Claro, na hora de falar com a imprensa e em comícios vão pintar o diabo como roxo, mas só nessa hora. Gravei para o Álvaro Pereira, que está fazendo um livro,* passei mais de uma hora dando depoimento e corrigindo as distorções do Ciro e as molecagens do Delfim a respeito do governo. Os mercados continuam andando de lado, o dólar caiu, mas não o suficiente, apesar das medidas duras.**

Saiu uma pesquisa boa do Toledo & Associados*** em que o Serra sobe e o Lula também, cada um um pouquinho, mas igual. Claro, o pessoal lá fora aproveitou para dizer que a notícia de pesquisa foi ruim. Ruim nada, o Lula passou de 39,5 para 40,5 e o Serra de 22 para 23,5. Não mudou nada, aproveitam tudo como se fosse um sinal disso ou daquilo. O sinal correto é que o Serra entrou no segundo turno. Esse é o sinal.

HOJE É 15 DE JUNHO, SÁBADO. Daqui a alguns instantes eu e Ruth vamos assistir à convenção do PSDB que lança o Serra como candidato a presidente da Re-

* *Depois de FHC: Personagens do cenário político analisam o governo Fernando Henrique Cardoso e apontam alternativas para o Brasil.* São Paulo: Geração Editorial, 2002.

** O risco-país subiu 6,3% em 14 de junho, para 1315 pontos, maior valor em dois anos e meio. O dólar fechou quase estável, com alta de 0,18%, a R$ 2,715, encerrando a semana com valorização de 3%. O BC intensificou a atuação no mercado de câmbio e anunciou um aumento nos depósitos compulsórios dos bancos.

*** Publicada na revista *IstoÉ*.

pública. Fiquei preocupado porque disseram que a *Folha* ia fazer um novo carnaval com um dossiê, mas na verdade é o oposto, desmascarou o dossiê Cayman e deu uma vacina contra possíveis novos dossiês.* Ainda bem, chega de tanta chantagem.

Conversei com o Serra ontem à noite para saber do discurso dele, que parece razoável. Falei com o Malan, que me telefonou aflito. O Malan já explicou ao Serra que não vai à convenção para se sentir mais à vontade para defender o governo e o próprio Serra. Faz bem. O Serra concordou. Agora me telefonou o Lucena, porque havia uma dúvida na convenção sobre quem fala por último. O Serra já tinha me dito ontem que ele fala por último. E me fez recordar o episódio de São Bernardo, há muito anos, quando começou o processo de reorganização democrática. Fizemos aquele encontro em São Bernardo** em que o Lula me chamou num canto de sala, irritado com o Almino [Affonso], dizendo que o Almino era muito vaidoso porque queria falar por último, e na cabeça do Lula quem teria que falar por último era ele, Lula. Fui até o Almino, expliquei, falou o Lula por último. Falar por último parece que não dá sorte para chegar à Presidência da República. Eu nunca tive essas preocupações de quem fala aqui ou acolá. Acho até razoável que numa convenção partidária que vai lançar um novo candidato a apoteose seja dele, candidato, se não esvazia a candidatura, esvazia a festa. Enfim, a preocupação me parece ridícula. Fora isso nada mais. Estamos vendo futebol e pensando no que vou dizer na convenção.

HOJE É DOMINGO, DIA 16 DE JUNHO. Ontem houve a convenção, foi muito boa, como show foi perfeito.*** Quase não prestei atenção nos discursos. Discurso de convenção é simplesmente exaltação. O Serra fez um longo discurso, talvez longo demais. Bom, insistindo em um ou outro caso, dizendo que ele não tem compromisso com erros, como se fossem erros do atual governo. Em geral, o discurso foi consistente, disse coisas que tinha que dizer na área econômica. O clima foi muito positivo, discurso do Tasso muito afirmativo, todos, na verdade, muito afirmativos e positivos. Claro que na convenção do PMDB ocorreu o contrário. Eu não a assisti, mas soube da vergonha, da "brigaiada" incessante, mas, enfim, terminando com vitória por 2 a 1, para cada dois votos a favor da aliança conosco, um contra.****

* Em "PF apura nova tentativa de 'dossiê Caribe'", o jornal denunciou a continuidade do esquema de dossiês ilegais contra membros do PSDB, dessa vez envolvendo supostas contas secretas em Luxemburgo.

** Em 1979, FH e outros membros do "PMDB autêntico" se reuniram com sindicalistas e políticos de esquerda na sede do Sindicato dos Metalúrgicos da cidade do ABC paulista para discutir a criação de um novo partido político, sem obter consenso.

*** A convenção aconteceu no ginásio Nilson Nelson, na capital, e teve shows musicais de cantores sertanejos e uma banda de forró, com público de 10 mil pessoas. Dos 447 convencionais presentes, 440 votaram a favor da candidatura Serra, 433 aprovaram a coligação com o PMDB e 427 disseram sim à indicação de Rita Camata para vice.

**** A convenção pemedebista, no auditório Petrônio Portela do Senado, ficou suspensa durante horas

Assunto encerrado. A candidatura do Serra está consolidada. Pela maneira como aparecem os primeiros resultados, positivos, tudo indica que vamos ter segundo turno. Dentro desse contexto difícil, de uma situação econômica mais frágil neste momento, e com a dianteira do Lula, é difícil, digamos, ele ser eliminado na primeira fase. Mas vamos tentar, o importante é ir para o segundo turno.

Hoje foi um dia calmo, recebi apenas o Arthur Virgílio há poucos instantes, para cuidar das perspectivas eleitorais dele no Amazonas, que eu acho difíceis, mas ele está entusiasmado, quer ir para o Senado. No fundo, se não der para ele ir para o Senado, recua para a Câmara. Ele é indispensável aqui como parlamentar, é excelente. Lá é muito complicado, porque o Amazonino tem um domínio muito grande sobre o Amazonas, e o Arthur e o Amazonino não se entendem, por razões compreensíveis. O modo de pensar e de agir de cada um é muito diferente.

Vimos alguns jogos, estamos acompanhando pela TV a Copa do Mundo, sem cessar. Amanhã de manhã teremos o jogo do Brasil com a Inglaterra, que vai ser decisivo para o Brasil, vamos ver o que vai acontecer.

No final da semana a revista *Época* saiu com uma matéria, eu diria, mais ou menos sem-vergonha, porque acusam o Jorge Bornhausen, e depois desmentem, de estar envolvido na remessa de dólares [via CC5]* para os Estados Unidos.** E não há nada comprovado, são vazamentos vagos. O problema é que o PFL vai achar que isso foi coisa do governo que estourou em cima do Jorge, coisa do Serra, essas explosões que eles costumam ter na política. Numa questão em que o governo não tinha nada a ver, eu nem sabia. É um processo que começou em 1992, eu sei lá quando, foi de 92 a 97. São milhares de pessoas envolvidas.

É claro que botar em cena o Jorge foi sacanagem. Alguém pôs. Esse alguém pode ter sido o Luiz Francisco [procurador], que teve vistas desse processo, ou mesmo alguém da Polícia Federal. É impossível coibir tudo isso, até porque a Polícia Federal está cheia de gente do lado petista ou "petizante". Mas, do jeito que são as coisas do PFL, Antônio Carlos vai aproveitar para dizer: está vendo, olha o que o governo está fazendo até com o Jorge. O próprio Marco Maciel, que me telefonou ontem, está preocupado.

Eu já tinha sido avisado [da matéria] na sexta-feira 14 pelo Miguel Reale Júnior; eu já tinha pedido ao Scalco que informasse a quem devesse no PFL a respeito da matéria, porque não temos nada a ver com ela, é vazamento. Não estamos fazendo nada de irregular ao dizer que está havendo vazamento. Eles já sabiam que era

---

por uma liminar do TSE, pedida pelo setor oposicionista do partido. Durante a votação houve pancadaria. A aliança com o PSDB foi afinal aprovada com 67% dos votos convencionais.

* Previstas pela Carta Circular nº 5, editada pelo Banco Central em 1969, as contas CC5 foram originalmente criadas para brasileiros residentes no exterior, autorizados a sacar seus recursos fora do país sem a realização de contrato de câmbio.

** A semanal citou uma investigação da PF e do MPF sobre o Banco Araucária, da família Bornhausen, que nos anos 1990 teria remetido US$ 5 bilhões para o exterior através de transferências irregulares via contas CC5 do esquema Banestado.

um vazamento. Falei com o chefe da polícia, disse que não pode continuar assim, que ele tem que apurar esse vazamento. Coisa preocupante, o chefe da polícia, dr. Itanor [Carneiro], acha que... os peritos estão avaliando para ver se há alguma coisa concreta, poderia haver uma acusação concreta contra o Jorge Bornhausen. Eu ficarei surpreso, não é do estilo do Jorge, não creio que ele tenha se envolvido em nada. A não ser, eventualmente, algum dinheiro de campanha, mas ainda assim estou na hipótese de que não há nada, é puramente malandragem dos repórteres com a polícia e com a Procuradoria. Mas de qualquer maneira vai dar dor de cabeça.

Por outro lado, até me surpreendeu o que o Kennedy Alencar publicou na *Folha*. O Kennedy é um rapaz de quem alguns não gostam, mas acho que ele é correto. Foi assessor de imprensa do Lula e, como todo jornalista, faz um pouco de futrica. Foi ele que publicou a matéria que provocou indignação no Tasso, dizendo que eu o teria chamado de coronel moderno. Ele fez agora uma matéria sobre um possível segundo dossiê Luxemburgo, com contas do pessoal do tucanato. E ele mostra que é a mesma gente, ligada a Cayman, diz que Cayman era falso, os papéis são falsos etc. etc. Então, foi até uma matéria positiva.

Levou anos para a *Folha* confirmar a falsidade, e esse rapaz mostrou mais afirmativamente que aquilo era uma montagem total. Por que me refiro a isso? Porque sei lá se não estão fazendo também uma montagem com o Jorge Bornhausen, nunca se sabe onde está a verdade neste mundo em que vivemos.

Duas pequenas observações. Primeiro, fiz uma coisa que há muito tempo não faço. Li um artigo na *Folha* do Josias de Souza, que é ligado a um desses procuradores metidos a moralizadores. Chama-se o artigo: "Saiba por que você fará gol contra na Copa presidencial". É uma espécie de catecismo do niilismo, arrebenta tudo. Ele dá definição de tudo, mas tudo para destruir. Vamos em frente, é o pão nosso de cada dia.

Ganhei um livro que se chama *Poder, glória e solidão*, um livro muito bonito de fotografias do [Orlando] Brito,* que é bom fotógrafo. A capa é a minha fotografia olhando de dentro do Alvorada para o jardim, num momento de "glória e solidão do poder". Li por cima o artigo que ele escreveu no final do livro, além das introduções sobre o Sarney, o Collor, sobre mim e não sei mais quem. No final, para ver como se faz a história, para mostrar as contradições de cada um, diz que eu, que havia declarado ser ateu, acabei comungando. Comungando não, colocando um crucifixo no gabinete. Eu nunca declarei que era ateu. Declarei que a questão da religião era de foro íntimo e que não se deveria perguntar ao candidato a prefeito se ele acredita em Deus ou não, mas se ele respeita as religiões. Foi o que eu declarei.** Independentemente do fato de ser agnóstico. Quanto ao crucifixo, ele não está no gabinete, está na antessala. Na sala íntima. Era do Itamar, ele deixou lá, e achei que

* São Paulo: Terra Virgem, 2002.

** O presidente se refere à campanha à prefeitura paulistana em 1985, quando Jânio Quadros o acusou de não acreditar em Deus.

seria um desrespeito tirá-lo. Depois ganhei um santo de d. Paulo, um são Francisco, que também deixei lá, por carinho com d. Paulo.

Agora, quando fui a Roma assistir à beatificação da Madre Paulina, eu estava ao lado de um arcebispo que cuidava de mim. Na hora da comunhão veio um padre e o arcebispo fez sinal para ele se aproximar de mim. Eu tomei a hóstia por uma questão de respeito também. Assim como quando vou ao candomblé e me dão alguma comida sagrada e eu como. Sem desrespeito nenhum ao dizer isso, é apenas um ritual, e na verdade até senti emoção, uma espécie de comunhão mesmo, foi o que eu senti ali, junto daquele povo todo que estava glorificando uma freira e absolutamente tomado de unção por ela.

Confesso que não me senti mal em comungar, embora não tenha me confessado. Nem sabia que iria acontecer isso. Talvez eu possa dizer que *par délicatesse j'ai perdu ma vie.** Foi por *délicatesse*, mas não que eu tenha perdido a vida; ao contrário, até tive um momento de emoção, como já disse, senti ter ganho uma dimensão da vida. Isso, não obstante, eu saber que depois (aliás, até foi pouca a crítica no Brasil) veriam tudo como se fosse hipocrisia. Pois, olha, não foi isso, não.

HOJE É QUINTA-FEIRA, DIA 20 DE JUNHO. O fato de eu não ter registrado nada até agora, já quase meia-noite, mostra o quanto a semana foi agitada. Por razões que não são as melhores e também por boas razões. Comecemos pela segunda-feira, dia 17.

De manhã houve jogo do Brasil, um jogo bastante emocionante, duro, ganhamos de 2 a 0,** ficamos torcendo, mas com certa aflição. O fato é que ganhamos. Depois fui receber o Almir Gabriel, que mais uma vez veio pedir a mesma coisa: a continuidade da alça viária de Belém, além de outras obras no Pará.

Passado o almoço, recebi o presidente da Ford na América Latina,*** na América do Sul, creio, juntamente com o [Antonio] Maciel, o presidente da Ford do Brasil. A Ford se meteu numa confusão grande, porque eles fizeram essa fábrica enorme na Bahia, contavam com o mercado da Argentina, e o mercado da Argentina está capotando. Então eles dependem de exportar da Argentina para o Brasil, e não podem. Pelos nossos acordos, têm que pagar uma multa enorme. São vítimas do Mercosul, que não se consolidou, apostaram no Mercosul. É uma situação, portanto, paradoxal, porque vamos punir quem apostou no Mercosul, embora a Ford não tenha tido culpa do encolhimento do Mercosul. Mas há problemas legais complicados.

* Versos do poema "Chanson de la plus haute tour" (1873), de Arthur Rimbaud.

** O Brasil bateu a Bélgica nas oitavas de final da Copa com gols de Rivaldo e Ronaldo. A partida foi disputada em Kobe, no Japão.

*** Martin Inglis.

Depois fui à cerimônia sobre logística na região Sudeste.* Na verdade, foram o Rafael de Almeida Magalhães e o Eliezer Batista que fizeram um esforço enorme na questão do porto de Sepetiba e de várias outras obras importantes. Estamos encerrando essa etapa, eles queriam chamar a atenção dando um pouco mais de relevo a nossas ações na área do Rio de Janeiro.

No final da tarde fui ao lançamento do livro do Bolívar Lamounier sobre a era FHC, na sede da CNI. O Carlos Eduardo Moreira Ferreira fez um belo discurso. Eu fiz outro, mais à vontade, reafirmei alguns temas que havia levantado à tarde, no encerramento do grupo de trabalho sobre o Rio de Janeiro. Para insistir que estamos mudando o patamar produtivo do Brasil. Sei que a taxa de crescimento não é extraordinária, mas é outro crescimento,** com produção em nível global. Padrão universal: mudou qualitativamente a indústria do Brasil. Eu quis chamar atenção para esse fato. Depois, à noite, vim para casa e nos encontramos no jantar com o Paulo Henrique e a Vanvan. Veio também o Giannotti, porque no dia seguinte, dia 18, era o meu aniversário. A Carmo e o Nê vieram na terça-feira.

Na terça-feira 18, foi o dia do meu aniversário. Fiquei no Alvorada quase o dia inteiro e recebi muita gente, despachei com o Pratini, para discutir se o Brasil vai ou não protestar junto à OMC pela questão da soja.*** Ele é favorável e eu também sou. É preciso ter uma posição forte nessa área.

Tivemos um jantar agradável com umas vinte pessoas, mas só amigos íntimos, dos velhos tempos. O Juarez Brandão Lopes, o Pedro Paulo Poppovic, o Fernando Gasparian, o Luciano Martins. Veio também o Sérgio Amaral, que era o único que não participou do mesmo grupo há tantos anos. Eu e a família. Foi simpático e muito agradável.

No dia seguinte, dia 19, tivemos a cerimônia de abertura da Semana Antidrogas.**** Discurso, e tal, comecei a bater mais na tecla da segurança, da polícia, dessas coisas todas. À tarde, recebi um personagem importante, o Peter Wallenberg. Ele é o patriarca da família Wallenberg, que é dona de metade da Suécia, literalmente. Quase todo produto industrial na Suécia, com exceção talvez da Volvo, é ligado diretamente aos Wallenberg. Até conheço o filho dele, Jacob, eu creio, que também

* Anúncio de medidas para a integração do sistema de logística da região, entre as quais o envio ao Congresso do projeto de lei 6992/2002, para criar a Companhia de Docas Sepetiba, o edital de duplicação BR-101 na região metropolitana do Rio e o começo dos estudos para a construção do Arco Metropolitano carioca e do ferroanel de São Paulo. Na ocasião, foi extinto o Conselho Coordenador das Ações Federais no Rio de Janeiro.

** "Eu disse [...] que uma coisa é crescer 6% num certo tipo de regime, num certo tipo de estrutura; outra, é crescer noutro tipo de estrutura. E o nosso problema, aqui, era que nós tínhamos que mudar a estrutura. Não era pisar no acelerador. Não. Era mudar o rumo, mudar de estrada. E a nova estrada tinha que ser construída, não existia." (Biblioteca da Presidência.)

*** O governo estudava pedir a instalação de um painel (tribunal arbitral) na OMC contra os subsídios norte-americanos aos produtores de soja. Em 2001, o Ministério da Agricultura estimou perdas de US$ 1 bilhão com a queda nas exportações da commodity aos EUA.

**** IV Semana Nacional Antidrogas.

esteve aqui, mas me encontrei com ele na Suécia. Veio, mostrou entusiasmo com o que está acontecendo no Brasil, e está animado também com a com a possibilidade de ganharem a concorrência dos aviões que estão sendo licitados. Não sabe do resultado, nem eu dei qualquer sinal. Todos vieram falar disso aqui. O Chirac mandou uma carta. O Peter Wallenberg veio e me falou disso, o príncipe Charles, o Blair, os franceses, enfim. É todo mundo fazendo lobby nessa matéria. Na verdade, mal sabem eles que até agora é o avião sueco que tem a preferência dos militares. Apesar da onda toda, como se fosse ganhar o avião russo, dizem que o pessoal da Embraer está com medo de perder a licitação para os russos, mas não é certo.

Depois recebi o Jarbas Vasconcelos, que veio pedir a continuação de uma estrada, a BR-232,* e com razão. Ele está financiando essa estrada, que é federal, e não estamos correspondendo ao que nos comprometemos. Despachei com uma porção de gente e vim para o Alvorada, onde tivemos um debate interessante com os autores de dois livros recentemente publicados pela editora da mulher do Pedro Moreira Salles** e também da Catarina Malan.*** Os livros são o do Hector Aguilar Camin, *A cinza e a semente*, sobre o México, e o outro, que também muito interessante, é *O atroz encanto de ser argentino*, cujo autor é o mesmo de um livro sobre a saga dos marranos, sobre um período da inquisição no Chile.**** Os dois fizeram pequenas exposições e depois houve um debate com o André Lara Resende, o Eduardo Giannetti da Fonseca, o Fernando Moreira Salles.***** Quem moderava o debate era o José Mindlin,****** que ficou envergonhado porque esqueceu o nome de um dos autores que ele estava apresentando. Agora estou eu, pior do que o Mindlin, dizendo sem nenhuma vergonha que também me esqueci momentaneamente... ah, o autor se chama Marcos Aguinis e o livro é muito bom. Estavam presentes o Jaguaribe, o Luciano, o Malan, o Armínio Fraga, muita gente; depois tivemos um jantar extremamente agradável. Mal sabiam eles que tanto o Armínio quanto eu e o Malan estávamos preocupadíssimos, porque os mercados andam malucos, o mercado financeiro. Voltarei ao tema.

Isso na quarta-feira. Hoje, quinta-feira, comecei dando uma longa entrevista na televisão mexicana, a Televisa, para o Hector Aguilar. Depois fui à posse do novo advogado-geral da União, o José Bonifácio Borges de Andrada. Fiz discurso, estavam lá todos os ministros do Supremo. Vim para casa e almocei com o Armínio e o Malan, pela razão que já direi. Fui depois à comemoração do III Prêmio Nacional de Segurança.******* Novo discurso, insisti no tema da segurança. Tenho dito a todo

* Duplicação da rodovia que liga o Recife ao interior do estado no trecho entre a capital e Caruaru.

** Marisa Moreira Salles.

*** BEI Editora, de São Paulo.

**** *La gesta del marrano* (romance, 1991).

***** Membro do conselho de administração do Unibanco e presidente da Companhia Brasileira de Metalurgia e Mineração (CBMM).

****** Empresário e bibliófilo paulista.

******* A cerimônia incluiu a assinatura de convênios do Plano Nacional de Segurança Pública.

mundo que o Serra pode ganhar a eleição, mas tem que insistir muito na segurança. Tenho feito um paralelo: eu venci a inflação, ele tem que vencer a crise da segurança.* Vai ser um desafio até mais difícil.

Depois tivemos uma reunião sobre orçamento, para acomodar a falta de recursos do Ministério de Integração Nacional, que parece que é uma desordem total. O Ney Suassuna... não só ele, mas o ministros que estavam lá anteriormente fizeram uma grande embaralhada, e o Ney continuou a embaralhada. Não se sabe se essa bagunça é barafunda, se gastaram um dinheiro que não podiam, que não tinham autorização para gastar, ou se há alguma patifaria de burocrata entrincheirado. O fato é que houve uma confusão danada. Fizemos uma reunião para pôr em ordem e manter os recursos para pagar tudo. Não tudo, o que for correto de pagar.

Também recebi o Marzagão num desses dias. Augusto Marzagão. Ele veio pedir apoio, porque o José de Castro** está muito mal e a mulher dele*** tem um escritório com uns contratos que não saem, essas coisas. E também deu sinais sobre Minas. O Aécio me disse que o Itamar iria apoiá-lo, pediu para que eu passasse um telegrama ao Itamar, coisa que fiz, e o Itamar respondeu. O Marzagão me aconselhou a falar com o José Aparecido e eu falei. Pedi ao José Aparecido que intercedesse junto ao Itamar para que ele não fosse para o lado do Lula. Eu disse ao José Aparecido que o Serra iria procurá-lo em meu nome. Enfim, estamos criando um clima para que se possa ter alguma vitória em Minas.

Voltando ao tema que mais interessa, passamos nesses dias por uma aflição imensa — passamos eu, o Armínio Fraga, o Pedro Malan e às vezes o Pedro Parente. Não dá para entender, mas a especulação foi fortíssima.**** Foi o pior momento de especulação depois da crise do Real em 1999. Sem nenhuma razão, todos os indicadores são positivos, temos superávit, não temos problema de câmbio, temos dólares, não há nada atrasado. O controle orçamentário é total, não fizemos nada errado, alongamos as dívidas. Agora, inventaram que é "o perigo do Lula". Isso é pretexto, mas começaram a retirar dinheiro, não querem rolar a dívida. Está um sufoco bravo mesmo. E a gente fica sem saber o porquê.

Tenho uma formação menos favorável a essas análises psicologizantes: será que é só expectativa, meu Deus? Eu sei que o volume da dívida é grande, mas é

* "Assim como, quando eu era ministro da Fazenda e no meu primeiro mandato, eu tinha uma obsessão quanto à inflação [...], acho que, agora, ou colocamos a questão da criminalidade, do narcotráfico, do banditismo em ordem, ou seja, ou conseguimos controlar o crescimento dessas forças e o Estado restabelece a sua autoridade sobre todas as partes do território nacional, ou teremos aí um problema que vai minando a nossa capacidade de Estado-nação, a nossa crença na democracia." (Biblioteca da Presidência.)

** Ex-consultor-geral da República e ex-advogado-geral da União (governo Itamar).

*** Ana Amélia Ferreira.

**** Na quarta-feira 20, a agência Moody's comunicou ao mercado o rebaixamento da nota da dívida brasileira de BB– para B+. No fim do dia, o risco-país atingiu 1593 pontos, maior nível desde janeiro de 1999, e superou o da Nigéria, alcançando a segunda maior pontuação do mundo — o risco da Argentina era de 6 mil pontos. O dólar saltou 2,33%, para R$ 2,77, e a Bolsa de São Paulo caiu 5%.

absolutamente rolável, pagável. Nós todos sabemos disso, nunca tivemos problema para rolar a dívida interna no Brasil. Até porque os credores são o povo brasileiro, que, aliás, se sente abalado nesse caso por causa do erro a que já me referi, a questão da marcação dos títulos com valor de mercado, e não com valor de face. Isso deu a sensação para os cotistas de que tiveram prejuízo. Já tinham tido, na verdade o valor é flutuante, passaram até a ter lucro outra vez.

Mas o fato é que se criou um zigue-zague imenso, de grandíssimas proporções, e não temos nem os instrumentos para contrabalançar, porque não se trata só de usar as reservas para baixar o dólar, mas de que estão bloqueando a rolagem das dívidas. Começou com a onda dos banqueiros aqui de dentro e agora se transferiu para os lá de fora. E lá fora, quando aqui acreditávamos que seria muito difícil que o Serra ganhasse, achavam que o Lula ia perder. Agora que estamos vendo o Serra em posição de poder vir a ganhar, o PFL está voltando pela porta dos fundos, mas está voltando para a aliança, o PMDB entrou na aliança, o PSDB está unido, o Serra tem tido boas colocações. Então, neste exato momento, até mesmo quando o governo teve a melhor avaliação deste segundo mandato, como se viu ontem pelo Ibope,* neste momento os mercados ficam nervosos. Não dá para entender. É realmente uma coisa louca, e é uma crueldade o que fazem contra o país nesse cassino que é o sistema de financiamento internacional.

Claro, isso é porque nós devemos. Mas como poderíamos não dever? E a dívida agora é interna e não externa, a rolagem da dívida interna... não deveria preocupar tanto. A externa está sob controle, ela é pequena. É realmente duro de entender, com o FMI dizendo que está tudo bem, com as declarações favoráveis de todo mundo, continua a pressão. Eu sei lá o que vai acontecer. Em todo caso, vou dormir daqui a pouco, porque nessa madrugada de sexta-feira vamos ter o jogo do Brasil com a Inglaterra, que é um jogo difícil. Se o Brasil ganhar da Inglaterra, fica muito bem colocado para ir à final. Se perder, volta para casa e dá mais tristeza ainda a essa população já tão sofrida.

HOJE É DOMINGO, DIA 23 DE JUNHO. Mal sabia eu, quando anotei as últimas palavras na quinta-feira, dizendo que já ia dormir porque logo mais, na madrugada da sexta, teria jogo do Brasil, que às duas e pouco da sexta-feira, eu seria acordado pelo [Marcos] Valle,** meu ajudante de ordens, avisando que o Joaquim [Antônio da Silva], nosso caseiro em Ibiúna, fora assassinado.*** Isso para nós foi um golpe danado, porque o Joaquim trabalhava lá havia trinta anos. E não soubemos a razão do assassinato, ainda mais que não houve roubo, pelo que disseram. Até agora, domingo, não se sabe muito bem. Já prenderam os ladrões, há versões

* O governo obteve 29% de ótimo/bom.

** Capitão de fragata.

*** Silva levou dois tiros de revólver em sua casa, em Ibiúna. Três assaltantes foram presos e confessaram ter cometido o crime para impedir que o caseiro denunciasse sua quadrilha.

variadas — os ladrões não, os assassinos —, gente ligada à prostituição, enfim, não está claro.

Uma surpresa desagradável essa de matarem o Joaquim, uma barbaridade. Passamos o resto da noite mal. Eu nem lembrei do jogo na sexta-feira, o Brasil ganhou de 2 a 1 da Inglaterra.* Só fui ver esse jogo, na verdade lances dele, por volta de meio-dia, e à noite, quando tive um pouquinho mais de calma. A Ruth foi para o enterro e eu fiquei em Brasília cuidando de coisa graves, porque a Bolsa desabou. O O'Neill deu uma declaração infeliz, passando a sensação de que o Brasil tinha pedido dinheiro emprestado e que ele seria contra.** Dinheiro do Fundo Monetário.

Não é verdade. Nós não pedimos nada. Procurei falar com o Bush, que estava viajando. No final, a Condoleezza Rice me telefonou, dizendo que iam soltar uma nota do Tesouro desfazendo a má interpretação das palavras do O'Neill. Não sei se foi má interpretação ou se foi outra coisa. O O'Neill falou com o Malan por telefone, um jornalista o pegou no elevador, ele xingou o jornalista, o jornalista deve ter ouvido meias palavras e botou palavras inteiras. E deu uma confusão imensa. Passei o dia por conta disso, e também dei uma longa entrevista àquela moça, a Ângela Santana,*** e a um rapaz, chama-se Humberto [Martins],**** estão fazendo uma tese sobre a reforma administrativa.***** Ela trabalhou com o Bresser.

A Ruth voltou à noite, jantamos aqui. Antes disso, falei com o Dornelles, que me deu uma explicação sobre por que ele ia fazer uma associação no interior do Rio com o Garotinho. Ele apoiaria a Rosinha [Garotinho],****** apoiaria o Serra e tal. Disso derivou uma confusão, no sábado, ontem, todos reclamaram. Passei o dia telefonando, falei com o Rodrigo Maia, com o Madeira, falei com o José Aníbal, com o Moreira Franco.

Todos muito irritados com o Dornelles, disseram que até tinham aberto a possibilidade de um evangélico******* entrar na nossa chapa de senador, e ele não quis. O Dornelles me contou toda a história pessoalmente. Está pensando no segundo turno. Ele tem razão, supondo que o Garotinho vá ao segundo turno e que o Serra também. Para uma aliança é bom. O vice da Rosinha, que é o Conde, também tem o

* Partida válida pelas quartas de final da Copa, em Shizuoka (Japão), com gols de Rivaldo e Ronaldinho Gaúcho.

** A moeda norte-americana subiu ainda mais e fechou cotada a R$ 2,84. O risco-país aumentou 7% e os papéis brasileiros (C-bond) atingiram sua menor cotação, com 57% do valor de face, depois de o secretário do Tesouro americano sugerir à agência Bloomberg que os EUA não aceitariam ampliar o acordo do Brasil com o FMI para rolar suas dívidas: "Jogar dinheiro dos contribuintes norte-americanos em cima das incertezas políticas no Brasil não parece ser [algo] muito brilhante. [...] A situação lá é guiada por política, não por condições econômicas".

*** Ex-secretária da Reforma do Estado.

**** Professor da FGV.

***** *A reforma gerencial do Estado no Brasil e o direito à res publica*, doutorado em ciências sociais defendido por Santana em 2015, na PUC-SP.

****** Candidata do PSB ao governo fluminense, em coligação com o PPB, e mulher de Anthony Garotinho.

******* Manoel Ferreira (PPB). O postulante a senador apoiado pelo PSDB era Sérgio Cabral.

compromisso de apoiar o Serra no segundo turno. Enfim, esse equilíbrio difícil da nossa política, alianças contraditórias, primeiro turno, segundo turno, todo mundo pode se aliar com todo mundo.

O Lula conseguiu fazer aliança com o Partido Liberal, é o cúmulo. Partido Liberal, *Liberal*, com esse nome, fora o bando de corruptos que há lá, e os pastores que lá estão, que também não são de brincadeira. Todos aliados ao PT *o tempora! O mores!* O PT, que me acusou o tempo todo de fazer alianças esdrúxulas. Meu Deus. Eles estão fazendo essas alianças para ganhar, imagina se ganharem. Vai ser tremendo, porque eu tenho autoridade, tenho programa. As pessoas que vieram nas alianças não vieram por cima, vieram na margem, então não tenho que ceder nada. O Lula eu quero ver... Mas isso é o futuro, primeiro vamos fazer força para que o Serra ganhe. Essa foi minha sexta-feira, e meu sábado não foi diferente.

Sábado, ontem, a Bia veio para cá — aliás, ela veio na sexta-feira à noite. O dia foi muito agradável, fomos para a piscina, essas coisas todas. Fora telefonemas, fui rever o futebol, o jogo foi bonito. Tanto o Ronaldo quanto o Ronaldinho, o Gaúcho, e o Rivaldo foram muito bem. Enfim, tudo tranquilo. No jogo. Na Bolsa nem tanto.

Ontem, Malan veio aqui. Conversamos longamente e ele também acha que não é só o fenômeno Lula. A mexida no sistema de pagamentos já deixou os bancos, como se diz hoje em dia, estressados. E, ainda por cima, a remarcação de títulos deixou todo mundo meio assustado. E houve manejos precipitados de política monetária, e mais que monetária, na condução da questão dos bancos, política de administração do Banco Central. Eu concordo, acho que é isso mesmo. Eu, por mim, nem teria feito agora essa mudança do sistema de pagamentos, mas estavam todos favoráveis. O Serra era muito contra, na verdade por causa do pessoal do Banco Itaú que reclamava. Depois eu vi o Itaú aprovando a mudança do sistema bancário. A mudança é correta, só que diminui a liquidez dos bancos. E diminuir mais a liquidez depois desse golpe nos fundos... os bancos estão com raiva e se vingaram. Uma parte da história é essa. E usaram o Lula como pretexto.

Diga-se de passagem, o Lula fez ontem um discurso beijando a cruz.* Dizendo que vai respeitar contratos, vai respeitar as metas, parece que vão até votar a lei que regula o artigo 192, a questão do Banco Central. Estão muito bonzinhos. O José Dirceu me telefonou para dizer que ia mandar o texto, e me mandou. Eu reclamei para o José Dirceu do que o Lula disse, que na confusão de Santo André tem o governo federal por trás. O José Dirceu disse que não era isso, mas é que a Polícia Federal fez escutas, eu já falei com o Miguel Reale. Hoje, domingo, eu telefonei para o Miguel para saber da questão do Joaquim, meu caseiro.

Aproveitei e cobrei dele o caso de Santo André, e ele disse que a polícia não fez absolutamente nada, eles estão confundindo um fato de há dois anos, sobre narco-

* Em 22 de junho, o candidato petista divulgou a "Carta ao povo brasileiro", na qual se comprometeu com a continuidade da política econômica e da responsabilidade fiscal num eventual governo do PT.

tráfico, no qual haveria algum envolvimento de alguém, mas que isso nada tem a ver com o fato atual, e que a Polícia Federal não se meteu em nada. Enfim, eu tinha pedido ao Pedro Parente paras desmentir as versões, e ele o fez. Até pelas minhas próprias palavras dei um desmentido à declaração do Lula de que o governo federal estava por trás. Não está. Acontece que em Santo André existe, aparentemente, um canal de recursos para o PT, para extorquir empresas de ônibus, e a questão do lixo. São as coisas de sempre, o roubo clássico.

Eu me recordo, já há muitos anos o João Mellão me disse que o Jânio Quadros, em sua fase de decadência, fazia acordo com as empresas de ônibus, e que nos primeiros quinze dias de aumento da passagem, era época de inflação, a diferença de tarifas de ônibus ia para ele. Em matéria de corrupção, não só há o enraizamento [cultural] como as táticas e técnicas de utilizar dinheiros públicos para fins privados mudam pouco, no caso talvez para fins partidários e também privados. E se for partidário também é privado.

Daqui a pouco vou ao Rio, para iniciar a série de conferências sobre a Rio+10, como preparação para Johannesburgo. O Kofi Annan me telefonou dizendo que não virá à reunião. Deve estar o Persson, que é o primeiro-ministro da Suécia, o [John] Prescott, o vice-primeiro-ministro da Inglaterra, e o Thabo Mbeki, presidente da África do Sul. São os personagens que vão lidar com essa questão em Johannesburgo. E nós vamos fazer uma grande mobilização para ver se sai alguma coisa positiva e concreta nessa reunião de Johannesburgo a respeito de meio ambiente. Não creio que haja nada mais a registrar, vou ficar na torcida para que na segunda-feira os mercados acordem mais calmos.

Um adicional: eu estava conversando com a Ruth e com a Bia. A Ruth vai à África do Sul, vai a Portugal, e depois à Inglaterra em julho. E, curioso, vai ficar na casa do Amartya Sen, prêmio Nobel,* pessoa de quem eu gosto, gosto muito dos livros dele. É um hindu que veio a se casar com a Emma Rothschild. Do ramo inglês da família Rothschild, por isso se pronuncia Roths*chaild* e não Roths*child*, que são os outros. Eu a conheci há trinta anos, um pouco menos. É, talvez há trinta anos mesmo, desde 1970 e qualquer coisa, na França. Conheci na casa da filha do [Albert] Hirschman,** que é amigo deles até hoje. Era uma moça muito simpática, muito tímida. Eu não imaginaria que ela pudesse virar o que virou, uma pessoa famosa, escritora, socióloga, historiadora da economia. E hoje o marido é muito influente em Harvard, mas eles moram em Cambridge, na Inglaterra. E a Ruth vai estar com eles lá. Era isso que eu queria anotar. A Ruth estará hospedada na casa dele, Amartya, e acho até que o Nê e a Carmo irão também. Lamento não poder ir, porque é uma gente extremamente sofisticada e agradável. Intelectualmente sofisticada, eu me refiro.

* Nobel de economia em 1998 por seu trabalho sobre a economia do bem-estar social.

** Lisa Hirschman Gourevitch.

HOJE É QUARTA-FEIRA, DIA 26 DE JUNHO. Fui ao Rio no domingo, dia 23. Lá chegando, fui direto para a reunião no Palácio da Cidade,* com o Cesar Maia. E com todos os estrangeiros que lá estavam. A rainha da Jordânia,** sua filha,*** muitas pessoas importantes, o Maurice Strong,**** o Ignacy Sachs, os "ongueiros" do mundo, primeiros-ministros. Fiz discurso, falei, respondi perguntas em português e inglês, jantei. Voltei ao Hotel Intercontinental, e lá estava me esperando o Rubem César [Fernandes], do Viva Rio. Ele tinha pedido um encontro por intermédio do João Roberto Marinho.

O Rubem César conhece bem as favelas do Rio e me disse o seguinte: que a Benedita assumiu o comando das polícias e que ela estava destruindo bastante as bases do que se chama lá, eu creio, de Terceiro Comando, só que com isso fortaleceu sem querer o Comando Vermelho. Agora há uma briga violenta nos morros entre os comandos da droga. E o preocupante é que em Bangu 1 estão presos vários traficantes importantes. O principal desses caras é o chamado Fernandinho Beira-Mar, o outro é o Marcinho VP mais um tal de Uê, e o outro acho que se chama... [Celsinho da Vila Vintém] uma coisa assim estranha, organizaram um comando entre eles. E que o Fernandinho Beira-Mar, diante da confusão reinante nos morros do Rio, queria assumir o controle de tudo. Para isso queria dar demonstrações de força inclusive com atos terroristas. Disse o Rubem César que ele acha importante tirar de Bangu essa gente, porque assim se desarticularia o novo comando.

Eu, no dia seguinte, segunda-feira, tinha que dar detalhes dessas informações ao general Cardoso, e como o Rubem César ia estar em Brasília pedi que o general Cardoso falasse com ele, o que foi feito. Também na segunda-feira, dia 24, me encontrei com a Benedita, que foi a uma reunião sobre a questão de ecologia, preparatória da cúpula de Johannesburgo. Ficamos sozinho e ela me contou rapidamente o que achava. Ela queria duas coisas: uma já estava em marcha, uma força-tarefa para unificar forças dos governos federal e estadual. E a outra, retirar o Fernandinho Beira-Mar do Rio de Janeiro. Isso foi na segunda. Depois eu continuo essa questão dos morros e da droga.

Na manhã de segunda, fiquei recebendo no hotel os dignitários que estavam chegando ao Brasil. Recebi o representante das Nações Unidas, o subsecretário-geral, encarregado dessa área. O dr. [Emil] Salim é muito interessante, uma pessoa da área, vem da Indonésia, eu creio. Ele é também o encarregado da reunião de Johannesburgo. Recebi o Göran Persson, primeiro-ministro da Suécia, e também o Prescott, vice-primeiro-ministro da Inglaterra, e aí conversamos sobre Johanesburgo, sobre as dificuldades. Com o Prescott foi muito rápido, ele já tinha estado comigo. A Inglaterra está disposta a salvar a reunião de Johannesburgo. O Persson é um

* Recepção prévia ao encerramento do Seminário Rio+10 Brasil, preparatório da conferência de Johannesburgo.

** Rainha Rania Al-Abdullah.

*** Princesa Iman bint Abdullah.

**** Ex-secretário-geral da ECO-92.

homem vivido, já dirige a Suécia há muitos anos, é um homem agradável, como também o Prescott. Conversamos com muita franqueza. Trata-se de que existe uma reação muito forte no G7, no G8 contrária a novas concessões aos países em desenvolvimento. Não querem nem mesmo Doha, nem o que já se conseguiu nas reuniões de Monterrey. Quanto mais dar passo adiante...

E o temário, a agenda de Johannesburgo é vaga. Todos os países em desenvolvimento querem acesso a mercado, combater a pobreza, querem participar da nova ordem global, enfim, esses grandes temas. E ficou o impasse. Combinamos que vamos fazer um temário completo, que realmente seja de acompanhamento da implementação da Agenda 21, que foi resolvida na reunião do Rio de Janeiro de 1992. E que não permitiríamos um passo atrás de Doha nem de Monterrey. E que ajudaríamos o Mbeki no encaminhamento das questões. Isso foi de manhã.

Depois chegou o Mbeki, almoçamos no Palácio Itamaraty, e transmiti a ele as questões. Discussões mais gerais, passei a tarde toda no Museu de Arte Moderna, onde se realizavam as reuniões. Houve uma pequena manifestação, que eu conduzi com jeito, fiz o feitiço virar contra o feiticeiro, a manifestação era contra o Bush, por causa de Kyoto e não sei o quê. Eram umas vinte, trinta pessoas relativamente bem-comportadas. Dominei a cena, para levar adiante a conversa. E todo mundo repetiu, mais ou menos, a conversa que tivemos no Palácio da Cidade, na véspera. Isso se arrastou por muito tempo.

Antes de ir a essa reunião, passei na prefeitura para ver o edifício que tinha sido baleado por fuzis,* dando a impressão de ser um ato de terrorismo. Por isso fui ao Palácio da Cidade, eu tinha tido esse aviso de que talvez fosse o começo de uma escalada de terrorismo e quis demonstrar que o governo federal estaria solidário no combate ao crime no Rio de Janeiro.

À noite fomos jantar no Museu Castro Maya, no Alto da Boa Vista, as coisas formais, não tem interesse ficar detalhando tudo aqui. Repetimos tudo o que já se havia combinado, demos um impulso à reunião de Johannesburgo.

Ontem de manhã, no Rio de Janeiro, passei simbolicamente a tocha da Conferência do Rio de Janeiro para as mãos do Mbeki. Foi uma solenidade simpática, os três presidentes e os primeiros-ministros presentes. Voltei para Brasília. Eu tinha conversado com a Benedita no Rio de Janeiro, e vim preocupado com esse novo ataque, suponho que de traficantes. Aqui chegando, encontrei-me com os líderes dos partidos, para insistir na votação da reforma tributária, tentando ver se votavam a mudança do artigo 192, que vai exigir uma alteração da ordem financeira, que seja caso a caso, e de maneira que não tenhamos que mexer no que é intocável, a questão dos 12% da taxa de juros, pois mexer nisso pode até piorar. Mas não vai

* Na madrugada de 24 de junho, a sede administrativa da prefeitura carioca, na Cidade Nova, fora atingida por mais de duzentos tiros de fuzil, disparados pelos ocupantes de três carros. Duas granadas não detonadas foram encontradas. Ninguém se feriu.

funcionar, porque os parlamentares estão com medo. Nem o PL 9,* que é razoável, sobre previdência dos futuros funcionários públicos, dizendo que terão que entrar num sistema diferente de aposentadoria. Eles querem manter o sistema atual, é impressionante.

Parece que iríamos conseguir reforma tributária. Agora são os ruralistas que também querem que haja para eles a mesma vantagem que há para os outros exportadores, ou seja, querem pagar menos imposto. Mas alguém deve pagar imposto, senão... Esse será um problema imenso no futuro. Fizemos a sugestão de que em noventa dias o governo poderia apresentar uma forma de imposto que fosse monofásico, para certos setores, como o da soja. Mesmo assim não foi possível avançar em nada, e transferiram a decisão para amanhã.

No Planalto me reuni com o general Cardoso, com o Miguel Reale e com o Pedro Parente para vermos o que é possível fazer com o Rio de Janeiro. Muitos problemas. Transferência de presos, impossível, depende de decisão da Justiça. Requer sentença judicial. A Marinha não tem poder de polícia para fazer a busca de contrabando, isso depende da Constituição, então vamos tomar a decisão de colocar alguém da Polícia Federal dentro da Marinha. Com tanta lei, com tanta restrição, como se vai combater um crime, sem lei alguma que o defina? Dei essa declaração na segunda-feira, dizendo que os juízes concedem muito habeas corpus e ontem recebi uma saraivada dos jornais: "É a lei que manda dar liberdade, tem que dar". O juiz aceita com facilidade as artimanhas de defensor do bandido. Em Bangu há bandidos que têm oito, nove, dez, até mais advogados; não são advogados, são parte da teia do crime organizado, e o Approbato, o presidente da OAB, deu uma declaração dizendo ser contra que se faça revista nos advogados que vão lá! São eles que levam, não só eles, é claro, mas eles também podem levar telefone, arma. Com essa farsa jurídica, não dá para combater crime organizado algum. A lei é a lei; nós aqui não temos lei, temos recursos de chicana ao juiz, assim não dá.

À noite a governadora me telefonou e disse que tinha aceitado a coordenação do Ministério da Justiça e iria mandar aqui o secretário de Segurança** dela mais o secretário de Justiça.*** Só que hoje de manhã, dia 26, eu vejo os dois no jornal me criticando, dizendo que eu não tenho que me meter com a polícia. É uma coisa realmente desabusada, assim não dá.

Acabei de ver o jogo do Brasil, que ganhou de 1 a 0 da Turquia.**** Jogo duro, nós poderíamos ter ganho com uma diferença maior, mas os jogadores estavam um tanto nervosos. Também não é para menos: Copa do Mundo.

* Projeto de lei complementar nº 9/1999, proposto pelo governo para instituir um regime de previdência complementar no funcionalismo público. A tramitação do PL se paralisara em novembro de 2001.

** Roberto Aguiar.

*** Paulo Saboya.

**** Com gol de Ronaldo, em partida disputada em Saitama (Japão), a equipe de Felipão conquistou uma vaga na final da Copa do Mundo.

29 DE JUNHO A 9 DE JULHO DE 2002

Brasil pentacampeão. Visita do presidente do México. Reunião do Mercosul. Demissão do ministro da Justiça

Hoje é sábado, dia 29 de junho, vamos reconstituir o que aconteceu neste fim de semana tenso de muitas coisas.

Na quarta-feira, depois do jogo que mencionei, recebi o general Gleuber para falar das dificuldades do Exército, situação desesperadora: falta de recursos; os contingenciamentos financeiros estão prejudicando até o desempenho normal das atividades. Eu disse que iria providenciar, já havia providenciado, alguma liberação de recursos para a compra de equipamentos. Vou ter que forçar a área financeira a liberar mais recursos.

Depois recebi o deputado Cleonâncio [José Cleonâncio da Fonseca],* que nunca tinha estado comigo. Um homem já idoso, quer dizer, seis anos mais moço do que eu, que parece sério e preocupado, morreu gente da família, está endividado, uma situação difícil, está com dificuldade de eleição, essa coisa toda.

À tarde, recebi a Tizuka Yamasaki, cineasta, que veio pedir ajuda para o filme dela;** recebi o Brindeiro, que veio pedir para eu não vetar um aumento para os procuradores, não atrasar os vencimentos dos procuradores. Recebi também o Carlos Frederico Santos, o presidente da Associação Nacional dos Procuradores da República, e, depois, uma pessoa de cada associação específica: procuradores da Justiça Militar, procuradores da Justiça do Trabalho, procuradores... enfim, vários, não sei bem quais eram. Todos com a mesma toada, e aproveitei para dizer: "Olha, o problema é sério, nós não conseguimos equacionar a questão do funcionalismo nem da Previdência, o que é gravíssimo, assim não é possível. Vocês ganham muito mais do que eu, que sou presidente". Eu já estava negociando na Câmara, as pressões são muito fortes! Eles já ganham mais do que acertaram na Câmara, é impressionante!

À noite, recebi o Serra, o Pimenta e o Zé Aníbal para passar em revista situações do Brasil. Falei com Amazonino Mendes, tinha falado por telefone, ele parece disposto a apoiar o Serra. Eu disse ao Serra que, pelo que apuramos, ele precisava acelerar as alianças, ver se o PMDB vinha ou não vinha e, se não vier, deve se amarrar com o PFL. O Zé Aníbal disse que queria ser candidato ao Senado. Eu não sei se disse com a força da convicção ou não, mas disse. Acho que para ele seria melhor ser candidato a vice [de Alckmin], mas... Acho que é o Geraldo quem vai decidir isso. E como soube depois, ontem, foi decidido que a vaga seria do PFL e não do PSDB. Conversamos longamente sobre mil questões, como habitual nessa matéria,

* PPB-SE.

** *Gaijin — Ama-me como sou* foi lançado em 2005.

tentando segurar uns e outros para ajustar melhor. Há dificuldade em Santa Catarina e, sobretudo para mim, é difícil, porque me dou muito bem com o Amin, e o Luís Henrique está insistindo para que o PSDB fique com ele, com o PMDB, como na aliança nacional. O pessoal do PSDB de Santa Catarina é ligado ao Amim e não ao Luís Henrique. Temos que começar a coordenar e eu não estou disposto a demasiada intervenção lá.

Tivemos muitas conversas sobre o Maranhão e resolvemos que o PSDB irá tentar fazer uma intervenção no Maranhão. Não é fácil, é extremamente difícil, mas é para ver se acomodamos o Zeca Sarney, que está ajudando muito a fortalecer a candidatura local e a ajudar o Serra no Maranhão. Mas já li nos jornais de hoje, sábado 29, que a Roseana iria apoiar o Lula. Enfim, confusões...

Na quinta-feira, dia 27, foi dia de entrega de credenciais aqui no Alvorada, depois de ter feito meus exercícios. Conversei com Celso Lafer, recebi o embaixador da Índia,* um homem interessante, e o embaixador do Japão,** o da Índia sobressai.

Depois de discutir um problema do Piauí, recebi o Benedito de Sá,*** almocei e fui para a solenidade de lançamento da nota de vinte reais. Discurso meu, do Malan etc. etc. e também, uma reunião de sanção da questão dos procuradores.**** Nesse meio-tempo, tentando fazer passar na Câmara a reforma tributária. Por incrível que pareça, na hora H os empresários se dividem, então a reforma não passa. Ficam cobrando de mim, do Pedro Malan, do Everardo, mas não se entendem. A reforma tributária mexe no equilíbrio presente, tem efeito na cadeia produtiva, uns vão pagar mais, outros menos, pode até ter efeito sobre preços, sobre a inflação, é sempre arriscado. Mas há um bloqueio. Todo mundo fala, cada um diz o que quer, mas na verdade não querem tanto assim a tal reforma tributária.

Fora isso, as fofocas habituais, as pesquisas eleitorais e principalmente a questão de Santo André. Na sexta-feira, ontem, fui a Tucuruí para a colocação de um rotor,***** discurso do Armínio, discurso meu, e na volta vim conversando com o ministro de Minas e Energia. Conversei com um pouco mais de profundidade com ele, que tem muitas dúvidas sobre o que está sendo montado no nosso regime elétrico. Não sabe se é estatal, se é privado, se tem verticalização ou não, uma confusão tremenda. Uma investidora privada está com medo da concorrência do setor público, o setor público é muito forte, ele quer resolver a questão através de diretrizes.

* Amitava Tripathi.

** Tadashi Ikeda.

*** Deputado federal (PSDB-PI).

**** O presidente assinou projetos de lei para reajustar o teto salarial dos ministros do STF (referência das demais carreiras do funcionalismo) de R$ 14,1 mil para R$ 17,1 mil, retroativo a janeiro de 1998, e criar o Plano de Cargos e Salários dos funcionários do Judiciário da União e do Ministério Público Federal. Fernando Henrique recebia salário mensal de R$ 8,5 mil desde 1995, cerca de R$ 23 mil em 2019.

***** Inauguração da primeira das onze turbinas previstas nas obras de ampliação da usina, que até 2008 dobraram a potência instalada da hidrelétrica para 8,4 mil MW.

E eu pedi que visse também a confusão chamada "federalização".* Eu até tinha pedido ao Marconi Perillo** que visse uma solução com o Altino [Ventura Filho], que é o presidente da Eletrobrás; imaginamos que seria um aporte de capital com aumento de controle do governo. Agora veio o projeto de federalização, mas o PMDB disse: "Agora não quero a federalização"; mas não é essa a questão, a questão é geral, é de equilíbrio financeiro. Vi que o ministro não é contra a federalização, que ele acha um bom negócio, para limpar bem a empresa e depois privatizar. Transmiti isso ao Pedro Parente. Ontem mesmo falei com o Zé Aníbal, que me cobrou, lá mesmo em Tucuruí. Vou ligar para o Marconi e ver o que dá para fazer. Tudo sempre sob muita pressão.

Na volta de Tucuruí, recebi algumas pessoas. Recebi o Everardo para saber como vai a Receita, ver se existe a possibilidade de uma arrecadação maior, uma espécie de... não é bem um truque, mas de um dispositivo que ele descobriu que pode aumentar a arrecadação das grandes empresas. Mencionei a aflição do Amazonino por causa da Receita, trata-se da famosa casa nova do Amazonino*** no Amazonas; Everardo disse que a única coisa a fazer é confessar, vou dizer isso ao Amazonino, para ele pagar o que tem que pagar, se for o caso.

Recebi ainda o Miguel Reale e o delegado cujo nome é Getúlio [Santos], me parece, que vai ser o representante do governo federal na força-tarefa**** do Rio de Janeiro. Diga-se de passagem, essa força parece que vai avançar. A conversa com esse delegado foi muito interessante, ele falou sobre muitas coisas do crime, do narcotráfico. Disse, e Everardo concordou, que o problema nem é tanto o contrabando, como dizem, nem tanta arma entrando no Brasil; os traficantes são pés-rapados, inclusive o mais saliente de todos, que é o Fernandinho Beira-Mar, um dos poucos que têm alguma conexão internacional; o resto, disse ele, é gente com mentalidade de pobre, que fica uns trinta anos com brigas entre eles. Com inteligência, disse o delegado, e com articulação dos serviços de informação de todos os setores, é possível ganhar essa guerra. Tomara que tenha razão!

Nesse meio-tempo, o delegado fez referência a outro caso quente, a questão de Santo André. O PT fez um carnaval, como se o Lula estivesse sendo controlado pelo governo com espionagem, escutas de telefones, não sei o quê.***** Perguntei ao Mi-

* Isto é, o controle pela Eletrobrás de estatais estaduais do setor em dificuldades financeiras, como era o caso da Cepisa e de suas congêneres.

** O governador goiano pleiteava a federalização das Centrais Elétricas de Goiás (Celg), efetivada em 2012.

*** O político amazonense não declarara à Receita a propriedade de uma mansão às margens do igarapé Tarumã, nos arredores de Manaus.

**** Ainda em maio, antes do atentado a tiros contra a prefeitura carioca, o governo anunciara a formação de uma força-tarefa especial para combater a violência e o tráfico de drogas no Rio de Janeiro, com integrantes da Polícia Federal, polícias rodoviárias Federal e Estadual, Receita Federal, Ministério Público e Forças Armadas.

***** A imprensa noticiou que membros do partido eram alvo de investigação pela Polícia Federal sobre o assassinato de Celso Daniel e o suposto esquema de propinas na prefeitura do ABC paulista.

guel Reale, que reafirmou o que dissera, estando presente o delegado. O que aconteceu? No ano 2000, alguém amalucado deve ter denunciado o Lula na CPI do Narcotráfico na Câmara, dizendo que ele tinha problemas com imóveis em nome de laranjas, não sei o quê, uma coisa boba. Isso foi mandado para a polícia pelo delegado que estava servindo na CPI do Narcotráfico, o [Paulo] Lacerda, que, me dizem, é bem-visto pelo PT. A polícia tentou achar o tal denunciante, não achou, não havia nada grave, não fez nada, ninguém ouviu o Lula em nada. Não foi ouvido até porque o que diziam eram palavras vagas, diziam que ele teria laranjas na compra de imóveis. O Lula teve um problema em 1998 na compra do apartamento dele. Diziam na época que o terreno do prédio desse apartamento havia sido objeto de uma desapropriação pelo Maurício Soares* e depois o [Luiz Eduardo] Greenhalgh** entrou no meio [para anular a desapropriação]. Eu nunca levei isso muito ao pé da letra, não é muito sério, não sei se ele se referia a isso. O fato é que a tal denúncia [sobre narcotráfico] não tem consistência e não houve nada contra Lula.

Por que, então, o PT fez tanta gritaria dizendo que o governo federal estava metido nisso, que a Polícia Federal é uma verdadeira Gestapo, como disse o Lula? O delegado disse o seguinte: "Isto ninguém está sabendo: quando o Celso Daniel foi assassinado, houve efetivamente uma denúncia na área do narcotráfico, dizendo que havia uma quadrilha metida no assunto. Então um juiz de direito*** deu autorização para uma escuta telefônica, que foi feita, de pessoas envolvidas na questão de Santo André. Essa escuta está na Polícia Federal". Ele disse que está seguro de que a denúncia não foi passada a ninguém, nem aos promotores, porque não descobriram nada, nem do narcotráfico nem de coisa relativa ao assassinato. Entretanto, existem conversas que levam à confirmação de um esquema de corrupção.

Acha o delegado que o PT está com medo é disso e que, na verdade, o Greenhalgh, que foi quem acompanhou tudo pelo PT, já perguntou ao juiz se de fato há uma escuta telefônica. O juiz confirmou, então eles sabem que houve a escuta. O que eles não sabem é que os promotores não tiveram acesso a essas escutas porque, como elas foram obtidas para fim de narcotráfico, e não para fim de corrupção, a polícia não passou a matéria para os procuradores. Mas cedo ou tarde isso poderá aparecer e significar maior tensão e maiores acusações do PT. Para tentar mascarar uma eventual corrupção, dirá que o governo estava fazendo as escutas etc. Veja como é difícil este mundo no qual estamos navegando. Foi na sexta-feira que tive essas conversas.

À noite a Ruth chegou. Depois recebi um jornalista da Bahia, que não sei se ainda trabalha lá, esqueço o nome dele. Veio me falar da existência de uma grava-

* Ex-prefeito de São Bernardo do Campo (PSDB).

** Advogado e ex-deputado federal (PT-SP).

*** Maurício Lemos Porto Alves.

ção que teria caído nas mãos de não sei quem, gravação que vem de novo com a história do Ricardo Sérgio. Ele muito preocupado, eu disse: "Não tem que ter preocupação nenhuma. Já sei dessa gravação e o governo não tem nada a ver com isso". Entretanto, é sempre desagradável que possam atribuir a responsabilidade ao governo. Veja-se em que clima se faz uma eleição no Brasil: ameaças, é corrupção, é gravação, coisas antigas, parece que é assim no mundo todo.

Hoje, sábado, de manhã assisti ao segundo tempo do jogo da Turquia contra a Coreia do Sul, nós todos torcemos pela Coreia, ganhou a Turquia: 3 a 2.* Grandes negociações, porque parecia que Ricardo Teixeira não queria vir a Brasília trazendo os jogadores, por causa da MP que moraliza o futebol,** sobre a qual dizem que eles não foram nem ouvidos nem cheirados... De fato essa MP foi editada num momento um tanto impróprio, ou seja, no meio da Copa. Para quê? Aí é briga. Entram nela o Portella mais o próprio ministro, o Caíto, e o [Juca] Kfouri,*** todos contra o Ricardo Teixeira.

Para minha supressa, me telefonou hoje o Tasso, que está em Tóquio para ver o campeonato, ele é amigo do Ricardo Teixeira, foi colega de colégio. Reclamou, dizendo que "essa coisa está errada, o governo, não sei o quê... e que eles querem uma negociação...". Respondi: "Agora a medida provisória foi editada, não posso mais mudar o texto, ela vai para o Congresso e lá haverá um projeto de conversão. Nesse projeto eles podem negociar com o Congresso e o texto vem a mim para vetar ou não. Há, portanto, espaço para ver do que se trata". Mas minha vontade não era obviamente atrapalhar a Copa. A MP talvez não devesse ter sido editada no meio da Copa. Não obstante, o Caio e os demais forçaram muito para que fosse naquele dia, senão não sei o quê. O fato é que virá a tal delegação para Brasília. Vai ser amanhã, domingo, o jogo do Brasil com a Alemanha. Se o Brasil ganhar, vai ser uma festa, e mesmo que fique em segundo lugar. Em qualquer hipótese, eles virão aqui.

Hoje, sábado, passei o dia no Alvorada. Almoçamos o Valter Pecly, eu e a Ruth. Depois houve uma longa reunião sobre o Mercosul, primeiro com Celso Lafer, Sérgio Amaral, Pedro Malan, Pedro Parente, o Claudio [Considera]**** e o Eduardo Santos. Mais tarde, uma conversa complexa sobre a Varig, que está para se arrebentar. A governança da Varig é péssima, eles não tomam as decisões corretas, estão se endividando demais, não há muita saída e o governo vai ter que fazer alguma coisa, não se sabe o quê. Problemas sérios.

Também o setor alcooleiro. Parece que agora vai haver um motor de automóvel que pode passar de gasolina para álcool.***** Isso vai permitir a venda maior de

* Decisão do terceiro lugar da Copa do Mundo, em Daegu (Coreia do Sul).

** A MP 39, baixada em 14 de junho, obrigava os clubes e outras entidades esportivas a se converter em empresas e prestar contas de suas atividades. A MP foi rejeitada pela Câmara em novembro de 2002.

*** Apresentador da RedeTV! e colunista do jornal *Lance!*.

**** Secretário de Acompanhamento Econômico do Ministério da Fazenda.

***** Começavam a ser introduzidos no Brasil os carros com motor bicombustível ou flex.

carros a álcool, mas o setor alcooleiro não quer se comprometer a não exportar açúcar quando o preço subir, confusão dessa natureza.

E mais outras questões delicadas que o Sérgio Amaral colocou, principalmente com relação à Argentina, a questão do CCR, que é uma conta de acerto entre os bancos centrais para garantir o pagamento das exportações. Tudo muito pesado, muito complicado, discutimos essas questões detalhadamente para preparar minha viagem à Argentina.

Na saída, Sérgio Amaral chamou a mim e ao Pedro Malan e disse: "Acho melhor postergar a decisão sobre a compra dos aviões [da FAB] não só porque o pessoal da Aeronáutica acha que a parte técnica do avião sueco é melhor, como também porque há o aspecto das contribuições que eles, se vencerem, oferecem como compensação [o offset], que parece mais razoável e vão trabalhar com a Embraer. Só que o Brasil está convencido de que a Embraer é a salvação da pátria e de que ela vai fabricar os aviões aqui e não será assim". Sérgio Amaral tem razão, temos que conversar com o brigadeiro Baptista para dizer com franqueza que é uma situação difícil, que talvez seja melhor esperar a eleição; então eu chamo o presidente eleito, mostro as coisas, e tomamos a decisão em conjunto, senão vai ser difícil [o novo governo arcaria com os custos]. Na verdade, não se perde muito em postergar, porque a Força Aérea não está diante de uma questão de vida ou morte, não estamos com o inimigo à vista, não precisamos ter tantos aviões defensivos, como são os caças.

Agora à noite, temos um concerto de piano com Jean Louis Steuerman,* que é primo do Fred Araújo, nosso embaixador. Ele vai tocar aqui, vai ser uma coisa bonita.

HOJE É SEGUNDA-FEIRA, DIA 1º DE JULHO. Ontem, domingo, foi o dia da grande emoção da vitória do Brasil, que conquistou o pentacampeonato. Vimos o jogo com muita tensão, porque só no segundo tempo marcamos os gols. Ronaldo marcou os gols, foi realmente admirável.** Depois fomos falar por telefone com vários jogadores, um deles, o Cafu,*** me perguntou: "Presidente, é para investir na poupança ou nos fundos?". Eu disse: "Olha, isso não é comigo, é melhor você falar com o ministro da Fazenda". A conversa com todos eles foi simples, muita descontração, falei com Ronaldo, com Cafu, com vários deles. E também com Ricardo Teixeira, que é o presidente da CBF e foi quem me passou os jogadores por telefone.

Fui com a Ruth aos portões do Alvorada, fiz declarações e passei o dia todo em clima de grande expectativa quanto à festa dos jogadores. Na verdade houve muita fofoca por causa da briga sobre a MP de moralização do futebol: diziam que a CBF

* Condecorado semanas antes com a Ordem de Rio Branco, o pianista brasileiro deu um recital no Palácio da Alvorada.

** O Brasil venceu sua quinta Copa do Mundo ao derrotar a Alemanha por 2 a 0 no International Stadium, em Yokohama (Japão). Ronaldo conquistou a artilharia do torneio, com oito gols.

*** Capitão da seleção brasileira.

estaria furiosa, que o Ricardo Teixeira não viria a Brasília. Ele desmentiu tudo isso por telefone, muita gente quis servir de intermediário. O Tasso efetivamente foi quem agiu, deve ter sido ele, porque é amigo do Ricardo Teixeira e me telefonou lá do Japão. Aqui havia a fofoca de que os futebolistas iriam direto para o Ceará. Mentira. O Tasso foi do Japão para os Estados Unidos. Só fofocagem, alguma onda pode ter havido lá, nada assim tão grave. A Ana como sempre se desdobrou, foi extraordinária, pegou minha declaração e a espalhou, foi muito bem. Acho que a vitória foi muito positiva para o Brasil.

Hoje, segunda-feira, apenas recebi o Pedro Parente para as questões de rotina, e o Amazonino Mendes. O Amazonino é uma pessoa curiosa. Tipicamente da região amazônica. É um homem do realismo fantástico, muito inteligente, muito competente, acusado de tudo, mas é ele quem comanda o Amazonas e veio me dizer que pensou no Brasil e que vai apoiar o Serra. Ele não gosta do Serra. Mas tem que apoiar o Serra, isso se o Serra se comprometer com certos tópicos de interesse da Zona Franca, que eu fiquei de transmitir a ele. Reclamou do Arthur Virgílio, que, disse ele, é muito agressivo para ser candidato ao Senado, acha que o Arthur perde. Pedi ao Amazonino que evitasse a troca de insultos entre eles. Amazonino não é disso, mas o Arthur na briga pode ser muito pesado. Parece que no Amazonas as coisas vão caminhar na direção de a votação ser [disputada] entre Lula e Serra; é o que vai acontecer no Brasil em geral. O Lula está muito bem, o Serra está mal, mas isso muda e o Amazonino vai ajudar a mudar. É curioso o jeito do Amazonino, é preciso conhecer esses acertos regionais, é um homem que sabe das coisas. É inteligente, advogado, hábil, jeitoso, muito frio na argumentação, faz parte do panorama político brasileiro regional. Ele realmente tem um grande controle sobre a política amazonense, substituiu o Gilberto Mestrinho,* que, não sei se era do mesmo estilo, mas que é outro personagem curioso. Tenho até simpatia ao conversar com ele, porque sabe muita coisa.

Perguntei ao Amazonino se o Mestrinho está bem de vida, o Amazonino disse que não, que não é homem que tenha muitos bens. Sei lá se tem ou não tem, o fato é que esse estilo de política, tradicional na Amazônia, vai mudar e, infelizmente, o cara que vai mudar e que poderia ser alguém como Arthur Virgílio, do PSDB, acabará sendo alguém do PT: não temos o enraizamento com as forças novas da sociedade amazônica. As forças antigas que dominaram sempre vão se mantendo, mas chegou a um ponto que estouraram. No Pará, foi possível a transição com o Almir Gabriel, o PSDB assumiu a face da nova sociedade no Pará e o PT ficou preso a um radicalismo louco.

O passado foi se esgarçando, quando se vê o que acontece hoje no Brasil: no fundo, só há duas forças: o PT e o PSDB. O resto está muito esgarçado: o PFL entrando pela porta dos fundos na cumbuca do poder, o PT se desfigurando com a ligação

* Senador (PMDB-AM) e ex-governador do Amazonas.

a que já me referi aqui ao falar da aliança com o PL. Este é composto de duas partes: a dos que gostam de fazer negócios e são da Igreja Universal e os que só pensam em negócios. Nisso eu não envolvo o Zé Alencar, que pode vir a ser vice-presidente da República.

Há pouco me telefonou o Aécio Neves, não sei se é brincadeira dele, mas reclamando que Itamar se queixou, dizendo que não o felicitei pelo aniversário na sexta-feira passada. Será possível? Fico pensando: não é possível que uma pessoa seja tão volúvel assim com seus sentimentos. Como eu não sou assim, não sou dado a arroubos sentimentais nem a "desarroubos" sentimentais, custo a entender essas pessoas. Não sei se são sinceramente volúveis ou se usam a volubilidade para obter objetivos de outra natureza, mais racionais.

Por hoje é só. Vou para Palácio do Planalto, mas só haverá despachos de rotina, e amanhã virá a Seleção, vai ser uma grande festa. Hoje à tarde chegaram minhas netas e meu neto do Rio de Janeiro, vieram para assistir à festa dos futebolistas.

HOJE É QUARTA-FEIRA, DIA 3 DE JULHO. Na segunda-feira fui ao Palácio do Planalto, nada de novo, todo mundo na expectativa sobre o que ia acontecer na festa do futebol. Voltamos, estavam as crianças, jantamos agradavelmente, presentes também o Miguel Darcy, que trabalha com a Ruth, o Eduardo Santos, do Itamaraty. Falamos sobre o tempo e o vento, a situação política, e fomos dormir.

No dia seguinte, terça-feira, ontem, estávamos todos preparados para ir ao Palácio do Planalto receber os campeões do mundo. Houve muita tensão, demorou muito para que chegassem. Fui às dez da manhã, eles chegaram às duas da tarde e eu voltei para casa às quatro, mas foi um dia glorioso. Eles chegaram com muita alegria, o povo todo na rua, o Palácio virou um pedaço da praça, houve uma inversão das coisas, foi muito bom. O Ronaldo, que é muito simpático, já o conheço há algum tempo, fingiu que eu tinha espetado a medalha no peito dele, depois disse brincando que o Vampeta queria ser senador... Foi nesse plano jocoso a nossa relação. Mais delicada era a conversa com o Ricardo Teixeira. Na véspera do dia do jogo houve muita tensão sobre o "vem, não vem" a Brasília. Entretanto, ele é educado, foi lá com a mulher e a filha.* Ficou no andar de cima junto com os ministros, com o Marco Maciel e comigo. Nada há no plano pessoal que eu possa fazer reparo a ele. Me apresentou um por um os jogadores, tudo num clima de grande confraternização. Também o Felipão [Luiz Felipe Scolari],** eu ofereci chimarrão para ele, mais tarde estive com o Olívio Dutra, que me disse que quando se oferece chimarrão quem vai tomar tem que tomar tudo, e que só se oferece a cuia com ambas, a cuia e a água, quentes. Tem que tomar tudo de um só golpe. Senão quem toma tem que

* Ana Carolina Teixeira e Joana Teixeira.

** Técnico da seleção pentacampeã.

tomar tudo de novo. Eu não conheço os rituais gauchescos, foi um gesto para o Brasil todo, chimarrão tomado por mim e pelo Felipe. Foi tudo muito bom, muito agradável.

O Rivaldo tirou uma onda, parece que estavam dizendo que eu havia dito não sei o quê. Perguntei o que era, e eu teria dito tempos atrás, no Equador, que a seleção perderia. Não ofendia ninguém, foram coisas que eu falei sobre a Roseana e o Serra: "Mas que Roseana? Que Serra? Que nada, eu sou Romário!", disse ele, aí foi um carnaval. Como não sou entendido em futebol, nem sei se entra Romário, se sai Rivaldo... Rivaldo foi simpático, dei um abraço forte nele e disse: "Sei que você está muito irritado comigo, mas não é nada, não...". Ele riu, brincou, deu abraço, declarações positivas. Foi realmente uma festa do povo brasileiro, emocionante, porque o penta mostra que com garra, organização e talento chega-se lá.

Voltei para casa às quatro da tarde e depois ainda fui novamente ao Palácio do Planalto para uma reunião de ministério, para dizer aos ministros que o governo tem de continuar trabalhando pelo país, defendendo o que nós fizemos, levei um material para distribuir.

Jantei com o presidente do México, que chegava naquele dia.* O Vicente Fox veio com a mulher, que se chama Marta [Sahagún], era aniversário dele, aniversário de casamento e aniversário de segundo ano de mandato. Foi um gesto simpático dele comemorar conosco. Falei sobre a Argentina, não preciso repetir. Ele conversou comigo e com os ministros, muito disposto a ajudar na Conferência de Johannesburgo e muito crítico sobre a posição do Bush. Com o Fox veio o ministro do Exterior, que é nosso conhecido e de nossos ministros que estavam lá, Pedro Malan, Sérgio Amaral e Armínio Fraga.

Hoje reunião formal com Fox de manhã, reunião privada comigo depois almoço, saudação. Depois tomei um avião e vim aqui a São Paulo, onde estou neste momento. Estive numa festa dos Melhores e Maiores da revista *Exame*.** Fiz um discurso forte e vi pelo vídeo o Jaguaribe dizendo que o Brasil precisava voltar a crescer 7%. Foi um pouco inadequado para o momento, eu tive que, sem brigar, dizer o que nós fizemos, e fui aplaudido em pé.

E vim para casa extenuado, como estou até agora.

O mercado financeiro continua muito rebelde. Hoje o Banco Central começou a atuar no dólar, o preço do dólar começou a cair*** e o Armínio achando que é preciso uma conversa com Lula e com Serra, para obter deles comprometimento para estender o acordo com o FMI por mais um ano. Não sei se isso funciona, porque o PT vai tirar o corpo, achar que já ganhou, ou pode denunciar, tudo é muito delicado.

* Em visita de Estado.

** A cerimônia da premiação aconteceu no Clube Monte Líbano.

*** O dólar recuou 1%, cotado em R$ 2,87, depois de o BC anunciar que venderia US$ 1,5 bilhão no mercado de câmbio ao longo de julho.

Na vinda de Brasília para São Paulo, vim com Malan que, mais ponderadamente, disse que tem o mesmo temor, vai sondar o FMI, acha que não se pode fazer um acordo longo. Eu disse ao Pedro que, se for para fazer acordo, prefiro fazer e o governo assumir a responsabilidade. Diremos ao Serra que ele está achando que já é o presidente, mas que eu ainda sou o presidente, o governo é meu, a responsabilidade é minha; depois, se ele quiser, denuncia [revoga] o acordo. Acho o melhor caminho. Mas tudo isso vai maturar um pouco.

O mais dramático e também mais importante nessas semanas é ver como esse maldito mercado financeiro, que está usando o pretexto das eleições, vai se comportar. Veremos se vamos ficar num zigue-zague até as eleições. Agora inventaram que o Ciro pode ganhar do Serra. De fato, nas pesquisas do partido o Serra perdeu um tanto e o Ciro ganhou outro tanto. Alguém já me falou sobre duas pesquisas do *tracking* do partido, ou seja, o *tracking* está sendo usado contra nós. Por isso estou muito fechado quanto a informações sobre pesquisas eleitorais. Não se pode ficar comentando, porque as pessoas acabam profetizando até que aconteça.

Agora são onze da noite, Ruth foi para o aniversário de Eunice Durham Ribeiro,* deve voltar tarde e estou muito cansado, porque esses dois dias foram de matar. Vou ver um pouco de televisão, dormir e amanhã vou inaugurar a turbina de Nova Piratininga com o governador de São Paulo, o Alckmin, que aliás foi muito simpático a mim hoje, fez um belo discurso, foi generoso. Depois, vou a Buenos Aires para a reunião do Mercosul, e Fox estará lá também.

HOJE É DOMINGO, DIA 7 DE JULHO, estou em São Paulo.

Efetivamente, na quinta-feira passada fui de manhã à inauguração da turbina de Nova Piratininga,** do conversor de eletricidade movido a gás, e não mais a diesel, em ciclo contínuo. Isso aumenta muito a capacidade de produção de energia e não polui tanto, ou quase não polui, comparado com os motores de antes. Geraldinho de novo fez um discurso muito bom, sempre agradável a mim. Vim para casa, assinei os papéis para o compromisso de compra e venda do apartamento da rua Rio de Janeiro*** e fui a Buenos Aires.

Mal chegando, inaugurei a exposição de Lasar Segall,**** aliás belíssima, no Museo de Arte Latino-Americano. O grande patrocinador do museu, cujo nome esqueço agora,***** estava lá; Maurício Segall, meu amigo, filho de Lasar, também. A exposição é admirável, depois fomos jantar em Olivos com os presidentes que lá

* Professora emérita da USP, ex-secretária de Ensino Superior do MEC (1995-97).

** Termelétrica a gás natural na Zona Sul de São Paulo, com investimento de US$ 300 milhões e potência de 200 MW.

*** O apartamento adquirido é o atual endereço de Fernando Henrique em São Paulo.

**** Lasar Segall: Un Expresionista Brasileño, com curadoria de Vera d'Horta.

***** Eduardo Constantini.

estavam. Tudo tranquilo, nada de novo, Duhalde fez um bom discurso, respondi de improviso, eles gostaram, especialmente porque disse que "*la Argentina es indestructible*". Pareceu a eles um achado muito bom.

No dia seguinte, sexta-feira, voltamos de manhã a Olivos, todos os presidentes, para discutir o Mercosul. A discussão foi muito mais tensa, porque obviamente todos os países estão com muitos problemas. O Duhalde numa situação difícil, ele é confiante, apesar da má vontade do Fundo para com ele e vice-versa. O Fox só chegou ao fim da reunião, e também se comportou bem. Fez declarações muito boas sobre o Brasil, mostrou aos candidatos a importância da responsabilidade fiscal e de uma política realista no manejo da macroeconomia, declarações amistosas.

O mais importante em Buenos Aires foi que firmamos o acordo automotivo com a Argentina, pelo qual eles estão obrigados a permitir a entrada de frangos, enfim dos nossos produtos, com menos restrições do que estavam fazendo, e vão resolver a dívida. Os bancos centrais vão fazer uma espécie de CCR, e como os argentinos terão saldo conosco, pois vão exportar mais do que importar, garantem o pagamento aos nossos exportadores. E resolvem o problema das dívidas passadas, os 500 milhões de dólares que não estão pagando aos nossos exportadores.

Demos declarações à imprensa eu e o Duhalde, quem mais falou fui eu; os outros foram embora, não podiam ficar. Conversei um pouco com Ricardo Lagos, conversei com todos sobre Johannesburgo, notei que Lagos não tem a menor expectativa positiva sobre Johannesburgo, aliás é realista não ter. Mesmo assim eu disse: "Temos que fazer um esforço pela África do Sul em outros temas, não só o do meio ambiente. Eles estão a perigo, pois os americanos estão bombardeando o multilateralismo. Isso mexe com todos nós". Parece que nossa posição vai prevalecer. O Fox também concorda, o Lagos vai se alinhar e os outros vêm se juntar a nós.

Voltei para o Brasil para me encontrar com a Ruth, a Regina e um jovem que vai ver as questões da nossa mudança, e nada mais de especial nesse dia.

Voltando um pouco a Buenos Aires, ontem à noite notei que Malan não ficou muito feliz com o acordo por causa do CCR, porque o Banco Central sempre reage. Mas naquele dia, quinta-feira, os mercados tinham reagido melhor. Na sexta pioraram, houve especulação desenfreada.* Não há nada que justifique tanto nervosismo, nem mesmo a questão política. O Lula não faz outra coisa — aliás, o Lula não, mas o PT — a não ser querer mostrar que são bonzinhos, que vão fazer tudo como seu lobo mandar, é incrível.

Quando voltei na sexta-feira, falei com o Serra por telefone à noite. Ele muito aflito porque saiu uma pesquisa da Vox Populi em que o Ciro passaria um ponto à frente dele. Saiu outra hoje, publicada na *Folha*, e nesta o Serra está dois pontos aci-

* Rumores de que Ciro Gomes ultrapassara José Serra na rodada de pesquisas em preparo levaram o dólar a disparar 2,1%, chegando a R$ 2,88. A Bolsa de São Paulo caiu 1,2%.

ma do Ciro, mas o Ciro subiu sete pontos.* Isso graças ao poder imenso da televisão. O Serra reagiu dizendo que o aumento do preço do gás era o culpado. Eu disse: "Serra, temos a Bolsa Gás para os mais pobres, o governo melhorou. Aliás, não está mal diante das circunstâncias; está até que bem, as pesquisas dão de regular a ótimo 31, e 26 de ruim e péssimo. Um governo que chegou no final com 31 de regular para positivo não está mal, dado que a população tem sofrido bastante. Não se tapa o sol com a peneira, a economia não foi bem nesses anos todos, lidamos com muitas dificuldades. Então, Serra, não se pode atribuir ao governo o fato de você não crescer".

Ontem, sábado, dia 6, fui com a Ruth para o antigo apartamento da Luciana, onde temos os nossos livros, ficamos empacotando, rasgando papéis, passamos boa parte da manhã lá e voltamos para fazer a mesma coisa em nosso apartamento da rua Maranhão.

À noite, vieram jantar aqui o Bresser e a Vera Cecília [Bresser-Pereira], mulher dele, o Andrea Mattarazzo e a Sonia, a Carmute [Maria do Carmo Campelo de Sousa] e a Gilda Portugal Gouvêia, conversamos sobre generalidades.

Hoje passei a manhã com a Ruth, estamos até agora rasgando papel. Papéis que não acabam mais, de vinte, quinze anos, trinta anos: recibos, contas de banco, coisas que não têm a menor importância. Estamos nos livrando para poder nos mudar mais tarde. Não sei quando, daqui a seis meses, sete, não sei quando vamos nos mudar.

Recebi o Pedro Parente que veio com um exemplar da *Época*. A revista conseguiu entrar no apartamento que estamos comprando.** Na fotografia dá a impressão de que o apartamento é enorme, a revista diz que tem quatro salas, mentira, tem três quartos e um escritório, mas como o proprietário era o Edmundo Safdié... *** embora ele diga na reportagem que não tinha nada demais o apartamento ser dele, que ele não deve nada ao governo, e tal. A Ruth tratou do apartamento [o imóvel foi indicado pela Regina Mayer] com um corretor que disse à revista que Safdié não exageraria no preço, diz que eu tenho recursos para pagar, que tenho a pensão do Senado. Não tenho pensão do Senado coisa nenhuma, nada; eu tenho uma poupança, com uma parte da casa da rua dos Ingleses que vendemos e a parte que foi descontada de meu salário do Senado quando abri mão da aposentadoria, dinheiro que me devolveram. Não gastamos tudo, apesar de que nesses anos todos da Presidência nós comemos uma parte do capital provindo da rua dos Ingleses. Só faltava imaginar que eu iria comprar uma casa sem ter dinheiro. E eu, também prudente, já falei com a Luciana para ver no Banespa, pois se precisar vou pedir um dinheiro

* Os dois institutos coincidiram ao apontar empate técnico entre Ciro Gomes (18% no Datafolha e na Vox Populi) e José Serra (20% no Datafolha, 17% na Vox). Lula tinha 38-39% das intenções de voto.

** A revista tratou da compra do apartamento no Edifício Chopin na edição de 17 de julho, com a reportagem "Mudança presidencial".

*** Ex-dono do Banco Cidade.

emprestado no fim do ano, uns 100 mil, e com isso fecho a conta para pagar o apartamento da rua Rio de Janeiro.

A revista *Época* não insinua nada, diz claramente que não há como suspeitar, mas acharam uma senhora, professora de ética da PUC,* que disse: "Tudo bem, só que, sendo presidente, a pessoa [o proprietário] não pode negociar com ele. Ele é o presidente".** Ora, eu compro a preço de mercado com o corretor, não falei com o Safdié, e querem me dar uma lição de ética. É de lascar! Mas, enfim, estamos acostumados a essa quase maledicência, não chegou a ser maledicência. Me chateei porque eu tinha dito ao meu advogado para dizer à *Época* tudo que fosse necessário, e eles conseguiram achar o apartamento e foram lá fotografar. É baixeza, porque entram no lado privado, realmente isso me desagrada.

Daqui a pouco vou para Brasília me encontrar com o Serra e um grupo de pessoas para ver como anda a campanha dele. O Andrea vai comigo.

HOJE É TERÇA-FEIRA, DIA 9 DE JULHO. No domingo cheguei a Brasília, estive com Serra, Andrea, Eduardo Jorge e o Seligman para ver como anda a campanha. O clima não está ruim, me parece; falta dinheiro, como sempre.

Ontem imaginei que seria um dia de relativa tranquilidade depois de olhar a pauta e ver que não estava sobrecarregada. Então me preparei para ter um dia calmo. Que ilusão! À tarde eu estava conversando por telefone com Pedro Malan, ele lá na Espanha, quando entrou o ajudante de ordens, quase sete horas da noite, e apontou para a telinha: "O ministro da Justiça pediu demissão!". Levei um susto. Lá pelas três horas da tarde eu tinha ido ao Palácio do Planalto encontrar o Brindeiro. Lucena me telefonou dizendo que o Brindeiro queria falar comigo. Provavelmente sobre o caso do Espírito Santo.***

Cheguei lá encontrei o Brindeiro mais solto do que o habitual, repetiu muitas vezes os argumentos dele:

"Eu queria saber se está combinada a intervenção no Espírito Santo."

"Não, o Miguel [Reale] me disse que pediu a você para ver no Supremo se não há alguma combinação a fazer sobre a intervenção."

Ele disse: "Eu acho que não cabe ao Supremo a aprovação, porque o Supremo decide sobre questões de controvérsia normativa, não sobre questões de fato, e no caso trata-se de uma questão de fato. O Supremo não vai opinar, sei que não pode

* Yolanda Munhoz.

** "Uma negociação neste momento não é com Fernando Henrique, é com o presidente", disse a professora.

*** Na semana anterior, Reale Júnior endossara um relatório do Conselho de Defesa dos Direitos da Pessoa Humana favorável à intervenção federal no Espírito Santo, com acusações a autoridades executivas e legislativas de envolvimento com o crime organizado e grupos de extermínio.

opinar, então fica mal eu, como procurador, fazer essa representação. Não devo fazer essa representação. Eu pensei que estivesse combinada uma intervenção".

Respondi: "Não, não está combinada, porque é uma questão política".

"Então precisamos combinar, temos que chamar o ministro da Justiça, o ministro coordenador da política [secretário-geral], o chefe da Casa Civil, o advogado da União e o ministro da Defesa, para conversar sobre a questão."

"Acho que não é prudente fazer uma intervenção política, temos eleição daqui a pouco. Poderíamos fazer uma força-tarefa do tipo da que foi feita no Rio de Janeiro, porque a intervenção cria um tumulto..."

"Mas", disse o Brindeiro, "não tem outro caminho: ou o senhor faz essa intervenção e a submete ao Congresso, ou não há o que fazer." E ainda disse: "Eu também acho que politicamente não é conveniente". E falou mais: "Vou dar uma declaração, dizer que não vou dar o parecer, que vou pedir o arquivamento e dizer que o governo depois vai atuar".

Muito bem, imaginei que ele fosse falar da força-tarefa. Saiu dali e deu uma entrevista, com um pouco de maldade, dizendo que o governo estava dividido, que o Miguel Reale, ministro da Justiça, queria uma coisa e eu outra. O Miguel nunca disse a mim que queria a intervenção, me disse que estava encaminhando ao Supremo a petição, porque achava o melhor caminho para evitar uma intervenção política minha. Isso foi o que ele me disse de raspão duas vezes na mesma audiência formal sobre o Espírito Santo.

Quando o Miguel soube das declarações do Brindeiro, estava no aeroporto, indo para a Costa Rica. Chamou a imprensa e disse que estava demissionário. Só depois, quando eu vi a nota na tela, telefonei para ele. Tivemos uma conversa áspera, eu disse: "Olha, Miguel, você está colocando sua vaidade acima de tudo, você é meu velho amigo, meu amigo de tantos anos. Com a franqueza que eu tenho com você, e com liberdade, acho que você está errado, não está pensando que eu estou enfrentando uma crise financeira, que estamos enfrentando uma eleição cheia de problemas. Eu não falei com você simplesmente porque não atribuí importância tão grande ao assunto, eu ia falar hoje ainda, mas não tive tempo, porque estava nessas questões!". De fato, eu tinha falado com Armínio Fraga, falado com Malan, preocupado com a questão financeira. Quando falei com o Miguel, já havia na sala um pessoal da reunião sobre orçamento, enfim, a vida cotidiana de um presidente é tensa. O Miguel ficou irredutível, não adiantou, então telefonei para o Lafer, ele já sabia: "Celso, tente fazer alguma coisa". Telefonei para o Serra, contei a ele.

Em seguida, recebi a resposta do Lafer: não tinha adiantado o esforço, o Miguel não mudava de posição. O Serra não soube de nada, mas soube depois, quando o Aloysio falou com ele, e soube também pelo Zé Aníbal, que me telefonou. Mas a essa altura eu já tinha resolvido com quem estava comigo, o Scalco e o Silvano [Gianni], que nós iríamos nomear o Guilherme [Dias], do Espírito Santo, ministro do Planejamento. Pensei em nomear o [José] Bonifácio como advogado-geral, mas resolvemos adiar a decisão sobre a Advocacia. Pensei em seguida em nomear para a Justiça o Paulo de Tarso Ribeiro, que era secretário de Direito Econômico, Malan gosta dele, todo mundo gosta, é do Pará, já foi secretário da Fazenda do Almir e foi secretário executivo do ministério nos tempos de Zé Gregori. Ontem mesmo, à noite, mandei dizer à imprensa que eu tinha aceitado a demissão do Miguel e que tinha nomeado esse rapaz. E fiquei muito indignado.

Voltei para casa muito tenso e amargurado e falei com o Celso Lafer mais uma vez, que estava perplexo com a cena que se repetia: primeiro o Zé Carlos Dias, agora o Miguel, os dois são advogados brilhantes, mas têm compromisso maiores com a visão de advogado, e não com a responsabilidade pública, política, do país. Eu sabia que o Miguel era dado à volubilidade, porque fez coisa parecida no tempo do Montoro.*

Há dias que não dá vontade de estar na Presidência. Eu disse ao Miguel: "É uma punhalada, você está me deixando num mau momento da campanha do Serra, vão colocar a culpa em mim, vão dizer que estou ligado ao crime organizado! E você sabe que não é nada disso, que não estou defendendo o crime organizado! O Brindeiro é procurador e disse que vai arquivar porque não vê razão jurídica, não tem jeito. Podíamos discutir o que fazer e vamos discutir". Mas não adiantou.

Hoje, pela primeira vez, me senti mal de manhã, minha pressão estava 17 por 9. Nadei um pouco, fiz exercício, voltei a medir: 16 por 9. Eu tinha levantado às seis da manhã e acabado um artigo para *O Globo* sobre *Raízes do Brasil*, na verdade mais sobre o Sérgio Buarque de Holanda,** que eu tinha começado a escrever ontem. Me deu certo alívio, escrevo à mão, o artigo não era longo (seis páginas). Embora eu tivesse tomado uma pílula para dormir melhor, não consegui e terminei o artigo. Apesar dessa vida de tensão, consigo separar bem as coisas. Fiz meus exercícios depois, e fiquei recebendo gente de manhã.

Recebi o Fernando Xavier, da Telefónica, que veio se queixar da Embratel. Depois recebi o Silvano, recebi o Geddel, chamei o novo ministro para conversar, contei as coisas. Ainda por cima o chefe da Polícia Federal, não me lembro do nome dele, um nome estranho [Itanor Carneiro], também pediu demissão, vai se aposentar, quer cair fora porque se sentiu desautorizado pelo Miguel, que fez uma espécie de auditoria na Polícia por causa das eleições, e ele não gostou. Ele não gosta do Miguel, o Miguel vai embora, cai fora, e quem paga o preço sou eu! Miguel tem atrito com o procurador, quem paga o preço sou eu! No fundo o Miguel se aborreceu comigo porque achou que eu o desautorizei. Não sei como, porque ele nunca me disse que ia fazer intervenção; disse que ia pedir à Justiça, nunca me disse que deveríamos fazer tal ato, porque é um assunto muito delicado, politicamente falando. E não resolve. Eu nomeio o interventor, afasto o Zé Ignácio, que é o gover-

* Reale Júnior foi secretário estadual de Justiça no governo Franco Montoro em São Paulo.

** "Sérgio, um jovem eterno", publicado em 13 de julho.

nador e não está envolvido com o crime, e o interventor não tem força porque a polícia de lá está podre. Não é assunto que se resolva assim. É um processo mais complicado. Claro que do ponto de vista eleitoral até daria prestigio: "O presidente fez intervenção, dureza no Espírito Santo!", mas isso no primeiro dia, daí a um mês nada mudou, porque não tivemos a força necessária para mudar, porque não temos o comando da polícia local. O chefe de tudo isso parece que é o presidente da Assembleia,* e vai continuar presidente da Assembleia, haverá uma nova eleição, dizem que ele ganha porque tem o apoio de trinta deputados. É uma loucura, é um estado numa situação trágica. Mas a batalha tem que ser ganha publicamente também, e não só num ato de repressão.

No dia de hoje, depois dessas conversas todas, fui ao Rio comemorar os oito anos do Plano Real na Associação Comercial do Rio de Janeiro, no prédio do BNDES.** Marcílio Marques Moreira fez a saudação, o Humberto Mota, muito simpático sempre, estava lá, me deu uma medalha do Visconde de Cairu, mas o prato do dia foi o Itamar que estava presente. Eu sabia, ele me disse que iria, eu nem acreditei, foi com toda a turma, o Morais, o Hargreaves, o [Antônio Carlos de] Carvalho,*** o dr. Geraldo [Farias],**** enfim todos que costumam acompanhar o Itamar, o Zé Aparecido, naturalmente, o grupo todo. Havia certa tensão para saber como eu o trataria, eu o tratei da melhor maneira, a todos, aliás, brinquei com uns e outros dizendo que eu estava meio indisposto. Achei Itamar bem envelhecido, o Zé Aparecido está bem, mas muito gordo, Hargreaves, então, mal de cara e bem gordo também.

Havia muita gente, entrei no salão de conferência, fui muito aplaudido. Itamar ficou sentado à minha direita, depois do Marcílio, logo em seguida era ele, e à minha esquerda estava Humberto Mota. Comecei o discurso citando amigavelmente o Itamar e fui fazendo a memória do Real. A certa altura, eu disse: "Quero dizer agora, de corpo presente, que nunca me faltou o apoio do presidente Itamar quando realizei o Plano Real". Tinha mencionado antes que o Plano se chamava FHC, para não haver ilusão sobre quem fez o Real, mas que Itamar era o presidente. Isso o pessoal aplaudiu, Itamar ficou comovido também. Eu fiz um longo discurso sobre o Brasil. Depois, na hora em que terminei, de volta para a mesa, Itamar me deu um longo abraço, eu também, com tapinhas nas costas, e Itamar me disse: "Ah, que bom! Nós terminamos sem brigar", e eu disse: "Acho muito bom, melhor assim!". Foi o prato do dia.

Voltei aqui para Brasília, vim com Lampreia, conversamos no avião com o pai do dr. Camarinha, que é brigadeiro da Aeronáutica. Cheguei, fiquei vendo um pou-

* José Carlos Gratz (PFL-ES).

** O presidente também participou do encerramento do seminário comemorativo do 182º aniversário da Associação Comercial do Rio de Janeiro.

*** Capitão da Marinha na reserva, ex-ajudante de ordens da Presidência e presidente da Prodemge, estatal mineira de processamento de dados.

**** Médico do governador mineiro.

co de televisão, agora estou deitado, vou ler o livro do [Claudio] Bojunga sobre Juscelino. Ah, sim, uma pesquisa do Ibope. Não muda muito, Lula caindo, está com 34%, Serra caiu 2%, está com 17%, e Ciro subiu, está com 18%, e Garotinho com 13%. Ciro está empatado no segundo lugar, Lula caindo, mas lá na frente. Agora vai ser decisivo ver quem entrará para o segundo turno, se o Ciro ou o Serra. Ciro fez ontem um programa na GloboNews, usou números que não são certos, falou com muita empáfia. Ele fala bem, achei que se saiu bem.

Hoje vi o Bornhausen apoiando o Ciro. Achei fantástico! O Ciro é do PPS, ex-Partido Comunista, o Bornhausen, que, por estar com a gente, nos acusam de sermos apoiados pela direita, agora indo na direção do Ciro e este dizendo que o PFL inteiro está com ele. E eu levei tanta crítica do Ciro por ter no governo gente dos partidos aliados, que eram por ele considerados ladrões... Agora o partido dele e ele também felizes com a "direita".

Agora à noite o Garotinho foi entrevistado pela Globo. Foi fraco. Garotinho realmente não tem condição de impressionar a população.

Mercados nervosos. Ciro sobe, Serra cai. Irracionalidade e incertezas

Hoje é sexta-feira, dia 12 de julho, são onze da noite. Não registrei nada do que aconteceu depois da terça-feira passada.

Na quarta-feira, dia 10, recebi de manhã o dr. João Camilo Penna,* um homem que respeito demais, ele fez muito pelo Brasil, trabalhou no conselho de Itaipu com Scalco, eu queria agradecer o que ele fez.

À tarde, fui ao Planalto assistir a uma cerimônia relativa à Pastoral da Criança,** da dona Zilda Arns, fiz discurso, está tudo publicado nos jornais. Depois dei posse a Paulo de Tarso Ribeiro, o novo ministro da Justiça, não fiz discurso. Recebi um deputado do Ceará para falar sobre a situação do estado. Veio junto com Lúcio Alcântara pedir apoio para as questões dele no Ceará, na verdade apoio ao Ciro. Não disse, mas o está apoiando. E o Lúcio, também, porque é amicíssimo do Tasso. É isso a política brasileira. Recebi o Sérgio Machado no dia seguinte, recordes de declarações do Lúcio Alcântara: "Ah, o Serra é do meu partido", mas elogia o Ciro. Enfim, a vida é assim. Isso na quarta-feira.

A quinta-feira, ontem, já foi mais complicada. Recebi de manhã embaixadores para credenciais; o José Abrão, ministro do Desenvolvimento Agrário, para falar sobre suas coisas; e despachei com o Bonifácio da AGU. À tarde fui a um evento com Paulo Renato, sobre um exame para o supletivo,*** e fiz um discurso que está nos jornais.

Sérgio Machado veio reclamar do que anda acontecendo no Ceará, disse que está com o Serra. Recebi o pessoal da Rede Vida para me agradecer, com o nosso arcebispo, cardeal de Brasília, na verdade d. Falcão mais o d. Fernando [Figueiredo], bispo de Santo Amaro e vários outros personagens, inclusive os donos da empresa, Rede Vida.**** Conversei longamente com Eduardo Jorge sobre a situação da campanha do Serra e fiquei lá até tarde, quase nove da noite, porque as coisas vão se precipitando.

Tive um encontro interessante com o pessoal do Conselho de Defesa dos Direitos da Pessoa Humana; na verdade, interessante foi um deputado do PT,***** os outros

* Membro da Comissão de Ética da Presidência da República, conselheiro de Itaipu, ex-ministro da Indústria e Comércio (governo Figueiredo) e ex-presidente de Furnas (governo Sarney).

** Na cerimônia, foi lançado um selo comemorativo da indicação da Pastoral da Criança ao prêmio Nobel da Paz.

*** Lançamento do Exame Nacional para Certificação de Competências de Jovens e Adultos (Enceja).

**** Família Monteiro de Barros.

***** Nilmário Miranda (PT-MG).

eram, além da secretária dele, ativistas de ONGs. Resolvi receber e expus a eles, com muita naturalidade: "Vocês vêm aqui pedir para eu rever a questão da intervenção. Primeiro, não sou eu quem pode fazer isso. A Constituição é clara: há dois casos para que se possa cogitar intervenção. Um, havendo desordem pública: eu submeto o pedido ao Congresso e não posso intervir sem a autorização dele; o outro, quando se ferem os direitos humanos; nesta última hipótese o procurador tem o direito privativo de encaminhar ao Supremo Tribunal um pedido nesse sentido. Ele, no caso, se recusou a fazer, não fui eu. O procurador veio apenas me informar que não iria fazer. E agora? Vocês estão me dizendo que nós fizemos um belo trabalho em direitos humanos e que isso pode ser posto a perder pela não intervenção no Espírito Santo".

Vamos aos fatos. Primeiro, claro que fizemos um bom trabalho em direitos humanos, os quais, para mim, não são um sentimento abstrato. Contei ao Conselho que passei pela Oban,* vi gente torturada, dediquei esforços para a reabilitação daqueles que foram perseguidos pelo regime militar etc. etc. Depois disse: "Agora, ao mesmo tempo que sou defensor dos direitos humanos sou um democrata, e vocês vêm aqui me pedir que eu intervenha e dizem no relatório que o governador não é responsável. Ora, daqui a pouco vou ter que intervir no Rio de Janeiro. Aliás, o Cesar Maia pediu estado de defesa,** mas amanhã, suponhamos, vou intervir em Santo André (onde, aliás, o PT pediu que ampliássemos a escuta telefônica). O que vocês querem? Voltar à ditadura? Será que não estamos passando um atestado de que no regime democrático, no estado de direito, não se tem possibilidade de combater o crime organizado ou de colocar em ordem os direitos humanos sem intervenção? Não será um contrassenso?".

"Presidente, eu represento a Ordem dos Advogados..."

Eu disse: "E logo a OAB vem me pedir para virar ditador! Eu acho que está errado!".

Então um rapaz que até achei simpático disse: "Não! Nossa intenção é simplesmente... porque o procurador disse que o Supremo não iria conceder a autorização, e houve uma grande discussão sobre o tema". Eu entendo isso politicamente, mas não depende de mim, depende do procurador, que se recusou a dar prosseguimento à possibilidade jurídica e alegou que ela era imprópria. Um deles disse: "Então nós vamos apelar para o sistema interamericano". Eu disse: "Meu Deus, mais uma vez! Para quê?! O pessoal no Brasil já pensa que sou eu o responsável, ninguém vai

* Operação Bandeirante, órgão repressivo da ditadura militar instalado em São Paulo em 1969, com o apoio de grandes empresários. A Oban foi o protótipo dos DOI-Codi operados pelo Exército em vários estados. Em meados dos anos 1970, Fernando Henrique Cardoso foi detido durante 24 horas para "prestar esclarecimentos" sobre suas ligações com intelectuais trotskistas e sua amizade com o ex-ministro Roberto Campos.

** Previsto pela Constituição "para preservar ou prontamente restabelecer, em locais restritos e determinados, a ordem pública ou a paz social ameaçadas por grave e iminente instabilidade institucional ou atingidas por calamidades de grandes proporções na natureza", o estado de defesa não chegou a ser decretado pelo governo federal na capital fluminense.

saber a situação real do Brasil lá na corte! E qual é o efeito prático? As testemunhas? Pensam que elas estão protegidos pela Corte Interamericana de Direitos Humanos? Fizeram tantas vezes isso, é inútil, é um gesto gratuito de vocês". Eu continuei: "Qual é a nossa responsabilidade? É coibir essas coisas. Nosso princípio não pode ser abstrato. Deve ter consequência prática. Qual é a consequência prática de vocês ao reclamarem à ONU que seja? Nenhuma. Na prática o que temos que fazer? Vamos mudar as práticas policiais". Enfim, não sei se os convenci.

Hoje, sexta-feira, dia 12, acabei de ver na televisão gente indo ao Espírito Santo, cinquenta agentes,* para ver quais são as vítimas [de grupos de extermínio], para acelerar processos. Levei a questão para o caminho prático, para enfrentar a encrenca. Com isso espero um encerramento positivo do episódio. Agora temos outras questões. Na área econômica, as coisas até que melhoraram um pouco.

De manhã, reunião sobre o orçamento com o Planejamento e a Fazenda, para achar um pouco de dinheiro, porque as Forças Armadas estão sem dinheiro, todo mundo está sem dinheiro, e conseguimos 1,2 bilhão a muito custo. A situação financeira está difícil mesmo, o dólar vai e vem, mas não subiu muito.** Está relativamente bem. Boas declarações dos Estados Unidos, o O'Neill disse que vem aqui, o Armínio Fraga está lá, deu show, ele é muito competente. Declarou que vai se encontrar com o Mercadante,*** o PSDB não gostou. Todo mundo aqui achou razoável. Isso não quer dizer que o Lula vai ganhar, quer dizer que temos que falar com todo mundo. Eu disse isso também, mas os jornais só dão Mercadante. Aliás, no Mercadante eu não confio tanto assim. Acho que o Armínio tem certa ilusão, o encontro não adianta muito do ponto de vista efetivo, mas simbolicamente ajuda.

Também recebi o Pimenta, com o pessoal da campanha do Serra, basicamente o Bob, que é o secretário de Comunicação, o Eduardo Graeff e o [Antônio] Lavareda. O Lavareda expôs o plano deles, vimos tudo direitinho. Mostra que não deve haver um plebiscito do Lula contra o governo, se houver vamos perder, porque a maioria vai ser contra, querem mudança. Mas disse que há outros caminhos. Achei muito boa a exposição do Lavareda. O Serra está fazendo declarações, reclamou do preço do gás. Eu também reclamo, mas já tomei as medidas. Falei com o Malan e com os outros hoje de manhã, acho que a Petrobras está se excedendo, ela é monopolista, não pode subir o preço do gás, tem que ter controle. O preço é administrado, é esse preço que está chateando a população.**** Eles vão ter que recuar, ou ao menos definir regras que impeçam essas subidas repentinas. Fomos surpreendidos com um ato dessa natureza, que tem

* O Planalto enviou uma força-tarefa de policiais e procuradores semelhante à do Rio de Janeiro para reforçar a segurança pública capixaba.

** O dólar subiu 0,5% e fechou em semana em R$ 2,81. O risco-país caiu a 1514 pontos na sexta-feira, queda de 11,7% em cinco dias. A Bolsa de São Paulo teve alta semanal de 4,2%.

*** O deputado federal, candidato a senador, coordenava o programa econômico da campanha petista.

**** O botijão de gás de cozinha de 13 kg custava R$ 26 em média, preço que segundo o IBGE representava alta de 470% desde o começo do real, período em que o IPCA e as tarifas públicas subiram 120%.

um efeito desastroso sobre todo mundo e principalmente sobre a população de baixa renda. Até falei com o Bambino, Sebastião Rego Barros, para ele me dar os dados, para eu poder falar com o Malan sobre essa matéria com mais detalhes.

Mandei chamar o Gros para discutirmos a questão. Temos também a questão da compra dos aviões. A Embraer convenceu todo mundo [de sua aliança com a Dassault]; não são os melhores aviões, não vão ser fabricados no Brasil, mas o país pensa que são os melhores e que os fabricaremos. Então, a decisão vai ser um balde de água fria. Temos a compra de plataformas para a Petrobras em estaleiros de Cingapura, por razões que o Gros explica e que são totalmente racionais, mas não sentimentais. Nem sinal disso. São decisões que não prestam atenção na questão do emprego no Brasil. Então, é muito problema que estamos enfrentando nesta época eleitoral.

Preocupação minha: acho que os americanos vão acabar bombardeando o Iraque. Se fizerem isso, explode o preço do petróleo. Outra preocupação: a Varig vai para o espaço, ou melhor, não vai mais para o espaço. Vai falir. O que fazer? O governo entra com dinheiro, não entra com dinheiro? É dinheiro perdido? Não é dinheiro perdido? Muitos problemas. Eu pensava ter um fim de mandato mais tranquilo, mas pelo jeito é um fim de mandato agitado. Hoje Ruth foi a Portugal e Inglaterra, para reuniões na United Nations Foundation. Amanhã vou à fazenda e lá me encontrarei com o Luiz Nascimento,* que é meu vizinho de fazenda, e com o Andrea Matarazzo. Vou levar o embaixador Frederico Araújo, porque não tem ninguém na fazenda, nem o administrador.** A Ruth está na Europa, a Luciana em São Paulo. O Luiz queria ir, iremos e eu me distraio. E na volta vamos ver se jogamos um poquerzinho, coisa raríssima, com o Malan, Eduardo Santos, o Fred, enfim, os amigos, para eu me distrair um pouco e passar o tempo.

Tentei ver televisão, não tem nada de novo. As notícias são repetitivas, certa angústia com a questão eleitoral, porque acho que o Ciro deu uma avançada. Eu já havia registrado que ele apareceu bem na televisão, e agora o Jorge Bornhausen o apoiou. O PFL está se deslocando do Serra para o Ciro, a metade pelo menos eu acho que já foi. As coisas estão ficando mais complicadas, e o Serra não é um candidato leve. É bom, competente, é o melhor, mas é uma pessoa que atrita, que não cria um clima de maior, digamos assim, cumplicidade com a candidatura dele. Dá a impressão de que a candidatura é uma coisa e que o resto do mundo é outra coisa. Vamos votar, mas não nos sentimos parte. É perigoso. Podemos votar ou não.

HOJE É TERÇA-FEIRA, DIA 16 DE JULHO, quase meia-noite. De fato, fui à fazenda no sábado, foi muito bom, muito agradável. Voltamos, joguei um pôquer, fiquei em casa. E no domingo de manhã recebi o Amazonino Mendes juntamente

* Vice-presidente do conselho de administração do grupo Camargo Corrêa.

** Wander Gontijo.

com o Bernardo Cabral. Vieram discutir política, a disposição de apoiar o Serra, o Amazonino está preocupado também com o financiamento para os funcionários públicos, para a compra das casas populares que ele construiu. Conversei longamente. Ambos são muito ágeis, habilidosos, e o Amazonino é um líder competente. É o dono do Amazonas. Quanto ao apoio ao Serra, um pouco é interesse, um pouco é medo do que possa acontecer no Brasil com uma eventual vitória do Lula. Não se cogitou a vitória do Ciro. Por outro lado, ele percebeu também que o Arthur Virgílio tem chances de ganhar as eleições para senador. Disse que vai fazer uma espécie de armistício, se o Arthur não o atacar diretamente. Ele e o Bernardo acham que o Arthur ganha. No dia seguinte, o Arthur já me telefonou para saber como tinha sido a conversa com o Amazonino. Ele me disse que de fato estava na frente, parece que no interior, e com boa chance na capital. Enfim, isso não é mau, ao contrário. O Arthur é um lutador, vai ajudar se for eleito senador, e muito. Embora não seja uma pessoa estável, é leal, tem sido ao governo e a mim.

Depois dessa longa conversa com o Bernardo, falei com o Malan por telefone para ver o que dava para fazer na questão da Caixa Econômica. O Amazonino se dispõe a dar o Fundo de Participação do Estado como garantia do empréstimo dos funcionários. E parece que é uma garantia boa. Malan disse que já existe outra destinação para esse fundo como garantia de empréstimo para o Amazonas, e eles nunca atrasaram. É a burocracia fazendária que tem sempre restrições a quaisquer concessões, ainda que justas.

Depois passei o dia já muito mais preocupado. Eu tinha falado com o Serra por telefone, falei no sábado, falei no domingo, e vi que ele estava aflito. Falei com o Bob, há indícios claros de queda nossa no *tracking* da campanha e de subida do Ciro. Há pesquisas quantitativas mostrando que o impacto da televisão foi negativo para o Serra e positivo para o Ciro. Enfim, muita preocupação. Mandei chamar quem vai estar na prática coordenando a campanha, a parte administrativa e, mais do que ela, segurando o Serra, que é o Milton Seligman. Conversei longamente com o Milton e disse: "Nós temos que contra-atacar". Falei ao telefone com muita gente. É preciso mostrar que boa parte do PFL está conosco. Todos os governadores do PFL, pelo menos é o que dizem. O Amazonino, o [José] Bianco, o Jaime Lerner, o prefeito do Rio de Janeiro, Cesar Maia, o do Tocantins, que é o Siqueira Campos. E está dando a impressão de que não. Só porque o deputado Vilmar Rocha* discutia a candidatura, porque a mídia está querendo deslocar a opinião a favor do Ciro e contra o Serra.

A mídia não está com o Serra. Não os donos da mídia, mas os jornalistas do dia a dia, o editor, é muito complicado, e é por aí que se fazem as reputações políticas no Brasil. Fiquei realmente bastante aflito com a situação e passei o domingo telefonando para muita gente, para o próprio Serra, para estimulá-lo. Sei que o

* PFL-GO.

impacto de uma pesquisa eleitoral é muito forte para qualquer candidato. Isso foi no domingo.

Na segunda-feira, ontem, o clima também não foi positivo. E não só na parte econômica e financeira. Mesmo assim passei o dia de forma normal, recebendo gente. De manhã falei com o Franklin Martins longamente, ele é editor de *O Globo*, conversei uma hora e meia com ele. Não é o caso de estar relatando, porque foram ideias gerais sobre política, que já estão esparsamente nos registros.

À tarde, recebi a Dulce Pereira, nossa embaixadora na CPLP, e o Jorge Gerdau. Jorge veio me pedir para transformar a reforma tributária em medidas provisórias e, assim, forçar a Câmara a deliberar. Me pareceu uma boa ideia. Eu disse ao Gerdau que estaria de acordo, mas que depende do Aécio. Por coincidência o Aécio me telefonou quando eu estava conversando com o Gerdau. Eu não antecipei nada, disse apenas que gostaria de conversar com ele.

Hoje, terça-feira, o Aécio me telefonou e eu adiantei a proposta do Gerdau; ele está de acordo com o que eu quiser fazer nessa matéria, disse-lhe que faríamos juntos. À noite, jantei com o pessoal da Globo. Estiveram presentes o João Roberto, o José Roberto, o Merval Pereira, o Ali Kamel, o Toninho Drummond, o Rodolfo Fernandes, todos amigos meus de muitos anos. Alguns são torcedores, como o Ali Kamel. O Serra estava muito atritado com o pessoal da Globo, me disse por telefone que reclamou do William Bonner, dizendo que ele, Serra, foi "preso no corner". Me mandou o texto do debate,* eu li, o texto está bom, o Serra saiu-se bem no texto escrito. Com jeito eu coloquei a eles a questão, em particular ao João Roberto, não no sentido de mudar nada, mas para dizer que precisa haver equilíbrio... "Nós fizemos perguntas embaraçosas de propósito para todos, eu acho que foi para todos", disse o João. De fato, o Serra ficou mais no corner. Aí me disseram que o Serra chegou tarde, afobado, não cumprimentou ninguém. Não estava de bom humor, eu transmiti tudo ao Serra. Ele disse: "Me apertaram e não apertaram os outros". Apertaram também os outros. Mas efetivamente apertaram mais o Serra. Sabe Deus por quê...

Isso foi um detalhe da nossa conversa. O João Roberto continua acreditando que o Serra tem chance de ganhar, pode haver um segundo turno entre Serra e Ciro, mas todos muito preocupados com a subida do Ciro. O Ali Kamel acha que se eu não entrar na campanha o Serra não ganha. Perguntei: "Entrar como? Eu o estou defendendo, mas na campanha eu só posso entrar mais adiante, quando começar o programa eleitoral na TV e no rádio". Em todo caso, farei tudo o que puder. O jantar foi bom, mas preocupante. Notei que o Serra perdeu pontos no registro dos jornalistas. Não transmiti essa segunda parte ao Serra, mas a primeira sim, de que eles reclamaram da atitude dele.

* Isto é, a entrevista-sabatina a que o *Jornal Nacional* vinha submetendo os principais candidatos ao Planalto. Serra apareceu na edição de 10 de julho.

Hoje recebi a pesquisa. Ela mostra um recuo, mas não tão forte: o Serra caiu de 17% para 15% no Ibope e o Garotinho de 12% para 10%. O Lula, não sei de quantos para 33%. E o Ciro passou de 18 para 22 pontos. Altera o quadro. Obviamente fica mais preocupante, porque a diferença do Serra para o Ciro passa a ser de sete pontos. Ele tem que subir quatro, isso leva um mês pelo menos, precisará de muita persistência para subir. Esse mês é crucial, porque é o mês anterior ao programa eleitoral gratuito. Dessa vez a regra do jogo mudou. A Ana Tavares estava no jantar, insistiu, e tem razão, que dessa vez os jornalistas farão a campanha. O resultado eleitoral dependerá muito das entrevistas. É verdade, e não tem jeito, é o candidato quem ganha.

Tenho dito muitas vezes, a gente perde ou ganha quase sozinho. Está na hora de o Serra ganhar, ganhar forças. Ele tem que conversar com o país, mas apontando o rumo, o caminho, mostrar que conduz. Dizendo a que veio. Nenhum deles disse. Uns vêm com certa fúria contra mim, outros com menos fúria, o Lula está beijando a cruz, o PT é obrigado a dizer que acredita no que não acredita, mas o Serra não está sendo convincente na demonstração do rumo, do caminho. Na fala forte, na proposta para o Brasil. E isso ninguém mais pode fazer, só o candidato. O Nizan pode até teatralizar o que o Serra tiver definido. Não é só pessoal, mas é muito pessoal.

Por outro lado, na televisão depende do *body language* — não é o que se diz, mas *como* se diz. O jeito da pessoa, o sorriso, a sensação de eficiência ou não, para o eleitor perceber se ali há ou não alguém com capacidade para chefiar o país. São fatores muito subjetivos e que não são passíveis de ser treinados pura e simplesmente. Vêm de dentro para fora. Vou conversar com o Serra sobre isso, se ele tiver um momento... de maior abertura. Não agora, porque está sofrendo o baque. Ele não é bobo, sabe dessas coisas. Esse é um momento extremadamente difícil.

Hoje, nesta terça-feira, tivemos um problema: o Pimenta se opõe a que eu tire o presidente dos Correios para nomear o Humberto Mota, como já prometi ao PMDB. Ele nomeou o Hassan [Gebrin] para os Correios, sem que eu conhecesse; saiu o Egydio Bianchi, que é velho colaborador nosso, meu, brigou com o Pimenta. O Pimenta não tem o direito de se opor a uma solução política dessa natureza. Isso me dá um aborrecimento grande, o Serra não quer se envolver, o Scalco teve um atrito com o Pimenta, terei que resolver isso amanhã *manu militari*. Resultado? Pela décima vez o Michel Temer veio falar comigo, junto com o Geddel e com o Padilha, e colocou em termos fortes, veementes, a reivindicação. Disse que ele se desmoraliza se não houver essa nomeação, e tem razão. Este foi um dia duro para mim. Depois conversei com o Geddel, que me telefonou diversas vezes, me procurou no fim de semana. O Padilha também me procurou, conversei com o Heráclito Fortes, todos estão com a mesma preocupação, a mesma apreensão.

Falei com o Marco Maciel, que é um homem corretíssimo, numa solenidade a que fui hoje sobre a Agenda 21.* Fiz discurso, conversei com ele, todos estão com os

* Lançamento da Agenda 21 brasileira no Planalto.

radares ligados, sentindo que temos que reagir já. Eu diria que temos duas semanas para evitar uma debacle, coisa que não estava no programa nem nos planos. Porque um segundo turno entre Lula e Ciro, minha inclinação é Lula, que pelo menos é mais estável. Pelo menos tem partido. O Ciro não no aspecto moral, mas no resto, é Collor, e também mal cercado.

Por falar em mal cercado, o Martinez, que é acusado de cercá-lo, e o Roberto Jefferson, ambos têm sido defensores de meu governo, têm votado tudo a favor, vieram me ver. Martinez preocupado porque saiu na *Veja* uma matéria sobre as relações dele com o PC [Farias]. Ele acha que a informação saiu da campanha. Não saiu, é da própria *Veja*. Estava preocupado com o *Jornal Nacional*, mas disse que já tinha resolvido a questão. Os dois vieram perguntar se eu estava reclamando da atitude do Ciro; eu não. O Ciro até que com relação a mim tem sido bem moderado nos últimos tempos. Mas achei o Roberto Jefferson muito abatido, as coisas não vão ser fáceis se o Ciro galopar, porque o Ciro vai pisar em toda essa gente no futuro. Além do que está armado com argumentos.

Eu recebi o Approbato, presidente da OAB, para mostrar o que estamos fazendo no Espírito Santo e botar um paradeiro no falso dilema levantado pelo Miguel Reale, de que eu teria recuado no combate à criminalidade, o que é uma coisa inominável. Vamos fazer tudo que é possível com o novo ministro da Justiça, o Paulo de Tarso Ribeiro, que é um homem correto. O Paulo Sérgio Pinheiro* apoiou também. Conversei longamente com o Approbato e disse: "A luta que vocês travaram na questão da [limitação da] medida provisória acabou mudando o modo de fazer a medida provisória, engessou mais o Executivo e também o Legislativo. É crise anunciada para o ano que vem".

Hoje de manhã, no despacho normal com o ministro do Planejamento, o Guilherme Dias, conversei sobre esse tema. O secretário executivo do ministério** disse que não temos mais que 15 bilhões de dólares passíveis de ser contingenciados, porque o resto é vinculado, a União arrecada 300 bilhões, e desses 300 bilhões só 15 bilhões não têm destinação já definida. Com Previdência, com pagamento de salário, com pagamento de juros, de transferências constitucionais, vinculação à Saúde, vinculação à Educação. Como é possível governar assim? O orçamento engessado, o governo com medidas provisórias engessadas. Isso está desenhando um perfil de crise para o ano que vem.

Governei oito anos no trapézio, um Congresso disperso, uma instituição forte com partidos fracos, com deputados, alguns deles, muito competentes para exigir e cobrar. E cobrar no voto, tanto deputados do governo como da oposição. A oposição domina quando se trata de orçamento, porque a maioria governista não aparece para votar, então o líder do governo fica conversando com a oposição, que impinge

* Secretário Nacional de Direitos Humanos, com status de ministro.

** Simão Dias.

o que quer. E assim vai. Esse sistema está esgotado, provavelmente depois da eleição o novo presidente vai ter que fazer alguma coisa, vai ter que continuar as reformas. Mesmo que eu faça a reforma tributária, e vou fazer, ele vai ter que fazer as outras. E alguns deles não têm nem linguagem para fazer reformas. Como o Lula vai falar de reforma da Previdência? Não vai. E o Ciro, se falar o que está falando, não passa. Enfim, vamos ter borrasca pela frente. Eu já fiz bastante. Não tudo o que precisava, mas fiz bastante; não vou agora, quando faltam cinco meses de governo, me meter a fazer grandes pressões sobre o Congresso. Mas sei que chegamos ao limite desse sistema.

E mais: tenho o temor de que os americanos façam uma estripulia no Iraque. Entre parênteses, a questão internacional: o Toledo está insistindo para que eu vá à solenidade do Dia da Independência no Peru.* Telefonou de novo hoje, e não pude atender. Falei com o Macchi, do Paraguai, que está aflito, porque o Oviedo provocou uma série de desordens no Paraguai.** Eu disse que o ministro da Justiça chamaria o Oviedo, como chamou. Mas o nosso entorno continua encapelado.

Recebi também o Marcílio Marques Moreira, que é meu amigo, veio com o presidente internacional da Merrill Lynch, [Jacob] Frenkel é o nome dele, um homem inteligente. E me disse uma coisa com que eu concordo: o mundo está habituado aos riscos, nós sabemos lidar com o risco, agora, porém, não temos riscos, temos *uncertainty*, incertezas. A incerteza que veio depois do Onze de Setembro paralisa tudo, porque quando a economia sabe o que vai acontecer, bem ou mal, acontece ou não acontece, mas temos uma posição. Quando você fica na expectativa indefinida sobre o que vai acontecer, que é a situação atual, tudo pode ocorrer e ninguém faz nada. Isso paralisa tudo. É o que está acontecendo no mundo, essa é a verdade. Além dos escândalos que estão estourando nas grandes corporações americanas.*** Esse cenário internacional ruim pesa sobre os mercados e sobre o mercado brasileiro também, além das incertezas políticas que já criaram aqui sua boa dose de dificuldade.

HOJE É SEXTA-FEIRA, DIA 19 DE JULHO, quase meia-noite. Vamos recompor os fatos a partir de quarta-feira, dia 17. Foram dias difíceis. Explico por que depois de fazer um resumo rápido da terça parte do que fiz, porque a maior parte não fica registrada nas minhas agendas.

* 28 de julho.

** Oviedo, que fundara um novo partido no exílio, foi acusado de convocar manifestações pela renúncia do presidente Macchi, no Paraguai. Em 15 de julho, protestos em todo o país deixaram dois mortos e mais de cem feridos. O presidente paraguaio decretou estado de exceção, revogado dias depois. O general golpista foi notificado pelo Ministério da Justiça de que seria expulso do Brasil caso tornasse a se envolver em atividades políticas.

*** Alusão à quebra da Enron, uma das maiores empresas energéticas dos EUA, em novembro de 2001, e da Worldcom, gigante das telecomunicações controladora da Embratel, em meados de 2002, envolvidas em fraudes financeiras e fiscais, encobertas durante anos por empresas de auditoria e consultoria. Até a crise financeira de 2008, foram consideradas as duas maiores concordatas da história dos EUA.

Na quarta-feira, recebi a Danielle de manhã para discutir o centro de memória que vou fazer em São Paulo. Depois fui ao Itamaraty para um Programa de Incentivo à Gestão Fiscal Responsável,* fiz discurso, mostrando as insuficiências do coeficiente de Gini para medir desigualdade e a incompreensão dos que o estão usando como arma política para dizer que nada melhorou.** Expus meus argumentos, que são conhecidos, repeti. E também falei das vantagens da responsabilidade fiscal etc. etc.

Voltei para o Alvorada e, à tarde, tive a cerimônia de sanção de uma lei sobre os rodeios,*** com o ministro da Agricultura, o Pratini, o Xico Graziano, o Jair Meneguelli, que é do PT,**** o senador Moreira Mendes, que é ligado a esse movimento rural. Até fiz um discurso dando sentido ao rodeio na cultura brasileira de hoje, o de revalidação de elementos culturais que não são nem nossos, mas que foram incorporados como expressão do mundo rural-urbano. Disse que a cultura rústica não existe só no campo, é uma cultura que abrange a cidade, enfim, fiz lá minha sociologia barata.

Depois recebi o ministro das Comunicações, que veio conversar sobre as difíceis situações em que se encontra, sobre a necessidade de fazer um aumento de preços nos Correios, e aproveitei para falar da mudança de presidente dos Correios. As coisas não andam, volto ao tema e pedi que ele falasse com Pimenta sobre o assunto porque não podíamos ficar emperrados sem substituir o presidente atual. Temos que dar sequência ao acordo com o PMDB.

Depois recebi a presidente do Conselho Nacional dos Direitos da Mulher, a Solange Jurema, uma moça interessante. Veio me dizer que, se ela não tiver meu apoio direto, as coisas não andam, ou seja, não consegue um orçamento maior para dar uma organização à comissão. No Brasil é assim: se o presidente não entra, a burocracia não deixa nada andar. Ela tem razão. No mesmo dia falei com Silvano para transmitir ao Pedro Parente minhas instruções para que isso avance. Mas vou precisar reiterar, reiterar e reiterar.

Ainda recebi a Alejandra Herrera, que veio falar sobre as questões da Anatel, da Embratel, e me deu um panorama que complementou o que o ministro Juarez me apresentou no dia seguinte, quando veio me encontrar com o Schymura, que é o novo presidente da Anatel.

Na quinta-feira, recebi de manhã o Schymura e gravei um programa do Jucá. Eu conheço um pouco o Jucá e conversei com Schymura para reafirmar minha

* Solenidade de premiação do Programa de Incentivo à Gestão Fiscal Responsável, que reconheceu o trabalho de 45 prefeitos de todo o país.

** "O governo federal, com a ajuda dos governos estaduais e dos municípios, pela primeira vez, na história do Brasil, constituiu mecanismos regulares de certo vulto, para distribuir renda. E essa renda, como não é renda do trabalho, não é computada no coeficiente de Gini." (Biblioteca da Presidência.)

*** Lei nº 10 519, de 17 de julho de 2002, que regulamentou o manejo de bois e cavalos durante sua utilização em rodeios.

**** Deputado federal por São Paulo.

preocupação imensa com a mudança do sistema de telefonia e os riscos de ficarmos sem competição. Não vou entrar em detalhes, porque a Lei Geral de Telecomunicações é complicada, seria entrar em minúcias cansativas. Conheço essas minúcias, porque discuti com eles. Sei da pressão das grandes empresas de telefonia, nacionais e internacionais, pois me lembro bem do que o Sérgio Motta falava sobre esse tema, que acompanhei e acompanho, dando impressão de que não estou por dentro. Mas estou bastante por dentro, sei o que está acontecendo e sei dos problemas. Como agora também sei na questão da energia e na do petróleo.

Aliás, o Serra tem me telefonado insistentemente ou vindo aqui falar a respeito do preço do gás, do preço dos derivados em geral. Já devo ter registrado que jantei com Gros na segunda-feira, tendo recebido antes um informe do Sebastião [Rego Barros] sobre o preço do gás. Pedi que houvesse uma revisão, pedi para conversar com Scalco, com Silvano, com Malan. O preço é de monopólio, a Petrobras é quem o define. Isso não é certo. É monopólio, mas existe uma agência reguladora, e é o governo quem deve definir os preços, senão a Petrobras, na prática, impõe o preço, não há competição de preços, isso é um problema espinhoso para resolver.

Mas, voltando, depois do Schymura recebi quatro intelectuais franceses, entre os quais o Claude Allègre, que foi ministro da Educação do Jospin, um diretor da Sofres* e vários outros, interessantíssimos. Recebi juntamente com alguns ministros nossos, todo mundo fluente em francês, discutimos questões habituais. Vieram com Azambuja e com o Alain Rouquié, o embaixador da França no Brasil, meu antigo colega de trabalho que esteve estagiando no Cebrap, cientista político. Foi uma conversa muito viva.

Depois fiquei despachando nervosamente, telefone incessante, já digo por quê, e ainda fui a uma solenidade de comemoração do centenário do Sérgio Buarque de Holanda.** Gostei muito. Maria Amélia [Buarque de Holanda]*** me mandou um bilhetinho muito simpático. Estavam lá o Sergito [Sérgio Buarque de Holanda Filho] e uma irmã mais velha,**** uma moça que veio com ele e a Ruthinha [Ruth Buarque],***** que trabalha com a Ruth no programa Comunidade Solidária. O Weffort e o Celso Lafer fizeram bons discursos sobre a obra do Sérgio. Celso Lafer deu uma perspectiva nova sobre a questão das relações internacionais e a obra do Sérgio. O Weffort, como sempre, fez um bom pronunciamento sobre o Sérgio. E o Sergito foi de uma simpatia imensa, porque trouxe o Sérgio humano.

Começou gozando, dizendo que o Sérgio, como eu, éramos vaidosos. Disse isso porque eu tinha fama de vaidoso, e o pai dele, se estivesse vivo, ficaria muito contente com a comemoração dos cem anos. Contou como era o Sérgio e que uma vez,

* Instituto francês de pesquisas de opinião pública.

** No Palácio Itamaraty.

*** Viúva de Sérgio Buarque de Holanda.

**** Maria do Carmo Buarque.

***** Neta do intelectual paulista.

no aniversário dele, como havia uma reunião da SBPC, os amigos resolveram não fazer a festa, mas no final da SBPC foram todos para lá. O primeiro a chegar fui eu. Maria Amélia disse: "Eu vou buscar o Sérgio, ele está se preparando para ir dormir". Trouxe o Sérgio e fizemos a festa. O Sergito contou sobre outra festa na qual o Chico apareceu com a Miss Itália, que fez um sucesso absoluto, porque estava com uma roupa vaporosa, quase transparente, e o Sérgio ficou entusiasmado com ela. Enfim, foi o lado humano do encontro. Depois houve uma análise da obra do Sérgio. Eu também fiz minha apreciação e viemos todos para casa, ao Alvorada. Viemos com Celso e o Weffort e jantamos. Falei por telefone com a Maria Amélia e foi muito agradável recordar épocas menos tormentosas do que as que estou vivendo agora.

Hoje, sexta-feira, comecei o dia a falar por telefone extensamente com o Thomas Weiss, diretor do Ralph Bunche Institute para Estudos Internacionais, da Cuny [City University of New York]. Ele está fazendo um trabalho interessante sobre a contribuição intelectual das Nações Unidas. Levei quase três horas gravando para ele um depoimento em inglês, a que o Brito [José Humberto de Brito Cruz] e o Eduardo Santos assistiram. Eles vieram me dar apoio.

Tive um almoço no Palácio da Alvorada com a Miriam Leitão e com a Ana [Tavares]. A Miriam me fez uma entrevista, perguntando sobre coisas que eu escrevi, ela é competente, correta, expus minhas ideias.

Mais tarde recebi o Pimenta da Veiga e o Scalco. Isso tem sido minha dor de cabeça. O Pimenta já tinha me telefonado de Minas quando soube da decisão de mudar mesmo, para valer, o presidente dos Correios, dizendo que precisava falar comigo, tinha fatos importantes a me relatar. Veio a mim e ao Scalco e disse o seguinte: o PMDB teria armado um esquema de coleta de recursos a partir da suposição da nomeação do novo diretor dos Correios; disse que isso iria afetar os franqueadores postais e também a distribuição dos Correios pela aviação. Contratos vultosos. Ele sabia de alguns detalhes que não queria me transmitir, mas que tinha certeza, e que ele queria trazer o assunto à minha consideração.

Eu disse — e o Scalco também concordou: "Depois do que você me informa isso, Pimenta, a coisa complica muito. Vou ter que chamar o Humberto Mota, pessoa que eu não creio que esteja envolvida em nada disso, e dizer que há um esquema do PMDB, um esquema que você talvez não possa confirmar. Por outro lado, fico com dor na consciência. Você me afirma que há armações, agora como é que eu nomeio? Pode até ser que o PMDB faça isso ou aquilo, o PMDB ou qualquer outro partido, mas desde que eu sei que há alguma coisa, não há como. Se eu nomear, passo a ser conivente com esse tipo de articulação". Pimenta não cedeu um milímetro.

Eu disse: "Isso tem efeito na campanha, porque o PMDB vai ficar irritado, eles estão me pressionando muito. Michel Temer, Moreira, Geddel... Geddel, aliás, me ajudando, eu não tenho mais cara para explicar por que não nomeio. Eu já nem respondo ao Humberto Mota, que já está convidado há muito tempo. Não sei como resolver essa questão, e você me vem aqui agora, depois de tudo isso? Demorou muito tempo. Eu já falei para o Pimenta da Veiga [há mais de um mês]. Ele disse que ninguém do PMDB o procurou, e não é o caso. Ele não é mais ministro. Mas se colocou claramente ao me lembrar ter defendido que, se eu mexesse na nomeação de alguém do PMDB isso, por outro lado, mexeria com a campanha do Serra, teria efeito sobre a campanha. Qualquer solução é "*no win*", ninguém vai ganhar. Pimenta não arredou o passo nem um milímetro. Telefonei ao Serra e comuniquei a ele. Vamos pensar melhor no fim de semana, porque é um embrulho danado. E vou ter que chamar o Humberto. Não posso deixá-lo sem saber por que não o nomeio. Aí eu chamo, e o que acontece? Ele vai negar a armação, talvez nem saiba nada dela, e os outros vão negar. Vai ser um problemaço.

Nesse meio-tempo, fiquei no telefone com outros problemas também, porque, como o Serra caiu no Ibope, passam a dizer que a campanha vai mal. Não vai tão mal assim, isso é conversa. Mas a única resposta nessas horas é tentar subir no Ibope. Ibope que eu digo são as pesquisas de opinião em geral. Eu disse isso ao Serra, ele sabe que é assim. Eu disse isso ao Pimenta, que está muito magoado, também com razão. O Serra pediu que eu liberasse o Bob, o secretário de Comunicação. O Bob, na verdade, coitado, preferia ficar no governo, mas não tem como. Então esteve aqui ontem e sugeriu que eu deixasse o Graeff respondendo pela secretaria, enquanto ele não saísse para a campanha. Pedi que ele pensasse um pouco mais, disse que voltaríamos a fala na segunda-feira. Enfim, problemas que não são meus, mas que acabam sendo meus, porque afetam o governo. Como agora com a saída do Bob, que é um bom secretário de Comunicação, um rapaz simpático e eficaz, e vai para a campanha. Vejo quantos problemas terei pela frente.

Hoje me telefonou o Serra, reclamando porque o Armínio Fraga recebeu o Mercadante. O Mercadante já foi para a imprensa, primeira página d'*O Globo*. O Armínio foi ingênuo, essa gente vai usar o Armínio. Já disse isso a ele, não que foi ingênuo, mas que é um perigo, que tome cuidado. Alertei o Armínio, pedi que postergasse a conversa com o Ciro, se não pudesse cancelar. O Serra me telefonou hoje desesperado, que o Ciro não pode ser recebido pelo Armínio, a imprensa é a favor, porque é um dado de civilização, mas o Serra é contra porque acha, com alguma razão, que isso dá espaço neste momento aos seus adversários, que são os meus também. Enfim, um rolo grande.

O José Dirceu me telefonou dos Estados Unidos porque saiu nos jornais que ele teria dito que tinha a impressão de que eu iria votar no Lula se ficassem Lula e Ciro. Ele disse que não falou nada disso. Enfim, o que eu vi n'*O Globo* não foi tão grave, dizia como se fosse apreciação dele e não minha. E também que ele achava que é o Serra quem vai para o segundo turno. Tudo isso vai criando dificuldades crescentes. Por sua vez me telefonou o Rubens Barbosa, para confirmar que o José Dirceu se comportou bem nos Estados Unidos, e para me confirmar o que ele, Dirceu, me disse: que o pessoal do Instituto de Estudos Internacionais de Washington, onde nasceu o Consenso de Washington,* e notadamente o [Michael] Mussa, antigo diretor do Fundo Monetário,** estão achando que precisa haver uma renegociação da dívida, uma reestruturação. Isso assustou muito o Dirceu. O Dirceu disse que o governo americano está muito favorável a nós. Ele não esteve com o pessoal do Fundo, mas acha que estão com a mesma posição [de que precisaríamos renegociar as dívidas]. Enfim, o Rubens me telefonou para alertar, dizendo que também ficou preocupado com as declarações do pessoal desse instituto. Podem ser negativas, se vêm a público. São essas as preocupações do meu dia a dia no momento.

Despachei com o Pratini sobre problemas da Agricultura, tentei resolver as questões das Forças Armadas, falei com o Quintão para ver se está tudo bem, e não está tudo bem, porque o pessoal da área econômica está soltando as verbas a conta-gotas. Eles são favoráveis, mas têm medo que uma liberação de recursos possa provocar uma reação muito violenta nos mercados. Acho isso uma bobagem. Os mercados não estão nem aí, os mercados estão apostando na política, apostando de maneira tumultuada. É um problema atrás do outro. É como dizia o [Jacob] Frenkel, uma questão de incerteza. É, eu diria, a teoria do caos. Acho que temos que desenvolver mais estudos na sociologia, como a teoria do caos da física, porque as coisas estão começando a ficar caóticas. Surge um pequeno fenômeno com repercussão imensa, e no dia seguinte desaparece, não há previsibilidade. O mundo não ficou cheio de riscos, não; ficou muito pior, ficou incerto mesmo, cheio de incertezas. Você não pode nem dizer qual é a probabilidade de ocorrer, porque surge de repente e, assim como vem, vai. E isso vale para todos, vale para a Argentina, vale para cá, vale para a Colômbia, vale para os Estados Unidos, para a China, onde for. É uma confusão do tamanho de um bonde. E eu contando as semanas, porque faltam poucas, para terminar o mandato. E angustiado pelo Brasil, angustiado pelo que possa acontecer nas eleições.

O Serra tem que reagir, é ele, não tem solução. Ele tem que aparecer, tem que criar fato político, dar declarações. Tem que contar uma história crível para os brasileiros, tem que ter maior convicção do seu programa e sair dizendo com energia no que ele acredita, sem se preocupar se me fere ou não. Isso fica para depois, agora ele tem que ganhar a eleição. E eu não sou de me magoar com essas coisas. Vejo com muita preocupação a subida do Ciro e me entristece a posição do Bornhausen. Aliás, comentei isso com o Pimenta, porque não se trata de mim, era para apoiar o Serra no segundo turno, e ele está articulando anti-Serra.

* Receituário macroeconômico ortodoxo prescrito para países em desenvolvimento em 1989 pelo economista britânico John Williamson, do Institute for International Economics, sediado em Washington. Entre as medidas sugeridas por Williamson, tachadas de neoliberais por seus opositores, incluem-se disciplina fiscal, desregulamentação financeira, privatização de estatais e liberalização dos mercados de câmbio e comércio exterior.

** Economista-chefe do FMI até 2001.

Os partidos enlouqueceram. O PMDB de Santa Catarina, o Luís Henrique sempre foi correto, quer demitir todo mundo do PFL, quer ocupar as posições do Estado. Pensa que com isso ganha a eleição, é uma histeria total. Não querem que nós façamos um acordo com a Seleto, que é uma empresa de Santa Catarina,* que cumpriu todos os requisitos para receber o apoio do governo [empréstimo do BNDES]. Enfim, quando a irracionalidade aumenta, a decisão de quem é quem no poder aumenta exponencialmente de responsabilidade.

Vejo com certa preocupação que as pessoas que vão travando a disputa estão entrando por esse caminho [irracional]. Até o Lula disse muita bobagem hoje. Ele tem dito muita bobagem. Hoje disse que eu viajei um ano inteiro, que penso que tudo vai bem porque vou à Sorbonne, vou não sei aonde, esse besteirol, e diz isso com que autoridade? Não fez nada, há 25 anos não faz nada, passeia suas glórias pelo mundo, pelo Brasil, e vem cobrar de mim, como se eu fosse uma pessoa que não conhecesse o Brasil ou como se eu não estivesse trabalhando dia e noite. É patético, realmente patético.

O Ciro diz que eu só governo com corrupção, que nunca houve tanta corrupção como neste governo, que eu sou omisso. Já disse no passado que eu era uma ameba,** e por aí vai. Isso pode ser presidente? Dá para ser presidente de um país alguém que baixa a esse nível? Dá, mas é triste.

HOJE É DOMINGO, DIA 21 DE JULHO. Ontem, sábado, não aconteceu nada além de algumas fofocas. Hoje passei o dia trabalhando no Alvorada, fiz questão de ler as entrevistas que o Ciro deu. Não são só besteirol como as do Lula. É má-fé, é desonestidade, é mentira, até anotei. Ele refaz a história, conta coisas que não são verdadeiras. Dá números que não são corretos, diz que quando ele era ministro da Fazenda... Foi ministro da Fazenda por três meses [em 1994]. A colaboração que deu ao Real foi nenhuma. Diz ele que participou de reuniões na hora de o Itamar assumir a Presidência. Eu não me lembro de ter visto o Ciro lá. É francamente inacreditável a capacidade de mentir que tem o Ciro. E a proposta dele é bobagem. Reforma tributária mal planejada, o IVA, como se fosse possível, cobrado no destino, sendo que o imposto correspondente no Brasil é estadual. Imagina uma reforma que é federal cobrar imposto de valor agregado no destino! Depois fala de imposto sobre o consumo num país em que há uma evasão fiscal brutal. A reforma da Previdência é a mesma que o Roberto Freire já propôs. Vai ser radical, ou seja, privada e pública, a mesma coisa, mas para o futuro. E nesses próximos trinta anos, como suprir o déficit? Nem

* Empresa de equipamentos para a indústria alimentícia sediada em Balneário Camboriú (SC).

** Durante a pré-campanha presidencial de 1998, Gomes declarou numa reunião com artistas e intelectuais: "Não quero ser uma ameba. Ameba por ameba, basta o Fernando Henrique". Mais tarde explicou que "ameba" seria uma "metáfora para a ausência de resistência ao meio".

uma palavra sobre como passar para o regime de capitalização. Nem uma única palavra também a respeito da previdência privada. O resto são bons desejos, o que todo mundo tem, ele quer que a economia cresça, que se aumente a poupança, para poder ficar mais livre das engenharias externas, todo mundo quer, eu também. Mas como se faz? Nada. Uma empáfia imensa, a partir de um tró-ló-ló vazio. É uma impostura.

Jantei com o presidente [eleito] da Colômbia, [Álvaro] Uribe.* Boa impressão. É a segunda vez que ele vem aqui. É determinado, tem ideias claras, mas não está definido o que vai fazer com as guerrilhas. Está propondo um programa internacional para sustentar as pessoas que trabalham com coca e para preservar a floresta. É uma bela proposta, mas quem vai pagar 100 milhões por ano? Ninguém; e além do mais, não vai resolver o problema. Acho que é um pouco pano de fundo, para ele não dizer que está só fumigando as plantações de coca, só matando, mas que tem uma preocupação com a preservação da floresta e com a vida dos camponeses. Está bem. É muito claro quanto ao que vai fazer: terá muita relação com o Brasil, veio acompanhado da [futura] ministra das Relações Exteriores** e da ministra da Educação.*** Veio também com a embaixadora da Colômbia na Venezuela,**** todas mulheres. A da Educação me pareceu uma pessoa muito sólida. Enfim, uma boa conversa, e tanta coisa para fazer nessa América Latina... Tomara que se faça, ainda falta muito por fazer.

Também li muito os jornais, porque deu tempo. A situação do mundo está ruim, a situação pessoal do Bush***** e do [Dick] Cheney****** muito ruim, e riscos grandes de um ataque ao Iraque. As empresas nos Estados Unidos com fraudes, uma atrás da outra, embora, segundo o [Alan] Greenspan,******* a economia real vá bem. Ele tem uma visão otimista, tomara. Mas com este mundo tão perturbado, com esses escândalos, isso vai dar uma dor de cabeça enorme nos Estados Unidos, com reflexos pelo mundo afora, de diminuição de confiança no sistema.

Acabei de falar com o Serra por telefone. Ele disse que checou com o José Aníbal, que disse que nunca deu nenhuma informação ao Pimenta sobre a organização de um esquema de roubalheira, se o rapaz lá, como se chama, o Humberto Mota, fosse nomeado para os Correios. Fiquei chocado. Difícil saber onde está a verdade, tomar decisões que sejam equilibradas e corretas.

* Empossado em 7 de agosto de 2002.

** Carolina Barco.

*** Cecilia María Vélez.

**** María Ángela Holguín.

***** Cresciam as críticas a Bush pelos ataques aéreos dos EUA no Afeganistão que mataram centenas de civis quando buscavam alvos da Al-Qaeda e outras organizações terroristas. E também por violações a direitos humanos, como acusações de tortura na prisão da base de Guantánamo, em Cuba.

****** Vice-presidente dos EUA e ex-presidente da Halliburton, processado por gestão fraudulenta da empreiteira.

******* Presidente do Federal Reserve, o banco central norte-americano.

25 DE JULHO A 6 DE AGOSTO DE 2002

Conversa franca com Serra. O dólar e o risco-país disparam. Negociações com o FMI

Hoje é dia 25 de julho, quinta-feira, estou em Guayaquil. Acho que algumas gravações não apareceram, estou preocupado com isso. Em todo caso, vou retomar o fio da meada e, quando eu voltar a Brasília, tentarei reconstituir o que aconteceu a partir da segunda-feira passada, dia 22.

Trabalhei muito, houve muita confusão, muita pressão em cima de mim por causa da campanha eleitoral. Por causa dos mil problemas que surgiram é que, de repente, penso que tinha gravado e não gravei. O fato é que na segunda-feira passada a Ruth chegou da Inglaterra. Ela já estava no Alvorada quando acordei, e ficamos conversando sobre o que ocorrera. Sem as minhas anotações da agenda eu não posso reconstituir nada, então vou reconstituir o que aconteceu hoje, quinta-feira, dia 25. Depois volto para ver se reconstruo de segunda até hoje.

Hoje saí de manhã de Brasília. Muita pressão desde cedo. Telefonemas incessantes, reuniões. Chamei para conversar comigo o rapaz da Previ, o ex-presidente da Previ, o Tarquínio [Sardinha Ferro], para nomeá-lo de novo.* Conversei com ele sobre a situação da Previ e sobre o que eu quero nela. Eu quero paz; eu queria paz, se fosse possível, mas não é. Os outros diretores, os que não são nomeados pelo do Banco do Brasil, são do PT. Agora elegeram um que é do PPS.** A politização dos fundos, a da Previ, é verdadeira, só que é ao contrário do que se imagina; é uma politização feita pelo PT, dos funcionários, porque o governo não tem feito pressão alguma sobre a Previ. Aliás, o Tarquínio confirmou isso, não podia ser diferente, eu mesmo não fiz pressão. Sobre essa fofocagem nos fundos de pensão, eu lhe disse que queria que houvesse um entendimento, que não dá para continuar assim.

A Embratel já está quebrando, a Brasil Telecom brigando com a TIM, que é dos italianos, a Previ brigando com a Brasil Telecom. Tenho medo que aconteça na telefonia o que aconteceu com a energia elétrica. A telefonia foi um sucesso na privatização. De repente dá tudo para trás por causa dos desaguisados entre eles.

Além de receber esse rapaz, o Tarquínio, veio de manhã o Pedro Parente, para os despachos normais, e recebi o general Cardoso, que queria falar também sobre o tiro de abate em aviões [de contrabando].*** Ele é contrário a que se faça isso de re-

* Terminava a intervenção do governo na Previ e Ferro reassumiu a presidência do fundo de pensão. Além das irregularidades estatutárias e atuariais, o pano de fundo da crise na Previ eram as disputas societárias com o Banco Opportunity, com o qual compartilhava a gestão de empresas de telefonia.

** Ricardo Gonçalves, diretor de Investimentos.

*** A lei nº 9614, a chamada "Lei do Abate", que autoriza a Força Aérea a derrubar aviões não identifica-

pente, sem uma negociação com os americanos. Da última vez que decidimos pelo abate, foi preciso recuar, porque os americanos pararam de mandar peças importantes para os nossos aviões e para o próprio Sivam/Sipam. Estamos negociando para que se chegue a um bom entendimento.

Depois fiquei pendurado no telefone com todo mundo. Com o Serra, que tinha jantado comigo na véspera, eu já relatarei, mas não só, falei com meio mundo, porque estão todos nervosos. O Geddel, o Arthur Virgílio atrás de mim, todos muito nervosos, aflitos, o Aécio também, porque as pesquisas eleitorais vão muito mal. Depois de toda essa confusão telefônica, ainda recebi o Jutahy, para falar sobre a necessidade de eu entrar mais em ação para sustentar a candidatura do Serra. Tomei o avião para Guayaquil, ou melhor, primeiro para Manaus, onde fomos à inauguração do Sivam/Sipam.* Foi muito bom. O Sivam/Sipam é importante mesmo, de alguma forma se repetiu o que eu já tinha visto na véspera, porque na véspera, na quarta-feira, dia 24, de manhã estive em Anápolis, para receber os aviões do Sivam/Sipam.** Aproveitei para fazer um discurso de apoio à Aeronáutica, de solidariedade aos que haviam sido injustiçados. Notadamente, o brigadeiro [Marcos Antônio de] Oliveira.*** Nos registros devo ter falado, mais de uma vez, do assim chamado "escândalo do Sivam",**** que o Gilberto Miranda inventou. E já devo ter dado meu depoimento sobre o Oliveira. Afirmei de público o que penso.***** Falei de passagem no [Mauro] Gandra,****** porque ele não aguentou, não foi por nenhuma pressão maior. Agradeci ao Oliveira. E também agradeci à Aeronáutica, foi muito comovedor.

Voltando ao tema, em Manaus fui recebido pelo Amazonino, que tinha estado na quarta-feira à tarde no Alvorada, com o Bernardo Cabral, negociando o apoio à

---

dos, que geralmente transportam drogas, foi sancionada em 1998 e regulamentada em 2004, ano em que se iniciaram os abates.

* Solenidade de ativação do primeiro Centro Regional do Sipam, em Manaus. Os centros regionais de Porto Velho e Belém foram inaugurados em 2003 e 2004, respectivamente.

** O presidente batizou três aviões-radar R-99, fabricados pela Embraer, na base aérea de Anápolis (GO).

*** Chefe do estado-maior da Aeronáutica e ex-presidente da comissão responsável pela licitação do Sivam. A *Folha* de 23 de julho publicara denúncia de que o militar teria fornecido informações privilegiadas à norte-americana Raytheon, vencedora do processo licitatório.

**** Referência ao escândalo de grampos e tráfico de influência em torno da licitação do Sivam, no final de 1995, que derrubou dois assessores próximos do presidente, Francisco Graziano e Júlio César Gomes dos Santos. O histórico do caso é registrado no volume 1 dos *Diários da Presidência*.

***** Em Anápolis, FH se referiu diretamente ao brigadeiro: "Também nunca me esquecerei da ação do brigadeiro Oliveira, que vi de perto, nos momentos de grande dificuldade, quando se procurava embaralhar a compreensão de um processo limpo, através de intrigas, de infâmias, eu o vi sempre altivo, atento e respondendo com dignidade a todas as informações que eram veiculadas e que não correspondiam à realidade. Sou, portanto, testemunha direta do que foi o trabalho da Força Aérea para que nós pudéssemos chegar ao que aí está hoje, que é o Sivam". (Biblioteca da Presidência.)

****** Brigadeiro, ex-comandante da FAB (1995).

Caixa Econômica para o financiamento das casas populares no Amazonas, e dizendo que vai apoiar o Serra. Ele reafirmou isso na minha chegada a Manaus.

E toda aquela coisa militar, e também civil, do Sivam, muito impressionante. É uma obra marcante, realmente valeu a pena essa briga toda, para termos um sistema não só de proteção ao voo e de informação sobre o espaço aéreo, mas de informação ambiental. De informação de todo tipo de dado que possa ser importante para a preservação da natureza e para os deslocamentos na Amazônia, e tudo muito bem-feito. E com aprendizagem tecnológica de grande monta.

Depois tomamos o avião e viemos para Guayaquil. Cheguei, o Marco Maciel veio em outro avião. Acabei de jantar, estou deitado na cama, no Hotel Sheraton. O Ramez Tebet veio comigo, e alguns embaixadores, o Sérgio Amaral, o Celso Lafer, jantamos, e nada mais a registrar. Entrevista à imprensa, imprensa caindo em cima de mim para saber sobre a candidatura do Serra, dizem que ela está indo para trás e eu tenho que fazer a defesa, ou melhor, não deixar cair a peteca. Enfim, o habitual.

Tentei falar com a Ruth, não consegui. Me recordei do que aconteceu ontem, dia 24. De manhã, como já disse, fui a Anápolis receber os aviões do Sivam. Depois voltei e almocei em casa com a Ruth, com a Isabel [neta] e uma amiguinha dela. Fiquei por lá e recebi, como já registrei, o Amazonino. Passei longas horas falando com ele sobre a questão do consumo de energia elétrica. Eu tive um despacho com o ministro da Energia e com o Pedro Parente, e tentamos equacionar a privatização [federalização] da Celg, que é muito complicada. Pressão do governador de Goiás, que estava em Anápolis, o Marconi Perillo. Ele precisa da privatização para ter recursos para pôr em ordem as contas. E é muito difícil para nós a privatização. Estou disposto, mas disse a ele que é preciso ver se, politicamente, isso poderia funcionar ou não. Conversei sobre o tema com o Pedro Parente, conversei com o nosso ministro de Minas e Energia, telefonamos depois para o Malan, que não gostou nada, porque isso implica alterar negativamente o superávit primário. Enfim, passei o dia por conta dessas questões administrativas, seja de Amazonas, seja de Goiás, questões de rotina.

No dia anterior, terça-feira 23, já tínhamos feito a nomeação dos diretores* da Adene e da ADA,** as novas agências que substituem a Sudam e a Sudene. Assinei muitos documentos burocráticos. E ainda jantei com a Lúcia Vânia*** para falar sobre a privatização de [eletricidade, em] Goiás. Lúcia Vânia achava imprudente fazer uma medida provisória privatizando a Celg. Eu disse que iria verificar.

Ontem à noite, o Serra apareceu no Alvorada. Às onze horas, onze e pouco. Saiu mais de uma hora da manhã. Veio reclamar do governo, reclamar do preço do gás, reclamar não de mim, mas do governo, que não o está ajudando. Eu disse ao Serra:

* Evandro Avelar (Adene) e Teresa Rosa (ADA), diretores-gerais.

** Agência de Desenvolvimento da Amazônia, extinta em 2003 com a recriação da Sudam.

*** Deputada federal (PSDB-GO) e candidata ao Senado.

"Hoje à tarde já estiveram aqui — ontem, aliás — o Bob, secretário de Comunicação, ex-secretário, e o Eduardo Jorge, para me falar dessa história, não em tom de reclamação, mas que precisamos mobilizar o governo. No governo, quem tem a ação política está mobilizado, os que não são políticos não adianta mobilizar, porque não têm ação prática. Agora, não vamos confundir as coisas".

Tudo bem, vou ver o que faço com o preço do gás, já havia dado declaração em Anápolis favorável a que a ANP pudesse pôr um paradeiro nos aumentos incessantes do gás de cozinha. Apesar de que hoje o David Zylbersztajn, meu ex-genro, reclamou [na imprensa], dizendo que isso muda a lei, atrapalha o petróleo... Não atrapalha nada, penso... a Petrobras está transferindo totalmente o aumento cambial para o preço do gás. O aumento cambial nesse instante é especulativo, e o povo é que paga? E com isso se afeta a inflação, que afeta a taxa de juros? Não pode haver uma transferência automática de todo o aumento cambial, até porque a mesma coisa acontece com o pãozinho, que também se faz com trigo importado. Uma parte do preço do gás, só uma parte do custo, poderia ser compensada pelo aumento do preço de consumo.

Isso se resolve por meio de competição, de concorrência. No caso do pão, eles não podem repassar ao preço todo aumento cambial. Como não há competidores no caso do gás, eles repassam tudo. O gás vem da Petrobras, que tem o monopólio prático de importação, e os distribuidores são um oligopólio. Alguma força de governo tem que regulamentar essa questão. Tudo isso eu relatei ao Serra, mas também disse, com franqueza: "Olha, Serra, não vamos nos iludir. Você caiu nas pesquisas e o Ciro subiu. Se fosse por causa do preço do gás, o Lula teria subido, mas por que subiu o Ciro? Porque apareceu bem na televisão. Se você quiser reverter isso, é você na televisão. Não há alternativa, é a pessoa. Não quer dizer que seja só isso, o governo tem que o apoiar e eu o estou apoiando, vamos apoiar. Mas o Ciro não tem ninguém, não tem campanha, não tem nada. Está ganhando no papo, na televisão. Caiu no gosto, é difícil, é uma onda que se formou favorável a ele".

No fundo eu quis dizer ao Serra: depende de você. Tem que haver algo que vem de dentro para fora, você tem que se iluminar, ter a iluminação no seu rosto, para que as pessoas percebam que há um caminho. Ele registrou e também reclamou de que se fez outra mudança na cobrança de cheques.* Parece que aquele rapaz amigo dele, o [Sérgio] Freitas,** foi quem disse isso. E pode não ser prudente mexer mais uma vez com os talonários de cheques, a população já levou um golpe, ou assim foi percebido, com a remarcação do valor dos títulos. Acho que deveríamos deixar essa questão de bancos mais ou menos em paz, vou dizer isso ao Malan.

* Em abril de 2002, entrou em vigor o novo Sistema de Pagamentos Brasileiro, que instituiu mudanças como a transferência eletrônica para agilizar transações bancárias. O presidente também se refere à mudança na cotação de títulos públicos pelo valor de mercado, defasado em relação ao nominal.

** Ex-vice-presidente do Banco Itaú.

Serra está muito tenso e já começou com o processo de achar que é o governo, ou melhor, eu, e não ele, que não conseguiu imantar. E sempre reclamando da Globo. Em parte ele tem razão. Vi alguns fragmentos da discussão da Miriam Leitão com o Lula e até achei que o Lula saiu-se melhor. A Globo está testando todo mundo. Os candidatos estão aí para sofrer, esse é o estilo de política que temos. Ninguém mais deixa o candidato falar o que quer. Tem que responder o que a sociedade, via os jornalistas, deseja ouvir.

A Ana Tavares tem insistido que é a imprensa que vai eleger os candidatos. Ela tem errado na formulação, não é a imprensa; são os próprios candidatos, mas através da imprensa e não do programa gratuito da televisão. Isso é verdade, porque a mídia antecipou o debate e deu tempo igual a todos, coisa que tirou a vantagem que o Serra tinha, por ter uma grande aliança política* e os outros não. É um fenômeno curioso e está acontecendo.

Se eu bem me lembro, foi o que aconteceu ontem, quarta 24.

Mais uma grande tensão por trás de tudo: como resolver o problema do Pimenta, que não quer deixar que os diretores dos Correios sejam modificados, que o presidente seja trocado? Falei com o Zé Aníbal, para ele interferir, mas o Zé Aníbal me disse que tinha estado com o Pimenta na quarta-feira, ontem, e o achou muito chocado, porque soubera naquela hora que não iria representar a candidatura do Serra no debate dos coordenadores de campanha que houve hoje de manhã. Por isso o Zé Aníbal não pode avançar muito na questão delicada da mudança de comando dos Correios. Hoje de manhã, antes de vir para cá, escrevi uma carta ao Pimenta dizendo que ele teria que entender a situação. Consultei o Serra, consultei o José Aníbal.

Não é verdade, segundo o Zé Aníbal, que haja um esquema de corrupção montado pelo PMDB com a mudança de presidência. Mandei uma carta ao Pimenta para que ele entendesse isso, no momento difícil pelo qual passamos, e não criasse dificuldades. Não sei o que vai acontecer. Também com relação à Celg, falei com o Malan antes de viajar para cá, dizendo que não tínhamos decidido ainda, apesar de que ontem já havíamos combinado uma solução com o Malan.

Paulo Henrique tinha estado na segunda-feira lá em casa, tinha almoçado comigo, porque iríamos ao lançamento do Protocolo de Kyoto,** quando fiz um discurso sobre a questão ambiental. Não estou me recordando muito do que aconteceu na segunda e na terça-feira, fica para eu registrar quando voltar do Equador.

Só mais uma nota: a situação dos mercados está desesperadora.*** Diga-se de passagem, conversei longamente com a Anne Krueger, que é a segunda do Fundo

* A coligação presidencial de José Serra incluía PSDB e PMDB, com 10m23s diários no horário eleitoral, 45% dos 25 minutos de inserções. A aliança lulista se compunha de PT, PL, PCdoB, PMN e PCB, com 5m19s. A coalizão de Ciro Gomes (PPS, PDT e PTB) tinha 4m17s e a de Anthony Garotinho (PSB, PGT e PTN) 2m13s.

** Cerimônia de assinatura da Carta de Ratificação do Protocolo.

*** Na véspera, a Bolsa de Nova York caíra a seu menor nível desde 1998, durante a crise russa. Os mer-

Monetário, creio que na quarta-feira. Na conversa recordei a ela tudo o que o Fundo Monetário tinha dito a respeito do que seria preciso haver para uma economia ser saudável, ou seja, fundamentos macroeconômicos sólidos. Eu disse: "Nós os temos, agora vocês precisam explicar ao mercado que isso é importante". Ela disse: "Os mercados sabem que os fundamentos são importantes, no que eles não acreditam é que seus sucessores serão capazes de levar adiante esses fundamentos. Então a aposta é no futuro". É isso mesmo, mas acontece que é uma "*self-fullfiling prophecy*", uma aposta que influencia o que vai acontecer no futuro, o que gera dificuldades, porque corta desde já as linhas de crédito lá fora. E é o que estão fazendo.

HOJE É SÁBADO, DIA 27, estou chegando de Guayaquil. Eu disse que quando voltasse iria recapitular um pouco os dias 22, 23 e 24, porque, como eu estava sem as anotações da minha agenda, creio não ter registrado de maneira correta tudo o que aconteceu.

No dia 22, segunda-feira, de manhã recebi o Ney Figueiredo, para discutir as questões do livro que ele está fazendo e de recursos para que ele possa realizar esse trabalho. Depois, o Jorge Luiz Rodriguez, o presidente da Embratel. Veio aqui com a Purificación Carpintero, ambos são diretores da Embratel, para me contar como estava a empresa. Eu já sabia, já tinha recebido uma carta dele e tinha estado em contato com o pessoal da Embratel, com o Schymura por telefone, tenho acompanhado mais de perto isso, tenho medo que desande o sistema telefônico, que é um êxito do governo, não pode deixar desandar.

Depois do almoço, fui dar posse ao pessoal da Adene e da ADA, agências de desenvolvimento do Nordeste e da Amazônia. Portanto isso foi na segunda 22, e não na terça 23, como eu tinha registrado antes. Nada expressiva a presença. Os governadores do Nordeste não estão felizes. Criticam a Sudene, mas eles querem mesmo é o esquema antigo, em que se julgava em casa o projeto que ia ser beneficiado. Agora passa pelo BNDES, as empresas não dão mais diretamente o dinheiro de umas para outras, e isso não agrada. Meus discursos falaram sobre o que foi a ação do Celso Furtado e que com o tempo a Sudene mudou. O Celso nunca quis a burocratização e a perda de espírito que houve na Sudene. É preciso explicar que eu quero rever esse espírito não para acabar com a Sudene, mas para que ela funcione de maneira adequada.

Em seguida, recebi um pessoal da Fenaj, a Federação Nacional dos Jornalistas, por causa do assassinato do Tim Lopes.* É preocupante a violência no Rio, e esse

---

cados mundiais eram varridos por uma crise de confiança derivada das falências de conglomerados norte-americanos.

* Em 2 de junho de 2002, o repórter investigativo da Globo foi torturado e assassinado por traficantes depois de se infiltrar na comunidade de Vila Cruzeiro, zona norte do Rio, para apurar denúncias de exploração sexual de menores e consumo de drogas em bailes funk.

pessoal está querendo se mobilizar contra ela, o que eu acho muito bom. Passamos muitas horas discutindo isso. Recebi o George Legmann, que é meu agente literário. Veio com a Danielle, para trazer uma porção de sugestões sobre o que podíamos fazer.

Na terça-feira de manhã, dia 24, no Planalto recebi o Aécio, com o Malan e um grupo. Primeiro os dois, para discutir as dívidas de Minas, o Aécio aflito e o Itamar também. É insolvável, o Itamar não fez o que tinha que fazer, agora está querendo arrancar dinheiro do governo federal.

Recebi o grupo do café, que veio pedir que fizéssemos alguma coisa para deter a queda do preço do café. Eles querem que se defina um preço mínimo, as coisas de sempre. Depois houve a assinatura do Protocolo de Kyoto, o discurso que fiz está gravado. Foi nesse dia, terça 23, que o Paulo Henrique, que estava presente à cerimônia, almoçou comigo, não foi na segunda 22, como eu registrei em Guayaquil. E na segunda-feira à noite jantou aqui em casa conosco. E também foi na terça-feira que a Anne Krueger teve um encontro conosco — não foi no dia 24, como eu havia anotado.

Na quarta-feira, fui a Anápolis, já disse o que aconteceu à tarde, o de mais significativo foi no Palácio da Alvorada, quando recebi o pessoal da Abrace, a Associação Brasileira de Grandes Consumidores Industriais de Energia. Eles vieram com o ministro da área e com o Pedro Parente. A discussão foi boa, estão reclamando da subida de tarifa, e o Pedro Parente deixou claro que não é por causa do racionamento. O racionamento alertou que as tarifas iriam encarecer muito, porque não tinha havido expansão da produção de energia. Eu lhes disse que não houve expansão antes de 1995, nós retomamos em 95; a maturação desses projetos é de longa duração. Aproveitei para falar também, já que estava lá o Jorge Gerdau, um nome importante dos produtores brasileiros, que não podemos deixar que essas incompreensões fiquem soltas durante a campanha eleitoral, é muito arriscado.

Quinta-feira, dia 25, eu fui então a Manaus. Foi bastante impressionante a inauguração do Sivam/Sipam, uma obra realmente de vulto, discursos etc. Não preciso estar repetindo, de lá fomos para Guayaquil, aonde cheguei à noite. Jantei com o Celso Lafer, o Tebet, o Sérgio Amaral, o Guilherme Dias e o Eduardo Santos, enfim, os mais próximos. Ontem, sexta-feira, dia 26, começou a reunião.* Eu tinha gostado muito do discurso do Noboa que abriu a sessão. Então pensei: eu não vou ler o meu discurso, para não ficar burocrático, e fiz uma espécie de desabafo sobre a falta de mudança na arquitetura mundial, sobre o que está acontecendo com as nossas economias, a falta de abertura de mercados. Desde o discurso que fiz na Cepal, em março de 1995,** não se avançou quase nada. Fui interrompido seis vezes

* A cúpula aconteceu no centro de convenções do Hotel Hilton.

** Em 1995, numa conferência na sede da Cepal, em Santiago, o presidente criticou a "especulação maciça" do sistema financeiro mundial e propôs a criação de novos mecanismos multilaterais para sua regulação.

por aplausos, segundo o jornal de hoje. E, no final, uma ovação, me aplaudiram em pé, teve um efeito enorme. Percebi que podia falar à tarde com mais prudência, e foi melhor. Prudência de tempo, ocupei pouco tempo na reunião de tarde.

Fatos a notar: acho que o presidente da Venezuela está realmente de crista baixa. Fez uma falação enorme à tarde, meio sem sentido, como ele faz sempre, muito simpático comigo, mas meio sem sentido. E, pior, o discurso foi numa praça pública onde há o abraço do San Martín com o Bolívar, simbolicamente, porque os dois lados se desentenderam no encontro que tiveram há 180 anos em Guayaquil.* Quando o Chávez foi falar, em vez de falar do ato, falou da Venezuela, fez várias insinuações, enfim, uma coisa meio sem jeito. Em compensação, o Duhalde fez um discurso apropriado. Terminou citando *Martín Fierro*** de uma maneira muito bonita. Aliás, tenho tido cada vez melhor impressão da ação do Duhalde. Ele pode não ser um homem preparado para ser estadista, mas não é bobo, tem levado bem a Argentina. Fala sem notas na mão, e fala direito. Minha apreciação sobre o Duhalde tem melhorado bastante.

À tarde, quem se destacou foi o Ricardo Lagos, que disse coisas concretas, sobre o que é preciso fazer na questão das vinculações ferroviárias, de energia e de estradas de rodagens, e com os marcos legais. Mostrou concretamente, como eu tinha indicado também, fazendo com que a reunião tomasse um caráter mais prático e mais efetivo. Achei o Toledo sem um propósito, demagógico, sem viço. Resumindo: sobra o Ricardo Lagos. Depois chegou o Jorge Quiroga, presidente da Bolívia, que está saindo. Esse é bom, faz parte do time dos bons. Acho-o inteligente e equilibrado. O resto é muito arroz com feijão, sem vitalidade. À noite tivemos um jantar simpático, tudo cansativo, na governadoria de Guayaquil,*** e hoje de manhã reunião solene para encerramento. Mas nada de especial,**** várias entrevistas para televisão, imprensa, e voltei para cá.

Estou chegando agora, são sete e meia da noite, de sábado, portanto dia 27. A anotar que a crise financeira se agravou.***** O Malan me telefonou várias vezes,

* Em 1822, em Guayaquil, então parte da recém-libertada Grã-Colômbia (atuais Equador, Colômbia e Venezuela), o general Simón Bolívar se reuniu com o general José de San Martín, que havia liderado os movimentos de independência da Argentina (1816) e do Chile (1819), para discutir a unificação de suas forças na guerra de independência do Peru. Os dois revolucionários divergiram sobre a futura forma de governo do território, entre outros aspectos da possível aliança. San Martín retornou para a Argentina e Bolívar prosseguiu à frente dos combates até a derrota definitiva das tropas leais à Espanha, em 1824.

** Poema épico nacional da Argentina, de José Hernández, publicado em 1872 e 1879.

*** Palacio de la Gobernación del Guayas.

**** Os dez presidentes sul-americanos presentes à reunião, além dos representantes de Uruguai e Guiana, assinaram o Consenso de Guayaquil sobre Integração, Segurança e Infraestrutura para o Desenvolvimento.

***** Na sexta-feira 26 de julho, o dólar atingiu a maior cotação desde o início do Real, fechando a R$ 3,01. A Bolsa de São Paulo caiu 4,6%. O risco-país alcançou 1991 pontos, alta semanal de 28%. O mercado aguardava o anúncio de um novo acordo do Brasil com o FMI para conter a sangria das reservas cambiais, agravada pela tensão política, estimado em US$ 30 bilhões.

ele deu uma entrevista que foi mal interpretada. O mercado inventou que iríamos oferecer uma solução para a questão com o Fundo Monetário, que o Malan ia anunciar, e não anunciou porque não existe resultado ainda. Enfim, o trivial e ligeiro dessas crises. O dólar bateu em três reais, amanhã certamente vou ter um dia agitado. O Serra vem almoçar comigo e com a Ruth, que chega de São Paulo, depois vamos ter reunião com o Marco Maciel, com o Zé Aníbal, com o Pimenta, enfim, com os líderes, para ver o que fazer. Mas a área política não está nada fácil, e a área econômico-financeira desandou completamente. Dureza.

HOJE É 29 DE JULHO, SEGUNDA-FEIRA. São dez e meia da noite. O domingo, ontem, foi agitado. De manhã recebi o Malan para falar sobre os desdobramentos da crise financeira, a que já fiz referência. No almoço, Serra, eu e Ruth comentamos sobre a campanha. O Serra reclamando de algumas coisas do governo. Naturalmente, do preço do gás, da mudança no modo de cobrar cheques, no sistema financeiro, enfim. Comentei: "Tudo muito bem, mas não esqueça que o ator é você. Quem tem que desempenhar e ganhar, aparecer na televisão, é você. Eu vou apoiar tudo, mas não tiraria a parte de cada um no jogo". Foi boa a conversa, a Ruth falou muito sobre o papel da Rita Camata, e depois chegou a Rita, junto com o Sérgio Amaral, veio trazer algumas sugestões ao Serra.

Ruth, Rita e Serra fomos ao jardim ver as pessoas que lá estavam. Fiz uma defesa vibrante do Serra, o elogiei fortemente, e Ruth a Rita. Depois saudei o povo, foi simpático. Os jornais disseram que o Serra não foi simpático com o povo e que eu fui aplaudido. É verdade que fui aplaudido, o Serra estava normal, não há por que essa picuinha com ele agora. Depois fizemos uma reunião com Serra, Pimenta, Dornelles, Rita, Marco Maciel e Zé Aníbal, para passar em revista as coisas. Muita reclamação, a Rita repetiu um pouco sobre o preço do gás. O que fazer, o que não fazer. Foco, necessidade que o Serra repita sempre o mesmo tema. A violência, especialmente. E o Dornelles mencionou a questão da perda que o Serra está tendo, e ele tem razão, dos empresários médios e pequenos, os quais, com medo do Lula, vão para o Ciro. Ganhar essa gente de novo. Enfim, questões habituais desse momento de campanha.

À noite jantamos com o José Gregori, o Matarazzo, o Zoza Médicis, o Mauro Vieira, todos embaixadores, e fomos ver um filme sobre o Villa-Lobos, um filme do Zelito Viana.*

Hoje amanheci mal, gripado, já estava mal desde que vim do fórum de Guayaquil e continuo assim. E tive um dia pesadíssimo. De manhã fui receber o Xanana Gusmão.** Gosto muito dele, um país pequeno pedindo ajuda a nós, depois tive-

* *Villa-Lobos: Uma vida de paixão* (2000).

** Empossado na Presidência do Timor-Leste em maio de 2002, depois do fim da administração das Nações Unidas.

mos um almoço. O Marco Aurélio veio, e muita gente. Demos medalha ao Xanana,* discursos, e, nesse meio-tempo, uma bomba — que já me tinha sido anunciada ontem pelo Malan. O Paul O'Neill fez declarações nos Estados Unidos, dizendo que não vinha trazer dinheiro ao Brasil, Argentina e Uruguai, não tinha nenhuma carta desse tipo na mão, porque era preciso vencer restrições a que o Fundo nos apoiasse. Acrescentou problemas novos: esses países têm que mostrar, primeiro, capacidade na política macroeconômica e, segundo, evitar que esse dinheiro vá parar nas contas da Suíça.**

Houve uma indignação em mim e em todos aqui presentes, estavam o general Gleuber Vieira, muito irritado, o Marco Aurélio, eu, todos. Eu já tinha dito ao Malan, que reclamou com o Paul O'Neill. O Paul disse ao Malan que isso é culpa desses "bastardos" — "bastardo" nos Estados Unidos é fortíssimo, os jornalistas. Eu soube que não, pois foi declaração direta dele na televisão, não adianta culpar os jornalistas. Pedi ao Chohfi que transmitisse ao Celso Lafer, que chamasse o nosso embaixador nos Estados Unidos para reclamar. E para dizer que eu quero uma retratação pública, senão como vou receber o O'Neill aqui? Virá jantar no Alvorada domingo que vem... Impossível. O Celso me telefonou de volta, dizendo que foi feito isso.

No fim do dia, apesar de estar com febre, ainda recebi o Celso Lafer e o ministro das Relações Exteriores [Negócios Estrangeiros] de Portugal,*** o novo, o representante do [José Manuel] Durão Barroso.**** Ele veio com o António Franco, que é o embaixador de Portugal. Conversa boa, todo mundo com as mesmas ideias sobre o caminhar da Europa para a direita, sobre o Bush, sobre o mundo e os americanos.

Voltei a dizer o que tenho dito há muito tempo. A globalização permitiu ao Brasil se organizar mais ou menos, o México ficou mais ligado aos Estados Unidos, o Chile mantém linhas de comércio e de finanças, e o resto se desorganizou. A África: um desespero. A Europa: letárgica porque forte, mas não o suficiente para se contrapor aos Estados Unidos, e o Japão nunca levantou a cabeça. A Índia e o Paquistão de alguma maneira se anulam, e o Oriente Médio, crucial. Se os americanos inventarem de bombardear o Iraque, vai tudo realmente para o espaço, porque criarão uma animosidade enorme no mundo, com os riscos disso.

Os portugueses veem naturalmente o mundo do mesmo jeito, um mundo um tanto sem esperança. O mundo da esperança que era o do Clinton, o da globalização como forma de transformação compartilhada das vantagens do progresso técnico, desapareceu sob a égide de um governo que quer eliminar o mal e pensa que o bem é ele próprio: o governo americano.

* Gusmão foi galardoado com o Grande Colar da Ordem Nacional do Cruzeiro do Sul.

** O secretário do Tesouro norte-americano declarou à imprensa que "o Brasil e a Argentina precisam pôr em prática políticas econômicas confiáveis, assegurando que o dinheiro recebido seja bem aproveitado. E não que saia direto para uma conta bancária na Suíça".

*** António Martins da Cruz.

**** Primeiro-ministro português.

Coincidência de vistas em relação a tudo. Falamos inclusive sobre a África. Angola está em paz, é um país rico, bastante rico, e diz o ministro português que há mais petróleo em Angola que no Oriente Médio. Não sei, mas que tem, tem. E Moçambique está se organizando, também a África do Sul, cujo presidente Mbeki não gosta do José Eduardo dos Santos, de Angola. A questão confusa do Zimbábue, com o [Robert] Mugabe,* que é uma pessoa dificílima. Mas o ministro português acha que se houver algum ataque ao Mugabe os outros países da África do Sul se juntam; acha, enfim, que temos que fazer alguma coisa em conjunto, sobretudo nessa região lusófona, de Angola e de Moçambique. Algumas empresas já estão atuando, os portugueses também. Mas, como diz ele, os portugueses são uma pequena economia que, ao lado da holandesa, são de pequenos países com pretensão de terem uma política internacional. São muito ativos, não têm por trás grandes nações, mas cumprem um papel. Passei o resto do dia lendo e tentando ver se me curo da gripe.

HOJE É QUARTA-FEIRA, DIA 31 DE JULHO. Ontem foi um dia pesado porque eu estava gripado, como continuo hoje. Cerimônia de entrega de credenciais para três embaixadores, de manhã. Depois recebi o Rego Barros com o Pedro Parente, para discutirmos o preço do gás. A ANP vai ter que tomar conta disso. Eles reagem um pouco, mas a Petrobras está repassando todo o aumento da desvalorização cambial para o preço do gás. Não deve. A população está que não aguenta e eles não podem continuar assim. Entrei no assunto nessa direção.** Depois do almoço tive um encontro com o pessoal do Esporte e Turismo, Caio Carvalho e Portella, para um grupo especial de trabalho — Estatuto de Defesa do Torcedor.*** Vieram também o Raí e outros jogadores.

O dia foi agitado. Falei com o Ney Figueiredo, com o Carlos Joaquim Ignácio, meu primo, com o Arthur Virgílio. Uns querendo saber como estão seus interesses, outros querem ajudar na campanha, como o Ney Figueiredo, ou ajuda de campanha, como o Arthur Virgílio. Ao mesmo tempo, eu preocupado com tudo: o câmbio disparou.**** A declaração do O'Neill foi um desastre, o Alain Belda me telefonou dizendo que era importante que eu recebesse o O'Neill, mas como? Ele fez uma acusação vaga e acintosa, tem que pedir desculpas, e no fim talvez eu o receba, mas almoçar ou jantar comigo não dá. No fim da noite o Celso Lafer me leu uma nota da Casa Branca e outra do Tesouro nas quais eles se desculpavam, diziam que não era bem assim e que têm total confiança. Que o Armínio Fraga jante com o O'Neill

* Presidente do Zimbábue.

** O governo anunciou que o preço do gás de cozinha passaria ao controle da ANP.

*** Audiência sobre o projeto que originou a lei nº 10 671, apresentado pelo Executivo ao Congresso em outubro de 2002. O Estatuto foi sancionado em maio de 2003.

**** O dólar alcançou R$ 3,30, sétimo recorde consecutivo, e o risco-país chegou a 2390 pontos. As linhas de crédito externo do país sofreram queda de mais de 50%.

vá lá; agora, eu recebê-lo para jantar não dá. Fiquei realmente estomagado com essa história, não dá para os americanos continuarem com esse ar de deboche em toda parte.

As pesquisas continuam negativas, recebi várias informações, eu tinha estado também, como já disse, discutindo no domingo com o Andrea Matarazzo, falei com o Serra, falei com o Dornelles, que esteve aqui no domingo, jantamos. Já está registrado.

Hoje de manhã, quarta-feira, falei com o Dornelles de novo. Querem uma trégua entre o Serra e o Garotinho. Imagina só. Falei com o Serra sobre os vários problemas, mas nada tão aflitivo quanto o que estou vendo na telinha: o dólar bateu R$3,38, é uma loucura, não se sabe onde isso vai parar. Os dias são sombrios, difíceis, tenho a CPLP* aqui, estou gripado, e ainda agora de manhã vou me encontrar com os ministros da área econômica mais o Pedro Parente para discutirmos a redução do IPI do automóvel e talvez facilitar a venda de carro a álcool. Hoje vai ser um dia muito ruim para mim, porque temos uma série de presidentes aqui. Vou receber o presidente de Moçambique daqui a pouco. Estou sem ânimo por causa da gripe.

Ontem à noite recebi o Tasso, que veio por amizade, ele não apoia o Serra mesmo. Tasso estava de bom ânimo, e o Ciro disse a ele que não quer nada. Eu não confio no Ciro. Me chamou de ameba, isso é inaceitável, ele não tem responsabilidade.

Recebi o João Roberto Marinho também. Ele está em uma posição excelente, perguntou o que dá para fazer. Ele também não sabe, porque tudo o que foi feito partiu do pressuposto de que o Serra iria brilhar na TV, e o Serra não se saiu tão bem assim no programa. Que fazer? Sabe Deus. Não pedi nada de extraordinário, não. Apenas informei que, se eu vier a fazer um acordo com o FMI e ele for aprovado, vou assumir a responsabilidade e depois cobrar o apoio dos candidatos. Não vou pedir primeiro apoio a eles, não.

HOJE É SÁBADO, DIA 3 DE AGOSTO, estou na fazenda Córrego da Ponte. Vamos recapitular mais uma vez: na quarta-feira, dia 31 de julho, tive esse encontro a respeito dos automóveis, do IPI, e resolvemos as questões.** Fui dar a promoção do general Cardoso, de general de divisão para general de Exército. Entreguei as platinas de quatro estrelas para ele, o que fiz com muito prazer. Depois me encontrei com o presidente Chissano, de Moçambique. Conversamos bastante. O Chissano é um homem que tem vida, sabe das coisas, me contou a situação não só dele, mas da África do Sul e de Moçambique, o papel equilibrador que ele vem desempenhando por lá.

Depois do almoço me encontrei com o primeiro-ministro de Portugal. Eu estava muito mal da gripe, mesmo assim falei com o Durão Barroso, é a primeira vez

* O presidente abriu a IV Conferência de Chefes de Estado e de Governo da CPLP, no Itamaraty.

** Para estimular a renovação da frota, o governo reduziu o IPI incidente sobre veículos movidos a álcool de 25% para 16%, e de 10% para 9% no caso dos carros populares.

que o vejo como primeiro-ministro. A visão geral das coisas, do mundo, é parecida com a do Guterres. Eles têm a mesma que nós, e o Barroso está preocupado com a situação do Brasil. Contei como via as dificuldades eleitorais, as dificuldades financeiras, que tudo o que ocorre é um nervosismo sem muitas justificativas, mas justamente naquele dia, quarta-feira, o dólar bateu acima do que eu registrei antes, bateu a R$ 3,60 e alguma coisa.*

Fui inaugurar a reunião da CPLP no Itamaraty, discursos para todos os lados, e voltei correndo para o Palácio da Alvorada, porque íamos dar um jantar aos presidentes e às delegações. Muita gente, mais de cem pessoas. Houve um show de chorinho, de um grupo daqui de Brasília, o Clube do Choro, que é bom. A reunião foi agradável, com todos os presidentes,** e o Xanana mais uma vez.*** Na sessão inaugural, fiz um discurso e os jornais publicaram a parte que foi lida como resposta aos norte-americanos.**** A ideia que divulgam é que tudo que eu falo é uma resposta ao O'Neill. Mesmo que eu esteja pensando em coisas muito longínquas do O'Neill, não importa. É assim mesmo.

Quinta-feira, fiquei o dia inteirinho, de novo, por conta da reunião da CPLP, passei o dia no Itamaraty. Fomos cedo para lá, mas não tão cedo como estava programado. Na véspera, ao fazer a saudação no meu discurso à noite, em casa, o *toast*, eu disse: "Em vez de fazer discurso, vou fazer um anúncio bom: vamos nos encontrar às dez horas, e não às nove". A reunião da CPLP foi até produtiva. A Dulce Pereira, brilhante. Nós a estamos afastando para botar o Zoza Médicis, muita encrenca dela com o pessoal da África e de Portugal — mais de Portugal. Mas ela tem desembaraço, saiu-se bem nas apresentações. Apresentações demoradas de cada um. O Chissano foi muito longo no que falou, todos falaram. O Jorge Sampaio com uma simpatia enorme, esqueci de falar que o Jorge também esteve na véspera no Alvorada. Não só simpatia, como lucidez, sabedoria. Esse é bom. E não só ele, gostei de vários que lá estavam. O Eduardo Santos, mais firme na posição de presidente de Angola, pois ganharam a guerra, mas ele não é uma pessoa de expressão ampla. O Chissano é mais amplo, embora seja lento para falar. O Xanana também é muito lento. Curioso, dá a impressão de que o português é a

* Com alta diária de 5,2%, a moeda americana chegou a R$ 3,61. Desde o começo de julho, o Banco Central já gastara mais de US$ 1 bilhão para tentar deter a cotação da divisa.

** Além dos chefes de Estado mencionados, também compareceram o presidente de Guiné-Bissau, Kumba Yalá, e o de São Tomé e Príncipe, Fradique de Meneses.

*** Na ocasião, o Timor-Leste foi admitido na CPLP e aconteceu a entrega do prêmio Camões à escritora portuguesa Maria Velho da Costa.

**** "Quero fazer [...] um chamado à razão e à sensatez. Os povos e as nações valem mais do que os mercados. Sem povo e sem nação, não existe mercado. Todos reconhecem os fundamentos sólidos de uma economia como a brasileira, por exemplo, e nada abalará a nossa confiança nos rumos traçados. Vamos continuar a lutar contra a volatilidade dos fluxos de capital. É mais do que hora de pensar em uma nova arquitetura financeira e em uma regulamentação mais equitativa das trocas internacionais." (Biblioteca da Presidência.)

segunda língua deles, e não é. O estilo é que é vagaroso. Gostei do presidente de Cabo Verde,* um homem interessante. Enfim, a reunião foi bastante boa porque chegamos a acordos sobre o combate à aids e outras questões mais, aumentamos nosso apoio ao Timor-Leste na questão da língua. Depois da conferência de imprensa, novo almoço, novo discurso. No dia seguinte novas interpretações anti-O'Neill da imprensa sobre o que eu disse no discurso. E, surpresa geral, o dólar caiu. Caiu fortemente. Caiu 9% na quinta-feira. E de novo ontem, sexta-feira, caiu mais, chegou a R$ 3,00. Estava em R$ 3,60 e pouco. Por quê? Começaram a anunciar um acordo com o Fundo Monetário Internacional. E houve declarações do O'Neill de apoio ao Brasil, o que melhorou o clima. Mas melhora momentânea, porque acordo mesmo ainda não houve nenhum.

Ontem, sexta-feira, fui ao Espírito Santo para a inauguração da fábrica da Aracruz Celulose.** Botaram 1 bilhão de dólares na fábrica, que é do [Erling] Lorentzen, do Antônio Ermírio e do Safra. Estavam todos lá, umas mil pessoas, fui num helicóptero com o [Luiz Paulo Vellozo] Lucas e com o José Ignácio, que está numa posição difícil, fez um discurso me elogiando muito. O José Ignácio fala como se politicamente não houvesse nada contra ele no Espírito Santo. Estava lá a mulher dele,*** que eu vi de longe, fiquei separado dos políticos por causa das brigas do Espírito Santo. E fiz um novo discurso, digamos assim, patriótico, fé no Brasil que está crescendo, no real, não temos uma maioria silenciosa, temos uma maioria operosa etc.**** Voltei a Brasília, fui ao Alvorada e vim com a Ruth para a fazenda Córrego da Ponte. Nesse meio-tempo, o telefone não parou.

Primeiro, crise. A crise de nomeação nos Correios. Dificuldade imensa com o Pimenta. Eu gosto muito do Pimenta, escrevi uma carta a ele pedindo que entendesse a minha situação e concordasse com a nomeação de alguém indicado pelo PMDB, que era o Humberto Mota. Agora, para a minha surpresa, o Cesar Maia não gosta do Humberto Mota, disse um desaforo a ele e não sei o quê. Falei de novo com o Moreira para dizer isso. O Moreira me perguntou: que fazer? Respondi: não sei. Disse o Moreira que o Michel tem outro nome, o José Yunes.***** Respondi: "Vamos ficar com o Humberto Mota, que já está anunciado, ele sempre apoiou o governo. Explique ao Cesar. Peça que ele compreenda". Se não compreender, paciência, eu não devo nada ao Cesar. O Moreira falou de novo com o Humberto Mota, vai falar

* Pedro Pires.

** Fundida em 2009 com a VCP, a Aracruz inaugurou sua terceira planta no município capixaba homônimo, com capacidade para produzir 700 mil toneladas anuais de polpa.

*** Maria Helena Ferreira.

**** "Muitas vezes se fala, pelo mundo afora e até com um certo tom conservador, que existe uma maioria silenciosa. [...] Acho que, no Brasil, temos uma maioria que não é silenciosa; é operosa, trabalha sem cessar, e o barulho que faz não é o da palavra, muitas vezes fácil e vazia, que não diz nada e que engana, mas é o da construção paulatina de um grande país." (Biblioteca da Presidência.)

***** Advogado e empresário paulistano.

com o Cesar mais uma vez, e segunda-feira devo anunciar o Mota. Mas, digamos, essa é uma dificuldade menor.

A grande é o Fundo Monetário. Eu, Malan, Armínio Fraga conversamos sem parar sobre as questões. Hoje também falei com o Amaury Bier, que está nos Estados Unidos, porque o Fundo quer aumentar o esforço fiscal, que já está a 3,75% do PIB. Querem ir para 4,5%, é inviável. Bom, o [Eduardo] Guimarães quer que eu fale com o Köhler, vou falar. Falei com o Malan três vezes sobre o que dizer ao Köhler, porque o Malan insiste.

Falei com o Armínio também, que conversou com o Tasso, que quer influenciar o Ciro, vejam como é o Brasil. O Tasso quer influenciar o Ciro para ele não dizer besteira amanhã no debate com o Serra e com o Lula.* O Lula e o PT têm tido um comportamento mais responsável nessa matéria. Tomara que tenham amanhã também.

Telefonei para o Köhler. Longa conversa com ele. Antes disso, a onda de imprensa sobre se eu ia ou não receber o O'Neill. A embaixada americana anunciou antes de nós que sim, que vou receber o O'Neill na segunda-feira, mas no Planalto, não no Alvorada. Ele vai jantar amanhã, domingo, com o Armínio e com o Malan. Aproveitei e telefonei ontem para o Jorge Batlle, presidente do Uruguai, que me disse que o diretor do Fundo, chileno,** telefonou a ele para propor que ele fizesse uma espécie de *corralito* no Uruguai. Ele não aceitou, acha que não tem cabimento, reagiu e atuou politicamente, via Casa Branca. Segundo o Batlle, é o caminho que pode dar certo. Ele me disse isso para me prevenir nessa direção, me pareceu que essa foi a intenção. Batlle está muito confiante em que vai obter dos americanos tudo o que deseja, um entendimento mais favorável. Dos americanos e do Fundo. Foram essas as preliminares da minha conversa com o Köhler, com quem de fato falei hoje.

Longa conversa. O Malan me deu instruções detalhadas. A conversa, entretanto, não foi de detalhes, foi uma conversa positiva. Ele quis saber o que eu penso que poderia acontecer com os candidatos e com o Fundo. Eu disse que até acho que a visão deles sobre o que está havendo é surpreendentemente mais realista. O PT tem dito coisas que há seis meses seriam impensáveis. E no próprio Ciro, com quem tenho contatos indiretos, há alguma disposição na direção de uma sensatez maior. Ele me perguntou sobre a situação social do Brasil, eu disse que aqui está tudo calmo. Não há greve, não há nada, o movimento mais forte, que é o MST, faz tempo que está acalmado. Não existe inquietação social, nós somos portugueses, não somos espanhóis. Não vamos sair brigando antes da hora. Não vejo que haja problemas por esse lado.

Mas politicamente sim, porque, se não houver um apoio forte do Fundo, o que vai acontecer? O radicalismo será imediato, de todos. Vai ter uma saída: a

* Primeiro debate entre os presidenciáveis, promovido pela Rede Bandeirantes.

** Eduardo Aninat.

centralização de câmbio, uma visão mais antiglobalizadora, mais nacional-estatismo, isso é automático. Estamos numa situação que não é de brincadeira. Precisamos de uma solução desse assunto com certa urgência. Mas eu sei que no dia 12 terminam os trabalhos do Fundo, e há um ponto que para nós é mais delicado. Não dá para pedir mais do que 3,75 de superávit primário. Eu disse isso porque sabia pelo Pedro Malan que era o que eles mais queriam. Ele disse: "Pelos cálculos aqui...", e eu disse: "Eu sei, mas aqui, pela política, não dá". Ninguém estaria disposto, nem o futuro presidente quer, que se amarrem suas mãos. Elas já estarão amarradas, mas ficariam muito mais amarradas; é claro que tem que haver mais responsabilidade fiscal, porém mais do que isso [que estávamos propondo] é impossível, não há condição de fazer. É até possível que durante meu governo, até o final do ano, eu consiga mais. Mas sou eu, que estou no final de governo e tenho uma disciplina fiscal duríssima, em detrimento até da realização de outras coisas que são importantes para o Brasil e para mim; agora, pedir a terceiros eu não posso.

Köhler perguntou o que eu acho de falar com os três candidatos, o Serra e os outros. "Em princípio tudo bem, mas", disse eu, "como é que vou falar com alguém que ainda não é presidente?" Isso vai ser visto como uma espécie de uso do cargo antes da vitória. Não acho prudente. Ele quer sentir a reação dessa gente ao Fundo e o tipo de compromisso estariam dispostos a aceitar. Eu disse: "Não sei, mas me disponho a falar com eles, uma vez tendo um rascunho do projeto de acordo. E posso pedir que eles se manifestem, já sabendo desse rascunho, de maneira mais concreta. Isso é o que eu posso fazer. Você me manda o rascunho o quanto antes e eu entro em contato com quem necessite aqui. Para que as pessoas vejam, então, se dá ou não para assumir algum compromisso. Eu vou assumir a responsabilidade, eu estou disposto a seguir na mesma linha de austeridade fiscal, de responsabilidade, de manter os contratos". Essa foi a conversa.

Senti que ele está apertado pela tecnocracia dele. Eu disse: "Tudo bem, nós temos uma realidade mais ampla do que isso e que precisamos enfrentar. Vou pedir ao Malan que volte a falar com você e peço que você receba também o Amaury Bier". Ele tinha feito elogios ao Amaury e disse que vai receber. Moral da história: está dura a negociação, mas não está de todo perdida. Ao contrário do que o Horst Köhler pediu ao Malan, de que não houvesse pressão política [de nossa parte], acho que vai ser preciso haver. Quando nos reunirmos com o O'Neill, acho que uma das coisas que precisam ser ditas com clareza a ele é que vai ser preciso haver um apoio aberto ao Brasil. Em seguida telefonei ao Malan e relatei minha conversa. Ele provavelmente vai falar com o O'Neill ainda hoje. Vai insistir nesses temas.

Esse foi meu descanso aqui na Córrego da Ponte. Também veio me ver o Sérgio Telles, que é um vizinho, um rapaz de São Paulo que comprou terras por aqui, que me conheceu em Marília, amigo da família Seixas, de Diamantina, e também do Wander, nosso administrador. Ficamos conversando sobre futilidades agrícolas ou rurais. Vou ver um pouco de televisão e ler. Vou terminar, não sei se termino, o livro do Bojunga sobre o Juscelino, que me distrai.

HOJE É SEGUNDA-FEIRA, DIA 5 DE AGOSTO. Como eu disse, eu estava na Córrego da Ponte e, ontem, domingo, fui de manhã visitar o Sérgio Telles, ver uma plantação de feijão irrigado, depois fui a Serra Bonita ver a reunião da comunidade no galpão da igreja. Os meus vizinhos de lá são todos gaúchos, trabalhadores humildes, e hoje têm em Minas suas terras, e continuam trabalhando. São todos loiros, tomam chimarrão, me deram chimarrão, como se eu não tomasse, eu tomo. Foi simpático. Voltei para casa e fiquei com a Ruth, só espichando as pernas e lendo um pouco.

À noite viemos para Brasília e vimos o debate. O Serra saiu-se razoavelmente, no jeitão dele. No meu eu faria mais ironia e menos cara feia, mas ele apertou o Ciro. Não respondeu algumas questões que eu acho que devia ter respondido, por exemplo sobre o que foi feito com a privatização, esse dinheirão, havendo essa dívida imensa do governo federal, enfim. Ele até explicou num dado momento, de passagem, que a dívida é menor do que se dizia, mas não explicou que é um saneamento, e não um endividamento. O endividamento decorre da Previdência, da falta de reformas, que o próprio partido do Ciro não deixou passar etc. Isso ele não fez, mas até achei que foi razoável. O melhor de todos para mim foi o Lula. O Lula estava tranquilo, altaneiro, sorridente, é o político, digamos assim, tradicional. Ele disse: "Eu não quero ser oposição, eu quero ganhar e, para ganhar, preciso de aliados, não importa quem". Até mesmo justificou essa posição, exagerou a meu ver. Mas quanto ao modo de falar, foi o mais simpático. O Ciro, pretensioso, é capaz de enrolar pessoas que não sabem que ele está dizendo coisas que não são praticáveis, com certo ar arrogante. E o Garotinho, franco-atirador, o piadista, para o povão podia até ser bom, mas para o público dali, duvido.

Hoje de manhã, fui ao Planalto receber o O'Neill. Conversa de 53 minutos. É um sujeito simples, agradável, envelhecido. Mais um chefe de empresa. De economia parecia não saber muito. Ele foi com o [John] Taylor, eu nem sabia que o Taylor estaria lá. Eram só ele, o Taylor e uma assistente. E eu, o Malan, Pedro Parente e o Eduardo Santos. A conversa transcorreu tranquilérrima, ele estava envergonhado, pelo que me disse. Explicou-se, eu disse: "Eu sei". É que ele colocou a opinião pública no meio. Por isso tivemos que fazer um esforço e tal.

Eu disse a ele que é preciso que os Estados Unidos assumam sua posição de liderança, como fizeram com o Uruguai. O Brasil não é o Uruguai, o Fundo Monetário vai nos apoiar, mas os americanos precisam entender que, se quiserem a Alca, primeiro têm que ver se vai haver acesso ao mercado deles, que é o que queremos. E, segundo, não deixar nossa economia cair. Mostrei a força do Brasil. Fiz a defesa dos candidatos, sobretudo do Serra. Falei bem do Lula, que faria, obrigado pelas circunstâncias, o que deve ser feito. E outra história: a vantagem da nossa democracia, que é forte. Mas precisamos de uma palavra forte americana também. Ele até parecia alguém diante de quem tem poder, e ele o súdito. E, na verdade, quem tem poder é ele. Acho que ele não tem. Os Estados Unidos têm. Ele não. Deu essa impressão.

Passei o dia em despachos sem maiores pretensões. O ministro da Justiça veio dar conta do que está acontecendo com a força-tarefa, disse que no Espírito Santo ela avançou muito e que vai botar o tal de [José Carlos] Gratz em maus lençóis. Esse rapaz Paulo de Tarso é bom. Deveria ter sido nomeado ministro há mais tempo. Não é pretensioso, não tem grande nome no meio jurídico, mas é mais eficiente do que os nomes que me deram dor de cabeça. Salvo o José Gregori.

Fora disso, conversas incessantes com todo mundo, especialmente com o Malan e Armínio Fraga, porque os americanos concordaram (eu disse ao O'Neill que 3,75% de superávit primário é o máximo que podemos fazer) e querem que a gente obtenha algum comprometimento dos candidatos de que vai ser assim pelos próximos dois, três anos. Os americanos, não; o Fundo Monetário, na verdade. Acho que foi a Anne Krueger quem falou disso com mais clareza. É até razoável nas circunstâncias. Eles estão cogitando nos emprestar cerca de 25 bilhões de dólares. Agora à noite, numa conferência telefônica com o Malan e com o Armínio, eles voltaram ao tema para ver como se obtém a anuência dos principais candidatos. Estamos combinando como fazer isso, acho que com o Lula vai ser fácil, com o Serra também, pelo Ciro eu não ponho a mão no fogo. "Isso é para vocês", eu disse aos dois, "que são mais ligados a ele, eu não tenho jeito." E usei o Tasso; ele não fala abertamente, mas quem dá a resposta do Ciro é o Tasso. Isso foi o de mais significativo.

Falei com o Valente, da Anatel, para motivá-lo a ficar na Anatel. E para dar um apoio ao Schymura, para que as decisões importantes que a Anatel tem de tomar avancem. O resto foi a rotina de receber os ministros da casa.

Dois telefonemas importantes: falei com Ricardo Lagos ontem, que me disse que o Zoellick lhe havia telefonado muito contente com a negociação do Chile com os Estados Unidos. Além de falar com o Duhalde, falei também com o Batlle. Estava contentíssimo, porque obteve 1,5 bilhão dos americanos, como uma espécie de ponte enquanto o Fundo não pode socorrê-los. E o segundo ponto-base é que ele apoiou os americanos na questão do voto contra Cuba,* como forma de retribuí-los. Isso acalma o Uruguai, o que é bom para todos nós.

HOJE É TERÇA-FEIRA, DIA 6 DE AGOSTO. Quase meia-noite. Hoje de manhã, depois dos exercícios físicos, fui para a reunião do Conselho Nacional de Política Energética. Decisões importantes sobre como levar adiante o projeto de Belo

* Na ocasião, o Uruguai rompeu relações diplomáticas com Cuba.

Monte, depois a questão relativa ao preço do gás, demos mais poder à Agência Nacional do Petróleo para trabalhar na questão do preço do gás e decidimos acelerar as decisões sobre Angra 3, como sinal claro de sua viabilidade. Apesar das dúvidas, que eu até compartilhei no passado, agora os dados me mostram que é preciso avançar mais.

Em seguida recebi o presidente da Anatel, o Schymura. Passamos em revista os vários problemas da área, como faço habitualmente, e recebi depois do almoço a ministra de Negócios Estrangeiros da África do Sul,* junto com o Celso Lafer, para discutir questões da reunião em Johannesburgo.

Falei de passagem com o presidente do Senado e também com o Romeu Tuma. Coisas normais. Depois recebi o Félix Bulhões, com todo o Conselho Empresarial para o Desenvolvimento Sustentável. E tive uma longa conversa com o Eduardo Eugênio a respeito da petroquímica; ele está queixoso porque não consegue avançar no que ele queria, que era obter alguma fórmula para a petroquímica [Ipiranga] continuar sob o controle dele e de outras pessoas amigas, não quer a venda direta à Petrobras, que parece ter sido a solução encaminhada, segundo ele, pelo Tápias. Eu não sei, não estou informado do assunto.

O mais importante foi outra coisa. Nas conversas sobre o FMI com o Malan, com o Pedro Parente, sobretudo com o Malan e com o Armínio Fraga, sinais positivos de que vamos avançar, parece que com uma quantidade de recursos razoável. Falaram em 25 bilhões de dólares. Não sei se será tanto. Isso é o que foi dito, e mais o que foi conseguido lá: manter o superávit primário em 3,75%. Eles tinham falado em 4,5%. Eles querem apenas estender o superávit por um período mais longo, de dois, três, quatro anos. Eu penso que esse longo prazo em política e economia nem adianta muito discutir. Mas para o ano que vem já estão assegurados os 3,75%. E não custa nada dizer que se prorrogará. Com a anuência dos partidos, ou melhor, dos candidatos dos principais partidos.

Combinamos que o Malan falaria com o Serra, o Armínio com o Ciro e eu com o Zé Dirceu, para que ele fale com o Lula. Isso foi feito. Não sei com o Serra, parece que o Malan não encontrou o Serra, que está em campanha, mas o Serra não vai ser contra. Depois o Armínio disse que já deu um sinal ao Ciro, vai ver com ele talvez hoje à noite mesmo. E eu acabo de receber o Zé Dirceu. Uma longa conversa, discreta, boa. Ele está temeroso de que o Ciro ganhe as eleições, acha que pelas análises qualitativas o Ciro avançou muito. Mas está disposto, dispostíssimo, a apoiar o acordo com o Fundo. Na verdade, hoje o Zé Dirceu raciocina como um de nós, como um tucano, com conhecimento da situação. Claro que pressupõe que, se Lula e Ciro forem para o segundo turno, haverá uma tendência, em algumas partes do PSDB, eu inclusive, pró-Lula e não pró-Ciro. Eu disse a ele que, nessa hipótese, me manteria na posição de magistrado. Disse que vamos trabalhar pelo Serra, ele sabe, mas

* Nkosazana Dlamini-Zuma.

que, entretanto, discretamente, se eu pudesse fazer alguma coisa para consolidar uma candidatura que desse mais segurança quanto ao futuro — meu Deus do Céu, quem diria isso, a candidatura do PT dando mais segurança quanto ao futuro [do que a do Ciro] —, quem sabe eu pudesse ver o que fazer.

Agora, ele está pensando na força que eu tenho com os governadores. Ele reconhece que eu tenho 40% de aprovação. Eu, pessoalmente. O governo tem 25% entre ótimo e bom, mas eu tenho 40%. Ele sabe disso. Mas não é assim, não adianta ter 40%, não se transfere. Agora, para mim, essa coisa do Ciro é realmente dose cavalar, porque juntou os ressentidos todos: Sarney e família, menos o Zequinha, que é um bom rapaz, e está comigo, não digo com o Serra, mas está comigo. Juntou o Antônio Carlos, juntou agora a turma do PTB, que está com raiva por causa das denúncias,* nós não temos nada com elas, mas existem por aí. Juntou o Brizola, enfim... E o próprio Jorge Bornhausen, que está irritado, o Tasso... vai ser um governo de ressentimentos. E, pior, com uma pessoa imprevisível, como é o Ciro. Inteligente, hábil, demonstrou ontem no programa da noite, a que assisti com a Ruth, capacidade de driblar perguntas difíceis. Era só o que nos faltava... Mas estamos nessa expectativa. Tomara que haja tempo para mudar a opinião da população.

Vejo com alegria que o *Estadão*, *O Globo* e a Globo estão em ação para tentar mostrar que o Ciro é um risco muito grande. Acho que ficam com o Serra não digo apenas os mais lúcidos, como o Olavo Setúbal, Antônio Ermírio, mas os grandes e os que já mencionei. Mas o empresário médio, por pavor do Lula, vai para o Ciro. E no campo nem pensar: vai tudo para o Ciro.

* Referência às investigações contra José Carlos Martinez, pelos supostos empréstimos tomados a PC Farias em 1991, que custaram sua demissão da coordenação da campanha cirista, e Paulinho Pereira da Silva, vice de Ciro Gomes, acusado pelo MPF de superfaturar a compra de uma fazenda durante sua gestão da Força Sindical.

8 A 20 DE AGOSTO DE 2002

Novo acordo com o FMI. Erros do BC na gestão da dívida pública. Reuniões com Lula, Ciro, Garotinho e Serra

Hoje é 8 de agosto, quinta-feira, são oito horas da manhã. Ontem foi um dia glorioso, fizemos um acordo com o Fundo, um belo acordo.* Passei a manhã gravando declarações de apoio a candidatos.

E, no meio disso tudo, falando com o Pedro Malan, falando com o Armínio e com o Köhler, o homem do Fundo. O Köhler me disse que está decidido a apoiar um empréstimo de 30 bilhões de dólares. E a baixar o piso necessário, se realmente a gente precisar usar, para 5 bilhões, quer dizer, diminuiu 10 bilhões desse piso. Na verdade, 30 + 10, são 40 bilhões. É muito dinheiro. Me disse que fazia isso porque havia consultado todo mundo, no Brasil e fora daqui, e que todas as opiniões sobre o Brasil eram convergentes. Todas positivas. Grandes elogios ao governo e a mim. Que ele sabia que estava tomando uma decisão arriscada, dando dinheiro ao próximo governo, que ele não sabe qual é. Mas confiava na nossa capacidade de persuasão. E assim foi.

Na hora do almoço vieram aqui o Pedro Malan, o Armínio, o Guilherme Dias e o Pedro Parente, e combinamos a estratégia. Chamei, ato contínuo, o Zé Dirceu, ele veio, informei a ele, em termos genéricos, os dados do acordo. Não houve aumento do superávit primário, ficou em 3,75%, mas incluindo os próximos anos. O Dirceu teve uma reação muito positiva. Aconselhei-o: "Diga ao Lula que não saia por aí em disparada dizendo coisas que não convém sobre o acordo". Ele prometeu fazer isso e que hoje, dia 8, o Lula daria declarações positivas.

O Armínio fez a mesma coisa, por telefone, com o Ciro. O Ciro já tinha dado declarações boas, e ontem à noite mudou um pouco. Deve ter ficado irritado porque à tarde fiz uma exposição na Escola Superior de Guerra** e mostrei os dados como são. E não o citei, mas a imprensa disse que eu estava me referindo a ele.*** Não necessariamente, mas assim foi.

* O Fundo liberou um pacote de socorro de US$ 30 bilhões, o maior de sua história, válido por quinze meses, dos quais US$ 6 bilhões disponíveis ainda em 2002 e US$ 24 bilhões previstos para o primeiro ano de mandato do novo presidente. Dois terços do montante ficaram sob a rubrica stand-by, com juros mais baratos. O piso das reservas internacionais foi reduzido de US$ 15 bilhões para US$ 5 bilhões, ampliando em mais US$ 10 bilhões a margem de manobra do BC no mercado de câmbio. No dia 8 de agosto, a cotação do dólar caiu para R$ 2,91 e o risco-país voltou ao patamar de 1700 pontos.

** Solenidade de apresentação dos novos estagiários da ESG.

*** "Quando as pessoas, sobre a dívida, falam coisas, às vezes, disparatadas, é ou porque estão mal informadas, não tiveram o trabalho de olhar na internet, ou porque querem distorcer os dados. Os dados são esses que estão aí. São feios. São a cara dos desmandos que ocorreram no nosso país." (Biblioteca da Presidência.)

Ontem foi aniversário do Celso Lafer, fomos para lá o Malan, o Armínio, o Sérgio Amaral, todo mundo. A reação ao anúncio do acordo foi muito positiva, se via pela televisão e pelo rádio, todas as federações de indústria pedindo que os candidatos apoiassem. O Serra, ontem, fez uma exposição muito boa à Ana Paula Padrão e ao [Franklin] Martins, na Globo. Defendeu os pontos de vista dele com muita competência. E também deu apoio [ao acordo], enfim, foi um dia extremadamente positivo.

Recebi, nesse meio-tempo, o novo chefão do Citigroup.* Eu sabia que o Citigroup estava jogando contra nós, retirou as linhas de crédito. Dei todas as indiretas possíveis a esse cidadão, que não tinha conhecimento que havíamos feito o acordo, mas no momento em que falei com ele eu já sabia. Era um americano que fala devagar, ar meio pretensioso, enfim, essa é a vida. Esses banqueiros fazem sempre a mesma coisa. Não há banqueiro amigo, eles são amigos do dinheiro. Alguns são mais competentes, outros menos, e quando são competentes não precisam fazer sujeira; quando não são, enfiam os pés pelas mãos e não têm dúvidas: fazem sujeira contra o país, contra os interesses econômicos, contra quem quer seja.

Estou um pouco fanhoso ainda, daqui a pouco vou para a natação, mas já estou bem melhor. Não sinto mais aquele cansaço da gripe.

HOJE É SÁBADO, DIA 10 DE AGOSTO. Na quinta-feira, dia 8, depois da natação recebi o ministro dos Transportes, o João Henrique Sousa, despachos normais, e mais tarde recebi o Sérgio Machado. Ele está numa situação desesperadora. Veio se queixar, não tem recursos, o Tasso não deixa ir qualquer recurso para ele. Qualquer ação política em benefício de áreas onde o Sérgio tenha penetração, o Tasso faz um escândalo, diz que está havendo protecionismo. Veio se queixar muito do Tasso e também de falta de apoio.

À tarde recebi os oficiais-generais promovidos. Fiz discurso, nada diferente do que costumo dizer. Recebi o pessoal da Dieta japonesa,** recebi o [José Israel] Vargas, meu amigo, embaixador na Unesco. O embaixador Lampreia, também meu amigo, veio sondar as coisas da Embraer. Enfim, dentro das minhas atribuições não posso ir além de conversas genéricas com ele. Isso na quinta-feira.

Na sexta-feira, ontem, foi dia de balanço, das declarações dos candidatos. Lula agiu mais ou menos como o PT tinha dito. Emitiu uma longa nota, na qual fez toda uma diatribe contra o Fundo Monetário, acusando o governo, o neoliberalismo e não sei o quê. Mas declarou que está a favor do que for necessário para o Brasil ter estabilidade, honrar contrato, essas coisas. O Serra apoiou com firmeza, já o Ciro foi um desastre. Disse, redisse, desdisse, tresdisse, atacou, falou com os estudantes

* Charles Prince.

** Congresso bicameral nipônico.

a favor de se ter relações com o FMI. Depois disse que essa política do governo era desastrosa. Isso teve um efeito terrível no mercado.

O mercado na sexta-feira foi preocupante.* Tivemos um dia tenso ao telefone, eu, Malan, Armínio Fraga, Pedro Parente. O Pedro tinha vindo do Rio de Janeiro, de onde trouxe a boa notícia de um enorme campo de petróleo em frente ao Espírito Santo, recém descoberto pela Petrobras,** mesmo assim foi um dia tenso. Temperado por uma festinha do Dia dos Pais que houve lá no Planalto. Depois tivemos os jovens da escola de chorinho daqui de Brasília. A imprensa, hoje, sábado, comenta que eu parecia não estar preocupado. Eu, naturalmente, estava preocupadíssimo.

Saiu uma pesquisa arrasadora em que o Serra caiu para 11%, empatando com o Garotinho, o Ciro foi para 27% e o Lula para 33%. O Lula tudo bem, já disse como ele reagiu. O Ciro passa agora a ser um perigo do ponto de vista eleitoral, porque pode ganhar, e ele com opiniões desastradas sobre o FMI... O Ciro é assim, não tem consistência. Está sozinho, isolado, falei com o Tasso, que acha que ele está dizendo o que não deve. Todo mundo falou com o Ciro, o Armínio também, mas ele não tem contenção verbal. Falei com o João Roberto Marinho, para dizer: "Olha, João, é preciso não dar ênfase demasiada às coisas negativas que o Ciro disse sobre o mercado, senão não vamos segurar essa peteca". O Pedro Parente quase em pânico, achando que a queda dos títulos brasileiros no exterior (esses títulos indicam que o pessoal está dizendo: estou cansado do Brasil), num sobe e desce, não dá mais. Armínio mais moderado. Ficamos discutindo se eu deveria ou não fazer uma intervenção, falar para o país sobre esses assuntos. O Pedro Parente é a favor, a Ana muito contra, Pedro Malan prefere outra tática, eu chamar os candidatos aqui.

Resultado: hoje de manhã, sábado, me reuni com o Pedro Malan e com o Pedro Parente. Chamei o Jobim, porque o Jobim tem que autorizar a minha fala no Tribunal. O Jobim veio discretamente, só para sabermos se isso era possível ou não, porque depende do Tribunal Superior Eleitoral. Depois resolvemos que não, que era melhor chamar um por um dos candidatos. Isso vai me dar dor de cabeça, vou ter que falar com todos eles. E o Armínio me telefonou dizendo que achava desnecessário, que bastaria o Pedro Malan falar com o Ciro, mas, enfim, o Pedro Parente já havia falado com o [Walfrido] Mares Guia,*** chamando o Ciro, e o Pedro me telefonou dizendo que já deu o recado a todos, ou seja, vou entrar semana que vem nessa desagradável tarefa, não a de falar com todos, mas com alguns. Com o Ciro, para mim, é desagradável, por tudo que me ofendeu. Em nome do Brasil, pedi que eles se moderem, que não digam bobagem, que mantenham em público o que tinham dito a nós — que concordavam com o acordo que estávamos fazendo com o

* O dólar voltou ao patamar de R$ 3 e o risco-país bateu em 2 mil pontos. O mercado precificava a queda de José Serra na pesquisa Ibope do dia anterior.

** Campos de Cachalote e Jubarte.

*** Deputado federal (PTB-MG) e coordenador da campanha presidencial de Ciro Gomes.

Fundo, porque é excelente. Nunca houve um acordo tão positivo. Dinheiro barato. A maior parte do dinheiro é a 2,2% de juros. Ser contra isso é dar um tiro na cabeça, é uma reação simbólica, para dizer que são contra o FMI, como se no mundo de hoje se pudesse dispensar a ação do FMI e do Banco Mundial. Dispensar as grandes instituições internacionais.

Falei com o Serra por telefone, eu o achei mais disposto à luta do que poderia estar com esses 11%. Gostei disso. Também recebi o Andrea com o Sérgio Amaral, estão fortes, apoiando com decisão a continuidade da campanha do Serra. Nada mais de especial, salvo que houve rumores de renúncia do Serra. Isso é especulação de Bolsa, feita eventualmente por um ou outro interessado do próprio grupo de apoio ao Ciro. Eu não sei se terá mesmo alguém interessado, ou se saiu na própria Bolsa para ajudar a desabar tudo. Momento de grande tensão.

Eu francamente vejo com muita dificuldade a recuperação do Serra, não é nada racional, é tudo pelo jeito dele. Eu soube pelo Camarinha, meu médico, que é major da Aeronáutica e filho do brigadeiro Camarinha, que tinha estado com o Baptista, o comandante da Aeronáutica, que eles estão dizendo que as Forças Armadas vão votar no Ciro. Que com relação ao Serra existe descontentamento, dizem que "ele nos olha com um olhar que só a Zélia Cardoso de Mello* tinha, de desprezo por nós!". Têm a sensação de que o Serra não gosta deles.

Eu já falei com o Serra várias vezes que ele deveria procurar um contato com as Forças Armadas, que essa gente é correta, é importante, mas aí entra o "paulistanismo", as pessoas de São Paulo não sabem o peso das Forças Armadas, da magistratura, das grandes instituições nacionais. E que funcionam, digamos assim, subterraneamente. E é preciso ter gestos simbólicos, para que os que estão no subterrâneo vejam lá em cima uma bandeira içada a favor. Enfim, já pedi isso ao Serra várias vezes. Ele nunca procurou os militares, os militares têm me dito que estão dispostos a falar com ele, e ele nada. O Lula está procurando. O Ciro está agitando na Aeronáutica os reformados, o pessoal do [Walter] Bräuer,** que ficou zangado comigo, e que são mais à direita. Não obstante, o Ciro está lá andando sobre ondas mais favoráveis. E o Serra com as dificuldades dele. A Ruth está lutando muito a favor do Serra, vai amanhã, aliás, vai segunda-feira a São Paulo para ver se os movimentos das mulheres apoiam o Serra.

Daqui a pouco vamos ver um filme, *Cidade de Deus*,*** virá muita gente aqui. Virá a Kati Almeida Braga, e muitas pessoas mais. Vamos ver os comentários. O José Gregori me telefonou de Portugal muito aflito. E sempre com ideias, sempre querendo ajudar o Serra. Isso mostra que há certa inquietação e um começo de dúvida

* Ex-ministra da Economia do governo Collor.

** Ex-comandante da Aeronáutica (1999), demitido por criticar o ex-ministro da Defesa Élcio Álvares e suas supostas ligações com o crime organizado no Espírito Santo.

*** Longa-metragem de 2002 dirigido por Fernando Meirelles, com roteiro baseado no romance de Paulo Lins.

sobre se realmente vai ser possível dar uma virada. Eu, realisticamente, acho muito difícil.

Estamos passando o dia aqui com a Bia, com a Luciana e as crianças, porque amanhã é Dia dos Pais e elas vieram para cá.

HOJE É SEGUNDA-FEIRA, DIA 12 DE AGOSTO. Como eu disse, ontem, Dia dos Pais, Luciana e Bia ficaram no Alvorada o dia inteiro, foi muito agradável. Eu não estava passando bem, desde Guayaquil com gripe, agora com um pouco de desarranjo intestinal. É a primeira vez em oito anos que me sinto assim, meio alquebrado. Também, pudera, com tanta confusão pelo mundo afora. Mas aqui nada de mais, a não ser que o Michel Temer esteve aqui no final da tarde para discutir a campanha. E no sábado o filme *Cidade de Deus* foi admirável. Estava o rapaz que é o diretor, ou melhor, o romancista, chama-se [Paulo] Lins, muito bom. Eu não li o romance, mas tive uma boa impressão do rapaz, que é secretário de Cultura da Benedita.* É discípulo do Antonio Candido e do Roberto Schwarz. Mais do Roberto Schwarz. E também estavam as pessoas que dirigiram o filme. O Daniel Filho foi o incentivador de tudo isso; os artistas jovens, Jonathan [Haagensen] é um e Alexandre [Rodrigues] o outro, dois negros, muito bons, um mora na favela do Cantagalo e outro na favela do Vidigal. Vieram jantar na mesa comigo, ao lado da Danuza Leão, que estava aqui também, porque é mãe do Bruno Wainer, um dos produtores. Ele foi colega da Bia no Colégio Equipe. Enfim, uma noite muito simpática. Veio o Malan, veio o Sérgio Amaral, os habituais.

Hoje foi um dia terrível, porque eu já não estava me sentindo muito bem, e ainda houve o caso dos mercados financeiros: os bancos não "compraram" nem com o empréstimo do Fundo Monetário. Não querem abrir linha de crédito para o Brasil. Avisei o Serra que iria chamar todos os candidatos para discutir a situação. Reação muito negativa do Serra, achou que isso seria um golpe na candidatura dele. Essa é a dificuldade do Serra. Eu, num impasse desse, o que faço? Se fosse eu o candidato, diria: maravilhoso. Apoiaria o presidente, com o sentido de Brasil acima de tudo. Eu já fiz isso, já declarei... ele não.

Falei com o Zé Aníbal, que concorda comigo. É importante, porque os mercados estão achando que os candidatos, os dois que estão na frente, não cumprirão as regras estatuídas. É preciso deixar mais claro que eles vão cumprir, e o Serra tem um papel nessa história. Isso me aborrece muito, porque a minha intenção está longe de ser diminuir a candidatura dele, e sim criar condição para haver uma transição política, qualquer que ela seja, e se possível para o Serra.

* Lins coordenava o projeto Caravana Urbana, da Secretaria de Cultura fluminense, então chefiada por Antonio Grassi.

Passamos o dia às voltas com isso, conversando várias vezes com Scalco, Pedro Malan, Pedro Parente, discutindo na hora do almoço. Não almocei nada e continuei depois no final do dia, fala com um, fala com outro. O Ciro disse, pelo Mares Guia, que vem. O Lula não deu resposta, finalmente o Aloysio conseguiu ter contato com o Zé Dirceu, ele ficou de me telefonar amanhã. Eles estão preocupados porque o Ciro está se aproveitando das posições mais construtivas do Lula. Desse jeito vão ficar menos construtivas. Enfim, essa pequena dinâmica política, claro que isso vai ser uma operação extremadamente complicada.

Recebi o Wilson Quintella para discutir as questões da ADTP, que é a Associação de Desenvolvimento Tietê-Paraná, e depois também o Zeca do PT, que veio pedir para Aneel facilitar um recurso para ele no Mato Grosso. Isso é pedido também do Ramez Tebet. E me transmitiu as pesquisas, ele vai ganhar no primeiro turno, apesar de que a Marisa [Serrano]* está com um bom desempenho. Mas é muito difícil que ela consiga chegar ao segundo turno; se conseguir, muda o panorama.

Numa conferência telefônica com o Armínio, perguntei como estava a situação. Ele disse que está cada vez pior. Eu disse: "Será que essa gente não está simplesmente protestando porque fizemos o acordo, um acordo excelente, com o Fundo Monetário? Os candidatos, bem ou mal, deram suas declarações. Você não acha que esses banqueiros acreditam que não tem mais jeito? Quer dizer, que, ganhando o Ciro ou o Lula, qualquer um dos dois, não adianta, eles não vão apoiar? Eles não estão fechando as portas para o Brasil?". Isso, a meu ver — eu, Fernando Henrique —, seria um erro gravíssimo, é um país imenso, eles não podem fechar as portas, têm que negociar. É um primitivismo desse mercado financeiro. Quantas vezes já falei disso! E o próprio Fundo Monetário, hoje, é pequeno, é curto, ele não tem força para se impor ao mercado financeiro globalizado. Essa é a situação. O Armínio ainda estava ainda mais ou menos confiante em que possa haver alguma saída. Vamos buscar linhas de financiamento para os exportadores através do Banco Central. Enfim, faremos o que estiver ao nosso alcance para ir levando, mas a situação está muito difícil.**

HOJE É QUINTA-FEIRA, DIA 15 DE AGOSTO. Já são onze horas da noite. Recapitulando, na terça-feira, dia 13, de fato pela manhã falei com o Zé Dirceu, que me ligou. Concordou imediatamente, disse que eles tinham problemas, que o Ciro estava começando a tirar proveito da situação, mas que entendiam tudo muito bem. Perguntei que dia seria melhor para o encontro, na quarta, dia 14, ou na quinta, dia

* Deputada federal (PSDB-MS).

** O dólar e o risco-país tornaram a disparar, chegando a R$ 3,15 e 2221 pontos, respectivamente. Ao mesmo tempo, o BC não conseguiu rolar a totalidade de uma parcela de US$ 2,5 bilhões em títulos cambiais com vencimento em 15 de agosto.

15, portanto hoje. Em princípio dia 15 seria melhor para ele, porque de manhã o Lula teria apenas um encontro com um amigo deles, segundo o Zé Dirceu, o Eliezer Batista, com quem seria fácil mudar a data.

Em função disso pedi ao Pedro Parente que desse prosseguimento às conversas com os demais candidatos e que prestasse atenção na exigência do Serra, porque de manhã eu recebi um fax do Nizan e do Serra, de todo mundo. O Serra quase insinuando renúncia, mas compreendendo, pedindo que pelo menos fizéssemos o encontro com todos os candidatos no mesmo dia, e sem fotos. E durando uns quinze minutos com cada um. Claro que é um absurdo, sem fotos é absurdo. Contudo, que fosse com todos no mesmo dia eu cedi. Então pedi que o Parente visse isso a partir do que me dissera o Zé Dirceu.

Em seguida fui à reunião do Itamaraty sobre Johannesburgo.* Discurso, essa coisa meio rotina. Voltei para o Palácio da Alvorada e ainda tive um almoço nem me recordo com quem. Não, na verdade não foi almoço. Eu me encontrei com o Valente, que é o vice-presidente da Anatel, porque o Schymura, o presidente, está fora. O Valente muito preocupado com o desenvolvimento das telefônicas, com o problema da Embratel, que está com dificuldades. Há problemas de interconexão de tarifas, eu vejo que as outras telefônicas, as fixas, estão querendo comprar a Embratel, e há outros problemas mais. Há a confusão habitual do grupo Brasil Telecom, que agora fez uma consulta à Anatel sobre se é possível manter sob o controle do mesmo grupo mais de uma empresa na mesma região. Isso para ter apoio do Banco do Brasil e dos fundos [de pensão]. A Anatel não respondeu ainda, enfim, muitos problemas nos quais eu queria me enfronhar.

Depois fui dar uma medalha** ao Michel Gaillard, que é presidente da Light, porque os franceses gostam disso de medalha, discurso. Depois recebi o Conselho Nacional de Esporte,*** com o Dunga e outros personagens. E recebi o pessoal do Sindipeças, com o Paulo Buturi, e outros mais, para discutir a possibilidade de ampliar a venda de automóveis através de um sistema de empréstimos da Caixa Econômica garantidos por títulos públicos sem deságio, nem subsídios. Enfim, algo muito complicado, mas positivo. Isso foi com o Sérgio Amaral e com o Pedro Parente.

E ainda tivemos uma reunião, aí sim, com Pedro Malan, Pedro Parente, Sérgio Amaral, para discutir os temas do álcool. Sérgio Amaral quer fazer um grande lançamento, e ele é muito restritivo a que se imponha mais uma Cide na cana, imposto sobre o álcool, que financiaria a estocagem do álcool para garantir a expansão do carro a álcool. E também discutimos a questão das empresas aéreas, sobretudo a da Varig. O Sérgio Amaral mais otimista, dizendo que é possível encontrar nos credo-

* Reunião da comissão interministerial preparatória da participação brasileira na conferência.

** Ordem Nacional do Cruzeiro do Sul, no grau de Comendador.

*** Órgão recém-criado pelo Ministério do Esporte e Turismo, formado por atletas, membros do governo e parlamentares para elaborar políticas do setor.

res uma solução para a Varig. A Varig cedeu, vai mudar a governança da companhia. Enfim, questões importantes, de ordem administrativa.

Isso foi, portanto, na terça-feira, quando vim para casa jantar com o Paulo Henrique e com o Andrea Matarazzo, que estava se despedindo porque ia voltar para a Itália.

Na quarta-feira, dia 14, comecei o dia gravando um programa para a GloboNews com a Miriam Leitão que foi ao ar à noite, com grande repercussão. Eu não preciso fazer um resumo dele, as gravações estão disponíveis. Tentei mostrar que chamei os candidatos não para tirar o corpo da responsabilidade, senão para dizer que os títulos não estão sendo rolados não porque o mercado não confie no meu governo, mas nos candidatos.

A pergunta da Miriam Leitão, se eu estava no final do governo como o Raúl Alfonsín,* eu respondi: "Não. Aqui o problema não é o meu governo. O voto de confiança ao meu governo foi dado pela enorme manifestação de apoio não só do Fundo Monetário como de parte de todas as grandes instituições financeiras internacionais. O medo que existe hoje, pânico mesmo, é a eleição do Ciro ou do Lula". Não disse com essas palavras, mas fui por aí. E muitos outros esclarecimentos sobre os problemas reais do Brasil, sobre os quais já falei tantas vezes aqui, inclusive as medidas provisórias, questão do orçamento, a falta de avançar na reforma da Previdência, não fazer a reforma tributária, apesar de nossos esforços. Tudo foi posto com tranquilidade no programa.

Gravei mais outras coisas à parte, para a Lúcia Vânia e para Antero, candidato a governador no Mato Grosso. Depois fui ao palácio receber o Barjas Negri. Antes eu tinha almoçado com o Estado Maior dos ministros da área econômica mais o Graeff e o Scalco, para falar da reunião da próxima segunda-feira. Por quê? O Lula resolveu que só pode vir na segunda-feira. Isso é um jogo, porque eles estão vendo o Ciro ganhar espaço atacando o acordo, e atacando o governo. Então ficam disputando com o Ciro, e quem paga o pato é o país. Concordamos com a fala que vamos fazer etc. etc. Eu disse a eles que já tinha feito uma gravação, que eles vissem ver se estava na linha certa.

Recebi à tarde o Barjas Negri para discutir rotinas do Ministério da Saúde, ele deu notícias sobre a Bolsa Alimentação. Recebi o presidente do Instituto Arte e Vida, depois fui à CNI, onde me deram a Ordem do Mérito Industrial. Um discurso bom do Antônio Ermírio, otimista, muito generoso para comigo, idem o Carlos Eduardo Moreira Ferreira, para os sessenta anos do Senai. Esqueci de mencionar que o Lula foi aluno do Senai. Fiz um balanço do que houve de progresso na indústria do Brasil nesses últimos anos, que é muito impressionante. Basta dizer — são dados deles da CNI e do Senai — que eles treinaram 33 milhões de pessoas desde a

* Raúl Alfonsín chegou ao final de seu governo (1983-89) desmoralizado pela hiperinflação e renunciou poucos meses antes do término do mandato.

fundação, 15 milhões nos últimos quinze anos. Isso é só um dado, para reafirmar a tese de que é errado pensar que a indústria está sucateada e que não houve avanço. Mostrei que o PIB cresceu 31% cumulativamente, depois do Real.

Voltei para casa e jantei com a Ruth, a Lourdes Sola e o Boris Fausto, que ficaram aqui porque hoje, quinta-feira, eles iriam receber uma medalha, com vários outros, da Ordem Nacional do Mérito Científico. Vimos uma parte do meu programa com a Miriam, programa sobre o momento atual, eles gostaram bastante. Fiquei ao telefone inúmeras vezes, acalmando uns e outros.

Recebi à noite ainda o Milton Seligman, com preocupações que eu suponho sejam do comitê do Serra, ele queria saber se eu ia receber sozinho cada candidato, se haveria gravações. Gravação não vai haver e eu também não vou receber sozinho. Ah, então está bem etc. etc.

Hoje, quinta-feira, também foi um dia mais ou menos leve. O mercado acalmou um pouco porque o Banco Central resolveu tomar medidas mais drásticas quanto aos títulos públicos.* A famosa remarcação dos títulos do valor de face para o valor de mercado produziu um grau de desconfiança nos portadores. Isso é o que está dificultando a rolagem interna dos títulos públicos da dívida. Mas não afeta dólar. Por enquanto os efeitos não estão passando para o dólar.

Estamos com uma crise que, esta sim, é de responsabilidade da gestão do Banco Central, que poderia ter mudado esse sistema há muito tempo ou depois das eleições. Mas, por purismo, eles quiseram enfrentar todas as feras na mesma hora. A expressão do Armínio quando falou comigo, eu nem sabia desse problema, disse no dia que resolveram, ele queria me explicar por que no dia seguinte aconteceria isto: que era preciso limpar a pedra. Limpar a pedra, mas com uma consequência muito complexa para ser resolvido assim.

Voltando ao meu dia a dia, hoje, dia 15, tive uma reunião com o grupo VBC, de energia.** Muitos problemas na área de energia, e eu os recebi com o Pedro Parente, que é um braço fantástico, mão na roda. Ajudou muito a avançar as questões. Depois fui para a solenidade do Mérito Científico, discursos. Fiz um discurso curto, o Sardenberg fez um balanço, muitos amigos e amigas recebendo a homenagem. Quis apertar a mão de um por um.

Fiquei no Planalto até chegar a hora de inaugurar a nova sede da Procuradoria-Geral da República. Não estava programado um discurso meu. Mas fiz um breve, simpático, meio brincalhão, sem deixar de dizer que sou entusiasta da Procurado-

* Os fundos de investimento deixaram de ser obrigados a contabilizar todos os seus títulos com base no valor de mercado, exigência que começara a vigorar em 31 de maio. O BC também decidiu recomprar R$ 11 bilhões em papéis da dívida pública, para garantir ao mercado que recompraria títulos do governo na baixa das cotações, e aumentou a alíquota compulsória dos bancos sobre a poupança e os depósitos à vista e a prazo.

** Holding controladora da CPFL, companhia de distribuição do interior paulista, administrada por Votorantim, Bradesco e Camargo Corrêa. Em 2009, a empreiteira passou a controlar 100% das ações.

ria, apesar de também ser vítima dela. Mas que eu recebia isso com tranquilidade, porque era um sinal do avanço democrático no cumprimento da lei, independentemente das hierarquias e tal. Aplausos generalizados, os procuradores são o grupo mais antigoverno que há por aqui. Até que melhoram um pouco depois que melhoramos o salário deles...

Estive conversando com o Scalco, porque apareceu o que eu acho ser uma espécie de chantagem, uma papelada sobre um negócio de cota de álcool [combustível], como se fosse passível dar cota para deputado, com vantagens para campanha. Eu disse: "Scalco, a Petrobras há anos não tem mais essa atribuição. Eu me preocupo que isso possa ser chantagem de um grupo de deputados, eles vão começar a pensar que existe mesmo uma cota e fazer onda. A imprensa publica, e isso estoura na nossa cabeça. Chame logo amanhã o general Cardoso, chame o ministro da Justiça. O Pedro Parente, por telefone, aconselhou a chamar a dra. Anadyr também, que é a ministra da Corregedoria-Geral do governo. E vamos fazer logo uma denúncia interna disso, para apurar, senão vai estourar como se fosse um escândalo de corrupção nossa, e não dos verdadeiros corruptos que andam por aí".

O mercado um pouco mais calmo. As medidas tomadas pela equipe econômica, de oferecer linha de crédito e de dar um passo atrás na remarcação dos títulos públicos de curta duração, de um ano, que vão ser marcados a valor de face e não a valor de mercado, deverão dar uma aliviada na rolagem da dívida. Também o número de artigos, nos Estados Unidos e na Europa, favoráveis a nós é imenso. Até mencionei no debate com a Miriam Leitão um artigo do Soros de que eu gostei bastante. O Soros é um homem imaginativo. Disse que os bancos centrais do G7 deveriam se transformar em garantidores de última instância e tornar solváveis os títulos públicos de países como o Brasil. Iria resolver a crise na hora, ele tem razão. Mas isso vai na contramão da ortodoxia do mundo financeiro de hoje, embora ele tenha razão. Depois li um artigo do Stiglitz* muito favorável. Também falei com o Rubens Barbosa nos Estados Unidos, que me mostrou muita coisa positiva de apoio ao Brasil que tem saído na imprensa. Apesar disso, com a expectativa da eleição fica todo mundo com medo.

Hoje saiu nos jornais que, num encontro na casa do Benjamin Steinbruch, o Ciro teria dito que está se lixando para banqueiro, para o mercado. Que ele corta a mão se assinar acordo com banqueiro. Enfim, uma série de despautérios que são impróprios para um candidato a presidente. O Ciro é um desastre. E o Lula não fica atrás. Hoje me atacou. Disse que eu preciso ter clareza... É uma gente de um nível de arrepiar. São os ônus do subdesenvolvimento.

Amanhã vou a São Paulo inaugurar o centro oncológico do Sírio-Libanês, irei por causa do Raul Cutait,** que tem sido muito solidário com a Ruth em todos os

* "A Second Chance for Brazil and the IMF", no *New York Times* de 13 de agosto.

** Presidente do conselho do Hospital Sírio-Libanês.

programas que ela faz, é uma pessoa sempre prestativa. Vou almoçar com o Jabor, na casa do Jovelino, e em seguida vejo a comunidade árabe em uma homenagem que vão me fazer lá.

No sábado de manhã vou gravar de novo programas para o Serra. Recebi o José Maria Monteiro,* por causa de um projeto que ele está fazendo na Mangueira, até gostei.

HOJE É SEGUNDA-FEIRA, 19 DE AGOSTO. Gravei um programa para o Serra no sábado, vi certa animação na equipe do Nizan, a perspectiva de pesquisas um pouco melhores, infelizmente não coadjuvada pela pesquisa da Datafolha, que é confiável, e dá uma diferença grande entre Ciro e Lula. Lula à frente com 37%, parece que é isso, Ciro com 27%, o Serra com 13% e o Garotinho com 11% ou 10%. Não mudou nada. Serra me disse que a equipe do Nizan insiste muito para que ele tenha uma cara própria. O Nizan me explicou o seguinte: que não dá para ficar o Serra junto de mim, porque no contraste o Serra perde. Ao invés de ajudar, isso o atrapalha. Pode ser, eu não sei, eu não quero opinar muito nessa matéria. Eu acho, como disse no programa da Miriam Leitão, que numa democracia de massa, e de massa de pobres, o ator é fundamental. O resto é coadjuvante, e eu também sou coadjuvante nesse caso.

Na sexta-feira, tudo transcorreu normalmente, inaugurei o setor de oncologia do Sírio-Libanês, muita alegria, estavam lá o [Adib] Jatene,** Safra, enfim, todos os grandes de São Paulo ligados à medicina. Além da colônia árabe, sírio-libanesa, na verdade. E de dona Violeta Jafet,*** 94 anos, que fez um bom discurso.

Almocei com o Nê e com o Jabor. O Jabor está desesperado com a campanha do Serra, a Suzana, mulher dele, trabalha lá. Muito crítica, nesse momento todo mundo é crítico do Serra, embora as críticas sejam procedentes. À noite, fui a uma festa da colônia sírio-libanesa, da Câmara de Comercio Árabe-Brasileira.**** Todos os embaixadores árabes presentes, discursos, o Paulo Sérgio Atallah***** fez uma saudação. Tudo com muita alegria, e me parece que ali todo mundo é pró-PSDB. Pró-Serra, não sei, pode ser que eu me engane.

Isso na sexta-feira, porque no sábado de manhã gravei com o Serra, lá no Nizan, depois fui almoçar no Giovanni Bruno, restaurante Il Sogno di Anarello,****** porque tinha encontrado o Giovanni na véspera no Sírio-Libanês, ele é muito amigo do

* Empresário, ex-coordenador da campanha de Mário Covas ao Palácio dos Bandeirantes em 1998.

** Ex-ministro da Saúde (1995-96) e professor da USP.

*** Presidente honorária da Sociedade Beneficente de Senhoras do Hospital Sírio-Libanês e filha de Adma Jafet, idealizadora do hospital.

**** Cerimônia comemorativa dos cinquenta anos da entidade na Assembleia Legislativa de São Paulo.

***** Presidente da Câmara de Comércio Árabe-Brasileira.

****** Cantina na Vila Mariana.

Raul Cutait, e fomos com vários médicos, o [Fulvio] Pileggi, cada um levou um vinho melhor que o outro, foi muito agradável.

Voltei para cá, e nada mais de novo no sábado.

Ontem, domingo, fiquei trabalhando o dia inteiro, além de fazer meus esportes com a Ruth. Depois, à noite, reunião com o Pedro Malan, Pedro Parente, Armínio Fraga, Scalco e Amaury Bier para afinar a viola para o encontro de hoje com os presidenciáveis.

O Ciro está dando cambalhotas, chamou o [José] Alexandre Scheinkman* para assessor. O Scheinkman é da Escola de Chicago, ultraortodoxo, é o oposto das ideias do Ciro. Talvez tenha sido sugestão do Tasso, para dar mais credibilidade à candidatura. Porque realmente ela ficou abalada com tanta bobagem que ele falou nos últimos tempos. É possível que isso contrabalance um pouco sua perda de prestígio. De qualquer maneira é bom, é um elemento de equilíbrio no debate.

Daqui a pouco terei um encontro com os chamados presidenciáveis. Vamos apenas mostrar os números do acordo com o Fundo, que foi excelente. Fato inédito, foi feita uma pesquisa, via Ibope, com a população e 40% é a favor do acordo com o Fundo e 35% contra. Em São Paulo muito mais a favor, em Minas também, do que contra. É curioso que pela primeira vez o Fundo Monetário passe por um teste popular. A população entendeu que, sem o empréstimo do Fundo, é pior. Temos que ter o empréstimo não porque eu quero, mas porque é o remédio que salva. Muito interessante esse dado de pesquisa, uma coisa muito significativa.

No geral, quanto mais eu olho os números, mais vejo que há uma apreensão internacional descabida. A Claudia Safatle escreveu um artigo muito claro há dois dias,** no *Valor*, dizendo que o câmbio flutuante está ajustando as contas. Vi hoje novas informações de que aparentemente o déficit em conta corrente vai ser de cerca de 114 bilhões, quer dizer, uma coisa baixa perto do que já foi,*** e comparado a um PIB de 550 bilhões de reais. É uma tempestade em copo d'água.

Bacha escreveu um bom artigo, eu li o texto que o [Carlos] Joaquim me mandou, no *Financial Times*.**** Mostra que a dívida interna brasileira, nós sabemos, está nas mãos dos brasileiros; entretanto, a oposição fez tanto barulho, dizendo que a dívida é impagável, que ela cresceu, que virou bola de neve, que isso acabou dando a impressão de que o país iria para o espaço. E que os candidatos estariam propondo soluções salvadoras para uma dívida que não precisa de solução salvadora. Pre-

* Professor de economia da Universidade Princeton.

** "Forte retração do déficit externo", na edição de 16 de agosto.

*** Em 2002, o déficit em conta corrente ficou em US$ 7,8 bilhões (1,67% do PIB), menor valor desde 1994, quando foi de US$ 1,881 bilhão (0,33% do PIB). O recorde negativo foi o do exercício de 2001, quando o déficit somou US$ 23,212 bilhões (4,55% do PIB).

**** O economista brasileiro escreveu uma carta ao diário londrino, intitulada "Brazil Will Confound the Financial Analysts Again", publicada na edição de 22 de agosto. O texto traduzido saiu no dia seguinte em *O Globo* com o título "O jogo continua".

cisa de competência na gestão do orçamento público. Basicamente é isso, porque a dívida externa não é tão grande; grande, para nós, é a dívida interna, que depende de um orçamento apertado. E precisa da reforma da Previdência, o que vamos ter que fazer, não adianta repetir aqui. Eu tentei, eu finjo que não, mas não consegui, o país foi contra. E foi contra também porque o Congresso era muito contra. A opinião pública ficou contra porque a imprensa atacou muito a reforma.

HOJE É TERÇA-FEIRA, 20 DE AGOSTO. Não pude continuar anotando ontem o que aconteceu no final de cada conversa [com os candidatos], esqueci o gravador no palácio. Só o reencontrei hoje de manhã.

Foi uma conversa seguida da outra. Primeiro veio o Ciro. O Ciro chegou tenso, muito tenso, com as mãos geladas e suadas. Veio com o filho do [Mauro] Benevides,* o Mauro Benevides [Filho]** e o Mangabeira Unger. O Mangabeira não falou nada, ficou com cara de quem comeu e não gostou. O filho do Benevides simpático, o Ciro foi ficando menos tenso. Expusemos, de acordo com o plano, a mesma coisa para todos. Eu iniciei dizendo que a crise tinha uma parte europeia e outra brasileira, e que essa parte brasileira correspondia ao fato de o mercado não querer aceitar mais títulos vencíveis no ano que vem, porque eles têm medo dos candidatos.

Isso eu disse a todos, eles também têm responsabilidade na crise. Depois pedi ao Malan que, sem reservas, explicasse como foi o acordo com o Fundo. Isso foi feito, o acordo implica apenas 3,75% de superávit primário, definição que já estava no nosso orçamento, e que havia baixa necessidade de usar as reservas, o piso é 5 bilhões de dólares, o que é uma vantagem, como se fosse um empréstimo adicional, e a taxa de juros varia de 4% a 5%. Enfim, tudo muito bom, *no strings attached*, não existe nenhuma condicionalidade, a não ser as que anunciei a eles, candidatos.

A reação do Ciro foi positiva. Ouviu calado, com atenção, fez algumas perguntas, perguntou sobre o memorial técnico de entendimento. O Malan explicou, explicou mais para o Mauro, dando alguns detalhes. O Armínio mostrou a curva de evolução dos spreads. Vê-se claramente que eles se abrem e que a partir do ano que vem abrem-se muito. Não há mercado, o mercado está seco. Depois de o Ciro ter me elogiado umas duas vezes, com referências mais que amáveis, disse que eu era uma pessoa, não me lembro o que ele disse exatamente, com comportamento correto e não sei o que mais.

Ciro disse que iria declarar lá fora que concorda em honrar o contrato e depois faria uma nota por escrito para encerrar o assunto da controvérsia sobre o que ele dissera. Os jornais estão dando de forma incompleta as frases dele, levando sempre

* Suplente de deputado federal (PMDB-CE) e ex-senador, vice-presidente da Assembleia Constituinte.
** Assessor econômico de Ciro Gomes.

à impressão de que ele não estava querendo cumprir o acordo, quando não é verdade. Enfim, queixou-se da imprensa.

O outro foi o Lula. O Lula chegou ultrassimpático, falando do Paulo Henrique, que se encontrou com ele em Picinguaba, não sei o quê... Eu brinquei muito com ele. Foi um ambiente completamente descontraído. Veio com o Zé Dirceu, com o Mercadante e com o [Antonio] Palocci.* Mesma coisa, explicamos tudo, eles fizeram as mesmas perguntas, ofereceram sugestões sobre coisas que, aliás, já estamos fazendo. A questão das linhas de crédito, eu disse que já estávamos fazendo, e nada mais de concreto, blá-blá-blá. E acrescentou, no final, a questão dos aviões da Embraer e das plataformas da Petrobras.

Eu disse: "Olha, Lula, devagar com o andor. Na questão das plataformas da Petrobras, são duas plataformas, uma é agora; são duas empresas. Ambas têm capital estrangeiro, uma delas tem *rating* ruim na Petrobras, perdeu a concorrência. As duas fariam parte da construção aqui e parte lá fora. Nós chamamos a que ganhou e pedimos para ampliar a parte que vai ser feita no Brasil. E, quanto às plataformas para o futuro, as da Noruega, eu nem sei se o negócio vai ser decidido agora, talvez seja no próximo governo. A questão é que precisamos extrair cada vez mais petróleo em águas mais profundas e não temos estaleiros para fazer isso. O cálculo, em nome do futuro do Brasil, não pode ser se há expansão do emprego agora; deve ser também quanto ao emprego no futuro. De repente você atrasa a produção de petróleo da Petrobras".

Nós não temos condição de fazê-las no país agora, nossos estaleiros não têm condição. Essa indústria é muito complicada, eu não avançaria o sinal. Menos ainda no caso da Embraer [compra dos caças], eu ainda não recebi os laudos técnicos. Eu não tomarei decisão política, acho muito complicado tomar uma decisão política, vou tomar uma decisão técnica. Agora, eu vou esperar. Depois que tivermos o novo presidente eleito, eu tomarei a decisão com ele. Quero ver alguém se responsabilizar por tomar uma decisão que não seja técnica.

Aí o Lula me pediu para conversar uns cinco minutos comigo. Fomos para a sala íntima e ele falou a respeito do Itamar. Disse que eu precisava ajudar Minas Gerais. Respondi: "Eu já sei, o Itamar fez um governo desastrado e agora está com medo, por causa da Lei de Responsabilidade Fiscal. Nós vamos ver o que dá para fazer". Depois me perguntou se eu achava que ele ganharia a eleição. Eu disse: "Olha, se ficar como está, ganha". E não escondi que, havendo essa hipótese [Lula versus Ciro], eu ficaria na posição de magistrado, ficaria neutro. Eu disse que, obviamente, não simpatizo com o outro lado. Essa foi basicamente a conversa com o Lula na sala íntima.

Em seguida, recebi o Garotinho. Aí foi um desastre, ele, quase agressivo, entrou assobiando, com pouca educação. Depois foi relaxando, mas não tem noção das

* Coordenador do plano de governo da campanha lulista e prefeito licenciado de Ribeirão Preto (SP).

coisas, as perguntas que faz não são pertinentes. Ele veio com um [Roberto] Amaral, que é do PSB,* mais o Tito Ryff.** Nada a acrescentar sobre o que ele disse. No final da reunião, entregou ao Malan um envelope fechado, que eu não li, e depois distribuiu à imprensa uma nota, dizendo os despautérios de sempre. Mas ninguém levou o Garotinho muito a sério.

Também o Lula soltou a tal carta em que reafirma as coisas que ele disse.

Depois veio o Serra, e nós tomamos um lanche. O Serra veio relaxado, para o bem. Apenas, na chegada, todo mundo se queixou que ele não cumprimentou os funcionários e que o pessoal dele estava dizendo que houve uma altercação minha com o Ciro, o que é mentira. Não houve altercação e nenhuma descortesia. Depois todos reproduziram no salão de briefing algumas das coisas ocorridas, não todas, mas no geral acho que a apreciação foi positiva.***

À noite ainda recebi o Serra no Palácio do Planalto. Estava muito caído, porque as pesquisas são horríveis mesmo, e, sem dinheiro, está falando até em desistir. Eu disse: "Não pode, vamos tentar. Vamos dar uma virada nisso. Até na questão de financiamento, agora vem a campanha de televisão, temos que reagir". Mais tarde, às dez da noite, ele foi ao Alvorada já mais animado: o sucesso da operação que fizemos ontem foi extraordinário, saiu bem na TV. Impacto do presidente comandando o processo, civilidade democrática, e o Serra fez uma boa exposição na televisão sobre o acordo do Fundo. Enfim, estava mais animado.

Esses foram os principais fatos, agora vamos ver o que vai acontecer com os mercados. Eu não acredito muito na ação política-mercado assim de maneira direta. Acho que os mercados usam como pretexto o fato político, mas como o Banco Central atuou, deu 2 bilhões de crédito para linhas de curto prazo, o BNDES também vai atuar. Creio que isso criará um clima mais positivo.

* Vice-presidente do partido.

** Assessor econômico da campanha de Anthony Garotinho.

*** Na noite de 19 de agosto, FH falou ao país em cadeia nacional para relatar as conversas com os candidatos à Presidência.

22 DE AGOSTO A 4 DE SETEMBRO DE 2002

Visita oficial ao Uruguai. Novamente o dossiê Cayman. Serra sobe nas pesquisas

Hoje é dia 22 de agosto, quinta-feira. Passei o dia 20 e o dia 21 no Uruguai. Cheguei ontem, quinta-feira à noite de volta à Brasília. No Uruguai, uma situação econômica muito ruim, o PIB vai cair mais de 10 pontos; na Argentina, 14. E nós aqui nos despedaçando porque estamos crescendo 2%. Eles estão perdendo 10% ou 14%. Para ver a dificuldade da situação de lá. Não obstante, a reação da população do Uruguai é madura. Eles aceitaram a dificuldade e negociaram com os bancos, para evitar o *corralito*, do tipo da Argentina. Minhas impressões sobre o Uruguai: muito calorosos comigo, na Assembleia do Uruguai recebi uma ovação de todos, tupamaros, blancos, colorados, Frente Amplio. Estavam lá o general Seregni, o senador que eu esqueço o nome dele agora, líder dos tupamaros.* Estava o [Alberto] Couriel, que é meu amigo, senador pela Frente Ampla. Estava a Julita [Julia Pou], mulher do [Luis Alberto] Lacalle,** hoje senadora. No jantar que o Batlle me ofereceu, ele, caloroso, fez uma declaração que me deixou um pouco envaidecido. Eles adoram o Rio Branco no Uruguai, diziam na época que o barão era o maior brasileiro vivo. Disse o Jorge Batlle que a afirmação vale hoje para mim. Claro que eu fiquei envaidecido e feliz com o jeito dos uruguaios.

Falei com todos os líderes uruguaios, longamente com o Jorge Batlle, que é um homem de muita imaginação, com certo sentimento do mundo. Ele tem expectativas de que o Bush não faça a guerra com o Iraque e que eu seja capaz, junto com ele, de sensibilizar o Bush para os problemas da América Latina. Sou mais cético do que ele nessa matéria. Mas, quanto ao resto, ele está lutando como pode, porque tocou a ele um momento muito difícil da vida uruguaia. Depois o Sanguinetti. O Sanguinetti esteve duas vezes comigo, uma vez com a Marta [Sanguinetti] e a Ruth [nossas mulheres], e depois só eu, ele, o nosso embaixador*** e o Celso Lafer.

O Sanguinetti é um homem de espírito, disse uma coisa muito interessante. Ele, na véspera do jantar em homenagem a mim, tinha jantado na mesa com Jaguaribe, o Hélio. O Jaguaribe com as ideias antiamericanas e catastrofistas que sempre teve, então o Sanguinetti disse: "Hélio, para mim a revelação surpreendente são os generais americanos. Veja você, o general [Douglas] MacArthur**** fez a moderniza-

* José Mujica.

** Ex-presidente uruguaio.

*** Francisco Thompson Flores.

**** Comandante das forças aliadas que ocuparam o Japão depois da Segunda Guerra Mundial, exerceu o governo de facto do país até 1951.

ção do Japão. O general [Dwight] Eisenhower* fez não só a guerra como denunciou o complexo industrial militar e ajudou o general [George] Marshall a fazer a reconstrução da Europa.** O Powell está tendo um papel moderador. A grande contribuição americana não são os políticos americanos, são os generais americanos". Ele disse que deixou o Hélio fascinado com essa argumentação, que de certa maneira paralisa as ideias do Hélio sobre uma catástrofe iminente.

Quanto ao Uruguai, o Sanguinetti acha que o Batlle está fazendo o que pode, no estilo dele, em uma situação muito ruim. E que está se guardando, não quer ser candidato, mas no fim vai acabar sendo. Coincidimos em geral na análise da América Latina. Ele esteve recentemente em Buenos Aires e reafirma a impressão do Batlle, acha que o Menem ganharia uma eleição. O Sanguinetti não chega a tanto, mas disse que, como ele o chama, "o Turco" tem muito mais voto do que se imagina, diz que sentiu em Buenos Aires um clima propício ao Menem. Não sei, enfim, eles conhecem mais a Argentina do que nós, brasileiros.

Depois conversei com o Lacalle, antigo presidente e chefe do partido Blanco. Lacalle me disse que eles estão no poder ou com representantes no Parlamento na quinta geração da família Herrera, a que ele pertence. A Julita, mulher dele, é senadora, o filho é deputado. O Partido Nacional tem mais de 160 anos. Esse partido é o Blanco, o que viveu brigando com os colorados. Queixou-se de que no meu discurso na Assembleia eu citei o Sanguinetti, o Batlle e o Ardanes, portanto muito colorado. Fiquei de compensá-lo no almoço na Associação dos Diretores de Marketing, com todo o empresariado uruguaio, o presidente e tudo, ao qual ele também iria. Lá elogiei a ação construtiva dos blancos se unindo aos colorados para dar governabilidade ao Uruguai. E também disse que a oposição, a Frente Amplia, estava entendendo o momento. Enfim, fiz uma média.

Para um brasileiro, é curiosa a posição do Lacalle, porque ele é muito anticolorado, anti-Sanguinetti. Isso é mais forte do que o que ocorre com nossos olhos brasileiros. Nossos olhos são pessoais, não são de partido a partido. Eles mantêm a memória do partido. E isso que Lacalle é candidatíssimo à Presidência, está fazendo certo cortejo ao pessoal da Frente Ampla. Também falei com o líder desta, que foi me ver, o Tabaré Vasquez. É um médico oncologista, com as ideias habituais no círculo de esquerda, os daqui também. Acha que a solução para os problemas financeiros do Uruguai seriam o Brasil, a China e a Índia, imagina.

O Brasil está batendo na porta do FMI, não pode ajudar ninguém. A China cuida de si própria. E a Índia nem dela cuida. Não tem realmente nenhum sentido pensar na ajuda financeira desses países. Tudo isso porque, imagina ele, esses países são

* Comandante das tropas aliadas na Europa durante a Segunda Guerra Mundial e presidente dos EUA (1953-61).

** O Plano Marshall — batizado com o nome do então secretário de Estado, ex-chefe do estado-maior do Exército norte-americano — destinou cerca de US$ 100 bilhões de dólares em valores atuais à reconstrução da Europa no pós-guerra, a partir de 1948.

contra a globalização, o capitalismo etc. etc. Mas o Tabaré não tem a simpatia cativante do Lula, tampouco categorias intelectuais mais sofisticadas, me pareceu. Eu já o conhecia. Já tinha estado no Brasil.

Falei com muita gente, mas não é o caso de eu detalhar, até porque quem quiser se aprofundar tem registro de tudo na imprensa. Dei entrevista à televisão, à rádio, os entrevistadores eram bons, tanto os do rádio quanto os da televisão. Já os conhecia de vezes anteriores. São competentes, permitiram que eu explicasse melhor meu pensamento sobre o descolamento entre a economia financeira e a real. Discursei na Aladi explicando o que penso sobre ela. Citei o Soros, que propôs que os bancos centrais dos países do G-8 funcionassem como emprestadores de última instância, dando solvabilidade aos títulos dos países emergentes.

Mostrei que houve um descolamento grande, que eu chamei de dissonância cognitiva, entre as interpretações e os fatos. Os jornais do Brasil publicaram o que eu disse um pouco a título de gozação, porque a expressão é pedante; era para dizer que eles não percebem que o conhecimento está dissociado do que está se passando. Em parte, é assim mesmo. Tanto no que chamo de "teoria do contágio", pela qual explicam tudo por analogia, sem muitas análises, quanto pela incapacidade de ver as distinções que há entre os empréstimos feitos em reais, como no Brasil, e em dólares, como na Argentina e no Uruguai. Mais na Argentina, mas também no Uruguai.

Essas diferenças desaparecem nas percepções de risco, e como os mercados ficam com medo, têm aversão ao risco, imputam ao comportamento futuro dos candidatos a presidente do Brasil a responsabilidade pela frenagem [dos empréstimos], até mesmo a disponibilidade de capitais de curtíssimo prazo, para financiar exportação. Isso leva a que a moratória, na qual ninguém pensou no Brasil, passe a ser tema de discussão, inclusive pelos credores. Uma coisa maluca. Os credores ficam fazendo crer que os devedores não querem pagar e criando condições para que eles não possam pagar. É realmente um mundo fantasioso!

Hoje, o Malan me mandou um artigo do Celso Ming que reflete o pensamento que estou expondo.

Acabei de atender o Raul Jungmann, que está entusiasmado com a campanha dele. Tomara que se eleja. Estou torcendo e, se possível, ajudando. Hoje, nada de mais extraordinário. Veio gente de Diamantina, para homenagear o Juscelino. E o Gasparian me visitou com o nosso futuro embaixador na Armênia, que é amigo dele. Agora vou à solenidade de assinatura do decreto que cria o Parque de Tucumaque, no Amapá, de proteção da região amazônica.

Um adendo: ontem ao chegar, conversei com o Gros sobre os investimentos da Petrobras, sobre a necessidade de gerar um pouco mais de superávit primário, para podermos ter alguma folga no segundo semestre. E também sobre uma série de problemas deles [da Petrobras]. Mas vai bem. O Lula fez um ataque sem sentido sobre uma plataforma que foi construída por meio de uma licitação correta, foi uma coisa feia. Parece que o Tanure perdeu a concorrência e o Lula jogou o peso dele e do partido para defender o Tanure. É demais.

À noite jantamos com a Lola [Maria Helena Berlinck],* o Sérgio Fausto e a filha do José Gregori, a Maria Estela.

HOJE É 24 DE AGOSTO, SÁBADO, estou na fazenda Córrego da Ponte em Buritis. Li um livro chamado *O dossiê do medo*,** sobre Cayman. De um... esqueço o nome do autor agora, um jornalista, acho que é Leandro [Fortes], não me recordo. Um dos que escreveu n'*O Globo* e na *Época*, fez até a chamada imprensa investigativa. É curioso, o livro é interessante. Tem coisas erradas. Diz lá que eu me encontrei com o Serra e com o [Vicente] Chelotti*** na casa do Milton Seligman. Não é verdade. Eu nunca fui à casa do Milton Seligman como presidente da República. Todas as observações que eu teria feito lá simplesmente não ocorreram. Não sei de onde ele tirou isso.

No geral, do que eu pude verificar, o livro não tem erros. Ele não fala de certas coisas. O que mais me preocupou na época, eu devo ter registrado no momento oportuno, foi que o Serra estava muito aflito. Depois eu soube que ele, quando recebeu os tais documentos sobre contas no exterior (que vieram do Hotel Le Pavillon de la Reine, da place des Voges), deu cópia de tudo ao Elio Gaspari. É claro que o Elio Gaspari informou à *Folha* imediatamente. O Serra tem a preocupação de se garantir, de mostrar que ele é uma pessoa correta, e ele é, mas dá nisso. Ficou assustado, fica sempre temeroso do que possa acontecer, e criou essa confusão... porque a maldade está em toda parte.

O próprio jornalista acha normal fazer o que faz, colocar um microfone escondido para gravar conversa, sem que o interlocutor saiba que está sendo gravado, ou seja, invasão de privacidade, espionagem, tudo vale para o jornalista. Não vale para a polícia, porque quando a polícia quer se cuidar de evitar que ele, jornalista, fure uma informação que possa prejudicar a investigação, ela não aceita. Para eles vale, porque eles pensam que são dotados de um poder extraterreno, que são representantes da verdade. É curiosa essa atitude. E supõem que nós, do governo, estamos cheios de preocupação, tememos o dossiê do medo.

Minha primeira reação, quando o Serra veio com os tais documentos, foi chamar o general Cardoso e dar os documentos a ele, general Cardoso, e não à Polícia Federal. Ele não confia muito nas polícias. Sabe Deus em que mãos iriam parar os

* Coordenadora-geral do Conselho da Comunidade Solidária e ex-assessora de Fernando Henrique no Senado.

** *Cayman: O dossiê do medo*. Rio de Janeiro: Record, 2002.

*** Ex-diretor-geral da Polícia Federal (1995-99).

documentos naquele momento. E o general Cardoso tinha um controle maior sobre a investigação. Não foi para não investigar; foi para investigar melhor.

Eu disse ao Serra que havia um fato básico: "Nem eu nem você nunca tivemos conta conjunta, nem aqui nem lá fora. Muito menos com o Sérgio [Motta] e com o [Mário] Covas. Logo, é uma falsidade absoluta". Foi a mesma reação que eu tive quando o Antônio Carlos, instruído pelo [Gilberto] Miranda, senador do Amazonas que foi à casa do Antônio Carlos, com o Luís Carlos Santos, para mostrar "nossas contas", ficou achando que tinha em mãos uma papelada gravíssima. Queria me assustar e veio me mostrar os papéis falsos. Ele logo se desarmou com a minha reação: "Antônio Carlos, isto é uma bobajada, não temos conta nenhuma! A única conta em conjunto que eu tenho [nos Estados Unidos] é com a Ruth, declarada no Imposto de Renda, e eu a tenho há quarenta anos, desde que fui funcionário da ONU. A conta tem vinte e poucos mil dólares. De conferências e do que ganhei quando fui professor nos Estados Unidos". Eu não tenho um tostão em conta nenhuma, e isso das denúncias nunca me abalou. E dá a impressão, pela conversa do jornalista, que ficamos realmente muito preocupados. Eu pelo menos não fiquei. Preocupado, sim, eu fiquei, porque a imprensa deu a entender durante muito tempo, dois anos!, que a informação poderia ser verdadeira. A *Folha* foi a campeã nisso.

Agora é fácil, porque agora se sabe que era uma impostura, uma falsidade. Com a expressão "chantagem", disse o jornalista, eu abri o jogo. Eles estão achando que eu falei em chantagem porque teria temor de que houvesse alguma coisa verdadeira no noticiário e que eu poderia ser ameaçado se publicassem mais notícias mais na frente. Não. O que eu quis dizer com "chantagem" é que poderiam se utilizar disso [das acusações falsas] para ganhar a eleição. Não foi como na interpretação malévola que o jornalista faz no livro.

Mas, à parte isso, o livro em si me parece que demonstra toda a porcariada que estava envolvida no caso. Eles pensam que o governo não queria investigar. Pelo contrário. Fiquei irritado inúmeras vezes; não fui eu quem mandou esse procurador* encerrar a investigação. Ao contrário, fiz o José Gregori reabrir a investigação. E eu queria que a Justiça julgasse. Não julgou porque no Brasil nada anda. Sobretudo se o réu, ou melhor, a vítima, é o governo, o presidente. Então todo mundo fica devagar, protege o outro lado, e não a verdade.

É curioso como esses preconceitos se reavivam, e vêm com o arzinho de que estão com a moralidade toda, desmascarando a podridão das classes dirigentes, e não sei o quê. É claro que há podridão nas classes dirigentes, mas não será podridão mental dar a impressão de que tudo é podre? Dar a impressão de que um jornalista qualquer, por ser jornalista, tem imunidade plena, pode inclusive ficar irritado quando um juiz pede para quebrar o sigilo do Fernando Rodrigues? Quebrar o sigilo dele porque recebia informações do Gilberto Miranda diretamente, o tempo

* Luiz Augusto Santos Lima.

todo. E as passava como boas para a *Folha*. Embora sempre se protegendo de um eventual erro. Então, se refere ao "suposto" dossiê, mas fala do dossiê, fala do dossiê.

Naquela época a população acreditava que o alto tucanato, como eles diziam, estaria envolvido em alguma coisa suja. E depois inventaram que podia ser dinheiro de privatização. Imagina só. Uma loucura completa. E também nesse livro, no final, ele vem com a questão de uma conta em Luxemburgo. E depois vem com uma história da venda da Hidrobrasileira.* Ela foi vendida mesmo. Em 1996, como ele diz. Sei lá para quem, sei lá por quem.** Eu nunca soube como funcionava a Hidrobrasileira; certamente a venda não tinha nada a ver com privatização nem com governo. Foi uma ação privada, eu não sei, não tenho a menor informação nem me cabe saber. Aliás, toda suspeita sobre esse caso também tinha sido esclarecida na época, mas fica no livro como que abrindo uma portazinha, para ver se, quem sabe, por aí pegam alguma coisa. Misturam uma ação privada com uma ação pública.

O Sérgio, enquanto ministro das Comunicações, não fez, que eu viesse a saber, nada de equivocado. Devo dizer também que tanto eu como o Serra buscamos por céus e terra, procurando alguma coisa errada. Não achamos nada, nada que pudesse ser imputado como uma coisa malfeita pelo Sérgio enquanto ministro das Comunicações. Enfim, esses são os pontos que eu queria deixar registrados, não sei se para a História ou para alguém que tenha a curiosidade de ver como essas coisas ocorrem, como aparecem e como, pelo menos do meu ângulo, eu as senti e como foram.

Li um prefácio do Marcelo de Paiva Abreu*** para a tradução do livro do Keynes sobre as condições econômicas da paz,**** sobre o Tratado de Versalhes. Keynes mostra no livro os erros que foram cometidos e a visão dele. Já estava preocupado com a situação na qual a Inglaterra ficaria um pouco à margem da Europa, sendo que a França e a Alemanha não teriam condições de se unir e garantir a Europa. Processo [a integração da Europa] que só ocorreu algumas décadas depois, e após uma nova guerra. Keynes tinha realmente uma mente privilegiada e defendia os interesses britânicos.

Rememorando o que foi minha última viagem. O Sanguinetti é mesmo um homem de visão, um homem, eu diria, que é a expressão de uma nova América do Sul, de uma nova América Latina. O Batlle tem uma visão um pouco mais romântica, ou melhor dito, voluntarista, conservadora. E, ao mesmo tempo, é um homem

* Empresa de engenharia da qual Sérgio Motta era sócio majoritário.

** A PDI (Project Development International Corporation), empresa sediada no grão-ducado de Luxemburgo, adquiriu a Hidrobrasileira S.A. em 1996. A empreiteira teve sua sede transferida para o escritório de advocacia Rezende, D'Ávila e Woelz. Um dos sócios do escritório, Mathias Woelz, era o representante legal da PDI no Brasil.

*** Professor de economia da PUC-RJ.

**** John Maynard Keynes. *As consequências econômicas da paz*. São Paulo: Imprensa Oficial; Brasília: Editora UnB, Instituto de Pesquisa de Relações Internacionais, 2002.

inteligente. Percebe. O Tabaré Vázquez traz com ele o grande drama dos dias que correm, saber se continuamos a ter perspectivas para manter a idealização da América Latina como desorganizada, autárquica, fora do mundo, que não paga dívidas. Essas coisas todas.

Nossa chamada esquerda aqui no Brasil é patética. Chamada esquerda porque ninguém hoje discute mais que é preciso manter sólidos os fundamentos da economia. A tese do Malan ganhou. Todos, os principais partidos e candidatos, foram obrigados a beijar a cruz. Eu tenho visto programas de televisão de propaganda eleitoral, vi ontem, vi hoje. É espantoso. O que os candidatos estão propondo? O que o governo já está fazendo. Ou seja, o rumo já está traçado. Queiram ou não queiram, o molde do Brasil moderno, o molde do Brasil, não sei se moderno, mas que não deseja se africanizar (pobre África, tenho uma enorme admiração pela África, não é nada de preconceito, é uma realidade), do Brasil que não quer andar para trás, está sendo feito. Para não andar para trás, para poder avançar, para ter um lugar ao sol neste novo mundo do século XXI.

Tudo foi feito neste governo que eu estou terminando agora com dois mandatos. A tal ponto que, repito, os candidatos reproduzem a mesma retórica que estamos usando. Fala-se do Banco do Povo,* seria o BNDES financiando o Banco do Povo, já estamos fazendo. O Ciro fala sobre qualidade do ensino. Ele não está sabendo o que já está sendo feito no Brasil. Eu não vi uma ideia nova, vi anseios novos ou velhos. Dois milhões de empregos, 3 milhões de empregos, eu também disse isso. Vi pelos jornais que até o final do ano criaremos 700 mil empregos. Estamos criando, em média, 1 milhão de empregos por ano.

O problema é que a curva demográfica não é favorável. Ou seja, a oferta da força de trabalho, até o ano 2005, vai crescendo, depois começa a cair. Em 2015 estará equilibradíssima, é um processo estrutural. E as pessoas ficam vendo como se fosse defeitos de política econômica que poderia ser consertada por novas políticas. Políticas que geram empregos. O próprio Serra disse que "no meu governo" não vai haver o Ministério do Emprego, todos os ministérios serão do Emprego. Nos Transportes, na Educação, na Saúde... Ai, meu Deus, eu entendo. É a necessidade da hora, mas na verdade fico feliz de ver que realmente nós mudamos a agenda nacional.

HOJE É DOMINGO, continuo em Buritis. Na fazenda Córrego da Ponte. Faz 41 anos da renúncia do Jânio.** Talvez fosse o momento desse pessoal da oposição

* Instituído em 1998 pelo governo paulista para oferecer financiamentos de microcrédito a pequenos empreendedores. A campanha petista prometia ampliar o programa para todo o Brasil.

** Em 25 de agosto de 1961, Dia do Soldado, quando ainda não completara sete meses no Planalto, o presidente Jânio Quadros renunciou ao mandato. Sua renúncia abriu caminho para a posse do vice-presidente João Goulart e a consequente crise político-institucional que resultou no golpe civil-militar de 1964. Quadros atribuiu seu gesto inesperado a "forças terríveis" nunca identificadas.

pensar bem sobre por que o Jânio renunciou. Se vê o Ciro, que está aparecendo por aí e que, se ganhar, vai se preparar para uma renúncia ou para outra tragédia. Eu me esqueci de anotar que na sexta-feira, dia 23, recebi também o ministro dos Transportes, para discutir o habitual, e o Aécio Neves, para discutir a agenda da Câmara, com a convocação a partir do dia 27. Vamos ver se ela vota a minirreforma tributária.* É difícil, eu li ontem uma carta do [Luís Roberto] Ponte,** da Câmara Brasileira da Indústria da Construção, reclamando que vão perder dinheiro, e que imposto em cascata não é ruim, não. Que dá para restituir imposto, que já se faz isso. Que precisamos é cobrar os impostos da importação.

Mal sabe ele, talvez saiba, que mandamos esse projeto para o Congresso e o Congresso recusou, que a Fiesp não quer que se cobre imposto de importação igual ao de exportação. A desoneração por quê? Porque naturalmente eles têm insumos que precisam ser comprados. Esse é o novo mundo, e as pessoas custam a vê-lo: está tudo interconectado. Então cobrar imposto de importação implica ter que aumentar o custo da produção interna também. Mas, enfim, vamos discutir essa reforma, que não é fácil aprovar. Dificilmente o Congresso irá fazê-la, terei eu que fazer por medida provisória, e aí os descontentes vão gritar e os contentes vão calar a boca. E vai parecer que a reforma tributária foi mais um erro do governo. É do jogo.

Recebi também o Pratini e o Aécio. Este falou um pouco de política, disse que vai ganhar. Está aflito com a situação desesperadora de Minas, o Itamar o está enlouquecendo, disse que o Itamar está com medo da Lei de Responsabilidade Fiscal. Eu também tenho a Lei de Responsabilidade Fiscal em cima de mim, não posso passar dinheiro para Minas, tem que haver uma razão legal para isso. Malan está vendo o que dá para fazer, para evitar que eles deixem de pagar o salário dos funcionários. O Aécio acha que vai ganhar e já está preocupado com o futuro, perguntando se o Geraldo Alckmin ganha. Acho que ganha, temos que fazer força, porque se o PSDB ficar com Minas e São Paulo teremos um eixo, mesmo que o Serra não ganhe ou que não vá para o segundo turno.

Desconfio que a inclinação do Aécio é mais pró-Ciro. A inclinação paulista é mais Lula. Eu, como já disse aqui, nem um nem outro, e [se isso acontecer] vou presidir as eleições. Na verdade, dá tristeza, porque, como devo ter registrado, Lula é despreparado. Eu gosto dele, mas é despreparado. E o outro é destrambelhado, de quem eu não gosto. Seria uma escolha de Sofia. Pobre país.

Pratini é um bom ministro, está combatendo. Ficou irritadíssimo porque os europeus estavam colocando indiretamente imposto na carne de frango e agora

* Em 29 de agosto, o governo editou a MP 66/2002, mais tarde convertida na lei nº 10 637, que dispõe sobre a não cumulatividade na cobrança PIS-Pasep, o pagamento e o parcelamento de débitos tributários federais, a compensação de créditos fiscais e a legislação aduaneira, entre outros temas correlatos.

** Ex-deputado federal (PMDB-RS).

aumentaram a quantidade de sal, ou seja, manobras para impedir nosso acesso ao mercado europeu. E o Pratini muito indignado com isso, com toda razão. Falei com o Celso Lafer por telefone sobre essa matéria, assim como falei com ele sobre uma questão grave: A OEA reclamando da matança que houve em São Paulo, na Castelo Branco.* O Geraldo Alckmin tem que entender, nós precisamos responder, porque somos favoráveis a todas as políticas de proteção dos direitos humanos, contra as matanças e tudo mais. Claro que, eleitoralmente, o povo quer mais é que mate.

Deixei gravar um pouco o barulho de um pássaro. Chama-se pássaro-preto, é assim o dia todo nesta época do ano. Desde manhã cedo, é muito agradável.

Assistimos ontem à noite, eu e Ruth, a um programa do William Waack com aquele Roberto Godoy, do *Estadão*. Um rapaz que se chama [Reginaldo] Nasser** e um do Rio, cujo nome me escapa, que é presidente de um centro de relações internacionais,*** sobre a guerra do Iraque. Até que os dois estavam bastante informados, com tendência a dizer que vai haver guerra, e que tem que haver. O do Rio, querendo que a guerra venha legitimada, com apoio dos países em guerra com o Iraque. E por quê? Porque realmente há a possibilidade do Saddam [Hussein]**** utilizar meios de matança em massa, de que ele disporia. Tudo isso é meio nebuloso, mas eu também acho que vem, sim, uma guerra. E vai ser um problema, porque se aumentará o preço do petróleo, o que nos afeta diretamente. E creio que vai ser difícil esperar o fim do ano, ou o começo do ano que vem para a guerra. Por razões de clima, creio que eles têm até janeiro para decidir essa guerra. Eu não disponho de nenhuma informação direta, mas indiretamente tivemos notícias de como as coisas estão sendo feitas nos Estados Unidos, sobre a preparação para a guerra, do ponto de vista militar. Isso acaba resultando num clima de tensão que vai complicar muito mais a situação do mundo e, em particular, a do Brasil.

Ainda duas anotações neste domingo, 25 de agosto. Ontem o Clinton me telefonou. Eu já estava na fazenda. Duas coisas: quer que eu receba o McLarty para esse assunto de energia. Disse que ele é muito ligado a esse setor. E queria saber o que podemos fazer em conjunto [depois do governo]. Ele tem muita confiança no grupo que organiza as conferências dele. Disse que foi ao Equador, foi a muitos lugares, que está ativo e que seria ótimo se trabalhássemos alguma coisa em conjunto. Foi muito simpático.

* Em março de 2002, uma operação da PM paulista matou doze supostos integrantes de uma facção criminosa que passavam de ônibus por um pedágio na rodovia Castelo Branco. A Comissão Interamericana de Direitos Humanos da OEA pediu explicações aos governos paulista e federal sobre o "massacre do Castelinho". Em 2014, os policiais foram absolvidos das acusações de homicídio.

** Professor de relações internacionais da PUC-SP.

*** Roberto Teixeira da Costa, vice-presidente do Centro Brasileiro de Relações Internacionais.

**** Ditador do Iraque.

A outra anotação é a seguinte: fui ver o nome do autor do livro sobre o "caso" Cayman, *O dossiê do medo*. Chama-se Leandro Fortes. Ainda tenho algumas coisas a retificar. Primeiro, ele transformou em um grande problema o fato de não termos dado publicidade à primeira versão, vinda das Bahamas, de que Serra, Covas e eu nunca tivemos conta lá. Óbvio que não demos curso à versão, porque era visivelmente uma armadilha, para dizer que o Sérgio tinha, e nós sabíamos que ele não tinha. Então, mesmo Fortes dizendo que o cara que recebeu os policiais [da PF, em Cayman] era ligado ao que eles chamam lá de "turminha de Miami". Logo, não havia por que ficar criando um suspense tão grande por essa questão. E supôs, de novo com interpretação enviesada, ou talvez para fazer suspense para poder publicar o livro, que tivesse feito uma grande descoberta [a de que a PF recolheu a informação de que Serra, Covas e eu não tivemos jamais contas em Cayman].

HOJE É TERÇA-FEIRA, DIA 27 DE AGOSTO. Ontem foi um dia interessante. Pesquisas do Vox Populi diminuem significativamente a diferença entre o Ciro e o Serra. O Serra sobe 4 ou 5 pontos, e o Ciro cai 7.* Parece que hoje o Ibope vai confirmar essa tendência.** Isso muda muito o panorama. Resultado: o Serra esteve aqui mais animado e também mais crítico. Já disse que vai anular o contrato da FAB com o negócio de aviões de caça. Disse que está tudo errado na política de computadores, porque ela vai contra a indústria no Brasil. Já ficou de nariz para cima. Isso é do temperamento dele. Se for eleito, e eu quero que seja, vai ser um governo de atritos. Não comigo, porque eu vou ficar longe e não vou dar bola para essas coisas, para essas afirmações quase infantojuvenis. Mas vai dar dor de cabeça.

Estive também com o Pimenta, que veio muito tenso, dizendo que o Serra não se reúne para discutir política, só há interferências pontuais dele. Eu sempre disse, devo ter registrado aqui, que o Serra é um tático, não um estrategista. Cada um tem seu temperamento. Agora, ele como tático é bom. Como gerente também, arranca o que é necessário arrancar. O que ele tem dito na televisão (eu vi um programa dele, ontem à noite, na TV Bandeirantes) é do jeito que ele é mesmo, quer dizer, ele faz a coisa andar, como o Sérgio fazia. Talvez o Brasil esteja precisando disso.

Ontem eu recebi o Roberto Setúbal*** para discutir problemas da indústria de computadores. Reuniões com o Everardo [Maciel] para ver se faço ou não a minirreforma tributária. O trivial ligeiro.

* No primeiro levantamento após o início do horário eleitoral no rádio e na televisão, em 20 de agosto, o instituto aferiu Lula com 34%, Ciro com 25% (queda de sete pontos), Serra com 15% (subida de cinco pontos) e Garotinho com 8% das intenções de voto para presidente.

** Os números do Ibope foram Lula 35%, Ciro 21% (queda de cinco pontos), Serra 17% (subida de seis pontos) e Garotinho 11%.

*** Presidente do grupo Itaú, que incluía a Itautec, indústria de computadores e componentes eletrônicos desativada em 2013.

A situação internacional continua indefinida. O Cheney, que é o vice-presidente americano, está incentivando a guerra. Se vier essa guerra, aí, sim, as coisas vão se complicar muito. Agora vou dar uma aula para o pessoal do Itamaraty [do Instituto Rio Branco],* que está aqui no Alvorada. São dez horas da manhã.

HOJE É QUARTA-FEIRA, 28 DE AGOSTO. São duas da tarde. Eu me esqueci de registrar que na segunda-feira dei uma audiência ao Guilherme Schelb, procurador regional dos Direitos do Cidadão em Brasília. É do Ministério Público Federal. Foi muito interessante. Ele veio me trazer um trabalho que fez com um grupo em Lisboa sobre os brasileiros no exterior. Os direitos civis e humanos desses brasileiros. Nós conversamos amplamente. A sensação: ele parece que tem grande respeito por mim, admira as coisas que o governo fez e é um homem preparado. Talvez seja um tanto não sei se fundamentalista, mas fortemente convicto de suas ideias. Ele quer modificar a sociedade como um processo, tem uma ONG. Tive boa impressão dele. E é um desses que mais têm atazanado nossa vida, com acusações precipitadas, não diretamente a mim, mas ao Eduardo Jorge e a outros mais. Custa a entender como ele não percebe, se é que não, que há uma incongruência entre reconhecer o que o governo está fazendo e, vendo como eu sou, imaginar que pessoas como o Eduardo Jorge fossem capazes de fazer o que eles imaginam que fizeram. É muito curioso isso. No conjunto é parte do processo democratizador brasileiro. Pessoas desse tipo são necessárias; claro que se tivessem um pouco mais de compreensão, uma compreensão mais ampla dos objetivos políticos, de como se muda uma sociedade, se fossem menos...

Eu estava dizendo que se o Schelb tivesse uma visão mais objetiva dos processos de mudança e não ficasse se fixando em valores um tanto principistas, seria possível compreender melhor o que acontece, mas é pedir demais. Acho que eles entendem algumas coisas e não entendem outras.

Vamos retomar o dia 27, terça-feira, ontem. De manhã, dei a palestra no Alvorada para os alunos do Instituto Rio Branco. Esbocei o meu segundo livro para depois que eu sair da Presidência. O primeiro é *A arte da política*,** o segundo eu ainda estava na dúvida, mas vai ser um *jogo* entre a globalização e as tentativas de inserção soberana do Brasil na economia mundial, fazendo um bate-bola com o meu livro com Enzo Faletto. Pode ser uma coisa interessante. Recebi depois o Sérgio Machado, que é o diretor da editora Record e veio ao Palácio da Alvorada para assinar o contrato dos dois livros que mencionei. Esse contrato me ajuda, porque

* O presidente falou aos futuros diplomatas no seminário Rio Branco, a América do Sul e a modernização do Brasil, comemorativo dos cem anos da posse do barão do Rio Branco como ministro das Relações Exteriores.

** *A arte da política: A história que vivi*. Rio de Janeiro: Civilização Brasileira, 2006.

estou precisando pagar o apartamento que estamos comprando, e ele vai me dar uns 100 mil reais a mais.

Recebi depois a seleção brasileira masculina de vôlei,* muito simpáticos todos, foi muito agradável. Veio o Nuzman, veio o presidente da Confederação Brasileira de Vôlei,** vieram os jogadores, foi um dia de festa. Depois o Fabio Feldmann, que veio falar sobre a questão da África [Johannesburgo]. Ainda recebi o Goldman com o Tito [Guimarães], filho do Ulysses, e um grupo do prefeito de Rio Claro,*** que é do PV e preside a Fundação Ulysses Guimarães. Foi muito agradável tudo. Recebi o [Hugo] Napoleão para discutir as questões do estado dele.

Mais tarde tive uma penosa reunião sobre o orçamento e as metas financeiras. Como sempre, a área econômica, ou melhor, a Fazenda, defendendo o Tesouro com unhas e dentes, enquanto os outros, eu inclusive, mostrando que isso está muito bem, mas que é preciso não esquecer a história do cavalo inglês que, quando aprendeu a viver sem comer, morreu. Estamos com a administração pública brasileira atingida pelo aperto financeiro. Eu disse que tínhamos que expandir um pouco o gasto, e vamos expandir.

Hoje de manhã gravei com o Beto Richa, filho do [José] Richa, que é candidato a governador do Paraná.**** Depois fui receber o Gerson Camata e, separadamente, o Pimenta e o Zé Aníbal. Todo mundo mais contente com os resultados das pesquisas.

Assinei uma medida provisória sobre a Anistia,***** para completar o ciclo da ditadura de 1964. Só agora fizemos algumas reparações e ainda com preocupações do ministro da Defesa pela eventual promoção de pessoas sem o curso apropriado. Isso se pode corrigir por interpretação. Depois fiz algo que me deixou muito sensibilizado: dei uma medalha da Ordem Nacional do Mérito ao João Camilo Penna. Ele fez um discurso generoso, até pedi cópia e a tenho guardada. Inteligente, bem escrito, estilo mineiro à antiga. Homem estupendo o João Camilo Penna, fiquei muito contente em poder fazer essa homenagem a ele.

Recebi o Jorge Baptista, dono do Banorte,****** que tem problemas com o Banco Central. Foi muito educado, só queria saber se o Banco Central vai resolver a questão do banco dele. Eu disse que não sabia, que ele tinha que falar com o Armínio. Um homem de categoria. Depois estive com Paulo Sérgio Pinheiro e com o Conade,

* O Brasil conquistara a medalha de prata na Liga Mundial de 2002, cujas finais foram disputadas em Belo Horizonte e Recife.

** Ary Graça Filho.

*** Cláudio de Mauro.

**** Pelo PSDB.

***** A MP 68/2002, convertida na lei nº 10 559, de 13 de novembro de 2002, regulamentou o artigo 8º das Disposições Transitórias para definir os critérios de concessão de reparações a vítimas de perseguição política pelo Estado entre os anos de 1946 e 1988, em especial durante a ditadura militar de 1964-85.

****** A instituição financeira pernambucana estava sob liquidação extrajudicial desde 1996 e fora adquirida pelo Unibanco.

o Conselho Nacional dos Direitos da Pessoa com Deficiência, reunião para me trazer uma reivindicação dos cegos e dos paraplégicos, que devem ser uma preocupação crescente dos governos. Ainda tive uma longa entrevista com o Sérgio Moreira a respeito do Sebrae e despachos com Pedro Parente, com Scalco, Ana Tavares, enfim, os da casa. Um longuíssimo dia e bastante cansativo. Estou cansado, fui dormir muito tarde ontem para acordar mais ou menos cedo hoje. Ruth foi para São Paulo e fiquei sozinho aqui.

No jantar o Sebastião Rego Bastos veio falar sobre a ANP, que também está sofrendo com o aperto financeiro. E vieram os que eu convidei, além do Celso Lafer, o Synesio Sampaio Goes, meu amigo, embaixador na Bélgica, e também o Seixas Corrêa, que é nosso embaixador em Genebra. Foi um jantar agradável e cheio de espírito. Eles, como sempre, preocupados com os candidatos e com a visão que têm do Itamaraty. Se percebe nos debates certa falta de compreensão do papel do ministério e das grandes instituições nacionais.

Nesse meio-tempo, telefonemas aflitos. Do Serra, da Bia Aydar, do Bob Vieira da Costa, enfim, de todos que estão trabalhando na campanha. Depois o Eduardo Jorge, e eu mesmo ainda telefonei para o Andrea. O Serra me ligou tarde da noite para dizer que eles estão morrendo na praia, ou seja, que não têm recursos e que o Nizan está ameaçando abandonar a produção por falta de recursos. Claro, falei com o Nizan ainda hoje, e vamos ver o que é possível, vamos fazer um esforço. Mas é patético, o Serra está quase empatando com o Ciro e não tem recursos, porque o nosso sistema de financiamento de campanha está morto. O sistema era o governo dar dinheiro através de negociações, e o nosso governo não está fazendo isso, então não tem recursos. Os [doadores] privados, além de não gostarem e terem medo de dar recursos, não têm tanto dinheiro disponível assim. E sobretudo têm medo de usar caixa dois, temem as investigações da Receita, denúncias e tudo mais.

O sistema estava montado da seguinte forma: o governo facilitava a liberação de verbas e os beneficiados, normalmente empresas de construção de estradas etc., e outros, de grandes interesses, contribuíam para a campanha. Os marqueteiros, a "indústria eleitoral" recebia dinheiro, os políticos eram portadores, eram um canal de ligação entre uma coisa e outra. Agora se interrompeu o fluxo porque se diminuiu muito a possibilidade de usar esse tipo de método, as empresas têm medo de dar dinheiro na proporção que é requerida e o preço do mercado eleitoral continua elevadíssimo. Resultado: isso vai nos levar ao financiamento público, porque não há mais como funcionar esse sistema. Não deixa de ser bom, só que quem está pagando o preço somos nós, quer dizer, o PSDB, que está no governo e que não fez o uso habitual da máquina para obter recursos para a campanha. É o principal a registrar hoje.

HOJE É 3 DE SETEMBRO, TERÇA-FEIRA, são seis da manhã. Estou em Johannesburgo. Na sexta-feira seguinte à quarta que registrei aqui, fui a São Paulo ver a Câmara Americana de Comércio.* Fiz um discurso em que mostrei os avanços na área social, e foi bom, porque no dia seguinte, no sábado, saiu nos jornais minha resposta implícita à baboseira que alguns candidatos estão dizendo sobre a área social. Segundo a versão deles, tudo andou para trás. Desemprego, então, uma tragédia, eu sou responsável por 12 milhões de desempregados, como se houvesse... Não há. A força de trabalho conta com 70 milhões, 80 milhões de pessoas, temos 7% de desemprego, portanto 5 milhões de pessoas. No meu governo não cresceu tudo isso, antes havia pelo menos 4,5 milhões de desempregados. Ou seja, eu sou responsável por 3% dos desempregados — eu não, o governo, a economia. Os 3% dizem respeito ao meio milhão, é muita gente, eu preferia que não houvesse nenhum desempregado, mas a demagogia com que são usados os dados no Brasil, a falta de atenção, são extraordinárias, foi o que falei na Câmara Americana. Depois fui ao nosso apartamento, na rua Maranhão, e esperei chegar a Regina, a Ruth, o Silvio [Oksman]** e o Osmar de Souza e Silva, que foi meu colega de ginásio e está fazendo a reforma do apartamento que estamos comprando na rua Rio de Janeiro. E à noite fui jantar com o Leôncio e a Teca, o Boris Fausto e a Cinira, o Eduardo Kugelmas*** e a mulher dele,**** e a Ruth. Foi muito agradável.

Sábado passei o dia de manhã com meus netos, filhos da Bia, que almoçaram em casa com o Paulo Henrique e a Vanvan também. Passei o dia no apartamento, só no fim da tarde recebi o Benjamin Steinbruch, que veio falar das questões da CSN com a empresa anglo-holandesa, e sempre com preocupações por causa das denúncias nos jornais. Ricardo Sérgio e ele ficam apavorados com boatos já desmentidos.

Acaba de tocar o telefone, é o Miyaguti me chamando para me acordar. Eu dormi mal, é a segunda noite que passo em Johannesburgo, às vezes corre-se o risco do jet lag ocorrer na segunda noite, foi o aconteceu hoje comigo.

No sábado à noite, portanto dia 31 de agosto, eu vim a Johannesburgo. Tomei o avião, estava cheio de gente, viemos conversando, brincando, senadores, deputados, ministros, aquela coisa habitual. Chegamos a Johannesburgo anteontem, domingo. Foi a segunda vez que eu vim a Johannesburgo,***** uma cidade agradável. Conheço a parte mais velha, ainda não vi Soweto, a parte mais pobre, dos negros, da época do apartheid.

No domingo, fui tomando consciência dos problemas que discutiremos na Conferência sobre o Meio Ambiente, mas pouco a pouco, para não me cansar demais, embora me tenha cansado. Recebi o pessoal da Marcopolo, uma indústria

* Cerimônia de entrega do prêmio Empresa Comunidade ECO 2002, na Câmara Americana de Comércio de São Paulo.

** Arquiteto paulista.

*** Professor de sociologia da USP.

**** Neila Cecilio.

***** A primeira visita presidencial à cidade aconteceu em novembro de 1996.

de carroceria de caminhões e de ônibus que tem enorme sucesso. Aqui todos os ônibus, grande parte deles, são da Marcopolo. Eles têm uma fábrica em Johannesburgo, falei com o filho do fundador da empresa,* ele estava entusiasmado com o que está fazendo. Depois fui a um jantar com os senadores, deputados e ministros, nada de muito especial.

Ontem, segunda-feira, dia 2, a conferência realmente começou. E começou como todas as conferências: pesada o dia inteiro. Fiz minha exposição de manhã, tive que falar em inglês porque senão aqui não tem repercussão, eles não entendem. Depois tive que presidir uma parte da sessão, o Mbeki, presidente da África do Sul, queria que eu fizesse isso para não ficarem o tempo todo ele e o Kofi Annan na presidência. Depois foi aquele desfilar de personalidades. Conversei rapidamente com Tony Blair, um pouco menos rapidamente com o Chirac, porque criamos o parque de Tumucumaque, fizemos um pacto de fronteira com a Guiana Francesa para ver se não há como fazer a mesma coisa, um parque, do outro lado. Falei de longe com o Mandela, de manhã, e fui receber o presidente da Ucrânia. Recebi a Mary Robinson, comissária de Direitos Humanos da ONU, que foi fantástica. Ela me disse: "Eu sou muito rude, digo as coisas francamente, e quero dizer francamente que o Brasil melhorou muito a relação do governo com as ONGs nas questões de gênero e tudo mais". Foi uma coisa que me deixou satisfeito. Recebi a Helen Clark, que é a primeira-ministra da Nova Zelândia, e também o presidente da Armênia. O mais importante foi a conversa com o Schröder, para avançarmos em um projeto de desenvolvimento limpo, no qual o Paulo Henrique está muito empenhado, para a redução do CO_2 emitido pelos carros a álcool no Brasil em comparação com os carros a gasolina. Os alemães pagariam um subsídio para comprar o álcool e tirar de circulação 100 mil veículos que não sejam movidos a álcool.** A ideia está começando a avançar, vamos ver se avança mesmo. Isso foi na parte da manhã.

Depois vim correndo para o hotel, um belo hotel, chama-se Westcliff. Clinton esteve hospedado nos mesmos aposentos em que estou, é muito bonito, se vê ao longe o zoológico, elefantes, leões e tal. Voltei para descansar um pouco.

Mas logo saí correndo com o Paulo Henrique, ele veio comigo na viagem, para continuar aquele corre-corre de reuniões internacionais. Fui ao lançamento de uma coligação para o desenvolvimento sustentável, já na parte da reunião organizada pelas ONGs. Fiz discursos; em toda parte tenho que fazer discurso. Depois fui para uma coisa muito interessante: o lançamento do Conselho Mundial da Paz. Lá estava o Mandela, que me tratou carinhosissimamente, conversei de maneira breve com ele, que está bastante abalado pela moléstia, mas falou, fez um discurso

* Mauro e Paulo Bellini, respectivamente.

** Fernando Henrique e o premiê alemão assinaram declaração conjunta por meio da qual a Volkswagen se comprometeu a investir R$ 100 milhões no Brasil para produzir 100 mil carros a álcool nos anos seguintes.

firme. Depois fiz um discurso que teve uma repercussão imensa, aplausos o tempo todo, também em inglês porque não há outro jeito. Depois me encontrei com o rei Zulu* e também com o presidente da Mauritânia,** todos interessados em paz, o presidente da Mauritânia falando francês.

Mal terminado esse encontro, voltamos para a sede da conferência, continuando na azáfama de receber gente, e ainda fui a um banquete que Mbeki ofereceu, com discurso e tudo de Mbeki e do Kofi Annan. E estive sentado à mesa com o presidente da Argélia, Abdelaziz Bouteflika, um daqueles antigos lutadores, amigo do Arraes. À minha mesa estavam ainda, olha que coisa curiosa, o presidente do Benim,*** o presidente Mugabe, que está com tremendos problemas no Zimbábue, e também o presidente da Bulgária.**** Conversa difícil, me concentrei mais no argelino, porque ele é muito interessante, falava francês. Um homem que conhece o [Miguel] Arraes, como disse, um realista, super-realista. Perguntou se eu conhecia o Berlusconi, eu disse que sim. Aliás, vi o Berlusconi duas vezes, ele é muito simpático comigo... O presidente da Argélia perguntou se eu conhecia o Berlusconi porque ele, Berlusconi, é muito amigo do Bush, coisa que precisa ser cuidada, disse. Ele é muito mais Chirac do que Jospin. Digo isso contando o anedótico, porque o interessante é que ele [Bouteflika] é um homem de visão. Mais do que de visão, de malícia, me pareceu.

Voltei ao hotel para descansar, dormi mal e agora vou para outras reuniões. Mas queria registrar também que, en passant, falei com o Shimon Peres, falei com o presidente do Banco Mundial, o Wolfensohn, sempre muito amigo, foi ele quem me levou para o *board* do Institute for Advanced Study [de Princeton] recentemente, não na vez em que fui lá para ser *fellow* [levado pelo Albert Hirschman]. Disse-me que o príncipe herdeiro da Holanda***** queria me ver, que gostava muito de mim. Fui vê-lo na mesa em que estava, falei com a mulher dele****** também, uma argentina extremamente simpática, amiga do Armínio Fraga. Enfim, falei com meio mundo nesse jantar e hoje sou um peixe dentro d'água nessas reuniões internacionais.

A reunião em si vai dar pouca coisa. O Brasil lutando por algumas metas, entre as quais a que chamamos da meta de obter pelo menos 10% de energia de fontes renováveis. Os americanos se opõem, muita discussão de detalhes, mas detalhes importantes, que dão para trás na questão, por exemplo, de gênero, certas considerações com pouco respeito às culturas, o que pode ser muito perigoso para o avanço dos direitos humanos. Ainda estamos lutando, e não há nenhum espírito de avançar, porque os americanos frearam essa corrente por um desenvolvimento

* Goodwill Zwelithini kaBhekuzulu.

** Maaouya Ould Sid'Ahmed Taya.

*** Mathieu Kérékou.

**** Georgi Parvanov.

***** Willem-Alexander, que ascendeu ao trono em 2013.

****** Máxima Zorreguieta.

diferente, com o sonho de um mundo melhor. Não sei no que vai dar no final esta reunião de Johannesburgo, mas minha visão quanto aos resultados é pálida.*

HOJE É DIA 4 DE SETEMBRO, QUARTA-FEIRA, estou no Brasil. Tendo voltado ontem mesmo, dia 3, cheguei quase às dez da noite. Primeiro, uma correção. Eu falei que tínhamos 4,5 milhões de desempregados quando assumi o governo. Não. São 4,5% da força de trabalho, não da população. Não sei quanto era a porcentagem naquela época, mas é esse o dado certo.**

Ontem, terça-feira, dia 3, ainda saí para tomar café da manhã com Fox e alguns poucos presidentes e muitos técnicos. Conversamos sobre a biodiversidade, um tema que entra na conversa mais dos representantes dos países que não são do Primeiro Mundo e têm maior diversidade biológica. Isso é bom porque permite dar sequência à análise por nossa própria conta, definindo objetivos de controle de emissão de CO_2, mostrando uma atitude racional para ver se os países mais desenvolvidos se movimentam, pelo menos pelo contraste com o que pensam os menos desenvolvidos e pela pressão das populações e da opinião pública, forçando os governos a uma atitude menos reacionária do que a que está em curso.

Depois disso fui me encontrar com o Kofi Annan. Conversa boa, ele me convidou para participar de alguma maneira da ONU, lembrou o caso do [Ernesto] Zedillo, que ficou presidindo a comissão de globalização,*** falamos sobre a questão de democracia, enfim, temas genéricos. Certamente eu seria nomeado presidente de uma comissão, a discutir qual. Não recusei, mas disse que logo que terminar o governo quero descansar uns meses, depois volto ao assunto. É claro que trabalhar para a ONU é uma boa posição. O Gelson, na volta, no avião, insistiu que seria muito bom eu ser presidente da Assembleia Geral da ONU. Isso depende de quem seja o novo presidente do Brasil, de ver se estará de acordo ou não, mas é outra possibilidade. Há muitas possibilidades e não quero me precipitar.

Ao Annan eu perguntei basicamente sobre o Iraque. No momento em que entrei para conversar com ele, estava saindo o Tariq Aziz, ministro do Exterior do Iraque, o segundo homem do Iraque. Annan apresentou-o a mim, ao Celso Lafer, ao Eduardo Santos, que estavam comigo. O Fabio Feldmann também assistiu à conversa com o Annan em que perguntei como ele via a situação do Iraque. Ele a vê com muita preocupação. O Tariq Aziz tinha dito que estava disposto a dei-

* A cúpula terminou sem que a declaração final incluísse um compromisso firme entre os países-membros pela substituição de combustíveis fósseis por fontes de energia renovável, proposta pelo Brasil e pelo G77 até o percentual de 10% no prazo de uma década, embora tenha abarcado metas sociais, de proteção da biodiversidade e fiscalização ambiental.

** Segundo o IBGE, o desemprego médio em 1995 foi de 4,5%. Em 2002, a taxa alcançou 7,1%.

*** O ex-presidente mexicano dirigia o Yale Center for the Study of Globalization, vinculado às Nações Unidas.

xar que entrassem mais inspetores [da ONU], mas, disse ele, os inspetores fazem espionagem e da visita não resulta nada. Vê-se que o clima é tenso. Perguntei ao Kofi se ele achava que havia o risco de guerra iminente. A resposta foi evasiva, ele disse que o setor falcão dos Estados Unidos está querendo isso e ele acha que há apoio para a guerra, mesmo no Congresso, na opinião pública americana, algo muito preocupante.

Ele agradeceu a ação do Brasil, disse que se não fosse o Brasil a reunião em Johannesburgo teria sido um fracasso. Disse que fizemos a sustentação de teses inovadoras na questão da diversidade, nas propostas de energia, enfim, agradeceu a ação do Brasil. Foi para agradecer que tinha dado aquela audiência a mim e também para me convidar a trabalhar nas Nações Unidas.

Depois fomos assistir à assinatura de um contrato do WWF com o Banco Mundial para apoiar a preservação da floresta amazônica.* Foi uma reunião até comovedora, porque o Wolfensohn foi muito gentil, elogiou o que o Brasil fez, e não foi o único a reconhecer, todos os presentes, sem exceção, reconheceram as mudanças no Brasil em matéria de meio ambiente. E são pessoas do WWF, normalmente críticas, foi algo muito significativo. Ao terminar a reunião, percebi que iria haver de novo, nas reuniões seguintes, discussões sobre a questão de Monterrey e sobre Johannesburgo e que não havia mais matéria nova para conversar. Então propus que voltássemos para o Brasil, porque havia muita coisa a ser feita aqui. E assim foi. Por isso cheguei mais cedo ao Brasil.

No caminho de volta, nada de especial, o Aécio muito inquieto, porque as negociações com Minas na área econômica não estão avançando e o Itamar está ameaçando fazer um carnaval, dizer que o governo federal está abandonando Minas e romper com o Aécio. Coisas da política tipicamente *itamariana*. De volta, uma viagem longa, jogamos nosso poquerzinho com alguns senadores que lá estavam, aliás, o Aécio jogou também. Dessa vez o Ramez Tebet não quis jogar.

Cheguei ao Brasil e fui ver o que tinha acontecido na quinta-feira 29 de agosto, porque eu não me lembrava mais. O que aconteceu foi que às dez e meia da manhã o Guilherme Dias veio aqui para despachar sobre o orçamento que ele tinha que mandar para o Congresso; depois recebi o José Jorge e o Sérgio Machado. O José Jorge é um bom sujeito, eu gosto dele. Ainda se queixando que foi obrigado a abandonar o governo e acabou apoiando o Serra. Essas reviravoltas do PFL. Ao meio-dia ainda recebi mais pessoas e almocei aqui com o Paulo Renato, que veio mostrar os avanços na área de educação, que realmente foram imensos. Há uma guerra neste momento entre a equipe de educação e o Paulo, porque a atitude dele não foi, de cara, de apoio ao Serra, mas, à parte isso, o Paulo fez um excelente ministério na Educação.

* Na ocasião, o Banco Mundial e o WWF anunciaram investimentos de US$ 395 milhões em áreas protegidas da Amazônia brasileira.

À tarde recebi o Osmar Terra, o Ueze Zahran, que é o presidente da Copagaz. Parece que a Petrobras tinha que mandar o processador, eu não sei bem o que é isso, para separar do gás alguns produtos mais nobres, lá no Mato Grosso do Sul, em Campo Grande. Falei com o Gros para ver como são as coisas, sempre temos que ver as versões. O Gros disse que ia se informar. Recebi também o Siqueira Campos, para me agradecer, porque tentei visitá-lo quando ele estava doente sem coragem para sair. Com câncer é natural. Sempre respeitei o Siqueira. Depois recebi o Gonzalo Montenegro, o embaixador da Bolívia no Brasil, que vai ser vice-chanceler, e para nós é bom, porque o Goni, o Gonzalo Sánchez de Lozada, presidente da Bolívia,* não é muito favorável ao Brasil, ele tem muita ligação com os americanos. Com essa questão do gás, isso nos preocupa muito.

Voltando ao dia de hoje, 4 de setembro. Passei de manhã vendo os efeitos do debate entre os candidatos,** parece que foi muito sangrento, mas que o Serra se saiu razoavelmente bem e que a pesquisa Ibope deu empate entre o Serra e o Ciro.*** Quer dizer que o Serra está na frente, porque o Ibope está é com o Lula, fazendo certo jogo, na margem de erro amostral. O debate deve ter sido ruim pelo que vi nos jornais, muito agressivo, começam a atacar o governo, o Ciro fazendo as dele e o Lula, por enquanto, ainda com pele de cordeiro. Vai ter muita reviravolta, falta um mês para as eleições, é o mês mais difícil e decisivo. De qualquer forma, ouvi dizer que o Serra se comportou estoicamente em um momento em que estava mal. Espero que ele se comporte com mais confiança em si mesmo, com mais combatividade e menos choradeira para reclamar de detalhes, que não contam. O que conta é o geral, o atacado, ninguém governa o Brasil catando milho.

Em tempo: esqueci de registrar que também me encontrei com o Zhu Rongji,**** que foi muito efusivo. Aliás, os chineses têm uma relação muito boa com o Brasil, e isso foi reafirmado pelo Zhu Rongji, que disse que estão me esperando com prazer na China, seja eu presidente ou não. Disse que o Brasil fez uma mudança econômica que eles apreciam muito.

* Seu segundo mandato na Presidência boliviana começara em 6 de agosto.

** Promovido pela TV Record.

*** Ambos os candidatos tinham 17% das intenções de voto no levantamento divulgado em 3 de setembro.

**** Primeiro-ministro da China.

6 A 28 DE SETEMBRO DE 2002

Serra se consolida no segundo lugar. Jantar com Antonio Palocci e José Dirceu. Acordos com a Argentina

Hoje é sexta-feira, dia 6 de setembro. Na quarta-feira, dia 4, eu praticamente só recebi o Caio Luiz de Carvalho, ministro dos Esportes, e o Portella, que é o secretário executivo, para discutir uma legislação sobre futebol* que já está no Congresso, e há algumas modificações a serem introduzidas. Não sei exatamente como vamos encaminhar as propostas, mas as ideias do Portella são boas. A Ruth chegou à noite, e ontem, quinta-feira, passei a manhã gravando mensagens eleitorais: para o Gerson Camata, Heráclito Fortes, Arthur Virgílio, José Aníbal... Gravei mensagens também para uma reunião do BID sobre pequena e média empresa,** enfim, me dediquei a isso. Depois do almoço recebi o José Abrão para tratar da conferência nacional de agricultura familiar.*** Depois o Márcio Barbosa, que é o vice-diretor geral da Unesco, e ainda o Moreira Mendes, que é senador por Rondônia e veio com um grupo de estudantes. Foi uma tarde relativamente leve.

Nesse meio-tempo discutimos os ajustes do orçamento. Essa é a matéria mais terrível que há. Por sorte conseguimos com a Petrobras 1 bilhão a mais de superávit, para evitar que houvesse um corte ainda mais drástico. Com isso, provavelmente, vamos ter mais uns 500 milhões para liberar até o fim do ano, e eu vou manobrar de modo que sejam aplicados na máquina do governo e no término de obras essenciais. Voltei para casa extremamente cansado, tomei banho e deitei cedo.

Hoje, sexta-feira, também passei a manhã gravando mensagens de apoio, essa coisa de candidatos está cada vez me ocupando mais. É um bom sinal, porque os candidatos estão achando que eu aparecer com eles ajuda na eleição. Hoje foi a vez de Geraldo Melo. Além disso, gravei longamente, ou melhor, posei longamente, para um fotógrafo, porque a Danielle queria que eu fizesse fotografias. Ele chama-se Eddy Novarro, um homem de quase noventa anos, mas que fez boas fotografias, de gente famosa pelo mundo afora. Fui almoçar com Pedro Parente, Pedro Malan e Guilherme Dias para discutir de novo o orçamento, e fixamos, finalmente, números mais convenientes. Ou seja, que eu vou ter uma margem de mais 500 milhões de reais, para não ficar tudo à seca. Vamos cortar 1,5 bilhão, vai haver gritaria, mas tenho 500 milhões para aplacar um pouco essa gritaria.

* Isto é, a MP 39/2002, da moralização do futebol.

** Referência ao Programa BNDES de Apoio às Micro e Pequenas Empresas, financiado pelo BID.

*** Conselho Nacional de Desenvolvimento Rural Sustentável.

O general Leônidas [Pires Gonçalves]* deu declarações sobre a questão dos militares, dizendo que eles são maltratados pelo governo. Mandei levantar os dados. O aumento salarial dos militares, em termos reais, foi de 100% de 1995 para cá, para capitão, coronel, general, é um aumento muito significativo. Mais ainda, se antes havia uma desigualdade em desfavor dos militares, agora eles, em média, ganham mais do que os outros servidores. Por isso é que não há dinheiro para o custeio: o dinheiro foi gasto com pessoal. Vou de alguma forma dizer isso. Não sei se digo por telefone ao Leônidas, se mando uma nota ou o que eu faço, mas algo tem que ficar claro, porque gastamos bastante com a Defesa. Naturalmente com pessoal, mas, é certo, falta equipamento. E agora como eles não vão diminuir o número de unidades nem o número de pessoas que entram a cada ano nas Forças Armadas, está ficando difícil, porque o salário está elevado e o gasto aumentou muito. E esse aumento real foi anualizado.

Eles têm que racionalizar os gastos, entretanto ainda ficam pensando como nos anos 1960 e 1970, quando se imaginava que o Brasil se afirmaria como potência do ponto de vista bélico pelo número de militares. Isso hoje não tem mais cabimento, pois o que tem cabimento é reduzir o efetivo, melhorar o treinamento, melhorar salário, como fizemos, e melhorar o equipamento, que é muito caro. Estamos pouco a pouco fazendo isso, devagar porque não há recursos para tudo. Isso foi o que de mais significativo apareceu nos jornais de hoje.

Fora um xingamento forte do João Herrmann** contra o Serra, muito pesado. Isso porque o Paulinho foi chamado pelo procurador.*** O procurador não tem nada a ver com o governo. Eles ficam querendo jogar a culpa no governo, na campanha do Serra, uma baixaria atrás da outra. Mas continua havendo uma leve vantagem do Serra sobre o Ciro, qualificando-o para o segundo turno. Aliás, vi o programa dele ontem à noite, e foi bom. Era a respeito das mulheres, das mulheres no trabalho, a Rita Camata esteve bem. Acho que agora o Serra encontrou um modo de ter presença mais positiva nos programas eleitorais da TV.

Despachei com Scalco, e estou de novo resfriado, coisa nova. Estou com as defesas orgânicas mais abaladas, porque isso nunca me tinha acontecido. E amanhã, 7 de setembro, terei um dia pesado.

Diga-se de passagem, continuam as apostas sobre se vai haver ou não guerra no Iraque. Não está muito claro, mas há um temor. E as bolsas continuam erráticas pelo mundo afora, acho que estamos passando por uma crise profunda no sistema capitalista. As pessoas não registraram ainda, porque é de outro tipo, não é igual à

* Ex-ministro do Exército (governo Sarney).

** Deputado federal (PPS-SP).

*** Célio Vieira da Silva, do MPF, investigava a compra supostamente superfaturada de uma fazenda para reforma agrária em Piraju (SP) com verbas do Ministério do Desenvolvimento Agrário. A Força Sindical de Paulinho representava o Banco da Terra (federal) na operação. O ex-sindicalista foi condenado à perda dos direitos políticos em 2017 e recorreu ao STF.

de 1929. Eu já registrei, é uma crise financeira, mais do que de desequilíbrio entre produção e demanda.

HOJE É DOMINGO, 8 DE SETEMBRO. Continuo gripado. Ontem foi um dia inteiro de comemorações, a rua estava relativamente contente. Aplausos, poucas manifestações negativas, só a de um rapaz, fora isso aplausos. O pessoal do Roriz, evidente, mobilizado, mas o PT não se mobilizou, não veio para a rua. Fui ao desfile, depois participei de um encontro em honra aos militares, era a última vez que eu ia encontrá-los como presidente no Sete de Setembro. Fiz o que pude [pelas Forças Armadas], se mais não fiz é porque mais não pude. Foi rápido o discurso, voltei para o Alvorada, havia comemoração do Conselho Nacional dos Direitos do Idoso, dei posse, outro discurso. Estava bom. Não sei, foi preparado pelo pessoal da minha assessoria, eu geralmente não leio, dessa vez li. Estava bom. Depois fiz um discurso entre o improviso e o lido no prêmio das frases mais bem escritas do Brasil todo.* Foi interessante, a Maria Helena Castro** fez um balanço bom de tudo que aconteceu na educação, e almoçamos aqui eu, Ruth, o Paulo Sérgio Pinheiro, o Roberto Martins, que é o presidente do Ipea, e o [José de] Sousa Martins, um antigo aluno meu que hoje é um importante professor*** e que foi muito ligado à Pastoral da Terra e está favorável ao que estamos fazendo no governo quanto à melhoria das condições sociais, à luta contra a desigualdade, contra o trabalho escravo.

Descansei um pouco e lá fomos eu e a Ruth ao Itamaraty, foram horas a fio de cumprimentos do corpo diplomático, depois a inauguração da exposição de Brasília,**** feita por aquela moça que é neta***** do Israel Pinheiro.****** Estava a família dele presente, a filha do Lúcio Costa.******* Depois o Paulo Octavio******** e a Cristina [Ana Cristina Kubitschek Pereira],********* que é neta do Juscelino. Os juscelinistas de Brasília. Celso Lafer fez um bom discurso, fui obrigado a falar. Aliás, falei duas vezes. No discurso sobre o Juscelino e depois também por causa dessa exposição sobre Brasília. E ainda fui à inauguração de uma exposição sobre o barão do Rio Branco,********** e de novo tive que fazer, de improviso, um discurso sobre o barão,

* Concurso Nacional de Frases do Projeto MEC/Nestlé, que premiou as melhores frases sobre educação de 27 estudantes de todos os estados.

** Secretária-executiva do Ministério da Educação.

*** Professor de sociologia da USP.

**** Brasil, Brasília e os Brasileiros.

***** Maria Helena Pinheiro Penna.

****** Presidente da companhia construtora de Brasília (Novacap) e primeiro governador do Distrito Federal.

******* Maria Elisa Costa.

******** Deputado federal (PFL-DF).

********* Mulher de Paulo Octavio.

********** Barão do Rio Branco, sua Obra e seu Tempo, com curadoria de Maria Izabel Branco Ribeiro.

sobre sua época. Recordei que meu avô trabalhou com o Floriano [Peixoto] na época em que o Floriano morou no Itamaraty.* Meu pai também morou lá quando criança, ele contava infinitas vezes as histórias da Revolta da Armada, a que eles iam assistir na praia Vermelha: Floriano, meu avô, meu pai, meu tio Felicíssimo, que eram dois meninos. Iam fardados como se fossem um oficial do Exército e outro da Marinha — oficial do Custódio [de Melo, almirante revoltado]. Assim um fazia papel de revoltado e o outro de governista. Meu pai contava histórias muito pitorescas sobre aqueles dias, até de bonde o presidente da República andava. Há uma fotografia de meu avô anos mais tarde em um bonde, não me lembro com que presidente, talvez com o Hermes [da Fonseca]. Contei isso de passagem. É óbvio que o barão realmente fez muita coisa positiva e usei a frase do Celso Lafer: o Prata é nosso destino, a Alca não é. É opção, e o barão já pensava isso. Assim, por exemplo, a aproximação e a amizade com os Estados Unidos, para que eles não nos perturbem e nos deixem fazer o que nos interessa, prestar muita atenção ao Prata.

Depois vim para casa ver um filme divertido com a Ruth. Dormi e acordei agora muito gripado. Eu até ia para a fazenda, porque a Luciana está lá com amigos, amigas e o Getúlio, mas estou esperando a Ruth acordar para dizer que é melhor eu não ir, porque estou indisposto.

Ainda é domingo, 8 de setembro. Esqueci de registar que falei ontem com o Ricardo Lagos, ele me telefonou de manhã e só pude falar com ele à noite. Preocupado, porque parece que o México resolveu denunciar o Tiar e ele não sabe bem a razão. Embora o Fox tenha anunciado isso um pouco antes do Onze de Setembro, voltou à carga. Em segundo lugar, os americanos estão pressionando os países, o Chile inclusive, para dar extraterritorialidade aos soldados americanos.** Isso é matéria que depende da Constituição e da Corte Suprema. Eu não sei de nada disso, ninguém me chamou aqui no Brasil, nós certamente seremos contra. Veja como está a pressão americana por todos os lados, uma coisa impressionante. Curiosamente, estou lendo o livro do Jean-François Revel,*** que o embaixador Azambuja me mandou, chamado *L'Obsession anti-américaine*,**** no qual ele faz a defesa da Revolução Americana. Mas com o Bush fica difícil.

HOJE É SEXTA-FEIRA, 13 DE SETEMBRO. Esta semana toda eu não gravei, a última vez foi domingo passado. Por sorte me livrei do resfriado que estava me

* O Palácio Itamaraty do Rio de Janeiro acolheu a Presidência da República entre 1889 e 1897, quando a sede do Executivo foi transferida para o Palácio do Catete.

** Isto é, imunidade judicial no caso de cometimento de crimes comuns quando em missão no exterior.

*** Presidente do Institut d'Histoire Sociale e membro da Academia Francesa.

**** *L'Obsession anti-américaine: Son Fonctionnement, ses causes, ses inconséquences*. Paris: Plon, 2002.

atazanando. Vamos ver se ainda me lembro de alguma coisa. Na segunda-feira, dia 9, o mais significativo foi que encontrei o pessoal do Mato Grosso do Sul, a Marisa Serrano, o deputado [Waldemir] Moka* e outro deputado que é vice da Marisa.** Eles estavam muito aflitos porque acham que têm chance de ganhar, mas que está difícil, não têm apoio do governo, aquela coisa de sempre, mas ela é uma moça batalhadora. Farei o possível para ajudá-la.

No dia 9 é pouco provável que tenha havido muita coisa, senão eu teria registrado nas minhas notas ou na minha agenda. No dia 10, terça-feira, já foi um dia mais agitado, tive que fazer gravações de manhã sobre o Eliseu Padilha e vários outros candidatos que querem meu apoio. Passei a manhã gravando e precisei almoçar às pressas porque fui a Manaus para a exposição da I Feira Internacional da Amazônia.*** Estavam todos os empresários, não só do Brasil, mas de outros países. O Amazonino fez um discurso, disse que sou o maior presidente que o Brasil já teve. Sérgio Amaral também fez um bom discurso, mostrando o que foi feito na Amazônia. Respondi e agradeci a generosidade das referências do Amazonino e mostrei que, para nós, o fato principal é que a Zona Franca encontrou seu destino. Ela é hoje exportadora, fizemos a BR-174 que a liga com Caracas,**** várias políticas novas para, se possível, compatibilizar a Zona Franca com a industrialização do resto do Brasil.

Na ida e na volta fui despachando com vários ministros. Sérgio Amaral acha inconveniente lançar a venda das ações minoritárias do Banco do Brasil [o governo vai garantir o controle], mas tudo que exceder 50% nós vamos vender. Ele acha que o momento é inadequado para isso, pediu que eu ponderasse. Depois discuti com o ministro da Integração Nacional sobre o que dá para fazer no ministério até o fim do governo, terminar obras etc.

E falei longamente com o ministro Juarez Quadros sobre situação delicada da Anatel. O Quadros voltou à carga contra o Schymura, ele leu uma entrevista em que o Schymura teria dito impropriedades. Eu disse que tinha me comprometido com o Armínio Fraga a esperar a volta dele nesta quinta-feira, ontem, portanto, para conversar sobre esse assunto com o Armínio e com o Pedro Parente. Está difícil, porque o Schymura não foi absorvido pela máquina e, por outro lado, ele é um bom rapaz e tem mandato; é uma queda de braço muito difícil. Eu não sei bem, mas parece que nós só vamos ter a perder nessa, qualquer solução que eu dê. Mas alguma eu terei de dar.

Fui a Manaus gripado e à noite voltei cansado. Na quarta-feira, recebi de manhã o Ney Figueiredo, que tem me ajudado em matéria de comunicação social e também de apoio a alguns candidatos a deputado, a senador, coisas do estilo.

* Pelo PMDB.

** Marçal Filho (PMDB).

*** Promovida pelo Ministério do Desenvolvimento, Indústria e Comércio Exterior no Studio 5 Centro de Convenções.

**** A pavimentação dos 975 quilômetros da rodovia federal entre Manaus e Pacaraima (RR), na fronteira com a Venezuela, foi inaugurada por FH em 1998.

À tarde recebi o Paulo de Tarso, ministro da Justiça, com o Paulo Sérgio Pinheiro e o Conselho Nacional dos Direitos da Criança e do Adolescente. Tivemos uma bela discussão sobre o tema. Gostei bastante do que foi dito, os conselhos tutelares começam a funcionar, enfim, as coisas vão avançando.

Gravei um programa interessante sobre o jornal *Opinião** e também sobre o JK para a TV Cultura. Recebi rapidamente o Paulo Paiva e depois encontrei a Bruna Lombardi e o Carlos Riccelli, que tinham o propósito de fazer filmes. Eu não os via fazia algum tempo, foram extremamente amáveis. Falei com o Paulo Paiva, como já disse aqui, e fiquei despachando até tarde uma porção de coisas. Depois falarei sobre as coisas de ordem política.

Na quinta-feira, ontem, o dia começou às nove da manhã com a cerimônia de comemoração dos cem anos do Juscelino.** Fiz discurso, uns amigos do Juscelino estavam aqui, a Maria Estela [Kubitschek de Oliveira], filha dele, a neta, que é casada com o Paulo Octavio, e umas 150 pessoas. Depois recebi a Wilma Motta e a Rosamaria Murtinho, que também quer apoio para uma peça de teatro. Recebi o ministro da Casa Civil, Pedro Parente, para o despacho normal, e tivemos a apresentação dos dados da Pnad do IBGE. Eu não registrei, mas estive na véspera, na quarta-feira, dia 11, com o presidente do Ipea, Roberto Martins, com o Guilherme Dias e com os técnicos de lá. Mostrei na fala sobre o encontro a comparação da série antes e depois do Real, porque vão fazer nos jornais o contrário. Vão pegar só de 1999 para cá, quando a comparação é mais desfavorável. Mas os dados são muito eloquentes quanto às melhorias sociais, menos eloquentes quanto à questão de renda e emprego, mas ainda assim não houve concentração de renda, o que é muito interessante.

À tarde, depois desses encontros, tive um almoço muito simpático com o [Alain] Touraine e o Juarez. Eu não via o Touraine fazia algum tempo, conversas gerais, mas sempre agradáveis. Depois disso estive em despacho com o Pratini e com o João Henrique, ministro dos Transportes, e recebi o Lázaro Brandão, que está com uma questão em julgamento que se refere à Caixa Econômica e ao banco. Cancelei um despacho com o Nizan e à noite jantei com o Andrea.

Hoje, sexta-feira, de manhã recebi apenas o Eduardo Jorge, depois o Roriz e depois a família Rocha Miranda, os antigos proprietários da Panair, que foram injustiçados pelo governo militar.*** Daqui a pouco vou almoçar, depois vou ao Rio de

* Veículo da imprensa alternativa carioca que circulou na década de 1970, agregando colaboradores como Antonio Candido, Fernando Henrique Cardoso, Francisco Weffort, Darcy Ribeiro, Celso Furtado, Otto Maria Carpeaux, Hélio Jaguaribe, Millôr Fernandes e Oscar Niemeyer, entre outros intelectuais opositores da ditadura militar.

** No Palácio da Alvorada.

*** A Panair foi a maior companhia de aviação nacional entre as décadas de 1940 e 1960. Era controlada pelos empresários Celso da Rocha Miranda e Mário Wallace Simonsen. Em 1965, a Panair teve sua licença cassada sem aviso prévio e em seguida foi obrigada a declarar falência.

Janeiro fazer uma conferência de celebração dos cinquenta anos do BNDES* e mais tarde vou jantar com o [Manuel] Castells, com o [Joseph] Stiglitz, enfim, com vários economistas e sociólogos importantes, na casa do Eleazar de Carvalho.

O que eu não registrei e é importante: a questão do Serra e da campanha. O Serra melhorou bastante nas posições eleitorais. Tive uma boa conversa com o José Dirceu, que veio me ver preocupado com o que teríamos a dizer sobre a informação que ele tivera de que o pessoal da campanha estava se preparando para baixar o nível e ir para ataques pessoais ao Lula. Eu disse que isso não existia. De fato, chequei com o Serra, chequei com o Nizan, e isso não existe.

O Serra está muito aflito, ainda hoje me telefonou várias vezes, porque soube que alguém do Ministério da Justiça estava atrás dos chamados "escândalos" do governo. Fui verificar: é o Eduardo Graeff, que está fazendo um levantamento para mostrar que não houve escândalo nenhum, e o Serra já achando que era uma armação contra ele. Enfim, esse espírito é o que me preocupa no Serra. Uma mania persecutória e uma falta de calma para ver o que é preciso fazer a cada momento. A verdade é que a campanha melhorou bastante.** Firma-se a convicção de que o Serra vai para o segundo turno. O risco de o Lula ganhar no primeiro turno não é grande, porém sempre existe. Mas houve realmente uma grande mudança.

Falei nesse meio-tempo com o Malan, com Armínio Fraga, que estavam no exterior, falei várias vezes com eles sobre as negociações relativas à abertura de novas linhas de créditos nos bancos estrangeiros. A minha visão é a seguinte: tudo o que eles disseram lá as pessoas aceitam, mas permanece a dúvida sobre o que vai fazer o próximo governo. E isso não há como superar, é realmente difícil saber o que vai fazer o próximo governo. Pode ir mal, pode ir bem. Se o mercado começar a antecipar que irá mal, estaremos perdidos mesmo antes do próximo governo.

E me disse o Armínio que a situação internacional é preocupante. De fato, ontem o Bush fez um discurso sobre o Iraque. Ele não foi muito claro, ameaçou, mas não cumpriu. Hoje falei com o Chrétien, primeiro-ministro do Canadá, que quer antecipar uma reunião [ministerial] da Alca para 1º de abril do ano que vem. Além disso, ele tem a mesma preocupação que nós com relação ao Iraque. Acha uma precipitação fazer qualquer intervenção sem apoio das Nações Unidas. O panorama mundial é ruim, é pesado, é difícil.

O panorama local, eleitoral, melhorou um pouco. Superamos mais uma turbulência financeira. Sem grande brilho para a economia, não dá para ter brilho com um mundo tão agitado assim. Estava o Armínio a me dizer que mais coisa complicada virá. Estou registrando apressadamente, se eu tivesse tido tempo de marcar

* Fernando Henrique discursou na sessão de encerramento do Seminário Internacional Novos Rumos do Desenvolvimento, com o lançamento de um livro comemorativo do cinquentenário do banco.

** Na pesquisa divulgada pelo Ibope em 10 de setembro, Serra subira para 19%, enquanto Ciro tinha 15% das intenções de voto. Lula alcançava 39% e Garotinho 12%.

dia a dia, mostraria que a tensão baixou um pouco, mas a semana foi pesada. De muito trabalho, de muita reunião, de muita dificuldade para resolver os problemas orçamentários, para ver como se faz a liberação de novos recursos. Enfim, é a administração do cotidiano somada às inquietações internacionais e à preocupação sempre com as eleições.

HOJE É DOMINGO, DIA 15 DE SETEMBRO. Na sexta-feira, dia 13, depois que registrei aqui, fui ao Rio de Janeiro só com a Ruth. Chegamos e fomos direto ao BNDES, onde fiz uma palestra que todo mundo aplaudiu em pé. Estavam lá o Stiglitz e outros mais desse porte, como o Manuel Castells, o Dani Rodrik,* que também é de Harvard e vários outros do mundo afora. E brasileiros como o [Antônio Barros de] Castro, enfim, muita gente, umas quinhentas pessoas.

Fiz um resumo das mudanças que promovemos no Brasil, e, como havia muitos economistas presentes, fiz também uma descrição das mudanças institucionais, da descentralização administrativa, do SUS, da questão da educação, mostrei o que foi feito no marco de uma nova concepção de desenvolvimento. Insinuei que o Lula não entendia disso e ficava a chorar pelo planejamento do tempo dos militares. Enfim, foi uma exposição mais ampla que deixou o pessoal feliz, porque os economistas geralmente estão discutindo apenas o fluxo de capital externo, o déficit da balança de contas, o acerto final de contas, isso tudo é muito interessante, mas um pouco cansativo, e impede que se veja o resto do que está acontecendo no Brasil, que não é pouca coisa. À noite, fomos jantar na casa do presidente do BNDES, o Eleazar de Carvalho, com Sérgio Amaral e o Armínio, que também assistiram à palestra. O Malan não, porque ainda não tinha chegado.

Recebi a Benedita, governadora do Rio, no hotel antes de ir à casa do Eleazar. Ela está desesperada, querendo que se tire do Rio, de toda maneira, o Fernandinho Beira-Mar. O problema é que ele foi mandado para o Rio pela Justiça e, para ele sair de lá, é preciso que a Justiça autorize, que outro juiz autorize, e que o governador de outro estado o aceite. Não temos vários presídios federais, temos só um no Acre. E no Acre não pode, fica ao lado da Bolívia. Além disso, é época eleitoral, estão todos nervosos, e o Beira-Mar tem que depor no Rio de Janeiro, de onde ele é. Os processos estão sendo movidos no Rio, ele teria que a toda hora voltar para o Rio.

É tudo muito complicado. Do que se trata é de uma absoluta corrupção e falta de ordem, de hierarquia, na administração penitenciária, porque a lei está sendo cumprida, estão todos condenados. A polícia prendeu, estão todos na cadeia. É dentro da cadeia que a coisa está mal. Não é falta de polícia nem falta de lei; é falta de disciplina nas penitenciárias. As penitenciárias do Brasil não são afetas ao governo federal, mas isso não nos exime de a toda hora estar apoiando aqui e ali. Mas não dá

* Economista turco.

para assumir a responsabilidade, porque não temos os meios para tornar efetivo ao que todo mundo aspira, quer dizer, mais disciplina na cadeia. A Benedita não é a responsável pelo descalabro; ela está preocupada, porque o Garotinho deixou o estado do Rio em petição de miséria. Eles só não denunciaram porque estão na expectativa dos votos do Garotinho no segundo turno. A Benedita vai pagar o pato.

Na casa do Eleazar foi muito simpático, passei a noite conversando com o Stiglitz, e não com o Castells, porque com ele eu ia falar no dia seguinte. Também falei com muitos outros cujo nome não me recordo, tanto do Brasil quanto de fora. Umas trinta pessoas. No dia seguinte, sábado, dia 14, recebemos o Castells no Hotel Intercontinental. Conversamos sobre muitas coisas. Ele quer saber o que vou fazer no futuro, o que ele vai fazer... Ele agora está sediado em Barcelona, mas estava indo para Berkeley. E, como sempre, cheio de ideias. A Ruth conversou muito com ele, chegou a Bia, minha filha, que também conversou longamente. Fomos todos almoçar, levamos as nossas netas do Rio mais o Pedro, e mais uma amiga de uma das netas. No fim do dia voltamos para Brasília.

Hoje, domingo, passei o dia aqui vendo documentos, lendo uma série de artigos. Agora acabei de nadar com a Ruth e estamos nos preparando, porque vamos receber um grupo de gente para ver um filme sobre a Tarsila do Amaral.

Para registrar: li também uma porção de matérias nas revistas e alguns retrospectos que começam a fazer. Num, da revista *Época*, os jornalistas são de uma grande irresponsabilidade, eles coletaram mais ou menos ao azar um dado, outro dado. Até que o artigo não era muito crítico com o governo, mas de qualquer maneira com uma arrogância só comparável à de alguns intelectuais, como a Maria Victoria Benevides.* Eu não sabia dela fazia muito tempo, agora deu para reclamar de me compararem com o Juscelino, não sei quem foi que comparou, ela está nervosa com isso. É lulista frenética, era udenista frenética e agora é lulista frenética. Sempre frenética.

Por outro lado, vi uma sugestão de um grupo de economistas chefiados pelo Scheinkman, que é um bom economista, é de Princeton, foi de Chicago antes. Ele juntou dezessete economistas para dizerem platitudes que todo mundo sabe e não se consegue fazer. Enfim, estamos inventando a roda. Nem isso estamos inventando; estamos gemendo em um carro de boi, andando o que é possível andar, porque o mundo está engasgado e nós, sozinhos, claro que também não conseguimos desengasgar.

Li também artigos interessantes sobre o cálculo do PIB. Um deles diz que o Brasil cresceu de 6,5% a 8%, mas que na conta do PIB não se computa, por exemplo, o acesso muito maior às linhas telefônicas. Quando custavam 2 mil dólares, isso era computado. Agora, como não custam nada, não se computam, são 60 milhões de linhas. Como aumentou a produtividade, barateou o custo dos automóveis, o valor

* Professora de sociologia da USP.

de dois carros é igual ao de um, e é nesse valor que se conta o PIB. Não sei se é isso mesmo, mas se for é absurdo. Estou implicado com a maneira de calcular o PIB há muito tempo, tenho falado com o Armínio e com outros mais. Se for isso, quanto mais progresso, quanto mais produtividade, menor o PIB; é curioso. Será possível? Tudo é possível...

O fato é que tem havido muita transformação no Brasil e o raio do PIB dá uma taxa de crescimento de 2,2%, 2,4% ao ano. Não é tão baixo assim, se acumulado, se houver continuidade; mas com o exame do milagre dos asiáticos, dos Tigres Asiáticos, com o milagre do tempo dos militares, todo mundo quer crescer 6%, 7% ao ano. Tomara mesmo, não sei se é possível. Quem sabe seja essa a explicação do baixo crescimento: como se mede o PIB. A agricultura cresceu 8% esse semestre, agora o peso da agricultura no PIB brasileiro é pequeno e os serviços pesam mais. Como será que eles medem? Como se mede serviço público? Esse registro é mais uma elucubração do que algo palpável.

HOJE É TERÇA-FEIRA, 17 DE SETEMBRO. Acabei de estar com o Geddel e vou me encontrar com o presidente do Gabão* dentro de cinco minutos.

Ontem, segunda-feira, dei uma longa entrevista para a Maria Clara do Prado, da *Gazeta Mercantil*. Mas não foi para a *Gazeta*, ela está fazendo um livro sobre o Real** e, como ela é séria, creio que quer fazer um livro bem-feito. Depois tive pouca coisa a fazer, arrumei papéis, recebi algumas pessoas e nada mais especial.

Preocupação, a de sempre: é possível que o Lula ganhe no primeiro turno. Começa a haver certa inquietação com essa possibilidade. Falei com o Lavareda ontem à noite e ele também está com a mesma preocupação, acha que tudo vai depender de como a imprensa, não o horário gratuito, como o conjunto da mídia trate a questão.

Serra me telefonou muito irritado, e com razão, porque a TV Globo colocou no ar as insinuações desse procurador Luiz Francisco, eu vi na televisão, um homem desagradável, insolente, fazendo insinuações sem nenhuma base, dizendo que o Serra não é réu porque ele, Luiz Francisco, não encontrou nada que pudesse ligá-lo à ação em benefício próprio, mas ainda assim mantendo, no fundo, a insinuação de que haveria alguma coisa de errado por o Serra ser primo de alguém que ele chama de "seu Preciado", que é o Gregório Marin, casado com uma prima do Serra. Parece que o Marin obteve um empréstimo do Banco do Brasil, creio que em 1993, e ele foi renegociando, como todos empréstimos são renegociados, a vida inteira. Sabe Deus se alguém interferiu. Eu duvido, porque o banco tem suas regras. Mesmo que

* Omar Bongo Ondimba.

** *A real história do real: Uma radiografia da moeda que mudou o Brasil.* Rio de Janeiro: Record, 2005.

tenha interferido, não foi o Serra. Na verdade, são insinuações malévolas de época de campanha.

Já registrei várias vezes meu desalento por a mídia brasileira não assumir suas responsabilidades. Não digo com o governo, porque não tem que ter nenhuma, mas com o país, com a democracia, com valores fundamentais. A *Folha* tem uma expressão que é fantástica: "De rabo preso com o leitor". Na verdade, o leitor é o mercado. De rabo preso com o mercado. Faz isso e vende mais, obtém maior aceitação, aumenta a venda. Não é só no Brasil que é assim, mas aqui isso tomou um vulto grande. O resultado nós vamos ver com a eleição. Os mais maliciosos que são próximos a mim acham que é até melhor que o Lula ganhe do que o Serra, porque o Serra tem vontade própria, vai querer fazer a marca dele, portanto vai ter que se diferenciar de mim. E o fará com maior competência do que o Lula, porque o Lula não tem a mesma necessidade de se contrapor a mim, ele já é tão contraposto que não precisa mostrar as diferenças.

Eu nunca me baseio nesse tipo de argumentação, porque eu sempre penso no Brasil. Acho que o Serra, por mais que possa querer se afirmar como personalidade, e vai ter que fazer isso mesmo, saberá governar melhor. Tem mais noção das coisas, mais noção do mundo, mesmo que eu discorde do Serra, como discordo. Acho que a visão dele é a de quem ainda não fez totalmente a revolução copernicana ou, se quiserem, para falar em Galileu, ele ainda não falou "*Eppur si muove*".*

Mas isso não é nada perto do Lula. O problema do Lula e do PT é que esses realmente vivem em um mundo que já acabou, e eles pensam que não. E o pior é que agora estão descobrindo que há outro mundo, no qual eles têm que se mover. Então fazem uma imitação de que estão à vontade nesse outro mundo.

Ontem à noite eu vi o Guido Mantega,** que trabalhou comigo no Cebrap, é um rapaz de capacidade intelectual limitada e de conhecimentos mais limitados ainda. Ele não sabe o que está acontecendo no Brasil e está propondo como novidade coisas que já estamos fazendo. Porque eles não podem mais propor as novidades que gostavam, então vai ser um problema grave. Pensando no Brasil, acho muito melhor que ganhe o Serra. Se ganhar o Lula, ele vai querer alguma ligação com o PSDB e com o PMDB. Acho que devemos dar apoio ao governo, ou seja, apoiar o que for bom. Essa é a coisa certa a fazer, mas não participar, porque não creio que valha a pena, se o Lula for o presidente, arriscar estar junto de um governo que pode não dar certo de maneira pavorosa.

Fora isso, acabei de vir de um almoço com o presidente [Omar] Bongo, do Gabão. É um homem interessante. Muito amigo do Chirac, conhece bem a política da África Central e quer uma aproximação com o Brasil. O Gabão tem uma renda per

* Frase atribuída a Galileu Galilei depois de sua prisão pela Inquisição em 1633, que significa "E no entanto se move", em referência ao dogma eclesiástico da imobilidade da Terra.

** Professor de economia da FGV e assessor da campanha petista.

capita de 3,8 mil ou 4 mil dólares, tem petróleo e condições de aumentar muito o comércio com o Brasil. E querem investimentos do Brasil lá. Preocupados com a aids. Foi uma boa conversa.

Agora vou à reunião do Conselho Nacional de Política Energética, na qual vamos tomar uma decisão sobre a continuidade de Angra 3. E já o Malan me telefonou aflito com isso, por causa do gasto. Falamos também da questão atômica, ela me preocupa, o gasto também, mas acho que não podemos, a três meses de entregar o governo, ficar preocupados só com a caixa. Acho que a Angra 3 tem economicidade, o projeto todo supunha três usinas, e não duas, e só rende com a terceira. O risco atômico já está lá, não vai aumentar nem diminuir muito, então acho que não é por aí. Recursos, sim, têm que haver, mas quem vai tomar a decisão mesmo é o próximo governo, em maio do ano que vem.

HOJE É QUINTA-FEIRA, DIA 19 DE SETEMBRO, dia do aniversário da Ruth. Ontem jantamos no Alvorada com o Paulo Henrique. Hoje a Luciana almoçou aqui. Nós vamos comemorar mesmo no fim da semana, na fazenda. Queríamos ir para a Marambaia, mas vai chover, então não deu. Como eu disse, na quarta-feira... aliás, na terça-feira ainda fomos ao Conselho de Política Energética e tomamos a decisão que eu mencionei. Depois o mais significativo foi um encontro com o embaixador do Paraguai no Brasil, o Luis González Arias, que veio a pedido do presidente Macchi, porque o Paraguai está precisando de dinheiro e quer dinheiro de Itaipu. Então chamei o Malan, chamei o Scalco. A situação do Paraguai é desesperadora, mas nós, por outro lado, não podemos facilitar, porque o dinheiro não é nosso, é do povo brasileiro. No caso, vamos ver no que dá para ajudar o Paraguai.

Quarta-feira de manhã recebi o Juarez Quadros, que foi ao Planalto para informar sobre as questões de Embratel, confusões com a Anatel e tudo mais. Depois, várias credenciais de embaixadores, o habitual. Interessante foi o embaixador do Paquistão, com quem conversei longamente sobre a situação da região. É um homem informado, mostrou como o Iraque é mais complicado do que eu imaginava, há minorias contra o Saddam, mas ele também acha que seria um desastre qualquer precipitação do Bush.

Depois recebi o Pratini, que veio, na verdade, pressionar para que se retire o artigo 12 da medida provisória, que mexe na reforma fiscal.* Com razão, porque ele está complicando muito a vida dos agricultores. Eu já tinha tomado essa decisão. Ontem à noite me telefonou o Malan pedindo que eu não eliminasse, que abrisse uma chance para haver algum tipo de imposto. Já me telefonou hoje também o Pedro Parente, que, ao contrário, quer que eu elimine. Pratini está atrás de mim

* O artigo mencionado, posteriormente retirado do texto da MP, previa a cumulatividade de imposto de renda e contribuições sociais na cobrança a pessoas jurídicas do setor agropecuário.

também. Há certa disputa entre Malan e Pedro Parente nessa fase final do governo, isso complica um pouco o jogo geral. Tudo isso dentro de um clima de disputa amigável e às vezes quase jocosa, mas que de vez em quando também endurece.

Ainda na quarta-feira, ontem, recebi a Ordem do Mérito da Defesa,* aproveitei para fazer um discurso dizendo o que tínhamos feito pelas Forças Armadas. O Quintão foi muito simpático em seu discurso, todos os comandantes militares, alguns oficiais generais. Depois fomos tomar café e falamos amplamente sobre a questão do golfo Pérsico e do Iraque. Eles e eu, a visão do Brasil em geral, temos todos a mesma impressão, é de que pode ser uma confusão imensa uma guerra no Iraque, não obstante os Estados Unidos parecem dispostos a isso. O Celso Lafer, que está em Nova York, me telefonou, me deu um resumo muito detalhado das conversas que teve. Inclusive com o Kissinger, que acha que os americanos não vão se aquietar quanto à resolução do Conselho de Segurança** e vão fazer mais pressão. Essa é a opinião também nos Estados Unidos. Parece que a guerra é inevitável e ela vai complicar muito o jogo geral no mundo.

Fora isso, fui também à cerimônia de abertura do seminário sobre o governo eletrônico,*** fiz discurso. Recebi no Alvorada o Marco Maciel e o Jarbas Vasconcelos. Ambos felizes, estão bem na frente nas pesquisas, e tem razão o Jarbas, há um recurso adicional: estamos devendo um dinheirão ao estado de Pernambuco.

Despachei com Pedro Malan e fui jantar com a Gilda Portugal Gouvêia, que veio conversar sobre os problemas do Ministério da Educação. O desentendimento é grande entre a equipe e o Paulo Renato. O Paulo Renato, também a esta altura, anda cansado de tantos anos como ministro. Está organizando o futuro dele e quer sair com certa glória do ministério, preparando os documentos. A Gilda acha que ele está muito desligado da equipe, enfim, deve estar mesmo. Problemas de transição que não vão ser fáceis, mas vou ter que administrar.

Agora, problema: o mundo está muito mal. A Bolsa da Alemanha ontem, quarta-feira, dia 18, caiu 5%. O dólar subiu bastante.**** O Serra começou uma campanha mais agressiva com relação ao Lula. Estamos em uma encruzilhada, porque se o Lula ganha — e tem chances de ganhar — é uma opção regressiva, no sentido de

* No grau de Grão-Mestre.

** O Conselho de Segurança da ONU discutia o texto da resolução 1441, aprovada em novembro de 2002 depois de reformulações exigidas pela Rússia e pela França, que instou o Iraque a abandonar seu programa de armas de destruição em massa e previu "sérias consequências" em caso de descumprimento, sem no entanto mencionar a possibilidade de uma intervenção militar estrangeira.

*** Seminário "Balanço de dois anos de Governo Eletrônico (eGov): Balanço de realizações e desafios futuros", promovido pelo TCU. O programa Governo Eletrônico foi criado em abril de 2000 para oferecer novas formas de relacionamento entre a administração pública e a sociedade através da prestação de serviços sem a necessidade de presença física.

**** O dólar teve alta diária de 3,4% e fechou a R$ 3,35. O mercado temia a vitória de Lula no primeiro turno. No exterior, as bolsas se ressentiam da expectativa de uma guerra iminente no golfo Pérsico e da fraca atividade industrial nos EUA, indício de recessão na maior economia do mundo.

que eles não têm a cabeça de um país que está na direção de um mundo mais desenvolvido. Eles estão com uma ideia terceiro-mundista. E o terceiro-mundismo tem todas as implicações de barreiras alfandegárias, de Estado mais ativo na economia, junto com isso vem clientelismo, até certo ponto corrupção; não que eles sejam favoráveis, mas a consequência é essa. O atraso é a mãe da corrupção.

A encruzilhada do Brasil é muito séria. Eu vejo que a nossa elite nunca põe para fora tudo que pensa. Tentou fazer crer a todo mundo, e a eles próprios, que não havia problema nenhum, que o Lula hoje é outro, que o PT é bonzinho. Vão pagar um alto preço se o Lula ganhar e vamos ter uma posição complicada.

Ontem o Armínio Fraga falou comigo para me dar o resultado do Copom, que era ótimo, não alterou a taxa de juros,* nem podia no clima em que estamos, mas preocupado com a transição. Ele está sentindo onde o calo aperta, que é no Banco Central, as imensas dificuldades para manter certo equilíbrio com essa ameaça de eleição aqui no Brasil e com a ameaça no mundo. Os Estados Unidos em crise, Europa estagnada, o Japão há tanto tempo estagnado, estamos entrando no século com o pé esquerdo, e isso não é bom.

HOJE É DOMINGO, DIA 22 DE SETEMBRO. Na quinta-feira, dia 19, de manhã gravei um programa eleitoral de apoio aos candidatos. Tive um despacho com a AGU, coisas mais ou menos normais. Depois tivemos um almoço, era aniversário da Ruth, vieram Luciana e Getúlio, fizemos um almoço muito agradável. Dividimos a comemoração em partes. Ruth ia almoçar aqui, jantaria em São Paulo com as ex-alunas dela e, no dia 21, sábado, que foi ontem, teríamos um almoço com toda a família, como aconteceu.

Depois fui à comemoração da Semana da Árvore no Planalto. Recebi o pessoal da odontologia [Conselho Federal de Odontologia], só formalidades e coisas agradáveis. O Carlos Eduardo Moreira Ferreira veio trazer o Armando Monteiro Neto. Recebi também o Ney Figueiredo, que veio com os resultados de algumas pesquisas e também dos apoios que eles podem dar a um ou outro candidato. Depois me encontrei com o prefeito de Barra do Piraí,** que é no Rio de Janeiro. Ele é do PSB, apoia o Garotinho, mas apoia também o Serra e o Paulo Alberto [Artur da Távola]. Se o Serra for para o segundo turno, vai ter o apoio dele. Manobra do Dornelles, uma coisa interessante.

Ainda encontrei à noite o Benjamin Steinbruch. Ele veio muito aflito porque acha que o BNDES pode não dar os créditos a que a CSN tem direito e, com isso, dificultaria o acordo dele com a Corus. Eu disse a ele que nada disso me parece difícil. Benjamin disse que tinha estado com o presidente do BNDES e que avisou

* A taxa Selic se manteve em 18% ao ano.

** Carlos Baltazar.

que iria falar comigo. No dia seguinte, que foi sexta-feira, antes de eu viajar para o Pará telefonei ao presidente do BNDES para saber do caso e ele me disse que estava tudo normal. Disse que realmente eles têm direito a uma extensão de crédito, ou alguma coisa assim. O BNDES agora está financiando a Siderúrgica Nacional, que não é uma grande exportadora. Benjamin jura de pé junto que esse acordo que ele está fazendo com a Corus é uma coisa positiva, ele vai ser o chefe do *board*, e que, portanto, não há nenhuma perda para a CSN, que vai virar uma grande multinacional. E o BNDES está determinando isso, porque tem que dar o de acordo. Mas ele não veio falar disso, e sim a respeito de créditos junto ao BNDES.

No dia seguinte, sexta-feira, dia 20, fui ao Pará inaugurar umas linhas de transmissão de energia, uma segunda linha, que dá mais garantia a Belém, a Barcarena.* O Almir prestou uma homenagem a tudo o que fizemos pelo Pará, e muita coisa foi feita, quase sempre em parceria. Essas parcerias do governo local dão 20%, ou algo assim, o resto é federal. Almir mostrou que foi um esforço imenso do Pará e que valeu a pena tê-lo apoiado, porque ele realmente correspondeu como um bom administrador. Isso aconteceu na sexta-feira em Belém e na região de Barcarena, de Vila do Conde. A obra realizada pelo Paulo Godoy, pela família dele e pela família Schahin, empresas que criaram o linhão, uma coisa bem-feita, empresas nacionais com patrocínio do BNDES. Depois fui inaugurar a alça viária, uma obra impressionante. São 76 quilômetros de estrada, cinco pontes, que permitem que Belém fique ligada com a região sudeste e sul do Pará. E o Almir Gabriel fez um discurso que me emocionou.

Voltei para Brasília para conversar com o Tarcísio [Costa],** que é um dos que vou levar para trabalhar comigo no centro que estamos organizando. Ele já atua há alguns anos no palácio, está bastante enfronhado nas coisas que tenho escrito, o que vai me ajudar bastante lá.

No sábado, que foi ontem, estava toda a família reunida, foi muito agradável, passamos o dia sem fazer nada, descansando e comemorando o aniversário da Ruth. E, além disso, preocupado, porque tive informação da Datafolha de que o Lula passa a 44% e o Serra cai de 21% para 19%,*** o que mostra a dificuldade de chegarmos ao segundo turno.

Em matéria de ligações internacionais, o presidente do Paraguai me havia pedido que apoiasse o Paraguai, por isso recebi o embaixador deles, como registrei, e também já tinha registrado que falei com o primeiro-ministro do Canadá, que está preocupado e querendo fazer uma reunião antecipada da Alca e apreensivo com a

* Inauguração da segunda linha de transmissão de energia da Eletronorte entre as subestações de Tucuruí e Vila do Conde, em Barcarena, a 60 km de Belém.

** Assessor diplomático da Presidência.

*** O levantamento da Datafolha divulgado em 22 de setembro mostrou Lula com 44% das intenções de voto (48% dos votos válidos) e Serra com 19%. Ciro Gomes caíra para 13%, empatado tecnicamente com Garotinho.

questão dos árabes. Além dessas ligações, o Duhalde, que vem ao Brasil e que está com problemas com o Fundo Monetário Internacional. O Enrique Iglesias me ligou ontem, conversei longamente com ele, preocupadíssimo com tudo, está mandando uma carta ao Köhler para dizer que do jeito que está é quase impossível, porque a Argentina vai à bancarrota,* não vai ter como rolar a dívida, como pagar o que deve aos organismos internacionais e multilaterais e que, com isso, vai haver uma nova vaga negativa. Nem preciso dizer que essa crise, que já pegou o Brasil, agora está pegando o Chile e o México, com menos intensidade, mas, ainda assim, com certa intensidade. Nesse meio-tempo, Bush continua fazendo seus discursos agressivos. Ontem me transmitiram uma mensagem do embaixador da Autoridade Palestina** em desespero, porque o quartel-general do Arafat pode ser bombardeado. Parece que a marcha da guerra está em ritmo quase incontrolável.

Recebi também uma ligação do Zé Dirceu para me dizer que o Lula, quando falou que iria exigir uma explicação minha sobre o câmbio, não era bem isso, botando um pouco de água fria na fervura. Até marquei uma conversa entre o Zé Dirceu e o Palocci, porque o Zé Dirceu pediu para conversar com o Armínio Fraga para que este lhe mostrasse qual é a situação. Isso vai ser, se tudo der certo, na próxima terça-feira. A situação é grave, se eles não perceberem que o Lula tem que moderar nos ataques podem criar um embaraço enorme daqui para a frente. E o Lula está perguntando, querendo satisfações do porquê da alta do dólar. É muito simples: por causa dele. Não do que ele diz agora, mas do que ele vem dizendo há anos e anos — ele mais o PT. Todo mundo está assustado com isso.

Eu dizia, no tempo do Sarney, que quando o Sarney viajava a crise viajava. Pois bem, acho que a crise vem pela figura do Lula. Claro, eu vou atuar como presidente, vou fazer o possível para acalmar tudo isso e para haver uma transição pacífica e democrática, mas não podemos tapar o sol com a peneira. O Brasil está escolhendo um caminho na contramão do momento atual da história. Vejamos o que vai acontecer.

HOJE É DIA 28 DE SETEMBRO, SÁBADO. Uma semana deveras agitada. Eu já registrei que, no final da semana passada, vieram todos os filhos e netos para comemorarmos o aniversário da Ruth, e ficamos por conta disso. No domingo à noite fomos ao Rio de Janeiro, eu e a Ruth para o Hotel Intercontinental, o Paulo e a Vanvan estiveram um pouquinho conosco, depois foram para casa, e a Bia foi para a casa dela com as crianças, porque no dia seguinte, na segunda-feira, dia 23, eu iria abrir uma convenção da Abras, que é a Associação Brasileira de Supermercados.***

* O FMI relutava em postergar o vencimento de uma parcela de US$ 2,8 bilhões da dívida da Argentina com o Fundo no começo de setembro, afinal adiado para 2003.

** Musa Amer Odeh.

*** XXVI Convenção Nacional de Supermercados e ExpoAbras 2002, no Riocentro.

Fiz um discurso bastante forte, de recuperação do que o governo realizou e destacando um pouco o que chamam de "outro modelo", que os opositores não deixam claro o que farão, mas ficam insinuando. Que outro modelo é esse? De menos desenvolvimento, de menos crescimento, de mais fechamento da economia, de mais intervencionismo estatal com burocracia? Não explicitam.

Voltei para Brasília, não sem antes ter falado no aeroporto com o Lampreia, que estava preocupado com a questão da Embratel. Em Brasília, abri a campanha de doação de órgãos* e fiz um longo discurso apresentando um balanço dos avanços da área social. O Eduardo Jorge me tinha pedido no fim de semana, em combinação com o Nizan, que eu fizesse esse balanço da área social, eu disse que faria. Eu falar é a maneira de a campanha do Serra cobrir uma área sem ela própria fazer a defesa do governo. Mas não adianta, porque neste momento eles da mídia estão interessados é nos candidatos, não em defender o governo.

Na terça-feira, dia 24, passei a manhã na entrega de credenciais. Finlândia, Vietnã, Suriname e China.** Tudo foi muito agradável, mas é complicado, a gente perde um tempo enorme. Não sei se veio o embaixador da China, acho que veio antes. Recebi à tarde o Edmond Alphandéry, que já foi ministro das Finanças da França e hoje é presidente da CNP Assurances, que comprou a Caixa Seguros.*** Conversa boa, ele quer saber o que fazer, onde colocar os recursos, se vão colocar ou não vão, se o Brasil vai para a frente ou não vai. O que eu posso fazer como presidente senão entusiasmá-lo e dizer que, a despeito de tudo, o país é forte e que o Lula terá dificuldades para sair da direção em que estamos e que eles sejam prudentes, mas confiantes? Não me lembro de outra coisa de mais importante na terça-feira, a não ser que jantei efetivamente com o Zé Dirceu, com o Palocci e com o Armínio Fraga.

O Rubens Barbosa e o Pedro Parente tinham me dado um quadro de Washington, o Pedro está em Washington, muito pessimista sobre o que vai acontecer se houver guerra, e eles acham que vai haver. E o preço do petróleo subirá, os americanos na posição de amigo-inimigo. Eu transmiti isso aos do PT, disse para que eles tomem cuidado, estão fazendo propostas de aproximação com a China, com a Rússia, com a Índia. Nós estamos loucos por isso, só que eles não querem, eles querem o abrigo americano. Os chineses não, os chineses querem esperar cinquenta anos para então competir. Até lá pouca marola. Têm bom relacionamento conosco, mas não servem para catapultar uma economia como a brasileira. E os europeus muito restritivos, de modo que essa demonização da Alca é um problema, porque a economia brasileira vai precisar da Alca. Os mais competitivos querem a Alca. Nós temos que negociar bem a Alca. Isso eles até entendem, mas a Igreja está fazendo

* IV Campanha Nacional de Doação de Órgãos e Tecidos. O Dia Nacional de Incentivo à Doação de Órgãos e Tecidos é comemorado em 27 de setembro.

** Embaixadores Hannu Uusi-Videnoja, Nguyen Thac Dinh, Sonny Hira e Jiang Yuande, respectivamente.

*** A seguradora francesa comprara em 2001 a participação do fundo Funcef na empresa, pagando R$ 1 bilhão por 51% do capital social.

neste momento um plesbicito contra a Alca e a Igreja está pregando nos sermões contra a Alca e não sabe do que se trata, está dizendo que seria a anexação do Brasil aos Estados Unidos. Enfim, uma dificuldade imensa. E o Lula, se ganhar, vai ter que enfrentar o tema. O Serra é restritivo à Alca, mas do jeito que eu sou, ou seja, racionalmente, não dessa maneira emocional.

Discutimos a situação financeira, o Armínio foi bastante específico em mostrar que, de fato, não se rola mais título desde que o Lula está para ganhar. Há muito tempo, portanto, há problemas. Além dos problemas internacionais, da secura dos mercados, há falta de liquidez, e faz falta um Banco Central dos Bancos Centrais que pudesse prover essa liquidez, como pedi tantas vezes. O quadro internacional é adverso: ameaça de guerra, crise de petróleo com preços bruxuleantes para cima e não para baixo. Tudo isso está aumentando fortemente a situação de desconfiança diante da eventual vitória do Lula. Quadro muito sombrio.

Na quarta-feira, dia 25, passei a manhã em uma longa entrevista com o Roberto Pompeu de Toledo, que vai fazer um balanço na *Veja*. Roberto é um homem de linha, de qualidade, respondi extensamente às perguntas que fez. Depois recebi o pessoal de um seminário sobre trabalho escravo* com o [José de Sousa] Martins, o Paulo Sérgio Pinheiro e outros mais: procuradores, juízes e delegados de polícia, gente do Ministério do Trabalho. É uma tarefa meritória a que está sendo feita por esse pessoal, e apoio muito. Depois do almoço, houve o lançamento de um plano para apoiar a indústria marítima,** que me foi apresentado na hora. Fiz uma síntese do plano e ouvi o almirante Ribamar [José Ribamar Dias],*** que tem feito um trabalho muito bom no controle dos portos, e isso é para o setor privado se interessar mais pela indústria marítima de uma maneira não puramente protecionista.

Jantei com o Duhalde no Alvorada, jantar agradável. Nesse meio-tempo, eu estava negociando a CCR e várias vezes falei com Sérgio Amaral, com Pedro Parente, com Pedro Malan, com Armínio Fraga, para ver como se processa o financiamento das exportações pelos bancos centrais. O nosso BC é muito restritivo a isso, mas vai ser necessário ter um mecanismo de financiamento do comércio. Eu recomendei cuidado, porque o Tesouro deve ser o responsável maior, e não o Banco Central diretamente, mas é algo necessário para viabilizar as nossas exportações para a Argentina e o pagamento desse comércio entre a Argentina e o Brasil. Conversamos sobre isso de passagem com o Duhalde e ficamos vendo a situação política de lá e de cá. Duhalde trouxe consigo o Aldo Pignanelli, que é o presidente do Banco Central, e trouxe o novo governador de Córdoba**** e possível candidato a presidente da República. Eu o conheço bem, foi embaixador aqui. Na conversa comigo, o Du-

* O presidente recebeu membros do Grupo Executivo de Repressão ao Trabalho Forçado.

** Assinatura do decreto nº 4391/02, que criou o Programa Nacional de Arrendamento de Áreas e Instalações Portuárias.

*** Secretário executivo do Grupo Executivo para Modernização dos Portos.

**** José Manuel de la Sota.

halde disse que quem ganharia de primeira mão seria o De la Sota, que, porém, tem medo de ser candidato, então ainda tentará ver se o De la Sota se candidata. Tive uma impressão boa do Duhalde, ele está fazendo o que pode pela Argentina. Ele sabe das limitações, mas é um homem que tem atividade.

No dia seguinte, dia 26, tive uma reunião de trabalho com o Duhalde, foi tudo bem, só que caminhou muito lenta, porque de novo o Banco Central estava contra. Até me exasperei, mandei dizer que, se o presidente do Banco Central não quisesse assinar o acordo, que assinasse a carta de demissão. Parece que o Armínio Fraga, quando o Lafer falou isso, disse: "Então eu também me demito". Evidentemente, o Armínio se demite, mas não se pode deixar o Banco Central com tal independência. Não é independência, é esse grau de teimosia. Finalmente assinaram tudo, depois houve o almoço no Itamaraty, fiz saudação, saiu tudo nos jornais.* Em seguida fui a um prêmio de inovação.** Voltei ao palácio para receber 150 professoras responsáveis pelos parâmetros curriculares básicos, a Iara Prado*** presente, fotografia com todas elas.

Sexta-feira, dia 27, ontem, fui ao Tocantins e de lá para Estreito, que é no Maranhão. Desci em um entroncamento multimodal onde já funcionam uns graneleiros da Bunge que estão embarcando 90 milhões de sacas de soja a cada quarenta segundos. Uma loucura! E estamos construindo a continuidade da estrada de ferro Norte-Sul, que já sai de Imperatriz, passa por Açailândia e chegou a Estreito. Inaugurei a ponte que atravessa o rio Tocantins,**** entra no estado do Tocantins e que no futuro vai se encontrar com o trecho que começa em Anápolis, em Goiás. Aí já será mais fácil, porque não há rio a transpor e o terreno é plano. Acho que em um ou dois anos terminam essa estrada, que foi o sonho do Sarney. Ela foi muito combatida pelo Afonso Camargo***** e por todos nós na época do Sarney, mas hoje eu vejo que tem sentido. É realmente uma estrada importante de integração.

Em Estreito me esperava o [José] Reinaldo Tavares, governador do Maranhão****** e candidato à reeleição do grupo Sarney. Eu até tinha mandado convidar o Zequinha. Eles não podem comparecer — em campanha eleitoral candidatos não podem ir a inaugurações —, mas veio o Reinaldo, o Zé Reinaldo. Ele me cumprimentou amavelmente. Eu lhe disse: "Você não pode ir comigo". Ele respondeu: "Eu não vou

* Os governos brasileiro e argentino anunciaram a retirada de restrições comerciais e a regulamentação do CCR, cujos limites foram ampliados de US$ 100 mil para US$ 200 mil em operações de curto prazo. Nas operações de longo prazo, o Planalto decidiu que o Tesouro Nacional avalizaria os riscos de empréstimos de até US$ 200 milhões, operacionalizados pelo BNDES. Os dois países também fecharam acordos para levantar restrições sanitárias à carne exportada.

** Entrega do prêmio Finep de Inovação Tecnológica, criado em 1998 para reconhecer empresas e pesquisadores de destaque na área.

*** Secretária de Ensino Fundamental do Ministério da Educação.

**** Obra com 1,3 km de extensão e investimento de R$ 44 milhões.

***** Deputado federal (PSDB-PR), ex-ministro dos Transportes nos governos Sarney e Collor.

****** Pelo PFL.

por outra razão, porque o Roberto Rocha,* que é candidato do PSDB ao governo do Maranhão, é inimigo da Roseana e acaba de renunciar à candidatura para apoiar o [Jackson] Lago,** que é do PDT, para derrotar o Zé Reinaldo". Imaginem que belo dia escolhi para ir ao Maranhão: no dia em que eles do PSDB estão desistindo de ter candidato para derrotar o grupo Sarney. Tudo bem...

Pegamos o trem para atravessar a ponte, tudo com o Siqueira Campos, que eu havia encontrado em Araguaína, a cidade onde meu avião desceu, e fomos para o outro lado no Tocantins. Discurseira boa. Esse Siqueira tem sido fantástico, é um dos poucos que realmente prestigiam o governo federal, conta o que o governo fez, faz propaganda na televisão. Estava o filho dele lá, o Eduardo Siqueira Campos, que é senador do PSDB, também fiz discurso. O João Henrique, ministro dos Transportes, fez um bom discurso e, de lá, voltamos a Araguaína de helicóptero para tomar o avião de Araguaína para Palmas.

Em Palmas fomos inaugurar uma nova ponte, imensa, que atravessa o novo lago que eles construíram na cidade. No fundo é uma represa do rio Tocantins com, sei lá, sete quilômetros de aterro e pontes.*** Quando voltei de Estreito e fui a Palmas, encontrei muita gente, uma festa grande. Eu não sabia, mas quando fui descerrar a placa, eu não sabia mesmo, a ponte tinha meu nome. Nunca deixei que pusessem meu nome em nada. No caso havia muita alegria, era uma homenagem do Judiciário, do Legislativo e do Executivo a mim. Eu disse: "Olha, foi tão carinhosamente oferecida esta homenagem que eu carinhosamente a aceito, embora seja contra os meus princípios". Enfim, como o dinheiro não é federal... Fiz discurso de novo, até meio emotivo, sobre a despedida, tocaram a "Canção do adeus", cantaram Roberto Carlos, o Siqueira fez um discurso enorme falando sobre a Amazônia, sobre a minha responsabilidade de levar a Amazônia adiante, prestígio internacional, essas coisas.

Voltei ontem mesmo para Brasília. Aqui chegando, ainda tive que despachar, receber gente, falar ao telefone, porque nesse meio-tempo houve um problema: o Aécio tinha prometido em Minas que acertaríamos uma dívida, que é real, do governo federal para com Minas, deu a data, só que os papéis não estão prontos, tem-se que rever tudo, a comissão de controle. O Brasil de hoje é muito complexo, o presidente não pode dar uma ordem e o dinheiro sair imediatamente. É preciso de assinaturas do ministro dos Transportes e do Tesouro, vai levar tempo. Então propus que iria a Minas falar com o Itamar desde que eles organizassem um ato político de apoio ao Serra, e eu iria a esse ato. Tenho que participar de uma coisa mais aberta de campanha, embora eu entenda as razões do Nizan, do próprio Serra e do

* Deputado federal.

** Ex-prefeito de São Luís.

*** Ponte Fernando Henrique Cardoso da Amizade e da Integração, na rodovia estadual TO-080, com 8,2 km de extensão e investimento de R$ 146 milhões.

Lavareda, que acham que a disputa tem que se dar entre os candidatos, e não entre o governo e um candidato ou com um candidato do governo. Essa é a orientação da campanha e eu respeito, mas não quero que digam que não estou participando. Quero dar uma demonstração clara de apoio.

Então, o Aécio e o Pimenta — que, aliás, jantou comigo no dia em que voltei do Tocantins — vieram para combinar tudo isso. Depois que tudo estava combinado, me telefonou o Serra para me recordar que na segunda-feira, como eu havia marcado em Belo Horizonte, ele já tinha um compromisso com a Ruth, que está em São Paulo, para ele participar de uma manifestação com artistas. Então queria que eu falasse com ela para mudar a data. Eu disse: "Não se preocupe, Serra, vou mudar a agenda". Passei o dia de hoje, portanto, cuidando disso. Falei com Aécio, com Pimenta, falei com a Ruth e amanhã vou falar com o Itamar. Enfim, é a confusão natural de campanha. Lá no Tocantins estavam muito aflitos porque o Serra havia cancelado de última hora o comício e ontem, quando eu estava lá, avisou que chegaria às duas da manhã na madrugada de hoje e queria fazer alguma coisa. E fizeram, porque eu soube depois, pelo próprio Serra, que até às quatro da manhã ele esteve em uma festa, e não sei o quê. Enfim, a campanha um tanto desorganizada e notívaga.

Amanhã, domingo, ficarei aqui, vou estar com o Jovelino, não temos nada programado a não ser com o pessoal do Itamaraty, que talvez venha para cá e a gente jogue um pôquer. Fora isso nada, mas sempre haverá problemas. Nova pesquisa, eu já sei o resultado: Lula subiu mais um ponto, foi para 45%, Serra com 19%, Ciro caiu para 11% e o Garotinho permaneceu com 15%. Está no limite saber se o Lula vai ser ou não vencedor no primeiro turno.

Fofoca de que o Duhalde teria dito ao *Clarín* que eu teria dito a ele que o Serra perderá. Falei com o Duhalde, mandei desmentir, o Duhalde já tinha desmentido. Serra me ligou. Ele também não deixa passar uma, são coisas que não têm a menor importância, pura fofoca, mas para Serra é como se fosse gravíssimo. Isso é a campanha eleitoral no Brasil.

Escrevi um artigo sobre democracia e transição* em que digo o que penso, dessa vez conseguiram realmente transformar a campanha em uma campanha entre pessoas. Parece que essas pessoas flutuam, que não têm partidos por trás, não tem interesses políticos, não tem valores, não têm projetos, a escolha é sobre quem é mais competente, quem é menos competente, mais simpático, menos simpático, mais agressivo, menos agressivo. Nós despolitizamos inteiramente a campanha eleitoral, e o Brasil de repente elege o Lula sem saber o que ele vai fazer. Só que o Lula vai fazer o que ele sabe fazer, e o que ele sabe fazer dificilmente vai se adequar ao que o Brasil precisa para poder continuar avançando.

* "Transição e democracia". In: Brasil; Presidência da República; Casa Civil. *Transição e democracia: Institucionalizando a passagem do poder*. Brasília, 2002, pp. 15-26.

Copérnico e Ptolomeu. Último debate da campanha. Lula e Serra passam ao segundo turno

Hoje é domingo, dia 29 de setembro. Primeiro uma retificação: eu falei em Estreito sobre o pacto multimodal poder mandar 90 milhões de sacas de soja a cada quarenta segundos, mas não pode ser. Deve ser 90 mil. E há outro erro que acho que gravei, de repente me veio a impressão de haver trocado uma palavra por outra em uma questão que não me lembro qual é, mas não vou voltar atrás para ver tudo isso.

Almocei com o Jovelino para conversar sobre a fazenda que já era dos meus filhos, ver o que fazer com ela no futuro, sobre o centro que estamos organizando para o meu trabalho futuro, saiu hoje na revista *Época* uma notícia sobre ele. Só esqueceram de dizer o principal: que o destinatário final desse instituto, se um dia acabar, é a USP, e não eu. O patrimônio não é meu, será da USP.

Conversas com muita gente, falei com o Itamar, o Aécio me telefonou, disse que o Itamar quer que eu almoce com ele, e a questão do Duhalde foi desmentida. Acabei de rever o artigo que escrevi. Botei meus papéis em ordem, falei com a Kati Almeida Braga sobre uma questão do *Estadão* e d'*O Globo*. Estou tentando ver se arranjo uma solução para esses jornais, eles estão mal de finanças, e a Kati é boa financista. Esses jornais são instituições nacionais, é bom que sejam preservadas. O Nizan me telefonou, quer que eu grave um programa no último dia da campanha do Serra e eu disse que tudo bem, eu faço o que for necessário para a campanha tomar jeito.

São quatro e meia da tarde e acabo de receber uma ligação conjunta do Pedro Malan e do Armínio Fraga, ambos estão em Washington, no gabinete do Murilo Portugal no FMI, para me dizer o seguinte: que a Anne Krueger está perguntando como estão as conversas aqui com o PT, o que eu achava, se o PT ia fazer declarações de sensatez e se iria finalmente apontar logo os nomes para presidente do Banco Central e do Ministério da Fazenda. Eu disse que achava que sensatez eles tinham, sim, porque eu vejo a preocupação deles. Nomes eu não tenho certeza, porque está uma coisa difícil. E quanto ao que eu achava sobre se eles iriam cogitar manter o Armínio e depois aprovar [a emenda ao] o artigo 192, eu disse que não via a menor possibilidade disso.

Armínio disse que o melhor seria se eles nomeassem alguém em novembro. Eu disse: "Também acho, é melhor que eles assumam a responsabilidade do que querem fazer". Acredito que não irão por um caminho de loucura, porque sabem que é muito difícil. Depois perguntaram o que eu achava, pois disseram que o James Wolfensohn e o Iglesias vão telefonar para o candidato vitorioso se a eleição for resolvida no domingo. Eles estão pensando sempre no Lula. Eles, que eu digo, são os americanos, e com algum realismo. Perguntaram o que eu achava de o Köhler fazer a mesma coisa, se eu ficaria aborrecido, eles queriam saber isso no Fundo. Eu disse: "Imagina se vou ficar aborrecido. É uma coisa de civilidade, tem que fazer". Temos que tentar ver se o PT consegue governar o Brasil, se ganhar a eleição.

HOJE É SEXTA-FEIRA, DIA 4 DE OUTUBRO. Como essa foi a semana anterior às eleições, tive uma semana bastante agitada, razão pela qual não pude registrar nada aqui no dia a dia. Na segunda-feira, dia 30 de setembro, fui a Belo Horizonte, porque, como já devo ter registrado, insisti com o Pimenta que eu queria participar de um ato político, para mostrar que estava apoiando o Serra, porque estou cansado de ver nos jornais que eu não estou na campanha, que eu tinha que ir para a campanha, como se fosse decisão minha não estar na campanha. A decisão foi da campanha, não minha. Eu até entendo os argumentos, mas não me venham cobrar falta de apoio político ao Serra.

O Zé Aníbal tinha me pedido que eu fosse a um comício em Carapicuíba, achei um exagero. Falei com o Pimenta: vamos fazer um ato público em São Paulo, mas Pimenta preferiu Minas, e com alguma razão. E até porque o Aécio estava nos enlouquecendo com a necessidade de resolver a questão das dívidas de Minas, senão ele não tem como pagar salário para os funcionários, que o Itamar e não sei o que lá... Eu disse que telefonaria para o Itamar, de fato telefonei e fui a Minas. Lá chegando, no Palácio da Liberdade formação militar, Regimento Tiradentes, um grupo de gente ligado ao Newton Cardoso gritando: Itamar Judas, Judas não sei o quê, porque teria se vendido por dinheiro, essas coisas.*

Conversei longamente com Itamar, somente eu e ele na sala. Ele quer voltar a ser embaixador, falou dos locais, ou na FAO, ou na Unesco, ou na OEA, ou em Lisboa. Eu disse que tudo bem, mas que ia depender do presidente eleito. Não vou eu assumir essa responsabilidade. Ele disse que não apoiaria o Serra porque eu mesmo teria dito a ele, há muito tempo, que o Serra é individualista. Enfim, vai apoiar o Lula porque hoje o Lula está muito mais tranquilo e teria elogiado o meu comportamento a ele, Itamar, e disse que tem um bom relacionamento comigo... "Não sei, Itamar", eu disse, "eu penso outras coisas, mas nós aqui vamos eleger o Aécio, e tudo bem."

Fomos à solenidade, fiz discurso, ele também, cordialidade, espírito de conciliação, Minas acima de tudo, eu disse que o governo tinha feito no Brasil os avanços possíveis, que não houve desnacionalização, tudo o que ele dizia ao contrário eu, educadamente, respondi no discurso. De lá saímos juntos, eu e ele no mesmo carro,

* Na véspera, FH assinara um decreto para reconhecer créditos do governo mineiro reivindicados desde os anos 1990, num montante de R$ 1 bilhão correspondente a recursos estaduais empregados na recuperação de rodovias federais em Minas e ainda não ressarcidos pela União.

e fomos ao Palácio das Mangabeiras.* Almoço agradável, havia bastante gente, o pai do Aécio, que é o [Aécio] Cunha,** também estava lá o cardeal d. Serafim [Araújo], com quem tenho bom relacionamento, o Hargreaves, a Ruth Hargreaves, enfim, o grupo do Itamar mais o prefeito de Belo Horizonte, que é do PT, o [Fernando] Pimentel, um rapaz simpático.

De lá fui ao ato político de apoio ao Serra.*** Aí fiz um discurso forte. Fui aplaudido quase todo o tempo em pé, porque falei as coisas verdadeiras. Falei que a questão não é saber se o Serra é bonito, feio, antipático ou simpático, também como não era quando eu fui candidato. Eu ganhei porque apresentei um caminho, um programa para o Brasil, e estou cumprindo. O Serra pode continuar esse programa. E o Lula? Qual é o programa? O do Serra eu conheço, mas e o do Lula? Ele mudou; foi para que direção? Ninguém sabe. Mudou cosmeticamente. E é uma opção que está sendo feita no escuro a partir da indefinição das posições do PT e do Lula. Esse foi o recado.

Voltei para cá na própria segunda-feira, despachos normais e ainda me encontrei com Albano Franco na base aérea, para discutir os problemas dos processos que há contra ele nos tribunais, cuja definição ele quer acelerar. Muito bem.

Na terça-feira, fui de manhã a uma palestra no Ipea.**** Fiz outro longo discurso, está gravado, não preciso repetir. Expliquei o que eu acho da conjuntura, o que penso sobre a política, a respeito da mudança de paradigma do mundo. Disse, como em Belo Horizonte, que houve uma mudança copernicana e que ainda temos muitos ptolomaicos atrapalhando a vida política brasileira.*****

Depois do almoço, vim para cá, dei uma entrevista para o grupo da transição que foi montado pelo Pedro Parente, para explicar melhor o que entendemos por isso. Recebi d. Damasceno, da CNBB, falei com clareza sobre as nossas preocupações. Ele sempre faz de conta que compartilha, eu não sei se compartilha mesmo, me disse que as comunidades de base, o pessoal da base da Igreja, está decepcionado com o Lula. Está ficando decepcionado, temo eu, pelas mesmas razões pelas quais o Lula está ficando mais popular.

Na quarta-feira, dia 2, a manhã foi mais folgada. Recebi o pessoal do Banco do Brasil para cuidar de assuntos pessoais, meus, da Ruth e dos filhos, a respeito de seguro-saúde; mas eles também vieram para conversar um pouco. Depois almocei

* Residência oficial do governador de Minas Gerais.
** Ex-deputado federal, membro dos conselhos de Furnas e da Cemig.
*** O ato foi realizado em Contagem, região metropolitana da capital mineira.
**** O presidente discursou na cerimônia do 38º aniversário do Ipea no Palácio Itamaraty.
***** "O problema nosso é que tem muito ptolomaico na nossa política. Copérnico já escreveu o que tinha que escrever e eles continuam com Ptolomeu, [...] dizendo: 'Ah, como era bom, como era verde o meu vale quando o governo mandava em tudo, quando havia uma burocracia poderosa, quando o planejamento era autoritário, quando os empresários recebiam de presente do BNDES bilhões para fazer uma indústria que nós precisávamos para o nosso desenvolvimento!'. Isso é uma choradeira ptolomaica." (Biblioteca da Presidência.)

com Paulo Renato, que me trouxe notícias do Iglesias. O Iglesias havia telefonado a mim dizendo que gostaria muito que eu, a partir de janeiro, ficasse ligado ao BID, para lidar com a questão das mudanças políticas da América Latina. Eu seria uma espécie de embaixador urbi et orbi da América Latina, da América do Sul especialmente. Vamos ver como isso se concretiza.

Recebi também um convite, eu e a Ruth, da Library of Congress. O convite dá 100 mil dólares à Ruth e 135 mil a mim por dez meses — quer dizer, 23 mil dólares por mês, pode ser fragmentado — para ficarmos lá fazendo o que quisermos, pensando, escrevendo etc. E recebi também duas notícias boas. O Gelson Fonseca, através do Eduardo Santos, e depois pessoalmente, informou que o PNUD me deu um prêmio* como o líder político que mais incentivou o avanço do IDH, que é o índice básico de desenvolvimento social e humano. Isso será no dia 2 de dezembro em Nova York. A outra notícia é que o Kofi Annan quer reiterar o convite que me fez para eu ser *special advisor* ou das Nações Unidas ou dele, não sei. Também é positivo, vamos ver o que faço com tudo isso.

Almocei com Paulo Renato, que reiterou os convites do Iglesias. Ele, Paulo Renato, quer ser presidente do BID daqui a três ou quatro anos. Curiosamente, ontem, pela primeira vez, o Pedro Malan me disse que o Stanley Fischer e outros queriam que ele fosse presidente. E ele, Malan, disse que só depois que o Iglesias sair. Senti que o Malan toparia. Eu o convidei para se juntar a mim, disse que em qualquer caso ele pode contar com a minha pequena fundação para servir de base para ele trabalhar. Haverá certamente outros convites.

Depois recebi o Paulo de Tarso e o Paulo Jobim, em parte para fazermos algo em conjunto sobre o trabalho escravo, pagar os trabalhadores que são liberados da escravidão moderna. Falei com o Paulo de Tarso longamente, esse rapaz é bom. Me arrependo de não tê-lo nomeado ministro desde o começo, depois que o Jobim foi embora. Ele é moderno, diligente, sabe falar na TV, tem boa formação jurídica, tem revelado grandes qualidades. Ele está lá às voltas, como eu também, com a questão do Rio de Janeiro. A Benedita falou comigo por telefone mais uma vez. Houve uma espécie de ocupação de espaço pelos traficantes, eles mandaram fechar lojas na Zona Sul, o pessoal ficou com medo e fechou.** Um quadro muito perigoso, muito sombrio. Falei com o Jobim, falei com a Benedita, como já disse, falei com o general Cardoso, nós vamos mobilizar as tropas do Exército para garantir maior tranquilidade na data das eleições.

* Prêmio Mahbub ul Haq por Contribuição Destacada ao Desenvolvimento Humano, atribuído a FH pela implantação de programas de redução da pobreza, a instalação da Comissão Especial sobre Desaparecidos Políticos e a elevação do valor do salário mínimo.

** Em 30 de setembro, ameaças atribuídas a traficantes provocaram o fechamento de lojas, escolas e bancos em 36 bairros do Rio, inclusive Ipanema e Botafogo, além de regiões de Niterói, São Gonçalo, Itaboraí, Caxias e Belford Roxo. O toque de recolher informal foi atribuído a uma reação do tráfico à prisão de Elias Maluco, do Comando Vermelho, suspeito do assassinato do jornalista Tim Lopes.

Na quinta-feira, ontem, despachos normais, AGU, essa coisa toda, e conversei longamente com o Malan. Foi quando ele me contou o que ouviu no exterior, o clima é bastante preocupante. O Malan acha, como eu também, que esse pessoal do Lula não vai dar conta do recado. Ganhando a eleição, vai ser um problema e que a gente tem que ter energias para não desanimar e preparar alternativas para o futuro. Depois falei com Celso Lafer, que veio mostrar o que está fazendo na área dele. O Celso tem sido diligente, respondeu bem aos americanos, às insinuações sobre a questão da extraterritorialidade dos soldados americanos que vieram fazer Operação Unitas,* coisas dessa natureza. Já me havia informado por telefone sobre os contatos que teve com o Stanley e com meio mundo nos Estados Unidos. E também em Cuba, ele esteve com Fidel, tudo está relatado nos telegramas.

Depois ainda vim ao Palácio da Alvorada me encontrar, pasmem, com Alexandre Camanho, que é um desses procuradores.** Os mais ativos são o [Alexandre] Camanho, o [Celso] Três, aquele outro que se chama [Guilherme] Schelb e outro chamado Luiz Francisco [de Souza]. Acima de todos, o [José Roberto] Santoro e outro que eu também conheci [Claudio], Fonteles, são os mais famosos. Tenho uma boa impressão do Fonteles, não conheço o Santoro, com o Schelb já conversei e já registrei minhas opiniões, o Luiz Francisco me parece desequilibrado, até perguntei sobre ele a esse rapaz [Schelb], que elogiou muito o Luiz Francisco como grande trabalhador, embora desordenado. O Camanho (ele é amigo do Pedro Parente, é vizinho) veio me agradecer o que o governo e eu fizemos para a preservação do meio ambiente e dos bens culturais de Brasília. Ele é o procurador encarregado dessa área e disse que ninguém fez tanto quanto nós. É um rapaz de boa formação, culto, formado na faculdade de São Bento,*** se orgulha disso, leu Heródoto, os clássicos gregos etc. E mais: é um rapaz bem-apessoado e não olha diretamente para a gente, o que é curioso. Simpático e bastante regrado, foi eficiente, tem admiração profunda pelo [Francisco] Rezek,**** de quem foi assistente. Curioso, esses procuradores precisavam ter se aproximado mais de nós. Se eu tivesse tido a chance de conhecê-los melhor antes e tivesse tido a chance de botar alguém mais dinâmico do que os procuradores-gerais que nomeei, acho que teria sido melhor para mim e para o país.

Eles ainda são xucros em matéria de vida, de sabedoria de vida, de compreensão dos processos mais complexos da política e da sociedade, mas são bem-intencionados, e foram esses que andaram me perseguindo. Esse mesmo [Camanho] foi

* Exercício anual de treinamento das marinhas da América do Sul em conjunto com os EUA e outros países convidados.

** Camanho integrava a equipe do MPF que investigava denúncias de irregularidades nas privatizações da Vale do Rio Doce e da Telebrás, além do perdão de dívidas de Gregório Preciado, primo de Serra, com o Banco do Brasil.

*** Graduado na UnB depois de egresso do Colégio de São Bento do Rio de Janeiro.

**** Juiz da Corte Internacional de Haia e ex-ministro do STF.

à Bahia falar com Antônio Carlos sobre verbas de campanha. Foi a ele que Antônio Carlos disse que assistiu ao Eduardo Jorge receber 5 milhões de reais, ou de sei lá o quê, do José Eduardo Andrade Vieira. Mentira total do Antônio Carlos. Esses rapazes são assim, eles têm um lado que desconfiam do mundo e, como dizem, o Ministério Público é permanente, é uma instituição, não acaba. Como se as outras acabassem. Eles se sentem titulares dessa instituição na sua íntegra, e isso lhes dá segurança, firmeza e, ao mesmo tempo, é um risco, porque eles extrapolam. Mas não entrei nesse tema com ele [Camanho], entrei muito mais com o outro com quem conversei, o Schelb, com quem tive mais tempo de conversa — já conversamos duas vezes. Mas não desgostei do rapaz. É claro que a gente tem que tomar tudo isso cum grano salis.

Na quinta-feira, ontem, vi o debate na TV* aqui em casa, sozinho. Vou dizer francamente: vendo o Lula falar, ele não tem condições de ser presidente do Brasil. Não tem mesmo. Não sabe nada de energia elétrica, fala lugares-comuns e depois fica patético, uma coisa meio piegas, quando quer ser bonzinho. Falou de uma criança que viu morta no colo da mãe, uma pieguice tremenda que até pode pegar o povo, mas não é para presidente. O Garotinho foi bem, a meu ver, dando flechada em todo mundo. Sobre o governo, atacando sem parar. O Ciro até que não esteve dos piores. Também repete que "nunca o desenvolvimento foi tão baixo no Brasil... o pior dos últimos cinquenta anos". Mentira. Mentiu, dizendo que ele não veio para o governo logo no início porque discordava da política que eu estava pondo em prática. Como? A política era a mesma dele, pois ele era ministro da Fazenda. Eu o convidei para o governo, não veio por outras razões. Ele é contraditório nas mentiras.

O Serra esteve, ao meu ver, muito tecnocrático, um tanto afastado do povo, de quem o ouvia. Foi bem nas respostas que deu. Brincou, perguntou ao Lula sobre o preço do ônibus, uma questão paulista,** e deu uma estocada, que eu achei boa, no Garotinho, dizendo que ele estava no programa errado. Na emissora certa, mas no programa errado, deveria estar no *Casseta & Planeta*.*** Garotinho sentiu a estocada. Mas o Serra, ao fazer isso, fica um pouco contraditório com o estilo geral dele. Ele tem imensa trava na hora de defender o governo.

O Ciro diz que nós tivemos o pior desempenho dos últimos cinquenta anos e o Serra se cala. O Lula diz que não houve investimento de energia elétrica, ele se cala. O Garotinho diz que eu falei que todo aposentado é vagabundo, ele se cala. Depois ele diz: eu tenho orgulho de ter o apoio pessoal do Fernando Henrique. Bom, mas não é isso. Se o governo é tão ruim como os outros estão pintando, e se ele é ligado ao governo, por que votar nele? Ele exagera nessa história de defender firmemente

* Último debate da campanha do primeiro turno, transmitido pela Rede Globo.

** Referência ao aumento das passagens de ônibus em São Paulo pela administração petista de Marta Suplicy.

*** Humorístico semanal da Rede Globo extinto em 2010.

o governo José Serra, que ainda não existe. Ele diz: vamos discutir o futuro. Mas não dá para discutir o futuro como se se arrancasse de um presente já contaminado, o que não está. Quer dizer, o Serra tem realmente uma trava, não sei se é no coração ou na cabeça, mas o fato é que não consegue defender assuntos fáceis de ser defendidos. Até na agricultura, que o Lula disse que é muito pouco [safra de] 100 milhões de toneladas de grãos, enfim, como eles não comparam...*

Mas me deu pena ver o Brasil desse jeito. Quer dizer, apresentado com um quadro falso e uma proposta sem consistência para o país. E personalidades a quem, por razões diferentes, falta a grandeza para ser presidente de um grande país.

Daqui a pouco vou a São Paulo. À noite me encontrarei com o Jovelino, com o Aloysio Miranda** e com o advogado do Jovelino,*** para discutirmos o estatuto do meu futuro instituto de pesquisa. Amanhã irei visitar a catedral [da Sé] às quatro horas da tarde com d. Cláudio [Hummes]. Acho que Ruth irá também.

De manhã vamos discutir a reforma do nosso apartamento, ou seja, já começamos a pensar no futuro. Hoje conversei aqui com o Silvano e com o Lucena sobre a necessidade de termos pelo menos mais dois DAS, para que os ex-presidentes possam ter um mínimo de apoio que não seja composto só de segurança e motorista.

No domingo teremos a votação para presidente, e acho que vai dar segundo turno. Acho que nesse sentido o debate inclusive ajudou, porque mostrou um Lula muito fraco. Tomara haja segundo turno, assim, de qualquer maneira, ganhe ou não ganhe, o Serra terá condição de explicar melhor a que veio. E também, quem sabe, não haja uma vitória acachapante do Lula, o que seria ruim, pois daria ao PT uma força demasiado grande.

HOJE É SEGUNDA-FEIRA, 7 DE OUTUBRO, primeiro dia pós-eleição. O que eu previa aconteceu.**** Primeiro vamos à descrição do que fiz: em São Paulo, no sábado, fui visitar a catedral à tarde com d. Cláudio Hummes. Na entrada e na saída grupo de populares não muito grande, trinta, quarenta pessoas, aplaudindo. Vi pelo jornal, até pelo *Estadão*, que houve um início de vaia. Pode ser que alguém tenha tentado alguma coisa. O pessoal aplaudia fortemente e a população simpática, de tal maneira que disse em casa: aqui está melhor. À noite fui jantar com a Ruth, o Giannotti e a Lourdes Sola. Na entrada e na saída aplausos, na saída calorosíssimos, mostrando o clima de São Paulo.

* A safra de grãos de 2002, estimada em 97 milhões de toneladas, representou crescimento de 25% em relação à safra de 1995.

** Advogado paulista.

*** José de Oliveira Costa.

**** Luiz Inácio Lula da Silva venceu o primeiro turno das eleições presidenciais com 46,5% dos votos válidos. José Serra passou ao segundo turno com 23,2%. Garotinho obteve 17,9% e Ciro 12% dos sufrágios válidos.

O dia seguinte, ontem, foi de eleição, fui para a votação.* Falei com o Serra inúmeras vezes para ver como ele estava, transmiti o que senti. Na votação também o clima era extremamente favorável, e não só do pessoal do PSDB, mas de todo mundo. O fiscal do PT, eu nem percebi que era do PT, veio dizer que precisavam de mim e eu disse: "Ah, mas eu pensei que fosse do PSDB, como não é...", e a imprensa fotografando tudo direitinho. Dei declarações, habituais em um momento como esse. Já perguntaram o que vou fazer, o que não vou fazer, se apoio ou não o governo, e eu: "Apoio o governo, não; apoio o Brasil, acho que o ex-presidente é um recurso do Estado brasileiro".

Depois fui para casa, a Bia tinha chegado da Europa para votar. Ficamos por lá, e o telefone funcionando. No final da tarde telefonei ao Serra, porque eu soube o resultado antecipado da boca de urna do Ibope, dava uma diferença pequena, mas ele ganhava [passava para o segundo turno]. Ele disse: "Mas é tão pequena a diferença...". Este é o problema do Serra: ele sempre quer mais, acha que é pouco, se sente perseguido. Ficou esses dias muito atormentado, com alguma razão, mas se sentindo perseguido pela imprensa, pelos juízes, até pelo Jobim, muito amargado.

Claro que esse clima foi mudando. Ontem voltei para Brasília, à noite falei com ele, e já estava com outro ânimo. Eu disse: "Agora é ir para a frente, tentar vencer". E vença ou não vença, penso eu, vamos ter uma diferença muito menor na votação do Lula, o que já é bom, já dá certo ânimo. O país não pode transmitir a impressão de que aqui tudo é Lula. Não sei exatamente em votos quanto ele alcançará, mas já não é aquilo que se imaginava, acachapante. Deve ter tido uns 42%, 43% dos votos efetivos, que é um pouco diferente da votação total. Pode-se usar o velho truque de raciocínio: não tem maioria no país, como é que vai governar, enfim, há muitas coisas a fazer e a reagir. Mas a repercussão internacional será grande. O mercado, pelo que estou vendo, começa, de novo, a especular para ganhar dinheiro.

Até agora o Enéas [Carneiro] tem mais votos em São Paulo para a Câmara do que qualquer um;** em segundo lugar vem o José Dirceu. Todos os meus líderes importantes no Congresso foram eleitos de novo. O Arthur Virgílio teve uma votação muito boa para senador pelo Amazonas. Heráclito Fortes foi eleito senador pelo Piauí. O Aloysio Nunes Ferreira acabou de me telefonar, votação espetacular. Madeira, enfim, houve mais, o [Germano] Rigotto, que foi líder também, está em primeiro lugar no Rio Grande do Sul.*** O PT vai cantar vitórias, os jornalistas confirmam, mas não é verdade. Perderam no Rio Grande do Sul, o Zeca do PT vai para o segundo turno,**** a Benedita perdeu a eleição no primeiro turno, enfim, não foi um resultado assim de total confirmação das vantagens da administração petista.

* Fernando Henrique votava na Escola Estadual Prof. Alberto Levy, no bairro paulistano de Indianópolis.

** O folclórico candidato do Prona-SP obteve 1,5 milhão de votos e se tornou o deputado federal mais votado da história do Brasil.

*** Rigotto passou ao segundo turno contra Tarso Genro (PT).

**** Disputado contra Marisa Serrano (PSDB).

O modo petista de governar não saiu vencedor nas eleições. Não quero dizer com isso que o nosso modo tenha vencido, mas mostra que a eleição é um processo muito mais complicado do que as análises simplistas que fazem dele.

HOJE É QUARTA-FEIRA, 9 DE OUTUBRO, são oito horas da manhã. Esses dois dias que passaram, segunda e terça-feira, foram de organização política sobre o que vai ser feito daqui para a frente e de reavaliação da campanha.

Na segunda-feira estive com o Dornelles. Ele, como sempre muito ágil, pediu que eu entrasse logo em contato com a Rosinha Garotinho e que não esquecesse o PPB de São Paulo, que eu falasse com o Delfim. Coisa que fiz, falei com o Delfim ontem de manhã para felicitá-lo pela reeleição e para perguntar como ele ficava agora. Delfim reclamou de uma declaração do Geraldo Alckmin* que eu não tinha lido, dizendo que eles querem os votos dos malufistas, mas não querem saber do Maluf. Colocado dessa maneira fica difícil. Claro que todos querem os votos dos malufistas, que não são nem malufistas; são paulistas desesperados. Quanto à Rosinha, telefonei para todos os governadores eleitos, para felicitá-los.** A Rosinha não estava, deixei recado.

À tarde, recebi o Juarez Quadros, ministro das Comunicações, para discutir um assunto delicado, a situação da Embratel. Há propostas de fundos americanos para comprar ações, e não sei o que vai acontecer, mas é preciso acompanhar com atenção a questão da Embratel. Estamos com uma fragilidade na Anatel por causa do choque entre o Schymura e o resto do conselho, basicamente o Valente e o Tito [Luís Tito Cerasoli], os antigos do conselho. À noite recebi o Andrea Matarazzo, que estava bastante atormentado porque o Serra está ficando cada vez mais difícil no trato. Trata o Andrea muito mal. Telefonou para cá, tratou mal o Andrea, não sei nem como o Andrea aguenta. Ele é uma pessoa que gosta do Serra e é dedicado. Mas o desespero vem da falta de recursos, posto que não há mesmo recursos, está muito difícil, porque houve uma desorganização muito grande na campanha. Eu não acompanhei nada disso, não tenho nenhuma ingerência no assunto, apenas fui me informando lateralmente.

Ontem, terça-feira, de manhã, depois de ter feito exercícios físicos, recebi o Martus para discutir um pouco os problemas. Ele, na verdade, está preocupado com o Ceará*** e tem uma visão realista, disse que o Tasso agora vai ter que apoiar o Serra etc. Depois recebi a Marisa Serrano, que teve 42% dos votos. Essa foi uma lutadora. Depois, de novo Pedro Parente e o Juarez Quadros, para discutir o que fazer com a Anatel. Não chegamos à conclusão alguma, vamos ver juridicamente o que ainda

* Disputou o segundo turno da eleição ao Palácio dos Bandeirantes contra José Genoino (PT).

** Governadores eleitos no primeiro turno: Jorge Viana (PT-AC), Ronaldo Lessa (PSB-AL), Eduardo Braga (PPS-AM), Paulo Souto (PFL-BA), Paulo Hartung (PSB-ES), Marconi Perillo (PSDB-GO), José Reinaldo (PFL-MA), Blairo Maggi (PPS-MT), Aécio Neves (PSDB-MG), Jarbas Vasconcelos (PMDB-PE), Wellington Dias (PT-PI), Rosinha Garotinho (PSB-RJ) e Marcelo Miranda (PFL-TO).

*** Lúcio Alcântara (PSDB) enfrentou José Airton (PT) no segundo turno.

pode ser feito. E também estive com o Scalco, junto com o Pedro Parente, para discutir mil coisas da administração e da situação política. No Paraná* o Scalco disse que o Beto Richa poderá eventualmente, meio a contragosto, apoiar o Álvaro [Dias], de tal maneira que o Álvaro abra espaço para o Serra. Acho dificílimo, porque o Amin, que foi para o segundo turno,** pode perder a eleição, e, por pressão do Serra e do comando, o PSDB ficou com o PMDB para poder garantir o apoio do PMDB nacional ao Serra. Agora a confusão está grande em Santa Catarina. E assim fomos passando em revista vários estados.

À tarde, recebi o Humberto Mota, que veio falar sobre os Correios e sobre a situação política, dizendo que o Arthur Sendas*** tem muita influência sobre o Garotinho. Ainda recebi o Guilherme Dias e o [José Paulo] Silveira, para discutir a forma de levar adiante todo esse processo do Avança Brasil, no sentido de mostrar o que foi feito e assim apresentar ao país os avanços havidos no planejamento e permitir que o futuro governo continue. Muitos telefonemas, muita pressão, reavaliação do quadro eleitoral, de fato o PT, ao contrário do que eu imaginava, fez muito mais deputados.**** A onda vermelha foi grande. Não, não foi onda vermelha; a onda Lula é que foi grande, e no fim, nos dois, três últimos dias de campanha, foi muito forte. Na hora da reavaliação dos resultados, viu-se que o PT teve uma votação muito grande, fez 91 cadeiras. Isso é fruto não só da "onda Lula" como também porque eles têm muitas prefeituras***** e usaram bastante bem a máquina. Coisa que não aconteceu com o PSDB. Mas a derrota também é fruto do desgaste do governo federal e de ele não ter usado a máquina.

Hoje, quarta-feira, recebi o Tuma, recebi o Jungmann e Arthur Virgílio. Falei por telefone com todo mundo, com Dornelles, com os governadores eleitos, preparando a arrancada, para dar tudo certo. Mandei ao Serra uma carta pessoal, dizendo que agora ele tem que mostrar que é um líder político, e não só que foi um bom ministro da Saúde. E mostrar ao país o caminho em que ele vai andar e contrapor-se ao caminho do outro. O plebiscito agora é entre dois caminhos para o Brasil; não é entre o governo atual e o futuro.

Mais tarde vou a São Paulo com a Ruth, o Malan pediu uma reunião com o Armínio e outros mais, reunião de urgência, deve ser sobre teto de orçamento. Ainda tenho várias reuniões hoje à tarde.

* O governo paranaense foi disputado por Álvaro Dias (PDT) e Roberto Requião (PMDB).

** Contra Luís Henrique (PMDB).

*** Dono da rede Sendas de supermercados.

**** O PT passou de 58 deputados eleitos em 1998 para 91 em 2002, maior bancada da Câmara. Em seguida vieram PFL (84 cadeiras), PMDB (73) e PSDB (72).

***** Nas eleições municipais de 2000, o PT conquistou 187 prefeituras, ocupando o sexto lugar no ranking partidário municipal, liderado pelo PMDB, com 1288 prefeitos, PFL (1028), PSDB (990), PTB (398) e PDT (288). No entanto, o petismo controlava 27 entre as cem maiores cidades do país, inclusive São Paulo, Recife, Belém, Porto Alegre e Goiânia.

HOJE É 10 DE OUTUBRO, QUINTA-FEIRA, estou em São Paulo. O almoço de ontem com Malan, Armínio e os demais foi de aflição deles. Fizeram análises e chegaram à conclusão, reiteradamente, aliás, de que a pressão que está havendo sobre a rolagem dos títulos internos ligados ao câmbio é em função do desconhecimento da política cambial futura. Eu disse que era isso, mas também especulação. "Não nos enganemos, os banqueiros podem ser amigos de quem sejam. Na hora da especulação, eles jogam contra." É o que estão fazendo.

É claro que há algo, o Lula dá margem a essa especulação, porque fica uma coisa obscura sobre o que ele vai fazer. Ninguém sabe, dá margem a dúvidas. Mas existe também o jogo dos banqueiros — banqueiro lato senso. Os especuladores da Bolsa, essa grande massa de recursos vem via banco, não há dúvida.

Dei uma longa entrevista para a revista *Época*.* Boa, me pareceu, intelectualizada, mais sobre estruturas do que sobre conjunturas, sobre o que é o capitalismo hoje, essas coisas. Depois recebi o Aécio, que reafirmou que vai reunir os prefeitos e fazer força máxima para o Serra. Está pensando no futuro, no que fazer. Me deu uma sugestão que eu não achei descabida: se houver confusão na Câmara, poremos o Dornelles como presidente. Faz-se primeiro uma aliança do PTB com o PSDB e depois com o PMDB, somam-se todos e se faz o Dornelles presidente da Câmara. Não é má ideia, porque o Dornelles é muito hábil, os partidos aliados não vão dizer que o presidente é do PSDB e ele tem capacidade de manobrar como poucos.

Vim a São Paulo com a Ruth e acabei indo jantar na casa do Andrea Matarazzo, que queria discutir as questões complicadas da telefonia. O Daniel Dantas, através de um fundo de pensão, quer dar uma solução para o caso da Embratel.**

Hoje de manhã fui à inauguração do Salão do Automóvel,*** como eu faço sempre. Dei lá meu recado político, respondi a esta insensatez do pessoal da oposição, e mesmo do nosso, que repete ser preciso fazer uma política industrial nova, uma política de exportação. Eu disse: "Estamos com 10 bilhões de dólares excedentes em nossa balança comercial". E o Automóvel Show mostra que a base produtiva melhorou muito, a tecnologia também; falta o mercado interno, mas a indústria avançou bastante. Mais tarde almocei com o Rodrigo Mesquita e o Jovelino, para ver a questão d'*O Estado de S. Paulo*, que está cheio de problemas. A família é muito desentendida e o buraco nas contas do *Estado* é grande, eles têm que arranjar sócios. O *Estado* é um patrimônio nacional, não pode acabar assim, temos que ver o que fazer.

Depois do almoço recebi o Antônio Ermírio, que veio mostrar a importância de apoiar o Serra, nada de mais concreto. Foi o Antônio que pediu para vir. Em seguida fiquei esperando um encontro com o Martinez e com o Roberto Jefferson, como

* Concedida a Expedito Filho, saiu com a manchete "Presidente em campanha" na edição de 14 de outubro.

** Em 2004, a Embratel, então controlada pela concordatária Worldcom, foi comprada pelo mexicano Carlos Slim, dono da Telmex.

*** A 22ª edição da feira automobilística aconteceu no centro de exposições do Anhembi.

eu havia combinado com eles ontem, em Brasília. O José Aníbal veio até aqui para me levar ao Salão do Automóvel e até pediu que o encontro com os dois fosse na casa dele — ele é meu vizinho. A essa altura recebi um recado do Roberto Jefferson dizendo que eles já tinham recomendado o apoio ao Lula, com uma nota que ele me leu. A nota diz que o Serra está colhendo ódios, e não sei o quê, e faz uma referência amarga a mim (isso foi contra a opinião do Roberto Jefferson). O Martinez realmente ficou com ódio do Serra porque o Serra, segundo ele, no horário gratuito, teria voltado aos temas que o desagradam, da ligação dele com o Collor e o PC. Mais uma baixa, portanto, na campanha. O PFL apoiou ontem o Serra, com catorze votos a favor e uma abstenção, do Inocêncio de Oliveira. O Jorge Bornhausen achou que ia resolver o apoio e, de fato, o Marco Maciel me deu esse resultado.

Estou preocupado, o dólar hoje foi a quase quatro reais,* depois da conversa de ontem eu vi que o Armínio estava muito aflito e perguntei: "Nós aguentamos?". Ele acha que até o fim do ano sim, passaremos raspando para o outro ano. O Brasil não pode quebrar em nossas mãos por causa do Lula; aliás, do PT, porque na verdade a especulação é essa. Nós estamos em função do risco que a eleição do Lula ofereceria para os mercados. Não é a eleição do Lula; é a indefinição sobre o que eles vão fazer. Por outro lado, o Chávez mandou uma réplica da espada do Bolívar (igual à que ele deu a mim em Caracas) para o Lula começar a revolução brasileira. A percepção disso no exterior é muito negativa.

Agora vou escrever uma notinha sobre o Severo [Gomes] e o Ulysses, pelos dez anos de morte deles, e vou para a casa do Roberto Gusmão. Não sei se o Fernando [Pedreira] vai jantar lá também. Amanhã cedo vou à inauguração do Rodoanel.

HOJE É SEXTA-FEIRA, 11 DE OUTUBRO, estou de volta a Brasília. Como antecipei, ontem fui jantar na casa do Roberto Gusmão depois de escrever a nota sobre o Ulysses e o Severo. Só estava a família do Gusmão: ele, a Tarsis [Ivna Tarsis d'Afonseca Gusmão], filhos e noras, foi muito agradável. Gusmão vai fazer oitenta anos e está muito bem-disposto. Fernando [Pedreira] não apareceu, telefonou, falei com ele, brinquei um pouco, mas me disse o Roberto que ele está muito abalado depois da doença, operou o ventrículo no coração, o fato é que ele pediu demissão do *Estadão*, do *Globo*, está irritado e envelhecido. Fiquei preocupado. O Roberto quer me ajudar na formação do instituto, acha que eu tenho que ser candidato outra vez, acha que muita gente está nessa expectativa. Eu, como é do meu estilo, disse que sim, mas agora não vou falar nada disso, depende das circunstâncias. Não faço planos dessa natureza e acho que voltar a ser candidato aos 75 anos, Santa Madre, é um pouco demais. Mas não disse isso.

* Em novo recorde, o dólar chegou a R$ 3,99. A alta desde o começo de 2002 já superava 70%. Em contrapartida, a Bolsa e o risco-país fecharam estáveis.

Hoje de manhã fui inaugurar o Rodoanel,* discurso, debate com a imprensa, provocações. O Armínio tinha dado uma entrevista sobre a questão do câmbio, muita reação do PT ao Armínio, por ele estar falando a verdade. Ficaram nervosos, dizendo que é terrorismo econômico, que eles não aceitam. Mas a verdade é que as dificuldades que temos derivam da possível eleição do Lula. Eu não falei dessa maneira, mas disse que era melhor os candidatos ver o que vão fazer. No discurso no Rodoanel, fui enfático em defender o que já fizemos nas mudanças da infraestrutura; disse que estamos fazendo o que os outros prometem.

Vim para Brasília, muitos telefonemas como sempre, despachei com o Pedro Parente, encontrei o Jorge Serpa. Meu Deus do céu, me dá pena, o Serpa é um fantasma do passado. Ele me fala das relações dele com o governo americano, com as Forças Armadas brasileiras, com o pessoal do mundo árabe, enfim, tem ideias, projetos, tudo vago. Tenho pena dele, um homem que teve projeção, não sei se tanta, mas teve influência; quando o conheci, ele era influente junto ao Roberto Marinho.

Morreu hoje o José Carlos de Araújo, que foi dono da Paranapanema junto com um grupo do Rio. Ele ajudou a mim, ao Mário Covas, ao [José] Richa lá atrás, quando não éramos nada. De lá para cá, era apenas um amigo, sempre mandando vinho e queijos nos aniversários, e até para a Terezinha, minha empregada em São Paulo (eu soube hoje que ele mandava presente de aniversário para ela). Um homem que foi a um patamar muito alto, junto com o [Otávio] Lacombe, sócio dele. Depois que morreu o Lacombe, os herdeiros parece que não foram tão fiéis como se esperava e ele ficou relativamente empobrecido, não sei quanto. Na nossa última conversa por telefone, prometi que iria chamá-lo quando fosse a São Paulo. Quando a Terezinha me contou hoje que telefonaram da casa do José Carlos, eu disse: "Meu Deus do céu, eu me esqueci de chamá-lo [para o aniversário]". Mas ele já estava morto e não pude nem ir ao enterro. Isso me dói. Foi um homem que, na época em que não éramos ouvidos por ninguém, estava ali firme, apostando no PSDB. É dura a vida.

Hoje o Banco Central atuou de maneira vigorosa.** Pergunta que Pedro Parente fez e que eu também faço: por que não agiu dessa forma antes, meu Deus do céu? Se o BC tinha tantas armas, por que esperar tanto? Eu também não chego a entender a lógica de nossos banqueiros centrais. Vi o Armínio muito aflito, como registrei, provavelmente por não ter feito isso, não ter jogado mais duramente contra os especuladores. Será? Hoje o dólar caiu 4%, até mais em certo momento. O BC mostrou que o governo tem armas para atacar e que precisa continuar atacando. Não podemos deixar diminuir as reservas, reagimos tirando liquidez do sistema, como é clássico.

* Inauguração do trecho oeste do anel viário entre as rodovias Anhanguera e Régis Bittencourt. O governo federal investiu R$ 320 milhões na obra, cujo custo total alcançou R$ 1,25 bilhão.

** O BC baixou um minipacote cambial para conter a sangria de reservas, enxugando R$ 14 bilhões em liquidez bancária através de um novo aumento no compulsório de operações à vista e a prazo, além de endurecer a exigência de capital próprio das instituições atuantes no mercado de dólar e diminuir o teto de operações com divisas em relação ao capital. No mesmo dia, o dólar caiu para R$ 3,82.

Eu disse isso ao Pedro Parente, ao Gustavo Franco, este, aliás, tinha raiva dos especuladores, queria liquidá-los. Nesse afã, talvez tenha feito jogadas que nos custaram caro, mas era com a vontade de acabar com a especulação. No Banco Central atual sinto muita competência, muita lealdade, seriedade, honestidade, mas não sinto a mesma gana de acabar com a especulação, talvez porque não seja possível nas circunstâncias atuais. Em todo o caso, agora o Banco Central mostrou suas garras. Reações de todo tipo. Do Lula, Zé Dirceu, Mercadante, até do Genoino. Eles são bons nessas coisas, funcionam como uma equipe: a sede de chegar ao poder lhes dá uma coesão imensa, coesão que já não se encontra quando o poder vai acabando, como é nosso caso. Nosso candidato não demonstra ferocidade. Ele sempre a demonstrou, dessa vez não o vejo com a ferocidade que caracteriza os vitoriosos. Os vitoriosos têm que ter vontade de vencer e não ter piedade na caminhada para a vitória.

O Serra ainda hoje esteve comigo, passou em casa, ia a Brasília e passou por aqui. Eu o vi preocupado, porque está sozinho, disse que só ele faz tudo. Não é verdade, Serra desconhece o trabalho que os outros fazem por ele. Eu mesmo recebi ontem o Antônio Ermírio e hoje, até me esqueci de falar, recebi o Benjamin Steinbruch, não só por causa do Serra, mas por causa da fusão da empresa dele. Disse que vai ser capaz de obter talvez *fifty-fifty*, 50% dele, 50% dos europeus. Se for isso será extraordinário. Será? Não sei.

O Nizan acabou de telefonar, me disse que o Serra ia aparecer na pesquisa com uma diferença muito pequena (em termos), coisa de uns quinze pontos a menos que o Lula. Agora a Datafolha vem com uma diferença grande, de 26 pontos,* é muita coisa. Sabe Deus quem tem razão. Vou deitar, descansar um pouco.

O prêmio que ganhei das Nações Unidas, do PNUD, programa de desenvolvimento, como o líder político ou chefe de Estado que mais contribuiu para melhorar o IDH do seu país, eu já me referi a ele aqui, é bom, porque responde às críticas daqui [de que não teríamos prestado atenção à questão social]. O prêmio vai ser anunciado na terça-feira da semana que vem.

HOJE É TERÇA-FEIRA, DIA 15 DE OUTUBRO. Vejamos primeiro o que aconteceu no fim de semana, nos dias 12 e 13. Sábado, passei o dia inteiro vendo meus papéis, lendo, arrumando as coisas, fazendo exercícios, nada de especial a anotar, os telefonemas de sempre, a questão política, o que fazer com as candidaturas. Domingo fui à fazenda com o Nelson Jobim e com a Luciana, para almoçar. O Jobim tinha estado no sábado comigo, portanto no dia 12, para me mostrar a carta que o Serra lhe mandou, cobrando por ele haver concordado com a diminuição de oito minutos nos programas de televisão nos últimos dias de campanha.** Tudo bem ele reclamar,

* Lula tinha 58% e Serra 32% das intenções de voto no segundo turno.

** A cinco dias do primeiro turno, Serra fora condenado pelo TSE a perder 8min6s da propaganda na TV,

mas o Jobim não votou. O Jobim é presidente do tribunal, não vota, e a decisão foi por unanimidade. Na carta ele acusa o Jobim. E o Jobim e ele são grandes amigos. Isso mostra como o Serra está transtornado, tudo que contraria os objetivos dele é alvo de acusações. O Jobim está muito abalado com o assunto, só não vai se considerar impedido nas votações, nas causas do segundo turno, para não mostrar de público a desavença com o Serra; prefere se calar. Não conversamos nada sobre assunto político algum, só falamos de coisas amenas. Voltei para cá, vi um filme chamado *Minority Report*,* um desses filmes com efeitos especiais. Isso no domingo.

Ontem, segunda-feira, foi um dia terrível, e por muitas razões. Primeiro, recebi o Juarez Quadros de manhã, porque estou preocupado com o caminho das coisas da Anatel, com as fusões e confusões das empresas de telefonia. E com a falta de comando na Anatel; há uma futricalhada interna lá, e o Quadros está tendo que intervir.

Despachei com os ministros da casa, com o Lucena. Almocei no Alvorada e fui ao Planalto, onde recebi o pessoal da Companhia Siderúrgica de Tubarão. Estão felizes, todos falando sobre como o governo mudou o Brasil, essas coisas. Mas a questão fundamental é que eu estava despachando com o Pedro Parente e com o Scalco, quando vi na telinha que havia uma reunião extraordinária do Copom. Perguntei ao Pedro, ele não sabia de nada. Telefonei para o Malan, que também não sabia. Eu disse: "Fazer uma reunião extraordinária numa hora dessas! Reunião extraordinária se faz sem falar, em casa, ao telefone. Já está o mercado nervoso...". Pouco tempo depois, saiu a notícia de que o Banco Central, o Copom, elevou três pontos na taxa de juros.**

Depois do almoço o Armínio me telefonou. Eu disse: "A consequência política disso é um desastre".

"Não, presidente, nós temos que combater a especulação."

"Mas a especulação não está concentrada em alguns bancos?"

"Não", ele respondeu, "é generalizada. Nós vamos ter a questão dos índices que dão a média das taxas de juros, que se fazem para cobrar o vencimento de títulos cambiais. Haverá um vencimento de título cambial na quinta-feira, então a batalha vai ser amanhã [hoje, terça] e na quarta. E ainda vamos ter que usar mais elementos de contenção, mas isso não se pode falar com ninguém."

Eu disse: "Armínio, eu espero que vocês sejam duros, porque o efeito já está dado".

"É, mas parece que o pessoal do Lula vai fazer o Banco Central independente."

E eu pensei comigo: essa é uma luta menor, diante da luta em que estamos, que é outra, que é conter essa especulação. E não sei se esses 3% serão suficien-

---

convertidos em direitos de resposta do PT e de Lula, em punição a ataques contra a candidatura petista desferidos em setembro.

* Longa de Steven Spielberg lançado em 2002.

** A Selic aumentou de 18% para 21%. Foi a terceira reunião extraordinária do Copom desde sua criação, em 1996.

tes. Até agora os mercados não levaram a sério* esse aumento da taxa de juros, demonstrando a fraqueza do Banco Central.

Tive a sensação de que o Banco Central piscou. Eles ficaram aflitos, deviam ter se mantido calmos, esperado as consequências das medidas duras que tomaram na sexta-feira; enxugar a liquidez e esperar um pouco. Essa é minha opinião, mas eu não sou especialista nisso. Reclamei com o Malan: "Uma medida dessa importância, que tem efeito político, até externo, e eu não estou nem sabendo! O que vocês vão fazer?". O Pedro ficou muito sem jeito, disse que ia falar com o Armínio. O Armínio disse que vinha me ver à noite. À noite tentei falar com eles, não consegui, deviam estar reunidos em algum lugar menos alcançável. Foi um dia de muita tensão.

Depois fui a uma missa na CNBB, duas horas de missa, eram os cinquenta anos da CNBB, comemorando as críticas ao governo... Enfim, é o meu estilo democrático; acho que ele tem que ser mantido até o final. Fui muito bem tratado pelos dirigentes da CNBB, pelos cardeais que lá estavam, sobretudo por d. Serafim, de Minas, e pelo núncio, gente com quem trato com frequência e com quem tenho uma relação pessoal boa. Também tenho bom trato com outros da CNBB, com os que têm uma visão menos agressiva. Esse foi o dia de ontem. Dia de muitas apreensões.

Falei com o Serra, que ia fazer à noite um debate [entrevista] na Cultura, no programa *Roda Viva*. Serra não falou com muita ferocidade sobre o dólar e os juros. Estava preocupado com meu encontro com o Itamar e com o Aécio. Eu disse que já marquei o encontro. Ele acha que o governo não tem que dar dinheiro para Minas e que não se deve fazer o encontro. Eu disse: "Mas eu não posso não fazer; é uma coisa de Estado".

Hoje, terça-feira, tenho uma agenda pesadíssima, que começa agora de manhã com uma conversa com o brigadeiro Baptista e com o Quintão sobre a compra de equipamento da Aeronáutica. Depois vou receber o Emílio Odebrecht, que me pediu uma audiência, e tenho outra audiência com a OAB por alguma razão específica que não sei. Estou vendo na agenda que tenho um almoço com os líderes do governo no Congresso, para tomar decisões sobre o que se poderia aprovar até o fim deste ano. Registrarei isso com mais vagar depois que os fatos transcorrerem.

Apenas uma nota: os trechos que vi do Serra no *Roda Viva* saíram bastante bem, ele estava mais à vontade. Se tivesse sido assim desde o início da campanha, talvez estivesse hoje em uma posição melhor.

* O dólar continuou no patamar de R$ 3,85 e a Bolsa paulistana caiu 4,6%.

18 A 28 DE OUTUBRO DE 2002

Reta final do segundo turno. Lula derrota Serra. Começo da transição

Hoje é sexta-feira, 18 de outubro, vamos retomar a partir da terça-feira, dia 15. Efetivamente a conversa com o brigadeiro Baptista e com o Quintão foi a respeito da compra dos aviões chamados P-3* e dos aviões de transporte,** um para a guarda costeira e o outro para transportes na Amazônia. Fizeram uma pré-apresentação, o trabalho me pareceu bem-feito, detalhado, circunstanciado, dizendo o porquê da escolha dos aviões. As questões serão levadas ao Conselho de Defesa Nacional na semana posterior às eleições. Não é ainda o FX, pelo qual todo mundo está brigando, são outros aviões.

Quanto ao Emílio, nada de novo a não ser a sugestão que ele me trouxe de dar atenção às empresas nacionais que estão endividadas em dólar, abrir um crédito de 360 dias, coisa sobre a qual já tínhamos falado. Voltei a falar com Malan, que disse que era necessário ver que empresas estão realmente necessitadas, porque muitas já estão ajustadas quanto aos efeitos da variação do câmbio.

No almoço vieram os líderes do governo mais o Pedro Parente e o Scalco. A discussão era a respeito da pauta mínima a ser apresentada, o ceticismo é grande quanto a se conseguir fazer alguma coisa. Eu tenho menos ceticismo porque, pelas minhas conversas com Zé Dirceu, parece que há certa tendência no PT de concordar com alguns avanços na discussão das matérias, como, por exemplo, sobre o Banco Central; e mesmo quanto ao PL 9, da aposentadoria dos funcionários públicos. Há matérias nas quais vamos poder avançar, além de conseguir aprovar o orçamento. Da reunião resultou especulação na imprensa, nada de mais grave.

Fui à entrega de um prêmio de incentivo à educação,*** como faço todo ano, uma festa quase familiar, mas muito simpática. As pessoas que ganharam prêmio estavam à vontade, um rapaz da Paraíba**** declamou uma poesia que ele inventou enquanto fazia ginástica. No encontro o Paulo Renato anunciou que eu tinha ganho esse prêmio da ONU por causa do IDH. Foi importante ganhá-lo, porque nele se reconhecem os avanços sociais feitos aqui. Mais tarde estive com o pessoal do serviço de inteligência, da Abin, que o general Cardoso me trouxe. Depois fui à pos-

* Aeronave de patrulha marítima fabricada pela norte-americana Lockheed Martin. O governo tratava da modernização da frota brasileira de nove P-3.

** O Brasil comprou doze aeronaves C-295, da espanhola CASA.

*** Prêmio Incentivo à Educação Fundamental, concedido anualmente no Dia do Professor, numa parceria entre Bunge e Ministério da Educação, a profissionais de ensino com projetos pedagógicos inovadores.

**** Cláudio Cavalcante, professor do Rio Grande do Norte.

se da CNI,* na qual o Antônio Ermírio fez um discurso muito simpático a mim. Ele me pareceu cansado, talvez não estivesse a todo vapor. Bom discurso do presidente que assume,** aquele rapaz de Pernambuco que é deputado e é neto do Agamenon [Magalhães].*** Eu até mencionei que o Agamenon Magalhães e a dona Antonieta [Magalhães], sua mulher, a filha do Agamenon,**** mulher do novo presidente da CNI, que naturalmente estava presente, foram afilhados de casamento do meu avô. Foi bom o discurso do rapaz, Armando Monteiro Neto. Também o Fernando Bezerra discursou. Era o antigo presidente e fez um discurso mais magoado, no final disse que é preciso que os próximos governos realizem os nossos sonhos, como se dissesse que o atual não fez nada. Ele foi ministro e não teve sorte, deu-se mal na candidatura ao governo do Rio Grande do Norte,***** por ter certa ingenuidade política.

Voltei para casa, para cuidar da minha coluna; não é bem a coluna, é a última costela, chamada "flutuante", que fica na direção do ilíaco, onde houve uma espécie de calcificação, desgaste, e começou a me amolar.

No dia 16, que foi quarta-feira, de manhã tive uma reunião com os dirigentes políticos — o Marco Maciel, o Jarbas Vasconcelos, o José Aníbal, o Geddel e vários outros — mais os nossos líderes no Congresso, o Arthur Virgílio, o Madeira, para animar a candidatura do Serra. Tudo o que eu disse foi para a imprensa, claro que eu levei pau. Eu disse: "Me criticaram tanto por causa do Real, disseram que era estelionato eleitoral. Estelionato está fazendo o PT agora, não se sabe qual é a proposta deles, prometem mundos e fundos para todos os lados. Isso é que é estelionato". Enfim, não tem muita importância. Fofoca de imprensa.

Eu me encontrei rapidamente com Eduardo Jorge no Alvorada por causa da campanha do Serra, todos os que dela participam andam muito desanimados com a falta de estrutura. De volta ao palácio, recebi o Edmundo Safdié, que veio reclamar que nada dele foi atendido pelo governo. Depois recebi o Rui Mesquita Filho, o Ruizito Mesquita, que me trouxe um presente agradável, a coleção de crônicas que o avô, o Júlio de Mesquita, publicava na época da Primeira Guerra Mundial, uma vez por semana. Muito interessante, não li, olhei, são vários volumes.

Depois recebi a Gilda Guimarães, embaixadora na Guatemala, ela está preocupada porque parece que para lá vai outro embaixador e ela quer continuar no exterior. Pode ficar ainda por dois anos, é uma moça competente, que não fica exigindo embaixadas impossíveis.

Na quinta-feira, dia 17, ontem, o dia começou agitado. Gravação do programa eleitoral, com Marisa Serrano e para outros mais: Rigotto, Cássio Cunha Lima, Si-

* A entidade empossou sua nova diretoria e conselho fiscal.

** Armando Monteiro Neto.

*** Ex-interventor de Pernambuco e ex-ministro da Justiça e do Trabalho no primeiro governo Vargas.

**** Maria do Carmo Magalhães de Queirós Monteiro.

***** Bezerra (PTB), candidato ao Palácio da Lagoa Nova, não conseguiu passar ao segundo turno, quando foi eleita a pessebista Wilma de Faria.

mão Jatene.* Dei uma longa entrevista ao Gugu Liberato para o programa do Serra. Aliás, gostei da entrevista, há que ver como vão editar, mas gostei. Depois do almoço recebi o Ronaldo Sardenberg para despachar. Ele trouxe o [Luís Carlos] Delben Leite** e o Roberto Nicolsky, da Protec, para comemorar, porque fizemos a Lei de Inovação.*** Havíamos criado várias empresas virtuais, todas na linha da inovação. Voltei correndo ao Palácio da Alvorada, recebi o Paulo Coelho muito agradavelmente e à noite jantei com pessoas amigas.

Estou fazendo tratamento da coluna hoje, exercícios e aplicações, resolvi passar o dia aqui no Alvorada. Recebi Augusto Pereira [da Silva], ex-embaixador da CPLP,**** e depois o ministro dos Transportes, que veio mostrar o que está sendo feito, o que se conseguiu pagar, questões de orçamento. Passei o dia botando em ordem uma papelada imensa que estava me sufocando na mesa de trabalho. O dia foi calmo, todo mundo está nas campanhas, nada de novo, a não ser conversas telefônicas. O que não ficou calmo nesses dias todos foi o dólar. Na quarta-feira houve uma queda de braço, porque na quinta-feira, ontem, haveria pagamento de títulos da dívida pública,***** o Banco Central tomou medidas muito duras, mas as medidas têm sido suficientes apenas para conter a alta do dólar — houve uma contenção relativa.

Hoje, sexta-feira, parece que os mercados cederam mais, os dados foram melhores, a Bolsa subiu seis pontos.****** Dizem que o pessoal do Lula prometeu que faria o superávit primário que viesse a ser necessário para frear o aumento da dívida pública. Palavras. Na verdade, hoje saiu na imprensa mais claramente que tudo depende de muitas coisas... Também prometeram ativar o mercado de capitais, o que depende de lei... Mas é bom dizer: isso tem ajudado a acalmar.

O Lula, por sua vez, disse que a alta do dólar e o aumento da taxa de juros foram para favorecer os banqueiros. Esse não aprende. Eu reagi e o Malan também; com tanta tensão nessa hora, o Lula não devia falar nada de câmbio, de dólar, mas falou. Mostra o que será um governo com o PT no caso de vitória. Será difícil conter o Lula e seus impulsos falastrônicos. Chamou o Bush de companheiro, chamou o Zoellick de sub do sub do sub, e disse que ele não fala com sub. Entretanto, o homem é ministro do Comércio Exterior dos Estados Unidos. Enfim, um despreparo espantoso.

Quanto à questão política. Falei com o Aécio pessoalmente, muita reclamação de pessoas que dizem que ele estaria indo para o lado do Lula, dando colher de chá para o Lula. Eu disse ao Aécio: "Apoia o Serra mais fortemente, fica bem para você".

* Candidato tucano ao governo paraense.

** Presidente da Associação Brasileira da Indústria de Máquinas e Equipamentos (Abimaq).

*** Decreto 4195, de 11 de abril de 2002, que regulamentou a lei nº 10 332, de 19 de dezembro de 2001.

**** Representante de Angola.

***** Venciam US$ 3,6 bilhões de dívidas cambiais, dos quais o BC conseguiu rolar 62%. O dólar fechou a quinta-feira cotado em R$ 3,92, alta diária de 1,9%

****** A moeda americana caiu 0,9%, a Bolsa paulista fechou o pregão com alta de 1,35% e o risco-país caiu 5%, para 1968 pontos.

Ele está fazendo isso, foi ao Rio na segunda-feira para uma reunião de prefeitos. Nesse meio-tempo, ele veio me bombardeando com telefonemas por causa do Itamar, que quer que se acertem as dívidas da União para com o estado de Minas, e elas não existem. Mas vamos tentar ver se é possível ou não dar certa ajuda. Como eu fiz com Alagoas, como fiz com vários estados, com o Amazonas, tentando oferecer viabilidade aos estados. Também a situação de Goiás é muito difícil. Enfim, é esse o nosso cotidiano.

Nas pesquisas eleitorais o desastre está dado, o Serra tem trinta pontos percentuais de diferença para o Lula, não há como mudar isso em uma semana. Ele tem mantido o moral elevado, a propaganda também, não mudaram a linha, nem cabe mudar a essa altura dos acontecimentos. Iglesias me telefonou hoje, disse que falou com o Felipe González, eu falei com [Duhalde], e a Petrobras comprou a Perez Companc na Argentina. Todos sabem o que está acontecendo e imaginam o que poderá acontecer. Não adianta ficar a nos queixar prematuramente do que vai acontecer. Vamos ver se acontece mesmo.

Ruth chega daqui a pouco. Passou esses dias na Europa, primeiro pousou em São Paulo, e amanhã vamos para a fazenda.

Tenho recebido muitas propostas de trabalho em universidades americanas. Hoje recebi formalmente o convite para ser *special advisor* [do Kofi Annan]. Recebi da Brown uma proposta com várias possibilidades e bastante dinheiro. Também da Biblioteca do Congresso. Eu, que estava temeroso sobre como iria enfrentar a vida por falta de recursos depois que deixasse a Presidência, começo a deixar de estar, as ofertas estão vindo.

HOJE É 20 DE OUTUBRO, DOMINGO, estamos na fazenda Córrego da Ponte. Viemos para cá, como anunciei na sexta-feira, dia em que a Ruth chegou. Eu estou fazendo um tratamento de coluna, por causa da posição no computador. Fico o dia inteiro olhando as notícias na telinha e vou me virando e torcendo mal o corpo, tem doído bastante.

Hoje passamos o dia aqui, não fizemos praticamente nada a não ser um pequeno passeio para ver o café, que deu a primeira florada, que eles chamam de cubinhos; acho que é isso, os brotinhos de café, e nem vi gado nenhum. Andei muito pouco por causa da coluna que me incomoda, da dor que sinto. Conversei com os oficiais que me trouxeram, pilotos, sargentos, todos. Fora isso só cuidamos de colocar os quadros, dos muitos que temos, a Ruth olhando as plantas, enfim, vida tranquila.

Mas a alma não tranquila, porque nesses dois dias as notícias de pesquisas são cada vez mais inquietantes, Serra não se move e Lula sobe, sobe pouco. No Rio Grande do Sul, parece, pelo que vi ontem à noite, que o Rigotto vai dar uma surra merecida nesse pessoal do PT, que era muito arrogante no Sul. Dificuldades no Ceará, mas acho que no fim o Tasso [o PSDB] ganha. E também me preocupa um pouco mais o Pará, porque o Almir merecia ganhar as eleições.* Em Sergipe o João Alves [Filho],** que não é personagem da minha grata convivência, disputa com o rapaz do PT, o [José] Eduardo Dutra, que não me é simpático tampouco, mas talvez seja menos mau para Sergipe do que o João Alves.

Telefonemas muitos, falei com Jorge Bornhausen por causa da estrada BR-101. O Tribunal de Contas embargou a obra,*** e isso é muito ruim para a campanha do Amin. O Bornhausen faz referência no livro ao Álvaro Pereira dizendo que depois das eleições seria bom termos uma conversa com o PFL. Muita gente tem telefonado, a preocupação de todos é a mesma. Qual é a tônica das críticas? Dizem que a campanha do Serra não parte de uma posição definida, não defende o governo, fica defendendo o futuro governo dele, que ninguém sabe como vai ser.

Os do PT estão muito pessimistas com os tons de ataque ao Lula. Esses ataques têm preocupado, Zé Dirceu me telefonou. Já tinha me telefonado na sexta-feira para conversar sobre a Justiça, falei depois com o ministro da Justiça, a inquietação são com problemas gerais de segurança. Mas ontem ele me telefonou de novo aqui na fazenda, porque constava que viriam ataques pessoais ao Lula. Parece que o PT está assustado com um vídeo que a campanha teria sobre o Lula em umas festas no Amazonas. O Tasso também me falou desse assunto, eu nunca soube disso. O Tasso acha que se estão assim preocupados é porque certamente existe o tal vídeo. Mas nunca passou pela cabeça do Serra, nem do Nizan, muito menos pela minha, usar esse tipo de argumento. Eu não sei de onde vem isso. Acho que é do próprio PT, uma inquietação, uma espécie de vacina preventiva.

Começam a dizer que vamos baixar o nível, isso é o que explica uma carta aberta a mim feita pelo Antonio Candido, Celso Furtado, d. Paulo Arns, Margarida Genevois**** e Evandro Lins e Silva,***** uma carta que não entendi. Dizem que confiam em mim, que eu mantive a democracia por esses anos todos, que agora tenho que fazer alguma coisa. Insinuam que está havendo uma leitura ideológica, isso deve ser por causa da questão da Venezuela e da Argentina que tem aparecido na propaganda do Serra. Aliás, isso é meio complicado do ponto de vista internacional; do ponto de vista nacional, não há nada de ofensivo. Os autores da carta nem devem saber bem qual é a razão do temor do PT: é o medo de que utilizemos jogo baixo contra o Lula. Ninguém faria isso.

* Simão Jatene disputava o Palácio dos Despachos contra Maria do Carmo (PT).

** Do PFL, denunciado em 1993 pela CPI dos Anões do Orçamento, Alves foi ministro do Interior no governo Sarney e governou Sergipe em 1983-87 e 1991-95.

*** O TCU questionou o suposto superfaturamento nas obras de duplicação da rodovia federal no estado.

**** Socióloga, vice-presidente da Comissão Municipal de Direitos Humanos de São Paulo e ex-presidente da Comissão de Justiça e Paz de São Paulo.

***** Jurista, membro da Academia Brasileira de Letras, ex-ministro do STF e ex-ministro da Casa Civil e das Relações Exteriores do governo João Goulart.

Achei curioso que esses personagens, Celso Furtado, Antonio Candido, defendam a lisura do pleito e estejam preocupados com reações à questão financeira. Respondi dizendo que eu também estava preocupado, agradecendo a confiança que eles depositavam em mim, mas que não via consistência nesses alertas, seja em relação a inspirações ideológicas (que para eles só valem para um lado, não quando se trata do outro) ou de rebaixamento de nível. E que, quanto à questão financeira, eu estou preocupado, não explicitei, mas é porque o Lula tem dito de novo bobagens, brincando eleitoralmente com o câmbio.

Aproveitei para dizer que durante esses anos todos não reagi às críticas, mesmo infundadas, nem às ofensas a mim e ao governo por amor à democracia. E pensei comigo: nenhum deles falou nada em defesa da minha dignidade em nenhum momento, e todos me conhecem pessoalmente. D. Paulo não tem por que se meter nisso, e não faria por si, nem a Margarida. Eu me refiro mais ao Antonio Candido e ao Celso Furtado, que são intelectuais de grande calibre, não deviam deixar usar seus nomes só de um lado e calar quando haja, como houve, tantas ofensas pessoais a mim: ladrão, metido a ajudar banqueiro, e por aí, todo o tipo de ofensas. Na questão da conta no Caribe, nenhum deles abriu a boca, não levantaram a voz para dar um depoimento, não a favor, apenas sobre uma pessoa que eles conhecem há tantos anos. Subconscientemente, fazem tudo isso para, no fundo, gozarem de uma auréola que lhes advém do fato de terem calado diante de um certo lado de injustiças. Por isso vêm e alertam contra a ameaça de injustiças vindas do outro lado. Isso dói.

Falei também com Hugo Chávez ontem à noite, ele me convidou para ir à reunião do Grupo dos Quinze. Eu expliquei que não poderia sair daqui, foi compreensivo. O Hugo é amável, é caloroso comigo, e o Serra está atacando a Venezuela. O Hugo Chávez teve a gentileza de não tocar no assunto. Ele, claro, está feliz com a vitória do Lula. Mas tem sido comigo mais do que correto, amigo.

HOJE É SEGUNDA-FEIRA, 21 DE OUTUBRO. Até que foi um dia calmo, as cartas estão jogadas. No final do domingo, o Serra fez um pronunciamento. Eu tinha mandado um rascunho para ele, mas não chegou a tempo. Fiz o rascunho para mostrar que eu também estava preocupado e para indicar o tom que achei que o pronunciamento deveria ter. Ele disse que o Lula ou iria para o estelionato eleitoral, ou saudaria os seus eleitores e faria uma política correta. Se fosse para uma política incorreta, complicaria muito a economia e produziria inflação. Claro que sempre há terceiros caminhos, mas o que ele disse foi um alerta. O Lula fez um discurso mais ou menos duro, ressalvando a mim, as minhas boas intenções, porque eles querem manter uma ponte. Depois, tanto o Lula quanto o Serra fizeram, separadamente, um pronunciamento na Bandeirantes. Gostei bastante do que o Serra disse. O do Lula foi na base de sempre, de crítica à política de dívida, desemprego... E os jornalistas não sabem perguntar, não sabem responder. A Márcia Peltier e o rapaz (esqueci o nome)* que é mais desenvolto não têm noção do que ocorre no governo. Disse que o Serra está com bilhões de reais para gastar... Quer dizer, não têm noção das coisas.

Hoje de manhã, recebi o Malan e o Henrique Meirelles.** Este já quer saber como se posiciona, se deve ou não ter contato com o pessoal do Lula, que o está chamando. Pensa no Brasil, disse. "Se for para o Lula falar a respeito do Brasil no exterior", eu disse, "você tem que dizer ao Lula que a melhor ajuda que ele pode dar ao país é agir corretamente, de tal maneira que você [Meirelles] possa testemunhar lá fora que eles estão fazendo as coisas certas no país." Todos ficam entre a cruz e a caldeirinha. A tentação de apoiar o governo, de ir para o governo, é sempre grande. Talvez seja a de Meirelles.

Despachos de rotina, recebi um chileno que é dono de um banco, veio com aquele economista que conheci tanto, o [Germán] Correa, que foi ministro do [Eduardo] Frei. Hoje ele é consultor, todos preocupados com o destino do Lula, essa coisa toda.

A campanha vai transcorrendo como pode e certamente o Lula ganhará. No Rio Grande do Sul o Rigotto ganha e no Mato Grosso pode ser que dê para ganhar a Marisa Serrano. Vi que no Pará, onde achei que tivéssemos perdido, ainda há chance. E temos Minas e o Geraldo Alckmin em São Paulo também. Agora à noite vi na telinha que o Maluf apoiou formalmente a candidatura do Genoino*** e disse que vai votar no Lula também. Eu, se fosse o Geraldo, iria para a televisão dizer: "Olha até que ponto chegou o PT, hoje mancomunado com o Maluf!". Quer dizer, em matéria de pureza ideológica, estamos bem.

Lula começou a campanha eleitoral dizendo: vote em Lula, um brasileiro igualzinho a você. Agora é: vote no PT, um partido igualzinho aos demais. Não há diferença, todos querem o poder. Aliás, há quanto tempo eu registro isso aqui! A maior diferença entre o PSDB e o PT é que estamos no poder e a disputa é pelo poder. Então eles votam contra tudo que propusermos, votaram sempre contra, porque eles querem chegar lá. Enfim, essa é a briga política. Quem é versado em teoria política talvez não fique assustado ao ver que as chamadas "questões morais" só entram no pé de página, e dessa vez nem no pé de página.

HOJE É SEXTA-FEIRA, DIA 25 DE OUTUBRO, antevéspera das eleições. Nem parece. Dias calmos. A impressão é de que o Brasil já está anestesiado, já se acostumou com a ideia de que o Lula vai ser presidente. Agora estamos na fase das adesões, das declarações de amenidades etc. Mas vamos retomar a semana.

* Fernando Mitre.

** Deputado federal eleito (PSDB-GO).

*** Disputava o Palácio dos Bandeirantes contra Geraldo Alckmin.

Segunda-feira, dia 21, foi o último dia em que registrei aqui. Não anotei que estive com [Francisco] Turra,* recém-eleito no Rio Grande do Sul,** que foi meu ministro da Agricultura e veio reafirmar fidelidade. Nosso Pratini de Morais, com quem estive logo em seguida, veio falar da safra de grãos 2002-03, parece que ela foi ainda melhor que a do ano anterior: cento e poucos milhões de toneladas de grãos. Nunca o Brasil imaginou chegar a tanto. Fora o resto: cana, café etc. O Turra, disse o Pratini, é muito ligado ao Delfim. Está bem, mas veio reafirmar apoio a mim.

Uma boa parte da manhã da terça-feira, dia 22, fiquei fazendo um tratamento para um problema que não é mais da coluna, na verdade é no ilíaco. É no músculo, por causa da posição em que fico no computador tanto no Palácio da Alvorada como no Planalto. Recebi gente e almocei com Kenneth Maxwell,*** o Roberto Martins, o Sérgio Amaral e o Eduardo Santos. O Maxwell tem sido muito crítico do governo e até de mim, mas no almoço estava bastante conservador. Ele tem sido extremamente conservador, cético quanto ao que o Lula possa vir a fazer na Presidência.

Depois fui a uma solenidade de lançamento de um relatório chamado Cedaw,**** sobre o direito da mulher, que a Solange Jurema, secretária nacional dos Direitos da Mulher, apresentou. Ela fez discurso, eu fiz discurso, o habitual. Conversei rapidamente com a Ruth Escobar***** sobre os problemas dela no Banco Central e fui para minha rotina.

Recebi o Kelman e o ministro José Carlos, do Meio Ambiente, e outros mais que estão envolvidos num projeto de fazer cisternas pelo Nordeste afora. Mais tarde recebi o Dornelles para uma conversa política. Dornelles está achando que precisamos nos preparar para ocupar posições na Câmara e no Senado. Tenho conversado com várias pessoas, entre as quais o Aécio, e ele disse que as conversações iniciais sobre a aliança exclusiva do PMDB com o PTB se iniciaram e que quem sabe o Dornelles seja candidato à presidência [da Câmara]. Se não houver comprometimento maior do Dornelles com essas questões que estão levantando do INSS****** — eu não acredito que ele tenha —, é realmente um candidato bastante possível. Isso se o PSDB tiver a grandeza de entender que tem que refazer as alianças e chamar mais pessoas, mesmo que sejam de outro partido. O importante é que o PT

* Ex-ministro da Agricultura (1998-99).

** Deputado federal (PPB).

*** Historiador britânico.

**** Convention on the Elimination of All Forms of Discrimination Against Women, na sigla em inglês, ou Convenção para a Eliminação de Todas as Formas de Discriminação contra a Mulher, firmada em 1979 pelos países-membros da ONU. Na ocasião, foi lançado o relatório periódico sobre o cumprimento do tratado, ratificado pelo país em 1984.

***** Diretora e produtora de teatro luso-brasileira.

****** Uma CPI estadual no Rio de Janeiro investigava a suposta participação de Francisco Dornelles num esquema de fraudes previdenciárias iniciado em 1994.

não tenha o controle do Congresso, porque aí ficaria mais difícil uma negociação mais democrática.

Na quarta-feira, dia 23, fui de manhã à entrega da Ordem do Mérito Aeronáutico na base aérea, solenidade habitual, tudo muito correto, os brigadeiros todos e amigos. Na parte militar o Brasil está correndo sobre os trilhos, muito bem, sem problemas, os aeronautas estão felizes, estão reequipando a Força Aérea.

Em seguida voltei para falar com o José Cechin, ministro da Previdência, sobre o lançamento de um cartão magnético da Previdência,* uma coisa importante. Tivemos, depois do almoço, uma reunião com os líderes de vários partidos para animar a campanha do Serra. Presentes o Jarbas Vasconcelos e o Marco Maciel, para preparar as posições doutrinárias. Fui muito claro, mais uma vez disse: "Se nós formos, como tudo indica, para a oposição, iremos porque o povo colocou outros no governo. Não temos que fazer o que o PT fez conosco, tampouco aderir e deixar de lutar doutrinariamente. Temos que ter conceitos". E repeti o que digo sempre: "Eu ganhei duas vezes porque apresentei um programa para o Brasil. Cadê o programa do Lula? Até agora ele está com um programa, como eles diriam, neoliberal. E o nosso, qual vai ser? Que caminho? Precisamos continuar insistindo no nosso caminho". Essa tem sido a minha tecla. Para tanto é necessário disposição de luta, com posição doutrinária e conceitual.

Depois dessa reunião com os líderes, recebi o Maurício Botelho, que veio colocar mais uma vez as posições dele sobre a Embraer; me fingi de desentendido, eu tinha estado na semana passada com o comandante da Aeronáutica e com o presidente da comissão de seleção [dos caças].** Eu sei que eles pensam que o melhor avião é o outro, o sueco; mas ainda não enviaram os dados gerais para o Conselho de Defesa. Eu disse que não sabia nada ao certo, e o Maurício insistiu que eles se prepararam, que a única possibilidade que têm de absorver tecnologia é com o avião da Dassault, ou seja, o Mirage, que se este for o escolhido a Embraer entra. Enfim, a choradeira natural. Ele é competente, trouxe os documentos, que vou enviar ao ministro da Defesa e ao Sérgio Amaral, que também está olhando os interesses globais da economia brasileira. É uma decisão difícil, eu disse a ele, e repeti que não iria tomá-la sozinho, que vou esperar o novo presidente eleito para discutirmos juntos a questão.

Em seguida recebi a sra. Maria Cecília Leite de Castro, que veio com o Carlos Lemos, antigo jornalista e diretor da companhia da família dessa senhora. Querem alguma coisa com o Patrimônio da União, eu não entendi muito bem o quê, mas vou falar com o ministro do Planejamento, que é o responsável pelo órgão que cuida do patrimônio da União.

* O Cartão de Arrecadação do Contribuinte Individual, Doméstico e Facultativo, que substituiu a Guia da Previdência Social (GPS) impressa, começou a ser distribuído a trabalhadores, empresários e desempregados inscritos no INSS cujo recolhimento da contribuição era feito via terceiros.

** Brigadeiro Neimar Diegues.

Na quinta-feira, ontem, fui ao Rio de Janeiro para a exposição sobre exportação, a Enaex.* As exportações dão um saldo de mais de 10 bilhões nas contas de transações correntes com o exterior. Hoje há uma brecha, um buraco de 12 bilhões e um investimento externo de 15 bilhões. Somando os investimentos, não temos problema de financiamento, a famosa vulnerabilidade externa é mais um mito. Mito porque mudamos o valor do câmbio, mito porque fizemos um ajuste fiscal, mito porque fizemos uma política de exportação, mito porque nossa indústria se transformou. O fato é que podemos enfrentar com mais coragem este mundo globalizado. Eu disse isso com todas as letras e fui aplaudido de pé. E os jornais de hoje, sexta-feira, refletem bastante bem isso.

Voltei do Rio de Janeiro e ainda recebi ontem o Geraldo Quintão, que veio falar de coisas de rotina do ministério, e depois o pessoal do Pedro Parente e do Guilherme Dias, para discutir problemas de orçamento.

Nesse meio-tempo, o Sílvio estava em Brasília, o arquiteto que está reformando o nosso apartamento em São Paulo. Jantamos com ele e ainda recebi o Daniel Dantas, que tem ideias sempre grandiosas sobre o que fazer com o setor de telecomunicações, que está muito complicado. Transmitirei hoje ao ministro da área o que ele me disse ontem. Não posso julgar se é certo ou não, são muitas informações.

Recebi a notícia, diretamente do João Roberto, que a Globo vai se reestruturar financeiramente na segunda-feira próxima. Ou seja, no dia seguinte às eleições, 28 de outubro. Ela vai informar aos bancos estrangeiros e nacionais que decidiu pagar e fazer uma reestruturação da dívida. É uma coisa difícil, por isso mesmo eu, depois que soube pelo Daniel Dantas que há uma possibilidade de um fundo comprar a Globo Cabo, telefonei para o Brandão, do Bradesco, que é um dos grandes credores da Globo no Brasil. Ele me disse que já sabia, mas que não poderia fazer nada em função de compromissos que ele não sabe quais são e não quer ser um dos responsáveis. Disse que vai aceitar a proposta, mas que não quer ser responsável, não quer marchar junto com a Globo. Não entendi bem o que significaria marchar junto, como se fosse uma reestruturação proposta por eles, mas o Bradesco não vai colocar obstáculo nenhum. Esses dias não são fáceis.

Hoje, sexta-feira, eu passei a manhã toda no Alvorada. Ontem fiz fisioterapia, tenho feito esses dias todos. Recebi o Pauderney Avelino, que veio reiterar sua estima por mim, disse que vai continuar me admirando. Nos últimos tempos o PFL se afastou muito de nós, na verdade desde a crise da eleição do Aécio as coisas se complicaram na Câmara. Ele acha, como todo mundo com quem tenho falado, que vai ser muito difícil o governo Lula. Também o grupo de deputados e senadores com quem conversei, todos pensam isso, e que devemos ficar calados nos primeiros momentos, para ver o que eles fazem, não sair de tacape na mão. O Pauderney

* O XXI Encontro Nacional de Comércio Exterior aconteceu no Hotel Glória.

acha que o PFL, eles já sondaram, não vai perder deputados, que não haverá corrida para o novo governo. E eu disse a ele: "Nem pode, porque já tem muita corrida de gente do lado do próprio Lula". Repeti a frase do Severo Gomes: "Porcada magra quer milho". Então muita gente vai querer cargos, posições, não vai sobrar muito para os recém-adesistas. Enfim, vamos ver o que acontece.

Recebi também o advogado-geral da União, porque nesse meio-tempo tenho estado com Malan quase todos os dias, e com o Armínio por telefone, discutindo algumas questões. Uma é o CCR, que é uma dor de cabeça. O Banco Central é muito duro, está dificultando a ampliação do CCR para a Aladi,* que é especialmente dos países da América do Sul. E, por outro lado, a questão da dívida de Minas. Nós não temos dívida nenhuma com Minas, para anular o que Minas nos deve. É o jogo do Aécio com o Itamar, o de o governo federal reconhecer obras que Minas fez em estradas que estavam delegadas. O problema é que os outros estados vão querer a mesma coisa. Enfim, não é fácil. Então falei longamente com o advogado-geral da União, para ver como sair dessa. O Malan já disse que a demanda não tem base, disse com toda a razão, não podemos usar nossos recursos, nem temos como. E o Aécio está bastante aflito, porque vai afetar o governo dele, que tem lá compromissos com o Itamar.

Diga-se de passagem que o Itamar está se comportando como sempre, veio a Brasília apoiar o [Geraldo] Magela,** foi a São Paulo apoiar o Genoino, enfim, pintando e bordando e de boca aberta, à espera da embaixada que ele quer de novo. Sarney esperando a presidência do Senado. Esses são os grandes líderes políticos brasileiros. Disso não poderão me acusar, minha família não pegou nada de governo algum, muito menos do meu. Não quero nada nem do governo de Lula nem se fosse o governo do Serra. Quero, na verdade, um pouco de tranquilidade para escrever meus trabalhos e também para manter viva a ideia que tenho sobre o que fazer com o Brasil e no Brasil. Nesse sentido, sim, continuaremos firme na briga.

Amanhã vou a São Paulo jantar com Serra na casa do Andrea, domingo votamos e volto para cá. Vamos ver o que acontece. Acabei de falar por telefone com o Amin para desejar sorte a ele, falei com Almir Gabriel pela mesma razão. Eles estão brigando em seus estados.

HOJE É SÁBADO, 26 DE OUTUBRO, daqui a uma hora partiremos para São Paulo. Ontem, como eu disse, foi um dia absolutamente tranquilo, nem parecia antevéspera da eleição. Conversei com Milton Seligman, pessoa encarregada da campanha do Serra, para saber das questões finais e daqui a pouco iremos a São Paulo.

* Associação Latino-Americana de Integração, fundada pelo Tratado de Montevidéu (1980).

** Deputado federal e candidato petista ao governo distrital, enfrentava Joaquim Roriz (PMDB) no segundo turno.

Na tarde de ontem, recebi algumas pessoas no Palácio do Planalto para despacho, sobretudo da área de comunicações que me preocupa muito. Há uma tremenda confusão nela e não podemos assistir à repetição, na área de comunicações, do que houve com a energia elétrica. Na energia elétrica, em parte foi falta de regulamentação do governo, em parte foi resultado de uma seca imensa, e como não havia investimento nos governos anteriores houve a crise. Agora, não, há investimento, mas os governos anteriores paralisaram o investimento, situação que permaneceu até que fosse aprovada em 1995 a Lei de Concessões.* Essa lei é uma proposta minha quando senador. Eu retomei a marcha, o setor está em marcha.

Eu interrompi porque telefonei para a Marisa Serrano para desejar sorte a ela. Eu dizia que no caso da telefonia não houve falta de investimento; houve superinvestimento, o problema é da competição entre eles e da dificuldade no nível internacional. Muitas das empresas são como a mexicana que possui a Embratel, e isso pode dar uma confusão grande. Falei muito com o [Juarez] Quadros e também com o Schymura. Dizem que ele é um consultor, não um executor, que não é um líder, o que está dificultando o processo. Eu não sei como resolver essa questão. Chamei o Pedro Parente junto com o Quadros e disse: "Não dá para continuar assim, temos que tomar uma posição, ou manter ou tirar o Schymura de uma vez, porque é preciso fazer a telefonia avançar até o fim do meu mandato.

Ontem, sexta-feira, jantaram aqui o Paulo Egydio [Martins],** a Lila [Brasília Byington Martins],*** o Joseph Safra e a Vicky [Safra],**** o Marco Maciel e a Anna Maria [Maciel],***** e também o Pedro Moreira Salles e a Marisa [Moreira Salles].****** Foi um jantar agradável, de velhos amigos. Eu queria prestar uma homenagem a essa gente, que tem sido, discretamente, apoiadores do governo e de mim há muitos e muitos anos. O Pedro mais recentemente, mas os outros são velhos amigos, eu devo ao Paulo Egydio ter podido fazer o Cebrap lá atrás, e o Zé Safra me apoiou desde aquele tempo e tem sido firme, pertence a um setor conservador liberal. Foi muito agradável.

Ao final do jantar, fomos assistir ao debate, na Globo, do Lula com o Serra. Eu disse brincando: "O melhor para presidente foi o William Bonner, porque, do modo como a televisão organiza o debate, faz-se uma cópia dos Estados Unidos, não é propriamente um debate; transformam os candidatos em atores e alguns são ca-

* Lei nº 8987, de 13 de fevereiro de 1995, que regulamenta concessões de serviços e obras públicos e permissões de serviços públicos.

** Ex-governador de São Paulo (1975-79).

*** Mulher de Paulo Egydio Martins.

**** Mulher de Joseph Safra.

***** Mulher do vice-presidente.

****** Mulher de Pedro Moreira Salles.

nastrões, outros não". Ontem nenhum dos dois foi canastrão. Foram bons atores. O Serra melhor até, mais objetivo, mais contundente. O Lula com uma demagogia desenfreada e sempre aquela coisa: eu sou bonzinho, eu vou resolver tudo, eu conheço a pobreza, eu viajei pelo Brasil. Como se viajar pelo Brasil desse as categorias para entender o país. Nesse caso os tropeiros antigos seriam os melhores conhecedores do Brasil. Mas é impressionante como essa ingenuidade populista pega. Os jogos estão jogados, já não há nada de novo que possa alterar o resultado, que vai ser desfavorável a nós. Uns dirão depois que foi por culpa do governo, o próprio pessoal da campanha talvez diga isso, que o governo estava mal; outros dirão que é porque o Serra não defendeu o governo. Eu direi que é chegada a hora de arejar um tanto o país.

De tudo o que eu li, e li bastante, muita gente segue com análises equilibradas, alguns até me surpreenderam, como o próprio Márcio Moreira Alves, que não gosta de mim. Ele não gosta, sobretudo, da área econômica, mas reconhece meus méritos democráticos. O Zuenir Ventura,* com mais propriedade, que nunca foi próximo e nunca esteve ligado aos meus amigos, fez um artigo bonito. E o Jabor sempre. A Lourdes Sola escreveu um bom texto, a Maria Hermínia [Tavares de Almeida]** também, são muitos os artigos de balanço do governo, muitos mesmo. Sem falar no *Estadão*, cujos editoriais têm sido realmente peça fundamental para entender o que está acontecendo. Pois bem, no meio disso tudo o que me impressionou mais foi o artigo de um rapaz que eu não conheço, o Romano, que é professor, acho, da Unicamp, o Roberto Romano. Não, não é o Roberto Romano, é outro. O Roberto Romano é o atual marido da Maria Sylvia de Carvalho Franco.*** Um rapaz que escreveu um artigo interessante, em que ele diz que o PSDB é um partido de valores republicanos e o PT de reinvindicação social. É verdade, e isso quer dizer que o PSDB é um partido que vê o todo, vê o geral, políticas universais e o PT faz a reinvindicação social. Agora haverá muitos que vão pensar: seria maravilhosa a fusão dos dois ou o PSDB apoiar o PT. Não é bem assim, o papel da reinvindicação é mais facilmente exercido na oposição e o dos valores universais no governo. Agora os sinais estão trocados, mas nem por isso devemos simplesmente dissolver o PSDB na reinvindicação social. Nesse caso não haverá quem cuide dos valores do Estado, dos valores da universalização. O articulista de que eu gostei é um professor de ética da USP, o Giannotti acabou de me dizer. Fui checar com ele, se chama Renato Janine [Ribeiro], parece que é isso.

Em tempo: estou folheando o livro do Ted Goertzel, que vai lançá-lo agora.**** De repente abro na página 208, vejo umas declarações do Lula quando ele perdeu da segunda vez para mim: "Fernando Henrique Cardoso é o carrasco da economia

* Colunista de *O Globo*.

** Professora de ciência política da USP.

*** Professora de filosofia da USP.

**** *Fernando Henrique Cardoso e a reconstrução da democracia no Brasil*. São Paulo: Saraiva, 2002. Versão brasileira de *Fernando Henrique Cardoso: Reinventing Democracy in Brazil* (Boulder: Lynne Rienner, 1999).

brasileira, responsável por um dos maiores desastres econômicos da história do Brasil. Eu acho quase incompreensível que as vítimas tenham votado em seu próprio carrasco". Olha a reação de quem perdeu uma eleição em 1998! Vamos comparar com a reação que eu terei agora, se ele ganhar a eleição. Ele diz as mesmas coisas que disse, aliás, desde o Real; repetiu em 1998, repete agora. A visão que o Lula expressa não é só a dele; é a dele, mas fala como um ventríloquo: toda essa modernização, toda essa globalização, toda a transformação na sociedade brasileira, tudo isso é, para esta gente do PT, uma tragédia. Quer dizer, bons mesmos eram os tempos da burguesia nacional, da economia fechada, da inflação, da exploração dos trabalhadores, da desordem do Estado. É patético.

HOJE É SEGUNDA-FEIRA, 28 DE OUTUBRO, são nove e meia da noite. Estou de volta a Brasília desde ontem.

Sábado à tarde recebi o Jovelino Mineiro, para conversar sobre nossa ida à Europa. Vamos ficar no apartamento dele, eles não vão estar lá e vão nos emprestar o apartamento que foi do [Roberto de Abreu] Sodré,* que é pequeno mas localizado no que foi no passado uma boa localização. Prefiro, sempre preferi, o Quartier Latin.

Conversamos um pouquinho e fomos jantar com o Serra na casa do Andrea Matarazzo: eu, Ruth e Bia — Beatriz, minha filha. O Serra chegou um pouco depois da hora, atrasado. O Andrea me pediu que eu fosse sem a imprensa, então despistei a imprensa. Eu pensava o contrário, que era bom que soubessem que eu estava jantando com o Serra, um ato de solidariedade e de força política. Mas o Serra preferiu assim. Mais tarde chegou o Geraldo Alckmin com a filha Sofia [Alckmin], simpático, aliás o pessoal todo foi simpático. Estavam a Verônica [Serra], filha do Serra, e o marido dela, que se chama Alex [Alexandre Bourgeois]. Também o Luciano [Serra], filho do Serra, o Andrea, a Sonia e a filha dos dois,** e a Regina Faria, viúva do Vilmar Faria.

Foi uma noite agradável, o Serra estava bem-disposto, dentro do possível. Nós todos sabíamos o que ia acontecer no dia seguinte. Conversei de passagem com o Serra sobre o futuro. Primeiro o dele. Ele quis saber das finanças de campanha, como enfrentar o passivo. "Agora", eu lhe disse, "vá descansar um pouco."

"Ah, mas eu não sei o que vou fazer com a equipe, com a imprensa."

Insisti: "Vai para a casa do Hirschman nos Estados Unidos, em Princeton. Passa um tempo lá, volta e vai para o Senado".

É esta a preocupação dele: que tentem dizer que o PSDB acabou e que temos de dar governabilidade ao PT.

* Ex-governador de São Paulo durante a ditadura, ex-chanceler (governo Sarney) e pai de Maria do Carmo Sodré.

** Carolina Matarazzo.

O mundo todo telefonou para me felicitar, falando da mesma coisa, da democracia. Hoje o Guterres. O Lagos foi mais realista, não falou disso. O Felipe González telefonou para dizer que o clima de democracia no Brasil foi maravilhoso. E também para dizer que hoje faz vinte anos que ele foi eleito pela primeira vez presidente [do governo] da Espanha, vejam só!

Mas, voltando ao jantar de sábado, sobre as preocupações do Serra com o financiamento da campanha, que deve ter sido um desastre, fiquei de ver como anda e disse que ele deveria dar um tempo. Mas ele estava firme, gostei de ver.

Dia seguinte, domingo 27 de outubro, dia das eleições. Ainda de manhã recebi um pessoal para falar do instituto que estamos criando em São Paulo para os meus trabalhos futuros. Vieram dois advogados, o Aloysio [Miranda], meu sobrinho, casado com a Andreia [Cardoso], filha do meu irmão Antônio Geraldo [Cardoso], e o filhinho deles.* E também o [José de] Oliveira Costa. Estávamos eu, a Danielle e a Ruth. Ficamos discutindo os estatutos, coisas desse tipo, depois fomos votar. Aliás, foi muito simpático. Minha rua estava cheia de faixas agradáveis, elogiando o que fiz pela democracia e pelo Brasil. Os vizinhos também, no sábado já tinha sido assim, quando fomos visitar as obras do apartamento para onde vamos nos mudar. Naquele bairro está tudo sempre bem...

O fato é que São Paulo não estava contra, tanto que Geraldo [Alckmin] teve 58% dos votos,** uma coisa positiva. E o Serra teve 45%, o que não é pouco para o estado de São Paulo. Fui para a votação, lá também manifestações, tudo agradável. A presidente do meu diretório do PSDB*** é mulher do Clóvis Rossi, sempre muito solidária. Clóvis acabou de publicar um artigo hoje bastante azedo contra mim, contra o governo e a favor do Serra. Enfim, o Clóvis é o Clóvis, nasceu de mau humor. Fui lá, votamos, o Tuma, como sempre, me esperando. Dei declarações à imprensa, elogiando as eleições, enfim, o tradicional. Saiu na imprensa toda eu falando sobre o resultado democrático etc. Peguei o avião, voltei para Brasília.

Aqui chegando jantei com Malan e com o Celso Lafer e ficamos acompanhando os resultados eleitorais.**** Pouco a pouco se viu que, com sacrifício, houve a vitória do Roriz em Brasília,***** do Jatene no Pará,****** a derrota do Amin******* em Santa Catarina, o que lastimo, Amin foi bom governador. E o Luís Henrique acabou apoiando o PT, o que me pareceu um pouco exagerado, embora ele tenha sido amigo meu a vida toda e o Amin seja um amigo mais recente. Perdemos no Mato Grosso

* Luiz Antônio Miranda.

** José Genoino foi derrotado ao obter 41,4% dos votos, contra 58,6% de Alckmin.

*** Catarina Rossi.

**** Lula venceu o segundo turno presidencial com 52,8 milhões de votos, ou 61,3% dos válidos; Serra teve 38,8%, ou 33,4 milhões de votos.

***** Roriz venceu Magela com 16 mil votos de vantagem.

****** Jatene obteve 51,7% dos votos, contra 48,3% de Maria do Carmo.

******* Luís Henrique bateu Esperidião Amin por menos de 21 mil votos.

do Sul* para tristeza minha, porque a Marisa Serrano também foi combativa, é uma mulher, é boa. E ganhamos apertado na Paraíba,** não sei que vitória será essa. No total o PSDB fez sete estados, inclusive São Paulo, Minas, Goiás, Pará, estados de peso.*** O PMDB fez Rio Grande do Sul e Pernambuco, que são estados de peso nas mãos de gente ligada a nós.**** Fez também o Paraná, mas é o Requião; eu preferia que perdesse, para ele sair da vida pública, porque é daninho.

E o PT teve um desempenho fraco.***** Reelegeu o Zeca do PT, que me telefonou hoje, como sempre muito gentil comigo. Hoje ainda me telefonaram a Benedita e o Jorge Viana, que sempre foi ligado a mim. Falei com o Tião Viana,****** a Marina Silva tinha tentado falar comigo também. Então, quem o PT reelegeu é tudo gente muito próxima, a mim pelo menos, e gente boa. Agora, mais nada, só o Piauí. É curioso o resultado dessa eleição: não é petismo, é lulismo. Não é uma onda vermelha, é vontade de mudar; é esperança, mais que vontade de mudar.*******

Acabei de ver o Lula no *Jornal Nacional*, ouvi o Lula várias vezes. Hoje ele fez a primeira declaração oficial. Eu diria que foi uma declaração de continuidade sem continuísmo do governo. A única novidade foi o anúncio de uma Secretaria de Emergência contra a Fome.******** Nós já temos a Secretaria de Assistência Social, muitos programas, Projeto Alvorada, luta permanente contra a fome. Pura demagogia. Não se precisa de secretaria contra a fome, é para dar a impressão ao mundo de que temos vários milhões de pessoas morrendo de fome, o que não corresponde à verdade. Há, é certo, desnutrição, mas o problema não é de comida, é muito mais complicado, é emprego, é saúde, é sanitário, enfim, são políticas universais ao lado das focalizadas, que já estão em marcha. Demagogia pura. Eu não disse isso, naturalmente. Nos comentários de hoje agradeci, pois ele se referiu a mim como tendo tido um papel equilibrado, dentro da Constituição.

Imagine se a Constituição me proibiria de fazer uma ação mais politizada... Não, foi dentro da minha concepção democrática no trato das pessoas e das instituições e de respeito às decisões do povo. Isso é detalhe, o Lula não disse nada de novo, reafirmou tudo, bateu, mas beijando a cruz direitinho. Falou até de êxitos na mudança da balança comercial, da expansão da agricultura... Mais parecia eu falando. Só que eu falaria com mais ênfase e talvez com mais graça, sem um documento

* Zeca do PT foi reeleito com 53,7% dos votos.

** Cássio Cunha Lima derrotou Roberto Paulino (PMDB) por 51,4% a 48,6% dos votos.

*** Além dos citados, o PSDB conquistou os governos do Ceará (Lúcio Alcântara) e Rondônia (Ivo Cassol).

**** No RS foi eleito Germano Rigotto. Jarbas Vasconcelos foi reeleito em Pernambuco.

***** Os governadores petistas do Acre e do Mato Grosso do Sul foram reeleitos; no Piauí, Wellington Dias derrotou Hugo Napoleão.

****** Senador eleito (PT-AC).

******* O partido campeão de governos estaduais foi o PSDB (7), seguido por PMDB (5), PFL (4), PSB (4), PT (3), PPS (2), PDT (1) e PSL (1).

******** Ministério Extraordinário de Segurança Alimentar e Combate à Fome.

nas mãos para ler. Não disse nada, nada mesmo, fora essa questão da fome. Nada sobre política externa, sobre o que estamos fazendo, Mercosul, não sei o quê, de negociar defendendo a soberania.

Agora à noite, no *Jornal Nacional*, perguntaram ao Lula como ele via a Secretaria de Luta contra a Fome, e ficou aquela coisa meio piegas... Eu sei que é verdadeiro, ele disse que passou fome, mas o jeito de ele falar é piegas, demagógico. Eu jamais fico dizendo que me puseram um capuz na cabeça e me ameaçaram de tortura quando eu estava na Oban, porque acho que não cabe a um presidente da República utilizar esse tipo de argumentação. O Lula está usando uma argumentação piegas. Enfim, não é má vontade, não. Eu acho, realmente, que se é assim para começar, imagine como não vai terminar. Espero que eu esteja equivocado.

Fora isso, recebi uma porção de gente, nada que mereça registro especial, salvo uma conversa que tive com o brigadeiro Baptista, comandante da Aeronáutica. Eu o chamei para discutirmos a questão dos aviões FX. Ele me disse: "Presidente, é muito dinheiro, custariam 1 bilhão, o senhor se sinta à vontade, às vezes fico com pena de pedir um gasto tão grande para nós com o Brasil nessas circunstâncias". Notei que ele é mais favorável a alugar os aviões israelenses,* que custam pouco, comparados com um gasto tão grande com esses aviões supersônicos, os Mirages, ou mesmo com a compra do sueco Gripen, que é o preferido da Aeronáutica. Achei interessante, talvez valesse a pena não comprar esses aviões agora, mas não há condições para isso. O Baptista sempre me deu a impressão de ser um homem sensato. Eu disse a ele que não teria condições de comprar o avião da Dassault nem de atender à pressão nacional a favor da Embraer. Ele disse: "A Embraer não vai fabricar avião nenhum, não dá um emprego aqui, eu já disse a todo mundo". Vou falar amanhã com o Lula sobre isso, porque o Lula vem me ver.

Telefonei para o Lula ontem à noite, para mandar um abraço, rapidamente. De resto foi só verificar o endeusamento do Lula. Curioso, não sei se fizeram uma entronização tão sacra assim quando fui eleito, menos ainda quando fui reeleito. Está parecendo a eleição do Fox para o governo do México, a que eu assisti, e sua sacralização no dia da posse. Aqui é no dia da eleição. Da eleição à posse corre um longo tempo, vamos ver o que acontece até lá.

Noto o Malan muito preocupado com o período de transição. O Pedro Parente deu declarações que poderiam ser interpretadas como se, no caso do Banco Central, sei lá em que caso, haveria consultas. Eu não entendi bem, mas o Malan está preocupado. Pedi que o Pedro Parente convidasse o Malan para participar amanhã da conversa que vamos ter com o Lula sobre a transição.

* O governo estudava alugar doze caças Kfir C-10 israelenses, derivados do Mirage francês, até a solução do impasse no projeto FX. A transação não foi realizada.

1º A 17 DE NOVEMBRO DE 2002

Reunião com Lula. Conversas com a equipe de transição. Última viagem oficial ao exterior

Hoje é sexta-feira, dia 1º de novembro. A semana foi agitadíssima.

Na terça-feira passada, dia 29, me encontrei com o Lula, e o dia foi em grande parte dedicado a isso. Fui ao Planalto de manhã e, às onze horas, chegou o Lula. Só eu e ele conversamos. Ficamos quase uma hora e conversamos sobre o quê? Sobre o óbvio. Um pouco sobre o governo, sobre como é atuar como presidente, ele falou do Itamaraty, eu também, ele me disse que o [José] Viegas* é o amigo dele lá. Fez uma consulta específica sobre o Ricupero, eu disse que era um homem respeitado, com posições. Ele perguntou mais a fundo e eu falei: "Você quer saber o quê, Lula?". Ele queria saber se ele era, digamos assim, eu não diria um santarrão, mas fingido, algo assim. "Eu não sei", disse, "não privo com o Ricupero, mas ele é pessoa competente." Não fiz carga contra o Ricupero. Não senti que ele falasse sobre nenhum outro embaixador para ser chanceler, nem eu perguntei.

Falei que eu tinha que colocar o Sérgio Amaral e o Sardenberg, que eu estava pensando em Nova York para o Sérgio Amaral e em Paris para o Sardenberg. Lula perguntou se ele precisava decidir na hora e eu disse que não: "Você pode ver com calma, mas quero colocá-los em boas posições". O resto não tem importância. Itamar eu achava que queria Portugal, depois eu soube que é Itália. De qualquer forma, eu disse ao Lula que não gostaria de tirar o José Gregori de lá, então que ele nomeasse mais tarde quem ele quisesse, assim o Zé ganha um tempo em Lisboa. O Andrea quer voltar logo, desde que eu soube, pelo Aécio, que o que o Itamar quer mesmo é Roma. Assim é melhor, mais fácil, o Lula pode nomeá-lo [o Itamar] imediatamente.

Falamos sobre as Forças Armadas. Eu disse que achava que ele devia escolher um dos três generais mais antigos, porque o meio militar é muito cheio de hierarquias. Há um em São Paulo, chama-se [Francisco Roberto de] Albuquerque, eu disse que me parecia ser um homem bem-conceituado — não sei se é Albuquerque mesmo o nome. E na Força Aérea há o brigadeiro [Luiz Carlos] Bueno, embora haja outro brigadeiro mais próximo do PT. Conversamos vagamente, sem nenhum compromisso. Eu disse a ele que deveria falar com o general Gleuber sobre o Exército, é um homem de minha confiança, um homem sério, e já o avisei disso.

O Lula se disse favorável à questão do foro privilegiado [para ex-presidentes], como se fosse para ele; disse com amizade, mas deu a impressão de que eu estava muito preocupado com o assunto. Eu disse: "Olha, Lula, eu tenho 250 processos em andamento, mas não estou preocupado, porque são processos sem consistência.

* Embaixador do Brasil na Rússia.

Agora, não cabe a ex-presidentes, como a ex-ministros, serem perseguidos, serem processados por toda parte, não cabe. Não tem sentido, precisamos buscar uma solução mais adequada". O Lula está de acordo também. Estava muito bem-disposto e conversamos sobre viagens ao exterior. Eu disse: "Já fiz um convite público a você, mas acho que você tem que pensar bem se vale a pena aceitar; não vejo viagem alguma que signifique algo importante para você neste momento. A não ser que vá à China discutir alguma coisa concreta". A China me convidou para eu ir como pessoa, depois a China vai dar declarações a favor do Brasil, mas não tenho condições de fazer essa viagem agora.

Depois tivemos em conjunto a reunião com o Palocci,* o Zé Dirceu, o [Luís] Gushiken** e o senador José Alencar.*** E do nosso lado o Marco Maciel, o Pedro Parente, o Pedro Malan, não sei se tinha mais alguém... sim, o Scalco. Foi uma reunião muito boa também, eles ficaram impressionados com o trabalho de transição que o Pedro Parente organizou, trabalho muito pesado. Lula expressou admiração e agradecimento a ele na entrevista que deu aos jornais em seguida. Confesso que gostei do encontro. Pelo país, como um sinal de, digamos, uma transição civilizada.

Na quarta-feira, comecei o dia dando uma entrevista para a CBN que foi razoável. Depois fui a um ato de registro de imóveis rurais,**** na continuidade do trabalho do Raul [Jungmann], que agora o José Abrão quer capitalizar para o governo. Os responsáveis pela Saúde vieram reclamar, com razão, da questão do orçamento. Ainda tive uma reunião com os interlocutores do governo***** que farão frente na transição com o grupo do Lula. Fiz discurso, mostrei que quero transparência e que as decisões fundamentais ficam conosco, mas que espero que não haja contradições maiores.

Almocei no Alvorada com a Ruth, o Michael [Zeitlin]****** e a Lola [Berlinck] e em seguida voltei ao Palácio e me reuni, no expediente normal, com o Sardenberg e o Guilherme Dias, para tomar conhecimento do avanço que houve na área de ciência e tecnologia no Brasil, sobre a qual o IBGE fez uma pesquisa, foi muito interessante.

À tarde, nesse mesmo dia, falei com o Albano Franco, que veio com a Leonor [Franco]******* com o propósito óbvio de evitar que ela saia da presidência do Sesi, onde está há dez anos. Depois fui me encontrar com o [Luis] Nassif e com o Marco Antônio Coelho******** e dei uma longuíssima entrevista à TV Cultura de São Paulo

* Coordenador da equipe de transição petista.

** Coordenador-adjunto da equipe de transição petista.

*** Vice-presidente eleito.

**** Assinatura do decreto nº 4449, que implantou o Cadastro Nacional de Imóveis Rurais e regulamentou outras normas relativas à reforma agrária.

***** Chefiados por Pedro Parente.

****** Ex-secretário estadual de Transportes de São Paulo (governo Covas).

******* Ex-ministra do Bem-Estar Social (governo Itamar).

******** Diretor de jornalismo da TV Cultura.

sobre o governo. O Nassif é muito ágil e tem uma visão muito clara contra a supervalorização do câmbio na primeira fase do governo. Foi muito interessante, achei bom. Demos um jantar em homenagem ao arquiduque de Luxemburgo,* com a arquiduquesa de Luxemburgo,** ela é irmã do rei da Bélgica.*** Eu já conhecia o arquiduque, e vieram vários amigos, como o Lampreia. A conversa rolou um pouco sobre a Embratel. Havia várias pessoas presentes, um jantar de tipo diplomático social. Isso foi na quarta-feira.

Na quinta-feira de manhã, ontem, fiquei fazendo meus tratamentos, por causa da costela. Ruth e Carmo foram a São Paulo, porque Ruth foi tratar o canal de um dente. Fui à reunião do Conselho de Defesa no Palácio do Planalto, para decidir sobre a modernização dos aviões de patrulha da Marinha e a compra de aviões de transporte. Nos dois casos ganhou um grupo da Espanha que hoje está ligado a uma empresa franco-alemã.**** Exposição longa, detalhada e bem-feita da Aeronáutica, e tomamos a decisão. Antes eu tinha falado com o João Otávio de Noronha, que acabei de nomear ministro do Superior Tribunal de Justiça. Como ele estava deixando o Banco do Brasil, onde era chefe do jurídico, eu o chamei para perguntar sobre o famoso caso do Eduardo Jorge com a BB Seguradora, ou Brasil Saúde,***** se era certo que o Eduardo tinha direito. Ele disse que achava que ele tinha direito e que havia era medo de tomar a decisão. Fiquei muito incomodado e mandei chamar o presidente do Banco do Brasil, com quem vou conversar na segunda-feira para saber se é isso mesmo.

Depois recebi o Gilmar Mendes, que é ministro do Supremo, para uma conversa sobre os problemas deles, e fiquei aqui no Palácio da Alvorada, onde despachei sem parar até o limite de tempo, porque eu tinha que dar uma entrevista ao vivo no *Jornal Nacional*. Quase meia hora de entrevista, acho que a repercussão foi boa, voltamos aos velhos temas, mas consegui expor de maneira mais direta e clara a minha visão sobre a última campanha. Me apertaram muito, o William Bonner, sobretudo, queria saber por que o Serra não se apresentou mais como defensor do governo e eu escapei da resposta. Depois jantei com ele, William Bonner, com Ali Kamel, com a Ana Tavares e também com o Toninho Drummond. Aí me apertaram muito, eles acham que o Serra jogou fora uma chance de vitória. Acho que vitória não haveria, mas uma chance de defesa mais entusiasmada do governo, isso sim. Pelas razões que já expliquei aqui mais de uma vez, mas que mostra o clima em que as coisas estão.

* Jean Benoît Adolphe Marc d'Aviano, abdicou em 2000 em favor de seu filho Henri.

** Princesa Joséphine-Charlotte da Bélgica.

*** Albert II.

**** A CASA (Construcciones Aeronáuticas S.A.) foi adquirida em 1999 pelo grupo EADS, atualmente integrante do consórcio Airbus.

***** Referência a denúncias de tráfico de influência na seguradora do BB atribuídas ao ex-secretário-geral, divulgadas em 2000.

Hoje, sexta-feira, passei o dia cuidando da minha coluna e fazendo os tratamentos da costela, do ilíaco, exercícios físicos. E arrumando papéis, tarefa na qual ainda estou, e dela não vou sair neste fim de semana em que a Ruth está em São Paulo. Falei com o Giannotti, ele foi operado do coração, mas está bem.

Um adendo. Celso Lafer tem mantido contato comigo, está em Quito* negociando a questão da Alca, e pelo jeito as coisas vão razoavelmente bem. Estamos levando essa negociação com muito capricho e sem fechar portas, porque o novo governo poderá fazer o que bem entender, mas se entender bem fará o melhor, ou seja, procurará uma Alca que nos dê vantagens, com entrada no mercado americano e que não escancare nossas portas. Não é fácil, mas é a nossa linha. Celso tem sido muito competente em levar essa negociação. Eu gostaria também que terminassem as negociações entre a Comunidade Andina e o Mercosul, que o Sérgio Amaral está levando, porque assim eu deixaria o governo com a área de livre comércio completada na zona da América do Sul.

Esqueci-me de registrar que na terça-feira 29 de outubro, dia em que estive com o Lula de manhã, à tarde tive conversas difíceis. Uma com o deputado Márcio Fortes, do PSDB do Rio, que foi o coordenador da parte financeira da campanha do Serra. Me mostrou que a situação é desesperadora, eles conseguiram deixar uma dívida grande. Depois o Gros veio conversar sobre a questão dos salários, dos custos da Petrobras. Portanto, aumento de preço. O Serra, nos dias de campanha, me telefonava aflito, para não haver aumento de petróleo. Eu não posso deixar de concordar com a Petrobras de que alguma coisa tem que ser feita. Nunca determinei que não houvesse aumento, apenas ponderei, quando o dólar estava muito alto, que não tinha sentido passar o custo para os preços por causa da especulação. Mas agora o dólar está caindo.** Caindo o dólar, é natural que se possa aproveitar o momento para fazer uma correção; vou levar pau de todo lado, mas é correto que se tem que fazer.

Depois falei com o Bob, que vai voltar para a Secom. Tive uma longa conversa com ele, com Eleazar de Carvalho e com Sérgio Amaral, repassando empresa por empresa a situação das que estão com muita aflição por causa do endividamento em dólar, e por má gestão também. O BNDES está fazendo o que pode, mas não pode substituir uma ação correta por parte dos dirigentes de cada empresa.

HOJE É DIA 4 DE NOVEMBRO, SEGUNDA-FEIRA. Ontem passei o dia arrumando papéis, minhas anotações, botando em ordem as gravações. Não ouvindo, mas pondo ordem na enorme quantidade de fitas que tenho. Enfim, tra-

* VII Reunião dos Ministros de Comércio do Hemisfério.

** A moeda americana caíra 3,5% desde a eleição de Lula, voltando ao patamar de R$ 3,60. O risco-país caíra para a faixa de 1700 pontos.

balhando bastante na preparação da mudança, daqui a um mês e meio. Isso me deixou um pouco nostálgico, fiquei olhando o parque lá fora. Mas, ao mesmo tempo contente, porque, francamente, oito anos é muito tempo para governar um país.

Nesta segunda-feira tudo foi bem, a Bolsa continua bem,* o dólar caindo para R$ 3,52. Enfim, Lula, paz e amor. Os mercados acabaram engolindo o Lula e o Lula acabou engolindo os mercados, a verdade é que houve certa pacificação. Dei uma longa entrevista ao Roberto Pompeu de Toledo,** ele vai publicar na *Veja*, a entrevista fica disponível. Voltamos aos velhos temas e aos novos que expus. Gosto do Roberto Pompeu, ele é competente.

Depois do despacho com o Pedro Parente, recebi o telefonema do Sérgio Amaral, que estava voltando de Quito. Sérgio veio com uma ideia otimista quanto à Alca. Ele acha que ela está começando a funcionar, que já está andando, disse ele que puxado pela locomotiva americana. Resta saber qual é a ordem dos vagões e se algum vai ficar de lado. Ele acha que a negociação com a Alca não é tão difícil para o Brasil porque a questão agrícola vai ser postergada; os americanos querem manter o subsídio da agricultura, mas abrir mão das demais barreiras tarifárias e de uma série de outras questões. Segundo o Sério Amaral, isso é negociável. Ele mencionou a preocupação do Iglesias com a situação da América Latina e do mundo.

Iglesias teria dito a ele que seria preciso que pessoas como eu não nos aposentássemos e continuássemos na briga, porque ela será difícil esse tempo todo. É possível, mas não depende só de nós, depende de muitas coisas. Eu já tinha falado muitas vezes com o Iglesias, vou falar de novo para saber com mais especificidade o que ele deseja fazer. Gostei de ver a disposição do Sérgio Amaral muito mais positiva com relação ao que nos espera com essa negociação da Alca, que vai ficar nas mãos do novo governo. Eles vão ter que, mais uma vez, beijar a cruz, porque foram contra a Alca, diziam que era anexação, fizeram plebiscito contra a Alca e agora vão ter que negociar, porque se não negociarem será pior.

Espero a visita do Serra, ele me telefonou há duas horas e meia, está vindo do Rio para cá, eu tenho horário, tenho que voltar ao trabalho, mas o Serra não respeita horários. Estou no Alvorada na hora do almoço. À noite, recebo um grupo de empresários*** que fez doações para o prédio onde o instituto vai funcionar em São Paulo.

* Com alta acumulada de 17,9% desde o começo de outubro, a maior parte alcançada depois das eleições, a Bolsa paulista caiu 2,2% como consequência da realização de lucros.

** "FHC, oito anos depois", veiculada na edição de 20 de novembro.

*** Entre os convidados, Jorge Gerdau (Grupo Gerdau), David Feffer (Suzano), Emílio Odebrecht (Odebrecht), Luiz Nascimento (Camargo Corrêa), Pedro Piva (Klabin), Lázaro Brandão e Márcio Cypriano (Bradesco), Benjamin Steinbruch (CSN), Kati Almeida Braga (Icatu) e Ricardo do Espírito Santo (grupo Espírito Santo).

HOJE É QUARTA-FEIRA, 6 DE NOVEMBRO. Ontem, terça-feira, para mim não foi um dia bom, comecei de novo a sentir dor, não mais nas vértebras, mas nas costelas. Na última costela chamada flutuante, perto do ilíaco. É desagradável. O dia transcorreu com muito trabalho de receber parlamentares, todos aflitos, todos desejosos de obter a aprovação das emendas individuais e preocupados com as mesas da Câmara e do Senado, bem como com o que vai acontecer, se farão oposição ou não ao Lula. O PMDB fragmentado está fazendo uma manobra. O que o PMDB deseja mesmo é colocar o Renan na presidência do Senado.

Tive uma longa conversa com Pedro Malan à noite, até quase onze horas. Pedro é um batalhador, não dá para aprovar o que o Aécio quer para Minas Gerais. É quase impossível, porque não há comprovação efetiva dos gastos feitos por Minas, e os gastos foram por conta própria. Isso vai ser um choque, vamos ter que encontrar outra forma. Além do mais, tudo que é governador quer a mesma coisa. E o Malan é de uma resistência, de uma coragem, de uma competência, de uma dedicação extraordinárias. É um grande servidor público.

Está chegando o helicóptero que vai me levar ao Rio de Janeiro, onde, a contragosto, vou receber o título de doutor honoris causa da Universidade Candido Mendes. O Cândido insistiu, o Fred [Araújo], meu chefe do Cerimonial, entrou na jogada e acabou criando uma situação que eu preferia postergar para, se fosse o caso, receber o título depois que eu deixar de ser presidente. Acho um tanto ridículo um presidente receber um título honoris causa em seu próprio país. Enfim, essas circunstâncias da vida ninguém vai entender. Vou ser atacado por ter recebido e o Cândido vai registrar nos anais que o presidente foi lá e recebeu o título. O Cândido tem feito uma porção de coisas pelas universidades, é um animador cultural. Vamos lá.

HOJE É SEXTA-FEIRA, 8 DE NOVEMBRO, MEIA-NOITE. Estou esgotado. Na quarta-feira fui ao Rio de Janeiro, fiz a minha palestra com Touraine, com Mário Soares, com a Benedita presente. Discursos, resolvi fazer o meu de improviso, mais sentimental. Fui bastante aplaudido, aquela coisa toda. Depois manifestações de entusiasmo do pessoal e dos professores.

Voltamos. Vim com Márcio Fortes discutindo as questões da campanha do Serra e, antes disso, recebi a Maria Silvia [Bastos Marques] para falar sobre a Embratel. No fundo ela concorda que é preciso alguém com recursos financeiros para resolver a questão da Embratel. Cheguei a Brasília bastante cansado, ainda assim com um programa pesado. Quando cheguei, já estava aqui o Pedro Parente, que precisava despachar comigo, e assim foi. De despacho em despacho fomos até tarde, quando a Ruth voltou de São Paulo. Na quarta-feira, só problemas dessa natureza, nada de mais complexo. O dia, aliás, foi muito mal nos mercados porque estes leram mal uma declaração de que São Paulo não iria pagar 3 bilhões.* Mas não se tratava de dívida contratual, não havia nada de equivocado, a não ser na vontade dos especuladores. Aproveitei também para fazer um pouco de fisioterapia, porque eu estava com as costelas chateando.

Ontem, quinta-feira, dia 7, o dia foi também bastante difícil, recebi gente incessantemente. De manhã, o Odelmo Leão e o José Agripino para falar sobre questões políticas, depois o Marconi Perillo, o Almir Gabriel e o Geraldo Alckmin, para eu conversar com eles e com o Serra, que estava presente, sobre o que aconteceu na campanha, e ver se eles ajudarão, sendo possível, na questão dos recursos. Depois fomos almoçar na casa do Aécio com parlamentares. Eu tinha insistido com o Serra para que ele não fosse, porque achei que seria melhor ele ficar mais escondido nessa fase; mas a ida dele não foi má. O clima estava bom, o estranho foi o Tasso dizer que precisamos fazer uma autocrítica. Autocrítica no fundo era do governo. Insistiu que nós erramos e que houve um recado claro do eleitorado. As mágoas continuam.

Fui ao Palácio do Planalto para a cerimônia do prêmio a jovens cientistas,** com o Jorge Gerdau e o José Roberto Marinho presentes. Em seguida recebi a Ângela Amin, prefeita de Florianópolis, sempre muito simpática, que me trouxe umas ostras e veio fazer alguns pedidos muito corretos.

Ainda recebi o Zeca do PT, governador do Mato Grosso do Sul, que veio pedir ajuda para a área de eletricidade, no que ele tem razão. Depois o João Elísio Ferraz,*** que veio com o Maurício [Neves],**** os dois eram do Bamerindus,***** para reclamar do BC, que até hoje não resolveu a liquidação do Bamerindus. Ainda tive vários encontros com muita gente que andou por lá. Foi um dia extremamente cansativo. Jantamos no Palácio da Alvorada eu, a Ruth e o Serra, para falar de questões dele. Ele está em uma encruzilhada, não sabe bem como sair dela, tem vontade de voltar a ser presidente do PSDB, está tateando. Vai aos Estados Unidos. Falou com a Sarah [Hirschman], que é mulher do [Albert] Hirschman, vai a Nova York passar uma semana e volta. Não vai dar para descansar, eu ponderei isso a ele. Serra está com muitos problemas para resolver e não sabe como encaminhar o futuro. Em todo o caso, começamos a conversar sobre essa questão. Isso foi ontem, quinta-feira.

Mal sabia eu que a quinta-feira, que tinha me parecido um dia muito pesado, seria superada pela sexta-feira, dia 8 de novembro, que seria ainda pior. Comecei de manhã cedo com um encontro no Planalto com o Carlos Henrique [de Almeida

* A prefeitura paulistana declarou que exerceria a opção de adiar um pagamento de sua dívida com a União. O dólar e o risco-país tiveram alta diária de 4%.

** XVIII Prêmio Jovem Cientista e III Prêmio Jovem Cientista do Futuro, ambos com o tema "Energia elétrica: Geração, transmissão, distribuição e uso racional".

*** Presidente da Fenaseg.

**** Vice-presidente da Fenaseg.

***** Vendido ao HSBC em 1997.

Santos], do SBT. Depois recebi o Pratini para discutir uma lei e o Sérgio Andrade para falar das telecomunicações. Mais tarde veio o Juarez Quadros, também para falar de telecomunicações, da regulação da Anatel que está deficiente e da necessidade de avançar em algumas decisões na Embratel, e coisas do gênero.

Mais tarde recebi o ministro da Integração, o Luciano Barbosa, para ver a quantas andavam as liberações de orçamento etc., depois recebi o Egydio Bianchi, que hoje é presidente do Instituto Sérgio Motta e veio falar um pouco sobre o instituto, e ainda recebi o Roriz, que veio pedir mais liberações de verba e me dizer que está indignado com a infâmia, segundo ele, do *Correio Braziliense*, que o denunciou como grileiro. Disse que ele tem três fazendas e vai doar uma de sei lá quantos mil hectares, 5 mil, para fazer a reforma agrária e mostrar que ele não é um homem apegado a essas coisas.

Almocei com Alain Touraine, que o Cândido Mendes mandou para cá sem me avisar, embora eu tivesse dito ao Cândido que na sexta-feira eu estaria disponível. Mas ninguém combinou nada. O Alain foi barrado na porta, depois entrou, almoçamos eu, ele, a Ruth e a Tereza Lobo.* Foi simpático, só que meu tempo foi se esgotando.

Logo em seguida recebi o Aécio para resolver a questão de Minas. Ele me telefona incessantemente, Itamar me telefonou duas vezes ontem, quinta-feira, porque quer dinheiro para Minas. Não há como resolver do jeito que a solução estava sendo encaminhada, pelo ressarcimento de obras feitas pelo estado em estradas federais. Não há comprovante líquido e certo dessas obras, isso foi dito ao Aécio pelo Malan, o Aécio ficou fora de si, tanto que voltei a falar hoje com o advogado-geral da União, o Bonifácio. O Malan acha que não podemos fazer mesmo; houve suspensão do envio de recursos para Minas Gerais. À noite, quando o Lula estava com a Benedita da Silva, me telefonou do Rio pela mesma razão. Final de governo é governador apertado tentando pressionar o governo federal para resolver questões.

Recebi também o Artur da Távola, e aí houve uma conversa amena, agradável, de um homem maduro e que, quando pede, meu Deus, é quase nada. Muitas vezes sinto dor de consciência de não conseguir atender em quase nada uma pessoa tão correta, tão boa, tão competente quanto o Artur. Vou fazer o que puder para ver se nesse finalzinho dou uma empurrada nas coisas que o Artur precisa, que são simples. Depois fiquei arrumando papéis incessantemente e grudado ao telefone com o Malan sobre a questão de Minas. Enfim, a roda viva de final de governo.

Jantei com o Lula, que veio ao Alvorada com o Zé Dirceu e com o Palocci. Eu os recebi junto com o Madeira, para ter um testemunho. Foi boa a conversa, eles querem mexer em algumas indicações do Itamaraty na questão de embaixadores. O que querem mesmo, acho, é indicar o embaixador em Cuba. Eu disse que tudo bem, mas eles querem o Dayrell [Antonio Augusto Dayrell de Lima], que está na

* Assessora especial do Comunidade Solidária.

Austrália. Eu queria indicar para a embaixada em Cuba o Frederico [Araújo], nosso chefe do Cerimonial, então é um jogo de xadrez. Tem-se que tirar de um e dar para outro em algum lugar. Se for possível fazer isso não há problema. Ficaram de vir aqui de novo quando eu voltar da Europa.* O Lula virá com alguma proposta nessa área. Falamos sobre o Sebrae também, eles têm algumas ideias, ficaram de trazê-las mais concretamente. Falei sobre os aviões. Eu e ele, então, decidimos que não compraríamos os caças, porque fazer isso agora não vai ser bom para o governo dele, e custa muito dinheiro. Conversei com Lula sobre a Embratel, Anatel, as telefônicas todas, a crise do sistema de comunicações, a Globo, o *Estadão*, enfim, o conjunto das questões que eles têm que compartilhar e ir percebendo. São três pessoas de conversa, o Lula parecia um velho companheiro.

Conversou em privado comigo sobre coisas do passado e do presente, perguntou muito sobre a vida presidencial e está aflito com o cerco de segurança e vigilância sobre ele. Eu disse que é assim mesmo, não tem jeito. Decidimos também como encaminhar algumas questões no Congresso e nada mais.

Esqueci-me de dizer que também conversei hoje com o Scalco, com o Silvano, com o [Simão] Cirineu, que é o secretário executivo do Planejamento, sobre que verbas liberar e quais não quanto a Educação, Saúde, Ciência e Tecnologia. A rotina administrativa de um presidente vai nessa batida até o fim do governo. Arrumei mala, arrumei papéis e amanhã cedo vamos todos para Portugal. Chegaram minhas netas, Joana e Helena. Luciana saiu com Isabel há poucos instantes daqui, já é mais de meia-noite, eu estou cansadíssimo e vou ver se consigo dormir.

HOJE É DOMINGO, 10 DE NOVEMBRO, estou em Lisboa. Ontem vim de manhã para Lisboa, com muita gente no avião: Tasso, Renata, Geraldo Alckmin, Maria Lúcia [Alckmin], mulher dele, o Madeira, o Tuma, o Sérgio Amaral, Rosário [do Amaral],** o Leôncio, muita gente. Chegamos a Lisboa, jantamos na embaixada e fomos dormir tarde.

Hoje, domingo, despertamos mais ou menos às nove horas, os horários ficam um pouco perdidos entre Brasil e Portugal, mas não muito — são apenas duas horas de diferença. Saímos de manhã com a Joana e a Helena, nossas netas, e muitas pessoas mais, vimos alguns mirantes de Lisboa. Fomos até a casa do Zoza [Médicis], que fica na Mouraria, vê-se do outro lado o castelo de São Jorge. O dono de várias casas por ali é o presidente da Fundação Oriente,*** o [Carlos] Monjardino, se me

* Entre 9 e 16 de novembro, o presidente viajou para uma visita oficial a Portugal para participar da VI Cimeira Luso-Brasileira; uma visita de trabalho ao Reino Unido; e uma visita oficial à República Dominicana, onde participou da XII Cúpula Ibero-Americana de Chefes de Estado e de Governo.

** Mulher de Sérgio Amaral.

*** Entidade privada de fomento ao turismo, concessionária dos cassinos de Macau até a devolução do território para a China, em 1999.

recordo bem. São muito simpáticos os donos, ele e a mulher,* amigos do Mário Soares, propôs alugar ou vender a mim uma casinha pequena que ele tem lá. Ah, se eu pudesse... Linda paisagem daquele casario português. Lisboa está extraordinariamente bonita, limpa, ajardinada. Fomos almoçar em Cascais. Comemos magnificamente bem, peixes. Jantamos, agora há pouco, na Tasquinha d'Adelaide. Uma comilança impressionante, trinta pessoas, amigos. Tivemos um coquetel na embaixada, foi um dia agitado.

Encontrei-me com Guterres. Ele está pensando em trabalhar, já está trabalhando, com a Igreja católica sobre a nova governança do mundo. Para depois do Bush. A governança global, instituições novas, ele está ligado ao [Michel] Camdessus,** que tem influência dentro da Igreja. E vem pensando também em termos da Internacional Socialista. Ele me perguntou o que eu achava de se fazer uma reunião em São Paulo, para a qual ele convidaria também o PSDB e afastaria o Brizola. Achei ótimo, claro que o PT estaria lá também. O Guterres é um homem de grande talento, está à margem da política portuguesa por razões locais.

Depois dei uma longa entrevista de uma hora ao jornal *Público*, além de muitos debates. Inteirando-me um pouco da política portuguesa e da Europa: segundo o Guterres, a Europa é cada vez mais um diretório dirigido por França, Alemanha e Inglaterra. Espanha e Itália têm a sensação de participar do diretório, mas, segundo o Guterres, participam menos. O resto é periferia. Ele quer propor a criação de uma espécie de federação, porque, como os alemães entendem de federação na Alemanha, também entenderiam na Europa. Os alemães são os menos ligados a uma atitude de diretório, mas os outros não: querem ditar o caminho da Europa a partir desse trio. O Guterres acha isso um desespero. Há uma tensão grande entre Espanha e Portugal. Espanha crescente, investindo em Portugal.

Portugal está próspero. Vejamos, *à vol d'oiseau*,*** o que está ocorrendo em Portugal. Prosperidade, certo desencanto com a política, desinteresse mesmo, e o Partido Socialista um tanto perdido com a derrota. Amanhã verei com Durão Barroso qual a visão dele e à noite farei o mesmo com Jorge Sampaio, que é um homem de grande calibre intelectual. Vamos ver se teremos tempo para conversar com calma sobre a visão do Jorge Sampaio a respeito de Portugal e da Europa.

HOJE É DIA 12 DE NOVEMBRO, TERÇA-FEIRA, são sete e meia da noite. Ontem foi um dia de muito trabalho, dei quatro entrevistas: uma ao *Diário de Notícias* e agora ao *Público*, já tinha dado à televisão e à revista *Visão*. Muitas perguntas sobre o Brasil, sobre o Lula, e eu, como um goalkeeper, tratando de defender as

* Ana Sofia Monjardino.
** Ex-diretor-gerente do FMI.
*** Expressão francesa equivalente a "visão panorâmica".

bolas que querem passar pelas pernas do Lula. Eu o estou defendendo o tempo todo, é do meu interesse que haja calma no Brasil e que os europeus continuem confiando que as coisas não vão desandar. Tenho os meus elementos de convicção para mostrar que não é bem como alguns deles pensam. O Lula não é nenhum ferrabrás, como já disse aqui.

Tivemos a reunião [Cimeira Luso-Brasileira] em Sintra. Nossa primeira reunião no bilateral. Fui visitar o castelo da Pena junto com o Durão Barroso e tive uma reunião com ele, só nós dois. Ele passou em revista as coisas. Durão Barroso, grosso modo, tem a mesma preocupação que os outros portugueses. Quer saber o que vai acontecer com o Brasil, mas ele expressando confiança. Falamos sobre a Espanha, ele se dá bem com o Aznar, pois são da mesma corrente política. Tem preocupação com o que acontecerá com o mundo árabe. Está mais próximo do Blair, o justifica, acha que o Blair tem tido um papel moderador na relação com o Bush, como também o Guterres me tinha dito. Acha que o Bush não é nenhum bobo, como alguns querem crer.

Depois fizemos a reunião bilateral. Sem nenhum problema, estamos em consonância em tudo. Há um acordo aéreo,* sem tanta significação assim. O importante mesmo é a renovação da confiança dos portugueses no Brasil, a despeito das eventuais mudanças que o Lula possa ocasionar. Esse crédito foi conseguido. Dissemos isso na entrevista à imprensa. Depois tivemos um almoço no castelo da Pena, construído no século XII. Discurso outra vez, alguns mais sentimentais, outros mais objetivos, tudo em um ambiente de grande calor humano. No almoço tivemos a presença, além de vários ministros, do Durão Barroso e do Mário Soares, que veio se juntar a nós em Sintra.

Depois dessa reunião de trabalho, voltei correndo para a embaixada e mal tivemos tempo de nos preparar para receber uma homenagem do Jorge Sampaio no Palácio da Ajuda. Foi formal, o Jorge Sampaio fez um discurso muito generoso dirigido a mim, até pedi uma cópia. Ele me deu a mais alta condecoração de Portugal, a comenda da Torre e da Espada no grau máximo de, sei lá, grã-cruz ou grão-colar, algo assim.** Enfim, uma alta condecoração que se dá a alguns amigos, chefes de Estado, pouquíssimos. Mostra o quanto o Jorge tem sido generoso. O discurso dele foi um primor; além de bem-feito, bem escrito e, honestamente, de colocar os pingos nos is. Ele foi muito generoso comigo.

O Guterres e o Mário Soares vieram jantar. Guterres disse que era a primeira vez que o Mário comparecia a uma solenidade oficial. Estavam presentes o [Jaime] Gama, que foi ministro dos Negócios Estrangeiros, o atual ministro dos Negócios

* O Acordo sobre Serviços Aéreos, implementado em 2007, prevê direitos especiais para empresas aéreas dos dois países para a realização de escalas, venda de passagens e transporte de cargas.

** Grã-Cruz da Ordem Militar da Torre e Espada, do Valor, Lealdade e Mérito.

Estrangeiros* — que é também um homem de grande categoria —, com quem eu havia conversado de manhã na bilateral e o conhecia desde a reunião do CPLP no Rio, e a Maria José Ritta, mulher do Jorge Sampaio. Enfim, a cúpula de Portugal.

Jorge Sampaio comentou comigo a questão portuguesa. A sucessão será em 2006. Ele acha que o Guterres tem que se decidir se será ou não candidato à Presidência. Acha que o Manuel Alegre** está se jogando com a ideia de ser ele o candidato. E, do outro lado, está o [Aníbal] Cavaco Silva.*** Mas quem ele mais teme é o presidente da Câmara Municipal de Lisboa,**** posição que ganhou recentemente, que, segundo Jorge Sampaio, é um populista. Os portugueses, mais ainda do que os brasileiros, estão aflitos: querem lançar os candidatos logo. O Jorge Sampaio vê com certa preocupação toda a movimentação porque foi ele quem deu o aval ao governo socialista, que, sobretudo na fase final, não foi fácil. Agora o Durão Barroso tem problemas, porque o [Paulo] Portas, que é o ministro da Defesa e que também estava no almoço em Sintra, anda envolvido em problemas que eu não entendi quais eram. Existe uma preocupação com isso e o governo está fragilizado. E, segundo o Sampaio, um pouco tendente a pedir socorro a ele para se candidatar. Ele parece pouco disposto a aceitar, porque a posição do presidente em Portugal é delicada. O presidente não faz parte do jogo ministerial, mas guarda uma representação nacional e tem certa capacidade de interferência. Foi o que de mais significativo ocorreu ontem, segunda-feira.

Hoje foi um dia exaustivo mas gratificante. Continuei dando entrevistas. De manhã recebi, junto com o Gros, um representante aqui da Arábia Saudita, um banqueiro que mora na Inglaterra, me esqueci do nome dele. Veio juntamente com o Gros e o Tasso, mais um famoso brasileiro, homem de finanças, cujo nome estou esquecendo, que é ligado à Arábia Saudita. O Tasso está querendo que a Aramco, a companhia de petróleo da Arábia Saudita, faça um investimento em uma destilaria no Ceará. E o Gros olha tudo com cuidado. Ele não quer dizer que somente será a favor se houver uma relação da Petrobras com a Aramco para a construção de uma refinaria no Ceará. Eu disse ao Tasso que seria uma operação aceitável desde que houvesse uma referência específica à refinaria no Ceará. Na verdade, o grupo tem interesse em várias coisas, inclusive na solução do "embrulho" na área da distribuição, que é feita pelo grupo Ipiranga e com o qual a Aramco poderia se associar nessa questão. Dei uma entrevista à sra. Maria João [Seixas] para a televisão. Depois saí correndo para encontros sucessivos, gratos e intermináveis.

Começamos pela CPLP, que fui visitar pela segunda vez. Discurso pra cá, discurso pra lá, ambiente agradável com o Jorge Sampaio, com o novo secretário executi-

* António Martins da Cruz.

** Membro socialista do Parlamento português e escritor.

*** Ex-premiê português.

**** Pedro Santana Lopes, do PSD, mesmo partido de José Manuel Durão Barroso.

vo, o José Gregori e os vários embaixadores dos países da CPLP. Partimos para o Hotel Ritz, onde fui me encontrar com o António do Espírito Santo, que é presidente do grupo luso-brasileiro. Lá me ofereceram um almoço com cerca de quatrocentas pessoas. Lotaram o salão do Ritz, com grande calor humano. Discursos muito carinhosos tanto do António quanto do presidente da Portugal Telecom.* Respondi um pouco de improviso, porque eu tinha que acertar o tom, e o ambiente parecia como se eu estivesse começando o governo, eles reiterando o quanto devem a mim, ao Brasil, às nossas relações, à mudança que houve nelas etc.

Saí do almoço e fui descansar por meia hora no hotel. Em seguida entrevista para o jornal *Expresso*. De lá saí correndo para a Associação Industrial Portuguesa, presidida pelo Jorge Matos, na parte nova de Lisboa (que me encantou, eu não conhecia). Eu conhecia a feira,** mas o que foi feito ao redor e no caminho da feira de Lisboa é extraordinário. Um boom de construção. Na Associação me deram o título de Presidente de Honra da Associação Industrial Portuguesa — é a primeira vez que se faz isso. Outros presidentes vieram aqui e ficaram membros honorários, mas eu fui designado presidente honorário. Novos discursos: do Jorge Matos e meu, além do Geraldo Alckmin.

Saí correndo para o Chiado, para um espaço da dona Fernanda Pires da Silva,*** onde havia uma exposição de objetos e fotos do Juscelino. Presentes a Maria Estela, bem como o embaixador Dário Castro Alves.**** Uma coisa sentimental. Dona Fernanda Pires da Silva, sempre foi muito entusiasmada com o Brasil e com o Juscelino, expôs parte do acervo do Juscelino. Isso no meio de Lisboa. Quando o presidente Jorge Sampaio e eu chegamos ao local, confusão, havia muita gente. Saímos correndo para a embaixada, onde estou descansando dois minutos, porque ofereceremos um jantar aos nossos amigos de Portugal e aos do Brasil que me acompanham.

HOJE É DIA 17 DE NOVEMBRO, DOMINGO, estou de volta ao Brasil. O jantar no último dia de nossa viagem a Portugal, dia 12, terça-feira, foi excelente. Na embaixada, com Maria Helena e José Gregori, nossos embaixadores, estava o Zé Renato, um cantor muito bom, com um grupo português, Trinadus. Presentes o Jorge Sampaio, o Durão Barroso, o Mário Soares e todos os portugueses nossos amigos mais a comitiva... Estava lá também o Martins, ministro das Relações Exteriores de Portugal, um homem muito simpático e novo. Guterres não foi a esse, mas tinha ido aos outros jantares. Clima melhor impossível, mas nada de especial, só confraternização.

* Miguel Horta e Costa.

** Exposição Internacional de Lisboa de 1998.

*** Dona do grupo Grão-Pará, onde JK trabalhou depois de se exilar em 1964.

**** Ex-embaixador do Brasil em Portugal durante o governo Figueiredo.

Na quarta-feira, dia 13, de manhã cedo fomos à base aérea e tomamos o avião para ir a Oxford. Fui com um grupo menor. Chegamos à base militar (é a segunda vez: que desço nessa base; quando fui a Chequers, à casa do primeiro-ministro, também descemos lá). Almoçamos no hotel com o Celso Amorim e a Ana Maria Amorim, mulher dele, com o Tuma, o Madeira, o Celso Lafer e a Mary, e nós, eu, Ruth e as netas. O almoço demorou um tanto e saí direto para uma entrevista para a BBC. Falei uma parte pequena em inglês e uma parte maior em português, respondendo perguntas. Parece que 3 mil perguntas tinham chegado à BBC pela internet. Fiz tudo correndo e de lá saí, também correndo, para irmos à Universidade de Oxford, onde eu tinha que fazer uma palestra na chamada South Writing School, no bloco das Examination Schools. Foi uma coisa muito simpática, já estavam lá o *vice chancellor*,* a diretora do St. Cross College e o Leslie Bethell, que é diretor do Centro de Estudos Brasileiros. Além do representante da comissão formada para gerir o dinheiro que alguém deixou para que todo ano Oxford convidasse um líder político que fosse capaz de ser franco ao fazer uma conferência.** Eu a fiz com muita franqueza. O título foi: Por uma Governança Global Democrática: Uma Perspectiva Brasileira. Respondi perguntas. Havia mais de quatrocentas pessoas na sala, parece que nunca tinha havido uma audiência tão grande nesse tipo de cerimônia. Falei em inglês, eu nunca me sinto muito à vontade em inglês, mesmo assim falei amplamente e fui aplaudido em pé ao final das respostas que dei a todos eles lá.

À conferência seguiu-se um coquetel. Para mim não há festa pior do que coquetéis, ainda mais na Inglaterra. Na verdade, ia haver uma grande recepção, mas houve uma greve dos bombeiros, então fizeram um encontro para um grupo menor, um coquetel que constou de um copo de vinho. Lá estava quem assistiu à conferência, o Evelyn de Rothschild,*** que é uma pessoa muito simpática, a Chelsea [Clinton], filha do Clinton e da Hillary [Clinton], que no final veio falar comigo toda simpática, ela assistiu à conferência. Eu não tinha visto que ela estava na sala e elogiei o pai dela na conferência. Sempre faço isso porque gosto dele e porque ele teve uma atitude boa para com o Brasil. Depois desse coquetel houve um jantar, tipo inglês, no Christ Church College, mais ou menos formal, para umas trinta pessoas. André Lara Resende estava lá, fez uma pergunta simpática e também o elogiei, gosto muito do André. O jantar foi bastante agradável, passei o tempo todo conversando com Leslie Bethell e com os outros personagens. A coisa transcorreu com naturalidade inglesa.

No dia seguinte, dia 14, houve a cerimônia de doutoramento honoris causa. Ficamos no hotel até a hora da saída e fomos para (em inglês sempre há uns no-

* Sir Colin Lucas.

** O presidente falou na Cyrill Foster Lecture de 2002, série anual sobre política. Em 2001, o palestrante fora Kofi Annan.

*** Financista e empresário britânico.

mes estranhos) um lugar chamado Clarendon Building. Fui recebido à porta pelo Malcolm Cochrane, eu creio. Ele é descendente do almirante lorde Thomas Cochrane e representa a rainha em Oxford quando ela não está presente. E também recebido pelo *chancellor.** Em seguida fui levado para a sala de cerimônias, onde me encontrei com o lorde [Roy] Jenkins. Lorde Jenkins é um sujeito fantástico, autor de muitos livros, o último que ele escreveu, sobre o Churchill,** comecei a ler, é extraordinário.

Lorde Jenkins tem 82 anos e presidiu a cerimônia solene que todo mundo conhece, cheia de regras pra cá, regras pra lá, e não sei o quê. Jenkins fez um discurso de saudação a mim muito simpático, pedi que me desse uma cópia. Isso tudo foi em um lugar chamado Convocation House. Fiz discurso, me deram o título de *doctor of civil law*. Em seguida, fomos a um almoço, depois de um coquetel, naturalmente, onde vimos o Elliott [sir John Elliott Junior], velho amigo do Hirschman, que foi meu colega em Princeton. Eu estava alegre porque o Eric Hobsbawm assistiu ao meu doutoramento. Sem que eu soubesse que ele iria lá, fiz uma referência ao seu livro sobre o "breve século XX".***

Depois desse coquetel, passamos para um almoço, onde fiquei ao lado do *chancellor* lorde Jenkins e do Hobsbawm na Divinity School. A certa altura, chegou a mulher do lorde Evelyn de Rothschild, uma americana chamada Lynn [Forester de Rothschild], de quem eu gosto bastante. Enfim, um ambiente extremamente simpático, com a vidinha oxfordiana muito simpática. Voltamos ao hotel, descansamos um pouco, pegamos as malas e fomos de novo para o Centro de Estudos Brasileiros. O almoço que foi oferecido a mim pelo lorde Jenkins foi no St. Giles House, aquelas coisas de ingleses. Ele é o *chancellor* da universidade, foi ministro, foi presidente da Comissão Europeia, quase primeiro-ministro. No discurso brincou com o "quase" haver sido, enquanto eu fui, mesmo, presidente... No Centro de Estudos Brasileiros, o nosso amigo Bethell fez um pequeno discurso, inauguramos uma placa, encontrei uma porção de pessoas amigas e retomamos o caminho para o aeroporto de Brighton North. Tomamos o avião, voamos nove, quase dez horas, fomos parar em Santo Domingo.

Chegamos a Santo Domingo nesse mesmo dia 14, mas com diferença de horário, lá era mais cedo, dez da noite, mesmo assim cansadíssimos. Na viagem fui conversando com o Leôncio Martins Rodrigues, meu velho amigo que viajou comigo, com os ministros, com o Tuma, com o Arnaldo Madeira e outros mais, como o embaixador [Marco] Naslausky,**** de quem gosto. Chegamos a Santo Domingo, onde se usa uma *guayabera* sem gravata, que, aliás, é muito cômoda. Descemos no ae-

* Sir Roy Jenkins.

** *Churchill*. Londres: Macmillan, 2001. A versão brasileira foi publicada com o mesmo título em 2002 pela Nova Fronteira (RJ).

*** *Era dos extremos*. São Paulo: Companhia das Letras, 1995.

**** Diretor-geral da Agência Brasileira de Cooperação.

roporto internacional de Punta Cana e fomos para Bávaro. Muito agradável, o mar fantástico. Dormimos cansados e, no dia seguinte, sexta-feira 15 de novembro, a reunião começaria só à tarde. Fui para a praia de manhã, porque depois almoçaria com o rei da Espanha e o Aznar, já digo as razões.

Na praia foi muito agradável, mas me fotografaram de todo jeito, e os jornais do Brasil me estampam como figura não sei se indecorosa a essa altura da vida, só de calção de banho, coisa que sempre evitei nesses anos todos, por uma questão de pudor público. Não foram fotografadas a Ruth nem as crianças, o que já me deixou feliz, senão seria mais desagradável. Me encontrei na praia com Ruckauf, ministro do Exterior da Argentina, com Martins, ministro do exterior de Portugal, com vários embaixadores, passeamos por ali. Enfim, a praia é linda, com um mar muito agradável e tudo o mais.

Dei uma entrevista para a televisão dominicana e fui almoçar com o [rei] Juan Carlos, com o Aznar, com o Jorge Sampaio e com o Durão Barroso. Aznar queria me apresentar uma proposta pela qual serei o responsável pela reorganização das cúpulas ibero-americanas depois de deixar a Presidência. Uma distinção para mim e ao mesmo tempo um problema, porque essas cúpulas não têm muito significado, não é fácil buscar identidades políticas simplesmente porque falamos quase a mesma língua em alguns pedaços ibéricos e outros aqui na América Latina. Há a vantagem de que a América Latina com isso se prende um pouco mais à Europa, o que é bom neste momento em que há tentações mais africanizantes. Um reforço europeizante não é mau do ponto de vista político e da percepção dos nossos dirigentes sobre o mundo e do mundo sobre nós. Mas é pouco para constituir uma comunidade de interesses, que ainda são raros, ralos. Eu não tinha outro jeito senão aceitar, porque pressenti que o Aznar queria me prestigiar. À tarde tivemos a abertura solene da cúpula, discurseira, jantar.

No dia seguinte, ontem, sábado 16, já foi diferente. Houve uma reunião de manhã e nela a proposta do Aznar foi formalmente apresentada. Essas cúpulas estão vazias, quase o tempo todo se falou disso, ou então cada um falou de seus problemas, dos efeitos da globalização e não sei o que mais. Iglesias fez uma apresentação admirável, a do [José Antonio] Ocampo também foi boa, ele é secretário executivo da Cepal. Pintaram o quadro da globalização e da recessão, mostrando como ambos estão afetando a América Latina. Não havia mais o que acrescentar, até comentei isso com Lagos. Eu apenas disse que tínhamos que evitar na América Latina dois riscos: de um lado o populismo; de outro, o fundamentalismo de mercado, que não está mais na cara, mas que já esteve e pode voltar. Ou pode haver uma pressão nesse sentido por parte dos organismos internacionais.

Bordei ao redor do tema mais que batido sobre o que penso a respeito da globalização, da função do FMI. A discurseira de sempre, o Chávez um pouco cansativo, repetindo o que diz sempre. Como o Fidel não veio, Chávez retomou as críticas, em geral até justas, de que os cubanos fazem à dominação americana, inclusive às imposições de mercado. Mas um pouco repetitivas, como se fosse uma coisa sem saída, uma tragédia, enquanto do outro lado haveria um paraíso encoberto. Nada marcante. O Lagos é quem sempre vai mais diretamente ao ponto. Fiz um elogio ao Duhalde, não só a ele, mas também ao presidente do Equador, que é um homem de quem eu gosto e que teve um bom papel no Equador. Louvei o Duhalde mais fortemente por causa da situação da Argentina; acho que ele, com todas as dificuldades, evitou o caos, manteve a democracia. Parece-me que vai passar o poder a outro, pela via eleitoral, o quanto antes, a eleição seria em maio.

O clima na cúpula é um pouco de repetição, um pouco de desânimo, a América Latina, como diz Ocampo, vai ter crescimento negativo, há dificuldades por todo o lado. O Aznar também é um homem que vai diretamente ao ponto e o Jorge Sampaio é muito bom. No fundo, o Iglesias, o Jorge Sampaio, o Lagos e eu temos a mesma posição diante dos problemas do mundo e diante das dificuldades e alternativas. E sabemos também que não adianta ter lucidez; ela só aumenta o sofrimento, não ajuda necessariamente na solução dos problemas deste nosso mundo em que tudo é tão evasivo, tão difícil. Supondo que tenhamos lucidez...

Dessa breve turnê pelo mundo, volto com mais um doutorado, com muitas homenagens portuguesas, muitas homenagens espanholas, muitas homenagens latino-americanas, chegando ao fim do meu mandato e resistindo à ideia (que é do Aécio na verdade, mas da qual o PT gosta) de mudar para o futuro a data da eleição [para a posse não cair em 1º de janeiro e para um Congresso velho não sobreviver durante os três primeiros meses do ano com um governo novo]. Eles estão tomando esse assunto como se fosse um assunto menor, quando na verdade implica a prorrogação do mandato presidencial pelo Congresso, o que é uma coisa antidemocrática, mas não quero dar a sensação de que estou de birra, já disse. Não é isso, trata-se de uma questão essencial da democracia, não de algo simplesmente formal, de se fazer uma festa mais bonita ou menos bonita na posse. Não é para atrapalhar o Lula nem para me agradar, é uma questão realmente importante.

No Brasil as contas de vários governadores não fecham, notadamente o de Minas, com o Aécio aflito e o Pedro Malan sem poder dar solução, porque é necessário haver uma maneira concreta de transferir recursos para tal ou tal estado, e não como eles querem, uma conta em aberto. Fizeram a gastança nos estados e agora a União paga tudo, não é justo. Isso vai ser meu grande problema até o próximo mês, porque depois acaba tudo.

Voltei com a Helena e com a Joana no avião neste domingo, elas, aliás, estão ótimas, vieram conversando, gostei muito. Vivas, simpáticas, contando com muita graça as dificuldades que tiveram com a segurança. Fiquei um pouco assustado porque uma delas disse que há mais de vinte empregados em casa. Esse é o estilo brasileiro que é preocupante. Elas são muito agradáveis, ainda estão dormindo aqui no Alvorada. Eu já acordei, a Ruth está lendo a entrevista que dei para o Roberto Pompeu, sobre a qual a Bia me telefonou ontem à noite, dizendo que gostou muito. Eu ainda não a li.

Hoje à noite vamos jantar eu, a Ruth, Marisa [Letícia Lula da Silva] e o Lula. Fiz aqui um rápido relato de minha viagem, onde tudo foi gratificante. Repito o que eu disse no discurso em Portugal: me dá até a impressão de que quem ganhou a eleição fui eu. Na verdade não foi assim, meu partido perdeu as eleições, meu candidato perdeu as eleições, mas essa transição e talvez esse sentimento de que realmente fizemos bastante coisa, sobretudo para manter um clima de civilidade, está tendo uma repercussão muito grande mundo afora. "Mundo afora" é modo de dizer; pelas elites dirigentes e por certos setores do mundo. Também aqui no Brasil os ódios, que estavam agitados e muito à flor da pele durante a campanha, estão amortecendo. Vamos ver hoje à noite durante minha conversa com o Lula. Mas ela será boa certamente.

17 DE NOVEMBRO A 5 DE DEZEMBRO DE 2002

Jantar com Lula e Marisa. Últimas reuniões e homenagens. Preocupação com o futuro governo

Ainda é dia 17 de novembro, domingo, agora são onze e meia da noite. Tive o jantar com o Lula, que veio mostrar o Palácio à Marisa. Conversamos sobre muitas coisas e ele deixou transparecer — ou deu mesmo — muitas informações e ideias. Primeiro, o Cristovam Buarque* fica no Congresso, porque o suplente,** segundo ele, não tem condições de substituir o Cristovam. Pareceu ser verdadeira a afirmação. Segundo, também Mercadante*** fica no Congresso, brilhante, disse o Lula. Terceiro, um garantido [como ministro] é o Palocci. Quarto, Marina Silva vai para a pasta do Meio Ambiente. Quinto, o Brizola quer indicar alguém do PDT, alguém de quem ele gosta, que é o secretário dos Transportes do Rio Grande do Sul.**** Vai convidar o Ciro Gomes também, não sabe para ministro do quê, o PPS vai indicá-lo, parece.

O Palocci vai ser ministro, mas não está clara qual será a posição do José Dirceu. Tive a impressão de que o Palocci é a pessoa de maior confiança neste momento, mais até do que o próprio José Dirceu. Lula fez elogios ao José Dirceu, disse que é um brigador e tal. Itamar, a dor de cabeça de sempre, reclamando, parecia que ia para Roma, Lula deu uma semana para o Itamar dizer o que quer. Vai falar com o Arraes, enfim, está na posição correta de buscar apoios de uma maneira que me pareceu razoável.

Nos Estados Unidos, vão entrar pelas mãos do Mario Garnero,***** que foi quem fez a ligação do Lula com o Bush e com o Bush pai. Acho arriscado, recusei essa intermediação, Mario Garnero propôs a mim que ele falasse com o Bush e eu não quis, preferi o apoio institucional, via Itamaraty. Acho arriscado fazer ligações pessoais, mas não disse isso ao Lula. Não sei qual é o grau de intimidade que ele tem com o Mario Garnero. Lula vai ao Chile e a Buenos Aires, talvez vá à Europa, porque o ex-primeiro-ministro da Itália,****** que foi do PCI, vai falar com o Prodi, para aceitar que o Lula vá a uma reunião em Bruxelas. Segundo o Lula só o Mandela foi à mesma reunião, e isso resolveria a vida dele, porque lá falaria com todos os presidentes. É uma boa ideia.

* Senador eleito (PT-DF).

** Eurípedes Camargo.

*** Senador eleito (PT-SP).

**** Beto Albuquerque, deputado federal reeleito (PSB-RS) e ex-secretário dos Transportes do governo gaúcho.

***** Presidente do grupo Brasilinvest.

****** Massimo d'Alema, dos Democratici di Sinistra (DS), ex-membro do PCI.

Fora isso, nada de muito especial. Muita prudência, porque vai lidar com os sindicatos, vai querer saber a receita de tudo para discutir aumento, enfim, tem uma visão que eu diria realista. Os maldosos vão dizer conservadora. Tive uma boa impressão da conversa. Convém ainda registrar que o Lula me explicou por que designou o Palocci [para chefiar a transição]. Ele queria fazer um grupo de quatro, cinco pessoas, mas a Marta Suplicy telefonou pedindo a ele que pusesse o [Luis] Favre nesse grupo, e Lula visivelmente não queria. Perguntou à Marta: "A título do quê?". Ela disse que gostaria de estar no grupo, mas, como não podia, ele a representaria. Então o Lula resolveu designar só o Palocci. Você vê como são as pressões; elas vêm sempre de dentro e ele falou disso muito abertamente. Mas se vê também que o Lula tem habilidade para escapar dos laços.

HOJE É DIA 18 DE NOVEMBRO, segunda-feira, por enquanto nada de novo. Despachos rotineiros, falei com o Fabio Feldmann, com a AGU e longamente com a Sônia Bridi, da Globo, combinando sobre um documentário que vão fazer a respeito do governo

Em tempo: faltou dizer algo sobre a conversa de ontem à noite com o Lula. No fundo, o substrato do pensamento do Lula é o ideário dos anos 1970, 80, mais 80 do que 70. Ele quer reduzir a jornada de trabalho e dar mais poder aos funcionários nas administrações. Eu até disse a ele que no Banco do Brasil, na Caixa, todos são funcionários, salvo o presidente do Banco do Brasil, que é um técnico. Agora, ele vai consultar os sindicatos, vai consultar pessoas, já consultou o Celso Furtado, o [Paul] Singer,* o [Antônio Barros de] Castro, a Conceição [Maria Conceição Tavares],** a respeito de nomes da burocracia. Vejo que o Lula está defasado sobre o que está acontecendo hoje. É isto o que me preocupa, o substrato fundamental dele. A intuição é outra coisa. Se ele se salvar, será pelo pragmatismo e pela intuição, aí ele funciona bem, não é uma pessoa rígida. Mas, quando vai fazer uma exposição mais organizada, ele pensa à moda antiga.

HOJE É QUINTA-FEIRA, DIA 21 DE NOVEMBRO. A última vez que registrei acho que foi na segunda-feira de manhã, dia 18. À tarde recebi a Medalha do Mérito Mauá,*** condição necessária para eu poder entregar aos outros a medalha Mauá, cerimônia singela. Depois recebi o Osmar Terra,**** que veio agradecer o apoio,

* Professor de economia da USP.

** Professora de economia da Unicamp.

*** Concedida pelo Ministério dos Transportes a personalidades representativas para o aperfeiçoamento da política de governo no setor.

**** Deputado federal eleito (PMDB-RS).

e o Blairo Maggi. O Blairo Maggi foi eleito governador do Mato Grosso.* Este me surpreendeu, porque veio somente para agradecer o que fiz pelo Brasil, por Mato Grosso, e dizer que tem grande admiração pelo governo. Depois foi o habitual, o que fazer com o orçamento, já estou cansado de tudo isso.

Na terça-feira, dia 19, dei uma longa entrevista à TV Bandeirantes, nem sei quando vai ao ar. Foi um programa especial e, como aqui as coisas andam meio complicadas, nem sei se vou saber quando vai ao ar. A Ana não é uma pessoa organizada nessa matéria. Ela é muito boa, excelente como assessora de impressa, como amiga, como guerrilheira, mas não me informa essas coisas. Talvez ache que não seja necessário eu saber, não sei.

Fui almoçar com o [Pier Ferdinando] Casini, que é o presidente da Câmara dos Deputados da Itália, uma reunião que o Aécio organizou, interessante. Houve uma Cúpula Parlamentar de Integração Continental.** Muita gente, estava lá o enviado de Cuba,*** que veio me dizer que foi à minha posse em 1994. De lá para cá me acompanha, veio me felicitar pelo governo e pelo seu final, estava entusiasmado. Vi muita gente, discurso, essa coisa habitual. Depois me encontrei com o Marco Maciel no Alvorada, com o Esperidião Amin, que é outro que eu acho que tem valor. Perdeu a eleição, veio aqui para discutir questões de importância para Santa Catarina, com muita firmeza e sem mágoas, muito bom.

Daqui ainda segui para o expediente no Palácio do Planalto, depois é que fui a São Paulo me encontrar com Geraldo Alckmin e participar da cerimônia de entrega do Prêmio Nacional da Qualidade.**** Falei bastante com Geraldo, falei sobre as dificuldades de campanha que o Serra está enfrentando, cheio de dívidas de campanha, falei sobre o futuro do PSDB, disse que precisamos nos organizar melhor, indiquei alguns nomes, do Barjas Negri, da Maria Helena Castro, que ele pode aproveitar no governo, e que era possível termos um entendimento mais direto. Ele achou muito bom, fiquei de marcar um jantar. Na cerimônia de entrega dos prêmios, Pedro Parente foi muito homenageado, com razão. Eram muitos os premiados, entre eles o Gerdau. A Marta estava lá também.

À noite, ainda fui para casa jantar com o Jovelino e a Carmo. Na verdade jantei com a Carmo, o Jovelino chegou depois, para discutirmos os aborrecimentos com o administrador da nossa fazenda. Disse-lhe que quem sabe fosse até melhor ele comprar a parte das crianças [eu já havia doado minha parte aos filhos], para não termos mais essa dor de cabeça. Ele entende de fazenda, nós não. Depois fui dormir.

No dia seguinte, quarta-feira, que foi ontem, fui ao Rio de Janeiro para uma coisa muito interessante. Fui com a Luciana e a Isabel, que estavam comigo em

* Pelo PPS.

** Realizada em Brasília com representantes de 35 países das Américas.

*** Ricardo Alarcón, presidente da Assembleia Nacional do Poder Popular de Cuba.

**** Concedido anualmente pela fundação homônima a empresas de destaque na gestão da qualidade. A cerimônia de 2002 aconteceu no Palácio dos Bandeirantes.

São Paulo, encontramos o Pedro, o Pedrinho, meu neto, e fomos os quatro, a Luciana, a Isabel, o Pedrinho e eu, visitar o porta-aviões *São Paulo* e ver os aviões que tínhamos comprado e que alçam voo do porta-aviões. Vimos o pessoal treinando, é bonito ver um trabalho em equipe. É a terceira vez que visito esse porta-aviões, a Marinha está cada dia melhor. É um belo navio, pode-se discutir sua utilidade, mas, de qualquer forma, para treinar umas pessoas, para estarmos, mais ou menos na vanguarda... Não digo na vanguarda, o navio é antigo, embora os aviões não sejam tão antigos. Mas para poder manejar tudo isso é preciso muita competência técnica, muito espírito de equipe. É bonito ver isso. Eu gostei. Os meninos adoraram.

Recebi no hotel o Chico Caruso, que é velho conhecido. Veio trazer o livro de charges minhas,* me olhou, disse: "Você não mudou quase nada!". Eu respondi: "As fotografias não dizem isso...".

Depois fui ao Arquivo Nacional, fomos ver o novo prédio, bonito. Um prédio chamado neoclássico, sabe Deus se é neoclássico mesmo, com palmeiras imperais e tudo, na praça da República do Rio de Janeiro. A obra foi basicamente impulsionada pelo Pedro Parente, mas o general Cardoso teve um papel grande, assim como o diretor do Arquivo** e toda a equipe. Foi uma coisa também simpática. D. Eugênio estava lá, gosto muito dele, conversamos um pouco. De lá saí e fui jantar com Felipe González, que trouxe o Carlos Slim, que é um grande investidor da área de telecomunicações do México. Eu nem sabia que ele viria, mas veio. Foi boa a conversa com o Felipe, que está preocupado com o que anda acontecendo na América do Sul, no Brasil, queria falar com o Lula, não conseguiu.

Cheguei moído à Brasília, mais de meia-noite.

Hoje, quinta-feira, foi um dia infernal, porque amanheci com Aécio e com Itamar, primeiro o Aécio, depois o Itamar, depois os dois juntos mais assessores. A velha história do financiamento de Minas. Eles têm um pouco de razão, levamos longe demais a conversa de que ajudaríamos Minas e agora a Fazenda está pondo dificuldade; ela tem base, mas já tinha base antes. Chamei o pessoal e disse que temos que resolver, disse ao Pedro Parente, que nessas horas é quem entra firme em campo. Eu não posso ficar enrolando, dentro da lei temos que resolver, a solução não pode ser só para Minas, tem que dar base a que os outros estados possam participar da redistribuição de alguns recursos. Os estados não têm como pagar, tudo isso rodopia um pouco em falso. Vamos ter que dar alguma solução, mantendo, claro, a linha dura da austeridade fiscal.

Falei com o Serra e com o Pimenta, pelas razões sabidas da campanha. Recebi depois o James Wolfensohn, presidente do Banco Mundial, fui com ele ao Centro Nacional de Informação e Referência da Cultura Negra, da Fundação Palmares, e com a Dulce Pereira. Almoço muito simpático com o Wolfensohn, ele é um tremen-

* *Era uma vez FH*. Rio de Janeiro: Jacarandá, 2002.

** Jaime Antunes.

do entusiasta do que fizemos na área social. Ele me trouxe dados do Banco Mundial impressionantes na área da saúde, comparando com outros países, com a Rússia, com a China, com o México. É fantástico nosso desempenho. Recebi o José Aníbal no Palácio do Planalto para discussão dos cursos do PSDB e fui lançar a Semana da Consciência Negra. Fiz discurso, a coisa de sempre. Mas interessante, eles reconhecendo o que fizemos pelos negros.

Ainda recebi o Sérgio Machado, da editora Record, para falar sobre meus livros, e mais tarde o Paulo Roberto Rocco, que é o novo presidente do Sindicato Nacional dos Editores de Livros, que veio com algumas reivindicações. Fui ao lançamento do livro do Ted Goertzel a respeito da reconstrução da democracia no Brasil. Voltei, despachei longamente com o Scalco, com o major Miyaguti, vim jantar com a Ruth lá pelas dez e pouco, e agora, deve ser meia-noite, estou aqui gravando para não perder o ritmo desses registros, como tenho feito há quase oito anos.

Amanhã, sexta-feira, vou de novo ao Palácio do Planalto porque tenho uma reunião do Conselho Nacional de Política Energética, e participei de quase todas elas depois do apagão. Também vou receber o pessoal do Ministério do Planejamento, o Guilherme Dias e o Simão Cirineu, para discutir de novo a liberação de recursos do orçamento nos estreitos limites que temos, para atender a tantas coisas importantes do Brasil. Estarei lá recebendo ainda o Ney Figueiredo e uma porção de gente. Venho para casa, almoço e vou para Curitiba, para a inauguração de um museu,* porque o Lerner faz muito empenho em minha presença.

HOJE É DOMINGO, DIA 24 DE NOVEMBRO. Conversei com o Bill Rhodes e com o Gustavo Marin,** que são do Citibank. Eles estavam querendo saber das coisas, estiveram com Lula, estão um pouco com a pulga atrás da orelha. É compreensível, mas tratei de acalmá-los, sem mentir. Fui a Curitiba, lá chegando o [Oscar] Niemeyer estava presente, nos discursos houve praticamente uma louvação ao Niemeyer, ao que ele fez, e ao Jaime Lerner. O Jaime Lerner estava aflito com as contas dele. Eu disse que faríamos uma medida provisória para atender não só a Minas, mas a todos que pudessem se enquadrar na decisão, que isso talvez aliviasse as contas do Paraná. O museu é bonito. Não pude ver direito, nunca posso, muita confusão. Tem um olho em cima, achei interessante. E Niemeyer, com 95 anos, está firme, fala coisa com coisa. Encontrei um rapaz, marido daquela moça Isa [Grinspum Ferraz],*** que trabalhou com o Darcy Ribeiro. Ele eu acho que é o Marcelo Ferraz, simpático, um dos arquitetos. Os dois me impressionaram bem.

* Museu Oscar Niemeyer, então denominado Novo Museu.

** CEO do Citibank no Brasil.

*** Socióloga e cineasta pernambucana.

Voltei tarde para Brasília, jantamos no avião. Quando cheguei, estavam o Luiz, a Regina e a Ruth jantando. Jantei um pouquinho de novo, como sempre faço, dei uma beliscada. E ontem, que foi sábado, passamos o dia aqui usufruindo, porque o Paulo Henrique chegou com Vanvan, a Carmo veio com o Bento, e passamos muito agradavelmente, sem fazer nada de especial. À noite reunimos uns trinta, quarenta amigos, entre quais o Drauzio [Varella], a mulher dele, Regina, o João Roberto [Marinho] e a Gisela, o Eduardo Eugênio, muita gente, o Fernão Bracher — sua filha Elisa [Bracher] fez uma escultura muito bonita para o Alvorada —, o Antônio Poteiro (eu gosto muito das obras dele), enfim, foi uma noitada simpática, sem pretensão. Aliás, a comida estava ruim, coisa rara no Palácio, mas estava ruim dessa vez. Depois ficamos conversando até tarde com os que ficaram aqui, que já mencionei, e que tinham chegado desde a tarde. São os mais íntimos.

Hoje, domingo, conversas e leituras de manhã. Giannotti deu uma boa entrevista no *Estadão*. Conversamos um pouco, nadamos, tomamos sol, pouco sol, porque ontem choveu bastante, até fez frio, e agora estamos nos preparando para ir a São Paulo, para a inauguração do Centro Cultural Sérgio Motta no velho prédio dos Correios, que está sendo remodelado. Na segunda-feira tenho um encontro na Escola Superior de Guerra, no Rio, a última aula das oito que dei. Na verdade, é para o conjunto das Forças Armadas, elas vão estar reunidas lá. As sugestões de discursos estão bem-feitas pelo pessoal da Casa Militar, do general Cardoso. Muitas especulações, se o Palocci vai ou não para a Fazenda. O Palocci é médico, de economia não entende nada, mas estamos todos contentes porque ele é mais ou menos sensato. Como o Brasil baixou as expectativas econômicas, aposta com uma vontade tremenda para que tudo dê certo. É como se o Lula pudesse mudar tudo.

Os jornais já começam a dizer que não vai mudar tanto assim, que vai continuar a ser mais ou menos o que nós fizemos. É curiosa a adaptação das expectativas, é rápida e, no caso, acho que é até para pior. Porque, de fato, eles não têm gente para conduzir de maneira competente o conjunto da administração, e preocupa-me o fato de que o Lula foi levado aos Estados Unidos pelas mãos do Mario Garnero. Ele, Lula, topou isso. Me preocupa um pouco o despreparo.

Ah, me esqueci de dizer que o Lampreia e o Bambino, com a Tite e a Lenir, também estiveram no jantar de ontem. Eu gosto deles. E o Bambino me contando a reunião com a Dilma [Rousseff],* a moça que representa o PT na comissão de transição, que tem uma visão favorável a subsídio, não sei o quê, subsídio para isso, subsídio para aquilo, enfim, como se o Tesouro fosse o Papai Noel.

Nesse meio-tempo falei com o Sérgio Amaral mais de uma vez e hoje de manhã com Clóvis Carvalho, que está no conselho da Varig. Vamos ver se é possível solucionar a Varig. A fundação dos funcionários da Varig** se opõe a qualquer acer-

* Secretária estadual de Energia, Minas e Comunicações do Rio Grande do Sul.

** Fundo Aerus.

to. A empresa está indo para a falência. Eu queria evitar que isso ocorresse neste último mês de governo, mas está difícil. Ontem me telefonou o Miro Teixeira, o Brizola tinha pedido a ele qualquer coisa para a Varig, porque é muito ligado à velha fundação da Varig. Já estão querendo responsabilizar o governo pelos desatinos da fundação. Os velhos controladores da fundação não aceitam o que precisa ser feito para modernizar. A Varig é viável, eles é que não deixam. Há um plano de reestruturação, mas o conselho curador se opõe, porque eles vão perder controle. Vai ser um problema macro. Até o finalzinho do governo é só dor de cabeça nessas coisas.

QUARTA-FEIRA, DIA 27 DE NOVEMBRO. São oito da manhã, levantei cedo.

Domingo, como eu disse, fui a São Paulo para a inauguração do Centro Cultural Sérgio Motta no edifício dos Correios. O espaço está inacabado, na verdade é um projeto de espaço com uma sala pintada e pouco mais do que isso, mas vai ficar bonito no futuro. Discurso da Wilma, naturalmente emocionada, ela sabe falar. Falou de improviso, e bastante. Fiquei contente, porque é uma homenagem merecida ao Sérgio. Encontrei o Serra lá, achei-o extremamente abatido, foi até preocupante. Fui para casa me encontrar com a Alejandra para discutir questões das telecomunicações. Estávamos eu, Ruth e ela, chegou o advogado que está organizando o instituto que estou criando. Depois resolvemos, eu e a Ruth, ir jantar no Jardim de Napoli.* Para nossa surpresa, quando fomos marcar por telefone, o Luiz Meyer, que tinha voltado de Brasília conosco, ia lá também e acabamos jantando juntos. Praticamente todas as mesas do Jardim de Napoli com gente conhecida, impressionante como é relacionada essa classe média meio intelectualizada de São Paulo. Tudo muito simpático, nada mais de especial a registrar.

Na segunda-feira de manhã, fui ao Rio. Corrigindo o que já registrei: a reunião foi na Escola de Guerra Naval, era um encontro dos que se formavam nas escolas superiores das várias Forças. Havia basicamente militares e alguns civis, homens e mulheres. Fui bastante aplaudido ao final do discurso pelo conjunto da oficialidade. Disseram que o discurso foi de defesa do que fizemos no Brasil, de confiança no país. Os jornais retrataram bem, sobretudo o *Globo* e o *Estadão*. A *Folha* mais ou menos.

Depois fui visitar o Marcelo Alencar. Eu estava com dor na consciência por não vê-lo. O Marcelo não está bem, mas na conversa está lúcido. Estava lá o Paulo Alberto, crianças à porta, me convidaram para uma festa de aniversário, tudo muito simpático.

Voltei para Brasília com o Quintão e com o Sardenberg, e lá eu soube que morreu a mãe da mulher dele,** preciso telefonar para ela. Veio também o brigadeiro

* Cantina no bairro de Higienópolis.

** Célia Sardenberg.

Astor [Nina de Carvalho].* Almoçamos juntos os quatro, conversei um pouco com o Quintão sobre os problemas da pasta.

Aqui chegando, foi um desfilar de gente, gente, gente, despacho sem parar... Isso durou até mais de nove horas da noite. Despachos de rotina, porém muito pesados. De rotina, o Armando Monteiro, para ver a questão do Sebrae; o Sérgio Moreira, para ver se permanece no Sebrae; o Armando Monteiro, não consegui entender bem o que ele queria, parece que prefere nomear a Dorothea [Werneck],** se o presidente do Sebrae não for o Sérgio. O Lula ficou de falar comigo, mas não me chamou. O PT tem propostas para o Sebrae, eu vi no jornal um nome de que não gostei nada, o daquele ex-deputado brizolista,*** esqueço o nome agora. Acho que nem mais do Brizola, ele vai para o PT, não tenho certeza. É um rapaz com quem não simpatizo, ele foi da Constituinte, era muito pedante.

Ontem, terça-feira, também foi um dia agitadíssimo. Até vou dizer: meu Deus do céu, para um final de governo em que pensei que fosse descansar, acontece o contrário, é trabalho sem parar. Dei de manhã entrevista para a TV Mulher e fiz também uma rodada em várias televisões, rádios e jornais do Rio Grande do Sul, com a Ana Amélia Lemos e o [Armindo] Ranzolin, eles são sempre muito bons. A TV Mulher também. Mas levou muito tempo, quase à uma e meia fui receber a Anne-Marie Guillemard,**** velha amiga minha da França. Eu nem sabia que o Philippe [Pitaud], marido dela, tinha morrido fazia já sete anos.

Depois fui para a cerimônia de troca de guardas do Palácio, para o lançamento do Dia de Luta contra a Aids, e passei a receber gente, gente, gente. Arthur Virgílio, Amazonino Mendes, o Raúl Díez, que é o vice-presidente do Peru, o Ramez Tebet, uma fileira de gente, sempre para o mesmo, buscando ampliação de recursos para os estados. No final ainda me encontrei em uma reunião tensa com Malan, Amaury e Silvano para decidir como resolver o impasse de Minas Gerais e dos outros governadores. Muito difícil. Todos querem dinheiro, não temos de onde tirar, não porque não haja dinheiro, mas não há maneira, dentro da lei, de fazer uma transferência para os estados, e estão todos apertados. À noite continuei a entrevista com a Sônia Bridi e o marido dela, Paulo Zero, que é o cinegrafista, para o *Globo Repórter*. Eles jantaram aqui. Depois veio o Serra. Ele estava bem melhor. Eu tinha ficado preocupado, a Ruth também, ele telefonou lá para casa depois da cerimônia do Sérgio Motta e falou com a Ruth. Estávamos todos preocupados, mas ontem ele já pareceu bastante ativo.

Hoje vou receber o Bob e depois vou receber uma comenda chamada Suprema Distinção, da Câmara dos Deputados. Foi invenção do Aécio, me disse que

* Secretário de Política, Estratégia e Assuntos Internacionais do Ministério da Defesa.

** Presidente da Agência de Promoção de Exportações (Apex) e ex-ministra da Indústria e Comércio (1995-96).

*** Paulo Paim, deputado federal e senador eleito (PT-RS).

**** Socióloga e professora francesa.

ia dar uma condecoração a mim, era uma lista imensa, inclusive o Brizola... Eu não gostei, o Brizola não tem amor algum pelo Parlamento, não há por que dar a medalha a ele. E eu não deveria ir à cerimônia com tanta gente assim recebendo a homenagem. Eles inventaram que seria a Suprema Distinção, para fazer uma diferenciação, mesmo assim não ficou bem. À tarde vou continuar a receber essa fileira de gente a reclamar, a pedir recursos que não podemos dar e vou, finalmente, à cerimônia da Medalha do Mérito, que é outro invento, dessa vez do Ministério dos Transportes.

O significativo neste momento é a aflição. Aflição dos governadores, aflição dos deputados, os que ganharam, os que perderam, querem recursos, aflição dos funcionários, que não sabem o que vai acontecer com eles, e o Lula a dizer disparates. Ontem disse que eu fui irresponsável ao não dar aumento aos funcionários, que no futuro eles vão para a Justiça e vão ganhar. Mentira! Eu dei aumento. Aliás, o *Estadão* fez um editorial sobre isso muito bom, mostrando com clareza quais foram os aumentos dados e a irresponsabilidade do Lula. Mais ainda, passei a noite ao telefone, porque na Câmara eles querem derrubar, com uma medida provisória chamada 66, a famosa minirreforma tributária. O pequeno passo da reforma tributária, que era acabar com o imposto em cascata do PIS. Agora os deputados resolveram retirar esse avanço através da medida provisória e também desfazer o acerto de contas das empresas de energia elétrica, que seria pelo MAE (Mercado Atacadista de Energia). Isso terá um efeito desastrado, foi uma combinação, um ardil do PMDB, creio que o Geddel está nisso por causa da não liberação de emendas de bancadas. Ele manda no líder [relator] que está lá, o deputado Benito Gama, que está fazendo essa modificação.

E... o apoio do PT com a mão do gato para essas medidas desastradas. Mal sabem eles que estão entrando pelo pior caminho que é possível entrar. Lula a prometer aumentos, o Congresso a não cumprir contratos com a questão do MAE e, ainda por cima, a acabar com o tímido passo de reforma tributária de interesse da produção, que é a questão do imposto de cascata, retirado de pauta. É um mau sinal. Falei com Malan, falei com o Amaury Bier, estamos todos nos fingindo de contentes, todos fazendo crer que vai tudo muito bem, porque queremos que vá bem e que o caminho do Lula não seja o da perdição. Mas estou vendo que o tempo todo há pedras no meio do caminho, e não é que eles estejam topando com as pedras; eles estão colocando pedras para eles próprios caírem. Tomara que eu não tenha razão.

HOJE É DOMINGO, DIA 1º DE DEZEMBRO, na quarta-feira passada, como disse, fui à Câmara dos Deputados, e lá, ao contrário do que imaginei, foi uma consagração. Todos os partidos, inclusive PT, PCdoB, todos assinaram a manifestação de homenagem a mim. Discurso do Aécio, discurso do Ramez Tebet, também o secretário da Câmara* fez um discurso bastante favorável, dizendo que nunca houve um presidente que tivesse um relacionamento tão positivo com o Congresso, muita presença de parlamentares. Foi bom. Fiquei emocionado ao ver o Leandro Konder** muito alquebrado, não sabia que ele estava assim. D. Paulo Arns, Antônio Ermírio, enfim, as personalidades que receberam a medalha.

Detalhe no fim da tarde: fui dar a medalha Mauá, cerimônia corrente. Além disso, recebi o núncio, d. Alfio Rapisarda, que vai embora para Lisboa. Um homem que ajudou muito, simpático, que conhece bem o Brasil e sempre foi equilibrado nas relações da Igreja com o governo, desses que têm simpatia pelo o que fizemos no Brasil.

Na Câmara conversei com o Benito Gama e com o Aécio a respeito da MP 66, da minirreforma tributária. Imagine que eles queriam acabar com o MAE no bojo dessa minirreforma. O MAE é o Mercado Atacadista de Energia. Isso impediria o pagamento de empréstimo às empresas que tiveram prejuízo por causa do apagão. Daria uma confusão tremenda, e ao mesmo tempo fizeram concessões imensas na área de pequenas empresas, nas questões relativas ao Simples, relativas ao Refis, e das grandes. No Alvorada recebi um grupo de parlamentares entre os quais estava o deputado do Amazonas que foi, é vice-líder do PFL,*** ele eufórico. Disse: "Eles não sabem fazer conta, o que estamos dando de 2,5 de aumento no imposto de renda está sendo diluído, se não diminuído, em função das concessões que estão fazendo". Também veio o Madeira, o Geddel, enfim, vários... Eu disse: "Vamos ter que salvar essa medida provisória, é muito difícil fazer reforma tributária". Insisti muito, e eles então suspenderam a votação; só vão votar na próxima terça-feira, portanto no dia 3 de dezembro. Vamos ver o que acontece, mas é dramático.

No dia 28, eu comecei com a entrega da Ordem do Mérito da Defesa, recebi depois o Schymura com o Pedro Parente para discutir a situação da Anatel e das empresas de telefonia. É tudo muito complicado, toda a questão dos preços de interconexão, que afetam profundamente as empresas, as relações entre elas, uma relação confusa, algumas perdem de um lado e ganham de outro, e a Anatel precisa enfrentar essa questão. Ele me expôs o que pensava sobre a possibilidade de a Previ manter o controle da Brasil Telecom. Acho que não pode, ele também acha que não, mas o Banco do Brasil está se defendendo dizendo que são coisas diferentes, a Previ e o Banco do Brasil. Não são, na verdade os interesses são os mesmos. Mais ainda agora que os funcionários vão mandar no Banco do Brasil e na Previ. Mas, enfim, isso vai ser resolvido.

Depois recebi o Siqueira Campos com um grupo de senadores que vieram me agradecer pelo que eu tinha feito etc. etc. À tarde fui à solenidade de outorga da

* Severino Cavalcanti.

** Filósofo marxista fluminense.

*** Pauderney Avelino.

Ordem do Mérito Educativo, fiz discurso. Na hora esqueci o nome do Raul do Valle, então fiquei bloqueado e não citei a Gilda Portugal Gouvêia, que eu queria citar, como citei as outras pessoas, a Iara [Prado], o Pedro Paulo, a Maria Helena Castro... as pessoas que ajudaram o Paulo Renato. Mas foi bom, foi bonito. Assinamos um convênio entre a Capes e o CNPq para criar a cátedra Vilmar Faria. A Regina Faria veio para essa solenidade e também para outra Ordem do Mérito, dada post mortem ao Vilmar. Voltei e recebi o José Bianco, que é um grande cara, governador de Rondônia, perdeu a eleição. Eu gosto dele.

Depois fomos ao culto ecumênico do Dia Nacional de Ação de Graças. Chegamos aqui em casa, eu e Ruth, bastante cansados, mas foi interessante. Quando o Siqueira Campos veio, ele trouxe o Mozarildo Cavalcanti,* o Tuma, o [Leomar] Quintanilha,** o João Ribeiro,*** o Paulo Octavio,**** o Efraim Morais***** e o novo senador de Goiás, Demóstenes Torres.****** Um grupo de senadores que está disposto a ajudar. Também o Bianco, quando veio, trouxe o Moreira Mendes, um senador que perdeu a eleição, mas que sempre ajudou o governo.

Na sexta-feira tivemos reunião ministerial. Falei uma hora e quinze minutos, dei um panorama do que fizemos, baseado nos dados de um livro que consolidou uma série de informações. O livro está bem-feito, apenas um pouco grosso demais. Amplia um documento que eu já tinha recebido do Bob Vieira da Costa, que fez um excelente trabalho de divulgação. Nossos jornalistas e parlamentares não leem essas coisas, mas quem sabe algum estudioso possa se dar conta da questão.

Recebi o Cechin, que veio falar sobre a Previdência Social. Recebi o Heráclito Fortes, um velho amigo meu. Almoçamos com os ministros que participaram da reunião ministerial. Depois, a área econômica e eu nos juntamos para discutir de novo o que fazer com o orçamento, o que falta pagar, o que não falta pagar. E, nesse meio-tempo, pressão de todos os lados. Diga-se de passagem que no fim da tarde veio o Dante de Oliveira com o pleito justo, me parece, de dinheiro para o estado de Mato Grosso. Mas precisamos ver se tem base legal. E recebi uma comissão de formandos de economia da PUC do Rio, que deu meu nome ao diretório deles, uma homenagem que me deixou bastante sensibilizado. Uma moça e vários rapazes, todos muito bem-postos e falantes, uma turma jovem.

Sábado, ontem, chegaram aqui a Andreia, minha sobrinha, e o novo marido dela, o Garib, o filho dela com o Aloysio Miranda, o Luiz Antônio, um menino muito simpático, a Fernanda Boueri, sobrinha da Ruth e minha, e as filhinhas gêmeas

* Senador (PPB-RR).

** Senador (PPB-TO).

*** Deputado federal (PFL-TO) e senador eleito.

**** Senador eleito (PFL-DF).

***** Deputado federal (PFL-PB) e senador eleito.

****** Pelo PFL.

dela [Taís e Sofia] mais a Luciana e a Isabel. Passaram o dia aqui. Arrumei papéis, já preparando minha partida.

Nesse meio-tempo, Itamar teve um piti. Deu declarações absurdamente desnecessárias e injustas, atacando a mim e ao PT porque houve uma postergação na medida provisória que permite passar recursos a Minas Gerais.* O Aécio havia me mandado uma carta reclamando que eu tinha empenhado a palavra. Eu respondi a ele: "A palavra está empenhada, quando recebi sua carta estava falando com José Dirceu ao telefone para dizer que politicamente era difícil não dar a Minas, mas o PT está contra. Não a dar a Minas, mas contra uma medida provisória que generalize demanda. Ocorre que você me manda essa carta e o Itamar faz esse desaforo. O que você quer que eu faça como presidente e como pessoa? Itamar pergunta se quem manda sou eu ou o Palocci...".

Aproveitei e botei o Aécio na jogada. Disse-lhe: "Eu estou fazendo o que posso; agora, você está aí com o nervoso do Itamar tendo piti a toda hora sem razão, fica dizendo que estamos devendo a Minas. O governo federal não deve nada a Minas; nós estamos criando condições para transferir recursos, porque Minas está em um estado de desespero. Estou fazendo isso mais por sua causa do que pelo Itamar, porque ele não tem a menor consideração da minha parte. Fez um governo [em Minas] sem responsabilidade fiscal e tem seus pitis...". Aécio ficou muito sem jeito, naturalmente, e no sábado recebi um tipo de retratação do Itamar que, aliás, foi publicado nos jornais de hoje. Dizia que o governo federal agiu bem com ele e não sei o quê. Enfim, se retratando parcialmente do que fez. Esses são os nossos homens públicos.

Na sexta-feira fui à casa do Maurício Corrêa, era uma homenagem à Ellen [Gracie Northfleet], a ministra do Supremo. Havia vários ministros, o Carlos Velloso, o Ilmar Galvão, quase todos, menos os que não estavam em Brasília. Foi uma coisa simpática e amistosa, ao estilo brasiliense de uma curiosa burguesia burocrática. Mas não cabe a mim analisar esse estrato, cabe aos comentaristas sociais, aos antropólogos ou a quem possa fazer a análise de formas de etiqueta e de costumes. Falta-nos uma sociologia de outro tipo para a descrição do que é essa burguesia burocrática brasiliense, que é muito interessante no modo de trajar, no modo de servir à mesa, no mobiliário, nos discursos. Não estou fazendo crítica, estou anotando apenas como um aspirante a sociólogo de outro tipo. Sempre fui analista das estruturas e não dos costumes. Achei muito curioso, divertido até. O Maurício Corrêa é um homem de quem eu gosto, tem um bom coração, é um bom juiz, tem sido correto não só comigo, mas com o país. Estavam lá os pais da Ellen,** que são pessoas idosas e também firmes. Enfim, gostei de ter estado com esse pessoal todo.

* A MP 87, que abriu crédito extraordinário de R$ 780 milhões para o Ministério dos Transportes ressarcir o estado de Minas, foi baixada em 19 de dezembro e mais tarde convertida na lei nº 10 653, de 22 de abril de 2003

** Helena Northfleet e José Ramos Northfleet.

HOJE É QUINTA-FEIRA, DIA 5 DE DEZEMBRO, são oito horas da manhã. Vamos voltar ao que aconteceu na semana.

Primeiro sobre a segunda-feira, dia 2. Dei uma longa entrevista ao jornal *O Globo*, para o Rodolfo Fernandes e aquela moça Helena Chagas. Levou muito tempo. Em seguida recebi o Jarbas Passarinho, ele sempre educado comigo, está com 82 anos. Eu o senti um pouco envelhecido, mas ainda firme. Me disse que havia escrito um comentário sobre o Delfim, que li depois, saiu no *Estadão*. O comentário mostra que o Delfim, que está posando de bonzinho, era ultraduro no regime militar.

À tarde gravei uma mensagem para a Rio Polímeros.* Depois dei as entrevistas normais, gravei rádio, recebi o ministro Nilson Naves, do STJ, para as despedidas e também para falar a favor de um dos candidatos ao STJ. É um homem discreto esse Nilson Naves. Fora isso, a dor de cabeça permanente que já mencionei, fazer ou não a medida provisória para resolver a questão de Minas Gerais. A solução se complicou um pouco porque no domingo, dia 1º, o Pedro Malan tinha vindo aqui dizer que o pessoal dele não aceita a forma como o ressarcimento indevido a Minas está sendo proposto. Se fosse para transferir recursos, era melhor transferir junto com a assunção pelos estados da manutenção das estradas. Isso já foi tentado e não deu certo; em todo caso, vamos tentar de novo. Complicação sobre complicação.

À noite jantei na casa do Toninho Drummond com os principais diretores da televisão e do jornal *O Globo*. Diretores, e não só os donos, que estavam lá também, João Roberto e a Gisela. Presentes o [Franklin] Martins, aqui de Brasília, o [Carlos Henrique] Schroder, o Ali Kamel, o Dácio [Nitrini] e o Moreno, que é meu velho conhecido e amigo, uma porção de gente agradável. Conversamos muito sobre mil coisas. Estava também o Rodolfo Fernandes, enfim, a planta maior do editorialismo da *Globo* para se despedir de mim. Não havia nenhum outro objetivo, e foi muito agradável.

Na terça-feira, dia 3, começamos com a apresentação de credenciais, uma cerimônia que não é longa, mas é um pouco cansativa, porque eu mudo de língua toda hora, conforme o embaixador que chega. Há todo aquele cerimonial, toca hino, não sei o quê, mesmo quando se faz a cerimônia no Alvorada; é um calor escaldante, e a gente tendo que botar roupas mais formais. Conversei com Celso Lafer sobre o Itamaraty, o Mercosul, as encrencas do Paraguai, do Uruguai, querem arrancar concessões do Brasil para, em contrapartida, aceitarem o acordo com os países andinos, enfim, o trivial ligeiro dessas questões. E ainda sobre as nomeações e promoções do Itamaraty. Isso foi o essencial.

À tarde, solenidade de entrega do Prêmio de Qualidade do Governo Federal, com a presença de muita gente. Esse movimento pegou mesmo no funcionalismo, é um entusiasmo muito grande, nas empresas do governo também, muita gente e muitas empresas e repartições ganhando prêmios. Presente o Gerdau, que é o

* Recém-instalada no Polo Gás-Químico do Rio, com participação acionária da Petrobras e do BNDES.

grande incentivador disso. Fiz um discurso meio sociológico, não tinha mais o que falar. Depois, além de conversar com o presidente da Eletronorte,* para ver como andam as coisas em Tucuruí (eu vou à inauguração de Tucuruí), recebi o Geraldo Brindeiro para despedidas.

Despachos normais, recebi uma homenagem do pessoal da Associação Brasileira de Telecomunicações, das pessoas que trabalham nessa área, o Cleofas Uchôa e os outros. Depois recebi o Luiz Sandoval, que é diretor do grupo Silvio Santos e veio com a mulher dele. O Sandoval é de Leme e ela de Araras, ambos muito simpáticos, para agradecer o que fizemos. Ainda recebi o Bob para apresentar os programas da rede de proteção social. E nesse meio-tempo todas as questões do governo de transição mais as relativas a Minas Gerais. Uma dor de cabeça total nem vou repetir, é um vaivém sem fim para ver como se arranja algum recurso. O Aécio começando a perder a paciência, com alguma razão, mas nem toda.

Na quarta-feira, ontem, comecei o dia fazendo um balanço dos programas da rede de apoio de proteção social, para chamar mais atenção para o assunto. É difícil que chame. A opinião está um pouco cansada dessa questão, todo mundo agora quer saber é quem serão os novos ministros. Tive uma entrevista com um jornalista do *Estadão* para colocar de maneira adequada a informação sobre o instituto que eu vou criar em São Paulo. O Elio Gaspari sussurrou uma maledicência, como se o instituto fosse para proveito pessoal.

Tive um almoço no Alvorada com Gustavo Franco. Muito agradável, eu gosto muito do Gustavo. Ele propôs ser manager das minhas futuras conferências no Brasil; não ele, a empresa dele, chamada Palavra, o que achei muito bom. O Gustavo tem uma visão ainda mais pessimista do que a minha sobre o que possa acontecer no Brasil na questão financeira. Já vou me referir à conversa sobre essa questão e sobre o Banco Central, que tive na terça-feira com o Zé Dirceu.

Depois disso recebi o Ivo Cassol, governador [eleito] de Rondônia, que veio pedir recursos, naturalmente. O Steven Carmichael, presidente do Nature Conservancy, veio propor que eu seja membro do *board*, muito interessante; o problema é que já está sobrando muita coisa. E a visita do João Carlos Saad, que é da Bandeirantes, também para agradecer etc.

À noite fomos jantar na casa do Rames Tebet, eu e Ruth, porque era a despedida do Senado, a última reunião social do ano, entre os convidados muitos que deixaram de se eleger. Foi tudo muito leve. Eduardo Suplicy compareceu, ele está bem, achei-o com aspecto bom. Tiramos fotografia e tudo mais. Ambiente festivo, com a presença até mesmo de quem eu não gosto, como o Requião. Logo na entrada estavam ele e a mulher ao lado do Tebet. Achei estranho, eu não sabia se dava a mão a ele, mas ele estendeu a mão e eu retribuí. Ele foi muito grosseiro comigo todos esses tempos, estava lá porque é presidente do grupo dos parlamentares do

* José Antônio Muniz Lopes.

Mercosul, e compareceu o presidente do Parlamento Andino, que queria me conhecer. O Requião estava mais ou menos comportado, apenas falou mal do Roriz na mesa dos pemedebistas, e eu presente. O Renan reagiu brincando, estavam todos os senadores, alguns dos antigos, o Iris, de quem eu gosto, que perdeu a eleição, muito simpático. Enfim, clima festivo.

Chamei o Zé Dirceu para conversar sobre o Sebrae. Fizemos um primeiro entendimento de como seria a eleição. Zé Dirceu falou com muita franqueza sobre o governo que vai sendo formado. Disse que o Celso Amorim está resolvido, será ministro das Relações Exteriores. Ele me disse que sabia que eu preferiria o Rubens [Barbosa], mas o Lula preferiu o Celso Amorim. Eu me abstive de comentários, embora ache o Rubens mais eficaz como negociador do que o Celso Amorim, para negociação comercial e tudo o mais. Mas isso é problema deles, do PT. Depois me disse que para o Banco Central iria o Pedro Bodin.* Eu comentei: "É a mesma coisa que o Armínio, é continuidade, me parece uma boa escolha". E foi falando de outras questões. Acredita que o Genoino vai ser secretário-geral da Presidência, e acha bom, embora a imprensa diga que os dois estejam brigados. O Palocci vai para a Fazenda, o José Dirceu fica na Casa Civil, o Gushiken vai para a Secretaria de Comunicação Social.

Eu não puxei demais outros temas, mas ele disse que está muito preocupado, porque o Brizola quer ser ministro da Agricultura. Obviamente o PT não quer, nem o Lula; estão tentando driblar, colocando alguém do PDT. Então eu disse a ele para oferecer ao PDT um ministério que seja impossível ser ocupado pelo Brizola. Quem sabe se irá por aí, ele não me disse se chegou a pensar em algum ministério. Enfim, entramos em vários detalhes, não é o caso rememorar. Na conversa com Gustavo Franco, eu não contei isso, mas já consta por aí que para o BC vai o Pedro Bodin. O Gustavo me disse: "Na sexta-feira eu jantei com o Pedro Bodin e ele não aceita". Se isso for assim, a coisa complica, porque o Lula deveria ter me dado o nome do presidente do Banco Central há mais tempo, para eu mandar ao Senado. Não deu e o tema vai se complicando, os mercados vão ficando aflitos. Hoje tenho um jantar com os presidentes do Mercosul. O Lula deve vir aqui e eu vou falar com ele, para ver se sai o nome do BC para eu indicá-lo ao Senado, porque, se deixarmos para a semana que vem, ficará muito difícil aprovar. Acaba aprovando. E hoje há uma declaração nos jornais, o Lula rifando mais uma vez o Armínio Fraga. Eu, se fosse o Armínio, já teria dado um basta nisso. Teria dito: "Estou fora, não contem comigo". Eles estão sendo absolutamente deselegantes com o Armínio, o Lula mesmo. E o Armínio é até simbólico. Eles já deveriam ter combinado há mais tempo que deixariam o Armínio até março, isso daria calma aos mercados e tempo para o Lula montar o governo. Não o fizeram. O Lula disse muitas impropriedades na Argentina e também no Chile, o Mercadante mais do que ele, mostrando falta de preparo

* Economista do Banco Icatu e ex-diretor de Política Monetária do BC (governo Collor).

para questões internacionais. Não é de espantar. Isso, somado às preocupações do Gustavo Franco, de que o mercado não vai acreditar muito no Lula, me preocupa um pouco. É claro que o mercado não é tudo, mas vale a pena prestar atenção.

O Gustavo Franco sempre chamou a atenção para algo que é verdadeiro: esse "bicho novo" [o mercado] passou a ter presença no Brasil a partir de agora. Meu governo foi o primeiro que precisou enfrentar essa questão, de um mercado com essa força. E não é só o mercado; são os meios de comunicação, a telinha [internet], a presença contínua da informação. Enfim, a globalização está apertando o cerco país por país, tudo se comunica. Eu não sei, mas continuo com a sensação de que esta eleição do Lula foi um anacronismo — por mais que eu receba a todos eles e até goste deles. Tenho uma boa relação com o Dirceu, eu não tinha, mas esse convívio dos últimos tempos me mostrou que é um homem dedicado, competente. O Palocci é mais ranheta, tem um pouco o estilo do Pedro Malan, é educado, mas muito firme. Agora, não tem a capacidade de interlocução que o Malan tem nem a aprovação do Malan.

Como vão enfrentar os grandes desafios da economia brasileira? Fico um tanto assustado vendo que a mídia continua encantada. É natural que esteja, mas isso não dura e, não durando, o que pode acontecer? Tenho preocupação, porque prefiro que o Brasil dê certo e não que vá tudo para o buraco.

O Congresso está um desatino. Eles não conseguiram votar a MP 66. O Aécio, por sua vez, fez birra porque não resolvemos a questão de Minas. Como eu já disse, o PT é contra a que eu assine uma medida provisória, eles me deram essa impressão, tanto o Palocci quanto o Zé Dirceu. Eles, em sugestões ao *Estado de Minas*, disseram que o pleito de Minas é justo, basta eu pagar. Ah, se fosse assim... Se fosse assim, eu já teria pago. Já teria descalçado essa bota. É que não há base legal para transferir recursos.

Mesma coisa no que diz respeito à presidência do Sebrae — uma confusão grande. Zé Dirceu telefona, combina mais ou menos. O Sérgio Moreira tem quer ficar lá. O Armando Monteiro parece querer o Sérgio Moreira, mas não é bem claro. O Lula pediu para adiar. Enfim, continua tudo em suspenso. Acabei de receber um telefonema da Maria Delith, para me agradecer e dar por encerrada a tarefa dela. Eu disse: "Olha, é provável, mas não é certo, porque a confusão continua grande". Sempre é assim nessas horas, e na Câmara há uma desorganização imensa. O Madeira me disse que ele não pode sequer garantir que se vote o orçamento. Há uma confusão, matérias importantes que precisam ser decididas e não são... Está começando a ficar preocupante, mal.

7 A 18 DE DEZEMBRO DE 2002

Formação do ministério de Lula. Prêmio em Nova York. Sucessão no Sebrae

Hoje é sábado, 7 de dezembro, daqui a pouco vou embarcar para Nova York. Na quinta-feira tivemos o jantar com os presidentes do Mercosul e com o Lula, eu já conto. Durante o dia o Martinez veio aqui para dizer sua verdade pessoal: ele apoiou o Ciro e depois o Lula. Ele tem alguns pleitos. Mesma coisa Luís Henrique da Silveira, que foi eleito governador de Santa Catarina; ele trouxe o prefeito,* que é do PSDB e o substitui na prefeitura. Reafirmou a amizade e reclamou bastante da falta de atenção do Serra com ele durante a campanha. Por isso apoiou o Amin, cada um tem suas razões. Ou pretextos.

O secretário-geral do Clube de Madri** veio conversar comigo. Fiquei assustado, esse Clube de Madri vai me dar mais trabalho do que eu imaginava. À tarde recebi o Ivan Zurita e o Edmundo Klotz, para discutir coisas da Abia e da Nestlé. Eles têm um contencioso que o Ministério da Justiça não resolve, a respeito de uma fábrica no Espírito Santo.*** Todo mundo, governador, ex-governador, futuro governador, todo mundo reclamando, pedindo que se resolva, dizem eles. Depois recebi o Fernando Bezerra muito amavelmente, para reafirmar amizade, foi simpático. Jantei no Alvorada com os presidentes do Mercosul, chegou o Lula. Aliás, foi o primeiro a chegar. A conversa fluiu bem, mas com dificuldades por causa da língua. Eles não entendem o português e o Lula às vezes não entende o espanhol, mas isso é o de menos. Ficamos na Biblioteca, só nós, presidentes, depois fomos para o jantar, tudo muito agradável.

O Lula conversou amplamente comigo, inclusive me cantou o ministério. Não sei se vai se efetivar, pelo que me disse seriam o Palocci na Fazenda e, eventualmente, o Carlos Lessa**** no Planejamento ou no BNDES. Ele preferia no Planejamento. Depois, sobre o Banco Central, o Palocci quer que o Armínio Fraga fique, mas não há condições de ele ficar, está tudo um pouco no ar. Casa Civil, o José Dirceu. O Lula gostaria que o Genoino ficasse na Secretaria-Geral da Presidência, também o José Dirceu tinha me dito isso, mas o Luiz Dulci***** quer ficar, então o Genoino vai ser presidente do PT. O Gushiken vai para a Comunicação Social. Depois os ministérios: para a Justiça, o Márcio Thomaz Bastos. Agricultura, o Roberto Rodrigues,****** o das

* Marco Tebaldi.

** Fernando Perpigñá-Robert.

*** Referência à aquisição da Garoto pela Nestlé, em 2002, mais tarde contestada pelo Cade.

**** Reitor da UFRJ.

***** Secretário-geral do PT.

****** Presidente da Abag (Associação Brasileira de Agribusiness).

cooperativas, que é muito entendido de políticas agrícolas e ele próprio é fazendeiro. Não é mau. É um pouco corporativista em favor da agricultura, mas isso é função do ministério. Disse a mim o Lula que, por ele, ficaria o Pratini, mas ele não pode ficar, porque é do PPB, e PPB e PT não se entendem. Fez grandes elogios ao Pratini.

O [José] Viegas quer ir para a Defesa, e o Lula vai ter um almoço com os comandantes para ver se isso passa. Eu disse que eles não vão resistir ao Viegas, e sim a alguém do Itamaraty ou de outra corporação. Eu até acho o Viegas um embaixador competente. Talvez fosse melhor nomeá-lo secretário-geral do Itamaraty, mas eu não disse isso. O chanceler vai ser o Celso Amorim, uma escolha compatível com as outras escolhas do Lula. Transportes, se a pasta for para o PMDB, pasmem: Pedro Simon;* Lula não sabe o desastre administrativo que é o Simon. Sobre a Previdência, eu não perguntei, seria o Ciro, agora vejo que eles ainda estão debatendo sobre quem vai ser, quem não vai ser. Comunicações, Miro Teixeira. Perguntou como o pessoal da Globo se dá com o Miro, eu disse que, até onde eu sei, muito bem. Agora, o Miro também vai ter problemas, porque ele tem uma visão muito mais estatizante. Colocar o Miro nas Comunicações complica o panorama.

Não sei se ele me disse algum outro, mas foi dizendo, com muita tranquilidade, eu diria mesmo com fraternidade. Eu me abstive de comentários, porque não me cabe. Agora, me deu a sensação de ser um ministério adequado para os anos 1970, aspiração da oposição do início dos anos 70, pouco apto a enfrentar os problemas e a realidade de hoje. Mas, enfim, isso é um pouco o que é o PT, o que é a visão deles, embora ela não tenha aparecido na campanha, nem o povo observa esses problemas. É assim mesmo. Como eu digo, são ptolemaicos, não perceberam que a revolução copernicana já aconteceu.

Sexta-feira, ontem, passei o dia com os presidentes,** foi um dia pesadíssimo, trabalhei sem parar. A reunião começou às nove da manhã, houve grandes avanços, porque o Sérgio Amaral é um ministro excelente. Por falar nisso, para o lugar dele provavelmente vai o Paulo Cunha.*** Mas o Sérgio Amaral tem feito muito, conseguiu um acordo entre o Mercosul e a Comunidade Andina, eventualmente o Brasil e o Peru assinam um tratado de livre comércio no dia 20, quando vou ao Acre, na fronteira com o Peru. Enfim, avançamos bastante. Muitas demonstrações de afeto a mim, inclusive da sra. ministra [chanceler] do Suriname,**** que me sensibilizou bastante. O Suriname é distante, mas eles sentem a nossa presença positiva, favorável a esses pequenos países do Caribe. Sempre tive preocupação com isso. O presidente do Paraguai, o Eduardo [Duhalde], o Lagos, todos discursaram. O Lagos fez um discurso muito generoso.

* O indicado à pasta foi Anderson Adauto.

** XXIII Reunião Ordinária do Conselho do Mercado Comum e Cúpula Presidencial do Mercosul.

*** O indicado foi Luiz Fernando Furlan.

**** Marie Levens.

Saí do Itamaraty às quatro da tarde, vim correndo para ter várias reuniões no Planalto. Recebi o primeiro-ministro de Moçambique,* que queria discutir sua candidatura para a Organização Mundial da Saúde, e depois tive uma longa conversa com o Köhler, o diretor-gerente do FMI, o Pedro Malan e toda a equipe do Köhler. Conversa franca, ele leu minha entrevista na *Veja* e gostou. Defendeu a posição dele no FMI. Eu disse: "Hoje mesmo perguntaram a mim na entrevista coletiva (depois da Cúpula) sobre o FMI. Eu disse o que penso, mas sempre ressalvo que o FMI tem ajudado bastante o Brasil, mas com a Argentina...". Ele insistiu que o problema da Argentina é de confiança; eles, no FMI, não acreditam. Os argentinos não têm, segundo ele, boa-fé nas negociações, e isso, para ele, protestante, alemão, é gravíssimo. Para os latino-americanos é grave, mas sempre somos macunaímicos.

Sobre o Brasil, só elogios. Fiz uma defesa forte da atitude que o Lula possa vir a ter com relação ao FMI. Malan também ajudou, ele já a tinha feito antes. Depois eu disse ao Malan: "Cuidado, nós dois estamos nos comprometendo muito na defesa do Lula, e sei lá o que eles vão fazer...". Eu também disse com cuidado ao Köhler que depende um pouco do partido, mas que a disposição do Lula e do Palocci é cumprir os contratos. E é mesmo. As dificuldades com o PT é que serão grandes. Foi uma reunião positiva.

Tive uma penosa reunião com Parente, Malan, Guilherme Dias, Scalco, assessores vários, Everardo Maciel, para discutir a tragédia mineira. Estamos tentando mais uma forma, para ver se está a contento dos governadores, e de baixo custo. Malan resistindo muito, ele não quer passar uma conta imensa de restos a pagar ao próximo governo. As relações estão um pouco ásperas entre Pedro Parente e Pedro Malan. O desgaste de tantos anos de discussões no trabalho em conjunto sempre produz atritos. Mas nada grave. E o Aécio em cima de mim.

Saí correndo para fazer uma conferência sobre as perspectivas da democracia na América Latina. Uma coisa do PNUD, lá estavam o [Guillermo] O'Donnell** e outros amigos antigos do Chile. Meu Deus do céu, estou esquecendo sempre o nome deles... Perguntei à Ruth, ontem, sobre um deles, é boa pessoa, muito amigo nosso. Foi do Diálogo Interamericano. Dei correndo uma hora de entrevista, voltei para casa, tomei um banho e fomos ao casamento da filha do Marco Maciel.*** Casamento é festa penosa para um presidente da República, porque é só levanta e senta, levanta e senta, levanta e senta, tira fotografia, dá abraços... Não comemos. Às onze e meia da noite, meia-noite, voltamos ao Palácio e comemos um sanduíche. Aqui já estavam a Bia, as crianças e a Vanvan, para irmos hoje aos Estados Unidos. E disparei vários telefonemas hoje de manhã, porque em véspera de viagem é assim.

* Pascoal Mocumbi.

** Cientista político argentino.

*** Gisela Maciel casou-se com Joel Santana Braga.

QUINTA-FEIRA, DIA 12 DE DEZEMBRO. Efetivamente, fomos no sábado aos Estados Unidos. Viagem agradável, fui com toda a família. O Paulo se encontrou conosco lá, Vanvan foi também. O Pedro, a Júlia, a Isabel, a Luciana, a Bia, eu e Ruth. E mais ou menos trinta parlamentares e alguns ministros. Clima bom, festivo. Lá chegando, fomos para o Hotel Plaza. Eu tinha me hospedado no Plaza com a Ruth fazia muitos anos. Cheguei, vi o prédio, que coisa fantástica, é de 1907, estilo bolo de noiva, reconstruído. Banheiros imensos com vista para o Central Park — pode-se tomar banho vendo o Central Park. Salas e salões naquele estilo antigão, excessivo naturalmente, mas não havia lugar em outros hotéis, por isso fomos parar no Plaza. Era weekend de compras de Natal nos Estados Unidos. As crianças ficaram na casa do Gelson, o Paulo e a Vanvan na casa da Lilibeth [Monteiro de Carvalho]. À noite, Ruth e eu fomos jantar com o embaixador Júlio César mais o Rubens Barbosa, a Leona Forman, mulher do Shepard Forman, criadora da BrazilFoundation,* que nasceu na China! Havia gente que eu não conhecia, o embaixador americano, o Fishlow e sua mulher, e outros mais.

Domingo, almocei com o Iglesias no hotel, para conversarmos sobre o futuro. Futuro meu, do Brasil, futuro da Argentina, do BID e sobre um projeto meu e dele de criarmos um instituto nosso. Iglesias muito preocupado com a conversa do Köhler, muito preocupado com a Argentina, como sempre esteve, com o Uruguai e com tudo mais. No final do dia, fomos a uma recepção na casa do Gelson. Notei que não faltava deputado algum do PMDB e do PSDB. Os senadores estavam enraivecidos, parece que os hotéis não eram bons, contaram que o check-in tinha demorado muito, essas coisas. O pessoal da administração do palácio é duro no molejo, e os deputados foram por conta própria, imagino. Havia jornalistas, a Eliane Cantanhêde, que botou na imprensa tudo o que eu disse, mesmo de brincadeira, e outros mais. Dei entrevista a umas moças simpáticas, para a televisão Bloomberg. No final, ainda fomos jantar eu, Ruth, Paulo Henrique, Vanvan e o Gelson num restaurante pertinho da embaixada. Encontrei alguns velhos amigos, entre os quais [Alfred] Stepan. Estivemos também com o Fishlow e a mulher,** o [Shepard] Forman,*** enfim, com várias pessoas.

No dia 9, segunda-feira, recebi o prêmio Mahbub ul Haq, já no fim do dia. Uma solenidade simples, simpática, com discursos pra lá e pra cá, e discurso sobre as razões pelas quais ganhei o prêmio. O Mark Malloch Brown, que é o presidente do PNUD, fez a saudação. Estava lá muita gente conhecida, o Soros e nossa amiga Emma Rothschild, que é casada com Amartya Sen, o Ted Turner.**** Depois fomos

* Fundação privada criada em 2001 por empresários norte-americanos e brasileiros para estimular a educação de crianças e jovens no país.

** Harriet Fishlow.

*** Antropólogo e economista norte-americano.

**** Dono da rede CNN e presidente da United Nations Foundation.

jantar, com esses e outros, em uma biblioteca da família Morgan.* Os deputados e senadores assistiram à premiação. Drinques e não sei o que lá. Estávamos com a Regina Duarte, que havíamos levado a Nova York.

Almocei na casa do Gelson com o Kofi Annan. Eu, a Ruth, o Kofi, a esposa dele,** o Gelson, o Celso e a Mary Lafer. Kofi, então, me propôs o cargo na ONU em que eu seria uma espécie de *special advisor*. E deu o tema em que ele queria eu trabalhasse, relativo à sociedade civil, ONG e a relação das ONGs com as Nações Unidas, as pressões e contrapressões. Ele disse que no dia seguinte uma assessora dele iria conversar comigo para me dar mais detalhes e que ele aceitava a minha sugestão, a dos espanhóis, para que a reorganização das cúpulas ibero-americanas ficasse sob o guarda-chuva da ONU. Falamos sobre o Iraque, bastante. Ele tem tido um comportamento muito firme nessa matéria, preocupado, naturalmente, com a atitude americana, mas achando que os americanos haviam cedido um tanto na questão do Iraque.

No dia seguinte, terça-feira, almocei com o Serra em um restaurante pertinho do hotel e fiquei recebendo pessoas do governo, o tempo todo preocupado com as coisas do Brasil. De novo sobre publicar-se ou não a medida provisória para contemplar os governadores, o Aécio querendo mais recursos, o Malan indo contra. A Nestlé nervosa porque houve a postergação não compreensível de uma demanda deles para comprar uma empresa do Espírito Santo. Precisam saber se a compra afeta ou não a livre concorrência, e a SDE demorou para dar o parecer. O ministro da área me informou que teria mandado o parecer mal chegou ao Brasil, mas que o parecer era contrário e já sem tempo para o Cade julgar este ano. Uma coisa um pouco estranha, e o ministro é sério, não foi descuido dele.

Voltamos na própria terça-feira à noite, chegamos ontem de manhã ao Brasil.

Nos Estados Unidos eu praticamente não pude ver muita coisa, a não ser o que já relatei aqui, e vi de longe a presença do Lula. Lá não saiu praticamente nada do que foi relatado pelos jornais brasileiros. O Lula fez um discurso que poderia ter sido feito pelo Celso Lafer, dentro da linha do Itamaraty. Fez declarações, que eu vi no Brasil, sobre a conversa dele com o Bush. O Bush disse que ele seria um republicano, pelo programa que tem na área social, Lula disse que tem simpatia pelo Bush, enfim, coisas de boa química. Nada extraordinário, salvo que disse algo que eu não poderia dizer: o que é bom para os Estados Unidos é bom para o Brasil.*** Uma afirmação esquisita. Em outro contexto, é verdade. E voltamos para cá, muito cansados pelo dia de ontem.

Mal cheguei, foi um bombardeio com as questões locais. Tudo que é governador atrás da medida provisória, todo mundo, deputado, senador, porque querem

* The Morgan Library & Museum, criado em 1924 a partir da biblioteca particular do magnata Pierpont Morgan.

** Nane Annan.

*** Frase do ex-chanceler Juraci Magalhães (governo Castelo Branco) sobre a intensificação das relações bilaterais.

emendas, porque os ministros estão sem recursos, enfim, uma dor de cabeça infinita. Além do mais, preocupações com o Sebrae, porque o Lula não aceita o Sérgio Moreira. Então o Pedro Parente avançou a possibilidade do nome do Silvano Gianni, que o PT, aparentemente, topava. Ontem eu não vi, mas hoje essa história já saiu publicada na Mônica Bergamo. O Sérgio Moreira quer ser candidato e eu tinha dado o nome dele ao Lula na quinta-feira passada. Lula disse que não, não deu muitas razões, mas não queria continuidade.

Ontem, quarta-feira, fiquei no Alvorada não por causa disso, mas porque dei uma longa entrevista para a *Folha*. Também recebi uma porção de gente, despachei incessantemente até tarde da noite, cansado, telefonemas para todo mundo a respeito desse e de outros problemas. O Chávez falou comigo quando eu estava nos Estados Unidos por causa da situação da Venezuela, que é dramática. Os americanos tinham pedido ao embaixador, via Departamento de Estado, que eu falasse com o Chávez, que me telefonou antes que eu o chamasse. Ele explicou que estava ganhando a batalha, não sei o que lá, que há o problema do petróleo, que havia um cargueiro da Petrobras com petróleo para a PDVSA [creio que a PDVSA estava em greve].* Eu disse que iria falar com o Gros e que o Gros falaria com o [Alí] Rodríguez, da PDVSA. Cheguei na quarta-feira com tudo isso na minha cabeça. E, naturalmente, me vieram informações do governo do Lula, o que me trouxe certa preocupação. Eu externara essa preocupação na conversa com ele, e ela continua. Na Ciência e Tecnologia vão colocar um senhor que é do Partido Socialista,** mas que não entende nada da matéria específica, e assim vai.

Hoje, quinta-feira, foi mais complicado ainda. De manhã também tive um dia pesado, começando com o Fórum sobre Mudanças Climáticas, o Paulo Henrique veio. Depois, almoço com o Evandro Lins e Silva, que eu nomeei conselheiro da República, devolvi as medalhas dele.*** Depois do almoço, lá fomos nós para uma homenagem ao José Gregori, ao Evandro Lins e a outros mais. Tudo muito simpático, mas eu com a cabeça cheia de problemas.

Finalmente desatou-se o nó do Aécio. Ele havia estado aqui na quarta-feira junto com o Everardo, que tinha vindo com o pessoal da Caixa Econômica por causa de um livro sobre a Caixa. Everardo mostrou ao Aécio que a medida provisória era melhor do que ele estava imaginando; ele não queria a quantidade de recursos prevista pela MP, queria mais. Mas hoje cedeu. Ou melhor, concordou, porque o Malan não aceitava aumentar mais e tinha seus argumentos. A MP já é uma violência, e só chegamos a esse ponto porque a Fazenda errou lá atrás ao insinuar que era possível

* No final de dezembro, o Brasil enviou um petroleiro com 80 milhões de litros de gasolina para abastecer a Venezuela, que enfrentava escassez generalizada decorrente de uma greve geral contra o governo chavista.

** Roberto Amaral.

*** Em 1969, a ditadura militar cassara as condecorações atribuídas ao jurista, além de aposentá-lo compulsoriamente do STF.

fazer o ressarcimento de estradas, o que fez com que eu me comprometesse com o Itamar em Minas, ficando em uma posição extremadamente difícil. Agora eles perceberam que era um saco sem fundo e limitaram os recursos com essa medida provisória. Mesmo assim, são 2 bilhões, não é pouca coisa. E o PT fazendo um pouco de jogo, dizendo que quer dar só para Minas e Rio Grande e não para os outros, faz de conta que quer, mas não quer, enfim...

Hoje, depois de tudo isso, recebi gente, discuti de novo as questões de orçamento, questões de medida provisória, enfim, essa rotina cansativa. E ainda recebi o Sérgio Moreira e disse a ele como estava a situação: "Sérgio, o Lula te vetou". Ele ficou inconformado, achando que eu posso insistir, não sei o quê. Na verdade, se eu quiser nomeio, mas ganhamos o quê? Porque o novo presidente da República é contra, eles ganharam a eleição, não fui eu quem ganhou, e vão inviabilizar o Sebrae. O Sérgio quer porque quer e acha que se eu, Fernando Henrique, realmente quiser, o faço presidente. Talvez. Mas a custo do quê? Da inviabilidade de ele funcionar no futuro e de eu brigar com a transição do PT, que está calma. E eles aceitaram, segundo o Pedro Parente, o nome do Silvano Gianni [para presidente do Sebrae], que trabalha com o Pedro Parente. Portanto, não é um veto ao PSDB ou ao governo; é ao Sérgio Moreira. Chamei o Armando Monteiro, que é presidente da CNI e também prefere o Sérgio Moreira. Também o Gerdau me telefonou na mesma direção. O Geraldo Alckmin idem, parece que o Ronaldo Lessa* também. Então combinei com o Armando que vou fazer mais uma tentativa, vou falar com o Lula, vou mandar um recado ao Zé Dirceu para viabilizar o nome, dizer que preferimos o Sérgio.

Vim para o Alvorada. Hoje o dia todo foi de entrevista para a *IstoÉ*. Quando eu estava dando a entrevista, o Zé Dirceu telefonou duas vezes. Fui atender, ele já tinha conhecimento da história do Sérgio Moreira e queria saber por que eu tinha mudado de atitude. Eu disse não tinha mudado, que estava insistindo nas razões da minha preferência pelo Sérgio, os empresários também, mas que eu não ia quebrar a combinação. O Dirceu disse: "Eu já falei com o Lula e ele não quer mesmo o Sérgio Moreira. O Silvano ele aceita". Eu disse: "Tudo bem, isso simplesmente quer dizer que o Lula não o aceita. Está bom. Então, voltamos à estaca zero".

Amanhã vou falar com o Sérgio Moreira, falar com o Armando Monteiro, o Sérgio vai achar que eu sou o culpado, que eu é que não lutei. Essas pessoas não percebem que há situações políticas e que, quando elas desmoronam, cai tudo. Não adianta insistir em fincar uma bandeira num morro, porque vem outro e a derruba. Enfim, é a vida. O Sérgio é um bom sujeito, está obcecado pela ideia de se reeleger [no Sebrae]. Fez um belo trabalho, dificilmente outro fará igual, o Brasil perde com a saída dele, mas o que eu posso fazer? O Lula não me dá razões, só disse que não quer a continuidade não do governo, mas do Sérgio Moreira. Quer dizer, é quase um veto pessoal. O que mais posso fazer?

* Governador reeleito de Alagoas.

Hoje de manhã fui arrumar a adega junto com as pessoas que a estão arrumando, para separar os vinhos que vão para São Paulo dos vinhos que ficarão aqui. Essas coisas até que distraem. O Lula me telefonou e confirmou o que já estava nas telinhas: que o Henrique Meirelles, que havia me telefonado de manhã, vai ser o presidente do Banco Central. O Lula disse: "O Meirelles é do seu partido, do PSDB, você pode indicá-lo amanhã". Contei que o Meirelles tinha me telefonado, mas que eu não respondera. E o Lula: "Ah, ele está aqui comigo", e me passou o Meirelles. Eu já tinha sido advertido pelo José Aníbal que o Meirelles estava querendo aceitar e combinei com o José Aníbal que ele não poderia ficar no PSDB, obviamente. E que precisava renunciar ao mandato. Meirelles falou comigo, eu reafirmei isso, ele já sabia, dei os parabéns e fiquei pensando: por que nomear o Meirelles? Ele foi do BankBoston. Imagina se eu tivesse nomeado um presidente de banco estrangeiro... O Armínio era técnico do Soros, não é banco. O Meirelles é de banco, e banco estrangeiro, foi presidente, muito bem. Mas não é esse o problema; ele foi um presidente negociador, digamos, de acordos, não foi operador.

O Banco Central precisa de uma pessoa operadora com visão econômica, porque tem que se contrapor aos bancos, defender a moeda, não tem que dar empréstimo. Não tem que fazer cálculo de risco de empréstimo público, cálculo de risco da moeda, portanto, da economia. É macro. E o Meirelles não tem experiência nisso, no meu modo de entender. Quis ser candidato ao Senado, não conseguiu. Foi a deputado, ganhou, gastou muito dinheiro, se elegeu deputado dizendo que iria ser presidente da República, deixou de ser presidente do BankBoston para ser deputado por Goiás. Andava pelo interior de Goiás, cheio de guarda-costas, gastou um dinheirão e virou presidente do Banco Central. Não é que eu queira que não dê certo, mas é difícil que um governo funcione dessa maneira. Tenho suficiente experiência e olfato para ver que não pode dar certo. Eu não posso dizer isso ao Lula, porque ele vai pensar que eu estou trabalhando contra ele.

De passagem: quem me telefonou foi o Rubens Barbosa, e me contou detalhes da conversa do Lula com o Bush, que foi muito boa. Disse que o Bush ficou transtornado com o negócio do Iraque, falou que os Estados Unidos estão sendo atacados, não sei o quê. Mas, fora esse episódio de ira momentânea contra o Iraque e pedido de apoio, o resto da conversa foi boa, com uma boa química. O Lula convidou o Rubens para permanecer no cargo, o Rubens disse que topou, disse que tem uma relação direta com o Lula, como tem comigo. Ele disse que contou ao Lula, por lealdade, que o Celso Amorim teria sido vetado pelos americanos para uma missão no Iraque, portanto que não era bem-visto pelos americanos. E o Celso vai ser ministro do Lula. Eu, embora sabedor desse fato, não disse nada ao Lula, porque não cabe a mim dizer. Mas a verdade é que o Rubens, desse momento em diante, passa a ser embaixador do Lula, portanto tem que ter confiança e lealdade para com Lula, e achou-se no dever de contar isso. Outros dirão que foi fofoca, para quem sabe diminuir o peso do Celso ou, quem sabe, no futuro, substituir o Celso.

Seria maldade pensar só nesses termos. Isso foi o essencial desses dias cansativos de final de mandato.

HOJE É DIA 16 DE DEZEMBRO, segunda-feira, estou em São Paulo. Ofereci um almoço ao Evandro Lins e Silva na quinta-feira, se a memória não me falha, porque ele foi nomeado por mim para o Conselho da República e também porque eu mandei devolver as medalhas dele, do [general] Peri Bevilacqua* e de outros. Eram quatro ou cinco cujas medalhas ainda não tinham sido devolvidas depois do golpe de 1964, 1969, de um dos golpes. Vieram o Pertence, o Pimenta, o Paulo de Tarso, ministro da Justiça, um clima muito bom.

Fomos depois para a solenidade dos direitos humanos,** com o Paulo Sérgio Pinheiro, que estava no almoço também, solenidade vibrante, muita gente. Aí conheci o procurador Santoro, ele fez um discurso de meio minuto em nome dos agraciados pela defesa dos direitos humanos. O Paulo Sérgio fez uma bela intervenção, o José Gregori foi homenageado. Eu já havia feito de manhã algo semelhante sobre meio ambiente, porque também fechamos vários convênios, falou o bispo [d. Mauro] Morelli,*** que eu acho um tanto esquisito, mas fizemos com eles um convênio sobre as cisternas. Um milhão de cisternas no Nordeste serão construídas.

Eu já tinha feito, não sei se registrei aqui, uma reunião do fórum climático, com o Fabio Feldmann e muita gente. Fiz também uma longa exposição mostrando os avanços nessa matéria, com muita gente presente. Paulo Henrique veio, ele tinha estado no almoço do Evandro; não me lembro se ele veio para o fórum e ficou para o almoço ou se voltou no dia seguinte — estou sem minhas anotações aqui.

Mas o importante é que prestamos contas de tudo isso e, na sexta-feira, dia 13, ficamos dedicados à famosa medida provisória que resolveria a questão de Minas. Suspendemos sua publicação no *Diário Oficial* de quinta-feira. O Aécio concordou e ainda arrancou uma concessão de que no Ministério dos Transportes vão colocar no programa algumas estradas mais... Uma enxurrada de telefonemas de governadores reclamando ou porque não estavam contemplados, ou porque não estavam *bem* contemplados, ou porque eram contra a MP. Eu nem respondi.

Foi tanto telefonema que eu não consegui, pela primeira vez, responder às ligações. É de matar. Muita gente. Nem vou contar tudo, vou só passar o clima de exaustão em que me encontro, mas conseguimos avançar nessa matéria.

* Ex-chefe do Estado-Maior das Forças Armadas (governo João Goulart) e ex-ministro do Superior Tribunal Militar, aposentado compulsoriamente em 1969.

** Cerimônia do Prêmio Nacional de Direitos Humanos.

*** Bispo de Duque de Caxias (RJ).

Tive mais uma reunião com a equipe econômica sobre o Orçamento. Não querem liberar mais os empenhos, mesmo quando prometidos. Não querem liberar as emendas de bancadas porque, com esse dinheiro adicional que se vai gastar com os governadores os da equipe econômica ficam preocupados, com razão, com o *floating* que vai passar para ser gasto no ano que vem. Seria muito elevado, como todo ano é, pois ninguém sabe qual vai ser a arrecadação, essa história que eu já não aguento mais.

O Pedro Malan está meio adoentado, nem foi a essas reuniões; Pedro Parente estava viajando, passou a semana no Sul, então fiquei só com o Scalco e o Silvano. Everardo está no lugar do Pedro Malan, vem sempre com o Eduardo Guardia* e com o Guilherme Dias, do Planejamento. Nós tentamos acertar o "inacertável". O cobertor é curto e todo mundo quer recursos, esse é o drama. Isso foi, portanto, na sexta-feira. À noite fui jantar em casa da Gilda, minha irmã, com meus primos mais próximos. A Vera Dulce [Cardoso de Lima]** não pôde ir porque quebrou o joelho, estavam o Joaquim Ignácio, o Paulo Roberto, Gilda, Roberto e os filhos, meus sobrinhos. Nós chegamos tarde, cansados, a Ruth tinha chegado cansada do Comunidade Solidária, mas foi muito agradável.

Sábado nos dedicamos a arrumar livros e caixas de papéis e de roupa, para separar o que vai para um depósito em São Paulo, o que vai para o nosso apartamento da rua Maranhão, o que vai para Paris, o que vai ser jogado fora... Uma trabalheira infinita, que teve uma breve interrupção com a chegada do Milton Seligman para uma conversa rápida comigo (ainda sobre a campanha do Serra). Depois voltamos a trabalhar. Eu já tinha separado um pouco os vinhos. São coisas que, feitas de um modo normal, são prazerosas, mas feitas a galope é um cansaço, não se pode ver nada direito. Mesma coisa ontem, que foi domingo. Eu e Ruth nos esforçamos nesse trabalho, só de manhã nadamos um pouco.

Fim de semana com muitas matérias com minhas entrevistas. Na *IstoÉ*, que está boa, ensaio fotográfico feito pelo Stuquinha [Ricardo Stuckert]. Entrevista no *Estadão* também boa, sobre o futuro instituto. E um suplemento do *Globo* admirável, chama-se "A Era FH", com dezessete páginas (para compensar as dezessete páginas de infâmia da *Folha* sobre o grampo do BNDES). *O Globo* veio com uma longa entrevista minha, que achei boa também, o Rodolfo Fernandes se esmerou nas perguntas e na edição da matéria, junto com a Helena Chagas. O trabalho maior creio que foi do Rodolfo. Eu gostei.

Vim a São Paulo no fim da tarde para me encontrar, na casa do Jovelino, com os nossos advogados mais o [Roberto] Gusmão para discutir a formação do instituto, que se vê que é mais complicada do que parece. O Gerdau me apresentou uma pessoa que é um *fundraiser*, profissional e *organizational builder*, como ele disse, uma coisa assim. Ótimo, vamos ver no que dá isso.

* Secretário do Tesouro Nacional.

** Prima de Fernando Henrique.

E hoje, segunda-feira, de manhã gravei programas. Recebi a Wilma Motta muito aflita, porque a Receita multou fortemente o espólio do Sérgio Motta, e o medo dela é que tenham agido por razões políticas. Eu acho que não; acho que foi muito por falta de correspondência dos papéis com as regulamentações legais, sabe Deus. Depois fiz fisioterapia com a Edna [Nishiya]. Vou receber o Sílvio, o arquiteto, ele vai me levar para ver o apartamento onde irei morar quando voltar da Europa. Vou receber o José Aníbal e vou a uma homenagem ao Mário Covas e a outra que a Editora Três, que publica a *IstoÉ*, faz a mim e ao Lula. O Lula é o Homem do Ano e eu o Homem da Década, por isso a revista saiu como saiu. Também a *Veja* fez boa matéria sobre os avanços na economia e, sobretudo, na parte social do governo. Começam a reconhecer os avanços havidos no governo.

E agora, que não há mais risco, que não há mais eleição, que não há ninguém contra, o Lula continua fazendo as nomeações, exatamente as que ele me disse que faria, insistindo no Lessa e no Miro Teixeira. Vejo que o Lula tem suas determinações. Podem estar certas ou erradas, mas ele tem vontade.

Venezuela aos pedaços, falei com o Gros, porque eles querem apoio da Petrobras. Acho que devemos ir com cuidado, a situação na Venezuela está muito grave e creio que o Chávez, a esta altura, deveria encaminhar um plebiscito, uma eleição nova, para sair de forma altaneira, de tão enroscado que está. Também me telefonou o Gelson, para dizer que o Kofi Annan especificou um pouco mais o que deseja de mim, e falei com Enrique Iglesias. Tudo me pareceu ainda vago. Ele disse que ia falar com uma tal de Helena Martínez,* para ver se concretizava mais, pois eu também não quero me comprometer com muita coisa. Me telefonou o vice-presidente do Banco Mundial,** que tem um nome italiano que me esqueci neste momento, em nome da Fundação Rockefeller, querendo que eu participe do *board* da Fundação Rockefeller. São três reuniões por ano, é muita reunião, mas como são em um lugar que eu acho belíssimo, no lago de Como, em um castelo belíssimo*** que eles têm lá... Muito agradável tudo, mas melhor é eu não perder meu rumo e não ficar me comprometendo com coisas demasiadas.

Uma reflexão sobre o Itamaraty. Falei com o Celso Amorim, cumprimentei-o e disse das nomeações, inclusive para o Canadá, do assessor do Pedro Malan, o [Marcos] Caramuru,**** que é um grande sujeito, um grande embaixador, competente, falei de todos, Sérgio Amaral. Ele acha tudo muito bem. Curiosa a relação dos governantes com o Itamaraty. O Gelson me chamou a atenção para isso, e é verdade. Há certa desconfiança, não do Celso Amorim, claro, mas dos governantes em geral. O PT fez referências dizendo que o Itamaraty tem cunho elitista. A verdade é que

* Diretora do PNUD para o Caribe e a América Latina.

** David de Ferranti.

*** The Bellagio Center, instalado numa *villa* principesca do século XVIII.

**** Acabou nomeado para a embaixada na Malásia. Para a representação em Ottawa, foi designado o embaixador Valdemar Carneiro Leão.

o Itamaraty por um lado é competente, por outro tem um sabor de Império. Muita etiqueta, muito formalismo, muita pretensão até, e isso incomoda os políticos. A sociedade brasileira é republicana, ela não é monárquica, não gosta dessas coisas, é muito pouco formal.

O Itamaraty é necessário, sem esse formalismo o Brasil não se mantém como Estado, e isso também na negociação com o exterior. Eles são competentes, mas há essa forte ambiguidade na avaliação do mundo político sobre o Itamaraty. Acho que o mundo político reflete um preconceito da própria sociedade contra pessoas que são melhores, ou se presumem melhores, se creem bem-nascidas, bem vividas e com mais capacidade de representar o país do que outras. Esse é um problema, porém não dos mais graves. Eu sempre me levei bem com o Itamaraty, espero que com o Lula ocorra a mesma coisa.

HOJE É QUARTA-FEIRA, 18 DE DEZEMBRO, são onze horas da noite. Na segunda-feira fiquei em São Paulo, fui ver a reforma do apartamento novo e recebi em casa o José Aníbal, para ele me transmitir algumas informações que tinha sobre demandas e para conversarmos um pouco sobre as questões políticas. Fomos ao Palácio dos Bandeirantes para uma homenagem ao Mário Covas.*

Lá chegando, falei rapidamente com o Geraldo Alckmin e, quando entrei no salão, que estava repleto de gente, uma louvação muito prolongada. Emocionante até. Geraldo Alckmin e eu homenageamos o Mário. O Geraldo fez um discurso direto, muito bem-feito. O neto do Mário** fez um discurso bastante razoável também, para um rapaz jovem. Eu falei mais no plano pessoal, sempre gostei muito do Mário, e me emocionei, tanto pelo Mário como pelo modo como venho sendo tratado por essa gente de São Paulo, da qual estou tão distanciado há tanto tempo — desde que sou presidente da República; e mesmo antes fiquei progressivamente distanciado da gente política de São Paulo. Conhecia, via, recebia etc., mas havia muito tempo eu não tinha um contato tão direto. Foi muito forte.

Saímos dali juntos, eu e o Geraldo Alckmin, não sem antes eu ter recebido a Wilma Motta para reclamar da Receita, que taxou fortemente o espólio do Sérgio Motta, mas por razões que são da empresa dele, nada a ver com política. Depois recebi o [Luís Fernando] Furquim,*** pelo mesmo motivo. Isso tudo começou por causa da infâmia dos procuradores, que pegaram um disquete onde havia especulações sobre a arrecadação de dinheiro [de campanha] e inventaram que havia caixa dois. Por sorte, ainda ontem o tribunal eleitoral acabou com esse processo. E fizeram uma devassa em várias pessoas citadas no tal disquete e não encontraram caixa

* Cerimônia de inauguração do retrato de Covas na Galeria dos Governadores.

** Bruno Covas.

*** Coordenador financeiro da campanha presidencial de José Serra.

dois nenhum, porque não há. A campanha deixou foi dívida, mas eles começaram a vasculhar pormenores da vida de cada um e acharam irregularidades pessoais nas prestações de contas e sei lá o quê.

Fui com o Geraldo, como eu estava dizendo, à homenagem que a revista *IstoÉ*, da Editora Três, prestaria. Chegando ao Palace, uma casa de shows,* entramos em uma salinha, e lá estavam o Lula, a Marisa, o José de Alencar e a mulher dele;** depois chegou o Serra. Todos muito cordiais, achei o Serra um pouco sem jeito, mas coisa natural naquele ambiente. Até fiquei pensando: será que convinha ao Serra ter vindo a esta solenidade? Não teria sido melhor se afastar um pouco? Mas só pensei, não disse a ele.

Fomos para o palco do Palace, muita gente, umas quinhentas, seiscentas pessoas, e muitos homenageados: artistas, modelos, políticos, empresários, não preciso repetir o nome, está tudo registrado, o Lula e eu. O Domingo Alzugaray fez a apresentação, falou pouco porque está muito abalado com doença, depois o locutor anunciou um, anunciou outro. Quando entramos, o Lula foi mais aplaudido do que eu, coisa natural. Aí nos sentamos e começou a falação, até que chegou a vez de o Lula falar. Já antes dele, a Marília Gabriela e o Bonner, da Globo, fizeram alusões à transição, chamando a nós dois de "grandes brasileiros", uma coisa simpática. A Marta fez uma apresentação mais ácida, como se o governo do Lula fosse começar a salvar o Brasil, mas que a transição era formidável etc. Eu não fiz nada, segundo a Marta, fiz a transição. Está bom.

Aí o Lula foi falar. O Lula me tinha dito que iria ler, porque tem chorado muito nos improvisos. Disse que ia ler para não chorar, acabou não lendo e fez um discurso simpático. Primeiro provocou uma ovação ao Serra, porque agradeceu pela lisura do pleito. Foi bonito, o Serra se levantou, e até me arrependi do pensamento de que teria sido melhor ele não ter ido. Foi bom ir, ele foi realmente bem ovacionado. Lula disse que nos conhecíamos havia muito tempo, eu e ele, antes de ele ser do PT e eu do PSDB, o que é verdade, mas que tínhamos algumas divergências ou muitas divergências. A começar que ele era Corinthians e eu santista, mas que agora com a transição, ele me elogiou, somos democratas, e não sei o que lá.

O discurso do Lula foi simpático, caloroso. Ao responder, eu disse: "Hoje é a segunda vez em São Paulo que quase choro pelo jeito como estou sendo tratado. Mas o que eu queria dizer ao Lula é que é verdade; nos conhecemos, eu não sei se ele se lembra, em 1973. O Lula foi ao Cebrap com o Paulo Vidal, que era o presidente do Sindicato dos Metalúrgicos de São Bernardo, do qual o Lula era secretário. De lá para cá tivemos muitos momentos de concordância e um monte de controvérsias, mas não quanto ao futebol, porque eu também sou corintiano. Gargalhadas gerais".

* Depois de mudar de nome para Citibank Hall, a casa de shows no bairro de Moema fechou em 2012.

** Mariza Gomes da Silva.

A fala foi indo: "Eu também queria dizer uma coisa a você, Lula", aí me virei para a plateia e disse sem ironia: "Nestas últimas semanas, Lula, as nossas divergências diminuíram muito, porque, na verdade, o governo que você está montando é um governo de inspiração tucana". Todo mundo riu. "Diga-se de passagem que hoje ele me telefonou (por outra razão, porque tinha um pedido a fazer à Benedita) e me disse: 'Eu ganhei um tucano de pedra e vou dar para você'. E eu falei: 'Não faça isso, fica com o tucano, você é que está atucanando...'."

Veja o grau de relação que temos, como estamos evoluindo para um comportamento civilizado. E isso todo mundo reconhece que não é virtude minha; a ideia da transição tal como a fizemos foi do Pedro Parente. Do ponto de vista técnico, foi dele a ideia. Do político, foi minha, mas também o Lula topou, e todo o PT entrou na dança. Essa transição tem dois lados, não só o lado de uma pessoa que, como eu, tem uma visão mais democrática. Houve uma convergência de sentimentos; não sei ainda se de pensamento também, mas de sentimento sim. Eles se beneficiaram com a transição, assim como nós, e sobretudo o Brasil.

Voltei cansadíssimo, mas foi uma noite alegre, fiquei muito feliz com o que aconteceu em São Paulo. Cheguei de madrugada, na terça-feira, a Brasília.

Na terça, já amanheci para trabalhar. Credenciais de dois embaixadores às nove e pouco da manhã, depois apresentação dos oficiais generais recém-promovidos, cerimônia de lançamento eletrônico [da edição on-line] do *Diário Oficial*, tudo com discurso. Depois fui ao almoço de confraternização com os oficiais generais, novos discursos. O brigadeiro Baptista fez um discurso simpático, me elogiando, agradecendo não só à democracia, mas ao nosso convívio e a mim também.

Saí de lá para fazer a entrega da Ordem do Mérito Cultural, novo discurso. Depois recebi gente, como o senador eleito Marcelo Crivella.* Curioso, o homem é diferente do que eu imaginava, não parece ser do estilo dos pastores evangélicos, um homem curioso. Não tive má impressão dele. Ele me disse que o Boris [Casoy] lhe dissera que tomasse cuidado comigo, porque eu o desconverteria. Respondi: "Diga ao Boris que, ao contrário, eu estou convertido". Assim foi nosso encontro, leve. Falei com o Dornelles. Recebi um livro meu que foi traduzido para o hebraico,** trabalho do [George] Legmann, que é muito ativo, o agente literário. Ainda na noite dessa terça-feira, recebi gente no Alvorada. Foi pesado.

Hoje, quarta-feira, também foi um dia pesado. De manhã, depois da natação, recebi o Alain Rouquié, embaixador da França, ele veio me trazer uma carta do Chirac muito boa, muito simpática, veio me perguntar o que eu quero na França. Eu disse: "Não quero nada, quero discrição. Se houver necessidade de policiamento,

* Pelo PL-RJ.

** A versão hebraica de *Dependência e desenvolvimento na América Latina* foi publicada pela editora Maayanot, de São Paulo.

que seja discreto, por favor. E, eventualmente, um carro de vez em quando, se eu precisar. E mais nada".

Depois dei uma entrevista à Cecília [Maia] e ao Luciano Suassuna, para a revista *IstoÉ Gente*. Outra entrevista, ao Augusto Nunes para o *Jornal do Brasil*. Despachei com Pedro Parente e fui almoçar com os embaixadores da União Europeia. Falei amplamente, fiz a defesa do futuro governo, eles também estão nessa onda, me pareceu. Não falei com hipocrisia, fiz críticas, disse quais são as áreas de risco a meu ver, falei sobre o relacionamento do Lula, do governo, com o Congresso, que é sempre difícil, e com a sociedade, isso pelas expectativas criadas. Muito mais do que por suas inclinações ideológicas, porque não vejo diferença, hoje, na operacionalidade do sistema com a inclinação do PSDB. É ver se o novo governo terá resistência às turbulências financeiras, capacidade de ação rápida e de resistir.

Voltei ao Palácio para uma cerimônia de lançamento de livros educacionais, estava presente a Bia, minha filha, com a Iara Prado, a Gilda Portugal Gouvêia, a Maria Helena Guimarães de Castro, o Pedro Paulo Poppovic, novo discurso, uma coisa simpática, mas evidentemente cansativa. Em seguida recebi o Chico Caruso, que me deu várias caricaturas minhas que ele fez, muito boas. Tudo muito simpático, entrevista para a Globo. Fui me cansando, porque fui à entrega da Ordem Nacional do Mérito ao Eduardo Jorge, ao Iris Rezende e ao general Cardoso, que eram membros do Conselho do Mérito e não a haviam recebido. Fiz questão de entregar, sobretudo por causa do Eduardo Jorge, para mostrar que ele não está excluído do convívio entre os bons, considerando que nós somos os bons...

Voltei para casa cansadíssimo, não aguentava mais, estava desfeito. Ah, conversei longamente com o Armínio e tivemos uma reunião imensa sobre a questão de Minas. Armínio não quer pagar, Malan está irritado com Aécio, Pedro Parente também está aflito, todo mundo, situação muito difícil. Fim de governo é duro.

Antes de me deitar: disparei telefonemas a várias pessoas, a minha lista é enorme, e também recebi um telefonema agora, onze e pouco da noite, do Zé Dirceu. O Lula queria saber de mim o que eu achava do Viegas para ministro da Defesa, se eu via alguma crítica a ele. Respondi: "Pelo contrário, tenho boa impressão dele. Eu o fiz embaixador e o nomeei embaixador no Peru e na Rússia. Nunca soube de nada contra ele". Reitero o que eu já tinha dito a Lula sobre os militares não gostarem muito de ter gente de outra corporação como ministro da Defesa. Mas isso é uma coisa conversável, não é insuperável. Fiquei com a pulga atrás da orelha: alguém teria feito críticas ao Viegas? Que críticas? Eu nunca ouvi falar de nada. Curioso o Lula vir perguntar a mim. Veja o grau de confiança que está sendo restabelecido entre nós.

22 A 31 DE DEZEMBRO DE 2002

Natal na fazenda. Preparativos da posse de Lula. Últimas reflexões

Bom, hoje é domingo, dia 22 de dezembro. Vamos reconstituir, portanto.

Na quinta-feira, dia 19, antes de eu viajar para o Rio de Janeiro telefonei ao Quintão, falei da conversa que tinha tido com o Zé Dirceu e contei que o Viegas possivelmente seria ministro. O Quintão também só tinha coisas boas a dizer sobre o Viegas. Até agora não tomaram uma decisão quanto Ministério da Defesa, mas está por aí.

No Rio de Janeiro, fui a uma cerimônia em homenagem ao [Mário Henrique] Simonsen, feita pela FGV, e a um almoço da Associação Comercial e da Firjan em homenagem a mim. Na cerimônia do Simonsen, o Eduardo Eugênio fez um belo discurso sobre o Simonsen, muito elogioso. Eu também fiz um discurso sobre ele, o Simonsen foi um homem que me ajudou, falei do Severo, porque sei que houve uma briga grande entre os dois, fiz uma referência saudosa ao Severo, bem como ao Lula. Todos lá haviam elogiado a transição.

Então eu disse: "A transição tem sido realmente uma coisa importante, mas ela não teria acontecido dessa forma se não houvesse no Lula algo de 'paz e amor'. Porque ninguém faz um slogan que pega se não houver algo dentro da pessoa que está se candidatando". O discurso do Marco Aurélio também foi bom, favorável. No almoço fiz outro discurso, muita gente, clima de entusiasmo. Ainda passei na casa da família do Evandro Lins e Silva, para cumprimentar a todos, porque ele morreu pouco depois de ter estado conosco em Brasília.

Voltei cansado, como sempre. Recebi uma porção de gente, fora de época, ministros para despacho e repórteres. Tenho dado entrevistas incessantes, dei mais quatro ou cinco, ou seis, para a grande imprensa. Sugeri ontem à Danielle e ao Legmann que se fizesse um livro com essas entrevistas. Recebi o conselheiro do Itamaraty Tarcísio Costa, que vai ser meu assessor, para discutir minha programação futura, que está muito difícil. São convites demais, muita coisa. Estou com medo de me enroscar.

Na sexta-feira, dia 20, fui cedo a Rio Branco, no Acre. Tomei um helicóptero até a fronteira, não sem antes ter esperado por mais de uma hora o dito cujo chegar, porque o tempo estava ruim. Pegamos um Black Hawk, que é um helicóptero de guerra, militar. Foi bastante emocionante, é triste a fronteira. Lá temos o encontro entre Peru, Bolívia e Brasil. Fomos o chanceler da Bolívia,* o Toledo, eu e umas pessoas cuja nacionalidade foi difícil distinguir. Os brasileiros, os peruanos e os

* Carlos Armando Saavedra.

bolivianos têm feições indígenas parecidas; se não falarem, você não diferencia quem é quem. O Jorge Viana fez um discurso positivo, muito favorável, prestando as homenagens que queria prestar. A mesma coisa a Marina Silva. Eu também fiz minha homenagem, até me comprometi, em nome do Lula, com a construção de uma ponte sobre o rio Acre. Com ela se teria uma ligação efetiva com o Pacífico.*

Caiu um temporal danado, ficamos molhadíssimos e tivemos que esperar horas, porque o tempo estava fechado, para pegar o helicóptero de volta. Voamos uma hora de helicóptero em plena Amazônia. Voltamos tarde a Rio Branco, fomos almoçar eram mais de três horas, eu tinha que jantar em Tucuruí, mas não deu, porque saímos tarde do palácio do Jorge Viana.** De novo vários discursos, tudo muito gentil e agradável. Eu gosto desse rapaz, é uma pessoa de valor, nós o apoiamos bastante. O Tião, irmão dele, é líder do PT no Senado. Isso é o Brasil. Todos me homenageando. Quem lê jornal não sabe da missa a metade. O Toledo também esteve lá, sempre simpático e tudo mais. Enfim, asfaltamos uma saída para o Pacífico.

Fomos a Tucuruí, foram três horas e meia entre Rio Branco e Tucuruí, cheguei tarde, quase meia-noite, e não pude ir ao jantar na casa da família do Sebastião Camargo.*** Dormi e, aliás, dormi bem. No dia seguinte, sábado, ontem, fomos inaugurar uma nova etapa de Tucuruí,**** estamos dobrando a produção da usina. A primeira das várias, agora a cada dois, três meses inaugura-se uma geradora, uma turbina, é bonito. Tucuruí é emocionante de ver, digo isso em homenagem ao Sebastião, pois fazer aquilo tudo naquele matão não foi mole. Hoje é uma beleza. Disse isso e sinto assim: ah, se cada brasileiro pudesse ver o que é Tucuruí, o que é Itaipu, para ter orgulho do Brasil! E também ver o que é essa fronteira, esse mundão de terra e gente, todo mundo fazendo alguma coisa. Dá gosto.

Eu disse que estou deixando a Presidência da República feliz. Com todos os problemas que possam ter havido e os que ainda existam, e existem, saio feliz, porque fizemos bastante e realmente tenho entusiasmo pelo Brasil. Pelo que se faz aqui, por essa gente e também pelo que fizemos. Digo isso com franqueza, estou no fim do mandato. Almocei na casa que o Sebastião usava, e com toda a família dele, as três filhas***** e os dez ou onze netos que estavam lá, o Fred Araújo, eu e o Paulo de Tarso, ministro da Justiça, que é do Pará. O Almir Gabriel foi lá me esperar. O Almir também se mostrou um colosso, sempre combativo. Depois o [Simão] Jatene, que é novo governador. Mas o Almir fez uma bela administração no Pará. E voltei para Brasília.

* O presidente inaugurou o asfaltamento do trecho brasileiro da Rodovia do Pacífico, integrante da BR-317, em Assis Brasil.

** Palácio Rio Branco, sede do governo acreano.

*** Fundador da Camargo Corrêa, uma das empreiteiras responsáveis pelas obras de Tucuruí.

**** O presidente inaugurou a primeira turbina da segunda fase da construção da usina no rio Tocantins.

***** Regina, Renata e Rosana Camargo.

Cheguei ontem a Brasília lá pelas sete da noite, o Scalco tinha me telefonado no avião dizendo que eu falasse com o Lerner quando chegasse. Mandei ligar para o Lerner, e ele passou o recado que estava no Palácio do Planalto e queria entrar. Mandei dizer que eu estava no banho, e estava mesmo. Depois do banho, falei com ele por telefone, ele confirmou que estava na porta do Planato e eu disse: "Meu Deus, Lerner, agora não dá; tenho gente aqui em casa, só posso receber você depois das dez". Eu tinha marcado com a Danielle e com o Legmann.

Despachei com a Danielle e com o Legmann sobre meus livros, minhas conferências, para organizar minha vida futura. E lá fui receber o nosso governador Jaime Lerner, que estava choroso porque as estradas, porque não sei o quê, porque não se computou tudo a que o Paraná tem direito, porque não querem fazer contagens das estradas conveniadas... Eu telefonei para o advogado-geral da União, que disse não haver problema em ser ou não conveniada. Depois fiquei pensando: não deve ser conveniada, deve ser pedagiada. Nesse caso não se pode mesmo atender, o contribuinte vai pagar duas vezes, pois já paga imposto. Eu dou o dinheiro ao Estado e o contribuinte ainda paga pedágio, aí não dá. Bem, isso me deu uma dor de cabeça imensa.

No entanto ninguém me deu mais dor de cabeça do que o Aécio com essa medida provisória, por causa dos acordos dele com o Itamar. Agora todos os governadores querem dinheiro, todos acham que têm direito como Minas. Minas teve um privilégio imenso por causa da pressão do Aécio, na verdade ele trabalhou bem na Câmara, o governo aprovou tudo, tudo. Minhas contas, foro adequado, o Aécio ajudou, mas o fato é que isso desatou uma febre de governadores querendo recursos, e a Fazenda está intransigente. O Scalco preocupado porque a Fazenda não quer liberar nem os 350 milhões já prometidos para as emendas.

Enfim, nosso sistema é desagradável, com esse orçamento em que os deputados ficam como se fossem vereadores federais. Querem recursos para cumprir a lei de responsabilidade fiscal e vêm para cima do governo federal pedindo dinheiro. Eu respondo que nós também temos metas a cumprir. Não dá para soltar dinheiro da maneira como eles estão imaginando.

Hoje, domingo, fiquei de manhã arrumando algumas coisas, posando para fotografias, para o Siron Franco, que está fazendo um retrato meu e trouxe o Orlando Brito, fotógrafo. Agora estou esperando a Ruth, que vem do Rio com a família. Hoje fico aqui com todos e amanhã vou ao Ceará inaugurar o Castanhão, que é o maior açude do Brasil, três vezes maior que Orós. Volto e vou diretamente do aeroporto para a fazenda, onde vamos passar o Natal em família. Esses são os últimos dias.

O Lula continua dando as cartas, como é normal. Não aceitou o acordo com o PMDB. Quando eu estava no Acre, o João Henrique, que foi comigo, o ministro dos Transportes, recebeu um telefonema do pessoal do PMDB, do Geddel. Depois o Geddel falou comigo. Disse que o PT tirou o tapete deles, mas que estava contente, porque não queria o acordo. Eu me lembro que, quando falei com o José Dirceu por telefone sobre o Viegas, perguntei a ele como estava o PT com o PMDB e ele me disse: "Está difícil, uai". De fato no PMDB cada setor é mais ou menos autônomo, eu sei como é difícil o acordo.

Acho que o Lula resolveu não fazer o acordo, porque ia levar só um pedaço do PMDB. Eles deram vários nomes que provavelmente o PT não aceitou. Mas isso vai dificultar a governabilidade. Não acho bom. Pelo menos no começo, se não houver um caminho mais firme, o governo pode desandar, e eu não quero que o Brasil desande. Por outro lado, vai significar que é possível que o PFL, o PSDB e o PMDB tentem responder fazendo o presidente da Câmara, o Michel Temer, e não alguém do PT; e no Senado poriam o Marco Maciel. Não acho fácil essa operação, mas já começa a se delinear um embate político mais vigoroso do que parecia nas primeiras semanas da pós-vitória.

O Chávez me telefonou em Tucuruí, ele quer mais petróleo, é difícil. Falei hoje com Celso Lafer, falei com o ministro de Minas e Energia, vou falar com o presidente da Petrobras. Eles estão em colapso na Venezuela e querem que o Brasil substitua a PDVSA através da Petrobras. É muito difícil. Se a PDVSA pedir, nesse caso temos como cobrar depois. Eles querem 200 mil barris de petróleo por dia, foi o que alguém me disse, é inviável. Chávez continua com espírito guerreiro, peleando e tal. Mandei consultar o nosso embaixador,* o Celso Lafer acabou de me telefonar. Consultou e falou com Marco Aurélio Garcia,** que estava lá também e concorda que a remessa de petróleo tem que ser via PDVSA. Enfim, como diziam no século XIX, "nada mais parecido com um saquarema do que um luzia no poder".***

Mesma coisa, diga-se, com o PT em relação ao PSDB; nada mais tucano do que o PT até agora. Aliás, a Tereza Cruvinel, que foi à viagem, porque ela é muito amiga do Jorge Viana, escreveu uma bela crônica de elogio ao que fiz pelo Brasil profundo e também sobre a relação com o Jorge Viana. Ruth está chegando com as crianças.

HOJE É QUINTA-FEIRA, DIA 26 DE DEZEMBRO. Cheguei hoje da fazenda Córrego da Ponte. Vamos retomar.

No dia 23, segunda-feira, fui de manhã ao Ceará inaugurar o Castanhão**** e voltei à tarde. Duas horas e meia de voo mais uma hora de helicóptero, e chegamos ao Castanhão. Terceira vez que fui lá. Estavam o Tasso, o Beni [Veras], o Lúcio Alcântara, enfim, a turma que manda no Ceará. O Tasso fez um discurso muito bom,

* Ruy Nogueira.

** Secretário municipal de Cultura de São Paulo e assessor internacional da equipe de transição petista.

*** Saquaremas (conservadores) e luzias (liberais) alternaram-se nos gabinetes ministeriais ao longo de todo o Segundo Reinado.

**** O Açude Público Padre Cícero, cuja barragem se localiza no município cearense de Alto Santo, foi construído pelo DNOCS e tem a capacidade de armazenar 6 bilhões de metros cúbicos de água, captada do rio Jaguaribe.

emocionado, de gratidão pelo que fiz pelo Ceará e por ele. Eu repliquei, falando sobre o que realizei no que chamamos de Brasil profundo. No Ceará muita coisa foi feita, e o Tasso ajudou bastante, foi um bom governador.

No próprio dia 23, tomei um avião de volta, cheguei aqui e fui de helicóptero diretamente para a fazenda Córrego da Ponte. Lá estava toda a família: Paulo, Luciana, Bia, Vanvan, Getúlio e todos os netos. Foi muito agradável. Passamos, portanto, a noite de segunda-feira, quando cheguei lá, a terça-feira, a quarta-feira o dia inteiro também, e uma parte de hoje, que é quinta-feira, quando voltei a Brasília. Descansamos bastante.

Dei ordem para que ninguém falasse comigo. O Chávez quis falar comigo e eu o atendi. A questão da gasolina. Falei com o Gros. Quando voltei hoje, falei outra vez com o Gros, porque o Chávez está de novo atrás de mim. Mandamos gasolina para a Venezuela. A oposição venezuelana está irritada, mais com o que o Lula disse do que provavelmente com a gasolina, mas, enfim, algum probleminha já existe na questão do Chávez. Hoje na TV Cultura, defendi o regime da Venezuela, porque é constitucional, temos que apoiar.

Falei com pouca gente. Telefonei ao primeiro-ministro da Itália, para desejar um bom Natal, e com Aznar, para combinar minha ida a Madri no começo de fevereiro. O resto foram coisas estritamente administrativas. Os governadores enlouquecidos, todos, à frente Jaime Lerner, que está muito aflito, o José Ignácio, o de Goiás, não me telefonou mais. Eu entendo a aflição, mas o que eu posso fazer é pouco. Em todo caso, tento fazer o possível para resolver situações que são muito difíceis e que dependem de regras do Ministério dos Transportes e do Ministério da Fazenda. Mas eles estão numa aflição imensa, porque não conseguem cumprir a Lei de Responsabilidade Fiscal, e pensam que não temos que cumprir lei nenhuma.

Fora isso, li nos jornais discurseira de uns e de outros sobre o ministério de Lula. Ministério, a meu ver, um tanto quanto discutível, pois lá estão todos os que perderam a eleição, todos indicados para ministérios — todos, não, mas muitos, dez do PT mais ou menos. Muito PT. E puseram o Guido Mantega como ministro do Planejamento. O Guido não tem a menor ideia de orçamento, de Congresso, de nada disso. Provavelmente foi o Palocci quem quis a nomeação do Guido, assim ele, Palocci, fica com uma força maior, e não se bota o Paulo Bernardo, o rapaz que foi secretário da Fazenda do Mato Grosso do Sul e é deputado do PT do Paraná — esse é competente. Mas não é problema meu.

Muita oposição ao [Gilberto] Gil,* porque o meio cultural não gostou da designação do Gil. Que ele vai dar trabalho vai, porque não é função dele ser ministro, mas acho uma boa jogada política. E o Lula tirou o tapete do PMDB, como eu disse aqui quando estava no Acre; agora já está revelado com clareza o que está por trás da manobra. O PT espera que um novo grupo ganhe dentro do PMDB para, lá para

* Indicado ao Ministério da Cultura.

o fim do ano, fazer um acordo, é o que dizem. Também no que diz respeito aos militares, o Lula seguiu o que tínhamos conversado, sobre nomear os mais antigos. Nomeou alguns. Não estou vendo nada de errado nestes setores-chave: Economia, Forças Armadas, Itamaraty. Está razoável. O resto uma mixórdia: muitos ministérios novos que eu não sei se vão funcionar, muitas secretarias novas. A apresentação do Lula, que eu vi quando estava na fazenda, me pareceu um tanto desarticulada, ele fazendo gracinhas, não tinha nada de muito novo para dizer. A situação econômica está na mesma, o dólar ora sobe, ora não.*

Lá fora a coisa complicou de novo, os americanos endureceram com o Iraque, é uma coisa inacreditável, mas é isso. O petróleo subiu outra vez.** Eu vou pagar de novo o preço de mexer no preço da gasolina, senão mata-se a Petrobras. E haja responsabilidades. Assumi essas responsabilidades a custo da minha popularidade, mas com sentido histórico. Tem-se que fazer, senão eles, do novo governo, vão levar uns dois meses para mexer no preço, pois não vão poder alterar de início, e pode haver confusão com a Petrobras, ficando os preços [interno e externo] muito defasados. Mais tarde eles vão ter que mexer no preço. Não sei como vão sair dessa embrulhada toda.

Fora isso, muita trabalheira. Na volta a Brasília hoje, dei mais entrevistas para a TV Cultura, para o Marco Antônio Coelho e para o [Paulo] Markun. Me cansei bastante, falei quase três horas. Assinei muitos papéis, enfim, está sendo um final muito pesado. Bia Aydar jantou aqui com a Bia Cardoso, a Ruth e os meninos da Bia, e voltei para trabalhar. Agora, quase uma da manhã, estou ditando, para não perder o hábito de registrar. Tenho medo de esquecer das coisas que a gente não escreve, que não diz na hora, até as sensações desaparecem, vão embora. Eu tinha uma porção de observações a fazer, mas com o tempo fui me cansando e já não me lembro bem de quais eram as observações que na fazenda eu pensei em registrar aqui. Fica para a próxima.

HOJE É DIA 31 DE DEZEMBRO, TERÇA-FEIRA, no limite do mandato. Vamos retomar os últimos cinco dias. A sexta-feira, dia 27 foi um dia agitado. De manhã cedo recebi o Sergio Otero,*** com quem fazia tempo eu queria falar, porque ele foi injustiçado no Serpro, e a covardia da burocracia o fez penar muito; eu queria fazer uma reparação pessoal a ele recebendo-o aqui. O Sergio Otero foi acusado por causa da mulher dele, e nada foi provado contra ele, que sempre foi dedicado. Em seguida tivemos o show do Roberto Carlos. Muito simpático, dei uma medalha a

* Em 26 de dezembro, a cotação do dólar estava em R$ 3,56. O risco-país se estabilizara na faixa de 1400 pontos.

** O barril de petróleo Brent era cotado em US$ 40 dólares.

*** Ex-presidente do Serpro afastado em 1999 por acusações de suposto favorecimento a empresas de sua mulher, Rosane Ribeiro, em compras de materiais para a autarquia federal.

ele, conversamos longamente. Muito agradável, todos os funcionários do Palácio, de qualquer nível de hierarquia, queriam abraçá-lo. Ele também deu entrevista, que não saiu na imprensa. Eu não vi a imprensa, foi a Bia quem me disse, porque ele fez elogios a mim, ao governo. Isso não sai. Estão embevecidos com a era futura do Lula. Tomara.

Recebi uma porção de gente para despachar, questões financeiras, questões de orçamento, questões de exonerações dos ministros da casa. E recebi Alberico de Souza Cruz* também para me despedir, ele fez questão de vir me dar um abraço. Agora ele só está cuidando da fazenda dele, de bois, sempre foi um bom amigo.

Depois almocei correndo com a Bia, a Ruth e as crianças, e saímos, eu e a Bia, para o Palácio do Planalto, onde houve uma coisa muito interessante. O Roberto Martins, diretor do Ipea, fez uma apresentação, juntamente com o PNUD, com o IBGE e com a Fundação João Pinheiro, sobre o IDH da microrregião de cada município do Brasil, tendo dois pontos de comparação: os anos de 1991 e 2000. O Besserman estava lá, acompanhado dos técnicos. A mudança é radical. Com pouquíssimas exceções, todos os municípios do Brasil melhoraram. O número de municípios que já está com nível igual ao dos países desenvolvidos é de mais de quinhentos, com desenvolvimento médio, 4 mil e tantos. E tudo isso realizado nesta década, ou seja, na década do Real. Os efeitos vão começar a ser sentidos agora, porque os dados comparativos vão até 2000, imagine quando se computar 2001 e 2002, período em que tudo foi acelerado. Hoje os jornais noticiam o fato com objetividade, mas sempre tentando diminuir um pouco o que fizemos. Contudo, há um reconhecimento, o que, aliás, contrasta com o discurso que o Palocci fez ontem na Argentina, dizendo que houve um apagão social no meu governo. O discurso acabou sendo diretamente desmentido pelos dados no mesmo dia. Se o novo governo não fizer bobagem, o que vem pela frente será melhor.

O Brasil mudou efetivamente de condição. Não está tudo bom, não, mas as políticas estão postas e os efeitos delas já se fazem sentir. Na educação é um verdadeiro show. Na mortalidade infantil, demora mais para se ver a queda; falei com o Serra, que veio aqui ontem à noite, e ele acha que a esta altura já estamos com 26 mortos por mil nascimentos. No índice que usamos, no ano 2000 eram 32 mortos por mil nascidos. Enfim, o avanço social é inegável.

Logo depois fiquei tirando fotografias, dando entrevistas, para o Boris Casoy e para a Rede Anhanguera, aqui de Goiás e Tocantins. As perguntas são mais ou menos as de sempre, o Boris muito amável comigo. Vim para o Palácio da Alvorada, porque o Lula vinha aqui.

Eu combinei a posse com ele, eu tinha telefonado para discutir os pormenores. Além disso, o Pedro Malan estava preocupado com as nomeações na área econômica, há muito boato dizendo que eles vão botar políticos tipo o [Geraldo] Magela no

* Ex-diretor de jornalismo da Rede Globo e da RedeTV!.

Banco do Brasil, e por aí vai. Eu falei isso com o Lula, que me disse que não, que ele vai nomear provavelmente o Paulo Bernardo. O Paulo Bernardo é um deputado do PT que tem experiência efetiva, foi um bom secretário da Fazenda no Mato Grosso do Sul, não é igual ao Magela, que é menos preparado. Mas Lula nomeou o [Ricardo] Berzoini* para a Previdência, e ele deu declarações desastradas. Não vai ser fácil a montagem do governo do PT.

Na minha conversa com o Lula, ficou claro que ele, primeiro, é muito esperto, que realmente sabe das coisas. Ele me disse algo em que tem razão: "O PSDB perdeu o Mário e agora você está se afastando. Pois bem, ou você vai ficar como o Clinton, fazendo conferências, vai ficar famoso internacionalmente e até ganhar dinheiro etc., ou vai entrar na briga política pelo PSDB. Eu acho que o Serra não serve para ser presidente [do PSDB]. O Serra não passa no conjunto do Brasil". Ele disse outra coisa interessante: "O Aécio é fogo de palha; o melhor que vocês têm é o Geraldo [Alckmim]". Disse também, e eu até concordei, que ele tinha medo do Tasso nas eleições, porque o Tasso é "nordestino de zoinho azul, e é mais fácil passar um nordestino de olhinho azul no Sul do que um paulista no Nordeste". E por aí foi.

Ele estava muito irritado com o Gil, porque o Gil forçou a nomeação. Saiu dizendo que tinha sido convidado, depois declarou que não ia ser ministro para ganhar só 8 mil reais, que ele tinha que dar show. Disse o Lula que chamou a mulher do Gil, a Flora [Gil], e disse: "Olha, você não vai poder pegar contratos na área cultural, porque o Gil agora é ministro". Ele disse que talvez tenha que botar o ministro para fora antes de ele tomar posse. Uma atitude dura. Até recordei que o Gil quis ser ministro do Meio Ambiente e também saiu dizendo que ia ser.

Falamos sobre os militares, ele fez um elogio ao general Albuquerque, disse: "Esse gosta até de sindicato...". Eu disse que tenho uma boa impressão dele e que o Lula não errou nisso, que a minha impressão coincide com a dele, Lula. O mais fechado é o novo comandante da Marinha,** mas isso não quer dizer nada. Ele elogiou o Gleuber, disse que é muito bom. Enfim, tudo sensato nessa área. Insistiu para que eu não esquecesse de lhe dar o nome de quem vai trabalhar comigo, eu falei que era o Sérgio Fausto. "Pode ficar com você, pois vocês têm uma relação pessoal muito boa", o Lula disse. Essa nossa conversa foi depois que ele e o Palocci deram as declarações desastradas de que o meu governo produziu um apagão social. Como eu sabia que o Lula viria aqui, respondi antes: "Eles têm que descer do palanque; quando começarem a trabalhar, vão ver que as coisas são diferentes e mais difíceis, e vão atuar, eu espero, da maneira que todos que confiaram neles, que votaram neles, esperam". Eles usam duas linguagens: a pessoal e a pública. Na pessoal o Lula é só amabilidades, e eu também com ele.

* Deputado federal (PT-SP).

** Almirante Roberto de Guimarães Carvalho.

Lula convidou a mim, a Ruth, a Bia e o Pedro — no sábado o Pedro foi jogar futebol com o neto dele* na Granja do Torto** — para irmos jantar lá no domingo, dia 29. Esse é o grau de amizade. A preocupação dele era com a festa da posse, porque disse que haverá uma massa petista irada, que pode ocorrer agressões a mim, ele acha que pode haver constrangimento, eu também acho. Enfim, fiquei de pensar como resolver essa questão, como encontrar uma saída boa para isso. Eu vou falar com o Pedro Parente mais tarde para ver esse assunto com mais detalhe.

Fora isso, foi muito trabalho, muito governador que continuava reclamando, querendo mais um dinheirinho. O resto já estava mais ou menos em ordem. Os americanos voltaram a preocupar, o preço do petróleo subiu, a inflação foi mais elevada do que se esperava,*** o PT vai ter que agir com firmeza. O Palocci veio, pelos jornais, com a retórica de que não era hora para falar da área macroeconômica, que ele estava definindo a posição do governo, mas veio com a estória de que faltou planejamento estratégico, esse blá-blá-blá.

Lula explicou que ele colocou o Guido Mantega porque, quando montou o governo, percebeu que não havia economistas do PT, e que o Guido, dos economistas do PT, era sobre quem ele exerce maior controle. Vê-se que o Lula não está errando nisso, embora possa estar errando em muitas coisas. Ele montou um ministério de derrotados, e isso está errado. Está botando políticos em áreas econômicas, isso também está errado, políticos sem experiência; se tivessem experiência, tudo bem. Enfim, ele tem visão tática, olfato. Achei-o cansado, disse que estava dormindo três, quatro horas por noite e tomando bastante uísque. Eu também tomei na sexta-feira, porque estava muito cansado. Agora, na conversa, meu Deus, era como se fôssemos os velhos amigos dos tempos antigos.

Recebi o Safra, ele veio se despedir de mim muito amigavelmente, como sempre foi, muito correto. Recebi o pessoal da TV Anhanguera para uma entrevista e também o Fernando Neves, que é ministro do Tribunal Superior Eleitoral. E nada mais de especial, a não ser a continuidade da luta dos governadores por um pouquinho mais de recursos, eles tentando falar comigo desesperadamente, uma coisa que não terminava nunca.

No fim de semana, sábado e domingo, estavam a Bia e as crianças aqui. Conversei com Malan para discutir questões do sistema financeiro do Brasil, preocupações com o futuro, e fiquei arrumando papéis e livros. No domingo, dia 29, recebi a Danielle com o Tarcísio [Costa] para falarmos do futuro instituto. Fizemos uma homenagem aos garçons e ao pessoal da copa, foi comovedor, todos amistosos, alguns chorando. Ruth também ontem, segunda-feira, fez uma

* Pedro da Silva.

** Sede da transição de governo.

*** O IPCA de 2002 atingiu 12,53%. O PIB teve crescimento de 2,7% no último ano de mandato de Fernando Henrique.

despedida das seguranças dela, as seguranças choraram. O clima é emotivo porque as pessoas, afinal, se afeiçoaram umas às outras. Disseram que nunca viram gente igual, que a família sempre os tratou muito bem, que ninguém nunca ergueu a voz, essas coisas acabam nos tocando também. Estamos todos, digamos, com o sentimento à flor da pele e as lágrimas de vez em quando correm, o que é natural.

No domingo, depois das festas, fui à Granja do Torto jantar com o Lula, que fingiu ter preparado um assado. Na verdade, foi um catarinense* quem preparou, um rapaz que é o chefe da escola da CUT da Zona Sul [de São Paulo] e mora na Holanda — simpático ele. Havia outro convidado, do Paraná, que vai ser diretor de Itaipu,** um ex-militante do MDB que me conhecia muito. "Eu estou aqui te tietando", disse ele, e fez grandes elogios a mim. O Lula brincou com o rapaz. Houve tal intimidade, que a Bia, minha filha, quando voltamos disse: "Pena que não tínhamos uma filmadora para registrar, porque é inacreditável ver o que acontece". De fato é esse o clima. Agora, uma coisa é o relacionamento pessoal, outra é o que vai acontecer com a política, Aí eu tenho menos clareza.

O Lula reiterou o que me disse sobre o PSDB e foi enfático ao declarar que ele acha que o Serra não tem condições para galvanizar o partido nacionalmente, que o Aécio é fogo de palha e que o melhor é o Geraldo Alckmin. Acha que se eu não entrar na briga não tem jeito: o PSDB pode desaparecer como partido de influência nacional. E repetiu que eu tenho que escolher meu destino: se vou fazer como o Clinton ou ficar na política. Curiosamente, ele quer que eu fique na política. Bom, essa foi a conversa com o Lula, o clima do nosso encontro no domingo. Voltamos, cansadíssimos.

Segunda-feira de manhã, dia 30, ontem, portanto, fui ao Palácio do Planalto. Recebi o Göran Persson, o primeiro-ministro da Suécia, conversamos longamente. Ele se dá conta da situação do Brasil e tem dúvidas sobre a capacidade efetiva de o governo do Lula pôr em marcha o que precisa ser feito. Ele disse que o que problema do governo é que o presidente precisa ser reeleito (pensando no parlamentarismo) e que, se o Lula estiver pensando na reeleição, ele, com sua base, poderá realizar o que precisa ser feito. Fez essa ponderação com uma visão muito objetiva e favorável, ele é social-democrata. Disse que vai convidar o Lula para participar do grupo de Progressive Governance, eu o estimulei, disse que é preciso fazer isso mesmo, e que quanto mais apoiarmos o Lula nessas questões, melhor.

O Göran Persson perguntou dos aviões e eu disse que já tinha conversado com o Lula — eu acompanhei o resultado da avaliação feita pela Aeronáutica na escolha dos aviões. Eu disse a ele que já decidimos a metade do projeto e que, quanto aos aviões de caça, resolvemos postergar a compra, de comum acordo com o Lula,

* Jorge Lorenzetti.

** Jorge Samek.

por uma questão financeira. Decidimos tudo de acordo com as regras técnicas. Ele disse: "Eu sei, foi muito bem-feito". Elogiou a transparência de tudo e acrescentou: "Ninguém vai poder fazer diferente, até porque o resultado é conhecido". Eu não contei qual era o resultado, mas ele deve saber que é favorável aos aviões deles. Também não disse ao Lula com essa clareza, mas ele também sabe, e não podemos sair da norma técnica nessa matéria.

Nada de mais extraordinário, a não ser uma trabalheira infinita, e foi assim até o último dia. A imprensa muito positiva, todos os jornais. *IstoÉ Dinheiro*, *IstoÉ Gente*, a *Veja* com a entrevista do Roberto Pompeu, *O Globo*, a própria *Folha*, o *Estado*, enfim, todos, todos começando a reconhecer o que o governo fez, sobretudo o grupo do Alzugaray. Muito curioso isso. Boas reportagens também na televisão. Na TV Globo o programa ficou bom. Com o Mendonça [Luiz Carlos Mendonça de Barros] dizendo as coisas agressivas dele, que a política econômica foi um desastre, que para ele política econômica é crescimento e distribuição de renda, então foi um fracasso, disse com essas palavras. Em parte é verdade, mas não precisava ter, em um programa de despedida, voltado a jogar fel na parte econômica, de cuja raia ele correu, essa é a verdade. Ele não tinha condições de substituir o Malan, obviamente, iria para outro ministério, mas correu da raia.

À tarde houve a solenidade de outorga da Ordem do Congresso Nacional com grau máximo. Discursos de todos os líderes, inclusive do Eduardo Suplicy. Uma coisa que me comoveu, porque tanto a Câmara quanto o Senado, e agora o Congresso, me deram as maiores condecorações já dadas a um presidente da República, e isso no final do mandato. Reconhecimento que não é fácil. O que mostra o grau de contato democrático que mantivemos. Recebi o Juarez Quadros com o Laudálio Veiga Filho, que é o presidente da Futurecom.* Vieram simplesmente agradecer o que fizemos nessa área, e o Quadros para falar, de novo, sobre as questões de sempre.

Recebi o José Aníbal com vários líderes do PSDB, inclusive o Aécio, e uns dez principais líderes. O Arthur Virgílio, que não esteve na homenagem do Congresso, veio hoje. Uma coisa muito positiva, muito boa. Fiquei trabalhando incessantemente, tentando resolver as últimas coisas que temos que resolver, além de limpar gavetas, arrumar papéis, tirar fotografias, uma quantidade enorme de fotografias com todo mundo, com a segurança, com o pessoal da copa do Planalto, com o pessoal de serviço, com a minha assessoria direta, tudo que é natural nesse clima de despedida de tantos anos de trabalho em conjunto. Pessoas que nunca chegaram perto de mim agora vieram, puderam chegar, e vê-se a alegria, tiram fotografia, eu escrevo dedicatória. Embora cansativo, foi também prazeroso. Isso ontem, dia 30.

* Feira anual do setor de telecomunicações realizada desde 1999, é o maior evento do gênero na América Latina.

Andrea Matarazzo veio jantar para dizer o que fez na Itália. Ele é amigo. Disse que o Serra gostaria que ele fosse presidente do Metrô. Falei hoje de manhã com o Alckmin sobre isso, não sei se vai dar certo. E o Juarez [Brandão Lopes] me telefonando, quer ser presidente da Emplasa, falei com Geraldo também. E por aí vai.

Nesta terça-feira, dia 31, acordei, nadei, fiz exercícios e continuei falando com Malan, com o Guilherme Dias, um problema no Espírito Santo, o Paulo Hartung não quer que se mande dinheiro para o Espírito Santo, é política local, o Guilherme Dias é ligado ao Paulo Hartung, atrapalhou a remessa dos papéis. Mandei liberar os papéis, agora o Pedro Malan recebeu uma carta do Paulo Hartung dizendo que é contra a liberação do recurso, mas já tinha sido liberado, enfim, confusões. Também o Jaime Lerner dizendo que os recursos não chegaram. Olha, é de amargar.

Nesse meio-tempo falei com umas dez, quinze pessoas por telefone, inclusive com Durão Barroso, primeiro-ministro de Portugal. E agora à tarde vou receber o Jorge Sampaio, o Felipe, o príncipe das Astúrias,* e a delegação da China. Vou me despedir de muita gente no Palácio, tirar muitas fotografias, enfim, essa coisa quase cerimonial. Falei com Heráclito Fortes por telefone, vou falar com o Arthur Virgílio, vou receber jornalistas, tenho recebido jornalistas em quantidade. Ontem saiu na TV Cultura o programa que fiz, o *Roda Viva*, ninguém me avisou, não vi o programa. A Ruth também falou num programa na GloboNews. Enfim, temos tido um final de governo muito trabalhoso, mas também muito gratificante, as pessoas me reconhecendo, eu dando muitas entrevistas, até parece que estou entrando no governo, não saindo.

E em clima de harmonia com a cúpula dos que ganharam. Com a base, vamos ver amanhã... Vai ser um dia difícil este 1º de janeiro de 2003, vou passar a manhã toda no Itamaraty recebendo delegações que vêm para a posse do Lula. Volto para o Alvorada, que, embaixo, já está completamente desfeito. É triste ver, eu sei que vai haver um jantar aqui amanhã. O Lula resolveu fazer o jantar aqui e não no Itamaraty. Eu acho um erro, virá muita gente, e podem estragar o palácio. O palácio não é para mais de cem pessoas, virão quatrocentas, então recolheram-se todos os móveis, está triste lá embaixo. E aqui no segundo andar também, as gavetas vazias, as estantes sem livro e eu e Ruth fazendo malas.

Paulo Henrique chegou ontem com a Vanvan, e a Bia está aqui com os filhos. A Luciana está aqui também. Eu estou de roupa esporte, trabalhei telefonando e arrumando papéis, já está tudo praticamente organizado.

Depois da recepção no Itamaraty, volto para cá, para marcar tempo, depois vou ao Palácio do Planalto. Lá espero o Lula chegar, vou com ele ao parlatório (se não estiver chovendo), passo a faixa a ele, volto, sou apresentado ao ministério dele. Ele se despede do meu ministério, eu saio, Lula me leva até a porta lateral do Palácio, resolvemos que é melhor não descer a rampa, porque é muita massa, é muito con-

* Coroado em 2014 como Felipe VI.

fuso, pode chover, e saímos pela frente e não por trás. Saímos por onde eu entro sempre de automóvel e em seguida vou para a base aérea. Lá devo receber muita gente, que vai se despedir de mim.

De Brasília vou para a Base Aérea de São Paulo, ficamos lá, tomamos um banho na base aérea mesmo, recebo poucas pessoas e vou direto para o avião que dará o ponto-final nestes dez anos. Dez anos! Longo tempo de vida dura em Brasília. Vida dura de vários pontos de vista. No começo, até pessoalmente foi dura, por mil razões de ordem íntima. Depois foi dura pelos tantos acontecimentos que deixei registrados nestas notas. Mas também gratificante. Saio mais com a impressão do gratificante do que com a das dificuldades enfrentadas. E as enfrentei com energia, a mesma que mantenho agora, aos 71 anos. Estou realmente me sentindo bem.

É estranha a sensação de sair do governo em um momento que poderia ser desastroso, porque perdemos as eleições. Mas, como falei para alguns jornais, ganhei o terceiro turno. O terceiro turno da paz na consciência. Fiz algo, houve coisas que não consegui, mas trabalhei bastante e acredito que o Brasil seja outro. Acho que o Brasil mudou.

ÍNDICE REMISSIVO

SOBRE O AUTOR

FERNANDO HENRIQUE CARDOSO nasceu no Rio de Janeiro, em 1931. Sociólogo formado pela Universidade de São Paulo, foi professor catedrático de ciência política e hoje é professor emérito da USP. Ensinou também nas universidades de Santiago, da Califórnia em Stanford e em Berkeley, de Cambridge, de Paris-Nanterre e no Collège de France. Foi senador pelo estado de São Paulo e, entre 1992 e 1994, ministro das Relações Exteriores e da Fazenda. Presidiu o Brasil entre 1995 e 2002. É presidente de honra do Diretório Nacional do PSDB, partido que ajudou a fundar.

ESTA OBRA FOI COMPOSTA NA FONTE THE ANTIQUA E IMPRESSA EM OFSETE
PELA GEOGRÁFICA SOBRE PAPEL PÓLEN SOFT DA SUZANO S.A.
PARA A EDITORA SCHWARCZ EM OUTUBRO DE 2019

A marca FSC® é a garantia de que a madeira utilizada na fabricação do papel deste livro provém de florestas que foram gerenciadas de maneira ambientalmente correta, socialmente justa e economicamente viável, além de outras fontes de origem controlada.